ISBN 978-0-364-61835-6
PIBN 11042668

Das

Oesterreichische Staatsrecht

(Verfassungs- und Verwaltungsrecht).

Ein Lehr= und Handbuch

von

Dr. Ludwig Gumplowicz,
Prof. in Graz.

Wien, 1891.

Manz'sche k. u. k. Hof-Verlags- und Universitäts-Buchhandlung.
I. Kohlmarkt.

Vorwort.

Der vor zwei Jahren erschienenen „Einleitung in's österreichische Staatsrecht" folgt hier eine Gesammtdarstellung desselben.

Der Mangel einer solchen hat sich in den letzten Jahren insbesondere in Folge einschneidender Umgestaltungen und Neubildungen auf dem Gebiete des österreichischen Verwaltungsrechts, nicht nur in Kreisen der Studirenden, sondern auch aller derjenigen, die am öffentlichen Leben theilnehmen, fühlbar gemacht. Es sei nur darauf hingewiesen, daß seit den jüngsten Neuregelungen des Militärrechts, des Gewerberechts, des Arbeiterschutzrechts, noch keine Gesammtdarstellung des österreichischen Staatsrechts, welche dieselben berücksichtigen würde, erschienen ist.

Verfasser hat die althergebrachte Eintheilung des ganzen Staatsrechtes in Verfassungs- und Verwaltungsrecht beibehalten, wiewohl er sich bewußt war, daß die Gränze zwischen diesen beiden Gebieten nie scharf gezogen werden kann und, der Natur der Sache nach, immer schwankend bleiben wird. Auch bezüglich der Methode hielt sich Verfasser an die im Staatsrecht althergebrachte und bewährte, vorwiegend historisch-politische.

Bemerkt sei nur noch, daß die dualistische Gestaltung der österreichisch-ungarischen Monarchie es nothwendig erscheinen ließ, beim österreichischen Verfassungsrecht das ungarische fast in gleichem Maaße einzubeziehen, was bei dem Verwaltungsrechte nicht zu geschehen brauchte.

Graz, Ende Februar 1891.

Inhalt.

III. Buch.

Die Bevölkerung Oesterreich-Ungarns.

IV. Buch.

Die Staatsgewalt.

V. Buch.

Die gesetzgebende Gewalt.

VI. Buch.

Die Justizgewalt.

VII. Buch.

Die Regierungsgewalt.

VIII. Buch.

Die Gemeinden.

IX. Buch.

Staatskirchenrecht.

X. Buch.

Der Einzelne und sein Recht.

Zweiter Theil.

besondere

Das Verwaltungsrecht.

I. Buch.

Militärrecht.

II. Buch.

Finanzrecht.

III. Buch.

Aeußeres Staatsrecht.

IV. Buch.

Evidenzhaltungsrecht. ✓

V. Buch.

Verkehrsrecht.

VI. Buch.
Volkswirthschaftsrecht.

Erstes Hauptstück. *Agrarrecht*

Zweites Hauptstück.
—Gewerberecht.

VII. Buch.
Unterrichtsrecht. ✓

VIII. Buch.
Cultusverwaltungsrecht. ✓

IX. Buch.
Sanitätsrecht. ᐟ

X. Buch.
Armenrecht. ᐟ

XI. Buch.

Arbeiterschutzrecht.

Frühere Schriften des Verfassers, auf welche in Folgendem abkürzungsweise verwiesen wird:

Philosophisches Staatsrecht. Wien, Manz. 1877.

Das Recht der Nationalitäten und Sprachen in Oesterreich-Ungarn. Innsbruck, Wagner. 1879.

Rechtsstaat und Socialismus. Innsbruck, Wagner. 1881.

Verwaltungslehre mit besonderer Berücksichtigung des österr. Verwaltungsrechts. Innsbruck, Wagner. 1882.

Der Rassenkampf. Sociologische Untersuchungen. Innsbruck, Wagner. 1883.

Grundriß der Sociologie. Wien, Manz. 1885.

Einleitung in das (österreichische) Staatsrecht. Berlin, Heymann. 1889.

Das Verfassungsrecht.

I. Buch.

Recht, Gesetz und Verfassung.

Das Wesen des Rechts.

Ausgangspunkt der Erklärung all und jedes Rechts können nur subjective **§. 1.** Rechte sein, denn das objective Recht ist die Normirung aller subjectiven Rechte. Letztere nun entstehen auf zweierlei Art, entweder durch Uebung (fortgesetzte Handlungen) seitens der souveränen Macht oder durch Gestattung und Anerkennung seitens derselben. Die souveräne Macht ist diejenige, über die es keine höhere im Staate mehr giebt. Alle Rechte des Staates entstehen durch Uebung dieser Macht: alle Rechte der Staatsangehörigen entstehen durch ausdrückliche oder stillschweigende Zuerkennung seitens dieser Macht oder kürzer ausgedrückt des Staates.[1]

Eine weit verbreitete Theorie behauptet allerdings, daß ein Theil unserer Rechte mit uns geboren werde; doch lehrt die Geschichte, daß von den angeblich „uns angeborenen" Rechten nur diejenigen gelten, die der Staat anerkennt. Man mag die Sache wenden und drehen wie man will: die oberste Quelle alles Rechtes ist der Staat.

Aus dem Obigen darf aber nicht gefolgert werden, als ob alles Recht **§. 2.** das Erzeugniß der Willkür der Staatenbeherrscher sei. Denn auch der Staat steht ja unter den zwingenden Gesetzen der socialen Entwickelung. Wenn man auch die Frage nach der sittlichen Freiheit des Einzelnen ganz

---

[1] Die früher und noch bei Unger (System B. I, S. 38) herrschende Theorie, das Recht habe seine Quelle in der „Ueberzeugung des Volkes", widerlegt treffend Dernburg: „Diese idealistische Auffassung", sagt er, „entspricht der Wirklichkeit nicht. Denn nicht zu ignoriren ist die Thatsache, daß nicht selten, sei es in Folge äußerer Unterwerfung oder fatalistischer Ergebung ein Recht bei einem Volke regiert, dessen Inhalt seinen Ueberzeugungen völlig fremd ist. Es gründet sich das positive Recht eines Volkes keineswegs in bloßer Ueberzeugung der Nation, sondern im Willen des Staates und in dessen Verwirklichung durch die Staatsorgane. . . . . Das positive Recht ist vielmehr die durch die Organe des Staates, insbesondere durch die Gerichte verwirklichte Ordnung . . . ." Noch entschiedener hält Dernburg an dieser Quelle beim öffentlichen Rechte fest: „Das öffentliche Recht, welches die Verhältnisse der Gesammtheit ordnet, ist einzig durch die Bestimmungen des Staates gegeben." Lehrbuch des preußischen Privatrechts. 2. Aufl. 1879. S. 27 u. 61.

bei Seite läßt, so ist doch eines sicher, daß die Staaten als solche nicht nach Willkür handeln. Der Staat kann nur das thun und thut nur das, was er muß. Auch die mächtigsten Despoten stehn unter dem zwingenden Gesetz der geschichtlichen Entwickelung. Wenn auch der einzelne gesetz= geberische Act des Alleinherrschers den Schein der freien Entschließung an sich trägt: so ist er doch immer durch die geschichtliche und sociale Ent= wickelung, durch tausende den einzelnen Menschen zwingend beherrschende Motive hervorgebracht.

Wenn man also auch die Entstehung des Rechts zurückführt einerseits auf die Uebung, andererseits auf die Anerkennung (ausdrückliche oder still=' schweigende) des Staates, so hat man es noch keineswegs als ein Erzeug= niß irgend welcher Willkür hingestellt.[2])

§. 3. Das Recht ist ein abstrakter Begriff, dem in der Wirklichkeit keine concret=sociale Erscheinung entspricht. Daher ist es nicht ganz richtig, wenn man von der Entstehung des Rechts spricht; denn als abstrakter Begriff entsteht das Recht nur in unserem Denkprocesse. Concret, und zwar social= concret, treten in Erscheinung nur subjektive Rechte, daher sprechen wir eben nur von Entstehung von Rechten. Für Entstehung all und jedes Rechts aber ist es charakteristisch, daß dieselbe immer und überall in Folge des Zusammentreffens ungleicher socialer Gruppen vor sich geht.[3]) Denn alles Recht ist nichts anderes als die, von den um Macht und Einfluß im

---

[2]) Man spricht vom Staate im doppelten Sinne. Im weiteren versteht man darunter die Gesammtheit des unter einem Herrscher auf einem bestimmten Territorium lebenden Volkes; im engeren Sinne wird oft vom Staate gesprochen, wo man genauer von dem souveränen Herrscher im Staate sprechen sollte. Der Staat im weiteren Sinne hat keinen Willen und die beliebte juristische Fiction, daß der Staat eine Persönlichkeit ist, ist doch nur Fiction und kann die Thatsache nicht aus der Welt schaffen, daß ein Wille nur einer physischen Person beigelegt werden kann. Allerdings können auch viele physische Personen einen gleichen Willen haben: ob das aber je bei einer Gesammtheit eines Volkes zutrifft, ist sehr fraglich. Vielmehr muß man, wenn man vom Willen des Staates spricht, an den Willen entweder des Herrschers oder der herrschenden Kreise denken; in diesem engeren Sinne spricht man z. B. daß der Staat Verträge schließt, daß er Krieg erklärt, daß er ein Nachbarland annectirt und dergl. Das alles thut der Herrscher oder es thun das die herrschenden Kreise; diejenigen, die diese Thatsache nicht zu= gestehen wollen, nehmen ihre Zuflucht zur Fiction der „Staatspersönlichkeit". Diese Fiction hat ihre Berechtigung insoferne, als die entgegengesetzte An= schauung, welcher Ludwig XIV. in den Worten l'état c'est moi Ausdruck gab und die neuerdings von Bornhak ganz und voll acceptirt wird — auch eine Fiction ist. Es ist nämlich auch nur Schein, daß der Monarch der Staat ist und Gesetz, Rechtsordnung, Staatsthätigkeit und Politik nur von dem Einzelwillen des Monarchen abhängt. Der Monarch ist doch auch nur Mensch. Und jeder denkende Mensch weiß, daß sein Wille nicht sein Wille ist, daß dieser Wille bestimmt wird durch eine Anzahl von Factoren, die außerhalb des Einzelnen liegen. Die Frage, wessen Wille maßgebend ist im Staate, kann das Staatsrecht in der Jurisprudenz nur formal beantworten: das Wesentliche dieses Vorganges kann nur die Sociologie erklären.

[3]) Vergl. Grundriß der Sociologie. S. 180. Die Lehre von der Ent= stehung des Rechts gehört eigentlich ausschließlich in die Sociologie. Die Rechts= lehre hat es nur mit dem bereits bestehenden Rechte zu thun.

Staate kämpfenden socialen Gruppen jeweilig festgesetzte Grenze ihrer Herrschaft und ihres Einflusses, eine Grenze, die je nach dem Wechsel der Macht dieser Gruppen bald hin-, bald hergeschoben wird. Letzteres gilt anscheinend nur vom Staatsrecht: im Grunde aber ebenso vom Privatrecht.

In diesem Sinne aufgefaßt muß man Merkels Worten beistimmen: daß die „Bestimmungen des Rechts den Charakter von Grenzbestimmungen haben".[4]

Gewohnheitsrecht, Gesetzesrecht, Juristenrecht.

§. 4. Mit Bezug auf die Entstehung des Rechts (auf dessen „Quelle") pflegen die Civilisten von einem Gewohnheitsrecht, das durch fortgesetzte Uebung (Gewohnheit) entsteht; Gesetzesrecht, das durch Gesetze und Juristenrecht, das durch die Richter und Theoretiker geschaffen wird, zu sprechen. Diese Unterscheidungen sind zu unwesentlichen Aeußerlichkeiten hergenommen. Denn im Grunde genommen ist alles Recht Gewohnheitsrecht und giebt es keine andere Quelle des Rechts. Denn der Gesetzgeber bringt im Gesetze nur das wirkliche Recht wie es sich im Leben herausgebildet hat zum Ausdruck. Thut er dies nicht, thut er dem wirklichem Rechte Gewalt an: dann hat das Gesetz keinen Bestand. Die wirklichen Kräfte des Lebens, oder deutlicher gesagt die socialen Bestandtheile des Volkes, die im Kampf um Herrschaft das Recht erzeugen, die lassen sich durch willkürliche Gesetze nicht ändern — sie wirken fort bis das unpassende Gesetz beseitigt oder verändert wird. Dasselbe ist der Fall mit dem Juristenrecht: giebt es dem wirklichen Rechte adäquaten Ausdruck, dann erhält es sich; im entgegengesetzten Falle verschwindet es (wird obsolet, kommt außer Uebung u. s. w.).[5]

---

[4] In Holtzendorfs Encyclopädie. 5. Aufl. S. 5. — Auch Emil Lingg sagt in seinen trefflichen „Empirischen Untersuchungen zum Allgem. Staatsrecht" S. 104 ganz richtig: „Rechte sind von der Rechtsordnung abgegrenzte Befugnisse" und derselbe Gedanke liegt auch der Rosin'schen Begriffsbestimmung zu Grunde, wonach das Recht die „äußere Abgrenzung der Willensmacht der Persönlichkeiten" ist (siehe dessen Polizeiverordnungsrecht in Preußen. 1882. S. 1.

[5] „Die ältere Schule, schreibt Unger I. 34, verstand unter Gewohnheitsrecht den Inbegriff von Rechtssätzen, welche einer langen Uebung ihre Entstehung verdankten." Diese ältere Schule hatte eine vollkommen richtige Ansicht; Unger nennt ihre Erklärungsweise des Rechts eine „mechanisch-naturalistische"; man mag diese Erklärungsweise nennen wie man will, aber sie trifft den Kern der Sache viel besser wie die sogenannte idealistische. Nur haben jene älteren Juristen, welche das Gewohnheitsrecht ganz richtig erklärten, den Zusammenhang desselben mit dem Gesetzes- und Juristenrecht übersehen. Sie glaubten (und daran folgen ihnen auch die jüngeren und die „Idealisten"), daß in dem Gesetzes- und Juristenrecht ein Recht vorliegt, welches auf andere Weise entstanden ist; darin liegt ein Irrthum. Rechte als solche entstehen immer nur auf ein und dieselbe Weise; sie werden social erzeugt. Gesetzgeber und Juristen sind nur theils die bewußten, theils unbewußten Medien, welche dieses social erzeugte Recht verkünden. Oft ist diese Verkündigung falsch; beruht einfach auf einem Mißverständnisse des wirklichen, vom Leben geforderten Rechts: dann erhält es sich nicht auf die Länge — wenigstens ist letzteres im Staatsrecht ganz entschieden der Fall.

Nichtsdestoweniger hat diese Eintheilung des Rechts je nach seiner sichtbaren (beziehungsweise scheinbaren) Quelle im Privatrecht ihre Berechtigung. Für die Praxis des Privatrechts ist namentlich die Eintheilung in Gewohnheits= und Gesetzesrecht von actueller Bedeutung — schon deßwegen, weil viele Gesetzbücher auf Gewohnheiten (also auf werdendes Gewohnheitsrecht) Rücksicht zu nehmen verbieten (wie z. B. §. 10 abGB.) und nur dem im Gesetz verkündeten Recht Geltung zuerkennen. Auch ein Theil des Juristenrechts, so z. B. derjenige, der sich in den Entscheidungen des österreichischen Obersten Gerichtshofs bildet, erlangt unter Umständen, die das Patent v. 7. Aug. 1850 (s. unten Buch VI) speciell angiebt, die Kraft gesetzlichen Rechts.

§. 5.   Im Staatsrecht müssen wir bei dieser Frage zwischen öffentlichem und politischem Rechte (s. unten §. 6) streng unterscheiden, denn auf jedem dieser Gebiete spielt das Recht je nach diesen verschiedenen Formen, in denen es in die Erscheinung tritt, eine verschiedene Rolle. Sprechen wir zuerst vom politischen Recht als dem entschiedensten Gegensatz zum Privatrecht.

Für das politische Recht bildet die Uebung die weitaus wichtigste Rechtsquelle und auch eine solche, welche ununterbrochen fließt und täglich und stündlich neues Recht schafft. Im politischen Recht ist das durch Uebung und Gewohnheit entstandene von bedeutendem Umfange und nimmt einen hervorragenden Platz ein, was beim Privatrecht nicht der Fall ist, wo es nur ein sehr bescheidenes Dasein führt und unmittelbar nur sehr untergeordnete, im Rechtsleben kaum bemerkbare Verhältnisse, die dem Auge des Gesetzgebers entgangen sind, oder solche Einzelheiten regelt, bezüglich deren sich der Gesetzgeber ausdrücklich auf dasselbe beruft.[6] Dagegen spielt wieder das Juristenrecht, namentlich das aus Gerichtsentscheidungen gebildete, dem im Privatrecht eine große Bedeutung zukommt, im politischen Recht gar keine Rolle. Die Ursache dieses Unterschiedes ist klar. An der Aufrechthaltung der Privatrechtsordnung hat der Staat nur ein formales, kein meritorisches Interesse;[7] er überläßt hier also die Ausfüllung der Gesetzeslücken, die Fortbildung des Privatrechts, getrost den Juristen, was er beim politischen Rechte, wo seine vitalsten Interessen in's Spiel kommen, zu thun sich wohl hütet. Im rein politischen Rechte kann sich der Staat sein Verhalten von Gerichtshöfen nicht dictiren lassen, und wenn auch für einzelne Streitigkeiten aus dem Verfassungsrechte ein Gerichtshof existirt, wie in Oesterreich das Reichsgericht, so kann der Staat den Aussprüchen desselben keine bindende Kraft zuerkennen.[8] Uebrigens kommt der größte Theil des

---

[6] Z. B. §. 389 abGB., wo die Art der Bekanntmachung des Fundes nach den Gewohnheiten des betreffenden Ortes zu geschehen hat.

[7] S. Rechtsstaat und Socialismus §. 8.

[8] Nach §§. 33 und 35 des Gesetzes vom 13. April 1869 Nr. 44 RGB. haben die Entscheidungen des Reichsgerichtes bei Competenzconflicten zwischen Gerichts= und Verwaltungsbehörden, zwischen Landesvertretungen und obersten Regierungsbehörden, dann über Beschwerden der Staatsbürger (gegen die Regierung) wegen Verletzung der ihnen gewährleisteten politischen Rechte, nur eine „rein theoretische" Bedeutung, was Hye eine „Halbheit und Unzulänglichkeit" nennt.

politischen Rechtes gar nicht unter richterliche Cognition und behält sich der Staat vor, hier Richter in eigener Sache zu sein.

Dagegen ist das zweite Gebiet des Staatsrechts, das öffentliche Recht und insbesondere das Verwaltungsrecht in neuerer Zeit insofern dem Privat= recht näher gebracht worden, als die Thätigkeit der Staatsverwaltung unter die oberste Judicatur des Verwaltungsgerichtshofes gestellt wurde. Damit wurde auf diesem Gebiete einerseits dem Gesetzesrecht vor dem aus Uebung entstehenden Gewohnheitsrecht das entschiedene Uebergewicht eingeräumt, und andererseits dem durch die Judicatur des Verwaltungsgerichtshofes gebildeten · Juristenrecht eine ähnliche Bedeutung wie dasselbe im Privatrecht genießt, zuerkannt. — Allerdings hat der Staat auf diesem Gebiete, wenn auch nicht seine vitalsten Interessen, wie auf rein politischem Rechtsgebiete, doch noch immer wichtigere als blos das formale Interesse der Rechtssprechung zu vertheidigen, und erscheint daher auch vor dem Verwaltungsgerichtshofe selbst als Partei. Er wird also an das hier geschaffene Juristenrecht den Maaßstab staatlicher Zweckmäßigkeit viel sorgsamer anlegen und wenn er es nicht opportun findet, dasselbe schleunigst durch ein passenderes Gesetzes= recht ersetzen müssen.[9])

(Sammlung der Erkenntnisse des Reichsgerichtes B. I., Einleitung S. XXXI. Anm.) In diesen Bestimmungen offenbart sich jedoch die innerste und ureigenste Natur des Staates, der er sich nie und nimmer, unter keinen Umständen ent= äußern kann. Hätte das Reichsgericht in solchen Streitfragen eine reformatorische oder auch nur eine cassatorische Judicatur: dann wäre eben der Sitz der Staatsgewalt im Reichsgericht, dann wäre nicht der Staat souverän, sondern das Reichsgericht.

[9]) Ein Beispiel möge dieß erläutern. Der §. 2 lit. a des Erwerbsteuer= patentes vom 31. December 1812 befreit „diejenigen, welche sich mit der land= wirthschaftlichen Industrie beschäftigen, insoferne diese sich auf die Erzeugung roher Producte und ihre Veräußerung bezieht, von der Erwerbsteuer". Nun hat im Jahre 1888 die Finanz=Landes=Direction in Graz mehrere Sägewerksbe= sitzer am Lande mit der Erwerbsteuer belegt, weil sie von der Ansicht ausging, daß diese Werke, die mit Hilfe von maschinellen Vorrichtungen (durch Wasserkraft betriebene Säge) rohe Forstproducte zur Mercantilwaare umgestalten, der Erwerb= steuer unterliegen und auf obige Befreiung aus dem §. 2 lit. a keinen Anspruch haben. Gäbe es nun keinen Verwaltungsgerichtshof, so würde die Finanzver= waltung ihre Auffassung des §. 2 lit. a durchsetzen, den Sägewerksbesitzer zur Erwerbsteuer heranziehen und damit mittelst dieser neuen Uebung (Praxis) ein neues, bisher nicht geübtes Recht, einführen. Nun hat aber der Verwaltungs= gerichtshof, einer dießfälligen Beschwerde der Sägewerksbesitzer mit Erkenntniß vom 21. December 1888, Z. 4212, willfahrend, die angefochtene Entscheidung der Finanz=Landes=Direction, als gegen den Wortlaut des §. 2 lit. a Erwerbsteuer= patent verstoßend, aufgehoben. Der Verwaltungsgerichtshof tritt also hier der Bildung eines Gewohnheitsrechts durch Fortsetzung einer Verwaltungspraxis ent= gegen. Nun muß aber angenommen werden, daß die Finanzverwaltung keines= wegs die Absicht hatte, das Erwerbsteuerpatent mißbräuchlich anzuwenden, sondern ihre guten Gründe hatte, die Sägebesitzer der Erwerbsteuer zu unterwerfen. Sie argumentirte vielleicht mit Recht: daß seit dem Jahre 1812 die wirthschaftlichen Verhältnisse sich bedeutend geändert haben; daß die Bervollkommnung der Ver= kehrsmittel es den Sägebesitzern leicht mache, ihre Waare auch auf entfernte Märkte zu bringen; daß auch die maschinellen Vorrichtungen seit 1812 bedeutend vervollkommnet wurden und eine leichtere und bessere Verwerthung des bear= beiteten Holzes gestatten, welches in dieser Bearbeitung nicht mehr Rohproduct

Privatrecht, öffentliches Recht und Staatsrecht.

§. 6.   Die alte von den Römern überkommene Eintheilung alles Rechts in privates und öffentliches (jus privatum et publicum), ist heute entschieden unzureichend. [10]) Identificirt man nämlich öffentliches und Staatsrecht, wie das meist geschieht, so läuft man Gefahr, vom Staatsrecht etwas auszusagen,

ist; endlich daß mit Rücksicht auf die größeren Steuerleistungen aller anderen Gewerbsleute und die intensivere Heranziehung aller Schichten und Kreise der Bevölkerung zur Steuerleistung seit dem Jahre 1812, die Befreiung der Sägebesitzer von der Erwerbsteuer nicht nur ungerechtfertigt, sondern auch gegenüber den anderen Steuerträgern ungerecht wäre. Wenn nun dieses die Motive der Finanzverwaltung waren, darf sie sich von der Entscheidung des Verwaltungsgerichtshofs auf dem Wege einer zweckmäßigen und gerechten Fortentwickelung des Finanzrechtes aufhalten lassen? Keineswegs. Es bleibt ihr nichts übrig, als auf geeignetem Wege die Erlassung eines Gesetzes wegen Besteuerung der Sägebesitzer am Lande anzustreben. Nachdem durch die Judicatur des Verwaltungsgerichtshofs der Weg der Rechtsbildung durch die Verwaltungspraxis in diesem Punkte gesperrt wurde: so muß hier das als zweckmäßig und gerecht erkannte neue Recht im Wege der Gesetzgebung geschaffen werden. Die Rechtsentwickelung selbst kann nicht gehemmt werden; nur muß sie sich in diesem Falle gegenwärtig auf dem Umwege der Gesetzgebung vollziehen, während ehedem die bloße Interpretation der Behörde, daß der §. 2 lit. a auf die heutigen Sägewerke keine Anwendung finde, dieses Recht geschaffen hätte. Allerdings darf nicht verkannt werden, daß dieser kleine Umweg im Interesse der Staatsbürger liegt und dem Geist des modernen „Rechtsstaates" entspricht — wonach die Verwaltung immer dem Gesetze gemäß geführt werden soll, um den Einzelnen womöglich vor Willkür zu schützen. Was aber gerecht und zweckmäßig ist, das kann ja im Wege der Gesetzgebung durchgeführt werden. Doch giebt es auch Entscheidungen des Verwaltungsgerichtshofes, welche einer solchen Fortbildung des Verwaltungsrechtes durch eine gegen den Wortlaut bestehender Gesetze mit gutem Grunde geübte Verwaltungspraxis sanctioniren, wo also den VGH. die Staatsverwaltung nicht zwingt, erst auf dem Umwege der Gesetzgebung neues Recht zu schaffen. Vergl.: Alter, Judicatenbuch II 533.

[10]) Während die meisten Civilisten an der alten römischen Schablone festhalten, ist es sowohl den Staatsrechtslehrern, wie auch denjenigen, die sich überhaupt mit dem öffentlichen Rechte (Finanzrecht, Verwaltungsrecht ꝛc.) beschäftigten, aufgefallen, daß jene römische Eintheilung zu eng und daß das Gebiet des „Staatsrechts" zwei deutlich von einander verschiedene Gebiete aufweist. So unterscheidet schon Schulze (Einleitung in's deutsche Staatsrecht I. 1) vom „öffentlichen Staatsrecht" ein „Staatsrecht im engeren Sinne" und hält dafür, daß es „zweckmäßig" sei, im deutschen Sprachgebrauch „öffentliches Recht" für den allgemeineren Begriff, Staatsrecht für den engeren zu verwenden. Auch der Nationalökonom F. J. Neumann äußert sich ohne näheres Eingehen auf die Sache dahin, daß „die übliche Zweitheilung in öffentliches und Privatrecht nicht erschöpfend ist" (Annalen des Deutschen Reichs 1886, S. 410.) Ebenso ist Karminski der Ansicht, daß „den privaten Rechten nicht die politischen, sondern die öffentlichen Rechte gegenüberzuhalten sind," macht also einen Unterschied zwischen öffentlichen und politischen Rechten, welche zusammen offenbar das Staatsrecht ausmachen (Karminski: Zur Codification des Staatsbürgerschaftsrechts, S. 17). „Die politischen Rechte, heißt es daselbst, sind nur eine besondere Kategorie der öffentlichen Rechte. Was nicht Privatrecht, ist öffentliches Recht, das ist sicher, aber nicht alles, was öffentliches Recht ist, muß zugleich politisches Recht sein. Das Heimathsrecht ist zweifelsohne öffentliches Recht, aber ebenso unzweifelhaft kein politisches (wie auch kein privates) Recht. Als politische Rechte wären vielmehr ausschließlich nur jene öffentlichen Rechte zu erklären, welche in einer verfassungsmäßig gewährleisteten Mitwirkung oder Theilnahme der Staatsbürger an der Leitung der Staatsangelegenheiten (Staatsverwaltung, Regierung) bestehen. Solche Rechte sind insbesondere die

was nicht auf's öffentliche paßt und umgekehrt. Es stellt sich immer mehr die Nothwendigkeit heraus, zwischen öffentlichem Rechte und dem Staats= recht einen Unterschied zu machen, bezw. das große Gebiet des jus publicum, welches bisher abwechselnd als öffentliches oder Staatsrecht bezeichnet wurde, zu theilen, die zwei auf diesem großen Gebiete nebeneinander= liegenden verschiedenen Rechtssphären streng zu sondern und für jedes derselben eine der obigen Bezeichnungen ausschließlich zu gebrauchen.

Jener Inbegriff von Normen nämlich, welcher als als jus publicum quod ad statum reipublicae spectat dem Privatrechte (quod ad singulorum utilitatem spectat) entgegengesetzt wird, besteht im Grunde aus zwei ver= schiedenen Arten von Normen, von denen die eine sich allerdings auch auf die öffentliche Staatsordnung bezieht, also nicht lediglich Privatverhält= nisse ordnet und daher nicht Privatrecht ist, jedoch nichts mit der Mit= wirkung an der Herrschaft im Staate zu thun hat; während die andere Art Normen sich unmittelbar auf die Herrschaftsübung im Staate bezieht, oder um es mit einem gangbaren Ausdruck zu bezeichnen, die politischen Rechte der Staatsangehörigen regelt. Diese letztere Art von Normen als eine für sich aparte, besondere, übersieht jene römische Ein= theilung ganz, sie müßte sonst in derselben bezeichnet sein als jus quod ad imperium spectat. Und was die Römer nicht gesehen haben, das haben auch die scharfsinnigsten Juristen seit tausend Jahren nicht sehen wollen oder nicht gesehen.[11]

Wahlrechte für die gesetzgebenden Versammlungen und für jene autonomen Körper, wie Gemeinde- und Bezirksvertretung, welche in ihrem Wirkungskreise unmittelbar und selbständig Aufgaben der Staatsverwaltung zu besorgen haben, oder irgend= wie an der Leitung der Staatsangelegenheiten mitwirken." Auch Lebon ist offen= bar für eine solche Dreitheilung des Rechts, indem er aus Anlaß des Unterschiedes in der rechtlichen Stellung der Franzosen von den Ausländern in Frankreich, folgenden Ausspruch thut: „Kurz und allgemein ausgedrückt, die Ausländer besitzen keine politischen Rechte, aber sie haben die öffentlichen und bürgerlichen Rechte..." Französisches Staatsrecht (b. Marquardsen) S. 60. Arnold Pann (Die Verwaltungsjustiz in Oesterreich. Wien 1876, S. 8) unterscheidet „von den öffentlichen Rechten die aus dem Verfassungsgesetz entspringenden Rechte, die soge= nannten politischen Rechte, so z. B. das Vereins- und Versammlungsrecht, die verschiedenen verfassungsmäßig gewährleisteten Wahlrechte, mit einem Worte, die politischen Staatsrechte als öffentliche Rechte im engeren Sinne." Er findet voll= kommen zutreffend, ein Unterscheidungsmerkmal dieser beiden Gruppen von „öffent= lichen" Rechten darin, daß die einen (die politischen) „dem Schutze des Reichs= gerichtes überantwortet, während die aus den übrigen Verwaltungsgesetzen entspringenden sonstigen öffentlichen Rechte . . . . ihren verfassungsmäßigen Schutz vor dem Verwaltungsgerichte finden." Auch Prazak sieht sich veranlaßt, den Begriff des öffentlichen Rechtes „viel weiter zu fassen" als den des Staats= rechts in seiner Abhandlung: Die principielle Abgrenzung der Competenz der Gerichte und Verwaltungsbehörden. Freiburg 1889, S. 22.

[11] Erst in neuester Zeit kommt das Moment der Herrschaft bei den Begriffs= bestimmungen des Staates in der deutschen Staatsrechtsliteratur zur Geltung. Vergl. Löning, Lehrbuch des Verwaltungsrechts 1884, S. 9. G. Meyer, deutsches Staatsrecht. 2. Aufl. p. 35 ff. Früher pflegte man den Staat ausschließlich und in erster Reihe als eine zum Zwecke der Herstellung des Rechts, der Freiheit, der Wohlfahrt, des Friedens u. s. w. gegründete Anstalt aufzufassen. Nun steckt aller=

§. 7.   Der Unterschied dieser zwei Arten von Normen: des öffentlichen und des Staatsrechts i. e. S. ist ein principieller. Während nämlich auf dem Gebiete des ersteren der Grundsatz der Gleichheit der Staatsbürger vor dem Gesetze in allen modernen constitutionellen Staaten thatsächlich durch=geführt wurde, ist dieses auf dem Gebiete des letzteren keineswegs der Fall — und es ist zum mindesten sehr fraglich, ob dieß jemals wird erfolgen können.

Während also das öffentliche Recht alle Staatsgenossen als unter=schiedslos gleichberechtigt ansieht, unterscheidet das Staatsrecht (im engern Sinne) die Staatsgenossen nach ihrer Standes= und Classenangehörigkeit und kennt den Unterschied zwischen Angehörigen des hochadeligen, adeligen und nichtadeligen Standes. Während z. B. das Bergrecht oder das Eisen=bahnrecht keinen Standesunterschied der Personen kennt, die sich um einen Freischurf oder eine Eisenbahnconcession bewerben und jedem Staatsgenossen, der die gesetzlichen Bedingungen erfüllt, die vorgeschriebene Qualification besitzt, die gleiche Rechtsfähigkeit zuerkennt: ist dieses im Staatsrecht nicht der Fall.

Schon die Wahlgesetze machen, wie wir das sehen werden, einen Unter=schied zwischen den Angehörigen der verschiedenen Stände; ebenso ist bei der Besetzung höherer Beamtenstellen, Gesandtschaftsposten u. dgl. der Stand des betreffenden nicht gleichgültig — und vorkommende Ausnahmen bestätigen nur die Regel. [12])

Darin liegt denn auch das sichere Kriterium der Unterscheidung des öffentlichen Rechts vom Staatsrecht, daß bezüglich des ersteren alle Staats=bürger gleich sind, bezüglich des letzteren eine Ungleichheit derselben Platz

---

dings in jeder dieser Auffassungen etwas Wahres: denn thatsächlich wird durch den Staat Freiheit, Recht, Ordnung und Wohlfahrt befördert und sichergestellt. Nur darf man nicht übersehen, daß alles dieses einzig und allein durch die Organi-sation der Herrschaft erreicht wird; ohne dieselbe unerreichbar wäre. Auch giebt es Staaten, die nach unseren Begriffen weder Recht noch Freiheit, weder Ordnung noch Wohlfahrt fördern und sicherstellen — das Merkmal der Herrschaft jedoch haftet all und jedem Staate an, weil es sozusagen dessen Essenz ist. Vergl. Philo-sophisches Staatsrecht, S. 16. Emil Lingg: Empirische Untersuchungen zur allge-meinen Staatslehre. Wien 1890. S. 206.

[12]) Auf eine im österreichischen Abgeordnetenhause vorgebrachte Beschwerde, daß der Adel in der Beamtenschaft verhältnißmäßig stärker vertreten sei, als das Bürgerthum, ertheilte die Regierung eine Antwort, welche diese Thatsache nicht in Abrede stellte. Nun darf man allerdings die tieferen socialen Ursachen dieser Erscheinung nicht übersehen. Denn wenn man die zwei Thatsachen zusammenstellt: erstens daß jeder Beruf und jede Lebensstellung die Tendenz haben, sich in der Familie fortzusetzen, und zweitens daß Staatsdiener häufig für lange Dienste mit der Standeserhöhung belohnt werden, so ergibt sich daraus mit Leichtigkeit die Consequenz, daß mit der Zeit unter den Staatsbeamten der Adel überwiegt. Nichtsdestoweniger beweist diese Thatsache, daß das Princip der Gleichheit aller Staatsbürger vor dem Gesetze, welches heutzutage die ganze Sphäre unseres Privat= und öffentlichen Rechts beherrscht, sich auf dem Gebiete des eigentlichen Staatsrechtes volle Geltung zu verschaffen noch nicht vermochte. Diese größere Widerstandsfähigkeit des eigentlichen Staatsrechtsgebietes gegen das Eindringen des Gleichheitsprincipes weist jedenfalls auf eine wesentliche Verschiedenheit des-selben im Vergleich mit den anderen Rechtsgebieten hin.

greift. Die öffentlichen Rechte kann jedermann ohne Rücksicht auf Stand und Abstammung, unter den für alle gleichen gesetzlichen Bedingungen ausüben; das Staatsrecht kennt eine solche Gleichheit nicht.

Die modernen Republiken allerdings, wie Frankreich und die Vereinigten Staaten Nordamerikas, repräsentiren den Versuch, den Grundsatz der Gleich=heit der Staatsbürger vor dem Gesetze auch auf dem Gebiete des jus quod ad imperium spectat durchzuführen: ob dieß aber mit Erfolg geschieht, dürfte schwerlich bejaht werden. Denn wer sich nicht durch bedeutungslose Aeußerlichkeiten blenden läßt, daß es z. B. in Amerika keine Adelstitel giebt u. dgl., der wird eine Gleichheit der Staatsbürger in der Theilnahme an der Staatsherrschaft auch in Amerika nicht entdecken — der wird auch dort eine herrschende Classe und eine thatsächlich bevorrechtete Minorität von Besitzenden und Herrschenden und die Thatsache anerkennen müssen, daß das wirkliche Staatsrecht auch dort auf einer Ungleichheit der Rechte der Staatsbürger beruht. Die Sache hat nämlich einen tieferen sociologischen Grund. Die Gattung Mensch steht bis heutzutage wenigstens vor der Alternative: Anarchie und Barbarei oder Herrschaft und Cultur. Denn nur in den wilden Horden ist das Princip der Gleichheit real; dort giebt es keine Herrschaft, nur Anarchie; dafür aber Roheit, Wildheit und Bestialität.

Der naturgeschichtliche Prozeß führte aus diesem Zustande der Anarchie zu Beherrschung der einen Gruppe durch die andere, zum Staat und der rechtlichen Ungleichheit, die durch denselben begründet wurde, zu Arbeits=theilung und Cultur. Allerdings zeigt die culturelle Entwickelung die feste Tendenz, dem Princip der „staatsbürgerlichen" Gleichheit immer mehr Boden zu gewinnen, denselben auch im Staate zu verwirklichen, auch die Rechts=ordnung auf den Grundsatz der Gleichheit aufzubauen. Und es ist dieses auch bereits in großem Umfange gelungen, da nicht nur das gesammte Privat=recht heutzutage, sondern auch das öffentliche Recht von der Idee der Gleich=heit aller Staatsangehörigen vor dem Gesetze durchdrungen ist; nur bis zum eigentlichen Staatsrecht, quod ad imperium spectat, konnte aus Gründen, die in der Natur der Menschen, in der Natur der Herrschaft selbst liegen, jenes Gleichheitsprincip nicht vordringen — und was man als Erfolge in dieser Hinsicht in Republiken aufweist, sind nur scheinbare, formale und äußerliche Erfolge. Denken allerdings läßt sich die Realisirung dieser Gleichheit auch im Staatsrechte, doch nur unter einer Voraussetzung, d. i. einer idealen Vollkommenheit der Menschen, die mit dem heutigen Begriff des Menschen unvereinbar ist. Diejenigen, die an den unendlichen Fortschritt der Menschheit glauben, können daran festhalten, daß einst nach Darwin'schen Millionen=Jahren=Perioden die Gattung Mensch diese Stufe der Vollkommenheit erreichen wird und der Grundsatz der Gleichheit auch mit dem Bestande staatlicher Ordnung vereinbar sein wird. Vorderhand aber muß daran festgehalten werden, daß das Staatsrecht i. e. S. sich so=wohl vom Privat= als vom öffentlichen Rechte dadurch unterscheidet, daß in demselben der Grundsatz der Gleichheit bisher als undurchführbar sich erwies — gleichwohl ob in Monarchieen oder in Republiken.

Das positive Staatsrecht.

§. 8.   Im allgemeinen hat es das positive Staatsrecht mit gegenseitigen
Pflichten und Rechten der Staatsbürger und des Staates zu thun. Die
Rechte des Staates haben Leistungen und Dienste zum Gegenstande, die den
Inhalt der Pflichten der Staatsbürger bilden. Die Rechte der Staats=
bürger haben staatliche Leistungen wie z. B. staatlichen Schutz, Vertheidigung
und Förderung zum Gegenstande, die den Inhalt der Pflichten des Staates
dem Volke gegenüber bilden.

Da alle diese gegenseitigen Leistungen und Dienste eine gesetzliche
Grundlage haben müssen, so nennt man den Inbegriff der Rechtsnormen,
welche dieselbe festsetzen, das positive Staatsrecht.

Die Leistungen der Staatsbürger bilden in diesem gegenseitigen Rechts=
verhältniß das Hauptmoment, was sich daraus erklärt, daß dieses Ver=
hältniß ein Herrschaftsverhältniß ist, wo der Staat herrscht und das Volk
beherrscht wird.

Diese Leistungen bestehen in Gütern und zwar in Sachgütern und
persönlichen Dienstleistungen. Alle vorhandenen Güter im Staate bestehen
aus: Privatgut, öffentlichem Gut und Staatsgut.

Privatgut ist dasjenige, über welches dem Einzelnen als Privaten die
Verfügung zusteht.

Oeffentliches Gut ist dasjenige, dessen Benützung allen Staatsgenossen
gleicherweise, dessen Beschädigung oder Vernichtung Niemandem gestattet ist.

Staatsgut ist dasjenige, worüber die Staatsgewalt, in der Weise in
welcher es ihr die Staatsverfassung gestattet, verfügen kann (§. 287 abGB.).

An dem Maaße, in welchem die Benützung dieser drei Kategorien von
Gütern dem Einzelnen und dem Staate möglich ist, erkennt man die Ver=
schiedenheit der Macht des Staates und des Einzelnen.

Denn dem Einzelnen steht nur die Verfügung über sein eigenes Gut
und die gesetzlich gestattete Benützung des öffentlichen Gutes zu; von der
Benützung des Staatsgutes ist er ganz ausgeschlossen.

Dem Staat hingegen steht die Verfügung über das Staatsgut, die
Benützung des öffentlichen Gutes in gleichem Maaße wie dem Einzelnen,
darüber hinaus aber noch der Eingriff in und die Verfügung über alles Privat=
gut nach Maaßgabe des Staatsbedürfnisses und der zu diesem Zwecke er=
lassenen Gesetze zu.

Doch nicht nur über das Privatgut des Einzelnen, sondern auch über
dessen Person verfügt der Staat nach dem Maaße seines Bedürfnisses, und
das staatliche Gesetz, welches dieses Maaß ausspricht, ist immer nur die
jeweilige Grenze dieses Verfügungsrechtes, eine Grenze, welche mit dem
Wachsen der Bedürfnisse des Staates immer weiter geschoben werden kann.

Und dieses Verfügungsrecht des Staates über Gut und Person des
Staatsbürgers ist es eben, welches Volk und Staat zu einer einheitlichen
Organisation macht, welche die Interessen des Staates zu denjenigen des

Volkes und das Wohl beider zu einem untrennbaren gegenseitigen Interesse macht. —

Das positive Staatsrecht wird noch in das innere und äußere Staats=recht eingetheilt. Ersteres begreift die gesammte, innerhalb der Grenzen des Staatsgebietes wirksame Rechtsordnung, von der obersten Sphäre des Verfassungsrechtes bis hinab zu dem durch das Staatsrecht bedingten, von den Normen des Civil= und Strafrechts beherrschten Rechtsgebiet. Zu diesem inneren Staatsrecht gehört also das Gesetzgebungsrecht, das gesammte Justizrecht und das Regierungsrecht.

Dem inneren Staatsrecht steht eine Rechtssphäre gegenüber, die sich durch die Thätigkeit des Staates außerhalb seines Territoriums bildet; diese Thätigkeit bezieht sich theils auf andere Staaten, theils auf die An=gehörigen des eigenen Staates, die sich im Ausland befinden.[12])

Allgemeine Rechte und Pflichten.

Im Staatsrecht sind folgende Kategorien von Rechten und Pflichten relevant:

§. 9.

1. Die Hoheitsrechte. Dieselben stehen in erster Linie der Staats=gewalt zu und werden von denjenigen Personen und Behörden geübt, denen sie gesetzlich übertragen werden.

2. Neben den Hoheitsrechten stehen den Behörden und Beamten be=sondere obrigkeitliche Rechte zu, die in dem ihnen gesetzlich übertragenen Wirkungskreise wurzeln und aus den Functionen sich ergeben, zu denen die=selben gesetzlich berufen sind.

3. Die allgemeinen Rechte der Staatsbürger sind theilweise durch das Staatsgrundgesetz aufgezählt (s. unten); diejenigen dieser Rechte, welche sich auf die Mitwirkung an der gesetzgebenden Gewalt beziehen, werden speciell politische Rechte genannt; außer den politischen stehen jedem Staatsgenossen eine Reihe öffentlicher Rechte zu, d. i. solcher, welche „Jedermann" im Staate ausüben kann, wie z. B. Benützung öffentlicher Anlagen und Anstalten, Inbetriebsetzung von Bergwerken, Gründung von Actiengesellschaften u. s. w.

Diesen drei Kategorien von Rechten steht eine doppelte Reihe von Pflichten gegenüber. Denn jedem subjektiven Rechte einer Person oder Be=hörde entspricht einerseits eine Pflicht derselben Person oder Behörde, andererseits eine ihrem Rechte entsprechende Pflicht einer anderen Partei. So z. B. entspricht dem Rechte einer Behörde einerseits die Pflicht derselben dieses Recht nur in dem gesetzlichen Umfange zu üben, es nicht zu miß=brauchen u. s. w., andererseits entspricht ihrem Rechte die Pflicht der Staats=

---

[12]) Zorn erklärt das äußere Staatsrecht als die „Lehre von den inter=nationalen Rechtsverhältnissen des Staates" und behandelt dieselbe in seinem „Staatsrecht des Deutschen Reiches".

bürger, ihr in der Ausübung dieses Rechtes Gehorsam zu leisten, eventuell sie in der Ausübung dieses Rechtes zu unterstützen u. s. w.

Betrachten wir zuerst jene Reihe von Pflichten, welche den jeweilig Berechtigten obliegen, welche also in unmittelbarem Zusammenhange mit dem subjectiven Rechte, quasi eine Reversseite desselben bilden. —

Was nun die Pflichten anbelangt, welche den Hoheitsrechten ent=sprechen, so sind dieselben keine Rechtspflichten im strengen Sinne des Wortes, ebenso wie die Hoheitsrechte nur uneigentlich zu den Rechten ge=zählt werden. Fließen die Hoheitsrechte aus der historisch entwickelten Macht, so wurzeln die Pflichten der obersten Staatsgewalt in der historisch entwickelten Sittlichkeit. Man könnte sagen, Macht giebt Rechte und legt Pflichten auf. Erzwingbar allerdings sind letztere nicht, d. h. momentan und von Einzelnen nicht; doch erzwingt diese Pflichten die geschichtliche Entwickelung, die jeden Mißbrauch der Hoheitsrechte ahndet.

Dagegen sind obrigkeitliche Pflichten allerdings diejenigen, welche den Behörden ihr gesetzlicher Wirkungskreis auferlegt. Die Verletzung derselben wird im Disciplinarwege gestraft und wenn es sich um die obersten Beamten des Staates, die Minister handelt, so kann dieselbe im Wege der Ministeranklage vom Staatsgerichtshofe geahndet werden (s. unten).

Was endlich jene Pflichten anbelangt, welche den allgemeinen Rechten der Staatsbürger entsprechen, so giebt es ohne Zweifel auch „allgemeine Pflichten" der Staatsbürger, doch sind dieselben keineswegs die Revers=seiten ihrer verfassungsmäßigen allgemeinen Rechte, sondern gehören jener zweiten Reihe von Pflichten, welche den Rechten einer Gegenpartei sozusagen entsprechen, welche also nicht Reversseiten eines subjectiven Rechtes, sondern die Wirkung eines fremden Rechtes sind.

So folgt aus den Hoheitsrechten des Staates und den obrig=keitlichen Rechten der Behörden einfach die allgemeine Pflicht der Staats=bürger, sich den Gesetzen des Staates und den Anordnungen der Behörden zu fügen. Allerdings giebt es kein Verfassungsgesetz, welches solche all=gemeine staatsrechtliche Pflichten der Staatsbürger auf ähnliche Weise fest=setzen würde, wie das mit ihren allgemeinen Rechten der Fall ist. Dieser Umstand erklärt sich leicht daraus, daß Gesetze und speciell Verfassungs=gesetze, immer auf Verlangen der Staatsbürger erlassen werden und daher selbstverständlich ihre Rechte und nicht ihre Pflichten zum Inhalt haben. Diese auf solche Weise vom Gesetzgeber verliehenen, durch Gesetze garantirten Rechte haben meist ein ganz bestimmtes Gepräge: sie enthalten immer ein Gestatten, welches ein früher bestandenes Verbot beseitigt. Wenn wir z. B. in verfassungsmäßigen Rechten der Staatsbürger das Recht der Freizügig=keit finden: so hat das seine Ursache darin, daß früher das Wegziehen von einem Orte zum anderen theils nicht gestattet, theils an lästige Bedingungen geknüpft war. Oder wenn in den allgemeinen Rechten die Bestimmung enthalten ist, daß die öffentlichen Aemter für alle Staatsbürger gleich zu=gänglich sind, so liegt der Zweck dieser Bestimmung darin, daß dadurch früher bestandene Beschränkungen und Hindernisse beseitigt werden sollen.

Zu einer Forderung nach Festsetzung allgemeiner Pflichten haben aber
die Staatsbürger keine Veranlassung. Die Staatsgewalten dagegen, die
Regierungen, sind nie doctrinär; es fällt ihnen nicht ein und es hätte auch
keinen Sinn, allgemeine Pflichten der Staatsbürger festzusetzen. Die allge=
meinste Pflicht der Staatsbürger, die Gesetze zu befolgen, ist in dieser allge=
meinen Form nirgends codificirt,[14]) geht aber aus den unzähligen Straf=
sanctionen, mit denen alle Gesetze versehen sind, und welche „die Zuwider=
handelnden der Strenge des Gesetzes" überweisen, klar hervor. Wollte
man alle diese mit Strafandrohungen versehenen Verbote zusammenstellen,
so hätte man eine große Reihe von Bestimmungen darüber, was alles dem
Staatsbürger zu thun nicht gestattet ist oder was alles er unterlassen
müsse. Das Hauptreservoir solcher Verbote ist das Strafgesetzbuch; es ist
eine Sammlung lauter negativer Bestimmungen.[15])

Aus dem Umstande nun, daß es keine positiven Bestimmungen über
die Pflichten der Staatsbürger giebt und daß solche auch aus den positiv
formulirten Rechten derselben sich nicht ergeben, folgt, daß innerhalb des=
jenigen Gebietes, welches von den negativen Bestimmungen begränzt ist,
die Staatsbürger vollkommene Actionsfreiheit besitzen, d. h. keinerlei Pflichten
unterworfen sind. Was also nicht durch staatliche Gesetze direct oder in=
direct verboten ist das zu thun, ist den Staatsbürgern gestattet. Ein Beispiel
möge dies erläutern. Münzen zu prägen ist dem Staatsbürger verboten;
Münzen einzuschmelzen ist nicht verboten, braucht daher auch nicht erst ge=
stattet zu sein, sondern liegt in der freien Actionssphäre jedes Staatsbürgers.
Endlich steht aber auch den gesetzlich gewährleisteten Rechten der Staats=
bürger eine allgemeine Pflicht der Staatsgewalt und ihrer Organe gegen=
über u. zw. diese Rechte zu respectiren, nichts zu thun was denselben
abträglich oder ihrer Ausübung hinderlich wäre.

Da aber jeder Staatsbürger wie erwähnt das Recht hat alles zu thun
was nicht verboten ist, so folgt daraus die weitere Pflicht der Staatsgewalt
und ihrer Organe auf diesem weiten Gebiete der „persönlichen Selbstbe=
stimmung", den Einzelnen so lange gewähren zu lassen, so lange er kein
staatliches Gesetz verletzt. Diesen aus der Natur der staatlichen Rechts=
ordnung (und auch aus den österreichischen Staatsgrundgesetzen) sich er=
gebenden Rechtssatz drückte das österreichische Landesvertheidigungsministerium
in einem Bescheide vom 30. Jänner 1868 in der Weise aus, daß: „nach
dem StGG. jedem Staatsbürger unter den gesetzlichen Voraussetzungen das
Selbstbestimmungsrecht gewahrt ist".[16])

---

[14]) Doch ist diese Verpflichtung der Staatsbürger bezüglich der „bürgerlichen Gesetze" im §. 4 des abGB. enthalten. Auch §. 150 Str.-Prozeß enthält
die Festsetzung einer allgemeinen Pflicht aller Staatsbürger.

[15]) Nur vereinzelt befinden sich in demselben Gebote, welche die Vornahme
positiver Handlungen anbefehlen, also Auferlegung positiver Pflichten, z. B. An=
zeigepflicht hochverräthischer Unternehmungen.

[16]) Die Michaelsbrüderschaft in Wien stellte das Ansuchen, die Regierung
möge verlautbaren, daß die Anwerbung von Oesterreichern für die päpstliche
Armee keinem Anstand unterliege. Die Regierung lehnte es ab, eine solche Ver=

Das Gesetz.

§. 10. Werden Rechte und diesen entsprechende Pflichten von der Staatsge=
walt als solche anerkannt und kundgemacht, was im Alterthum oft durch
Einmeißelung in Stein oder Metallplatten, heutzutage immer durch Nieder=
schrift und Vervielfältigung derselben mittelst des Druckes geschieht, so ent=
steht ein Gesetz.

Gesetz ist daher immer eine Anordnung der Staatsgewalt. Es wäre
aber ungenau, das Gesetz blos als eine Kundmachung eines Befehls der
Staatsgewalt zu definiren, denn es muß nicht immer einen Befehl enthalten,
wenigstens keinen unmittelbaren. Es ist oft nur eine Anordnung, die irgend
eine staatliche Einrichtung in's Leben ruft und daher nur sehr mittelbar zu
einem Befehle wird. Zu allgemein wäre es andererseits, das Gesetz als
bloße Aeußerung des Willens der Staatsgewalt zu definiren, weil die
Staatsgewalt oft ihren Willen äußern kann, ohne damit ein Gesetz zu er=
lassen oder überhaupt einen Befehl oder Anordnung daran zu knüpfen.[17])

§. 11. Im absoluten Staat war Gesetz, was der Monarch als solches ver=
kündete, mag nun der gesetzgeberische Act unter welchem Namen immer
(Patent, Decret, Diplom, Resolution, Handschreiben, Erlaß, Verordnung
u. dergl.) kundgemacht worden sein.

In Oesterreich-Ungarn sind gegenwärtig die Bedingungen des Zustande=
kommens giltiger Gesetze verfassungsmäßig geordnet. Ein gemeinsames
Merkmal haben alle Gesetze, und zwar daß sie nicht gegen den Willen
des Herrschers zu Stande kommen können. All und jedes Gesetz muß
daher die Zustimmung des Monarchen haben oder auf Grund seiner
Bevollmächtigung durch von ihm bestellte Behörden oder Beamte in ihrem
gesetzmäßigen Wirkungskreise kundgemacht worden sein. Wir verstehen
hier unter Gesetz all und jede Norm, die öffentliche Verhältnisse regelt. Je
nach dem 1. Inhalt jedoch, 2. der Form des Zustandekommens, und 3. den
Geltungsgebieten unterscheidet man:

ad 1. Das Gesetz im engeren Sinne, welches allgemeine Normen enthält
im Gegensatz zur Verordnung, welche die allgemeinen Normen in Special=
und Detail=Vorschriften auflöst und der Verfügung, welche sich auf concrete
Einzelfälle bezieht. Doch läßt sich diese Gränze nicht genau feststellen.

ad 2. Das verfassungsmäßig unter Mitwirkung der Volksvertretung zu
Stande gekommene Gesetz von der Verordnung, dem Erlaß und ähnlicher
Bestimmung einer Behörde, welche in Ausführung des Gesetzes erfließt.

ad 3. Staatsgesetze, welche für den Bereich je eines Staates der
Monarchie, von den Landesgesetzen, welche für nur eines der Länder

---

lautbarung, daß „ein Anstand nicht bestehe", zu erlassen, fügte jedoch obigen Satz
von dem Selbstbestimmungsrecht der Staatsbürger hinzu.

[17]) Die Frage nach dem nothwendigen und möglichen Inhalt des „Gesetzes" und
die daraus sich ergebende Unterscheidung des formalen und materiellen Gesetzes
ist jüngstens in einer Monographie von Seligmann: Beiträge zur Lehre vom
Staatsgesetz ꝛc. Berlin 1886 ausführlich behandelt worden, wo auch die ganze
einschlägige Literatur angegeben ist.

derselben, endlich Gemeindegesetze (Statute), welche nur für den Umkreis einer Gemeinde erlassen werden und Geltung haben. —

Diese Eintheilungen der Gesetze sind keine bloße theoretische Spielerei, denn es knüpfen sich daran sehr wichtige Consequenzen. Insbesondere ist dieß der Fall mit Bezug auf Gesetz und Verordnung. Wo die Allgemeinheit der Norm aufhört und die Specialität und Ausführung im Detail beginnt, darüber kann es kein Kriterium geben; daher ist die Grenze zwischen Gesetz und Verordnung, wo dieselbe nicht unmittelbar oder mittelbar gesetzlich festgestellt ist, eine schwankende, und muß es der Natur der Sache nach immer bleiben. Allerdings ist diese Frage von Wichtigkeit, weil mit ihrer Entscheidung zugleich die Frage entschieden werden soll, ob die Erlassung einer Norm, wo dieses nicht ausdrücklich durch ein Gesetz festgestellt ist, Sache der Gesetzgebung oder der Regierung ist. Es kann daher nicht Wunder nehmen, daß sich Formalisten und Casuisten unter Staatsrechtslehrern über die Gränze zwischen Gesetz und Verordnung in weitläufige Untersuchungen eingelassen haben. Aber nicht alles, was im einzelnen Falle von Wichtigkeit, muß deßwegen auch klar entschieden werden können.

Allerdings hängt es im concreten Falle von der Entscheidung dieser Frage ab, ob die Regierung eine gesetzliche Bestimmung im Wege der parlamentarischen Gesetzgebung durch ein Gesetz regeln lassen will oder ob sie sich für competent hält, diese Bestimmung im Verordnungswege zu erlassen. Aber eben diese Frage der höchsten gesetzgeberischen Competenz im Staate läßt sich durch keine juristische Regel für alle zukünftigen Fälle feststellen. Vielmehr hängt sie in einzelnen zweifelhaften Fälle von Zweckmäßigkeitsrücksichten und in Collisionsfällen zwischen Parlament und Ministerium von der Entscheidung des Monarchen ab.

§. 12. Dagegen bietet die Entscheidung der Frage, ob eine staatliche Norm Gesetz oder Verordnung ist, formell für die seit der Einführung des Constitutionalismus erflossenen Gesetze keine Schwierigkeit, denn nachdem zur Gesetzgebung die verfassungsmäßige Mitwirkung der Volksvertretung erforderlich ist, so kann formell nur das als Gesetz angesehen werden, was auf diese Weise entstanden ist, was hingegen ohne diese Mitwirkung von der Regierung als Norm erlassen wurde, ist Verordnung oder Verfügung. Nur diesen formellen Unterschied zwischen Gesetz und Verordnung hat offenbar das Staatsgrundgesetz über die richterliche Gewalt im Auge, wenn es den Gerichten das Recht der Prüfung der Giltigkeit gehörig kundgemachter Gesetze ausdrücklich entzieht, dagegen ihnen das Recht der Prüfung der Giltigkeit von Verordnungen und Entscheidung über dieselben im gerichtlichen Instanzenzuge zuerkennt. (StGG. 21. Dec. 1867 Nr. 144, Art. 7.)

§. 13. In vielen Fällen spricht es das Gesetz ausdrücklich aus, daß Bestimmungen über gewisse Materien durch Gesetze erfolgen müssen oder „im Verordnungswege" erlassen werden können. So z. B. müssen durch Gesetze festgestellt werden (dürfen daher durch Verordnungen weder festgestellt noch abgeändert werden) folgende Verhältnisse:

a) Organisation und Competenz der Gerichte (Art. 2 obig. Ges.);

b) Wirkungskreis der Militärgerichte (Art. 3);

c) Gerichtsbarkeit, bezüglich der Uebertretungen der Polizei= und Ge=
fälls=Strafgesetze (Art. 4).

d) Ebenso ergiebt es sich aus den Bestimmungen des Diploms vom
20. October 1860, daß die „Art und Weise und die Ordnung der
Militärpflichtigkeit" nur im Wege der Gesetzgebung („in und mit
dem Reichsrathe und unter seiner Mitwirkung") geregelt werden
dürfe.

Dagegen erklärt das Wehrgesetz, daß „die näheren Bestimmungen"
über die Theilnahme der Einjährig=Freiwilligen, welche die Officiersprüfung
nicht bestanden haben, an dem theoretischen Unterricht der Einjährig=Frei=
willigen im Verordnungswege zu regeln" sind. (§. 25).

Auch die Bestimmungen über die Maaßregeln, die zur Abhilfe zu treffen
sind dort wo sich eine größere Zahl Wehrpflichtiger der Wehrpflicht durch
Flucht entzieht, sind vom Minister „im Verordnungswege" zu erlassen.

Die neuere österreichische Gesetzgebung seit 1867 macht einen klaren
Unterschied zwischen Gesetz und Verordnung.[18] Ersteres ist diejenige allge=
meine Norm, zu deren Erlassung die Mitwirkung der Volksvertretung er=
forderlich ist; letztere diejenige, die von der Staatsbehörde, von der Regie=
rung giltig erlassen werden kann. „Die Kundmachung der Gesetze erfolgt
im Namen des Kaisers mit Berufung auf die Zustimmung des verfassungs=
mäßigen Vertretungskörpers und unter Mitfertigung eines verantwortlichen
Ministers" (StGG. 21. Dec. 1867 Nr. 145, Art. 10). Im Unterschied
von dieser Form der Kundmachung der Gesetze sind „die Staatsbehörden
innerhalb ihres amtlichen Wirkungskreises befugt, auf Grund der Ge=
setze Verordnungen zu erlassen und Befehle zu ertheilen und sowohl
die Beobachtung dieser letzteren als der gesetzlichen Anordnungen selbst,
gegenüber den hiezu Verpflichteten zu erzwingen" (Art. 11).

. 14.   Nicht zufrieden mit diesem rein formellen Unterschied zwischen Gesetz
und Verordnung wollten einige Staatsrechtslehrer einen meritorischen Unter=
schied finden zwischen „materiellen" und „formalen" Gesetzen, nämlich
einen solchen Unterschied, der sich aus dem Inhalte des Gesetzes selbst er=
giebt. Darnach enthielte das materielle Gesetz eine allgemeine Rechtsregel,
z. B. daß jeder volljährige Staatsbürger männlichen Geschlechts und unbe=
scholtenen Rufes das Wahlrecht ausüben kann, hingegen das formelle Gesetz
die Vorschriften, in welcher Weise er dies thun könne. Nähme man einen
solchen meritorischen Unterschied der Gesetze an, einen Unterschied, der sich

---

[18] Zorn (Deutsches Reichs=Staatsrecht) T. I. S. 107 hebt mit Recht hervor,
daß „zwischen Gesetz und Verordnung kein innerer Unterschied" besteht, daß der=
selbe „vielmehr nur in der äußeren Form liegt." „Kein Versuch, jenen Unter=
schied nach inneren Gründen zu firiren, ist gelungen: weder die praktischen Ver=
suche mehrerer Verfassungen, noch die theoretischen Bemühungen haben zu einem
Resultate geführt. Der Unterschied der Form aber liegt nur darin, daß beim Gesetz
Zustimmung der Volksvertretung zum Inhalte nothwendig ist, bei der Verord=
nung nicht."

auf den Inhalt der erlaſſenen oder kundgemachten Beſtimmung ſtützte, ſo
könnte es formale materielle Geſetze geben und formale formelle Geſetze,
ferner formale Verordnungen, die materielle Geſetze wären und formale
Verordnungen die formelle Geſetze wären. Wer an ſolchen Haarſpaltereien
Vergnügen findet, mag ſie betreiben: wenn das aber „juriſtiſche Methode"
ſein ſoll, dann iſt ſie im Staatsrecht jedenfalls ſchlecht angebracht.[19]) Prak=
tiſchen Werth haben ſie hier keineswegs und leiſten nur unproductiver
Scholaſtik Vorſchub.

Dasſelbe gilt von Eintheilungen der Verordnungen in Rechts= und
Verwaltungsverordnungen, die Laband und nach ihm G. Meyer aufſtellt. Mit
Recht bemerkt dazu Sarwey, daß man ſolche Unterſcheidungen „in belie=
biger Zahl" machen kann, z. B. vorübergehende und bleibende, für das
ganze Staatsgebiet oder für einen Theil desſelben geltende, ferner Straßen=,
Eiſenbahn=, Poſt= u. dergl. Verordnungen. „Gewonnen iſt hiermit für die
Beſtimmung des Verordnungsrechts nichts." (Sarwey, Deutſches Verwal=
tungsrecht b. Marggquardſen I. 2, S. 30.)

————

Polizeiverordnung.

Sowohl von Geſetzen wie von Verordnungen der oberſten Regierungs= §. 15.
behörden unterſcheidet man nicht ohne Grund die Verfügungen all und
jeder Behörde oder Obrigkeit, denen das Recht zur Erlaſſung ſolcher Ver=
fügungen geſetzlich oder kraft erhaltener Bevollmächtigung, ſei es einer
allgemeinen, oder ſpeziellen, zuſteht. Es giebt kaum eine Behörde im
Staate, der ein ſolches Recht nicht bald in weiterem, bald in engerem Kreiſe
zuſtünde — denn nur rein begutachtende oder beurkundende Behörden
können ohne ein ſolches Verfügungsrecht ihres Amtes walten. Alle anderen
Behörden, ſei es ſtaatliche, ſei es autonome (Gemeinde=, Bezirks=, Landes=
Behörden) wären machtlos und nicht im Stande die ihnen vom Staate
übertragenen Aufgaben zu erfüllen, wenn ihnen nicht ein ſolches Recht
zuſtünde.

Die wichtigſte Kategorie ſolcher Verfügungen ſind alle Polizeiver=
fügungen (oder Polizeiverordnungen), möge die Polizeigewalt von ſtaat=
lichen oder communalen Behörden geübt werden. Sie verpflichten im
competenten Wirkungskreiſe jedermann ebenſogut als ob ſie Geſetze und
Verordnungen wären, ja! in gewiſſen Verhältniſſen und unter gewiſſen
Umſtänden können ſolche Verfügungen inappelabel ſein und dürfen mit Auf=
bietung von Zwangsmaßregeln durchgeführt werden — z. B. Verfügungen
in Fällen der Gefahr, bei Elementarereigniſſen, Epidemieen u. ſ. w. In
Oeſterreich werden Polizeiverfügungen, wenn ſie nicht individuelle Fälle be=
treffen, in der Regel in Form von Kundmachungen erlaſſen, die ſich an
die geſammte Bewohnerſchaft eines Polizeirayons wenden. —

————

[19]) Kurz und bündig lehnt dieſe „juriſtiſchen" Haarſpaltereien ab Kirchenheim:
Deutſches Staatsrecht 1887, S. 103—105.

⚹ Rundschreiben.

§. 16. Den Verordnungen der Regierung zur Seite stehen Willensäußerungen derselben, die in Form von „Rundschreiben" der Minister erfolgen und sich auf keinen speziellen Fall, sondern auf die allgemeine Richtung, auf die Grundsätze, sozusagen auf die Methode der Handhabung der Regierungsgewalt beziehen.

Das ausschließlich charakteristische Moment solcher Rundschreiben ist, daß so wie sie sich nur an eine kleine Zahl von Oberbehörden, in Oesterreich an die Länderchefs, wenden, sie auch nur Weisungen an diese letzteren enthalten, daher nur für eine bestimmte Kategorie von Beamten bindend sind. Uebrigens brauchen solche Rundschreiben auch für diese hohen Beamten keine bindenden Sätze zu enthalten, sondern nur dazu bestimmt sein, sie mit den leitenden Grundsätzen einer neuen Regierung bekannt zu machen, welche Grundsätze allerdings auch von ihnen befolgt werden müssen, sofern sie im Amte bleiben wollen.

Der erste Minister, der in Oesterreich nach dem Muster der französischen Ministerialrundschreiben an die Präfecten ein solches Rundschreiben erließ, war Bach (15. August 1849). Dasselbe enthielt außer der allgemeinen Darlegung des Programms der vom Minister zu befolgenden Regierungspolitik, die offenbar in erster Reihe nur den Minister selbst verpflichtet, auch Weisungen und Vorschriften, die für die Länderchefs und die denselben untergebene Beamtenschaft verpflichtend waren, für diese also die Bedeutung einer Verordnung hatten.

So z. B. enthielt dieses Rundschreiben die Weisung, „daß in jenen Kronlandsgebieten, welche mehrere Nationalitäten umfassen, jeder Beamte sich die Kenntniß der landesüblichen Sprachen verschaffen müsse und ebensoviel sich angelegen sein lasse, die gleiche Berechtigung der Stämme zu vermitteln und thatsächlich in Geltung zu bringen". Die, mittelst solcher Rundschreiben den Beamten auferlegten Pflichten statuiren in zweiter Linie die denselben correspondirenden Rechte der Staatsbürger, denen es doch freistehen muß im gegebenen Falle auf ein solches wirklich kundgemachtes Actenstück wie auf eine Regierungsverordnung sich zu berufen.[20]

Kaiserliche Verordnungen.

§. 17. Im constitutionellen Staate bilden eine besondere Art von Gesetzen die sogenannten Nothverordnungen. Es sind das Gesetze, zu deren Erlassung sich die Nothwendigkeit zu einer Zeit herausstellt, wo die zur Mitwirkung an der Gesetzgebung competente Volksvertretung nicht versammelt

---

[20] Von späteren Rundschreiben, welche jedesmal für die Richtung der Staatsverwaltung von Bedeutung waren, seien erwähnt: dasjenige Schmerlings vom 16. December 1860; Beusts vom 11. Februar 1867 und Giskras vom 25. Januar 1868. Auch während der Amtsführung eines Ministeriums werden oft leitende Gesichtspunkte den Behörden mittelst Min.-Circularien mitgetheilt, wie das z. B. unterm 13. April 1889 bezüglich der Handhabung des Versammlungsrechtes der Fall war. Solche Rundschreben werden nicht im RGB., wohl aber oft in der amtlichen Wiener Zeitung veröffentlicht.

ist und nicht versammelt werden kann. Für diesen Fall erläßt die Regie=
rung die nöthigen Normen in der äußeren Form einer kaiserlichen Ver=
ordnung, die jedoch von sämmtlichen Ministern zum Zeichen ihrer Ver=
antwortung unterzeichnet werden muß. (§. 14 des StGB. 21/12. 1867
N. 141 R.) Diese kaiserlichen Verordnungen haben jedoch nur provisorische
Gesetzeskraft, d. h. sie gelten nur so lange, bis der nächste Reichsrath zu=
sammentritt, dem sobann die Regierung (mindestens 4 Wochen nach dessen
Zusammentritt) die erlassene Verordnung zur Genehmigung vorlegen muß.
Unterläßt dieß die Regierung, so erlischt die Gesetzeskraft der Verordnung
von selbst.[21]

Kundmachung der Gesetze.

§. 18. Seit der Gründung des Reichsgesetz= und Regierungsblattes und der
Landes=Regierungsblätter im März 1849 (RGB. 2, Nr. 153), haben die
früheren Kundmachungsarten der Gesetze aufgehört und ist die Veröffent=
lichung der Reichsgesetze im RGB. und der Landesgesetze in den Landes=
gesetz= und Verordnungsblättern die einzig gesetzliche Kundmachungsart aller
Gesetze und Verordnungen.[22]

Daneben bestehen „für den Dienstbereich" der einzelnen Ministerien
„Verordnungsblätter", welche die Aufgabe haben Instructionen, Weisungen,
Belehrungen und Mittheilungen an die Behörden zu veröffentlichen. Die=
selben sind in neuerer Zeit an die Stelle der früheren „Normalien" getreten,

---

[21] Solche Verordnungen können durch die verschiedensten Umstände veranlaßt
werden. So z. B. wenn Elementarereignisse großen Schaden verursachten, wobei
sich die Nothwendigkeit ergibt, sofort eine staatliche Hilfe und Unterstützung der
nothleidenden Bevölkerung zu Theil werden zu lassen. In solchem Falle (wie das
im September 1890 geschehen) ermächtigt eine kaiserliche Verordnung die Regie=
rung, die nöthigen Fonds zum Zweck der Unterstützung flüssig zu machen.
[22] Die Einrichtung des RGB. ist zuletzt gesetzlich geregelt worden mit Gesetz
vom 10. Juni 1869 RGB. Stück 47 Nr. 113. Darnach ist dasselbe bestimmt,
zur Veröffentlichung a) der unter Mitwirkung des Reichsraths zu Stande ge=
kommenen Gesetze, b) der zur Veröffentlichung bestimmten Staatsverträge, c) der
Verordnungen, welche auf Grund der Reichsgesetze erlassen werden (§. 1). Das
Reichsgesetzblatt wird durch das Ministerium des Innern in allen landesüblichen
Sprachen der im Reichsrathe vertretenen Königreiche und Länder herausgegeben;
der deutsche Text jedoch ist der authentische (§. 2). Das RGB. führt den Titel:
„Reichsgesetzblatt für die im Reichsrath vertretenen Königreiche und Länder."
Wenn nichts anderes bestimmt ist, so gelten die darin kundgemachten Gesetze, Ver=
ordnungen und Staatsverträge für alle diese Länder (§. 3). Ausgeschlossen von
der Kundmachung im RGB. sind: Ministerialerlässe in Privilegiensachen und
Ministerial-Verfügungen in staatswirthschaftlichen Betriebssachen (§. 4). Der Tag
der Herausgabe jedes Stückes (Blattes oder Heftes) des RGB. ist auf demselben
genau anzugeben, da die verbindende Kraft der darin enthaltenen Kundmachungen
mit dem 45. Tage nach dem Tag der Herausgabe beginnt (§§. 5 und 6). Das
RGB. wird an Behörden versendet; es hat bei den Bezirksbehörden zu jeder=
manns Einsicht aufzuliegen (§§. 7 und 8). Die Gemeinden müssen dasselbe (jede
in der landesüblichen Sprache) anschaffen. — Analoge Bestimmungen gelten über
die Landesgesetzblätter der einzelnen Kronländer; näheres darüber bei Kaserer:
Justizverwaltung B. I S. 12. Ueber die Wandlungen, welche das RGB. seit
seiner Gründung durchgemacht hat, s. Mayrhofer I. 349 ff.

2*

welche den Behörden in Abschrift oder lithographischer Copie zugeschickt (intimirt) wurden. Die Veröffentlichung der ministeriellen Weisungen, Belehrungen und dergl. in diesen speciellen Verordnungsblättern vertritt nun die Stelle der früheren Intimationen und ist für Behörden und Beamte des betreffenden Dienstbereiches die gesetzliche Kundmachungsart.

Solcher speciellen Verordnungsblätter giebt es folgende:

Verordnungsblatt für den Dienstbereich des österreichischen Finanz= ministeriums erscheint seit 1. Jänner 1854; Post=Verordnungsblatt für das Verwaltungsgebiet des k. k. Handelsministeriums, in dieser Gestalt seit 1868; Verordnungsblatt für den Dienstbereich des Ministeriums für Cultus und Unterricht; Verordnungsblatt des Justizministeriums; Verordnungs= blatt für die Gendarmerie; Verordnungsblatt für die Landwehr; Circular= verordnungsblatt des k. k. Postsparkassenamtes in Wien; Verordnungsblatt des Ackerbauministeriums; Armee=Verordnungsblatt.

Geltung der Gesetze.

§. 19.   Das Geltungsgebiet der Gesetze erstreckt sich, wenn es nicht vom Gesetzgeber ausdrücklich auf ein kleineres Territorium beschränkt wird, auf das ganze Herrschaftsgebiet der staatlichen Souverainetät.

Für das Geltungsgebiet der unter Mitwirkung der verschiedenen in Österreich=Ungarn functionirenden gesetzgeberischen Körperschaften (Reichs= rath, Reichstag, Landtage) zu Stande kommenden Gesetze sind die die Com= petenz derselben regelnden Verfassungsbestimmungen maßgebend (s. unten).

Über die zeitliche Wirksamkeit der Gesetze gelten im Staatsrecht dieselben Grundsätze wie im Privatrecht. Darnach beginnt die Wirksam= keit eines Gesetzes gleich nach der gehörigen Kundmachung desselben, wenn nicht in dem Gesetze selbst der Zeitpunkt seiner Wirksamkeit weiter hinaus bestimmt wird (§§. 2 u. 3 abGB.); die Vergangenheit bleibt von dieser Wirksamkeit unberührt; Gesetze wirken nicht zurück (§. 5 abGB.) Mit der Unkenntniß eines gehörig kundgemachten Gesetzes kann sich Niemand entschuldigen. In Österreich gehört zur gehörigen Kundmachung, welche den Einzelnen binden soll, bezüglich der Angehörigen der verschiedenen Volks= stämme auch die Kundmachung in den einzelnen Landes= und Volkssprachen[23]), wenn auch nur der deutsche Text der authentische bleibt.

Ein Gesetz, dessen Geltungsdauer nicht durch das Gesetz selbst zeitlich begränzt ist, gilt so lange, bis es nicht ausdrücklich aufgehoben wird oder obsolet wird, d. h. durch Nichtbeobachtung und zugleich gründliche Aenderung der bezüglichen Verhältnisse oder auch Anschauungen außer Wirksamkeit gesetzt wird.

---

[23]) Das Reichsgesetzblatt erscheint seit 1870, außer in dem deutschen Urtext in böhmischer, italienischer, croatisch=serbischer, polnischer, ruthenischer, slovenischer und rumänischer Uebersetzung, also nicht nur in den einzelnen Landes=, sondern auch in einzelnen Volkssprachen. Vgl. darüber mein: Recht der Nationalitäten und Sprachen in Oesterreich.

So lange ein Gesetz nicht durch ein nachfolgendes Gesetz ausdrücklich als aufgehoben erklärt wird, bleibt es in Geltung, wenn auch einzelne Bestimmungen desselben durch nachfolgende Gesetzesbestimmungen außer Geltung kommen.

Auch kann es sich ereignen und die österreichischen Gesetze liefern dafür vielfache Belege, daß die Hauptbestimmungen eines Gesetzes, z. B. über Organisation und Einrichtung von Behörden, durch nachfolgende Organisationsgesetze ihre Geltung verlieren, daß aber Nebenbestimmungen oder einzelne Theile desselben, die mit der neuen Organisation verträglich sind, ihre Wirksamkeit behalten. So z. B. ist mit Min.-Verord. vom 17. März 1855, RGB. 52, eine Instruktion in Betreff der inneren Einrichtung und der Geschäftsordnung der damals theils bereits eingesetzten, theils zu organisirenden „Bezirksämter" erflossen, welche „gemischte Aemter" zur Besorgung der Justiz und Verwaltung waren. Nun sind jene gemischten Bezirksämter in Folge der gesetzlich durchgeführten Trennung der Justiz von der Verwaltung aufgehoben und die rein politischen Bezirksbehörden eingesetzt worden. Dadurch ist aber die mit der M.-V. vom 17. März 1855 erlassene Amtsinstruktion nicht ganz außer Wirksamkeit getreten; nur jene Bestimmungen derselben, die sich auf die gerichtliche Thätigkeit der Bezirksämter bezog, trat außer Geltung, dagegen sind die auf die politische Amtsführung bezüglichen Bestimmungen derselben noch immer in Wirksamkeit.

Entstehung und Wesen der Verfassung.

§. 20. Da die Verfassung eines Staates nichts anderes ist als die gesetzliche Formulirung der im Staate thatsächlich in Folge historischer Entwickelung bestehenden Machtverhältnisse zwischen den socialen Bestandtheilen desselben: so kann ein Verfassungsgesetz im Grunde genommen nur auf solche Weise entstehen, daß jeweilig die im Besitze der Macht befindlichen socialen Bestandtheile die gegenseitigen Gränzen ihrer Macht in Gesetzesform als Recht normiren.

Da auf diese Weise jeder Verfassungssatz einen socialen Kampf voraussetzt, der in einem staatsrechtlichen Ausgleich seinen vorläufigen Abschluß findet, und da solche Kämpfe unmöglich gleichzeitig alle Fragen des Staatslebens umfassen können, vielmehr nur jeweilig auf einzelnen Gebieten desselben sich abspielen und einzelne Interessen des Gesammtlebens zum Gegenstande haben: so erklärt sich daraus die bekannte historische Thatsache, daß Verfassungen nur stückweise entstehen und sich aus einer großen Anzahl über Jahrhunderte vertheilter gesetzlicher Normirungen der auf den verschiedensten Gebieten staatlichen Lebens zwischen den socialen Bestandtheilen des Staates streitig gewesenen Interessen und Angelegenheiten zusammensetzen.

§. 21. Es bedurfte ganz ausnahmsweiser Verhältnisse, um eine Verfassung auf scheinbar anderem Wege entstehen zu lassen. Sie trafen dort ein, wo eine Schaar von Auswanderern aus altem Culturlande sich eines Tages auf historischem Neuboden niederließ oder wenigstens auf solchem Boden auf dem die dort ansässigen Träger einer älteren historischen Entwickelung mit Feuer und Schwert hinweggefegt wurden — wie in Amerika. Englische Auswanderer, die aus dem Heimathlande fertige Begriffe über Staatsorganisation und Verfassung im Kopfe tragend, am Ende des 17. Jahrhunderts in Amerika die Colonie Karolina gründeten, faßten zum ersten Male die Idee, sich von einem heimathlichen Philosophen (Locke) eine fix und fertige Verfassung kommen zu lassen. Es ist das das erste Beispiel einer von der Theorie für ein Staatswesen entworfenen Verfassung.[21])

Nur mit gewissen Vorbehalten kann man der im Jahre 1788 für die Vereinigten Staaten von Amerika entworfenen Verfassung, die, von einigen Modificationen abgesehen bis heutzutage in Geltung ist, einen solchen theoretischen Ursprung zuschreiben. Denn obschon dieselbe auf einem ersten Entwurf beruht, den Benjamin Franklin dem Congreß in Albany im J. 1754 vorlegte, der dann in etwas veränderter Form als „Virginischer Entwurf" auf dem Congreß in Philadelphia im Mai 1787 angenommen wurde: so haben doch diese Verfassungsentwürfe im Wesen theils an bestehende Verhältnisse angeknüpft, theils die staatlichen Einrichtungen des Mutterlandes zum Muster genommen, waren also weniger theoretische Entwürfe als aus analogen Verhältnissen herübergenommene Bestimmungen. Dagegen bietet Frankreich seit der großen Revolution das Beispiel wiederholter, auf bloß theoretischen Prämissen beruhender Verfassungen, die allerdings sich theils gar nicht einleben konnten, theils von sehr kurzer Dauer waren, da sie mit den thatsächlich bestehenden Verhältnissen in unversöhnlichem Gegensatz blieben.

§. 22. Nichtsdestoweniger hat Europa seit jenen französischen revolutionären Verfassungen eine ganze Reihe von Verfassungen aufzuweisen, die nach mehr oder minder gewaltsamer Beseitigung bestehender Verhältnisse für einzelne Staaten nach dem einen oder dem anderen Muster entworfen, hier kürzere, dort längere Zeit in Geltung und rechtlichem Bestande blieben.[25]) Darnach könnte es scheinen, daß eine Verfassung nicht durchaus stückweise aus historischen Verhältnissen unter stetem Kampf der socialen Bestandtheile des Staates hervorgehen müsse: daß eine solche sehr wohl aus einem Gusse von Staatsmännern oder Staatsgelehrten am Schreibpult entworfen, allenfalls nach durchgeführter parlamentarischer Debatte, einem Staatswesen auferlegt werden könne. Eine solche Annahme wäre irrthümlich. Wohl kann bei Neugestaltungen der Staatsverhältnisse nach politischen Umwälzungen, sei es der äußeren oder inneren Verhältnisse, für die neue Lage der Dinge eine die gesammten Herrschaftsbeziehungen und die ganze Rechtsordnung umfassende Verfassungsurkunde entworfen und als Gesetz verkündet werden: damit ist aber die „Verfassung" noch nicht zu einer Ver-

---

[21]) Bekanntlich haben auch einige polnische Patrioten im 18. Jahrhundert eine Verfassung für Polen sich „in Paris" bei Rousseau bestellt — der sie auch pünktlich lieferte.

[25]) Eine stattliche Anzahl dieser Verfassungen findet man abgedruckt in Rauch's Parlamentarischem Taschenbuch. Plauen 1867. — Von älteren Sammlungen sei erwähnt Bülau: Die europäischen Verfassungen seit dem Jahre 1789. (...), 1847.

faſſung geworden und iſt es noch nicht. Sie iſt erſt gegeben und kund=
gemacht; auch kann ſie allenfalls als Grundlage und Ausgangspunkt
weiterer Entwickelung dienen: um aber thatſächlich die Verfaſſung des Staates
zu werden und eine ſolche in der Wirklichkeit zu ſein, muß ſie jene noth=
wendige Entwickelung behufs Anpaſſung an die wirklichen Machtverhält=
niſſe erſt durchmachen und die zu dieſem Zwecke nöthigen Correcturen hinter=
drein erhalten; ſie muß den Ausgleich mit der Wirklichkeit durchmachen,
bevor ſie als thatſächliche Verfaſſung aus dem Kampf der ſocialen Be=
ſtandtheile nach ihren gegenſeitigen Machtverhältniſſen modificirt und approbirt
hervorgeht, um ſodann wieder in den Strom der ſtaatsrechtlichen Entwicke=
lung geſtellt zu werden.

Der Proceß der Entſtehung einer Verfaſſung iſt alſo im Grunde
immer derſelbe, gleichviel, ob die Verfaſſung ſtückweiſe aus hiſtoriſcher Ent=
wickelung hervorgeht oder ob ein aus einem Guſſe entſtandener theoretiſcher
Entwurf von der nachfolgenden Entwickelung ſo lange in Stücke geſchlagen
wird, bis er die hiſtoriſche Weihe der Wirklichkeit und Thatſächlichkeit erhält.

Die heutige öſterreichiſch=ungariſche Verfaſſung iſt, wie wir geſehen
haben,[26] zum Theil ſtückweiſe aus jahrhundertelanger hiſtoriſcher Entwickelung
hervorgegangen: zum Theil hat ſie ihren Ausgangspunkt in aus einem
Guſſe entworfenen Verfaſſungsurkunden (Octoberdiplom 1860, Patent vom
26. Febr. 1861 und Staatsgrundgeſetzen 1867), die von der ſeither
nachgefolgten Entwickelung (öſterreichiſch=ungariſcher Ausgleich) theils ſchon
in wichtigen Stücken modificirt wurden, theils weiterer Correcturen in noch
bevorſtehenden ſtaatsrechtlichen „Ausgleichen" unterzogen werden.

Sobald eine Verfaſſung von den geſetzlich zur Beſchließung und Er= **§. 23.**
laſſung derſelben berufenen Factoren gegeben iſt, ſo kann es keinem Zweifel
unterliegen, daß ſie giltig iſt, ebenſo wie jedes andere von dem Geſetzgeber
kundgemachte Geſetz, oder wie jede von der Regierung in ihrem geſetzlichen
Wirkungskreiſe erlaſſene Verordnung. Doch beſteht zwiſchen einem Ver=
faſſungsgeſetze und gewöhnlichen Geſetzen der Unterſchied, daß letztere, ſo=
bald ſie einmal geltend ſind, auch leicht verwirklicht werden können. Jede
Regierung hat die Macht, die Geſetze des Staates zu verwirklichen, indem
ſie dieſelben nöthigenfalls durch Zwangsmittel durchführt.

Anders verhält ſich die Sache bei ganzen Verfaſſungen, namentlich bei
ſolchen, welche auf der Theilnahme des Volkes an geſetzgeberiſcher Action
baſiren. Bei ſolchen Verfaſſungen iſt mit deren formal giltiger Erlaſſung
und Kundmachung die Sache noch nicht erledigt: es fragt ſich noch immer,
ob die Verfaſſung verwirklicht wird, ob ſie real wird, ob ſie nicht ein Stück
Papier bleibt. So war die Februarverfaſſung (1861) gewiß ein giltiges
Geſetz, konnte aber nicht durchgeführt werden, weil Ungarn oder doch der
mächtigſte und entſcheidenſte Beſtandtheil des ungariſchen=Volkes, jener Be=
ſtandtheil, den man „die hiſtoriſche Nation" Ungarns par excellence nennen
könnte, die Theilnahme an der durch die Februarverfaſſung geſchaffenen

---

[26]) S. meine Einleitung in das (öſterreichiſche) Staatsrecht. Berlin 1889.

Volksvertretung verweigerte. Der sogenannte Schmerling'sche „weitere Reichsrath" ist nie verwirklicht worden; er blieb ein todter Buchstabe.

Nun ist es gewiß die erste Pflicht jeder Regierung, die Verfassung des Staates durchzuführen, und wenn es sich um eine Repräsentativverfassung handelt, so muß dieselbe so lange als nicht durchgeführt betrachtet werden, so lange ein ansehnlicher Theil des Volkes die Theilnahme an der Repräsentation verweigert. Allerdings kommt es dabei immer auf die sociale Macht der Abstinenten an. Die Abstinenz grollender unbedeutender Minoritäten, die keine nennenswerthe sociale Macht bilden, braucht eine Verfassung noch nicht als nicht durchgeführt oder nicht durchführbar erscheinen zu lassen. Es kommt dabei eben alles auf die sociale Macht desjenigen Volksbestandtheils an, der seine Theilnahme an der Repräsentation verweigert — und dieser Macht gegenüber allerdings auch auf die Macht der Regierung — wie denn „Macht" überhaupt ein relativer Begriff ist. Es ist ja wohl denkbar, daß eine Regierung auch einer ansehnlichen Abstinenzpartei gegenüber sich auf den Standpunkt des „wir können warten" stellt: nur entscheidet dann eben der Umstand, wer länger warten kann, und die Erfahrung lehrt, daß es nicht immer die Regierungen sind. Es ist eben viel leichter, eine Verfassung als Gesetz zu verkünden, zu octroyiren, oder gar nur zu entwerfen, als dieselbe durchzuführen. In Oesterreich hat man dafür ebenso wie in vielen anderen Staaten Beweise genug. Im Jahre 1848 erlebte man einige todtgeborene Verfassungen. Die octroyirte Verfassung vom 4. März 1849 konnte nicht durchgeführt werden; die Regierung selbst überzeugte sich von ihrer Undurchführbarkeit und hob sie auf. Die an dem passiven Widerstande der Ungarn gescheiterte Schmerling'sche Februarverfassung mußte im Jahre 1865 sistirt und endlich im Jahre 1867 „abgeändert" werden. Doch auch die Durchführung der so abgeänderten Verfassung vom 21. December 1867, mit der nunmehr die Ungarn sich zufrieden gaben, stieß diesseits der Leitha, namentlich in Böhmen, auf mannigfache Hindernisse, deren Wegräumung bis heutzutage noch immer nicht ganz gelungen ist.[27]

§. 24. Um die Unvermeidlichkeit jener Correcturen und Modificationen zu begreifen, denen auch die am feierlichsten verkündigten Verfassungen unterliegen müssen, wenn sie den wirklichen Machtverhältnissen nicht entsprechen, muß man sich den Unterschied gegenwärtig halten, der zwischen Gesetzen, die nur auf individuelle Fälle berechnet sind, daher durch die Staatsgewalt immer und überall leicht, wenn auch mit Gewaltanwendung, durchgeführt, und Gesetzen, die nur durch die Mitwirkung, daher das Entgegenkommen von Massen, verwirklicht werden können. Denn diese letzteren Gesetze, und zwar sind das in erster Linie auf parlamentarische Vertretung abzielende Verfassungsgesetze, können, wenn die Bereitwilligkeit und das Entgegenkommen jener Massen fehlt, nicht leicht durchgeführt werden.

Eine gewerberechtliche Bestimmung, daß z. B. ein Kaminfegergewerbe nicht ohne Concession ausgeübt werden darf, kann die Staatsgewalt leicht

---

[27] Ueber die Entwickelung des „böhmischen Ausgleiches" s. unten §. 63.

durchführen. Ein Kaminfeger, der sich unterfinge, ohne Concession sein Gewerbe auszuüben, würde einfach gestraft oder eingesperrt.

Wenn es sich aber um die Verwirklichung einer Landesordnung handelt und die Wähler nicht an die Urne herantreten wollen oder leere Stimmzettel abgeben, oder einen Abgeordneten wählen, von dem sie wissen, daß er entschlossen ist, nicht in den Landtag zu gehen: so ist die Durchführung eines solchen Gesetzes nicht leicht. Denn man kann die Wähler nicht mit Gewalt zur Urne treiben, man kann sie nicht zwingen, die Stimmzettel auszufüllen oder einen Abgeordneten zu wählen, der sich den Wünschen der Regierung fügsam erweise. Ein solches Gesetz kann also nur durchgeführt werden bei der Theilnahme und dem Entgegenkommen wenigstens eines beträchtlichen Theiles der Wählerschaft.

Staatsgrundgesetze.

Ursprünglich mit den Thatsachen selbst in die Erscheinung tretend, also **§. 25.** factisch existirend, werden die Machtverhältnisse der socialen Bestandtheile des Staates durch den Staat zu rechtlichen, und als solche Gegenstand gesetzgeberischer Festsetzungen. Nun giebt es allerdings im Staate kaum eine gesetzliche Bestimmung, die nicht Bestandtheil der Verfassung des Staates wäre, und man darf nicht glauben, daß es nur die öffentlich-rechtlichen Bestimmungen oder gar nur die politischen Rechtsbestimmungen sind, welche die Verfassungen bilden. Das bestehende Familienrecht oder Schuldrecht gehören ebenso gut zur Verfassung eines Staates, wie das Wahlgesetz oder Ministerverantwortlichkeitsgesetz.

Doch bestand schon seit Jahrhunderten das Bedürfniß, gewissen Gesetzen, auf denen die Verfassung des Staates vorzüglich beruht, den Charakter größerer Festigkeit, Unverletzlichkeit und Unverbrüchlichkeit zu geben, ihre Aenderung, wenn dieselbe überhaupt in's Auge gefaßt wird, an strengere Formen zu knüpfen. Zuerst allerdings äußerte sich dieses Bedürfniß bezüglich derjenigen Gesetze, welche sich auf den Besitzstand des regierenden Hauses oder auf die Thronfolge in demselben bezogen. So entstand in Oesterreich-Ungarn die „pragmatische Sanction", die schon durch die ungewöhnliche Bezeichnung, unter der sie kund gemacht, durch die überaus feierliche Form, in welcher sie verkündet wurde, und durch die Garantien, welche ihr mittelst der Anerkennung sowohl seitens fremder Machthaber wie der Stände der Länder und Königreiche verschafft wurde: sich als Grundgesetz sowohl der Dynastie wie des Staates darstellte. Seit dem Jahre 1848 trat die Tendenz das, was man im engeren Sinne „Verfassungsgesetz" oder die „Constitution" nannte, unter eine erhöhte Garantie der Dauerhaftigkeit und festen Bestandes zu stellen, immer deutlicher hervor. So bestimmte der Kremsierer Constitutionsentwurf (1849) im §. 157: „Die Constitution kann weder ganz noch theilweise aufgehoben werden" und verlangte behufs „Revision" derselben immer einen eigens zu wählenden Reichstag und in demselben eine für die Revision stimmende Majorität von zwei Drittheilen der Anwesenden.

Auch die octroyirte Reichsverfassung vom März 1849 verlangte für Verfassungsänderungen die Gegenwart von mindestens drei Vierttheilen aller Mitglieder in jedem Hause des Reichstags und die Zustimmung von mindestens zwei Dritttheilen der Anwesenden. [28])

Das Diplom vom 20. October 1860 bezeichnet sich selbst als „ein beständiges und unwiderrufliches Staatsgrundgesetz". Als solches solle es in den Landesarchiven der Königreiche und Länder aufbewahrt werden und die jedesmaligen Nachfolger des Monarchen „haben dasselbe Diplom sogleich bei ihrer Thronbesteigung mit ihrer kaiserlichen Unterschrift zu versehen, an die einzelnen Königreiche und Länder auszufertigen" — ein Vorgang, der offenbar dieses „Staatsgrundgesetz" vor allen anderen Gesetzen auszeichnen soll. Auch das Patent vom 26. Februar 1861 erklärt im Art. I, daß es dem beiliegenden Gesetz über die Reichsvertretung „die Kraft eines Staatsgrundgesetzes" verleihe. Im Art. III wird dieselbe „Kraft eines Staatsgrundgesetzes" den „beiliegenden Landesordnungen und Wahlordnungen" verliehen. Im Art. VI desselben Patentes endlich wird, „nachdem theils durch die vorausgängigen Grundgesetze, theils durch die wieder in's Leben gerufenen, theils durch die mittelst der neuen Grundgesetze geschaffenen Verfassungen das Fundament der staatsrechtlichen Verhältnisse des Reiches festgestellt und insbesondere die Vertretung der Völker gegliedert, auch ihre Theilnahme an der Gesetzgebung und Verwaltung geordnet" wurde, dieser „ganze Inbegriff von Grundgesetzen als die Verfassung des Reiches" erklärt, deren feierlich verkündete und angelobte Normen der Monarch nicht nur selbst zu befolgen und zu halten erklärt, sondern auch seine Nachfolger zu halten und „unverbrüchlich zu befolgen" verpflichtet.

An dem Charakter dieser Grundgesetze änderte es gar nichts, daß das Grundgesetz über die Reichsvertretung vom 26. Februar 1861 und speciell auch der §. 13 dieses Grundgesetzes im verfassungsmäßigen Wege, also mit Zustimmung der beiden Häuser des österreichischen Reichsrathes, mittelst zweier Gesetze vom 16. Juli und 21. December 1867, Nr. 98 und 141 RGB. abgeändert und somit an Stelle des alten Gesetzes über die Vertretung des Reiches ein neues, welches die Abänderung enthält, gesetzt wurde. Diese beiden neuen Gesetze treten als Grundgesetze an die Stelle desjenigen vom 26. Februar 1861.

§. 26.   Der Gedanke aber, daß Gesetze, welche gewisse Grundlagen der staatlichen Rechtsordnung berühren, indem sie auf seine Verfassung unmittelbaren Einfluß nehmen, „das Fundament der staatsrechtlichen Verhältnisse" des Staates bilden, dieser Gedanke, der in dem Art. VI des Patentes vom 26. Februar 1861 angedeutet ist, brach sich immer weiter Bahn und fand seinen Ausdruck in dem Beschlusse des österreichischen Reichsrathes vom 21. Juni 1867, einen Ausschuß aus 36 Mitgliedern zu

---

[28]) In Preußen verlangt die Verfassung für Verfassungsänderungen eine zweimalige Berathung mit einem Zwischenraume von mindestens 21 Tagen (Art. 107 der preußischen Verfassung).

wählen, an welche „alle Vorlagen und Anträge, welche in Bezug auf die Verfassung im Laufe der Session an das Haus gelangen, zur Vorberathung zu verweisen" wären. Dieser Ausschuß, der auch über die durch die Wiederherstellung der ungarischen Verfassung nothwendig gewordenen Aenderungen der österreichischen Februarverfassung zu berichten hatte, und der sich dann mit einer ganzen Reihe von „auf die Verfassung Bezug" habenden Gesetzen befaßte, wurde allgemein damals „Verfassungsausschuß" genannt.

Aus der Vorberathung desselben gingen, nebst dem bereits erwähnten, das Grundgesetz vom 26. Februar 1861 abändernden Gesetze, noch eine Reihe von Gesetzen hervor, die als Staatsgrundgesetze verfassungsmäßig zu Stande kamen, sanctionirt und kundgemacht wurden, und welche daher nachträglich zu jenem „Inbegriff von Grundgesetzen" hinzuzuzählen sind, welche die „Verfassung" Oesterreichs bilden. Es sind das folgende:

I. Gesetz vom 21. December 1867, Nr. 141 RGB., wodurch das Grundgesetz über die Reichsvertretung vom 26. Februar 1861 abgeändert wird.

II. Staatsgrundgesetz vom 21. December 1867, Nr. 142 RGB., über die allgemeinen Rechte der Staatsbürger.

III. Staatsgrundgesetz vom 21. December 1867, Nr. 143 RGB., über die Einsetzung eines Reichsgerichtes.

IV. Staatsgrundgesetz vom 21. December 1867, Nr. 144 RGB., über die richterliche Gewalt.

V. Staatsgrundgesetz vom 21. December 1867, Nr. 145 RGB., über die Ausübung der Regierungs= und Vollzugsgewalt.

Von den hier aufgezählten Gesetzen werden in dem Gesetze vom 21. December 1867, Nr. 147 RGB., womit der Zeitpunkt bestimmt wird, mit welchem dieselben in Wirksamkeit zu treten haben, nur die Gesetze II—V ausdrücklich als „Staatsgrundgesetze" genannt, das Gesetz I dagegen bloß als Gesetz bezeichnet, trotzdem demselben die Eigenschaft eines Grundgesetzes offenbar zukommt, da es das „Grundgesetz" vom 26. Februar 1861 abändert, daher an dessen Stelle tritt. Ueberdieß wird sowohl die Eigenschaft obiger Gesetze II—V als Staatsgrundgesetze, wie auch des obigen Gesetzes I als Grundgesetz ausdrücklich in dem Gesetz vom 2. April 1873, Nr. 40 RGB., anerkannt, womit das Gesetz über die Reichsvertretung, bezw. die §§. 6, 7, 15 und 18 desselben abgeändert wurden. [29]

Ferner wurden zwei Gesetze aus dem Jahre 1862 und zwar die Gesetze vom 27. October 1862, das eine zum Schutze der persönlichen Freiheit (1862, Nr. 87 RGB.), das andere zum Schutze des Hausrechtes (1862, Nr. 88 RGB.), in dem Staatsgrundgesetze über die allgemeinen Rechte der Staatsbürger (Art. 8 und 9) ausdrücklich als „Bestandtheil dieses Staatsgrundgesetzes" erklärt, womit denselben unzweifelhaft der Charakter eines Staatsgrundgesetzes zuerkannt wurde.

---

[29] Zu den Staatsgrundgesetzen gehören auch die sogenannten „Ausgleichsgesetze", womit das Verhältniß Oesterreichs zu Ungarn festgesetzt wurde; s. unten.

Selbstverständlich tritt jedes spätere, eine Bestimmung eines Staats=
grundgesetzes ändernde Gesetz immer an die Stelle des geänderten und er=
langt dadurch wieder den Charakter eines Staatsgrundgesetzes.

Auf diese Weise gehört ferner zu den Staatsgrundgesetzen das Gesetz
vom 2. April 1873, Nr. 40 RGB., womit die §§. 6, 7, 15 und 18 des
Grundgesetzes über die Reichsvertretung vom 21. December 1867, Nr. 141
RGB., abgeändert werden und das Gesetz vom 2. April 1873, Nr. 41
RGB., betreffend die Wahl der Mitglieder des Abgeordnetenhauses des
Reichsraths, womit an die Stelle der früheren mittelbaren Wahlen in den
Reichsrath aus den Landtagen die unmittelbaren Reichsrathswahlen ein=
geführt wurden.

Damit ist vorläufig die Zahl der österreichischen Staatsgrundgesetze
geschlossen; da die Möglichkeit ihrer Aenderung vorgesehen ist, so können sie
offenbar nicht als unabänderlich angesehen werden, nur müssen behufs ihrer
Aenderung die vorgeschriebenen strengeren Formen beibehalten werden, und
zwar dürfen die Beschlüsse behufs ihrer Aenderung „nur mit einer Mehr=
heit von wenigstens zwei Dritteln der Stimmen der Anwesenden und im
Abgeordnetenhause nur bei Anwesenheit von mindestens der Hälfte der Mit=
glieder giltig“ gefaßt werden (§. 15 des Gesetzes über die Reichsvertretung
nach der durch das Gesetz vom 2. April 1873 erfolgten Textirung).

§. 27. Aehnlich wie der Inhalt aller Gesetze, so kann auch der der Staats=
grundgesetze von dreierlei Art sein: materiell=rechtlich, formell=rechtlich
(organisatorisch) und doctrinell.

1. Der materiell=rechtliche Inhalt der Staatsgrundgesetze bezieht sich
auf die Rechte der einzelnen Staatsbürger. Die einschlägigen Bestimmungen
sind der Ausdruck des durch die europäische Menschheit in unserem Jahr=
hundert erlangten Rechtsbewußtseins. Sie enthalten das geistige und
moralische Resultat einer vielhundertjährigen europäischen Geschichte. Sie
sind aus dem Grunde der unanfechtbar bleibende Kern der Verfassung und
sind daher auch nicht speciell österreichisch oder ungarisch — sondern ein
Gemeingut aller civilisirten Nationen. Es sind das die Bestimmungen über
gewisse allgemeine Rechte der Staatsbürger, über die Trennung der Staats=
gewalten in ihrer Ausübung, über die Unverletzlichkeit des Eigenthums u. s. w.

2. Der organisatorische Inhalt der Staatsgrundgesetze bezieht sich auf
die Organisation der Länder der österreichisch=ungarischen Monarchie; sie
sind speciell österreichisch=ungarisches Recht. Sie schaffen formelles Recht;
sie setzen die Verhältnisse der einzelnen Territorien der Monarchie zu ein=
ander fest. Daß solche innerstaatliche Verhältnisse nicht ewig sein können,
ist klar; daß sie nach Zeit und Umständen verfassungsmäßig geändert werden
können, ebenfalls. Sie sind der Natur der Sache nach kein bleibendes Ele=
ment der Verfassung; nur der zeitliche Ausdruck bestehender Machtverhält=
nisse unter den Ländern.

3. Die dritte Art von Bestimmungen, die den Inhalt der Staats=
grundgesetze bilden, sind die doctrinellen, das sind jene Bestimmungen,
die nur allgemeine Grundsätze aussprechen, die ihrer Natur nach ohne
Durchführungsgesetze gar nicht zur Geltung kommen können; daher nur als

leitende Gesichtspunkte aufgefaßt werden können, die als solche wohl bei der weiteren Entwickelung der Gesetzgebung maßgebend sein können, jedoch in der Anwendung, in der Praxis des Staatslebens den durch zwingende Verhältnisse nothwendig werdenden Modificationen unterliegen müssen. Eine solche grundsätzliche Bestimmung enthält z. B. der §. 19 des StGG. v. 21. Dec. 1867, Nr. 142 RGB., wonach „alle Volksstämme des Staates gleichberechtigt sind". Diese Bestimmung kann nicht unmittelbar ins Leben treten schon aus dem Grunde, weil sie unklar ist und das Gesetz nirgends sagt, was es unter einem „Volksstamm" versteht; weil ferner „Volksstämme" weder physische noch juristische Personen sind, daher als solche nie irgend welche Rechte geltend machen können; ebensowenig ist es klar, was der Gesetzgeber unter Nationalität versteht? und was er sich unter Gleichberechtigung der Nationalitäten dachte? Kurz, es ist das eine doctrinelle Bestimmung, die als solche ihren Werth hat, deren rechtlicher Inhalt aber erst durch eine nachfolgende, ihr entsprechende Gesetzgebung in Erscheinung treten kann.[30])

Ebenso ist, um ein zweites Beispiel anzuführen, die Bestimmung des §. 17 desselben StGG., lautend: „Die Wissenschaft und ihre Lehre ist frei", eine doctrinelle. Sie enthält einen ganz allgemeinen theoretischen Satz, der an und für sich keinerlei Norm aufstellt und auch unmittelbar nicht anwendbar ist. Daß die Wissenschaft frei ist, ist eine vom Gesetzgeber unabhängige Thatsache; daß ihre Lehre frei sein solle, kann er allerdings bestimmen; doch wie diese Freiheit zu verstehen und in der Ausübung zu dulden sei, das alles muß erst durch nachfolgende Gesetze bestimmt werden. Denn in dieser Allgemeinheit ausgesprochen kann ja ein solcher theoretischer Satz zu den verschiedensten Auslegungen berechtigen; jedenfalls enthält er schon deswegen keine Bestimmung, weil er nichts Bestimmtes enthält. Die Begriffe „Wissenschaft", „Freiheit" sind zu unbestimmt, als daß mittelst derselben eine gesetzliche Bestimmung gegeben werden könnte. Was „Wissenschaft" sei — darüber giebt es noch unter den Gelehrten viel Streit — dieser Ausdruck bezeichnet keinen bestimmten Begriff. Wo beginnt und wo endet die Wissenschaft? Wo liegt strafloser Aberglaube vor, wo beginnt verbrecherische Agitation? Ist Spiritismus Wissenschaft? Ist Hypnotismus keine Wissenschaft? Wo endigt der Hypnotismus als Wissenschaft und wo beginnt er als Schwindel und Verbrechen? Wo endigt die Socialwissenschaft, die als Wissenschaft frei sein soll, und wo beginnt der Socialismus, Communismus oder gar Anarchismus und Nihilismus, die der Staat nicht dulden kann?

---

[30]) Jede Doctrin kann erstens falsch, zweitens unklar sein. Es ist nun möglich, daß der Gesetzgeber sich eine falsche Vorstellung über einen Gegenstand machte, oder daß er ganz unklar dachte und sich keine genaue Rechenschaft über die Bedeutung der von ihm gebrauchten Ausdrücke (wie Volksstamm, Nationalität u. s. w.) gab. So kann in obigem Falle auch die Frage entstehen, ob der Gesetzgeber unter „Gleichberechtigung" eine Gleichheit des Verschiedenen oder — eine Gleichheit, die durch die „verschiedene Behandlung des Verschiedenen bedingt" ist, verstanden haben wollte.

Alle solche Fragen lassen sich aber nur aus der Praxis der Staatsverwaltung beantworten, wobei es sehr gut sich ereignen kann, daß die
Praxis dem Wortlaut des Gesetzes einen andern Sinn beilegt als der war,
den ihm der Gesetzgeber beilegte. Recht aber ist offenbar nur das Wirkliche, nicht das blos Beabsichtigte; das doctrinelle Gesetz wird also erst
durch die Art und Weise der Anwendung zum wirklichen Staatsrecht.

Dabei ist der Unterschied zwischen Privat- und Staatsrecht in die
Augen springend. Der Richter muß die Absicht des Gesetzgebers verwirklichen, auch wenn derselbe im Irrthum und falschen Anschauungen befangen
war, auch wenn er das Gesetz aus Vorurtheil und Voreingenommenheit
erließ.

Anders im Staatsrecht. Hier steht die Praxis über dem Gesetzgeber;
sie controlirt ihn, sie prüft das Gesetz auf die Anwendbarkeit, indem sie
dabei das Staatsinteresse in Betracht zieht.

Im Privatrecht muß auch das doctrinelle Gesetz Recht werden unter
allen Umständen, daher kann es auch vor seiner Anwendung schon als Recht
angesehen werden. Im Staatsrecht ist das nicht der Fall; da ist es mindestens gewagt, von einem Recht vor seiner Anwendung zu sprechen. —
Doctrinelle Gesetze werden häufig gar nicht Recht, weil sie nicht geübt
werden, da reale Verhältnisse ihrer Verwirklichung entgegenstehen.

Allerdings wäre es besser, wenn der Gesetzgeber solche allgemeine
theoretische Sätze, mit denen die Praxis des Staatslebens nicht weiß was
anzufangen, lieber vermeiden würde: sind dieselben aber einmal in den Gesetzen da, so bilden sie Wegweiser für die weitere Gesetzgebung, die allerdings erst den richtigen und möglichen rechtlichen Inhalt jener theoretischen
Sätze aufzufinden und zu verdolmetschen hat.

Wirksamkeit der Verfassungsgesetze.

§. 28. Eine in neueren Zeiten nicht nur in Oesterreich, sondern auch in
Deutschland viel ventilirte, weil von actueller Bedeutung gewordene Frage
ist die nach der Einwirkung neu erlassener Verfassungsgesetze auf die bestehende Gesetzgebung.

Diese Frage beantwortet sich im großen Ganzen aus den obigen
Grundsätzen — jedoch mit gewissen Modificationen im Detail. Im großen
Ganzen wird die bestehende Gesetzgebung, auch wenn sie mit dem Geiste
und den Principien der neuen Verfassung nicht übereinstimmt, nicht aufgehoben, wo dies nicht ausdrücklich geschieht. Wo also die neue Verfassung allgemeine Grundsätze und Principien aufstellt, da braucht es zur
Aenderung der bestehenden Gesetze im Geiste der neuen Verfassung erst
specieller Ausführungsgesetze, welche an Stelle der älteren Gesetze zu treten
haben.[81] Eine Ausnahme bilden nur bestehende persönliche Beschränkungen,

---

[81] Ein Princip ist nämlich kein Rechtssatz; auch die logischen Folgen
und Consequenzen aus dem Princip sind noch immer kein Rechtssatz; auch aus
dem „Geist der Verfassung" darf man keine Rechtssätze ableiten. So lange
daher das Princip nicht durch ein besonderes Gesetz zum Rechtssatz ausgeprägt

welche durch eine generelle Erklärung des neuen Verfassungsgesetzes, daß solche Beschränkungen nicht mehr bestehen sollen, eo ipso aufgehoben werden. Zeitlich und örtlich können auf Grund des Art. 20 des StGG. über die allgemeinen Rechte der Staatsbürger die Bestimmungen der Art. 8, 9, 10, 12 und 13 desselben Gesetzes suspendirt werden.[82]) Und zwar kann dies jedesmal im Falle eines Krieges oder innerer Unruhen, sowie bei Ueberhandnahme staatsgefährlicher und hochverrätherischer Umtriebe ge= schehen. Jene Artikel enthalten nämlich Bestimmungen, welche die politische Freiheit der Staatsbürger gewährleisten und die im Interesse des Staates in den angeführten Fällen beschränkt werden müssen.

Eine solche Suspendirung[83]) wird als Ausnahmsmaßregel angesehen und kann nur auf Grund eines Beschlusses des Gesammtministeriums, nach eingeholter Einwilligung des Kaisers, getroffen werden.

Die Suspension kann sich auf das ganze Territorium des Staates oder auf einzelne Gebiete desselben beziehen, was in der „Kundmachung" genau zu bezeichnen ist; sie kann alle oben erwähnten Artikel des Staats= grundgesetzes über allgemeine Rechte der Staatsbürger oder nur einzelne oder mehrere derselben umfassen. Das Gesetz giebt genau an, welche Wir= kungen mit der Suspension jedes der erwähnten Artikel verbunden sind.

Die Regierung ist verpflichtet eine solche Suspension aufzuheben, wenn die Ursachen derselben weggefallen sind; ferner dem Reichsrathe, wenn oder sobald er versammelt ist, von derselben Mittheilung zu machen und seine Beschlußfassung über denselben einzuholen. Unterläßt sie die Mittheilung, so ist die getroffene Ausnahmsverfügung als erloschen zu betrachten.[84])

Landes-Grundgesetze.

§. 29. Es giebt in Oesterreich nicht nur Staatsgrundgesetze, sondern auch Landesgrundgesetze; denn der Art. VI des Pat. v. 26. Febr. 1861 spricht

---

wird, gilt das bestehende, wenn auch dem verkündeten Princip entgegenstehende Recht. „Nur der Gesetzgeber ist berufen, solche Sätze in die Form wirklichen geltenden Rechts zu gießen." „Aufgehoben wird durch die Verfassung nur das= jenige bestehende Recht, das mit einem Rechtssatz der Verfassungsurkunde nicht zusammen bestehen kann oder soll." Fricker: Ueber Einwirkung des Erscheinens einer Verfassungsurkunde auf das bestehende Recht in der Zeitschrift für Staats= wissenschaft 1887. Vergl. auch den Bericht Unger's über den Einfluß der öster= reichischen Staatsgrundgesetze auf die österreichische Gesetzgebung in dem Allgemeinen österreichischen GB. 1868 Nr. 16.
[82]) Es sind das die die Freiheit der Person, die Unverletzlichkeit des Hauses, das Briefgeheimniß, das Versammlungsrecht und die Preßfreiheit gewährleistenden Bestimmungen.
[83]) Gesetz vom 5. Mai 1869 RGB. Nr. 76. Von der Suspension einzelner Bestimmungen der Verfassung ist zu unterscheiden die Sistirung der ganzen Ver= fassung, wie sie in Oesterreich im Jahre 1865 zum Zwecke der Durchführung des Ausgleiches mit Ungarn sich als unvermeidlich herausstellte.
[84]) Inwiefern das Institut der Geschworenen verfassungsmäßig gewährleistet ist, stellt sich das mit Gesetz vom 23. Mai 1873 RGB. Nr. 120 der Regierung zustehende Recht der zeitlichen und örtlichen Aufhebung desselben ebenfalls als eine theilweise Suspension einer Verfassungsbestimmung dar.

allgemein von „Grundgesetzen", durch welche „Verfassungen" geschaffen
würden, welcher Plural sich offenbar nicht nur auf die Staats-, sondern
auch auf die Landesverfassungen bezieht; noch deutlicher wird diese Bezeichnung, wenn es weiter von diesen „Grundgesetzen" heißt, daß dieselben „die
Vertretung Unserer Völker gegliedert" haben: denn unter dieser Gliederung
der Vertretung ist offenbar die doppelte Vertretung im Reichsrath und den
Landtagen gemeint. Da nun „dieser ganze Inbegriff von Grundgesetzen
als die Verfassung" des Reiches erklärt wird, so gehören zu diesen Grundgesetzen nicht nur diejenigen, die sich auf den ganzen Staat beziehen, sondern
auch diejenigen, die sich auf die einzelnen Länder und Landtage beziehen.
Es sind daher die Landesordnungen und Landtagswahlordnungen ebenfalls
Grundgesetze, und daher ist für die Abänderung derselben durch die Landtage (denn nur diese sind dazu competent) ebenfalls eine strengere Form
vorgeschrieben. Diese besteht darin, daß „zu einem Beschlusse über bean-
tragte Aenderungen der Landesordnung die Gegenwart von mindestens $3/4$
aller Mitglieder und die Zustimmung von mindestens $2/3$ der Anwesenden
erforderlich ist (§§. 38 der LLDO.).

Die ungarischen Verfassungsgesetze.

§. 30.   Die älteren Verfassungsgesetze Ungarns, wie die goldene Bulle des
Königs Andreas II. (1222), die Decrete der ungarischen Könige, die im
Corpus Juris Hungarici und dem Decretum Tripartitum des Verböczy
enthalten sind, haben heute nur mehr historisches Interesse. Nur jene
älteren Gesetze müssen noch heute als geltende Verfassungsgesetze angesehen
werden, die sich auf das Verhältnis Ungarns zur herrschenden Dynastie beziehen, in erster Linie also die Gesetzartikel I—III 1723, welche die Annahme der pragmatischen Sanction enthalten. Im Uebrigen enthalten die
sogenannten 1848er Gesetze, die der ungarische Reichstag 1847—1848
beschlossen, Kaiser Ferdinand I. sanctionirt hat und die, nachdem sie außer
Wirksamkeit gesetzt worden, sodann durch den Gesetzartikel VII 1867 mit
einigen Modificationen wieder ins Leben gerufen wurden, eine vollkommen
im Geiste der neuen Zeit vorgenommene constitutionelle Neugestaltung
Ungarns und bilden die wahre und eigentliche Verfassung des heutigen
ungarischen Staates.

Als Ergänzung dieser Gesetze, namentlich in der Richtung der Regelung der staatsrechtlichen Verhältnisse Ungarns zu Oesterreich, kommen zunächst die Gesetzartikel des ungarischen Reichstags 1865—1867 in Betracht.

Weder die 1848er Gesetze noch die Ausgleichsgesetze 1865—67 enthalten irgend eine Andeutung, daß sie eine besondere Art Gesetze sind, zu
deren Aenderung eine besondere, strengere Form vorgeschrieben wird. Sie
werden einfach als Pacte zwischen der Nation und ihrem Könige aufgefaßt und erhalten durch die feierliche Annahme seitens des letzteren ihre
Sanction. Daß sie gegebenenfalls auf eben dieselbe Weise wie sie entstanden
abgeändert werden könnten, darüber kann kein Zweifel bestehen.

Dagegen wird das ungarisch-croatische Ausgleichsgesetz (Ges. Art. XXX.

1868) als ein „gemeinſames Fundamental=Geſetz" bezeichnet, wobei feſt=
geſetzt wird, daß „dieſe Convention kein Gegenſtand der beſonderen Geſetz=
gebung der vertragſchließenden Länder ſei und eine Aenderung derſelben
nur auf dieſelbe Art und Weiſe wie ſie zu Stande kam, unter Intervention
all jener Factoren, welche dieſelbe abgeſchloſſen haben, vorgenommen werden
kann" (§. 70), was nichts anderes bedeutet, als daß dieſer gegenſeitige
Vertrag nicht einſeitig geändert werden kann³⁵). Wenn auch dieſe Be=
zeichnung „Fundamentalgeſetz" in anderen Geſetzen nicht vorkommt, ſo darf
man doch als ſolche diejenigen bezeichnen, durch welche in der neueſten
Zeit fundamentale ſtaatsrechtliche Verhältniſſe Ungarns geregelt wurden.
Solche ſind:

Geſ. Art. XLIII, 1868. Die Regelung der Union Siebenbürgens mit
    Ungarn betreffend;

Geſ. Art. XLVI, 1868, über die Gleichberechtigung der Nationalitäten;

Geſ. Art. IV, 1869, über die Ausübung der richterlichen Gewalt;

Geſ. Art. XXVII, 1873, betr. die Provinzialiſirung der Banater Militär=
    gränze;

Geſ. Art. XII, 1876, betr. Aufhebung der Selbſtändigkeit des ſiebenbürgiſchen
    Königsbodens;

Geſ. Art. XX, 1878, betr. das Zoll= und Handelsbündniß mit Oeſterreich.

    Endlich müſſen als beſondere croatiſch=ſlavoniſche Fundamental=Geſetze
angeſehen werden:

Die croatiſch=ſlavoniſchen Geſ., Art. II u. III, 1870, betr. die Landtags=
    ordnung und Wahlordnung für Croatien=Slavonien und

das croat.=ſlav. Geſetz v. 10. Jänner 1874, betr. die Verantwortlichkeit
    des Banus.

Geſetzſammlungen.

§. 31.   Die älteſten Sammlungen der Verfaſſungsgeſetze der einzelnen öſter=
reichiſchen Länder waren in den ſog. Landhandfeſten enthalten³⁶); die
Verwaltungsgeſetze wurden nur in kurzen Auszügen der erfloſſenen Generalien,
Patente u. ſ. w. unter dem Titel „Summariſche Extracte" ſeit dem 17. Jahr=
hundert bis in die zweite Hälfte des 18. Jahrh. veröffentlicht. Noch unter
Maria Thereſia wurde verordnet (8. Mai 1762), daß alle, ſowohl gedruckten
als geſchriebenen Generalien in ein Buch zuſammengebracht und auf den
Rathstiſchen aufbehalten werden. Gedruckte Sammlungen der Geſetze in
extenso beginnen erſt unter Kaiſer Leopold II. zu erſcheinen.

Die wichtigſten ſeither erſchienenen ſind:

Politiſche Geſetze und Verordnungen Kaiſer Leopold II. für die
    deutſchen, böhmiſchen und galiziſchen Erbländer. Wien, 1793.
    4 Bde. 8 (officiell).

---

  ³⁵) Thatſächlich wurde dieſes Geſetz durch Geſetz Art. XXXIV. 1873 abgeändert.

  ³⁶) ſ. meine Einleitung in's (öſterr.) Staatsrecht.

Sr. Majestät Franz II. politische Gesetze und Anordnungen für
sämmtliche Provinzen des österr. Kaiserstaates mit Ausnahme von
Ungarn und Siebenbürgen auf a. h. Befehl und unter der Aufsicht
der höchsten Hofstellen herausgegeben. Wien. Staatsdruckerei.
1792—1836. 62 Bde. 8. (Diese officielle Sammlung wurde unter
Kaiser Ferdinand I. fortgesetzt und reicht bis zum Regierungsantritt
des Kaisers Franz Josef I., 2. Dec. 1848. Doch enthält dieselbe
seit 1819 nur jene Gesetze und Verordnungen, welche entweder vom
Kaiser direkt oder durch Vermittlung der Hofkanzlei erlassen wurden.)

Codicis austriaci ordine alphabetico compilati. Pars I et II (von
Fr. Edler v. Guarient). Wien bei Leop. Voigt. 1704. Fol.

Supplementum Codicis austriaci. Pars I et II oder Sammlung
österr. Gesetze und Verordnungen ꝛc. von Sebastian Herrenleben.
Leipzig bei Eisfeld 1748, und Wien bei Trattner 1752. Fol. (reicht
bis 1740).

Supplementum Codicis austriaci oder chronologische Sammlung aller
vom 20. Oct. 1740 bis letzten Dec. 1770 erlassenen Generalien,
Patenten ꝛc. unter Leitung des Freiherrn v. Pöck. V. u. VII. Theil,
Wien, Trattner. 1777. Fol.

Luca (Ign. de), Politischer Codex oder wesentliche Darstellung sämmtlicher, die k. k. Staaten betr. Gesetze und Anordnungen im politischen
Fache. Wien, 1789—1795. 14 Bde. 8.

Provinzial-Gesetzsammlungen.

Sammlung der Gesetze für das Erzherzogthum Oesterreich unter der
Enns. Wien, aus der k. k. Hof= und Staats=Aerarial=Druckerei.
1821—1845. 27 Bde. 2 Bde. 8.

Sammlung der politischen Gesetze und Verordnungen für das Erzherzog-
thum Oesterreich ob der Enns und das Herzogthum Salzburg.
Herausgegeben auf a. h. Befehl unter der Aufsicht der k. k. ob der
Enns'schen Landesregierung. Linz, 1819—1847. 29 Bde. 8.

Provinzial=Gesetzsammlung für das Herzogthum Steiermark. Herausgegeben auf a. h. Befehl unter der Aufsicht der k. k. steiermärkischen
Guberniums. Graz, 1819—1846. 28 Bde. 8.

Provinzial=Gesetzsammlung des Laibacher Gouvernements. Herausgegeben auf a. h. Befehl unter der Aufsicht des k. k. Laibacher Guberniums. 1819—1846. 28 Bde. 8. und 5 Ergänzungsbände aus
den Jahren 1813—1818.

Sammlung der Provinzial=Gesetze und Verordnungen im österreichisch=
illyrischen Küstenlande. Herausgegeben auf a. h. Befehl unter
der Aufsicht der k. k. küstenländischen Landesstelle. Triest, 1819—1823.
5 Bde. 8.

Provinzial=Gesetzsammlung von Tirol und Vorarlberg. Herausgegeben
auf a. h. Befehl unter der Aufsicht des k. k. Guberniums für Tirol
und Vorarlberg. (Deutsch und italienisch.) Innsbruck. 1814—1848.
35 Bde. 8.

Provinzial=Gesetzsammlung des Königreichs Böhmen, herausgegeben auf
a. h. Befehl unter der Aufsicht des böhmischen Landes-Guberniums.
Prag, 1819—1848. 30 Bde. 8. und 1 Ergänzungsband.

Sammlung der politischen Gesetze und Verordnungen für Mähren und
Schlesien. Herausgegeben auf a. h. Befehl unter Aufsicht des k. k.
mährisch-schlesischen Guberniums. Brünn, 1819—1848. 30 Bde. 8.

Provinzial-Gesetzsammlung des Königreichs Galizien und Lodomerien.
Herausgegeben auf a. h. Befehl unter Aufsicht des k. k. galizischen
Landes-Guberniums. 1819—1846. 28 Bde. 8. und 1 Nachtrags=
band. (Seit dem Jahre 1827 erscheint diese Gesetzsammlung auch in
polnischer Sprache.)

Raccolta delle leggi ed ordinanze per la Dalmazia. Zara, 1819—1845.
27 Bde. 8.

Collezione di leggi e regolamenti pubblicati dall' imp. reg. governo delle
provincie Venete. Venezia, 1813—1839. 53 Bde. 8.

Weckebrod (Fr. Xav.). Sammlung der seit 1740 ergangenen Gesetze in
chronologischer Ordnung. Brünn.

Kropatschek (Josef). Sammlung aller k. k. Verordnungen und Gesetze
vom Jahre 1740—1780, die unter der Regierung des Kaisers
Josef II. theils noch ganz bestehen, theils zum Theil abgeändert sind.
Wien, verl. bei J. G. Mösle. 1787. 8 Bde. 8. — Zweite Aufl.
Wien, ebend. 1789. 8 Bde. 8.

Kropatschek (Josef). Handbuch aller unter der Regierung des Kaisers
Josef II. für die k. k. Erbländer ergangenen Verordnungen und Gesetze
in einer systematischen Verbindung. Wien, verl. bei J. G. Mösle.
1785—1790. 18 Bde. 8. (Band I—XI erschien auch in einer
zweiten Auflage.)

Kropatschek (Josef). Sammlung der Gesetze, welche unter der glorreichen
Regierung des Kaisers Leopold II. in den sämmtlichen k. k Erblanden
erschienen sind, in einer chronologischen Ordnung. Wien, bei J. G.
Mösle. 1790—1792. 5 Bde. 8.

Kropatschek (Josef). Sammlung der Gesetze, welche unter der glorreichsten
Regierung des Kaisers Franz II. in den sämmtlichen k. k. Erblanden
erschienen sind, in einer chronologischen Ordnung. Wien, bei J. G.
Edl. v. Mösle. 1792—1808. 25 Bde. 8.

Die Fortsetzung dieser Sammlung erschien unter folgendem Titel:

Goutta (Wilh. Gerh.). Sammlung der politischen und Justizgesetze,
welche unter der Regierung Sr. Majestät Kaisers Franz I. in den
sämmtlichen k. k. Erblanden erlassen worden sind, in chronologischer
Ordnung. Wien 1812—1832. 32 Bde. 8. (Der ganzen Samm=
lung 26.—57. Band.)

Pichl (Fr. Xav.). Fortsetzung der ursprünglich vom Hofsekretär Joh. Kro
patschek, später vom Hofsekretär W. Goutta redigirten Sammlung der
Gesetze im politischen, Cameral= und Justizfache, welche unter der
Regierung Sr. k. k. Majestät Franz I. in sämmtlichen k. k. Staaten

3*

erlassen worden sind. Wien, bei J. G. Ritter von Mösle's sel. Wittwe. 1834—1836. 3 Bde. 8. (Der ganzen Sammlung 58.—60. Band, 33.—35. Fortsetzungsband.)

Pichl (Fr. Xav.). Vollständige Sammlung aller im politischen, Cameral- und Justizsache unter der Regierung Sr. Majestät Kaiser Ferdinand I. in den k. k. Staaten erlassenen Gesetze und Verordnungen. Wien, bei J. G. Ritter v. Mösle's sel. Wittwe und Braumüller. 1837—1847. 11 Bde. 8. (Der ganzen Sammlung 61.—71. Band, 36.—46. Fortsetzungsband.)

Zur leichtern Benützung aller dieser Gesetzsammlungen dient folgendes Werk:

Hempel-Kürsinger (Joh. Nep. Fr. v.). Alphabetisch-chronologische Uebersicht der k. k. Gesetze und Verordnungen vom Jahre 1740 bis zum Jahre 1821, als Hauptrepertorium über die theils mit höchster Genehmigung, theils unter Aufsicht der Hofstellen in 79 Bänden erschienenen politischen Gesetzsammlungen. Wien, bei J. G. Ritter von Mösle's sel. Wittwe. 1825—1827. 10 Bde. 8. — 1. Fortsetzungsband, enthaltend die Gesetze und Verordnungen von den Jahren 1821—1824. Ebend. 1829. 8. — 2. Fortsetzungsband, enthaltend die Gesetze und Verordnungen von den Jahren 1825—1829. Ebend. 1835. 8.

Martschläger (Math. Ferd.). Compendium oder Extractus chronologicus, aller deren vom 20. Oct. 1740 bis letzten Dec. 1770 bekannt gemachten Generalien, Patente, Currenden und Circularverordnungen. Wien, gedruckt bei J. Th. v. Trattner. 1772. 4.

Sammlung (vollständige) aller seit dem glorreichsten Regierungsantritte Josef II. für die k. k. Erbländer ergangenen höchsten Verordnungen und Gesetze, durch Privatfleiß gesammelt und in chronologische Ordnung gebracht. Wien, Verlag bei Jos. Thom. Edl. v. Trattner. 1788 bis 1791. 10 Bde. 8. (Bekannt unter dem Namen der Trattner'schen Gesetzsammlung.)

Müller (Joh.). Handbuch der Gesetze durch verläßige Auszüge aus den unter den glorreichen Regierungen Ihrer Majestäten der Kaiserin Maria Theresia, Kaiser Josef, Leopold und Franz von 1740 bis Ende 1818 erschienenen, ganz oder zum Theile in den deutschen Provinzen der österreichischen Monarchie noch bestehenden Gesetze. Grätz, bei J. A. Kienreich. 1839 u. ff. 4 Bde. 8.

Beinhauer. Sammlung der bis zum Jahre 1800 erschienenen Patente und Verordnungen der Hofstellen, k. k. n. ö. Regierung und des n. ö. Appellationsgerichtes. Wien, bei F. Ulrich. 7 Bde. 8.

Gochnat. Repertorium sämmtlicher vom Jahre 1800 bis einschließlich 1845 für die Provinz Niederösterreich erlassenen politischen Justiz-Gesetze und Verordnungen. In alphabetisch-chronologischer Ordnung. (Erste Auflage 1839.) Zweite Auflage. Wien, bei Edl. v. Schmidbauer und Holzwarth. 4 Bde. 8. Ein Supplement enthält die Gesetze und Verordnungen vom Jahre 1846.

Sammlung der Patenten, Edicten und Circular-Befehlen, welche unter glor= reichster Regierung Ihrer k. k. apost. Majestät Maria Theresia vom Jahre 1740 bis Ende Jahres 1763 in dem Erzherzogthum Oester= reich ob der Ens emanirt und annoch in vigore sind. Linz, bei J. M. Feichtinger. 8.

Literatur.

§. 32.

Von älteren systematischen Darstellungen seien erwähnt:

Mayern (J. Edler v.). Einleitung zur kreisamtlichen Wissenschaft im Königreiche Böhmen. Prag 1776.

Handbuch des Kreisamtsdienstes in den k. k. Staaten als neue fortgesetzte Auflage des von dem jubil. Gubernialrathe von Mayern heraus= gegebenen Werkes über die kreisämtlichen Wissenschaften. Wien und Prag, bei Schönfeld. 1788. 8.

Versuch einer Anleitung zur Kenntniß der politischen und besonders der kreisämtlichen Geschäfte. Wien, bei v. Kurzbeck. 1789. 8.

Luca (Jgn. de). Vorlesungen über die österreichische Staatsverfassung. Wien, 1792. 8.

Kropatschek (Joseph). Buch für Kreisämter oder gemeinnütziges Hand= buch für Richter, Oekonomen und Beamte auf dem Lande, sowie für den Bürger und Landmann in den k. k. Staaten. Wien, bei v. Mösle. 1789—1794. 3 Bde. in 4 Abth. 8.

Desselben Commentar des Buches für Kreisämter, als vermehrter Leitfaden zur Landes= und Kreisbereisung. Wien, bei v. Mösle. 1794—1803. 5 Bde. (in 7 Theilen). 8.

Desselben Oesterreichs Staatsverfassung, vereint mit den zusammengezogenen bestehenden Gesetzen. Wien, bei J. G. v. Mösle. 1794. 10 Bde. 8., nebst 2 Supplementen aus den Jahren 1804 und 1810.

Rizy (Math. Sieg.). Anleitung zur vollständigen und kürzesten Behand= lung der politischen und ökonomischen, dann der Civil= und Criminal= Justizgeschäfte, vorzüglich für magistratische und herrschaftliche Beamte auf dem Lande. Wien, bei A. Gasler. Thl. I. 1802. 8.

Kopetz (Dr. W. G.). Oesterreichische politische Gesetzkunde oder systematische Darstellung der politischen Verwaltung in den deutschen, böhmischen und galizischen Provinzen des österreichischen Kaiserthums. Wien, im Verlage von Kupfer und Wimmer. 1807 und 1819. 2 Thle. 8.

Kotz (Marquard Jos. Frhr. v.). Leitfaden des praktisch=politischen Geschäfts= ganges. 1817. 2 Abth. 8.

Gesetze (politische) in Fragen und Antworten. Ein Handbuch zur Vor= bereitung für Prüfungs=Candidaten. Herausgegeben von einem höheren Staatsbeamten. Wien, bei Gerold. 1839. 12.

Barth=Barthenheim (J. L. Ehrenr. Graf v.). Das Ganze der. öster= reichischen politischen Administration mit vorzüglicher Rücksicht auf das Erzherzogthum Oesterreich unter der Enns, in systematisch=geord=

neten Abhandlungen dargestellt. Wien, bei J. G. Ritter v. Mösle's sel. Wittwe und Braumüller. 1838—1846. 3 Bde. 8.

Kostetzky. System der politischen Gesetze Böhmens. Prag, 1816—1825. 12 Bde.

Drbacki. Systematische Darstellung des Verfahrens politischer Behörden in Galizien. Wien, 1833.

Meixner, (Max. Em.). Compendium chronologico-alphabeticum respect. perpetuum aller vom Anfang des 1764 Jahres bis incl. 1771 im Erzherzogthum Oesterreich ob der Enns ergangenen, und von dieser annoch emanirenden Patenten und Circularien ꝛc. Linz, gedr. bei J. M. Feichtinger's sel. Wittwe. 1772. Fol.

Versuch eines Handbuches der Gesetze durch Auszüge vielfältiger in die öffentlichen Angelegenheiten, das Polizeiwesen und andere Jedermann zu wissen nützliche Gegenstände einschlagenden, von 1740 bis Ende Mai 1781 erflossenen a. h. Anordnungen. Grätz, verl. von F. X. Müller, gedr. mit von Widmanstätten'schen Schriften. 8.

Vermehrtes Handbuch der Gesetze u. s. w. bis Ende Oct. 1784. Gratz, gedr. mit Letzkam'scher Schrift. Verl. v. F. X. Müller 1784. 8.

Erster Nachtrag und Fortsetzung des verm. Handbuches bis 1. Mai 1785 reichend. Grätz, ebenda. 8.

Zweiter Nachtrag, bis 1. Mai 1786 reichend. Grätz, ebenda. 8.

Codex Ferdinandeo-Leopoldino-Josephino-Carolinus pro hareditario regno Bohemiae ac incorporatis aliis provinciis utpote Marchionatu Moraviae et Ducatu Silesiae. Prag, bei C. F. A. v. Dobroslavina. 1701. Fol. — Zweite Auflage. Prag bei Mullem. 1720. Fol. (von J. J. Ritter v. Weingarten).

Gesetze für das Königreich Böhmen unter Josef II. von 1762—1786. Prag, bei Gerle 1783—1786. 3 Thle. 8.

Roth (Joh. Wenzel). Vollständiger Auszug aller im Königreiche Böhmen am Ende des 18. Jahrhunderts bestehenden Gesetze unter buchstäblichen Aufschriften der Gegenstände nach der Zeitfolge gesammelt. Prag, in der k. k. Normalschul=Buchdruckerei 1801. 10 Bde. 8.

Zur leichteren Benützung dieses Werkes dient:

Albert (Joseph). Repertorium über die ersten 10 Bände des von Joh. Roth herausgegebenen Auszuges aller im Königreiche Böhmen am Ende des 18. Jahrhunderts bestehenden Gesetze. Prag, bei Widtmann. 1813. 8.

Eine neue Auflage der Roth'schen Gesetzsammlung erschien unter dem Titel:

Auszug aller im Königreiche Böhmen bestehenden Verordnungen und Gesetze, nach Joh. Roth's Sammlung neu aufgelegt, verbessert und vermehrt durch Joh. Blasek. Prag in der Scholl'schen Buchdruckerei. 1817—1819. 12 Bde. 8.

Hierzu gehört folgendes Repertorium:

Chronologisches Register über die in den 12 Stammbänden der durch Joh. Blasek verbesserten Rothischen Gesetzsammlung für Böhmen enthaltenen

Gesetze, von Dr. Joh. Kanka. Prag, gedruckt in der Scholl'schen Buchdruckerei. 1819. 8.

Goutta (Wilh. Gerh.). Fortsetzung der von Joh. Roth verfaßten Samm= lung aller in dem Königreiche Böhmen kundgemachten Verordnungen und Gesetze. Prag, bei Casp. Widtmann. 1807—1817. 14 Bde. (3.—10. Fortsetzungsband). 8. — Neu aufgelegt, verbessert und ver= mehrt durch Dr. Joh. Kanka. Prag, in der Scholl'schen Buch= druckerei 1819—1826. 20 Bde. 8.

Hierzu gehört das:

Hauptrepertorium über die 12 Fortsetzungsbände der Roth'schen Gesetz= sammlung. Prag, bei Widtmann. 1818. 2 Thle. 8.

Roth (Joh. Wenzel). Instructionen und Patente größeren Inhalts, als Gegenstück zu dem vollständigen Auszug aller für das Königreich Böhmen unter der glorreichen Regierung Josef II. ergangenen Ge= setze. Prag, in der k. k. Normalschul=Buchdruckerei. 7 Hefte. 8.

Kröhny (Franz). Auszug der politischen k. k. Gesetze und Verordnungen, welche seit dem Jahre 1740 bis zum Schlusse 1781 für das König= reich Böhmen ergangen sind, zur besonderen Gemächlichkeit der Leser in alphabetische Ordnung gebracht. Prag und Wien, bei v. Schön= feld. 1782. 8.

Sammlung (vollständige) aller in den Jahren 1816, 1817 und 1818 in dem Königreiche Böhmen kundgemachten Gesetze uud Verordnungen. Mit hoher Bewilligung des k. k. Landespräsidiums aus den Original= Aktenstücken gesammelt, chronologisch zusammengestellt und heraus= gegeben von Kaj. Nadherny. Prag, bei Haase Söhne. 1833 und 1834. 3 Bde. 8.

Bernardt (Josef). Handbuch der provinziellen Gesetzkunde von Mähren und Schlesien. Olmütz, 1848.

Edicta et mandata universalia in regnis Galiciae et Lodomeriae a die 11. Septbr. 1772 initae possessionis promulgata. — Rozkazy y Ustawy powszechne królestwom Galicyi y Lodomeryi od dnia 11 wrzesnia 1772 obiecia possessyi ogloszone. — Leopoli, typ. Vid. Jos. Piller. 1772. Fol. — Die Fortsetzung dieser Sammlung führt den Titel: Continuatio edictorum et mandatorum universalium in regnis Galiciae et Lodomeriae. — Kontinuacya wyrokow y rozka= zow powszechnych w Galicyi y Lodomeryi Królestwach. — Fort= setzung der allgemeinen Verordnungen und Edicte, welche in den Königreichen Galizien und Lodomerien erlassen worden sind. Ebend. 1773—1818. Fol. (Bekannt unter dem Namen der Piller'schen Gesetz=Sammlung.)

Handbuch der galizischen Gesetze in Auszügen. Lemberg, gebr. und zu haben in der Piller'schen Gub.=Buchdruckerei. 1788. 2 Bde. 8. Nebst einem Supplementbande.

Köfil. Auszug aus den für Galizien bestehenden politischen Gesetzen mit dem polnischen Originaltexte. Lemberg, 1791. 17 Hefte. 4.

Drbacki (Moritz Ritter v. Ostrow). Lexikon der politischen Gesetzkunde für Galizien. Wien, gebr. bei J. P. Sollinger, 1832. 8.

Mit dem Patente vom 4. März 1849, Nr. 153 wurde die Herausgabe eines Reichsgesetzblattes, sowie der Landes- und Regierungsblätter, angeordnet. Ersteres hieß ursprünglich: „Allgemeines Reichs- und Regierungsblatt für das Kaiserthum Oesterreich"; seit 1853 einfach „Reichsgesetzblatt". Seit dem 1. Januar 1870 führt dasselbe, in Folge der dualistischen Gestaltung der Monarchie, den Titel: „Reichsgesetzblatt für die im Reichsrathe vertretenen Königreiche und Länder". In die Landesgesetz- und Regierungsblätter werden die Landesgesetze, dann die von den Landesbehörden erlassenen Verordnungen aufgenommen.

Zur leichteren Auffindung der in dem Reichsgesetzblatte und den Landesgesetz- u. Regierungsblättern zerstreuten Bestimmungen über einzelne Materien dienen die Register-Werke von Starr und Globocnik.

Hilfsmittel und systematische Darstellungen.

§. 33. Als sehr brauchbare Hilfsmittel für die Praxis zur Kenntniß der einzelnen Gesetzgebungsgebiete sind einerseits diejenigen Handbücher zu erwähnen, welche die für specielle Gebiete erflossenen Gesetze sammt allen einschlägigen Verordnungen, Instructionen und Normalien zusammenstellen, wie z. B. das Handbuch der österreichischen Justizgesetzgebung von Kaserer, die vielen Handbücher von Hankiewicz (über Münzwesen, Pensionsvorschriften ꝛc.), Blonski u. mehrere andere.

Mehr für wissenschaftliche Zwecke berechnet sind die Ausgaben der Gesetze mit Materialien, unter welchen vorzugsweise die parlamentarischen Debatten, Motivenberichte der Regierung und parlamentarische Ausschußberichte zu verstehen sind.

Den Reigen solcher Gesetzesausgaben mit Materialien eröffnet das Werk: Die neue Gesetzgebung Oesterreichs, erläutert aus den Reichsrathsverhandlungen. Wien, Manz, 1868.

Es folgen sodann die mustergiltigen Ausgaben von

Gautsch von Frankenthurn: Die confessionellen Gesetze vom 7. und 20. Mai 1874 mit Materialien und Anmerkungen. Wien, Manz, 1874 und

desselben: Die Gesetze über den Verwaltungsgerichtshof mit Materialien. Wien, Manz, 1876.

Eine ähnliche Sammlung von Gesetzesausgaben von Kaserer berücksichtigt mehr das Civilrecht, bringt aber auch mehrere in's Verwaltungsrecht einschlagende Gesetze mit Materialien (Wien, Hölder, 1873—1886).

Systematische Bearbeitungen (großentheils nur Zusammenstellungen der Gesetzestexte) lieferten:

Stubenrauch. Handbuch der österr. Verwaltungsgesetzkunde. 2 Bde. Wien, Manz. 1. Aufl. 1851—1852; 2. Aufl. 1856; 3. Aufl. Wien 1861. Enthält eine systematische Zusammenstellung der Gesetze zumeist in ihrem Wortlaute, doch wird auch die geschichtliche Entwickelung berücksichtigt. Da das Erscheinen der drei Auflagen dieses Werkes in das Decennium der „Neugestalung" Oesterreichs fiel, so sind die einzelnen Auflagen von einander bedeutend verschieden, da die Entwickelung der Gesetzgebung fortschreitend berücksichtigt wird. Es war seinerzeit ein sehr brauchbares und verdienstliches Handbuch und **Stuben=rauch** muß als Bahnbrecher auf dem Gebiete des österreichischen Verwaltungsrechtes anerkannt werden. Speciell für seinen unmittelbaren Nachfolger, dem nicht minder verdienten **Mayrhofer**, hat Stubenrauch gewiß ein bedeutend Stück Vorarbeit geliefert.

Ernst **Mayrhofer's** Handbuch für den politischen Verwaltungsdienst ist in 1. Auflage in Wien 1856 (Manz) erschienen, also gleichzeitig mit der 2. Auflage von Stubenrauch — seitdem aber in drei folgenden, immer vermehrten und verbesserten, der fortschreitenden Entwickelung der österreichischen Gesetzgebung sich anpassenden Neuauflagen. Die letzte derselben, die vierte, erschien im J. 1880 in 3 Bänden. Man kann sagen, daß das Mayrhofer'sche Handbuch seit drei Decennien dieses Gebiet fast ausschließlich beherrscht; für Praxis und Lehre ein unentbehrliches Hilfsmittel geworden ist und heute noch von keinem folgenden ähnlichen Werke verdrängt ist. Im vortheilhaften Gegensatz zu Stubenrauch liegt die Stärke des Mayrhofer'schen Handbuches darin, daß, während Stubenrauch blos Theoretiker war, Mayrhofer mitten in der Praxis stand, und aus dem schier unendlichen Wust der Gesetze, Verordnungen und Normalien alles dasjenige auszuwählen verstand, was der Praxis nöthig und daher auch für die Lehre praktisch war. Auch hat Mayrhofer das ursprünglich nur als Handbuch des Verwaltungsdienstes angelegte Werk in den weiteren Auflagen zu einer Darstellung des gesammten Staatsrechts der Reichsrathsländer erweitert.

Mayrhofer ist, wie gesagt, bis heutzutage von keinem Nachfolger übertroffen worden; allerdings stellt die reiche Entwickelung der österreichischen staatsrechtlichen Gesetzgebung heutzutage schon solche Anforderungen an den Bearbeiter derselben, daß heute ein „Mayrhofer", d. i. eine Darstellung, die die systematische Anordnung und Erklärung des Gesetzes mit der Wiedergabe der Gesetzestexte verbindet, einerseits eine Unmöglichkeit und andererseits ein überwundener Standpunkt geworden ist. Dem heutigen Stande der staatsrechtlichen Gesetzgebung und der Staatsrechtswissenschaft kann nur durch eine passende Arbeits=theilung in der Bearbeitung des riesig angewachsenen Stoffes Rechnung getragen werden. Systematische Bearbeitung zum Zwecke des Unterrichts und der Lehre einerseits und Zusammenstellung der Gesetzestexte allenfalls mit dem officiellen und parlamentarischen Erläuterungsmaterial andererseits — nur eine solche Zweitheilung der Arbeit kann den gerechten Anforderungen der Gegenwart auf diesem Gebiete entsprechen.

Manz'sche Taschenausgabe.

Was nun die Ausgabe der Gesetzestexte mit officiellem und parlamen=
tarischem Erläuterungsmaterial anbelangt, hat die Manz'sche Verlags=
handlung in ihren „Taschenausgaben österreichischer Gesetze" in jeder Hin=
sicht eine Stufe der Vollkommenheit erreicht, welche jede Gesammtdarstellung
nach dem Muster von Mayrhofer unmöglich und überflüssig macht. Denn
die einzelnen Bände dieser Ausgabe enthalten die vollständigen Gesetzestexte
mitsammt dem Erläuterungsmaterial (Nachtragsverordnungen, Normalien,
Motive, Entscheidungen 2c.) für je ein Specialgebiet der Gesetzgebung in
einer solchen Vollständigkeit, daß sich kein „Mayrhofer" mehr mit den=
selben messen könnte. Thatsächlich sind neuere Versuche, Gesammtdarstel=
lungen des österreichischen Verwaltungsrechtes durch systematische Zu=
sammenstellung der Gesetzestexte und aller Nachtragsverordnungen, um
dadurch quasi einen ergänzten Mayrhofer herzustellen, nicht gelungen.
Einen solchen Versuch bildet zunächst

Geller (Dr. Leo), Oesterreichische Verwaltungsgesetze mit Erläuterungen
aus der Rechtssprechung. 4 Bde. Wien, Perles, 1883—1890.
Diese Gesetzesausgabe leistet als Handbuch nicht zu unterschätzende
Dienste, ersetzt aber weder eine übersichtliche systematische Darstellung
zu Unterrichtszwecken, noch auch dem auf einzelnen Gebieten der Ver=
waltung arbeitenden Praktiker die weitaus vollständigeren und mit
reicherem Erläuterungsmaterial versehenen einzelnen Bände der Manz=
schen Taschenausgabe.

Einen zweiten ähnlichen Versuch, einen ergänzten Mayrhofer herzu=
stellen, bildet des verdienstvollen Prager Staatsrechtslehrers
Ulbrich: Handbuch der österreichischen politischen Verwaltung. Wien,
Hölder, 1888—1890. Der Verfasser stellte sich die Aufgabe, wie er
das selbst in der Vorrede erklärt: „Strenge Systematik, möglichst voll=
ständige und wortgetreue Mittheilung des Rechtsstoffes, endlich eine
Erläuterung desselben, welche wissenschaftlichen und praktischen An=
forderungen möglichst entspricht." Dieß Programm erwies sich aber
wegen der Massenhaftigkeit des Stoffes als undurchführbar und der
Verfasser muß in dem nach Schluß des Werkes geschriebenem Vorwort
zum II. Bande bekennen, daß „gegenüber dem ursprünglich fest=
gestellten Programm dieser II. Band manche Abweichungen zeigt".
Diese Abweichungen sind aber in jeder Hinsicht sehr bedeutend. So
sind ganze Partieen der politischen Gesetzgebung, z. B. die Mittelschul=
gesetzgebung, ganz übergangen. Nach alledem muß auch von diesem
Ulbrich'schen Versuche dasselbe gelten, was vom Geller'schen gesagt
wurde.

Geringer als auf dem Gebiete der Gesetzesausgaben und Zusammen=
stellungen der Texte sammt Erläuterungsmaterial war in neuerer Zeit die
Thätigkeit auf dem Gebiete des systematischen Verarbeitens des Gesetzes=
materials zu wissenschaftlichen und Lehrzwecken. In erster Reihe sind hier
wieder zu nennen zwei Werke von Ulbrich, und zwar Lehrbuch des öster-

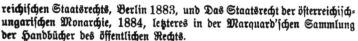

reichischen Staatsrechts, Berlin 1883, und Das Staatsrecht der österreichisch-ungarischen Monarchie, 1884, letzteres in der Marquard'schen Sammlung der Handbücher des öffentlichen Rechts.

Mit dem Lehrbuch hat Ulbrich jedenfalls das Verdienst, die wissenschaftliche Bearbeitung des österreichischen Staatsrechts zuerst in Angriff genommen zu haben; ebenso war er wieder im Handbuch fast der erste, der die Verfassung der Gesammtmonarchie (also auch die Ungarns) zur Darstellung brachte, allerdings in sehr knapper und skizzenhafter Form. Ebenso sind dessen „Grundzüge des österreichischen Verwaltungsrechts", Prag 1884, eine etwas eilige Arbeit.

Von einer Aufzählung der monographischen Arbeiten auf dem Gebiet des österreichischen Staatsrechts, sowie andererseits der vielen sehr verdienstlichen „Handbücher", welche sich die Zusammenstellung der auf einzelnen Gebieten der Verwaltung geltenden Gesetze, Verordnungen und Normalien zur Aufgabe stellten, kann an dieser Stelle aus dem Grunde Umgang genommen werden, weil auf diese Monographieen und Handbücher an den geeigneten Stellen dieses Buches verwiesen werden wird.

Die älteste ungarische Gesetzsammlung ist das bekannte Corpus juris Hungarici, dessen ersten Theil das sogenannte Tripartitum opus Juris consuetudinarii Regni Hungariae von Stephan Werböcz bildet und zuerst in Wien im Jahre 1517 im Druck erschien, seitdem aber mehrfach edirt wurde.

Von systematischen Darstellungen des älteren Rechts ist insbesondere das 1865 in Pest erschienene Staatsrecht des Königreichs Ungarn von Anton v. Viroszil hervorzuheben.

Das neuere ungarische Staatsrecht ist, allerdings sehr knapp dargestellt von Schuler-Libloy: Das ungarische Staatsrecht, Wien 1870.

Die neueren ungarischen Gesetze erscheinen in Pest in einer officiellen deutschen Ausgabe seit 1865, ebenso die croatischen in Agram.

II. Buch.

Oesterreich-Ungarn und sein Gebiet.

———

Das Staatsgebiet und dessen Eintheilungen.

§. 34.

Das Staatsgebiet zerfällt zunächst in natürliche Gebietstheile, die durch ihre geographische Lage und natürliche Beschaffenheit sich von den sie umgebenden anderen Gebietstheilen absondern. Man darf nicht glauben, daß solche natürliche Gebietstheile für den Staat und seine Verwaltung bedeutungslos sind: im Gegentheil, der Staat kommt oft in die Lage, solche natürliche Gebietstheile ins Auge zu fassen und bezüglich derselben besondere, nur auf sie anzuwendende Normen zu erlassen und Maßregeln zu ergreifen. So kann z. B. eine Tiefebene, die von häufigen Ueberschwemmungen heimgesucht wird, als solche ohne Rücksicht auf politische Abtheilungen Gegenstand besonderer staatlicher Vorschriften und Maßregeln bilden. Ebenso wird ein von Wildbächen durchfurchtes Gebirgsterrain ohne Rücksicht auf politische Abtheilungen von der Staatsverwaltung als Ganzes aufgefaßt, bezüglich dessen einheitliche Maßregeln, wie z. B. Wildbachverbauungen, in Anwendung kommen müssen.

Ebenso fassen die Organe des österreichischen Ackerbauministeriums bei ihren Aufnahmen der Erträgnisse der Landwirthschaft, die in den Jahrbüchern dieses Ministeriums veröffentlicht werden, nur die natürlichen Gebietstheile in's Auge, ohne Rücksicht auf deren Zugehörigkeit zu einer oder mehreren politischen Abtheilungen (Bezirken, Kreisen, Ländern); sie nehmen vielmehr zum Zwecke dieser Aufnahmen eine für andere staatliche Zwecke bedeutungslose, auch durch keinerlei historische oder politische Sonderung sich ergebende, rein fachwissenschaftliche, und zwar landwirthschaftliche Theilung des Staatsgebietes vor.

Nicht minder kommt die natürliche Lage und Beschaffenheit des Staatsgebietes bei der Aufnahme der Parzellen des Grund und Bodens zum Zwecke der Herstellung eines Grundkatasters zur Geltung.[37]

Eine zweite Eintheilung des Staatsgebietes ist jene nach der relativen Lage d. h. mit Beziehung sei es auf bestimmte, wichtige Punkte im Umkreise der Staatsgränzen oder mit Beziehung auf diese letzteren. Solche wichtige Punkte sind namentlich die Festungen. Mit Beziehung auf die-

———

[37] Vergl. das Gesetz vom 24. Mai 1869, RGB. Nr. 88, §§. 16, 17.

selben werden Theile des Staatsgebietes zu weiteren und engeren Festungs-rayons erklärt, welcher Umstand die rechtlichen Verhältnisse auf diesen Gebietstheilen, so z. B. bezüglich des Eigenthums und der Benützung von Gebäuden u. dergl. beeinflußt.[38])

Mit Beziehung auf die nähere Lage an der Staatsgränze werden gewisse Gebietstheile als Gränzgebiete qualificirt, welcher Umstand ebenfalls von rechtlicher Bedeutung ist, da in solchen Gebieten der wirthschaftliche Verkehr theils gewissen Beschränkungen unterworfen, theils gewisser Begünstigungen theilhaftig wird[39]), und auch in anderen Beziehungen (z. B. Ausübung ärztlicher Praxis) gewissen besonderen öffentlich-rechtlichen Bestimmungen unterliegt.[40])

§. 35. Die wichtigste Eintheilung des Staatsgebietes ist jedoch die historisch-politische, d. i. jene, die sich aus dem allmähligen Anwachsen eines Staates aus kleineren Ländern von selbst ergiebt, indem diese Theile ihre frühere Selbständigkeit zwar aufgeben, jedoch in vielen staatsrechtlichen Beziehungen als besondere Gebiete behandelt werden und somit Abtheilungen des Gesammtgebietes des aus ihnen erwachsenen Staates bilden.[41])

So besteht die österreichisch-ungarische Monarchie vor allem aus zwei Staaten: Oesterreich und Ungarn[42]) und dem Reichsland: Bosnien und Herzegowina.

---

[38]) Vergl. die Erlässe der Minister des Innern, der Justiz und des Armee-oberkommandos vom 21. December 1859 RGB. Nr. 10 über die aus der Eigenschaft eines Terrains als Fortificationsrayon folgenden Beschränkungen der Bauführungen.

[39]) S. Art. XI des Gesetzes vom 25. Mai 1862, betr. den allgemeinen Zolltarif des österreichisch-ungarischen Zollgebietes.

[40]) Z. B. §§. 10 und 61 der Gewerbeordnung.

[41]) Eine Legaldefinition des Begriffes „Staatsgebiet" findet sich in den Vorerinnerungen zur Zollordnung vom Jahre 1835. Darnach sind unter „Staatsgebiet oder Inland alle Länder des österreichischen Kaiserstaates" zu verstehen.

Ueber das Staatsgebiet vom Standpunkt des Staatsrechts handelt K. V. Frider (Vom Staatsgebiet. Tübingen 1867), der mit Recht hervorhebt, daß „alle Vorstellungen von einer Rolle des Staatsgebietes als sachlichen Objects des Staates falsch oder schief sind." Denn das Staatsgebiet verhält sich zum Staate nicht wie ein Object des Eigenthums zum Eigenthümer, vielmehr ist das Staatsgebiet „ein Moment im Wesen des Staates", was doch von einem Eigenthumsobjecte bezüglich des Eigenthümers nicht gesagt werden kann. Thatsächlich können wir uns einen seines Eigenthumes verlustigen Eigenthümer denken; einen Staat aber ohne Staatsgebiet keineswegs.

Vergl. ferner Inama-Sternegg: Die Rechtsverhältnisse des Staatsgebietes in der Zeitschr. f. g. StW. 1870.

Rosin (Das Recht der öffentlichen Genossenschaft. Freiburg 1886 · S. 44) macht mit Recht die Bemerkung, daß „Gebiet, im juristischen, speciell im Sinne des öffentlichen Rechtes auf das Gebieten, Herrschen, welches einer Persönlichkeit, speciell einem Gemeinwesen innerhalb eines bestimmten Theiles der Erdoberfläche zukommt, deutet." Vergl. auch die Polemik zwischen G. Meyer, Deutsches Staatsrecht §. 74, und Max Seydel, Bayrisches Staatsrecht, S. 517 darüber, ob das Staatsgebiet als Object der Staatsherrschaft anzusehen sei. Meyer ist mit Recht dagegen, da das Staatsgebiet nur den „räumlichen Umfang der Staatsherrschaft" bestimme.

[42]) Es wurde oft behauptet, daß die nicht-ungarischen Länder der österreichisch-

Oesterreich (auch Cisleithanien oder Reichsrathsländer genannt) besteht aus folgenden 17 Kronländern, die selbständige Verwaltungseinheiten bilden und die hier in der Reihenfolge, wie sie an die Monarchie gelangten, aufgezählt sind: Erzherzogthum Oesterreich ob der Enns, Erzherzogthum Oesterreich unter der Enns; Herzogthümer: Steiermark, Kärnten, Krain; Gefürstete Grafschaft: Tirol; Görz und Gradiska; Markgrafschaft Istrien; Stadt Triest und Gebiet; Vorarlberg; Königreiche: Dalmatien, Böhmen; Markgrafschaft Mähren; Herzogthum Schlesien; Königreich Galizien mit Krakau; Herzogthum Bukowina.

Ungarn besteht aus dem Königreich Ungarn, in welches das ehemalige Großfürstenthum Siebenbürgen einverleibt wurde; dem Königreich Croatien und Slavonien sammt der ehemaligen Militärgrenze; der königl. Freistadt Fiume sammt Gebiet. Zum Reichsland Bosnien und Herzegowina gehört noch der Sandschak Novibazar und das Limgebiet.[43])

ungarischen Monarchie keine gemeinsame Bezeichnung haben. Wenn aber das ganze Reich „Oesterreich-Ungarn" genannt wird, so ist es klar, daß für die außerungarische Hälfte die Bezeichnung „Oesterreich" übrig bleibt und vollkommen passend ist. Es ist auch wahrscheinlich, daß sich diese Bezeichnung erhalten wird: staatsrechtlich wäre sie vollkommen correct. Daß Ungarn mit seinen Nebenländern einen Staat bilden, wird in dem ungar. G.A. XXX 1868, §. 1 ausdrücklich gesagt; es heißt dort: „Ungarn und Croatien, Slavonien und Dalmatien bilden eine und dieselbe staatliche Gemeinschaft, sowohl gegenüber der unter S. M. Regierung stehenden übrigen Ländern, als auch gegenüber anderen Ländern." Dabei ist zu bemerken, daß hier Ungarn bereits mit Inbegriff des einverleibten Siebenbürgens verstanden wird, und daß Dalmatien vorderhand nur theoretisch zu Ungarn gerechnet wird (worüber näheres unten).

[43]) Das allmählige Anwachsen des Territoriums der heutigen österreichisch-ungarischen Monarchie, das wir in der „Einleitung" geschildert haben, veranschaulicht nachstehende chronologische Uebersicht:

976 Ostmark (d. i. der westliche Theil des heutigen Niederösterreich) kommt durch kaiserliche Belehnung an den ersten Babenberger.
1043 Dieselbe wird durch Eroberung des östlich gelegenen, von Ungarn occupirten Landstriches bis zur Leitha erweitert.
1192 gelangt Steiermark durch Erbvertrag an die Ostmark.
1229 mehrere Freisingische Lehen in Krain durch Ankauf erworben.
1335 und 1336 durch kaiserliche Belehnung Kärnten und fast ganz Krain.
1363 Tirol durch Erbvertrag.
1365 Grafschaft Feldkirch (in Vorarlberg) durch Kauf.
1374 Der Rest von Krain und die Windische Mark durch Erbvergleich.
  „ Gleichzeitig die Grafschaft Mitterburg (Pisino) in Istrien.
1376 Grafschaft Bludenz in Vorarlberg durch Kauf.
1382 Triest und Gebiet durch freiwillige Unterwerfung.
1400 Castua.
1451 Ein Theil der Grafschaft Bregenz in Vorarlberg durch Kauf.
1456 Grafschaft Cilli als steirisches Lehen.
1474 Grafschaft Sonnenberg in Vorarlberg mittelst Geldentschädigung.
1500 Görz, Gradisca und Pusterthal durch Erbvertrag.
1507 Kufstein in Folge des bayrisch-landshutischen Erbfolgestreites.
1518 Roveredo von den Venetianern erobert.
1523 Rest von Bregenz durch Kauf.
1526 Böhmen, Mähren und Schlesien durch Erbverträge, Heirath und ergänzende Ständewahl.
  „ Ungarn auf dieselbe Weise (vorerst den nordwestlichen Theil).

Dieses gesammte Ländergebiet bildet eine untheilbare Monarchie: das **§. 36.** österreichisch-ungarische Reich[44]), welches in dem habsburgisch-lothringischen Hause nach dem Rechte der Erstgeburt erblich ist.

1699 Siebenbürgen von Michael Apaffi.
  „   Ganz Ungarn, Croatien-Slavonien von den Türken erobert.
1719 Temeser Banat im Frieden von Passarowitz.
1759 Grafschaft Hohenems in Vorarlberg als Lehen vom Kaiser.
1772 Sechzehn Zipser-Städte Ost-Galizien, Auschwitz und Zator bei der ersten Theilung Polens.
1777 Bukowina von den Türken mittelst Cessionsvertrages.
1779 Innviertel mit Braunau von Bayern in dem Teschner Frieden (13. Mai 1779).
1782 Im Innkreise einige Parcellen erworben vertragsmäßig durch Kaiser Joseph.
1791 im Sziftover Frieden durch Kaiser Leopold II. erworben Alt-Orsova und den Unna-District.
1795 West-Galizien (Krakau) in der dritten Theilung Polens.
1797 Istrien und Dalmatien von Frankreich als Ersatz für die bisher öster-reichischen Niederlande (im Frieden zu Campo Formio 17. October).
1803 Trient und Brixen auf Grund des Reichs-Deputations-Haupt-Recesses als säcularisirte Bisthümer.
1805 Salzburg und Berchtesgaden, Maltrev-Ziller und Brixen-Thal kommen im Frieden zu Preßburg an Oesterreich.
1815 Nach den Erschütterungen der Napoleonischen Kriege und den durch dieselben herbeigeführten Aenderungen und Schwankungen des Territorialbestandes des österreichisch-ungarischen Reiches erfolgte die völkerrechtliche Anerkennung des-selben durch folgende Vereinbarungen unter den europäischen Großmächten: Die Wiener Schlußacte vom 9. Juni 1815 anerkennen a) das souveräne Eigenthum an den Salzwerken Wieliczka's nebst dem dazu ge-hörigen Gebiet (Art. 3), b) die Grenze zwischen Rußland und Oesterreich, so wie sie heute besteht, mit Ausschluß der Stadt Krakau (Art. 4 und 5), c) die gesetzmäßige Souverainetät des Kaisers von Oesterreich über die Pro-vinzen und Territorien, welche im Ganzen oder theilweise durch die Tractate von Campo Formio 1799, von Luneville 1801, von Preßburg 1803, durch die additionelle Convention von Fontainebleau 1807 und durch den Wiener Tractat von 1809 von Oesterreich abgetreten waren und in deren Besitz Oesterreich in Folge des letzten Krieges wieder gekommen ist; sowie auch von Istrien, Dalmatien, den ehemaligen venetianischen Inseln im adriatischen Meere, den Mündungen am Cataro, Vorarlbergs, des Frriauls, des Gebietes von Monfalcone, der Stadt Triest sammt Gebiet, Kärntens, Croatiens am rechten Ufer der Save, Fiumes, des ungarischen Littorales und des Districtes von Castua (Art. 93); das Gebiet von Ragusa (Art. 94).
1847 Einverleibung der Freistadt Krakau sammt Gebiet.
1878 Occupation Bosniens und der Herzegowina auf Grund des Berliner Trac-tates und der Insel Ada-Kaleh unterhalb Orsowa. (Adah-Kaleh wurde von Oesterreich bereits am 26. Mai 1878, also noch vor Beginn des Berliner Vertrages, auf Grundlage eines besonderen Abkommens besetzt, welches die Pforte damals mit dem österreichisch-ungarischen Botschafter Grafen Zichy traf.)
1879 Besetzung des Lim-Gebietes.
[44]) Der officielle Titel des Reiches lautet seit 1868 „Oesterreichisch-ungarische Monarchie" oder „österreichisch-ungarisches Reich" und der Kaiser führt in abge-kürzter Form den Titel „Kaiser von Oesterreich und Apostolischer König von Ungarn". In nicht abgekürzter Form werden nach dem Titel Kaiser von Oester-reich die übrigen auf die anderen Länder sich beziehenden Titel und zwar „König von Ungarn und Böhmen, von Dalmatien, Croatien, Slavonien, Galizien, Lodomerien

Die Untheilbarkeit ist so zu verstehen, daß die souveräne Herrschaft über die ganze Monarchie jedesmal nur dem einen, nach der pragmatischen Sanction (s. u.) hierzu berechtigten und berufenen Mitgliede des Herrscherhauses ungetheilt zukommt und daß eine Theilung der Herrschaft unter den Mitgliedern desselben, wie das vor dem 17. Jahrhundert oft vorkam, nicht mehr Platz greifen kann.

Daß sich diese Festsetzung nicht auf die Unveränderlichkeit des Territorialbestandes der Monarchie bezieht, ist klar; denn gegen die Wandlungen der Geschichte, in deren Strom alle Staaten gestellt sind, giebt es keine Gesetze. Seit der pragmatischen Sanction hat Oesterreich mehrere Provinzen verloren, andere erworben. Diese Aenderungen berühren jene Bestimmung der Untheilbarkeit keineswegs. Aber ebensowenig kann aus der Bestimmung der Untheilbarkeit irgend ein Schluß gezogen werden auf die innere staatsrechtliche Gestaltung der Verhältnisse der einzelnen Bestandtheile der Monarchie zu einander; am allerwenigsten dürfte, wie das geschehen ist, die Bestimmung der Untheilbarkeit als Forderung einer centralistischen Verfassungsform aufgefaßt werden.[45])

Der Bestand der Monarchie ist garantirt durch deren Macht und völkerrechtliche Anerkennung. Oesterreich-Ungarn ist im System der europäischen Staaten eine Großmacht nicht nur durch die Größe seines Territoriums, die Zahl seiner Bevölkerung, sondern durch die Beschaffenheit des ersteren und die Culturstufe der letzteren. Die materiellen Mittel, über welche in Folge des Zusammenwirkens dieser Factoren das Reich verfügt, finden ihren prägnantesten Ausdruck in der Wehrkraft des Reiches.[46])

§. 37. · Es ist vergebene Mühe, die Staaten, sowie man es mit Pflanzen und Thieren thut, in Gattungen und Arten einschachteln und den einzelnen Staat darnach bestimmen zu wollen, in welche Rubrik er gehört. Diese falsche Methode wurde von der Theorie insbesondere auf sogenannte „zusammengesetzte Staaten" oder „Staatenverbindungen" angewendet, und Oesterreich war und ist ein beliebtes Object solcher academischen Speculationen. Man stritt viel herum: was für ein Staat Oesterreich sei? in der Meinung, daß aus der Feststellung eines solchen Oberbegriffes für die „Behandlung" Oesterreichs oder gar für sein Staatsrecht sich gewisse Grundsätze ableiten

und Illyrien u. s. w. eingeschaltet. Die heraldische Beschreibung des Wappens der Monarchie und zwar des großen, mittleren und kleinen ist in dem Hoskanzleidecret vom 22. August 1836 enthalten (abgedruckt bei Manz, B. XIX.).

[45]) Die pragmatische Sanction als einen Rechtsgrund für die centralistische Regierungsform zu verwenden, versuchte Lustkandl in seinem „Wesen der österreichischen Reichsverfassung". Wien 1864.

[46]) Mit Rücksicht auf den Umfang des Territoriums nimmt Oesterreich-Ungarn in Europa die dritte Stelle (nach Rußland und Schweden-Norwegen) ein. Nach Oesterreich-Ungarn erst reihen: Deutschland, Frankreich, Spanien und England (europäisches) und die Türkei.

Eine ebenso bevorzugte Stellung als dritter Staat in Europa nimmt Oesterreich-Ungarn mit Rücksicht auf seine Bevölkerung ein. Hier folgt es nach Rußland und Deutschland, welchen beiden Staaten es jedoch an Dichte der Bevölkerung überlegen ist.

laffen.[47]) Diefe Methode ift beßwegen unrichtig und zwecklos, weil die Staaten Individualgebilde find und die Geschichte in der Schaffung diefer Individualitäten sich ebensowenig wiederholt, wie die Natur. Ein praktifcher Staatsmann hat diefen doctrinären gordifchen Knoten sehr treffend zerhauen, indem er auf die immer wieder behandelte Frage: was Oesterreich fei, die Antwort ertheilte: Oesterreich ift Oesterreich.

Die heutige staatsrechtliche Gestaltung Oesterreich-Ungarns ift das Resultat feiner eigenartigen historischen Entwickelung, die wir in der Einleitung geschildert haben, ein Resultat, das feinen vorläufigen cobificatorischen Ausdruck in dem Ausgleichgesetze von 1867 gefunden hat. Diefes Verhältniß kann nicht mit einem doctrinären Terminus bezeichnet; es kann nur aus der Betrachtung des in diefem Gesetze zum Ausdruck gelangten Compromiffes zwischen den entscheidenden Machtfactoren Oesterreichs und Ungarns dargelegt werden.

Die Staatstheorien entspringen den jeweiligen politischen Tendenzen **§. 38.** und find daher meift unwiffenschaftlich, weil nicht objectiv. Die Staatstheoretiker construiren immer den Staatsbegriff nach ihren jeweiligen Bedürfniffen — fie modeln das „Wesen des Staates" theoretisch immer in der

---

[47]) Die einschlägigen theoretischen Unterfuchungen ermangeln jedoch nicht eines literar-historischen, ja in gewiffer Beziehung auch eines politischen Intereffes.

J. H. Bidermann erklärt in feiner „Rechtlichen Natur der österreichisch-ungarischen Monarchie" (Wien 1877) Oesterreich-Ungarn für einen Staatenstaat. Dagegen polemifirt Jurafchek in einer instruktiven Monographie „Perfonal- und Real-Union" (Berlin 1878), worin er Oesterreich-Ungarn einfach für eine Realunion erklärt. Ulbrich (f. deffen „Rechtliche Natur der österreichisch-ungar. Monarchie" 1879) erklärt in feinem Lehrbuch: „Der österreichisch-ungarische Gefammtstaat fei ein zufammengesetzter Staatskörper", was gewiß unbestreitbar ift; Dantschek's Ansicht, Oesterreich-Ungarn fei „ein monarchischer Bundesstaat" (f. deffen: Der monarchische Bundesstaat Oesterreich-Ungarn 1880), wird von Jellinek bekämpft, der, um diese Musterkarte von Ansichten über die „rechtliche Natur" der „Oesterreichisch-ungarischen Monarchie" zu vervollständigen, haarscharf beweift, Oesterreich-Ungarn fei ein Staatenbund (f. deffen Staatenverbindungen S. 226—249).

Wenn man fich einmal auf dieses Terrain, die rechtliche Natur des Gefammtstaates zu bestimmen, begiebt, fo können diese Argumentationen und diese Polemik in infinitum fortgesetzt werden; es giebt ja in diesen Dingen weder eine höchste Instanz, noch einen mathematischen Beweis. Es liegt aber gar keine begründete Veranlaffung vor, fich auf dieses Terrain zu begeben; denn kein Staat kümmert fich um Confequenzen, welche Juristen aus einer ihm aufdisputirten „rechtlichen Natur" ableiten wollten; der Staat hat nur eine staatliche Natur, und da er weder Product eines Vertrages noch fonft eines rechtlichen Actes ift, fo ift es fehr fraglich, ob Discuffionen über feine rechtliche Natur wiffenschaftlich gerechtfertigt werden können. Nicht alles in der Welt muß doch eine „rechtliche Natur" haben. Man dürfte z. B. von der rechtlichen Natur der Beziehungen der Sonne zur Erde nicht sprechen. Wo nun liegt das Kriterium? Bei welchen Erscheinungen dürfen wir diese Frage stellen? Offenbar bei allen Erzeugniffen des Rechts. Also bei Familienverhältniffen, Eigenthumsverhältniffen, bei Obligationen, Erbschaften u. f. w. Der Staat aber ift kein Erzeugniß des Rechts, fondern umgekehrt: das Recht ift ein Product des Staates. Daher kann man von einem „staatlichen Charakter und einer staatlichen Natur des Rechts" sprechen — nicht aber umgekehrt!

Richtung, in welcher sie dasselbe brauchen können. Als man im vorigen Jahrhundert den Kreis der Rechte der Staatsgenossen vergrößern wollte (welches Streben übrigens ganz begründet war), machte man aus dem Staate einen auf Grund eines Vertrages gegründeten Verein. So brauchte man ihn, um auf Grund dieser Construction die Klagen wegen Vertragsbruchs gegen den Absolutismus zu richten und eine Änderung des Vertrages oder Restitution der von ihm „ursprünglich" gewährleisteten Rechte zu verlangen. Wir sind über diese Naivetät längst hinaus: aber in anderen ähnlichen stecken wir noch.

So glauben die „Juristen" unter den Staatstheoretikern weiß Gott welche wunderwirkende Entdeckung gemacht zu haben, daß der Staat eine Persönlichkeit sei. Allerdings brauchten sie zu ihren juristischen Constructionen diese „Persönlichkeit" des Staates, und so lange sie diese Construction als fictio juris benützen, kann man auch nichts dagegen einwenden. Wenn sie aber anfangen, an diese „Persönlichkeit" des Staates ernstlich zu glauben und aus derselben die weitgehendsten Consequenzen zu ziehen: so muß man sie doch endlich aus diesem Somnambulismus aufrütteln.[48])

Eine andere Gruppe der Staatstheoretiker wieder, die man die Social= reformer nennen könnte und denen weitgehende social=reformatorische Pläne vorschweben, für welche sie sich den Staatsbegriff zuschnitzen möchten: wollen im Staate nur eine specielle Art der Gattung: „Genossenschaften" oder „Gesammtpersonen" sehen. Ihre Construction ist sehr bestechend, weil idealistisch. Darnach entwickelt sich die „Idee" der Genossenschaft in der Menschheit und wandelt sich in aufsteigender Evolution von der Familie zur Gemeinde, zum Staat, vom Staat zum Reich (sonst könnte man das Deutsche Reich nicht erklären!), um einst von den Reichen zum allgemeinen universalen Welt=Völkerbunde überzugehen.[49])

Der Irrthum dieser Anschauung liegt darin, daß der Staat keine Art einer Gattung: Gemeinwesen, Gemeinschaft, Gesammtperson, Genossen= schaft oder wie immer man diese Gattung benennen möchte, bildet, sondern eine Organisation sui generis ist, deren ausschließliches Merkmal die Herr= schaft ist.

Von allen Communalverbänden, Genossenschaften, Vereinen, Gemein= wesen u. s. w. unterscheidet sich der Staat toto genere; denn alle jene

---

[48]) „Die Erfassung des Staats als Person ist der Grund und Eckstein des Staatsrechts", so apotheosirt diese Richtung Jellinek in „Gesetz und Verordnung" S. 195. Richtiger ist wohl die Ansicht G. Rümelin's, daß „auf staats= und social= wissenschaftlichem Gebiete niemals eine Theorie ähnliche Verwirrungen angestiftet und zu solch einer doctrinären Zuspitzung geführt habe, wie die Hegel'sche Lehre von der Staatspersönlichkeit" (Zeitschrift für die gesammte Staatswissenschaft 1889 in der Abhandlung „der Etat").

[49]) „.... nicht nur begrifflich, sondern auch historisch sind von den politischen Gemeinwesen die Gemeinde das primäre, der Staat das secundäre, das Reich das tertiäre ...." sagt Preuß und eröffnet uns die frohe Perspective, daß „dermal= einst der umfassende Organismus der Völkergemeinschaft" erstehen wird. Als Ideal kann man sich das allerdings gefallen lassen. Preuß: Gemeinde, Staat, Reich als Gebietskörperschaften. 1890. S. 207.

Gesammtheiten oder, um es mit jenem beliebten widersinnigen Ausdruck zu benennen, „Gesammtpersonen" unterliegen der staatlichen Herrschaft, und üben nur solche Rechte, die ihnen der Staat einräumt und widerruflich zuerkennt. Zwischen Staat und Reich aber giebt es keinen begrifflichen Unterschied; was man oft Reich nennt, ist entweder ein Staat oder ein Bundesstaat — und wenn das „Deutsche Reich" in seiner Gesammtheit weder ein einheitlicher Staat noch ein reiner Bundesstaat ist, so liegt die Ursache einfach darin, weil dasselbe in seiner gegenwärtigen Gestalt ein unfertiges Gebilde darstellt, das sich entweder zum Einheitstaate durchbilden oder zum Staatenbunde zurückbilden wird, wie das ganz richtig Held in folgendem Ausspruch betont: „Alle sogen. Staatenverbindungen sind in der That Etappen auf dem Einigungs oder Enteinigungswege der Völker, also Übergangsstationen."[50])

Es geht aber nicht an, wie das Preuß thut, eine solche „Uebergangsstation" als besondere Art von „Gebietskörperschaften" zu constituiren und in der Stufenleiter zum WeltVölkervereine zwischen diesen und den Staat das „Reich" zu setzen. Denn dieses „Reich" ist seiner Natur nach nur ein Provisorium zwischen „Staatenbund" und „Einheitsstaat" oder auch „Bundesstaat." „Reich" ist eine Titulatur, aber kein Begriff.

Wenn man OesterreichUngarn ein Reich nennt, so ist damit nicht gesagt, daß es etwas anderes ist als ein Staat; es ist damit nur sein internationaler Rang, seine Bedeutung als Großstaat und endlich auch die höhere Einheit, die Gesammtheit beider Staaten im Gegensatz zu jedem derselben bezeichnet. Keineswegs ist mit der Bezeichnung österreichungarisches Reich gesagt, daß diese beiden Staaten zusammengenommen eine andere Art der Gattung „Gemeinwesen" bilden; es sind eben zwei Staaten unter einem Herrscher, und dieser Zusammensetzung wegen nennt man es auch Reich, ebenso wie man auch Rußland oder die Türkei Reich nennt, ohne daß man sie deßwegen von der niederen Art „Staat" zu einer höheren und anderen Art emporsteigen lassen wollte. Dem Begriff nach können sowohl Oesterreich, wie Rußland, wie Türkei u. s. w. nur Staaten sein.

Das im Vorhergehenden gegen die Classification der Staaten Vor **§. 39.** gebrachte hindert jedoch nicht, daß man dieselben nach gewissen sehr allgemeinen ihrer Natur und Beschaffenheit entnommenen Merkmalen, welche aber zumeist nur Entwickelungsphasen des historischen Processes bedeuten, näher bezeichnet. So z. B. giebt es Staaten, in denen der Unterschied der politischen Bestandtheile, aus denen sie zusammengesetzt sind, noch offen daliegt, andere, bei denen das nicht mehr der Fall ist, daher

---

[50]) Diese Worte Held's sind übrigens eine falsche Generalisirung — er denkt an Deutschland und spricht einen allgemeinen Satz aus, der auf andere zusammengesetzte Staaten nicht paßt. Auch Oesterreich ist ein zusammengesetzter Staat — aber aus dem Grunde keine Held'sche „Etappe", weil die Souveränetät beider Reichshälften in einer Person vereinigt ist. Höchstens könnte man in Anwendung der Held'schen Ansicht auf Oesterreich den Dualismus als eine Etappe zum Föderalismus ansehen — nachdem der Centralismus sich als unmöglich erwiesen hat. Obige Worte Held's aber passen nur auf Deutschland.

man die ersteren zusammengesetzte und die letzteren einfache Staaten nennt, obschon diese Unterscheidung meist sehr ungenau und oberflächlich ist. Ebenso verhält es sich mit der Unterscheidung der Nationalstaaten von den Nationalitätenstaaten, von welcher wir noch unten sprechen werden. Wenn die Bestandtheile der zusammengesetzten Staaten ein gewisses großes Maß von Selbständigkeit behalten haben, spricht man von Staatenunionen oder Staatenbünden, welchem Begriff man speciell in Deutschland mit einer entschiedenen und klaren Tendenz den gewesenen deutschen Staatenbund als Bundesstaat gegenüberstellte, um an diese Begriffsbestimmung gewisse politische Postulate größerer Einheit zu knüpfen. Doch ist der Bundesstaat weder im allgemeinen noch auch im Gegensatz zum Staatenbund ein **Rechtsbegriff**: es sind das erstens rein **politische** Begriffe und obendrein **individuelle** Begriffe. Der deutsche Bundesstaat ist eben der deutsche Bundesstaat, der in der Geschichte der Menschheit nur einmal aus bestimmten historischen Prämissen auftauchte und ein zweites Mal sich nicht wiederholen kann — alle Zusammenstellungen desselben und Classificirungen etwa mit den Vereinigten Staaten Amerikas oder der Schweiz zu einer Art sind hinkend — das sind lauter individuelle Gestaltungen. Und gar die Ableitungen von Consequenzen aus solchen Einschachtelungen und Aufstellung von Postulaten für den gegebenen Staat, weil es sein „Artbegriff" mit sich bringe, sind unbegründet. Man kann also allerdings die Staaten nach gewissen sehr allgemeinen Merkmalen näher charakterisiren, doch muß man sich hüten, solche Charakterisirungen als Classificationen aufzufassen und aus den vermeintlichen Artbegriffen die gemeinsamen Gattungsmerkmale zu postuliren oder aufzudisputiren zu wollen.

Oesterreich-Ungarn als Staat.

§. 40.   In Mitteleuropa gehören zu den zusammengesetzten Staaten Deutschland und Oesterreich.[51] Der Umstand, daß diese beiden Reiche aus einer

---

[51] Sowohl Deutschland wie Oesterreich-Ungarn sind zusammengesetzte Staaten: doch ist der Unterschied tiefgreifend. Deutschland besteht aus einer Anzahl souveräner Staaten, über welchen eine Bundesgewalt gegenwärtig in der Form des Kaiserthums sich erhebt. Oesterreich-Ungarn besteht aus zwei Staaten, die ein und denselben Herrscher haben. Dagegen giebt es in Deutschland keine solchen autonomen Länder mit eigenen Landtagen, wie die im Reichsrath vertretenen Länder und Königreiche und Croatien-Slavonien. Dieser Unterschied der Organisation hat zur Folge, daß die Gesetzgebung Oesterreichs eine viel einheitlichere ist als die Deutschlands — weil hier das Landesrecht beherrscht wird von den einheitlichen Principien des staatlichen Rechts; und auch für Oesterreich-Ungarn sind durch die gemeinsamen Angelegenheiten und ihre gemeinsame gesetzgeberische und administrative Regelung noch immer eine größere Garantie der Einheitlichkeit geboten, wie in Deutschland durch die zwischen Landesfürsten und Kaiser „getheilte Souverainetät". Für die Theorie des österreichischen Staatsrechts erwächst daraus auch der Vortheil, daß es der unfruchtbaren Untersuchungen über das Maaß der Theilung der Souverainetät zwischen Reich und Ländern, welche das deutsche Staatsrecht neuestens so ungenießbar machen, enthoben ist. Ueber die Entwickelung dieser Theorien in Deutschland vergl. Preuß: Gemeinde, Staat, Reich als Gebietskörperschaften. Berlin 1890.

Anzahl autonomer Länder bestehen, hat die Folge, daß die Gesetzgebung in denselben keine einheitliche, sondern nach Ländern verschiedene ist. Ebenso wie man es in Deutschland auf allen Gebieten des Lebens mit Reichsrecht und Landesrecht zu thun hat und wie dort diese zwei Gewalten überall neben einander regelnd und Normen gebend eingreifen: so haben wir auch in Oesterreich Staats- und Landesgesetzgebung, die erste von den centralen staatlichen gesetzgebenden Körperschaften in Oesterreich und Ungarn, die letztere von den Landtagen der einzelnen Länder ausgehend, über welche alle sodann eine gemeinsame gesetzgebende Gewalt die, beiden Reichshälften gemeinsamen Angelegenheiten regelt. Wie schon erwähnt, sind die Staaten der Welt entweder Nationalstaaten, d. h. solche, in denen nur eine Volks- und Umgangssprache gesprochen wird, oder Nationalitätenstaaten, d. h. solche, in denen mehr als eine Volks- und Umgangssprache herrschen. Die letzteren, zu denen auch Oesterreich gehört. sind in der überwiegenden Mehrzahl — die ersteren in verschwindender Minderzahl.

Nichtsdestoweniger wird meist in den staatsrechtlichen Literaturen der Nationalstaaten dieser Staatstypus als der normale, der Nationalitäten-staat als der anormale hingestellt[52]). Diese Erscheinung ist ebenso natürlich, wie daß von den Menschenstämmen der verschiedenen Hautfarben jeder seine Hautfarbe für die normale, alle anderen für anormale ansieht.

Viele Staaten präsentiren sich äußerlich oder doch in ihrer Gesetz-gebung als Nationalstaaten: sind es aber bei genauerer Betrachtung nicht. So kann z. B. das Deutsche Reich nicht als reiner Nationalstaat gelten, da in seinen Gränzen als Volks- und Umgangssprache außer dem Deutschen das Französische (Elsaß-Lothringen), das Dänische (in Schleswig) und das Polnische (in den polnischen Landestheilen) gesprochen wird.[53])

Nimmt man aber Rücksicht auf die außereuropäischen Besitzungen der europäischen Staaten, so giebt es überhaupt keine Nationalstaaten in Europa;

---

[52]) In Deutschland wurde diese Anschauung zuerst durch Herder eingeführt und gewann seitdem immer mehr an Boden. „Der natürlichste Staat, heißt es bei Herder (Ideen IX, 4), ist ein Volk mit einem Nationalcharakter." „Ein zu-sammengezwungenes Reich ist ein Ungeheuer, kein Staatskörper" (XII, 2). Diese Herder'sche Idee ist seither in der ganzen deutschen staatsrechtlichen Literatur ste-reotyp geworden; es geben ihr Ausdruck Dahlmann, Bluntschli, J. v. Held, Mohl und unzählige andere Publicisten; ja, sie ist ein Gemeingut der staats-rechtlichen Literaturen Europas geworden. Und doch drückt dieselbe nur einen idealen Wunsch aus, keineswegs eine wissenschaftliche Wahrheit. Alle historischen Reiche der Welt und der Geschichte waren immer „zusammengezwungene" Reiche; und wenn der „natürlichste" Staat nur „ein Volk mit einem Nationalcharakter" sein solle, dann zeigt uns die Weltgeschichte eine schier unendliche Reihenfolge lauter „unnatürlicher Staaten". Und doch meint Herder selbst an einer anderen Stelle, daß jede „geschichtliche Erscheinung ein natürliches Product" sei. Eins von beiden nun: entweder ist die Natur im Irrthum oder Herder; erstere, indem sie unaufhörlich und fortgesetzt „unnatürliche" Gebilde schafft oder letzterer, indem er für unnatürlich erklärt, was sehr natürlich ist. Vergl. übrigens über diese Frage m. Sociologie §. 14.

[53]) Außerdem auch noch das Wendische in der Lausitz, das Litthauische in Ostpreußen u. s. w.; vergl. Böckh, der Deutschen Volkszahl.

dann ist auch der anscheinend reinste Nationalstaat Europas, Frankreich, seiner Algierischen Besitzungen wegen im Grunde auch ein Nationalitätenstaat.[54])

Der historisch-politische Begriff „Oesterreich".

§. 41. Es gab nie und giebt auch heutzutage keinen Staat, der sich begrifflich von seinen Anfängen bis zum Gipfelpunkte seiner Entwickelung mit einem bestimmten Territorium decken würde. Vielmehr haftet Name und Begriff jedes Staates zuerst an einem unbedeutenden, kleinen Territorium, welches den Keimkern des zukünftigen Staates darstellt. Mit dem territorialen Umfange wächst der Begriff des Staates und umfaßt mit der Zeit Gebiete, die einst zu ihm in gar keiner Beziehung gestanden sind — ja sogar ihm fremd und feindlich gegenüberstanden, von seinem Begriff also als Gegensatz ausgeschlossen waren.

Die Richtung aber der territorialen Entwickelung eines Staates hängt von geographischen und politischen Bedingungen ab. Liegt der Keimkern eines Staates auf einer Insel, so kann er sich nur überseeisch oder auf das nächstgelegene Festland entwickeln, wie das z. B. bei Venedig der Fall war; liegt er an einer Küste, die vom Lande durch steiles Felsengebirge abgeschnitten ist, so muß diese Entwickelung ebenfalls überseeisch sich vollziehen, wie das z. B. bei Phönizien Platz griff. Die glückliche Lage der italienischen Halbinsel, mitteninne zwischen drei Welttheilen, ermöglichte es Rom, ein Weltstaat zu werden und die mittelmeerwärts gelegenen Küsten dreier Welttheile seinem Staatswesen einzuverleiben.

Eine continentale Mittellage des Keimkernes eines Staates begünstigt eine ringsum gleichmäßige Entwickelung des Staates, wie z. B. um Paris als beiläufigem Centrum das französische Territorium herumgelagert ist.

Von Continentalstaaten kann es als erwiesen gelten, daß sie sich von an Wasserscheiden liegenden Mittelpunkten aus, dem Laufe der Flüsse entlang entwickeln: so daß man die Behauptung wagen kann, daß die Richtung des Hauptstromes oder der Hauptströme jedem Staate das Naturgesetz seiner Entwickelung offenbart.

Das eigentliche Donau-Oesterreich mit Wien stellt den Keimkern des österreichischen Staates dar. In seiner natürlichen historischen Entwickelung folgt der Kaiserstaat dem Laufe seines Hauptstromes und seiner Hauptströme. Ihre Richtung geht meist ostwärts (Donau), südostwärts (Donau, Drau, Save, Mur), nordostwärts (Weichsel) und nordwärts (Elbe). Nach diesen Richtungen hat sich auch der österreichische Staat entwickelt und kann sich auch in der Zukunft entwickeln, wenn nicht natürliche Gränzen, wie die Felsenwälle des Erz- und Riesengebirges, die dem Stromlauf kaum eine

---

[54]) Ueber den Zusammenhang dieses Polyglottismus und Polynationalismus der Staaten mit der natürlichen geschichtlichen Entwickelung der Menschheit, s. Rassenkampf S. 205 ff. und Sociologie §. 14.

schmale Lücke öffnen, es andeuteten, daß hier ein anderer historischer Boden beginnt.

Westwärts aber gen Deutschland fließt kein österreichischer Strom, eine Naturthatsache, die jener österreichische Staatsmann über= sah, der im J. 1863 den Fürstentag in Frankfurt a. M. inscenirte.

Die natürliche Entwickelung jedes Staates, die sich doch immer zu= gleich als Wettkampf mit anderen Staaten abspielt, bringt es nun mit sich, daß im Laufe derselben die einen Territorien erworben, andere aufgegeben werden. Diese Erwerbungen und Verluste sind Folgen der Wettkämpfe mit anderen Staaten, durch welche hindurch die natürliche Entwickelung sich vollzieht. Daher kommt es, daß der Begriff eines Staates im Ablauf seiner Geschichte nie an einem festen territorialen Umfange haftet, daß Länder, die unter diesen Begriff gehörten, nicht mehr von demselben um= faßt werden, dagegen andere, die ihm fremd waren, unter denselben ge= hören. Wenn sich also im Ablauf der Geschichte der Begriff eines Staates nicht mit allen Theilen seines zeitweiligen Gebietes deckt: so entspricht da= gegen der historische Begriff eines Staates allerdings einem festen Terri= torium, das von einem gegebenen Keimkern ausgehend in den Richtungen seiner natürlichen Entwickelung liegend, der jeweiligen Stärke seiner Expan= sionskraft entspricht. So hatte auch Deutschland, welches dem Laufe seiner Hauptströme, des Rheins, der Weser, Elbe (vom Erzgebirge an) der Oder, folgend, vom Süden gen Norden, sich entwickelt, einen bald engeren bald weiteren Umfang; nicht an jedem Theilgebiete, das zeitweilig „deutsch" war, blieb dieser staatliche Begriff haften und er umfaßt heute manche Gebiete, die einst durchaus nicht deutsch waren: der historisch=politische Begriff Deutschlands haftet an dem Ländergebiete, welches vom Quellengebiete seiner Hauptströme ausgehend in der Richtung des Laufes derselben gegen Nord und Ost sich erstreckt in einem Umfange, der der gegenwärtigen Ex= pansionskraft des Reiches entspricht.

Ganz so verhält es sich mit Oesterreich=Ungarn. Dem historisch=poli= tischen Begriff Oesterreich entsprach im Laufe der Geschichte nicht immer derselbe peripherische Umfang; es hat Gebiete gegeben, die zeitweilig „öster= reichisch" waren und es heute nicht mehr sind, wie z. B. Belgien, Lombardei= Benetien u. s. w. Andererseits gehören unter diesen Begriff heute Gebiete, die früher Bestandtheile anderer staatlicher Begriffe waren: bleibend aber durch alle Schwankungen der Peripherie haftet der Begriff Oesterreich und Oesterreich=Ungarn an jenem Ländercomplexe, der südlich von den Alpen, nördlich von dem Erz= und Riesengebirge und dem weiten Bogen der Karpathen umrahmt, die Quellengebiete aller Zuflüsse seines Hauptstromes umfassend, einerseits nach Süd=Ost dem Laufe desselben folgend, zu zwei Meeren drängt, andererseits der Weichsel und dem Dniester entlang jen= seits der Karpathenkette in die Sarmatische Tiefebene hinausgreift.

Das Verhältniß Oesterreichs zu Ungarn.

§. 42. Beide Staaten haben einen gemeinschaftlichen Monarchen, welcher Kaiser von Oesterreich und König von Ungarn ist.[53]) Die so verbundenen Staaten bilden einen untheilbaren und unzertrennlichen gemeinsamen Besitz des jedesmal nach der Erbfolgeordnung zum Throne berufenen Herrschers. Im Uebrigen sind diese beiden Staaten „zwei gesonderte und ganz gleichberechtigte Theile" und ist jeder derselben legislativ und administrativ vom andern unabhängig (UGA. 1867, Einl. al. 4, §§. 3, 23, 29); doch verlangt es die ungarische Verfassung, daß Oesterreich verfassungsmäßig regiert werde (§§. 5 und 25). Zum Zwecke „der Vertheidigung und Aufrechthaltung der gemeinsamen Sicherheit" sind die Leitung der auswärtigen Angelegenheiten, das Kriegswesen (sammt der Feststellung und Umgestaltung des Wehrsystemes) und das Finanzwesen insoweit als die Kosten obiger zwei Angelegenheiten reichen, als gemeinsame Angelegenheiten erklärt worden (§§. 9—16). Zur Besorgung derselben muß mit verfassungsmäßiger Zustimmung beider Theile ein Uebereinkommen erzielt werden, worauf die erforderlichen Gesammtkosten nach einem vereinbarten Verhältniß auf die beiden Theile repartirt werden (§. 18). Gemeinsam beiden Theilen ist ferner die als solche anerkannte (gemeinsame) Staatsschuld (§§. 53, 54, 55). Außer den obigen unbedingt gemeinsamen Angelegenheiten werden noch fünf weitere Angelegenheiten zwar nicht als unbedingt gemeinsam erklärt, jedoch als solche, bezüglich deren zwischen Ungarn und Österreich von Fall zu Fall Vereinbarungen behufs gleichmäßigen Vorgehens geschlossen werden sollen (§. 59). Es sind das folgende:

a) die commerciellen Angelegenheiten,

b) jene indirecten Steuern, welche mit der Industrieproduction in enger Verbindung stehen,

c) Behandlung aller Zolllinien bez. die Zolleinnahmen,

d) Behandlung gewisser beide Theile durchziehender Eisenbahnen,

e) Feststellung des Münzwesens und des Geldfußes (§. 63—66).

Kommt über die hier aufgezählten Gegenstände keine Vereinbarung zu Stande, so steht jedem Theile das gesetzliche Verfügungsrecht über dieselben zu (§. 68).

Keiner der beiden Reichstheile erkennt die Bürger und Angehörigen des anderen als seine Bürger und Angehörige an — vielmehr besteht für jede Reichshälfte eine besondere Staatsbürgerschaft. (SGG. 21. Dec. 1867, Nr. 142 RGB Art. 1.)

Der Dualismus.

§. 43. Wenn man bedenkt, daß alle Entwickelung der Staaten ein Proceß ist, der sich abspielt zu Folge der naturgesetzlichen und naturnothwendigen Strebungen und Widerstrebungen, Actionen und Reactionen seiner socialen

---

[53]) Pragmatische Sanction von 1713. Ungarische Gesetzartikel 1723: 1, 2 und 3, ferner Gesetzartikel 1867: Art. XII §. 1.

Bestandtheile: so stellt sich der 1867er Ausgleich zwischen Ungarn und Österreich als die nothwendige Versöhnung der einerseits auf völlige Unterwerfung Ungarns gerichteten Bestrebungen des deutschen Elementes in Österreich, andererseits der dadurch genährten und großgezogenen Selbstständigkeitsbestrebungen der Ungarn, dar. Nach Schlag und Rückschlag erfolgte die im beiderseitigen Interesse gelegene nothwendige Einigung und Versöhnung — der staatsrechtliche Ausgleich.

Das Wesen desselben besteht darin, daß Österreich und Ungarn zwei selbständige Staaten, wenn auch unter einem Scepter, bilden sollen, d. h. daß das herrschende Element in Österreich seine Herrschaft nicht auch über Ungarn ausdehne, wogegen das in Ungarn herrschende Element (das übrigens nie über Österreich zu herrschen strebte) seine Herrschaft dortselbst unbehindert weiter behalte. — Aus der Thatsache jedoch, daß diese beiden Staaten einem Herrscherhause unterliegen, ergeben sich eine Reihe nothwendiger Consequenzen, die von beiden Staaten anerkannt werden mußten, wenn die Gemeinsamkeit des Herrschers und Herrscherhauses aufrecht erhalten werden sollte. Diese Consequenzen ergaben sich aus der Natur der Sache. Der gemeinsame Monarch kann offenbar nie in die Lage kommen, mit sich selbst Krieg zu führen; da der Kaiser von Österreich und der König von Ungarn eine Person sind, so müssen die Angelegenheiten des Krieges, die Militärsachen, gemeinsam sein, auf gemeinsamer Gesetzgebung beruhen und gemeinsam verwaltet werden. Diese Consequenz zieht die weitere nach sich, daß auch die Ausgaben für Militär und Krieg gemeinsam sein müssen; denn die Gemeinsamkeit der Wehrmacht zieht diejenigen der Mittel zu ihrer Unterhaltung nach sich.

Weiters folgt aus der Gemeinsamkeit des Herrschers diejenige seiner Vertretung bei auswärtigen Staaten; da die Vertreter des Kaisers von Österreich mit den Vertretern des Königs von Ungarn nie und nimmer widersprechend handeln dürften, ohne die höchsten Interessen des Reiches zu compromittiren, so ergiebt sich daraus die Gemeinsamkeit der auswärtigen Vertretung, also auch der für dieselben nöthigen Auslagen.

Das Ausgleichsgesetz von 1867 zwischen Österreich und Ungarn konnte daher nichts anderes sein, als die Formulirung und Festsetzung dieser aus der Thatsache der Gemeinsamkeit des Herrschers für die beiden Staaten sich ergebenden Verhältnisse.

Jede der beiden Reichshälften wird untergetheilt in Länder und Königreiche.[56]). **§. 44.**

------

[56]) Die territorialen Bestandtheile Oesterreichs sind: die Königreiche Böhmen, Dalmatien und Galizien, die Erzherzogthümer Oesterreich unter und ob der Enns, die Herzogthümer Salzburg, Steiermark, Kärnten, Krain und Bukowina, die Markgrafschaft Mähren, das Herzogthum Schlesien, die gefürstete Grafschaft Tirol und das Land Vorarlberg, die Markgrafschaft Istrien, die gefürstete Grafschaft Görz und Gradiska und die Stadt Triest mit Gebiet.

Die heute noch zu Recht bestehenden territorialen Bestandtheile Ungarns sind: das Königreich Ungarn; das dreieinige Königreich Croatien, Slavonien und Dalmatien (letzteres nur dem Titel nach) und die königliche Freistadt Fiume

Wenn auch diese Eintheilung kein Act zweckbewußt handelnder Staatsgewalt ist, sondern das Resultat historischer Verhältnisse, wobei die Unterabtheilungen des Staatsgebietes in Länder und Provinzen ungleich sind:
so hat sich doch die Staatsverwaltung dieser historisch überkommenen Eintheilung anbequemt und dieselbe zur Grundlage der administrativen Eintheilung des Staatsgebietes genommen. Es bilden daher diese Länder zugleich Verwaltungsgebiets-Einheiten, an deren Spitze Länderchefs und
Landesbehörden stehen. (In den größeren Ländern Oesterreichs Statthalter
und Statthaltereien, in den kleineren, z. B. Schlesien, Landespräsidenten
und Landespräsidien; in Croatien-Slavonien der Banus und die Banaltafel).

Nur die ganz kleinen Länder Görz, Gradisca, Istrien und Triest sind
zu einem Verwaltungsgebiete: dem Küstenland, unter dem Statthalter in
Triest und der Triester Statthalterei, vereinigt; Vorarlberg bildet mit
Tyrol einen Verwaltungskörper.

———

Staatliche Gebietseintheilungen.

§. 45.   Nur langsam und zögernd schritten die Monarchieen des Continents
zu territorialen Neueintheilungen ihrer Gebiete, die historischen Einheiten
ihrer Provinzen und Länder und die Gränzen derselben überall schonend
und erhaltend. Rasch und durchgreifend, keine historische Tradition achtend,
alle hergebrachten Eintheilungen über den Haufen werfend, gingen oft revo-
lutionäre Staatsgewalten vor, wie z. B. Frankreich, im J. 1789[67]) oder
auch Monarchen, die sich von hergebrachten Schranken ihrer Gewalt befreien und ihren Staat auf neuen Grundlagen aufrichten wollten — wie
Kaiser Maximilian, der zum Zwecke besserer Steuerverwaltung Deutschland
in 10 Kreise theilte (1495)[58]). Auch in Oesterreich sind in den letzten Jahren

———

sammt Gebiet. Das frühere Großfürstenthum Siebenbürgen wurde kraft des Ge-
setzartikels XLIII vom Jahre 1868 mit Ungarn vollständig vereinigt; die Croatisch-
Slavonische Militärgränze wurde in das Königreich Croatien-Slavonien einverleibt
(provinzialisirt) auf Grund des kaiserlichen Manifestes vom 15. Juli 1881 und
kaiserl. Entschl. vom 15. December 1881.

[67]) Mit Gesetz vom 22. December 1789 wurde Frankreich unter Aufhebung
aller historisch überkommenen Eintheilungen in Departements, diese in Arrondisse-
ments, diese in Kantone und diese endlich in Gemeinden eingetheilt. Dabei wurde
„möglichst wenig Rücksicht genommen auf die alten territorialen Gränzen." „Seitdem ist die Grundlage der Verwaltungsorganisation Frankreichs dieselbe geblieben"
(Le Bon).

[58]) Die Maximilianische Kreiseintheilung erhielt sich in Deutschland „im
wesentlichen" bis 1803 (vergl. Einl. S. 89 ff., ferner Siegel, Deutsche Rechtsgeschichte, S. 271. Schröder, Deutsche Rechtsgeschichte, S. 672.) Heute zerfällt
Deutschland in 26 Staaten, und zwar 4 Königreiche, 6 Großherzogthümer,
7 Fürstenthümer, 3 freie Städte. Diese Eintheilung ist historisch überkommen.
Auch Preußen zeigt in seinen „Provinzen" seine historische Structur. Zu administrativen Zwecken ist es in Regierungsbezirke und Kreise eingetheilt; und zwar
zerfällt es in 12 Provinzen: Ostpreußen, Westpreußen, Brandenburg (außer Berlin),
Pommern, Posen, Schlesien, Sachsen, Schleswig-Holstein, Hannover, Westfalen,
Hessen-Nassau, Rheinprovinz — dazu noch den Regierungsbezirk Hohenzollern und

von Seiten nationaler Parteien zum Zwecke festeren Zusammenschlusses einheitlicher nationaler Bevölkerung und besseren Schutzes vor Entnationalisirung Vorschläge zu Neueintheilungen des österreichischen Länderbestandes gemacht worden. So tauchte zu wiederholten Malen der Vorschlag auf, die von zwei Volksstämmen bewohnte Steiermark in eine obere deutsche und untere slovenische Steiermark zu theilen oder gar diese letztere mit den angrenzenden slovenischen Gebieten zu vereinigen. Ebenso stellte im Namen der Deutsch-Böhmen der Abgeordnete und gew. Minister Herbst im böhmischen Landtag (1884) den Antrag auf Zweitheilung Böhmens nach nationalen Kreisen. Die Regierung verhielt sich solchen Vorschlägen gegenüber bisher immer sehr zurückhaltend und passiv. [59]) Daß eine

---

den Stadtbezirk Berlin. Die 35 Regierungsbezirke zerfallen in Kreise (Land- und Stadtkreise). Hue de Grais klagt über Unzweckmäßigkeit dieser Eintheilung des preußischen Staatsgebietes, die den geschichtlichen Traditionen zu viel Rechnung trägt. — Uebrigens ändern oft auch absolute Regierungen die historisch überkommenen Eintheilungen aus politischen Gründen, wenn es sich darum handelt, historische Erinnerungen auszumerzen; so verschwand z. B. das Großherzogthum Litthauen aus der administrativen Gebietstheilung Rußlands und ward in die Gouvernements-Eintheilung des ganzen Reiches einbezogen, in welcher es neun Gouvernements bildet, die als die „westlichen Provinzen" bezeichnet werden, während gleichzeitig das ehemalige Königreich Polen eine Anzahl Gouvernements unter der amtlichen Bezeichnung des „Weichselgebietes" bildet. So ist denn das Verwischen des historisch Gewordenen keineswegs ein Privilegium revolutionärer Staatsgewalten — auch absolute Regierungen bedienen sich desselben Kunstgriffes, wenn ihnen das historisch Ueberkommene unangenehm ist.

[59]) Charakteristisch für den Standpunkt der Regierung ist die Erklärung, die sie über den Antrag Herbst in einer Commission des böhmischen Landtags im October 1884 durch ihren Vertreter abgab. Dieselbe lautete:

„Die Regierung anerkennt, daß, ungeachtet rücksichtlich der Bildung der verschiedenen Bezirke des Landes nach der Nationalität der Bevölkerung schon Vieles geschehen ist, dennoch in Betreff der Ausscheidung einzelner Gemeinden und Zuweisung derselben zu anderen Bezirken oder in Betreff der Theilung bestandener und Bildung neuer Bezirke noch weitere Aenderungen wünschenswerth sein können. Sie verschließt sich auch nicht der Erkenntniß, daß durch solche Aenderungen die Wirksamkeit der unteren Verwaltungs- und Gerichtsbehörden erleichtert werden könnte; sie anerkennt auch, daß unter Umständen durch solche Aenderungen die Wirksamkeit der Bezirksvertretungen gefördert würde, und theilt auch die Ansicht, daß diese Aenderungen auch einer entsprechenden Abgränzung der Landtags-Wahlbezirke zu Gute kommen könnten. Geleitet von diesen Anschauungen, kann die Regierung nur erklären, daß sie gegenüber dem Antrage Sr. Excellenz des Herrn Abg. Dr. Herbst eine ablehnende Haltung nicht einnehme und daß sie dem bezüglichen Landtagsbeschlusse die bereitwilligste Berücksichtigung zuwenden werde.

Ungeachtet dessen kann sich aber die k. k. Regierung nicht verhehlen, daß Umstände obwalten können, in welchen sie auf nicht zu beseitigende Schwierigkeiten stoßen kann, und daß die Aenderung der in einem Bezirke bestehenden Verhältnisse selbst in den Kreisen der betheiligten Bevölkerung, sei es aus ökonomischen oder anderen Gründen, nicht gewünscht wird. Mit Rücksicht hierauf muß die k. k. Regierung ihre Erklärung an die Voraussetzung knüpfen, daß ein Verlangen um solche Aenderungen aus der betreffenden Bevölkerung gemacht werde, und daß die geographischen und sonst maßgebenden Verhältnisse des Bezirkes und insbesondere auch ins Gewicht fallende finanzielle Rücksichten dieselben nicht als unzulässig erscheinen lassen.

eventuelle Aenderung, sei es des Umfanges der einzelnen Länder, sei es der Eintheilungen der letzteren, nur im Wege der Gesetzgebung erfolgen kann, unterliegt keinem Zweifel. Wenn auch eine ausdrückliche diesbezügliche Bestimmung in den gegenwärtigen Staatsgrundgesetzen nicht vorhanden ist, so war dieser Grundsatz doch schon in den in Folge der Verfassung vom 4. März 1849 erflossenen Landesordnungen ausgesprochen und dürfte gegenwärtig schon aus dem Grunde unanfechtbar sein, weil die gegenwärtige Territorialeintheilung der Königreiche und Länder zur Grundlage der Wahlordnungen genommen wurde, daher jede Aenderung der ersteren eine Aenderung der letzteren involvirt, was doch offenbar nur im Wege der Gesetzgebung erfolgen kann.[60]) — In Ungarn konnte von jeher und kann auch heutzutage keinerlei Zusammenlegung oder Trennung gesetzlich bestehender politischer Gebietstheile ohne Einwilligung des Reichstages vorgenommen werden.

Was die Competenz zu solchen gesetzgeberischen Acten anbelangt, so richten sich dieselben nach der Lage und Zugehörigkeit des betreffenden Territoriums. Handelt es sich um eine Änderung der Gränzen irgend eines Verwaltungsbezirkes eines einzelnen Landes, so kann dieselbe mittelst eines Landesgesetzes angeordnet werden; würde es sich um eine Änderung der Eintheilung einer Reichshälfte in Länder und Königreiche handeln, so wäre entweder der Reichsrath oder der ungarische Reichstag competent; daß „die Prüfung und Genehmigung jener Handels= und Staatsverträge . . . . die eine Gebietsänderung der im Reichsrathe vertretenen Königreiche und Länder zur Folge haben", zum Wirkungskreise des Reichsrathes gehört, bestimmt ausdrücklich §. 11 a des Ges. v. 21. Dec. 1867 No. 141 RGB., woraus sich auch ergibt, daß die Möglichkeit von Gebietsänderungen in der Zukunft gesetzlich vorgesehen ist.

§. 46. · Die einzelnen dieser Länder zerfielen früher (ungefähr bis in die Mitte dieses Jahrhunderts) in Kreise oder Gaue.

So Oesterreich u. d. Enns in vier Kreise (Viertel): Ober und Unter dem Wiener Wald, Ober und Unter dem Manhartsberg; Oberösterreich ebenfalls in vier Kreise: Mühl=, Inn=, Hausruck= und Traunkreis; Salzburg in vier Gaue: Salzachgau, Pinzgau, Pongau und Lungau; Steiermark in drei Kreise: Brucker, Grazer und Marburger; Kärnten war in

---

Insoweit aber in der Motivirung auf die entsprechende Organisation der bestehenden zweiten Instanzen hingewiesen wird, muß die k. k. Regierung jetzt schon erklären, daß sie auf eine solche Aenderung der Organisation der zweiten Instanzen einzugehen nicht in der Lage wäre, weil sie der Anschauung ist, daß eine solche Aenderung dem im Auge zu behaltenden Interesse der einheitlichen Verwaltung und Justizpflege in hohem Grade abträglich sein würde."

Man ersieht daraus, daß eine Aenderung in der Gebietstheilung der Länder nach nationalen Gesichtspunkten nicht zu den Unmöglichkeiten gehört.

[60]) Auch dürften allfällige Aenderungen der Gebiete der einzelnen Länder zu jenen „Gegenständen" gezählt werden, welche sich „auf Pflichten und Verhältnisse der einzelnen Länder unter einander beziehen" und als solche nach §. 11 lit. n des Gesetzes vom 21. December 1867 Nr. 141 RGB. zu dem Wirkungskreis des Reichsraths gehören.

Ober= und Unterkärnten getheilt; Krain zerfiel in drei Kreise, den Laibacher (Oberkrain), den Neustädter (Unterkrain), den Adelsberger (Unterkrain); Tirol und Vorarlberg zerfielen in vier Kreise: Insbrucker, Brixener, Triester und Bregenzer; Böhmen war seit Karl IV. in zwölf Kreise getheilt; Mähren zerfiel in sechs Kreise (Brünn, Iglau, Znaim, Hradisch, Neutitschein, Olmütz); Galizien wurde nach der österreichischen Occupation ebenfalls in Kreise und zwar in achtzehn getheilt. Diese Kreise wurden in der Folge nach Bedarf in Bezirke eingetheilt. An der Eintheilung der Länder in Kreise und Be= zirke hielt man noch bei den Neuorganisationen derselben im J. 1849 und 1853 fest.[61]) Doch wurde die Kreiseintheilung in kleineren Ländern (Kärnten, Krain, Salzburg, Oberösterreich, Schlesien und Bukowina) unterlassen. An der Spitze der Kreise und Bezirke standen Kreis= und Bezirksvorsteher. Seit dem Jahre 1860 wurde zum Zwecke der Vereinfachung der Geschäfts= führung auch in den größeren Ländern die Kreiseintheilung aufgelassen, so daß nur die Eintheilung in Bezirke übrig blieb. Mit dem Gesetze vom 19. Mai 1868 endlich wurde bestimmt, daß jedes Land in Amtsbezirke eingetheilt wird, von denen jeder zwei oder mehrere der früheren Bezirke umfaßte; doch bestimmt dieses Gesetz, daß „die Gränzen der Gerichtssprengel der einzelnen und der zu einer gemeinschaftlichen Geschäftsführung vereinigten Ortsgemeinden, dann der Gutsgebiete durch die Gränzen der politischen Amtsbezirke nicht durchschnitten werden." Somit schonte auch das neueste Organisationsgesetz alle bestandenen, historisch entwickelten Gränzen — es nahm Zusammenlegungen vor, aber es vermied Trennungen des früher Zusammengehörenden.

Die Durchführung dieser Eintheilung der Länder in Amtsbezirke er= folgte im Verordnungswege[62]), so wie auch Aenderungen derselben im Ver= ordnungswege erfolgen können[63]).

---

[61]) Grundzüge vom 26. Juni 1849; Gesetz vom 19. Jänner 1853 RGB. Nr. 10.

[62]) Mit Ministerialverordnung vom 10. Juni 1868 wurde die 1867 durch= geführte Bezirkseintheilung von Galizien, Salzburg und Krain bestätigt; mit Ministerialverordnung vom 10. Juli 1868 wurde die Eintheilung in politische Bezirke für die übrigen Länder festgesetzt.

[63]) Die älteren Verwaltungsbezirke, namentlich in Oesterreich, waren an Um= fang größer als die heutigen; sie wurzelten auf unterster Stufe in historischen Be= sitzverhältnissen des Adels, auf oberer Stufe in Verhältnissen, die sich aus der ständischen Verwaltung ergaben. Daß die gegenwärtigen territorialen Eintheilungen der Länder ein dichteres Netz darstellen, das ergibt sich mit Nothwendigkeit aus der größeren Intensität der heutigen staatlichen Verwaltung. Der frühere Staat stellte sich viel weniger Aufgaben als der moderne; er brauchte weniger Beamte und jedem Beamten konnte ein größeres Territorium zugewiesen werden. Heute, angesichts der immer wachsenden Zahl staatlicher Agenden, wächst die Zahl der Beamten und verengert sich immer mehr das Netz der administrativen Einthei= lungen der Länder. Zugleich aber vervielfältigt und vermannigfaltigt es sich auch. Jeder Zweig staatlicher Verwaltung erheischt eine territoriale Eintheilung des Staatsgebietes entsprechend der nothwendigen Arbeitstheilung der Verwaltung, und da jede solche Gebietseintheilung den speciellen Bedürfnissen des bezüglichen Verwaltungszweiges entsprechend, bald kleinere, bald größere Einheiten zur Grund= lage haben muß: so folgt, daß die verschiedenen Gebietstheilungen einander nicht

Verhältniß der einzelnen Länder zu einander.

§. 47.   Das Verhältniß der einzelnen Länder zu einander ist in jedem der beiden Reichshälften ein anderes.

In Oesterreich unterstehen alle gleichmäßig den für die im Reichsrathe vertretenen Länder erlassenen sog. „Reichsgesetzen" (welche jedoch thatsächlich Staatsgesetze sind), welche von einer ihnen allen gemeinsamen gesetzgebenden Körperschaft, dem „Reichsrathe" beschlossen und vom Kaiser sanctionirt werden (StGG. 21. Dec. 1867 Nr. 141 RGB.); ferner unterstehen sie einer gemeinsamen Centralregierung, dem Gesammtministerium; gemeinsamen in Wien residirenden Centralbehörden; gemeinsamen vier obersten Gerichtshöfen, dem Obersten Gerichts= und Cassationshof, dem Verwaltungsgerichtshof, dem Reichsgericht und dem obersten Militärjustizsenat. Dagegen hat jedes Land für sich eine besondere gesetzgebende Körperschaft, den Landtag, für diejenigen „Gegenstände der Gesetzgebung", welche nicht dem Reichsrathe ausdrücklich vorbehalten sind. Für diese Gegenstände beschließen die Landtage Gesetze, die, nachdem sie vom Kaiser sanctionirt, als Landesgesetze kundgemacht werden und die, wenn auch für Gegenstände derselben Art, z. B. Gemeinden, Schulen u. dergl., dennoch nicht in allen Ländern gleichlautend oder ähnlich sein müssen. Doch ist für mehrere Gegenstände der Gesetzgebung der Rahmen dieser Provinzialgesetzgebung durch vom Reichsrathe erlassene „gemeinsame Grundsätze" im vorhinein beschränkt.

Da jedes einzelne Land einen gewissen Kreis eigener Angelegenheiten autonom besorgt und daher ein eigenes Landesbudget und eigenen Landeshaushalt besitzt: so können sich zwischen den einzelnen Ländern vermögensrechtliche Beziehungen ergeben, die nach den Grundsätzen des Privatrechts geregelt und eventuelle Streitigkeiten vom Reichsgericht entschieden werden.

Der autonome Wirkungskreis der einzelnen Länder ist kein gleicher; einzelne Länder besitzen einen größeren, einzelne einen kleineren. So besitzt z. B. Galizien einen größeren autonomen Wirkungskreis bezüglich des Schulwesens, indem der galizische Landesschulrath einen größeren Wirkungskreis hat, als die Landesschulräthe in andern Ländern. Auch haben Galizien und Böhmen zur Vertretung ihrer speciellen Landesinteressen besondere „Landsmannminister" im Ministerrathe, die sonst keine andern Portefeuilles innehaben.

——— — —

decken, sondern sich manigfaltig durchkreuzen. Doch werden womöglich diese verschiedenen administrativen Eintheilungen im Rahmen der einzelnen Länder untergebracht, und nur da, wo die letzteren zu klein sind, um einem Verwaltungszweig, der keiner so kleinen Einheiten bedarf und weiter sich ausdehnen kann, als Grundlage zu dienen: werden aus mehreren Ländern einheitliche Verwaltungsgebiete gebildet (z. B. Oberlandesgerichtsbezirke, Gewerbeinspectoratsbezirke u. f. w.).

In Oesterreich sind nur die Eintheilungen des Staates in Königreiche und Länder noch historisch überliefert: alle anderen administrativen Eintheilungen, wie die in politische Bezirke, Gerichtsbezirke, Landtagswahlbezirke, Steuerbezirke, Heeresergänzungsbezirke, Schulbezirke, Baubezirke, Sanitätsbezirke, Handelskammerbezirke u. f. w. sind neueren Datums und aus den Verwaltungsbedürfnissen des modernen Staates hervorgegangen.

Die Länder der ungarischen Krone.

Was die Länder der ungarischen Krone anbelangt, so war das magya= §. 48.
rische Kernland seit Jahrhunderten eingetheilt in Comitate (Gespannschaften,
vom slavischen Worte zupan), welche nichts anderes als die Amtssprengel
der magyarischen „Grafen" bezeichneten. Mit den schwankenden Herr=
schafts= und Territorialverhältnissen schwankte die Zahl der Comitate zwi=
schen 50 und 70. Außerhalb des Kreises magyarischer Herrschaft stehende
Nachbarländer behielten nach ihrer Vereinigung mit Ungarn ihre territoriale Selbständigkeit und bildeten besondere Theile (partes adnexae) des
Ungarreiches, so Siebenbürgen und Croatien=Slavonien. Ebenso
bildete einen besonderen Gebietstheil die aus dem Bedürfnisse einer stabilen
Organisation der Vertheidigung gegen die Türkei hervorgegangene Militärgrenze. Andererseits gab es mitten im Ungarlande Gebiete, die eine
von der Comitatsgewalt exempte Stellung inne hatten; es waren das einer=
seits die freien Districte Jazygien, Groß= und Klein=Kumanien und
der Großkikindaer Krondistrict, andererseits die freien Städte und zwar
die 51 freien königlichen Städte und die Haidukenstädte.

Im Jahre 1723 theilte Carl VI. Ungarn in vier Kreise 1. Den
Kreis diesseits, 2. jenseits der Donau, 3. diesseits der Theiß und 4. jen=
seits der Theiß.

Diese Kreise zerfielen in Comitate und Stadtbezirke, und zwar gab
es 51 Comitate und 6 Stadtbezirke (Pest=Ofen, Oedenburg, Preßburg,
Kaschau und Großwardein). Außerdem noch 1 District.

Kaiser Joseph theilte Ungarn (politisch=kameralistisch) in 10 Bezirke:
1 Raaber, 2 Pesther, 3 Neutraer, 4 Neusohler, 5 Kaschauer, 6 Munkacser,
7 Großwardeiner, 8 Temesvarer, 9 Fünfkirchner, 10 Agramer. In den
bezüglichen Städten war der Sitz der Commissare. Doch blieb neben dieser
Eintheilung in Bezirke die geschichtlich überlieferte Eintheilung in Comitate
immer bestehen, da die Comitate als Gerichtsbezirke und Selbstverwal=
tungsbezirke immer ihre Geltung behielten. Zur Zeit Kaiser Joseph's gab
es solcher Comitate 54. In den 1848er Gesetzen erscheint Ungarn mit
Ausschluß Siebenbürgens in 51 Comitate eingetheilt; daneben bestehen
vier Districte (Kovarer, Jazygien=Kumaner, Haiduken= und Tschaikisten=
District), Fiumaner Bezirk, Croatien, Croatische Militärgränze, Slavonische
Militärgränze und Banatische Militärgränze.

Siebenbürgen[64] war ebenfalls in (ungarische) Gespannschaften, daneben

---

[64] Siebenbürgen wurde anno 1002 durch König Stefan erobert und durch
besondere Statthalter verwaltet. Nach der Schlacht bei Mohacs anno 1541 ward
es selbständig. Im Jahre 1545 ward daselbst die Union der drei Nationen
Ungarn, Sachsen und Szekler gegründet, worauf es in drei Völkersitze (Land=
schaften) zerfiel; jede Landschaft theilte sich in die althergebrachten Gespannschaften
(bei den Sachsen und Szeklern: Stühle). 1765 ward Siebenbürgen zu einem
Großfürstenthum erhoben; die Könige von Ungarn waren Großfürsten von Sieben=
bürgen. Die ungarischen Gesetzartikel von 1848 behandeln Siebenbürgen als ein
„zur ungarischen Krone gehöriges", jedoch selbständiges „Schwesterland", welches,
„wenn es sich anschließen will", seine Abgeordneten zum ungarischen Reichstag
wird schicken können.

in Sekler= und Sachsen=Districte („Stühle") getheilt. Vorübergehend hob Kaiser Josef II. diese historische Eintheilung auf und theilte das Land in elf Gespannschaften, sodann aber in drei Bezirke, den Herrmannstädter, Klausenburger und Fogaraser, von denen jeder in mehrere Gespannschaften zerfiel.

§. 49. Als seit der Mitte dieses Jahrhunderts zwei politische Strömungen um die Oberherrschaft in Ungarn kämpften, und zwar die deutsche Centralisationstendenz von Wien aus und die magyarisch=nationale Einheitstendenz von Pest aus: mußte die territoriale Eintheilung der Länder der ungarischen Krone sich den Interessen der jeweils siegreichen Richtung anpassen. Die deutsche centralistische Richtung mußte, um die magyarische Opposition zu schwächen, auf die territoriale und staatsrechtliche Theilung und Trennung der ungarischen Länder hinarbeiten.

So wurde denn nicht nur das „Großfürstenthum Siebenbürgen" als besonderes von Ungarn unabhängiges Kronland constituirt[65]) (§. 1 der Märzverfassung 1849); nicht nur „das uralte Recht der Nation der Sachsen in Siebenbürgen auf unmittelbare Unterstellung unter die Krone", sowie das Recht der Siebenbürger Sachsen auf eine „Vertretung in einem allgemeinen österreichischen Reichstag" anerkannt: sondern auch die „serbische Wojewodschaft und das Temeser Banat" als besondere Verwaltungsgebiete proclamirt.[66]) Auch die Militärgränze wurde, obschon ihre ursprüngliche Bestimmung bereits gegenstandslos geworden war, als besonderes von Ungarn getrenntes Verwaltungsgebiet aufrechterhalten. Selbstverständlich wurde sowohl die staatsrechtliche wie auch territoriale Sonderstellung des Königreichs Croatien=Slavonien um so mehr anerkannt, als dieses Königreich auf eine solche Sonderstellung nicht nur altverbriefte Verfassungsrechte hatte, sondern, was mehr bedeutet, die thatsächliche sociale Macht, diese Rechte aufrechtzuerhalten.[67])

Diese gegen die historisch=politische Entwickelung Ungarns gerichtete Tendenz konnte sich nicht lange erhalten; vom Jahre 1860 angefangen gewinnt die entgegengesetzte, der historisch=politischen Entwickelung Ungarns conforme Tendenz der Vereinheitlichung und Amalgamirung der verschiedenen ungarischen Landestheile die Oberhand.[68])

Die serbische Wojewodschaft und das Temeser Banat wurden „auf Grund=

---

[65]) Kaiserl. Manifest an die Sachsen Siebenbürgens vom 21. December 1848.

[66]) Kaiserl. Patent vom 18. November 1849. Vergl. darüber Paul Somssich: Das legitime Recht Ungarns und seines Königs. Wien 1850.

Die serbische Wojewodschaft wurde schon am 15. December 1848 als selbständiges Verwaltungsgebiet proclamirt und zwar „in Anerkennung der heldenmüthigen Gegenwehr gegen die Feinde des Thrones" und um „dem tapferen und treuen serbischen Volke eine Bürgschaft für seine nationale Organisation zu geben."

[67]) Es bestand damals sogar der Plan, einen polnischen Landestheil im Norden Ungarns zu bilden, und zwar aus den Arvaer und Trencsiner Comitaten, die von einer slavisch=polnischen Bevölkerung besiedelt sind.

[68]) Doch wurde noch im Octoberdiplom 1860 und im Februarpatent 1861 die territoriale und staatsrechtliche Trennung des eigentlichen Ungarn von Siebenbürgen sowohl wie von Croatien=Slavonien in's Auge gefaßt.

lage der staatsrechtlichen Ansprüche" Ungarns im December 1860 in Ungarn „reincorporirt" (Kaiserl. Entschließung v. 27. Dec. 1860).

Mit dem Perfectwerden endlich des Ausgleichs mit Ungarn im Jahre 1867 gab die Wiener Regierung alle diese Theilungsversuche des ungarischen Staatsgebietes endgiltig auf und überließ es Ungarn, sich im Sinne und Geiste seiner historischen und nationalen Entwickelung zu constituiren. So erfolgte denn durch den GA. XXX vom Jahre 1868 die Regelung der staatsrechtlichen Verhältnisse Ungarns zum dreieinigen Königreich (Croatien, Slavonien und Dalmatien, obwohl letzteres nur nominell zu Ungarn gehört), mit welchem sodann (1881) die frühere croatisch-slavonische Militärgränze vereinigt wurde und durch GA. XLIII vom selben Jahre die vollkommene Vereinigung (Incorporirung) Siebenbürgens mit Ungarn; dagegen blieb die königliche Freistadt Fiume mit Gebiet ein der ungarischen Krone annectirter besonderer Landestheil (pars adnexa) kraft GA. XXX vom Jahre 1868.[60])

Nach diesen 1868er Gesetzen bildet Croatien und Slavonien allerdings ein besonderes Königreich mit autonomen Institutionen, mit eigenem Landtag und oberster Regierungsbehörde (Banus), doch bestimmt der §. 1 des Gesetzart. XXX vom Jahre 1868, daß dieses Königreich mit Ungarn „eine und dieselbe staatliche Gemeinschaft" bildet. Zwischen Ungarn und Siebenbürgen dagegen besteht eine „gesetzliche Einheit" (§. 17 Gesetzartikel XLIII vom Jahre 1868 über die detaillirte Regelung der Vereinigung Ungarns und Siebenbürgens). Alle früher bestandenen staatsrechtlichen Besonderheiten Siebenbürgens sind aufgehoben, so die besondere Gesetzgebung; besonderer Landtag; das siebenbürgische Gubernium. Siebenbürgen bildet einen integrirenden in all und jedem gleichberechtigten Bestandtheil des Königreichs Ungarn.

Endlich verfügte noch das a. h. Handschreiben vom 19. Sept. 1869 die Auflösung der beiden Warasdiner Gränzregimenter, dann des 11. und 12. Gränzregimentes und deren Bezirke sammt den Comitaten Zengg und Sisseg und die Uebergabe derselben in die Civilverwaltung; diese Gebiete fielen an Ungarn als ehemaliges ungarisches Gebiet.

Nach allen diesen Umgestaltungen und Reincorporirungen zerfällt gegenwärtig das Gesammtgebiet des ungarischen Staates in 63 Comitate mit dazwischen liegenden 25 städtischen Municipien (XXI Gesetzart. 1886), an deren Spitze sogenannte Obergespäne stehen; das Gebiet Croatiens und Slavoniens in 8 Comitate und 21 königl. Freistädte. Die Comitate zerfallen in Bezirke, deren es im Königreich Ungarn 424 und in Croatien-Slavonien 66 giebt.

---

[60]) Fiume gehörte noch im 17. Jahrhundert zu der österreichischen Reichshälfte; doch wurde es im 18. Jahrhundert von der Kaiserin Maria Theresia einem croatischen Comitate, dem Severiner, zugetheilt und kam so an die ungarische Krone (Diplom vom 23. April 1779). Dieses Verhältniß wurde vorübergehend unter Kaiser Josef II. alterirt, jedoch durch den Gesetzartikel IV: 1807, womit das Theresianische Diplom von 1779 auf Ansuchen der Stadt Fiume inartikulirt wurde, endgültig festgestellt.

§. 50. Vergleicht man die Entwickelung der Territorialeintheilungen Oester= reichs und Ungarns miteinander, so muß auffallen, daß, während Ungarn seine frühere provinzielle Gliederung überwand und bis auf die Sonder= stellung des dreieinigen Königreiches sein gesammtes Gebiet vereinheitlichte und einer centralisirten Verwaltung unterwarf: in Oesterreich nach dieser Richtung fast gar keine Entwickelung stattfand; ja, daß hie und da Gebiete, welche schon früher einmal einheitliche Provinzen bildeten, wieder in eine Mehrheit von Provinzen zerlegt wurden, wie z. B. das frühere Königreich Illyrien in die Kronlande Görz, Gradisca und Istrien.

Der Grund dieser Erscheinung liegt darin, daß in Ungarn die Idee des einheitlichen Nationalstaates von der Regierung gefördert, den Sieg davontrug, während in Oesterreich das Regierungsinteresse. sich mit keinem besonderen nationalen Interesse identificirt. In jedem nationalen Interesse aber liegt es, das nationale Gebiet so viel als möglich zu erweitern und zugleich zu vereinheitlichen und um letzteres zu erreichen, die Verwaltung desselben zu centralisiren. Allerdings kann letzteres nur da geschehen, wo die natürlichen, socialen Bedingungen eine Vereinheitlichung als möglich er= scheinen lassen, was von dem jeweiligen Kräfteverhältniß des herrschenden zu den beherrschten socialen Elementen abhängig ist. Auch Ungarn weist sowie Oesterreich eine Verschiedenheit ethnischer Elemente auf, jedoch in einem solchen Verhältnisse, daß auf dem Gebiete des heutigen Ungarn wenigstens, der vollständige Sieg des Magyarismus nicht als unmöglich er= scheint, zu welchem Zwecke Vereinheitlichung und Centralisation der Ver= waltung eine nothwendige Voraussetzung ist. Anders liegen die Verhält= nisse in Oesterreich. Eine Vereinheitlichung und Centralisation der österr. Länder hat sich in Folge der Verschiedenheit der nationalen Elemente, die sich das Gleichgewicht halten, als unerreichbar erwiesen. Andererseits konnte sich auch in den einzelnen nationalen Gebieten (des deutschen, cechi= schen, polnischen, südslawischen Elementes) kein nationales Interesse bisher so weit geltend machen, daß es althergebrachte territoriale Besonderheiten überwunden hätte. In Folge dessen hat die österreichische Reichshälfte keinerlei solche Gebietsverschmelzungen aufzuweisen, wie das in Ungarn mit Rücksicht auf Siebenbürgen, serbische Wojewodschaft, Militärgränze der Fall war. —

III. Buch.

Die Bevölkerung Oesterreich-Ungarns.

Die Bevölkerung in staatsrechtlicher Beziehung.

Inwiefern die Bevölkerung des Staates aus Individuen verschiedenen **§. 51.** Alters, Geschlechtes und Civilstandes besteht, gehört die Betrachtung derselben dem Privatrechte an, welches die Rechte und Pflichten der Familienmitglieder, der Ehegatten, der ledigen, verheiratheten oder verwittweten Personen, der ehelichen und unehelichen Kinder im Familien- und Erbrechte zum Gegenstande hat.[70]

Dagegen ist es im Privatrecht belanglos und begründet keinen Unterschied der Rechte und Pflichten, ob Jemand der einen oder der anderen Nationalität oder Kirche angehört; ob Jemand adelig oder nicht adelig, Fabriksunternehmer oder Arbeiter ist. Diese Unterschiede, die man im allgemeinen sociale nennen kann, sind staatsrechtlicher Natur und bilden den Gegenstand der Bestimmungen des Staatsrechtes.

Das ältere Staatsrecht befaßte sich mit der Bevölkerung des Staates **§. 52.** nur insofern, inwiefern dieselbe in Stände eingetheilt war und behandelte nur jene Stände, die irgend einen Antheil an der Herrschaft im Staate hatten. In Folge dessen fiel das ganze Landvolk und das „gemeine Volk", welches nicht einmal städtisches Bürgerrecht besaß, ganz aus dem Rahmen

---

[70] Doch haben einige Civilstandesverhältnisse, von denen man glauben sollte, daß sie im Geiste der österreichischen Staatsgrundgesetze auf die öffentlichrechtlichen Verhältnisse keinen Einfluß üben können, trotzdem einen solchen und zwar auf Grund neuester Gesetze, welche unter der Herrschaft des Staatsgrundgesetzes über die allgemeinen Rechte der Staatsbürger, worin allen Staatsbürgern Gleichheit vor dem Gesetze garantirt ist, erlassen wurden. So z. B. macht §. 7 lit. a des Unfallversicherungsgesetzes vom 28. December 1887 Nr. 1 RGB. 1888 einen Unterschied zwischen ehelichen und unehelichen Kindern der Arbeiter, indem letzteren eine geringere Rente zuerkannt wird als den ersteren. Strenge genommen verstößt diese Bestimmung gegen den Art. 2 des StGG. vom 21. December 1867, welches bei der Festsetzung der Gleichheit aller Staatsbürger vor dem Gesetze keinerlei Unterschied zwischen ehelichen und unehelichen macht.

Auch der §. 56 der Gewerbeordnung (Novelle vom 15. März 1883) berücksichtigt den Civilstand insofern, als er der Wittwe eines Gewerbetreibenden beziehungsweise dessen minderjährigen Erben eine Begünstigung zu Theil werden läßt, welche anderen Erben, z. B. einer großjährigen Tochter, nicht zuerkannt wird.

5*

des Staatsrechtes heraus. Es hatte keinen Antheil am Staatsregiment, gehörte also nicht in das Staatsrecht. [71]) Mit dem Auftommen der atomistischen Staatslehre in der zweiten Hälfte des 18. Jahrhunderts verfiel die Staatsrechtstheorie in das andere Extrem. Ausgehend vom Standpunkt, daß die Summe aller im Staate ansässigen gleichberechtigten Staatsbürger das Volk ausmache und daß diesem Volke die oberste Macht im Staate, die Souvrainetät zustehe: sah man von jeder Eintheilung und Gliederung dieses „souveränen Volkes" in Stände und Classen ab und hatte nur Sinn für die Zahl der Gesammtheit, für numerische Gruppen als Grundlage von Parlamentswahlen; man beachtete nur die Tausende oder Hunderttausende Wähler, welche einen oder mehrere Abgeordnete wählen sollten und verschloß mit Absicht die Augen gegen alle andere Unterscheidungen und Gliederungen der Gesammtheit. Da sich aber die wirklichen Verhältnisse nicht durch Gesetze hinwegdecretiren oder durch Theorien hinwegdisputiren lassen, so konnte es nicht fehlen, daß die thatsächlich existirenden socialen Verschiedenheiten in der Bevölkerung, die verschiedenen mit verschiedener Macht ausgestatteten und mit einander um den Antheil an der Herrschaft im Staate ringenden Bestandtheile derselben sich geltend zu machen suchten und daß zunächst der Staat sich gezwungen sah, diese Verschiedenheiten anzuerkennen, bei seinen Maßregeln mit denselben zu rechnen und daß sodann eine gereiftere theoretische Einsicht in den Zusammenhang und die Structur der Gesellschaft, von Uebereilungen zurückkommend diese verschiedenen socialen Bestandtheile zum Gegenstande eingehenderer Beobachtung und Forschung machte. —

§. 53. Auch das österreichische Staatsgrundgesetz über die allgemeinen Rechte der Staatsbürger vom 21. Dec. 1867 erwähnt keiner Standes= und Classenunterschiede der Bevölkerung, sondern verkündet die Gleichheit derselben vor dem Gesetze, zählt obendrein speciell eine ganze Reihe von Verhältnissen auf, bezüglich deren diese Gleichheit ausdrücklich gewährleistet wird (Aemterfähigkeit, Ansiedelungsrecht, Freizügigkeit u. f. w.) und schafft für alle Angehörigen der österreichischen Länder „ein allgemeines Staatsbürgerrecht." [72])

---

[71]) So z. B. sucht man in Schrötters: Grundriß des Oesterreichischen Staatsrechts (Wien 1775) vergebens nach irgend einer Bestimmung, die sich auf das Landvolk oder auch nur auf die städtische Bevölkerung bezieht; diese politisch-rechtlose Masse existirt für ihn gar nicht. Sein Staatsrecht handelt von den Gränzen und Provinzen des Staates, von den Regierungsrechten, den Kleinodien, Titeln und Wappen des Staates, den Erbämtern, Landständen, von der Erbfolgeordnung in dem Herrscherhause, den Apanagen und Ritterorden. Damit waren die Gegenstände des damaligen Staatsrechts erschöpft.

[72]) Die Staatsgrundgesetze vom Jahre 1867 vermeiden den Ausdruck „Stand" und thun der Standesunterschiede auch dort keine Erwähnung, wo es sich thatsächlich um Standeserhöhungen handelt, d. i. bei der Aufzählung der Rechte des Monarchen, zu denen das Recht der Standeserhöhung durch Erhebung in den Adelsstand gehört. An der betreffenden Stelle (Art. 4 des Staatsgrundgesetzes vom 21. December 1867 Nr. 145) heißt es nur umschreibend: „Der Kaiser verleiht Titel, Orden und sonstige staatliche Auszeichnungen". Hier dachte der Gesetzgeber offenbar an die Standeserhöhungen, die er nicht ausdrücklich erwähnt.

Eine nähere Untersuchung jedoch sowohl der übrigen Verfassungsgesetze wie eine Betrachtung der thatsächlichen Verhältnisse seit der 1867er Verfassungsgesetzgebung belehrt uns, daß dieses „eine allgemeine Staatsbürgerrecht" einen gesetzlich beschränkten Inhalt hat und die historisch entwickelten Standes- und Classenunterschiede keineswegs aufhebt.

Dieses „eine allgemeine Staatsbürgerrecht" bezieht sich nämlich nur auf das Verhältniß des Einzelnen zum Privat-, Straf- und öffentlichen Recht. Der Civil- und Strafrichter, die politische Behörde dürfen darin keinen Unterschied sehen, daß der von ihnen Recht begehrende oder als Beschuldigter erscheinende ein Bürgerlicher, Adeliger oder Bauer, Czeche oder Deutscher, Protestant oder Katholik, Millionär oder Bettler ist. Anders verhält sich jedoch die Sache im eigentlichen Staatsrecht. Es wäre unrichtig zu behaupten, daß hier Landesangehörigkeit, Stand, Herkunft, Religion keinerlei Bedeutung haben, wie das eine streng logische Deduction aus den obigen Bestimmungen des Staatsgrundgesetzes vom 21. Dec. 1867 glauben machen könnte. Die politischen Parteien, die maßgebend sind für die Gestaltung des öffentlichen Lebens, sind trotz der Staatsgrundgesetze für solche Unterschiede sehr empfindlich und das Argument der Gleichheit aller Staatsbürger verfängt bei ihnen wenig. So legen z. B. die bedeutenderen Nationalitäten Oesterreichs einen Werth darauf, im Rathe der Krone durch ihre Angehörigen vertreten zu sein.

Die Deutschen betrachten es als ihr gutes Recht, daß der größere Theil der Minister, entsprechend der Bedeutung ihrer Nationalität in Oesterreich, der Nationalität nach aus ihren Angehörigen bestehn; die Polen betrachten es als ein werthvolles Zugeständniß der Krone, daß seit 1873 ein polnischer „Landsmann-Minister" im Ministerrathe sitzt, und auch die Czechen erlangten in neuester Zeit dasselbe Zugeständniß für sich. Es spielt also offenbar die Zugehörigkeit zu der einen oder anderen Nationalität in den staatsrechtlichen Verhältnissen eine nicht unbedeutende Rolle.

Dasselbe ist der Fall mit der Zugehörigkeit zum Hochadel, niederen Adel, Bürger- und Bauernstand — wenn auch diese Unterschiede im geschriebenen Rechte nicht nur unerwähnt bleiben, sondern durch das erwähnte Staatsgrundgesetz als beseitigt erscheinen könnten.

Die höheren diplomatischen Posten im Ausland werden in der Regel mit Angehörigen des Hochadels besetzt; und im Abgeordnetenhause des Reichsrathes ist zu wiederholten Malen vom Standpunkte des Staatsgrundgesetzes über Bevorzugung des Adels in den politischen Behörden Klage geführt worden — was jedenfalls die Sache selbst constatirt; auch giebt es Heeresabtheilungen, bei denen observanzmäßig die Offizierstellen vorwiegend mit Mitgliedern des Adelsstandes besetzt werden.

Ausnahmslos aber werden gewisse Hofämter und Chargen nur an Adelige und einige derselben nur an Adelige mit bestimmter Ahnenreihe verliehen.

All' diese Unterschiede der Stände sind staatsrechtlicher Natur, obwohl das geschriebene Staatsrecht von denselben nicht nur keine Notiz nimmt, sondern wie die Staatsgrundgesetze vom 21. Dec. 1867 Bestimmungen ent-

hält, aus denen man leicht auf das Nichtvorhandensein obiger Unter=
schiede schließen könnte.

§. 54. Nach zwei Richtungen hin ist der moderne Staat durch die thatsäch=
liche Gestalt der Verhältnisse gezwungen worden, die Verschiedenheiten
socialer Bestandtheile der Bevölkerung anzuerkennen und denselben Rechnung
zu tragen: nach der wirthschaftlichen und nationalen.

In wirthschaftlicher Hinsicht ist er gezwungen, den besitzlosen Classen
gegen die Uebermacht der besitzenden Hilfe zu leisten und Schutz zu ver=
leihen; in nationaler Hinsicht ist er gezwungen, die geistigen Güter der
einzelnen nationalen Bestandtheile durch Anerkennung des freien Gebrauches
ihrer Sprachen im staatlichen Leben zu schützen und die Pflege derselben
mindestens zu dulden, wenn nicht selbst thatkräftig zu fördern.

Diese letzteren in der Bevölkerung als Resultat historischer Cultur=
processe hervortretenden Verschiedenheiten, die sprachlichen und nationalen
sind es, welche insbesondere in Oesterreich=Ungarn eine wichtige Rolle spielen
und nachdem sie den Gesetzgeber gezwungen, sie zu beachten und zu würdigen,
auch von der österreichischen Staatsrechtstheorie eingehende Beachtung und
Würdigung erfordern.

Die gesammte Bevölkerung Oesterreich=Ungarns bildet das österreichisch=
ungarische Volk, da der Begriff Volk ein rein politischer ist und man unter
Volk jede Gesammtheit einer Bevölkerung versteht, die unter einem Souverän
vereinigt ist.[78] Daß aber die gesammte Bevölkerung Oesterreich=Ungarns
trotz des Dualismus als ein Volk bezeichnet werden muß, folgt nicht nur
aus der Gemeinsamkeit des Herrschers, sondern auch aus dem Umstande,
weil sie thatsächlich anderen europäischen Völkern gegenüber gemeinsame
Interessen hat, durch welche sie zu einer politischen Einheit verbunden ist.

In Hinsicht jedoch darauf, daß die beiden Hälften der österreichisch=
ungarischen Monarchie besondere Staaten bilden, kann man füglich auch
von einem österreichischen und einem ungarischen Volke sprechen, zumal es
nicht nur eine große Anzahl politischer Interessen und Institutionen giebt,
die jede dieser Theile der Monarchie zu einer besonderen Einheit verknüpfen,
sondern auch solche, welche diese beiden Einheiten im Gegensatz zu einander
bringen, wie z. B. die Beiträge zu den gemeinsamen Ausgaben. In den
Verhandlungen darüber vertritt die österreichische Delegation das öster=
reichische und die ungarische das ungarische Volk und dieser staatliche
Dualismus, der uns berechtigt, von zwei Völkern innerhalb der österreichisch=
ungarischen Monarchie zu sprechen, kam neuestens in der Aenderung der
Bezeichnung des gemeinsamen Heeres zu prägnantem Ausdruck. Denn dieses
gemeinsame Heer, welches bisher als „Kaiserlich=königlich" bezeichnet wurde,
wird gesetzlich nunmehr als Kaiserlich und königlich bezeichnet.

---

[78] Vergl. Philosophisches Staatsrecht §§. 8—10. Das Recht der Nationali=
täten und Sprachen. Ferner: Fr. J. Neumann: Volk und Nation. Leipzig
1888 und meine Besprechung dieses Buches bei Grünhut, Jahrgang 1889.

Nationen und Stämme in Oesterreich-Ungarn.

Die Nation ist ein culturhistorischer Begriff; sie ist ein Product der §. 55. Geschichte und gemeinsamer staatlicher, also implicite auch cultureller Entwickelung. Ihre sociale Structur ist complicirt, wie sie auch meist aus den verschiedensten Stämmen- und socialen Bestandtheilen erwachsen ist. Da sie nothwendigerweise aus einem Staat hervorgeht (dessen Product sie ist), so besitzt sie auch die mit dem Staat gegebene und ihn bedingende sociale Structur, d. i. in ackerbaufähigen Landstrichen eine ackerbautreibende Volksclasse, einen Handel- und Gewerbe treibenden, in Städten wohnenden Mittelstand und einen herrschenden, das Land besitzenden Adel. Aus der durch das Zusammenwirken dieser socialen Factoren durch Jahrhunderte geleisteten staatlichen Arbeit erwuchs ihre Cultur, ihr Recht, ihre Schriftsprache. Durch das Zusammenwirken ist sie auch nach dem Falle ihres Staates im politischen Kampfe mit Stämmen und Nationen eines neuen Staates, in dem sie aufging, mächtig.

Solchen Nationen, bezüglich deren man von Nationalitäten als dem Inbegriff ihrer nationalen Merkmale sprechen kann, giebt es in Oesterreich-Ungarn fünf, und zwar: die deutsche, die magyarische, die polnische, die czechische und die serbo-croatische.

Der rein politische Begriff „Volk" deckt sich weder mit dem ethnologischen Begriff „Stamm," noch mit den culturhistorischen Begriffen „Nation und Nationalität." Jedes Volk kann aus vielen Stämmen bestehen (und das ist meist die Regel) und kann entweder in seiner Gesammtheit (seltene Ausnahme!) eine Nation bilden, wo dann von dessen Nationalität gesprochen werden kann, oder aus Theilen verschiedener Nationen und Nationalitäten zusammengesetzt sein, wie z. B. das Schweizervolk oder endlich neben selbständigen und ganzen Nationen noch aus Theilen anderer bestehen. Diese verschiedenen Verhältnisse ergeben sich aus dem verschiedenen Bildungs- und Entwickelungsgang der verschiedenen Staaten und aus der verschiedenen Stufe, auf welcher dieselben in ihrer culturhistorischen Entwickelung angelangt sind.

Der Stamm unterscheidet sich von der Nation durch die größere Primitivität und Einfachheit seiner socialen Structur, durch den Mangel bedeutenderer geschichtlicher Vergangenheit und cultureller Entwickelung; auch steht er an Zahl den Nationen nach.

Als Stämme werden füglich in Oesterreich-Ungarn bezeichnet: die Ruthenen sowohl in Galizien wie in Ungarn; die Slovaken in Ungarn die Rumänen ebenda; die Slovenen in den deutschen Alpenländern; die Ladiner und Friauler.

Alle diese Stämme sind ethnisch ziemlich homogen; bestehen meist aus einer Volksclasse, die einer Beschäftigung obliegt und zwar meist dem Landbau oder kleinen Gewerben; haben keinen Adel und nur Ansätze eines Bürgerstandes.

Der Mangel dieser zwei socialen Classen macht sie zum politischen Kampfe weniger geeignet und nur theilweise wird dieser Mangel aufgewogen durch den Umstand, daß ein einheimischer aus dem Stamme sich recrutirender Clerus die Führung des Stammes übernimmt. Das gemeinsame Merkmal des Stammes ist nebst gleicher Sitte und meist auch gleicher Religion die gleiche Sprache. Letztere ist allerdings nur eine Volkssprache, keine Schriftsprache und zerfällt in viele locale Mundarten, da bei dem Mangel einer Literatur keine einheitliche Schriftsprache aufkommen konnte. Anthropologisch kann der Stamm, und so ist es auch meistens, aus den verschiedensten Elementen bestehen, doch hat langes Zusammenwohnen bei gleicher Beschäftigung, gleichen Schicksalen, gleicher Lebensweise, die Gleichheit der Sitte, der Gebräuche, der Sprache und sogar der äußeren Erscheinung (die sich mit anthropologischer Verschiedenheit sehr wohl verträgt) hervorgebracht.[74])

§. 56.   Eine eigenthümliche und sehr schwierige Stellung nehmen in den einzelnen österreichischen Ländern diejenigen Bevölkerungsbruchtheile ein, die einer mächtigen historischen Nationalität anderer Länder und Staaten angehören. In erster Linie kommen hier die Deutschen in Betracht. In den Zeiten des Absolutismus und der Centralisation nahmen sie eine herrschende Stellung auch dort ein, wo sie auf fremdem Boden und in der Minderheit waren, wie z. B. in Galizien. Eine solche Stellung ließ sich aber von dem Momente an, wo politische Freiheit und Constitutionalismus eingeführt wurden, nur dort behaupten, wo man sich auf die breiten Massen des Volkes stützen konnte, was bei den Deutschen in fremden Ländern nicht der Fall war. Auf diese Weise verloren sie bald ihre herrschende Stellung in solchen Ländern wie Galizien, Krain und in ganz Ungarn. Namentlich in Ungarn, wo die Magyaren nach Wiedererlangung ihrer Selbstbestimmung (1867) daran gingen, ihre Nationalität zu kräftigen und zu entfalten und einen nationalen Staat zu gründen, war für eine privilegirte Stellung eines fremden Volksbestandtheils kein Platz mehr. Nicht nur in Ungarn selbst, wo die Deutschen zerstreut in Städten und auch in kleinen Sprachinseln am Lande (alte Colonien) wohnten, sondern auch in Siebenbürgen, wo sie auf dem sog. Königsboden eine durch alte Privilegien geschützte autonome Gemeinde (sächsische Universität) bildeten, konnten sie ihre nationale Selbständigkeit nicht erhalten. Denn politische Freiheit unterwühlt jede Minorität, die sich nicht auf die Massen stützen kann und sichert nur jenen die Herrschaft, die ein nationales Band mit der Masse des Volkes verbindet. In solchen Verhältnissen hilft kein Appell auf höhere Cultur, auf glorreiche Vergangenheit im Mutterlande, noch weniger auf alte Privilegien, die im modernen Staate jede Geltung verloren haben. Die moderne Staatenbildung geht über solche Ansprüche, wie begreiflich und natürlich sie auch sind, zur Tagesordnung über und verlangt von den fremden Volksbruchtheilen gebieterisch die Assimilirung mit der im Lande herrschenden Nationalität. Wie tragisch auch das Loos solcher Volksbruchtheile in fremden Landen ist: hier waltet ein unerbittliches sociales Gesetz und von dem, gemäß demselben von der geschichtlichen Entwickelung gefällten

---

[74]) Die Erklärung dieser Erscheinung in meinem „Grundriß der Sociologie" S. 81—92.

Urtheil giebt es keine Appellation. — Aehnlich wie in Ungarn erging es mit dem Anbruch der constitutionellen Aera den Deutschen in Galizien.

Günstiger allerdings liegen für sie die Verhältnisse in den Ländern, die einst zum Deutschen Reiche gehörten, wie in Böhmen, Mähren und Schlesien, wo sie ebenfalls die Minorität bilden, in Krain und im Küsten-lande. Wenn auch ihre Lage hier ebenfalls schwierig ist, so stützen sie doch ihre Stellung auf älteren Besitzstand und auf größere Zahl und compactere Ansiedelung. Hier wogt der staatsrechtliche Kampf noch immer, doch ist ein billiger Ausgleich der beiderseitigen Ansprüche der Slaven und Deutschen zu erwarten.

Aehnlich wie die Lage der Deutschen in Ungarn, Galizien und Krain **§. 57.** ist die Lage der Italiener in den slavischen Ländern, namentlich im Küsten-lande und in Dalmatien. Auch sie gehören einer großen, culturell bedeu-tenden europäischen Nationalität an — und es wird auch ihren in slavi-schen Ländern zerstreuten Bruchtheilen schwer, die Segel zu streichen vor einem geringgeschätzten im Vergleiche mit ihnen uncultivirten und rauhen slavischem Stamme. Zumal in Ländern wie in Dalmatien, wo sie einst die herrschende Minorität waren und ihre Cultursprache die einzige Sprache des öffentlichen Lebens war. Doch auch ihnen gegenüber macht sich dasselbe sociale Gesetz geltend. Mit der Einführung politischer Freiheit, freier Be-wegung und Gleichberechtigung der Nationalitäten sehen sie sich plötzlich dem Ansturme der von slavischer Intelligenz geführten Massen des Volkes gegen-über, die an die Wahlurnen schreiten, die ihnen in den Volksvertretungen Führung streitig machen und immer mehr an Terrain gewinnen.

Uebergangsstufen.

Da Bewegung das oberste Gesetz alles Lebenden ist und auf socialem **§. 58.** Gebiete ähnlich wie auf organischem, Bewegung sich in Entwickelung um-setzt, die Begriffe Stamm und Nationalität nur Producte solcher Entwicke-lung darstellen: so ist es klar, daß sowohl zwischen den Nationalitäten und Stämmen Stufenunterschiede herrschen müssen, die sich in der Macht der-selben ausdrücken, als auch, daß die Gränze zwischen Stamm- und Natio-nalität in dem Strome der Entwickelung steht, daß es also Stämme geben muß, die der Entwickelungsstufe der Nationalität näher oder ferner stehen, ebenso wie es Nationalitäten giebt, die der Entwickelungsstufe, wo sie nur als Stämme gelten konnten, kaum entwachsen sind.

Für diese beiden Typen bietet die große Musterkarte des österreichisch-ungarischen Völkerconglomerates interessante Beispiele.

Im Jahre 1848 noch erzählte man spottend, daß die ganze „czechische Nationalität" unter den Trümmern eines Daches begraben werden könnte, unter dem gerade drei Träger der czechischen Bewegung, Palacky, Safarč und Hawlicek sich befanden. Thatsächlich waren damals die Czechen kaum höher als ein „Stamm" zu taxiren. Der Adel war deutsch gesinnt und diente zur Stütze dem deutschen Mittelstande; in Amt und Gericht herrschte deutsche Sprache, der sich die auch aus dem czechischen Volke recrutirenden

Beamten gern bedienten und alle diese Umstände zugleich ließen eine czechische Literatur und Wissenschaft nicht aufkommen. Die nationale Bewegung erwachte im Kreise der Intelligenz und somit repräsentirten thatsächlich die drei hervorragenden czechischen Literaten die czechische Nation.

Allerdings könnten drei Literaten keine todte Nationalität zu neuem Leben erwecken, wenn die natürlichen Bedingungen eines solchen Erwachens nicht vorhanden wären; diese Bedingungen waren: von fünf Millionen Einwohnern drei Millionen czechisch redende Bevölkerung (zumeist Landvolk) und politische Freiheit. Diese letztere begünstigte den Aufschwung der czechischen Intelligenz und des Mittelstandes, der nun auf die breiten Massen des Volkes gestützt in die politische Arena eintrat, bei Wahlen in die Volksvertretungen Sieg um Sieg errang, so daß schließlich auch der früher deutsche Adel dem Drang der Verhältnisse nachgebend, in's czechische Lager überging, womit das Uebergewicht im politischem Kampfe endgiltig auf Seite der czechischen Nationalität sich neigte. Auf diese Weise entwickelte sich thatsächlich der noch in der ersten Hälfte dieses Jahrhunderts unbedeutende czechische Stamm zur czechischen Nation, die im öffentlichen Leben Oesterreichs nun eine immer wachsende Bedeutung in Anspruch nimmt.

Während nun so die czechische Nationalität fast vor unseren Augen aus dem Stamm sich entwickelt hat: stellt uns der slovenische Stamm in Krain eine Entwickelungsstufe dar, von welcher der Uebergang zur Nation bei günstigen Umständen leicht möglich ist. Die halbe Million Einwohner Krains sind nämlich fast insgesammt slovenischen Stammes (nur 29 000 Deutsche, darunter die deutsche Sprachinsel Gotschee). So lange in Oesterreich das absolute Regime und zugleich die deutsche Sprache ausschließlich herrschten, konnte die slovenische Sprache keine öffentlich-rechtliche Bedeutung erlangen, dagegen gab die Herrschaft der deutschen Sprache den in Krain ansässigen Deutschen ein natürliches Uebergewicht über die dortigen Slaven. Mit der Einführung der politischen Freiheit änderte sich diese Sachlage. Die aus dem Volke erstehende, wenn auch noch an Zahl geringe Intelligenz konnte durch die Stimme des Volkes leichter in die Vertretungskörper gelangen und errang hier bald die Majorität. Die gesetzlich proclamirte Gleichberechtigung der Sprachen that das Uebrige. Da in Amt, Gericht und Schule das Slovenische eingeführt werden mußte, gewann die slovenische Sprache und mit ihr die Angehörigen des slovenischen Stammes bald ein natürliches Uebergewicht über die geringe Zahl der Deutschen. Allerdings handelt es sich da weder um eine Nation mit großer historischer Vergangenheit, auch haben die Slovenen Krains keinen nationalen Adel auf ihrer Seite; der Mangel einer bedeutenderen nationalen Literatur läßt höhere Aspirationen und Ansprüche noch unberechtigt erscheinen: nichtsdestoweniger aber bahnen die politischen Errungenschaften dieses Stammes, die er kraft seiner Mehrheit im Lande durch das Mittel der politischen Freiheit bereits erlangte, demselben den Weg zu weiterer Entwickelung, deren Ziel die allseitige Entfaltung und Ausbildung einer slovenischen Nationalität ist.

Staat und Nationalität.

Im Grunde genommen müßte jedes Staatsrecht, was immer für eines **§. 59.** Staates, mit der Frage der Nationalitäten und Stämme der Bevölkerung und die Rückwirkung dieser Momente auf die Rechtsstellung der Einzelnen sich befassen. Denn es giebt keinen national-einheitlichen Staat auf der Welt, es giebt keinen, dessen Bevölkerung eines Stammes wäre und wo die Stammesangehörigkeit nicht irgend einen wenn auch noch so geringen Einfluß auf die Rechtsstellung des Einzelnen äußern würde.

Sowie aber die meisten Gesetzgebungen die einschlägigen Thatsachen ignoriren, dieselben ganz und gar übergehen, ebenso thun es auch die Staatsrechtslehrer, was allerdings unwissenschaftlich ist. Denn wer sich wissenschaftlich mit dem Staat beschäftigt, muß seine Augen offen haben und die Thatsachen, so wie sie sind, zu ergründen suchen und schildern; die Wissenschaft darf nicht blinde Kuh spielen; sie muß die Dinge in ihrer Wirklichkeit darstellen und sie beim rechten Namen nennen. Für eine preußische Verfassungsurkunde ist es allerdings ganz practisch, wenn es alle Unterthanen des Königs von Preußen kurzweg „Preußen" nennt; ein solcher Verfassungsparagraph braucht aber kein Hinderniß für die Wissenschaft zu sein und eine wissenschaftliche Darstellung des preußischen Staatsrechts sollte doch auch derjenigen Unterthanen des preußischen Königs erwähnen, die nicht Preußen sind und mitunter auch die Frage ventiliren, wie sich zu dieser Thatsache der Satz verhält: „Alle Preußen sind vor dem Gesetze gleich." Um solche Dinge aber, die außerhalb des Rahmens des Gesetzes liegen, kümmern sich meist die Staatsrechtslehrer nicht.[76]

Auch die Verfassung des Deutschen Reiches (1871) ignorirte vollkommen die Thatsache, daß zum Deutschen Reiche mitunter auch Franzosen, Polen, Dänen, Wenden, Litthauer ec. gehören und kennt als Angehörige des Deutschen Reiches nur „Deutsche". Allerdings kann es keinem Zweifel unterliegen, daß dieser Ausdruck hier keinen nationalen, sondern nur einen staatsrechtlichen Sinn hat, daß demnach z. B. der „Anspruch auf den Schutz des Reichs dem Auslande gegenüber, den nach Art. 3 dieser Verfassung „alle Deutschen gleichmäßig" haben, nicht nur den Angehörigen deutscher Nationalität, sondern auch allen Angehörigen des Deutschen Reiches, welcher Nationalität immer sie angehören, zusteht: nichtsdestoweniger liegt in dieser Ignorirung aller anderen Nationalitäten und Stämme durch die Verfassung eine politische Idee von großer Tragweite. Es ist aber gewiß mehr Verständnißinnigkeit für diese politische Idee als Wissenschaftlichkeit, wenn z. B. Laband, der doch in seinem Deutschen Staatsrecht so feine juristische Unterscheidungen zu machen versteht, wie z. B. daß der deutsche „Kaiser nicht

---

[76] Vergl. z. B. Schulze, Preußisches Staatsrecht (Marquardsen), §. 12. Man erfährt aus diesem preußischen Staatsrechte nirgends, daß zu den Angehörigen des preußischen Staates auch Polen oder Litthauer gehören. Um diese Thatsachen und ihren Einfluß auf die Rechtsstellung, kümmert sich das „Staatsrecht" nicht, wohl aber unterläßt es nicht, die Thatsache zu verzeichnen, daß „den Mitgliedern der fürstlichen Familien der Titel Durchlaucht, den Häuptern der reichsgräflichen der Titel Erlaucht gebührt". S. 37.

Souverän des Reiches" ist, sondern daß „die Gesammtheit der Landesfürsten und freien Städte" dieser Souverän sei u. dgl.; daß sogar ein Laband von den Reichsangehörigen nichts anderes zu sagen weiß, als daß sie die gleichen Pflichten und Rechte haben — nirgends aber irgend einen nationalen Unterschied unter ihnen entdeckt, der vielleicht doch in seiner Wirkung irgendwie staatsrechtlich relevant wäre. Aus seinem dickbändigen Staatsrechte würde ein in die Verhältnisse Deutschlands Nichteingeweihter z. B. keine Aufklärung darüber sich verschaffen können, warum das Deutsche Reich sich so viel Mühe und Kosten macht, Grund und Boden in Posen von dem einen „Deutschen" um theures Geld abzukaufen, um denselben an andere „Deutsche" um billiges Geld zu verkaufen! Wenn das in deutschen und preußischen Staatsrechtssystemen geschieht, braucht es wohl nicht Wunder zu nehmen, wenn man derselben Erscheinung auch in französischen Staatsrechtsbüchern begegnet. Den französischen Publicisten ist überhaupt Nationalität mit Staatsangehörigkeit gleichbedeutend und das erklärt sich leicht daraus, daß thatsächlich in den Gränzen des europäischen Frankreichs der nationale Assimilirungsproceß sich längst vollzogen und die ethnische und sprachliche Heterogenität des französischen Volkes dem Gedächtniß der Nation längst entschwunden ist.[76] Die französische Verfassung kennt demnach nur Franzosen als Staatsangehörige Frankreichs und die französischen Publicisten haben keinen Grund, diesen für sie selbstverständlichen Satz weiter zu analysiren.

§. 60.   Ganz anders stehen die Dinge in Oesterreich. Hier ist der Nationalitätenstreit im eminentesten Sinne des Wortes schon unter Kaiser Joseph II. zwischen Ungarn und Deutschen ausgebrochen und die österreichisch-ungarische Gesetzgebung konnte seit dieser Zeit den Unterschied der Nationalität zwischen den Angehörigen Oesterreich-Ungarns nicht mehr ignoriren.

So lange jedoch dieser Streit nur zwischen den herrschenden Classen hüben und drüben geführt wurde, konnte er keine großen Dimensionen annehmen. Erst als mit den 1848er Gesetzen sowohl in Ungarn wie in Oesterreich die Gleichheit der Bürger vor dem Gesetze proclamirt und somit auch den großen Massen die politische Arena geöffnet wurde, gewann der Nationalitätenstreit immer steigende Bedeutung, so daß er eine der wichtigsten politischen und staatsrechtlichen Fragen des Gesammtreiches wurde.

In dem absolutistisch regierten Oesterreich konnte keine andere als die Nationalität der herrschenden Classe zur Geltung kommen. So herrschte denn in den österreichischen Ländern nur die deutsche Nationalität; hier war die deutsche Sprache die Sprache der Regierung, des Amtes, des Gerichtes,

---

[76] Auch das europäische Frankreich hatte einst seine nicht assimilirten Länder, und Machiavelli spricht noch von der Bretagne, Gascogne und Normandie als von Ländern, die „schon lange mit Frankreich verbunden sind," sich jedoch mit den übrigen Provinzen leicht vertragen, „wenngleich zwischen denselben in der Sprache ein Unterschied ist," da in ihren Sitten Uebereinstimmung herrscht. Damals also war offenbar die Erinnerung an die einstige nationale Verschiedenheit dieser Länder noch nicht erloschen.

der Schule und des öffentlichen Lebens. In Ungarn ward nach dem Auf=
geben der lateinischen Amts= und Gerichtssprache im 19. Jahrhundert die
Sprache des herrschenden magyarischen Adels die Staatssprache.

Die anderen Nationalitäten, wie in Oesterreich die czechische und seit
1772 die polnische (um von der ruthenischen und slovenischen Volkssprache
ganz zu schweigen), in Ungarn die kroatische, waren als Sprachen be=
herrschter Volksstämme von den herrschenden Classen ganz ignorirt.

Diese Verhältnisse mußten sich ändern als mit der Einführung politi=
scher Freiheiten gegen die Mitte dieses Jahrhunderts allen Staatsbürgern
unter gleichen Bedingungen Theilnahme an der Gesetzgebung und Selbst=
verwaltung eingeräumt wurde. Diejenigen Nationalitäten nun, die von
compacten Massen auf einheimischem, historischem Boden repräsentirt sind,
begannen die Gleichberechtigung mit den früher ausschließlich berechtigten
zu fordern und zwar gingen diese Forderungen zunächst auf die Berechtigung
ihrer Sprachen im öffentlichen Leben, welche Forderung zugleich eine Hand=
habe sein mußte und sollte zur Erlangung der gleichen Theilnahme an der
Herrschaft im Staate mit den früher bevorzugten und herrschenden Volks=
classen und nationalen Elementen.

Die errungene politische Freiheit und somit der Einfluß der Massen
auf den Ausfall der Wahlen und die Volksvertretung ermöglichte die Durch=
setzung dieser Forderungen seitens der früher beherrschten und vollkommen
ignorirten Nationalitäten.

Die Folge davon war eine vollkommene Umgestaltung des öffentlichen
Lebens in Oesterreich und theilweise auch in Ungarn, indem die ausschließ=
liche Herrschaft der Deutschen in Oesterreich und der Magyaren in Ungarn
fortwährend bestritten und theilweise auch zurückgedrängt wurde.

Historisch-politische Individualität.

Aus der längere Zeit (Jahrhunderte) dauernden historischen Verbin=
dung eines Ländercomplexes mit einer staatlichen Organisation erwächst die
historisch=politische Individualität — die als solche eine staatsrechtliche
Sonderstellung im Staate beansprucht und einnimmt. Der Begriff der
historisch=politischen Individualität ist enger als der Begriff des Staats=
volkes, dagegen weiter als die Begriffe Stamm und Nationalität. Im Be=
reiche der historisch-politischen Individualität können sich mehrere Nationali=
täten befinden, es kann aber auch ein und dieselbe Nationalität in mehrere
historisch=politische Individualitäten zerfallen.

Dem geschriebenen österreichisch=ungarischen Staatsrecht ist allerdings
der Begriff „historisch=politische Individualität" fremd: da derselbe jedoch
ein geschichtlich gewordener Begriff ist, dem thatsächliche Verhältnisse ent=
sprechen, mußte das positive Staatsrecht sich diesem Begriffe accomodiren,
es mußte die Organisation des Reiches diese Thatsache acceptiren.[77]) Solcher

§. 61.

---

[77]) In den österreichischen Gesetzen kommt der terminus „historisch=politische
Individualität" nicht vor: desto häufiger aber in den parlamentarischen Debatten,
seit 1848, insbesondere häufig in den Verhandlungen des verstärkten Reichsraths 1859

historisch = politischer Individualitäten giebt es in Oesterreich = Ungarn folgende:

I. Die einzelnen deutschen Kronländer Österreichs bilden jedes für sich eine solche Individualität. Trotz der Angehörigkeit dieser Länder zu ein und derselben Nationalität bildet z. B. Tirol für sich selbst eine ausgesprochene historisch = politische Individualität, und wenn es auch national den anderen deutsch=österreichischen Ländern gleich ist, so wahrt es doch sein besonderes historisch=politisches Gepräge. Diese historisch=politische Individualität drückt sich in eigenthümlichen Einrichtungen und Institutionen des öffentlichen Lebens eines Landes aus: und so sind z. B. die Vertreter des tirolischen Landes bei den verschiedensten Anlässen bestrebt, eine dieser besonderen historisch=politischen Individualität entsprechende Sonderstellung im Staate zu erlangen. Nicht um nationale Eigenthümlichkeiten handelt es sich ihnen da; denn ihre Nationalität ist dieselbe wie die der anderen deutsch=österreichischen Länder; vielmehr ist es ihre historisch=politische Individualität, die sie anerkannt wissen wollen.[78])

II. Während die deutsch=österreichischen Länder jedes seine eigene historisch=politische Individualität besitzt, bilden die Länder der böhmischen Krone: Böhmen, Mähren und Schlesien zusammen eine historisch=politische Individualität. Diese Einheit wird keineswegs beeinträchtigt durch den Umstand, daß sich auf dem Gebiete dieser Länder drei Nationalitäten, die czechische, deutsche und polnische, neben einander befinden; denn diese Einheit wurzelt in gemeinsamer historischer Vergangenheit, welche zwischen diesen Ländern ein innigeres Band politischer Zusammengehörigkeit knüpfte.

III. Ebenso bildet Galizien, Lodomerien und die Bukowina[79]) eine historisch=politische Individualität, da diese Länder in dem einstigen Königreich Polen ihr einigendes Band besaßen und von daher ein gemeinsames social=politisches Gepräge erhielten.

IV. Die mächtigste historisch=politische Individualität unter allen auf dem Gebiete der Monarchie befindlichen bildet Ungarn, aus dem Grunde, weil die Entwickelung, das selbständige historische Leben derselben sich fast

---

[78]) Der Separatismus dieser deutsch=österreichischen Länder in ihren gegenseitigen Beziehungen scheint ein historisch ererbter zu sein. Wenigstens verzeichnet Bidermann in seiner „Geschichte der österreichischen Gesammtstaatsidee" mehrere Thatsachen, welche denselben grell beleuchten. So widersetzte sich z. B. im J. 1707 sowohl Tirol wie die Steiermark einer Verwaltungsmaßregel Kaiser Joseph I., welche eine Verschmelzung und Vereinheitlichung der Verwaltung der deutsch=österreichischen Länder zum Zwecke hatte (Bidermann II, S. 11) und im J. 1707 „wollten weder die Kärntner noch die Krainer die Verpflichtung eines nachbarlichen Succurses dem Herzogthum Steiermark gegenüber, das sie in Anspruch nahm, anerkennen" (S. 25). Aus solchen historischen Prämissen erklärt es sich, warum diese Länder bis heutzutage sich zu keiner einheitlichen historisch=politischen Individualität entwickelt haben.

[79]) Die historisch=politische Zugehörigkeit der Bukowina zu Galizien wird allerdings bestritten: für dieselbe läßt sich aber die Thatsache anführen, daß sie erst unter Kaiser Leopold mit k. Entschl. v. 29. 9. 1790: von Galizien losgetrennt und zu einer eigenen Provinz constituirt wurde. Vergl. Einleitung S. 193.

ununterbrochen seit mehr als einem Jahrtausend fortsetzt und unversehrt, ja in stetem Wachsthum begriffen bis in die Gegenwart erhalten hat.

V. Neben Ungarn hat sich das „dreieinige Königreich" Croatien-Slavonien-Dalmatien troz wechselnder ungünstiger Schicksale, die es bald zu einer ungarischen, bald zu einer österreichischen Provinz machten, bald wieder unter beide Reichshälften vertheilten, als historisch-politische Individualität erhalten — da diese Länder troz aller Theilungen durch einen festen Untergrund croatisch-slavonischer Nationalität zusammengehalten werden. Die Zusammengehörigkeit und Einheitlichkeit derselben ist auch durch die verschiedensten staatsrechtlichen Acte anerkannt worden. So vor allem durch die ungarischen Gesetze, welche immer die Zugehörigkeit des dreieinigen Königreiches an die ungarische Krone betonen. Das letzte dieser Gesetze ist der G.A. XXX, 1868. Dieses Gesetz bezeichnet sich selbst als ein gemeinsames Fundamentalgesetz zwischen Ungarn einerseits und Croatien-Slavonien-Dalmatien andererseits und spricht im Verlaufe seiner Bestimmungen immer nur von diesen drei Ländern als einer Einheit. Allerdings rechnet das Gesetz mit dem thatsächlichen Verhältniß, wonach Dalmatien gegenwärtig der österreichischen Reichshälfte angehört: doch faßt es auch (§§. 19, 33) den Fall ins Auge, „wenn sich das Verwaltungsgebiet Croatiens und Slavoniens durch factische Rückeinverleibung Dalmatiens... vergrößern sollte". Auch wird der Landtag in Agram in diesem Gesetze consequent der croatisch-slavonisch-dalmatinische genannt, die aus Croatien und Slavonien in den ungarischen Reichstag gewählten Abgeordneten croatisch-slavonisch-dalmatinische Repräsentanten (§. 40) u. s. w.

Im §. 65 dieses G.A. aber heißt es mit Bezug auf Dalmatien ausdrücklich, daß Ungarn, „so wie es bisher in dieser Angelegenheit wiederholt reclamirt hat, es auch fernerhin auf Grund des Rechtsanspruches der heiligen ungarischen Krone die Rückeinverleibung Dalmatiens fordern und dessen Annectirung zu Croatien verlangen wird" — und der §. 66 zählt als zum Länderbestande des Königreichs Croatien-Slavonien-Dalmatien ausdrücklich „das gegenwärtige Dalmatien" auf. — Die Frage der Rückeinverleibung Dalmatiens ins dreieinige Königreich ist aber auch von der Tagesordnung des Agramer Landtages nie verschwunden und die nationalen Parteien in demselben brachten neuerdings (October 1889) den Antrag ein, der Landtag möge in einer Adresse den Kaiser bitten, den dalmatinischen Landtag zur Entsendung einer besonderen Commission aufzufordern, welche mit einer Commission des Agramer Landtages die Modalitäten der Einverleibung Dalmatiens vereinbaren solle.

Nationalitäten und Sprachen.

§. 62. Obwohl der Begriff der Nationalität keineswegs so feststeht, daß über demselben kein Streit mehr bestehen könnte, so kann doch so viel als bestimmt angenommen werden, daß dieselbe staatsrechtlich sich mit der Angehörigkeit an Volksgruppen von eigener Sprache deckt.[80])

---

[80]) Vergl.: Das Recht der Nationalitäten und Sprachen in Oesterreich-Ungarn.

Solcher Volksgruppen anerkennt das österreichische Staatsrecht acht: Deutsche, Czechen, Polen, Ruthenen, Slovenen, Serbo-Croaten, Rumänen, Italiener. Von Nationalitäten, die in Oesterreich nicht vorhanden sind, giebt es in Ungarn außer den Magyaren noch die Slovaken, in den occupirten Ländern außer den Bosniern und Herzegowinern, welche serbo-croatischer Nationalität sind, auch noch Türken. Nach dem Wortlaut des §. 19 StGG. vom 21. Dec. 1867, Nr. 142, der alle Volksstämme des Staates für „gleichberechtigt" erklärt, sollte es nun scheinen, daß diese nationalen Unterschiede für das Staatsrecht ganz irrelevant sind; denn wenn der Ruthene gleichberechtigt ist mit dem Polen, der Czeche und Slovene mit dem Deutschen, so sollte dieser nationale Unterschied von keiner weiteren Bedeutung im öffentlichen Rechte sein.

Und dennoch beweisen die allgemein bekannten, seit Jahrzehnten in Oesterreich auf der Tagesordnung befindlichen staatsrechtlichen Nationalitätenkämpfe, daß dem nicht so ist, und daß das österreichische Staatsrecht noch vor einer nicht erledigten Nationalitätenfrage steht.

Hier muß es sich vor allem also darum handeln, das Wesen dieser Frage zu erfassen; sich darüber klar zu werden, woher es kommt, daß trotz jenes §. 19 die staatsrechtlichen Streitigkeiten über die Rechte der Nationalitäten nicht aufhören.

Die Sache ist ziemlich einfach. Würde jeder Oesterreicher aller acht in Oesterreich gesprochenen Sprachen sich gleich geläufig in Wort und Schrift bedienen können, dann würde allerdings mit §. 19 die Sache endgiltig geschlichtet sein und es gäbe keine nationale Streitigkeiten auf dem Gebiete des Staatsrechts. Es würde jeder Staatsbürger bei jeder Gelegenheit, sei es vor Gericht, in Amt und Schule, so sprechen, wie ihm der Schnabel gewachsen und es wäre jedem ganz gleichgiltig, wie zu ihm gesprochen würde; Richter und Beamte würden ganz indifferent sich bald der einen bald der anderen Sprache bedienen, es gäbe keine Sprachenfrage und somit auch, da der §. 19 alle Volksstämme gleichberechtigt erklärt, keine Nationalitätenfrage. Die Schwierigkeit liegt aber darin, daß obiger §. 19, indem er die Gleichberechtigung der Volksstämme und „aller landesüblichen Sprachen in Schule, Amt und öffentlichem Leben" aussprach, die mit diesem Grundsatze schwer zu vereinbarenden Thatsachen nicht aus der Welt schaffen konnte. Denn obiger Paragraph würde nur dann vollkommen durchführbar sein und keinerlei Hindernissen in der Durchführung begegnen, wenn eben der oben angenommene Polyglottismus in Oesterreich Thatsache wäre. Nachdem aber dieses nicht der Fall ist, so fehlt dem obigen Paragraph die nöthige Voraussetzung und es ergeben sich aus demselben im Zusammenhalte mit den thatsächlichen Verhältnissen folgende Unzukömmlichkeiten.

Gestützt auf die Bestimmung des §. 19 verlangt jede Volksgruppe sich ihrer Sprache bei Amt, Gericht und in der Schule bedienen zu dürfen; daraus folgt einerseits die Nothwendigkeit, daß die betreffenden Richter, Beamten und Lehrer im Bereiche dieser Volksgruppe die Sprache derselben besitzen, daß also diejenigen, bei welchen dies nicht der Fall ist, die betreffenden Posten nicht bekleiden können. Nun giebt es aber auch Gebiete, die von gemischter Bevölkerung bewohnt sind und wo also die staatlichen Functionäre beider in dem gemischtsprachigen Gebiete üblichen Sprachen mächtig sein müssen. Das ist allerdings eine selbstverständliche Folge des §. 19. Diese Consequenz führt aber dazu, daß die Angehörigen derjenigen Volksstämme, die in der Regel doppelsprachig sind, vor denjenigen einen Vorsprung gewinnen, die einsprachig sind. So pflegten z. B. die Deutschen in Böhmen das czechische nicht zu lernen, während die Czechen das deutsche allerdings lernten. In Folge dessen geschieht es leicht, daß die zweisprachigen Czechen bei Erlangung staatlicher Aemter vor den einsprachigen Deutschen im Vortheil sind. Diese Verhältnisse werden von den Deutschen um so peinlicher empfunden, als vor nicht lange noch die deutsche Sprache die in Amt, Gericht und Schule ausschließlich herrschende war und in Folge dessen dem deutschen Volksstamme alle diejenigen Vortheile zukamen, die sich aus der ausschließlichen Herrschaft einer Sprache in Amt, Gericht und Schule für den betreffenden Volksstamm naturgemäß ergaben (leichtere Erlangung staatlicher Aemter, leichtere Verwerthung literarischer und publicistischer Erzeugnisse u. dergl.)

Die geschichtliche Entwickelung läßt sich aber nicht zurückschrauben oder, um mit Du Boys Reymond zu sprechen, die Kurbel der Weltmaschine kann nicht auf „Rückwärts" gestellt werden; die frühere ausschließliche Herrschaft der deutschen Sprache in Amt, Gericht und Schule ohne Rücksicht auf anderssprachige Bevölkerungen der verschiedenen österreichischen Kronländer scheint für immer geschwunden zu sein. Die neuen Verhältnisse sind aber codificatorisch noch mangelhaft geregelt. Der §. 19 bezeichnet nur einen Zielpunkt der Entwickelung, ersetzt aber nicht ein detaillirtes Nationalitätengesetz, wie es Ungarn besitzt und welches den thatsächlichen Verhältnissen entsprechen würde. Da es zu einer solchen codificatorischen Regelung der Nationalitätenfrage auch in Oesterreich kommen muß, so sind die nationalen Unterschiede der Angehörigen des Staates für das Staats= recht nicht gleichgiltig; denn die Stärke der einzelnen Volksstämme, ihre locale Verbreitung, die Stufe ihrer Cultur, die wirthschaftliche Macht ihrer Angehörigen werden so wie sie die Entwickelung der thatsächlichen Verhält= nisse bestimmen, auf die staatsrechtliche Regelung dieser Frage von ent= scheidendem Einfluß sein.

§. 63. Der Grund, warum trotz des §. 19 die Nationalitätenfrage in Oester= reich als gesetzlich nicht genügend geregelt bezeichnet werden muß, liegt in der angenommenen Fassung dieses Paragraphes, der Worte gebraucht, denen keine festen Begriffe entsprechen. Es ist nämlich weder der Begriff „Volks= stamm" noch auch der Begriff der „Nationalität" ein feststehender; daher läßt sich auch das Verhältniß dieser beiden Begriffe zu einander aus dem Paragraphe nicht ersehen, d. h. es bleibt die Frage offen, ob jedem „Volks= stamm" eine „Nationalität" entspricht oder nicht.

Nationalität ist ein Derivativum von Nation — und bedeutet offenbar eine Eigenschaft, die einer Nation zukommt — ein geistiges Product, das dem Wirken einer Nation entspringt. Warum hat dann aber obiger Para= graph nicht den Ausdruck „Nation" gebraucht? warum lautete es nicht:

„alle Nationen sind gleichberechtigt und jede Nation hat das Recht auf Wahrung ihrer Nationalität?" Offenbar vermied man den Ausdruck Nation als den engeren Begriff in der Befürchtung, daß unter demselben vielleicht nicht alle in Oesterreich befindlichen „Volksstämme" untergebracht werden könnten, während dem man die aufrichtige Absicht hatte, allen Volksstämmen das gleiche Recht zu Theil werden zu lassen. Man befürchtete mit Recht, daß, wenn man sich des Ausdruckes „Nationen" bedienen würde, vielleicht ein oder der andere Volksstamm, den man bisher noch nie als Nation bezeichnete, z. B. die Ruthenen, die Ladiner u. dergl. von der Wohlthat dieses Gleichberechtigungsparagraphen ausgeschlossen sein würde.

Dann hätte man aber auch consequenter Weise sich statt des Ausdruckes „Nationalität" eines Derivativum von Volksstamm bedienen müssen, welches jene Eigenschaft oder jenes geistige Product bezeichnen würde, welches jedem Volksstamm zukommt, durch sein Leben und Wirken naturgemäßerweise erzeugt wird. Man hätte etwa „Volksthum" oder wenn dieß aus sprachlichen Gründen nicht zulässig schien, „Stammeseigenthümlichkeit" sagen sollen. Das unterließ man aber, um sich eines der öffentlichen Meinung und dem Sprachgebrauche geläufigen Ausdruckes zu bedienen, obwohl demselben keineswegs ein in jeder Hinsicht klarer Begriff entsprach. Diese Incongruenz zwischen dem vermeintlichen Rechtssubject (Volksstamm) und dem Rechtsobject (Nationalität), dessen Wahrung und Pflicht ihm als einer ihm zukommenden Qualification zuerkannt wurde — diese Incongruenz rächte sich — da sie keine klare Auffassung über das gesetzlich statuirte Rechtsverhältniß aufkommen ließ und es dem Kampf der Parteien anheimstellte, mit der Zeit das Richtige und Wahre herauszufinden.

In diese schwierige Aufgabe das Wesen der Sache zu erkennen, das Thatsächliche und Mögliche dieses Verhältnisses festzustellen, um es einst gesetzgeberisch zu regeln, theilen sich seither Theorie und Praxis. Erstere durch Untersuchung der Thatsachen, Sonderung und Klarstellung der Begriffe; letztere durch Geltendmachung berechtigter Forderungen und Zurückweisung unberechtigter Ansprüche.

Und man darf wohl behaupten, daß seit dem Jahre 1867, in welchem §. 19 geschaffen wurde, sowohl Theorie wie Praxis das ihrige redlich beigetragen haben, um die Erkenntniß der Wahrheit zu fördern und gerechten Ansprüchen Rechnung zu tragen. Sprechen wir zuerst von der Entwickelung des Nationalitätenrechts und der Praxis des Staatslebens.

Schon das Ausgleichsgesetz mit Ungarn 1867 involvirte eine staatsrechtliche Anerkennung der Selbständigkeit der ungarischen Nationalität und machte jeder wie immer gestalteten Suprematie der deutschen Nationalität und Sprache über die ungarische ein für allemal ein Ende. Wie wir es seit dem J. 1867 mit zwei selbständigen Staaten zu thun haben, so sollte von nun an jeder dieser Staaten die Regelung des Nationalitäten und Sprachenrechts in seinem Gebiete unabhängig und selbständig vornehmen. In Ungarn geschah dieß mittelst des „Nationalitätengesetzes vom J. 1868 (GA. XLIV) und zwar auf diese Weise, daß in Ungarn (sammt Sieben bürgen) die ungarische Sprache, also auch Nationalität, zur herrschenden, also zur „Staatssprache" erklärt wurde, während den anderen Landes= sprachen gewisse untergeordnete Rechtssphären d. h. Berechtigungen in unter= geordneten Kreisen staatlichen Lebens eingeräumt wurden. Als Staatssprache ist das Ungarische Berathungs= und Geschäftssprache des ungarischen Reichs= tags, Amtssprache der Jurisdictionen, der höheren Gerichte, der Landes= universität in Pest u. s. w. Dagegen können untergeordnete staatliche Körperschaften wie Communalversammlungen unter Umständen sich einer localen im Lande üblichen Sprache bedienen. Andererseits bildet in Croatien und Slavonien die croatische Sprache die alleinige amtliche Sprache und die croatischen Abgeordneten im ungarischen Reichstag dürfen sich sogar der croatischen Sprache bedienen.

So wie also Croatien=Slavonien ein selbständiges mit Ungarn staats= rechtlich verbundenes Königreich bildet: ebenso genießt auch die croatische Sprache einen Vorzug vor allen anderen in Ungarn gebräuchlichen Sprachen. Diese letzteren aber, namentlich das Deutsche, Slovakische, Rumänische, Serbische sind in Ungarn nur als Volkssprachen anerkannt und haben nur eine untergeordnete Berechtigung.

Während in Ungarn auf diese Weise das Verhältniß der einzelnen Sprachen und „Nationalitäten" zueinander in einem alle einschlägigen Ver= hältnisse umfassenden Gesetze geregelt wurde, betrat man in Oesterreich einen anderen Weg — und zwar indem man im Geiste des §. 19 des Staatsgrundgesetzes vorerst dem früheren Zustand der alleinigen Herrschaft der deutschen Sprache mittelst specieller Ausführungsgesetze und Verord= nungen ein Ende machte.

So wurde den dießbezüglichen Beschlüssen des galizischen Landtags in der Herbstsession 1868 Rechnung tragend mittelst Ministerialverordnungen vom 4. und 10. Juni 1869 die polnische Sprache statt der deutschen in Galizien zur Amts= und Unterrichtssprache erklärt. Einige weitere ergän= zenden Verordnungen und Erlässe vollendeten das Werk der Wiederher= stellung der polnischen Sprache als herrschender Landessprache in Galizien, neben welcher dem ruthenischen Idiom das ihm als Volkssprache gebührende Terrain eingeräumt wurde. Damit war die polnische Nationalität der historischen Entwickelung gemäß zur herrschenden Nationalität in Galizien gesetzlich erklärt.

Schwieriger gestaltete sich die Entwickelung in Böhmen. Denn hier stützte sich die seit Jahrhunderten der Germanisation herrschende deutsche Sprache auf einen ansehnlichen Theil ansässiger Bevölkerung — was in Galizien nicht der Fall war; ja, die deutsche Nationalität hat thatsächlich in diesem seit Jahrhunderte dauernden siegreichen Vordringen auf dem Gebiete Böhmens ganze Territorien vollständig occupirt; was ebenfalls in Galizien nicht der Fall war. Während also dort einige Ministerial= verordnungen genügten, um das Land auch staatsrechtlich vollkommen zu polonisiren, da es sich dabei nur darum handelte, den historisch gewordenen thatsächlichen Zustand anzuerkennen: stellten sich der Ordnung der Nationa= litätenverhältnisse in Böhmen fast unübersteigliche Hindernisse entgegen, da

6*

daselbst auch das Deutschthum seine historisch errungene Stellung inne hat, aus der es sich nicht einfach verdrängen läßt. Es ist also klar, daß eine gesetzgeberische Ordnung dieses Verhältnisses erst aus dem Kampfe beider Nationalitäten sich ergeben kann, und daß der Regierung nur die Rolle des Preisrichters zufällt, der jedesmal den wahren Stand des Kampfes constatirt und darüber wacht, daß keine unlauteren Mittel im Kampfe gebraucht werden.

Thatsächlich beschränkte sich die Regierung seit dem J. 1867 bezüglich Böhmens darauf, den gerechten und gesetzmäßigen Forderungen der Czechen Rechnung zu tragen und die Deutschen vor Uebergriffen der siegesmuthigen Czechen zu schützen. Der bisherige Verlauf dieser Entwickelung war folgender.

§. 64.   Seit der Verkündigung der Staatsgrundgesetze strebten die Czechen vergebens nach Verwirklichung der Nationalitäten= und Sprachengleich= berechtigung in dem Sinne, in dem sie den §. 19 auffaßten. Ihre Bestre= bungen scheiterten mit dem Fall des föderalistischen Ministeriums Hohen= wart=Schäffle (31. Oct. 1871). Das folgende Ministerium Auersperg (1871—1879) war ihren Bestrebungen abhold. Es versuchte trotz des §. 19 das Verhältniß der Czechen zu den Deutschen im Sinne des centra= listisch=deutschen Programmes zu gestalten. Dieser Versuch scheiterte wieder an dem passiven Widerstand der Czechen, die sich weigerten den Reichsrath zu beschicken. Nun wurde dem Grafen Taaffe die Aufgabe zu Theil, den Ausgleich in erster Linie mit den Czechen durchzuführen (10. August 1879). Er war hierin glücklicher als irgend einer seiner Vorgänger. Seine Unter= handlungen mit den Führern der Czechen waren von Erfolg gekrönt. Nach langjähriger Abwesenheit erschienen die Czechen wieder im Reichsrath (9. Oct. 1879) allerdings nicht ohne eine Rechtsverwahrung zu Protokoll zu geben. Graf Taaffe äußerte sich über die von ihm beabsichtigte Lösung des Natio= nalitätenstreites am 5. Dec. 1879 folgendermaßen: „Oesterreich besteht aus verschiedenen Nationalitäten, deren Rechte gewahrt werden müssen. Die Regierung denkt keineswegs an Unterdrückung der Deutschen in Oesterreich, aber auch die Slaven und die anderen in Oesterreich lebenden Nationali= täten sollen nicht unterdrückt werden." In diesem Sinne stellte Graf Taaffe eine Ausgleichsaction in Aussicht. Diese Ausgleichsaction sollte durch Maßregeln der Regierung und Gesetzgebung gefördert werden.

Vor allererst wurden einige grelle aus früherer Zeit erhaltene Be= einträchtigungen der czechischen Nationalität und Sprache, die dem §. 19 schnurstracks entgegenliefen, mittelst der sog. Sprachenverordnung des Justiz= ministers Stremayr (vom 19. April 1880) beseitigt. In Ausführung des Grundsatzes der Gleichberechtigung verfügt die Verordnung, daß alle Behörden ihre Erledigungen an die Parteien in jeder der beiden Landessprachen aus= zufertigen haben, in welcher die betreffenden Eingaben und Ansuchen der Parteien abgefaßt waren. Behördliche Bekanntmachungen, die sich an die Gesammtheit richten müssen in beiden Landessprachen abgefaßt sein. Straf= gerichtliche Verhandlungen sind in derjenigen der beiden Landessprachen zu führen, deren der Angeschuldigte mächtig ist. Auch bei Gericht und in

öffentlichen Büchern ist immer diejenige der beiden Landessprachen zu gebrauchen, deren sich die ansuchende Partei bedient; derselbe Grundsatz hat
auch im Verkehr der Regierungsbehörden mit den autonomen Behörden zu
gelten.

Sodann werde die Forderung der Czechen nach einer czechischen Universität bewilligt und neben der deutschen Universität eine gleichberechtigte
czechische Universität in Prag geschaffen (Ges. vom 28. Februar 1882).

Diesen erfolgreichen Bestrebungen und Errungenschaften der Czechen
gegenüber ließen es die Deutschen sowohl Böhmens wie der anderen Kronländer an Abwehr und Vertheidigung nicht fehlen.

Schon die Sprachenverordnung Stremayers rief die Opposition derselben hervor. Um weiteren Fortschritten sowohl der czechischen wie der
anderen slavischen Nationalitäten und Sprachen entgegenzuwirken, stellte
Graf Wurmbrand (16. Mai 1880) den Antrag, womit die Regierung aufgefordert werde „in Ausführung des §. 19 StGG. 21. Dec. 1867 einen
Gesetzentwurf einzubringen, wodurch unter Festhaltung der deutschen Sprache
als Staatssprache der Gebrauch der landesüblichen Sprachen in Amt,
Schule und öffentlichen Leben geregelt wird." Offenbar hatten die Antragsteller für Oesterreich ein ähnliches Sprachengesetz im Auge wie es das
Sprachengesetz von 1868 für Ungarn war, welches, wie wir gesehen haben,
die ungarische Sprache als Staatssprache proclamirte.

Die Regierung (Minister Taaffe) erklärte sich gegen diesen Antrag.
Derselbe wurde einem „Sprachenausschuß" überwiesen (4. Dec. 1880).
Die Verhandlungen dieses Ausschusses zogen sich in die Länge, weil man
über den Begriff „Staatssprache" nicht einig werden konnte und der
Antragsteller Graf Wurmbrand zu wiederholten Malen es ablehnte, eine
Definition der von ihm angeregten „Staatssprache" zu geben.

Endlich im März 1883 wurden dem Abgeordnetenhaus zwei Berichte
der Majorität und der Minorität des Ausschusses (Berichterstatter Madeyski
und Sturm) erstattet. Das Abgeordnetenhaus folgte dem ersteren und
beschloß über den Wurmbrand'schen Antrag zur Tagesordnung überzugehen.

Nachdem dieser erste Versuch, der deutschen Sprache und Nationalität
in Oesterreich ihre Vorzugsstellung zu sichern, mißlungen war, versuchte
es die deutsche Minorität des Abgeordnetenhauses wieder mit einem nach
dem Muster des ungarischen Sprachengesetzes von 1868 ausgearbeiteten
Gesetzentwurf, den sie am 8. Februar einbrachte (Antrag Scharschmied[81]).

---

[81]) Der Grund, warum es nicht gelungen ist, der deutschen Sprache in Oesterreich eine ähnliche Stellung wie es die magyarische in Ungarn errang, zu verschaffen,
eine Stellung, die mit dem Ausdruck Staatssprache treffend bezeichnet wäre, darf
wissenschaftlicherweise nicht hinter parlamentarischen Coulissen oder in Gesinnungen
leitender Minister gesucht werden: er liegt einfach in den thatsächlichen Bevölke-
rungsverhältnissen der österreichischen Länder. In Galizien mußte die deutsche
Nationalität und Sprache vollkommen das Feld räumen, weil es in Galizien
keine einheimischen Deutschen giebt. In Böhmen wäre die Zahl der Deutschen
genügend, um eine herrschende Stellung einzunehmen, wenn der feudale (fidei-
comissarische) Grundbesitz deutsch geblieben wäre. Nachdem letzteres nicht der
Fall ist, was übrigens eine sociologisch erklärbare Erscheinung ist, so kann das

Während dieser Gesetzentwurf im Schooße eines Ausschusses ruht, gewinnt die czechische Nationalität in Böhmen, Mähren und Schlesien immer größeres Terrain.

Mit Ministerialverordnung vom 23. Sept. 1886 wurde die czechische Sprache auch in den inneren Dienst des Prager Oberlandesgerichts ein-geführt.

Die deutsche Minorität im Prager Landtag stellte wiederholt Anträge auf Zweitheilung Böhmens in ein deutsches und czechisches (1884 von Herbst, 1885 von Plener). Diese Anträge sind begreiflich, weil die Deutschen in Böhmen, majorisirt in den czechischen Bezirken, wenigstens in denjenigen ihre herrschende Stellung zu retten versuchen, in denen sie die Majorität haben. Aber ebenso begreiflich ist, daß die Czechen ihr Land nicht theilen, da sie selbstverständlich im ganzen Lande die Herrschaft üben wollen — was ja auch in früheren Jahrhunderten die Deutschen nicht verschmäht haben. So wurden denn die Anträge auf Zweitheilung Böhmens wiederholt ab-gelehnt, was die deutsche Minorität bewog, den Landtag zu verlassen.

Mit Beginn des J. 1890 ergriff die Regierung die Initiative zu neuen Ausgleichsversuchen — indem sie die Parteiführer sowohl der Czechen wie der Deutschen zu Conferenzen nach Wien einlud. Auf diesen Confe-renzen wurden Ausgleichspunctationen vereinbart und zwar bezüglich a) einer abgeänderten Zusammensetzung und Einrichtung des Landesschulrathes, b) nationaler Minoritätsschulen, c) einer Reorganisation des Landescultur-rathes, d) der Errichtung einer Handels- und Gewerbekammer im östlichen Böhmen, e) der Revision der Wahlordnungen der Handelskammern, f) der Abgränzung der Gerichtsbezirke nach Nationalitäten, g) gewisser Aende-rungen der inneren Organisation des Prager Oberlandesgerichts, h) des Gebrauchs der Landessprachen bei den autonomen Behörden, endlich i) be-treffs einer Reform der Landtagswahlordnung und Errichtung nationaler Curien im böhmischen Landtag.

Diese Punctationen gelangten in der Form von Gesetzentwürfen an den böhmischen Landtag, der über dieselben gegenwärtig (November 1890) ver-handelt. [82])

Die Regierung und die Nationalitäten.

§. 65. Der Streit der Nationalitäten, ihr fortbauernder Kampf um Herr-schaft versetzt die Regierungen Oesterreich-Ungarns in eine überaus schwierige Lage und gestaltet ihre Aufgabe zu einer solchen, die nur mit dem Auf-wande der größten Regierungskunst gelöst werden kann.

Und zwar ist diese Aufgabe in Ungarn eine leichtere als in Oesterreich. Dort nämlich steht die Central-Regierung auf Seite einer Nationalität,

---

zwischen Großgrundbesitz, czechischen Städtebewohnern und Landvolk eingetheilte, kaum 32% der Gesammtbevölkerung betragende Deutschthum unmöglich seine früher innegehabte herrschende Stellung behaupten. Aehnlich sind die Verhältnisse in Mähren und Schlesien.

[82]) Vergl. Die Regelung der nationalen Verhältnisse im Königreich Böhmen. Prag 1890 (Höfer), wo diese Entwürfe abgedruckt sind.

deren Angehörige 46°/₀ der Gesammtbevölkerung ausmachen, daher die herrschende Nationalität bilden. Die Regierung in Ungarn kann sehr wohl eine rein ungarische sein, weil keine andere Nationalität der magyarischen an Zahl überlegen ist — die Regierung also trotz der herrschenden politischen Freiheit und repräsentativen Verfassung nicht zu fürchten braucht, von den Wählern im Stiche gelassen zu werden. Der ungarische Reichstag braucht um seine magyarische Majorität nicht besorgt zu sein.

Schwieriger ist die Lage der Regierung in Oesterreich. Allerdings ist auch hier die Gesammtzahl der Deutschen mit acht Millionen jeder einzelnen nichtdeutschen Nationalität überlegen (Czechen 5, Polen 3, Ruthenen 2¹/₂, Slovenen 1 Mill.), doch ist erstens die Vertheilung dieser acht Millionen auf dem Gebiete des österreichischen Staates eine sehr ungleiche, so daß in den deutschen Ländern die Deutschen ausschließlich wohnen, während sie in anderen Ländern, wie z. B. Galizien, Krain und Küstenland verschwindende Minoritäten bilden und weil zweitens, auch wenn sie gleichmäßig über das ganze Gebiet vertheilt wären, sie dennoch einer Allianz zweier oder mehrerer slavischer Nationalitäten nicht das Gleichgewicht halten könnten.

Letzteres ist insoferne thatsächlich der Fall als die deutsche Vertretung im Reichsrathe von den vereinigten Vertretungen der slavischen Länder in die Minorität gesetzt wird.

Zur Zeit des Absolutismus konnten allerdings diese Verhältnisse der Regierung gleichgültig sein. Die Zufriedenheit oder Unzufriedenheit der Majoritäten der einzelnen Länder brauchte die Kreise der Regierung nicht zu stören. Anders steht die Sache im constitutionellen und repräsentativen Staat, wo die Majoritäten wählen und ihre Vertretungen in Reichsrath und Landtagen an der Gesetzgebung und mittelbar auch an der Regierung theilnehmen und mitwirken sollen. Da muß die Regierung mit den Majoritäten rechnen; sie kann, will sie ihre Aufgaben erfüllen, mit diesen Majoritäten nicht in Unfrieden leben, sie kann nicht gegen die Majoritäten regieren.

Wenn es auch kein parlamentarisches Regime in dem Sinne giebt, wie das von England und Frankreich, ja auch von Ungarn behauptet werden kann, d. h. wenn auch in Oesterreich der Souverän nicht durch Gewohnheitsrecht gebunden ist, die Minister aus den Majoritäten des Reichsraths zu berufen: so ist doch die jedesmalige Regierung durch die Verfassung verpflichtet, sich die jährlichen Budgets und die von zehn zu zehn Jahren nöthig werdenden Recrutencontingente von der Majorität des Reichsraths bewilligen zu lassen, welcher Pflicht sie offenbar ohne die Majorität des Reichsraths für sich zu haben, nicht nachkommen könnte. Daher ist die Regierung gezwungen, diese Majorität, also auch ihre Wähler, d. i. die Majoritäten in den einzelnen Ländern, auf ihrer Seite zu haben und muß daher die staatsrechtlich begründeten Wünsche und Forderungen dieser Majoritäten erfüllen.

Sie kann also nicht mehr, wie es meist absolute Regierungen thaten, die Rechte dieser Majoritäten ignoriren und die slavischen Majoritäten den deutschen Minoritäten unterordnen.

Sie kann das umsoweniger·als Oesterreich kein einheitliches Gebiet ist, das centralistisch regiert wird. In diesem Falle wäre es vielleicht möglich, sich auf eine Nationalität zu stützen und ähnlich wie in Ungarn den Versuch zu machen, den ganzen Staat einheitlich zu nationalisiren, also in Oesterreich zu germanisiren. Diese Versuche (Bach und Schmerling unternahmen sie) scheiterten eben daran, daß Oesterreich nicht nur eine Vereinigung verschiedener Stämme und Nationalitäten ist, sondern auch eine Vereinigung von Ländern und Ländergruppen, die ihre historische Vergangenheit haben, in denen die einzelnen Nationalitäten sich ausgebildet haben, die also sog. historisch=politische Individualitäten sind, die mit ihrem moralischen Schwergewichte in die Wagschaale fallen und jede Vereinheit=lichung und Centralisation unmöglich machen.

Stände und Classen.

§. 66.   Auch die Unterscheidung der Bevölkerung nach Ständen und Classen[83]) könnte, wenn man nur den Wortlaut des A. 2 StGG. 21. Dec. 1867, Nr. 142 sich vor Augen hält, als eine nicht mehr zeitgemäße und werthlose betrachtet werden. Denn wenn „vor dem Gesetze alle Staatsbürger gleich sind," so könnte man glauben, daß eine Scheidung der Bevölkerung nach Ständen und Classen staatsrechtlich indifferent ist. Dem ist aber nicht so. Es verhält sich mit der Bestimmung dieses StGG. ganz so, wie mit dem §. 19 desselben. Auch hier ist ein idealer Grundsatz ausgesprochen, der vielleicht als Zielpunkt socialer Entwicklung gelten kann und hohen ethischen Werth besitzt, der jedoch die wirklichen Verhältnisse, wie sie durch jahrhundertelange Entwicklung sich herausgebildet haben, nicht mit einem Schlage zu ändern vermochte. In der Wirklichkeit gab es und giebt es Standes= und Classen=unterschiede der Bevölkerung, die sich im wirklichen Staatsrecht Geltung verschaffen, so zwar daß die obige Bestimmung des A. 2 StGG. nicht buchstäblich genommen werden darf. Ja, der Gesetzgeber selbst ist diesem theoretischen Grundsatze nicht treu geblieben, sondern hat in anderen Gesetzen, wie z. B. im Wahlgesetze den wirklichen Verhältnissen, hier also den be=stehenden Standes= und Classenunterschieden der Bevölkerung, vollauf Rech=nung getragen.

Staatsrechtlich also, mit Beziehung auf die politischen Rechte, von denen das Wahlrecht in den Volksvertretungen das wichtigste ist, zerfällt die Gesammtheit das Volkes in zwei große Hälften: in die politisch berech=tigte und politisch nichtberechtigte. Diese zwei Theile des Volkes entsprechen genau der wirthschaftlichen Zweitheilung desselben in die besitzenden und

---

[83]) Diese beiden Ausdrücke, die noch immer häufig in gleicher Bedeutung ge=braucht werden, sind dennoch in einer Differenzirung begriffen, deren Richtung man schon erkennen kann. Darnach wird der Ausdruck Stände vorwiegend von höheren Geburts= und Berufsständen gebraucht; der Ausdruck Classe hat einen Beigeschmack der Geringschätzung; so spricht man denn von höheren Ständen, vom Adel= und Bürgerstande; dagegen von „gefährlichen Classen" der Gesellschaft und nicht von „gefährlichen Ständen", überhaupt von „Menschenclassen", wenn man von denselben etwas nicht Schmeichelhaftes zu sagen hat.

befitzlofen Claffen, wobei jedoch gewiffe fociale Stellungen wie academifche Grade und öffentliche Aemter einen materiellen Befitz vertreten.

Der politifch berechtigte Theil des Volkes zerfällt wieder in mehrere Claffen, deren Unterfchiede in den Wahlgefetzen ihren Ausbruck finden.

Diefen Wahlgefetzen nämlich gegenüber kommen die Staatsbürger keineswegs als eine unterfchiedslofe Summe gleicher und gleichberechtigter Einzelner in Betracht, fondern als mehrere aus ungleicher Zahl gebildete Gruppen, von benen jebe nach der Größe ihres Befitzes und nach ihrem Stande ihr Wahlrecht übt, fo daß bem Staatsbürger, der Taglöhner oder Arbeiter ift, dieß Recht überhaupt nicht, dem Staatsbürger, der einen kleinen Grundbefitz hat (Bauer, Kleinftädter) diefes Recht in einem viel kleineren Maaße als dem Großgrundbefitzer zufteht. Wenn alfo das Staats= grundgefetz fagt, daß alle Staatsbürger vor dem Gefetze gleich find, fo ift unter diefem „Gefetze" nur der Inbegriff jener Gefetze zu verftehen, welche das Privat= und Strafrecht und öffentliche Recht normiren: vor bem eigent= lichen Staatsrechtsgefetz, zu welchem das Wahlgefetz gehört, find die Staats= bürger keineswegs gleich, fonft müßte es ein allgemeines Stimmrecht ohne Curien geben; vor diefem Gefetze macht es einen großen Unterfchied, ob ein Staatsbürger befitzlos oder Befitzer ift, ob er Kaufmann oder Groß= grundbefitzer, ob er ein einfacher Doctor oder Fideicomißherr ift. Denn je nach feinem Befitz und feinem Stande (oder Berufe) hat jeder diefer ver= fchiedenartigen Staatsbürger ein verfchiedenes Wahl- beziehungsweife Ver= tretungsrecht.

Standesrechte und Standespflichten.

Die Zugehörigkeit zu den einzelnen Ständen und Claffen verleiht dem **§. 67.** Einzelnen nicht nur verfchiedene Rechte, fie legt ihm auch verfchiedene Pflichten auf, fo daß mit Bezug auf letztere von einer Gleichheit der Staats= bürger vor dem Gefetze nur infoferne gefprochen werden kann, als jeder Staatsbürger ohne Unterfchied, wenn er fich einem beftimmten Berufe widmet und damit in eine beftimmte Berufsclaffe tritt, zugleich die Pflichten des= felben auf fich nimmt. Da jedoch die Wahl des Berufes nicht ganz vom freien Willen des Einzelnen abhängt, fo kann der Einzelne den befonderen Pflichten des Berufes, zu dem er durch Umftände und Verhältniffe gezwungen ift, nicht entgehen. Auch darf nicht überfehen werden, daß diefe Pflichten ungleich find und nicht alle Berufe gleich fchwer treffen. Bei freier Wahl würde nun gewiß jeder denjenigen Beruf ergreifen, mit dem die geringften und am wenigften befchwerlichen Pflichten verbunden find: da diefes nicht der Fall ift, fo muß der Einzelne fich der Ungleichheit der Behandlung feitens des öffentlichen Rechtes unterwerfen.

Angefichts diefer thatfächlichen Verhältniffe ift die Unterfcheidung der Bevölkerung nach Ständen und Claffen von eminenter ftaatsrechtlicher Be= deutung und zwar fowohl im Hinblick a) auf die verfchiedene Berechtigung der einzelnen Claffen wie b) auf die verfchiedenen Pflichten derfelben.

Mit Bezug nun auf die verfchiedene Berechtigung kann man folgende Stände oder Claffen der Bevölkerung unterfcheiden.

a) Der Hochadel, der durch ererbten bedeutenden Grundbesitz und histo=
rische Stellung hervorragt und in Folge dessen nicht nur in der Curie des
Großgrundbesitzes wählt (dieß trifft auch bei nichtadeligen Großgrundbesitzern
zu), sondern durch seine jeweiligen Familienhäupter im Herrenhause des
österreichischen Reichsraths vertreten ist. Auch genießt der Hochadel das
Vorrecht, daß er sich um Schaffung von Fideicommissen, wenn er solche noch
nicht besitzt, bewerben kann. Gemeinsam dem gesammten Adel ist das Recht
der Führung der Adelstitel und Wappen.[84]) Adelsanmaßungen seitens
Nichtadeliger werden mit Geld= eventuell mit Arreststrafen geahndet.[85])
Der Adel berechtigt je nach der Verschiedenheit seiner Stufen sich um ge=
wisse Hofwürden zu bewerben;[86]) auch berechtigt der Adel zu Ansuchen be=
hufs Errichtung von Familienfideicommissen.[87])

b) Der Stand der Großgrundbesitzer, der im Großen und Ganzen mit
dem früheren Adel zusammenfällt, obwohl über die Zugehörigkeit zu dem=
selben gegenwärtig nur der entsprechende Besitz entscheidet. Derselbe genießt
ein bevorzugtes Wahlrecht, indem die Curien desselben im Vergleich mit den
Curien der Städter, Marktbewohner und des Landvolkes aus Minoritäten
bestehen und überall eine diesen letzteren, aus viel größeren Wählermassen ge=
bildeten Curien, gleiche Vertreterzahl in die Volksvertretung entsenden.

c) Der geistliche Stand. Zu demselben gehören in erster Reihe die
Geistlichen der katholischen Kirche der verschiedenen Riten, sodann die Seel=
sorger der anderen Kirchen und Religionsgesellschaften. Kein anderer Stand
besitzt eine so feste und stramme Organisation wie der geistliche; insbesondere
gilt das von der katholischen Geistlichkeit der verschiedenen Riten, deren
Stände integrirende Bestandtheile ihrer betreffenden Kirchen ausmachen.
Wenn nun auch die alten politischen Vorrechte der katholischen Kirche nicht
mehr in dem früheren Umfange fortbestehen, so hat doch die katholische
Kirche als solche einen bedeutenden Kreis politischer Rechte, welche sie durch
ihre Würdenträger und Functionäre ausübt und sind die Geistlichen als
Stand einerseits durch gewisse öffentliche Rechte ausgezeichnet, andererseits
gewissen besonderen aus ihrer socialen Stellung sich ergebenden Pflichten
unterworfen.

So genießen sie gewisse Bevorzugungen und Begünstigungen in der
Erfüllung der Wehrpflicht, ihrem „Stande“ gebührt bei jeder Gelegenheit
eine besondere „Achtung“:[88]) allerdings müssen sie sich auch ihres „Standes=
verhältnisses“ wegen gewissen Beschränkungen unterwerfen, so z. B. dürfen
sie keine Gewerbe ausüben u. s. w.[89])

---

[84]) Hofkanzleidecret vom 12. Juni 1838. Pol. GS. B. 66.

[85]) Hofkanzleidecret vom 27. November 1827. Pol. GS. B. 55; ferner
§. 334 StG.

[86]) Ministerialerlaß vom 17. Februar 1869 3. 564 enthält das neueste
Kämmerernormale, d. i. die Erfordernisse zur Erlangung der Kämmererwürde.

[87]) §§. 618—620 abGB. §§. 220—223 Verf. außer Streitsachen. Gegen=
wärtig ist zur Errichtung eines Fideicomisses ein Specialgesetz erforderlich (Gesetz
vom 13. Juni 1868 RGB. Nr. 61).

[88]) Siehe z. B. §. 29 des Gesetzes vom 7. Mai 1874 RGB. Nr. 50.

[89]) §. 4 der Gewerbenovelle vom 15. März 1883.

d) Gewerbe= und Handeltreibende, die nach ihrem Wohnsitz und der Höhe der Steuerleistung in mehrere Kategorien zerfallen und aus dem Titel der Steuerleistung ein verschieden abgestuftes Wahlrecht ausüben, indem die einen in den Landgemeinden Urwähler, die anderen in den Städten und Märkten Wähler, noch andere auch Wähler in den Handelskammern sind, solche endlich, die hohe Steuern zahlen, in Dalmatien das Wahlrecht der „Höchstbesteuerten" ausüben.

e) Intelligenz, worunter man den Stand derjenigen versteht, die gelehrte Berufe haben und auf Grund derselben politische Rechte besitzen. Es sind das Beamte, Lehrer, Aerzte, Advocaten, Notare oder Doctoren der verschiedenen Facultäten, wenn sie auch keinerlei practischen Beruf ausüben.

f) Bauern, worunter man diejenigen kleinen Grundbesitzer versteht, die ihren ländlichen Grundbesitz selbst oder mit Hilfe von Knechten bearbeiten. Von einer gewissen Höhe der Steuerleistung angefangen, genießen sie das Wahlrecht in den Gemeindeausschuß und sind Urwähler für die Volksver=tretungen.

Eine besondere Abart dieses Standes bilden die Colonen in Dalma=tien, das sind solche Bauern, die gegen einen Theil der Ernte in natura den herrschaftlichen Boden bebauen. [90])

g) Der Stand der Arbeiter hat bisher in Oesterreich=Ungarn kein Wahl=recht; wohl aber das Recht der freien Vereinsbildung und die allen Staats=bürgern gewährleisteten „allgemeinen" Rechte. In neuester Zeit ist dieser Stand als solcher Gegenstand besonderer gesetzgeberischer Maßregeln ge=worden, indem in seinem Interesse die sog. Fabriks= und Arbeitergesetze er=lassen wurden, von denen weiter unten an geeigneter Stelle die Rede sein wird. [91])

h) Als besonderer Stand muß das Gesinde bezeichnet werden; es besteht aus männlichen und weiblichen Dienstboten, die für Wohnung, Kost und Lohn sich zu dauernden Diensten verpflichten. [92]) Das Gesinde hat keine

---

[90]) Entsch. des BG. vom 26. Juni 1886 Z. 1825. Alter S. 189.

[91]) Auch wird in neuester Zeit häufig die Organisirung von Arbeiterkammern verlangt und diese Forderung ist auch vielfach in den gesetzgebenden Körperschaften laut geworden. Bei einzelnen Gelegenheiten hat auch schon die Regierung Arbeiter=Enqueten einberufen.

[92]) Dieses geschieht mittelst des mündlichen Dienstvertrages, welcher durch die vom Dienstgeber gegebene und vom Dienstboten empfangene Darangabe perfect wird. Die Darangabe wird in den vereinbarten Dienstlohn eingerechnet. Daß der Dienstvertrag öffentliche Pflichten der Dienstboten (Schulbesuch der Kinder u. dergl.) nicht beeinträchtigen kann, ist selbstverständlich. Zur verabredeten Zeit ist der Dienstbote verpflichtet, den Dienst anzutreten, der Dienstgeber denselben aufzunehmen. Weigert sich der Dienstbote, den Dienst anzutreten, so kann er dazu auch mittelst polizeilicher Zwangsmaßregeln angehalten werden. Die Gesetze und Dienstbotenordnungen unterscheiden zwischen landwirthschaftlichen und städtischen Dienstboten. Für letztere sind meist besondere städtische Dienstbotenordnungen geltend. Die Dienstboten stehen unter der Aufsicht der Dienstgeber; das Dienst=verhältniß unter der Aufsicht der Localbehörden. Die Dienstboten dürfen den Dienst ohne Aufkündigung nicht verlassen; dürfen aber auch ohne Aufkündigung des Dienstes nicht entlassen werden, wenn nicht besondere gesetzlich vorhergesehene

politischen Rechte, steht unter besonderer polizeilicher Aufsicht und sein Ver=
hältniß zu den Dienstgebern ist durch Landesgesetze, städtische Statuten und
Ordnungen geregelt.

i) Sowohl von den Arbeitern wie auch von dem Gesinde, welche beiden
Stände durch dauernde Anstellungen sich charakterisiren, unterscheiden sich
die Taglöhner, die ohne feste Anstellung und dauerndes Vertragsver=
hältnisse nur für Taglohn arbeiten, keinerlei genossenschaftliche Organisation
besitzen und auch seitens des Staates keinerlei besonderen Schutzes, wie ein
solcher den Arbeitern und dem Gesinde gewährt wird, theilhaftig sind.⁹³)

Allen den oben aufgezählten Ständen, die man im allgemeinen als
sociale bezeichnen könnte, stehen diejenigen Classen des Volkes gegenüber,
die man als antisociale bezeichnen muß, da sie der allgemeinen Arbeits=
theilung der Gesellschaft sich entziehen, derselben daher keinen Nutzen bringen,
vielmehr zur Last fallen und gefährlich sind, aus welchem Grunde sie auch
mit Recht als gefährliche Classen bezeichnet werden. Es sind das Land=
streicher, Bettler, Vagabunden und Unterstandslose.⁹⁴) Ihnen gegenüber
sieht sich auch der Staat zu besonderen Sicherheitsmaßregeln gezwungen und
macht nöthigenfalls von besonderen gesetzlichen Zwangsmitteln Gebrauch.

§. 68. Mit Bezug auf die Verschiedenheit der öffentlichen Pflichten zerfallen
alle Staatsbürger in drei Classen: 1. Staatsbeamte, 2. öffentliche Berufe
ausübende, 3. Private.

ad 1. Die Staatsbeamten, im weitesten Sinne des Wortes also die=
jenigen, die vom Staate angestellt und besoldet werden, um für den Staat
gewisse Dienste zu leisten, zerfallen in Civilbeamte und Militärs; erstere
wieder in Justiz= und politische Beamte. Jede dieser Classen von Staats=
bürgern hat außer der ihnen allen gemeinsamen Pflicht der Treue gegen
den Kaiser und des standesmäßigen Verhaltens, einen besonderen ihr durch
spezielle Gesetze auferlegten Pflichtenkreis; beim Antritt ihres Amtes leisten

---

Fälle eintreten. Die Dienstboten müssen mit Dienstbüchern versehen sein; die
Dienstgeber sind verpflichtet, ihnen Dienstzeugnisse auszustellen, deren Inhalt amt=
lich in den Dienstbüchern angemerkt wird. Vergl. Mayerhofer III 37—59.

⁹³) Taglöhner werden in der Regel weder als Arbeiter noch als Gehilfen
betrachtet. Die Gewerbeordnung vom Jahre 1859 enthielt diese Bestimmung aus=
drücklich im §. 73. In der geänderten Fassung dieses Paragraphen nach dem Gesetz
vom 8. März 1885 ist das Wort „Taglöhner" enthalten, und zwar aus dem
Grunde, weil gegenwärtig Taglöhner, welche regelmäßig bei Betrieben beschäftigt
werden, eventuell als Hilfsarbeiter in Betracht kommen müssen.

⁹⁴) Zur Aufgreifung von Vagabunden haben die Behörden von Zeit zu Zeit
Streifungen vorzunehmen und sich dabei an die bestehenden Vorschriften zu
halten.

Das Hofdecret vom 15. Juni 1811 definirt den Bettler als denjenigen, der
an einem öffentlichen Orte oder in Privathäusern Jemanden um Almosen an=
spricht; als Vagabunden (Landstreicher) denjenigen, der beschäftigungslos oder be=
stimmungslos herumzieht, ohne einen bestimmten Erwerb oder Einkommen nach=
weisen zu können. Aehnlich lautet die Definition in dem Gesetz vom 10. Mai
1873 RGB. Nr. 108, welches polizeistrafrechtliche Bestimmungen wider Arbeits=
scheue und Landstreicher enthält; vergl. Mayrhofer II 647.

Auf Vagabunden bezieht sich auch das Gesetz vom 24. Mai 1885 RGB.
Nr. 89 betreffs Zwangsarbeits= und Besserungsanstalten.

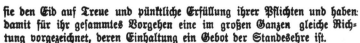

fie ben Eid auf Treue und pünktliche Erfüllung ihrer Pflichten und haben damit für ihr gesammtes Vorgehen eine im großen Ganzen gleiche Richtung vorgezeichnet, deren Einhaltung ein Gebot der Standesehre ist.

ad 2. Die Staatsbürger, die einen öffentlichen Beruf ausüben, ohne staatliche Beamte zu sein, stehen in mehr oder weniger strenger Unterordnung und unter der Aufsicht staatlicher Behörden. Es gehört hierher das Hilfspersonal der Justiz (Advocaten, Notare und deren Hilfsbeamte), das Personal des Heilberufes (Aerzte, Apotheker, Hebammen ꝛc.), das Personal des Seelsorgerberufes und auch eine Anzahl Gewerbetreibender, die ein concessionirtes Gewerbe betreiben.

Die Angehörigen dieser Berufe sind zu gewissenhafter Erfüllung ihrer durch spezielle Gesetze normirten Berufsobliegenheiten verpflichtet; und können bei Vernachlässigung oder Verletzung derselben des Rechtes zur Ausübung ihres Berufes verlustig erklärt werden.

ad 3. Diejenigen, die weder staatliche Aemter bekleiden noch öffentlichen Berufen sich widmen, haben nur die allgemeinen durch Civil= und Strafgesetze ihnen auferlegten Pflichten gegen die Gesammtheit und den Staat zu erfüllen. In Ausübung ihrer politischen Rechte sind sie freier und unabhängiger als die Beamten und in der Ausübung ihrer Privat-Berufe und Beschäftigungen sind sie keiner besonderen behördlichen Aufsicht unterworfen und tragen keine besondere Verantwortlichkeit.

IV. Buch.

Die Staatsgewalt.

Herrschergewalt.

§. 69. Die theoretisch übliche Analyse der Staatsgewalt und den Nachweis ver=
schiedener in ihr enthaltenen Staatsgewalten ist eine logische Operation, die
sich darauf stützt, daß jede, ursprünglich einheitliche Staatsgewalt, in der
natürlichen Entwickelung sich verschiedener Organe bedient und dem noth=
wendigen Gesetz der Theilung der Arbeit unterliegend, den einzelnen Or=
ganen gesonderte Functionen zutheilt. [95])

[95]) Ueber „Theilung der Staatsgewalt" und die einzelnen Staatsgewalten
vergl. mein Philosophisches Staatsrecht §. 17. Die Lehre von den drei Staats=
gewalten, und zwar von der beschließenden, administrativen und richterlichen kommt
schon bei Aristoteles vor (Politik B. VI. Susemihl's Ausgabe B. I S. 602, 3).
„εστι δη τρια μορια των πολιτειων πασων . . . . εν μεν τι το βουλευομενον
περι των κοινων, δευτερον το περι τας αρχας, τριτον δε τι το δικαζον." Die
erste dieser Gewalten, die berathende und beschließende, ist bei Aristoteles die eigent=
liche souveräne Gewalt. Von Aristoteles überging diese Lehre in eine Unzahl
späterer Schriftsteller, bis in die neueste Zeit, und nur Unkenntniß der Urquelle
hat Montesquieu als den Schöpfer dieser Theorie hinstellen können, wie das oft
geschehen ist. Vor Montesquieu begründete schon Jean Bodin (De la republique
1576) die Nothwendigkeit der Trennung des Richteramtes von der Herrschergewalt.
Montesquieu stellt bekanntlich die Trennung der drei Gewalten von einander als
Garantie der Freiheit hin und in diesem Montesquieu'schen Sinne sind in den
neueren Verfassungen diese drei Gewalten getrennt und scheinbar unabhängig von
einander organisirt worden. Als sodann diese Theorie von Philosophen (Kant,
Fichte) und Staatsrechtslehrern so dargestellt wurde, als ob der Staat aus drei
verschiedenen Gewalten bestünde: erhob sich gegen diese Theorie eine wohl
begründete Opposition (insbesondere seit Mohl), die sich aber keineswegs gegen
die theils praktische, theils in der Natur der Sache liegende dreitheilige Organi=
sation der einheitlichen Staatsgewalt richtet. Vergl. Schulze, Einleitung in
das deutsche Staatsrecht 1867 S. 181. „Zwar nicht in der Trennung oder Thei=
lung der Gewalten, wohl aber in ihrer Unterscheidung und organischen Gliederung
liegt das Fundament aller politischen und bürgerlichen Freiheit." „Jede Theilung
und Trennung der Staatsgewalten wäre eine Auflösung der Staatseinheit, eine
Vernichtung des einheitlichen Staatswillens." An einer anderen Stelle nennt
Schulze die Lehre von Theilung der Gewalten sogar eine „gefährliche Irrlehre"
(a. a. O. S. 195).

Gegen die Trennung der Gewalten hat in Deutschland zuerst Haller
(Restauration der Staatswissenschaften I 47) Front gemacht. Er schreibt: „Leise
Spuren von der Trennung der Gewalten kommen schon bei Locke: two treatises

Auf diese Weise entsteht durch Uebertragung der einzelnen Functionen und Attribute der souveränen Staatsgewalt die gesetzgebende, die richterliche und die Regierungsgewalt. Ueber allen diesen Gewalten aber erhebt sich die lebendige Herrschergewalt als die Quelle der so abgesonderten Gewalten, aus der dieselben ihre Lebenskraft schöpfen.

Diese souveräne, oberste Herrschergewalt, die aus sich alle anderen im §. 70. Staate wirksamen Gewalten hervorbringt, geht jedoch in letzteren keineswegs auf. Sie bleibt immer diejenige, welche alle anderen im Staate überragt und in Bewegung setzt, die Wirksamkeit derselben gesetzlich normirt, ohne sich selbst gesetzlichen Normen bedingungslos zu fügen. Während die ihr untergeordneten Gewalten streng umschriebene Wirkungskreise und Rechtssphären haben, ist dieß bei der Herrschergewalt nicht der Fall. Herrschergewalt steht über allem Recht und über jeder Verfassung und kann im Interesse des Staates im Nothfalle auch jede gegebene Verfassung aufheben und sistiren. Denn während alle untergeordneten Staatsgewalten ihre Macht von der Herrschergewalt empfangen: ruht diese auf ihrer eigenen Macht, welche zugleich ihr eigenes Recht ist.[96]

In Oesterreich-Ungarn übt die Herrschergewalt der Kaiser. Die Art und Weise, die Form der Uebung dieser Herrschergewalt läßt sich nicht

vor, jedoch ohne den ungereimten Zusatz ihrer wechselseitigen Unabhängigkeit, vielmehr soll die vollziehende der gesetzgebenden untergeordnet sein." Auch Schleiermacher (Begriff der Staatsformen III. 2. S. 257) hält die theoretische Unterscheidung der gesetzgebenden von der vollziehenden Gewalt für unhaltbar und willkürlich. Das Richtige hat wohl Guizot getroffen, wenn er sagt: „Les vrais garanties de la liberté ne peuvent resider que dans le concours de pouvoirs collateraux indépendants, dont aucun n'est absolu et qui se controlent et se limitent reciproquement" (Gouvernement représentatif I 295).

Leon Faucher (Etudes sur l'Angleterre) bestreitet die Existenz einer Theilung der Gewalten in England, vergl. darüber Batbie, droit administratif S. 34.

[96] Diese Auffassung der Herrschergewalt oder der Souveränetät wird von einem ganzen Heer von Staatsrechtslehrern, namentlich von den „juristischen", mit größter Heftigkeit bekämpft; von der Wirklichkeit aber auf jedem Schritt bestätigt. Nun ist aber Erkenntniß der Wirklichkeit die vornehmste Aufgabe der Staatsrechtswissenschaft und nicht der Aufbau juristischer Constructionen. Schließlich gelangen aber die juristischen Constructionen auch zu keinem anderen Resultat, nur daß sie dasselbe „scharf juristisch", wie sie es nennen, ausdrücken. Eine solche scharfe und strenge juristische Begriffsbestimmung der Herrschergewalt oder der Souveränetät giebt Hänel und sie lautet: „Competenz-Competenz", das ist nämlich die „rechtliche" Competenz, sich seine eigene Competenz zu bezeichnen, beziehungsweise auszudehnen. Sachlich ist damit nichts Neues gewonnen, nur der Gelehrten-Jargon ist um einen geschmacklosen terminus bereichert. Diejenigen Theoretiker übrigens, welche glauben, die Herrschergewalt im Rechtsstaate gesetzlich und rechtlich, strenge und scharf umgränzen zu können, sollten bedenken, daß dieß nicht einmal bei den Beamten des Staates möglich ist. Von dem Minister bis zum Wegeinräumer hat jeder Beamte unvermeidlich eine Sphäre discretionärer Gewalt, die sich gesetzlich nicht umschreiben läßt, eine Sphäre, innerhalb welcher er Gunst und Ungunst ungleich vertheilen kann, wo er, wenn man will, willkürlich vorgehen kann. Nicht darauf kommt es an, diese Sphäre zu eliminiren, was ein Ding der Unmöglichkeit ist, nur darauf, daß auch innerhalb derselben die staatliche Gewalt von Jedermann gerecht und im Interesse des Staates geübt werde.

beffer umfdreiben als mit dem befannten franzöfifchen Grundfaße: le roi
régne mais ne gouverne pas — d. h. der Monarch herrfcht aber verwaltet
nicht.

§. 71.   Das öfterreichifche St.G.G. vom 21./12. 1867 Nr. 145 (über die
Ausübung der Regierungs= und Vollzugsgewalt) enthält einige Artifel,
welche fich auf die Herrfchergewalt beziehen, deren Prärogative und Wir-
fungskreis darftellen.

Darnach ift der Kaifer geheiligt, unverleßlich und unverantwortlich
(Art. 1). Er ernennt [97]) und entläßt die Minifter und befeßt über Antrag
der betreffenden Minifter alle Aemter in allen Zweigen des Staatsbienftes,
infofern nicht das Gefeß ein anderes verordnet (Art. 3). [98]) Er verleiht
Titel, Orden und fonftige ftaatliche Auszeichnungen (Art. 4); führt den
Oberbefehl über die bewaffnete Macht, erflärt Krieg und Frieden (Art. 5);
fchließt Staatsverträge ab — doch ift zur Gültigfeit der Handelsverträge
und jener Staatsverträge, die das Reich oder Theile deffelben belaften oder
einzelne Bürger verpflichten, die Zuftimmung des Reichsrathes erforderlich
(Art. 6), endlich wird das Münzrecht im Namen des Kaifers ausgeübt
(Art. 7).

In diefen Artifeln des Staatsgrundgefeßes ift jedoch der ganze Wirfungs-
freis und die ganze Fülle der Attribute der Herrfchergewalt feineswegs erfchöpft. Theilweife werden die Beftimmungen obiger Artifel ergänzt durch
Beftimmung der anderen Staatsgrundgefeße und Gefeße. So z. B. gehören hierher die Artifel 1, 5 und 13 des StGG. über die richterliche
Gewalt; denn fie enthalten Beftimmungen, die fich auf die Herrfchergewalt
des Kaifers beziehen. Sie lauten: Alle Gerichtsbarfeit im Staate wird im
Namen des Kaifers ausgeübt; die Richter werden vom Kaifer oder in beffen
Namen definitiv und auf Lebensdauer ernannt; der Kaifer hat das Recht,
Amneftie zu ertheilen und die Strafen, welche von den Gerichten ausge-
fprochen werden, zu erlaffen oder zu mildern [99]), fowie die Rechtsfolgen von
Verurtheilungen nachzufehen; (zu Gunften eines fchuldig befundenen Minifters
jedoch macht §. 29 des Minifterverantwortlichfeitsgefeßes v. 25. Juli 1867
den Vorbehalt, daß der Kaifer das Recht der Begnadigung nur auf Grund
eines hierauf geftellten Antrages des Reichsrathes ausüben wird).

§. 72.   Mit all diefen gefeßlichen Beftimmungen ift der Inhalt der Herrfchergewalt noch immer nicht ganz erfchöpft: fo fteht z. B. dem Kaifer das Recht

---

[97]) Darunter ift nicht nur zu verftehen, daß der Kaifer die beftehenden
Minifterpoften durch Ernennung von Miniftern befeßt, fondern auch, daß er durch
Ernennung von Miniftern neue Minifterpoften creirt. So wurde z. B. im April
1871 Grocholsfi zum Minifter ohne Portefeuille ernannt und eine Zufchrift des
Minifteriums an das Präfidium des Abgeordnetenhaufes machte demfelben von
diefer Ernennung Mittheilung und zugleich von der Anordnung des Kaifers, „daß
der Gehalt für diefen Minifter bei dem Erforderniffe für das Minifterraths-
präfidium eingeftellt werde.“

[98]) Auch „die Ernennung der Statthalter und Landespräfidenten, dann der
Statthaltereiräthe und der Regierungsräthe ift dem Kaifer vorbehalten.“ §. 13.
des Gefeßes vom 19. Mai 1868 über die Einrichtung der politifchen Behörden.

[99]) §. 411 Strafproceß vom 23. Mai 1873.

zu, jeden Strafproceß in jedem Stadium desselben niederzuschlagen[100]), was in obigem Staatsgrundgesetz nicht erwähnt ist; der Kaiser hat ferner das Recht, einzelne Personen und Familien von ihrer gemeinrechtlichen Jurisdiction zu eximiren und dieselben einem besonderen Gerichte, wie dem Hof-Marschall-Amte, zuzuweisen; der Kaiser ertheilt die venia aetatis an Beamte, kann überhaupt die Nachsicht von gesetzlichen Qualificationen zur Ausübung eines Berufes ertheilen[101]) u. dergl.

Ueber die Mitglieder des kaiserlichen Hauses übt der Kaiser unbeschränkte Herrschergewalt; jede Eingehung einer Ehe seitens derselben hängt von der Einwilligung des Kaisers ab, wie überhaupt jeder wichtigere Schritt im öffentlichen und Privatleben der Genehmigung des Kaisers als Oberhauptes der kaiserlichen Familie und als Herrschers bedarf.

Als Ausfluß der Herrschergewalt und der Prärogative des Kaisers ist es auch anzusehen, daß die Regierung (das Ministerium) keine wichtigere Gesetzesvorlage den gesetzgebenden Körperschaften unterbreitet, ohne früher die Einwilligung des Monarchen einzuholen. Insbesondere ist das der Fall, wo es sich um Vorlagen handelt, welche die bestehende Verfassung modificiren. So ist z. B. die Vorlage der Wahlreform für den Reichsrath im Januar 1873, bevor sie vom Ministerium im Reichsrath eingebracht wurde, in einem Ministerrathe unter dem Vorsitz des Kaisers berathen worden und erlangte die Zustimmung des Kaisers.

Thronfolge.

§. 73. Diese höchste souveräne Staatsgewalt in Oesterreich-Ungarn ist nach der Pragmatischen Sanction in der habsburgisch-lothringischen Dynastie nach dem Rechte der Erstgeburt dergestalt erblich, „daß die männlichen Erben, so viel deren vorhanden, das weibliche Geschlecht beständig ausschließen sollen; daß die Succession aller Königreiche und Staaten, wo auch solche gelegen, dem Erstgeborenen männlichen Erben gänzlich unvertheilt und ungesondert nach Ordnung der Erstgeburt" zustehe. Erst in Ermangelung männlicher Erben gelangt diese souveräne Staatsgewalt auf die Erben weiblichen Geschlechtes und zwar nach der Ordnung der Lineal-Succession, die in der Pragmatischen Sanction beschrieben wird.[102]) Und ähnlich wie die Pragmatische Sanction alle künftigen Generationen des österreichischen Regentenhauses zur Einhaltung dieser Erbfolgeordnung verpflichtet: ebenso verpflichtet Artikel VI. des Februarpatentes alle „Nachfolger in der Regierung" die gegebene Verfassung „unverbrüchlich zu befolgen, zu halten und

---

[100]) §. 2 Strafproceßordnung vom 23. Mai 1873: Die öffentliche Anklage erlischt, sobald der Kaiser anordnet, daß wegen einer strafbaren Handlung ein strafgerichtliches Verfahren nicht eingeleitet oder das eingeleitete wieder eingestellt werden soll.

[101]) So ist z. B. der Fall vorgekommen, daß der Kaiser einer Frauensperson, welches ein ausländisches Doctorat der Medicin erlangt hatte, die Ausübung der medicinischen Praxis gestattete, trotzdem das österreichische Gesetz bisher Frauen weder zum Studium noch zur Ausübung der Arzneikunde zuläßt.

[102]) Siehe meine Einleitung in's (österreichische) Staatsrecht §. 32.

dieß bei ihrer Thronbesteigung in dem darüber zu erlassenden Manifeste an= zugeloben". Aehnlich also wie die Pragmatische Sanction enthält das Februarpatent eine Verpflichtung künftiger Generationen und künftiger Nach= folger: nur daß, während die Erbfolgeordnung nach der Pragmatischen Sanction als eine unabänderliche aufgefaßt werden muß, die aus dem Februar= patente sich ergebende Pflicht sich nur auf ·die Thatsache der repräsentativen Verfassung, der constitutionellen Regierungsform bezieht, welche selber jedoch in ihrer Ausgestaltung nicht unabänderlich ist. Denn im Wesen und im Begriff jeder Verfassung liegt zugleich die Nothwendigkeit der Entwickelung, also die Veränderlichkeit; die Verpflichtung kann sich also nur auf die Ver= fassung als solche, auf das constitutionelle System, nicht aber auf die Einzel= heiten der Bestimmungen, auf die Ausgestaltung ihrer Form beziehen. Und das geht schon daraus hervor, daß derselbe Kaiser, der diese Verpflichtung für sich und seine Nachfolger aussprach, wohl an der Verfassung als solcher festhielt, an der Ausgestaltung und Entwickelung derselben jedoch nach Maaß= gabe der Verhältnisse und Entwickelung des Staates selbst mitarbeitete und zu diesem Zwecke sogar zu einer zeitweiligen Siftirung der Verfassung (1865) gezwungen war. Gegenüber der Unabänderlichkeit der Erbfolgeordnung, wie sie in der Pragmatischen Sanction ein für allemal gegeben ist, haben wir es in der Verfassung mit einer entwicklungsfähigen Form zu thun, in welcher unabänderlich nur das im Octoberdiplom ausgesprochene constitutionelle Princip enthalten ist. Wenn nun auch jeder künftige „Nachfolger in der Regierung" gehalten ist, die „Verfassung zu befolgen und zu halten", so kann sich das nur auf die jeweilige Form derselben, zu der sie im Wege verfassungsmäßiger Entwickelung gedieh, beziehen.

Krönung.

§. 74.　Die Krönung ist eine symbolische Handlung, welche die Bestimmung hat, die Erinnerung an die Thatsache wach zu erhalten, daß eine historische Nation sich freiwillig dem Scepter Habsburgs unterwarf, daß sie aus freiem Entschlusse in der Vergangenheit den Herrscher Oesterreichs zu ihrem Könige wählte. Offenbar kann nur von einer Krönung in Ländern die Rede sein, deren Zugehörigkeit zu der Monarchie auf dieser Thatsache beruht — also nur in Ungarn und in Böhmen — keineswegs aber in Ländern, die, sei es im Erbgang auf Grund von Erbverträgen oder auf Grund historischer Ereignisse (wie z. B. Galizien), wobei eine freie Wahl der betreffenden Nation nicht vorlag, an die Monarchie gelangten.

Kein Wunder aber, daß da, wo die Krönung eine für die Nation wich= tige historische Thatsache in Erinnerung bringt, auf dieselbe auch großes Ge= wicht gelegt wird. So ist in Ungarn der Krönung von jeher eine große staatsrechtliche Bedeutung zugeschrieben und der Vorgang bei derselben, in allen Details gesetzlich geregelt, immer beobachtet worden, wie auch die Vornahme derselben von der Nation immer als Vorbedingung gesetzlicher Herrschaft des jeweiligen Königs noch heutzutage angesehen wird.[102]

---

[102] Vergl. Biroszil: Staatsrecht des Königreichs Ungarn. Pest 1865. I. B.

Was Böhmen anbelangt, so hat sich zwar der gegenwärtig regierende Kaiser noch nicht zum König von Böhmen krönen lassen, doch bildet die Forderung einer solchen wiederholt von der Regierung in Aussicht gestellten Krönung einen der Hauptpunkte des Programms der nationalen czechischen Partei in Böhmen und wird immer wieder erneuert. So z. B. hieß es in der Adresse des böhmischen Landtags, womit das kaiserliche Rescript von 1869 beantwortet ward: die böhmische Nation betrachte die vom Kaiser in Aussicht gestellte Krönung als Symbol der „staatsrechtlichen Selbständigkeit und der Souverainität des Staates Böhmen".

Stellvertretung und Regentschaft.

Aus dem Begriff und dem Wesen der Herrschergewalt folgt von selbst, **§. 75.** daß der Monarch im Falle einer Verhinderung der persönlichen Ausübung der Herrschergewalt nach Belieben einen Stellvertreter ernennen kann. Die österreichischen Gesetze kennen in dieser Beziehung keine Beschränkung des Monarchen, auch giebt es keinerlei Bestimmung darüber, in welchen Fällen eine Stellvertretung Platz zu greifen habe. In Ungarn war früher der Palatin der gesetzliche Stellvertreter des Königs.[103] Von der Stellvertretung unterscheidet man die Regentschaft, welche dann eintritt, wenn der berufene Monarch minderjährig[104] oder sonst unfähig ist, die Herrschaft auszuüben. In neuerer Zeit ist eine Stellvertretung auf kurze Dauer eingesetzt worden von Kaiser Ferdinand I. mit der Proclamation vom 10. Juni 1848. Damals ist Erzherzog Johann zum Stellvertreter ernannt worden. Eine Regentschaft ist in der neueren Geschichte Oesterreichs nicht vorgekommen, dagegen ist der Gemahl der Kaiserin Maria Theresia in Ungarn gesetzlich zum Mitregenten erklärt worden.[105]

Diese höchste, souveräne, alle Gewalten im Staate in sich vereinigende **§. 76.** Herrschergewalt konnte nur auf der primitivsten Stufe der Entwickelung des Staates persönlich vom Souverän geübt werden; mit dem Wachsthum des Staates, mit dem sich erweiternden Umfang des Wirkungskreises der Staatsgewalt und mit den sich häufenden Regierungsgeschäften stellte sich frühzeitig die Nothwendigkeit ein, einzelne Zweige derselben an besondere Organe zu übertragen. Da hiebei im Interesse des Dienstes die Besorgung gleichartiger Geschäfte an besondere Organe übertragen wurde, so bildeten sich mit der Zeit dreierlei Arten staatlicher Organe aus, die je mit den einzelnen Zweigen staatlicher Thätigkeit betraut und als Repräsentanten der so schein-

---

S. 315. §. 33. Schuler-Libloy: Ungarisches Staatsrecht. Wien 1870. S. 27. Die Krönung des Kaisers Franz Josef I. zum König von Ungarn wurde im Juni 1867 in Budapest vollzogen, wobei der König das Inauguraldiplom ausfertigte.

[103] Biroszil I 358.

[104] Die Großjährigkeit der österreichischen Erzhöge tritt nach den Hausgesetzen der Dynastie mit dem 16. (nach anderen mit dem 18.) Jahre ein. Vergl. Hormayr: Ueber Minderjährigkeit, Vormundschaft und Großjährigkeit im österreichischen Kaiserstaate und Kaiserhause. Wien 1808.

[105] Biroszil I 358.

bar getheilten Staatsgewalt angesehen wurden. In den modernen Verfassungen nun ist die Uebung dieser einzelnen Staatsgewalten an gewisse Formen geknüpft. Nach der österreichischen Staatsgrundgesetzgebung der sechziger Jahre bestehen diese Formen darin, daß der Kaiser

a) die gesetzgebende Gewalt unter Mitwirkung der Volksvertretungen nach den Bestimmungen der Staatsgrundgesetze,

b) die richterliche durch in der Rechtsssprechung unabhängige Gerichte, endlich

c) die Regierungsgewalt durch, der Volksvertretung verantwortliche, Minister übt.

Die gesetzlich festgestellte Art und Weise, in denen der Kaiser nach diesen drei Richtungen die Staatsgewalt übt, soll unten in den Abtheilungen: Gesetzgebende Gewalt, Richterliche Gewalt und Regierungsgewalt dargestellt werden.

§. 77. Daß trotz dieser „Theilung" und Aufstellung besonderer Behörden zur Uebung der einzelnen Functionen die Staatsgewalt selbst eine einheitliche ist und bleibt, dafür kann als Beweis dienen, daß es bisher der Theorie nicht gelungen ist, diese einzelnen „Staatsgewalten" von einander abzugränzen und daß trotz aller Bemühungen in dieser Richtung diese „Gränzen" immer schwankend bleiben. Die Theorie wird es nie zu Stande bringen, genau die Gränze anzugeben, wo die gesetzgebende Gewalt beginnt und die Verwaltung aufhört, wo die Verwaltung endigt und die Richtergewalt anfängt, endlich, wo die gesetzgebende Gewalt der richterlichen zu weichen hat.[106] Diese Gränzen fließen überall ineinander; man wird über ihre Festsetzung in der Theorie immer streiten, in der Praxis aber wird dieselbe immer von der „Staatsgewalt" gezogen werden.

Richterliche Behörden besorgen auch in Oesterreich pure Verwaltungsgeschäfte (s. unten), Verwaltungsbehörden üben auf gewissen Gebieten richterliche und strafrichterliche Gewalt; es giebt Theoretiker und Parteien, welche dem österreichischen Reichsrath das Recht der Wahlverification bestreiten, weil es ein „Rechtssprechen" ist, das nur von Gerichtshöfen zu üben wäre, endlich ist es eine tägliche Erscheinung, daß bezüglich einzelner Verwaltungsangelegenheiten darüber gestritten wird, ob die Regelung derselben im Wege der Gesetzgebung oder Regierungsverordnung zu erfolgen habe und so manche Angelegenheit, die in der einen Reichshälfte der Competenz der Gesetzgebung zugewiesen wird, wird in der anderen Reichshälfte

---

[106] Ueber die erfolglosen Bemühungen der Juristen, die Gränze zwischen Justiz und Verwaltung festzustellen, vergl. Prazak, Die principielle Abgränzung der Competenz der Gerichte und Verwaltungsbehörden. Freiburg 1889. Andererseits wieder beschuldigt Jellinek das österreichische Parlament, daß es, indem es Wahlprüfungen vornimmt, eine „richterliche Function" ausübt und die Gränzen der Gesetzgebung überschreitet. Vergl. dessen Verfassungsgerichtshof für Oesterreich. Wien 1885. Diese schwankenden Gränzen zwischen den einzelnen Staatsgewalten wird aber die Juristerei nie festsetzen, sondern immer nur das lebende Staatsinteresse. Die Festsetzung dieser Gränzen kann nicht von juristischen Begriffsconstructionen abhängig gemacht werden, sondern hängt ab von dem politischen Interesse des Staates.

im Verordnungswege geregelt. So wurde in Oesterreich die Angelegenheit der Abschaffung der Collegiengelder vor den Reichsrath gebracht, während in Ungarn diese Angelegenheit im Wege einer Ministerialverordnung geregelt wurde.

Diese Gränzen werden sich nie genau feststellen lassen, weil die Staatsgewalt ihrer Natur nach eine einheitliche ist und diese Gränzen nur künstlich gezogen werden. Dem Staat als solchem, wenn wir uns denselben als Interesseneinheit denken, ist es übrigens gleichgültig, wer eine an der Gränzlinie zweier „Gewalten" gelegene Angelegenheit besorgt, wenn sie nur zweckmäßig besorgt wird. Weitere nothwendige Consequenzen der Unbestimmtheit der Gränzen zwischen Gesetzgebung und Verwaltung sind: die Unmöglichkeit, eine scharfe Gränze zwischen Gesetz und Verordnung zu ziehen, wovon oben die Rede war §§ 13.—14 und ferner die Unmöglichkeit, irgend eine Gewalt im Staate, und sei es auch die richterliche, von der eigentlichen Staatsgewalt, als welche sich die im Namen und Auftrag der Herrschergewalt geübte Vollzugsgewalt darstellt, vollständig unabhängig zu machen. Denn wahrhaft unabhängig im Staate kann nur die souveräne Staatsgewalt sein, jede andere im Staate, und auch die richterliche, kann es nur insofern bleiben, inwiefern sie nichts unternimmt, was der souveränen Staatsgewalt in ihrer Macht und Autorität irgendwie zu nahe treten könnte. [107]

---

[107] Anbeter des constitutionellen Dogmas von der unbedingten Unabhängigkeit der Richter erhoben laute Anklagen, als das Justizministerium den jüngeren richterlichen Functionären in Wien einschärfen ließ, in den öffentlichen Gerichtsverhandlungen sich spöttischer Bemerkungen und etwas frivoler Kritik des Vorgehens der Sicherheitsorgane zu enthalten. Als ob vor dem jungen, unerfahrenen Menschen, den der Staat als richterlichen Functionär in Bagatellsachen anstellt, die Staatsgewalt halt machen müßte, wenn sein Vorgehen gegen das Interesse des öffentlichen Dienstes verstößt. Seit wann sind denn Richter immun der Staatsgewalt gegenüber? Kann der Richter Anspruch erheben, sich gegen das Interesse des Staates ungestraft zu vergehen? Er möge unabhängig seines Amtes walten, aber das öffentliche Interesse, das Interesse des Staates, muß er respectiren wie jeder andere Staatsbürger; unterläßt er das, so ist es allerdings Pflicht der staatlichen Vollzugsgewalt, ihn an seine Pflicht zu erinnern, eventuell zum Schutze des staatlichen Interesses Maßregeln zu ergreifen.

V. Buch.

Die gesetzgebende Gewalt.

Uebung der gesetzgebenden Gewalt.

§. 78. Seit dem Diplom vom 20. October 1860 steht es in Oesterreich fest, daß „das Recht Gesetze zu geben, abzuändern und aufzuheben" vom Kaiser „nur unter Mitwirkung der gesetzlich versammelten Landtage, beziehungs= weise des Reichsraths" ausgeübt wird. Die Art und Weise jedoch dieser Mitwirkung konnte offenbar nicht ein für allemal unabänderlich festgesetzt werden. Die Sache ist klar; die „Mitwirkung" der Volksvertretungen ist ein Princip; ein Princip kann ein für allemal angenommen, kann unab= änderlich festgehalten werden. Die Durchführung desselben, die Form, in welche dasselbe sich kleidet, unterliegt naturnothwendig einem Entwickelungs= processe, in welchem sich die Entwickelung des Staates spiegelt. Allerdings die Richtung dieser Durchführung war bereits in den obigen Worten des Octoberdiploms angedeutet, d. i. die Mitwirkung von Landtagen und eines Reichsrathes — denn diese Form der Durchführung des con= stitutionellen Princips ist ja für Oesterreich durch die historische Entwickelung und die Bestandtheile seines Gebietes von selbst gegeben. Daß es in Oester= reich, ganz abgesehen von Ungarn, wenn es einmal ein constitutioneller Staat sein soll, nur eine Doppelvertretung von Ländern und Reich geben kann, das war seit dem Jahre 1849 allgemein anerkannt und sowohl der Kremsierer Entwurf wie die Märzverfassung waren auf einer solchen Doppel= vertretung aufgebaut und diese Doppelvertretung blieb auch unangetastet im Februarpatent wie in der 1867er Verfassungsgesetzgebung.

§. 79. Zwei andere Fragen jedoch sind es, von denen die eine sich auf die Vertretung im allgemeinen, die andere auf die Centralvertretung insbe= sondere bezieht, die bis heutzutage im Strom der Entwicklung stehen und wohl nicht so bald zu einem endgültigen Abschluß gelangen werden, das ist 1. die Art und Weise, wie überhaupt die Volksvertretung gebildet werden solle und 2. das Verhältniß der Centralvertretung zu den Landesvertretungen. Und daß gerade diese zwei Fragen nicht so leicht und nicht so bald zu einem wenn auch nur vorläufigen Abschluß kommen konnten, rührt daher, weil in der ersten von ihnen die Machtverhältnisse der socialen Bestandtheile der einzelnen Länder und in der anderen diejenigen der einzelnen Länder als Einheiten zu einander zum Ausdruck gelangen — diese Machtverhältnisse aber in einem lebenskräftigen, daher in rascher Entwicklung begriffenen

Staate in fortwährender Entwickelung begriffen sind, da die einzelnen Factoren in fortwährendem socialem Kampf um Herrschaft sich befinden und jeder derselben immer ein Mehr davon zu erringen strebt. Unter solchen Umständen ist es Aufgabe des Verfassungsgesetzes, eine Rechtsordnung zu schaffen, die ein temporäres Gleichgewicht der miteinander ringenden socialen Kräfte herstellt, ohne den in gesetzlichen Formen fortzuführenden socialen Kampf unmöglich zu machen und somit künftigen Correcturen der Verfassung zu präjudiciren. Denn die Veränderlichkeit und Entwickelung jeder Verfassung ist eine natürliche Lebenserscheinung jedes Staates, der von lebensfähigen Volkskräften getragen ist.

Von den obigen zwei Fragen fällt in Oesterreich die erste, d. i. die **§. 80.** nach der Art und Weise der Bildung einer Volksvertretung überhaupt, mit der Freiheits-, die zweite nach der Art und Weise der Bildung der Centralvertretung mit der Nationalitätenfrage zusammen.

Es ist nun characteristisch für die staatsrechtlichen Verhältnisse und die nationale Zusammensetzung der österreichisch-ungarischen Monarchie und auch eine nothwendige Consequenz der letzteren, daß von diesen zwei Fragen die letztere, d. i. die Nationalitätenfrage, immer zuerst den Gegenstand des politischen Kampfes bildet. So beziehen sich denn die ersten Aenderungen der verliehenen Verfassung auf die Fragen der Selbständigkeit und Unabhängigkeit der ungarischen Nationalität und bringen eine grundsätzliche und tiefgehende Aenderung der mit dem Patente vom 26. Februar 1861 erst geplanten aber noch nicht geschaffenen Centralvertretung.[108]) Dieselbe sollte nach dem Februarpatent 1861 aus 343 Mitgliedern bestehen, welche aus allen österreichisch-ungarischen Ländern beziehungsweise deren Landtagen in den Reichsrath zu entsenden wären. Als dieser Plan an der Opposition der Ungarn, die ihre Selbständigkeit und Unabhängigkeit vertheidigten, scheiterte und der Ausgleich mit Ungarn den Dualismus zur Folge hatte, entfielen der aus 343 Mitgliedern bestehen sollenden Centralvertretung 140 aus den ungarischen Ländern im Februarpatent festgesetzten Abgeordneten und blieben für den österreichischen Reichsrath 203 Mitglieder, welche Zahl das Gesetz vom 21. December 1867, wodurch das Grundgesetz über die Reichsvertretung vom 26. Februar 1861 abgeändert wurde, beibehält. Diese Aenderung des Februarpatentes war also nur eine Anpassung desselben an den Ausgleich mit Ungarn, eine Ratification der vollzogenen Wiederherstellung Ungarns und seiner Nebenländer als eines selbständigen Staates.

Die weiteren Aenderungen der Februarverfassung, welche das Gesetz **§. 81.** vom 21. December 1867 Nr. 141 RGB. vornahm, beziehen sich auf die Freiheitsfrage; sie enthalten Zugeständnisse an die Volksvertretung, indem

---

[108]) Behufs Durchführung des Octoberdiploms wurden gleichzeitig mit demselben vier Landesstatute (für Steiermark, Kärnten, Salzburg und Tirol) erlassen; dieselben wurden aber mit dem Patent vom 26. Februar 1861, womit neue Landesordnungen und Landtagswahlordnungen für alle Königreiche und Länder erlassen wurden, aufgehoben.

die Rechte derselben erweitert wurden; dem Abgeordnetenhause des Reichs=
raths wird die Wahl seines Präsidenten und Vicepräsidenten anheimgegeben,
während das Februarpatent nur die Ernennung derselben durch den Kaiser
bestimmte; für die Nothverordnungen (§. 13 des Februargesetzes!) wird,
was früher nicht der Fall war, die „Verantwortung des Gesammtministeriums"
und die Nothwendigkeit der nachherigen Genehmigung derselben durch den
Reichsrath bestimmt. Der Wirkungskreis des Reichsraths wird bedeutend
erweitert und die Immunität der Abgeordneten garantirt.

Bei dieser liberaleren Ausgestaltung des Grundgesetzes über die Reichs=
vertretung blieb man nicht stehen. Mit dem Gesetze vom 2. April 1873
erfuhr die Reichsvertretung eine weitere Entwickelung einerseits durch Ver=
mehrung der Zahl ihrer Mitglieder, andererseits durch ihre Lostrennung
von den Landtagen, d. h. durch die Einführung unmittelbarer Wahlen
der Reichsrathsabgeordneten durch die Bevölkerung der einzelnen Länder,
statt wie bisher durch die Landtage derselben.[109]

Eine weitere Entwickelung brachte die Wahlgesetznovelle vom 4. October
1882, welche einerseits in czechisch=nationalem Interesse die Wahlcurie des
böhmischen Großgrundbesitzes reformirte[110], andererseits in liberaler Ent=
wickelung den Kreis der Wähler in Städten und Landgemeinden durch Her=
absetzung des Census bis zur directen Steuerleistung von 5 fl. vergrößerte.[111]

Der Reichsrath.

§. 82.
Der Theresianische Staatsrath überlebte das Revolutionsjahr 1848
nicht. Er war mit der Zeit allerdings unbrauchbar geworden; seine ur=
sprüngliche Organisation war in Verfall gerathen.[112]

Doch schon der constituirende Reichstag fühlte das Bedürfniß einer
obersten, die Minister berathenden, begutachtenden Körperschaft. Wahr=
scheinlich um jeden Schein einer Wiederkehr jenes „Staatsraths" zu ver=
meiden, verfiel man auf den Namen Reichsrath. So taucht denn im §. 72
des Kremsierer Verfassungsentwurfes dieser Name zuerst auf. „Die
Bildung eines dem Ministerium berathend zur Seite stehenden Reichs=
rathes und die Normirung seiner Wirksamkeit wird einem besonderen Reichs=
gesetze vorbehalten", heißt es daselbst. Die octroyirte Märzverfassung 1849
behielt diese Institution. Der XI. Abschnitt handelt in drei Paragraphen

---

[109] Ueber diese Wahlreform vergl. Max Menger: Die Wahlreform in Oester=
reich. Wien 1873. Hugelmann: Studien zum österr. Verfassungsrechte. Wien 1886.

[110] Während nach dem Gesetze vom 2. April 1873 der ganze böhmische Groß=
grundbesitz einen Wahlkörper bildete, bildet er gegenwärtig auf Grund des Ge=
setzes vom 4. October 1882 sechs Wahlkörper.

[111] §. 9 der Reichsrathswahlordnung nach der Modification v. 4. Oct. 1882.

[112] Vergl. Genesis der Revolution S. 32. Seine Auflösung erfolgte mittelst
kaiserlichen Handschreibens vom 4. April 1848, welches ihn für überflüssig und
mit der constitutionellen Regierungsform unvereinbar erklärt. Hock=Bidermann,
Der österreichische Staatsrath S. 691. Daselbst S. 694 heißt es: „Die Staats=
raths=Institution artete unter Kaiser Franz I. . . . in eine staatspolizeiliche Vor=
kehrung aus, deren Bestimmung die Ueberwachung der Beamtenschaft in ihren
dienstlichen Beziehungen war."

von dem Reichsrath, der, „an die Seite der Krone und der vollziehenden Reichsgewalt . . . eingesetzt" wird, und einen „berathenden Einfluß auf alle jene Angelegenheiten" üben soll, über welche er „um sein Gutachten ange= gangen wird". Die Mitglieder desselben sollten vom Kaiser ernannt werden, wobei „auf die verschiedenen Theile des Reiches Rücksicht" genommen werden sollte. „Einrichtung und Wirkungskreis" desselben sollte ein besonderes Gesetz regeln. Letzteres wurde mit kaiserlichem Patent vom 13. April 1851 erlassen. Darnach bestand der Reichsrath aus einem Präsidenten, aus Reichsräthen und zeitlichen Theilnehmern. Der Reichsrath sollte in allen Fragen der Gesetzgebung gehört werden. Eine Initiative in Gesetzgebungs= sachen kam ihm nicht zu; wohl aber durfte er gelegentlich seiner Gutachten sich auch über allfällige Mängel der Gesetzgebung äußern.

Mit Allerhöchstem Cabinetsschreiben vom 20. August 1851 wurde die Stellung dieses Reichsrathes insofern geändert, als er von nun an aus= schließlich als ein „Rath der Krone" erklärt wurde und das Ministerium nicht mehr befugt war, sich unmittelbar an denselben um Erstattung von Gutachten zu wenden. In dieser Stellung, als eine dem Ministerium nebengeordnete, der Krone unmittelbar berathend zur Seite stehende Körperschaft, functionirte der Reichsrath bis zum Jahre 1860. Als die politischen Ereignisse des Jahres 1859 und das wachsende Mißtrauen des europäischen Capitals gegen Oesterreich ein Einlenken in constitutionelle Bahnen nothwendig erscheinen ließen, ordnete das kaiserliche Patent vom 5. März 1860 N. 56 RGB. die Verstärkung des Reichsraths durch außer= ordentliche Reichsräthe an. Und zwar verfügte die kaiserliche Verordnung von demselben Datum N. 57 RGB., daß bis zur Einberufung der aus den zu schaffenden Landesvertretungen zu ernennenden außerordentlichen Reichs= räthe, die vorläufige Berufung anderer befähigter Männer aus den ein= zelnen Kronländern zu den Berathungen des verstärkten Reichsrathes er= folgen solle und daß dieser „verstärkte Reichsrath" zur Prüfung des Staatsvoranschlages für das Verwaltungsjahr 1861 im Monate Mai 1860 zusammen zu treten habe.

Principiell also war schon dieser verstärkte Reichsrath als eine theil= weise aus Wahlen hervorgehende Versammlung gedacht und zwar sollten 38 Mitglieder desselben von den Landesvertretungen der einzelnen König= reiche und Länder gewählt werden. Da jedoch letztere im Jahre 1860 noch nicht activirt waren, so erfolgte die Ernennung der außerordentlichen Reichsräthe (Wiener Zeitung vom 1. Mai 1860) und der so gebildete ver= stärkte Reichsrath trat am 31. Mai 1860 zu seiner ersten Sitzung unter dem Präsidium des Erzherzogs Rainer in Wien zusammen.[118])

Am 1. Juni eröffnete der Kaiser denselben feierlich mit einer Thron= rede, worin der Wirkungskreis des Reichsrathes mit folgenden Worten be= stimmt wurde: „Wichtige Fragen der allgemeinen Gesetzgebung und die Regelung des Staatshaushaltes werden Ihrer Begutachtung vorgelegt."

---

[118]) Vergl.: Verhandlungen des österreichischen verstärkten Reichsraths. 1860. Wien. Manz.

Doch schon am 15. Juli erfloß ein kaiserliches Handschreiben, womit der Wirkungskreis des Reichsrathes erweitert wurde. „Ich habe beschlossen, künftig die Einführung neuer Steuern und Auflagen, dann die Erhöhung der bestehenden Steuer= und Gebührensätze bei den directen Steuern, bei den Verzehrungssteuern und bei den Gebühren von Rechtsgeschäften, Ur= kunden, Schriften und Amtshandlungen, endlich die Aufnahme neuer Anlehen nur mit Zustimmung meines verstärkten Reichsrathes anzuordnen."

Trotz dieses dem verstärkten Reichsrath eingeräumten Wirkungskreises und trotzdem ihre Mitglieder vollkommener Redefreiheit theilhaftig waren, konnte sich diese Institution nicht erhalten. Halb Staatsrath, halb Volks= vertretung war der verstärkte Reichsrath nur der Bahnbrecher einer neuen constitutionellen Aera. In seinen von der Majorität der Mitglieder ange= nommenen Schlußanträgen betonte er, daß „die Kräftigung und gedeihliche Entwickelung der Monarchie die Anerkennung der historisch=politischen Individualität der einzelnen Länder erheischt." Auf die Nothwendigkeit repräsentativer, constitutioneller Einrichtungen wiesen die hervorragendsten Mitglieder des Reichsrathes in Reden hin, welche in der öffentlichen Meinung aller österreichischen Länder ein stürmisches Echo fanden. Damit war die entscheidende Wandlung der österreichischen Verfassung vorbereitet. Am 29. September 1860 verabschiedete der Kaiser den verstärkten Reichsrath mit den Worten: „Ich werde Ihre Gutachten ungesäumt in Erwägung ziehen und meine Entschließung in kürzester Frist erlassen." Drei Wochen später, am 20. October 1860, veröffentlichte die Wiener Zeitung das kaiser= liche Diplom, womit die österreichische Volksvertretung in's Leben gerufen wurde.

In Durchführung der im Octoberdiplom verkündeten Grundsätze er= floß das Patent vom 26. Februar 1861. Mit demselben wurde zur Reichs= vertretung ein aus Herrenhaus und Abgeordnetenhaus bestehender Reichs= rath berufen. Das Herrenhaus sollte theils aus erblichen, theils aus ernannten, das Abgeordnetenhaus aus lauter gewählten Mitgliedern bestehen. Und zwar sollten die letzteren aus den einzelnen Landtagen gewählt werden. Die Zusammensetzung und die Art und Weise der Bildung der Landtage wurde gleichzeitig mittelst der Landesordnungen und Landtagswahlordnungen bestimmt.[114]

---

[114] Nachdem durch das Februarpatent der Reichsrath als ein echtes Parla= ment constituirt wurde, so trat die Nothwendigkeit ein, die Stelle des früheren Reichsraths, der nach dem Allerhöchsten Cabinetschreiben vom 20. August 1851 ein „Rath der Krone" war und den einstigen Staatsrath ersetzen sollte, auszu= füllen. Es konnte das nur wieder durch einen „Staatsrath", der in den April= tagen 1848 zur constitutionellen Regierungsform geopfert wurde, geschehen. Und so wurde denn gleichzeitig mit dem Februarpatent ein Statut für einen neu ein= zusetzenden Staatsrath kundgemacht. Derselbe sollte die Bestimmung haben, „den Kaiser und sein Ministerium mit der Einsicht, den Kenntnissen und der Erfahrung seiner Mitglieder zur Erzielung fester, gereifter und übereinstimmender Grundsätze berathend zu unterstützen" (§. 5). Insbesondere sollten demselben „Gesetzentwürfe, welche zur Vorlage an die Vertretungen des Reiches oder einzelner Länder be= stimmt sind .... desgleichen wichtige normative Verordnungen in Verwaltungs= angelegenheiten" zur Berathung zugewiesen werden. Auch wurde derselbe als

Seine gegenwärtige Organisation erlangte endlich der österreichische §. 83.
Reichsrath durch die bereits erwähnten Staatsgrundgesetze vom Jahre 1867
in Oesterreich und die auf dieselben sich beziehenden Wahlreform-Gesetze
seit dem 2. April des Jahres 1873. Gegenwärtig bestehen nun in Oesterreich-Ungarn folgende Volksvertretungen zur Uebung der gesetzgebenden
Gewalt. Jeder der beiden Staaten besitzt ein Central-Parlament: Oesterreich den Reichsrath, Ungarn den Reichstag. Daneben hat in Oesterreich
jedes der 17 Länder seinen besonderen Landtag, während in Ungarn nur
das Königreich Croatien-Slavonien(-Dalmatien) einen besonderen Landtag
(in Agram) besitzt.

Sowohl der Reichsrath in Oesterreich wie der ungarische Reichstag
bestehen aus zwei Kammern[115]): und zwar der Reichsrath aus dem Abgeordnetenhaus und dem Herrenhaus, der ungarische Reichstag aus dem
Hause der Gemeinen und der Magnatentafel. Von diesen Kammern bestehen sowohl in Oesterreich wie in Ungarn die Abgeordnetenkammern aus
gewählten Abgeordneten, während die beiden Oberhäuser, sowohl das Herrenhaus wie die Magnatentafel, keine Wahlkammern sind, sondern auf Ernennungen oder gesetzlichen Titeln beruhen.

Die Landtage dagegen sowohl in Oesterreich wie der in Croatien-
Slavonien bestehen nur aus einer Kammer, die (bis auf einige Virilstimmen)
aus Wahlen hervorgehen. Wir wollen nun die Zusammensetzung dieser
Vertretungen speciell ins Auge fassen.

Das österreichische Herrenhaus.

Das österreichische Herrenhaus besteht aus dreierlei Kategorien
von Mitgliedern und zwar aus solchen, denen die Mitgliedschaft durch ihre
Geburt, solchen, denen sie vermöge ihres Amtes zukommt, endlich drittens
solchen, denen der Kaiser die lebenslängliche Mitgliedschaft des Herrenhauses
verleiht. Und zwar gehören durch ihre Geburt dem Herrenhause an die
großjährigen Prinzen des kaiserlichen Hauses und die großjährigen Häupter
jener inländischen Adelsgeschlechter, welche in den durch den Reichsrath vertretenen Königreichen und Ländern durch ausgedehnten Grundbesitz hervor-
ragen und welchen der Kaiser die erbliche Reichsrathswürde verliehen hat
oder verleiht.

Conflictsgerichtshof in Aussicht genommen. Und noch einmal fiel dieser Staatsrath dem constitutionellen Regime zum Opfer (12. Juni 1868), oder vielmehr der
nicht ganz richtigen constitutionellen Staatsrechtstheorie, daß ein verantwortliches
Ministerium sich mit einem Staatsrath, der ein „Rath der Krone" sein solle, nicht
vertrage. Der wahre Charakter und die eigentliche Aufgabe eines Staatsrathes,
ein Gesetze vorbereitender und ausarbeitender Körper zu sein, wurde auch
1868 verkannt. Erst neuerdings aber (April 1890) klagte mit Recht der Finanzminister Dunajewski im Reichsrathe, daß der Mangel eines solchen Staatsrathes
dem Ministerium sich sehr fühlbar mache.

[115]) Das Zweikammersystem ist derzeit in den meisten, namentlich in den
größeren Staaten Europa's, herrschend. Nur eine Anzahl kleinerer deutscher
Staaten (sogenannte Duodez-Staaten) und Griechenland besitzen nur eine Kammer.
Verzeichniß dieser Staaten bei Gareis-Marquardsen, Allgemeines Staatsrecht,
B. I S. 66.

Kraft ihres Amtes sind Mitglieder des Herrenhauses alle österreichi=
schen Erzbischöfe und jene Bischöfe, welchen fürstlicher Rang zukommt.
Drittens endlich steht dem Kaiser verfassungsmäßig das Recht zu, aus=
gezeichnete Männer aus den im Reichsrathe vertretenen Königreichen und
Ländern, welche sich um Staat und Kirche, Wissenschaft und Kunst verdient
gemacht haben, auf Lebensdauer in das Herrenhaus zu berufen. (Gesetz
vom 21. Dec. 1867, Nr. 141 RG. 2.)

Die Zahl der Mitglieder des österreichischen Herrenhauses ist durch
das Gesetz nicht beschränkt; der Kaiser kann daher jederzeit Ernennungen
vornehmen. In der Regel werden solche Ernennungen vorgenommen, um
Männern, die sich um Staat, Kirche, Wissenschaft oder Kunst ausgezeichnet
haben, eine Anerkennung ihrer Verdienste zu Theil werden zu lassen und
zugleich diese hohe gesetzgebende Körperschaft durch hervorragende Capaci=
täten zu verstärken. Ausnahmsweise jedoch werden auch Ernennungen in
größerer Zahl von der Regierung in politischem Interesse veranlaßt (Pairs=
schübe genannt), um die Partei der Regierung im Herrenhause zu stärken.[116]

Das österreichische Abgeordnetenhaus.

85.   Das österreichische Abgeordnetenhaus besteht aus 353 Mitgliedern.
Dieselben werden von den Wählern der einzelnen Königreiche und Länder
in den Reichsrath gewählt. Die Repartition der zu wählenden Abgeord=
neten auf die einzelnen Länder beruht nicht bloß auf dem Verhältniß zu
deren Einwohnerzahl, sondern berücksichtigt auch andere Momente, wie z. B.
die Steuerleistung. Es entsenden in das Abgeordnetenhaus:

Länder	Einwohner	Abgeordnete
Böhmen	5,560,819	92
Galizien	5,958,907	63
Oesterreich unter der Enns . .	2,330,621	37

[116] Die erste Ernennung der Mitglieder des Herrenhauses erfolgte am 22. April
1861, und zwar ernannte damals der Kaiser 56 erbliche und 39 lebenslängliche
Pairs. Als im Mai 1867 der Ausgleich mit Ungarn in Vorbereitung war,
erfolgte zur Verstärkung der Regierungspartei die Ernennung von 4 erblichen und
20 lebenslänglichen Pairs, und kurz darauf am 25. November 1867 wieder von
3 erblichen und 18 lebenslänglichen. Unter dem Bürgerministerium wurden dann
wieder zur Verstärkung der „verfassungstreuen" Partei am 22. Jänner 1869
20 verfassungstreue Pairs ernannt. Am 18. Jänner 1881 wurden wieder 12 lebens=
längliche Pairs ernannt, um die „föderalistische", d. h. die der Ausgleichsaction
des Ministeriums Taaffe geneigte Minorität im Herrenhause zu verstärken, welchem
Zwecke auch die folgenden Ernennungen am 19. Sept. 1885 und 20 Jänner 1887
von zusammen 29 Pairs dienten. Diese Thatsachen illustriren am besten das
Verhältniß der Staatsgewalt und Regierung zur gesetzgebenden Gewalt. Denn
man darf nicht glauben, daß die Regierung nur auf die Bildung und Beschaffen=
heit des Herrenhauses Einfluß übt: dieser Einfluß tritt beim Abgeordnetenhause,
welches von den Wählern gewählt wird, nicht so offen zu Tage. Keine Regierung
jedoch steht solchen Wahlen, bei denen es sich um die höchsten Interessen des
Staates handelt, gleichgültig gegenüber; keine begiebt sich freiwillig desjenigen
Einflusses, den sie auch auf die Wahlen zum Parlament innerhalb des Gesetzes
üben kann.

Länder	Einwohner	Abgeordnete
Mähren	2,153,407	36
Steiermark	1,213,597	23
Tirol	805,326	18
Oesterreich ob der Enns . . .	759,620	17
Schlesien	565,475	10
Krain	481,243	10
Dalmatien	676,101	9
Kärnten	348,730	9
Bukowina	371,671	9
Salzburg	163,570	5
Görz Grabisca	210,241	4
Istrien	295,854	4
Triest	144,437	4
Vorarlberg	107,364	3

In den einzelnen Ländern wird die betreffende Zahl der Abgeordneten curienweise b. i. von den in Classen eingetheilten Wählern gewählt (f. unten). Die Repartition der aus jedem Lande zu wählenden Abgeordneten auf die einzelnen Wählerclassen (des Großgrundbesitzes, der Städte, Märkte und Industrialorte, der Handels= und Gewerbekammer und den Landgemeinden) geschieht wieder nicht im Verhältniß zur Wählerzahl dieser Classen, sondern vorwiegend auf Grundlage ihrer Steuerleistung. Daraus ergiebt sich das aus der auf S. 110 und 111 befindlichen Tabelle ersichtliche umgekehrt= proportionale Verhältniß der aus den einzelnen Wählerclassen entsendeten Abgeordneten zu der Zahl der diese Classen bildenden Wähler.

§. 86. Aus den obigen Zusammenstellungen erhellt das Vertretungsverhältniß des Abgeordnetenhauses bezüglich der verschiedenen Länder sowie auch be= züglich der verschiedenen Volksclassen. Wir wollen nur noch dieses Ver= tretungsverhältniß bezüglich der verschiedenen Nationalitäten ins Auge fassen. Die verschiedenen nationalen Bestandtheile der Monarchie wurden in den Wahlordnungen nirgends ausdrücklich berücksichtigt. Die Wahl= bezirke innerhalb der einzelnen Wählerclassen sind im Verhältniß zur Zahl der Wähler ohne Rücksicht auf Nationalität abgegränzt. Da jedoch die ein= zelnen Wählerclassen je nach ihrer wirthschaftlichen und politischen Macht verhältnißmäßig größere oder geringere Vertretungen wählen, in den ver= schiedenen Wählerclassen jedoch die nationalen Elemente ungleich vertreten sind: so ergiebt sich daraus, daß diejenigen nationalen Elemente, welche in den wirthschaftlich mächtigeren Wählerclassen zahlreicher vertreten sind, auch in der Volksvertretung die Majorität haben, wenn sie auch in der Bevölke= rung die Minderzahl ausmachen.

Gesetzt also, es wäre in Böhmen die Großgrundbesitzercurie durchwegs deutsch, die Landgemeinden durchwegs czechisch, so würde dadurch, da der Großgrundbesitz verhältnißmäßig eine stärkere Vertretung hat als die Land= gemeinden, eo ipso die deutsche Nationalität stärker vertreten sein als die czechische — und umgekehrt, wären in einem Lande die Landgemeinden

Es wählen[117]) in:

	Oesterreich unter d. Enns	Oesterreich ob der Enns	Salzburg	Steiermark	Kärnten	Krain	Triest	Görz und Gradisca
Großgrundbe-sitzwähler	190 / 8	126 / 3	143 / 1	160 / 4	92 / 1	112 / 2	—	315 / 1
Handelskam-merwähler	46 / 2	30 / 1	—	50 / 2	26 / 1	—	33 / 1	—
Bevölkerung der Städte, Märkte und Industrialorte	758,807 / 17	186,514 / 6	48,630 / 2	239,030 / 8	73,814 / 3	60,697 / 3	123,065 / 3	36,854 / 1
Bevölkerung der Land-gemeinden	1,195521 / 10	544,909 / 7	102,637 / 2	892,069 / 9	262,468 / 4	402,464 / 5	—	166,907 / 2

durchwegs deutsch, die Großgrundbesitzercurie durchwegs slavisch, so würde das slavische Element, wenn auch an Zahl geringer, durch seine wirthschaft-liche Ueberlegenheit das politische Uebergewicht erlangen.

Annähernd findet ein solches Verhältniß wie das letztere in Ostgalizien statt, wo der Adel polnisch, die Landgemeinden-Bevölkerung ruthenisch ist. Da die Wahlordnungen nur die wirthschaftlichen Verhältnisse, nicht aber die nationalen berücksichtigen, so besitzt das in der Großgrundbesitzcurie aus-schließlich herrschende polnische Element eo ipso das Uebergewicht über das an Zahl stärkere, jedoch nur in den Landgemeinden vertretene ruthenische Element. Daß aber die Wahlordnungen nur die wirthschaftlichen und nicht die nationalen Verhältnisse in erster Linie berücksichtigten, hat seinen Grund darin, daß der Staat in erster Linie eine auf die wirthschaftlichen Interessen basirte Rechtsordnung ist. Von Haus aus läßt der Staat die nationalen Interessen unbeachtet. Seine ganze Herrschaftsorganisation ist eine nach wirthschaftlichen Gesichtspunkten geschaffene und immer und überall hat der Staat wirthschaftliche Interessen über nationale gesetzt. Der Staat würde seine innerste Natur verleugnen, wenn er umgekehrt vorgehen wollte und in erster Linie die nationalen Interessen der Bevölkerung berücksichtigen wollte. Indem er aber seine Rechtsordnung zum Ausdruck der wirthschaft-lichen Interessen macht, überläßt er die Entwickelung der Nationalität dem freien Spiel und Walten der in dem Volke wirkenden lebendigen Kräfte. Dem Kampfe der Nationalitäten sieht der Staat als unbetheiligter Dritter zu —, er leistet keine Hilfe und will auch keinen Hader. Selbstverständlich aber ist es, daß wenn wie in Ungarn die wirthschaftlich herrschende Classe sich zugleich mit einer bestimmten Nationalität deckt, der Staat eo ipso

---

[117]) Vergl. Neumann-Spallart: Die Reichstagswahlen vom Jahre 1879 in Oesterreich. Stuttgart 1880.

Jſtrien	Tirol	Vorarlberg	Böhmen	Mähren	Schleſien	Galizien	Bukowina	Dalmaꞇien
112 / 1	232 / 5	—	448 / 23	167 / 9	54 / 3	1932 / 20	133 / 3	552 / 1
—	—	—	168 / 7	72 / 3	—	74 / 3	16 / 1	—
80,044 / 1	138,022 / 5	17,528 / 1	1,088,447 / 32	438,101 / 13	107,584 / 4	384,128 / 13	56,827 / 2	42,526 / 2
174,749 / 2	638,029 / 8	85,096 / 2	4,017,006 / 30	1,592,109 / 11	371,391 / 3	5,031,882 / 27	454,988 / 3	399,718 / 6

durch ſeine ganze Wirkſamkeit und Lebensthätigkeit dieſe beſtimmte Nationa=
lität förbert. —

Magnatentafel.

Die ungariſche Magnatentafel beſteht außer aus denſelben Mitglieder= §. 87.
Kategorien wie das öſterreichiſche Herrenhaus obendrein noch aus gewiſſen
höheren weltlichen Beamten, die kraft ihres Amtes Mitglieder der Mag=
natentafel ſind und aus drei vom croatiſch=ſlavoniſchen Landtage gewählten
Abgeordneten. Nach älterem Rechte bis 1886 beſtand alſo die Magnaten=
tafel aus a) volljährigen Prinzen des königlichen Hauſes, die in Ungarn
Grundbeſitz hatten, b) einer Anzahl kirchlicher Würdenträger (Erzbiſchöfe,
Biſchöfe, Titularbiſchöfe, gewiſſe Aebte und Pröbſte), c) den Reichsbaronen,
Obergeſpänen und den Kronhütern, d) allen großjährigen Fürſten, Prinzen,
Grafen und Baronen, die in Ungarn das Indigenat beſaßen, e) dem Gou=
verneur von Fiume, f) zwei Delegirten des croatiſch=ſlavoniſchen Landtages.

Der Geſetzartikel VIII vom J. 1886 enthält eine Beſchränkung der
Mitgliederzahl der Magnatentafel, indem er nur jenen großjährigen Mit=
gliedern der namentlich aufgezählten 17 fürſtlichen, 136 gräflichen und
118 freiherrlichen Familien Sitz und Stimme in der Magnatentafel ein=
räumt, die von ihrem Grundbeſitze 3000 fl. an Grund= und Hausclaſſen=
ſteuer zahlen. Dieſe Reform bewirkte eine Verminderung der Mitglieder=
zahl der Magnatentafel um mehr als die Hälfte (von 900 auf ungefähr
400 Mitglieder).

Gegenwärtig beſteht alſo die Magnatentafel aus folgenden Mitglieder=
kategorien:

a) kraft ihrer Geburt alle volljährigen Erzherzöge des königlichen Hauſes;

b) kraft ihrer Geburt und Steuerleiſtung von mindeſtens 3000 fl.

jährlich an Grund= und Hausclassensteuer die volljährigen Mitglieder der im GA. VIII 1886 aufgezählten 273 fürstlichen, gräflichen und freiherr= lichen Familien;

c) kraft Verleihung diejenigen ungarischen Fürsten, Grafen und Frei= herren, denen vom Könige oder, wenn sie keine Ungarn sind, von der Legis= lative die erbliche Mitgliedschaft der Magnatentafel verliehen wird;

d) kraft ihres Amtes oder ihrer Würde: die zehn Bannerherren des Reiches und der Graf von Preßburg, die beiden Kronhüter, der Gouver= neur von Fiume, die beiden Präsidenten der königl. Curie und der Präsident der Budapester königl. Tafel; ferner während der Dauer ihrer geistlichen Function die römisch=katholischen und griechisch=orientalischen Erzbischöfe und Diözesanbischöfe, die beiden katholischen Weihbischöfe von Belgrad und Knin, der Erzabt von Martinsberg, der Probst von Jászó und der Prior von Auranien, die amtsältesten drei Bischöfe einer jeden der beiden evan= gelischen Kirchen, die amtsältesten drei Obercuratoren der reformirten Kirche, der Generalinspector und die zwei amtsältesten Inspectoren der Augsburger Confession, einer der amtsältesten Präsidenten der unitarischen Kirche (entweder der Bischof oder einer der beiden Obercuratoren);

e) kraft ihrer Ernennung durch den König auf Lebenszeit: verdiente ungarische Staatsbürger, deren Gesammtzahl aber 50 nicht überschreiten darf;

f) kraft ihres Mandates drei Abgeordnete des croatisch=slavonischen Landtages, welche jedoch nur in jenen Angelegenheiten Berathungs= und Stimmrecht haben, welche die Länder der ungarischen Krone gemeinschaft= lich betreffen.

Während die Mitgliedschaft des österreichischen Herrenhauses an keiner= lei sprachliche Bedingung geknüpft ist, verlangt das Gesetz von jedem Mit= gliede der Magnatentafel die Kenntniß der ungarischen Sprache.

Auch ist, was bei dem österreichischen Herrenhause nicht der Fall ist, das Maximum der erblichen Mitglieder der Magnatentafel mit 230, der für lebenslänglich ernannten mit 100 festgesetzt; nachdem nun die Gesammt= zahl der kirchlichen Würdenträger im Oberhause 70 beträgt, so beläuft sich gegenwärtig die Zahl der Oberhausmitglieder auf ungefähr 400.

Das ungarische Abgeordnetenhaus.

§. 88. Dasselbe besteht aus 453 Mitgliedern; davon entfallen auf Ungarn und die ehemalige Militärgränze 338, auf Siebenbürgen 75, Croatien= Slavonien 40. Die Wahlordnung (GA. V 1848) trägt insofern ein histo= risches Gepräge, inwieferne sie vorerst „denjenigen, die bisher im Genuß der politischen Rechte waren", dieselben beläßt; damit ist der ganze ungarische Adel, welcher bis 1848 allein politisch berechtigt war, in seiner Wahl= berechtigung bestätigt; dieser ersten politisch berechtigten Classe fügt das Wahlgesetz folgende Wählerclassen hinzu: a) Haus= oder Grundbesitzer in königlichen Freistädten oder anderen Gemeinden, deren Besitz mindestens 300 fl. werth ist; b) Handelsleute, Fabrikanten und Handwerker mit eigener Werkstatt oder Handelsetablissements, die Handwerker mit wenigstens einem

— 113 —

ständigen Gehilfen; c) außerhalb obiger Claſſen, wer immer ein ſicheres jährliches Einkommen von 100 fl. von Grundbeſitz oder Capital bezieht; d) die Intelligenz (Doctoren, Wundärzte, Advocaten ꝛc. ꝛc.); e) ſolche, die bisher ſtädtiſche Bürger waren, wenn ſie auch die obigen Eigenſchaften nicht beſitzen. Auf dieſe Wählerclaſſen wird die vorbeſtimmte Zahl der Abgeordneten „auf Grund der Einwohnerzahl, des Flächenraumes und ſtaatswirthſchaftlicher Rückſichten" vertheilt. Es beruht daher das ungariſche Wahlrecht im Ganzen auf demſelben Principe der Intereſſenvertretung, wie das öſterreichiſche.

Doch gehen nur die auf Ungarn und Siebenbürgen entfallenden 413 Abgeordneten aus ſolchen unmittelbaren Wahlen der berechtigten Wähler hervor; dagegen werden die 40 auf Croatien und Slavonien entfallenden Abgeordneten aus der Mitte des croatiſch-ſlavoniſchen Landtages gewählt und bilden daher eigentlich eine „Delegation", ähnlich wie ſie nach der urſprünglichen öſterreichiſchen Februarverfaſſung (v. 26. Febr. 1861) von den öſterreichiſchen Landtagen in den öſterreichiſchen Reichsrath entſendet wurden.

Wahl-Perioden.

Die Einberufung der Vertretungskörper iſt ein Herrſcherrecht. Sie **§. 89.** erfolgt mittelſt kaiſerlichen Patentes, welches in den amtlichen Zeitungen, im Reichsgeſetzblatte und bezüglich der einzelnen Landtage auch in den betreffenden amtlichen Landeszeitungen kundgemacht wird. Der Reichsrath tritt am bezeichneten Tage zur bezeichneten Stunde in ſeinem Verſammlungsorte (Parlamentshaus in Wien) zuſammen. Hier erfolgt die Conſtituirung beider Häuſer, worauf die Abgeordneten und Herrenhausmitglieder die Angelobung leiſten. Die bezüglichen Beſtimmungen enthält das Geſ. v. 12. Mai 1873 über die Geſchäftsordnung des Reichsrathes. Beim Beginn einer Legislaturperiode (Wahlperiode) wird derſelbe in einer feierlichen Eröffnung (im Thronſaale der Burg) vom Kaiſer mit einer kaiſerlichen Botſchaft begrüßt. Die erſte Thätigkeit des Abgeordnetenhauſes bildet die Prüfung der Legalität der Wahlacte. Die Antwort auf die kaiſerliche Botſchaft erfolgt in Adreſſen, die von jedem der beiden Häuſer unabhängig von einander beſchloſſen werden und woran ſich in jedem der beiden Häuſer Verhandlungen (Adreßdebatten) knüpfen, in denen ſowie in den Adreſſen ſelbſt die Anſichten des Parlaments über die innere und äußere Lage des Staates zum Ausdruck gelangen.

Da die Mitglieder des Hauſes der Abgeordneten auf die Dauer von ſechs Jahren gewählt werden (§. 18, Geſ. v. 21. Dec. 1867, Nr. 141), ſo dauert eine normale Legislaturperiode ſechs Jahre. Innerhalb dieſer Periode wird der Reichsrath, alljährlich in der Regel in den Wintermonaten, vom Kaiſer zu einer „Seſſion" einberufen. Nach Ablauf einer Seſſion erfolgt die Vertagung des Reichsrathes; nach Ablauf der Legislaturperiode die Schließung deſſelben. Doch kann der Kaiſer den Reichsrath auch vor Ablauf der Legislaturperiode auflöſen.

Gumplowicz, Das öſterr. Staatsrecht.

Geschäftsordnung des Reichsraths.

§. 90. Grundlage der Berathungen des Reichsrathes sind, abgesehen von gelegentlichen Anträgen, Interpellationen, Petitionen u. s. w., vornehmlich Gesetzentwürfe. Die Regierung überreicht solche den einzelnen Kammern in Form von Regierungsvorlagen; die Mitglieder der Kammer in Form von Anträgen (§. 13, Ges. v. 21. Dec. 1867). Die Reihenfolge der in den Sitzungen der Kammern zu behandelnden Gegenstände wird durch die vom Präsidium jedesmal zu entwerfende Tagesordnung festgestellt. Dabei haben aber die Regierungsvorlagen den Vorrang vor allen anderen Gegenständen (§. 5, Ges. v. 12. Mai 1873). Im Uebrigen setzt jede Kammer ihre innere Geschäftsordnung in autonomer Weise fest. Es gehören dahin alle Bestimmungen über die Ordnung der Debatte, Stellung von Anträgen, Ordnung der Abstimmungen, Wahl von Ausschüssen, Organisation und Arbeitsordnung dieser letzteren u. s. w. Ueber die Einhaltung sowohl dieser inneren, wie auch der durch das Gesetz festgestellten äußeren Geschäftsordnung, wachen die Präsidenten resp. die Vicepräsidenten der Kammern, denen auch das Disciplinarrecht gegen die Mitglieder derselben zusteht.[118]

Es ist ein Vorrecht der Abgeordnetenkammer, daß sie ihren Präsidenten und ihre Vicepräsidenten selber wählt; dagegen werden die Präsidenten und Vicepräsidenten des Herrenhauses vom Kaiser ernannt. (§. 9 des Ges. v. 21. Dec. 1867, Nr. 141 RGB.)

Da die Vertretungskörper dazu berufen sind, an der Uebung der Gesetzgebungsgewalt mitzuwirken, so ist es klar, daß der andere Factor der Gesetzgebung, der Souverän, durch seine Regierung an der Thätigkeit und den Arbeiten des Vertretungskörpers ununterbrochen theilnehmen muß. Daher sind die Minister und Chefs der Centralstellen berechtigt, an allen Berathungen der Kammern theilzunehmen; die Regierungsvorlagen persönlich oder durch hiezu delegirte Beamte zu vertreten. In den Kammern haben sie das Recht, jedesmal das Wort zu ergreifen; allerdings kann auch jedes Haus die Anwesenheit der Minister verlangen (§. 20, Ges. v. 21. Dec. 1867, Nr. 141). Sie sind an die innere Geschäftsordnung der Kammer nicht gebunden und können zu wiederholten Malen das Wort ergreifen; auch steht ihnen das Recht zu, schriftliche Vorträge abzulesen, was die innere Geschäftsordnung den Abgeordneten verbietet.

In den Ausschüssen, Commissionen und Comités des Hauses sind die Minister und ihre Vertreter zu erscheinen befugt, um über Regierungsvorlagen oder andere Berathungsgegenstände Aufklärungen zu geben, überhaupt den Standpunkt der Regierung zu vertreten; nur den Schlußberathungen und Abstimmungen dürfen sie nicht beiwohnen. Die Commissionen und Ausschüsse haben das Recht, durch Vermittelung der Präsidenten die

---

[118] Der Verfasser der Schrift: „Strafrechtlicher Schutz des Parlamentarismus in Oesterreich" (Wien 1879) rügt, daß durch die unter den Schutz der Immunität gestellte Redefreiheit der Abgeordneten, Ausschreitungen derselben (Verleumdungen abwesender Personen ꝛc.) mittelst der Disciplinargewalt der Präsidenten nur ungenügend vorgebeugt ist, und verlangt über solche Ausschreitungen die Judicatur eines Staatsgerichtshofes.

Minister zum Zwecke solcher Auskünfte zu ihren Sitzungen einzuladen (§. 7, G. v. 12. Mai 1873), auch die Einleitung von nöthigen Erhebungen von ihnen zu verlangen (§. 8).[119]

Das Wahlsystem.

Sowohl das österreichische als auch das ungarische Abgeordnetenhaus **§. 91.** (in Ungarn Ständetafel genannt) sind reine Wahlkammern, d. h. sie bestehen nur aus gewählten Mitgliedern.

Nun giebt es im Allgemeinen zwei Arten gewählter Vertretungen: historisch-entstandene und in der Neuzeit geschaffene. Bei den ersteren läßt sich ein consequent durchgeführtes Princip, nach welchem Wahlrecht und Vertretung geregelt ist, schwer nachweisen. Wir haben es bei solchen Vertretungen mit alten Berechtigungen einzelner Staatsgebiete, Stände, Corporationen oder gar Familien zu thun, die auf Grund eines historischen Rechts in der Vertretung Sitz und Stimme haben. Im Laufe der Zeit sind zu diesen auf historischen Titeln beruhenden Vertretungsrechten, verschiedenen Bedürfnissen und Interessen Rechnung tragend, andere Vertretungsrechte hinzugekommen. Auf solcher historischen Entwickelung einerseits und moderner Reform andererseits beruht das englische Parlament.[120] Eine andere Art von Vertretungen bilden die in neuerer und neuester Zeit nach „constitutionellem Princip" geschaffenen Parlamente der meisten europäischen Staaten (und auch Amerika's). Diese bilden die Volksvertretungen einfach nach dem Grundsatze der Gleichheit aller Staatsbürger, unter Zugrundelegung der Bevölkerungszahl, sie bestimmen also, daß je eine gewisse Zahl von Staatsgenossen einen Abgeordneten zu wählen habe.[121]

Die österreichischen und auch die ungarischen Wahlordnungen halten die

---

[119] Die inneren Geschäftsformen der einzelnen Häuser des Reichsrathes sind durch deren Geschäftsordnungen geregelt, die als Gesetze kundgemacht wurden. Die erste Geschäftsordnung für den Reichsrath wurde mit Gesetz vom 31. Juli 1861 RGB. Nr. 78 erlassen. Die Erweiterung der Rechte des Reichsraths in Folge der Staatsgrundgesetze vom Jahre 1867 hatte eine Aenderung derselben zur Folge, die mit Gesetz vom 15. Mai 1868 erfolgte. Der Uebergang zu den unmittelbaren Wahlen im Jahre 1873 erforderte wieder eine Aenderung, welche mit dem gegenwärtig geltenden Gesetz vom 12. Mai 1873 erfolgte.

[120] Gneist: Das englische Parlament in tausendjährigen Wandlungen. Berlin 1886.

[121] So z. B. in Frankreich. Wähler ist dort jeder 21jährige Franzose, der sich im Besitze der bürgerlichen und politischen Rechte befindet. Auf je 70 000 Einwohner kommt ein Abgeordneter; wählbar ist jeder 25jährige Franzose. Als man in Europa im 19. Jahrhundert Verfassungen nach theoretischen Recepten zu fabriciren begann, bemächtigte sich die Theorie auch der „Wahlsysteme". In den 40er und 50er Jahren unseres Jahrhunderts gab es allerhand Projecte der „besten Wahlsysteme". Vergl. darüber Ahrens: Naturrecht. 6. Aufl. B. II S. 374 ff. Philosophisches Staatsrecht: §. 19.

In Amerika tauchte der Plan auf, den überstimmten Minoritäten ebenfalls eine Vertretung zuzuerkennen. In Europa befürworteten dieses System Hare und John Stuart Mill. Dagegen verlangt Lorimer (Constitutionalisme of the future. London 1867) statt einer mechanischen auf die Zahl aufgebauten Vertretung eine dynamische, in der die wirklichen Volkskräfte Ausdruck fänden.

8*

Mitte zwischen beiden oben genannten, den historischen und doctrinären. Sie sind nicht einfaches Product der historischen Entwickelung; denn diese wurde sowohl in Oesterreich wie in Ungarn unterbrochen und zwar nicht durch eine Revolution, sondern durch eine Regierungsmaßregel. Man gelangte also in Oesterreich nicht zu der modernen Vertretung, indem man die historisch überkommene im Geiste der Neuzeit reformirte: sondern es trat eine vollständige Unterbrechung der Entwickelung ein, indem die Landstände einfach durch den Absolutismus bei Seite gesetzt wurden.

Andererseits ist aber die österreichische Volks-Vertretung auch nicht das Product einer Revolution, welche nach abstracten Principien vorgegangen wäre: sondern das Werk einer wohldurchdachten Octrohirung, bei der der Gesetzgeber sowohl die durch historische Entwickelung geschaffenen thatsächlichen Verhältnisse einerseits und die herrschenden Ideen der Neuzeit, wie die modernen Grundsätze des europäischen Staatswesens andererseits berücksichtigte.

Dagegen hat die Vertretung Ungarns insoferne einen mehr historischen Charakter, als die im Jahre 1867 revidirte 1848er Gesetzgebung nicht das Product einer Revolution war, sondern eine Reform der in Ungarn historisch überlieferten Verfassung darstellt, deren Wirksamkeit nur sehr kurze Zeit (unter Joseph II.) unterbrochen war. Die 1848er Reform in Ungarn aber berücksichtigte ebenfalls, namentlich was die Zusammensetzung des Unterhauses anbelangt, die modernen Bedürfnisse und Ideen, obwohl sie im Ganzen in conservativem Geiste gehalten war. Wenn also auch die Volksvertretung in Oesterreich 1861 auf andere Weise entstanden ist als die moderne Volksvertretung in Ungarn, so stimmen sie doch beide in dem einen Punkte überein, daß sie das historisch Gewordene bewahrten, den modernen Bedürfnissen, Ideen und Grundsätzen Rechnung trugen, ohne die abstracten Ideen der französischen Revolution verwirklichen zu wollen.

So hat denn das österreichische Gesetz das in vielen modernen Staaten angenommene allgemeine Stimmrecht nicht acceptirt. In den Ländern, wo letzteres herrscht, giebt es keinerlei Eintheilungen der Wähler in Classen, dieselben werden einfach nach gewissen Territorialeintheilungen, Departements, Kreisen, Bezirken, Gemeinden zur Wahl zugelassen, deren Bevölkerungszahl für die Zahl der zu wählenden Abgeordneten maßgebend ist. Allerdings ist auch im österreichischen Wahlsystem Ausdehnung und Bevölkerung nicht ohne Einfluß; die Wahlkreise sind ungefähr gleich; die größeren Länder zerfallen je nach ihrer Größe in mehrere Wahlbezirke; kleinere Länder bilden zwei oder nur einen Wahlkreis. Auch ist die Zahl der Abgeordneten nicht ganz ohne Rücksicht auf die Bevölkerungszahl bestimmt worden und zwar wurde darauf geachtet, daß Bezirke oder Städte bis 200000 Einwohnern einen Abgeordneten wählen, und daß auf jede weiteren 100000 Einwohner ein Abgeordneter mehr entfällt. Dabei ward aber auch auf die Besteuerung insofern Rücksicht genommen, daß jedes höchstbesteuerte Gebiet einen Abgeordneten mehr erhält. Nach solchen Erwägungen und ungefähren Berechnungen wurde im Jahre 1861 die allgemeine Zahl der auf die einzelnen Länder und deren Kreise und Städte entfallenden Abgeordneten festgesetzt.

Noch mehr aber als durch die Berücksichtigung der Steuerleistung im allgemeinen unterscheidet sich das österreichische Wahlsystem von demjenigen des allgemeinen Stimmrechtes dadurch, daß es überall, in allen Ländern und Kreisen, die Bevölkerung in Wählerclassen eintheilt. Diese Eintheilung nun, obwohl mit dem Februarpatent octroyirt, und nicht aus geschichtlichem Werbeproceß, sondern aus dem Ministerbureau stammend, hat dennoch dem Resultate der historischen Entwickelung Ausdruck verliehen. Denn neben den einst ausschließlich politisch bevorrechteten Ständen, der Geistlichkeit und des Adels, wurden nun auch die Städte und Landgemeinden als politisch berechtigte (wenn auch nicht gleich berechtigte) Bestandtheile des Volkes anerkannt und auch der großen Bedeutung des Handels und der Industrie durch politische Berechtigung der Handelskammern Rechnung getragen.

Diese Eintheilung der Wähler in Classen war ursprünglich, d. i. 1861, nur in den Landesordnungen enthalten, indem die Zahl der zu wählenden Landtagsabgeordneten auf diese einzelnen Classen (Großgrundbesitz, Städte und Märkte, Handelsleute resp. Handelskammern und Landgemeinden,) repartirt wurde.

Dagegen enthielt das Grundgesetz über die Reichsvertretung vom Jahre 1861, welches als Regel noch keine unmittelbaren Wahlen für den Reichsrath sondern nur Landtagsdelegationen kennt, keine solchen Eintheilungen und bestimmt nur, daß die Wahl der Reichsrathsabgeordneten aus den einzelnen Landtagen „in der Art zu geschehen habe, daß die nach Maßgabe der Landesordnungen auf bestimmte Gebiete, Städte, Körperschaften entfallende Zahl von Mitgliedern des Abgeordnetenhauses aus den Landtagsmitgliedern derselben Gebiete, Städte, Körperschaften hervorzugehen haben".

Nachdem aber dieser Modus der Bilduug des Reichsrathes aufgehoben und statt dessen die unmittelbare Wahl der Abgeordneten aus den einzelnen Ländern in den Reichsrath mit Gesetz vom 2. April 1873 eingeführt, von dem Princip der Interessenvertretung jedoch nicht abgewichen wurde, so mußte offenbar die Repartirung der aus jedem Lande zu wählenden Reichstagsabgeordneten auf die einzelnen Wählerclassen zugleich festgesetzt werden, womit sich zugleich die Nothwendigkeit ergab, diese letzteren in Reichsgesetze selbst aufzuführen.

In dem in diesem Reichsgesetze vom 2. April 1873 neu redigirten §. 6 des Grundgesetzes über die Reichsvertretung wurden demnach zuerst die in das Haus der Abgeordneten zu wählenden 353 Mitglieder auf die einzelnen Königreiche und Länder repartirt, worauf in dem ebenfalls neu redigirten §. 7 die vier „in den Landesordnungen enthaltenen Wählerclassen" specificirt und sodann die Auftheilung der auf jedes Königreich und Land oben festgesetzten Zahl der Abgeordneten auf diese Wählerclassen vorgenommen wird.

Die in dem erwähnten §. 7 statuirten Wählerclassen sind folgende:

a) der große (landtäfliche, lehentäfliche) Grundbesitz, die Höchstbesteuerten in Dalmatien, der adelige große Grundbesitz in Tirol mitsammt folgenden in der Landesordnung für Tirol vom 26. Februar 1861 mit dem Wahlrechte für den Landtag ausgestatteten Personen, als: die Aebte von Wilsen, Stams und Tischl; Probst von Neustift; Abt von Marienburg und der Prior von Gries; der Landescomthur des deutschen Ordens, die Pröbste von Botzen, Innichen und Arco, der Erzpriester von Roveredo;

b) die Städte, Märkte, Industrieorte und Orte, welche im „Anhang zur Reichsraths-Wahlordnung" namentlich aufgeführt sind;

c) die Handels- und Gewerbekammern als Repräsentanten der Kaufleute und Industriellen; dieselben werden ebenfalls in dem Anhang namentlich aufgeführt;

d) die Landgemeinden als natürliche Verbände der Classe der kleinen Grundbesitzer und Ackerbautreibenden.

In Oesterreich ist die Wahl theils direct, theils indirect, d. h. in den oberen Wählerclassen (Großgrundbesitz, Städte, Märkte und Industrialorte, Handels- und Gewerbekammer) stimmen die Wähler direct für Abgeordnete in den Reichsrath; in der untersten Classe (Landgemeinden) stimmen Urwähler für Wahlmänner, denen sodann die Wahl der Abgeordneten obliegt. In Ungarn giebt es nur directe Wahlen.

Bei allen diesen Wahlen entscheidet die absolute Majorität; wenn eine solche nicht erzielt werden kann, das Loos. Wahlberechtigt ist jeder 24 jährige österreichische, eigenberechtigte Staatsbürger, der nach den gesetzlichen Bedingungen in eine der Wählerclassen eingereiht werden kann. Frauen haben nur in der Classe der Großgrundbesitzer ein Wahlrecht.[122] In der Regel muß das Stimmrecht persönlich ausgeübt werden; nur in der Wählerclasse des Großgrundbesitzes kann auch durch Bevollmächtigte gewählt werden.[123] Wählbar sind nur Männer, die das active Wahlrecht haben, seit mindestens drei Jahren österreichische Staatsbürger sind und das 30. Lebensjahr zurückgelegt haben. Beamte und öffentliche Functionäre bedürfen zur Ausübung einer auf sie gefallenen Wahl keines Urlaubes. Abgeordnete dürfen von ihren Wählern keine Instructionen annehmen. Während der Dauer der Session dürfen Abgeordnete gerichtlich nur mit Einwilligung des Hauses, welchem sie angehören, verfolgt werden. Für Abstimmungen in Ausübung ihres Berufes sind sie Niemandem, für Aeußerungen in Ausübung ihres Berufes nur dem Hause, dem sie angehören, verantwortlich (§. 16 des Ges. v. 21. Dec. 1867 Nr. 141 RGB.). Sowohl die Mitglieder des österreichischen wie des ungarischen Abgeordnetenhauses erhalten für die Zeit der Session Diäten; auch wird ihnen der Ersatz der Reisekosten geleistet.

---

[122] Diese Bestimmung ist im Widerspruche mit der „Gleichheit der Staatsbürger vor dem Gesetze", denn sie verleiht den Großgrundbesitzerinnen ein politisches Recht, welches sie Hausbesitzerinnen oder Geschäftsinhaberinnen nicht zusteht.

[123] Auch diese Bestimmung enthält eine Bevorzugung der Wählerclasse des großen Grundbesitzes.

Active Militärpersonen, die Großgrundbesitzer sind, dürfen nur durch Bevollmächtigte stimmen.

Wahlbezirke und Wahlkörper.

Das Grundgesetz über die Reichsvertretung bestimmt nun nicht nur **§. 92.** die auf die einzelnen Königreiche und Länder, sondern innerhalb derselben auf die einzelnen Wählerclassen entfallenden Abgeordneten.

Die weitere Specialisirung der Wahlbestimmungen und zwar die Fest= setzung der Wahlbezirke für die einzelnen Wählerclassen und die Bestimmung, wie viel Abgeordnete jeder Wahlbezirk zu wählen hat, bestimmt sodann die Reichsrathswahlordnung vom 2. April 1873, beziehungsweise das an Stelle der §§. 2, 7, 8, 9 und 17 derselben tretende Gesetz vom 4. October 1882 Nr. 142 RGB. und das als Anhang desselben beigegebene Verzeichniß.

Als Regel gilt dabei, daß jeder Wahlbezirk einen Wahlkörper bildet, d. h. eine gemeinschaftliche Wahl an einem und demselben Orte (dem Wahl= orte) vorzunehmen, und daß jeder solcher Wahlkörper e i n e n Abgeordneten wählt, also eine einnamige Wahl zu vollziehen hat. [124])

Diese Regel hatte jedoch von Anfang an, d. h. vom Jahre 1873, mehrere Ausnahmen. Es bildeten nämlich die Wählerclassen des Groß= grundbesitzes, mit Ausnahme derjenigen von Böhmen, Galizien, der Bukowina, Mährens und Schlesiens, überall einen Wahlkörper, dessen Wahlbezirk das ganze Kronland und dessen Wahlort die Landeshauptstadt war. Nun wäre diese Bestimmung bei kleineren Ländern weniger auffallend, wo die Classe der Großgrundbesitzer nicht zahlreich und nur einen oder doch nur mehrere Abgeordnete zu wählen hat und auch der Umfang des Landes einen einzigen Wahlort als practisch erscheinen läßt; alles das war jedoch in Böhmen nicht der Fall, wo auf die Classe des in dem ziemlich aus= gedehnten Lande zerstreuten Grundbesitzes die namhafte Zahl von 23 Ab= geordneten entfiel; und dennoch sollte der Großgrundbesitz von Böhmen in nur zwei Wahlkörpern, in einem Bezirke und einem Wahlorte, diese 23 Ab= geordneten wählen. Es war dies um so auffallender, als die Wählerclasse des Großgrundbesitzes eines anderen Kronlandes, Galiziens, welche nur 20 Abgeordnete zu wählen hat, in ebensoviele Wahlbezirke und Wahlkörper zerlegt ist, in deren jedem die Wähler eine einnamige Wahl vollziehen. Diese Ausnahme wurde denn auch mit Gesetz vom 4. October 1882 be= hoben, womit die Wählerclasse des großen Grundbesitzes in Böhmen in sechs Wahlkörper zertheilt und die auf diese Wählerclasse entfallende Zahl von 23 Abgeordneten auf die einzelnen Wahlkörper repartirt wurde. Von diesen sechs Wahlkörpern bilden den ersten „die Wahlberechtigten des mit dem Fideicommißbande behafteten großen Grundbesitzes". Den Wahlbezirk für diesen Wahlkörper bildet das ganze Königreich Böhmen; der Wahlort ist Prag. Dieser erste Wahlkörper wählt fünf Abgeordnete. Der Rest dieser Wählerclasse, der nichtfideicommissarische Grundbesitz, zerfällt in fünf

---

[124]) Ueber die Bedeutung der einnamigen Wahl im Gegensatz zur Listenwahl, s. Gareis a. a. O. S. 72. Hier sei nur bemerkt, daß bei einnamigen Wahlen Localgrößen, beim Listenscrutinium bedeutendere Persönlichkeiten mehr Aussicht haben, gewählt zu werden. In neuerer Zeit war diese Frage von Actualität in Frankreich.

Wahlkörper, deren jeder in einem eigenen territorial bestimmten Wahlbezirke in den fünf Wahlorten Prag, Budweis, Eger, Reichenberg, Chrudim wählt, und zwar der erste und vierte Wahlkörper je drei, die anderen je vier Abgeordnete. Von den übrigen Grundbesitz=Wählerclassen sind, wie erwähnt, nur noch die in Galizien, in der Bukowina und in Tirol in Wahlbezirke zerlegt, und zwar Galizien in 20 mit einnamiger Wahl, Bukowina in zwei, von denen der erste einen, der zweite zwei Abgeordnete wählt, endlich Tirol in zwei Wahlkörper. Alle übrigen Kronländer bilden für ihre Großgrundbesitzer einheitliche Wahlbezirke, in denen die Großgrundbesitzer als ein Wahlkörper theils mehrere, theils je einen Abgeordneten wählen. Eine weitere Ausnahme von der einnamigen Wahl bilden ferner einige Handelskammern, die zwei Abgeordnete und einige Landeshauptstädte, die zwei und mehrere Abgeordnete wählen. Doch sind von solchen Städten mehrere in Stadtbezirke mit besonderen Wahlkörpern getheilt, so daß in den einzelnen Bezirken einnamige Wahlen vorgenommen werden.

Das österreichische Wahlverfahren.

§. 93.   Die Wahlen werden auf Grundlage von Wählerlisten vorgenommen, deren Anfertigung den Behörden obliegt.[125]) Gegen die angefertigten Wähler= listen können Reclamationen eingebracht werden, welche von den landes= fürstlichen Behörden entschieden werden — in letzter Instanz vom Landes= chef. Die Wähler der oberen Wählerclassen und die Wahlmänner erhalten Legitimationskarten — die Landgemeinden=Urwähler werden zur Wahl orts= üblich eingeladen. Mit Ausnahme der Landgemeinden=Urwähler und der Wähler des ersten Wahlkörpers im großen Grundbesitz in Tirol und der Bukowina erhalten alle Wähler und Wahlmänner Stimmzettel, mittelst welcher sie die Wahl zu vollziehen haben. Die Wahlen werden von Wahl= commissionen, welche unter der Aufsicht eines Wahlcommissärs ihres Amtes walten, vorgenommen. Den Wahlcommissär ernennt die Regierung (Lan= deschef eventuell Bezirkshauptmann); die Commissionen werden zum Theil von den Wahlberechtigten, zum Theil von dem Wahlcommissär ernennt und wählen aus ihrer Mitte einen Vorsitzenden. Der Wahlcommissär sorgt für Aufrechthaltung der Ruhe und Ordnung. Dagegen steht der Wahlcommission in zweifelhaften Fällen die Entscheidung zu über Identität des Wählers, Gültigkeit abgegebener Stimmen oder producirter Vollmachten, endlich über Wahlberechtigung in die Liste eingetragener Wähler. Die Wahl selbst wird vorgenommen, indem die Wählerliste verlesen und die Wähler in der Ord= nung, wie sie in der Liste verzeichnet sind, ihre mit den Namen der zu wählenden ausgefüllten Stimmzettel abgeben. Die Stimmzettel werden zusammengefaltet dem Vorsitzenden der Commission übergeben, der sie in die Wahlurne legt; die Stimmabgabe ist daher in den Wählerclassen, wo

---

[125]) Die Wählerlisten des großen Grundbesitzes besorgt der Landeschef; der Städte- und Landgemeinden-Urwähler besorgen die Gemeindevorstände; der Wahl- männer die Bezirkshauptleute.

mittelſt Stimmzettel gewählt wird, ſchriftlich und geheim.[126]) Die Wahl-
commiſſion beſorgt auch unmittelbar nach geſchloſſener Wahl das Scrutinium,
deſſen Reſultat unmittelbar nach Schluß deſſelben von dem Vorſitzenden
der Commiſſion bekannt gegeben werden muß. Als gewählt erſcheint derjenige, für welchen mehr als die Hälfte aller abgegebenen Stimmen abgegeben werden. Haben mehr Perſonen als zu wählen ſind, die abſolute
Majorität erlangt, ſo entſcheidet die überwiegende Stimmenzahl und bei
gleicher Stimmenzahl das Loos. Zwiſchen denen, welche keine abſolute
Majorität erzielten, kommt es zur engeren Wahl. Die geſchloſſenen und
unterfertigten Wahlacten werden dem Wahlcommiſſär übergeben, der ſie an
den Landeschef überſendet. Der Landeschef ſtellt den gewählten Abgeord-
neten´Wahlcertificate aus, auf Grund welcher ſie in das Abgeordnetenhaus
eintreten. Die Wahlacten werden ſodann im Wege des Miniſteriums an
das Präſidium des Abgeordnetenhauſes überſchickt, wo ſie als Grundlage
der Wahlverificationen dienen.

Das Wahlrecht in Ungarn.

Das Wahlrecht in die ungariſche Repräſentantentafel, welches durch **§. 94.**
die G.A. V vom Jahre 1848, G.A. XXX vom Jahre 1874 und G.A. VI
vom Jahre 1875 geregelt wurde, zeigt vom öſterreich. Wahlrecht mehrere
principielle Abweichungen. Es theilt die Wähler nicht nach Wählerclaſſen
(Curien); vielmehr werden die Wahlen gebietsweiſe nach einzelnen Gemeinden oder in größeren Städten bezirksweiſe vorgenommen, wobei alle Wähler
eines Wahlbezirkes eine Wählergruppe bilden. Das active Wahlrecht ſteht
in Ungarn ſchon jedem 20jährigen Staatsbürger zu, welcher eine der
folgenden Wahlqualificationen nachweiſt, nämlich wenn er 1) in den Städten
ein Haus mit drei unter die Hausmietheſteuer fallenden Wohnungstheile
oder ein Grundſtück, deſſen Reinerträgnis mit 16 fl. Grundſteuer belegt iſt,
beſitzt; 2) in den übrigen Gemeinden eine ſogenannte Viertelſeſſion oder
Gründe gleicher Ausdehnung inne hat, in Siebenbürgen eine Grundſteuer
von einem reinen Einkommen von 72 fl. 80 kr. bis 84 fl. zahlt; oder
wenn er 3) die Staatsſteuer von einem Jahreseinkommen von wenigſtens
105 fl. entrichtet; oder wenn er 4) als Handwerker auf dem Lande wenigſtens
einen Gehilfen, oder 5) als öffentlicher Beamter nach einer Beſoldung von
mindeſtens 500 fl. beſteuert iſt. Außerdem ſind wahlberechtigt: 6) ohne
Rückſicht auf ihr Einkommen, die Mitglieder der k. ungar. Akademie der
Wiſſenſchaften, Profeſſoren, akademiſche Künſtler, Doctoren, Advocaten,
öffentliche Notare, Ingenieure, Wundärzte, Apotheker, diplomierte Oekonomen, Förſter und Montaniſten, Seelſorger, Kapläne, Gemeindenotare und
Lehrer. Das Wahlrecht kann nicht ausgeübt werden: von Perſonen, welche
unter väterlicher, vormundſchaftlicher oder dienſtherrlicher Gewalt ſtehen;
von activen Soldaten und Angehörigen der Finanz- und Polizeiwachen;

---

[126]) In Ländern, wo nach den Landesordnungen in den Landgemeinden mündlich gewählt wird, iſt die Stimmabgabe öffentlich und wird derſelbe Vorgang auch
bei der Wahl der Reichsrathsabgeordneten beobachtet.

von Jenen, welche wegen eines Verbrechens oder Vergehens oder wegen eines politischen oder in Verleumdung bestehenden Preßdelicts zu einer Freiheitsstrafe verurtheilt wurden, während der Strafdauer; von Jenen, welche sich wegen Verbrechen oder Vergehen in Untersuchungshaft befinden; von den zum Verluste des Wahlrechts Verurtheilten; von Tributaren während der Dauer des Concurses und endlich von Jenen, welche mit der Steuerzahlung seit einem Jahre säumig sind. — Derjenige, welcher das active Wahlrecht besitzt, kann auch zum Abgeordneten gewählt werden, wenn er das 24. Lebensjahr zurückgelegt hat und ungarisch sprechen kann. Wegen Unvereinbarkeit mit dem Abgeordnetenmandat (Incompatibilität) können nicht gewählt werden: öffentliche Beamte (mit Ausnahme der Minister, der Staatssecretäre, der Directoren der Landesinstitute, sowie der Professoren der Universität und des Polytechnikums in Budapest, die Mitglieder des Landesunterrichts- und Sanitäts- und des hauptstädtischen Bauraths), die Pächter des Staats, die Mitglieder von Geldinstituten, welche mit der Regierung in einem geschäftlichen Verhältnisse sich befinden, oder von Eisenbahnunternehmungen, welche vom Staate subventionirt werden, die Pensionäre der Krone, die Volksschullehrer und Klostergeistlichen (mit Ausnahme der Prämonstratenser, Cistercienser, Benedictiner und Piaristen). Naturalisirte Staatsbürger können in der Regel erst 10 Jahre nach der Aufnahme in den Staatsverband Mitglieder des Reichstags werden. Alle ungarischen Wähler haben das gleiche directe Wahlrecht; ein indirectes, mittelbares, welches nur zur Wahl von Wahlmännern berechtigt, giebt es in Ungarn nicht; auch giebt es in Ungarn keinen solchen Wahlkörper wie die österreichischen Handels- und Gewerbekammern, wo mehrere Kammermitglieder einen Abgeordneten nominiren. — Wie denn überhaupt das ungarische Wahlrecht viel einfacher als das österreichische ist, welches letztere durch seinen gekünstelten Charakter, durch seine mittelbaren Wahlen und Handelskammerwahlen einen politisch-tendenziösen Ursprung verräth. — Die Abgeordneten werden auf drei Jahre gewählt. Der Präsident und die beiden Vicepräsidenten der Repräsentantentafel werden von dieser selbst gewählt. Die Sprache des Reichstags ist die ungarische; nur die Vertreter von Croatien und Slavonien können auch die croatische Sprache gebrauchen.

Das ungarische Wahlverfahren.

§. 95.   Auch das ungarische Wahlverfahren ist von dem österreichischen verschieden. Für die Wahl eines jeden Abgeordneten muß ein abgesonderter Wahlbezirk gebildet und jeder Wahlbezirk wählt nur einen Abgeordneten. Zum Zwecke der Durchführung der Wahlen wird in jedem Comitate ein Centralcomité unter dem Präsidium des Vicegespans gebildet, in welchem alle abgesonderten Wahlbezirke des Comitates vertreten sein müssen. Ebensolche Centralcomités werden in den freien Bezirken und königlichen Städten gebildet. Die Mitglieder der Centralcomités werden auf treue Pflichterfüllung beeidet. Zur Conscription der Wähler in den einzelnen Wahlbezirken ernennen die Centralcomités besondere Deputationen (aus drei Mitgliedern).

Die Wählerlisten werden jährlich von amtswegen rectificirt. Die Central=
comités überwachen die Richtigkeit der Wählerlisten und bestimmen die
Reclamationsfristen. Das Reclamationsrecht steht jedem Wähler und zwar
nicht nur wegen seiner Person, sondern auch wegen Unrichtigkeiten und
Auslassungen im allgemeinen zu. Ueber dieselben entscheidet in erster Instanz
das Centralcomité, in zweiter und letzter ein eigener Senat der königlichen
Curie. Der Wahlact wird von einem bestellten Wahlpräses am Hauptorte
des Wahlbezirkes um 8 Uhr Morgens eröffnet, wobei jeder Wähler das
Recht hat einen Candidaten zur Wahl zu empfehlen. Wird nur ein Candidat
empfohlen, so kann der Präses, wenn die Wähler damit einverstanden sind,
diesen ohne Abstimmung zum Abgeordneten proclamiren. Verlangen aber
mindestens 10 Wähler die Abstimmung, so muß solche durchgeführt werden.
Ebenso muß abgestimmt werden, wenn mehrere Candidaten nominirt werden.
Die Abstimmung ist öffentlich und mündlich. Jeder Wähler kann nur per=
sönlich seine Stimme abgeben. Die Wähler dürfen keine Waffen bei sich
haben. Stimmen, die auf keinen Candidaten lauten, sind nichtig. Nach
vollzogener Abstimmung stellt der Wahlpräses das Resultat zusammen und
proclamirt denjenigen, der die absolute Majorität der abgegebenen gültigen
Stimmen hat, zum Abgeordneten. Letzterer erhält eine Abschrift des Wahl=
protocolles als Creditive. Ueber angefochtene Wahlen entscheidet die Re=
präsententafel. Die Abgeordneten erhalten Diäten und ein Quartiergeld.

Landesordnungen.

§. 96. Die Landesordnungen und Landtagswahlordnungen vom 26. Febr.
1861 bilden bis heutzutage die gesetzlichen Grundlagen der einzelnen Land=
tage, an deren Verfassung nur das Gesetz vom 2. April 1873 die princi=
pielle Aenderung vornahm, daß sie nicht mehr die Wahlkörper für den
Reichsrath sind und deren Zusammensetzung durch spätere Gesetze im Ein=
zelnen wenig modificirt wurde. Der Zahl dieser Länder und Königreiche
entsprechend giebt es 17 solcher Landes- und Landtagswahlordnungen. Die=
selben sind in den Hauptbestimmungen (über Wirkungskreis, Wahlberech=
tigung, Einberufung, Dauer u. s. w.) gleichlautend und unterscheiden sich
nur in denjenigen Bestimmungen, die von Land zu Land verschieden sein
müssen, d. i. die sich auf Zahl der Mitglieder, Wählerclassen, Wahlbezirke
u. dgl. beziehen. Jede Landesordnung besteht aus drei Hauptstücken, von
denen das erste „von der Landesvertretung überhaupt“, das zweite vom
„Wirkungskreis der Landesvertretung“ und zwar sowohl des Landtages als
des Landesausschusses, das dritte von der „Geschäftsführung“ beider handelt.
Die Landtagswahlordnungen bestehen aus fünf Abschnitten, von denen der
erste von den Wahlbezirken und Wahlorten, der zweite vom Wahlrechte und
der Wählbarkeit, der dritte von der Ausschreibung und Vorbereitung der
Wahlen, der vierte von der Vornahme der Wahlen der Landtagsabgeord=
neten, der fünfte von der Revision der Wahlordnung handelt.

Landtage.

§. 97. Auf Grundlage dieser Landesverfassungen bilden die Landtage die ge=
setzlichen Vertretungen der einzelnen Länder. Dieselben bestehen vorwiegend
aus gewählten Abgeordneten; daneben gebühren nur einige Sitze den In=
habern gewisser Aemter und Würden und zwar den Fürstbischöfen, Bischöfen
und Universitätsrectoren (Virilstimmen). Die gewählten Abgeordneten werden
so wie die Reichsrathsabgeordneten von vier Wählerclassen gewählt: 1. dem
Großgrundbesitz, 2. Städten und Märkten, 3. den Handels= und Gewerbe=
kammern, 4. den Landgemeinden. Von diesen vier Wählerclassen wählen
die erste und zweite unmittelbar; ebenso allerdings die Mitglieder der Han=
dels= und Gewerbekammern, doch müssen diese letzteren Wahlen in Anbe=
tracht des Umstandes, daß diese Kammern selbst aus Wahlen hervorgehen,
als mittelbare Wahlen der Kaufleute und Industriellen angesehen werden.
Die Landgemeinden wählen mittelbar, d. h. sie wählen zuerst Wahlmänner,
welche sodann die Abgeordnetenwahl vollziehen; und zwar entfällt auf je
500 Einwohner ein Wahlmann. Die Zahl der Mitglieder jedes Landtags
und ihre Vertheilung auf die einzelnen Wählerclassen ist in den einzelnen
Landesordnungen bestimmt.

Mit der bloßen gesetzlichen Bestimmung der Wählerclasse sind aber
noch bei weitem nicht die Personen bezeichnet, denen das Recht zu wählen
(actives Wahlrecht) und das Recht gewählt zu werden (passives Wahlrecht)
zusteht. Nur bei den Handelskammern ist das der Fall, indem damit allen
Mitgliedern der Handelskammern das active Wahlrecht zugesprochen ist.
Bei den anderen Wählerclassen bedeutet die Zugehörigkeit zur Classe noch
immer nicht die Wahlberechtigung. Man kann Großgrundbesitzer, Bürger
einer Stadt oder eines Marktes, Mitglied und Angehöriger einer Land=
gemeinde sein, ohne eo ipso schon Wähler zu sein. Vielmehr bedarf es,
um Wähler zu sein, einiger allgemeiner Eigenschaften und sodann, um
Wähler in einer bestimmten Classe zu sein, einiger speciellen Erfordernisse.

Die allgemeinen Eigenschaften, die einem Oesterreicher unter
Hinzutritt gewisser speciellen Bedingungen zur Wahl berechtigen, sind:

a) Das österreichische Staatsbürgerrecht, b) Eigenberechtigung, c) Un=
bescholtenheit. Jeder Oesterreicher nun, in dessen Person diese drei Eigen=
schaften vereinigt sind, kann in einer der drei Wählerclassen: des Groß=
grundbesitzes, der Städte und Märkte oder der Landgemeinden Wähler sein,
wenn er folgenden speciellen Bedingungen entspricht:

1. In der Curie des Großgrundbesitzes ist erforderlich:

a) Alleiniger Besitz eines Gutes, dessen Jahresschuldigkeit an landes=
fürstlichen Realsteuern (mit Ausnahme des Kriegszuschlages) in den meisten
Ländern mindestens 100 fl., in einigen 200 bis 250 fl. beträgt; in Tirol,
wo das besessene Gut adelig sein muß, nur 50 fl.

b) Im Falle eines gemeinschaftlichen Besitzes eines solchen Gutes mit
anderen, die Vollmacht zur Wahl seitens seiner Mitbesitzer. Doch berechtigt
auch zur Wahl

c) der Besitz mehrerer kleiner landtäflicher Güter, deren Jahres=

schuldigkeit an landesfürstlichen Realsteuern (mit Ausnahme der Kriegssteuer) zusammengenommen den Betrag von 200 fl. beträgt.

Bezüglich des Wahlrechts im Großgrundbesitz sind den physischen Personen gleichgestellt Corporationen oder Gesellschaften (nicht aber Gemeinden), die sich im Besitz von zur Wahl berechtigenden Gütern befinden; nur üben sie ihr Wahlrecht durch bevollmächtigte Personen.

Das zur Wahl berechtigende Gut muß jedoch in Böhmen, Mähren, Schlesien ein land- oder lehentäfliches sein; in den übrigen Ländern mit Ausnahme von Istrien und Salzburg muß es landtäflich, in Tirol abelig sein. Nur in Istrien und Salzburg braucht es keine der obigen Qualitäten zu haben.

In Dalmatien tritt an die Stelle der Wählerclasse der Großgrundbesitzer diejenige der Höchstbesteuerten und beträgt der Wahlcensus in dieser Classe im Kreise Cattaro 50 fl., in den anderen Kreisen 100 fl.

Die speciellen Bedingungen der Wahlberechtigung der Abgeordneten in den Städten, der Wahlmänner in den Landgemeinden sind:

a) Das Wahlrecht in der Gemeinde vermöge persönlicher Qualification,

b) das Gemeindewahlrecht in den ersten zwei städtischen Wahlkörpern dort, wo deren mindestens drei vorhanden sind; dort, wo dies nicht der Fall ist, das Gemeindewahlrecht aus dem Titel der Einreihung in die ersten zwei Drittheile aller nach der Höhe ihrer Jahresschuldigkeit an directen Steuern gereihten Gemeindeangehörigen.

Das passive Wahlrecht besitzen, d. h. wählbar als Abgeordnete sind alle österreichischen Staatsbürger, die im Vollgenusse der bürgerlichen Rechte sich befinden, dreißig Jahre alt sind und in dem Lande, wo sie gewählt werden sollen, das active Wahlrecht, gleichviel in welcher Wählerclasse, besitzen.

Das Landtagswahlverfahren.

Das Wahlverfahren beruht auf dem Prinzipe des Zusammenwirkens §. der autonomen und politischen Behörden unter Controle der letzteren und obersten Controle der Volksvertretung selbst. Sind die Vertretungskörper durch den Kaiser zu ihrer gesetzlichen Versammlung einberufen, so erfolgt die Einleitung des Wahlverfahrens durch Aufforderung der höchsten politischen Landesstelle zur Vornahme der Wahlen unter gleichzeitiger Festsetzung der Termine für dieselben.

Für letztere gilt eine gesetzliche Reihenfolge. Es müssen zuerst die Abgeordneten der Landgemeinden und zwar an ein und demselben Tage im ganzen Lande, sodann die Abgeordneten der Städte und Märkte und der Handelskammern ebenfalls an ein und demselben Tage im ganzen Lande, endlich die Abgeordneten des großen Grundbesitzes gewählt werden; diese letzteren Wahlen brauchen, wo diese Wählerclasse in mehreren Wahlkörpern wählt, nicht an einem und demselben Tage vorgenommen zu werden.

Diese gesetzlichen Bestimmungen über die Wahltermine enthalten eine wohldurchdachte Bevorzugung der obersten Wählerclasse. Derselben ist nämlich damit die Möglichkeit gegeben, die Durchbringung ihrer Candidaten erst in den unteren Wählerclassen zu versuchen und dieselben beim Fehlschlagen solcher Versuche in eigener Curie zu wählen. Und auch hier ist durch die Gestattung der Wahlen der einzelnen Wahlkörper an verschiedenen Wahltagen noch die Möglichkeit gegeben, hervorragende Persönlichkeiten, an deren Wahl der Wählerclasse viel gelegen ist, nacheinander in mehreren Wahlkörpern zu candidiren. — Die Verfassung der Wählerlisten ist durchwegs Sache der politischen Behörden, nur wird bei den unteren zwei Wählerclassen die Mitwirkung der Gemeindevorstände in Anspruch genommen.

Dabei genießen die Wähler der obersten Wählerclasse die Bevorzugung, daß ihre vom Statthalter anzufertigende Liste in der Wiener Zeitung unter Anberaumung einer 14 tägigen Reclamationsfrist veröffentlicht wird. Ueber Reclamationen gegen diese Liste entscheidet der Statthalter, der auch bis zum Wahltermin Berichtigungen von amtswegen vorzunehmen hat. Den im Lande anwesenden Wählern werden ihre Legitimationskarten zugestellt: die Landesabwesenden werden zur Behebung derselben durch die Wiener Zeitung aufgefordert. Die Controle der Wählerlisten der unteren zwei Wählerclassen besorgen die politischen Behörden, denen die Wahlorte unterstehen; in Städten und Märkten werden den Wählern die Legitimationskarten zugestellt; in den Landgemeinden sind die wahlberechtigten Gemeindeglieder zur Vornahme der Wahl einzuladen. Den gewählten Wahlmännern werden Legitimationskarten zugestellt.

Die Wahlhandlung wird von Wahlcommissionen und unter deren Leitung in Gegenwart landesfürstlicher Commissäre vollzogen. Die Zusammensetzung der Wahlcommissionen geschieht nach gesetzlicher Vorschrift (Abschnitt IV der Wahlordnungen). Der Eintritt ins Wahllocal ist nur den mit Legitimationskarten versehenen Wählern beziehungsweise deren Vollmachtträgern (wo solche zulässig sind) gestattet. Die Wahl wird vollzogen durch Abgabe des Stimmzettels. Zur Gültigkeit einer Wahl ist die absolute Mehrheit der abgegebenen Stimmen erforderlich. Ist eine solche nicht vorhanden, so kommt es zur engern Wahl zwischen denjenigen, welche die relativ meisten Stimmen für sich hatten.

Die über die Wahlhandlungen aufgenommenen Protocolle sind von den Mitgliedern der Wahlcommissionen zu unterfertigen und versiegelt der obersten Landesstelle einzuschicken. Letztere stellt den gewählten Abgeordneten Wahlcertificate aus, auf Grund welcher dieselben in die Vertretungskörper eintreten. Die Certificate begründen die Vermuthung der Wahlgültigkeit bis zur Vornahme der Wahlprüfung durch die Vertretungskörper selbst.

Die Immunität der Landtagsabgeordneten ist mit Gesetz vom 30. Oct. 1861 Nr. 98 RGB. geregelt.

---

§. 99. **Competenzgränze zwischen Reichsrath und Landtagen.**

Die durch die staatlichen Verhältnisse in Oesterreich gegebene Nothwendigkeit einer Doppelvertretung des Volkes in Landtagen und im Reichsrath mußte von vornherein die Frage der Abgränzung der beiderseitigen Competenzen und Wirkungskreise hervorrufen und ihre gesetzliche Regelung veranlassen.

Den ersten Entwurf einer solchen Abgränzung enthält bereits das Octoberdiplom (Art. II. und III.) Darnach sollen alle Gegenstände der Gesetzgebung, welche sich auf Rechte, Pflichten und Interessen beziehen, die allen Königreichen und Ländern der Monarchie gemeinschaftlich sind, namentlich die Gesetzgebung über das Münz=, Geld= und Creditwesen, über die Zölle und Handelssachen; ferner über die Grundsätze des Zettelbankwesens; die Gesetzgebung in Betreff der Grundsätze des Post=, Telegraphen= und Eisenbahn= wesens; über die Art und Weise und die Ordnung der Militärpflichtigkeit, in Zukunft in und mit dem Reichsrathe verhandelt und unter seiner Mit= wirkung verfassungsmäßig erledigt werden; ebenso die Einführung neuer Steuern und Auflagen, dann die Erhöhung der bestehenden Steuern und Gebührensätze, insbesondere die Erhöhung des Salzpreises und die Auf= nahme neuer Anlehen; desgleichen soll die Convertirung bestehender Staats= schulden und die Veräußerung, Umwandlung oder Belastung unbeweglichen Staatseigenthums nur mit Zustimmung des Reichsraths angeordnet werden.

Endlich hat die Prüfung der Staatsrechnungs=Abschlüsse und der Resultate der jährlichen Finanzgebahrung unter Mitwirkung des Reichs= raths zu erfolgen.

Alle anderen Gegenstände der Gesetzgebung, welche in den vorher= gehenden Punkten nicht enthalten sind, sollten in und mit den betreffenden Landtagen „im Sinne und in Gemäßheit ihrer Landesordnungen erledigt werden.“

An diesen Bestimmungen bezüglich des Wirkungskreises des Reichs= raths und der Landtage hielt das Grundgesetz über die Reichsvertretung vom 26. Februar 1861 fest. Der bezügliche Art. II des Diploms von 1860 wird in diesem Grundgesetz (§. 10) fast wörtlich (in etwas geänderter An= ordnung) wiederholt. Dagegen wurde der Wirkungskreis der Landtage in den gleichzeitig erlassenen einzelnen Landesordnungen ausführlich fest= gesetzt, wobei allerdings als erstes und wichtigstes Attribut derselben die später durch das Gesetz vom 2. April 1873 in Wegfall gekommene Wahl der Reichsrathsdelegirten figurirt. Im Uebrigen wurde der Wirkungskreis der Landtage auf „Gesetzesvorschläge in Landesangelegenheiten,“ welche als „Anträge auf Erlassung von Gesetzen“, um Landesgesetze zu werden, der kaiserlichen Sanction bedürfen, beschränkt. Bei dieser Formulirung des Wirkungskreises der Landtage kam alles darauf, was man unter „Landes= angelegenheit“ versteht. Als solche erklären nun die Landesordnungen

I. Alle Anordnungen in Betreff

1. der Landescultur, 2. der öffentlichen Bauten, welche aus Landes= mitteln bestritten werden, 3. der aus Landesmitteln dotirten Wohl= thätigkeitsanstalten, 4. des Voranschlags und der Rechnungslegung des Landes sowohl hinsichtlich aller ordentlichen wie außerordentlichen Landeseinnahmen und Ausgaben, sei es aus dem Vermögen des Landes, der Besteuerung zu Landeszwecken und der Benützung des Landescredites.

Außer diesen speciellen Landesangelegenheiten werden als solche erklärt

II. Die näheren Anordnungen inner den Gränzen der allgemeinen Gesetze in Betreff 1. der Gemeindeangelegenheiten, 2. der Kirchen= und Schulangelegenheiten, 3. der Vorspannsleistung, dann der Verpflegung und Einquartirung des Heeres, endlich

III. die Anordnungen über sonstige, die Wohlfahrt oder die Bedürfnisse des Landes betreffenden Gegenstände, welche durch besondere Verfügungen der Landesvertretung zugewiesen werden.

Neben diesen auf die Landesangelegenheiten beschränkten Befugnissen wurde aber den Landtagen (§. 19 LO.) auch das Recht eingeräumt zu berathen und Anträge zu stellen

a) über kundgemachte allgemeine Gesetze und Einrichtungen bezüglich ihrer besonderen Rückwirkung auf das Wohl des Landes und

b) auf Erlassung allgemeiner Gesetze und Einrichtungen, welche die Bedürfnisse und die Wohlfahrt des Landes erheischen. Dieser §. 19 der Landtagsordnungen erwies sich bald als von großer politischer, vielleicht vom Gesetzgeber nicht geahnter Tragweite. Denn er setzte die Landtage in den Stand, Anträge zu stellen auf Umänderung der wichtigsten Verfassungsgesetze und Staatseinrichtungen und Umgestaltung des Verhältnisses ihrer Länder zum Staatsganzen. Alle solche Anträge nähmlich bewegten sich noch immer im Rahmen des §. 19 lit. a. Auf diese Weise entstand vollkommen legal die bekannte Resolution des galizischen Landtags vom J. 1868.[127]

Außer dieser bisher erwähnten gesetzgeberischen Thätigkeit der Landtage kommt denselben die Verwaltung des gesammten wie immer beschaffenen Landesvermögens zu (§§. 20—25 LO.); nur bedürfen Veräußerungen, bleibende Belastungen oder Verpfändungen des Landes=Stammvermögens der kaiserlichen Genehmigung.

Reichen die ordentlichen Einkünfte aus dem Landesvermögen zur Bestreitung der Kosten der Landesbedürfnisse nicht aus, so kann der Landtag zur Bedeckung der Mehrerfordernisse Zuschläge zu den directen landesfürstlichen Steuern bis auf 10% derselben beschließen und einheben; höhere Zuschläge bedürfen jedoch der kaiserlichen Genehmigung.

§. 100. Die auf diese Weise in den 1860er und 1861er Gesetzen festgesetzten Wirkungskreise der Reichs= und der Landesvertretungen bedurften schon aus dem Grunde einer neuerlichen codificatorischen Formulirung, weil jene Gesetze noch an den, nie zu Stande gekommenen „weiteren" Reichsrath dachten und demselben auch alle, seither als zwischen Oesterreich und Ungarn „gemeinsam" bezeichneten Angelegenheiten zugewiesen hatten.

---

[127] Die am 24. September 1868 vom galizischen Landtag angenommene Resolution verlangte eine bedeutende Ausdehnung des Wirkungskreises des galizischen Landtages und die Theilnahme der galizischen Delegirten im Reichsrathe nur an zwischen Galizien und den deutsch-österr. Erbländern „gemeinsamen Angelegenheiten". Der Kreis der letzteren sollte aber so eng gezogen werden, wie dies zwischen Oesterreich und Ungarn der Fall ist.

Das Gesetz vom 21. Dec. 1867 Nr. 141, wodurch das Grundgesetz über die Reichsvertretung vom 21. Februar 1861 abgeändert wurde, bringt denn eine neuerliche weit ausführlichere Umschreibung des Wirkungskreises des österreichischen Reichsraths. Dieselbe lautet:

„Es gehören zum Wirkungskreise des Reichsraths

a) die Prüfung und Genehmigung der Handelsverträge und jener Staatsverträge, die das Reich oder Theile desselben belasten, oder einzelne Bürger verpflichten, oder eine Gebietsänderung der im Reichsrathe vertretenen Königreiche und Länder zur Folge haben;

b) alle Angelegenheiten, welche sich auf die Art und Weise so wie auf die Ordnung und Dauer der Militärpflicht beziehen, und insbesondere die jährliche Bewilligung der Anzahl der auszuhebenden Mannschaft und die allgemeinen Bestimmungen in Bezug auf Vorspannsleistung, Verpflegung und Einquartierung des Heeres;

c) die Feststellung der Voranschläge des Staatshaushaltes, und insbesondere die jährliche Bewilligung der einzuhebenden Steuern, Abgaben und Gefälle; die Prüfung der Staatsrechnungsabschlüsse und Resultate der Finanzgebahrung, die Ertheilung des Absolutoriums; die Aufnahme neuer Anlehen, Convertirung der bestehenden Staatsschulden, die Veräußerung, Umwandlung und Belastung des unbeweglichen Staatsvermögens, die Gesetzgebung über Monopole und Regalien und überhaupt alle Finanzangelegenheiten, welche den im Reichsrathe vertretenen Königreichen und Ländern gemeinsam sind;

d) die Regelung des Geld-, Münz- und Zettelbankwesens, der Zoll- und Handelsangelegenheiten so wie des Telegraphen-, Post-, Eisenbahn-, Schiffahrts- und sonstigen Reichscommunicationswesens;

e) die Credit-, Bank-, Privilegien- und Gewerbsgesetzgebung, mit Ausschluß der Gesetzgebung über die Propinationsrechte, dann die Gesetzgebung über Maß und Gewicht, über Marken- und Musterschutz;

f) die Medicinalgesetzgebung so wie die Gesetzgebung zum Schutze gegen Epidemien und Viehseuchen;

g) die Gesetzgebung über Staatsbürger- und Heimathsrecht, über Fremdenpolizei und Paßwesen so wie über Volkszählung;

h) über die confessionellen Verhältnisse, über Vereins- und Versammlungsrecht, über die Presse und den Schutz des geistigen Eigenthums;

i) die Feststellung der Grundsätze des Unterrichtswesens bezüglich der Volksschulen und Gymnasien, dann die Gesetzgebung über die Universitäten;

k) die Strafjustiz- und Polizeistraf- so wie die Civilrechtsgesetzgebung, mit Ausschluß der Gesetzgebung über die innere Einrichtung der öffentlichen Bücher und über solche Gegenstände, welche auf Grund der Landesordnungen und dieses Grundgesetzes in den Wirkungskreis der Landtage gehören, ferner die Gesetzgebung über Handels- und Wechselrecht, See-, Berg- und Lehenrecht;

l) die Gesetzgebung über die Grundzüge der Organisirung der Gerichts- und Verwaltungsbehörden;

m) die zur Durchführung der Staatsgrundgesetze über die allgemeinen

Gumplowicz, Das österr. Staatsrecht.   9

Rechte der Staatsbürger, über das Reichsgericht, über die richterliche, Regierungs- und Vollzugsgewalt zu erlassenden und dort berufenen Gesetze;

n) die Gesetzgebung über jene Gegenstände, welche sich auf Pflichten und Verhältnisse der einzelnen Länder unter einander beziehen;

o) die Gesetzgebung betreffend die Form der Behandlung der durch die Vereinbarung mit den zur ungarischen Krone gehörigen Ländern als gemeinsam festgestellten Angelegenheiten.

§. 101. Ein Vergleich dieser Aufzählung der in den Wirkungskreis des Reichsraths gehörenden Angelegenheiten und Gegenstände mit den bisherigen dießbezüglichen gesetzlichen Bestimmungen zeigt, welchen gewaltigen Schritt nach vorwärts, welche tiefgreifende Fortentwickelung die Institution des Reichsraths vom J. 1861 bis 1867 gemacht und durchgemacht hat. Was der Reichsrath durch die Ausgleichsgesetze an (wenn auch fictiver) Extensität eingebüßt hat, das gewann er durch obige Competenzbestimmungen an Intensität. Eine Fülle von Angelegenheiten, von denen es zweifelhaft sein konnte, ob sie in den Wirkungskreis des 1861er Reichsraths gehörten, wie z. B. Medicinalgesetzgebung, Heimathsrecht=-Fremdenpolizei=-Postwesens-Gesetzgebung, Feststellung der Grundsätze des Unterrichtswesens bezüglich der Volksschulen und Gymnasien u. s. w. u. s. w. sind hiemit unzweifelhaft dem Reichsrathe zugewiesen und eo ipso den Landtagen definitiv aberkannt worden.

Diese letzteren haben mit dem Gesetze vom J. 1867 ebenso viel eingebüßt, wie viel der Reichsrath an gesetzgeberischer Competenzfülle gewonnen hat. Während letzterer die höchste Stufe der Ausgestaltung seines Wirkungskreises erklommen: zeigt das alinea 1 des §. 12 desselben Gesetzes, das die Competenz der Landtage bestimmt, den Verlust an politischer Bedeutung, den dieselben erlitten: „Alle übrigen Gegenstände der Gesetzgebung, heißt es da, welche in diesem Gesetze dem Reichsrathe nicht ausdrücklich vorbehalten sind, gehören in den Wirkungskreis der Landtage der im Reichsrathe vertretenen Königreiche und Länder und werden in und mit diesen Landtagen verfassungsmäßig erledigt."

Nach der erschöpfenden Aufzählung der in den Wirkungskreis des Reichsraths gehörenden Agenden ist es klar, daß diese „übrigen Gegenstände" einzig und allein nur jene Angelegenheiten bilden können, welche sich ausschließlich auf das einzelne Land beziehen. Allerdings haben die meisten in die Reichsrathscompetenz gehörenden Gegenstände eine, so zu sagen, dem Lande zugekehrte Seite, d. h. ihre das Land angehende Anwendung und Durchführung, deren Modalitäten sehr wohl eine „Landesangelegenheit" bilden. Daher jener §. 19 der Landesordnungen vom J. 1861 der von der „besonderen Rückwirkung der allgemeinen Gesetze und Einrichtungen auf das Wohl des Landes" spricht, noch immer den Landtagen Gelegenheit giebt über all' und jedes, worüber Reichsgesetze erfließen, vom Standpunkte des Landes aus Anträge zu stellen; und dieses Recht der Landtage kann möglicherweise ein Correctiv zu weit gehender und übertriebener Gleichmachungstendenzen sein, denen sich die Reichsgesetzgebung hingeben würde — ebenso wie andererseits die dem Reichsrathe eingeräumte Competenz wirksam darüber wachen kann, daß sich in den einzelnen Ländern nicht particuläre mit dem Culturstandpunkte des Staates unvereinbare Gesetzgebungstendenzen und Eingriffe in verfassungsmäßig gewährleistete persönliche Freiheiten geltend machen.

So stellt sich denn das, auf jedem Schritt in einander greifende Räderwerk der gesetzgeberischen Competenzen des Reichsraths und der Landtage als eine heilsame gegenseitige Controle dar, welche bestimmt ist, das Gleichgewicht zwischen den berechtigten Anforderungen des Staates an die Länder und der Länder an den Staat aufrechtzuerhalten.

In allen den dem Wirkungskreise dieser Vertretungskörper zugewiesenen Gegenständen steht denselben das Recht der Initiative und zwar in der Form der Gesetzesvorschläge zu. (§. 13 Ges. v. 21. Dec. 1867 Nr. 141 und §. 17 der Landesordnungen).

Geschäftsordnung der Landtage.

§. 102. Sowohl die äußere wie die innere Geschäftsordnung der Landtage ist derjenigen des Reichsraths analog. Dieselben versammeln sich alljährlich über kaiserliche Einberufung in den Landeshauptstädten. Der Landeshauptmann (auch Landtagsmarschall genannt) oder dessen Stellvertreter, welche beide aus der Zahl der Landtagsabgeordneten vom Kaiser ernannt werden, eröffnet den Landtag und führt den Vorsitz in der Versammlung. Die Abgeordneten haben bei ihrem Eintritt in den Landtag dem Kaiser Treue und Gehorsam, Beobachtung der Gesetze und gewissenhafte Erfüllung ihrer Pflichten in die Hände des Landeshauptmannes an Eidesstatt zu geloben.

Die Landtagssitzungen sind in der Regel öffentlich. Die einzelnen Berathungsgegenstände gelangen vor den Landtag entweder als Regierungsvorlagen oder als Entwürfe des Landesausschusses oder endlich als Anträge einzelner Abgeordneten. Anträge wie Vorlagen werden vor ihrer Berathung in pleno speciellen Ausschüssen zur Vorberathung zugewiesen. Die Statthalter (Landespräsidenten) erscheinen im Landtag als Vertreter der Regierung. Kein Landtag darf mit Landtagen anderer Länder in Verkehr treten; auch dürfen die Landtage keinerlei Deputationen empfangen.

Ausführendes Organ des Landtags ist der Landesausschuß. Derselbe besteht aus Landtagsabgeordneten, welche vom Landtag in denselben entsendet und besoldet werden, sodann aus Beamten und dem nöthigen Personale nach Beschlüssen des Landtags. Der Landesausschuß besorgt alle Geschäfte der autonomen Landesverwaltung unter der Controle des Landtags, welcher die Instructionen für denselben beschließt.

Der croatisch-slavonische Landtag.

§. 103. Die Zusammensetzung desselben ist durch die Landtagsordnung vom J. 1870 (GA. II: 1870) normirt. Das Wahlgesetz vom Jahre 1881 wurde in Folge der Einverleibung der vormaligen croatisch-slavonischen Militärgränze mit Ges. vom 9. Sept. 1884 modificirt. Darnach besteht

9*

der croatifch=flavonifche Landtag aus 111 Abgeordneten, welche in ebenfo=
viel Wahlbezirken gewählt werden, zu benen noch eine Anzahl geiftlicher
Viriliften und die großjährigen Magnaten (Fürften, Grafen und Freiherren)
kommen. Die Wahlen find theils direct, theils indirect; zur Wahl berech=
tigt ein in verfchiedenen Bezirken verfchieden angefeßter Steuercenfus, aka=
bemifche Grade u. f. w.

Das paffive Wahlrecht befißt jeder Wähler, der des Schreibens kundig
ift. Nicht wählbar find außer ben activen Militärperfonen auch noch
Richter, Komitatsbeamte, Notare, Caffiere politifcher Gemeinden fo lange
fie im Amte find. — Die Abgeordneten werden auf drei Jahre gewählt;
der Landtag wählt aus feiner Mitte den Präfibenten und die beiden Vice=
präfidenten.

Die Delegationen.

104. Nach dem Gefeß (öfterr. StGG. 21. Dec. 1867 Nr. 146 RGB. und ung.
Gef.Art. XII. 1867) find die Delegationen berufen, das den Vertretungs=
körpern beiber Reichshälften zuftehende Gefeßgebungsrecht, infoweit
es fich um die gemeinfamen Angelegenheiten handelt, auszuüben. Da wir
nun wiffen, daß den Vertretungskörpern nur die Mitwirkung bei der Aus=
übung der gefeßgebenden Gewalt zufteht und die Delegationen nur biefes
Gefeßgebungsrecht mit Bezug auf gemeinfame Angelegenheiten auszuüben
haben, fo folgt baraus, daß die Delegationen berufen find, bei der Aus=
übung der gefeßgebenden Gewalt bezüglich der gemeinfamen Angelegenheiten
durch den Kaifer mitzuwirken, daß baher auch ihre Befchlüffe, fowie die
der anderen Vertretungskörper erft durch bie Sanction des Kaifers Gefeße
werden.

Die Delegationen beftehen aus zwei abgefonderten Vertretungen und
zwar aus der öfterreichifchen und der ungarifchen, von denen jebe 60 Mit=
glieder zählt.

Von biefen 60 Mitgliedern find in der öfterreichifchen Delegation 20
aus dem öfterreichifchen Herrenhaufe und 40 aus bem Abgeordnetenhaufe
gewählt. Während aber das Herrenhaus biefe 20 Mitglieder mittelft ab=
foluter Majorität aus dem ganzen Haufe wählt, werden die anberen
40 Mitglieder nicht durch das ganze Abgeordnetenhaus aus feiner Mitte, b. h.
aus dem ganzen Haufe, fondern je von den einzelnen aus den einzelnen
Königreichen und Ländern in's Abgeordnetenhaus entfendeten Abgeordneten=
gruppen (alfo curienweife) gewählt. Wie viel von biefen 40 Mitgliedern
der öfterreichifchen Delegation auf jede Abgeordnetengruppe entfällt, ift im
Gefeße (§. 8) beftimmt und zwar wählen mittelft abfoluter Stimmenmehr=
heit die

92	Abgeordneten aus	Böhmen	10
9	"	" Dalmatien	1
63		" Galizien	7
37		" Unteröfterreich	3
17		" Oberöfterreich	2
5		" Salzburg	1

9	„	Bukowina	1
36	„	Mähren	4
10	„	Schlesien	1
18	„	Tirol	2
3	„	Vorarlberg	1
4	„	Istrien	1
4	„	„ Görz und Gradisca	1
4	„	„ Triest	1
353 Abgeordnete			40 Mitglieder.

der österreichischen Delegation (Ges. v. 2. April 1873 Nr. 40 RGB.)

§. 105. In gleicher Weise wie die Mitglieder der Delegation wählen die beiden Häuser des Reichsraths die Ersatzmänner und zwar das Herrenhaus zehn, das Abgeordnetenhaus zwanzig.

Die Delegationen werden nur auf ein Jahr, das ist auf eine Session (Sitzungsperiode) des Reichsraths bezw. des Reichstags, gewählt. Mit Ablauf des Jahres oder dem Beginn einer neuen Session hört ihre Wirksamkeit auf. Doch können die Mitglieder immer wiedergewählt werden. Daher müssen auch die Delegationen alljährlich vom Kaiser einberufen werden, wobei auch der Ort der Zusammenkunft bestimmt wird. In der Regel werden dieselben alternirend das eine Jahr nach Wien und das andere nach Budapest einberufen. Jede Delegation wählt gesondert aus ihrer Mitte ihren Präsidenten, Vicepräsidenten und Schriftführer und stellt selbst ihre Geschäftsordnung fest.

Der Wirkungskreis der Delegationen beschränkt sich auf die gemeinsamen Angelegenheiten; andere Gegenstände sind von der Wirksamkeit der Delegationen ausgeschlossen. Da in diesem Wirkungskreise die auswärtigen Angelegenheiten liegen, so pflegt die Regierung den Delegationen die sog. Rothbücher, das ist die Sammlung diplomatischer Correspondenzen und Actenstücke, vorzulegen, um über ihre Thätigkeit in auswärtigen Angelegenheiten Rechenschaft abzulegen und auch ihre Forderungen bezüglich des Kriegswesens zu motiviren.

Die Reichsgewalt wird vor den Delegationen durch das gemeinsame Ministerium, d. i. durch die Minister des Auswärtigen, des Krieges und den gemeinsamen Finanzminister vertreten. Als Symbol der Absonderung und Getrenntheit der beiden Staaten Oesterreich und Ungarn ist der Grundsatz der Absonderung und Getrenntheit auch bei den Delegationen bezüglich ihrer Constituirung, ihrer Verhandlungen, Geschäftsbehandlung und des Verkehrs mit der Regierung strenge, vielleicht sogar zu pedantisch strenge durchgeführt. So wie sich jede der beiden Delegationen abgesondert, jede unter ihrem selbstgewählten Präsidenten constituirt, so verhandelt, berathet und beschließt auch jede für sich in abgesonderten Sitzungen. Selbstverständlich ist dabei die Verhandlungssprache der österreichischen Delegation bie beutſche, bie ber ungariſchen bie ungariſche. Daraus folgt auch, baß bie Regierungsvorlagen burch bas gemeinſame Miniſterium an jebe ber Delegationen abgeſonbert gelangen, an bie öſterreichiſche in beutſcher, an bie ungariſche in ungariſcher Sprache.

Aber ebenſo wie ber Grunbſaß ber Getrenntheit iſt auch ber, ber Parität mit großer Conſequenz feſtgehalten. Derſelbe tritt namentlich in bem gegenſeitigen Verkehr ber Delegationen hervor unb in jenem Ausnahmsfalle, wenn ber Zuſammentritt beiber Delegationen zu gemeinſchaftlicher Abſtimmung unvermeiblich wirb. Der regelmäßige Verkehr ber Delegationen nämlich geht auf bie Weiſe vor ſich, baß ſich bieſelben ihre Beſchlüſſe, ſowie erforberlichen Falles beren Motive, gegenſeitig mittheilen.

Dieſer Verkehr findet ſchriftlich ſtatt, auf Seite ber öſterreichiſchen Delegation in beutſcher, auf Seite ber ungariſchen Delegation in ungariſcher Sprache unb beiberſeits unter Anſchluß einer beglaubigten Überſeßung in ber Sprache ber anberen Delegation. Zu allen Geſeßen in Angelegenheiten bes Wirkungskreiſes ber Delegationen iſt bie Übereinſtimmung beiber Delegationen unb bie Sanction bes Kaiſers erforberlich. Dieſe Übereinſtimmung wirb in ber Regel burch bie gegenſeitige Mittheilung ber Beſchlüſſe zu erreichen verſucht; ſinb nämlich bie Beſchlüſſe gleichlautenb, ſo iſt bie Übereinſtimmung erzielt. Läßt ſich aber auf bieſe Weiſe nach breimaliger vergeblicher gegenſeitiger Mitteilung ber „Nuntien" eine Uebereinſtimmung nicht erzielen, ſo treten ausnahmsweiſe beibe Delegationen zu einer gemeinſamen Sißung zuſammen (§. 31). Den bezüglichen Antrag kann jebe Delegation ſtellen. Der Zuſammentritt erfolgt lebiglich zum Zwecke ber gemeinſchaftlichen Abſtimmung; jebe Verhanblung unb Debatte iſt babei ausgeſchloſſen. Da in bieſer gemeinſchaftlichen Sißung bie Beſchlüſſe mit abſoluter Stimmenmehrheit gefaßt werben, ſo iſt es leicht möglich, für einen Antrag, ber in einer ber beiben Delegationen keine Majorität erlangen konnte, eine ſolche bei ber gemeinſamen Abſtimmung zu erlangen. Allerbings kann babei ſehr wohl bie Majorität einer Delegation von ber ihr gegenüberſtehenben Minorität mit Zuhilfenahme ber Majorität ber anberen Delegation überſtimmt werben.

Die Rechte der Delegationen und ihrer Mitglieder.

§. 106. Die Delegationen haben bezüglich ihres Wirkungskreiſes bieſelben parlamentariſchen Rechte, wie bie Vertretungskörper, aus benen ſie hervorgehen. Jeber Delegation ſteht alſo bas Recht zu, in Gegenſtänben ihres Wirkungskreiſes Vorſchläge zu machen (§. 14); bie Miniſter über Angelegenheiten ihres Reſſorts zu interpelliren (§. 28); enblich ſteht ben Delegationen bas Recht zu, bas gemeinſame Miniſterium ober einzelne Mitglieber beſſelben zur Verantwortung zu ziehen. Zu bieſem Zwecke kann, bei Verleßung eines für bie gemeinſamen Angelegenheiten beſtehenben verfaſſungsmäßigen Geſeßes, jebe Delegation einen ber anberen Delegation mitzutheilenben Antrag auf Anklage ſtellen. Derſelbe wirb jeboch erſt rechtskräftig, wenn er von beiben Delegationen, ſei es von jeber abgeſonbert ober in gemeinſchaftlicher Plenarſißung zum Beſchluſſe erhoben wirb.

Für solche allenfalls denkbare Ministerprocesse besteht kein ständiger Gerichtshof, doch ist die Bildung und Zusammensetzung eines solchen im Gesetze vorgesehen (§. 17). Die näheren Bestimmungen jedoch über die Anklage, das Verfahren und die Erkenntnisse in solchen Processen soll ein eigenes Gesetz erst feststellen, welches bisher noch nicht geschaffen wurde.

Die Mitglieder der Delegationen stehen unter dem Schutze derselben **§. 107.** Immunität, die ihnen als Mitgliedern ihrer Vertretungskörper zukommt, aber ebensowenig wie als Abgeordnete dürfen sie als Delegirte Instructionen von ihren Wählern annehmen. Ihr Stimmrecht müssen sie persönlich ausüben; ist ein Mitglied der Delegation dauernd verhindert, sein Mandat auszuüben, so ist eine neue Wahl vorzunehmen. Ist aber zu der Zeit der Reichsrath (bezw. Reichstag) nicht versammelt, so tritt an die Stelle des abgängigen Delegirten dessen Ersatzmann.

Die Sitzungen der Delegationen sind in der Regel öffentlich. Ausnahmsweise unter gewissen Bedingungen (§. 29) kann die Oeffentlichkeit ausgeschlossen werden. An allen Berathungen der Delegationen sind die gemeinsamen Minister theilzunehmen berechtigt. Sie können die Regierungsvorlagen persönlich vertreten oder durch Regierungsbeamte vertreten lassen. Sie haben das Recht, jedesmal gehört zu werden.

Die Session der Delegationen wird durch die Präsidenten derselben nach Beendigung der Geschäfte mit kaiserlicher Genehmigung oder über Auftrag des Kaisers geschlossen. —

Da sich das Ausgleichsgesetz v. 21. Dec. 1867 nicht nur auf die gemeinsamen Angelegenheiten, sondern auch auf jene Angelegenheiten erstreckt, welche zwar nicht gemeinsam verwaltet, jedoch nach gleichen von Zeit zu Zeit zu vereinbarenden Grundsätzen behandelt werden (§. 2), so stellt dasselbe auch die Modalität fest, nach welcher bei solchen Angelegenheiten vorgegangen werden solle, um identische Beschlüsse beider Parlamente herbeizuführen.

Und zwar erfolgt die Vereinbarung in Betreff dieser Gegenstände entweder dadurch, daß die verantwortlichen Ministerien im gemeinschaftlichen Einvernehmen einen Gesetzentwurf ausarbeiten und den betreffenden Vertretungskörpern beider Teile zur Beschlußfassung vorlegen und die übereinstimmenden Bestimmungen beider Vertretungen dem Kaiser zur Sanction vorgelegt werden, oder daß die beiden Vertretungskörper jeder aus seiner Mitte eine gleich große Deputation wählen, welche unter Einflußnahme der betreffenden Ministerien einen Vorschlag ausarbeiten, welcher dann durch die Ministerien jedem Vertretungskörper mitgetheilt, von denselben ordnungsmäßig behandelt und die übereinstimmenden Beschlüsse beider Vertretungen dem Kaiser zur Sanction unterbreitet werden. Der zweite Vorgang gilt speciell bei der Vereinbarung über das Beitragsverhältniß zu den Kosten der gemeinsamen Angelegenheiten (§. 36).

VI. Buch.

Die Justizgewalt.

Justizverfassung.

§. 108. Die Josephinische „Justizregulirung" muß als der Anfang und die Grundlage der heutigen Justizverfassung Oesterreichs betrachtet werden.[128] Mittelst derselben erfolgte im Prinzip die Aufhebung aller Privat= d. h. Patrimonialjustiz. Die Staatsgewalt ward damit in die ihr zukommende Gerichtsgewalt eingesetzt. Allerdings konnte dieses Prinzip nicht gleich durch= geführt werden; der damalige Staat hatte nicht die Macht und die Mittel dazu.

Im großen Ganzen wurden ordentliche allgemeine Gerichtsbehörden für Civil= und Strafgerichtsbarkeit und neben denselben Specialgerichte (Mer= cantil=, Berg=, Lehen=, See=Gerichte) geschaffen. Doch blieb die Gerichts= barkeit am Lande bei den Grundherrschaften, wiewohl jetzt nicht mehr aus eigenem Rechte, sondern im übertragenen Wirkungskreise unter Controle und Aufsicht staatlicher Behörden.

Erst die Märzverfassung 1849 enthält die klare und unzweideutige Bestimmung: „Alle Gerichtsbarkeit geht vom Reiche aus. Es sollen in Hin= kunft keine Patrimonialgerichte bestehen" (§. 100). Dabei verkündet diese Verfassung zum ersten Male in Oesterreich den modernen Grundsatz: „Rechts= pflege und Verwaltung sollen getrennt sein", der aber wieder erst 1868 endgiltig (soweit es überhaupt möglich ist) durchgeführt wurde.

§. 109. Die richterliche Gewalt wird im Namen des Kaisers durch Gerichte geübt, die eine gesetzliche feste Organisation haben und deren Mitglieder eine verfassungsmäßig gewährleistete Stellung genießen. (StGG. 21. Dec. 1867 Nr. 144 RGB., Ges. 11. Juni 1868 Nr. 59 RGB., ung. Ges. Art. VI: 1869). Die gegenwärtige Organisation der österreichischen Gerichte I. und II. In=

---

[128] Ueber die Geschichte der österreichischen Gerichtsverfassung bis auf die neueste Zeit vergl. Domin=Petrushevez: Neuere österreichische Rechtsgeschichte. Wien 1869. Ferner: Canstein: Lehrbuch der Geschichte und Theorie des öster= reichischen Civilprocesses. Berlin 1880. Ueber die „principielle und bedeutende Aenderung" der Gerichtsverfassung unter Kaiser Josef II. vergl. daselbst Bd. I S. 156 ff. Für die Zeit bis zum 16. Jahrhundert ist sehr werthvoll Luschin's Geschichte des älteren Gerichtswesens in Oesterreich ob und unter der Enns. Weimar 1879.

Die gegenwärtige Organisation der Justizgewalt ist ausführlich dargestellt in Kaserer: Handbuch der österreichischen Justizverwaltung. Wien 1884. 4 Bände.

ſtanz beruht auf ber a. h. Entſchließung vom 14. September 1852 Nr. 10 RGB. ex 1853. Die Gerichte ſind in der Regel in drei Inſtanzen ab- geſtuft und zwar beſtehen in Oeſterreich in jedem Kronlande als erſte Inſtanz **Bezirksgerichte**[129]) und **Gerichtshöfe**, die in den Hauptſtädten die Be- zeichnung k. k. **Landesgerichte**, in anderen Städten k. k. **Kreisgerichte**[130]) führen. Von dieſen ſind die Bezirksgerichte Einzelgerichte, die Gerichtshöfe (Landes- und Kreisgerichte) ſind Collegialgerichte. Als zweite Inſtanz über dieſen Gerichten beſtehen Oberlandesgerichte, jedoch nicht in jedem Kronlande, da von den kleineren Kronländern mehrere einem Oberlandesgerichte unter- ſtehen, alſo zuſammen einen Oberlandesgerichtsſprengel bilden;[131]) als dritte Inſtanz über alle obigen Gerichte in den öſterreichiſchen Kronländern beſteht der oberſte Gerichts- und Caſſationshof in Wien, deſſen Wirkungskreis durch das Patent vom 7. Auguſt 1850 feſtgeſtellt wurde.[132]) Dieſe Gerichte üben ſowohl die Civil- wie die Strafgerichtsbarkeit, gemäß den gehörig kund- gemachten und in Kraft beſtehenden Geſetzen.

Nach dem StGG. ſollen die Verhandlungen vor dem erkennenden Richter ſowohl in Civil- als Strafrechtsangelegenheiten mündlich und öffentlich ſein. Dieſe Beſtimmung bedarf aber, um durchgeführt werden zu können, entſprechender Proceßgeſetze. Für das Strafverfahren iſt ein ſolches bereits unterm 23. Mai 1873 (Straf-Proceßordnung) erſchienen und in Kraft getreten; für das Civil- verfahren iſt dieſes noch nicht der Fall, ſo daß die obige ſtaatsgrundgeſetz- liche Beſtimmung noch nicht ins Leben treten konnte. Nachdem das StGG. über die richterliche Gewalt (Art. 11) feſtſetzte, daß bei den mit ſchweren Strafen bedrohten Verbrechen, welche das Geſetz zu bezeichnen hat, ſowie bei allen politiſchen oder durch den Inhalt einer Druckſchrift verübten Ver- brechen und Vergehen, Geſchworene über die Schuld des Angeklagten zu entſcheiden haben: ſo hat in Ausführung dieſer ſtaatsgrundgeſetzlichen Beſtimmung die Strafproceßordnung vom 23. Mai 1873 (§§. 297—351) neben den ordentlichen Gerichten erſter Inſtanz Geſchworenengerichte organiſirt. Dieſelben werden an dem Sitze jedes Gerichtshofes erſter Inſtanz (alſo Landes- gerichtes und Kreisgerichtes) alle drei Monate zu einer **ordentlichen Schwur- gerichtsſitzung** vereinigt. Jedes Geſchworenengericht beſteht aus einem aus drei Berufsrichtern gebildeten Gerichtshofe und der aus zwölf Geſchworenen gebildeten Geſchworenenbank. Die Geſchworenen können auch zu außer- ordentlichen Sitzungen einberufen werden; auch können die Sitzungen ſtatt am Sitze des Gerichtshofes aus beſonders wichtigen Gründen auf Beſchluß des Gerichtshofes II. Inſtanz an einem anderen Orte abgehalten werden.

Ein noch weiter gehendes Recht, namentlich das der zeitweiligen Ein- ſtellung der Wirkſamkeit des Geſchworenengerichtes, ſteht der

[129]) Eingeführt in ihrer heutigen Geſtalt mit Geſetz vom 11. Juni 1868 RGB. Nr. 59. Es giebt deren in Oeſterreich zuſammen 915.

[130]) Eingeführt im Jahre 1852. Landes- und Kreisgerichte zuſammen giebt es in Oeſterreich 64.

[131]) Im Ganzen giebt es in Oeſterreich 9 Oberlandesgerichte.

[132]) Er iſt hervorgegangen aus der von der Kaiſerin Maria Thereſia 1749 in Wien creirten oberſten Juſtizſtelle vergl. Maasburg, Geſchichte der oberſten Juſtizſtelle in Wien. 1879.

Regierung auf Grund des Gesetzes vom 23. Mai 1873 N. 120 RGB. zu. Sie kann davon Gebrauch machen, so oft Thatsachen hervortreten, „welche dieß zur Sicherung einer unparteiischen und unabhängigen Rechtssprechung als nothwendig erscheinen lassen" (§. 1). Ein solche Einstellung kann nur nach Anhörung des obersten Gerichtshofes durch eine Verordnung des Gesammtministeriums unter dessen Verantwortlichkeit erfolgen. Doch ist die Regierung verpflichtet, eine solche Verordnung vor dem Reichsrath zu rechtfertigen und dieselbe auf Verlangen auch nur eines der Häuser desselben aufzuheben.

Justiz und Verwaltung.

§. 110. Der Grundsatz der Trennung der Rechtspflege von der Verwaltung, der seit Montesquieu theils als Garantie der Unparteilichkeit der Richter, theils als Ausfluß zweckmäßiger Arbeitstheilung von der Theorie vertheidigt und dessen Durchführung seither von der öffentlichen Meinung immer wieder gefordert wurde[183]), ist durch das Staatsgrundgesetz vom 21. December 1867 N. 144 RGB. sanctionirt (Art. 14).[184]) In der Wirklichkeit kann dieser Grundsatz nur bis zu einem gewissen Grade durchgeführt werden, da die vollkommene Trennung der Rechtspflege von der Verwaltung theils unmöglich, theils unpraktisch wäre. So üben denn die Verwaltungsbehörden nothwendigerweise eine gewisse Civil- und Strafjurisdiction[185]), wie andererseits die Gerichtsbehörden noch immer als die geeignetsten angesehen werden müssen zur Uebung gewisser Verwaltungsangelegenheiten (sog. freiwillige Gerichtsbarkeit).

Der Grundsatz der Trennung der Justiz von der Verwaltung ist in einem wesentlichen Punkte nicht durchführbar, d. i. in der Verwaltung der Justiz selbst. Die Gerichte verwalten sich nicht selber: sie werden von einer staatlichen Verwaltungsbehörde (Justizministerium), der sie in dieser Beziehung unterstehen, verwaltet. Das ist der unvermeidliche Punkt, wo das Richteramt mit der Verwaltung des Staates zusammenhängt und derselben untersteht.

---

[183]) In Oesterreich tritt für strenge Trennung der Justiz von der Verwaltung Pratobevera ein in der Abhandlung: Ueber die Gränzlinien zwischen Justiz- und politischen Gegenständen (Materialien für Gesetzkunde und Rechtspflege. Wien 1814).

[184]) In Ungarn durch Gesetzartikel IV: 1869, §. 1, worin zugleich den Verwaltungs- und Gerichtsbehörden die gegenseitigen Eingriffe in ihre Wirkungskreise untersagt sind.

[185]) Auf Grund der Ministerialverordnung vom 7. December 1856 RGB. Nr. 224 gehören zur Competenz der politischen Behörden die Dienststreitigkeiten zwischen Dienstgebern und Dienstboten, zwischen Gewerbsleuten oder Fabriksinhabern und ihren Gesellen, Lehrjungen und anderen Hilfsarbeitern, welche aus dem Dienst- oder Lehrvertrage hergeleitet werden, in der Zeit des dauernden Dienstverhältnisses oder 30 Tage nach dessen Ablauf. Nach dieser Frist angebrachte Klagen gehören vor die ordentlichen Gerichte. Mit Ministerialverordnung vom 15. März 1860 RGB. Nr. 73 sind den obigen Streitparteien noch hinzugefügt die Land- und Forstwirthe und deren Hilfsarbeiter und Taglöhner.

Doch wird dem Grundsatze der Trennung der Justiz von der Verwaltung insofern Rechnung getragen, daß der Wirkungskreis des Justizministeriums derart festgesetzt ist, daß die demselben übertragene „Leitung des ganzen Justizwesens" keinerlei Einflußnahme auf das Meritorische der Rechtsprechung involvire. Diese Abgränzung des Wirkungskreises des Justizministeriums ist aus dem Grunde schwierig, weil es leicht vorkommt, daß eine scheinbare Verwaltungsmaaßregel sich zu einer Alterirung und Beeinflussung der Rechtsprechung gestaltet.

Zwei Beispiele mögen diesen Satz erläutern. Wenn die Festsetzung der Gerichtssprache als ein Act der Verwaltung (wenn auch in Ausführung und Anwendung der bestehenden Gesetze) angesehen wird, dann könnte es leicht geschehen, daß durch eine Verordnung des Justizministeriums in gemischtsprachigen Bezirken bezüglich des Gebrauches e i n e r Gerichtssprache der Gang der Rechtsprechung zu Ungunsten des einen Theiles der Bevölkerung und zu Gunsten des anderen alterirt werden könnte; auch könnte unter Umständen durch eine bloße Sprachenverordnung der ordentliche Richter in die Unmöglichkeit versetzt werden, den ihm gesetzlich zuständigen Parteien Recht zu sprechen, was eventuell den Grundsatz, „keine Partei dürfe ihrem zuständigen Richter entzogen werden", umstoßen könnte.

Ein zweites Beispiel. Wenn die Aenderung des Gerichtsbezirkes als ein Act purer Verwaltung aufgefaßt würde, so könnte unter Umständen das Justizministerium durch eine bloße Verordnung, mit welcher eine Gerichtssprengel-Aenderung vorgenommen würde, eine Streitpartei ihrem zuständigen Richter entziehen.

Daraus erhellt die Wichtigkeit der genauen Festsetzung der Gränze des Wirkungskreises der Justizverwaltung gegenüber dem Richteramte und der Rechtsprechung, damit durch die Vermischung und Uebertretung dieser Gränze der Grundsatz der Trennung der Justiz von der Verwaltung nicht verletzt werde. — Ausschließlich von diesem Gesichtspunkte aus ist an dieser Stelle der Wirkungskreis des Justizministeriums zu erörtern.[136])

Das Justizministerium und das Richteramt.

Schon der Justizministerial-Erlaß vom 21. August 1848, mit dem auf Grund a. h. Genehmigung vom 19. August 1848 der Wirkungskreis des neu geschaffenen Justizministeriums festgesetzt wurde, verordnet, daß „die Gerichtsbehörden das Richteramt in allen Beziehungen völlig unabhängig von dem Justizministerium nach den bestehenden Gesetzen zu verwalten (b. h. zu üben) haben" (§. 4). Diese Bestimmung, die von dem Staatsgrundgesetze vom 21. December 1867 über die richterliche Gewalt nur bestätigt und befestigt wurde, bildet zugleich die gesetzliche Schranke für die Wirksamkeit jener „Belehrungen über die Anwendung der Gesetze", welche nach dem §. 1 al. 2 des obigen Ministerial-Erlasses vom 21. August

§. 111.

---

[136]) Der rein administrative Wirkungskreis des Justizministeriums kommt weiter unten bei der Organisation der Verwaltung zur Darstellung (s. Buch VII).

1848 der Justizminister an die Gerichte zu erlassen befugt ist. Solche Belehrungen können gegenwärtig für den Richter, der nach dem Gesetze Recht zu sprechen berufen ist und sogar über die Gültigkeit von Verordnungen entscheiden darf, nicht bindend sein.

Auch die Vorschriften, die mit dem Erlasse des Justizministeriums vom 30. Juni 1852 auf Grund der a. h. Entschließungen vom 12. April und 27. Mai 1852 über den allgemeinen Wirkungskreis aller Ministerien und den besonderen des Justizministeriums kund gemacht wurden[137]), können in Bezug auf die Gerichte gegenwärtig nur insofern als geltend angesehen werden und sind für sie nur insofern bindend, inwieferne durch die in diesem Wirkungskreise geübte Amtsgewalt des Justizministeriums der §. 6 des Staatsgrundgesetzes vom 21. December 1867 N. 144 RGB. über die Unabhängigkeit und Selbständigkeit der Richter in Ausübung ihres richterlichen Amtes nicht beeinträchtigt erscheint.

In dieser Richtung hat auch die seitherige Gesetzgebung einige positive Bestimmungen erlassen.

So kann das Justizministerium Aenderungen in der Territorialabtheilung der Gerichtssprengel durch Ausscheidung oder Zuweisung einzelner Bezirksgerichte oder durch Vereinigung bestehender oder Errichtung neuer im Verordnungswege nur nach Einholung oder Entgegennahme des Gutachtens der Landtage vornehmen, da eine solche Aenderung die Stellung der Richter der betreffenden Gerichtshöfe ändern kann.[188])

§. 112.　Dagegen giebt es kein Gesetz, welches die Gränze des Bestimmungsrechtes über die Gerichtssprache zwischen Justizministerium und Gerichten genau festsetzen würde. Beim Mangel einer solchen Competenzabgränzung war es nicht zu vermeiden, daß in früheren Zeiten und zwar bis zur Staatsgrundgesetzgebung von 1867 das Justizministerium auf Grund der ihm zustehenden Leitung und Aufsicht des gesammten Gerichtswesens sich auch zur Regelung und Festsetzung der Gerichtssprache im Verordnungswege für berufen erachtete.[139]) Nachdem jedoch das Staatsgrundgesetz bezüglich aller Sprachen der Monarchie den Grundsatz der „Gleichberechtigung" verkündete, mußte das Justizministerium seiner Competenz in dieser Be-

---

[137]) Bei Kaserer I 22 ff.

[138]) Gesetz vom 27. April 1872 RGB. Nr. 62 und 11. Juni 1868 RGB. Nr. 59.

[139]) Daher erfolgten auch diese Regelungen im Sinne und Geiste der jeweiligen Regierungspolitik. So wurde z. B. in Galizien unter Kaiser Josef II. (Patent vom 1. December 1785) die deutsche Sprache als Gerichtssprache eingeführt; im Jahre 1848 erfolgte durch die Macht der Verhältnisse eine geringe Modification der langjährigen Uebung und wurde die polnische Sprache theilweise als Gerichtssprache zugelassen; mit dem Ministerialerlaß vom 22. October 1852 wurde dann wieder die deutsche Sprache als innere Dienstsprache und vorwiegende Verhandlungssprache („im Allgemeinen als Gerichtssprache" sagt der Justizministerialerlaß vom 28. Jänner 1856) eingeführt, welche Maßregel wieder mit Justizministerialerlaß vom 23. Februar 1868 rückgängig gemacht wurde. Aehnliche Wandlungen machte die Gerichtssprache in anderen Kronländern durch, indem sie überall von der obersten Justiz-Verwaltungsbehörde, dem Justizministerium, im Geiste der jeweiligen Politik geregelt wurde.

ziehung engere Schranken ziehen und zog sich auf den Standpunkt der Interpretation des Gesetzes und der Aufsicht über die Ausführung desselben zurück. Doch hält es noch immer daran fest, daß die Interpretation dieses Gesetzes in seinem Wirkungskreise liege, also eine Verwaltungssache sei und daß es ihm zustehe, in Ausführung dieser gesetzlichen Bestimmungen über die Gleichberechtigung der Sprachen den Gerichten Weisungen und Befehle über die Gerichtssprache zu ertheilen.[140])

Das, was man „Unabhängigkeit des Richterstandes" nennt und das in der That in der dem Richter gesetzlich zustehenden Freiheit besteht, seine Entscheidungen und Entschlüsse ohne Einflußnahme irgend einer staatlichen Gewalt und ohne dafür irgend einer Staatsgewalt verantwortlich zu sein, zu fassen; diese Unabhängigkeit hat ihre Quelle darin, daß der Staat an der Uebung der bürgerlichen Rechtssprechung nur ein formales Interesse hat — nämlich, daß streitige Rechtsverhältnisse unter Staatsbürgern durch Gerichte nach den bestehenden Rechtsregeln geordnet werden; er hat an dem Richterspruche kein meritorisches Interesse, d. h. es ist ihm gleichgültig, ob in dem Rechtsstreite A oder B obsiegt — es liegt ihm nur daran, daß der Streit die staatliche Rechtsordnung nicht aufhebt, vielmehr in den Schranken derselben geschlichtet werde. Daher braucht der Staat dem Richter für seine Thätigkeit keine andere Richtschnur zu geben, als das Gesetzbuch — mit dem Auftrage „darnach Recht zu sprechen". So weit geht jedoch seine

§. 113.

---

[140]) Dieser Standpunkt des Justizministeriums tritt in dem Ministerialerlaß vom 18. April 1882 8. 20513 ex 1881 hervor. Da betont das Justizministerium zum ersten Male, daß „die Execution sich in dem Rahmen der gesetzlichen Bestimmungen zu bewegen" habe und daß mit Bezug auf die Gerichtssprache diese Bestimmungen durch die allgemeine Gerichtsordnung und das Gesetz über Verfahren außer Streitsachen gegeben sind. Das frühere Vorgehen des Justizministeriums in dieser Angelegenheit wird damit begründet, daß das Justizministerium „den im Flusse befindlichen thatsächlichen Verhältnissen schrittweise gefolgt" sei und die Justizministerialerlässe über die Gerichtssprache werden im Sinne des Art. 11 des Staatsgrundgesetzes vom 21. December 1867 über Ausübung der Regierungsgewalt „als Verordnungen und Befehle der mit der Durchführung der Justizeinrichtungen betrauten obersten Staatsbehörde" charakterisirt. Die Competenzgränze aber bezüglich des Bestimmungsrechtes über die Gerichtssprache faßt das Justizministerium folgendermaßen auf: Nur der Regierungs- und Vollzugsgewalt stehe es zu, das Factum festzustellen, ob eine Sprache so weit entwickelt sei, daß sie im Sinne des Gesetzes zu dem Gerichtsgebrauch geeignet sich darstelle. Den Gerichten aber bestreitet der Justizministerialerlaß das Recht, „dieses Factum von Fall zu Fall einer Untersuchung zu unterziehen und der Eventualität widerspruchsvoller Entscheidungen auszusetzen." So hält es z. B. der Justizminister „nicht für die Aufgabe der Gerichte, einer Sprache, welche die Staatsverwaltung als eine landesübliche anerkennt, den ihr durch das Gesetz verbürgten Zutritt zu Gericht dauernd zu verwehren," womit er für die Verwaltung das Recht in Anspruch nimmt, die Worte des Gesetzes („landesübliche Sprache") für die Gerichte in bindender Weise zu interpretiren. Bekanntlich steht dieses Recht bezüglich der Interpretation des Privatrechtsgesetzes der Verwaltung nicht zu: allerdings haben wir es hier mit einer staatsrechtlichen Bestimmung zu thun, die sich in einem Paragraphen der Gerichtsordnung befindet. Und das ist der tiefere Grund, warum sich über diese Bestimmung die Staatsverwaltung ihr Interpretationsrecht vorbehalten muß.

Unabhängigkeit nicht, die Rechtsprechung zu verweigern; thut er dieß, wird er in gesetzlicher Form seines Amtes enthoben. Recht zu sprechen ist seine Pflicht: nur auf die inneren Gründe seiner Entscheidung enthält sich der Staat jeder Einflußnahme; hier ist der Richter unabhängig und wegen dieser Entscheidung, wegen seines Rechtsspruches darf er zu keiner Verantwortlichkeit gezogen werden, wie denn auch der Staat an dem Meritum dieses Rechtsspruches keinerlei Interesse hat.

Aber dieser Indifferentismus des Staates dem meritorischen Inhalt des Rechtsspruches gegenüber, bezieht sich nur auf das Civil- oder bürgerliche Rechtsgebiet. Anders schon verhält sich der Staat dem Strafrichter gegenüber. Da es der Strafrichter mit den Verletzungen der öffentlichen Rechtsordnung im Gegensatz zur Privatrechtsordnung, ja zum Theile mit Verletzungen der Herrschaftsorganisation des Staates selbst zu thun hat, so kann sich der Staat einer gewissen Einflußnahme auf den Gang des Strafprocesses nicht entäußern; er übt diesen Einfluß in den Schranken des Gesetzes durch das Organ der Staatsanwaltschaft.

Zu diesem Zwecke ist in Oesterreich bei jedem Gerichtshofe erster Instanz ein Staatsanwalt, bei jedem Gerichtshofe zweiter Instanz ein Oberstaatsanwalt und bei dem obersten Gerichtshofe ein Generalprocurator mit der erforderlichen Anzahl von Stellvertretern (Substituten) bestellt (§. 29 StPO.). Da es die Aufgabe der Staatsanwälte ist, „das Interesse des Staates zu wahren" (§. 30 StPO.), so sind sie vom Gerichte, bei dem sie fungiren, unabhängig, hingegen dem Justizministerium als ihrer vorgesetzten staatlichen Behörde untergeordnet. Den Wirkungskreis der Staatsanwälte setzt die Strafproceßordnung fest. Darnach hat der Staatsanwalt bei dem Gerichtshofe erster Instanz sich „an allen Vorerhebungen, Voruntersuchungen und Hauptverhandlungen wegen Verbrechen und Vergehen, sowie an den beim Gerichtshofe erster Instanz stattfindenden Berufungsverhandlungen über Entscheidungen der Bezirksgerichte und bei den Sitzungen der Geschworenengerichte zu betheiligen" (§. 31). Ferner steht ihm die Betheiligung an allen Disciplinarverfahren gegen Richter und Notare zu, wie er auch in Fällen der Einleitung des standrechtlichen Verfahrens u. dergl. gehört werden muß. Den Oberstaatsanwälten liegt auch die „Verwaltung und Beaufsichtigung" aller Strafanstalten ob. (Verordnung des Staats- und Justizministeriums vom 25. October 1865 RGB. 105.)

Der Geschäftskreis des Generalprocurators am Cassationshofe endlich umfaßt außer der staatsanwaltlichen Theilnahme an den Gerichtsverhandlungen noch das hochwichtige Recht, gegen Urtheile der Strafgerichte, welche irgend eine Verletzung des Gesetzes enthalten, die Nichtigkeitsbeschwerde zur Wahrung des Gesetzes zu erheben. (§. 33 StPO.)

Auch hat sich der Staat den Strafgerichten gegenüber das Recht vorbehalten für den Fall, wenn ihre Rechtsprechung seinen obersten Interessen nicht genügenden Schutz bieten würde, dieselben aufzuheben und einen „Ausnahmszustand" einzuführen — ein Recht, auf welches er den Civilgerichten gegenüber verzichtet.

Verantwortlichkeit für richterliche Amtshandlungen.

Die Unabhängigkeit der richterlichen Beamten findet ihre nothwendige §. 114.
Ergänzung beziehungsweise ihre Correctur in der Ersatzpflicht derselben
und des Staates für dieselben in dem Falle, wenn sie in der Ausübung
ihres richterlichen Berufes durch Uebertretung ihrer Amtspflicht einer Partei
eine Rechtsverletzung und dadurch einen Schaden zufügten. Der Grund=
satz dieser Haftpflicht des Gerichtsherrn für die richterliche Amtshandlung
datirt aus der Zeit des Absolutismus; mit dem Hofdecrete vom 4. Jänner
1787 Nr. 609 wurde die „Herrschaft oder Gemeinde" für jedes Ver=
schulden der Gerichtsverwalter oder Magistrate, der Partei gegenüber ver=
antwortlich und ersatzpflichtig erklärt. Damals war es der absolute Staat,
der sich zum Richter über die Patrimonial= und Gemeindegerichtsbarkeit in
den Fällen ungerechten und ungesetzlichen Vorgehens gegenüber den Parteien,
aus eigener Machtvollkommenheit erklärte. Als dann die Patrimonial=
und Gemeindegerichtsbarkeit auf den Staat überging, ließ man das einmal
anerkannte Recht der Partei auf Ersatzforderung aus dem Titel ungesetz=
lichen Vorgehens der richterlichen Functionäre bestehen. Erst knapp vor
den Märztagen, denn unterm 29. Jänner 1848 wurde die Haftung des
Staates aufgehoben und nur die der Dominien und Gemeinden belassen.
Das Patent vom 28. Juni 1856 restituirte den alten Grundsatz der Er=
satzpflicht des Gerichtsherrn, also diesmal bereits ausschließlich des Staates.
Doch wurde zur Durchführung dieses neuerdings anerkannten Grundsatzes
ein sehr mangelhaftes Gesetz (vom 12. März 1859) erlassen. Eine voll=
ständige Ersatzpflicht des Staates für, den Parteien im Rechtswege ungerecht=
fertigterweise zugefügten Schaden, statuirte sodann das Preßgesetz vom
17. Dec. 1862.[141] Endlich ward diese Ersatzpflicht des Staates und das
Klagerecht der Partei im Art. 9 des StGG. vom 21. Dec. 1867 über
die richterliche Gewalt ausdrücklich festgesetzt und die Regelung desselben
durch ein besonderes Gesetz in Aussicht gestellt und erfolgte mit Ges. v.
12. Juli 1872 RGB. Nr. 112, welches das „Verfahren wegen Ersatz=
ansprüche gegen richterliche Beamte" als eine besondere Proceßart feststellt.[142]

---

[141] Im §. 10, wo es sich um Erlöschung oder Aufhebung einer Beschlag=
nahme von Druckschriften handelt.

[142] Die wichtigsten Bestimmungen dieses Gesetzes sind: Wenn ein richterlicher
Beamter in der Ausübung seiner amtlichen Wirksamkeit durch Uebertretung seiner
Amtspflicht einer Partei eine Rechtsverletzung und dadurch einen Schaden zugefügt
hat, gegen welchen die im gerichtlichen Verfahren vorgezeichneten Rechtsmittel eine
Abhilfe nicht gewähren, so ist die beschädigte Partei nach Maaßgabe dieses Gesetzes
berechtigt, den Ersatz des Schadens mittelst Klage gegen den schuldtragenden
richterlichen Beamten allein, oder gegen den Staat allein oder gegen beide anzu=
sprechen, wobei der schuldtragende Beamte als Hauptschuldner dem Staate als
Bürge und Zahler haftet (§ 1). Zu den richterlichen Beamten gehören im Sinne
dieses Gesetzes auch Notare, die als Gerichtscomissäre vom Gericht zu Amts=
handlungen abgeordnet werden; Staatsanwälte dagegen nicht (§ 4). Für Collegial=
entscheidungen haften alle, die an deselben theilgenommen, in so ferne nicht
an den Entscheidungen der Referent allein die Schuld trägt (§ 6). Gleichzeitig
mit dem gerichtlichen Verfahren hat das competente Disciplinargericht die Dis=
ciplinaruntersuchung durchzusetzen und deren Resultat dem Proceßgerichte mitzu=

Specialgerichte.

§. 115. Neben ben ordentlichen Gerichten giebt es für gewisse Zweige der Privat= und öffentlichen Rechtsverhältnisse in Ländern und Orten, wo das Bedürfniß darnach obwaltet, Specialgerichte.

Solche sind in Oesterreich: die Handelsgerichte in Wien, Prag, Triest, (a. h. Bestimmungen v. 14. Sept. 1852 §§. 8 und 9);

Die Berggerichte, als welche eine bestimmte Anzahl von Gerichtshöfen erster Instanz bestellt sind und zwar in St. Pölten, Steyr, Salzburg, Inns= bruck, Trient, Graz, Cilli, Leoben, Klagenfurt, Laibach, Zara, Pilsen, Brüx, Kuttenberg, Eger, Olmüß, Krakau, Sambor und Czernowiß.

Die Seegerichte, als welche das Handelsgericht in Triest und die Gerichtshöfe erster Instanz in Dalmatien fungiren.

Mit ben Specialgerichten nicht zu verwechseln sind die Gerichtshöfe für privilegirten persönlichen Gerichtsstand, und zwar

I. das Hofmarschallamt bezüglich der Mitglieder des kaiserlichen Hauses und derjenigen Personen, denen vom Kaiser dieser privilegirte Gerichtsstand zuerkannt wurde. (Hfd. 14. Juli 1815, k. Pat. 20. Nov. 1852, JB. §. 52, StPO. §§. 155 und 61).

II. Der Staatsgerichtshof, welcher für solche strafbare Handlungen der Minister zuständig ist, welche unter das allgemeine Strafgesetz fallen, soweit dieselben mit ben öffentlichen Functionen des Ministers in Ver= bindung stehen (§. 8, StGG. v. 25. Juli 1867 Nr. 101 RGB.).

Militärgerichte.

§. 116. Neben ben Civilgerichten bestehen Militärgerichte, welche die Militär= gerichtsbarkeit in Strafsachen üben bezüglich der in activer Dienstleistung stehenden Personen des stehenden Heeres und der Kriegsmarine, [143] ferner bezüglich der im Landwehrverbande stehenden Personen, welche in Folge der Einberufung und Mobilmachung in Dienstleistung stehen. [144] Die unten angeführten Gesetze enthalten sowohl die Aufzählung der Militärper= sonen und deren Angehörigen, die dem Militärgerichte unterstehen, wie auch insbesondere bezüglich der Landwehr, die durch das Verhältniß im und außer Dienste bedingte Competenz, sei es der Militär= sei es der Civilgerichte. In Civilsachen unterstehen auch Militärpersonen ebenso wie das Aerar in Civilstreitigkeiten aus Militärangelegenheiten den Civilgerichten.

Als erste Instanz der Militärgerichte fungiren die Brigadegerichte, deren es in der ganzen Monarchie vertheilt 45 giebt; als zweite Instanz fungirt das k. k. Militärappellationsgericht und als dritte der oberste Mili= tärjustizsenat, beide in Wien.

---

theilen (§ 12). Hat der Staat den Schadenersatz geleistet, so kann er sich an dem Schuldtragenden regressiren (§ 19).

[143] Gesetz vom 20. Mai 1869, betreffend des Wirkungskreises der Militär= gerichte RGB. Nr. 78.

[144] Gesetz vom 23. Mai 1871, betreffend der Ausübung der Gerichtsbarkeit über die Landwehr RGB. Nr. 45.

Gewerbegerichte.

Außer diesen staatlichen Gerichten giebt es auf Grund staatlicher Ge= **§. 117.** setze errichtete, jedoch den Charakter von Friedensgerichten tragende und aus gewählten nicht staatlich angestellten und nicht besoldeten Ehrenfunctio= nären bestehende Gewerbegerichte. Dieselben können auf Grund des Ges. v. 14. Mai 1869 RGB. 62 in Orten, wo Gewerbe fabriksmäßig betrieben werden, durch Verordnung des Justizministeriums im Einvernehmen mit dem Handelsministerium nach Einholung des Gutachtens des Landtages beziehungsweise des Landesausschusses [145]) errichtet werden. Das erwähnte Gesetz verweist an dieselben eine Anzahl von aus den, Dienst= und Arbeits= verhältnissen entspringenden Streitigkeiten und setzt die Organisation derart fest, daß sowohl Arbeitgeber als Arbeiter in dieselben ihre gewählten Ver= treter entsenden. Solche Gewerbegerichte bestehen in Wien, Brünn, Bielitz, Reichenberg und auch anderwärts. Ihre Aufgabe ist in erster Linie die Schließung von Vergleichen zu versuchen; bleiben diese Versuche erfolglos, so haben sie alle Attribute ordentlicher Gerichte, fällen nach durchgeführten Verhandlungen Urtheile, welche nach den allgemeinen Vorschriften der Voll streckung unterliegen, zu welchem Zwecke die Gewerbegerichte sich an die Bezirksgerichte wenden. [146])

Zu derselben Kategorie von Gerichten gehören ferner die genossenschaft= lichen Schiedsgerichte, welche auf Grund der Gewerbe=Novelle vom 15. März 1883 zur Austragung der zwischen den Genossenschaftsmitgliedern und ihren Hilfsarbeitern aus dem Arbeits=, Lehr= und Lohnverhältnisse entstehenden Streitigkeiten errichtet wurden. Dieselben bestehen aus einer gleichen An= zahl von Mitgliedern aus dem Stande der Gewerbsinhaber und der Ge= hilfen. Die näheren Bestimmungen sind in den einzelnen Statuten jedes solchen Schiedsgerichtes enthalten, welche behördlicher Genehmigung unter= liegen. Sowohl die Vergleiche wie die Entscheidungen dieser Schieds= gerichte sind im Verwaltungswege vollziehbar. [147])

Endlich gehören hierher die Schiedsgerichte, welche für jede in Ge= mäßheit des Unfallversicherungsgesetzes v. 28. December 1887 errichtete Versicherunganstalt am Sitze derselben bestehen und zur Entscheidung über die gegen die Versicherungsanstalt erhobenen, von derselben nicht aner= kannten Entschädigungsansprüche ausschließlich zuständig sind und deren Vor= sitzende vom Justizminister aus der Zahl der richterlichen Beamten, und weitere zwei Mitglieder vom Minister des Innern ernannt werden. Im Uebrigen wird die Zusammensetzung dieser Schiedsgerichte und das Ver= fahren vor demselben im Verordnungswege geregelt. Diese Schieds=

---

[145]) Gesetz vom 1. April 1872 RGB. Nr. 63.

[146]) Die mit Gesetz vom 25. März 1862 RGB. Nr. 18 und dem Gesetz vom 21. September 1869 in's Leben gerufenen Vermittelungsämter bei den Gemeinden haben nur das Recht, Vergleiche zu schließen — dagegen keinerlei gerichtliche Attribute in Streitsachen, auch nicht das Recht der Eidesabnahme. Auch sind sie auf Streitsachen über Beträge bis 300 fl. beschränkt. Den von ihnen geschlossenen Vergleichen kommt allerdings auch die Kraft gerichtlicher Vergleiche zu.

[147]) §§. 114 c. 122—124 Gewerbe=Novelle v. 14. März 1883 RGA. Nr. 39.

gerichte dienen auch als Schiedsgericht für die Krankencaffen=Verbände und entscheiden als solche über die gegenseitigen Ansprüche der Verbandscassen untereinander.[148]) Zur Vollstreckung der Vergleiche oder Erkenntniffe dieser Gerichte ist das zuständige Gericht des Schuldners berufen.[149])

Advocatur.

§. 118.   Die erste gesetzliche Organisation der Advocaten, die Festsetzung ihrer Rechte und Pflichten, enthält die allgemeine Gerichtsordnung von 1781. Darnach „können" die zur Advocatur befähigten von den Appellations= gerichten zur Ausübung derselben zugelaffen werden. Diejenigen, welche zugelaffen wurden, erhielten die kaiserliche Ernennung; noch 1802 vollzog der Kaiser die Ernennung der Advocaten.

Eine kaiserliche Entschließung von 1820 setzte die Zahl der Advocaten fest und übertrug die Ernennung derselben den Oberlandesgerichten.

Auf Antrag des Justizministers Schmerling wurde unterm 16. August 1849 eine provisorische Advocatenordnung erlaffen. Dieselbe übertrug das Ernennungsrecht der Advocaten dem Justizminister, der an die bisherige Zahl der Advocaten nicht gebunden war; gleichzeitig wurden zur Wahrung der Standesinteressen Advocatenkammern gegründet.

Im Jahre 1861 ward im Reichsrath der Antrag auf Freigebung der Advocatur eingebracht; der Reichsrath beschloß die Freigebung. Im Jahre 1867 erklärten sich sämmtliche Advocatenkammern für die Freiheit der Advocatur. Dieser Grundsatz kommt in der Advocaturordnung vom 6. Juli 1868 zur Geltung; von da an giebt es keine behördliche Ernennung mehr; zur Ausübung der Advocatur ist lediglich der Nachweis der erlangten gesetzlichen Qualification erforderlich.

Ein Disciplinarstatut (Ges. v. 1. April 1872) regelt die Handhabung der Disciplinargewalt über Advocaten und Advocaturscandidaten, welche von den Advocatenkammern geübt wird.

Mit Gesetz vom 26. März 1890 wurde der Justizminister ermächtigt, einen Currenientarif für Advocaten zu erlaffen, was mit MV. vom 25. Juni 1890 geschehen ist.[150])

Notariat.

§. 119.   Als Institut vorbeugender Rechtspflege wurde mit dem kais. Patent vom 29. Sept. 1850 (Notariatsordnung) das Notariat in Oesterreich

---

[148]) §. 38 des Ges. v. 28. December 1887 RGB. Nr. 1 ex 1888.
[149]) §. 39 des Krankenkaffengesetzes v. 30. März 1888 RGB. Nr. 33.
[150]) Darnach hat die Entlohnung solcher Leistungen der Advocaten und ihrer Kanzleien im gerichtlichen Verfahren, welche wegen ihrer Einfachheit und Wieder= kehr eine durchschnittliche Bestimmung zulaffen, nach dem der Verordnung beige= schloffenen Tarife zu erfolgen. Das Recht der freien Vereinbarung wird damit nicht berührt. Die Gerichte können in einzelnen Fällen auch einen höheren als den tarifmäßigen Betrag als Entlohnung festsetzen. Der Tarif zerfällt in drei Claffen und zwar 1. für Wien und deffen Polizeirayon, 2. für Prag, Lemberg, Brünn, Krakau, Graz und Triest, 3. für alle anderen Orte.

gegründet; doch wurde jenes Patent mit dem k. Patent vom 21. Mai 1855 außer Kraft gesetzt, um einer neuen Notariatsordnung vom 1. August 1855 Platz zu machen. Auch diese erwies sich in mancher Beziehung als mangelhaft und so schritt man denn auf Anregung des Reichsraths (22. Jänner 1869) zur Ausarbeitung einer neuen Notariatsordnung. Eine solche kam im Jahre 1871 verfassungsmäßig zu Stande und wurde mit Gesetz vom 25. Juli 1871 kund gemacht. Darnach werden die Notare aus der Zahl der gesetzlich qualificirten Candidaten vom Justizminister ernannt. Ihre Zahl ist eine beschränkte. Ihre Hauptaufgabe ist, Urkunden über Rechtsgeschäfte aufzunehmen, denen öffentliche Glaubwürdigkeit zukommt und die vollen Beweis machen. Nebstdem werden die Notare in gewissen Angelegenheiten (Todfallsaufnahmen, Verlassenschaftsabhandlungen, Feil= bietungen ꝛc.) als Gerichtscommissäre verwendet, wobei sie eine halbamtliche Stellung einnehmen. Die Notare mehrerer Gerichtssprengel oder eines Landes bilden eine Notariatskammer, welche unter der Aufsicht der Präsi= denten der Gerichtshöfe erster und zweiter Instanz steht. Auch die Ge= bühren der Notare sind in gesetzlichen Tarifen festgestellt.

Verwaltungsjustiz.

§. 120. Dieselben Gründe, die für die Trennung der Justiz von der Ver= waltung geltend gemacht wurden, führten in logischer Entwickelung zur Forderung einer Verwaltungsjustiz, d. i. einer Rechtsprechung über die Ent= scheidungen der Verwaltungsbehörden.[151]) Denn ebenso wie die Trennung der Justiz von der Verwaltung den Zweck hat, den Gang der Justiz und somit auch die Privatrechte der Staatsbürger vor den Eingriffen des ein= seitigen Interesses der Staatsverwaltung zu schützen, ebenso wird mit Recht als „der eigentliche Zweck der Verwaltungsgerichtsbarkeit" „der Schutz der einzelnen Rechte der Bürger und juristischen Personen gegen Uebergriffe der Executive"[152]) bezeichnet.

Die ersten Anfänge einer solchen Verwaltungsgerichtsbarkeit finden wir in Frankreich. Doch ist die französische justice administrative, trotzdem sie dort als eine logische Folge der Trennung der Verwaltung von der Justiz be= zeichnet wird,[153]) im Grunde doch nur eine Rechtsprechung durch Verwaltungs= behörden; daher wird sie auch in Frankreich als eine fonction de l'admini= stration contentieuse also als eine Verwaltungsthätigkeit in streitigen Sachen bezeichnet[154]) und folgerichtig von Behörden geübt, denen man den Charakter

---

[151]) Vergl. Sarwey, Das öffentliche Recht und die Verwaltungsrechtspflege. S. 82.

[152]) So Pann: Verwaltungsjustiz in Oesterreich. S. 15.

[153]) De la separation des pouvoirs administratif et judiciaire dérive natu- rellement l'institution de la justice administrative. Laferrière, Cours de droit public 1850 II 667.

[154]) Daselbst S. 668. Es ist nichts dagegen einzuwenden, wenn deutsche Staatsrechtslehrer in einer solchen Verwaltungsthätigkeit in streitigen Sachen, d. h. in einer Rechtsprechung durch Verwaltungsbehörden, die Keime der modernen

von Gerichtshöfen keineswegs zuerkennen kann. Es übt nämlich dasselbe in Frankreich in erster Instanz der Präfecturrath, in welchem der Präfect nicht nur den Vorsitz führt, aber thatsächlich das Uebergewicht hat, da die Mitglieder des Präfecturrathes vom Präsidenten der Republik aus der Zahl der jüngeren Beamten ernannt werden, „welche die Absicht haben, Carrière zu machen und durchaus von der zeitigen Ministerialverwaltung abhängig sind." [155]) In zweiter und letzter Instanz wird aber diese Verwaltungsjustiz vom Staatsrath (conseil d'Etat) geübt, dessen Mitglieder keineswegs die Stellung unabhängiger Richter, sondern einfacher Beamten versehen, die von ihren Posten abberufen werden können." [156])

In Deutschland wurde die Verwaltungsjustiz zuerst in Baden (im Jahre 1863) und zwar nach französischem Muster eingerichtet. Ein dem Bezirksbeamten (Präfecten) beigegebener aus Laien als Ehrenbeamten bestehender Bezirksrath (ähnlich dem Präfecturrath), der vom Bezirksbeamten berufen, unter seinem Vorsitz tagt, wobei der Bezirksbeamte im Falle der Stimmengleichheit dirimirt, also eine überwiegende Stellung hat — ein solcher Bezirksrath übt die Verwaltungsjustiz in erster Instanz. [157]) In zweiter und letzter Instanz übt dieselbe ein Verwaltungsgerichtshof, der allerdings verfassungsmäßig von der Verwaltung getrennt, die Stellung eines unabhängigen Gerichtshofes einnimmt.

Eine weitere Ausgestaltung der Verwaltungsjustiz in der von Baden eingeschlagenen Richtung erfolgte in Preußen seit 1872. An die durch die Kreisordnung (vom 13. Dec. 1872) geschaffene Behördenorganisation sich anlehnend, schuf das Gesetz vom 3. Juli 1875 eine ganz neue instanzenmäßig gegliederte in den unteren zwei Instanzen durch Laienelemente ver-

---

Verwaltungsgerichtsbarkeit sehen — doch muß man diese zwei Stadien, die wesentlich von einander verschieden sind, genau unterscheiden. Jenes erste Stadium, welches in Preußen schon seit 1749 (Friedrich II., Ressortreglement) beginnt, wonach jede Verwaltungsbehörde auch eine Gerichtsbarkeit besitzt, „welche sich mit ihrem Verwaltungsressort deckt", charakterisirt Schulze mit folgenden Worten: „Nach der Friedericianischen Einrichtung sprach sich in Preußen die Verwaltung selbst Recht und war von jeder Controle des Gerichtes entbunden, welche lediglich auf Privatrechtsstreitigkeiten beschränkt waren u. s. w." (Preußisches Staatsrecht bei Marquardsen S. 156). Dieses System dauerte mit geringen Modificationen bis 1848. Es ist nun etwas verwirrend, wenn Schulze (S. 157) „dieses altpreußische System . . . . wonach die Verwaltung sich regelmäßig selbst Recht sprach", „Verwaltungsgerichtsbarkeit" nennt; denn im Grunde genommen ist dieses Stadium oder System dasjenige des Mangels einer Verwaltungsgerichtsbarkeit — denn wo die Verwaltung sich selbst Recht spricht, haben wir es wohl mit einer Verwaltung in streitigen Angelegenheiten (administration contentieuse), aber mit keiner „Gerichtsbarkeit" zu thun.

[155]) Georg Meyer bei Schönberg. Handbuch. 1. Aufl. II. B. S. 506.

[156]) Nach der Constitutionsacte vom 22. Frimaire des Jahres VIII waren die Mitglieder des Staatsraths unabsetzbar; das ist seither anders geworden. Die heutige Organisation und Zusammensetzung dieser Behörde beruht auf Gesetzen von 1872 und 1879. Vergl. Lebon bei Marquardsen §. 53. Georg Meyer l. c. 507.

[157]) Schenkel, Staatsrecht des Großherzogthums Baden (bei Marquardsen) S. 21 und 29. Pann l. c. S. 145 ff.

ftärkte Verwaltungsgerichtsbarkeit. Dieselbe wird (nach der mit Gef. v. 30. Juli 1883 erfolgten Modification bezüglich der Mittelinstanzen) gegenwärtig geübt: in erster Instanz von dem Kreisausschuffe [158]), der nach der Kreisordnung von 1872 aus dem Landrathe (einem Staatsbeamten) und sechs Mitgliedern, die von dem Kreistage aus der Zahl sämmtlicher Kreisangehörigen gewählt werden [159]), besteht; in zweiter Instanz vom Bezirksausschuffe, der aus dem Regierungspräsidenten (einem Staatsbeamten) und sechs Mitgliedern, von denen zwei vom König ernannt, die übrigen von einem Provinzialausschuffe gewählt sind.

Während so in erster und zweiter Instanz die Verwaltungsgerichtsbarkeit in Preußen von Körperschaften besorgt wird, die zugleich Verwaltungsbehörden sind und in denen das Laienelement (Ehrenbeamtenthum) vertreten ist: wird dieselbe erst in dritter Instanz von einem unabhängigen, ausschließlich dem Richteramte gewidmeten Gerichtshofe, dem Oberverwaltungsgerichte in Berlin geübt. [160])

Der Verwaltungsgerichtshof.

Ein viel einfacheres, dabei auf rationelleren Grundlagen beruhendes §. 121. System der Verwaltungsjuftiz befolgte der österreichische Gesetzgeber.

Den Wirkungskreis derselben hatte bereits der Art. 15 des StGG. über die richterliche Gewalt vom 21. Dec. 1867 genau begränzt. Darnach ist keine Verwaltungsbehörde competent, endgültig über einander widerstreitende Ansprüche von Privatpersonen zu entscheiden; vielmehr kann in jedem Falle, wo nach den bestehenden oder auch künftig zu erlassenden Gesetzen eine Verwaltungsbehörde über solche streitige Ansprüche zu entscheiden hat, die Partei Abhilfe gegen diese Entscheidung im ordentlichen Rechtswege suchen. Damit sind Entscheidungen, welche Privatrechte von

---

[158]) Für Oesterreicher, welche an die österreichischen Begriffe von Kreis und Bezirk gewohnt sind, wonach der Kreis das größere, mehrere Bezirke umfassende Gebiet ist, muß nachdrücklichst wiederholt werden, daß in Preußen die entgegengesetzte Terminologie gilt; dort ist Kreis die unterste Abtheilung des Staatsgebietes (abgesehen von Gemeinden), entsprechend dem österreichischen Bezirk; unter Bezirk (auch Regierungsbezirk genannt) versteht man in Preußen ein mehrere Kreise umfassendes Gebiet, dem österreichischen Kreis entsprechend. An der Spitze des preußischen Kreises steht der Landrath, entsprechend dem österreichischen Bezirkshauptmann; an der Spitze des Bezirkes der Regierungspräsident.

[159]) Schulze a. a. O. S. 83.

[160]) So wie überhaupt die Einführung der Verwaltungsgerichtsbarkeit in Deutschland unter dem mächtigen Einflusse der Rechtsstaatstheorie sich vollzog (vergl. Rechtsstaat und Socialismus §. 39), waren insbesondere auf diese oben dargestellte Gestaltung der Verwaltungsjuftiz in Preußen von unmittelbarem Einfluffe die Lehren Bähr's, Stein's und Gneist's, welche gleichzeitig die Nothwendigkeit der Verwaltungsjuftiz und die Vortheile der Selbstverwaltung und der Vertretung des Laienelements in der Verwaltung vielfach betonen. Diesen beiden Forderungen trachtet die preußische Organisation der Verwaltungsjuftiz gerecht zu werden.

Parteien berühren, im vorhinein der Judicatur sowohl der Verwaltungs=
behörden, wie auch all und jeder Verwaltungsgerichtsbarkeit entzogen.

Dieser letzteren bleiben nach dem Staatsgrundgesetze nur vorbehalten alle
anderen Entscheidungen der Verwaltungsbehörde („wenn außerdem jemand
behauptet, durch eine Entscheidung oder Verfügung einer Verwaltungs=
behörde in seinen Rechten verletzt zu sein"), welche weder anderen Privat=
personen gegenüber streitig sind, noch auch Privatrechte berühren; welche
also öffentliche Rechte des Einzelnen sein können. Für diese Fälle räumt
das StGG. dem Einzelnen das Recht ein, „seine Ansprüche vor dem Ver=
waltungsgerichtshofe im öffentlichen, mündlichen Verfahren wider einen
Vertreter der Verwaltungsbehörde geltend zu machen". Zugleich stellte aber
das StGG. in Aussicht, diese „Fälle", in welchen der Verwaltungsgerichts=
hof zu entscheiden hat, wie auch die Zusammensetzung, sowie das Verfahren
vor demselben durch ein besonderes Gesetz näher zu bestimmen. Damit
war einem in Ausführung dieses Staatsgrundgesetzes zu erlassenden Gesetz
über den Verwaltungsgerichtshof bereits Inhalt und Richtung vorgezeichnet.
Thatsächlich hält sich das unterm 22. Oct. 1875 erlassene Gesetz über den
Verwaltungsgerichtshof (RGB. Nr. 36) strenge an obige principielle Be=
stimmung des StGG.

Darnach wird zur Uebung der Verwaltungsgerichtsbarkeit nur ein
einziger Gerichtshof für alle Reichsrathsländer errichtet. Von unteren
Instanzen, die sich ausschließlich mit Verwaltungsgerichtsbarkeit befassen
sollten, wie auch von einer Theilnahme des Laienelementes an solchen, wird
ganz abgesehen und das — aus sehr triftigen Gründen.[161])

Nachdem nämlich die Verwaltungsbehörden in Oesterreich in allen
Fällen, wo es sich um einander widerstreitende Ansprüche von Privatpersonen
handelt, nicht endgültig entscheiden können und das Staatsgrundgesetz in
diesen Fällen dem Einzelnen das Recht einräumt, an die ordentlichen Ge=
richte zu appelliren, so entfällt die Nothwendigkeit einer instanzenmäßigen
ordentlichen Verwaltungsgerichtsbarkeit. Da letztere nur auf jene Fälle be=
schränkt ist, „in denen Jemand durch eine gesetzwidrige Entscheidung oder
Verfügung einer Verwaltungsbehörde in seinen Rechten (also nicht gerade
Privatrechten) verletzt zu sein behauptet", so genügt in Oesterreich voll=
kommen eine außerordentliche Rechtshilfe gegen solche Entscheidungen
der Verwaltungsbehörde, gegen welche eine weitere instanzenmäßige Remedur
im Verwaltungswege nicht mehr zu finden ist, also gegen rechtskräftige Ent=
scheidungen der höchsten Verwaltungsinstanzen. Eine Theilnahme aber des
Laienelementes an einer so gestalteten Verwaltungsgerichtsbarkeit ist aus
dem Grunde überflüssig, da doch in den unteren und höheren Instanzen
der Verwaltung in Gemeinde= (Bezirks-) und Landesverwaltungssachen für
eine Theilnahme des Laienelementes durch eine ausgedehnte Autonomie und
Selbstverwaltung genügend gesorgt ist und der Verwaltungsgerichtshof eben
über Beschwerden gegen Entscheidungen nicht nur der staatlichen, sondern

---

[161]) Vergl. darüber die Auseinandersetzungen Lemayer's: Zur Frage der Acti=
virung des Verwaltungsgerichtshofes, Grünhut'sche Zeitschrift B. I.

all dieſer Selbſtverwaltungsorgane in Gemeinde, Bezirk und Land zu judiciren hat.[162])

Da dieſe Judicatur jedoch nur als eine außerordentliche Rechtshilfe aufgefaßt wird, ſo folgt daraus, daß dieſelbe erſt dann provocirt werden kann, „wenn die Angelegenheit im adminiſtrativen Wege ausgetragen iſt" (§. 5), d. h. wenn eine rechtskräftige Entſcheidung der letzten Verwaltungs= inſtanz bereits vorliegt[163]), und ferner, daß dieſelbe nur caſſatoriſchen Charakters ſein kann. Der Verwaltungsgerichtshof kann alſo, wenn er die an ihn ge= richtete Beſchwerde als gegründet anſieht, die angefochtene Entſcheidung oder Verfügung als geſetzwidrig aufheben (§. 6), nicht aber in der Sache ſelbſt irgend eine meritoriſche Entſcheidung treffen.[164]) Dieſe Beſchränkung des Wirkungskreiſes des Verwaltungsgerichtshofes iſt eine logiſche Conſequenz eben ſeiner ausſchließlichen Gerichtshof=Eigenſchaft — denn als Gerichtshof kann er gerade bei Wahrung des Princips der Trennung der Verwaltung von der Juſtiz, nie einen Act der Verwaltung vollziehen, nie an Stelle einer Verwaltungsbehörde eine Entſcheidung treffen.[165]) Daher kann ſich

---

[162]) Dagegen ſind von der Zuſtändigkeit des Verwaltungsgerichtshofes ausge= ſchloſſen

a) Angelegenheiten, über welche den ordentlichen Gerichten die Entſcheidung zuſteht;

b) Angelegenheiten, welche nach dem Staatsgrundgeſetze vom 21. December 1867 RGB. Nr. 143 zur Competenz des Reichsgerichts gehören;

c) Angelegenheiten, welche nach Maßgabe des Geſetzes vom 21. December 1867 RGB. Nr. 146 in beiden Reichshälften gemeinſam verwaltet werden;

d) Angelegenheiten, welche nach Maßgabe des Geſetzes vom 21. December 1867 RGB. Nr. 146 in beiden Reichshälften nach gleichen Grundſätzen verwaltet werden, dafern die angefochtene Entſcheidung oder Verfügung kraft geſetzlicher Vorſchrift im Einvernehmen mit einer gemeinſamen Verwaltungsbehörde oder einer Verwaltungsbehörde der anderen Reichshälfte getroffen worden iſt, oder auf einer im gleichen Wege vereinbarten Verordnung beruht;

e) Angelegenheiten, in denen und inſoweit die Verwaltungsbehörden nach freiem Ermeſſen vorzugehen berechtigt ſind;

f) Beſchwerden gegen Ernennungen zu öffentlichen Aemtern und Dienſten, ſofern es ſich nicht um die Verletzung eines behaupteten Vorſchlags= oder Be= ſetzungsrechtes handelt;

g) Disciplinarangelegenheiten;

h) Beſchwerden gegen adminiſtrative Entſcheidungen, welche in letzter Inſtanz vom Oberſten Gerichtshofe, ſowie gegen Entſcheidungen, welche von einer aus Verwaltungsbeamten und Richtern zuſammengeſetzten Inſtanz geſchöpft worden ſind;

i) Beſchwerden gegen Entſcheidungen und Verfügungen der Steuerein= ſchätzungscommiſſionen.

[163]) Wurde der adminiſtrative Inſtanzenzug verſäumt, ſo iſt die Beſchwerde bei dem Verwaltungsgerichtshof unzuläſſig (§. 5).

[164]) Dagegen ſind die Verwaltungsbehörden verpflichtet, in der Sache die weiteren Verfügungen zu treffen, wobei ſie an die Rechtsanſchauung des Ver= waltungsgerichtshofes gebunden ſind (§. 7).

[165]) Daher ſind von der Judicatur des Verwaltungsgerichtshofes alle jene Fälle ausgeſchloſſen, in denen es ſich nicht um verletzte Rechte, ſondern verletzte Inter= eſſen handelt, in denen alſo nicht die Geſetzlichkeit und Geſetzmäßigkeit, ſondern die Zweckmäßigkeit einer adminiſtrativen Entſcheidung angefochten wird. Das ſind insbeſondere jene Fälle, wo die Verwaltungsbehörde nach freiem Ermeſſen zu

seine Entscheidung nur auf Rechtsfragen beziehen; den Thatbestand hat er in der Regel so anzunehmen, wie ihn die letzte Instanz sichergestellt, respective angenommen hat (§. 6).

Nur wenn dieser Thatbestand, den die letzte Instanz zur Grundlage ihrer Entscheidung angenommen hat, sich als actenwidrig erweist, wenn also eine Art Nullität, d. i. eine Discordanz zwischen den Acten und dem von der letzten Instanz aus denselben entnommenen Thatbestand ersichtlich wird, oder wenn derselbe, trotzdem er lückenhaft aufgenommen wurde, zur Grundlage der Entscheidung diente, oder endlich wenn wesentliche Formen des Administrativverfahrens außer Acht gelassen wurden, also gesetzwidrig verfahren wurde, so hat der VGH. die Entscheidung oder Verfügung der politischen Behörde „wegen mangelhaften Verfahrens" aufzuheben und die Sache an die Verwaltungsbehörde behufs Behebung der vorgekommenen Mängel zurückzuleiten, wo dann die Verwaltungsbehörde verpflichtet ist, die gerügten Mängel zu beheben und eine neue Entscheidung oder Verfügung zu treffen (§. 6).

Die Mitglieder des Verwaltungsgerichtshofs werden auf Vorschlag des Ministerrathes vom Kaiser ernannt; sie genießen die den Richtern staatsgrundgesetzlich gewährleisteten Rechte, also Unabhängigkeit und Unabsetzbarkeit; ihr Amt ist ein besoldetes Staatsamt; dasselbe ist mit der Bekleidung anderer öffentlicher Aemter unvereinbar. Wenigstens die Hälfte der Mitglieder des Verwaltungsgerichtshofs muß die Qualification zum Richteramte haben. Die Disciplinargewalt über seine Mitglieder übt dieser Gerichtshof selbst.

Verfahren vor dem Verwaltungsgerichtshofe.

§. 122.   Der Verwaltungsgerichtshof hat nie von amtswegen, sondern immer nur auf Anrufung der Partei vorzugehen (§. 5). Dagegen hat er seine Zuständigkeit von amtswegen wahrzunehmen (§. 14). Daher hat er auch über die erhobene Einwendung der Unzuständigkeit in der Regel selbst zu entscheiden, nur die Competenzconflicte zwischen ihm und dem ordentlichen Gerichte entscheidet das Reichsgericht (s. unten); Competenzconflicte zwischen Verwaltungsgerichtshof und Reichsgericht entscheidet ein eigens zu diesem Zwecke aus Mitgliedern dieser beiden Gerichtshöfe zu bildender gemischter Senat.

Der Verwaltungsgerichtshof verhandelt regelmäßig in Senaten von vier Räthen und einem Vorsitzenden. Für Steuer- und Gebührensachen bestehen ständige Senate. Entscheidungen über die Gültigkeit einer Verordnung können nur in Senaten von sechs Räthen und einem Vorsitzenden getroffen; vorbereitende Verfügungen und Incidenzentscheidungen können auch in Senaten von zwei Räthen und einem Vorsitzenden beschlossen werden.

---

handeln gesetzlich befugt ist — in den Wirkungskreis dieses freien Ermessens einzugreifen, steht dem Verwaltungsgerichtshof kein Recht zu.

Von den den einzelnen Senaten beigezogenen Räthen muß wenigstens die Hälfte aus Mitgliedern, welche die Qualification zum Richteramte haben, bestehen.

Die Beschwerden sind bei dem Verwaltungsgerichtshof binnen 60 Tagen nach Zustellung der in letzter Instanz ergangenen Entscheidung oder Verfügung einzubringen. Eine Erstreckung der Frist ist in der Regel nicht zulässig.

Auch eine Wiedereinsetzung in den vorigen Stand gegen die verstrichene Frist ist nicht zulässig.

Gesuche um eine solche Wiedereinsetzung sind von amtswegen zurückzuweisen (§. 16).

Die Beschwerde an den Verwaltungsgerichtshof hat keine aufschiebende Wirkung; doch steht es der Partei frei, um einen solchen Aufschub bei der Verwaltungsbehörde anzusuchen, welche, wenn nicht öffentliche Rücksichten dagegen sprechen, denselben zu bewilligen hat.

Die Beschwerden an den Verwaltungsgerichtshof müssen von Advocaten fignirt sein. Ueber diese Beschwerde fordert der Verwaltungsgerichtshof die belangte Behörde zur Einbringung einer Gegenschrift auf; auch kann der Verwaltungsgerichtshof, wenn er es für nöthig erachtet, einen weiteren Schriftenwechsel veranlassen, wobei er an keine gesetzlichen Fristen gebunden ist; doch sind 30 Tage als Maximum festgesetzt.

Auch kann der Verwaltungsgerichtshof die Vernehmung betheiligter Parteien und Behörden und von der belangten Behörde die Actensendung verlangen.

Nach diesem schriftlichen Vorverfahren wird die öffentliche und mündliche Verhandlung anberaumt.[166]) Die belangte Behörde wird durch einen vom Ministerium dazu abgeordneten Beamten vertreten (beziehungsweise von einer autonomen Landesbehörde).

Nach geschlossener Verhandlung wird das Erkenntniß entweder sogleich bekannt gegeben oder zu dessen Verlautbarung ein späterer Termin festgesetzt.

Wider diese Erkenntnisse ist eine Wiedereinsetzung in den vorigen Stand unzulässig.

Die innere Geschäftsordnung des Verwaltungsgerichtshofs ist mit Verordnung des Gesammtministeriums vom 5. August 1876 RGB. Nr. 94, kundgemacht worden; eine ebensolche Verordnung vom selben Datum (RGB. Nr. 95) enthält Bestimmungen über die innere Einrichtung und das untergeordnete Personale des Verwaltungsgerichtshofes.

Das Reichsgericht.

§. 123. Der tiefe principielle Unterschied zwischen dem öffentlichen und dem Staatsrecht, oder wie man diese beiden Gebiete noch bezeichnen kann, zwischen Verwaltungs- und Verfassungsrecht, führte zur Errichtung eines Verfassungsgerichtshofes neben dem in Aussicht genommenen Verwaltungsgerichtshof. Nur der Umstand, daß sich der damalige Gesetzgeber dieses principiellen Unterschiedes

---

[166]) Ausschluß der Oeffentlichkeit kann aus denselben Gründen wie bei Schlußverhandlungen der Strafgerichte erfolgen.

nicht klar bewußt war und daneben gewisse Momente der historischen Ent=
wickelung brachten es mit sich, daß der eigentliche Verfassungsgerichtshof
nicht als solcher, sondern als „Reichsgericht" bezeichnet wurde. Dem Wesen
nach ist letzterer ein Verfassungsgerichtshof.[167]).

Denn das wichtigste Element all und jeder Verfassung ist die Ab=
gränzung der einzelnen Gewalten und Machtfactoren im Staate; diese Ab=
gränzung in rechtlichen Formen festgesetzt, durch Gesetze verkündigt, bildet
ja das Wesen der Verfassung. Solche Abgränzungen nimmt die österreichische
Verfassung vor zwischen Verwaltung und Justiz, zwischen den einzelnen
Ländern des Staates, beziehungsweise ihren autonomen Behörden und der
Staatsverwaltung, endlich zwischen dieser und dem einzelnen Staatsbürger.

Sollen nun diese Abgränzungen, die das Wesen der Verfassung aus=
machen, nach Recht und Gesetz aufrecht erhalten bleiben und stets eingehalten
werden, sollen willkürliche oder irrtümliche Ueberschreitungen derselben nicht
stattfinden, so muß es im Staate eine unabhängige höchste Gerichtsinstanz
geben, welcher die Obhut dieser gegenseitigen Gränzen, also im gewissen
Sinne die Obhut über die Verfassung übertragen wird. Dieser höchste Ge=
richtshof, der über die Beobachtung der Verfassung zu wachen hat, also
dieser eigentliche Verfassungsgerichtshof ist das Reichsgericht.

§. 124. Als solchem gebührt demselben die oberste Entscheidung aller Competenz=
conflicte zwischen den erwähnten abgesondert von einander und selbständig
constituirten Staatsgewalten, zwischen den historisch=politischen Bestandtheilen
des Staates, den Ländern, untereinander und zwischen ihnen und dem Staate,
endlich zwischen letzterem und den einzelnen Staatsbürgern.

Folgerichtig weist nun das StGG. vom 21. December 1867 RGB.
N. 143 demselben die endgültige Entscheidung in folgenden Competenz=
conflicten zu:

a) zwischen Gerichts= und Verwaltungsbehörden über die Frage, ob
eine Angelegenheit im Rechts= oder Verwaltungswege auszutragen ist?

b) zwischen einer autonomen Landesbehörde (Landesausschuß) und
den obersten Regierungsbehörden über eine Angelegenheit der Verwaltung,
wenn jede dieser Behörden das Recht der Verfügung für sich in Anspruch
nimmt;

c) zwischen den autonomen Landesbehörden verschiedener Länder in
den ihrer Besorgung und Verwaltung zugewiesenen Angelegenheiten;

---

[167]) Der Bericht des Verfassungsausschusses 1867 nennt zwar das Gesetz über
das Reichsgericht „den Schlußstein der Verfassung und eine der wichtigsten Garan=
tien derselben": spricht aber von zweierlei Functionen des Reichsgerichts als
Competenz=Gerichtshof und Schiedsgericht des öffentlichen Rechts; zu diesen zweierlei
Functionen glaubte man dann noch eine dritte dem Reichsgerichte zuschreiben zu
müssen als Verwaltungsgerichtshof (so Kißling, Reichsgericht und Verwal=
tungsgerichtshof S. 59; Roeßler bei Grünhut, B. IV S. 290 ff. und andere). Diese
letztere Function als Verwaltungsgerichtshof schrieb man dem Reichsgerichte mit
Hinblick auf seine Judicatur über Verletzung politischer Rechte einzelner Staats=
bürger zu. Doch sind diese dreierlei Functionen nichts anderes als die logische
Consequenz des „Schutzes der Verfassung", was den eigentlichen Beruf des Reichs=
gerichtes bildet.

d) zwischen dem Verwaltungsgerichtshofe und den ordentlichen Gerichten (Gesetz vom 22. October 1875 RGB. N. 37). Dem Reichsgericht steht ferner die endgültige Entscheidung zu über Ansprüche einzelner der im Reichsrathe vertretenen Königreiche und Länder an die Gesammtheit derselben und umgekehrt, dann über Ansprüche eines dieser Königreiche und Länder an ein anderes derselben, endlich über Ansprüche, welche von Gemeinden, Körperschaften oder einzelnen Personen an eines der genannten Königreiche und Länder oder an die Gesammtheit derselben gestellt werden, wenn solche Ansprüche zur Austragung im ordentlichen Rechtswege nicht geeignet sind;

e) über Beschwerden der Staatsbürger wegen Verletzung der ihnen durch die Verfassung gewährleisteten politischen Rechte, nachdem die Angelegenheit im gesetzlich vorgeschriebenen administrativen Wege ausgetragen worden ist.

Die eigene Competenz wahrzunehmen und zu wahren ist Sache des Reichsgerichts; die Frage, ob die Entscheidung eines Falles ihm zusteht, entscheidet es selbst in erster und letzter Instanz; gegen diese Entscheidungen giebt es keine weitere Berufung und keine Betretung des Rechtsweges. Dagegen kann aber das Reichsgericht keinerlei Einsprache erheben, wenn die Gesetzgebung eine Angelegenheit im gesetzgeberischen Wege ordnet, welche allenfalls auch im reichsgerichtlichen Wege eine Erledigung gefunden haben könnte; denn die Gesetzgebung steht jedenfalls über dem Reichsgericht und braucht sich an dessen Entscheidungen nicht zu halten.

Die Organisation des Reichsgerichts wurde in den Grundzügen schon mit dem Staatsgrundgesetz, womit es eingesetzt wurde, festgestellt.

Darnach hat dasselbe seinen Sitz in Wien und besteht aus dem Präsidenten und seinem Stellvertreter, welche vom Kaiser auf Lebensdauer ernannt werden, dann aus zwölf Mitgliedern und vier Ersatzmännern, welche der Kaiser über Vorschlag des Reichsraths und zwar sechs Mitglieder und zwei Ersatzmänner aus den durch das Abgeordnetenhaus, dann sechs Mitglieder und zwei Ersatzmänner aus den von dem Herrenhause vorgeschlagenen Personen ebenfalls auf Lebensdauer ernennt. (Art. 5.)

§. 125. Weitere Bestimmungen über die Organisation desselben, das Verfahren vor demselben und die Art und Weise der Vollziehung seiner Erkenntnisse regelt das Gesetz vom 18. April 1869 RGB. N. 44 RGB., das sich als Ausführungsgesetz des Staatsgrundgesetzes über das Reichsgericht darstellt.[168]

Darnach üben der Präsident und sein Stellvertreter sowie die Mitglieder und Ersatzmänner des Reichsgerichts ihr Amt als ein Ehrenamt aus (§. 3).

Doch beziehen diejenigen Mitglieder des Reichsgerichts, welche nicht in Wien ihren bleibenden Wohnsitz haben, während der Dauer der Sitzungen

---

[168] Die Geschäftsordnung des Reichsgerichtes ist mit der Verordnung des Gesammtministeriums vom 26. October 1869 RGB. Nr. 163 geregelt.

ein Taggeld von 10 Gulden; außerdem gebührt ihnen eine Reisekostenent-
schädigung (Ministerialverordnung vom 12. August 1876 RGB. N. 117).
Das Plenum des Reichsgerichts hat jedoch aus seiner Mitte die erforderliche Zahl ständiger Referenten zu wählen, die besoldet werden und ebensowohl wie der Präsident und die Ersatzmänner ihren bleibenden Wohnsitz
in Wien nehmen müssen. Zu jeder Sitzung des Reichtsgerichts sind dessen
sämmtliche Mitglieder einzuberufen; für die verhinderten treten ihre Ersatzmänner ein.

Zur Schöpfung eines gültigen Erkenntnisses ist nebst dem Vorsitzenden
die Anwesenheit von wenigstens acht Stimmführern erforderlich.

Das Verhältniß der Befangenheit eines Mitgliedes des Reichsgerichts
und sohin dessen Enthaltung von der Ausübung seines Amtes wird nach
den Grundsätzen des Civilprocesses beurtheilt (§. 7).

Das Reichsgericht tritt nur auf Antrag eines Betheiligten in Thätigkeit. Handelt es sich um einen Competenzconflict zwischen Gerichts- und
Verwaltungsbehörden, so sind zwei Fälle möglich: ein bejahender, d. i. ein
solcher, der entsteht, wenn sich zwei Behörden die Competenz streitig machen,
in dem jede sich für competent erklärt und ein verneinender, indem jede die
Competenz ablehnt. Im ersten Falle kann der Antrag beim Reichsgericht
nur von einer Landesverwaltungs- oder höheren Administrativbehörde, im
zweiten Falle von der betheiligten Privatpartei gestellt werden.

Im Namen staatlicher Verwaltungsbehörden stellen den Antrag beim
Reichsgericht die vorgesetzten Ministerien; Landesausschüsse wenden sich unmittelbar an dasselbe.

Die Anhängigmachung des Competenzstreites zwischen einer Gerichts-
und Verwaltungsbehörde hat die Wirkung, daß das davon seitens der Verwaltungsbehörde benachrichtigte Gericht jedes weitere Verfahren und auch
die Execution einzustellen hat; provisorische Verfügungen können jedoch getroffen werden.

Anträge von Privatparteien müssen von einen Advocaten unterfertigt sein.

Bei Competenzconflicten zwischen obersten Regierungs- und Landesbehörden (Landesausschüssen) kann selbstverständlich jede Partei den Antrag
beim Reichsgericht stellen.

Jeder Antrag hat zu enthalten: das Thatsächliche des Falles, die
Gründe für die Inanspruchnahme beziehungsweise die Ablehnung der Competenz, die vorhandenen Beweismittel unter Anschluß der Behelfe.

Handelt es sich um die Entscheidung über die Beschwerde eines Staatsbürgers wegen Verletzung der ihm nach der Verfassung zustehenden politischen Rechte, so hat die in ihren politischen Rechten verletzte Partei ihrem
gehörig begründeten Gesuche die von ihr erwirkte Entscheidung der zuständigen Administrativbehörde anzuschließen.

Das Gesuch muß den Nachweis, daß die Angelegenheit im gesetzlich
vorgeschriebenen administrativen Wege ausgetragen worden ist, enthalten
und längstens vierzehn Tage nach Zustellung der in letzter Instanz ergangenen
administrativen Entscheidung eingebracht werden.

Nach gepflogenen Vorerhebungen bestimmt der Präsident zur Verhandlung Tag und Stunde, und setzt die Betheiligten sowie die betreffenden Ministerien davon in Kenntniß. Die Verhandlungen sind mündlich und öffentlich.

Die Oeffentlichkeit kann aus Gründen der Sittlichkeit und öffentlichen Ordnung durch Beschluß des Gerichts ausgeschlossen werden.

Den Betheiligten steht es frei, sich in der mündlichen Verhandlung selbst zu vertreten oder durch Advocaten vertreten zu lassen.

Behörden, Körperschaften und Gemeinden üben das Selbstvertretungsrecht durch aus ihrer Mitte abgeordnete Bevollmächtigte aus (§. 24).

Das Reichsgericht ist bei Schöpfung des Erkenntnisses an keine Beweisregeln gebunden, es entscheidet nach seiner freien, aus der Würdigung aller in der Verhandlung erörterten Thatsachen und Verhältnisse gewonnenen Ueberzeugung; es ist wie jedes andere Gericht und ebenso wie der Verwaltungsgerichtshof berufen, die Gültigkeit von Verordnungen zu prüfen und darüber zu entscheiden; die Prüfung der Gültigkeit gehörig kundgemachter Gesetze steht aber auch ihm nicht zu.

Das Erkenntniß ist mit den wesentlichen Entscheidungsgründen in derselben, falls dieß aber nicht thunlich wäre, mit den vollständigen Entscheidungsgründen in einer anderen, sofort den Betheiligten bekannt zu gebenden öffentlichen Sitzung des Reichsgerichts mündlich zu verkündigen.

Bei der Entscheidung über streitige Ansprüche öffentlichen Rechtes ist in dem ·Erkenntnisse auszusprechen, ob dem gestellten Begehren und in welchem Umfange stattgegeben werde, und binnen welcher Zeit eine auferlegte Verbindlichkeit zu erfüllen ist. Das Erkenntniß hat sich auch auf den angesprochenen Ersatz der Kosten zu erstrecken.

Bei der Entscheidung von Beschwerden über Verletzung politischer Rechte hat das Erkenntniß auszusprechen, ob und in welchem Umfange in dem zur Entscheidung vorliegenden.Falle die behauptete Verletzung eines politischen Rechtes des Beschwerdeführers stattgefunden habe. Dieses Erkenntniß hat weder eine reformatorische, noch eine cassatorische, sondern lediglich eine theoretische Geltung.

Gerichtsverfassung in Ungarn.

§. 126. Während Oesterreich seit dem Jahre 1848 und insbesondere seit dem Jahre 1860 den Uebergang vom absoluten Staat zum verfassungsmäßigen durchmachte: hatte Ungarn seit dem Jahre 1848 und insbesondere seit dem Ende der 1860er Jahre die schwierige Aufgabe, den Uebergang vom mittelalterlichen Staat zum modernen zu bewerkstelligen. Denn Oesterreich war trotz seines Absolutismus schon seit Kaiser Josef II. ein modernerer Staat als Ungarn mit seiner Constitution, und was diesen modernen Cultur-Staats-Charakter anbelangt, hatte Oesterreich schon in den ersten 1860er Jahren Ungarn um ein Bedeutendes überholt: trotzdem es ihm bezüglich des Parlamentarismus heute noch nachsteht. Diese Bemerkung drängt sich insbesondere auf bei der Betrachtung der neueren Entwickelung des Justizwesens in Ungarn Während nämlich das österreichische Justizwesen schon seit 1852 ein im Ganzen nach modernen Principien geregeltes war und seinen letzten constitutionellen Ausbau 1867 erhielt: dauerten in Ungarn die fast mittelalterlichen Justizzustände bis zum Jahre 1869, wo endlich die Gerichtsverfassung nach dem Muster Oesterreichs vollkommen verstaatlicht und das Richteramt seine den modernen Principien entsprechende unabhängige Stellung erlangte, zugleich aber so organisirt wurde, daß es die Garantien der juristischen Bildung und Unparteilichkeit zu bieten vermochte.

Bis dahin nämlich wurde die Civil- und Strafgerichtsbarkeit in Ungarn auf Grund der im Jahre 1723 eingeführten neuen Gerichtsordnung ausgeübt:

In erster Instanz von den vier Districtualtafeln in Tyrnau, Güns, Eperies und Debreczin und der Gerichtstafel in Agram, ferner von den Comitatsgerichten (auch Gerichtsstühle genannt, sedes judiciaria oder sedria comitatus), die von dem Ober- oder Vicegespan des Comitats als Gerichtspräsidenten zu festgesetzten Terminen einberufen wurden. Als Richter bei allen diesen Gerichten fungirten begüterte Edelleute des Comitats, die ihr Amt als unbesoldetes Ehrenamt versahen und sich über keinerlei juristische Bildung auszuweisen brauchten, nur den gesetzlich vorgeschriebenen Richteramts-Eid abzulegen hatten.

Ferner gab es in jedem Comitate ein Vicegespansgericht und das Stuhlrichteramt, ersteres als Personalgerichtshof für die Adeligen, letzteres als Specialgericht für gewisse im Gesetze (1729: 35) genau bestimmte Angelegenheiten.

Endlich hatten die königlichen Freistädte, sowie die bischöflichen Städte und privilegirten Marktflecken für ihre Angehörigen ihre eigenen Stadtgerichte (Magistrate), die unter dem Vorsitz des Stadtrichters in allen Civil- und Strafrechtssachen Recht sprachen.[169]

Außerdem gab es eine Reihe von Specialgerichten erster Instanz als: geistliche Gerichte, Militär-Gerichte, Berg-Gerichte, Handels- und Wechsel-Gerichte u. s. w. Die Urtheilssprüche der geistlichen Gerichte mußten auf Grund alter Gesetze aus dem 16. Jahrh. durch die weltlichen Behörden (brachium saeculare) vollzogen werden.

In zweiter Instanz übte die Gerichtsbarkeit für ganz Ungarn die königliche Gerichtstafel[170] in Pest, die unter dem Vorsitz des sog. Per-

---

[169] Die früher bestandenen sog. Herrenstühle, b. i. Patrimonialgerichte der Grundherren beziehungsweise ihrer Beamten über die Bauern wurden mit Gesetzartikel IX vom Jahre 1847/48 §. 3 aufgehoben. Vergl. auch Biroszil, Staatsrecht des Königreichs Ungarn. Pest 1876. B. III S. 124 ff.

[170] In der Session 1890 brachte Justizminister Szilaghyi im ungarischen Abgeordnetenhause einen Gesetzentwurf betreffs der Decentralisation der königl. Tafel ein.

Der aus 23 Paragraphen bestehende Gesetzentwurf verfügt die Auftheilung der königlichen Tafel in Pest in elf Appellgerichte zweiter Instanz mit dem Sitze in den folgenden Städten: Pest, Debreczin, Raab, Kaschau, Klausenburg, Maros-Vasarhely, Großwardein, Fünfkirchen, Preßburg, Szegedin und Temesvar. Der Gesetzentwurf enthält ferner Bestimmungen hinsichtlich der Besoldung der Präsidenten und der Richter, sowie bezüglich der Eintheilung des Landes in die elf fonals (personalis praesentiae regiae in judiciis locumtenens) aus einer Anzahl Reichswürdenträger als Richtern bestand (Prälaten, Palatin, judex curiae, Protonotare, Fiscus und Affessoren). Doch waren die Comitatsgerichte auch Appellationsbehörden· für einige Gerichte erster Instanz wie z. B. Stuhlrichterämter.

In dritter und letzter Instanz fungirte als höchster Appellations- und Revisionsgerichtshof die hohe Septemvirattafel in Pest. Dieselbe bestand aus dem Reichspalatin als Präsidenten, aus fünf Prälaten (den Erzbischöfen von Gran und Kalocsa und drei Titularbischöfen), ferner aus einer Anzahl Beisitzern aus dem Magnaten- und Ritterstande.

Erst nach dem mit Oesterreich geschlossenen Ausgleiche 1867 ging **§. 127.** Ungarn daran, das im Jahre 1848 mit der Aufhebung der grundherrlichen Gerichte begonnene Werk der Reform des Justizwesens im Geiste des modernen Culturstaates zu vollenden. Zu diesem Zwecke wurden mit Gesetzartikel IV vom Jahre 1869 eine Reihe von Grundsätzen und Bestimmungen aufgestellt, welche ähnlich dem österreichischen Staatsgrundgesetze vom Jahre 1867 über die richterliche Gewalt, das Richteramt als ein durchwegs staatliches und besoldetes, dabei aber in der Rechtsprechung unabhängiges, von der Verwaltung getrenntes und nur von gesetzlich qualifizirten Personen zu übendes Amt organisiren.

Nur in einigen unwesentlichen Punkten unterscheidet sich dieses ungarische Gesetz über die richterliche Gewalt vom österreichischen. So statuirt dasselbe die Unvereinbarkeit (Incompatibilität) des Richteramtes mit einem Abgeordnetenmandat (§. 8), mit der Mitgliedschaft irgend eines politischen oder Arbeitervereines (§. 11); die Pensionirung des Richters tritt mit dessen 70. Lebensjahre von amtswegen ein (§. 17); jeder Richter hat gesetzlichen Anspruch auf einen sechswöchentlichen Urlaub in jedem Jahre (§. 18); Competenzstreitigkeiten zwischen Gerichten und Administrativbehörden entscheidet das Ministerium (§. 25). Im übrigen sind die Grundsätze und Bestimmnngen des ungarischen Gesetzes dem österreichischen conform.

Nach dieser neuen Gerichtsorganisation wird in Ungarn die Civil- und Strafgerichtsbarkeit geübt in I. Instanz von 65 Gerichtshöfen als Collegialgerichten und 375 Bezirksgerichten als Einzelgerichten, und zehn Geschwornengerichten für Preßvergehen; in II. Instanz von den königlichen Gerichtstafeln in Budapest und Maros-Vasarhely, in III. Instanz von der königlichen Kurie in Budapest.

Als Specialgerichte fungiren das Handels- und Wechselgericht in Pest, das Seegericht in Fiume, die geistlichen Ehegerichte, die Militär- und Landwehrgerichte und für Bagatellsachen die Friedens- und Gemeinderichter.

Croatien-Slavonien hat seine selbständige Gerichtsorganisation und zwar in I. Instanz 11 Gerichtshöfe (Collegialgerichte), 63 Bezirksgerichte (Einzelgerichte) und Orts- und Friedensgerichte; in II. Instanz die

---

Sprengel dieser Obergerichte, wobei auf die localen, wie auf die politischen und nationalen Verhältnisse Rücksicht genommen ist.

Banaltafel in Agram, in III. Instanz die königliche Septemvirattafel da=
selbst; außerdem befindet sich in Agram ein Geschwornengericht für Preß=
sachen.

Bei den Gerichten I. Instanz fungiren königliche Anwaltschaften, bei
den Gerichtstafeln (II. Instanz) königliche Oberanwälte und bei der könig=
lichen Curie (III. Instanz) Kronanwälte.

Die Anwälte sind von den Gerichten unabhängig und unterstehen wie
in Oesterreich dem Justizministerium.

Auf Grundlage dieses Gesetzes vom Jahre 1869 erfolgte dann in den
ersten 70er Jahren die Neuorganisation der gesammten ungarischen Gerichts=
verfassung.

Die Gesetzartikel 31 und 32 vom Jahre 1871 regeln die Gerichte
I. und II. Instanz; der G.A. 33 organisirt das Institut der Staatsanwalt=
schaft; G.A. 8 und 9 von demselben Jahr enthalten die Bestimmungen über
die Verantwortlichkeit der Richter und Gerichtsbeamten; ferner über die
gesetzlichen Fälle der Transferirung und Pensionirung der Richter. Die
Gesetzartikel 34 und 35 vom Jahre 1879 organisiren die Advocatur auf
Grundlage der Freigebung derselben an qualificirte Candidaten (mit drei=
jähriger Praxis nach absolvirten Studien und vorgeschriebenen Prü=
fungen)[171] und das Notariat.

---

[171] Einige Verschärfungen enthält der G.A. 28: 1887.

VII. Buch.

Die Regierungsgewalt.

Die Vollzugsgewalt.

§. 128.

Die Art und Weise der Ausübung der Regierungs- und Vollzugsgewalt formulirt das StGG. über dieselbe (21. December 1867 RGB.
Nr. 145) in folgenden Worten: Der Kaiser übt die Regierungsgewalt
durch verantwortliche Minister und die denselben untergeordneten Beamten
und Bestellten aus (Art. 3). Die Minister sind für die Verfassungs- und
Gesetzmäßigkeit der in die Sphäre ihrer Amtswirksamkeit fallenden Regie-
rungsacte verantwortlich (Art. 9). Dasselbe gilt auch von „sämmtlichen
Staatsdienern“, von denen es (Art. 12) heißt, daß sie „innerhalb ihres
amtlichen Wirkungskreises für die Beobachtung der Staatsgrundgesetze, sowie
für die den Reichs- und Landesgesetzen entsprechende Geschäftsführung verantwortlich sind.“

Indem das StGG. die Grundzüge der Ausübung der Regierungs-
und Vollzugsgewalt feststellte, hat es im Ganzen nichts Neues geschaffen,
sondern einen historisch entwickelten Rechtszustand constatirt und fixirt.
Im Grunde ist es nur die Verantwortlichkeit der Minister, die allerdings
als bedeutungsvolles und principielles Novum in die 1867er Gesetzgebung
eingeführt wurde.

Das Ministerialsystem[172] selbst aber wurde schon in den Märztagen
1848 in Oesterreich begründet, als das alte hinfällig gewordene „Hofstellen-“
und „Hofkanzleien-“ und „Hofcommissionen-“System beseitigt wurde.

Regional- und Realsystem.

§. 129.

Der Uebergang zum Ministerialsystem im Jahre 1848 brachte in
Oesterreich implicite auch den Uebergang vom Regionalsystem, bei welchen

---

[172] Wenn es auch scheinbar nur ein Namenswechsel war, der sich damit vollzog: so hatte diese Umwandlung doch eine tiefere sachliche Bedeutung. Denn mit
der Bezeichnung „Minister“ verbindet sich der Begriff eines Chefs eines politischen
Verwaltungszweiges, der für die gesammte, ihm untergeordnete Verwaltung verantwortlich ist; und wenn auch diese letztere Consequenz des Begriffes „Minister“
erst in dem Ministerverantwortlichkeitsgesetze vom Jahre 1867 formell zum Ausdruck kam, so bestand doch thatsächlich das Ministerialsystem seit dem März 1848
und trug seither jeder Minister in Oesterreich vor Krone und Volk die volle Verantwortung für seine Verwaltung.

die Centralbehörden sich in die Verwaltung des Staates nach Provinzen theilen, in das Realsystem, bei welchem diese Theilung nach Verwaltungszweigen Platz greift, mit sich. Denn während es bis zum März 1848 in Wien eine böhmisch-österreichisch-galizische, eine königlich ungarische und eine besondere siebenbürgische Hofkanzlei gab, übernahmen nun von den neuen Ministerien jedes die Verwaltung der Angelegenheiten seines Ressorts für die ganze Monarchie.

In national einheitlichen Staaten hatte sich dieses System, welches von selbst auch einer strammen Centralisation Vorschub leistet, bewährt. In Preußen ward es mit den Stein'schen Reformen 1808 eingeführt. Während bis dahin die oberste preußische Centralbehörde, der Geheimrath, in Departements zerfiel, denen einzelne Provinzen zugetheilt waren, wurden seit 1808 Minister für die einzelnen Verwaltungszweige in ganz Preußen eingeführt, um so der Verwaltung mehr Kraft und Energie, auch dem Verwaltungsrechte eine größere Einheitlichkeit zu verleihen. Ebenso war auch seit der großen Revolution Frankreich organisirt.

In Oesterreich jedoch konnte, da hier die Verhältnisse eben andere waren, das Realsystem nicht unangefochten bleiben.

Denn hier sträubten sich die historisch-politischen Individualitäten gegen die mit dem Realsystem verknüpfte Centralisation, verlangten Berücksichtigung ihrer Eigenthümlichkeiten und forderten besondere „Hofkanzler" oder doch Landsmannminister im Ministerrathe.

Die ersten, welche diese Forderung für sich durchsetzten, waren die Ungarn; denn der 1867er Dualismus war eben ein Bruch sowohl mit dem Realsystem in den Wiener Centralbehörden wie auch mit all und jeder Centralisation des Gesammtreiches.

Aber auch in Oesterreich mußte den Verhältnissen Rechnung getragen und mußten dem Regionalsystem insoferne Zugeständnisse gemacht werden, daß neben den Ressortministern ein besonderes Ministerium für Galizien errichtet wurde, dem betreffs der galizischen Angelegenheiten aus allen anderen Ressorts die Begutachtung zusteht.[173]

Die Behörden.

§. 130. Ein oder mehrere Beamte, die auf Grund eines Gesetzes mit einem bestimmten Wirkungskreise und festem Amtssitze und Amtssprengel vom Staate bestellt sind, um, sei es obrigkeitliche Rechte, sei es Aufsicht zu üben, das staatliche Rechnungswesen zu besorgen, Beurkundungen vorzunehmen, Gutachten zu erstatten, bilden eine (staatliche) Behörde.[174] Neben staatlichen giebt es auch autonome Behörden (s. unten.)

---

[173] Auch für Böhmen ist ein „Minister ohne Portefeuille" von cechischer Nationalität in den Rath der Krone berufen worden. In der Sprache der Politik und des Parlamentes wird derselbe als cechischer „Landsmannminister" bezeichnet; das geschriebene Staatsrecht allerdings kennt keine „Landsmannminister".

[174] Die Worte Amt und Behörde wurden im Sprachgebrauch und auch in der Sprache der Gesetze nicht strenge auseinander gehalten und oft gleichbedeutend gebraucht. Nichtsdestoweniger ist zwischen Amt und Behörde ein begrifflicher

Nicht allen Behörden kommt das Recht zu, unmittelbar an Parteien Befehle zu erlassen: es giebt Behörden, deren Aufgabe es ist über Wahrnehmungen in ihrem Wirkungskreise Gutachten und Berichte zu erstatten und die zum Zwecke einer obrigkeitlichen Verfügung erst eine andere Behörde um Erlassung des Amtsbefehles angehen müssen; nichtsdestoweniger kommt ihnen der Charakter der Behörde zu (z. B. Gewerbeinspectoren); auch giebt es Behörden, die nur als Hilfsorgane für andere Behörden functioniren, z. B. Rechnungshöfe, Cassenämter, Depositenämter, Katastral=ämter, Grundbuchsämter u. s. w.

Anstalten.

Von den Behörden zu unterscheiden sind Anstalten. Während das **§. 131.** Merkmal der ersteren darin liegt, daß sie nur zur Uebung hoheitlicher Rechte, zur Beurkundung, Begutachtung oder Aufsicht, also immer nur zu einer mehr formalen Thätigkeit berufen sind: bringen es die Bedürfnisse des Staates mit sich, daß man auch an die Durchführung und Lösung materieller Aufgaben schreiten muß. Solche Aufgaben können sein: wissenschaftliche, erziehliche, wirthschaftliche, hygienische, technische u. dergl. Zu diesem Zwecke errichtet der Staat Anstalten wie Universitäten,[175] Acade-mieen, Schulen, Heilanstalten, Fabriken, Verkehrsanstalten (Posten, Eisenbahnen, Telegraphen= und Telephonanstalten), deren Führung und Leitung er seinen eigenen Organen anvertraut. Es unterscheidet sich also die Anstalt von der bloßen Behörde dadurch, daß der ersteren die Durchführung und Lösung materieller Aufgaben auf den erwähnten Gebieten übertragen wird.

Daraus ergiebt sich zwischen Behörde und Anstalt folgender Unter=schied. Erstere verfolgt nur ausschließlich und unmittelbar staatliche Zwecke. Das heißt, sie hat keine anderen und sie verfolgt die staatlichen nicht durch das Mittel anderer Zwecke.

Die Anstalt dagegen verfolgt unmittelbar und in erster Linie anstalt=liche Zwecke, die ein Mittel zur Erreichung staatlicher Zwecke sind. Das staatliche Krankenhaus hat den Zweck, die Kranken zu heilen; die Postanstalt Personen, Briefe und Güter zu transportiren u. s. w. Erst in zweiter

---

Unterschied. Das Amt übt principiell keine hoheitlichen (behördlichen) Functionen, daher man insbesondere von Hilfsämtern spricht und nicht von Hilfsbehörden. Unter solchen Hilfsämtern versteht man z. B. ein Expedit einer Behörde, deren Registratur und Einreichungsprotocoll; die österreichische Verwaltung bedient sich des Ausdruckes Hilfs=Aemter=Director, nicht aber Hilfs=Behörden=Director. Allerdings hat sich diese begriffliche Differenzirung nur in Oesterreich und auch da in der neuesten Zeit vollzogen. In Deutschland und insbesondere in Preußen wird das Wort „Amt“ gleichbedeutend mit Behörde gebraucht, und auch in Oesterreich gab es noch bis in die 50er Jahre Bezirksämter. Doch wäre es jedenfalls von Nutzen, an dieser Differenzirung der Begriffe, welchen der Sprachgebrauch der österreichischen Verwaltungspraxis einführte, festzuhalten.

[175] Unger zählt die Universitäten zu den Corporationen (System I S. 32). Das ist für die Gegenwart nicht richtig. Einst als die Universitäten ganz selbstständig waren und deren Professoren keine Beamte, mögen sie den Charakter von Corporationen gehabt haben. Gegenwärtig sind sie Staatsanstalten.

Linie und mittelbar ist die Lösung dieser Aufgaben, die Erreichung dieser anstaltlichen Zwecke auch im Interesse des Staates und somit Erreichung staatlicher Zwecke, z. B. in obigen zwei Fällen öffentlicher Gesundheitszustand, Hebung des staatlichen Einkommens u. s. w.

Aus diesem Unterschied der Stellung und der Aufgaben der Behörden und Anstalten ergiebt sich endlich ein wichtiger Unterschied staatsrechtlicher Natur.

Eine Anstalt bildet eine selbständige, sogenannte juristische Persönlichkeit, was bei der Behörde nicht der Fall ist. Man spricht bekanntlich von einer juristischen Persönlichkeit da, wo ein Vermögen, eine Geldsumme oder sonst ein materielles Gut (Grund und Boden, Gebäude 2c.) einem Zwecke gewidmet werden, zu dessen Erreichung es nöthig ist, für dieses „Zweckvermögen" Rechtsgeschäfte einzugehen. Da nun jede Anstalt besondere anstaltliche Zwecke verfolgt, so muß es ihr auch gestattet sein, für die Förderung dieser Zwecke Rechtsgeschäfte einzugehen und da der Staat an der Förderung dieser anstaltlichen Zwecke ein Interesse hat, welches allerdings auch ein gemeinnütziges Interesse ist, so kann er nichts dagegen haben, wenn diese Zwecke neben ihm auch von dritten Personen durch Vermögenszuwendung gefördert werden, zu welchem Zwecke den Anstalten die sogenannte juristische Persönlichkeit beigelegt wird.

Einem staatlichen Krankenhaus, einer staatlichen Lehranstalt u. s. w. können also von dritten Personen Vermögenszuwendungen, Schenkungen gemacht werden; diese Anstalten können für ihre anstaltlichen Zwecke Vermögen erwerben und besitzen, mit einem Worte als sogenannte juristische Persönlichkeiten auftreten und Rechtsgeschäfte eingehen.

Nicht so die Behörden. Diese verfolgen unmittelbar und ausschließlich nur staatliche Zwecke, keinerlei andere, eigene, von den staatlichen unabhängige. Es giebt keine besonderen behördlichen Zwecke und der Staat könnte solche nicht dulden. Die Behörde ist nur Organ des Staates; kein Ganzes für sich, nur ein Bestandtheil der staatlichen Organisation. Sie kann daher kein eigenes Vermögen besitzen und kann daher auch nicht eine sogenannte juristische Persönlichkeit sein. Allerdings könnte es einmal einem Millionär einfallen, einer Behörde ein Vermögen zu verschreiben: dieses Vermögen fiele einfach dem Staate anheim — oder das Legat wäre nach Umständen unwirksam. In keinem Falle aber könnte eine Behörde als solche ein Vermögen erwerben — was juristisch so ausgedrückt wird, daß eine Behörde keine juristische Persönlichkeit besitzt.

§. 132. Wenn nun auch der Unterschied zwischen Behörde und Anstalt begrifflich festgestellt werden kann, so läßt sich doch in concreto keine feste Gränze ziehen und das umsoweniger, weil in der Wirklichkeit aus praktischen Rücksichten Anstalten und Behörden vereinigt und den Anstaltsbeamten oft behördliche Functionen übertragen werden. Andererseits giebt es staatliche Anstalten, denen in erster Linie wirthschaftliche oder andere Aufgaben zugewiesen sind und die trotzdem keine selbständige Erwerbsfähigkeit, also auch keine sog. juristische Persönlichkeit besitzen.

Für die Vereinigung von Anstalt und Behörde diene als Beispiel ein staatliches Bergwerk, wo die Bergwerksdirection auch behördliche Attribute besitzt; auch dem Personal einer staatlichen Eisenbahn (z. B. Stations= chef) pflegen gewisse behördliche Attribute übertragen zu werden. Dafür sind ausschlaggebend practische Rücksichten: der Staat braucht sich eben nicht strenge an die begriffliche Gränze zwischen Anstalt und Behörde zu halten. In diesen Fällen hat das Personale der Anstalten zugleich einen behörd= lichen Charakter. Wenn der Stationschef Züge rangiren und instradiren läßt, handelt er als Anstaltsbeamter; wenn er Personen, die sich gegen das Reglement vergehen, einsperren läßt, handelt er als Staatsbeamter. Die= selben Verkehrsanstalten (und auch industrielle Etablissements, wie z. B. Bergwerke, Tabakfabriken u. s. w.), sind auch ein Beispiel von Anstalten, die keine selbständige Rechtsfähigkeit, also keine juristische Persönlichkeit be= sitzen und nur im Auftrage des Staates und für den Staat Rechtsgeschäfte eingehen können.

Selbstverwaltungskörper.

Nicht alle öffentliche Verwaltung im Staate wird von der Regierung **§. 133.** geübt. Ein bedeutender Theil derselben wird vielmehr von sog. Selbst= verwaltungskörpern unter der obersten Aufsicht der Regierung besorgt. Auch der absoluteste und despotischeste Staat ist bei bedeutenderer territorialer Ausdehnung nicht im Stande, solcher Selbstverwaltungskörper, die ihm die öffentlichen Angelegenheiten verwalten helfen, zu entrathen. Es ist denn das auch keine neue Einrichtung, sondern umgekehrt eine aus den ältesten Zeiten des Staates datirende, denn je weniger der staatliche Beamtenorga= nismus entwickelt und ausgebildet war, einen desto größeren Wirkungskreis mußten solche Selbstverwaltungskörper besitzen. Wie anderwärts unter= nahm es auch in Oesterreich zuerst der aufgeklärte Absolutismus und sodann der Polizeistaat, alle Verwaltung im Staate für die Regierung zu recla= miren und alle von früher her bestandenen Selbstverwaltungskörper aufzu= heben oder zu verstaatlichen. Dieß Unternehmen, wie berechtigt es auch seinerzeit war und welch große Bedeutung es auch in der Entwickelung des Staates hatte, erwies sich doch in der Folge als undurchführbar und wenig heilsam und das aus zweifachen Gründen. Erstens führte es die staatliche Verwaltung auf Abwege aus Unkenntniß der thatsächlichen Bedürfnisse des Volkes; zweitens belastete die Vielregiererei die Finanzen des Staates der= maaßen, daß zu einer Entlastung derselben mittelst Wiederaufrichtung von Selbstverwaltungskörpern geschritten werden mußte.

Als solche Selbstverwaltungskörper fungiren in Oesterreich die Ge= meinden und Länder — in Böhmen, Galizien, Steiermark, Schlesien und Tirol obendrein noch Bezirke, in Ungarn die Comitate. .

Was diese Gebietseinheiten in Verbindung mit den auf denselben ansässigen Bevölkerungsgruppen zu Selbstverwaltungskörpern macht, das ist das ihnen gesetzlich zustehende Recht der Wahl einer Vertretung und der dieser Vertretung gesetzlich eingeräumte Wirkungskreis, der überall ein doppelter ist und zwar erstens ein eigener zur Verwaltung des eigenen

Vermögens und der eigenen Angelegenheiten und zweitens einübertragener, in welchem die Vertretungen derselben eine Anzahl ihnen vom Staate überwiesener Angelegenheiten für den Staat und in Vertretung staatlicher Organe zu besorgen haben.

Die Selbstverwaltungskörper üben die ihnen zustehende Verwaltung durch autonome Behörden, die aus gewählten Ehrenbeamten bestehen; doch wird meist ein Theil der Geschäfte der autonomen Behörden, von durch dieselben ernannten besoldeten Beamten besorgt.

Von den Regierungsbehörden unterscheiden sich die autonomen Behörden auch dadurch, daß die Organisation der ersteren Sache der Staatsgesetzgebung, diejenige der letzteren Sache der Landesgesetzgebung ist.

Die österreichischen und ungarischen Behörden.

§. 134. Nach dem soeben Gesagten ist die oberste Eintheilung aller Behörden die in staatliche und autonome, je nachdem dieselben vom Staate oder von einer autonomen aus Wahlen hervorgegangenen Körperschaft (Selbstverwaltungskörper) bestellt sind. Ein weiterer Unterschied zwischen diesen beiden Arten der Behörden liegt auch darin, daß die ersteren aus Berufs-, die letzteren in erster Reihe aus Ehrenbeamten bestehen. Wir sagen in erster Reihe, weil auch autonome Behörden zur regelmäßigen und fortlaufenden Führung der Geschäfte oft der Berufsbeamten nicht entrathen können und solche ähnlich wie der Staat aus den Reihen qualificirter Personen (Juristen) für lebenslänglich bestellen, woraus sich der Unterschied von staatlichen und autonomen Berufsbeamten ergibt.

Die staatlichen Behörden zerfallen zunächst in Civil- und Militärbehörden. Letztere bilden eine abgesonderte außerhalb des Rahmens der Civilstaatsverwaltung stehende Organisation.

Die Civilbehörden zerfallen mit Bezug auf den verschiedenen territorialen Umfang ihres Wirkungskreises in fünf Arten:

1. Oesterreichisch-ungarische gemeinsame Behörden; solche sind: die gemeinsamen Ministerien des Aeußern und des Kaiserlichen Hauses; des Krieges und der Finanzen, sodann der gemeinsame Rechnungshof.

2. Centralstellen für jede der beiden Reichshälften und zwar für Oesterreich die sieben Ministerien: des Innern, der Finanzen, der Justiz, des Cultus und Unterrichts, des Handels, des Ackerbaues und der Landesvertheidigung, und die sieben ungarischen Ministerien des Innern, der Justiz, der Finanzen, des Cultus und Unterrichts, des Ackerbaues, des Handels und der Gewerbe, der öffentlichen Arbeiten und Communicationen. Wenn die hier aufgezählten Ministerien aus dem Grunde als Centralstellen aufgefaßt werden müssen, weil ihr Wirkungskreis vom Centrum jedes der beiden Staaten aus auf das ganze Staatsgebiet sich erstreckt: so nehmen neben ihnen Ausnahmsstellungen ein in Oesterreich das Ministerium für Galizien und in Ungarn das croatisch-slavonische Ministerium, deren Wirksamkeit sich, obschon sie im Centrum des Staates ihren Sitz haben nach dem Regionalprincip, des ersteren ausschließlich auf Galizien, des letzteren ausschließlich auf Croatien-Slavonien beschränkt; endlich das ungarische

Ministerium am allerhöchsten Hoflager („um die Person Seiner Majestät"), welches dem Hoflager des Kaisers folgend die Vermittlung zwischen der Krone und dem ungarischen Ministerium sowie zwischen den Ministerien beider Reichshälften zu besorgen hat.

3. Landesbehörden sind die an der Spitze der größeren österreichischen Länder stehenden Statthaltereien und an der Spitze der kleineren (Bukowina, Schlesien, Salzburg, Kärnten, Krain) stehenden Landesregierungen; die Finanzlandesdirectionen; ferner die croatisch-slavonisch-dalmatinische Regierung in Agram.

4. Bezirksbehörden sind die Bezirkshauptmannschaften in den einzelnen österreichischen Kronländern.

5. Localbehörden sind die in größeren Städten eingesetzten Polizeidirectionen.

Von den localen Wirkungskreisen nach aufwärts, der hierarchischen Stufenleiter der staatlichen Behörden folgend, erhebt sich die nicht in allen Ländern gleichmäßig ausgebaute autonome Behördenorganisation, die theils aus Ausschüßen der Vertretungen, theils aus durch die Vertretungen ernannten Gemeinde-, Bezirks- oder autonomen Landesbehörden besteht.[176])
Solche Behörden sind:

1. Die Gemeindevertretungen und die von ihnen gewählten Vorstände in den österreichischen Landgemeinden; die Gemeinderäthe und die von ihnen ernannten Magistrate in den österreichischen Städten mit eigenen Statuten. In Ungarn die Municipien in den Städten.

2. Die Bezirksvertretungen und die aus ihnen hervorgehenden Bezirksausschüße und in Ungarn die Stuhlrichterämter.

3. Die Landesausschüße in den österreichischen Kronländern; in Ungarn müssen als den österreichischen Kronländern gleichwerthige Communalverbände die Comitate angesehen werden, weil sie unmittelbar den Centralstellen untergeordnet sind und ihre politischen Rechte denjenigen der österreichischen Landtage am nächsten kommen.

---

[176]) Von den autonomen Behörden sind strenge zu unterscheiden die gesetzgebenden Körperschaften. Denn obwohl beiden das Merkmal der Entstehung durch Wahl gemeinsam ist, so liegt doch der principielle Unterschied darin, daß den Behörden eine unmittelbare Action gegenüber der Bevölkerung zusteht, was bei gesetzgebenden Körperschaften nicht der Fall ist. Delegationen, Reichsrath und Landtage sind daher keine autonomen Behörden, denn wenn sich auch die Bevölkerung an dieselben mit Petitionen wenden kann, so können doch diese gesetzgebenden Körperschaften an die Bevölkerung oder an einzelne Parteien keinerlei Entscheidungen gelangen lassen; sie können gegenüber denselben nie in unmittelbare Action treten. Anders verhält sich die Sache mit Gemeinde- und Bezirksvertretungen; diese sind (autonome) Behörden; denn wenn sie auch nicht aus Berufsbeamten bestehen, so treten sie doch der Bevölkerung und den einzelnen Parteien gegenüber insofern in unmittelbare Action, als sie auf Eingaben und Gesuche Entscheidungen erlassen können; ebenso sind die Landesausschüße Behörden. Die autonome Behördenorganisation reicht also bis zu den Landesausschüßen: von den Landtagen aufwärts sind die gewählten Körperschaften gesetzgebende Körperschaften und keine Behörden.

Ein principieller Unterschied zwischen staatlichen und autonomen Behörden in Oesterreich liegt, abgesehen von der verschiedenen Art ihrer Entstehung, darin, daß den autonomen Behörden keine Vollzugsgewalt eingeräumt ist. Wenn es sich um Execution rechtskräftiger Entscheidungen
handelt, so müssen sich die autonomen Behörden wegen Durchführung derselben an die staatlichen Behörden wenden.[177] Nur insoweit es sich um die
Handhabung der Ortspolizei handelt, ist der Gemeindeausschuß da, wo es
für die Ausübung der Ortspolizei keine staatlichen Organe giebt, befugt, die
Durchführung der für die Gemeinde gültigen Vorschriften auch selbst vorzunehmen und mit Geldstrafen bis 10 fl. oder Arreststrafen bis zu 48 Stunden
vorzugehen.

Endlich ist zwischen staatlichen und autonomen Behörden noch der
Unterschied hervorzuheben, daß gegen allgemeine Anordnungen der staatlichen Behörden dem Einzelnen kein Beschwerderecht zusteht, während gegen
solche Anordnungen, wenn sie von Comunalbehörden erlassen sind, dieß
allerdings der Fall ist.[178]

Das österreichische Ministerium.

§. 135.   Zwischen dem Jahre 1848, in welchem zuerst der aus fünf Ministerien (Auswärtiges und kaiserl. Hauses, Inneres, Justiz, Finanzen und Krieg)
bestehende österreichische Ministerrath errichtet[179] und dem Jahre 1867,
wo der Dualismus in der heutigen Gestalt gegründet wurde, machte das
österreichische Ministerium mannigfache Wandlungen durch, deren Resultat
die schließliche Creirung von sieben österreichischen Ministerien war, indem
zu den seit 1848 bestehenden Ministerien des Innern, der Justiz, der
Finanzen, die neucreirten Ministerien des Cultus und Unterrichts, des
Ackerbaues, des Handels und der Landesvertheidigung hinzukamen, hingegen
an Stelle der österreichischen Ministerien des kaiserlichen Hauses und der auswärtigen Angelegenheiten, sodann des Krieges, österreichisch-ungarische
gemeinsame Ministerien für diese zwei Ressorts und unter Einschränkung des
Wirkungskreises des österreichischen Finanzministeriums auf die im Reichsrathe vertretenen Länder für die gemeinsamen Finanzangelegenheiten ein
gemeinsames Reichs-Finanzministerium geschaffen wurden.

§. 136.   Der Wirkungskreis der einzelnen Ministerien ist theilweise im allgemeinen als Wirkungskreis „der k. k. Ministerien", theilweise für jedes
Ministerium insbesondere als „besonderer Wirkungskreis" des betreffenden
Ministeriums festgesetzt. Jene allgemeinen Normen enthalten die a. h.
Entschließungen vom 12. April und 27. Mai 1852; darnach gehört in
den Bereich der Wirksamkeit der k. k. Ministerien die Vollziehung eventuell
die Erläuterung der Gesetze und kaiserl. Verordnungen, Beschlüsse und

---

[177] Ministerialerlaß vom 16. März 1872 Nr. 2163.
[178] Entscheidung des Ministeriums des Innern vom 22. Februar 1869
Z. 19081.
[179] Mit Justizministerialerlaß vom 17. März 1848 JGS. Nr. 1127 wurde
sämmtlichen Länderstellen die Bildung eines Ministerrathes bekannt gegeben.

Befehle; die Beantragung bezüglich neu zu erlassender Gesetze und Anord=
nungen; die Erlassung aller nach Umständen und Verhältnissen nöthigen
Instructionen, Vorschriften, Reglements u. s. w. Die Organisirung der
Behörden;[180]) Systemisirung und Regelung der Bezüge; die Besetzung der=
jenigen Posten, die nicht der Ernennung durch den Kaiser vorbehalten sind;
die Uebung der Disciplinargewalt über die ihnen untergeordneten Beamten;
die gesammte öconomische Verwaltung zum Zwecke der Unterbringung der
in ihr Ressort gehörenden Amtslocalitäten; doch ist in jenen Fällen, wo
größere den Staatsschatz belastende Ausgaben zu machen sind, jedesmal
das Einvernehmen mit dem Finanzministerium zu pflegen.

Gemeinsame Ministerien.

Der Wirkungskreis der einzelnen Ministerien wurde theilweise eben= **§. 137.**
falls durch die obigen a. h. Entschließungen von 1852, theilweise in der
Folge durch besondere Gesetze (a. h. Entschließungen) geregelt. Darnach
umfaßt der Wirkungskreis des Ministers des kaiserl. Hauses (der in
Folge der 1867er Gesetze heute ein gemeinsamer Minister und zugleich auch
Minister des Auswärtigen wurde) alle Angelegenheiten, welche sich auf die
staatsrechtliche Stellung der Dynastie und des gesammten Kaiserhauses,
sowie die statutarischen Verhältnisse der kaiserlichen Familie und ihrer
Glieder beziehen; er hat insbesondere auch für die Flüssigmachung der aus
dem Staatsschatze den Mitgliedern des Kaiserhauses zu verabfolgenden Apa=
nagen, Heirathsgüter und anderer Geldleistungen zu sorgen; die Ordnung
der Privatvermögensverhältnisse des kaiserlichen Hauses und dessen Mit=
glieder aufrecht zu halten und die bezüglichen Interessen zu wahren und
zu vertreten. Als Minister des Aeußeren liegt ihm die Vertretung der
Rechte und Interessen des Reiches den auswärtigen Staaten gegenüber ob;
ferner die Vermittlung des gesammten Verkehres mit den am kaiserlichen
Hofe accreditirten ausländischen Gesandtschaften und Missionen, und die
Ertheilung von Instructionen an die österr. ungar. Vertretungen im Aus=
lande; die Unterhandlung und der Abschluß der Staatsverträge; die Ver=
tretung der Interessen der einzelnen österreichischen und ungarischen Staats=
angehörigen im Auslande, insofern selbe zu einem diplomatischen Ein=
schreiten sich eignen; die Vermittlung des Verkehrs zwischen den auswärtigen
Regierungen und dem kaiserlichen Hofe oder den inländischen Behörden;
die Mitwirkung bei Ernennung der Generalconsuln, Consuln und Consular=
beamten.

In Folge der 1867er Gesetze, die das Verhältniß Ungarns zu Oester=
reich regelten, änderte sich die Stellung des Ministers des Aeußern insofern,
als er auf Grund dieser Gesetze die Leitung der auswärtigen Politik und
sein gesammtes Ressort vor den Delegationen zu vertreten hat; insbesondere
ist er verpflichtet, solche internationale Verträge, deren Genehmigung den
Vertretungskörpern der beiden Reichshälften vorbehalten ist, nicht ohne diese
Genehmigung definitiv abzuschließen.

---

[180]) Organisation der Behörden ist gegenwärtig Sache der Gesetzgebung.

Untergeordnet sind diesem Ministerium: das geheime Haus-, Hof- und Staatsarchiv, die Gesandtschaften und Consulate, endlich die orientalische Academie in Wien.

Der Wirkungskreis des Reichskriegsministers ergiebt sich aus dem Ausgleichsgesetze v. 21. Dec. 1867 Nr. 146, worin die gemeinsamen Angelegenheiten festgesetzt sind.

Da nämlich dort (§. 1 lit. b) „das Kriegswesen mit Inbegriff der Kriegsmarine, jedoch mit Ausschluß der Recrutenbewilligung und der Gesetzgebung über die Art und Weise der Erfüllung der Wehrpflicht, der Verfügung hinsichtlich der Dislocirung und Verpflegung des Heeres, ferner der Regelung der bürgerlichen Verhältnisse und der sich nicht auf den Militärdienst beziehenden Rechte und Verpflichtungen der Mitglieder des Heeres" als gemeinsame Angelegenheit erklärt wurde: so folgt daraus, daß die Verwaltung der hier als gemeinsam erklärten Angelegenheiten in den Wirkungskreis des gemeinsamen Reichskriegsministers fällt, die von dieser Gemeinsamkeit jedoch ausgeschlossenen Angelegenheiten zu dem Wirkungskreise der beiderseitigen Landesvertheidigungsminister gehören. Untergeordnet diesem Ministerium sind: der oberste Militärjustizsenat, die Marinesection, das Kriegsarchiv, sodann die in den einzelnen Ländern bestehenden Militärterritorialbehörden, General- und Militärcommandos.

Dasselbe, was vom Reichskriegs- gilt auch vom Reichsfinanzministerium. Die auf das gemeinsame Finanzwesen sich beziehende Bestimmung des Ausgleichsgesetzes (§. 1 lit. c) bestimmten eo ipso auch den Wirkungskreis dieses Ministeriums — und zwar bilden den Gegenstand desselben „das Finanzwesen rücksichtlich der gemeinschaftlich zu bestreitenden Auslagen, insbesondere die Festsetzung des diesfälligen Budgets und die Prüfung der darauf bezüglichen Rechnungen." Untergeordnet ist diesem Ministerium die Reichscentralcasse. Neben den gemeinsamen Ministerien besteht als gemeinsame Reichsbehörde der gemeinsame oberste Rechnungshof.

Die österreichischen Ministerien.

§. 138. I. Ministerium des Innern. Nach der a. h. E. v. 12. April und 27. März 1852 umfaßt der besondere Wirkungskreis dieses Ministeriums die Leitung und Ueberwachung sämmtlicher politisch-administrativer Angelegenheiten und sämmtlicher, der politischen Verwaltung angehörender Behörden, Aemter und Organe. Insbesondere hat der Minister des Innern für die Integrität und Evidenzhaltung der Reichs- und Kronlandsgränzen zu sorgen; die Regulirung der politischen Bezirkseintheilung in den einzelnen Kronländern zu überwachen; die Amtssitze der Behörden zu bestimmen; die Erhebungen in den Adelsstand nach den diesfalls bestehenden Normen zu beantragen; ferner gehören in seinen besonderen Wirkungskreis alle Lehenssachen, Stiftungsangelegenheiten, die Sanitätsverwaltung; Grundentlastung und Urbarialangelegenheiten, Volkszählungswesen, Staatsbürgerschafts- und Namensänderungen; Vorspannswesen und Militärbequartirung; oberste Leitung und Ueberwachung des Gebahrens der Gemeinden, des Gewerbe-

wesens; das gesammte Meldungs= und Vereinswesen; die gesammte Bau=
polizei; endlich ist das Ministerium des Innern die oberste Polizeibehörde
und fallen daher in den Wirkungskreis desselben alle jene Agenden,
deren Besorgung laut a. h. E. v. 25. April 1852 der obersten Polizei=
behörde oblagen, namentlich: Staatspolizei; das Paß= und Fremdenwesen;
die Ueberwachung der öffentlichen Sicherheit (Min. Ver. 15. Februar 1870),
der Presse, des Theaters und die Leitung und Ueberwachung der polizei=
lichen Organe und Wachtkörper. Als berathende Körperschaft steht diesem
Ministerium der oberste Sanitätsrath zur Seite.[181]

II. Das Finanzministerium hat das Staatsvermögen zu verwalten,
für den Eingang der gesetzlichen Staatseinnahmen Sorge zu tragen und die
gesetzlichen Staatsausgaben zu besorgen; es versieht alle Angelegenheiten,
welche sich auf den Staatscredit, den Geldverkehr beziehen; es verwaltet
alle Staats= und Fondsgüter; es beantragt die gesetzliche Feststellung aller
Steuern, Abgaben, Gebühren und Zölle; es besorgt alle Creditoperationen,
die durch Gesetze angeordnet werden und ebenso das gesammte Staatsschulden=
tilgungswesen.[182] Untergeordnet diesem Ministerium sind folgende Central=
behörden in Wien: die österreichische Staatscentralcasse, das Ministerialzahl=
amt und die Staatsschuldencasse; ferner die Generaldirection der Tabakregie;
das Hauptmünzamt; das Generalprobiramt und das Hauptpunzirungsamt;
ferner die Salinenverwaltungen an den einzelnen Salinenstätten.

Während die anderen Ministerien in der Verwaltung ihrer Ressorts
auf die allgemeinen politischen Landes= und Bezirksbehörden (s. unten) an=
gewiesen sind, hat das Finanzministerium für die Verwaltung der Finanzen
seine besonderen, ihm ausschließlich untergeordneten Landes= und Bezirks=
behörden. Es sind das die Finanzlandesdirectionen[183] und die Finanz=
bezirksdirectionen; als Localbehörden versehen den Dienst der directen
Besteuerung Steueradministrationen in einigen größeren Städten, und Steuer=
localcommissionen in anderen.[184]

Endlich dienen zur Vertretung der Interessen des Staatsvermögens
die in den Landeshauptstädten bestehenden Finanzprocuraturen[185] und
die Gefällsgerichte in den einzelnen Bezirken, welche den Gefällsobergerichten
in den Landeshauptstädten unterstehen.

III. Das Justizministerium. Gleich nach Schaffung dieses Mini=
steriums im März 1848 wurde demselben die Justizverwaltung und die
Vorbereitung der Justizgesetze, was alles früher im Wirkungskreise der
obersten Justizstelle beziehungsweise der Hofcommission in Justizgesetzsachen
gelegen war, übertragen. Im Mai 1848 erschien die erste „provisorische
Vorschrift über den Wirkungskreis des Justizministeriums und dessen Ver=

---

[181] Gesetz vom 30. April 1870 Nr. 68.
[182] Außer den a. h. Entschließungen vom 12. April und 27. Mai 1852 be=
ziehen sich auf den Wirkungskreis dieses Ministeriums das Gesetz vom 30. April
1870 RGB. Nr. 57, betr. die Verwaltung der consolidirten Staatsschuld, und das
Gesetz vom 27. Juni 1878, betr. die österreichisch-ungarische Bank.
[183] Verordnung vom 29. Mai 1874 Z. 1181.
[184] Verordnung vom 12. October 1869 RGB. Nr. 158.
[185] Verordnung vom 15. Februar 1855 RGB. Nr. 34.

hältniß zu den Gerichtsbehörden", welche mit Decret des obersten Gerichts=
hofes vom 24. Juni 1848 Z. 4005 allen unterstehenden Gerichten zur
Darnachachtung bekannt gemacht wurde. Diese in Abwesenheit des Kaisers
erlassene Vorschrift wurde sodann auf Grund kaiserlicher Genehmigung vom
19. August 1848 in wenig geänderter Form neuerlich erlassen. Darnach
steht dem Justizministerium zu: die administrative Leitung des gesammten
Justizwesens; die Oberaufsicht über alle ihm untergeordneten Civil= und
Criminalgerichte; über das gesammte Justizhilfspersonale; über Advocaten
und Notare, wie auch Ernennung dieser letzteren;[186] die Vorbereitung aller
Justizgesetze und Reformen der Rechtspflege (a. h. Entschließungen v. 12. April
und 27. März 1852); die Bestimmung der Anzahl der Handelsgerichts=
beisitzer und ihre Ernennung; ebenso Bestimmung der Anzahl und Ernennung
der bergbaukundigen Beisitzer bei den Bergsenaten der betreffenden Gerichts=
höfe; die Einsichtnahme in alle Geschäfte der Gerichte und Abforderung von
Aufklärungen, Ausweisen und Gutachten; die Oberaufsicht über sämmtliche
Staatsanwälte bei allen Instanzen; endlich stehen dem Justizminister
nach der Strafproceßordnung von 1873 eine Anzahl von Rechten zu, die
sich auf den Gang des Strafprocesses beziehen (s. StrPO. §§. 33, 39, 59,
136, 157, 341, 406, 411, 419, 421, 430 und 446).

IV. Das Ministerium für Cultus und Unterricht wurde
errichtet mit den a. h. EE. v. 23. März und 1. August 1848, aufgehoben
am 21. Oct. 1860 und reactivirt mit a. h. Handschreiben 2. März 1867.[187]

In den Wirkungskreis desselben fallen: die Angelegenheiten der katho=
lischen Kirche und aller anderen im Staate anerkannten Religionsgesell=
schaften. Bezüglich der katholischen Kirche unterbreitet dieses Ministerium
dem Kaiser die Anträge auf Ernennung der Bischöfe, der Stifts= und
Titularprälaten, der Domherren an den Dom= und Collegialcapiteln, wie
auch die Anträge auf Genehmigung der ordnungsmäßig stattgefundenen
Wahlen zu solchen kirchlichen Würden. Ueberhaupt vertritt das Cultus=
ministerium der katholischen Kirche gegenüber den Staat und übt alle die=
jenigen Rechte der Mitwirkung bei der Verwaltung kirchlicher Angelegen=
heiten und Fonde, welche nach den Gesetzen dem Staate der katholischen
Kirche gegenüber zustehen. Dasselbe ist auch den anderen Religionsgesell=
schaften und Confessionen gegenüber der Fall. Als oberste Unterrichts=
behörde leitet und überwacht dieses Ministerium das gesammte Unterrichts=
wesen und alle sowohl öffentlichen als privaten Lehranstalten aller Stufen
und Zweige[188] von den Volksschulen bis zu den Hochschulen; der Unterrichts=

---

[186] Die speciellen Befugnisse des Justizministeriums bezüglich der Advokaten
und Notare sind gegenwärtig in der Advokatenordnung und in der Notariats=
ordnung enthalten.

[187] Vom October 1860 an überging die Leitung der Cultus= und Unterrichts=
angelegenheiten an eine speciell dazu bestimmte Abtheilung des damals bestehenden
Staatsministeriums; mit der Verordnung vom 20. Juni 1863 wurde die Leitung
dieser Angelegenheiten einem obersten „Unterrichtsrath" übertragen, der schon
im a. h. Handschreiben vom 20. October in Aussicht gestellt worden war.

[188] Auch die höheren Gewerbeschulen und die gewerblichen Fortbildungsan=
stalten gehören in das Ressort dieses Ministeriums. Verordnung vom 17. Mai 1884.

minister ernennt das gesammte Lehrpersonale und beantragt die Ernennungen derjenigen Professoren, deren Ernennung dem Kaiser vorbehalten ist. Untergeordnet sind demselben die statistische Centralcommission[189]) und die Centralcommission zur Erforschung und Erhaltung der Kunst und historischen Denkmale;[190]) ferner die Landes-, Bezirks- und Ortsschulräthe, deren Errichtung auf dem Gesetz vom 25. Mai 1868, RGB. Nr. 48 beruht und deren innere Einrichtung durch Landesgesetze geregelt ist.

V. Das Landesvertheidigungsministerium wurde mit a. h. E. v. 10. Jänner 1868 geschaffen und übernahm die auf die öffentliche Sicherheit Bezug habenden Agenden der vormaligen Polizeiabtheilung des Ministerpräsidiums.[191]) Es ist die oberste Behörde für die Verwaltung der gesammten Landwehr,[192]) des Landsturmes und der Gendarmerie. Untergeordnet sind demselben ausschließlich die Landesvertheidigungsoberbehörde in Innsbruck und die Landwehrcommanden und Landwehrevidenzhaltungen in den anderen Ländern.

VI. Das Ackerbauministerium ist die oberste Behörde für die Verwaltung des Bergwesens (mit Ausschluß des Salinenwesens). Es gehören daher in seinen Wirkungskreis die ärarischen Montanwerke, Bergwerksproducten-Verschleiß, Aufsicht über Bruderladen; ferner die Forst-, Wein-, Obst- und Seidencultur; Viehzucht; Bienenzucht; Fischerei; Landesculturangelegenheiten, die früher dem Ministerium für Handel und Volkswirthschaft zugewiesen waren; die legislativen Verhandlungen bezüglich der Forst-, Jagd- und Feldpolizei und Fischerei; die Agrargesetzgebung, jedoch mit Ausnahme der Regelung der bäuerlichen Verhältnisse, welche letztere dem Min. d. Innern zugewiesen ist (MB. v. 29. März 1868); die Verwaltung der dem Staate und den öffentlichen Fonds gehörenden Forste und Domänen (Verord. v. 3. April 1873, RGB. Nr. 44). Es unterstehen demselben in seinem Ressort die Statthaltereien und Bezirkshauptmannschaften; sowie alle einschlägigen speciellen Verwaltungsbehörden, also das gesammte Staatsforst-Domänenverwaltungspersonale und alle Bergbehörden (die bei den Statthaltereien angestellten Forstinspectoren, Räthe und Commissäre). Als Beirath des Ministeriums fungiren die Central-Pferdezuchtcommission[193]) und die Ministerialcommission für agrarische Operationen.[194]) Als autonome Körperschaften, von denen das Ministerium Gutachten einholt und Anträge empfängt, fungiren in den einzelnen Ländern landwirthschaftliche Vereine, deren Zusammensetzung und Wirkungskreis durch besondere Statuten geregelt ist; in Böhmen und Tirol je ein Landesculturrath.

---

[189]) Die Organisation derselben enthalten die Verordnungen vom 3. März 1863 RGB. Nr. 24 und 28. Februar 1884 RGB. Nr. 28.

[190]) Verordnung vom 21. Juli 1873 RGB. Nr. 131.

[191]) Ministerialverordnung vom 18. Jänner 1868.

[192]) Nach §. 64 des Wehrgesetzes von 1889 hängt von dem Landesvertheidigungsminister die Bewilligung zur Auswanderung von Wehrpflichtigen und solchen, die noch nicht in das stellungspflichtige Alter getreten sind, ab.

[193]) Verordnung vom 13. October 1876 Nr. 124.

[194]) Verordnung vom 5. Juli 1886 RGB. Nr. 108.

Die dem Ministerium unterstehenden Bergbehörden sind gemäß dem Gesetze vom 21. Juli 1871 organisirt und zwar bestehen Berghauptmannschaften in Prag für Böhmen; in Wien für Nieder= und Oberösterreich, Salzburg, Mähren, Schlesien und die Bukowina; in Klagenfurt für Steiermark, das Küstenland, Dalmatien, Tirol und Vorarlberg; in Krakau für Galizien. Diesen Berghauptmannschaften, als zweiten Instanzen, sind die Revierbergämter als erste Instanzen untergeordnet.

Ferner unterstehen dem Ackerbauministerium die Bergakademieen in Pribram in Böhmen und Leoben in Steiermark.

VII. Das Handelsministerium ist mit der obersten Leitung der Angelegenheiten des Handels, der Gewerbe, der Schiffahrt, der Eisenbahnen, des Post=, Telegraphen= und Telephonwesens betraut.[195]

Untergeordnet sind dem Handelsministerium: die Generalinspection der österreichischen Eisenbahnen[196] sowie die Generaldirection der österreichischen Staatseisenbahnen; die Post= und Telegraphendirectionen in den einzelnen Ländern;[197] die Seebehörde in Triest;[198] die Normal=Aichungscommission;[199] die Gewerbeinspectorate.[200]

Als berathende Körperschaften stehen diesem Ministerium zur Seite die Permanenzcommission für die Handelswerthe und der Staatseisenbahnrath.[201]

Landes= und Bezirksbehörden.

. 139.   Die letzte Reorganisation der österreichischen Landesverwaltungen erfolgte mit Ges. v. 19. Mai 1868 und ist das Werk des ersten verantwortlichen Ministeriums und zwar speciell des Ministers des Innern, Giskra. Die leitenden Grundsätze dieser Reorganisation waren:

1. die Durchführung der durch die Staatsgrundgesetzgebung gebotenen Trennung der Justiz von der Administration;

2. die möglichste Decentralisation der Verwaltung, um die Centralbehörden nicht mit unnöthigen minderwerthigen Geschäften zu überbürden;

3. die Abwälzung eines großen Theiles der politischen Verwaltung auf Gemeinden und Selbstverwaltungskörper, um auf diese Weise die Regierungsbehörden und somit auch den Staatsschatz zu entlasten. Auch wurde bei dieser Reorganisation dem Princip der Verantwortlichkeit des Amtschefs für das Vorgehen der ihm untergebenen Behörde durchwegs Rechnung getragen, somit z. B. der Landeschef nicht mehr, wie das früher

---

[195] A. h. EE. vom 10. April 1861; 30. August 1862 und 11. Jänner 1868.
[196] Verordnung vom 15. Juli 1884 RGB. Nr. 122.
[197] Verordnung des Handelsministeriums vom 24. Februar 1885 Z. 5019.
[198] Die Organisation derselben ist enthalten in den Verordnungen vom 26. April 1850 Nr. 178 und vom 3. Juni 1871 RGB. Nr. 46.
[199] Handelsministerialverordnung vom 17. Februar 1872 RGB. Nr. 17 enthält die Organisation dieser Centralbehörde; mit Gesetz vom 31. März 1875 RGB. Nr. 43 erfolgte die Organisirung der staatlichen Aichämter in den einzelnen Ländern.
[200] Geschaffen mit dem Gesetze vom 17. Juni 1883 RGB. Nr. 117.
[201] Verordnung vom 23. Juni 1883 RGB. Nr. 103.

der Fall war, an die Beschlüsse der Conferenzen der Statthaltereiräthe gebunden, sondern jedem Amtschef gestattet, alles das zu verordnen, was er verantworten zu können erachtet.

In Ausführung dieser Grundsätze wurden an die Spitze der politischen Verwaltung in den Königreichen und Ländern die Landeschefs gestellt. Als solche

1. repräsentiren sie den Landesfürsten bei feierlichen Gelegenheiten;
2. vertreten sie die Regierung gegenüber den Landtagen;[202])
3. leiten sie die gesammte politische Verwaltung des Landes, also alle im Lande vorkommenden politischen Angelegenheiten, die in oberster Linie im Wirkungskreise der Ministerien des Innern, des Cultus und Unterrichts, der Landesvertheidigung, des Ackerbaues gelegen sind.

Auf die Angelegenheiten, die zum Wirkungskreise der Ministerien der Finanzen und des Handels gehören, haben sie einen bestimmten, durch besondere Verordnungen geregelten Einfluß. Unter ihrer Leitung wird die gesammte politische Verwaltung des Landes besorgt

1. von den Statthaltereien,
2. von den Bezirkshauptmannschaften,
3. von den Comunalämtern der mit selbständigen Statuten versehenen Städte.

Statthaltereien.

Die Statthaltereien (in Salzburg, Krain, Bukowina und Schlesien **§. 140.** Landesregierungen genannt) sind die dem Statthalter (bezw. Landespräsidenten) unmittelbar zur Seite stehenden Beamtenkörper, deren er sich zur Verwaltung der Landesangelegenheiten bedient. Da das Gesetz vom 19. Mai 1868 (§. 8) den Statthaltereien und Landesregierungen den Wirkungskreis der „dermaligen Landeschefs und der bestehenden politischen Landesbehörden" übertrug, so gelten die für jene Landesbehörden (Statthaltereien) erlassenen Organisationsbestimmungen (MV. v. 19. Jänner 1853 auf Grund d. h. Entschließungen vom 14. Sept. 1852 lit. c) auch für die neuerrichteten Statthaltereien, Landesregierungen und ihre Chefs. Darnach sind die Statthaltereien allerdings collegial organisirt, es giebt eine Anzahl von Angelegenheiten, welche in der Rathssitzung zum Vortrage kommen, wobei über die Beschlüsse abgestimmt wird: doch ist schon in jenen Organisationsbestimmungen den Statthaltern eine von den Beschlüssen dieser Rathscollegien unabhängige Stellung verliehen worden. Dieselbe wurde durch das Gesetz vom 19. Mai 1868 insofern noch befestigt, da die Statthalter „für die Amtsführung der ihnen unterstehenden politischen Landesbehörden verantwortlich" gemacht wurden, eine solche Verantwortlichkeit aber nothwendiger=

---

202) In dieser Stellung ist es ihre Pflicht, „der Thätigkeit der Landtage Vorschub zu leisten, den Wirkungskreis derselben zu respectiren, aber auch ihren Einfluß, wo sich dazu Anlaß bietet, geltend zu machen, um Uebergriffe in den Bereich der reichsräthlichen Competenz zu verhüten" (Rundschreiben des Ministers Giskra an die Statthalter vom 29. Juli 1868).

weise eine vollkommene Unabhängigkeit von den Beschlüssen der Rathscollegien bedingt, daher die Statthaltereien nur als den Statthaltern zur
Bewältigung der Geschäfte beigegebene, denselben berathende und gegebenen
Falles nur nach seinen Weisungen arbeitende Behörden angesehen werden
können.

Bezirkshauptmannschaft.

§. 141.   Unmittelbar den Statthaltereien (Landesregierungen) untergeordnet
und mit der Leitung der politischen Verwaltung der Bezirke, soweit dieselbe
nicht den autonomen Communalverbänden übertragen ist, betraut, sind die
Bezirkshauptmannschaften, an deren. Spitze Bezirkshauptleute stehen.

Das Gesetz vom 19. Mai 1868, womit diese Bezirkshauptmannschaften
(an Stelle der früheren Bezirksämter und Kreisämter) eingesetzt wurden,
beschränkt sich in der Bestimmung des Wirkungskreises derselben auf den
Hinweis, daß „alle Angelegenheiten, welche derzeit den rein politischen
Bezirksämtern und in Gegenständen der politischen Verwaltung den gemischten Bezirksämtern zustehen, den Wirkungskreis der Bezirkshauptmannschaft bilden, insoweit nicht fernerhin einzelne dieser Geschäfte im Wege der
Gesetzgebung an die Bezirks- und Gemeindevertretungen überwiesen werden".

Damit sind implicite für den Wirkungskreis der Bezirkshauptmannschaften die Organisationsbestimmungen vom 14. Sept. 1852, sowie die auf
denselben Bezug nehmenden späteren Vorschriften, insbesondere die Verordnung
vom 19. Jänner 1853 RGB. Nr. 10 (Beilage A) als maßgebend erklärt
worden.

Die in jenen Gesetzen enthaltene Aufzählung der in den Wirkungskreis
der politischen Bezirksbehörden fallenden Angelegenheiten lassen sich mit
einem Worte dahin zusammenfassen, daß denselben die allgemeine politische
Verwaltung oder wie man das auch nennt, die allgemeine Landesverwaltung
zusteht und es könnte für diesen Wirkungskreis keine andere systematische
Darstellung passender sein als diejenige, welche für die politische Verwaltung
und das Verwaltungsrecht überhaupt angezeigt ist (s. unten II. Teil, Verwaltungsrecht). Danach haben die Bezirkshauptmannschaften in ihrem Gebiete wahrzunehmen die Interessen der Staatsgewalt

    a) an der Erhaltung des Staates;

    b) an der Aufrechterhaltung der inneren Rechtsordnung;

    c) an der Beförderung der allgemeinen Wohlfahrt.

Daher sind denselben zugewiesen:

    ad a) 1. Mitwirkung bei der Heeresergänzung, bestehend in der Ober-
leitung der Verzeichnung der Stellungspflichtigen im Bezirke, Verfassung
der Berufungslisten für solche Gemeinden, welche dieselben nicht selbst aus-
zuführen vermögen, Mitwirkung bei der Recrutirung, Ueberwachung und Einberufung der Urlauber und Reservemänner; Leitung der Militäreinquartirung
und thätige Unterstützung der Militärbehörden in allen auf die Militär-
verpflegung bezüglichen Angelegenheiten;

    2. ebenso die Mitwirkung bei der Finanzverwaltung und theilweise
Ausübung derselben. Zu letzterem Zwecke ist jeder Bezirkshauptmannschaft

ein Finanzbeamter als Steuerreferent zugewiesen, der alle Vorarbeiten und Hilfsarbeiten Behufs Einbringung der directen und indirecten Steuern zu besorgen und zu überwachen hat;

3. in den an den Staatsgränzen gelegenen Bezirken haben die Bezirkshauptmannschaften über die Integrität und Erhaltung der Gränzlinien und Gränzzeichen zu wachen. [203])

ad b) 1. Kundmachung und Handhabung der Gesetze, Verordnungen und sonstiger zur Verlautbarung bestimmten Anordnungen der Behörden; [204])

2. die gesammte Evidenzhaltung der Bevölkerung, bestehend in der Ueberwachung der Führung der Civil-Standes-Register; Sammlung statistischer Daten; Mitwirkung bei der Volkszählung; Erhebungen in Staatsbürgerschaftsangelegenheiten; Auswanderungssachen u. s. w.;

3. Intervention bei den Wahlen zum Landtag und in den Reichsrath — bestehend in der Sorge für die gesetzmäßige Durchführung derselben und Hintanhaltung von Mißbräuchen;

4. Aufsicht über die nicht mit eigenen Statuten versehenen Gemeinden und ihre Verwaltung; über Stiftungen, die nicht unmittelbar höheren Behörden unterstehen; Kirchenbaulichkeiten und Friedhöfe u. s. w.;

5. Aufrechthaltung der öffentlichen Ruhe und Ordnung; öffentliche Sicherheit; Vorsorge gegen Lebensgefahr, Unfälle und allgemeine Nothstände; Unterstützung der Gewerbeinspectoren und Aufsicht über die Durchführung der zum Schutze und Versicherung der Arbeiter erlassenen Gesetze;

6. Intervention in Ehesachen (Aufgebote, Eheconsense u. s. w.), insoferne die Gesetzgebung eine solche den politischen Behörden zuweist; [205])

7. Aufsicht über Wege-, Bau- und Wasserpolizei und Entscheidungen in erster Instanz in streitigen Verwaltungsrechtsachen auf diesen Gebieten.

ad c) 1. Förderung des Handels, der Gewerbe [206] und der Landescultur durch Aufrechthaltung der den Interessen derselben gewidmeten staatlichen Institutionen und Körperschaften, Ueberwachung der Ausübung der bezüglichen Vorschriften;

2. das öffentliche Gesundheitswesen; Ueberwachung des gesammten Sanitätspersonales, der öffentlichen Krankenhäuser, Irrenanstalten u. s. w.

Die Behördenorganisation in Ungarn.

§. 142. Die Behördenorganisation ist derzeit in jeder der beiden Reichshälften mit Bezug auf das Verhältniß der staatlichen zu den autonomen Behörden, eine grundverschiedene. In Ungarn überwiegt nämlich das autonome Element und es giebt in localer und Bezirks-(Comitats-)Verwaltung so gut

---

[203]) Auch die Ueberwachung der Aufrechthaltung und Markirung der Landesgränzen sowie die Gemeindegränzen gehört in den Wirkungskreis der Bezirkshauptmannschaften. Verordnung vom 19. Jänner 1853 RGB. Nr. 10.

[204]) Verordnung vom 19. Jänner 1853 RGB. Nr. 10.

[205]) Gesetz vom 4. Juli 1872 RGB. Nr. 111 und Gesetz vom 9. April 1870 RGB. Nr. 51.

[206]) Der diesbezügliche Wirkungskreis der politischen Behörden ist durch die neueste Gewerbegesetzgebung bedeutend vergrößert worden (s. unten II. Theil, VI. Buch, 1. Hauptstück).

wie gar keine staatlichen Behörden; dieselben fangen erst bei der Landesverwaltung in Budapest, bei der Statthalterei an. Die österreichischen staatlichen Bezirksbehörden, Bezirkshauptmannschaften haben in Ungarn kein
Pendant. Die gesammte Verwaltung ruht in dieser Mittelinstanz dort in
den Händen der Comitats-Munizipien, an deren Spitze die Ober- und die
Vicegespäne stehen. Diese Verschiedenheit ist das Ergebniß des verschiedenen
politischen Entwickelungsprocesses, mittelst dessen der mittelalterliche Staat
in den modernen überführt wurde; dieser Proceß spielte sich in Oesterreich
auf andere Weise ab und gedieh weiter als in Ungarn, wo er noch immer
nicht ganz vollendet ist. In Oesterreich bereitete der Absolutismus all und
jedem nichtstaatlichen Regime (sowohl dem patrimonialen am Lande wie
dem autonomen in den Städten) ein jähes Ende[207]) und setzte an die
Stelle desselben staatliche Herrschaft mittelst staatlicher Behörden.

Als dann seit dem Anfange der Sechziger Jahre mit dem Uebergang
zum constitutionellen Regime der Grundsatz der Selbstverwaltung nach den
Bedürfnissen des modernen Staates zur Geltung kam, wurden die autonomen
Behörden in Gemeinde, Bezirk und Land in der Weise eingeführt, daß ihnen
derjenige Wirkungskreis eingeräumt wurde, der ihnen ohne Gefährdung der
Zwecke und Aufgaben des modernen Staates füglich eingeräumt werden
konnte. In Oesterreich erhielten daher die autonomen Behörden ihre
Wirkungskreise von dem zu voller Machtentwickelung gelangten modernen
Verfassungsstaate zugetheilt, der nur so viel hingab, auf wie viel er mit
voller Beruhigung verzichten konnte.

Der Schwerpunkt der Herrschaft und des öffentlichen Lebens lag in
Ungarn von jeher in den Comitaten, in denen der magyarische Adel herrschte,
oder eigentlich in herkömmlicher Weise wirthschaftete. Ungarn war im Grunde
nur eine Föderation von Comitats-Adelsrepubliken, die sich keinem monarchi-
schem Regime fügen wollten. Seit Kaiser Joseph II. hat es der Absolutismus zu wiederholten Malen vergeblich versucht, auf dem Wege der Centralisation dieser republikanischen Adelswirthschaft Herr zu werden. Es wäre
ihm dieses vielleicht gelungen, wenn diese Bestrebungen nicht Hand in Hand
mit der Germanisation gegangen wären. Indem der österreichische Absolutismus
in Ungarn zugleich letztere anstrebte, als deutscher Absolutismus auftrat,
rief er selbst gegen sich alle nationalen Leidenschaften wach und scheiterte.
Indessen dämmerte auch bei dem magyarischen Adel die Erkenntniß, daß
die Zeit des mittelalterlichen Staates vorüber sei und daß den neuerwachten
Volkskräften im modernen Staate Zugeständnisse gemacht werden müssen.
Dieses bedeutungsvolle Werk, das von großer staatsmännischer Klugheit
und wahrer Selbstverleugnung im rechten Augenblicke zeugte, vollbrachte
der ungarische Reichstag 1848. Er nahm das große Werk in Angriff,
„die Comitatsverfassung als Schutzbollwerk der Constitution Ungarns mit
der Freiheit in Einklang zu bringen" (Ges. Art. XVI: 1848). Das hieß
soviel als daß der ungarische Adel jene Reform im Geiste des modernen
Staates, welche anderswo durch den Absolutismus angebahnt und im Wege

---

[207]) S. meine Einleitung in's (österreichische) Staatsrecht S. 147 und 149.

von Octroyirungen durchgeführt wurde, selbst und aus eigener Initiative durchführen wolle.

Der erste Schritt auf diesem Wege war der Verzicht des Adels auf seine privilegirte Stellung in den Comitaten durch die reichstägliche Bestimmung, daß zu den nächsten Comitatscongregationen „außer den durch Gesetz Berechtigten, denjenigen das Stimmrecht gebühren solle, die seitens der Comitats=Einwohner gemeindeweise als Vertreter zu den Congregationen entsendet werden" (Ges. Art. XVI lit. b). Nach neunzehnjähriger Unterbrechung durch Revolution und reactionäre Experimente wurde die Reform des ungarischen Staates, seine Umwandlung in einen modernen Verfassungsstaat auf Grundlage der Ausgleichsgesetze von 1867 wieder aufgenommen und im Jahre 1870 an die Comitatsreform wieder die gesetzgeberische Hand angelegt.

Mit dem Ges. Art. XLII: 1870 über die Regelung der Municipien ist der erste Versuch gemacht worden, die Comitats=Municipien in den festgefügten Behördenorganismus des modernen Staates einzugliedern und sie, wenn auch als autonome Behörden, in allen Details an feste Regeln zu binden; auch wurde für die zu wählenden Comitatsbeamten eine entsprechende juristische Bildung vorgeschrieben (§. 66); ferner wurde der vom König als Leiter des Comitats zu ernennende Obergespan ausdrücklich als „Repräsentant der executiven Gewalt", also zu einem staatlichen Organ proclamirt (§. 52). Einen weiteren Schritt auf diesem Wege der Verstaatlichung der Comitatsverwaltung geschah mit dem Ges. Art. VI: 1876, womit für jede Jurisdiction ein Verwaltungsausschuß eingesetzt wurde, der aus allen höheren Functionären der Jurisdiction und zehn von der Generalversammlung des Comitats gewählten Mitgliedern bestehend, die Verwaltung des Municipiums zu führen und die Disciplinargewalt über alle Beamte desselben zu üben hat.

Mit den Ges. Art. 1883 über die Qualification der öffentlichen Beamten wurde das Beamten=Wahlrecht der Municipien wieder um ein Bedeutendes eingeschränkt, indem für die gewählten Beamten ein höherer juristischer Bildungsgrad vorgeschrieben wurde; endlich wurde mit Ges. Art. XV: 1883 der Haushalt der Comitate geregelt und von staatlichen Subventionen abhängig gemacht.

Auf diesem Wege schreitet die ungarische Gesetzgebung fort, auf das klare und unvermeidliche Ziel lossteuernd, die Verwaltung der Comitate insoweit zu verstaatlichen, als es die von dem modernen Verfassungsstaate auf dem immer sich erweiternden Gebiete der Verwaltung zu lösenden Aufgaben gebieterisch erfordern und der Selbstverwaltung nur jenen Wirkungskreis zu belassen, der mit den Zwecken und Aufgaben des modernen Staates vereinbar und für denselben förderlich ist.

Es ist hier am Platze, sich über die Unvermeidlichkeit und Nothwendig= **§. 143.** keit dieses Entwickelungsprocesses der ungarischen Verwaltungsgesetzgebung klar zu werden. Der moderne Staat kann unmöglich auf der Grundlage der Selbstverwaltung, wie derselbe in früheren Jahrhunderten in monarchischen Adelsrepubliken bestanden hatte, bestehen. Die Ursachen, die zu einer

Verstaatlichung der Verwaltung drängen, sind theils wirthschaftliche, theils verwaltungspolitische. Die früheren „Herrschaften", der frühere Adel konnte sehr wohl die Last der (allerdings nicht sehr hoch entwickelten) Verwaltung tragen: wurde er doch vom Staate dafür reichlich besoldet — in Form der ihm von dem Landvolke geleisteten Robot. Heute, wo der herrschaftliche Grundbesitz im Gedränge des wirthschaftlichen Concurrenz-Kampfes steht, kann weder ihm noch den anderen besitzenden Classen die Last einer unbesoldeten Verwaltung aufgebürdet werden. Andererseits kann der moderne Staat sich mit einer lässig und nicht mit Sachkenntniß geführten Verwaltung nicht begnügen. Auch im staatlichen Leben ringt heute das Gesetz der Arbeitstheilung nach Geltung und kann gewaltsam nicht ungestraft zurückgedrängt werden. Die umfassenden und schwierigen Aufgaben der modernen Staatsverwaltung können nicht so nebenher als gelegentliche Ausfüllung freier Mußestunden gelöst werden. Diese Verwaltung erfordert ganze Männer, die ihr Leben ausschließlich dem Dienste des Staates widmen. Die Schwärmerei für englische Selbstverwaltung beruhte theilweise auf Mißverständniß, theilweise auf Unkenntniß der englischen Verhältnisse, die ganz anders geartet sind als man sich dieselben vorstellt. Der moderne Staat muß von Berufsbeamten verwaltet werden, die keinerlei gesellschaftliches Sonder-Interesse vertreten, nur das Interesse des Staates. Gewiß, auch im modernen Staate hat die Selbstverwaltung in Gemeinde, Bezirk und Land eine gewisse Berechtigung, und so ist ihr auch im constitutionellen Oesterreich seit den sechziger Jahren ein gewisser Wirkungskreis eingeräumt worden. Aber ein Vierteljahrhundert practischer Erfahrung auf diesem Gebiete führte zur Erkenntniß, daß dieser Wirkungskreis der Selbstverwaltung in Oesterreich eher zu weit als zu eng gezogen wurde — und doch wird die allgemeine Landesverwaltung hier von — rein staatlichen Behörden, den Bezirkshauptmannschaften geleitet, für welche es in Ungarn kein Analogon giebt!

Berufs- und Ehrenbeamte.

. **144.** Zur Führung der Civil-Staatsverwaltung im weitesten Sinne dieses Wortes bedient sich der Staat der Beamten[208]). Nach den zwei großen Gebieten der civilen staatlichen Thätigkeit theilt man diese in Justiz- und

[208]) Im Gegensatz zum Militär, zur „bewaffneten Macht" spricht man von den Civil-Beamten und vom Civilstaatsdienst; doch werden unter „Beamten" in der Regel Civilbeamte verstanden. Das allgemeine Strafgesetz vom 27. Mai 1852 versteht unter Beamten „diejenigen Personen, welche vermöge unmittelbaren oder mittelbaren öffentlichen Auftrages mit oder ohne Beeidigung Geschäfte der Regierung zu besorgen haben." Diese Definition ist offenbar im Interesse des strafrechtlichen Schutzes der Regierung gegeben; staatsrechtlich und verwaltungsrechtlich genommen, ist obige Definition zu weit. Von den Beamten sind zu unterscheiden die Diener, welche mit untergeordneten Dienstleistungen bei den Aemtern und Behörden betraut sind. Die Besoldungen der Beamten nennt das Gesetz Gehalt, diejenigen der Diener Löhnung; daran schließt sich die weitere Unterscheidung bei der Versorgung aus Anlaß des Austrittes aus dem Dienstverhältniß; die Versorgung der Beamten nennt das Gesetz Pension, die der Diener Provision, s. unten. — Doch bestimmt ein Ministerialerlaß vom Jahre

Verwaltungs= oder politische Beamten. Die Justizbeamten sind alle bei der Justiz angestellten Beamten, also staatsanwaltschaftliche Functionäre und Gerichtsbeamte. Diese letzteren zerfallen in richterliche Beamte (selbständige Richter) und Hilfsbeamte des Gerichtes, welche mit keinen richterlichen Functionen betraut sind.[208])

Die politisch-admininistrativen Beamten können nach den speciellen Gebieten der Verwaltung, auf denen sie wirken, in ebenso viele Unterarten unterschieden werden, als Finanzbeamte, Rechnungsbeamte, Forstbeamte, politische Beamte, Consularbeamte u. s. w. Eine besondere Classe von Staatsbeamten bildet das staatliche Lehrpersonale (Lehrer, Directoren, Professoren); im Gegensatz zu den Militärbeamten werden alle obigen Beamtenkategorien als Civilbeamte bezeichnet.

Nach dem zwischen den Beamten und dem Staate bestehenden Verhältniß mit Bezug auf Ernennung, Anstellung und Besoldung unterscheidet man Berufsbeamte und Ehrenbeamte.

Die ersteren sind solche, denen das Amt Lebensberuf ist, welche daher dauernd (lebenslänglich) gegen Besoldung und Pensionsberechtigung (worin die Versorgung der Hinterbliebenen inbegriffen ist) vom Staate angestellt werden. Die Beamten des Staates sind in der Regel Berufsbeamte, da sich der Staat von Einzelnen Dienstleistungen nicht schenken läßt, schon aus dem Grunde, weil er an jedes Amt Pflichten knüpft und seine Disciplinargewalt unter einem unentgeltlichen Dienstvertrage leiden könnte.

Dagegen sind die Beamten der Selbstverwaltungskörper in der Regel Ehrenbeamte, d. i. solche, welche ihr Amt als Nebenbeschäftigung versehen, sich nur zeitweise, d. h. auf kürzere Perioden zur Amtsführung verpflichten und für dieselbe keine Besoldung empfangen.

Doch giebt es zwischen dem reinen Typus der Berufsbeamten und dem der Ehrenbeamten eine ganze Reihe von Übergängen, von Typen mit gemischtem Charakter.

So bedient sich auch der Staat ausnahmsweise der unbesoldeten Ehrenbeamten, wenn er z. B. Gerichtsbeisitzer ernennt, Geschworene als Richter beruft, gewählten Bürgermeistern die Bestätigung in ihrem Amte ertheilt und dieselben im „übertragenen Wirkungskreise" als unmittelbare Staatsorgane verwendet; letzteres ist auch der Fall bei den gewählten Vorständen der Bezirksvertretungen und theilweise auch bei den Landmarschällen resp. Landeshauptleuten. Am häufigsten verwendet der Staat Ehrenbeamte in berathenden

---

1856, daß Amtsdiener, die „im politischen Organismus angestellt" sind, pensionsfähig; dagegen die Dienersgehilfen nur provisionsfähig sind; in demselben Sinne spricht die kaiserliche Verordnung vom 9. December 1866 von „pensionsfähigen Dienern".

[209]) Nach dem Gesetz vom 21. Mai 1868 RGB. Nr. 46 über die Disciplinarbehandlung der richterlichen Beamten sind selbständige richterliche Beamte die Präsidenten, Vicepräsidenten, Räthe der Gerichtshöfe, Bezirksrichter und jene, welchen bei einem Gerichtshofe das Stimmrecht übertragen worden ist. Als Hilfsbeamte werden bezeichnet: die Secretäre, Adjuncten, Actuare und Auscultanten. Nur die selbständigen richterlichen Beamten sind im Sinne des StGG. vom 21. December 1867 über die richterliche Gewalt als Richter anzusehen.

und begutachtenden Behörden oder Körperschaften, wie z. B. die Mitglieder des Eisenbahnraths, der Commission für Erhaltung der Denkmäler der Kunst u. s. w.

Andererseits erhalten oft die von Selbstverwaltungskörpern auf bestimmte Perioden gewählten Ehrenbeamten Belohnungen, Honorare und Besoldungen.

Dienstverhältnisse der Beamten.

145. Die besoldeten Staatsbeamten dürfen in der Regel für ihre Amtshandlungen keinerlei andere Belohnungen annehmen: nur bei einigen Kategorien hat sich ein Rudiment des in früheren Jahrhunderten die Staatsbesoldungen vielfach vertretenden Sportelwesens heutzutage noch neben Besoldung erhalten, indem den Beamten gestattet wird, für einzelne Amtshandlungen und Functionen specielle Entlohnungen zu empfangen, so z. B. den Seelsorgern als Matrikenführern für Ausfertigung von Auszügen aus den Matriken, den Professoren die Collegiengelder[210] und Prüfungstaxen; letztere werden auch an Beamte als Prüfungscommissäre verabfolgt u. s. w.

Der Staat besoldet seine Beamten jedoch nur vom Momente ihrer Anstellung und Beeidigung. Diesem Zeitpunkte geht häufig eine Periode der unentgeltlichen Praxis voraus, wo der angehende Beamte dem Staate Dienste leistet, für die er keine Entlohnung empfängt. Der Entgelt für diese Dienste liegt theilweise darin, daß dem Praktikanten, Volontär oder Aspiranten Gelegenheit zur practischen Ausbildung geboten wird, theilweise in der Expectanz auf eine in der Zukunft freiwerdende Beamtenstelle.

Doch erhalten solche angehende Beamte oft „zur Erleichterung ihrer Subsistenz" ein jährliches Adjutum oder zeitweilige Remunerationen.

146. Wenn auch staatsgrundgesetzlich die öffentlichen Ämter allen Staatsbürgern gleich zugänglich sind, so kommen doch bei der Besetzung staatlicher Posten immer nur diejenigen in Betracht, welche sowohl die allgemeinen, als auch für jede Kategorie von Aemtern gesetzlich vorgeschriebenen besonderen Qualificationen besitzen.[211]

Zur allgemeinen Qualification gehört: a) die österreichische Staatsbürgerschaft; Ausländer können jedoch dieselbe zugleich mit dem Eintritt in ein Amt erwerben;

b) ein bestimmtes Alter und zwar muß der Candidat in der Regel das 18. Lebensjahr vollendet und das 40. nicht überschritten haben;

c) Unbescholtenheit.

In gemischtsprachigen Ländern oder Bezirken wird gegenwärtig in der Regel auch die Kenntniß der zweiten Landessprache gefordert; für unentgeltliche Dienstplätze (Eleven, Praktikanten, Aspiranten) ist ferner der Nachweis der entsprechenden Subsistenzmittel vorgeschrieben; endlich darf der

---

[210] In Oesterreich eingeführt nach dem Muster von Deutschland mit Gesetz vom 12. August 1850.

[211] In Ausführung des §. 38 des Wehrgesetzes vom 5. December 1868 ist mit Gesetz vom 14. April 1872 den ausgedienten Unterofficieren ein Vorzug vor den Civilisten bei Besetzung von Stellen im Civildienste, für welche sie qualificirt erscheinen, eingeräumt worden.

Anzustellende mit einem andern Beamten derselben Behörde in keinem näheren Verwandtschafts= oder Schwägerschaftsverhältnisse stehen.

Zu der besonderen Qualification gehört für den Conceptsdienst bei Gerichten und politischen Behörden im allgemeinen die Absolvirung der rechts= und staatswissenschaftlichen Studien und der Nachweis der mit Erfolg zurück= gelegten rechts= und staatswissenschaftlichen Prüfungen[212]) oder des erlangten juridischen Doctorates.

Für die Anstellung in den technischen Dienstzweigen des Staates, (Bau= dienst, Forstdienst, Katastraldienst, Fabrikendienst) ist der Nachweis der an einer entsprechenden höheren Fachschule mit Erfolg zurückgelegten Studien; für den Bergbauamtdienst ist der Nachweis sowohl der rechts= und staats= wissenschaftlichen Studien, wie auch der Absolvirung einer Bergakademie erforderlich.

Für den staatlichen Sanitätsdienst als Arzt ist außer dem medicinischen Doctorgrad noch eine besondere Prüfung (Physikatsprüfung) erforderlich; für den staatlichen thierärztlichen Dienst außer den vorgeschriebenen Studien die Ablegung einer besonderen Prüfung vor der dazu bestimmten Staats= prüfungscommission; für die Anstellung im staatlichen Rechnungscontrols= dienst (in den Rechnungsdepartements) ist die Absolvirung der rechts= und staatswissenschaftlichen Facultät nicht nöthig; es genügt der Nachweis ab= solvirter oberer Classen der Mittelschulen und die Ablegung einer besonderen Prüfung aus der Staatsrechnungswissenschaft; für die Anstellung im Cassen= dienst (bei den verschiedenen Landes=Cassen und Zahlämtern) ist eine be= sondere Cassenprüfung vorgeschrieben.[213])

Selbstverständlich sind für den Kanzlei= und Manipulationsdienst keine höheren theoretischen Studien und Kenntnisse, sondern nebst der allgemeinen Qualification die Kenntniß des Lesens und Schreibens, der Landessprache (eventuell der zweiten) und die durch vorhergehende praktische Einübung erlangte Kenntniß des betreffenden speciellen Manipulationsdienstes er= forderlich.[214])

Die Besetzung der Dienstposten geschieht entweder im Wege der Be= rufung oder im Concurrenzwege; doch kann ausnahmsweise ein vertrags= mäßiges Uebereinkommen Platz greifen. Im Wege der Berufung werden die höchsten Dienstposten besetzt (Ministerien, Präsidien der Landesbehörden und der höheren Gerichtshöfe); auch ist Berufung bei Hochschulprofessoren häufig. Für die sonstigen höheren und alle unteren Dienstposten ist die Ausschreibung von Concursen vorgeschrieben.[215])

§. 147.

---

212) Der Nachweis über die mit Erfolg zurückgelegte dritte (politische) Staats= prüfung kann nachgetragen werden.

213) Ministerialverordnung vom 18. Juli 1853 und der darauf bezügliche, mehrere Modificationen enthaltende Finanzministerialerlaß vom 14. Juni 1879, FBB. 1879 S. 240.

214) Amtsinstruction für die Bezirksämter vom 17. März 1855 RGB. Nr. 52.

215) Ueber die Vorrückung der politischen Beamten enthält §. 12 der MB. vom 19. Jänner 1853 RGB. Nr. 10 folgende Bestimmung: „Die bei den Be= zirksämtern (bezieht sich jetzt auf Bezirkshauptmannschaften) angestellten Beamten

Während nun der Act der Berufung in jener Sphäre des Staats=
rechts liegt, die keinen festen Regeln und Gesetzen unterworfen werden kann,
da in ihr nur Rücksichten der Zweckmäßigkeit und des Staatsinteresses aus=
schlaggebend sind: ist der Vorgang bei der Besetzung der Dienstposten im
Concurrenzwege bis in seine kleinsten Details gesetzlich geregelt und die
besetzenden oder vorschlagenden Behörden sind verpflichtet, diesen gesetzlich
geregelten Vorgang genau und strenge einzuhalten.

Die Ernennungen für die obersten Staatsämter bis einschließlich der
VI. Rangsclasse werden vom Kaiser auf Vorschlag des betreffenden Ministers;
diejenigen für die Dienststellen der VII. und IX. Rangsclassen von den betref=
fenden Ministern auf Vorschlag der untergeordneten Behörden, ohne daß der
Minister an den Vorschlag gebunden wäre; die Besetzung der Dienstposten
von der IX. Rangsclasse abwärts wie auch des Dienstpersonales, von den
Landesbehörden (Oberlandesgerichtspräsidenten) vollzogen. (üb. Rangsclassen
s. S. 188).

Jede Ernennung geschieht mittelst Ernennungsdecretes; nach Empfang
desselben ist jeder Beamte verpflichtet, den Diensteid abzulegen und sodann
das Amt anzutreten. Vor abgelegtem Diensteid darf kein Staatsbeamter
sein Amt ausüben.

Die Verwaltungsbeamten.

. 148.   Im Gegensatz zu den Richtern sind die politischen und Finanzbeamten
in ihrer Amtsthätigkeit von ihren Vorgesetzten abhängig und für all' ihre
Amtsthätigkeit verantwortlich. Allerdings ist das Gesetz auch für den Be=
amten die oberste Richtschnur seines Vorgehens und Handelns: aber während
der Richter bei der Anwendung des Gesetzes nach eigener Ueberzeugung
vorgeht und von Niemandem bezüglich dieser Anwendung des Gesetzes Wei=
sungen oder Instructionen zu empfangen, daher auch solche nicht zu befolgen
braucht: ist der politische Beamte in der Anwendung und Interpretation
der Gesetze, in der Durchführung gesetzlicher Bestimmungen an die Weisungen
und Instructionen seiner Vorgesetzten gebunden — und da, wo er in Er=
mangelung solcher ausdrücklichen Weisungen auf eigene Faust zu verfahren
genöthigt ist, für seine Handlungen und sein Vorgehen verantwortlich.
Denn die gesammte Beamtenschaft eines Staates repräsentirt seine voll=
ziehende Gewalt und es ist klar, daß diese Gewalt in ihrer Gesammtheit
einheitlich d. i. nach einheitlichen Grundsätzen vorgehen muß, wenn von einem
Recht und einer Rechtsordnung die Rede sein soll. Auch könnte ein wider=
spruchsvolles, nach verschiedenen Grundsätzen und Gesichtspunkten vor=
gehendes Beamtenthum dem Interesse des Staates nicht dienlich sein. Da=
her muß auch die politische Haltung der Beamten dem Standpunkte der

---

derselben Kategorie sind für jedes Kronland in einen Concretalstatus zu=
sammenzufassen, stehen sich im Range gleich und rücken nach ihrem Dienstalter
in die höhere Gehaltsstufe vor, wenn sich nicht einer oder der andere derselben
durch sein Benehmen einer solchen Vorrückung unwürdig machen sollte." §. 5
lit. C bestimmt, daß die Vorrückung der bei der Statthalterei angestellten Beamten
in dem höheren Gehalt eine graduelle sei.

Regierung conform fein. Sie dürfen der Regierung keine Verlegenheiten bereiten. [216]

Nur eine Ausnahme gestattet das Gesetz von dem Grundsatz der Ab=hängigkeit der Beamten von ihren Vorgesetzten und von ihrem instructions=mäßigen Vorgehen. Das ist der Fall, wenn ein Beamter in die Volks=vertretung gewählt wird. Nach den Bestimmungen der Wahlordnung braucht der Beamte, um sein Abgeordnetenmandat auszuüben, keines Ur=laubes seitens seiner vorgesetzten Behörde und das Immunitätsgesetz, welches die Mitglieder der Volksvertretungen schützt, gestattet auch den Beamten als Abgeordneten die freieste, auch gegen die Regierung gerichtete Meinungs=äußerung, ja auch beliebige oppositionelle Haltung und Handlung. Nun ist allerdings das Gesetz im Staate allmächtig; doch ebenso wie es vom englischen Parlament heißt, daß es trotz seiner Allmacht doch aus einem Mann kein Weib machen kann, so kann auch kein Gesetz des Staates einen thatsächlich existirenden begrifflichen Widerspruch aufheben. Ein Staats=beamter, der in der Volksvertretung der Regierung Opposition macht, ist allerdings in Oesterreich und in manchem anderen Staat gesetzlich möglich, aber begrifflich eine widerspruchsvolle Erscheinung, ein Widersinn. Denn ebenso wie ein Advocat nicht zwei streitende Parteien vertreten kann, eben=so auch der Beamte als Abgeordneter. Denn jeder Beamte ist der bezahlte Anwalt der Regierung; kann er diese Rolle als Abgeordneter fortsetzen, dann ist zwischen seiner Stellung als Beamten und Volksvertreter kein Widerspruch; kann er dieß nicht, so muß er entweder seiner Beamtenpflicht oder seiner Mandatspflicht untreu werden. Die durch das Gesetz zugelassene und begünstigte Fiction aber einer Unabhängigkeit des Abgeordneten und gleichzeitigen Abhängigkeit des Beamten ist eben eine Fiction. Consequen=terweise allerdings dürfte kein Beamter ein Mandat in eine Volksvertretung annehmen: das wäre auch vollkommen rationell. Wenn das Gesetz eine solche Wahl zuläßt, so thut es das offenbar in der Voraussetzung, daß die Wahl eines Beamten eine Vertrauenskundgebung seitens der Wähler an die Regierung ist und weder Gesetzgeber noch Regierung hätten einen Grund, eine solche eventuelle Vertrauenskundgebung unmöglich zu machen. In diesem Sinne ist ja auch die häufig vorkommende constitutionelle Sitte aufzufassen, daß Minister zugleich Abgeordnete sind. Sobald aber diese Voraussetzung wegfällt, sobald der gewählte Beamte sich gegen die Regie=rung wendet, kann kein Gesetz den begrifflichen Widerspruch und den that=sächlichen Widerstreit der Pflichten aufheben, der darin zu Tage tritt. [217]

---

[216] Ministerialerlaß vom 7. December 1848.

[217] Vergl. den Ministerialerlaß vom 7. December 1848 RGB. ex 1849 Nr. 13 über die politische Haltung der Beamten, worin es unter anderem heißt: „Jedermann, dessen persönliche Anschauungsweise und Ueberzeugung von jener der Centralgewalt abweicht, steht es frei, seine Stelle niederzulegen, aus dem dienst=lichen Verbande zu scheiden; niemand wird ihm, weil er seiner Ueberzeugung folgt, deshalb die Achtung versagen. Aber unehrenhaft würde der Mann handeln, welcher sich vom Staate bezahlen ließe und doch, seiner beschworenen Pflicht uneingedenk, dem Staate durch Reden oder Handlungen Verlegenheiten bereiten und ein har=monisches Zusammenwirken aller Verwaltungsglieder unmöglich machen würde..."

§. 149. Nach alle dem ist es wohl klar, daß das Verhältniß der Beamten zum Staate kein einfaches Vertragsverhältniß, kein Dienstverhältniß im Sinne des Privatrechts ist. Man bezeichnet dieses Verhältniß als ein Verhältniß des öffentlichen Rechts; das ist allerdings richtig, giebt aber noch keinen klaren Begriff über das Wesen desselben. Letzteres besteht darin, daß der Beamte durch den Dienstantritt sich dem Interesse des Staates mit seiner ganzen geistigen Persönlichkeit widmet. Es ist mit nichten ein Arbeitsvertrag, den er schließt; nicht bloß eine zeitlich und sachlich beschränkte und umschriebene Arbeit hat er zu leisten: sondern dem Interesse des Staates sich hinzugeben. Daher ist aber auch das Verhältniß des Staates zu seinen Beamten eine Art Schutzverhältniß; der Staat läßt ihnen einen besonderen Schutz angedeihen. Nicht nur, daß ihre Personen im amtlichen Verkehre und ihre Ehre einen höheren Schutz genießen: ihr wirthschaftliches Wohl bildet den Gegenstand staatlicher Obsorge.

Die Höhe der Besoldung des Beamten ist mit nichten einem Arbeitslohn zu vergleichen und steht nicht wie dieser unter dem „ehernen Lohngesetz.“ Nicht Angebot und Nachfrage regeln seine Höhe: sondern die staatliche Sorge für den standesgemäßen Unterhalt der Beamten. Daher werden die Gehalte der Beamten von Zeit und Zeit mit dem Steigen der Preise der Lebensbedürfnisse erhöht. So wurde, um nur von den letzten Decennien zu sprechen, im J. 1873 eine allgemeine Gehaltsregulirung durchgeführt und wurden auch seitdem die Gehalte einzelner Kategorien von Beamten den Umständen entsprechend erhöht.

Aus diesem Verhältniß der Beamten zum Staate, nicht aber aus irgend einem ausdrücklichen oder stillschweigenden Dienstvertrage ergeben sich die Pflichten derselben, die man kurz als Pflicht des Gehorsams und der Amtserfüllung bezeichnen kann. Denn der Gehorsam gegenüber dem Willen der Vorgesetzten, ist die Bedingung der Aufrechthaltung all' und jeder Organisation und die Amtserfüllung ist der Zweck der erfolgten Amtsverleihung. [218] Ungehorsam würde die Desorganisation des Staates zur Folge haben; Vernachlässigung der Amtserfüllung den Stillstand der zum Leben und zur Selbsterhaltung des Staates nöthigen Functionen der staatlichen Gewalten. [219]

Aus der Pflicht des Gehorsams gegenüber den Vorgesetzten, die in all' und jedem Staate auch im Wahlkönigreich und in der Republik eine Bedingung der Aufrechthaltung der staatlichen Organisation ist, folgt in Erbmonarchieen die Treupflicht gegen den Monarchen und die Dynastie, die in Erbmonarchieen die Grundpfeiler der staatlichen Organisation sind

---

Insofern dieser Ministerialerlaß eine unwiderlegliche politische Wahrheit enthält, kann er nie außer Geltung kommen.

[218] Die Amtserfüllung muß aber auch eine gewissenhafte und eifrige sein. „Jeder Beamte ist verpflichtet, die ihm zugewiesenen Geschäftsstücke mit Fleiß und Gründlichkeit zu erledigen“ (§. 88 Amtsinstruction vom 17. März 1855).

[219] Nur in der Anwendung bestehender Gesetze sind selbständige Richter unabhängig und von jeder Gehorsamspflicht gegenüber Vorgesetzten, Behörden und Beamten befreit — ja, sogar zur Prüfung der Gültigkeit und Rechtsbeständigkeit erflossener Verordnungen berechtigt.

und dieselben vor Erschütterungen und Umwälzungen, wie sie in Republiken und Wahlkönigreichen so häufig vorkommen, am wirksamsten schützen.

Da der Beamte zur Amtserfüllung verpflichtet ist, so darf er weder um dieser Pflicht nachzukommen, noch auch aus Anlaß seiner Pflichterfüllung ein Geschenk von der Partei annehmen. Die Amtserfüllung muß selbstverständlich eine gesetzmäßige sein. [220]) Aus der Pflicht der Amtserfüllung folgt mit Nothwendigkeit die Pflicht der Amtsanwesenheit [221]), zugleich aber auch als Bedingung zweckmäßiger und erfolgreicher Amtserfüllung die Pflichten des standesgemäßen äußeren Verhaltens [222]) und der Amtsverschwiegenheit. [223])

Die Verletzung obiger Pflichten wird nach dem Strafgesetze, nach Umständen im Disciplinarwege geahndet. [224])

---

[220]) Eine Beobachtung der Staatsgrundgesetze wird ausdrücklich eingeschärft im Art. 12 des StGG. vom 21. December 1867 Nr. 145.

[221]) „Die Beamten und Diener sind verpflichtet, insofern sie nicht in besonderen dienstlichen Aufträgen auswärts verwendet sind, täglich im Amte zu erscheinen und daselbst während der festgesetzten Amtsstunden, oder wenn es der Dienst erfordert und daher der Vorsteher, der hierin mit gutem Beispiele voranzugehen hat, es anordnet, auch länger zu arbeiten." §. 36 der Amtsinstruction für Bezirksämter vom 17. März 1855. Die Entfernung vom Amtsorte ohne Urlaub ist strenge verboten. Die Ertheilung von Urlaubsbewilligungen ist instanzenmäßig geregelt, so daß immer der nächsthöhere Behörde den Vorstehern der unteren Behörde, die Vorsteher aber ihren untergeordneten Beamten Urlaube auf bestimmte Dauer ertheilen können. Nur die in das Haus der Abgeordneten gewählten Beamten und öffentlichen Functionäre (z. B. Notare) bedürfen zur Ausübung ihres Mandates keines Urlaubs (StGG. vom 21. December 1867 RGB. Nr. 141). Ebenso die der bewaffneten Macht angehörigen Civil-Staatsbediensteten im Falle ihrer Einberufung zur activen Dienstleistung (mit Inbegriff der Dienstleistung im Landsturme). §. 4 des Gesetzes vom 22. Juni 1878 RGB. Nr. 59.

[222]) Zu dem standesmäßigen Verhalten gehört die Enthaltung von unerlaubten Nebenbeschäftigungen, wie z. B. Ausübung eines Gewerbes u. dergl. Auch ist den Beamten ein anständiges Benehmen gegen die Parteien zur Pflicht gemacht mit Hofkanzleidecret vom 11. Februar 1811.

[223]) §. 41 der Amtsinstruction für die Bezirksämter vom 17. März 1855. Unter gewissen Bedingungen kann die Verletzung eines Amtsgeheimnisses ein nach dem Strafgesetz zu behandelndes Verbrechen werden.

[224]) Die Pflichten der Beamten sind seit den berühmten Rescripten Kaiser Josef II. (s. Einleitung in's österreichische Staatsrecht S. 160) durch eine große Anzahl von Hofkanzleidecreten, Rescripten, Verordnungen und Patenten normirt worden. In neuerer Zeit sind hierfür namentlich die umfangreichen organisatorischen Gesetze aus der ersten Hälfte der 1850er Jahre über Behördeneinrichtung und Geschäftsführung grundlegend, insbesondere die Amtsinstruction für rein politische Bezirksämter vom 17. März 1855 RGB. Nr. 52. Der Umstand, daß diese grundlegenden Bestimmungen über das Staatsdienerverhältniß aus einer Periode absolutistisch-kirchlicher Reaction datirt, hat parlamentarischen Parteien Anlaß gegeben, eine Revision und Codificirung der über die Dienstverhältnisse der Beamten geltenden Bestimmungen, die Erlassung einer Dienstpragmatik, zu verlangen. Ueber einen am 5. Mai 1874 gestellten diesbezüglichen Antrag (Promber) wurde ein Ausschußbericht erstattet, worin die Zusammenfassung aller das Staatsdienstverhältniß betreffenden Bestimmungen in einem Gesetze als zweckmäßig anerkannt, jedoch in Anbetracht der großen Schwierigkeiten der Abfassung eines solchen Gesetzes wenigstens die Regelung einiger speciellen Punkte (Disciplinarverfahren, Pensionirung wider Willen, Qualificationstabellen u. s. w.) in besonderen Gesetzen

Den Pflichten der Beamten gegenüber stehen ihre Rechte; diese sind entweder Vermögens= oder Ehrenrechte. [225])

Aus dem doppelten Verhältniß aber, erstens zum Staate und zweitens zur Gesammtheit, ergeben sich zweierlei Arten solcher Rechte:

Dem Staate gegenüber hat der Beamte das Recht auf seine normalmäßige Besoldung, eventuelle Activitäts= und andere vereinbarte oder versprochene Zulagen, Reisegebühren, Diäten, Uebersiedlungsgebühren u. s. w. ferner auf Pensionirung, wenn er in den Ruhestand tritt; ein Theil seiner Rechte an den Staat übergeht auf seine Wittwe und hinterlassenen minderjährigen Kinder.

Der Gesammtheit gegenüber genießt er als staatliches Vollzugs=organ eines besonderen Schutzes, den ihm der Staat gewährt, indem er Angriffe auf seine Person während der Amtsführung oder sonst welche Beleibigung desselben aus Anlaß seiner Amtsführung als Amtsehrenbeleidigung mit strengeren Strafen bedroht.

Besoldung.

§. 150.　Die gesammte Beamtenschaft Oesterreichs ist in elf Rangsclassen (von der ersten als höchsten bis zur elften einschließlich als untersten) eingereiht (Ges. v. 15. April 1873, RGB. 47). Nach diesen Rangsclassen wird die Höhe der Besoldung der einzelnen Beamten bestimmt, jedoch sind nur die Bezüge der ersten vier Rangsclassen einheitlich, d. h. zwischen den in je eine dieser ersten vier Classen eingereihten Beamten besteht kein Unterschied der Besoldung.

Dagegen bestehen in den sieben unteren Rangsclassen (von der fünften bis elften inclusive) in jeder drei Abstufungen der Höhe der Bezüge, so daß die in diese unteren sieben Rangsclassen eingereihten Beamten in Hinsicht auf ihre Gehälter je in drei Kategorien zerfallen. Somit giebt es im Ganzen 25 Gehaltsabstufungen und zwar beträgt der höchste Gehalt 12 000 fl. der unterste 600 fl.

Außer den „systemmäßigen" Gehältern beziehen die Beamten Functions= oder Activitätszulagen, deren Höhe sich nach der Rangsclasse des Beamten richtet, für jede Rangsclasse mit einer fixen Ziffer, jedoch von der V. Classe abwärts für verschiedene Standorte (Amtssitze) mit Rücksicht auf die höheren Preise der Lebensbedürfnisse in größeren Städten und billigeren in den kleineren in verschiedenem Ausmaße festgesetzt ist.

Es giebt daher für jede Gruppe von Standorten allerdings nur soviel Abstufungen der Functionszulagen, wie viel es Rangsclassen giebt, also nur elf Abstufungen. Dagegen werden die Standorte der Behörden nach ihrer Größe und Bevölkerungsdichtigkeit, auch nach dem Durchschnittspreis der Lebensbedürfnisse in denselben in vier Classen getheilt und die Functions=

<hr>

empfohlen wurde. Bisher ist jedoch dieser parlamentarischen Anregung von der Regierung keine Folge gegeben worden.

[225]) Pflicht und Recht zugleich ist das Tragen der Uniform. Dasselbe wurde zu wiederholten Malen, neuestens mit der Verordnung des Gesammtministeriums vom 20. October 1889 RGB. Nr. 176, eingeführt und mittelst einer Reihe von Durchführungsverordnungen der einzelnen Ministerien geregelt.

zulagen von der V. Rangsclasse abwärts je nach dem Standorte in vier Ab=
stufungen zugemessen. Die Standorte aber zerfallen in folgende vier Classen:
1. Wien, 2. Brünn, Graz, Krakau, Lemberg, Prag, Triest und die
Orte im Polzeirayon Wien, sowie alle Orte, deren Bevölkerung mehr als
50 000 Einwohner zählt, 3. Baden, Franzensbad, Karlsbad, Marienbad,
Teplitz in Böhmen, sowie alle Orte mit von 50 000 bis 10 000 Ein=
wohnern. 4. Alle Orte mit einer Bevölkerung unter 10 000 Einwohnern.

Die Besoldungen der Beamten genießen die gesetzliche Bevorzugung,
daß auf dieselben kein gerichtliches Verbot gelegt werden darf, [226] auch dürfen
dieselben nicht freiwillig verpfändet oder abgetreten werden; nur an solche
Personen, welche gesetzlichen Anspruch auf Unterhalt an dem Beamten
haben, wie z. B. dessen Gattin, Kinder u. s. w., darf ein entsprechender
Theil der Besoldung abgetreten werden. [227] Die Besoldungen der Beamten
über 600 fl. unterliegen der Einkommensteuer, so zwar daß dieselbe ihnen
bei der Auszahlung der Gehaltsraten abgezogen wird. [228] Dagegen ist diese
Einkommensteuer der Beamten von den Gemeindezuschlägen befreit. [229]

Außer der Einkommensteuer zahlt jeder Beamte bei seiner ersten
stabilen Ernennung mit Gehalt oder Naturalgenuß über 300 fl. eine Dienst=
taxe und ebenso bei jeder späteren stabilen Erhöhung seiner Bezüge in
Folge eines Avancements.

Die im Dienste reisenden Beamten erhalten eine Vergütung der Zeh=
rungsauslagen und Reisekosten (Diäten) im Verhältniß zu ihren Rangs=
classen und Bezügen. [230]

Disciplinarbehandlung.

Die Disciplinarbehandlung ist eine verschiedene, je nachdem es **§. 151.**
sich um Justiz= oder Verwaltungsbeamte handelt.

Die Disciplinarbehandlung der richterlichen Beamten erfolgt nach den
Bestimmungen des Gesetzes vom 21. Mai 1868 RGB. Nr. 46. Die Pflicht=
verletzung, welche im Disciplinarwege geahndet wird, ist entweder Ordnungs=
widrigkeit oder ein Dienstvergehen. Auf erstere sind Ordnungsstrafen: als
Mahnung und Verweis, gesetzt. Gegen eine Mahnung ist kein Rechtsmittel
zulässig. Doch schon gegen einen Verweis hat der richterliche Beamte ein
Beschwerderecht an die obere Instanz. Dienstvergehen werden mit Dis=
ciplinarstrafen geahndet. Solche sind:
a) Die Versetzung an einen anderen Amtssitz ohne Rangverminderung, wobei
der Versetzte die Uebersiedelungskosten selbst zu tragen hat; auch kann

[226] Justin Blonski: Der österreichische Civil=Staatsdienst, Wien 1882, ent=
hält eine systematische Darstellung des gesammten heutigen österreichischen Beamten=
rechts. Von älteren Werken seien erwähnt: Schopf: Der österreichische Civil=
Staatsdienst, Wien 1851, und Gochnat: Sammlung der Gesetze, Verordnungen
und Vorschriften für die k. k. Staatsbeamten, Wien 1875.
[227] Mayrhofer I 73.
[228] Kaiserl. Patent vom 28. October 1849.
[229] A. h. Entschl. vom 25. November 1858.
[230] Geregelt durch Verordnung des Gesammtministeriums vom 18. Juni
1873 RGB. Nr. 15.

mit dieſer Verſetzung eine theilweiſe Veränderung der Dienſtbezüge verbunden werden.

b) Verſetzung in den Ruheſtand auf unbeſtimmte Zeit mit Veränderung der normalmäßigen Ruhegenüſſe.

c) Dienſtentlaſſung mit Verluſt des Titels und Penſionsanſpruchs.

Solche Disciplinarſtrafen können gegen richterliche Beamte jedoch nur von den zuſtändigen Diciplinarſenaten nach geſetzmäßig durchgeführter Verhandlung, wobei dem Beſchuldigten genügende Vertheidigungsmittel zuſtehen, ausgeſprochen werden. Die Disciplinarſenate ſind ſtändige beim oberſten Gerichtshofe und jedem Oberlandesgerichte nach Vorſchrift des Geſetzes mit Anfang eines jeden Jahres für die ganze Dauer deſſelben zuſammengeſetzte Rathscollegien — ſo daß jede Willkür oder Parteilichkeit mit Hinblick auf den einzelnen Fall ausgeſchloſſen iſt. — Uebrigens iſt das Verfahren ſtreng nach den Grundſätzen des mündlichen Anklageproceſſes geregelt und ſteht dem Inculpaten von dem Erkenntniß des Disciplinarſenates beim Oberlandesgericht die Appellation an den des Oberſten Gerichtshofes zu.

Die Disciplinarverhandlung der nicht richterlichen Juſtizbeamten ſowie auch des Dienerſchaftsperſonales der Gerichte, erfolgt nach den Vorſchriften der Gerichtsinſtruction vom 3. Mai 1853 (§§. 75—89).

Dagegen iſt für die Disciplinarbehandlung der „landesfürſtlichen und der denſelben gleichgeſtellten Beamten mit Ausnahme des Lehrperſonales, dann der Finanzwache und des Wachperſonales der Straf= und Beſſerungs=anſtalten" mit der kaiſerlichen Verordnung vom 10. März 1860 RGB. Nr. 64 eine allgemeine Vorſchrift erlaſſen worden.

Dieſelbe erklärt „jede Verletzung der Pflichten, welche den Angeſtellten durch ihr Amt, ihren Dienſteid oder durch allgemeine Dienſtvorſchriften auferlegt ſind" für „Dienſtvergehen", welche durch Rügen oder durch Disciplinarſtrafen geahndet werden. Letztere beſtehen in dem Verweiſe, der Geldſtrafe, Entziehung der graduellen Vorrückung, ſtrafweiſen Verſetzung im Dienſte oder in der Dienſtentlaſſung. Wenn nun auch das Disciplinarverfahren gegen die politiſch=adminiſtrativen Beamten nicht in den Formen des gerichtlichen Verfahrens vor ſich geht, ſo ſind doch auch für dieſes bei jeder politiſchen= und Finanzlandesbehörde ſtändige Commiſſionen beſtellt, denen die Einleitung und Durchführung der Disciplinar=unterſuchungen obliegt (§. 11). Allerdings iſt der Vorſitzende dieſer Commiſſionen an deren Beſchlüſſe nicht gebunden und kann, wenn er anderer Meinung iſt, die Entſcheidung der höheren Behörde einholen. (FMErl. vom 22. Juli 1860.)

Der principielle Unterſchied zwiſchen der Stellung der Juſtiz= und Verwaltungsbeamten tritt alſo auch in den Disciplinarverfahren gegen dieſelben deutlich hervor.

§. 152.　　Das Staatsdienſtverhältniß endigt:

a) freiwillig, ſeitens des Beamten durch Verzicht auf das Amt. Es iſt ein unterſcheidendes Merkmal des Civilſtaatsdienſtes im Gegenſatz zum Militärdienſt, daß erſteres kein Zwangverhältniß iſt und von dem

Beamten jederzeit durch Verzicht gelöst werden kann. Die durch eine Reihe von Jahren bereits erworbenen Vermögensrechte des Beamten an den Staat, Pensionsansprüche, gehen dabei nicht verloren. Der Beamte kann um seine Pensionirung einschreiten und dieselbe muß ihm gewährt werden — auch wenn er keinen Grund dafür anzugeben im Stande ist;

b) unfreiwillig seitens des Beamten (Dienstentlassung) in Folge eines strafgerichtlichen Urtheils, welches die Unfähigkeit zur Bekleidung eines öffentlichen Amtes nach sich zieht oder in Folge eines Disciplinarurtheils;

c) durch Quiescirung oder Pensionirung, wenn eine solche durch die Interessen des Dienstes oder andere Rücksichten staatlicherseits geboten erscheint;

d) beim Lehrpersonale der Hochschulen mit der Vollendung des 70· (eventuell 71.) Lebensjahres auf Grund des Gesetzes.

Uebrigens sind auch, ebenso wie bei der Berufung (s. oben) bei der Lösung des Staatsdienstverhältnisses zwei Sphären zu unterscheiden: die niedere Sphäre des öffentlichen Rechts und die höhere des Staatsrechts im engeren Sinne.

In ersterer muß der Staat bei der Lösung des Dienstverhältnisses sich strenge an die bestehenden Gesetze und Vorschriften halten und wenn auch beim Mangel einer Dienstespragmatik die bestehenden Vorschriften nicht für alle Fälle ausreichen, so werden doch Beamte in dieser Sphäre nur in den Formen des bestehenden Rechtes vom Dienste entlassen, beziehungsweise pensionirt. Anders verhält es sich in der höheren Sphäre des Staatsrechtes, wo Rücksichten der Politik maßgebend sind.

Die Entlassung der Minister hängt vom freien Entschlusse des Monarchen ab, für welchen Rücksichten und Erwägungen der Politik maaßgebend sind und die keinerlei rechtlicher Begründung bedarf. Gesetzlich ist dabei nur für gewesene Minister ein bestimmter Pensionsgenuß vorgesehn.[231]

Auch bei höheren Ministerialbeamten, Statthaltern und Landespräsidenten, können Erwägungen der Politik an Stelle rechtlicher Begründung die Lösung ihres Dienstverhältnisses herbeiführen.

Beamtenversorgung.

§. 153. Aus dem Schutzverhältnisse, in welchem der Beamte zu dem Staate steht, folgt die Verpflichtung des Staates, sich nicht nur des dienstunfähig gewordenen Beamten anzunehmen, sondern auch dessen Hinterbliebene verhältnißmäßig zu unterstützen; auch kann der Staat nur dann eine vollständige Hingabe seiner Beamten an sein Interesse, eine vollständige Identificirung ihres Interesses mit dem seinigen verlangen, wenn er die Ver-

---

[231] Jedem Minister gebührt für den Fall der Enthebung vom Amte, sie mag über sein Ansuchen erfolgt sein oder nicht, ein Ruhegehalt von jährlichen 4000 fl. ohne Rücksicht auf die Dauer seiner Amtswirksamkeit, insoweit nicht kraft des allgemeinen Pensionsgesetzes (s. unten) ihm eine höhere Pension zusteht (Gesetz vom 22. Juli 1868 RGB. Nr. 111).

forgung der Beamten auch für den Fall ihrer Dienſtnnfähigkeit übernimmt
und auch für ihre Hinterbliebenen (Wittwen und Waiſen) zu ſorgen ſich
verpflichtet.

Schon in der zweiten Hälfte des vorigen Jahrhunderts ſind dieſe Ver=
hältniſſe geſetzlich geregelt worden und zwar in den Penſionsnormalien[232])
vom 30. November 1771 und vom 26. März 1781,welche noch heute die
Grundlage des öſterr. Beamtenpenſionsrechtes bilden. Allerdings ſind ſeit
jener Zeit eine große Zahl theils ergänzender, theils abändernder, theils
neu auftauchende Dienſtverhältniſſe berückſichtigender und die denſelben
entſprechenden Verſorgungsrechte regelnder Geſetze und Verordnungen
erſchienen.

Von dieſen ſind insbeſondere hervorzuheben die kaiſerliche Verordnung
vom 9. December 1866 RGB. Nr. 157 über das Ausmaaß der Ruhebezüge
und Abfertigungen der Staatsbeamten und penſionsfähigen Diener; das
mit kaiſerlicher Verordnung vom 12. November 1870 erfloſſene Reglement
bezüglich der Ruhe= und Verſorgungsbezüge der öſterreichiſch=ungariſchen
gemeinſamen Behörden; das Penſionsgeſetz für das an Staatslehranſtalten
angeſtellte Lehrperſonale vom 9. Mai 1870 RGB. Nr. 47; das Geſetz vom
27. März 1873 RGB. Nr. 50, betreffs Verſorgung der Polizeibeamten;
das Militärverſorgungsgeſetz vom 27. December 1875 RGB. Nr. 158,
endlich das Geſetz vom 26. Februar 1876 RGB. Nr. 19, betreffs der
Verſorgung der Gendarmerieofficiere und Mannſchaft.

Auf dieſe Weiſe ſind die Vorſchriften über Verſorgung der Beamten und
ihrer Hinterbliebenen in einer großen Anzahl von Geſetzen und Verordnungen
zerſplittert. Offenbar fühlt die Regierung ſchon lange das Bedürfniß, alle
dieſe Vorſchriften in einem einheitlichen Geſetze zuſammenzufaſſen, denn
ſowohl die kaiſerliche Verordnung vom 9. December 1866 ſpricht von einem
künftigen „Erlaß eines allgemeinen Penſionsgeſetzes", wie auch das Regle=
ment vom 12. November 1870 den Zeitpunkt in's Auge faßt, „wo im
legislatoriſchen Wege ein darauf bezügliches Geſetz zu Stande kommen wird."

Der Staat gewährt den in Ruheſtand getretenen Beamten und
Dienern, ferner ihren Wittwen und Waiſen unter den geſetzlichen Be=
dingungen: Penſionen, Proviſionen, Abfertigungen, Erziehungsbeiträge und
Conductquartalgelder.

Penſionen ſind Ruhegehalte, welche fortlaufend in verſchieden abge=
ſtufter Höhe, in der Form wie Gehälter monatlich in vorhinein und lebens=
länglich an Beamte oder ihre Hinterbliebenen gezahlt werden.

Proviſionen ſind Zahlungen an in den Ruheſtand getretene Diener,
die als Taglohn zwiſchen 8 und 15 kr. Courantmünze (27 kr. ö. W.) be=
rechnet werden.

Abfertigungen ſind einmalige Zahlungen an Beamte, Diener und ihre
Hinterbliebenen, die zum Penſions= oder Proviſionsbezug nicht berechtigt ſind.

Conductquartale werden den armen Angehörigen ſolcher Staats=

---

[232]) Daher die übliche Bezeichnung „normalmäßige" Verſorgung.

diener bewilligt, welche nicht einmal so viel hinterlassen haben, wie viel zur Bestreitung der Krankheits= und Leichenkosten nöthig ist. [233])

Zum Bezug einer normalmäßigen Pension berechtigt eine in einem Staatsamte [234]) zurückgelegte mindestens zehnjährige Dienstzeit (vom Tage der Vereidigung gerechnet), wenn kein Umstand eingetreten ist, der den Verlust der Pensionsberechtigung nach sich zieht, wie z. B. freiwilliger Austritt aus dem Staatsdienst (Dienstesentsagung), Entlassung aus dem Dienste in Folge strafgerichtlichen Urtheils u. dergl.

Die Höhe der normalmäßigen Pension richtet sich nach der Länge der zurückgelegten Dienstzeit und nach der Höhe des im Momente des Austrittes aus dem Dienste gesetzmäßig bezogenen Gehaltes. [235])

Die Bemessung der den Staatsdienern bei ihrem Uebertritte in den Ruhestand gebührenden Provision geschieht in der Weise, daß den Dienern mit mehr als zehnjähriger Dienstzeit der dritte Theil ihres Activ= lohnes, bei mehr als 25 Jahren die Hälfte und die höchste Provision von 27 kr. ö. W. nur jenen zu Theil wird, welche eine Dienstzeit von 35 bis 40 Jahren zurückgelegt haben. Denjenigen Dienern, welche mehr als 40 Jahre gedient haben, gebührt ihr voller Activlohn als Ruhegenuß.

Beamten und Dienern, welche eine anrechenbare zehnjährige Dienst= zeit nicht vollstreckt haben, wird beim Uebertritt in den Ruhestand eine einmalige Abfertigung in dem Betrage ihres einjährigen Activitäts= gehaltes gewährt.

Die Wittwen der Beamten und Diener erhalten, jenachdem ihre Männer pensions= oder provisionsberechtigt waren, ein Drittheil der ihren Männern gebührenden Pension oder Provision. Diese Pensionen bewegen sich zwischen 105 fl. als Minimum und 350 fl. als Maximum. Doch giebt es außerdem „außerordentliche Pensionen" für Wittwen hoher Beamten, deren Bewilligung vom Kaiser abhängt und „charaktermäßige Pensionen", die in festen Beträgen, in Abstufungen von 350 bis 1000 fl. an die Wittwen der Beamten verschiedenen Dienstcharakters gewährt werden. [236])

Die Wittwenprovisionen betragen ein Drittel der dem verstorbenen

---

[233]) Hofkanzleientschl. vom 24. December 1840.

[234]) Der anrechenbare Dienst kann zurückgelegt werden bei allen staatlichen Civilbehörden und Aemtern, bei den k. und k. Hofämtern, auf Staats= und Fronds= herrschaften, auf den k. k. Familienfondsgütern, bei staatlichen Lehr= und Unter= richtsanstalten.

[235]) Dabei findet folgende Abstufung statt:

vom vollstreckten 10. bis 15. Jahre $\frac{1}{8}$

" " 15. " 20. " $\frac{3}{8}$

" " 20. " 25. " $\frac{4}{8}$

" " 25. " 30. " $\frac{5}{8}$

" " 30. " 35. " $\frac{6}{8}$

" " 35. " 40. " $\frac{7}{8}$

des letzten Activitätsgehaltes; nach vollstreckter 40jähriger Dienstzeit erhält der Beamte seinen ganzen Activitätsgehalt als Pension (§. 2 kaiserl. Verordnung vom 9. December 1866).

[236]) Die den Wittwen der Beamten der einzelnen Dienstkategorien gesetzlich zuerkannten charaktermäßigen Pensionen sind aufgezählt bei Blonski S. 321.

Staatsdiener zuletzt gezahlten Löhnung und bewegen sich zwischen 11 bis 21 kr. ö. W. per Tag.[237])

Erziehungsbeiträge werden denjenigen Wittwen verliehen, die mehr als drei Kinder zu versorgen haben.

Außer den normalmäßigen Erziehungsbeiträgen giebt es entsprechend den außerordentlichen und charaktermäßigen Pensionen auch ebensolche Erziehungsbeiträge. Auch die nur provisionsfähigen Wittwen erhalten Erziehungsbeiträge — doch kann der Gesammtbetrag ihrer Provisionen und Erziehungsbeiträge 105 fl. ö. W. jährlich nicht übersteigen.

Endlich werden auch an elternlose Waisen nach Beamten und Dienern sogenannte Concretalpensionen und Provisionen, in der Regel bis zur Höhe der Hälfte des Betrages, welcher der Wittwe gebührte, gezahlt.

Die Thätigkeit der Verwaltung.

§. 154. Die Staatsverwaltung, die übereinstimmend von den meisten Staats-rechtslehrern als die „freie Thätigkeit der Staatsregierung" bezeichnet wird, ist formell eine dreifache, indem sie sich entweder

a) mittelbar durch Erlassung einer allgemeinen Vorschrift auf die Gesammtheit der Staatsbürger oder doch einzelne Classen und Kategorieen derselben oder

b) unmittelbar auf einzelne Staatsbürger bezieht, oder endlich

c) eine unmittelbare Verrichtung, eine Geschäftsdurchführung seitens der Verwaltungsorgane zum Inhalte hat.

Die Thätigkeit ad a) ist die allgemein verordnende und findet statt, wenn die Verwaltung eine Vorschrift erläßt, welche, sei es der Gesammtheit, sei es ganzen Classen oder Kategorieen derselben, Pflichten auferlegt oder Rechte einräumt, z. B. wenn ein Post- oder Eisenbahnreglement, Marktordnung u. dergl. erlassen wird.

Die Thätigkeit ad b) ist die individuell verfügende und findet statt, wenn die Behörde den N. auffordert, unter Strafe seinen unmündigen Sohn einer Besserungsanstalt zu übergeben oder dergl.

Die Thätigkeit ad c) ist die eigenverwaltende und tritt ein, wenn z. B. die Behörde ein baufällig gewordenes Gebäude, das im Staatseigenthume steht, durch Organe des Staates (Baubehörde) umbauen läßt oder dergl.

In allen diesen Fällen kann die Initiative, die Anregung zum Einschreiten ausgehen entweder von ihr selbst oder von der Partei.

1. Die Behörde leitet ein Verfahren ein entweder von amtswegen auf Grund einer gesetzlichen Vorschrift in regelmäßig wiederkehrenden Zeiträumen, z. B. das Verfahren zum Zwecke der Assentirung; oder in unbestimmten Zeiträumen jedesmal wo Umstände eintreten, unter denen ihr ein bestimmtes Vorgehen und ein für diesen Fall vorausgesehenes und festgesetztes Verfahren vorgeschrieben ist, z. B. bei Ausbruch einer Rinderpest.

---

[237]) Für Wittwen und Waisen der Finanzwachmannschaft enthält der Finanz-ministerialerlaß vom 17. April 1872 BB. S. 114 besondere Normen.

2. Das Verfahren der Behörde kann von einer Partei provocirt wer=
den, z. B. wenn dieselbe um Bewilligung der Zerstückelung eines Grund-
complexes oder Ausrodung einer Waldparcelle einschreitet, aber auch, wenn
sie durch ungesetzliches Vorgehen gegen die gesetzliche Rechtsordnung verstößt
oder sonstwie den Interessen der Gesammtheit und des Staates zuwiderhandelt.

Nur das Verfahren ad 2, welches von Privatparteien provocirt wird
und ihr Einzelinteresse unmittelbar berührt, kann Gegenstand der Anfechtung
seitens der Parteien sein und nach erschöpftem politischen Instanzenzuge
bezw. nach rechtskräftiger Entscheidung der obersten Behörde den Gegenstand einer Verhandlung vor dem Verwaltungsgerichtshofe bilden.

Das kann bei dem Verfahren ad 1 nicht der Fall sein. Die Anord=
nung einer Wahl, die Inangriffnahme einer Assentirung, Verhängung einer
Contumaz kann der Einzelne nicht anfechten und ein solches Verfahren
kann nicht Gegenstand einer verwaltungsgerichtlichen Verhandlung werden.

Von all und jeder gerichtlichen Thätigkeit unterscheidet sich die Verwaltungsthätigkeit dadurch, daß die Formen derselben nur in untergeordneten und nebensächlichen Dingen an feste Regeln gebunden sind. Je höher
wir steigen auf der Scala der politischen Angelegenheiten, desto freier und
ungebundener werden dieselben, bis sie in den höchsten Staatsangelegenheiten alle Norm und Regel abstreifen und nur den Geboten reiner Zweckmäßigkeit folgen. So ist z. B. das Verfahren, wie man einen Vagabunden abzuschieben hat, an feste Regeln und Formen gebunden; aber es giebt
keine Normen wie ein Staatsanlehen contrahirt werden muß.

Ein anderer principieller Unterschied zwischen gerichtlichem und admi=
nistrativem Verfahren ist der, daß in ersterem der Staat durch den Richter nur
als unbetheiligter Dritter den Streit der Parteien schlichtet, während im
politischen Verfahren die Behörde den Staat als betheiligte Partei vertritt;
allerdings repräsentirt hier der Staat in zweiter Linie das allgemeine
Interesse, letzteres tritt aber wenigstens für das ungeübte Auge und den
im Parteiinteresse befangenen Sinn des Einzelnen vollkommen in den
Hintergrund. So nimmt denn das Verfahren in Verwaltungs=Angelegen-
heiten scheinbar immer die Form des Befehlens einerseits und Gehorchen-
müssens andererseits an. Diese Form zu mildern, ihr womöglich diejenige
des gerichtlichen Verfahrens zu substituiren, ist das Bestreben des modernen
Staates und aus diesem Bestreben ergab sich das Institut der Verwaltungs=
justiz, welches wenigstens in letzter Instanz an die Stelle des obrigkeitlichen
Verfahrens gegen Unterthanen ein formelles Rechtsverfahren zwischen zwei
Parteien setzt.

--- —— ---

Geschäftsordnung.

Die Geschäftsordnung der politischen Behörden wurde durch die §. 155.
Amtsinstruction vom 17. März 1855, welche zugleich die Umrisse des
äußeren Verfahrens dieser Behörden enthält, geregelt. Die Einrichtung
beruht auf der genauen Evidenzhaltung des Einlaufes, welcher in dem
Einreichungsprotocoll der politischen Behörde in die vorgeschriebenen Rubriken

13*

zu regiftriren ift. In diefes Einreichungsprotocoll werden nicht nur alle
von den Parteien und anderen Behörden einlangenden Gefuche beziehungs=
weife Berichte und alle anderen fchriftlichen Mittheilungen fondern auch
alle von den Parteien mündlich angebrachten und fohin zu Protocoll zu
nehmenden Anfuchen, Begehren oder Mittheilungen, über welche amts=zu=
handeln ift, verzeichnet. Jedes folche Gefchäftsftück wird dabei mit der
laufenden Nummer verfehen.

Der Vorfteher der Behörde führt ein befonderes Verzeichniß der ge=
heimen ihm zur „refervirten Verhandlung“ zukommenden Gefchäftsftücke
(geheimes oder Präfidialprotocoll). Den gefammten Einlauf nimmt der
Leiter der Behörde täglich zur Kenntniß und verfügt über deffen weitere
Behandlung, indem er nach genommener Einficht die einzelnen Stücke ent=
weder feinen untergeordneten Beamten zur Erledigung zutheilt oder zu
eigener Behandlung und Erledigung behält (§. 87).

Für die Behandlung der Gefchäfte ift, wo dies nur möglich ift, der
„kurze und mündliche Weg“ vorgefchrieben (§. 77). Die Amtsvorfteher
find verpflichtet, „die geeigneten Verfügungen, Vorkehrungen und Erhebungen
auf die einfachfte und mindeft koftfpielige Weife ohne viel Schreibereien zu
veranlaffen“ (§. 78). Doch find die „Erledigungen der eingelangten Ge=
fchäftsftücke“ fchriftlich zu verfaffen (§. 89). Nach ihrer äußeren Form
werden diefe „fchriftlichen Erledigungen“ als Befcheide, Decrete, Currenden,
Circulare, Noten, Berichte unterfchieden, von denen jede in den verfchiedenen
vorgefchriebenen Fällen ihre Anwendung zu finden hat.

Bei den Entfcheidungen (die in Form von Befcheiden oder Decreten
hinausgegeben werden[288]), find die Beweggründe und die angewendeten Ge=
fetze anzuführen, auch die der Partei noch offen ftehenden weiteren Rechts=
wege und Recursfriften anzugeben (§. 92).

Ebenfo wie der gefammte Einlauf werden alle Erledigungen oder wie
immer geartete fchriftlichen Verfügungen in dem felbftändig organifirten,
„Expedit“ genannten Hilfsamt in Evidenz gehalten. Die Aufgabe des
Expedits ift die Beforgung der Ausfertigung aller Erledigungen und fchrift=
lichen Verfügungen der Behörde und die Ueberwachung der Zuftellungen
derfelben (§. 106). Da die erfolgten „Expeditionen“ in einer befonderen
Rubrik des Einreichungsprotocolles angemerkt werden müffen, fo wird auf
diefe Weife der Zufammenhang zwifchen den einzelnen Stadien der Ge=
fchäftsbehandlung hergeftellt und ein leichter Ueberblick über den gefammten
Gefchäftsgang bei der Behörde ermöglicht. Die nach der Expedition der
Erledigung zurückbleibenden Acten (Eingaben, Concepte u. f. w.) werden in
der Regiftratur hinterlegt, über deren ordnungsmäßige Inftandhaltung
der 4. Abfchnitt der Amtsinftruction detaillirte Beftimmungen enthält. Die
Aufgabe der Regiftratur ift neben der ficheren Aufbewahrung der Acten
die Aufrechthaltung einer folchen Ordnung und Evidenz, daß die Acten jeder
Angelegenheit leicht und fchnell auffindbar feien, was unter anderem auch
zu dem Zwecke nothwendig ift, damit die Behörde für jede zu behandelnde

---

[288]) Der Unterfchied ift rein äußerlich.

Angelegenheit ohne Zeitverlust gleich deren „Voracten" zur Hand haben könne.

Das Verfahren in Verwaltungssachen.

§. 156. Von der Geschäftsführung, die in den Amtsinstructionen und Geschäftsordnungen geregelt wird, ist zu unterscheiden das administrative Verfahren. Jene begreift in sich nur die äußeren minder relevanten Formen des letzteren; bei diesem sind bereits rechtliche Interessen im Spiele; das Verfahren ist auf die Gestaltung der Rechtsverhältnisse von Einfluß. Solche Bestimmungen wie z. B. über die äußere Form der Eingaben, über Numerirung der Beilagen, über Aufbewahrung der Acten u. dergl. gehören zur Geschäftsführung: sie sind für die Rechtsverhältnisse ziemlich indifferent. Das administrative Verfahren dagegen hat es mit den Formen des Vorgehens der Behörden und ihres Verkehrs mit den Parteien zu thun und hat für das materielle Verwaltungsrecht eine analoge Bedeutung wie für das materielle Privatrecht der Civilproceß.

Ob die Parteien von den einzelnen Maßregeln und Schritten der Behörde rechtzeitig verständigt, ob sie dabei mit ihren Anträgen gehört werden und welche Bedeutung den letzteren zukommt, welche Mittel den Parteien gegenüber den Maßnahmen und Entscheidungen der Behörden zu Gebote stehen — all' das hängt von den Grundsätzen des administrativen Verfahrens ab. Der Gedanke liegt nun nahe, daß in einem Rechtsstaate das administrative Verfahren ebenso durch ein administratives Verfahrensgesetz geregelt sein müsse, wie das im Civilverfahren mittelst des Civilproceßgesetzes schon längst der Fall ist. [239])

Der Umstand, daß es solche allgemeine Administrativ-Verfahrensgesetze nicht giebt, wird meist auf das Kerbholz des Absolutismus geschrieben, der sich in seinem Schalten und Walten gegenüber den Unterthanen durch Verfahrensgesetze nicht binden und behindern lassen mochte: der Mangel eines solchen Gesetzes dagegen als ein schwerer Anachronismus bezeichnet, der sobald als möglich behoben werden müsse. Dabei wird aber übersehen, daß der Mangel eines allgemeinen Administrativ-Verfahrensgesetzes nicht zum geringsten Theil in der Unmöglichkeit wurzelt, die unendliche Mannigfaltigkeit der durch die Verwaltung geschaffenen und immerfort neu erzeugten Verhältnisse durch ein allgemeines Gesetz zu normiren, wozu noch der Umstand hinzutritt, daß man allerdings erst in der neuesten Zeit auf ein „verfassungsmäßiges Verwaltungsrecht" bedacht wurde, in Folge dessen die Theorie auch erst in der neuesten Zeit auf die nothwendige Grundlage eines solchen, auf ein gesetzlich geregeltes Administrativ-

---

[239]) Dieser Gedanke gelangte zum Ausdruck in einem Antrage auf dem österreichischen Advokatentag im Jahre 1885 (abgedruckt bei Grünhut 1885 S. 204), worin für das administrative Verfahren eine Regelung nach Analogie des Civilprocesses, und zwar in streitigen und nicht streitigen Angelegenheiten verlangt wird. Ueber diesen Antrag erstattete Lemayer ein sehr lehrreiches Gutachten (abgedruckt ebenda), auf welches wir noch weiter unten zurückkommen.

verfahren ihr Augenmerk lenkte.[240]) Wir haben es hier also mit dem jüngsten Problem des theoretischen Verwaltungsrechts zu thun.

Wenn nun auch nicht in Abrede gestellt werden soll, daß die Zeiten des Absolutismus am wenigsten darnach beschaffen waren, das administrative Verfahren gesetzlich zu regeln, da eine solche Regelung in erster Linie die freie Bewegung der Regierung und der Behörden hemmt und hindert: so ist es doch Thatsache, daß wir sowohl aus jenen Zeiten wie auch aus neuerer Zeit in den verschiedensten Verwaltungsgesetzen zahlreiche Bestimmungen über administratives Verfahren auf den einzelnen Gebieten der Verwaltung besitzen und daß uns nur ein allgemeines, das Verfahren auf allen diesen Gebieten einheitlich regelndes Verfahrensgesetz fehlt — und nur den Mangel eines solchen beklagen die in der Note angeführten Schriftsteller. Dieser Mangel jedoch ist weniger eine Unterlassungssünde früherer oder neuerer Zeiten, sondern erklärt sich einfach aus denselben Gründen, aus denen es in keinem auch noch so liberal organisirten Staate, ja, auch in den modernsten Republiken, einen allgemeinen Verwaltungscodex giebt, während überall allgemeine bürgerliche Gesetzbücher vorhanden sind; aus denselben Gründen, aus denen es in der Theorie Systeme des Privatrechts in Hülle und Fülle giebt, während es an solchen des öffentlichen Rechts überall mangelt. Diese Gründe aber liegen einfach in der verschiedenen Natur des öffentlichen und Privatrechts, wovon wir oben (I. Buch) gesprochen haben.

Diese von dem Privatrecht grundverschiedene Natur des öffentlichen Rechts, welches eben so viele selbständige Gebiete aufweist als das Privatrecht eines ist, hat von jeher alle Versuche, einen einheitlichen, das gesammte öffentliche Recht umfassenden Codex des Staats- oder auch nur des Verwaltungsrechts zu verfassen, scheitern gemacht.[241]) Damit ist aber auch

---

[240]) Den ersten Versuch, die „allgemeinen Grundsätze für das (österreichische) Administrativverfahren" theoretisch zu formuliren, unternahm Mayrhofer. Er, der es in seinem so werthvollen Handbuch des Verwaltungsdienstes sich, wo immer es nur möglich war, der Gesetzestexte zu bedienen liebt, sah sich in dieser Partie vom Gesetze verlassen und gezwungen, „die allgemeinen Hauptumrisse für das Verfahren überhaupt in den verschiedensten Gesetzen, Verordnungen, Instructionen nicht ohne Mühe" zusammenzusuchen, da, wie er klagt, „für das Administrativverfahren ein allgemeines Gesetz, wie für den Civilproceß und für den Strafproceß, nicht besteht." Allerdings sucht Mayrhofer mit Recht die Ursache dieses Mangels vorzugsweise darin, daß es „in dem Kreise dieser (politischen) Geschäfte Verhältnisse der verschiedensten Art zu berücksichtigen, Zeit und Localumstände in's Auge zu fassen giebt, für die es nur gesetzliche Andeutungen, aber keine bestimmte Normen geben kann" (Band I S. 686 und 731). Dagegen schreibt Bernatzik den Mangel solcher „allgemeinen gesetzlichen Normen des Verfahrens" in Verwaltungssachen dem Umstande zu, daß „unsere Verwaltungsgesetze großentheils aus Zeiten stammen, wo die rechtsprechenden Functionen der Verwaltung nicht klar erkannt und mit den anderweitigen Agenden der Verwaltung vermengt wurden" (Rechtsprechung und materielle Rechtskraft S. 66).

[241]) Solche Versuche sind erfolglos angestellt worden in Frankreich; einen solchen Versuch machte man in Oesterreich im Jahre 1802. Damals wurde eine eigene Hofcommission in politischen Gesetzessachen eingesetzt, welcher die Aufgabe zugetheilt wurde, nach dem Muster des bürgerlichen Gesetzbuchs einen politischen

die Unmöglichkeit eines „allgemeinen Administrativ=Verfahrensgesetzes wie der Civilproceß" oder „allgemeine Normen des administrativen Verfahrens" von selbst gegeben: denn ein Verfahrensgesetz setzt das materielle Recht, für welches es gelten soll, wenigstens den Hauptumrissen und dem wesentlichen Inhalte nach voraus; ohne bürgerliches Gesetzbuch gebe es keinen Civil= proceß, ohne Strafgesetzbuch keinen Strafproceß. Ein Verwaltungsgesetzbuch gehört aber zu den frommen Wünschen und damit ist ein allgemeines Administrativ=Verfahrensgesetz ebenfalls eine Utopie. Daran werden Re= gierungsformen und Zeiten wenig bessern können. Das republikanische Frank= reich besitzt ebensowenig ein allgemeines administratives Verfahrensgesetz wie die Vereinigten Staaten Amerikas und auch der europäische Rechtsstaat wird die Natur und das Wesen der „Verwaltung" nicht ändern. Damit soll nicht gesagt werden, daß die Ausbildung rechtlicher Formen des Administrativ= verfahrens nicht noch ungeahnte Fortschritte machen kann und machen wird: diese aber liegen weniger auf dem Gebiete des „allgemeinen Administrativver= fahrens" als vielmehr der „besonderen administrativen Verfahrensarten", von denen wir jetzt sprechen wollen. — Allerdings hat all' und jedes Ver= waltungsverfahren im Gegensatz zum Civilproceß insofern ein unterscheiden= des Merkmal, inwiefern es sich an das Officialprincip (Verfahren von amtswegen) halten muß und auf die Erforschung der materiellen Wahrheit gerichtet ist: doch sind diese beiden Principien dem Verwaltungsverfahren mit dem Strafverfahren gemeinsam, bilden also kein specielles Merkmal des ersteren.

Die besonderen Verfahrensarten.

Wenn man von den besonderen Verfahrensarten der Verwaltung spricht, §. 157. so darf man dabei nicht an eine Analogie mit jenen besonderen Verfahrensarten des Civilprocesses denken, die lediglich dem Bestreben einer Beschleunigung und Vereinfachung des Prozeßganges entspringen, wie z. B. an den summarischen Prozeß, an das Mandatsverfahren, das Bagatellverfahren und dergl.: sondern an eine Analogie mit denjenigen besonderen Civil=Verfahrensarten, deren Besonderheit bedingt ist durch die besondere Beschaffenheit des Proceßgegen= standes, durch ein besonderes von den gewöhnlichen vermögensrechtlichen Ver= hältnissen verschiedenes Rechtsverhältniß, wie z. s. B. Bestandproceß, Eheproceß, Bergrechtsproceß u. s. w.

Denn die Verschiedenheit der einzelnen administrativen Verfahrensarten entspringt lediglich aus der nothwendigen Anpassung des Verfahrens an die verschiedene Natur der einzelnen Verwaltungsgebiete und Gegenstände: nicht aber aus dem Umstande, daß sich die Verwaltung bei den einen Angelegen= heiten den Ueberfluß vieler Schreibereien und Weitläufigkeiten gestatten könne, bei anderen sich einfacherer Formen und größerer Beschleunigung zu befleißen habe. Denn unnöthige Schreibereien und Weitläufigkeiten sind im Verwaltungs= verfahren überall zu vermeiden, was durch unzählige Vorschriften eingeschärft

Codex zu verfassen. Nach zehnjährigen erfolglosen Bemühungen wurde diese Com= mission (1818) aufgelöst.

wurde. In dieser Beziehung giebt es nur und darf es nur ein administratives Verfahren geben, für welches seit Kaiser Josef II. Vermeidung aller un= nöthigen Schreibereien, größtmöglichste Einfachheit der Geschäftsführung und Beschleunigung der Erledigungen vorgeschrieben ist und für welches insbe= sondere aber in neuerer Zeit, wo das nur möglich ist, der unmittelbare Verkehr mit den Parteien, die möglichste Einvernehmung derselben und endlich die Achtung der verfassungsmäßigen Rechte der Staatsbürger selbstverständliche Grundsätze sind.   Was aber die besonderen administrativen Verfahrens= arten anbelangt, so giebt es deren genau so viele wie Verwaltungsgebiete, und es ist nur natürlich, daß jedes specielle Verwaltungsgesetz, welches ein specielles Verwaltungsgebiet regelt zugleich auch die betreffenden Verfahrens= normen enthält, [242]) daher es sich auch empfiehlt, die Grundsätze dieser ver= schiedenen „besonderen" Verfahrensarten bei der Betrachtung der betreffenden Verwaltungsgebiete hervorzuheben.

An dieser Stelle wollen wir nur im allgemeinen die Verschiedenheit des administrativen Verfahrens hervorheben, die sich ergiebt, wenn wir das= selbe von dem formalen Gesichtspunkte aus betrachten, ob dasselbe 1. nicht streitig, 2. streitig [243]) oder 3. administratives Strafverfahren ist.

[242]) „. . . . die Unterschiede auf diesem Gebiete ergeben sich materiell nach der Verschiedenheit der administrativen Aufgaben . . . ." Lemayer l. c. S. 212.

[243]) Lemayer bestreitet die Richtigkeit dieser üblichen Eintheilung und schlägt eine andere vor — beides mit guten und triftigen Gründen. Er sagt: „Nach dem formalen Kriterium: streitig und nichtstreitig, sind überhaupt die Verwaltungs= angelegenheiten nicht auseinanderzulegen, vielmehr ergeben sich die Unterschiede auf diesem Gebiete materiell nach der Verschiedenheit der administrativen Auf= gaben, formell nach dem Umstande, ob auf irgend einem Verwaltungsgebiete sub= jective Rechte in Frage kommen oder nicht, und hier wieder mit der Unterscheidung: ob die Verwaltung in einem einzelnen Falle lediglich die Aufgabe hat, diese Rechte zu beurtheilen, oder mit Beachtung derselben einen selbstständigen Verwaltungs= zweck anstreben soll. Auf jedem dieser Gebiete kann sich dann Streit ergeben. Streit über angeblich verletzte (subjective) Rechte, oder angeblich verletzte (rechtlich nicht geschützte) Interessen.   An sich aber ist keine Verwaltungsangelegenheit streitig oder nicht streitig, und jede kann aus dem einen in das andere Stadium über= gehen." Das alles ist vollkommen richtig; nichtsdestoweniger bleibt es Thatsache, daß die Verwaltung in vielen Angelegenheiten zumeist und vorwiegend nicht streitig verfährt, in anderen am häufigsten, sei es auf Opposition der Partei, stößt, oder einem Parteienstreite gegenüber sich befindet. Diese Thatsache ist für die theoretische Betrachtung genügend, um das administrative Verfahren auch nach diesem allerdings „formalen Kriterium" auseinanderzulegen, selbstverständlich mit der Verwahrung, daß jedes nichtstreitige Verfahren leicht ein streitiges werden kann und umgekehrt. — Die von Lemayer vorgeschlagene Eintheilung könnte bei einer künftigen Reform des Rechtsschutzes im öffentlichen Rechte actuell werden, und Lemayer stellt auch diese Eintheilung im Hinblick auf eine solche Reform, also de lege ferenda, auf, bis dahin muß das positive Staatsrecht an der bisher üblichen Eintheilung in streitiges und nicht streitiges Verfahren festhalten. Wenn aber Lemayer die Ansicht äußert, daß „unsere derzeitigen Verwaltungsgesetze eine principielle Scheidung streitiger und nicht streitiger Verwaltungsangelegenheiten schon darum nicht kennen, weil sie Verwaltung und Verwaltungs=Gerichtsbarkeit unabgetheilt denselben Administrativstellen überlassen": so ist dagegen zu bemerken, daß aus der Ueberweisung mehrerer Arten von Angelegenheiten, in denen also auch verschiedenartig verfahren wird, an ein und dieselben Behörden keineswegs gefolgert werden darf, daß der Gesetzgeber zwischen diesen verschiedenen Arten von

Wenn nun auch keine dieser Verfahrensarten irgend einem Verwaltungs=
gebiete ausschließlich eigen ist; im Gegentheile fast auf jedem Verwaltungs=
gebiete nach Umständen jede dieser drei Verfahrensarten zur Anwendung
kommen kann: so giebt es dennoch einzelne Verwaltungsgebiete, auf denen
die einzelnen dieser Verfahrensarten vorwiegend zur Anwendung kommen.
Jedenfalls aber empfängt jedes Verwaltungsverfahren, auf welch' verschiedenem
Gebiete es auch zur Anwendung kommt, von dieser formalen Seite her
ein gemeinsames Gepräge und dieses ist es, was wir in Nachstehendem
in's Auge fassen wollen.

Nichtstreitiges Verwaltungs-Verfahren.

§. 158.

Das nichtstreitige Verfahren kommt vorwiegend zur Anwendung
a) bei der Gesetzesvorbereitung. Dasselbe kommt auf allen Ver=
waltungsgebieten zur Anwendung. Die Grundsätze desselben haben sich
in der Theorie und Praxis der europäischen Staaten herausgebildet. Während
in früheren Jahrhunderten dieselbe nur im Schooße von Gesetzgebungscom=
missionen, insbesondere in „Staatsrathscollegien" sich vollzog: ist heutzutage
der Grundsatz der Vernehmung der weitesten Kreise der Fachmänner und
Interessenten herrschend geworden. Die ersteren werden um Gutachten ange=
gangen, die letzteren zu Enqueten eingeladen. Commissionsverhandlungen,
fachmännische Gutachten und Enqueten dienen als Grundlage der Regierungs=
entwürfe, die den gesetzgebenden Körperschaften vorgelegt werden, wenn es
sich um formale Gesetze handelt oder in Form von Verordnungen von den
betreffenden Ministerien allenfalls nach Einholung a. h. Entschließungen er=
lassen werden.

Auch die Kundmachung der erlassenen Gesetze und Verordnungen ge=
hört in dies nichtstreitige Verfahren.

Angelegenheiten und Verfahren keinen Unterschied sehe. Dagegen giebt es aller=
dings eine große Anzahl von Vorschriften (Ministerialerlässen und Verord=
nungen), welche ausdrücklich für das Verfahren in „Streitsachen des Verwaltungs=
rechtes" gelten sollen (z. B. CUMErl. vom 10. December 1870 Z. 12816), woraus
doch hervorgeht, daß der Gesetzgeber allerdings zwischen streitigen und nicht streitigen
Verwaltungsangelegenheiten eine principielle Unterscheidung macht.

Uebrigens dürfte die von Lemayer vorgeschlagene Eintheilung in ein Ver=
waltungsverfahren und Verwaltungsrechtsverfahren (Verwaltungsgerichtsbarkeit
im weiteren Sinne) auch auf große Schwierigkeiten stoßen, da dieselbe auf der
Unterscheidung beruht, „ob der Streit wegen eines verletzten (subjectiven und
öffentlichen) Rechtes, nicht blos wegen eines geschädigten Interesses, geführt
wird"; dieser Unterschied sich aber überhaupt sehr schwer und im voraus gar
nicht feststellen läßt. Dasselbe, was Lemayer ganz richtig gegen die Eintheilung
in „streitiges" und „nicht streitiges" Verfahren vorbringt, daß „jede Verwaltungs=
angelegenheit aus dem einen in das andere Stadium übergehen kann," läßt sich
auch von dem Unterschied zwischen Verwaltungssache und Verwaltungsrechtssache,
so wie er es auffaßt, sagen. Jede Verwaltungssache kann jeden Augenblick in
eine Verwaltungsrechtssache umschlagen, also in eine solche, bei der subjective
Rechte der Partei zur Discussion kommen, zumal man doch im voraus auch nie
wissen kann, ob ein von der Partei geltend gemachtes Recht, ein erhobener An=
spruch, sich als wirklich bestehendes, subjectives Recht erweisen werde oder nicht.

b) Das Beurkundungs= und Beglaubungsverfahren kommt vorzugsweise auf dem Gebiete der Evidenzhaltung zur Anwendung. Die Beurkundungen geschehen entweder im Interesse der Regierung oder im Interesse der Staats= bürger (Beglaubigung), im letzteren Falle in der Regel gegen Entrichtung von Gebühren, welche im Wege der Verordnung festgesetzt werden.

c) Belehrungen, insbesondere an die großen Massen der Bevölke= rung. Sie spielen eine wichtige Rolle auf allen Gebieten der Verwaltung; sie werden ertheilt theils mündlich im unmittelbaren Contact mit der Be= völkerung und deren gewählten Vertretern (auf Amtstagen) theils durch Ver= breitung populärer Schriften, Herausgabe officieller Zeitungen u. s. w.

d) Die verschiedenen Arten der werkthätigen Unterstützung und Förde= rung der Volkswirthschaft und Industrie durch unentgeltliche oder gering entgeltliche Vertheilung von Pflanzen, Sämereien, Ausstellung von Modellen, Prämiirung von Zuchtthieren, Vornahme von Impfungen u. s. w.

e) Endlich ist noch das ganze Gebiet der staatlichen technischen Ver= waltung durchtränkt von nicht streitigen Verwaltungsverfahren, also alle jene Gebiete, wo der Staat als Unternehmer auftritt, wo er z. B. Münzen prägt, Staatspapiere emittirt, Bauten in eigener Regie ausführt oder an Unter= nehmer im Offertwege hintangiebt u. s. w.

Streitiges Verwaltungsverfahren.

§. 159. Das streitige Verwaltungsverfahren ist nicht nur dasjenige, bei welchem es thatsächlich zu einem Rechtsstreite kommt, sondern alles dasjenige, bei welchem es aus widerstreitenden Interessen leicht zu einem Streite kommen kann. Und zwar kann sich ein Streit ergeben entweder zwischen der Re= gierung (resp. der Behörde) und den Parteien oder aus Anlaß der Ver= waltungsmaßregel zwischen den Parteien untereinander. In ersterem Falle muß die Behörde sich gegenwärtig halten, daß sie selbst Partei werden kann, sobald die rechtskräftige Entscheidung Gegenstand des verwaltungsgerichtlichen Verfahrens vor dem Verwaltungsgerichtshofe wird; sie muß daher darauf Bedacht nehmen, jede ihrer Maßregeln gegebenen Falls durch bestehende Rechtsnormen rechtfertigen zu können.

Im zweiten Falle, wo aus Anlaß ihrer Maßregeln zwischen den Par= teien Streit entstehen kann oder entsteht, muß die Verwaltungsbehörde sich ihrer rechtsprechenden Thätigkeit bewußt sein und die Grundsätze der Rechts= sprechung im Auge behalten.

In beiden Fällen ist also den Parteien sowohl bezüglich des von ihnen behaupteten Thatbestandes wie auch der geltend gemachten Rechtsansprüche Gehör zu geben, ihre Aeußerungen eventuell ihre Anträge und Be= weisführungen protocollarisch aufzunehmen und sind ihnen die gegen Ent= scheidungen zustehenden Rechtsmittel in den offenen Fristen zu gewähren.

Als Folge des Officialprincips und der Pflicht, die materielle Wahrheit zu erforschen entfallen, im Administrativverfahren alle Beschränkungen der Aeußerungen, Reden und Beweisführungen der Partei, wie sie im Civilproceß durch die Eventualmaxime und durch das Verbot von Neuerungen in den folgenden Reden gilt, die Verhandlung ist vielmehr so zu leiten, daß das Interesse der Partei, wo es nicht mit dem öffentlichen Interesse collidirt, womöglich gewahrt werde. [244])

Um nur die wichtigsten dieser streitigen (also auch der leicht zu Streit führenden) Verwaltungssachen hier aufzuzählen, mögen folgende hervorgehoben werden: Heimathszuweisungen und Schubverfahren, Gewerbeverleihungen, Enteignungen, Commassationsverfahren, Servituts-Regulirungen, Holztriftbewilligungen, Privilegiums- und Patentverleihungen, Handhabung der Gesindeordnung, der Fabriks- und Arbeitergesetze.

Das Verwaltungsstrafverfahren. [1])

§. 160. Unzertrennlich von all und jeder Verwaltung ist das Verwaltungsstrafverfahren. Das starre Prinzip, daß nur der unabhängige Richter Strafen verhängen solle, ist in keinem Staate durchführbar. Allerdings wird auch jede Verwaltung durch Strafgesetz und Strafgericht geschützt: doch muß es immer auch eine Gränze geben, wo der Schutz des Strafgerichtes überflüssig und unzweckmäßig wird und die Verwaltung sich selbst schützen muß.

Das Verwaltungsstrafverfahren greift auf allen Gebieten der Verwaltung Platz wo immer nur Gesetze, Verordnungen, Verfügungen übertreten werden können und die Uebertretung nicht derart ist, daß sie unter das Strafgesetz fällt. [245])

Während es, wie wir gesehen haben, für das Verwaltungsstrafverfahren kein allgemeines Gesetz giebt und nicht geben kann, weil die Erfordernisse an ein solches Verfahren sich nur aus der besonderen Natur der einzelnen Verwaltungsgebiete ergeben: so hat all und jedes Verwaltungsstrafverfahren allerdings ein gemeinsames Moment, d. i. die Verhängung und Ausübung der Strafe, daher es für das Verwaltungsstrafverfahren leicht ist, eine allgemeine Vorschrift zu erlassen.

Daraus erklärt es sich, daß wir über das Verwaltungsverfahren mehrere allgemeine Verordnungen besitzen, welche den Vorgang bei der An-

---

[244]) Darin sind alle österreichischen Schriftsteller, die über Verwaltungsverfahren schrieben, einig, daß „in Parteisachen eine Art processualen Verfahrens stattfindet" und daß, „wo keine speciellen Normen bestehen, gewisse Grundsätze des gerichtlichen processualen Verfahrens in und außer Streitsachen zur analogen Anwendung kommen" (Ulbrich, Handbuch I 476). Daß auch die Regierung derselben Ansicht ist, geht daraus hervor, daß eine Reihe von Ministerialverordnungen jene Punkte hervorhoben, in denen die Bestimmungen des Civilprocesses auf das administrative Verfahren in Parteisachen nicht stattzufinden habe. So z. B. bestimmt die Ministerialverordnung vom 10. September 1870 §. 9278, daß die Bestimmungen der Gerichtsordnung über den Beweis durch Kunstverständige im Administrativverfahren keine Anwendung zu finden haben, daß hier die Beiziehung auch nur eines Sachverständigen genügt.

[245]) Ministerialverordnung vom 3. April 1855 RGB. Nr. 61 §. 1 drückt das so aus, daß „die Untersuchung und Bestrafung aller jener Gesetzübertretungen, welche nicht durch das allgemeine Strafgesetz (vom 27. Mai 1852) als strafbare Handlungen erklärt sind und rücksichtlich welcher nicht durch besondere Vorschriften ausdrücklich anderen Behörden zugewiesen ist, zur politischen Geschäftsführung gehört."

drohung und Verhängung der Strafe, bei der Einbringung der Geldstrafen und Durchführung der hiezu nothwendigen Execution auf allen besonderen, wie immer auch gearteten und von einander verschiedenen Verwaltungsgebieten einheitlich, d. i. nach gleichen Grundsätzen regeln. [246])

Die Stadien des Verfahrens.

§. 161. Sowohl von der Eintheilung des administrativen Verfahrens in verschiedene Arten, je nachdem es in nicht streitigen und streitigen oder strafbaren Angelegenheiten Platz greift, wie auch von der Eintheilung desselben in besondere Verfahren, je nach den verschiedenen Verwaltungsgebieten, auf denen es sich abspielt: ist zu unterscheiden die Eintheilung jedes Verfahrens in mehrere Stadien. Wohl wird auch von einem Erkenntnißverfahren, von einem Beschlußverfahren, Executivverfahren gesprochen (so z. B. bei Mayrhofer): doch ist das eine ungenaue und zu Mißverständnissen führende Ausdrucksweise. Es giebt nur Stadien der Information, des Beschließens, des Erkenntnisses, der Execution, aus welchen Stadien das Gesammtverfahren und jedes Verfahren besteht. Denn diese Stadien ergeben sich einfach aus dem Begriff und der Natur aller menschlichen Handlungen. Jede unserer Handlungen läuft ein Informations-, Beschluß- und Executivstadium durch: weil wir vernünftigerweise vor jeder Handlung uns zuerst über die Sachlage orientiren, unseren Entschluß fassen, denselben unter Umständen bekannt geben und endlich denselben ausführen.

Zur Eintheilung des administrativen Verfahrens aber in diese Stadien veranlaßte das Vorbild des Civilprocesses, der in den Lehrbüchern als in solche Stadien gegliedert dargestellt wird. [247])

---

[246]) Es sind das: die kaiserliche Verordnung vom 20. April 1854 RGB. Nr. 96, betreffend die Vollstreckung der Verfügungen und Erkenntnisse der landesfürstlichen und polizeilichen Behörden; die Ministerialverordnung vom 3. April 1855 RGB. Nr. 61, womit die Behörden zur Untersuchung und Bestrafung der nicht in dem allgemeinen Strafgesetze enthaltenen Gesetzesübertretungen und das dabei zu beobachtende Verfahren festgesetzt werden; die Ministerialverordnung vom 30. September 1857 RGB. Nr. 198 über die Bestrafung jener Gesetzesübertretungen, für welche keine besondere Strafe angedroht ist; Ministerialverordnung vom 5. März 1855 RGB. Nr. 34 über das Verfahren in Uebertretungsfällen. Ministerialverordnung vom 31. Jänner 1860 RGB. Nr. 31 über den Recurs, Strafmilderungs- und Nachsichtsrecht im Strafverfahren vor den politischen Behörden. — Es ist einerseits bezeichnend, daß alle diese Verordnungen aus der Zeit der Reaction datiren, während welcher die Haltung der Bevölkerung die Regierung zur Ergreifung repressiver Maßregeln zwang: anderseits erklärt dieß ominöse Datum die gegen diese Verordnungen bestehende lebhafte Opposition, die sich in parlamentarischen Schmerzensrufen oft Luft machte. Man macht diesen Verordnungen „polizeilichen" Charakter zum Vorwurf und will dieselben durch eine rechtsstaatliche Gesetzgebung ersetzt wissen. Vergl. Lienbacher, Das österr. Polizei-Strafrecht. Wien 1880. Auch unten II. Theil, die einleitenden §§.

[247]) Vergl. z. B. Canstein: Das (österr.) Civilproceßrecht 1885 II. Hälfte, wo der gesammte Proceß in das Erkenntniß- und Executionsstadium, das erstere überdieß in das: Verhandlungs-, Beweis-, Urtheils- und Rechtsmittelstadium, eingetheilt wird.

Doch hat diese Gliederung in dem Civilprocesse noch eine höhere, principielle Bedeutung, weil die einzelnen Stabien des Civilprocesses von verschiedenen, jedem derselben eigenthümlichen Principien beherrscht werden, was in dem administrativen Verfahren nicht der Fall ist. So z. B. ist in einigen Stabien des Civilprocesses das Dispositionsprincip herrschend (im Verhandlungsstabium), während es in anderen (Urtheilsstabien) ganz aus= geschlossen ist: im administrativen Verfahren stehen dagegen alle Stabien gleicherweise unter strenger Leitung der Behörde und von einem Dispositions= princip kann in keinem derselben die Rede sein. In einzelnen Stabien des Civilprocesses kann der Gang desselben durch das Einverständniß der Par= teien beeinflußt werden (z. B. im Beweisstabium, Executionsstabium), während das im Administrativverfahren in keinem Stabium der Fall sein kann und hier der Gang des Verfahrens ausschließlich von der Behörde und dem öffentlichen Interesse bestimmt wird.

Damit im Zusammenhange steht auch der principielle Unterschied zwischen den Stabien des Civilprocesses und des Administrativverfahrens, daß jene streng in sich abgeschlossene und von einander wieder abgesonderte Hand= lungseinheiten darstellen, die weder ineinander übergehen, noch einander durchbrechen können: während im administrativen Verfahren diese Stabien sich keineswegs so strenge von einander abschließen und ein späteres jeden Augenblick, nach Umständen und Zweckmäßigkeitsrücksichten, von einem früheren wieder durchbrochen werden kann.[248] So kann z. B. im Civilproceß das Urtheilsstabium vom Verhandlungsstabium nicht mehr durchbrochen werden: wohl aber im administrativen Verfahren das Entscheidungsstabium vom Informationsstabium. Auch ist der Richter im Civilproceß an die durch ihn gesetzten Acte gebunden; er kann das Urtheil nicht abändern; er darf sich nicht hinterdrein eines Besseren besinnen noch Neuerungen auf sich wirken lassen.

Nicht so die Verwaltungsbehörde. Diese kann ihre Entscheidung, auf eine Vorstellung der Partei hin, ändern oder aufheben; auch kann sie noch im Zuge des Executionsstabiums das Informationsstabium wieder aufnehmen und das Executionsstabium sistiren.

Endlich ist zwischen den einzelnen Stabien des Civilprocesses und des administrativen Verfahrens auch noch der Unterschied, daß auf das abge= schlossene Resultat jedes Proceßstabiums der Richter keinerlei abändernden Einfluß mehr üben kann; nicht einmal auf die Abänderung seines Urtheils in höherer Instanz darf er den mindesten Einfluß üben. Anders im Ad= ministrativverfahren. Hier steht es der unteren Instanz immer frei, ja sie ist sogar verpflichtet, die Recurse der Parteien mittelst ihrer Berichte einzubegleiten und es bleibt ihr unbenommen, in diesen Berichten Gründe geltend zu machen, die sie in den der Partei hinausgegebenen Entschei= dungen verschwieg und gegen die die Partei, weil sie sie nicht kennt, auch

---

[248] „Im Administrativverfahren gilt als Grundsatz, daß ohne Unterschied, ob es ein Parteiverfahren oder ein Verfahren von amtswegen betrifft, die Er= gänzung der Verhandlung von amtswegen veranlaßt werden kann." CUMErl. vom 14. Mai 1876 Z. 8040.

nicht ankämpfen kann. Auch kann die höhere Instanz das Berufungsstadium jederzeit in ein nochmaliges (ergänzendes) Informations= und Verhandlungs= stadium umschlagen lassen. So ist das Administrativverfahren von Anfang bis zu Ende eine in sich vielfach verschlungene Handlungseinheit, auf welche die dem Civilprozeß nachgebildete Eintheilung in „Proceßstadien" nur mit großer Reserve angewendet werden kann.

§. 162. Nichtsdestoweniger lassen sich für diese einzelnen, wenn auch ineinander verschwimmenden und übergreifenden Stadien des administrativen Verfahrens gewisse den speciellen Zwecken jedes Stadiums entsprechende Behandlungs= und Vorgangsmaximen aufstellen. So hat das Informationsstadium die Aufgabe, den Thatbestand, der zum Einschreiten der Behörde Veranlassung bietet und Grundlage des Erkenntnisses sein soll, genau und vollständig klar= und sicherzustellen. Es können zu diesem Zwecke je nach Umständen mündliche oder schriftliche Aeußerungen von Zeugen, Parteien oder Sach= verständigen abgefordert worden.

Soll dieses Informationsverfahren zu einer Entscheidung führen, so hat nach dem Erlaß des Unterrichtsministeriums vom 14. Mai 1876 Z. 8040 als oberste Regel zu gelten, daß alle Betheiligten gehört werden und Gelegenheit zur Wahrung ihrer Rechte erlangen, zu welchem Zwecke ihnen alle in der Verhandlung vorkommenden Beweismittel und Rechtsbehelfe be= kannt zu geben sind.

Die der Partei hinausgegebene Entscheidung der Behörde („das Er= kenntniß") hat „in der Regel" die Beweggründe und die angewendeten Ge= setze, endlich die dagegen der Partei zustehenden Rechtsmittel (Berufung an die höhere Behörde) anzuführen; bei der Angabe des Rechtsmittels ist auch die Frist, während welcher und die Behörde, bei welcher die Berufung an= zubringen ist, anzugeben. Wo keine specielle Vorschrift vorhanden ist, soll die Berufungsfrist mit 14 Tagen angegeben werden. [249]

Mit dem Ablauf der Berufungsfrist beginnt das Recursverfahren. Je nachdem dasselbe sich auf das vorhergehende Erkenntnißverfahren aus= schließlich stützt, sich mit dem vorhandenen Material begnügt und auf Grund desselben die Revision des Erkenntnisses der unteren Instanz vornimmt oder eine Ergänzung oder eine vollständige Wiederholung (Reassumirung) des erstinstanzlichen Verfahrens anordnet, bezeichnet man das Recursverfahren: als Revisions=, Ergänzungs= oder Reassumirungsverfahren. [250] Das Recurs= verfahren endigt mit der Rechtskraft des Verwaltungserkenntnisses; während

---

[249] Amtsinstruction vom 17. März 1855; Erlaß des Ministeriums des Innern vom 15. Februar 1869.

[250] Als „dritte Art des Administrativverfahrens" führt Mayrhofer das „Sistirungsverfahren" auf, welches dann eintrete, wenn die höhere politische Be= hörde einen Beschluß oder ein Erkenntniß der ihr untergeordneten autonomen Be= hörde sistirt oder aufhält. Doch eine solche Maßregel der Verwaltung als einen Eintheilungsgrund des Administrativverfahrens zu gebrauchen und darauf eine „Art des Verfahrens" zu begründen, ist etwas gewagt. Denn dann könnten andere Maßregeln der Verwaltung denselben Anspruch erheben und so könnte man von einem Bestätigungsverfahren sprechen u. s. w. u. s. w.

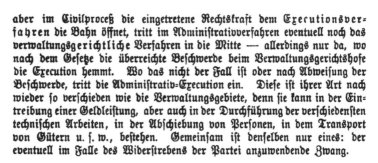

aber im Civilproceß die eingetretene Rechtskraft dem Executionsver=
fahren die Bahn öffnet, tritt im Administrativverfahren eventuell noch das
verwaltungsgerichtliche Verfahren in die Mitte — allerdings nur da, wo
nach dem Gesetze die überreichte Beschwerde beim Verwaltungsgerichtshofe
die Execution hemmt. Wo das nicht der Fall ist oder nach Abweisung der
Beschwerde, tritt die Administrativ=Execution ein. Diese ist ihrer Art nach
wieder so verschieden wie die Verwaltungsgebiete, denn sie kann in der Ein=
treibung einer Geldleistung, aber auch in der Durchführung der verschiedensten
technischen Arbeiten, in der Abschiebung von Personen, in dem Transport
von Gütern u. s. w., bestehen. Gemeinsam ist denselben nur eines: der
eventuell im Falle des Widerstrebens der Partei anzuwendende Zwang.

VIII. Buch.

Die Gemeinden. ✓

§. 163.   Zwischen dem Staate und dem Einzelnen sehen wir eine ganze Anzahl von Vereinen, Verbänden, öffentlichen Anstalten, Gesellschaften, Genoffenschaften, Körperschaften (Corporationen) oder wie man diese socialen
Gestaltungen und Organisationen nennen mag. [251] Es fragt sich nun, sind
alle diese socialen Einheiten für das Staatsrecht in gleichem Maaße relevant?
Müssen alle diese in gleicher Weise in jedem staatsrechtlichen System individuell
oder wenigstens nach Gattungen und Arten betrachtet werden? Man wäre
leicht versucht alle diese Gestaltungen unter einen Nenner zu bringen, da
sie thatsächlich alle von der rechtlichen Seite betrachtet ein gemeinschaftliches
Merkmal zeigen. Sie sind nämlich alle „juristische" (oder wie man das
auch nennt: „moralische") Personen. [252] Diese gemeinsame Eigenschaft berührt jedoch keineswegs das Wesen dieser Verbände; sie befähigt sie nur,
Rechtsgeschäfte einzugehen. Die juristische Persönlichkeit ist nur ein von
der Gesetzgebung diesen Verbänden zugestandenes Mittel für ihre Zwecke; aber
diese Zwecke, die das Wesentliche an den Verbänden sind, sind von einander
himmelweit verschieden. Für das Staatsrecht liegt nun der wichtigste
Unterschied darin, daß die einen dieser Verbände dem Einzelnen, der zu

---

[251] Die Lehre von diesen „Genoffenschaften" ist noch in Gährung begriffen;
eine ganze Anzahl von theoretischen Streitfragen ist noch nicht ausgetragen. Auf
dieselben einzugehen, ist hier nicht der Ort. Man vergl. Gierke's: Genoffen-
schaftsrecht; Rosin's: Recht der Genoffenschaft.

[252] Der wesentliche Unterschied zwischen der physischen und juristischen Person im Staatsrechte ist der, daß die Existenz der ersteren eine Naturthatsache und
von der Genehmigung des Staates unabhängig ist; die Rechte und Pflichten der
physischen Personen sind im voraus für alle gleich von der objectiven Rechtsordnung gegeben; durch den Eintritt in's Leben und sodann durch den Eintritt in
bestimmte, durch das Gesetz vorausgesehene Verhältnisse wird die physische Person
gewisser Rechte theilhaftig, zu gewissen Leistungen oder Unterlassungen verpflichtet.
Anders die juristische Person. Ihre Existenz hängt von der Genehmigung des
Staates ab, welche in der Form von Gesetzen, Concessionen, Privilegien, Stiftungsurkunden u. dergl. erfolgt. Ihre Rechte und Pflichten entstehen entweder durch
die Festsetzungen in den bezüglichen Gesetzen, Concessionen und Privilegien, Stiftungsurkunden, oder indem sie kraft Einwilligung des Staates in eine Kategorie
juristischer Personen aufgenommen werden, für welche ein allgemeines Gesetz
besteht, wie z. B. Religionsgesellschaften, Actiengesellschaften, Sparcassen, Stiftungen u. dergl. .

ihnen gehört, ein besonderes staatsrechtliches Gepräge geben, während die anderen auf seinen staatsrechtlichen Charakter gar keinen Einfluß üben, an seiner staatsrechtlichen Persönlichkeit nichts ändern. Die Zugehörigkeit zu einer Gemeinde oder einer Kirche giebt dem Einzelnen einen speciellen staatsrechtlichen Charakter; die Zugehörigkeit zu einer Bank oder Sparkasse tangirt seinen staatsrechtlichen Charakter nicht im geringsten. — Damit ist schon angedeutet, welche Verbände und socialen Gestaltungen oder Organisationen ihren individuellen Platz oder doch specielle Behandlung im Systeme des Staatsrechts beanspruchen, und welche von ihnen nur eine generelle Berücksichtigung und Fixiruug ihres Standpunktes im Staate erheischen.

Die Gemeinde, die Kirche und die Religionsgesellschaften sind solche einen bedeutenden Theil der Persönlichkeit umfassende Verbände, an deren Mitgliedschaft der Staat gewisse Rechtsfolgen für die Person knüpft, denen der Einzelne sich nicht entziehen kann, so lange er nicht auf die Angehörigkeit zu diesem Verbande verzichtet. Dagegen ist es für den Staat und für die staatsrechtliche Stellung des Einzelnen vollkommen indifferent, ob derselbe Verwaltungsrath oder Actionär einer Bankgesellschaft, Directionsmitglied einer Sparkasse, einer Assecuranzgesellschaft, einer Stiftung oder sonst einer anderen „juristischen Persönlichkeit" ist.

Allerdings auch solchen Gesellschaften, Corporationen, Stiftungen, Vereinen kommt eine staatsrechtliche Stellung zu: doch nur als solchen, als Organisationen und Gesammtheiten, als Zweckvermögen, über welche nach Maßgabe ihrer staatlich genehmigten Statuten der Staat eine Controle übt und denen er Rechte der juristischen Persönlichkeit zuerkennt. Auf die Personen der Mitglieder, Verwalter, Pfleglinge oder in was immer für Verhältniß mit denselben verbleibenden Einzelnen, üben dieselben keinerlei weiteren staatsrechtlichen Einfluß.

Daher werden wir in Folgendem nur Gemeinden, Kirchen und Religionsgesellschaften speciell in Betrachtung ziehen, als solche Verbände, die staatsrechtlich für die ihnen Angehörigen relevant sind. [253])

Die Entwickelung des österreichischen Gemeinderechtes seit 1849.

§. 164. Schon der Kremsierer Verfassungsentwurf 1848 enthielt die Bestimmung (§. 131), daß das künftige Gemeindegesetz „jeder Gemeinde als unveräußerliche Rechte gewährleisten" müsse: die freie Wahl ihrer Vorsteher und Vertreter, die Aufnahme neuer Mitglieder in den Gemeindeverband, die selbstständige Verwaltung ihrer Angelegenheiten, die Handhabung der Ortspolizei und die Oeffentlichkeit sowohl ihres Haushaltes als auch in der Regel ihrer Verhandlungen. [254])

---

[253]) Man hat den Unterschied zwischen den hier hervorgehobenen zwei Arten von Verbänden auch als den der „öffentlichen" und der „Privat-Genossenschaft" bezeichnet. Diese Bezeichnung wäre aber irreführend. Denn weder Banken, noch Sparkassen, noch Eisenbahngesellschaften sind „Privatgenossenschaften". Dagegen werde es sich empfehlen, diese „Privatgenossenschaften" als öffentlich-rechtliche zu bezeichnen und ihnen die „öffentlichen", wie Gemeinde, Kirche, Religionsgenossenschaft, als staatsrechtliche entgegenzustellen.

[254]) Ueber Entstehung und Bedeutung der Gemeinden s. Verwaltungslehre

Die octroyirte Verfassung vom 4. März 1849 erfüllte vollkommen die Wünsche dieses Entwurfes: obige „unveräußerlichen Rechte" der Gemeinde wurden als „Grundrechte der Gemeinde gewahrleistet" (§. 33). Wegen der näheren Bestimmungen enthält die Märzverfassung ebenso wie der Entwurf die Verweisung auf die Gemeindegesetze.

Ein solches Gemeindegesetz wurde denn auch unmittelbar darauf kund= gemacht (v. 17. März 1849 RGB. Nr. 170).

Dasselbe enthielt nicht nur eine Regelung der Organisation der Orts= gemeinden (Land= und Stadtgemeinden), sondern auch den Versuch eines Aufbaues der Selbstverwaltung der Bezirke und Kreise: es schafft daher über den Ortsgemeinden (I. Hauptstück), Bezirksgemeinden (II. Hauptstück) und über diesen Kreisgemeinden (III. Hauptstück) [255].

An der Spitze dieses Gesetzes steht der theoretische Satz: „die Grund= feste des freien Staates ist die freie Gemeinde" (Art. 1). Der Wirkungs= kreis dieser freien Gemeinde ist ein „natürlicher" und ein „übertragener". Der erstere umfaßt Alles was „das Interesse der Gemeinde zunächst be= rührt und innerhalb ihrer Gränzen zunächst durchführbar ist". Dieser natürliche Wirkungskreis erhält nur aus Rücksicht auf das Gesammtwohl die nöthigen Einschränkungen.

Die Verwaltung des natürlichen Wirkungskreises steht der Gemeinde selbst zu, welche ihren Willen durch die Majorität ihrer Vertreter kundgiebt. Das vollziehende Organ ist dabei der Gemeindevorsteher (II—V). Der Umfang der Ortsgemeinde fällt in der Regel mit dem der Katastralgemeinde zusammen; [256] doch können mehrere Katastralgemeinden zu einer Ortsgemeinde

---

§. 112. Ferner Bistram: Die rechtliche Natur der Stadt= und Landgemeinden. St. Petersburg 1866 (von der Universität Dorpat gekrönte Preisschrift). Den Unterschied zwischen einem Verwaltungsbezirk und einer Gemeinde präci= sirt Rosin ganz richtig, daß ersterer „eine geographische Abtheilung des Staates", letztere „eine Korporation des öffentlichen Rechtes, eine öffentlich-rechtliche Per= sönlichkeit" ist (s. dessen: Souveränetät, Staat, Gemeinde in Hirth's Annalen 1883).

[255]) Die Erlassung dieses Gemeindegesetzes ist damals ziemlich spurlos in der publicistischen Literatur geblieben; in der allgemein damals herrschenden Depression in Folge der Auflösung des Reichstages und des Beginnes der „Octroyirungen" scheint man auch dem neuen Gemeindegesetz mit Mißtrauen begegnet zu sein. Nur in Prag erschien von Dr. Ferd. Stamm eine „gemeinfaßliche" Darstellung: „Das Gemeindegesetz vom 17. März 1849", in deren Vorrede auf die unmittelbar vor= hergehenden Gemeindezustände und die Bedeutung der Neuerung hingewiesen wird: „Die Gemeinden, heißt es da, standen früher entweder unter den Herrschaften, wenn sie diesen unter oder unter ihrem Schutze waren, oder unter der Lei= tung und Aufsicht der Staatsbehörden. Selbst in der Verwaltung ihres Gemeinde= gutes und Gemeindevermögens waren sie an die Obrigkeiten, an die Kreisämter und Landesstelle, oder in Städten an die vom Staate bestellten Magistratsbeamten, an das Landes-Unterkammeramt, an die Staatsbuchhaltung und an ähnliche Be= hörden gewiesen, die eine Art strenger Vormundschaft übten, als wenn die Ge= meinden, welche doch aus erwachsenen, erfahrenen Männern von offenem Verstande und gutem Willen bestanden, unmündige Kinder oder leichtsinnige Verschwender gewesen wären." Sodann werden die Wohlthaten des neuen Gesetzes gewürdigt.

[256]) Diese Bestimmung wurde in der Folge von vielen Seiten scharf getadelt und zwar aus dem Grunde, weil die Katastralgemeinden seiner Zeit (unter Kaiser Josef II.) zu Vermessungszwecken gebildet wurden, wobei die geometrische Figur

sich vereinigen. Städte bilden mit ihren Vorstädten eine Ortsgemeinde. Be=
deutendere Städte können eigene Gemeinde=Statuten erhalten (I. Hauptstück
§§. 1—6). In den einzelnen Ortsgemeinden werden Gemeindeglieder von
Fremden unterschieden; die ersteren zerfallen in Gemeindebürger und Ge=
meindeangehörige. Bürger sind diejenigen, die in der Gemeinde „dermalen"
Realbesitz haben oder ein steuerzahlendes Gewerbe betreiben oder von der
Gemeinde förmlich als solche anerkannt werden.

Jener Realbesitz aber, der das Bürgerrecht begründet, muß ein geerbter
sein — ein auf andere Weise erworbener Besitz begründet noch kein Bürger=
recht. Angehörige der Gemeinde sind die daselbst als Kinder von Gemeinde=
gliedern Geborenen; ferner erwerben die Angehörigkeit Staatsdiener, Officiere,
öffentliche Lehrer, die in der Gemeinde ihre Stellen haben. Wer sich in
der Gemeinde aufhält ohne Bürger oder Gemeindeangehöriger zu sein, ist
daselbst ein Fremder.

Dieser verschiedenen Abstufung des Verhältnisses zur Gemeinde ent=
spricht die Abstufung der diesen Einwohnerclassen zustehenden Rechte.

Jedermann ohne Unterschied, also auch der Fremde, hat Anspruch
auf polizeilichen Schutz seiner Person und seines Eigenthums; jedermann
steht ferner die Benutzung der Gemeinde=Anstalten zu. Niemandem kann
der Aufenthalt verweigert werden (wenn keine besonderen gesetzlichen Gründe
der Ausweisung vorhanden sind). Den Gemeindeangehörigen steht
überdieß das Recht des ungestörten Aufenthaltes zu; die Benutzung des
Gemeindegutes nach den bestehenden Einrichtungen; die Versorgung im
Falle der Bedürftigkeit; (und die Theilnahme an der Wahl der Gemeinde=
vertretung) Noch ein Mehr von Rechten als den Gemeindeangehörigen steht
den Bürgern zu; sie haben das active und passive Wahlrecht für die Ge=
meindevertretung und das Recht auf Versorgung im Verarmungsfalle —
„wenn sie in der Gemeinde ihren Wohnsitz haben" (§§. 21—23). Ein ge=
wählter Gemeindeausschuß repräsentirt die Gemeinde; außer den Bürgern
sind wahlberechtigt: Ortsseelsorger, Staatsdiener, Officiere, Doctoren und
öffentliche Lehrer, welche Gemeindeangehörige sind; wählbar sind in der
Regel alle Gemeindeglieder, gegen deren Wahl nicht specielle Ausschließungs=
gründe vorliegen; nicht wählbar sind active Militärs, Gemeindebeamte
und =Diener, Armenversorgte, Gesinde, Tag= und Wochenlöhner. Die
Wähler bilden 2 oder 3 Classen nach Maaßgabe der Bevölkerung und mit
Rücksicht auf die Höhe der gezahlten Steuern. Der gewählte Gemeinde=
ausschuß wählt aus seiner Mitte den Gemeindevorsteher (§§. 25—58).

Das Gemeindevermögen ist Eigenthum der Gemeinde als moralischer
Person, daher nicht theilbar unter die Gemeindeglieder. Doch kann aus=
nahmsweise bei besonders gearteten Verhältnissen der Landtag zu einer
solchen Auftheilung die Bewilligung beschließen (§. 74).

---

entscheidend war. In Folge dessen ist oft ein Besitzthum getrennt und mehreren
Katastralgemeinden zugetheilt worden. Indem das Gesetz vom Jahre 1849 diese
„Katastralgemeinde" zur Grundlage der Ortsgemeinde machte, verschlimmerte es
noch die durch den ersten Mißgriff schon geschaffene unhaltbare Lage.

Jede Gemeinde hat für öffentliche Gewaltthätigkeit oder boshafte Be=
schädigung des Eigenthums innerhalb ihrer Gemarkung den Beschädigten
Entschädigung zu leisten (§. 86).

Zum übertragenen Wirkungskreis der Gemeinde zählt das Gesetz: die
Kundmachung der Gesetze, Steuereinhebung, Conscriptions=(b. i. Assentirungs=)
Geschäft, Militäreinquartirung u. dergl.

Nach gleichen Principien wie die Ortsgemeinden sind die Bezirks= und
Kreisgemeinden organisirt. Die ersteren werden gebildet aus allen Orts=
gemeinden des Bezirkes; die letzteren aus allen Bezirksgemeinden des Kreises.
Gewählte Bezirksausschüsse und gewählte Kreisausschüsse sind die Repräsen=
tanzen dieser communalen Verbände höherer Ordnung.

§. 165. Woran man bei diesem logisch untadelhaften und theoretisch unanfecht=
baren Aufbau der Selbstverwaltungskörper ganz vergaß, das war die ge=
waltige Kluft, die in den meisten österreichischen Ländern zwischen den einstigen
Gutsgebieten und den Landgemeinden als Resultat historischer Entwickelung
thatsächlich bestand und durch kein Gesetz überbrückt werden konnte. Diese
Kluft machte, da ihr das Gesetz nicht Rechnung trug, eine einheitliche
Organisirung der Ortsgemeinden unmöglich; das Gemeindegesetz vom März
1849, mit denselben Fehlern behaftet wie die gleichzeitige Verfassung, mußte
auch das Loos der letzteren theilen. Es trug den wirklichen Verhältnissen
keine Rechnung und scheiterte an denselben.[257] Als im December 1851 die
Umkehr erfolgte, wurden unter den „Grundsätzen für organische Einrich=
tungen in den Kronländern des österreichischen Kaiserstaates" auch solche
bezüglich der Organisirung des Gemeindewesens kundgemacht. Hier taucht
„der vormals herrschaftliche Grundbesitz" wieder auf, und zwar mit dem
Rechte, „unter bestimmten, in jedem Lande näher zu bezeichnenden Be=
dingungen von dem Verbande der Ortsgemeinden ausgeschieden und un=
mittelbar den Bezirksämtern untergeordnet zu werden".

Auch sollten nun die Gemeindevorstände der Land= und Stadtgemeinden
der Bestätigung und nach Umständen selbst der Ernennung seitens der Re=
gierung unterliegen; endlich sollten auch in den eigenen Gemeindeangelegen=
heiten wichtigere, in den Gemeindeordnungen näher zu bestimmende Acte
und Beschlüsse der Gemeinden der Prüfung und Bestätigung der landesfürst=
lichen Behörden vorbehalten werden. Von Bezirks= und Kreisgemeinden
geschieht in diesen „Grundsätzen" keine Erwähnung. Für die Landgemeinden
aber und für die Städte sollten nach obigen Grundsätzen entsprechende Ge=
meindeordnungen erlassen werden. Dabei sollte von dem Gesichtspunkte

---

[257] Das Gemeindegesetz von 1849 trat überhaupt nur in denjenigen Ländern
in Wirksamkeit, wo die Gerichtsorganisation von 1850 eingeführt wurde; also
nicht in Galizien, Bukowina und Dalmatien. In Galizien wurde eine „schwache
Nachbildung" dieses Gesetzes durch eine Regierungsverordnung versucht. Aber
auch in den Ländern, für welche dieses Gesetz gültig und wo es eingeführt wurde,
blieb es kaum zwei Jahre in Geltung. Daher kam die Regierung nach dem Aus=
spruche des Ministers Schmerling im Jahre 1861 (am 14. Juni im Abgeordneten=
haus) gar nicht in die Lage, sich über den Werth dieses Gesetzes ein Urtheil zu
bilden.

ausgegangen werden, daß (bei den Wahlen) „den überwiegenden Interessen auch ein überwiegender Einfluß zugestanden werde".

Damit war auf dem Gebiete des Gemeinderechts eine nur allzuscharfe Umkehr von theoretischen Uebereilungen zu den practischen Bedürfnissen angekündigt: die Durchführung dieser Grundsätze jedoch sollte nicht sobald erfolgen. Mittlerweile wurde allerdings die Durchführung des 1849er Gemeindegesetzes sistirt, indem die freie Wahl der Gemeindevertretungen und die Oeffentlichkeit der Verhandlungen verboten und die gesammte Gemeindeverwaltung unter strenge behördliche Bevormundung gestellt wurde. Dieser „provisorische" Zustand dauerte ein volles Decennium. Die Unhaltbarkeit desselben einsehend, erließ die Regierung unterm 24. April 1859 (RGB. Nr. 58) ein neues Gemeindegesetz, welches die „Durchführung der Grundsätze vom 31. Dec. 1851 über die Einrichtung der Gemeinden" zum Gegenstande hatte. Diese „Durchführung der Grundsätze" war aber noch immer kein unmittelbar zur Anwendung bestimmtes Gesetz: es enthielt noch immer nur die allgemeinen Grundzüge über Errichtung von Gemeinden und die Bestimmung, daß bei den einzelnen Landesstellen Commissionen zusammentreten sollen, welche die den besonderen Feststellungen vorbehaltenen Bestimmungen berathen und Gemeindeordnungen entwerfen sollen. Für diese letzteren sollte das Gesetz vom 24. April 1859 die obersten Principien und Rechtssätze angeben. Vor allem sollten die Eigenthümer der vormals herrschaftlichen Gutsgebiete um die Ausscheidung ihres Besitzes ans den Ortsgemeinden bei der Landesstelle ansuchen; auch wo dies nicht geschehen würde, sollte die Landesstelle von amtswegen untersuchen, ob nicht eine solche Ausscheidung vorzunehmen sei[255].

---

[255] Das Gesetz zerfällt in zwei Theile, von denen der erste die Normen über die „Bestimmung, Bildung und Erhaltung der Ortsgemeinde", der zweite über die „Gemeindeverfassung" enthält.

Als „Körperschaft" hat die Ortsgemeinde ihre inneren Gemeindeangelegenheiten wahrzunehmen; von den öffentlichen hat sie diejenigen zu besorgen, die ihr durch das Gesetz übertragen sind (§. 1). Jeder „ehemalige herrschaftliche Grundbesitz ist als Gutsgebiet zu constituiren", eventuell aus der nach dem Gesetz vom 17. März 1849 constituirten Ortsgemeinde auszuscheiden. Gegenüber der Gemeinde-Gemarkung bildet dieser sondergestellte Grundbesitz die „Gutsgemarkung" (§§. 10—13). Ueber die Zulässigkeit, beziehungsweise Nothwendigkeit solcher Ausscheidungen entscheidet die politische Landesstelle.

Die Gemeindeglieder, d. i. die in dem Gemeindeverbande inbegriffenen Personen, theilt das Gesetz in Gemeindeangehörige und Gemeindegenossen. Die ersteren sind solche, welche dem Gemeindeverbande „in Absicht auf ihre Personen bleibend angehören"; die zweiten solche, die, ohne in Absicht auf ihre Personen dem Gemeindeverbande bleibend anzugehören, in der Gemeinde Realbesitz oder lebenslängliche Nutznießung eines solchen haben oder endlich Gewerbeunternehmungen daselbst betreiben. Gemeindeeinwohner, die nicht zu den obigen Kategorieen gehören, heißen jetzt „Auswärtige". Bürger und Ehrenbürger giebt es nur in Städten.

Die Gemeindegenossenschaft begründet die Zuständigkeit und das Heimathrecht in der Gemeinde. Beides ist ohne österreichische Staatsbürgerschaft unzulässig.

Unter gewissen Bedingungen können österreichische Staatsbürger die Zuständigkeit in einer Gemeinde erwerben (§§. 20—57). Die Gemeinden haben die Pflicht, ihr Eigenthum und ihre Gerechtsame zu erhalten; zu diesem Zwecke müssen sie

§. 166. Ehe noch die Arbeiten der Landescommissionen, die mit der Verfassung von Gemeindeordnungen betraut waren, zu einem Resultate führen konnten: wurden die Landtage der österreichischen Länder und der Reichsrath in's Leben gerufen und somit für die Gesetzgebung neue, ausschließlich competente Organe geschaffen, auf welche jetzt auch die Aufgabe, ein neues Gemeinde=gesetz für Oesterreich zu schaffen, überging.

Im Sinne der Artikel II und III des Diploms vom 20. October 1860 und des §. 11 des Patentes vom 26. Februar 1861 gehörte die Gesetzgebung über Gemeinden nicht zum Wirkungskreise des Reichsraths, sondern zu dem der Landtage; dem Reichsrath konnten nach §. 11 des Patentes vom 26. Februar höchstens nur solche Grundsätze des Gemeindegesetzes zur Codi=fication überwiesen werden, welche „allen Königreichen und Ländern ge=meinsam" sein sollten.

Und so legte denn in der ersten Session des Reichsraths am 8. Juni 1861 die Regierung (Staatsminister Schmerling) dem Abgeordnetenhause (12. Sitzung) den Entwurf eines neuen Gesetzes vor, „in Betreff der grund=sätzlichen Bestimmung und Regelung des Gemeindewesens", dessen nähere Ausführung den einzelnen Landtagen in speciellen Landesgemeindeordnungen überlassen werden sollte. Am 14. Juni 1861 begründete der Minister den Regierungsentwurf, indem er darauf hinwies, daß das Gemeindegesetz eigent=lich in der Reihe der Verfassungsgesetze, durch welche Oesterreich neugestaltet werden solle, an erster Stelle hätte stehen müssen. Man hätte zuerst die Gemeinde, dann die Länder und endlich das Reich organisiren sollen. Nun, nachdem man mit der Reorganisation des Reiches und der Länder (mittelst des Octoberdiploms und des Februarpatentes) begonnen, hole die Regierung

genaue Inventare führen; für die Verwaltung und Bewirthschaftung des Gemeinde=vermögens stellt das Gesetz specielle Normen auf, deren Befolgung die Regierung beaufsichtigt, eventuell erzwingt (§§. 57—78). Zur Bestreitung ihrer Bedürfnisse kann den Gemeinden von der Regierung die Einhebung von Zuschlägen zu den directen Steuern bewilligt werden.

Der Geschäftskreis der Ortsgemeinden sowie der Gutsgebiete ist ein doppelter, ein „ordentlicher" und ein „über besondere Aufträge" der Regierung geführter. Zum ersteren gehören: Kundmachung der Gesetze, Handhabung der Ortspolizei Mitwirkung bei Militärconscription und Einquartirung, Abfuhr directer Steuern und Beistand bei der Handhabung der indirecten Besteuerung. Der Geschäftskreis „über besondere Aufträge" wird nicht näher specificirt und läßt der Regierung einen sehr weiten Spielraum, sich der Gemeinden zu Regierungszwecken zu be=dienen. Dieses Recht der Regierung, sowie die sehr strenge und weitreichende Controle derselben über den Haushalt der Gemeinde (§. 97) vernichten nicht nur jede Autonomie und freie Bewegung der Gemeinde, sondern machen aus derselben ein untergeordnetes, jeder Selbstbestimmung bares Werkzeug der Regierung.

Diese leitende Absicht des ganzen Gesetzes gelangt auch in dessen II. Theil der von der Gemeindeverfassung handelt, durchgehends zum Ausdruck. Ueberdieß tritt der reactionäre Zug des ganzen Gesetzes auch in der Classeneintheilung der Stadtgemeindeglieder hervor, wo dem „Bürger" ein höherer „Rang" vor anderen Gemeindegliedern eingeräumt und derselbe in kleinlichen Bevorzugungen markirt wird. Uebrigens sind die Wähler in drei Classen getheilt: Hausbesitzer, Gewerbe=unternehmer und die übrigen Stimmberechtigten. Zwischen Stadt= und Land=gemeinden ist endlich der Unterschied von Wichtigkeit, daß die ersteren unmittelbar der Statthalterei, die letzteren ebenso wie die Gutsgebiete den Kreisbehörden unterstehen.

das Versäumte durch Vorlage des Gemeindegesetzes nach. Daß in dem=
selben nur die allgemeinen grundsätzlichen Bestimmungen für das ganze
Reich enthalten seien, die Ausführung derselben dagegen der Landesgesetz=
gebung überlassen sei, dafür seien frühere Beispiele und auch ein ähnlicher
Vorgang in Preußen maaßgebend gewesen.

Nachdem der Entwurf in einem besonderen Gemeindeausschuß durch=
berathen wurde, begann am 9. Sept. 1861 die zweite Lesung desselben im
Abgeordnetenhause. Berichterstatter war Rechbauer. Den heftigsten Kampf
entfachte die Frage der Ausscheidung oder Einbeziehung des Großgrund=
besitzes in die Gemeinden. Doch ging man der Lösung derselben, wie das
schon der Ausschuß gethan, dergestalt aus dem Wege, daß man die Ent=
scheidung darüber der Landesgesetzgebung überließ. Die Verhandlungen
im Abgeordnetenhause dauerten bis zum 4. Oct. 1861, an welchem Tage
der Entwurf angenommen wurde. Noch ergaben sich Differenzen mit dem
Herrenhause, namentlich über das Maaß der Controle des Staates über die
Gemeinden. Dieselben wurden nach zweimaligen fruchtlosen Debatten im
Abgeordnetenhause über die Abänderungsanträge des Herrenhauses erst in
einer gemischten Commission beider Häuser beigelegt, worauf das Gesetz
unterm 5. März 1862 sanctionirt wurde.

Das österreichische Reichs-Gemeinderecht.

Das Reichsgemeindegesetz von 1862 hält insoferne an der Tradi= **§. 167.**
tion des Gemeindegesetzes von 1849 fest, als es sich nicht mit der Organisirung der Ortsgemeinden begnügt, sondern höhere communale Verbände
ins Auge faßt, welche einen Zwischenbau zwischen der Ortsgemeinde und
dem Lande bilden sollen. Als solche höhere Verbände werden bezeichnet
Bezirks=, Gau= und Kreisgemeinden, deren Schaffung den Landtagen durch
Landesgesetze vorbehalten (Art. XVII) und deren eventueller Wirkungs=
kreis insbesondere als Aufsichts= und Controlinstanzen den Ortsgemeinden gegenüber festgesetzt wird (XVIII).

Den Begriff der Gemeinde definirt das Gesetz nicht. Es wäre auch
schwer gewesen, eine Begriffsbestimmung zu geben, nachdem das Gesetz
weder den Umfang noch auch die Zusammensetzung der Ortsgemeinde defi=
nitiv festgestellt und es theils der Landesgesetzgebung, theils der freien Vereinbarung der Gemeinden überläßt, in welcher Weise sie sich constituiren
wollen. Es kann nämlich eine Gemeinde aus einer oder mehreren Orts=
gemeinden bestehen, es kann im Wege der Landesgesetzgebung eine Zusammenlegung oder Trennung bestehender Gemeinden erfolgen, es kann endlich eine
Gemeinde aus Dorfgemeinde und Gutsgebiet bestehen oder mit Ausschluß
des letzteren (VII).

Im allgemeinen darf wohl gesagt werden, daß eine Gemeinde der
Inbegriff einer Anzahl von Liegenschaften mitsammt deren Bewohnern ist,
welche durch die nachbarliche Lage ihrer Behausungen gemeinschaftliche
Interessen haben und sich zu einer gemeinschaftlichen Verwaltung ihrer
öffentlichen Angelegenheiten zusammenschließen.

Bestimmter ist das Gesetz, wo es sich um einzelne Liegenschaften und Personen handelt. Jede Liegenschaft muß zum Verbande einer Orts-gemeinde (oder eines Gutsgebietes) gehören (Art. I) und jeder Staatsbürger soll in einer Gemeinde (oder einem Gutsgebiete) heimathberechtigt sein. Von der ersteren Regel bilden eine Ausnahme nur die zur Wohnung oder zum vorübergehenden Aufenthalte des Kaisers und des Hofes bestimmten Re-sidenzen, Schlösser und andere Gebäude nebst den dazu gehörigen Gärten und Parkanlagen (Art. I).

§. 168. Die Verfassung der Gemeinde ist eine repräsentative. Die Gemeinde wird in ihren Angelegenheiten durch einen nach den Bestimmungen der Landesgemeindeordnungen gewählten Gemeindeausschuß und einem Gemeinde-vorstand vertreten. Die Wahl kann nur für eine bestimmte Periode gelten, nach Ablauf welcher Neuwahlen vorzunehmen sind. Innerhalb der durch das Reichsgesetz festgestellten Schranken bestimmt die Landesgesetzgebung die Bedingungen des activen und passiven Wahlrechts der Gemeindemit-glieder; sie kann aber auch gewissen Kategorieen von Gemeindemitgliedern Virilstimmen zuerkennen (Art. VIII). Bei der Festsetzung der Gemeinde-wahlordnungen hat die Landesgesetzgebung auf die Sicherung der Interessen der höher Besteuerten Rücksicht zu nehmen.

Die reichsgesetzlichen Bedingungen des activen Wahlrechts sind a) Ge-meindemitgliedschaft; b) Unbescholtenheit nach den Bestimmungen eines künftigen Strafgesetzes; bis dahin sind vom Wahlrecht ausgeschlossen, Per-sonen, welche eines Verbrechens schuldig erkannt wurden, wegen eines solchen sich in Untersuchung befinden oder wegen der Uebertretung des Diebstahls, Betrugs, der Veruntreuung oder der Theilnahme an denselben schuldig er-kannt wurden (Art. IX).

Die reichsgesetzlichen Bedingungen der Wählbarkeit sind a) das zurück-gelegte 24. Lebensjahr, b) Vollgenuß bürgerlicher Rechte, c) active Wahl-berechtigung.

Eine Reihe von Verurtheilungen für verübte Vergehen bilden über-dieß Ausschließungsgründe von der Wählbarkeit (Art. X).

Der Gemeindeausschuß ist in den Angelegenheiten der Gemeinde b. i. im selbständigen Wirkungskreis derselben das beschließende und überwachende, der Gemeindevorstand das verwaltende und vollziehende, dem Gemeinde-ausschuß verantwortliche Organ (Art. XII).

Die Beschlüsse des Gemeindeausschusses werden mit absoluter Majori-tät der in beschlußfähiger Anzahl anwesenden Mitglieder gefaßt (XIV). Die Sitzungen des Gemeindeausschusses sollen in der Regel öffentlich sein; in Ausnahmsfällen sind geheime Sitzungen auf Antrag des Vorstehers oder mehrerer Mitglieder zulässig; nur jene Sitzungen, in denen es sich um die Gemeinderechnungen oder das Präliminare handelt, müssen unter allen Um-ständen öffentlich sein (Art. XIV).

§. 169. Der Wirkungskreis der Gemeinden ist ein selbständiger (man nannte ihn auch oft den eigenen oder natürlichen) und ein übertragener. Den ersteren definirt das Gesetz als denjenigen, „in welchem die Gemeinde mit

Beobachtung der bestehenden Reichs= und Landesgesetze nach freier Selbst=
bestimmung anordnen und verfügen kann" (Art. V); den letzteren definirt
es nicht streng logisch als „die Verpflichtung der Gemeinden zur Mit=
wirkung für die Zwecke der öffentlichen Verwaltung" (Art. VI), was offen=
bar zu bedeuten hat, daß es jener Wirkungskreis ist, in welchem die Ge=
meinde die ihr vom Staate aufgetragenen Geschäfte zu besorgen verpflich=
tet ist.

Den Inhalt jedes derselben bestimmt das Gesetz, da er keinesfalls
selbstverständlich ist. Man kann nämlich keineswegs, wie das oft geschehen,
den selbständigen (eigenen, natürlichen) Wirkungskreis der Gemeinde auf
die Verwaltung ihres Vermögens und ihrer „eigenen" Angelegenheiten be=
schränken und überdieß ist auch der Begriff der „eigenen" Angelegenheiten
keinesfalls ein klarbestimmter. Je nach der Ansicht, die man über die
Stellung und die Bedeutung der Gemeinde hat, wird man die Ortspolizei
bald in größerem, bald in geringerem Umfange zu den „eigenen" Angelegen=
heiten der Gemeinde zählen — oder dieselbe gar, wie es vor 1848 in Oester=
reich der Fall war, als Sache der staatlichen Behörden auffassen. Mit der
verschiedenen Ansicht über den „selbständigen" Wirkungskreis ändert sich
auch der Begriff des „übertragenen" Wirkungskreises. Denn gehört eine
Polizeisache, nehmen wir an die Marktpolizei, nicht zum selbständigen Wir=
kungskreise der Gemeinde, dann gehört sie selbstverständlich zum „über=
tragenen". Die Abgränzung dieser beiden Gebiete ist aber von Wichtig=
keit, weil sich darnach auch die verschiedene Stellung und Verantwortlichkeit
der Gemeinde richtet (s. unten). Dem Gesetzgeber blieb daher nichts anderes
übrig, als die einzelnen Gegenstände der Verwaltung, die zu dem einen
oder dem anderen dieser Wirkungskreise gehören, aufzuzählen oder behufs
der Bezeichnung derselben auf künftig zu erlassende Gesetze zu verweisen.
Allerdings versucht er es, den Inhalt des selbständigen Wirkungskreises zu
umschreiben als „Alles was das Interesse der Gemeinde zunächst berührt
und innerhalb ihrer Gränzen durch ihre eigenen Kräfte besorgt und durch=
geführt werden kann" (Art. V). Doch fügt er dieser Definition, die er
offenbar als unzureichend ansieht, folgende taxative Aufzählung der Agenden
des selbständigen Wirkungskreises hinzu und zwar 1. Verwaltung des eigenen
Vermögens und der auf den Gemeindeverband sich beziehenden An=
gelegenheiten. Unter letzteren werden offenbar diejenigen Angelegenheiten
verstanden, die sich auf Zuständigkeit, Heimathsrecht, Bürgerrecht in der
Gemeinde, Aufnahme neuer Mitglieder u. dergl. beziehen. 2. Sorge um
die Sicherheit der Person und des Eigenthums. 3. Die gesammte Ver=
kehrs= und Flurenpolizei. 4. Marktpolizei mit Inbegriff der Lebensmittel=
polizei. 5. Gesundheitspolizei. 6. Gesinde= und Arbeiterpolizei. 7. Sitt=
lichkeitspolizei. 8. Armenpolizei. 9. Bau= und Feuerpolizei. 10. Schul=
aufsicht. 11. Schiedsrichteramt. 12. Feilbietungen. Aus dieser gesammten
„Ortspolizei" können jedoch jederzeit bestimmte Geschäfte aus höheren Staats=
rücksichten in einzelnen Gemeinden besonderen landesfürstlichen Organen im
Wege des Gesetzes zugewiesen werden.

Eine nähere Bestimmung oder Aufzählung der Gegenstände des über=

tragenen Wirkungskreises überläßt das Gesetz den „allgemeinen Gesetzen" und innerhalb derselben den Landesgesetzen.

§. 170. Im Falle die Einkünfte aus dem Gemeindevermögen zur Bestreitung der Ausgaben der Gemeinde nicht ausreichen, kann die Gemeinde zu Gemeindezwecken die Gemeindemitglieder besteuern. Diese Besteuerung hat in der Form von Zuschlägen zu den directen Steuern oder zur Verzehrungssteuer zu geschehen; auch die Einhebung anderer Auflagen und Abgaben ist zulässig. Die Landesgesetze haben zu bestimmen, bis zu welchem Ausmaaß die Gemeinden dieses Besteuerungsrecht zu üben berechtigt sind und über welches Maaß dieselben an die vorgängige Genehmigung der Landtage gebunden sind.

Doch darf durch die Gemeindezuschläge zur Verzehrungssteuer nur der Verbrauch innerhalb des Gemeindegebietes getroffen; keineswegs die Production und der Handelsverkehr belastet werden.

Zur Einführung neuer, im Gesetze nicht vorgesehener Abgaben und Auflagen (die also in die Kategorie der Zuschläge zu bestehenden Steuern gehören), sowie die Erhöhung bestehender Auflagen und Abgaben ist ein Landesgesetz erforderlich.

„Die Art und Weise, in welcher und das Maaß nach welchem die einzelnen Gemeindemitglieder zu den Auslagen der Gemeinden concurriren sollen," d. h. die Repartition der Gesammtsumme der Gemeindeabgaben auf die einzelnen Gemeindemitglieder ist der Selbstbestimmung der Gemeinde innerhalb der durch Landesgesetze daher implicite auch durch Staatsgesetze gezogenen Schranken überlassen. Die Gemeinde darf also in der Ausübung dieses Steuer-Repartitionsrechtes nicht nur nicht das betreffende Landesgesetz, sondern kein Staatsgesetz (z. B. das über die Gleichheit der Staatsbürger) verletzen.

Daß die Gemeinde sich innerhalb ihres Wirkungskreises halte und denselben nicht überschreite und auch innerhalb desselben kein Staatsgesetz verletze, darüber wacht die Staatsverwaltung.

Dem Grundsatze der Autonomie und des doppelten Wirkungskreises der Gemeinde ist jedoch insoferne Rechnung getragen, daß die Staatsverwaltung grundsätzlich dieses Aufsichtsrecht nur in Angelegenheiten des übertragenen Wirkungskreises zu üben hat: die Aufsicht aber über den selbständigen Wirkungskreis der Gemeinden den autonomen Oberbehörden, also in den meisten Ländern, wo keine Bezirks- oder Kreisvertretung besteht, dem Landtage beziehungsweise dem Landesausschusse zu überlassen hat. Daraus ergiebt sich für jede Gemeinde eine doppelte Unterordnung, erstens unter die staatliche, zweitens unter die autonome Landesbehörde, je um welchen Wirkungskreis es sich handelt. Von dritten Parteien kann die dießbezügliche Intervention der Oberbehörden angerufen werden in der Form von Beschwerden sowohl gegen Verfügungen des Gemeindevorstandes (Art. XVI) wie auch in der Form von Berufungen gegen Beschlüsse der Gemeindeausschüsse (XVIII. c).

Die oberste autonome Landesbehörde, der Landtag, hat durch seinen Ausschuß insbesondere darüber zu wachen, daß das Stammvermögen der Gemeinden aller Kategorieen und das Vermögen ihrer Anstalten ungeschmälert erhalten bleibe (XXIV).

Daraus ergiebt sich die präventive Bestimmung, daß alle wichtigeren den Haushalt der Gemeinden betreffenden Acte, wie z. B. Aufnahme von Darlehen, Veräußerung unbeweglichen Gutes, Verwendung vorhandener Stammcapitalien u. dergl. an die vorgängige Genehmigung des Landtages gebunden ist (XXIV), ebenso wie eine allfällige unter besonderen Umständen zulässige Auftheilung eines Gemeindegutes unter die Gemeindemitglieder (z. B. einer Hutweide).

Eine repressive Maaßregel gegen eine ungesetzlich vorgehende Ge=meindevertretung steht aber nur der politischen Landesstelle zu und zwar besteht dieselbe in der Auflösung der Gemeindevertretung (XVI), in welchem Falle je nach Umständen eine Neuwahl angeordnet oder die Verwaltung der Gemeinde einem staatlichen Organe anvertraut werden kann. Sieht sich die autonome Oberbehörde, der Landesausschuß, zu einer solchen Maaß=regel veranlaßt, so kann er dieselbe nur durch Vermittelung der politischen Landesstelle in's Werk setzen, wozu er offenbar deren Genehmigung der Maaß=regel erlangen muß.

Landeshauptstädte, wie auch andere bedeutende Städte und Curorte §. 171. unterliegen nicht den allgemeinen Gemeindegesetze. Letzteres hat die von früher her datirenden Statuten solcher Städte nicht aufgehoben. Revisionen wie auch allfällige Abänderungen und Ergänzungen solcher Statuten gehören zur Landesgesetzgebung. Städte und Curorte, welche noch keine eigenen Statuten besitzen, können solche durch Landesgesetze erhalten. Die höhere Bedeutung solcher Städte und Curorte, die eigene Statuten besitzen oder solche erhalten, erklärt die Bestimmung des Reichsgemeindegesetzes, daß die Wahl der Gemeindevorsteher in denselben der kaiserlichen Bestätigung be=darf (XXII). Zu den grundsätzlichen Bestimmungen, innerhalb deren sich auch solche Städte=Statuten halten müssen, gehört die Besorgung ihrer An=gelegenheiten durch eine gewählte Vertretung. Vor den nicht mit eigenen Statuten versehenen Gemeinden genießen sie den Vorrang, daß sie bezüg=lich ihres eigenen Wirkungskreises unmittelbar unter dem Landesausschuß beziehungsweise dem Landtag und bezüglich ihres übertragenen Wirkungs=kreises unter der Landesstelle stehen (XXIII). Diese letztere ist es auch, welche die unmittelbare Aufsicht über solche Städte und Orte führt mit Bezug auf den von denselben in allen Angelegenheiten zu beobachtenden gesetzlichen Vorgang.

Von den Bestimmungen des Reichsgemeindegesetzes über Bezirks=, §. 172. Gau= und Kreisvertretung haben nur diejenigen über Bezirksvertretungen practische Geltung erlangt, nachdem bisher nur in vier Kronländern nament=lich Böhmen, Galizien, Tirol und Steiermark solche Bezirksvertretungen in's Leben gerufen wurden. Letzteres geschah und kann auch nur geschehen durch Landesgesetze. Die grundsätzlichen Bestimmungen, innerhalb deren diese Landesgesetze bezüglich solcher höheren Communalverbände sich halten müssen, sind: Besorgung ihrer ständigen d. i. derjenigen innern Angelegenheiten, welche die gemeinsamen Interessen des Bezirkes betreffen, durch einen Ausschuß und Vorsteher; der Ausschuß hat aus Vertretern folgender Interessengruppen zu bestehen: a) des großen Grundbesitzes, b) der Höchstbesteuerten der Industrie und des Handels, c) der übrigen Angehörigen der Städte und Märkte und d) der Landgemeinden. Diese Vertreter müssen in der durch das Landesgesetz bestimmten Zahl von den betreffenden Interessentengruppen periodisch gewählt werden. Ist irgendwo eine der obigen Interessengruppen nicht vorhanden, so hat die Landesgesetzgebung die Wahl in einer alle vorhandenen Interessen berücksichtigenden Weise zu regeln (XIX). Die Vertretungen wählen aus ihrer Mitte den Vorsteher, dessen Wahl der kaiserlichen Bestätigung bedarf (XX).

Gutsgebiete.

§. 173. Wie schon erwähnt, bildete die Ausscheidung des Großgrundbesitzes aus dem Verbande der Ortsgemeinden den Gegenstand eines heftigen Kampfes und zwar nicht nur zwischen dem Abgeordnetenhaus und Herrenhaus, sondern auch zwischen den Liberalen und Conservativen des Abgeordnetenhauses. Es standen sich da nämlich zwei mächtige Interessen oder eigentlich das concrete und keinesfalls unberechtigte Interesse der Großgrundbesitzer einem mehr theoretischen Interesse der Liberalen gegenüber.

Letzteres hielt fest an den logischen Consequenzen des von den Märztagen her so beliebten Grundsatzes der absoluten Gleichheit, ohne Rücksicht auf die Verschiedenheit der wirthschaftlichen und socialen Stellung. Darnach konnte von einer Sonderstellung des Großgrundbesitzes in der Gemeinde keine Rede sein. Der Großgrundbesitzer war nur ein Individuum wie jedes andere Mitglied der Ortsgemeinde: er sollte mit allen Insassen der letzteren vereint die Ortsgemeinde bilden — daß sein persönlicher Besitz größer war als der Gesammtbesitz aller übrigen Mitglieder derselben, konnte vom Standpunkt des Liberalismus der Märztage, nicht in's Gewicht fallen; noch weniger selbstverständlich konnte Rücksicht genommen werden auf, durch diese wirthschaftliche Verschiedenheit bedingte Ungleichheit der socialen Stellung.

Dieser Anschauung huldigte der Kremsierer Verfassungsentwurf; das Gemeindegesetz vom 17. März 1849 theilte dieselbe. Erst die 1851er „Grundsätze" faßten die Ausscheidung des „vormals herrschaftlichen Grundbesitzes von dem Verbande der Ortsgemeinden" in's Auge, doch wurde dieser Gedanke erst in dem Gemeindegesetze vom 24. April 1859 als Gesetzesbestimmung formulirt. Darnach sollte der „ehemalige herrschaftliche Grundbesitz als Gutsgebiet constituirt werden und in den Fällen, wo derselbe zu Folge des Gemeindegesetzes vom 17. März 1849 der Ortsgemeinde einverleibt wurde, sollte die Ausscheidung desselben verlangt werden können" (§. 13). Ehe diese Bestimmung verwirklicht werden konnte, gelangte die Regelung dieser Frage zur parlamentarischen Behandlung. Der Regierungsentwurf beharrte selbstverständlich auf dem Standpunkte der 1851er „Grundfätze" und des 1859er Gemeindegesetzes. Im Ausschuß des Abgeordneten-hauses erhoben sich jedoch gegen diesen, die Ausscheidung der Gutsgebiete vom Verbande der Ortsgemeinde vertretenden Standpunkt viele Stimmen. Man machte geltend, daß eine solche Ausscheidung eine Ungerechtigkeit gegen-über den Ortsgemeinden involvire; diese nämlich seien zur Armenversorgung verpflichtet, es falle ihnen daher nach Ausscheidung der Gutsgebiete die Versorgung jener bedürftigen Gemeindemitglieder zur Last, deren Kräfte der Großgrundbesitzer in der Regel ausnütze so lange sie arbeitsfähig sind; so habe der Großgrundbesitz den Nutzen und Gewinn, die Ortsgemeinde die Last und den Schaden.

Eine weitere Einwendung gegen die Ausscheidung wurde von liberaler Seite in der Richtung erhoben, daß den ausgeschiedenen Großgrundbesitzern für den Umfang ihrer Gutsgebiete nothwendigerweise eine gewisse Amts-wirksamkeit zugestanden werden müßte; denn wer solle auf diesen Gebieten die Ortspolizei handhaben? Ein solches Zugeständniß sei aber bedenklich; kaum habe man alle Patrimonialjurisdiction und Amtswirksamkeit der „Herren" beseitigt, solle man sie in der Gestalt der Gutsgebietshoheit wieder einführen? Ein solcher Keim der Amtswirksamkeit könnte sich leicht zu einer Patrimonialverwaltung auswachsen! Gegen diese Bedenken und für die Ausscheidung sprachen die Großgrundbesitzer im Abgeordnetenhause, in-dem sie auf die Mißstände hinwiesen, die sich in Folge des liberalen Ge-meindegesetzes vom 17. März 1849 überall einstellten.

Der Großgrundbesitz wurde auf Grund jenes Gesetzes zu allen Lasten und Leistungen der Gemeinde ausgiebig herangezogen; seine berechtigten Ansprüche jedoch fanden nicht die geringste Beachtung. Gewählt wurden die „Herren" nicht in den Ausschuß; wohl aber von den Gemeindeausschüssen, in denen sie nicht vertreten waren und in denen sie sich nicht vertheidigen konnten, unverhältnißmäßig und übermäßig besteuert und belastet. [250])

Während nun die starren Doctrinäre unter den Liberalen an der un-bedingten Einbeziehung des Großgrundbesitzes und absoluten Einheit der Ortsgemeinde mit Inbegriff der Gutsgebiete festhielten und andererseits die „Feudalen" eine unbedingte Ausscheidung des Großgrundbesitzes und Trennung von der Ortsgemeinde im Sinne des 1859er Gesetzes befürworteten, schlugen gemäßigte Politiker einen Mittelweg vor, der zugleich der erwünschten Ein-heit der Ortsgemeinde und der durch wirthschaftliche und sociale Unter-schiede gerechtfertigten Vorzugsstellung des Großgrundbesitzes Rechnung tragen sollte. Zu diesem Zwecke beantragten sie die Einbeziehung des Großgrundbesitzes in die Ortsgemeinde, jedoch unter gewissen Garantieen eines berechtigten Einflusses. Eine solche Garantie wäre z. B. eine Viril-stimme im Gemeindeausschusse, die eventuell einer größeren Zahl von Stimmen der Gemeindemitglieder gleichgesetzt werden könnte.

Doch ebenso wie im Ausschusse konnte im Plenum des Abgeordneten-hauses eine meritorische Lösung dieser schwierigen Frage nicht herbeigeführt

[250]) Rede des Abgeordneten Baron Tinti am 9. September 1861 im Abge-ordnetenhause.

werden, hauptſächlich wohl aus dem Grunde, weil ſich für die ſo disparaten Verhältniſſe der verſchiedenen öſterreichiſchen Länder keine einheitliche Formel finden ließ. So blieb denn nichts anderes übrig, als die Regelung den einzelnen Landtagen zu überlaſſen. Nur eine grundſätzliche Beſtimmung trifft das Reichsgeſetz für den Fall einer landesgeſetzlichen Ausſcheidung des Gutsgebietes — eine Beſtimmung, welche die Befürchtungen der liberalen Partei, daß ſich eine in ſolchem Falle unumgängliche „Amtswirkſamkeit" der Großgrundbeſitzer nicht zu einer vormärzlichen Patrimonialjurisdiction entwickle, beſchwichtigen ſollte. Dieſelbe knüpft eine eventuelle Ausſcheidung des Großgrundbeſitzes von dem Verbande der Ortsgemeinde an die Bedingung, „daß der geſchiedene Grundbeſitz die Pflichten und Leiſtungen einer Ortsgemeinde übernimmt, ohne daß ihm eine andere Amtswirkſamkeit, als zur Erfüllung dieſer Pflichten und Leiſtungen nothwendig iſt, zugewieſen werden kann" (Art. I).

Das Heimatrecht.

§. 174. Einen integrirenden Theil des Gemeinderechts bildet das Heimatrecht, d. i. der Inbegriff jener Beſtimmungen, welche über die rechtliche Heimat des Einzelnen entſcheiden. Solche Beſtimmungen ſind aus dem Grunde nothwendig, weil erſtens der Begriff der Heimat als Thatſache oder thatſächliches Verhältniß ſchwankend iſt und zweitens auch in der Wirklichkeit ſich oft Verhältniſſe ergeben, die den Einzelnen heimatlos machen, während es im Intereſſe des Staates liegt, daß jeder Staatsbürger eine rechtliche Heimat beſitzt.

Trotz des Zuſammenhanges mit dem Gemeinderecht iſt die öſterreichiſche Geſetzgebung über Heimatrecht älter als das Gemeinderecht; denn während das letztere erſt mit dem Geſetz vom 17. März 1849 beginnt, batirt die Heimatgeſetzgebung ſchon aus dem Jahre 1754 (a. h. Reſolution vom 16. Mai). Denn auch ſchon zu jener Zeit, wo noch die beſtandenen Unterthänigkeitsverhältniſſe ein ſelbſtändiges Gemeindeweſen nicht aufkommen ließen, war der Staat in die Nothwendigkeit verſetzt, für hilfsbedürftig gewordene Perſonen durch Beſtimmung über Heimatszugehörigkeit diejenigen Gemeinden zu bezeichnen, denen die Pflicht der Armenunterſtützung obliegt. Bei dieſer Beſtimmung ließ ſich der Geſetzgeber von der Rückſicht auf die Geburt oder auf zehnjährigen Aufenthalt leiten und ſetzte dieſe beiden Momente als Grundlage der Beurtheilung der Heimatsangehörigkeit (Zuſtändigkeit) feſt.

Das Gemeindegeſetz vom 17. März 1849 baſirt die Zuſtändigkeit auf die Geburt und die Aufnahme und unterſcheidet bei letzterer die förmliche und die ſtillſchweigende. Ein Fortſchritt im Vergleich mit der älteren Geſetzgebung bildet die Reducirung des zur Erwerbung der Zuſtändigkeit erforderlichen Aufenthaltes auf vier Jahre — allerdings aber kommt dieſe Begünſtigung nur denjenigen zu, die ohne Heimatſchein oder mit erloſchenem Heimatſchein ſich in einer fremden Gemeinde anſäſſig machten. Vorausſetzung jeder Erwerbung der Zuſtändigkeit war, wie auch in der älteren Geſetzgebung, die öſterreichiſche Staatsbürgerſchaft.

Das Gemeindegeſetz von 1859 ſtatuirt neben der Zuſtändigkeit durch Geburt, Legitimation nicht eigenberechtigter Kinder und Verehelichung, eine ſolche durch „ausdrückliche Aufnahme mit Beſchluß der Gemeindevertretung" ebenfalls unter Vorausſetzung der öſterreichiſchen Staatsbürgerſchaft und anderer Bedingungen, worunter auch der eines vierjährigen Aufenthaltes.

Das Reichsgemeindegeſetz von 1862 begnügte ſich mit der Feſtſtellung des Grundſatzes, daß „jeder Staatsbürger in einer Gemeinde heimats= berechtigt" ſein müſſe und vermies im übrigen bezüglich der Regelung der Heimatsverhältniſſe auf ein beſonderes zu erlaſſendes Reichsgeſetz. Dieſes gelangte als Regierungsentwurf in der zweiten Seſſion des Reichsrathes (1863) zur parlamentariſchen Behandlung und erſchien als Geſetz unterm 3. December 1863 N. 103 RGB. Der aus dem Reichsgemeindegeſetze wörtlich aufgenommene Grundſatz, daß „jeder Staatsbürger in einer Gemeinde heimatberechtigt ſein ſolle" fügt das Heimatsgeſetz die näheren Beſtimmungen hinzu, daß dieſes „Hei= matsrecht" einerſeits nur öſterreichiſche Staatsbürger erwerben können andererſeits, daß dieſes Heimatsrecht jedem Staatsbürger nur in einer Gemeinde zuſtehen kann (§. 2). Eine Conſequenz dieſer eren zwei Beſtimmungen iſt, daß „wer die Staatsbürgerſchaft verliert, ſeines Heimat= rechts verluſtig wird" (§. 15) und daß „das Heimatrecht in einer Gemeinde durch die Erwerbung des Heimatrechtes in einer andern Gemeinde erliſcht" (§. 17). Die ausgeſchiedenen Gutsgebiete werden in Anſehung der Heimats= verhältniſſe nicht als Gemeinden angeſehen und es kann auf dieſelben ein Heimatsrecht nicht begründet werden (§. 45); dieſe Gutsgebiete werden vielmehr in Heimatſachen als ein zu einer der angränzenden Gemeinden gehöriges Gebiet angeſehen; von den Heimatangelegenheiten iſt aber ſtreng zu ſcheiden die Armenverſorgung, in Anſehung welcher das Gutsgebiet aller= dings im Sinne des Art. I. des Reichsgeſetzes von 1862 als ſelbſtändige Gemeinde betrachtet wird (§. 47).

Den wichtigſten Inhalt des Heimatsrechtes bildet das Recht des **§. 175.** „ungeſtörten" Aufenthaltes und „der Anſpruch auf Armenverſorgung" (§. 1); das Heimatsrecht haftet an dem ganzen Umfange des Gemeindegebietes, erfährt daher bei der Vergrößerung des letzteren eine Ausdehnung und muß ſich bei der Verkleinerung deſſelben (durch Theilung) eine Einſchränkung auf einen Theil des urſprünglichen Gebietes gefallen laſſen (§§. 3 und 4).

Die Erwerbung des Heimatsrechts beruht auf den aus der älteren öſterreichiſchen Geſetzgebung übernommenen Grundſätzen.

Darnach wird daſſelbe erworben

1. durch Geburt, 2. durch Verehelichung, 3. durch ausdrückliche (förmliche) Aufnahme, endlich 4. durch Erlangung eines öffentlichen Amtes (§. 5).

ad 1. Unter „Geburt" verſteht das Geſetz eigentlich Abſtammung; denn nicht die Thatſache des Geborenwerdens entſcheidet über das Heimats=

recht, sondern die Abstammung von einem in der Gemeinde heimatsberechtigten ehelichen Vater, beziehungsweise von einer in der Gemeinde heimatsberech=tigten unehelichen Mutter. Dasselbe gilt bei legitimirten, noch nicht eigen=berechtigten Kindern; über ihr Heimatsrecht entscheidet die Heimatsberechtigung ihres sie legitimirenden Vaters (§. 6).

ad 2. Die Erlangung des Heimatrechts ihrer Ehegatten seitens der Frauen ist eine logische Folge der Stellung, welche das abGB. den verheiratheten Frauen zuweist. Wenn dieselben verbunden sind, ihren Männern in deren Wohnsitz zu folgen und auch die Rechte ihres Standes theilen (§. 92 abGB.), so ist es nur consequent, wenn sie auch ihr Heimatrecht erwerben.

ad 3. Die Aufnahme in den Heimatsverband muß eine ausdrückliche sein; das Recht einer solchen Aufnahme steht lediglich der Gemeinde zu; derjenige, der sich darum bewirbt, muß um dieselbe ansuchen und über sein Ansuchen entscheidet die Gemeinde; gegen die abweisende Entscheidung der=selben gibt es keine Berufung. In diesem Punkte räumt das Gesetz der Gemeinde die weitestgehende Autonomie ein. Nur muß eine allfällige Aufnahme unbedingt sein; die Qualität des durch eine Aufnahme erwor=benen beziehungsweise verliehenen Heimatsrechts darf durch keinerlei Be=schränkung oder Bedingung deteriorirt werden. Eine Gebühr für eine Aufnahme in den Heimatsverband kann nur durch ein Landesgesetz ein=geführt werden und in die Gemeindecasse fließen (§§. 8 und 9).

ad 4. Damit dieses den Gemeinden vom Staate eingeräumte Selbst=bestimmungsrecht nicht gegen die Interessen des Staates und seiner An=gestellten sich wende, wahrt das Reichsgesetz den definitiv angestellten Hof=, Staats=, Landes= und öffentlichen Fondsbeamten, Geistlichen und öffentlichen Lehrern mit dem Antritt ihres Amtes das Heimatsrecht in der Gemeinde, in welcher ihnen ihr ständiger Amtssitz angewiesen wird.

Veränderungen des Heimatsrechts.

§. 176. Das Heimatsrecht ist, wie schon aus einigen Erwerbsarten desselben (Verehelichung, Legitimation, Amtssitzanweisung u. dergl.) hervorgeht, keines=wegs unveränderlich, sondern kann einem Wechsel unterliegen; es kann ver=ändert werden d. i. einem Heimatsrecht in einer andern Gemeinde weichen oder ohne einen solchen Ersatz erlöschen.

Eine Veränderung kann eine primäre oder secundäre sein, jenachdem die Ursache derselben in dem Wechsel der Stellung der Person selbst oder einer anderen Person liegt. So folgen die Gattin und die ehelichen und legitimirten Kinder dem Heimatsrecht des Gatten beziehungsweise Vaters; während der eigenberechtigte, volljährige Staatsbürger durch Uebersiedlung und Erfüllung der gesetzlichen Bedingungen oder durch Erlangung eines Amtes mit dem Amtssitz in einer anderen Gemeinde sein Heimatsrecht ver=ändern kann.

Da das Gesetz an dem Grundsatz festhält, daß jeder Staatsbürger in irgend einer Gemeinde heimatsberechtigt sein solle: so folgt daraus, daß

eine Heimatlosigkeit gesetzlich nicht geduldet werden könne. Eine Verzicht=
leistung auf das Heimatsrecht ist daher ohne Wirkung, so lange nicht der
Verzichtleistende anderwärts ein Heimatsrecht erworben hat (§. 17), und
ein durch Auswanderung und Verlust der Staatsbürgerschaft erloschenes
Heimatsrecht lebt bei der Rückkehr des betreffenden und Wiedererlangung
der Staatsbürgerschaft von selbst wieder auf (§. 16).

Tritt aber der Fall ein, daß ein Heimatsrecht nicht erweislich ist, so
daß die betreffende Person momentan als heimatslos betrachtet werden
muß: so muß dieselbe nach den vom Gesetze gegebenen Anhaltspunkten und
Weisungen irgend einer Gemeinde als ihrem gesetzlichen Heimatort zuge=
wiesen werden (§. 18). Und zwar geschieht diese Zuweisung entweder an
die Geburts= oder an die Aufenthaltsgemeinde; da es der letzteren mehrere
geben kann, so entscheidet der Umstand, wo sich der betreffende im Zeit=
punkt seiner Abstellung zum Militär oder seines freiwilligen Eintrittes
befunden hat, außer in diesem Falle jedoch der längere ununterbrochene
Aufenthalt (§. 19).

Da es sich schon aus dem Grundsatze, daß jeder Staatsbürger ein
Heimatsrecht besitzen muß, ergiebt, daß das Heimatsrecht eine nothwendige
Ergänzung jedes Staatsbürgerrechts ist: so folgt daraus von selbst,
daß der Staat die Entscheidung über diese nothwendige Ergänzung des
Staatsbürgerrechtes keineswegs den Gemeinden überlassen kann. Wohl
entscheiden dieselben über die Aufnahme eines in einer anderen Gemeinde
heimatberechtigten: die Entscheidung jedoch über einen streitigen Bestand
eines Heimatsrechtes kann unmöglich den Gemeinden anheimgestellt werden,
da dieses eine eminent staatsbürgerliche und daher staatliche Angelegenheit
ist. Die Verhandlung und Entscheidung solcher Angelegenheiten gehören
daher zur Competenz der politischen Behörden (§. 36), und wenn dabei
streitige Fragen des Civilrechts mit einfließen, z. B. über eheliche oder un=
eheliche Geburt, steht die Entscheidung derselben den ordentlichen Gerichten
zu (§. 37). Auch über die Erfüllung der Pflicht der Gemeinden zur Er=
theilung von Heimatscheinen an die Heimatberechtigten (§§. 32—35) ge=
bührt die Aufsicht der politischen Behörde (§. 42), welche die Gemeinde
zur Ausfertigung des Heimatsscheines verhalten kann (§. 42).

IX. Buch.

Staatskirchenrecht.

Staat und Kirche.

§. 177. Wäre der Staat wirklich, so wie es die Vertragstheorie annahm, ein Erzeugniß zweckbewußter menschlicher Thätigkeit; wäre er von einem Verein von Menschen in bestimmter Absicht eines schönen Tages in's Leben gerufen: dann brauchte es innerhalb seines Umkreises keinerlei andere Verbände und Gemeinschaften zu geben. Denn da Gemeinschaften und Verbände nur entstehen, wo es gilt, einzelnen, sei es physischen oder moralischen Bedürfnissen der Menschen Befriedigung zu verschaffen: [260]) brauchte ja ein so zweckbewußt gegründeter Staat nur alle diese Bedürfnisse zu berücksichtigen, um in seiner, den ganzen Menschen umfassenden Organisation denselben Rechnung zu tragen und somit alle anderen Verbände und Gemeinschaften überflüssig zu machen. Thatsächlich construiren auch die socialistischen Staatskünstler ihren Idealstaat als einen einheitlichen, aus vollkommen gleichen Individuen zusammengesetzten Bau, ohne alle Zwischenconstructionen von gesellschaftlichen Kreisen, Classen, Gemeinschaften und Verbänden. Darin steckt eine gewisse Logik: denn wenn man schon einen Staat zweckbewußt ab ovo gründet, dann soll er logischerweise alle anderen socialen Verbände überflüssig machen. Nur hat es einen solchen Staat nie gegeben und wird auch ein solcher nie zu Stande kommen: der wirkliche Staat aber ist ein Erzeugniß eines jahrhundertelangen Processes und entsprang immer nur zunächst einseitigen Bedürfnissen einzelner Gruppen, war daher von vornherein nur auf Befriedigung dieser Bedürfnisse angelegt. Da er nun ursprünglich nicht das gesammte physische, wirthschaftliche und moralische Leben aller seiner socialen Bestandtheile umfaßte und nicht auf die Befriedigung aller Bedürfnisse dieser Bestandtheile berechnet war: so entstanden und entwickelten sich innerhalb seines Umkreises und denselben häufig überschreitend sociale Verbände und Gemeinschaften, die sich als selbständige Gestaltungen, als Corporationen und juristische Persönlichkeiten auch im modernen Staate aufrecht erhalten und geltend machen.

Neben den Gemeinden nehmen den wichtigsten Platz unter denselben die Kirchen= und Religionsgesellschaften ein, welche ihr Entstehen dem mächtigsten moralischen Bedürfnisse der Menschen, welches man mit Recht als das der Erhebung zum Uebersinnlichen bezeichnet, ihr Dasein verdanken. Ihre Aufgabe ist, diese in der Natur des Menschen gegründete und daher von ihr geforderte Erhebung zum Uebersinnlichen zu leiten und dadurch den Menschen zu veredeln. Das Mittel dazu ist die Religion.[261])

---

[260]) Vergl. hierzu Grundriß der Sociologie S. 134.
[261]) Ueber das Verhältniß des Staates zu Religion und Kirche und über

Kirchen- und Religionsgesellschaften.

Der Staat anerkennt im allgemeinen diesen Nutzen der Religion und §. 178. läßt derselben die möglichste staatliche Unterstützung zu Theil werden. Doch ertheilt er gegenwärtig keiner einzigen ein staatliches Monopol oder aus= schließliches Recht.[361] Vielmehr ist er bereit, jede Religion, die ihren Zweck erfüllt, d. i. die ihre Gläubigen moralisch erzieht und dadurch zu tauglichen Mitgliedern des staatlichen Gemeinwesens macht, anzuerkennen. Dem Ein= zelnen allerdings gewährleistet er (staatsgrundgesetzlich) volle Glaubens= und Gewissensfreiheit. Als Corporationen dagegen dürfen nur solche Kirchen= und Religionsgesellschaften im Staate bestehen, die von ihm anerkannt sind.[362]

Zu welchen dieser Kirchen und Religionsgesellschaften der Einzelne ge= hört, ist für den Staat gleichgültig und hat auf den Genuß der bürgerlichen

---

die geschichtliche Entwickelung desselben vergl. m. Verwaltungslehre §§. 163—166; über die Josephinischen Reformen auf kirchlichem Gebiete in Oesterreich: Ein= leitung S. 178—179.

[361] Diese Grundsätze sind in Oesterreich zum ersten Male mit k. Patente v. 4. März 1849 RGB. Nr. 151 gesetzlich ausgesprochen worden. Es wurde mit demselben „die volle Glaubensfreiheit und das Recht der häuslichen Ausübung des Religions= bekenntnisses jedermann gewährleistet", und der Genuß der bürgerlichen Rechte von dem Glaubensbekenntniß unabhängig erklärt, insoferne durch dasselbe den staatsbürgerlichen Rechten nicht Abbruch geschehe. Jeder anerkannten Kirche und Religionsgesellschaft wurde das Recht der „öffentlichen" Religionsübung und die selbständige Verwaltung ihrer Angelegenheiten und ihres Vermögens zuerkannt.

Als mit dem Patente vom 31. December 1851 die mit dem Patente vom 4. März 1849 verkündeten „Grundrechte" „außer Kraft und Wirksamkeit gesetzt" wurden, geschah der obigen Rechte der Kirchen= und Religionsgesellschaften ausdrück= lich als von dieser Aufhebung nicht berührt Erwähnung. „Wir erklären jedoch", hieß es da, „durch gegenwärtiges Patent ausdrücklich, daß Wir jede gesetzlich anerkannte Kirche und Religionsgesellschaft in dem Rechte der gemeinsamen öffentlichen Religionsübung, dann in der selbständigen Verwaltung ihrer Angelegenheiten, dann im Besitze und Genusse der für ihre Cultus=, Unterrichts= und Wohlthätig= keitszwecke bestimmten Anstalten, Stiftungen und Fonds erhalten und schützen wollen, wobei dieselben den allgemeinen Staatsgesetzen unterworfen bleiben."

Doch hatte schon mit den kaiserlichen Verordnungen vom 18. April 1850 RGB. Nr. 156 über das Verhältniß der katholischen Kirche zur Staatsgewalt und vom 23. April 1850 RGB. Nr. 157 über die Beziehungen der katholischen Kirche zum öffentlichen Unterricht, endlich mit der Verordnung vom 30. Juni 1850 RGB. Nr. 319 über die katholischen Diöcesan= und Klosterlehranstalten jene Richtung der Gesetzgebung begonnen, welche der katholischen Kirche im Staate eine exceptionelle Stellung der Staatsgewalt gegenüber einräumt, eine Richtung, welche in dem mit der päpstlichen Curie unterm 5. November 1855 RGB. Nr. 195 abgeschlossenen Concordate ihren letzten Ausdruck fand. Mit der Staatsgrund= gesetzgebung von 1867 trat auch auf diesem Gebiete ein Umschlag ein, der zur Modification des Concordates durch die interconfessionellen Gesetze v. 25. Mai 1868 RGB. Nr. 47—49 und endlich zur Aufhebung des Concordates durch die a. h. E. v. 30. Juli 1870 führte.

[362] Die diesbezüglichen Artikel (14 und 15) des StGB. vom 21. Dec. 1867 sind wörtlich den „Grundrechten" des Patentes vom 4. März 1849 entnommen; hinzugefügt wurde nur die Bestimmung, welche den Einzelnen dem Zwange seiner kirchlichen Behörde entzog, also der Satz, daß niemand zu einer kirchlichen Hand= lung gezwungen werden könne.

und politischen Rechte keinen Einfluß. Auch darf der Einzelne sich von jedem positiven Bekenntniß lossagen und in religiösen Dingen seine individuelle Ueberzeugung haben (Confessionslosigkeit); [264] nur darf er weder durch Verspottung und Verhöhnung anerkannter Religionen Aergerniß geben noch auch einer verbotenen Religionsgesellschaft angehören. [265])

Das Angehören und Sichbekennen zu einer Religion faßt der Staat als freien Willensact des Einzelnen auf und schützt jeden volljährigen und willensfähigen Staatsbürger in dieser Freiheit. Es darf also Niemand zu einer kirchlichen Handlung oder zur Theilnahme an einer kirchlichen Feierlichkeit gezwungen werden, insoferne er nicht gesetzlich der Gewalt eines Anderen untersteht. Daher darf auch von der katholischen kirchlichen Amtsgewalt nur gegen Angehörige der Kirche Gebrauch gemacht werden und niemals zu dem Zwecke, um die Befolgung der Gesetze und die behördlichen Anordnungen oder die freie Ausübung staatsbürgerlicher Rechte zu hindern (§. 18 Ges. vom 7. Mai 1874).

Alle anerkannten Kirchen= und Religionsgesellschaften haben das gleiche Recht der öffentlichen Religionsübung und der Verwaltung ihrer Angelegenheiten; genießen überhaupt die Rechte juristischer Personen — sind aber wie jede Corporation den Staatsgesetzen unterworfen. Die Zahl der im Staate zuzulassenden und anzuerkennenden Kirchen= und Religionsgesellschaften ist nicht beschränkt: das Gesetz vom 20. Mai 1874 RGB. Nr. 68 läßt die Möglichkeit der Errichtung neuer Religionsgesellschaften offen und zählt die Bedingungen auf, unter denen solche im Staate zugelassen und anerkannt werden müssen. [266])

---

[264]) Die interconfessionellen Verhältnisse regelt das Gesetz vom 25. Mai 1868 RGB. Nr. 49. Darnach hat jedermann nach vollendetem 14. Lebensjahr die freie Wahl des Religionsbekenntnisses nach seiner eigenen Ueberzeugung und ist in dieser freien Wahl nöthigenfalls von der Behörde zu schützen (Art. 4). Durch die Religionsänderung gehen alle genossenschaftlichen Rechte der verlassenen Kirche oder Religionsgesellschaft an den Ausgetretenen, ebenso wie die Ansprüche dieses an jene, verloren (Art. 5). Der Austritt aus einer Kirche muß jedoch, um rechtswirksam zu sein, der politischen Behörde gemeldet werden (Art. 7).

Der Religionswechsel der Kinder hängt bis zu deren 7. Lebensjahre von der Bestimmung der Eltern ab; vom 7. bis zum 14. Jahre steht diese Bestimmung den Eltern nicht mehr zu und nachdem die diesbezügliche Selbstbestimmung des Einzelnen erst mit dem 14. Lebensjahre beginnt, so kann gegenwärtig in Oesterreich niemand zwischen dem 7. und 14. Lebensjahre seine Religion wechseln.

[265]) Sowohl die Religion als solche, wie auch die derselben dienenden Functionäre, Cultstätten und Cultgegenstände genießen einen besonderen strafrechtlichen Schutz. Vergl. §. 122 StG. (Religionsstörung); §§. 152 und 153 StG. (Beschädigung der Geistlichen in Ausübung ihres Amtes; §. 175 StG. (Diebstahl an zum Gottesdienst bestimmten Gegenständen); §. 303 StG. (Beleidigung gesetzlich anerkannter Religionen). Als verbotene Religionsgesellschaften gelten derzeit: Lichtfreunde, Deutschkatholiken, Freichristliche Gemeinden (MB. v. 16. Nov. 1851), ferner die Secten: Neujerusalem, Neusalemiten, Johannesbrüder, Bekenner der reinen christlichen Lehre, Nazarener (MB. v. 20. Juli 1860), endlich die „freie Kirche der Vernunft" (ME. v. 24. Nov. 1874).

[266]) Diese Bedingungen sind: Lehre, Gottesdienst und Verfassung der anzuerkennenden Religion dürfen nichts Gesetzwidriges und sittlich Anstößiges enthalten; mindestens der Bestand einer Cultusgemeinde muß gesichert sein (§. 1). Die

Gegenwärtig jedoch giebt es in Oesterreich-Ungarn nur folgende, vom Staate anerkannte Kirchen- und Religionsgesellschaften: 1. Die katholische Kirche (mit den in denselben enthaltenen drei Riten, des römischen, griechischen und armenischen). 2. Die griechisch-orientalische Kirche. 3. Die unitarische Kirche. 4. Die evangelische Kirche (Augsburger und helvetischer Confession). 5. Die israelitische Religionsgesellschaft. 6. Die altkatholische Kirche. 7. Die evangelische Brüdergemeinde.

Katholische Kirche.

§. 172.

Der Staat erkennt die katholische Kirche nur als eine seiner Souverainetät unterworfene Organisation an. Daher macht er die Erlangung all

---

Errichtung einer solchen jedoch ist durch den Nachweis hinreichender Mittel zu ihrer Erhaltung (somit Seelsorgedienst, Religionsunterricht und gottesdienstliche Anstalt) bedingt (§ 5). Im Mangel einer allgemeinen Verfassung muß ein Statut zur Genehmigung vorgelegt werden, welches Bestimmungen über nachfolgende Punkte enthalten muß: 1. die Bezeichnung der örtlichen Gränzen des Gemeindegebietes; 2. die Art der Bestellung des Vorstandes, dessen Wirkungskreis und Verantwortlichkeit; 3. die Art der Bestellung der ordentlichen Seelsorgers und sonstiger kirchlicher Functionäre, deren Rechte und Pflichten; 4. die Rechte und Pflichten der Gemeindeangehörigen in Hinsicht auf die Gemeindeverwaltung, insbesondere Bestimmungen über die bestehenden Wahlrechte; 5. die Art der Besorgung, Leitung und unmittelbaren Beaufsichtigung des Religionsunterrichtes; 6. die Art der Aufbringung der für die ökonomischen Bedürfnisse der Gemeinde erforderlichen Mittel; 7. das Verfahren bei Abänderung des Statutes.

Soll eine Cultusgemeinde von Personen gebildet werden, welche der betreffenden Religionsgesellschaft bisher nicht angehört haben, so haben dieselben nach erlangter Genehmigung die Erklärung ihres Beitrittes zu der Gemeinde vor der politischen Behörde abzugeben, welche hiervon dem Vorsteher oder Seelsorger der verlassenen Kirche oder Religionsgesellschaft Anzeige macht.

Mitglieder einer ordnungsmäßig constituirten Cultusgemeinde sind alle im Gebiete derselben wohnhaften Angehörigen der betreffenden Religionsgesellschaft.

Angehörige einer Religionsgesellschaft, welche nicht in dem Gebiete einer Cultusgemeinde wohnen, werden als Mitglieder der nächstgelegenen Gemeinde ihres Bekenntnisses angesehen.

In den Vorstand einer Cultusgemeinde können nur solche Mitglieder derselben berufen werden, welche österreichische Staatsbürger sind und im Vollgenusse der bürgerlichen Rechte stehen. Die Bestellung des Vorstandes ist der Landesbehörde anzuzeigen. Die Bestellung eines Vorstandes, dessen Wirksamkeit sich auf mehr als eine Cultusgemeinde erstrecken soll, bedarf der Bestätigung durch den Cultusminister.

Als Seelsorger kann in der Cultusgemeinde nur ein österreichischer Staatsbürger angestellt werden, dessen Verhalten in sittlicher und staatsbürgerlicher Hinsicht vorwurfsfrei und dessen allgemeine Bildung mindestens durch Vollendung des Gymnasialstudiums erprobt ist.

Die Personen der angestellten Seelsorger müssen bei der Landesbehörde angemeldet werden, die ihre begründeten Einwendungen gegen dieselben erheben kann; gegen diese Einwendungen steht der Recurs an den Cultusminister offen, welcher endgiltig darüber entscheidet. Auch gegen Seelsorger, die sich eines unwürdigen Verhaltens schuldig gemacht haben, kann die Cultusverwaltung einschreiten und deren Entfernung vom Amte verlangen; nöthigenfalls die Functionen des unwürdig gewordenen einem geeigneteren übertragen, wie denn überhaupt die staatliche Cultusverwaltung darüber zu wachen hat, daß die anerkannten Religionsgesellschaften, ihre Gemeinden und Organe ihren gesetzlichen Wirkungskreis nicht überschreiten.

und jedes kirchlichen Amtes und den Genuß kirchlicher Güter (Pfründen) von staatsgesetzlich festgestellten Bedingungen abhängig. Diese Bedingungen sind: österreichische Staatsbürgerschaft, Unbescholtenheit, gesetzlich vorgeschriebene Befähigung der Bewerber. [266a])

Wird ein Inhaber eines kirchlichen Amtes seiner staatlichen Qualification zu demselben verlustig, so hat der Staat das Recht, seine Entfernung vom Amte zu verlangen (§. 8). Die Verwaltung der inneren kirchlichen Angelegenheiten richtet sich nach kirchlichen Vorschriften, sofern dieselben den Staatsgesetzen nicht widersprechen (§. 15). Die Bischöfe sind verpflichtet, ihre Erlässe (Verordnungen, Instructionen, Hirtenbriefe) gleichzeitig mit ihrer Publication der staatlichen Behörde mitzutheilen (§. 16). Die Kirche darf nichts anordnen, was den Staatsgesetzen in irgend einer Weise zuwiderläuft (§§. 17—18). Dagegen besoldet der Staat diejenigen Geistlichen, welche den Seelsorgedienst versehen — und zwar geschieht dieß aus dem Religionsfonde. Da der Staat dieses im Interesse der Angehörigen des katholischen Glaubensbekenntnisses thut, so nimmt er dieselben auch vor ungesetzlichen Ansprüchen der Seelsorger in Schutz. Die gesetzlichen Ansprüche auf Entlohnung für geistliche Functionen sind in den Stoltaxordnungen festgesetzt. [267]) Die geistlichen Functionäre sind verpflichtet, sich an diese Stoltaxen zu halten. [268])

Gegen säumige Schuldner, welche die festgesetzten Gebühren für geistliche Functionen nicht berichtigen, ertheilt der Staat seine Execution. [269]) Personen, die das Armenrecht besitzen, sind von der Zahlung solcher Gebühren befreit. [270]) Geistliche sind dem Strafgesetze des Staates in all und jedem gleich den weltlichen Staatsbürgern unterworfen, aber vom Staate gegen ungesetzliche Strafverfolgung seitens der Kirchenbehörden geschützt (§§. 8 und 19).

Das kirchliche Institut des Patronates wird vom Staate geschützt und

---

[266a]) Gesetz vom 7. Mai 1874 RGB. Nr. 50.

[267]) Die meisten dieser mit kaiserl. Patenten für die einzelnen Kronländer erlassenen Stoltaxordnungen datiren noch aus dem vorigen Jahrhundert, bestehen jedoch noch immer zu Recht. (Note des Staatsministeriums v. 8. Mai 1856 Z. 2367 und Erk. BGH. 3. Juli 1880 Budw. IV 822). Aufgezählt sind dieselben bei Gautsch, Confess. Gesetze S. 80.

[268]) Ueberschreitungen der Stoltaxordnungen seitens der Geistlichen sind, sofern sich der Fall nicht zu einem strafgerichtlichen Vorgehen eignet, nach Anhörung des Ordinariates von den Verwaltungsbehörden mit Geldstrafen bis zum Betrage von 100 fl. zu ahnden; der Schuldige ist obendrein ersatzpflichtig; die Ersatzerkenntnisse sind executionsfähig. Bei wiederholten Ueberschreitungen kann die staatliche Cultusverwaltung die Entfernung des betreffenden Geistlichen von der Ausübung seines kirchlichen Amtes verlangen (§. 26).

[269]) Dabei ist der Rechtsweg ausgeschlossen; die Execution erfolgt im Verwaltungswege. In der Regel darf kein pfarramtlicher Act von der Vorausbezahlung der Stolgebühren abhängig gemacht werden. Nur wenn ein besonderer Aufwand verlangt wird, kann der daraus resultirende Mehrbetrag im vorhinein eingefordert werden (§. 25).

[270]) Und zwar auch solche das Armenrecht besitzende Personen, die in dem Pfarrbezirke nicht zuständig sind. Auch ist die Heimatsgemeinde für die außerhalb derselben verstorbenen Armen zum Ersatze der Stolgebühren nicht verpflichtet. (BGH. 13. Juni 1888 Budw. XII 4160.)

erhalten, soweit es mit den Staatsgesetzen vereinbar ist. Ebenso die kirchliche Institution der Pfarrgemeinde, inwieferne sich daraus ein rechtliches Verhältniß zwischen dem Pfarrer und der Pfarrgemeinde ergiebt.

Das kirchliche Vermögen steht unter dem Schutze des Staates; die Cultusverwaltung überwacht insbesondere die Erhaltung des Stammvermögens der Kirche. Alle Erträgnisse des Kirchenvermögens, welche nicht gesetzlich von geistlichen Functionären bezogen werden, fließen in den Religionsfond. An denselben haben auch die Pfründenbesitzer und die regulären Communitäten die gesetzlich vorgeschriebenen Beiträge zu zahlen. [271])

Die innere Verfassung und die Verwaltung der geistlichen Angelegenheiten sowie die Seelsorge der katholischen Kirche beruht auf dem Kirchenrechte und wird in dieser Gestalt vom Staate anerkannt. Die äußeren Rechtsverhältnisse derselben in Oesterreich regelt das Ges. v. 7. Mai 1874 RGB. Nr. 50. **§. 180.**

Als Kirchengebiet zerfällt Oesterreich-Ungarn in Diöcesen, an deren Spitze Erzbischöfe oder Bischöfe stehen (in ersterem Falle spricht man von Erzdiöcesen). [272]) In Oesterreich giebt es 9 Erzdiöcesen [273]) und 24 Diö-

---

[271]) Diese Beiträge regelt das Gesetz vom 7. Mai 1874 RGB. Nr. 51. Als Grundlage für die Bemessung derselben dient der Werth des Gesammtvermögens der Pfründe oder Communität mit Einbeziehung etwaiger Stiftungen, in deren Genuß dieselben stehen, dagegen unter Ausschluß des Werthes der Bibliotheken wissenschaftlicher oder Kunstsammlungen. Bei auswärtigen Pfründen oder Communitäten dient der inländische Realbesitz zur Grundlage der Bemessung. Die Cultusverwaltung setzt nach Einvernehmung der Bischöfe denjenigen Betrag fest, welcher als zum standesmäßigen Unterhalt der geistlichen Personen erforderlich von dem Religionsfondsbeitrag freizulassen ist. Ebenso ist von diesen Beiträgen befreit jenes Einkommen regulärer Communitäten, welches nachweisbar der Pflege armer Kranken, dem öffentlichen Unterricht oder endlich solchen Zwecken gewidmet ist, für welche sonst der Religionsfond aufzukommen hätte (§§. 2—4). Die Grundsätze der Berechnung der „Competenz" der geistlichen Personen werden nach Einvernehmung der Bischöfe im Verordnungswege festgesetzt Selbstverständlich entfällt die Bemessung des Religionsfondsbeitrages, wo diese „Competenz" aus öffentlichen Fonden ergänzt werden muß. Diese Beiträge werden für einen Zeitraum von zehn Jahren mit einer Gesammtsumme bemessen, welche auf die zehn Jahre repartirt in vierteljährlichen Anticipatvraten zu entrichten sind. Und zwar beträgt für diesen Zeitraum der Religionsfondsbeitrag von einem Vermögen bis 10000 fl. ½ Percent, steigt aber progressiv bis 9 Percent von einem Vermögen zwischen 80—90000 fl., um bei einem Mehrbetrage über 90000 fl. mit 10 Percent stehen zu bleiben. Ein größeres Percent wird nicht mehr bemessen. Eine innerhalb dieses 10jährigen Zeitraumes eintretende Vergrößerung oder Verminderung des Einkommens des beitragspflichtigen Subjektes oder Vermögens hat eine Richtigstellung des Beitrags für die noch übrige Zeit zur Folge. Die Bemessung des Beitrages erfolgt durch die politische Landesbehörde auf Grund von Fassionen. Recurse gegen solche Bemessungen gehen an den Cultusminister. Die Beiträge fließen in die Religionsfondskasse des betreffenden Landes.

[272]) „Die Erzbischöfe, Bischöfe und bischöflichen Vicare verwalten die inneren Angelegenheiten ihrer Diöcesen nach den kirchlichen Vorschriften, insoweit diese nicht den Staatsgesetzen widersprechen." §. 14 des Gesetzes vom 7. Mai 1874 RGB. Nr. 50.

[273]) Mit den Erzbisthümern in Wien, Salzburg, Prag, Olmütz, Görz, Zara, Lemberg (daselbst 3 Erzbisthümer der 3 Riten).

cesen; [274]) in Ungarn 5 Erzbiöcesen [275]) und 23 Diöcesen. [276]) Außerhalb derselben stehen die Generalvicariate Feldkirch, Teschen (zum Breslauer Bisthum gehörig) und Tirnau, sowie endlich die Benedictiner Abtei in Martinsberg. Die Diöcesen zerfallen in Dechanate und Pfarreien, die unter der Verwaltung von Dechanten und Pfarrern stehen. [277])

Alle Erzbischöfe und Bischöfe in Oesterreich=Ungarn werden vom Kaiser ernannt, sodann vom Papste canonisch bestätigt. Nur die Erzbisthümer Olmütz und Salzburg werden durch canonische Wahl ihrer Domcapitel besetzt; dem Kaiser steht jedoch das Recht der Exclusion zu; der Erzbischof von Fogaras zu Blasendorf wird von einer Wahlsynode ernannt. Die Bischöfe von Lavant und Seckau ernennt der Fürsterzbischof von Salzburg; den von Gurk abwechselnd einmal der Kaiser, das anderemal der Fürstbischof von Salzburg.

Alle anderen Kirchenämter in der Diöcese werden vom Bischof verliehen; sofern dieselben aber ganz oder zum großen Theile aus dem Staatsschatze, dem Religionsfonde oder anderen öffentlichen Mitteln dotirt werden, kann die Verleihung nur auf Grund vorhergehender Präsentation, seitens der Staatsgewalt vorgenommen werden (§. 4).

Für diese Präsentation sind für den Staat in erster Linie maßgebend seine eigenen Gesetze und Bestimmungen über die Befähigung zur Erlangung kirchlicher Aemter und Pfründen, [278]) in zweiter Linie die geltenden kirchlichen Vorschriften und endlich in besonderen Fällen die Bestimmungen vorhandener Stiftungsurkunden (§. 1). Aber auch in Fällen, wo der Staatsgewalt keine

---

[274]) Mit den Bisthümern in Linz, St. Pölten, Seckau (Graz), Lavant (Marburg), Gurk (Klagenfurt), Brünn, Budweis, Königgrätz, Leitmeritz, Laibach, Brixen, Trient, Triest, Krakau, Tarnow, Przemysl, Ragusa, Veglia, Breslau (für Oesterreich-Schlesien) Cattaro, Lesina, Parenzo-Pola, Sebenico, Spalato.

[275]) Mit den Erzbisthümern in Gran, Erlau, Kalocsa, Agram und Balasfalva (Blasendorf).

[276]) Mit den Bisthümern in Eperies, Kaschau, Neusohl, Raab, Steinamanger, Stuhlweißenburg, Szatmar, Wesprim, Waizen, Zips, Czanad (Temesvar), Fünfkirchen, Karlsburg, Lugos, Munkacs (Ungvar), Neutra, Rosenau, Szamos-Ujvar, und der Erz-Abtei in Martinsberg.

[277]) Die unterste Gebietseinheit der Kirche ist die Pfarrgemeinde. Sie muß nicht mit der Ortsgemeinde zusammenfallen. Das Gesetz definirt die Pfarrgemeinde als „die Gesammtheit der in einem Pfarrbezirke wohnhaften Katholiken desselben Ritus" (§. 35). Es können in einer Ortsgemeinde mehrere Pfarrgemeinden enthalten sein und andererseits mehrere Ortsgemeinden eine Pfarrgemeinde bilden. Die Ortsgemeinde ist ein politischer, die Pfarrgemeinde ein kirchlicher Begriff. Wo die Bevölkerung ausschließlich katholisch ist, oder wo die Akatholiken eine verschwindende Minorität ausmachen, was in Oesterreich häufig der Fall ist, da hat die begriffliche Scheidung der Pfarr- und Ortsgemeinde kein praktisches Interesse. Daher ist es zur Constituirung besonderer katholischer Pfarrgemeinden, die das Gesetz in Aussicht stellte (§. 37), noch nicht gekommen und regelt die Angelegenheit provisorisch die Ministerialverordnung vom 31. December 1877 RGB. Nr. 5 ex 1878, indem es den bisherigen usus der Besorgung der Angelegenheiten der katholischen Pfarrgemeinden von den Ortsgemeinden vorderhand beläßt.

[278]) Bedingungen dieser Befähigung sind: österreichische Staatsbürgerschaft, Unbescholtenheit und die staatlich vorgeschriebene Ausbildung auf den katholisch-theologischen Facultäten.

Ingerenz auf die Verleihung eines kirchlichen Amtes seitens des Bischofes zusteht, hat derselbe die hierfür ausersehene Person der Landesbehörde anzuzeigen (§. 6), welcher das Recht der Einwendung (binnen 30 Tagen) zusteht. Gegen solche Einwendungen kann der Bischof an den Cultusminister Berufung einlegen; wird derselben keine Folge gegeben, so muß die beabsichtigte Verleihung unterbleiben. — Erfolgt eine gültige Verleihung, so wird die für das kirchliche Amt ernannte Person vom Bischof in spirituelle Befugnisse von der Cultusverwaltung in die mit dem Amt verbundenen Einkünfte eingeführt (§. 7). In analoger Weise kann die Cultusverwaltung einem Seelsorger, der aus irgend welchem Grunde die staatliche Befähigung für sein Amt verliert, die Einkünfte entziehen und dessen Entfernung vom kirchlichen Amte verlangen (§. 8).

Zu jeder Aenderung der Eintheilung des Kirchengebietes, der Diöcesen oder Pfarrsprengel, zu jeder Theilung oder Zusammenziehung derselben ist die staatliche Genehmigung erforderlich. Dem Staat steht jedoch das Recht der Dotationsänderung der Seelsorgeämter (nach Einvernehmung der betreffenden Bischöfe) zu. Zur Einbringung aller staatlich genehmigten Kirchenabgaben leistet der Staat seine Hilfe (Execution); in gewissen im Gesetze speciell aufgeführten Fällen leiht der Staat der Kirche auch seinen Beistand zur Durchführung kirchlicher Anordnungen.[279] Andererseits können Geistliche, die sich durch Verfügungen ihrer kirchlichen Vorgesetzten in ihren weltlichen Rechten verletzt erachten, an die Cultusverwaltung appelliren. Alle Geistlichen stehen unter den allgemeinen Gesetzen des Staates; es giebt für dieselben in weltlichen Dingen keinen privilegirten Gerichtsstand (§§. 21—29).

So wie die Kirche unter staatlicher Oberhoheit, so steht alles kirchliche Vermögen unter staatlicher Aufsicht, eventuell unter dessen Verwaltung. Die Grundsätze, nach denen der Staat dabei vorgeht, enthalten die §§. 38—59 des Ges. v. 7. Mai 1874 Nr. 50. Darnach übt die Aufsicht und Verwaltung des Kirchenvermögens die staatliche Cultusverwaltung. Ihre Hauptaufgabe dabei ist: die Erhaltung des Stammvermögens der Kirche. Einen Theil dieses Vermögens bildet der sog. Religionsfond; einen anderen das Pfründen- und Gotteshausvermögen; endlich gehören hierher alle Stiftungsvermögen. Der Natur der Sache nach kann die Verwaltung des Religionsfonds und der Stiftungsvermögen unmittelbar vom Staate geführt werden; das Pfründenvermögen dagegen wird von den Besitzern der Pfründen unter Aufsicht der Patrone, der Bischöfe, endlich unter staatlicher Aufsicht verwaltet (§. 46); das Gotteshausvermögen von Denjenigen, denen es nach

---

[279] Streitige Patronatsfragen entscheidet im ordentlichen Instanzenzuge die Cultusverwaltung (§§. 33, 34). Ebenso entscheiden die Verwaltungsbehörden im ordentlichen Instanzenzuge über die Verpflichtung zu Leistungen für Cultuszwecke, wenn eine solche Leistung aus dem allgemeinen Grunde der Zugehörigkeit zu einer kirchlichen Gemeinde in Anspruch genommen wird; wird eine solche Leistung aus einem besonderen Titel gefordert, gehört die Sache vor das competente Gericht (§. 55).

Kirchenrecht zusteht. [280]) Die letzteren zwei Arten von Vermögen dürfen mit einander nicht vermengt (§. 39), sie müssen streng abgesondert verwaltet und verrechnet werden. Rein kirchliche Stiftungen verwalten die kirchlichen Organe ohne Einmischung des Staates: doch steht im Zweifel die Entscheidung über den „rein kirchlichen" Charakter einer Stiftung der Cultusverwaltung in letzter Instanz zu.

Jede erhebliche Veränderung der Substanz des Pfründen= oder Kirchenvermögens muß sofort der Cultusverwaltung mitgetheilt werden (§. 49).

An den Inteftatnachlaß nach Geistlichen hat der Staat kein Anrecht: dagegen fließen die Einkünfte vorübergehend erledigter weltgeistlicher Pfründen in den Religionsfond (Intercalareinkünfte); auch fällt das Vermögen eingegangener kirchlicher Gemeinschaften diesem Fonde anheim (§. 53). Um diesen zu stärken und ihm die regelmäßige Bedeckung der Bedürfnisse des katholischen Cultus möglich zu machen, regelt das Gef. v. 7. Mai 1874 RGB. Nr. 51 die seit dem vorigen Jahrhundert schon üblich gewesene Beitragsleistung an denselben sowohl der säcularen Pfründenbesitzer als auch des Regularclerus. [281])

Die Anerkennung und der gesetzliche Bestand einer Kirche enthält in sich noch keinerlei Anerkennung und Berechtigung für geistliche Orden, Congregationen, Stifte und Klöster, die etwa mit der betreffenden Kirche im Zusammenhange stehen. Die Staatsverwaltung behält sich vielmehr das Recht vor, solche wie immer Namen habende geistliche Vereine zu dulden oder deren Bestand in Oesterreich zu verbieten.

Diejenigen geistlichen Congregationen und Orden nun der katholischen Kirche, die in Oesterreich bestehen, bleiben in ihrem gesetzlichen Bestande unangefochten und genießen den Schutz gleichwie alle anderen gesetzlichen Corporationen; zur Gründung neuer bedarf es einer kaiserlichen Bewilligung, die in Form einer Verordnung im Reichsgesetzblatte kundgemacht werden muß. Zur Eröffnung neuer Häuser bereits bestehender Orden und Congregationen genügt die Bewilligung der politischen Landesstelle. [282])

Die Congrua.

§. 181.   Nach der ganzen Auffassung, die der moderne Staat seit Kaiser Josef II. von dem Seelsorgeberuf sich zu eigen machte, übt er nicht nur die oberste Aufsicht und Verwaltung über das gesammte Kirchenvermögen, sondern sorgt auch für den hinlänglichen Unterhalt und das materielle Auskommen des Seelsorgeclerus. Es ift bezeichnend, daß es gerade die

---

[280]) Als Grundsatz, den auch das Gesetz (§. 41) anerkennt, gilt dabei, daß an der Verwaltung dieses Gotteshausvermögens außer dem Kirchenvorsteher auch eine Vertretung Derjenigen theilzunehmen hat, welchen gegebenen Falls aus der Unzulänglichkeit dieses Vermögens Lasten erwachsen können, also nach Umständen der Patron und die Pfarrgemeinde.

[281]) Vergl. oben Note 271. Der Motivenbericht der Regierung ift abgedruckt bei Gautsch: Confessionelle Gesetze S. 153 ff. und Manz XXVI. 1889 S. 264.

[282]) Ministerialverordnung vom 13. Juni 1858 RGB. Nr. 95.

Zeiten der „Aufklärung“ des vorigen Jahrhunderts und des liberalen Regimes unserer Tage sind, welche die materielle Lage namentlich des niederen Seelsorgeclerus (bei der höheren Geistlichkeit lag kein Bedürfnis vor) zum Gegenstand besonderer staatlicher Fürsorge machten und daß das Werk der Aufbesserung der Lage dieses Clerus, welches Kaiser Josef II. zum ersten Mal in Angriff nahm, erst im letzten Jahrzehnt mächtig gefördert, ja großentheils bereits in befriedigender Weise zu Ende geführt wurde.

Nachdem durch das Ges. v. 7. Mai 1874 RGB. Nr. 51 über die Religionsfondsbeiträge „die Mittel zu einer Aufbesserung der geistlichen Dotationen“ insbesondere „zur Aufbesserung des bisherigen normalmäßigen Einkommens der Seelsorgegeistlichkeit“ großentheils erlangt waren: wurden mit dem Ges. v. 19. April 1885 RGB. Nr. 47 die provisorischen Be= stimmungen über die Dotation der katholischen Seelsorgegeistlichkeit getroffen. (Congruagesetz.) Der bisherigen seit Kaiser Josef II. datirenden Uebung gemäß ist auch in diesem Gesetz der Staat nur subsidiär zur Bestreitung des Unterhaltes der Seelsorgegeistlichkeit berufen; in erster Linie sollen die kirchliche Pfründe und die mit dem Seelsorgeamte verbundenen Einkünfte (Meßstiftungen, Stolgebühren u. dgl.) die Bedürfnisse des Seelsorgers decken. Erst wenn diese nicht hinreichen, soll der Staat die Einkünfte des Seelsorgers bis zu jenem Betrage, der jeweilig und auch local als der Mindestbetrag für den standesgemäßen Unterhalt des Seelsorgers anerkannt wird (Congrua), ergänzen (§. 1). Diese Ergänzung gebührt sowohl den selbständigen katholischen Seelsorgern, als auch den systemisirten Hilfs= priestern. Dieses standesgemäße Minimaleinkommen (Congrua) wurde vorderhand (bis zu dem Zeitpunkte des Zustandekommens einer definitiven Regelung der Dotationen der kathol. Seelsorgegeistlichkeit) provisorisch für jedes der im Reichsrathe vertretenen Königreiche und Länder ziffernmäßig festgestellt und beträgt für selbständige Seelsorger je nach den verschiedenen Kronländern und dem Standort (größere oder kleinere Städte und Orte) zwischen 500 und 1800 fl. öW.; für Hilfspriester zwischen 300 und 500 fl. öW.[288])

Darüber, ob in jedem einzelnen Falle die Einkünfte des Seelsorgers einer staatlichen Ergänzung und in welcher Höhe bedürfen, entscheidet nach Einvernehmung des Diöcesanbischofs die Landesbehörde. Als Grundlage dieser Entscheidungen haben schriftlich einzureichende Einbekenntnisse (ähnlich der Hauszinsertragsfassionen) zu dienen. Damit dieselben controlirbar seien, so haben sie sowohl die (Brutto=)Einnahmen als auch die Ausgaben, die mit den Pfründen und dem Seelsorgeamte verbunden sind und zwar beides nach den einzelnen im Gesetz (§. 3) angegebenen Posten specificirt zu enthalten. Auf Verschweigungen oder wissentlich unrichtige Angaben sind Geldstrafen gesetzt. Für Provisoren erledigter Pfründen ist der Gehalt aus dem Religionsfond nach der Höhe der für die betreffende Pfründe

---

[288]) Die speciellen ziffermäßigen Feststellungen nach Kronländern, Stand= orten und Abstufungen sind in dem dem Gesetze beigeschlossenen Schema ent= halten.

festgeſetzten Congrua in feſten Monatsbeträgen (36—60 fl.) beſtimmt (§. 5). Ein zweites dem Geſetze angefügte Schema enthält die Bemeſſung der Ruhegehalte der leiſtungsunfähig gewordenen Seelſorger (Deficienten). Auch dieſe Deficienten=Gehälter ſind in erſter Linie aus dem betreffenden Pfründeneinkommen und erſt ſubſidiär aus dem Religionsfond zu beſtreiten (§. 6). Für Seelſorgeſtationen, welche, ſei es regulären Communitäten oder weltgeiſtlichen Körperſchaften einverleibt ſind, haben dieſe ſelbſt auf=zukommen, ſo lange ſie die hinreichenden Mittel hierzu beſitzen.[284])

Griechiſch-orientaliſche (nicht unirte) Kirche.

§. 182. Dieſelbe ſteht in Oeſterreich unter der Metropolie zu Czernowitz[285]), welcher zwei Bisthümer untergeordnet ſind: zu Zara und Cattaro.[286]) Unter dieſen zwei Biſchöfen ſtehen die Protopopen, von denen jedem eine Anzahl Popen (Pfarrer) untergeordnet iſt. Das Vermögen dieſer Kirche, die griechiſch=orientaliſchen Religionsfondsgüter in der Bukowina, aus den Gütern der ehemaligen von Kaiſer Joſef II. aufgehobenen griechiſch=orien=taliſchen Klöſter gebildet, wird unter ſtaatlicher Aufſicht vom griechiſch=orientaliſchen Kirchen=Congreß verwaltet.

In Ungarn ſtehen dieſer Kirche die Erzbiſchöfe (zugleich Metropoliten) in Karlowitz und Hermannſtadt vor, und zwar ſo, daß der Erzbiſchof von Karlowitz Metropolit für die ſerbiſchen, der von Hermannſtadt Metro=polit für die romaniſchen Glaubensgenoſſen iſt. Erſterer führt den Titel Patriarch und ſind ihm ſechs Biſchöfe untergeordnet; dem Hermannſtädter Erzbiſchof ſind zwei Biſchöfe untergeordnet. Jede dieſer Metropolieen er=ledigt ihre gemeinſamen Schul= und Stiftungsangelegenheiten auf einem beſonderen Kirchencongreſſe (GA. IX: 1868), die Serben zu Karlowitz, die Rumänen zu Hermannſtadt, auf welchen auch die beiden Erzbiſchöfe vor=behältlich der landesfürſtlichen Beſtätigung gewählt werden. Dagegen werden Biſchöfe auf den Diöceſan=Synoden gewählt.

Mit Geſ. v. 10. December 1887 RGB. Nr. 142 ſind die Dotations=verhältniſſe der griechiſch=orientaliſchen Seelſorgegeiſtlichkeit proviſoriſch in der Weiſe geregelt worden, daß den nach der Pfarreintheilung ſyſtemiſirten ſelbſtändigen Pfarrern und den Hilfsprieſtern (Caplänen) die Congrua, in=ſoferne dieſelbe durch mit ihrem Amte verbundene Bezüge nicht gedeckt iſt, vom Staate ergänzt wird (§. 1). Ob eine ſolche Ergänzung ſtattzufinden hat, darüber entſcheidet in jedem einzelnen Falle auf Grund vorzulegender Einbekenntniſſe die politiſche Landesbehörde nach Einvernehmung des

---

[284]) Zur Durchführung des obigen Congruageſetzes iſt unterm 2. Juli 1885 eine Miniſterialverordnung erlaſſen worden. Auf Grund der ſeither gemachten Erfahrungen jedoch iſt unterm 20. Jänner 1890 unter Aufhebung jener erſten Durchführungsverordnung eine neue erſchienen (1890 RGB. Nr. 7), welche insbe=ſondere die Einbekenntniſſe, die Art und Weiſe ihrer Abfaſſung, ihre Form und ihren Inhalt und die nöthigen Beläge für die in denſelben angeführten Um=ſtände u. ſ. w. zum Gegenſtande hat.

[285]) Errichtet mittelſt a. h. Entſchl. vom 18. März 1874.

[286]) A. h. Entſchl. vom 23. Juli 1874.

öcefanbischofs (§. 3). Bezüglich der Einbekennung der Einkünfte gelten
selben Grundsätze wie bei den Einbekenntnissen der katholischen Geistlich=
:. Auch die ohne ihr Verschulden leistungsunfähig gewordenen Seelsorger
alten einen Ruhegehalt, ohne Rücksicht auf ihr etwaiges Privateinkommen.
r Durchführung dieses Ges. erfloß die MB. v. 30. März 1888. Die
ngrua der Hilfspriester ist seitdem (ebenso wie bei der kathol. Kirche)
t Ges. vom 13. April 1890 erhöht worden.

Evangelische Kirche.

Mit a. h. E. vom 6. Jan. 1866 wurde laut Bekanntmachung des **§. 188.**
aatsministeriums vom 23. Jänner 1866 die von evangelischen General=
wden Augsburger und helvetischer Confession im Jahre 1864 beschlossene
rfassung der evangelischen Kirche in Oesterreich anerkannt.

Darnach bilden alle Angehörigen der evangelischen Kirche beider Con=
ionen in Oesterreich eine confessionelle Gesammtgemeinde, die sich in
kcesen, Seniorate und Pfarrgemeinden theilt. Aufsteigend von der Pfarr=
reinde besitzt die evangelische Kirche folgende Repräsentanzen: Pfarrer
einzelnen Gemeinden, das Presbyterium und die Gemeindeversammlung
einzelnen Gemeinden; den Senior, den Senioratsausschuß und die
nioratsversammlung der einzelnen Senioratsgemeinden; den Super=
tndenten, Superintendentenausschuß= und Versammlung der Diöcese; endlich
t. t. evangelischen Oberkirchenrath, den Synodalausschuß und die
neralsynode. Jede dieser Gemeinden (Pfarre, Seniorat, Superinten=
tz, Gesammtgemeinde) ordnet und verwaltet autonom ihre Angelegenheit
den durch Kirchenvorschriften, staatliche Gesetze und gesetzmäßigen
isfluß der vorgesetzten Behörde gezogenen Grenzen. Die bestehenden Pfarr=
reinden sind vom Staate in ihrer durch Herkommen oder behördlich be=
immten Abgränzung anerkannt. Zur Bildung neuer Gemeinden ist der
chweis ausreichender Mittel für den Kirchendienst und den Unterricht
Jugend erforderlich. Diejenige Anzahl evangelischer Glaubensgenossen,
behufs der Errichtung und Erhaltung einer Schule zusammentreten,
ven eine Schulgemeinde; letztere muß mit der Kirchengemeinde nicht
ammenfallen. Jeder evangelische Glaubensgenosse gehört derjenigen
rrgemeinde, in deren Sprengel er seinen Wohnsitz hat, oder wenn
eifel über den Sprengel bestehen, der nächsten Gemeinde an. Als An=
öriger der Gemeinde hat er Pflichten und Rechte; letztere kann er aus=
n: zur Erfüllung der ersteren kann er angehalten werden. Die Pfarrer
:den auf Lebenszeit gewählt. Bedingungen der Wählbarkeit sind unter
raussetzung sittlicher Qualification: die nöthige theologische Vorbildung
) das zurückgelegte 24. Lebensjahr. Den Wahlact leitet das Presby=
um. Der Gewählte muß von dem Oberkirchenrath im Einverständniß
der politischen Behörde in seinem Amte bestätigt werden.

Vorstand der Pfarrgemeinde ist das aus derselben gewählte Presby=
um. Dasselbe vertritt die Gemeinde nach außen und verwaltet ihre ge=
mmten Angelegenheiten. Die Zahl der Mitglieder des Presbyteriums

richtet sich nach der Größe der Gemeinde, darf jedoch die Zahl von 200 nicht überschreiten.

Eine Anzahl Gemeinden zum Zwecke der Förderung gemeinsamer Interessen unter einem Senior verbunden bildet die Senioratsgemeinde. Jede Pfarrgemeinde muß einem Senioratsverbande angehören. Der Senior wird aus der Zahl der Pfarrer gewählt. Die Senioratsgemeinde verwaltet ihre gemeinsamen Angelegenheiten durch eine Senioratsversammlung und einen Senioratsausschuß. Erstere besteht aus sämmtlichen Pfarrern des Seniorats, aus ebensoviel weltlichen Abgeordneten der Presbyterien des Senioratsverbandes und aus einer Vertretung des Lehrerstandes der Senioratsgemeinde. Der Senioratsausschuß besteht aus drei Mitgliedern: dem Senior, dem Consenior und dem Senioratscurator.

Das Verhältniß der Pfarrgemeinden zum Seniorat wiederholt sich analog in denjenigen der Senioratsgemeinden zur Diöcese (Superintendentialgemeinde). Es haben also die den Senioratsbehörden analoge höhere Stellungen in der Diöcese der Superintendent, Superintendentalausschuß — und Versammlung. Dagegen erscheint das Verhältniß der Diöcesen zur Gesammtgemeinde der evangelischen Kirche beider Bekenntnisse in Oesterreich insofern von dem so eben geschilderten verschieden, als an der Spitze der Gesammtgemeinde nicht mehr eine Person, sondern ein aus Präsidenten, Vicepräsidenten und Räthen zusammengesetzter k. k. Oberkirchenrath steht. Sämmtliche Mitglieder desselben werden vom Kaiser auf Lebensdauer ernannt und aus Staatsmitteln besoldet, ebenso wie der gesammte Personalstand seiner Kanzlei, deren sämmtliche Angestellten alle Rechte der Staatsdiener genießen. Der Präsident muß dem weltlichen Stande und der Vicepräsident soll immer dem andern Bekenntnisse als der Präsident angehören. Die Angelegenheiten, mit denen sich der Oberkirchenrath befaßt, können beiden Bekenntnissen gemeinsam sein oder nur auf eines derselben sich beziehen.

In ersterem Falle erläßt er seine Verfügungen als k. k. Oberkirchenrath Augsb. und helv. Confession; in letzterem sei es als k. k. Oberkirchenrath Augsb. Confession oder als k. k. Oberkirchenrath helv. Confession. Noch mehr getrennt als in dem Oberkirchenrath sind die beiden Bekenntnisse in den Generalsynoden, die jedes der beiden Bekenntnisse abgesondert alle sechs Jahre in Wien abhält. Die Einberufung derselben geschieht durch das Cultusministerium. Mitglieder derselben sind: die Superintendenten und Superintendentialcuratoren der Diöcesen, die Senioren und je ein weltlicher Abgeordneter jedes Seniorats, ein Abgeordneter der evangelischtheologischen Facultät in Wien.

Die evangelische Kirche hat das Recht, nach Gutdünken in ihren Gemeinden Schulen zu errichten. Der Unterricht in denselben muß sich nach den allgemeinen Unterrichtsgesetzen richten, jedoch unter Wahrung des confessionellen Charakters. Bei Vorhandensein gesetzlicher Bedingungen kann diesen Schulen das Oeffentlichkeitsrecht zuerkannt werden.

Die evangelische Kirche erhält vom Staate jährliche Beiträge zur Bestreitung ihrer kirchlichen Bedürfnisse (Unterstützungspauschale); auch unterst der Staat vorzügliche evangelische Candidaten des Kirchen- und Schul-amtes, welche zum Zweck ihrer Ausbildung ausländische Hochschulen oder Seminarien besuchen.

In Ungarn hat die reformirte Kirche eine für Ungarn und Sieben-bürgen gemeinschaftliche Verfassung mit einem General-Convente an der Spitze, fünf Superintendenten, eben soviel Districtual-Conventen und 56 Senioraten.

Die lutherische Kirche hat in Ungarn eine von Siebenbürgen abge-änderte Organisation; an der Spitze derselben steht dort ein weltliches General-Inspectorat, welchem die Superintendenten mit den Districtual-Conventen und diesen wieder die Decanate untergeordnet sind.

In Siebenbürgen steht an der Spitze dieser Kirche die Landes-Kirchen-versammlung und das Landes-Consistorium; diesem untergeordnet sind: Bezirks-Consistorium und Bezirks-Kirchenversammlung und in unterster die Presbyterium und Gemeindevertretung.

Unitarier, Juden, Altkatholiken, Herrnhuter.

§. 184.

In Siebenbürgen besteht die Unitarische Kirche unter einer Synode samt Ober-Consistorium als höchsten Landes-Kirchenbehörden. Unter denselben führen das Kirchenregiment ein Superintendent (Bischof) zu Clausenburg und Dechanten in acht Diöcesen. [286a]

Die Juden bilden weder eine Kirche noch eine einheitlich organisirte Religionsgesellschaft. Denn sie haben weder ein gemeinschaftliches geistliches Oberhaupt noch auch eine gemeinsame Vertretung ihrer religiösen Ange-legenheiten. [286b] Die Verwaltung dieser letzteren besorgten von jeher die Vorstände ihrer Cultusgemeinden, neben denen gegenwärtig Rabbiner als

---

[286a] Die Unitarier sind Anhänger der Lehre des Lälius Socius (1525—1561), daher sie auch Socinianer genannt werden. Im 16. Jahrhundert zählte diese Lehre zahlreiche Anhänger in Polen (wo man sie Arianer nannte). Als im 17. Jahr-hundert unter Sigismund III. unter dem Einfluß der Jesuiten die kirchliche Re-action in Polen um sich griff, wurden die Socinianer geächtet und ein großer Teil derselben fand Zuflucht in Siebenbürgen. Die Gesammtzahl der Unitarier selbst beträgt heute 53,500.

[286b] Von einer einheitlichen Religionsgesellschaft kann nur da die Rede sein, wo die Gesammtheit der Glaubensgenossen von einer kirchlichen oder hierar-chischen Organisation unter einer einheitlichen geistlichen Behörde (Synode oder dergl.) umfaßt wird. In Europa hat in neuerer Zeit Napoleon I. den Versuch gemacht, den Juden in Frankreich eine solche einheitliche „Consistorialverfassung" zu geben, die sich dort bis heute erhalten hat. Das Beispiel Frankreichs fand in Ungarn Nachahmung. Die österr. Regierung hat es mit Recht abgelehnt, bei der jüngstens vorgenommenen gesetzlichen Regelung der äußeren Rechtsverhältnisse dieser Religionsgesellschaft derselben nach dem Muster Frankreichs und Ungarns eine solche einheitliche Consistorialverfassung zu geben. Denn eine solche einheitliche hierarchische Organisation zu schaffen, wo sie nicht besteht, ist jedenfalls eine Act kirchlicher Reform, da doch damit zugleich eine bisher nicht vorhandene kirchliche Oberbehörde (sei es eine Person oder Körperschaft) eingesetzt wird. Nun ist es aber gewiß nicht Aufgabe der Staatsverwaltung, kirchliche Reformen durchzuführen. Vergl. die Rede des Ministers Gautsch im Abg.-H., 7. Februar 1890.

von den Gemeinden gewählte und besoldete, der staatlichen Bestätigung
unterliegende „Religionsdiener" und zugleich staatliche Functionäre
stehen. Die „äußeren Rechtsverhältnisse" dieser Cultusgemeinden sind
in Oesterreich neuerdings durch das Gesetz vom 21. März 1890 geregelt
worden. Darnach muß jeder Israelit der Cultusgemeinde angehören,
in deren Sprengel er seinen ordentlichen Wohnsitz hat. Diesen Zwang
des Angehörens an die Cultusgemeinde seines Wohnortes übt der Staat
gegenüber jedem Israeliten, so lange er nicht seinen Austritt aus der
israelischen Religionsgesellschaft in gesetzlicher Form anzeigt. Die Cultus-
gemeindesprengel werden mit Genehmigung der Staatsgewalt durchgeführt,
damit Israeliten, die außerhalb des Sitzes der Cultusgemeinden wohnen,
diesen letzteren zugetheilt werden und zu den Cultussteuern herangezogen
werden können. Die Statuten der Cultusgemeinden bedürfen der staatlichen
Genehmigung.

Der Zwang der Staatsgewalt gegenüber den einzelnen Israeliten, ihren
betreffenden Cultusgemeinden anzugehören, erstreckt sich jedoch lediglich auf
die vorgeschriebenen Cultus=Steuerleistungen; die „freie Bethätigung der
religiösen Ueberzeugungen in ritueller Beziehung darf nicht behindert werden"
(§. 25), d. h. die Cultusgemeinde darf den Einzelnen ihrer Angehörigen
zu keiner religiösen Ceremonie oder Observanz gegen seinen Willen heranziehen. Die Thätigkeit der Vorstände und Rabbiner stehen übrigens unter
Controle der competenten Staatsbehörden.[287])

Die altkatholische Kirche wurde im Sinne des Staatsgrundgesetzes
in Oesterreich mit der Ministerialverordnung vom 18. October 1877 RGB.
N. 99 anerkannt; ihre innere Verfassung regelt die Synodal= und Gemeindeordnung der altkatholischen Kirche in Oesterreich vom Jahre 1878. Darnach steht an ihrer Spitze eine Synode, die aus dem Bischof, dem Synodal-
rath, den Geistlichen und den Delegirten der Gemeinden besteht. Jede
ihrer Cultusgemeinden wird durch einen Kirchenvorstand und der Gemeindeversammlung vertreten.

Die evangelische Brüderkirche (Herrnhuter), deren „Unitätsdirec-
tion" zu Berthelsdorf bei Herrnhut in Sachsen ihren Sitz hat, wurde mit
Ministerialverordnung vom 30. März 1880 auch in Oesterreich anerkannt.[287a])

[287]) Der „staatsgrundgesetzlich gegebene" Standpunkt des Gesetzes wird in
obiger Rede des Ministers Gautsch als der „der vollen Autonomie auf dem Gebiete
der inneren Angelegenheiten und der Wahrung der staatlichen Interessen, so
weit die äußeren Rechtsverhältnisse in Frage kommen", bezeichnet. Auch der Vertreter
der Regierung, Hofrath Rittner, der am 13. Februar 1890 den Gesetzentwurf
im Abg.-H. gegen antiquirte Tendenzen zu einer Stärkung der Macht der confessionellen Cultusvorstände vertheidigte, faßte den Standpunkt desselben in den Worten zusammen: „staatlich geschütztes Selbstbestimmungsrecht, jedoch kein staatlicher
Zwang".

[287a]) Außer den oben aufgezählten giebt es in Oesterreich-Ungarn noch folgende
die gesetzliche Freiheit genießende Religionsgesellschaften: 1. die armenisch-orien-
talische, deren geistliches Oberhaupt der Patriarch im Kloster Etschmiadsin in Trans-
kaukasien ist; 2. die Lippowaner in der Bukowina; endlich 3. die Mohamedaner
in Bosnien und der Herzegowina.

X. Buch

Der Einzelne und sein Recht.

Die Staatsbürgerschaft.

Die Angehörigen der österreichisch-ungarischen Monarchie sind entweder **§. 185.** Oesterreicher, Ungarn oder Angehörige der occupirten Länder. Während einige Rechte und Pflichten ihnen allen gemeinsam sind, unterscheiden sie sich andererseits als Bürger verschiedener Staaten. So kann es z. B. keinem Zweifel unterliegen, daß alle Angehörigen des Reiches das Recht auf denselben Schutz seitens der auswärtigen Vertretungen des Reiches haben. Auch sind sie als Angehörige der Monarchie zu gleicher Treue gegen den Herrscher und das Reich verpflichtet und insofern sie dem Verbande der Wehrmacht des Reiches angehören, obliegen ihnen dieselben Pflichten gegenüber dem Kaiser als obersten Kriegsherrn.

Andererseits besteht aber für die Angehörigen der im Reichsrathe vertretenen Länder ein allgemeines österreichisches Staatsbürgerrecht (Art. I. des StGG. vom 21. December 1867 Nr. 142), an welchem die Angehörigen der anderen Reichshälfte nicht theilnehmen und vice versa. In Folge dessen muß ungeachtet jener gemeinsamen Rechte und Pflichten aller Reichsangehörigen der ungarische Staatsbürger in Oesterreich als Ausländer[266]) betrachtet werden und umgekehrt.

---

[266]) Hier muß erinnert werden, daß „Fremden (Ausländern) überhaupt gleiche bürgerliche Rechte und Verbindlichkeiten mit den Eingeborenen zukommen, wenn nicht zu dem Genusse derselben ausdrücklich die Eigenschaft des Staatsbürgers erfordert wird" (§. 33 abGB.). Unter „bürgerlichen" Rechten müssen wir hier nach unserer Eintheilung nicht nur die aus dem Privatrechte, sondern auch die aus dem öffentlichen Rechte sich ergebenden subjectiven Rechte verstehen; nur die aus dem Staatsrecht im engeren Sinne sich ergebenden „politischen Rechte" erfordern die Eigenschaft als Staatsbürger und stehen den Fremden (Ausländern) nicht zu. Auf den zwischen Oesterreich und Ungarn gemeinsamen Verwaltungsgebieten ist jedoch das österreichische Staatsbürgerrecht dem ungarischen gleichwerthig, so daß es z. B. zu einer Anstellung in den gemeinsamen Behörden und auch zur Einreihung in die österreichisch-ungarische Armee gleichgültig ist, ob der Anzustellende österreichischer oder ungarischer Staatsbürger ist, wenn er nur „einer der beiden Reichshälften" als Staatsbürger angehört. — Vergl. darüber Milner, Oesterreichische Staatsbürgerschaft S. 100.

Codification des Staatsbürgerrechts.

§. 186. Die Bestimmungen über Erwerb, Ausübung und Verlust des Staatsbürgerrechts sind, weil für das Privatrecht von großer Wichtigkeit, häufig
auch als Theil des Privatrechts betrachtet, ins abGB. aufgenommen
worden (§§. 29—33).[289] Doch ließen dieselben viele einschlägige Fragen
ungelöst, die nachträglich durch Hofkanzleidecrete und Verordnungen geregelt
wurden. Hierher gehört insbesondere das Auswanderungspatent vom
24. März 1832. Das StGG. vom 21. December 1867 schuf in Consequenz des Dualismus ein besonderes „allgemeines Staatsbürgerrecht für
alle Angehörigen der im Reichsrathe vertretenen Länder" und beruft sich
auf ein „Gesetz", welches „bestimmt, unter welchen Bedingungen das österreichische Staatsbürgerrecht erworben, ausgeübt und verloren wird". Da
ein solches Gesetz nicht existirt, schon aus dem Grunde, weil ein solches
„österreichisches" auf die Reichsrathsländer beschränktes Staatsbürgerrecht
ein völliges novum in der österreichischen Gesetzgebung ist, so muß man
diesen Hinweis des StGG. so auffassen, daß dasselbe ein solches „Gesetz"
in Aussicht stellt[290]; bis zur Erlassung eines solchen finden allerdings die
bestehenden theils im abGB., theils in Hofdecreten und Verordnungen und
Erlässen enthaltenen Bestimmungen sinngemäße Anwendung.

Dagegen hat Ungarn, den neuen Verhältnissen Rechnung tragend, das
gesammte Staatsbürgerrechtsverhältniß mit dem GA. L. 1879 über den
Erwerb und Verlust der ungarischen Staatsbürgerschaft erschöpfend geregelt.[291]

Die österreichische Staatsbürgerschaft.

§. 187. Dieselbe wird erworben:

a) durch die Geburt (§. 28 abGB.), indem sie den Kindern eines
österreichischen Staatsbürgers gesetzlich zuerkannt ist; das uneheliche Kind
jedoch folgt der Staatsbürgerschaft der Mutter[292];

---

[289] Vor der Einführung des abGB. gab es keine allgemeine österreichische
Staatsbürgerschaft, sondern eine solche der einzelnen Länder. Uebrigens war
damals und noch bis 1848 das „Bürgerrecht" (Indigenat, Landmannschaft, Incolat ꝛc.) von der „Unterthanschaft", als dem niederen Grade der Landesangehörigkeit, unterschieden. Das abGB. bricht Bahn der „österreichischen" Staatsbürgerschaft, der nur noch die „ungarische" gegenübersteht. Die Märzverfassung von
1849 erklärte, es gebe „für alle Völker des Reiches nur ein allgemeines Staatsbürgerrecht", welcher Standpunkt 1867 wieder verlassen wurde, um den früheren
dualistischen wieder einzunehmen.

[290] Das folgt auch daraus, daß schon die Märzverfassung in deutlicheren
Worten ein solches in Aussicht stellte. Dort heißt es (§. 23): „Ein Reichsgesetz wird bestimmen, unter welchen Bedingungen das österreichische Staatsbürgerrecht erworben, ausgeübt und verloren wird."

[291] Vergl. Milner (Emanuel): Die österreichische Staatsbürgerschaft und der
Gesetzartikel L: 1879. Tübingen 1880 und Karminski: Zur Codification des
österreichischen Staatsbürgerschaftsrechts. Wien 1887. Außerdem haben diese
Partie des Staatsrechts als in's Privatrecht einschlagend in ihren Lehrbüchern des
österreichischen Civilrechts behandelt: Unger, Stubenrauch, Burkhardt u. s. w.

[292] Von einem auf österreichischem Territorium gefundenen Findelkinde wird

b) durch Legitimation, indem durch eine solche ein uneheliches Kind, ~~es~~ der fremden Staatsbürgerschaft der Mutter gefolgt war, nun die ~~r~~eichische Staatsbürgerschaft des Vaters erwirbt;

c) Durch Verehelichung mit einem österreichischen Staatsbürger (Hof= leidecret vom 23. Februar 1833 Nr. 2595 JGS.);

d) durch Aufnahme in den österreichischen Staatsverband seitens der ~~com~~petenten Behörde auf Grund eines zehnjährigen Aufenthaltes des Be= ~~wer~~bers nach den Vorschriften des Hofkanzleidecrets vom 1. März 1833 ~~Nr.~~ 2597 JGS. und im Sinne des §. 29 abGB;

e) durch Verleihung seitens der competenten politischen Behörde nach ~~M~~aßgabe des §. 30 abGB.

Die österreichische Staatsbürgerschaft geht verloren:

a) durch Auswanderung. Darunter versteht man ein Verlassen des ~~öster~~reichischen Staatsgebietes in der Absicht, nicht mehr zu dauerndem ~~Auf~~enthalte dahin zurückzukehren.[293] Eine solche Auswanderung steht jedem ~~öster~~reichischen Staatsbürger, der nicht wehrpflichtig ist, ohne weiteres frei ~~(§.~~ IV. des StGG. vom 21. December 1867 Nr. 142 RGB.)[294]. Die ~~weh~~rpflichtigen Staatsbürger dürfen ohne erhaltenen Auswanderungsconsens ~~nich~~t auswandern; competent zur Ertheilung solcher Consense ist bezüglich ~~der~~ Landwehrmänner das k. k. Ministerium für Landesvertheidigung; be= ~~zügl~~ich der in der Linien= und Reserve=Dienstpflicht stehenden Personen das ~~Reich~~s=Kriegsministerium. Während eines Krieges dürfen solche Bewilli= gungen nicht ertheilt werden.

b) durch Verehelichung an einen Ausländer verliert die Oesterreicherin das österreichische Staatsbürgerrecht;

c) durch Legitimation des unehelichen Kindes einer Oesterreicherin ~~seite~~ns des unehelichen Vaters, der Ausländer ist;

d) durch Austritt des Familienhauptes aus der österreichischen Staats= ~~bürg~~erschaft verlieren dasselbe auch seine minderjährigen Kinder;

e) durch Ausspruch der Behörde beim Vorhandensein der den Ver= ~~lust~~ der Staatsbürgerschaft zulassenden Thatsachen.

Das ungarische Gesetz enthält im Wesentlichen dieselben Bestimmungen, ~~die i~~n Oesterreich geltend sind. Abstammung, Legitimation, Ehe und Nationa= ~~lisir~~ung (Aufnahme) sind auch hier die Haupterwerbsarten des Staats= ~~bürg~~errechts. Im Einzelnen enthält jedoch das ungarische Gesetz gewisse ~~char~~akteristische Abweichungen. So z. B. wirkt in Ungarn die Abstammung

---

~~ange~~nommen, daß es von Oesterreichern abstamme; es wird demselben daher so ~~lang~~e die österreichische Staatsbürgerschaft zuerkannt, bis nicht das Gegentheil er= ~~wies~~en ist. Vergl. Milner S. 12.

[293]) Vergl. Auswanderungspatent vom 24. März 1832 JGS. Nr. 2557.

[294]) Durch diese Bestimmung des StGG. sind die entgegenstehenden Bestimmun= gen des Auswanderungspatentes vom Jahre 1832 aufgehoben; die in diesem ~~Pate~~nte enthaltenen Bestimmungen über unbefugte Auswanderung gelten nur noch ~~gege~~nüber Denjenigen, die durch ihre Auswanderung ihre Wehrpflicht verletzten, ~~insof~~ern in diesem Falle nicht die Vorschriften des Wehrgesetzes in Anwendung ~~komm~~en.

ohne Unterschied ob sie väterlicher= oder blos mütterlicherseits, daher im letzteren Falle auch dann, wenn sie eine illegitime ist.

Die durch die Ehe mit einem Ungar erlangte ungarische Staatsbürgerschaft der Ausländerin verbleibt derselben auch nach dem Tode des Mannes, ja sogar nach der Scheidung von demselben.

Bei den Findelkindern verlangt das ungarische Gesetz als Bedingung ihrer ungarischen Staatsbürgerschaft nicht nur daß sie in Ungarn „gefunden", sondern auch daselbst „erzogen" werden. Ferner ist in Ungarn der abzulegende Staatsbürgereid nicht so wie in Oesterreich nur eine die Aufnahme begleitende Feierlichkeit, sondern eine wesentliche Bedingung zur Erlangung des Staatsbürgerrechts. [295] Eigenthümlich gestaltet ist endlich auch in Ungarn die Naturalisation. Behufs Erlangung derselben ist nämlich in Ungarn außer der Eigenberechtigung, Unbescholtenheit und Erwerbsfähigkeit auch ein ununterbrochener fünfjähriger Aufenthalt in Ungarn verbunden mit eben so langer Steuerleistung daselbst erforderlich. Dagegen kennt das ungarische Gesetz keine Naturalisation durch öffentlichen Dienst.

Ferner kennt das ungarische Gesetz eine Ehren=Staatsbürgerschaft, die dem österreichischen Recht ganz fremd ist. Letzteres kennt nur ein Gemeinde=Ehrenbürgerrecht, welches von den autonomen Gemeinden ertheilt wird. In Ungarn dagegen kann auch der Staat beziehungsweise der König über Vorschlag des Ministeriums das ungarische Ehren=Staatsbürgerrecht an solche Ausländer verleihen, die sich um das Land und die Krone Verdienste erworben haben. Es ist dadurch der Regierung die Möglichkeit gegeben, auch solchen Personen, die mangels der gesetzlichen Bedingungen die Naturalisation nicht erlangen können, ohne weiteres das ungarische Staatsbürgerrecht zu verleihen; nur müssen die so Bevorzugten erklären, daß sie sich in Ungarn niederlassen wollen.

Verloren geht die ungarische Staatsbürgerschaft ähnlich wie die österreichische durch: a) Entlassung, b) behördlichen Beschluß, c) Abwesenheit (und zwar durch zehnjährige, wenn dieselbe nicht durch eine entgegenstehende Erklärung des Betreffenden, daß er sein ungarisches Staatsbürgerrecht behalten wolle, unterbrochen wird), d) durch Legitimation seitens des ausländischen unehelichen Vaters, e) durch Verehelichung an einen Ausländer. [296]

Die persönlichen Freiheitsrechte.

§. 188. Die Debatten des ersten Wiener Reichstags über die Grundrechte des Volkes hatten kein greifbares Resultat erzielt; auch die Grundrechte der octroyirten Märzverfassung waren weggespült von der reactionären Strömung der 50er Jahre. Als die neue Aera des Constitutionalismus (1861) wieder eröffnet wurde und der Reichsrath in Wien wieder versammelt war,

---

[295] Millner l. c. S. 18.
[296] Nach dem älteren ungarischen Rechte war der Verlust der ungarischen Staatsbürgerschaft durch Ehe mit einem Ausländer nur eine zeitweilige, an die Dauer der Ehe geknüpfte; mit dem Aufhören der Ehe lebte die alte Staatsbürgerschaft auf. Das neue Gesetz hat diesen Standpunkt aufgegeben.

nben die großen staatsrechtlichen und nationalen Fragen im Vordergrunde: der Reichsrath als der weitere (für Ungarn) oder nur als der engere ur für Oesterreich) zu betrachten sei; was zum Wirkungskreis des Reichs= ths und was zu jenem der Landtage gehöre u. s. w. Kurz die „natio= len" Fragen gingen den „liberalen" vor. Als aber das Ministerium Schmerling die Leitung der inneren Politik übernahm, als die Ungarn con= macirt wurden, der Reichsrath als „engerer" in Action trat, und in tem Moment scheinbarer Ruhe ein liberales centralistisch=deutsches Regime ugurirt wurde: ward der erste Schritt zur Fundamentirung der politischen eiheit in Oesterreich gethan durch die zwei Gesetze vom 27. Oct. 1862 r. 87 und 88 RGB. zum Schutze der persönlichen Freiheit und des usrechtes, zwei Gesetze, welche fünf Jahre später als Bestandtheile des taatsgrundgesetzes 21. Dec. 1867 Nr. 142 RGB. erklärt wurden und nit den Charakter von Staatsgrundgesetzen erhielten. Diesen drei die rsönlichen Freiheitsrechte des Einzelnen formulirenden Gesetzen folgte jänzend unterm 6. April 1870 Nr. 42 RGB. das Gesetz zum Schutze s Brief= und Schriftengeheimnisses, und diese vier Gesetze zusammen bilden : große Habeas-Corpus-Acte des österreichischen Staatsbürgers. Indem denselben jeder Willkür der staatlichen Organe entziehen und ihn nur ter die Herrschaft des Gesetzes stellen, gewähren sie ihm die größte im taate nur mögliche, einzig und allein durch allgemeine für alle gültige sfetze beschränkte Freiheit und Gleichheit.

Diese Freiheit äußert sich als a) Persönliche Freiheit (Art. 8 StGG. ie Freiheit der Person ist gewährleistet"); als solche begreift sie in sich s Recht im Falle einer Gesetzesverletzung nur vor seinen gesetzlichen chter gestellt zu werden (§. 1 Ges. v. 27. Oct. 1862 Nr. 87); ohne hterlichen mit Gründen versehenen Befehl nicht verhaftet zu werden; ner wie immer gearteten ungesetzlichen Beschränkung der persönlichen eiheit unterworfen zu werden (§. 6). Als Consequenz dieses Grundsatzes r Freiheit der Person ist nicht nur „jeder Unterthänigkeits= und Hörig= tsverband für immer aufgehoben," sondern auch „jede aus dem Titel s getheilten Eigenthums auf Liegenschaften haftende Schuldigkeit oder istung" als ablösbar erklärt und eine solche Belastung für alle Zukunft rboten (Art. 7).[297]

b) Freiheit der Bewegung. „Die Freizügigkeit der Person und des rmögens innerhalb des Staatsgebietes unterliegt keiner Beschränkung." Die Freiheit der Auswanderung ist von Staatswegen nur durch die Wehr= icht beschränkt" (Art. 4 StGG.). Die Ausdehnung dieser letzteren aber an nur gesetzlich festgestellt werden. Jeder Staatsbürger kann an jedem te des Staatsgebietes seinen Aufenthalt und Wohnsitz nehmen.

c) Freiheit des Besitzes: Jeder Staatsbürger kann an jedem Orte des taatsgebietes Liegenschaften jeder Art erwerben und über dieselben frei

---

[297] Die früher bestandenen Lehenverhältnisse wurden theils mit Gesetz vom . Dec. 1862 RGB. Nr. 103, theils mit den Gesetzen vom 31. December 1867 GB. Nr. 8 und 9 ex 1868 und vom 12. Mai 1869 RGB. Nr. 103—112 auf= joben.

verfügen. Da das Eigenthum überhaupt als unverletzlich erklärt wird (Art. 5), so ist es auch dasjenige des Staatsbürgers. Eine Enteignung gegen den Willen des Eigenthümers kann nur in den Fällen und in der Art eintreten, welche das Gesetz bestimmt.

d) Unverletzlichkeit des Hauses. „Das Hausrecht ist unverletzlich." Eine Hausdurchsuchung darf in der Regel nur kraft eines mit Gründen versehenen richterlichen Befehles vorgenommen werden. Die Ausnahmen von dieser Regel sind gesetzlich statuirt; sie greifen Platz zum Zwecke der Strafgerichtspflege, zum Behufe polizeilicher und finanzieller Aufsicht und in Fällen, die gesetzlich bestimmt sind. Eine Verletzung des Hausrechtes gegen die Bestimmungen des Gesetzes wird auch dann gestraft, wenn sie in Ausübung des Amtes und Dienstes vorgenommen wurde.

e) Freiheit des brieflichen Verkehrs. Die Freiheit brieflicher Mittheilungen und sowohl der Mittheilungen als der Meinungsäußerung in versiegelten Schriften ist unbeschränkt; sie wird durch das Gesetz vom 6. April 1870 vollkommen geschützt — auch gegen Personen, welche in Ausübung des Amtes oder Dienstes (doch ohne gerichtlichen mit Gründen versehenen Befehl) das Briefgeheimniß verletzen. Der Art. 10 StGG. gewährleistet dieselbe durch die Bestimmung, daß „das Briefgeheimniß nicht verletzt werden darf" außer in gesetzlich vorgesehenen und bestimmten Fällen. (Kriegsfälle, richterlicher Befehl in Gemäßheit bestehender Gesetze.)

f) Freiheit der Berufswahl. „Es steht jedermann frei, seinen Beruf zu wählen und sich für denselben wo und wie er will auszubilden." Diese Bestimmung des Staatsgrundgesetzes (Art. 18) ergänzt theilweise die obigen Bestimmungen über Freiheit des Besitzes (Art. 6), wobei auch jedem Staatsbürger das Recht „unter den gesetzlichen Bedingungen jeden Erwerbszweig auszuüben" zuerkannt wird. Diese Erwerbsfreiheit ist bereits ein Theil der Berufsfreiheit. Letztere bezieht sich aber obendrein auf Berufe, die nicht zu den „Erwerbszweigen" gezählt werden. Ergänzt und erläutert wird diese Bestimmung durch die im Art. 3 enthaltene „die öffentlichen Aemter sind für alle Staatsbürger gleich zugänglich" und durch die im Art. 17 enthaltenen: „Unterrichts= und Erziehungsanstalten zu gründen und an solchen Unterricht zu ertheilen ist jeder Staatsbürger berechtigt, der seine Befähigung hierzu in gesetzlicher Weise nachgewiesen hat."

g) Glaubensfreiheit. „Die volle Glaubens= und Gewissensfreiheit ist jedermann gewährleistet" lautet das erste Alinea des Art. 14. Nun konnte und könnte allerdings der Staat nie jemandem verbieten zu glauben was ihm beliebt und dem Gewissen des Einzelnen irgend einen Zwang anthun, da die Mittel des Staates unzulänglich sind, um dieses rein innerliche Gebiet zu beherrschen. Es steht dieser Satz offenbar nur zu dem Zwecke da, um als Prämisse die Bestimmungen der zwei folgenden Alineas dieses Artikels zu begründen. Dieselben lauten:

„Der Genuß der bürgerlichen und politischen Rechte ist von dem Religionsbekenntnisse unabhängig; doch darf den staatsbürgerlichen Pflichten durch das Religionsbekenntniß kein Abbruch geschehen.

Niemand kann zu einer kirchlichen Handlung oder zur Theilnahme an einer kirchlichen Feierlichkeit gezwungen werden, insofern er nicht der nach dem Gesetze hiezu berechtigten Gewalt eines Anderen untersteht."

Die zwei Grundsätze, die vom Gesetzgeber hier ausgesprochen wurden, enthalten im Keime eine ganze Reihe von Bestimmungen, die in Consequenz derselben in die Gesetzgebung eingeführt werden mußten.

Denn dieses Recht des Einzelnen, von seinem Religionsbekenntniß unabhängig bürgerliche und politische Rechte zu üben und sich keinerlei kirchlichem und Religionszwange unterwerfen zu müssen, änderte mit einem Schlage die Stellung der Kirchen= und Religionsgenossenschaften, indem es ihnen die frühere Herrschaft (nicht etwa über die Geister und Gewissen) sondern über die Personen ihrer Gläubigen entzog und es in den freien Willen der letzteren stellte, sich dieser Herrschaft zu unterwerfen.

Ein Ausfluß dieser Bestimmungen, eine nothwendig gewordene Aus= führung derselben ist die ganze interconfessionelle Gesetzgebung. (s. oben).

h) Politische Freiheit d. i. das Recht der Mitwirkung an der Aus= übung der Staatsgewalt. Dieses jedem Staatsbürger zuerkannte und ge= währleistete Recht, die Krone aller persönlichen Rechte, äußert sich auf den verschiedensten Gebieten des staatlichen Lebens in Form der Antheilnahme an der Bildung der Volksvertretungen (Wahlen); der Geschworenengerichte; der Gemeindevertretungen; politischer Vereine u. s. w.

Die politischen Rechte.

Das StGG. über die allgemeinen Rechte der Staatsbürger unterläßt §. 189. es aber, den ganzen Kreis dieser Rechte, und somit den ganzen Umfang der politischen Freiheit jedes Staatsbürgers zu zeichnen; nur die wichtigsten politischen Rechte (aus denen sich dann die anderen ergeben) werden auf= gezählt. Es sind das folgende:

1. „Allen Staatsbürgern, welche in einer Gemeinde wohnen und da= selbst von ihrem Realbesitze, Erwerbe oder Einkommen Steuern entrichten, gebührt das active und passive Wahlrecht zur Gemeindevertretung unter denselben Bedingungen wie den Gemeindeangehörigen" (Art. 4). Da die zur Zeit der Abfassung dieses Staatsgrundgesetzes bereits geltenden Land= tagswahlordnungen das active und passive Wahlrecht für die Landtage (und somit auch für den Reichsrath) an das Wahlrecht und die Wählbar= keit in einer Gemeinde knüpfen: so ist mit obigem Artikel das wichtigste politische Recht jedes Staatsbürgers, das der Mitwirkung an der Ausübung der gesetzgebenden Gewalt, begründet. Dieser Umstand erklärt es auch, daß in diesem Staatsgrundgesetze des activen und passiven Wahlrechtes in die Volksvertretungen keiner weiterer Erwähnung geschieht.

Dagegen werden die anderen politischen Rechte namentlich aufgezählt und zwar

2. das Petitionsrecht;
3. das Vereins= und Versammlungsrecht;

4. das Recht durch Wort, Schrift, Druck oder durch bildliche Dar=
stellung seine Meinung innerhalb der gesetzlichen Schranken frei zu äußern.

Wenn nun diese drei Rechte auch zu nichtpolitischen Zwecken gebraucht
werden können, da der Inhalt einer Petition, der Zweck eines Vereines,
der Verhandlungsgegenstand einer Versammlung, sowie endlich der Inhalt
eines Vortrages, einer literarischen oder bildlichen Darstellung nicht durch=
aus politisch zu sein braucht: so werden doch diese drei Rechte mit Grund
zu den eminent politischen gezählt — da ohne dieselbe politische Freiheit
und politische Rechte gar nicht geltend gemacht werden können.   Thatsäch=
lich liefert das öffentliche und politische Leben jedes constitutionellen Staates,
also auch Oesterreichs, in den letzten Decennien tägliche Beispiele, daß nur
durch den Gebrauch dieser Rechte (neben dem Wahlrecht) politische Bestre=
bungen und Tendenzen sich manifestiren können.   Man richtet Petitionen
an Landtage und an den Reichsrath, um diese gesetzgebenden Körperschaften
zur Beantragung von Gesetzen; zur Annahme oder Ablehnung von Regie=
rungsvorlagen zu bestimmen; man gründet Vereine, um politische Be=
strebungen zu fördern, politische Interessen zu vertheidigen, politische Ziele
anzustreben; man arrangirt Versammlungen, um durch Reden und Vorträge
politische Propaganda zu machen; und bedient sich des wirksamsten und
weittragendsten aller politischen Mittel, der Presse und der bildlichen Dar=
stellung, um politische Zwecke zu erreichen.

Ohne diese oben aufgezählten Rechte aber wäre die politische Freiheit
illusorisch, weil sie der zu ihrer Geltendmachung tauglichen Mittel entrathen
würde.   Allerdings sind in diesem Staatsgrundgesetze die hier aufgestellten
politischen Rechte nur principiell gewährleistet: die Art und Weise wie sie
in der Praxis ausgeübt werden können; an welche gesetzlichen Bedingungen
ihre Ausübung geknüpft ist; welchen gesetzlichen Beschränkungen sie unter=
worfen sind; ist in den speciellen Ausführungsgesetzen normirt.   So ent=
halten die näheren Modalitäten über die Ausübung des Petitionsrechtes
die Geschäftsordnungen der Volksvertretungen; über das Vereins= und Ver=
sammlungsrecht existirt ein besonderes Gesetz (v. 15. Nov. 1867 Nr. 134
RGB.), ebenso über die Presse (v. 17. Dec. 1862; Nr. 6 RGB. 1863).

Gleichheit vor dem Gesetze.

§. 190.   Was die „Gleichheit vor dem Gesetze", die Artikel 2 allen Staats=
bürgern zuerkennt, betrifft — so ist der Sinn dieser Bestimmung nicht ohne ge=
wisse Unklarheit.   Denn da die Menschen thatsächlich in all und jedem ungleich
sind, so kann eine gesetzliche Bestimmung sie nicht gleich machen; denkt man
aber bei diesem Artikel an die gleiche Werthschätzung, die der Gesetzgeber
allen Staatsbürgern zuerkennt, so befremdet der Ausdruck „vor dem Gesetze",
da doch das Gesetz ein todtes Stück Papier ist und weder jemanden werth=
schätzen kann noch jemand auf eine solche mehr als theoretische Werthschätzung
irgend ein Gewicht legen würde.

Man kann zu einer halbwegs befriedigenden Erklärung des Sinnes
dieses Artikels, der übrigens wörtlich aus der belgischen Verfassung von

31 herübergenommen wurde, nur auf diese Weise gelangen, daß man
rem Ursprunge nachgeht: denn dann zeigt es sich, daß er ursprünglich
ders und deutlicher lautete und in dieser Form offenbar corrumpirt ist.

Die „Gleichheit vor dem Gesetze" datirt als stereotyper Verfassungs=
ragraph noch aus der französischen Revolution und lautete ursprünglich
der Instruction der Pariser Wähler an ihre Vertreter in der constituirenden
itionalversammlung 1789: „die Menschen sind in ihren Rechten gleich"
les hommes sont egaux en droit. Auf Grund dieser Instruction der
riser Wähler legten sodann die Abgeordneten der Assemblée constituante
tivirte Gesetzentwürfe vor, die alle jenen Satz von der Gleichheit der
:chte enthielten.

In der Motivirung, die Sieyès seinem Entwurfe beifügte, hieß es:
lllerdings existiren unter den Menschen große Ungleichheiten; die Natur
afft Starke und Schwache; sie spendet dem Einen Fähigkeiten, die sie dem
nderen versagt: daraus folgt eine Ungleichheit der Arbeit, der Werke, des
rbrauches und der Genüsse; daraus braucht aber noch keine Ungleichheit
r Rechte zu folgen".

Thatsächlich lautete der 1. Artikel der am 26. August 1789 von der
 itionalversammlung erlassenen Erklärung der Menschenrechte wie folgt:
„Les hommes naissent et demeurent libres et egaux en droits."
ch der Gesetzentwurf, den vier Jahre später der Wohlfahrtsausschuß dem
nvent vorlegte und aus dem die Verfassung von 1793 hervorging, ent=
lt den Grundsatz: Gleichheit der politischen Rechte zwischen allen
irgern (Égalité des droits politiques entre tous les citoyens).

Aber schon die dritte Verfassung vom Jahre 1795 verwarf die mit
n Staate als solchem unvereinbare Gleichheit der politischen Rechte,
em sie die Ausübung der letzteren an einen Census knüpfte. Seit der
it war man mit der Statuirung der „Gleichheit der politischen Rechte",
sich als undurchführbar und mit der staatlichen Ordnung unvereinbar
vies, vorsichtiger und ersetzte dieselbe, so wie das auch in der belgischen
rfassung von 1831 geschah, durch die „Gleichheit vor dem Gesetze". Es
)t aber daraus hervor, daß diese „Gleichheit vor dem Gesetze" nicht „die
eichheit politischer Rechte ist", sondern jedenfalls etwas Geringeres und
nderes.

Diese mindere Bedeutung hat auch thatsächlich der Art. 2 des öster=
chischen StGG. und wir haben bei Betrachtung des Wahlrechts in die
rtretungskörper gesehen, daß diese „Gleichheit vor dem Gesetze" nur die
eichheit im Civil=, Straf= und öffentlichen Rechte bedeutet, daß aber im
litischen Rechte, wie dies auch anders nicht sein kann, eine Gleichheit der
aatsbürger nicht stattfindet.

Das vorliegende Staatsgrundgesetz selbst zieht für den einzelnen Staats=
rger nur zwei weitere Consequenzen aus dem Grundsatze der Gleichheit,
)em es „die öffentlichen Aemter für alle Staatsbürger gleich zugänglich
lärt", also die Gleichheit der Aemterfähigkeit statuirt, und jeden eine Un=
richkeit statuirenden „Unterthänigkeits= und Hörigkeitsverband" aufhebt.

Allerdings wird auch im Art. 19 eine „Gleichberechtigung" statuirt, welche, wenn sie auch unmittelbar sich nicht auf den Einzelnen, sondern theils auf sociale Gruppen, theils auf social-psychische Erscheinungen (Sprache)²⁹⁸) bezieht: dennoch in ihrer Consequenz dem Einzelnen zu Gute kommt und insofern auch eine Gleichheit der Staatsbürger trotz ihrer Angehörigkeit zu verschiedenen socialen Gruppen und Sprachen festsetzt.

Denn die im Art. 19 statuirte Gleichberechtigung „aller Volksstämme des Staates" und aller „landesüblichen Sprachen in Schule, Amt und öffentlichem Leben", tritt in letzter Linie als Aufhebung jeder Ungleichheit der Staatsbürger aus Anlaß ihrer Angehörigkeit an verschiedene Stämme in Erscheinung und bezieht sich auch insofern auf die Gleichheit der Staatsbürger, als es jedem gestattet ist, in jener landesüblichen Sprache mit den Organen des Staates zu verkehren, ja sogar unter gewissen Umständen in derjenigen seinen öffentlichen Unterricht zu genießen, welche seine Mutter-sprache ist.

Politische Freiheit in Ungarn.

§. 191.   Während die „staatsbürgerlichen Rechte" des Einzelnen in Oesterreich beim Uebergange aus der absoluten zur constitutionellen Staatsform erst codificirt werden mußten: brauchte es in Ungarn, wo der Constitutionalismus mit Bezug auf die allein privilegirte Classe des Adels seit jeher bestand, beim Uebergang in den modernen Verfassungsstaat nur der Ausdehnung der altüberlieferten staatsbürgerlichen Rechte auch auf die anderen Classen der Bevölkerung. Dieses geschah in den 1848er Gesetzartikeln, die nach der mehrjährigen Unterbrechung ihrer Wirksamkeit mit den 1867er Gesetzen reactivirt wurden. Und zwar erfolgte diese Ausdehnung vor allem bezüglich des Wahlrechts in den Reichstag. Dasselbe war nach älterem Rechte ein ausschließliches Recht des ungarischen Adels. Der Gesetzartikel V: 1848 dehnte dasselbe auf alle „eingeborenen oder eingebürgerten Individuen" der ungarischen Länder aus, „die wenigstens 20 Jahre alt", eigenberechtigt, unbescholten sind und entweder Hauseigentümer, Grundbesitzer oder Gewerbe-treibende sind oder eine gewisse Steuer²⁹⁹) zahlen oder zu der Classe der Intelligenz gehören.³⁰⁰)

Mit dem G.A. VIII: 1848 wurde die Gleichberechtigung aller Staatsbürger bezüglich der Tragung der Steuerlasten begründet und der bisher bestandenen Steuerfreiheit des Adels, welche eine Mehrbelastung der anderen Bevölkerungsclassen zur Folge hatte, ein Ende gemacht.³⁰¹)

Mit dem G.A. IX: 1848 wurde die persönliche Freiheit aller unga-rischen Staatsbürger insofern begründet, als sowohl das „Urbarium"

---

²⁹⁸) Sociologie S. 54 ff.
²⁹⁹) In Städten muß das Haus oder das Grundstück im Werthe von 300 fl. sein; wer weder Haus noch Grundstück in obigem Werthe besitzt, auch kein Ge-werbetreibender ist, muß mindestens 100 fl. Steuer zahlen.
³⁰⁰) Es sind das: Aerzte, Chirurgen, Advokaten, Ingenieure, Künstler, Pro-fessoren u. s. w.
³⁰¹) „Alle Einwohner Ungarns und der damit verbundenen Theile tragen alle öffentlichen Lasten ohne Unterschied gleich- und verhältnißmäßig."

als auch die „dasselbe ergänzenden Dienstleistungen (Robot) Natural= und Geldabgaben für ewige Zeiten" abgeschafft wurden.[302]) Gleichzeitig wurde die grundherrliche Gerichtsbarkeit aufgehoben (§. 4).

§A. XVIII proclamirte die Preßfreiheit.[303]) Ueber Preßvergehen urtheilen Schwurgerichte in öffentlichem Verfahren (§. 17).

Das Vereinsrecht.

Die Aera der Reaction bezeichnete auf dem Gebiete des Vereinsrechts das Patent vom 26. November 1852. Dasselbe enthielt Bestimmungen über die von der Staatsverwaltung zu ertheilende „besondere Bewilligung zur Errichtung von Vereinen." Unter diesen verstand aber das Gesetz nur nichtpolitische, deren es eine ganze Reihe aufzählt (Actienvereine, Transport= gesellschaften, wissenschaftliche Vereine u. s. w.), dagegen war die Bildung „von Vereinen, welche sich Zwecke vorsetzen, die in den Bereich der Gesetz= gebung oder der öffentlichen Verwaltung fallen, untersagt". Damit waren alle politischen Vereine verboten. **§. 192.**

Diese Beschränkung der politischen Freiheit beseitigte erst der Art. 2 des StGG. über die allgemeinen Rechte der Staatsbürger. Derselbe ver= leiht den österreichischen Staatsbürgern „das Recht sich zu versammeln und Vereine zu bilden". Bezüglich der Regelung der „Ausübung dieses Rechtes" verweist das StGG. auf das „besondere Gesetz."

Damit war auf die zwei Gesetze verwiesen, welche einige Wochen früher unterm 15. November 1867 (RGB. Nr. 134 und 135) über das Vereins= recht und Versammlungsrecht erschienen waren.

Das erste von diesen, das Vereinsgesetz, hat speciell die politischen Vereine im Auge: denn es schließt ausdrücklich alle Vereine und Gesell= schaften aus, „welche auf Gewinn berechnet sind, dann alle Vereine für Bank=, Credit= und Versicherungsgeschäfte, Rentenanstalten, Sparcassen" u. s. w., deren Bildung besonderen Gesetzen unterliegt. Ebenso sind von dem Wirkungskreise dieses Vereinsgesetzes ausgeschlossen alle Orden und Con= gregationen, Religionsgesellschaften; Erwerbsgenossenschaften und Gewerk= schaften, welche alle ebenfalls besonderen Gesetzen unterliegen. Es bezieht sich dieses Vereinsgesetz daher nur auf politische, wissenschaftliche und hu= manitäre Vereine.

Zur Bildung eines solchen Vereins bedarf es keiner besonderen staat= lichen Bewilligung; die Gründer haben eine an gewisse Formen gebundene Anzeigepflicht. Und zwar müssen die Unternehmer die beabsichtigte Bil= dung des Vereines unter Vorlage der Statuten (in fünf Exemplaren) der politischen Landesstelle anzeigen.

Die Vereinsstatuten müssen die Angaben über Zweck, Bildung und Er= gänzung des Vereins und dessen gesammte Organisation enthalten. Ueber die erstattete Anzeige ertheilt die Landesbehörde eine Bestätigung.

---

[302]) Ebenso der geistliche Zehent (Gesetzartikel XIII: 1848).
[303]) „Seine Gedanken darf Jedermann im Wege der Presse frei mittheilen und frei verbreiten."

Ist der Verein nach seinem Zwecke oder nach seiner Einrichtung gesetz- oder rechtswidrig oder staatsgefährlich, so kann die Landesstelle dessen Bildung untersagen.

Die Untersagung muß jedoch binnen vier Wochen nach Ueberreichung der Anzeige schriftlich und unter Angabe der Gründe erfolgen.

Erfolgt binnen dieser Frist keine Untersagung oder erklärt die Landes- stelle schon früher, daß sie den Verein nicht untersage, so kann der Verein seine Thätigkeit beginnen.

Gegen eine durch die Landesstelle erfolgte Untersagung kann die Be- rufung an das Ministerium des Innern ergriffen werden.

Gegen eine rechtskräftige Entscheidung des Ministeriums des Innern kann die Beschwerde vor dem Verwaltungsgerichtshofe angebracht werden.

Findet die Landesstelle keinen Grund zur Untersagung des Vereines, so hat sie einfach den Inhalt der vorgelegten Statuten zu bescheinigen, womit die rechtliche Existenz des Vereins ausgesprochen ist. Erstreckt sich die Wirksamkeit eines Vereines nach seinen Statuten auf mehrere Länder, so ist statt der Landesstelle die competente Behörde das Ministerium des Innern. Der Vereinsvorstand hat die Pflicht, die politische Behörde über seine Or- ganisation, Mitglieder, Geldgebahrung, Versammlungen u. dergl. in fort- laufender Kenntniß zu erhalten.

Von jeder Vereinsversammlung ist wenigstens 24 Stunden vorher unter Angabe des Ortes und der Zeit der Abhaltung derselben die Behörde in Kenntniß zu setzen.

Die Aufrechthaltung der Ordnung und Uebung der parlamentarischen Disciplin in den Vereinsversammlungen ist Pflicht des Vorsitzenden. Der Behörde steht es frei, zu jeder Vereinsversammlung einen Abgeordneten zu entsenden, dem ein angemessener Platz gebührt (nach seiner Wahl) und der das Recht hat, Auskünfte über die Person der Antragsteller und Redner zu verlangen. Die Behörde hat das Recht, Einsicht in die Protocolle der Vereinsversammlungen zu nehmen. Wegen gesetzwidriger Vorgänge kann die Behörde (eventuell ihr Abgeordneter) die Versammlung schließen.

Sobald eine Vereinsversammlung als geschlossen erklärt ist, sind die Anwesenden verpflichtet, den Versammlungsort sogleich zu verlassen und auseinanderzugehen. Jeder Verein kann aufgelöst werden, wenn er Beschlüsse faßt oder Erlässe ausfertigt, welche dem Strafgesetz zuwiderlaufen, wenn er durch was immer für Thätigkeit seinen statutenmäßigen Wirkungskreis über- schreitet oder den Bedingungen seines rechtlichen Bestandes nicht mehr entspricht.

An politischen Vereinen dürfen Ausländer, Frauenspersonen und Minderjährige nicht theilnehmen. Ueberhaupt enthält das Gesetz einige besondere Bestimmungen bezüglich der politischen Vereine. So dürfen diese z. B. keine Zweigvereine gründen und auch keine Verbände mit andern Vereinen bilden was nicht politischen Vereinen unter den gesetzlichen Be- dingungen gestattet ist; auch darf ein Vorstandsmitglied eines politischen Vereines nicht auch dem Vorstand eines andern politischen Vereines angehören. Ueber die Mitglieder der politischen Vereine muß die Be-

be jährliche Ausweise erhalten. Die Bestimmungen dieses Gesetzes
nen im Kriege und im Falle innerer Unruhen ganz oder theilweise
pendirt werden.

Das Versammlungsrecht.

Das Versammlungsgesetz erklärt alle Versammlungen „nach Maßgabe **§. 193.**
Bestimmungen" desselben für gestattet. Die Einberufer von Volks=
sammlungen (ohne Beschränkung auf geladene Gäste) müssen die beab=
tigte Abhaltung einer solchen mindestens drei Tage früher der Behörde
riftlich anzeigen. Soll eine solche Versammlung aber unter freiem
mmel abgehalten werden, so ist eine vorausgehende Genehmigung der
hörde erforderlich. Dasselbe gilt von allen öffentlichen Aufzügen. Die
hörde kann die Genehmigung nur unter schriftlichen Angaben der Gründe
weigern.

Von diesen Bestimmungen sind ausgenommen Wählerversammlungen,[304])
lksfeste, gebräuchliche kirchliche Feste und Aufzüge u. s. w.

Während der Reichsrath oder ein Landtag versammelt ist, darf am
te ihres Sitzes im Umkreis von 38 Kilometern keine Versammlung unter
iem Himmel abgehalten werden. Von jeder activen Theilnahme an Ver=
mmlungen sind Ausländer ausgeschlossen. An Volksversammlungen oder
rsammlungen unter freiem Himmel dürfen Bewaffnete nicht Theil nehmen,
reffen und Petitionen, die von Versammlungen ausgehen, dürfen von
ht mehr als zehn Personen überbracht werden (diese Bestimmung richtet
i gegen die im Jahr 1848 so beliebten „Sturmpetitionen").

Für die Wahrung des Gesetzes und für Aufrechthaltung der Ordnung
einer Versammlung haben zunächst der Leiter und der Ordner Sorge
tragen. Sie haben gesetzwidrigen Aeußerungen oder Handlungen sofort
gegenzutreten und wenn ihren Anforderungen keine Folge geleistet wird,
: Versammlung aufzulösen. Die politische Behörde hat auch her so
e bei den Vereinsversammlungen das Recht der Entsendung eines
er mehrerer Abgeordneten, denen in der Versammlung ein angemessener
atz nach ihrer Wahl einzuräumen ist, und denen auf Verlangen Auskunft
er die Personen der Antragsteller und Redner gegeben werden muß.
setzwidrige Vorgänge ziehen die Auflösung der Versammlung nach sich.
r den Fall der Auflösung der Versammlung sind ähnliche Bestimmungen
tend, wie für den Fall der Auflösung einer Vereinsversammlung (s. ob.).

Gegen alle Verfügungen der Unterbehörden, in Sachen der Versamm=
igen, kann an die Landesstelle und gegen jede Verfügung der letzteren an

---

[304]) Als solche erkennt das Gesetz nur jene Versammlungen der Wähler an,
lche „zur Zeit der ausgeschriebenen Wahlen" vorgenommen werden. Dieselben
fen jedoch nicht unter freiem Himmel stattfinden. Eine polizeiliche Intervention
det bei Wählerversammlungen nicht statt.

das Ministerium des Innern die Berufung binnen acht Tagen ergriffen werden.

Wird auf Grund des Gesetzes vom 5. Mai 1869 Nr. 66 RGB. lit. b der §. 12 des Staatsgrundgesetzes über die allgemeinen Rechte der Staatsbürger suspendirt, so können Versammlungen nach den Bestimmungen dieses Gesetzes vom 15. Nov. 1867 nicht abgehalten werden. Es bedarf dann specieller Bewilligungen der politischen Behörden.

Das Preßrecht.

§. 194.   Das Preßgesetz vom Jahre 1862 wurde nicht so wie das mit den Gesetzen zum Schutze der persönlichen Freiheit, des Hauses und des Briefgeheimnisses geschehen ist, zu einem Bestandtheile der Staatsgrundgesetze gemacht; der Artikel 13 des StGG. 1867, der den Grundsatz der freien Presse verkündigt, beruft sich nicht auf dasselbe; offenbar weil der Gesetzgeber des Jahres 1867 an ein liberaleres Ausführungsgesetz der von ihm im Artikel 13 proclamirten grundsätzlichen Bestimmung dachte. In der That ist durch diese Bestimmung des Artikel 13 das Preßgesetz von 1862 um ein gut Stück überholt, trotzdem letzteres zur Zeit, als es erlassen wurde, einen bedeutenden Fortschritt auf der Bahn freiheitlicher Entwickelung bedeutete.[305]

Hatte doch das Preßgesetz vom 17. Dec. 1862 das reactionäre Preßpatent vom 27. Mai 1852 aufgehoben und den Gebrauch der Presse nur durch das „gegenwärtige Preßgesetz und die besonderen Strafgesetze" geregelt, was schon als bedeutende freiheitliche Entwickelung bezeichnet werden mußte. Uebrigens hat es das Preßgesetz vom 17. Dec. 1862 vorwiegend mit der periodischen Presse zu thun — denn nur bei dieser tritt die Nothwendigkeit einer gewissen präventiven Polizei ein — die bezüglichen Bestimmungen aber jenes Preßgesetzes wurden im Geiste des StGG. v. 1867 durch das Gesetz v. 15. October 1868, RGB. Nr. 142 wesentlich gemildert. Dazu kam noch seit 1869 die Verweisung aller Preßverbrechen und Vergehen vor die Geschworenen. Auf wissenschaftliche Werke, wie auch auf Bücher, die nicht periodisch erscheinen, findet das Preßgesetz keine Anwendung; diese ganze Literatur unterliegt außer den allgemeinen Strafgesetzen keinerlei anderen Beschränkungen als nur solchen, die sich aus dem Gewerbegesetze ergeben. Doch steht es auch Jedermann, auch den nicht gewerbemäßigen Verlegern frei, ihre Schriften im Selbstverlage erscheinen zu lassen und auch zu verkaufen — es genießt daher das Verfassen und Veröffentlichen von Büchern vollkommene Freiheit.

Dazu tritt nun ergänzend die Bestimmung der Alinea 2 Art. 13 des

---

[305] Unterm 17. December 1862 erschienen gleichzeitig das (materielle) Preßgesetz RGB. Nr. 6 und das Ges. über das Verfahren in Preßsachen (RGB. Nr. 7). Letzteres wurde durch das Gesetz vom 9. März 1869 insoferne abgeändert als für Preßverbrechen und Vergehen Geschworenengerichte eingeführt wurden.

StGG. über allgemeine Rechte der Staatsbürger, daß die Presse nicht unter Censur gestellt werden darf — eine Bestimmung, die sich offenbar nicht nur auf die periodische Presse bezieht, sondern auf alle wie immer gearteten Erzeugnisse der Presse. An diese Freiheit der Presse ist man in Oesterreich bereits so gewöhnt, dieselbe ist bereits so sehr ein integrirendes Stück unseres öffentlichen Lebens geworden, daß wir uns der Wohlthat desselben kaum noch bewußt sind. Und dennoch darf man die Bedeutung dieser freiheitlichen Errungenschaft nicht vergessen. Giebt es doch noch Staaten in Europa (z. B. Rußland), wo jedes Buch, bevor es veröffentlicht wird, die Censur passiren muß, und der Rothstift des Censors in jedem Buche, sei es auch in einem wissenschaftlichen, streicht was ihm beliebt; wo also der Gelehrte und Schriftsteller bei jeder Zeile, die er schreibt, mit der oft sehr beschränkten Auffassungskraft des Censors zu rechnen hat. Die periodische Presse allerdings unterliegt auch in Oesterreich gewissen Beschränkungen, die sich zumeist aus dem Staats- und öffentlichen Interesse ergeben.[306])

Diese Beschränkungen bestehen in folgenden für die Herausgabe periodischer Zeitschriften vorgeschriebenen gesetzlichen Bedingungen:

Wer eine periodische Druckschrift herauszugeben beabsichtigt, hat dieß vorläufig dem Staatsanwalte und der landesfürstlichen Sicherheitsbehörde des Bezirkes, in welchem der Ort der Herausgabe gelegen ist, anzuzeigen. Die Anzeige hat zu enthalten: Titel und Programm der Zeitschrift; Namen und Wohnort des verantwortlichen Redacteurs (der bestellt werden muß, §. 9); Namen und Wohnort des Druckers eventuell des Verlegers (wenn er nicht der Herausgeber selbst ist).

Jede Aenderung in der Herausgabe muß ebenso angezeigt werden. Erscheint die Zeitschrift öfter als zweimal monatlich so muß eine Caution erlegt werden (§. 13).

Von jedem einzelnen Blatte oder Hefte einer periodischen Druckschrift hat der Drucker zugleich mit dem Beginne der Austheilung oder Versendung, von anderen Druckschriften aber wenigstens 24 Stunden vor der Austheilung oder Versendung bei der Sicherheitsbehörde des Ausgabeortes, und an Orten, wo ein Staatsanwalt seinen Sitz hat, auch bei diesem ein Exemplar zu hinterlegen. Ueberdieß sind Pflichtexemplare von jeder Nummer an das Ministerium des Innern und mehrere andere Behörden und Anstalten (Bibliotheken) abzuliefern. Zeitschriften unterliegen nach Maßgabe der Gesetze der Stempelgebühr. Sie sind verpflichtet, falsche Angaben und Mittheilungen zu berichtigen (§. 19).

Eine periodische Druckschrift, welche Anzeigen (Inserate) aufnimmt,

---

[306]) Wir sagen „zumeist", denn die Erfahrung in anderen Ländern beweist, daß mehrere der in Oesterreich, gegenüber der periodischen Presse noch aufrecht erhaltenen Beschränkungen wie z. B. die Stempelgebührenpflicht, die Cautionspflicht und das Verbot der Colportage, sehr wohl aufgehoben werden können ohne ein Staats- oder öffentliches Interesse zu gefährden. In Ungarn existieren diese Beschränkungen nicht und auch in Deutschland nicht, um von andern Ländern, wie England und Italien nicht zu sprechen.

kann verhalten werden, ämtliche Erlässe, welche ihr zur Veröffentlichung von der Behörde zugemittelt werden, jedoch nur gegen Vergütung der üblichen Einrückungsgebühren aufzunehmen (§. 20). Jede Art von Colportage ist verboten (§. 23).

Gegen ausländische Zeitungen kann die Regierung die Entziehung des Postdebits verfügen (§. 26).

Endlich unterliegen Herausgeber, Drucker und Redacteur einer periodischen Zeitschrift für Vergehen und Uebertretungen der Preßvorschriften nicht nur dem allgemeinen Strafgesetze, sondern auch den im III. Abschnitt des Preßgesetzes enthaltenen besonderen Strafbestimmungen.

Das Verwaltungsrecht.

———

Begriff und System des Verwaltungsrechts.

§. 1. Durch die Uebung der Regierungsgewalt auf allen Gebieten des staatlichen und öffentlichen Lebens entsteht das Verwaltungsrecht. Denn all und jedes Recht entsteht durch die beim Zusammentreffen verschiedener socialer Factoren hervorgerufene Geltendmachung verschiedener Interessen — und ist nichts anderes als die aus diesem Zusammentreffen sich ergebende Gränze der gegenseitigen Machtsphäre.

Wenn nun die Regierungsgewalt in der Verfolgung der Staatszwecke mit den socialen Bestandtheilen des Staates zusammentrifft, indem sie an dieselben Forderungen stellt, Befehle ertheilt, dieselben lenken und leiten will, von ihnen Gehorsam heischt u. s. w. und diese socialen Bestandtheile des Staates dieser Thätigkeit der Regierungsgewalt gegenüber nach Maaßgabe des eigenen Interesses und eigener Macht sich fügen oder widersetzen, so wird durch diese Action und Reaction von Regierung und Volk eine Gränze festgesetzt, deren Einhaltung als Recht, deren Verletzung als Unrecht betrachtet wird. Wird über diese Gränze und ihre Beobachtung eine schriftliche, gesetzliche Norm erlassen, so haben wir ein geschriebenes, gesetzliches Recht vor uns; ist dieß nicht der Fall, wird aber eine bestimmte Gränze gewohnheitsmäßig eingehalten, so liegt ein Gewohnheitsrecht vor. Ein Beispiel möge diesen Satz erläutern.

Holt sich die Regierungsgewalt durch ihre Organe von den einzelnen Staatsgenossen die Beiträge für die Staatsbedürfnisse, sei es in Naturalien oder Geld, ganz nach ihrem Gutdünken: so haben wir es mit dem Recht einer despotischen oder absoluten Regierung zu thun, mit dem Hab und Gut ihrer Unterthanen nach Gutdünken zu schalten und zu walten.

Haben aber die Staatsgenossen so viel Macht erlangt, daß sie der Regierungsgewalt eine Gränze vorschreiben, ihr ein „bis hieher und nicht weiter!" entgegen setzen, ihr nur einen gewissen Theil ihrer Habe und Güter zur Verfügung für die Bedürfnisse des Staates anheimstellen: so bildet diese Festsetzung eine Rechtsbestimmung, die geschrieben oder nichtgeschrieben sein kann.

Oder: preßt die Regierungsgewalt jeden ihr beliebigen Staatsgenossen zum Militärdienst, wie es z. B. in Preußen im 17. Jahrhundert der Fall war, so ist dieses Soldatenpressen ganz nach Belieben der Regierungsgewalt, das Verwaltungsrecht des gegebenen Staates; die Theorie nennt

17*

darnach diesen Staat einen absoluten. Erlangt das Volk die Macht sich solchem willkürlichen Gebahren der Staatsgewalt entgegenzusetzen, und wird die Gränze der beiderseitigen Macht festgestellt; werden über die Art und Weise, nach welcher der Staat die Staatsgenossen zum Militärdienst heranziehen kann, bestimmte Normen festgestellt, so liegen verwaltungsrecht= liche Bestimmungen vor, nach deren Beschaffenheit wir von größerer oder geringerer Freiheit oder Beschränkung des Volkes, von größeren oder ge= ringeren Rechten der Regierung sprechen.

Es giebt Gebiete, auf denen die Regierungsgewalt früher gar keine Thätigkeit entwickelte, die für sie ganz indifferent waren, z. B. der Unter= richt; wo demnach die Regierungsgewalt gar nicht in Action trat und somit mit dem Volke gar nicht zusammentraf. Auf solchen Gebieten kam es da= mals gar nicht zur Bildung eines Verwaltungsrechts.

Als sich die Staatsgewalt noch gar nicht darum kümmerte, ob der Einzelne seine Kinder in die Schule schicke oder nicht, gab es noch kein Schulrecht; es bestand für den Einzelnen vollkommene Freiheit, seine Kinder unterrichten zu lassen oder nicht. Von dem Augenblicke an, wo die Staats= gewalt im Interesse des Staates, also auch der Gesammtheit, ihre Thätig= keit auch auf dieses Gebiet öffentlichen Lebens ausdehnt und von jedem Familienvater verlangt, daß er seine Kinder in die Schule schicke: kommt es in Folge dieses Zusammentreffens der Staatsgewalt mit dem Volke zur Festsetzung einer Gränze der gegenseitigen Machtsphäre, mit andern Worten zur Bildung eines Rechts, in diesem Falle eines Schulrechts.

Auf diese Weise entstehen durch die Thätigkeit der Regierungsgewalt auf den verschiedensten, nach einander in den Wirkungskreis der Staats= gewalt einbezogenen Gebieten des staatlichen Lebens, die verschiedenen Zweige des Verwaltungsrechts. Man bezeichnet jeden dieser Zweige des Verwaltungsrechts mit einem zusammengesetzten Substantiv, indem man die Bezeichnung des bezüglichen Gebietes des staatlichen und öffentlichen Lebens mit dem Worte „Recht" verbindet. So spricht man von Militärrecht, Finanz= recht, Unterrichts= oder Schulrecht, Gewerberecht, Patentrecht u. s. w.

§. 2. Da nun die Zwecke, welche die Staatsverwaltung verfolgt, sehr mannig= fach sind, die Mittel, deren sie sich zur Erreichung derselben bedienen muß, je nach Zeit und Umständen wechseln und nie vollständig aufgezählt, weil nicht vorausgesehen werden können: so folgt daraus, daß das Verwaltungs= recht keinen geschlossenen Kreis von Einzel=Gebieten, sondern eine ins Un= endliche gehende Linie darstellt, die parallel mit der Entwickelung der menschlichen Kultur verläuft.

Man kann nun immer die Zahl der bestehenden Gebiete des Ver= waltungsrechtes constatiren, man kann die derzeitigen Gebiete desselben aufzählen als Militärrecht, Finanzrecht, Consularrecht, Volkszählungsrecht, Wirthschaftsrecht, Post= und Telegraphenrecht u. s. w., man kann aber nie ein aus einem obersten Princip abgeleitetes System des Verwaltungsrechts construiren, wie das im Privatrecht möglich ist, welches den wirthschaften= den pater familias zum Gegenstande hat und den Kreis seiner Lebens=

thätigkeit umfaßt. Das System des Privatrechts ist ein geschlossener Kreis, der sich ergiebt, wenn man den Einzelnen als Mittelpunkt ins Auge fassend seine Lebensäußerungen und wirthschaftlichen Thätigkeiten um ihn als Axe sich herumdrehen läßt. Aus den Thatsachen, daß dieser Einzelne heirathet, Kinder zeugt, eine Wirthschaft betreibt, Verträge schließt, Ver= mögen erwirbt, darüber verfügt und mit Hinterlassung von Vermögen und Nachkommen stirbt, ergiebt sich das einheitliche System des Privat= rechts. So einfach spielt sich das Leben des Staates nicht ab; daher kann das Verwaltungsrecht kein so einheitliches System darstellen. Wir müssen uns damit begnügen, dem Gange der staatlichen Entwickelung folgend, die= jenigen Gebiete des durch sein Walten geschaffenen Verwaltungsrechts dar= zustellen, an welche sich in seiner weiteren Entwickelung weitere Gebiete an= schließen werden — Gebiete, deren Entstehen zu beobachten in unserem Jahrhundert der raschen Culturentwickelung und der Erfindungen wir ge= nugsam Gelegenheit haben. Um nur ein Beispiel anzuführen, entsteht heute vor unseren Augen ein Telephonrecht, welches die Bestimmungen ent= halten wird, welche der Staat bezüglich der Einrichtung und der Benutzung der Telephone sowohl in seinem, wie im Interesse der Gesammtheit erlassen muß. Ebenso kann gegebenen Falles ein Elektricitätsrecht, ein Luft= schiffereirecht u. s. w. entstehen, wie es bereits ein Eisenbahn= und ein Telegraphenrecht giebt — was alles nur Einzelgebiete des Verwaltungs= rechtes sind.

Abgesehen aber von dem Gegenstande, nach dem die einzelnen Gebiete des Verwaltungsrechts benannt werden und nur mit Rücksicht auf die Art und Weise der Geltendmachung desselben können wir drei Phasen der Ent= wickelung all und jedes Verwaltungsrechts unterscheiden. Im despotischen Staate wird das Verwaltungsrecht bestimmt durch den Willen des Herrschers, wie das z. B. heutzutage noch in Rußland geschieht, wo „der Wille des Czaren und die Willkür seiner Beamten Gesetz und Verordnung vertreten."[1] Ist die staatliche Entwickelung zu einer gesetzlichen Rechtsordnung oder gar zu verfassungsmäßigen Formen gelangt, dann ist die Verwaltung an die Grundsätze der gegebenen Rechtsordnung gebunden; sie darf nur im Geiste der Verfassung vorgehen und darf mit Fug als eine verfassungsmäßige Verwaltung bezeichnet werden.[2] Es wäre aber ungerecht gegen den „auf= geklärten Absolutismus", wenn man diese Phase der Verwaltung erst von dem Momente einer kundgemachten Verfassung an datiren wollte. So darf gewiß in Oesterreich schon seit Kaiser Josef II. die Verwaltung als eine gesetzliche und verfassungsmäßige bezeichnet werden, da für dieselbe Gesetze und Verordnungen der Staatsgewalt maaßgebend waren und auch die Herrscher sich an gewisse oberste Grundsätze gebunden erachteten. Auch im vormärzlichen Oesterreich, im sog. „Polizeistaat" waren es doch im Großen und Ganzen nicht Launen und Willkür der Einzelnen, sondern gewisse

---

[1] Engelmann, russisches Staatsrecht b. Marquardsen, S. 12.
[2] Die Lehre von der „verfassungsmäßigen Verwaltung" als einer Forderung der Verwirklichung des Rechtsstaates ist von Lorenz Stein begründet und aus= gebildet worden.

leitende Grundsätze, wenn auch häufig irrige, welche in der Verwaltung
verwirklicht werden sollten.

Die dritte und höchste Stufe erreicht die Entwickelung des Verwaltungsrechts erst dann, wenn die Verwaltung nicht nur nach den kundgemachten
Gesetzen und Verordnungen, nicht nur nach dem Grundsatze der Verfassung
und in dem Geiste derselben geführt werden muß: sondern wenn auch über
die Frage, ob das im gegebenen einzelnen Falle geschehen ist, von einem
unabhängigen Gerichtshofe, vor dem die Staasverwaltung ihr Vorgehen
rechtfertigen muß, judicirt wird. Diese dritte Stufe erreichte das österreichische Verwaltungsrecht mit der Errichtung des Verwaltungsgerichtshofes.

Indem wir nun zur Darstellung des Verwaltungsrechts übergehen,
werden wir die Zweige desselben in der Reihenfolge darstellen, in welcher
der Staat in seiner historischen Entwickelung im Großen und Ganzen diese
einzelnen Gebiete des Lebens in seine Thätigkeitssphäre einbezog, ein
System, welches wir in unserer Verwaltungslehre, im Gegensatz zu andern
Systemen des Verwaltungsrechts, eingehender begründet haben.[2])

Diese Reihenfolge ist die nachstehende: a) Militärrecht, b) Finanzrecht,
c) äußeres Staatsrecht, d) Evidenzhaltungsrecht, e) Communicationsrecht,
f) Volkswirthschaftsrecht, g) Unterrichtsrecht, h) Cultusverwaltungsrecht,
i) Sanitätsrecht, k) Armenrecht, l) Arbeiterschutzrecht.

Die Polizeigewalt.

§. 3.   Auf allen jenen Gebieten nun, auf denen durch ein solches Zusammentreffen und gegenseitiges Aufeinanderwirken von Regierung und Volk ein
Verwaltungsrecht entstanden ist, beherrscht dasselbe das Vorgehen und
die Haltung der Behörden und der Einzelnen.

Die ersteren haben die Verwirklichung des Rechts, dessen Anwendung
und Beobachtung in jedem einzelnen Falle zu überwachen: die letzteren sind
gehalten, sich in erster Reihe den Rechtsvorschriften gemäß zu benehmen, in
zweiter Reihe den Behörden als Wächtern der gesetzten Rechtsordnung
Folge zu leisten. Daraus ergiebt sich die Beschaffenheit und der Inhalt
der Thätigkeit der Behörden.

Dieselbe besteht in der Sorge dafür, daß auf allen Gebieten der Verwaltung das Verwaltungsrecht verwirklicht werde. Da aber das geschriebene Recht unmöglich alle concreten Fälle voraussehen kann: so besteht
die Aufgabe der Behörden, in der jedesmaligen Subsumirung des concreten

---

[2]) S. Verwaltungslehre § 12. Hier sei nur daran erinnert, daß jeder Staat
in seiner historischen Entwickelung naturnothwendig sich zuerst um seine nackte
Selbsterhaltung kümmernd die Gebiete des Militärrechts, des Finanz- und
auswärtigen Rechtes schafft, daß er dann zur Begründung der inneren Rechtsordnung fortschreitend die einschlägigen öffentlichen Rechtsgebiete ins Leben ruft
(Evidenzhaltung, Communicationen, Justiz), endlich im Wetteifer mit anderen
Staaten die materielle und geistige Wohlfahrt seiner Bevölkerung sich zum Ziele
setzend, die Rechtsgebiete der Volkswirthschaft, des Unterrichts, des Gesundheits-
wesens u. s. w. ausbildet.

Falles unter die allgemeine Rechtsvorschrift und in der Aufforderung der ihnen unterstehenden Gesammtheiten oder der Einzelnen, ihr Vorgehen und ihre Handlungen (beziehungsweise Unterlassungen) im Sinne der Rechts=vorschrift, beziehungsweise der von der Behörde in Subsumirung des con=creten Falles unter die allgemeine Vorschrift erlassenen Anordnung, einzurichten.

Soll nun die Behörde dieser ihrer Aufgabe unter allen Umständen gerecht werden können, so muß sie auch mit der Macht ausgestattet sein, die der Rechtsvorschrift und den Anordnungen der Behörden Zuwiderhandeln=den mit Gewalt zur Erfüllung der Rechtsvorschrift und zur Folgeleistung gegenüber den behördlichen Anordnungen zu zwingen.

Dabei handelt es sich auf dem Gebiete der Verwaltung offenbar nicht um grobe und erhebliche Verletzungen jener Grundpfeiler der staatlichen Rechtsordnung, wie z. B. Sicherheit des Lebens, des Eigenthums, der staatlichen Organisation; nicht um Anfechtung und Untergrabung der wich=tigsten staatlichen Institutionen, wie der Familie, der Autorität des Staates u. s. w.: weil die Bestrafung dieser Verletzungen und Anfechtungen der öffentlichen Rechtsordnung dem Strafgesetze und den mit der Aus=führung desselben betrauten Gerichten überantwortet ist[4]). Vielmehr handelt es sich auf dem Gebiete der Verwaltung um die Erzwingung von Handlungen und Leistungen, deren Unterlassung und um Bestrafung von Handlungen und Unterlassungen, deren Begehung nicht unter das Straf=gesetz fällt und daher auch nicht zur Amtshandlung der Strafgerichte sich eignet.

Die vom Gesetzgeber den politischen Behörden verliehene Macht, solche Handlungen und Leistungen mittelst Strafandrohung und eventuell Execu=tion zu erzwingen, und andererseits verbotene Handlungen und Unter=lassungen zu bestrafen, nennt man Polizeigewalt.

Der Umfang und die Befugnisse derselben sind zum kleineren Theile durch allgemeine Gesetze, größtentheils aber durch Bestimmungen geregelt, welche den einzelnen Verwaltungsgesetzen als besondere „Strafbestimmungen" beigefügt sind[5]).

Jene allgemeinen Gesetze beziehen sich also gleichmäßig auf alle Ver=waltungsgebiete, können auf jedem derselben zur Anwendung kommen, da sie es mit den allgemeinen Formen des Vorgehens der politischen Be=hörden und des ihnen gegenüber, den Einzelnen vorgeschriebenen Verhaltens zu thun haben.

---

[4]) Derzeit gelten in Oesterreich das allgemeine Strafgesetz v. 27. Mai 1852 und die Strafprozeß-Ordnung v. 23. Mai 1873.

[5]) Einige deutsche Staaten faßten die in den verschiedensten Verwaltungs=gesetzen zerstreuten Strafbestimmungen zu eigenen Polizeistrafgesetzbüchern zusammen; auch in Oesterreich wollte die Regierung im J. 1867 dem Reichsrathe ein Polizei=strafgesetz vorlegen und betraute mit dessen Abfassung den Oberlandesgerichtsrath und Abgeordneten Lienbacher. Derselbe entledigte sich seines Auftrages schon 1868, sein Entwurf war Gegenstand mehrfacher Commissions-Berathungen, wurde in Druck gelegt 1870, gelangte aber bis heute noch nicht zu gesetzgeberischer Erledigung. Als werthvolles Resultat jedoch dieser Vorarbeiten gab Lienbacher sein „österrei=chisches Polizei-Strafrecht" heraus (4. Aufl., Wien 1880).

Die wichtigste dieser allgemeinen Polizeiverfahrens- und -strafver-
fahrensgesetze ist die kaiserliche Verordnung vom 20. April 1854[6]),
welche Bestimmungen über das „Vollstreckungsverfahren" bezüglich der
Polizeiverfügungen enthält; ergänzt wird dieses Gesetz durch die Ministerialverordnung vom 5. März 1855[7]), welche das Polizeistrafverfahren
regelt, und die denselben Gegenstand behandelnden Ministerialverordnungen
vom 3. April 1855[8]), 30. September 1857[9]) und 31. Jänner 1860[10]).

Die Verordnung über das Vollstreckungsverfahren giebt die Mittel an,
durch welche die politischen Behörden ihre Anordnungen, Verfügungen und
Erkenntnisse zum Vollzuge zu bringen haben. Diese Mittel sind, wenn es
sich um Einbringung von Geldleistungen handelt: Einmahnung und „Exe-
cutionsmittel, welche sonst für die Eintreibung der Rückstände an directen
Steuern Platz greifen" (§. 3. M. V. v. 20. April 1854), also „Pfändung"
(aber erst nach Ablauf von 14 Tagen nach dem in der Einmahnung gestellten Termin), und nöthigen Falles Transferirung von beweglichen
Gütern und nach Verlauf weiterer acht Tage öffentliche Feilbietung bis zur
Deckung der eingeforderten Geldleistung, sammt Executionskosten.

Und zwar können solche Executionen nicht nur die politischen Behörden, sondern auch die Gemeindevorstände durchführen und solche Executionen können auch zum Zwecke der Hereinbringung von Kosten vorgenommen
werden, wenn Gemeinden oder Behörden an Stelle von zu Naturalleistungen
verpflichteten Personen, die diesen Pflichten nicht nachkommen wollten, auf
ihre Kosten Arbeiten und Werke ausführen ließen; ferner zur Hereinbringung von Geldstrafen wegen Nichtbefolgung einer Vorladung; von auf
„polizeiwidriges Verhalten" [11]) festgesetzten Ordnungsstrafen, welche in

[6]) RGB. Nr. 96 „womit eine Vorschrift für die Vollstreckung der Verfügungen
und Erkenntnisse der landesfürstlichen politischen und polizeilichen Behörden erlassen wird".
[7]) RGB. Nr. 34 „mit neuen Vorschriften für das Verfahren in Uebertretungsfällen".
[8]) RGB. Nr. 61 „womit die Behörden zur Untersuchung und Bestrafung
der nicht in dem allgemeinen Strafgesetze enthaltenen Gesetzesübertretungen und
das dabei zu beachtende Verfahren festgesetzt werden".
[9]) RGB. Nr. 198 „über die Bestrafung jener Gesetzesübertretungen, für
welche keine besondere Strafe angedroht ist".
[10]) RGB. Nr. 31 „über den Recurs und Nachsichtsrecht im Strafverfahren
vor den politischen Behörden".
[11]) Dieser im §. 11 der MV. v. 20. April 1854 aufgestellte Begriff des
„polizeiwidrigen Verhaltens" war unzähligemal Gegenstand heftiger parlamentarischer Angriffe von wegen seiner Dehnbarkeit. Gewiß läßt sich unter denselben vieles subsumiren, was ihn aber andererseits für die Behörden sehr brauchbar
macht. Allerdings kann dieser §. 11 auch mißbraucht werden: wäre er aber
weniger dehnbar, so wäre die Gefahr des Mißbrauchs auf Seite der Spektakel-
macher. Der §. lautet: „Jedes polizeiwidrige Verhalten an öffentlichen Versamm-
lungsorten, namentlich in Hörsälen, Theatern, Ballsälen, Wirths- und Kaffee-
häusern u. s. w., dann auf Eisenbahnen, Dampfschiffen, Postwägen u. dgl., wodurch
die Ordnung und der Anstand verletzt, das Vergnügen des Publicums gestört oder
sonst ein Aergerniß gegeben wird, ferner jede Demonstrations-Handlung, wodurch
Abneigung gegen die Regierung oder Geringschätzung ihrer Anordnungen ausgedrückt werden soll, wird unvorgreiflich der etwa eintretenden strafgerichtlichen

einem Betrage von Einem bis Hundert Gulden von den politischen Behörden verhängt werden dürfen (§. 11); endlich von Geldstrafen wegen „be-
leidigenden und ungestümen Betragens" gegenüber amtshandelnden Personen (§. 12).

Soll eine Strafverfügung wegen einer polizeilichen Uebertretung erfolgen, so ist vorerst mit möglichster Beschleunigung ein Verfahren gegen
die betreffende Person zu pflegen, wobei der Thatbestand auf die einfachste Art ·
durch Ausfüllung der bezüglichen Rubriken des Polizei-Strafregisters aufzunehmen ist (§. 6 MV. v. 5. März 1855 und §. 3 MV. v. 3. April
1855). Uebrigens ist gegen alle polizeilichen Erkenntnisse der Unterbehörden
die Berufung an die oberen Instanzen (Landesbehörden und Ministerium
des Innern) zulässig und räumt die Ministerialverordnung vom 31. Jänner
1860 dem Ministerium des Innern sogar das Recht der gänzlichen Nachsicht von Geld- und Arreststrafen ein.

Außer diesen allgemeinen Bestimmungen über die Polizeigewalt, ihre
Befugnisse und ihr Verfahren giebt es auf jedem speciellen Gebiete der
Staatsverwaltung besondere Bestimmungen, die den Zweck haben, dem Vorgehen der speciellen Behörden Nachdruck zu verleihen und ihnen den beabsichtigten Erfolg zu sichern.

Insbesondere aber sind es zwei Verwaltungsgebiete, auf denen diese
Bestimmungen einen besonders scharf ausgeprägten, von allen anderen Verwaltungsgebieten verschiedenen Charakter besitzen und sich zu eigenen Ver-
fahrens- und Strafverfahrens-Systemen ausgebildet haben. Es sind das
die Gebiete der Militärverwaltung und der Finanzverwaltung. Auf diesen
Gebieten finden auch obige allgemeinen Gesetze keine Anwendung: nur die
speciellen Militärvorschriften [12]) und das Gefälls-Strafverfahren [13]).

Die provinziellen Verschiedenheiten der Verwaltung.

§. 4. Betrachtet man vergleichend die verschiedenen Verwaltungsgebiete des
österreichischen Staatsrechts, so drängt sich noch folgende Beobachtung auf: nicht

---

Behandlung mit einer Ordnungsstrafe von 1 bis 100 fl. oder von 6stündiger
bis 14tägiger Anhaltung geahndet, je nachdem die eine oder die andere Buße
nach Umständen angemessener oder wirksamer erscheint."

[12]) Ebenso wie das Militärjustizwesen von der Civiljustiz vollkommen getrennt ist, indem für ersteres besondere Militärgerichte (Garnisons-Gerichte als
erste Instanz; Militär-Obergericht und Oberster Militärgerichtshof in Wien) und
ein besonderes Militär-Strafgesetz vorhanden sind: ebenso ist das Verfahren in
Disciplinarsachen der Militärbehörden durch besondere Militärvorschriften, Instructionen, Dienstreglements u. s. w. von durchaus verschiedenem militärischem
Charakter, geregelt. Dieser militärische Charakter tritt in der größeren Selbständigkeit der einzelnen Behörden, in der größeren amtlichen Macht, die einzelnen
Personen eingeräumt wird, hervor. So z. B. giebt es gegen den Beschluß der
Stellungscommission: „Assentiren" keine Berufung u. dergl.

[13]) Die zur Leitung der Gefällsangelegenheiten berufenen Finanzbehörden
haben sich bezüglich ihres Verfahrens an das Gefällsstrafgesetz vom Jahre 1835
zu halten, welches vorwiegend fiscalischen Charakter, d. h. das Interesse des
Fiscus in erster Linie berücksichtigt, daher auch z. B. statt der Bestrafung für be-
gangene Uebertretungen eine Abfindung des Fiscus mittelst Geldbetrages kennt.

alle sind gleich einheitlich für das ganze Staatsterritorium geregelt. Die Mannigfaltigkeit der Verwaltungsgrundsätze und des Verwaltungsrechts in den verschiedenen Territorien des Staates ist eine natürliche und allgemeine Erscheinung, die man auch außerhalb Oesterreichs überall findet. In Preußen galten bis heutzutage und gelten theilweise noch heute in den verschiedenen Provinzen verschiedene historisch überkommene Verwaltungsgrundsätze[14]); ebenso in England, wo erst im Jahre 1888 ein allgemeines Landesverwaltungsgesetz (Localgovernementact) nur für England und Wales erlassen wurde, während diese Verwaltung in Irland und Schottland auf wesentlich anderen Principien beruht.

Daß nun eine solche Mannigfaltigkeit der Verwaltungsprincipien und des Verwaltungsrechts in den verschiedenen Ländern Oesterreichs herrscht, ist kein Wunder, und diese Mannigfaltigkeit wird gegenwärtig noch mehr als in der absolutistischen Periode durch die Vielheit der Landtage und Landesgesetzgebungen gefördert.

Nichtsdestoweniger unterscheiden sich die einzelnen Verwaltungszweige eben auch darin, daß die einen einer größeren provinziellen Differenzirung unterliegen, während die anderen sich über alle Länder einheitlich und gleichmäßig erstrecken. Und zwar giebt es zunächst einen Verwaltungszweig, der nach gleichen Principien in der Gesammtmonarchie, in beiden Reichshälften geregelt ist und das ist die Militärverwaltung, inwieferne dieselbe vom gemeinsamen Reichskriegsminister ressortirt. In diesem Verwaltungszweige giebt es keine provinziellen Verschiedenheiten; das gleiche Wehrgesetz erheischt überall eine gleiche Durchführung und wird auch in der ganzen Monarchie auf die gleiche Weise und nach denselben Principien durchgeführt. (Die Unterschiede bezüglich der ungarischen Landwehr sind nicht wesentlich.)

Der Militärverwaltung zunächst steht vom Standpunkte der Einheitlichkeit, die Finanzverwaltung; allerdings nicht in der Gesammtmonarchie (die ungarische Finanzverwaltung ist eine von der österreichischen in vielen Stücken verschiedene), wohl aber in Oesterreich ist dieselbe eine gleiche, auf gleichen Gesetzen und Verordnungen beruhende, die einen Unterschied der Länder nicht kennt.

Nur noch die Evidenzhaltung der Bevölkerung dürfte in dieser Hinsicht der Finanzverwaltung zur Seite gestellt werden können.

Theilweise auf gleichen, durch das Tridentinische Concil aufgestellten Grundsätzen der Matrikenführung beruhend, die dann noch unter Kaiser Josef II. in den österreichischen Ländern allgemein gesetzlich durchgeführt

---

[14]) So ist z. B. die Gemeindeverwaltung in Preußen noch heutzutage eine verschiedene in den verschiedenen Provinzen: in den östlichen und in den beiden westlichen; eine andere in Hannover, eine andere in der Provinz Hessen-Nassau; das preußische Verwaltungsrecht hat es trotz der in neuester Zeit vielfach durchgeführten Vereinheitlichungen der Verwaltung (Kreisordnung) noch immer mit den Verschiedenheiten der „altpreußischen" Provinzen, Westphalens, der Rheinprovinz, Hannovers, Kassels, Wiesbadens u. s. w. zu thun. Vergl. Grotefend: Preußisches Verwaltungsrecht (1890) I S. 529—556; Bornhak: Preußisches Staatsrecht B. II S. 179—297.

wurden; theilweife auf gleichen Reichsgefeßen (über Volkszählung) fu=
ßend: wird diefe Evidenzhaltung in allen Ländern nach gleichen Prin=
cipien auf gleiche Weife verwaltet.

Dagegen findet bei allen anderen Verwaltungszweigen, fpeciell alfo bei
der ganzen Landesverwaltung und Localverwaltung die größte Mannig=
faltigkeit nach Ländern und Provinzen ftatt, welche allerdings durch hifto=
rifche Entwickelung erzeugt, durch die moderne Provinzialautonomie, welche
auch den kleinften Ländern, wie Salzburg, Vorarlberg, die Bukowina, ihre
eigenen Landtage gewährte, noch bedeutend gefördert wird.

Auch hierin zeigt Ungarn eine verfchiedene Tendenz. Während dort
eine immer größere Einheitlichkeit der Verwaltung angeftrebt wird, welche
durch die im Zuge befindliche Reform (Verftaatlichung) des Comitatswefens
vollftändig erreicht werden foll: beharren in Oefterreich auch die der gleichen
Nationalität angehörenden kleinen Alpenländer jedes bei feiner provinziellen
Selbftändigkeit, woraus fich eine gewiffe Zerfahrenheit der Landes= und Local=
verwaltung derfelben ergiebt, welche gegenüber den größeren, einheitlich
verwalteten Ländern Oefterreichs, wie Böhmen und Galizien, eine
Schwächung und Minderung der politifchen Bedeutung und Macht diefer
kleinen Länder in ihrer Vereinzelung mit fich bringt.

I. Buch.

Militärrecht.

Geschichtliche Entwickelung.

§. 5. Den Inbegriff der Rechte und Pflichten sowohl der Regierung wie der Gesammtheit der Staatsbürger, die sich auf die Bildung, Ergänzung und Erhaltung der Wehrkraft des Staates beziehen, nennen wir Militärrecht. Dasselbe beruht auf der Wehrverfassung des Staates, welche wieder durch die jeweiligen Bedürfnisse des Staates geschaffen wird[15]). Jedes Wehrsystem ist demnach ein Resultat der Accomodation an die Bedürfnisse des Staates.

Einst war nur eine Minorität von Rittern und Adeligen zum Kriegsdienst verpflichtet: veränderte Verhältnisse und Bedürfnisse führten im Laufe der Zeit zu einem gerade umgekehrten Wehrsystem, wonach die Gesammtheit mit Ausnahme des Adels zum Militärdienst verpflichtet war. Ueberhaupt hat sich die Anschauung, daß der Staat das Recht habe, die Staatsbürger zu Militärdiensten zu zwingen, erst allmählig und erst im 19. Jahrhundert vollständig herausgebildet. Daß sich der Staat dieses Rechtes nicht so bald bewußt wurde, davon zeigen am besten die lange Zeit herrschenden Werbungen, die erst allmählig in Zwangsrecrutirungen übergingen[16]).

In Oesterreich führt erst das Edict vom 3. September 1814 die Verpflichtung zum Kriegsdienst ein, welche jedoch keineswegs eine allgemeine war, sondern viele Kategorien von Staatsbürgern und darunter auch den Adel von der Militärpflicht befreite. Bis zum Jahre 1845 dauerte in Oesterreich die gesetzliche Dienstpflicht in der Linie 14 Jahre; in der Landwehr 6 Jahre. Seit 1845 wurde die Liniendienstpflicht auf 8 Jahre herabgesetzt.

---

[15]) „Jeder Staat bedarf einer bewaffneten Macht zu dem Schutz seiner Rechte, also für Vertheidigungskriege und Handhabung der öffentlichen Ordnung. Daher gebührt jedem (deutschen Bundes-) Staate die Wehr- und Waffenhoheit". Klüber: Oeffentl. Recht des deutschen Bundes S. 819. Dieser so construirten Hoheit, dieser Staatsgewalt und diesem Rechte gegenüber ergab sich natürlich die Pflicht der Unterthanen zum Dienst.

[61]) Im 17. Jahrh. hält es Hauptmann Wegener (Oesterreichische Kriegsheers geistliche Feldposaune u. s. w. Prag 1666) noch für nöthig, den Satz zu demonstriren, daß „Könige und Fürsten Gewalt haben, Jemanden im Nothfalle wider seinen Willen zum Krieg zu zwingen". Ueber die Entwickelung der Wehrverwaltung vergl. m. Verwaltungslehre §§. 16—21.

Nachdem sich sowohl im Ausland wie auch theilweise in Oesterreich Hand in Hand mit der Befreiung des Bauernstandes und mit der Entwicke= lung der staatsbürgerlichen Freiheit, die Wehrpflicht ausbildete und zunahm, so gelangte man am Continente dazu, politische Freiheit und allgemeine Wehrpflicht als unzertrennlich, als die eine durch die andere bedingt zu betrachten, und damit war der Einführung der allgemeinen Wehrpflicht in den europäischen Staaten seit der Mitte dieses Jahrhunderts der Weg geebnet.

Auch in Oesterreich wurde die allgemeine Wehrpflicht im Jahre 1868 von der Regierung dem Parlamente als Verwirklichung eines „demokra= tischen Princips" empfohlen[17]) und fand im Wehrgesetz vom 5. December 1868 Ausdruck.

Seitdem erheischten die politische Lage Europas, jene äußeren Umstände und Bedürfnisse, welche immer über die Wehrsysteme entscheiden, eine Fort= bildung des 1868 angenommenen Princips der allgemeinen Wehrpflicht zu seinen weitesten Consequenzen. In dieser Fortbildung tritt es uns in dem gegenwärtig geltenden Wehrgesetz vom 11. April 1889 RGB. Nr. 41, entgegen und bildet die Grundlage der heutigen „österreichisch=ungari= schen" Wehrverfassung[18]).

Da nämlich das Kriegswesen mit Inbegriff der Kriegsmarine gegen= wärtig eine gemeinsame Angelegenheit bildet[19]), so kann man nur von

[17]) Ueber das auf dem Grundsatz der allgem. Wehrpflicht beruhende neue Wehrgesetz v. J. 1868 (die Grundlage des heutigen v. 11. April 1889) begannen die Debatten im österr. Abgeordnetenhause am 10. November 1868. Als Sprech= minister gab damals Berger Namens der Regierung folgende Erklärung ab: „Die Regierung hat auch von ihrem Standpunkte aus die allgemeine Wehrpflicht aller= dings als ein demokratisches Princip anerkannt, sie vermag aber noch heute nicht dasselbe als ein eigentlich freiheitliches anzuerkennen. Aber sie hat sich demselben gefügt, wegen des Princips der Gleichheit, das in demselben zum Aus= druck kommt. Die historische Entwickelung läßt sich nicht überspringen.

„Das Werbesystem, das Conscriptionssystem, das System nach dem Grund= satze der allg. Wehrpflicht, das Milizsystem folgen in genau genetischer Ent= wicklung aufeinander . . .

„. . Sicher ist es, daß das Princip der allgemeinen Wehrpflicht als ein demokratischer Grundsatz nicht blos der Gleichheit, sondern auch der Freiheit erst dann seine Verwirklichung finden werde, wenn es in einem Milizsysteme zum Ausdrucke gekommen sein würde. Ein solches Milizsystem wäre aber derzeit für Oesterreich noch nicht an der Zeit." — Seit jener Erklärung hat sich das österr. Wehrsystem wohl bedeutend entwickelt, jedoch nicht in der Richtung zu einem Milizsystem, welches man damals, nach den Worten Bergers zu schließen, in den Regierungskreisen als ein zukünftiges Ideal ins Auge faßte.

[18]) Eine Aenderung mehrerer §§. des Wehrgesetzes v. 5. December 1868 erfolgte zuerst mit dem Gesetz v. 2. October 1882 RGB. Nr. 153 (dazu die Durchführungsverordnung v. 1. November 1882 RGB. Nr. 154); diese Aenderung erwies sich aber als unzureichend; es trat an den Staat die Nothwendigkeit heran, die Kräfte des Volkes in ausgiebigstem Maße zur Herstellung der Wehr= macht heranzuziehen, was durch das Ges. v. 11. April 1889 geschehen ist. Im Uebrigen war dieses letztere Gesetz auch aus dem Grunde zur Nothwendigkeit ge= worden, weil es sich darum handelte, das Wehrgesetz mit einer Reihe von Militär= gesetzen, die seit dem 5. December 1868 erschienen waren (wie das Landwehrgesetz, Landsturmgesetz, Militärtax= und Militärversorgungsgesetz u. s. w.) in Ueberein= stimmung zu bringen.

[19]) §. 1. a des StGG. v. 21. December 1867 RGB. Nr. 146.

einer „österreichisch-ungarischen" Wehrverfassung sprechen. Dieselbe ist für das ganze Reich eine durchaus einheitliche (nicht dualistische), wie denn auch die gesammte bewaffnete Macht des Reiches dem einen Oberbefehl des Kaisers und Königs untersteht, der auch für das gesammte Reich Krieg erklärt und Frieden schließt [20]).

Die Gliederung der bewaffneten Macht.

§. 6. Die bewaffnete Macht besteht aus dem Heer, der Kriegsmarine, der Landwehr und dem Landsturm.

Zum Heer und zur Landwehr gehören als integrirende Bestandtheile ihre bezüglichen Ersatzreserven (§. 2). Davon haben Heer und Kriegs= marine die Bestimmung, die Monarchie gegen äußere Feinde zu vertheidigen und die Ordnung und Sicherheit im Innern aufrecht zu erhalten [21]) (§. 3); die Landwehr [22]) im Kriege zur Unterstützung des Heeres und zur innern Vertheidigung; im Frieden ausnahmsweise auch zur Aufrechterhaltung der Ordnung und Sicherheit im Innern (§. 4); die Ersatzreserve als Ersatz für die während eines Krieges im Heer und in der Landwehr sich ergeben= den Abgänge zu dienen; letztere kann aber auch unter „besonderen Verhält= nissen" im Frieden zur activen Dienstleistung einberufen werden (§§. 6 u. 12). Der Landsturm [23]) endlich dient im Kriege zur Unterstützung des Heeres, der Kriegsmarine und der Landwehr (§. 6).

Das zur Ergänzung des Heeres und der Kriegsmarine erforderliche jährliche Recrutencontingent ist mit 103,100 Mann festgesetzt und ist zwischen Oesterreich und Ungarn nach der Bevölkerungszahl auf Grund des Ergebnisses der letzten Volkszählung (31. December 1880) zu repartiren, wonach also auf Oesterreich 60,389 und auf Ungarn 42,711 Mann ent= fallen (§. 14) [24]).

Zur Erhaltung der österreichischen Landwehr (mit Ausnahme der Ti= roler und Vorarlberger) ist ein Jahres=Recrutencontingent von 10,000

[20]) A. 5 des StGG. v. 21. December 1867 RGB. Nr. 145.

[21]) Wehrgesetz v. 11. April 1889 RGB. Nr. 41 §. 2. Zur Durchführung dieses Wehrgesetzes wurden zwischen dem österr. Landesvertheidigungsministerium und dem Kriegsministerium besondere Wehrvorschriften vereinbart, von denen jener (der I.) Theil, enthaltend die Bestimmungen, deren Kenntniß dem Wehr= pflichtigen, den Gemeinden und den Matrikenführern zunächst von Wesenheit ist, mit der Vdg. v. 15. April 1889, RGB. Nr. 45 verlautbart wurde.

[22]) Die Landwehr bildet in jeder Reichshälfte eine besondere Organisation; es giebt also eine österreichische und eine ungarische Landwehr. Die Commando= sprache der ersteren ist die deutsche, der letzteren die ungarische beziehungsweise die croatische. In Tirol und Vorarlberg führt die Landwehr den Titel „Landes= schützen" und bildet mit dem dortigen Landsturm und dem Schießstandwesen ver= eint das Institut der Landesvertheidigung. Die Organisation der österr. Landwehr ist geregelt mit Ges. v. 24. Mai 1883, RGB. Nr. 87.

[23]) Mit der Min.=Vdg. v. 20. December 1890, RGB. Nr. 193, ist eine Neuauflage der „Vorschrift betreffend die Organisation des Landsturms" in Oester= reich hinausgegeben worden (über Landsturm s. unten).

[24]) Der Friedensstand des Heeres beträgt gegenwärtig 297,000 Mann, welche das eigentliche „stehende Heer" bilden.

Mann festgesetzt (§. 14). Das Jahrescontingent der ungarischen Landwehr (Honveds) beträgt 12,000 Mann. Diese Festsetzungen der Recrutencontingente gelten für 10 Jahre, also bis zum Jahre 1899. Bis dahin können dieselben nur in Frage kommen, wenn der Kaiser die Vermehrung oder Verminderung derselben für nothwendig erachtet. Doch wird in solchem Falle diese Angelegenheit durch die verantwortlichen Regierungen vor die beiden Volksvertretungen gebracht. Trotz obiger Festsetzungen auf 10 Jahre kann die thatsächliche Stellung aller Contingente jedoch nur dann erfolgen, wenn die „Gesetzgebung" dieselben für das betreffende Jahr auch schon votirt hat. (Letztere Bestimmung ist eine Consequenz des StGG. v. 21. Decbr. 1867 RGB. Nr. 144, §. 11 lit. b.)

Das Princip der Repartirung der Recrutencontingente auf die territorialen Bestandtheile des Reiches im Verhältnisse zu ihrer Bevölkerung, welches mit Bezug auf Oesterreich und Ungarn zur Anwendung kommt, findet analoge Anwendung auf die einzelnen Militär-Territorialbezirke[26]); dagegen werden die einzelnen Stellungsbezirke nicht im Verhältniß ihrer Bevölkerungen, sondern nach den thatsächlichen Ergebnissen der in ihnen vorgenommenen Affentirungen herangezogen.

Von der so auf jeden Bezirk entfallenden Zahl der Recruten wird der erforderliche Theil dem Heer, der Rest der Landwehr zugewiesen. Diese Zuweisung erfolgt nach der Reihe der Altersclassen und der innerhalb derselben erfolgten Losung, so daß darüber nicht Willkür, sondern der Zufall entscheidet.

Dagegen werden die Seeleute von Beruf ohne Rücksicht auf Altersclasse und Loosreihe der Kriegsmarine zugewiesen.

Nach Deckung der Recrutencontingente für Heer (Kriegsmarine) und Landwehr kommen die „Ueberzähligen" in die Ersatzreserve; darüber, ob sie in die Ersatzreserve des Heeres oder der Landwehr kommen, entscheidet wieder ihre Loosnummer (die höchsten Loosnummern kommen zur Landwehr).

Verwendung der einzelnen Heeresbestandtheile.

Die einzelnen oben aufgezählten Bestandtheile der bewaffneten Macht. §. 7. von denen jede, wie wir gesehen haben, eine besondere Bestimmung hat, dürfen in der Regel nicht auf andere Weise und zu anderem Zwecke, wie gemäß ihrer gesetzlichen Bestimmung, verwendet werden. Das Gesetz kennt aber auch eine ausnahmsweise Verwendung zu anderen als den eigentlichen Zwecken des bestimmten Bestandtheils der bewaffneten Macht und bestimmt für solche die Einberufung durch den Kaiser.

---

[26]) Das ganze Territorium der österreichisch-ungarischen Monarchie sammt Bosnien und der Herzegowina ist in 16 Militär-Territorial-Bezirke abgegränzt, von denen 15 einen Corpscommandanten und commandirenden General, dann eines, nämlich jenes von Dalmatien, einen Militärcommandanten an der Spitze hat. Die Amtssitze dieser Territorial-Commandanten sind: Wien, Graz, Krakau, Budapest, Preßburg, Kaschau, Temesvar, Prag, Josefstadt, Przemysl, Lemberg, Hermannstadt, Agram, Innsbruck, Zara und Serajevo. Innerhalb der TerritorialCommanden bestehen Divisions-Commanden und Ergänzungsbezirke.

So kann die Reserve des Heeres und die Seewehr zur theilweisen oder vollen Ergänzung des Heeres auf den Kriegsstand einberufen werden, jedoch nur auf Befehl des Kaisers (§. 12).

Die Ersatzreserve, die ihrer Bestimmung nach (s. oben) nur im Kriege Verwendung finden soll und im Frieden nur militärisch auszubilden und zu periodischen Waffenübungen einzuberufen ist: kann jedoch „wenn besondere Verhältnisse es erfordern", mitsammt der Mannschaft des ersten Jahrgangs der Reserve auch im Frieden zur activen Dienstleistung beigezogen werden (nach den Bestimmungen des Ges. b. 31. Mai 1888). Die Einberufung der Ersatzreserve im Mobilisirungsfalle erfolgt auf Befehl des Kaisers. Dagegen werden sowohl Ersatzreserve wie Reserve zu den periodischen Waffenübungen durch die zuständigen Militärbehörden einberufen.

Die Landwehr kann im Falle eines Krieges ausnahmsweise auch außerhalb des Gesammtumfanges der im Reichsrathe vertretenen Königreiche und Länder verwendet werden, wozu jedoch ein besonderes Reichsgesetz erforderlich ist. Bei Gefahr im Verzuge kann dagegen die Verwendung der Landwehr außerhalb des Umfanges der besagten Königreiche und Länder vom Kaiser, unter Verantwortung der Regierung, gegen nachträgliche Mittheilung zur genehmigenden Kenntnißnahme an den Reichsrath angeordnet werden.[26]

Auch die Ersatzreserve der Landwehr, die im Frieden durch acht Wochen militärisch ausgebildet und dann nur zu periodischen Waffenübungen einberufen wird (was durch die Militärbehörde geschieht): kann im Mobilisirungsfalle einberufen werden, jedoch nur auf Befehl des Kaisers.

Bei allen theilweisen Einberufungen im Mobilisirungsfalle sowohl der Reserve, der Ersatzreserve wie auch der Landwehr wird die Reihenfolge der Assentjahrgänge beobachtet und immer von den jüngsten Jahrgängen angefangen.

Die Wehrpflicht.

§. 8.   Aus der Nothwendigkeit, eine solche bewaffnete Macht zu erhalten, ergeben sich für die Staatsbürger folgende, durch die Wehrgesetzgebung begründete Pflichten.

Da das Staatsgrundgesetz vom 21. December 1867 RGB. Nr. 142, Art. 2, die Gleichheit aller Staatsbürger vor dem Gesetze festsetzt, so kann es keinerlei gesetzlichen Vorzug oder Zurücksetzung, keinerlei Begünstigung oder Benachtheiligung mit Bezug auf die Ableistung der Wehrpflicht[27] geben; so ist die Wehrpflicht eine allgemeine und muß von jedem wehrfähigen Staatsbürger persönlich erfüllt werden.[28]

---

[26] §. 19 des Landwehrgesetzes v. J. 1883.
[27] „Die Wehrpflicht umfaßt die Pflicht zum Dienste in allen Theilen der bewaffneten Macht". Wehrvorschriften I. Theil II. Abschn. §. 4 RGB. 1889 Nr. 45. Von der Wehrpflicht unterscheiden diese Vorschriften die Dienstpflicht als die Pflicht zum Dienste im Heere, in der Kriegsmarine oder in der Landwehr.
[28] Wehrgesetz v. 11. April 1889 §. 1. Diejenigen, welche wegen körper-

Die Wehrpflicht legt jedem Staatsbürger schon gewisse Verbindlich=
keiten auf, bevor er ins wehrpflichtige Alter tritt. Denn da nach dem Art. 4
al. 3 des StGG. v. 21. Decbr. 1867 RGB. Nr. 142 die Freiheit der Aus=
wanderung von Staatswegen durch die Wehrpflicht beschränkt ist: so folgt
daraus, daß auch solche Wehrpflichtige, die noch nicht stellungspflichtig sind,
sich der Erfüllung ihrer Wehrpflicht durch Auswanderung nicht entziehen
dürfen. Ihre Auswanderung hängt von der Bewilligung des Ministers
für Landesvertheidigung ab (RG. §. 4). Auch ist die Verehelichung vor
dem Eintritte in das stellungspflichtige Alter nicht gestattet (WG. §. 50).
Nur bei „besonders rücksichtswürdigen Umständen" kann der Minister für
Landesvertheidigung oder die hiezu delegirte Landesbehörde eine „aus=
nahmsweise Ehebewilligung" ertheilen.

. Die Wehrpflicht begründet ferner noch bevor die „Pflicht zum Eintritt
in das Heer" beginnt, für jeden Einzelnen die Meldungspflicht und die
Stellungspflicht.

. Die Meldungspflicht liegt jedem ob, der zur nächsten Stellung zum
Erscheinen verpflichtet ist und zwar hat sich derselbe im Monate November
des vorangehenden Jahres bei dem Gemeindevorsteher seines Aufenthalts=
ortes, auch wenn letzterer nicht auch sein Heimatsort ist, mündlich oder
schriftlich zur Verzeichnung zu melden (WG. §. 35; Instruction zum WG.
§. 14). Auf die Unterlassung dieser Meldungspflicht ist, wenn kein un=
überwindliches Hinderniß nachgewiesen wird, eine Geldstrafe von 5 bis
100 Gulden gesetzt.

Die Stellungspflicht[29]) wird erfüllt durch das persönliche Erscheinen
(auf eigene Kosten; Mittellose unterstützt die Gemeinde, §. 43), innerhalb
der Zeit vom 1. März bis 30. April des Jahres des Eintritts der Wehr=
pflichtigkeit vor der Stellungscommission jenes Bezirkes, wo der Wehr=
pflichtige heimathberechtigt ist (§§. 37, 38). Die Versäumniß der Stellung
hat die Verwirkung des Rechtes zum freiwilligen Eintritt und der damit ver=
bundenen Begünstigungen zur Folge (§. 22). Das Jahr, in welchem die
Pflicht des Eintrittes in das Heer, die Kriegsmarine oder die Landwehr
beginnt, ist jenes Kalenderjahr, in welchem der Wehrpflichtige das 21. Le=
bensjahr beginnt und zwar beginnt seine Wehrpflicht mit dem 1. Jänner
dieses Jahres (§. 7).

---

licher Untauglichkeit zu persönlicher Erfüllung der Wehrpflicht nicht verhalten
werden können, sind auf Grund des Ges. vom 13. Juni 1880 nach Maaßgabe
ihres Vermögens zur Zahlung einer jährlichen Militärtaxe verpflichtet. Diese
Taxe wird in 14 Abstufungen von 1 fl. bis 100 fl. eingehoben; die Taxpflichtigen
werden jährlich in die Classen eingereiht. Befreit von der Taxe sind die schwer
Gebrechlichen und die Armenversorgten. Die Verzeichnisse der Taxpflichtigen sind
bei den Gemeindeämtern zur öffentlichen Einsicht aufzulegen (wegen möglicher
Berufung). Aus dem Ertrage der Militärtaxe wird ein Militärtaxfond ge=
bildet, der zur Invalidenversorgung, zur Versorgung der Wittwen und Waisen
der Gefallenen, zur Unterstützung der Familien der Mobilisirten u. dergl. dient.

[29]) „Die Stellungspflicht ist ein Ausfluß der Wehrpflicht und besteht in der
Verpflichtung, sich der Entscheidung über die Wehrfähigkeit durch die berufenen
Stellungs= oder Ueberprüfungs-Commissionen zu unterziehen." (§. 16 ob. Vor=
schriften.)

Mit der Assentirung [30]) beginnt die Dienstpflicht und dauert 1. im Heere drei Jahre in der Linie und sieben Jahre in der Reserve oder zehn Jahre in der Ersatzreserve für die unmittelbar in diese Eingereihten. 2. In der Kriegsmarine vier Jahre in der Linie, fünf Jahre in der Reserve und drei Jahre in der Seewehr. 3. In der Landwehr, beziehungsweise in ihrer Ersatzreserve: zwei Jahre für jene, welche nach vollstreckter Dienstpflicht im Heere in die Landwehr übersetzt werden oder zwölf Jahre für die unmittelbar in die Landwehr Eingereihten (§. 8). Die Dienstzeit beginnt in der Regel mit dem Tage der Einreihung, das ist für diejenigen, die im Wege der Stellung (Haupt= und Nachstellung) in der Zeit vom 1. Jänner bis 1. October assentirt wurden, mit dem 1. October des Stellungsjahres, für alle später assentirten und für die Freiwilligen mit dem Tage der Assentirung (§. 8). Sie endigt mit dem 31. December desjenigen Jahres, in welchem die Dienstpflicht abgelaufen ist.

Die Wehrpflicht trifft nur die Wehrfähigen. Die nicht wehrfähigen können nur zu Geldleistungen (Militärtaxen) verhalten werden. Die Höhe derselben wird gemäß den Vorschriften des Gesetzes vom 13. Juni 1880 bemessen. Im Kriegsfalle jedoch hat der Staat das Recht auch jene Wehrpflichtigen, die zwar nicht zum eigentlichen Kriegsdienste, wohl aber zu sonstigen Dienstleistungen für Kriegszwecke geeignet sind, zu solchen Dienstleistungen heranzuziehen (WG. §. 10).

Gesetzliche Begünstigungen.

§. 9. Von der gleichen allgemeinen Wehrpflicht aller Wehrfähigen statuirt das Gesetz mehrere Ausnahmen, indem es gewissen Kategorieen von Wehrfähigen aus gewissen, specielle Berücksichtigung verdienenden Gründen, entsprechende Begünstigungen zugesteht. Vollkommene Befreiungen von der Dienstpflicht kommen in dem gegenwärtigen Wehrgesetze gar nicht vor. Die Begünstigungen beziehen sich lediglich:

1. auf die Dauer des Präsenzdienstes;

2. auf die Befreiung von dem Dienste in der Linie und sofortige Einreihung in die Ersatzreserve.

ad 1. Inländern (worunter im Wehrgesetze auch Angehörige der ungarischen Länder verstanden werden), welche eine gewisse Vorbildung

---

[30]) Die Assentirung erfolgt vor der Assentirungs-Commission, vor welcher die regelmäßige „Stellung" vom 1. März bis 30. April jedes Jahres stattzufinden hat. Zur Stellung werden jährlich drei Altersclassen berufen. Unter Altersclasse versteht man alle vom 1. Jänner bis 31. December eines Jahres geborenen jungen Männer. Die Stellung geschieht in jedem Stellungsbezirke nach der Reihe der Altersclassen und in jeder Altersclasse nach der Loosreihe. Der auf „Assentiren" lautende Beschluß der Stellungscommission entscheidet endgültig; es giebt dagegen keine Berufung. Es werden nicht nur die Tauglichen, sondern auch die „Mindertauglichen" assentirt; letztere für die Ersatzreserve. Die Assentirten werden den Truppenkörpern und Heeresanstalten unter möglichster Berücksichtigung ihrer Wünsche zugetheilt. Ist ein Stellungspflichtiger zur Stellung nicht erschienen, so wird dessen Erscheinen bei der „Nachstellung" veranlaßt (§. 38).

nachweisen, wird im Frieden die Begünstigung eines nur einjährigen Prä=
senzdienstes zuerkannt (Einjährig=Freiwilligen [31]).

Diese Vorbildung besteht:.

a) in der Absolvirung (bis spätestens 1. März des Jahres der Stel=
lungspflicht) eines öffentlichen oder mit dem Rechte der Oeffentlichkeit aus=
gestatteten inländischen Obergymnasiums, einer solchen Oberrealschule, oder
einer diesen gleichgestellten Lehranstalt (§. 25 a). Es genügt aber auch,
wenn der Bewerber um die Begünstigung sich zu dieser Zeit im letzten
Jahrgange einer öffentlichen achtclassigen Mittelschule befindet, die er bis
1. October des Stellungsjahres mit Erfolg absolvirt — oder wenn er bis
zum 1. März des Stellungsjahres die zu diesem Zwecke vorgeschriebene
Prüfung vor einer eigens hiezu bestellten Commission mit Erfolg ablegt.

Doch ist diese Begünstigung außerdem abhängig von der rechtzeitigen
Anmeldung obiger Bedingungen und der Absicht des freiwilligen Eintrittes.
Diese Anmeldung muß „spätestens bei der Hauptstellung" erfolgen.

Die Einjährig-Freiwilligen.

§. 10. Der einjährige Präsenzdienst kann auch in der Landwehr abgeleistet
werden (darüber entscheidet das Ergebniß der Rekruten=Repartition mittelst
der Loosung). Nur wenn die Einjährig=Freiwilligen nach ihrer Loosreihe
in die Ersatzreserve gelangen sollten, haben sie ihrer Dienstpflicht entweder
im Heere oder in der Landwehr zu erfüllen. Nach einjährigem Präsenz=
dienst gelangen die Einjährig=Freiwilligen in der Regel in die Reserve.

Den Einjährig=Freiwilligen ist, ebenso wie allen Freiwilligen über=
haupt, auch wenn sie auf die Begünstigung des einjährigen Präsenzdienstes
keinen Anspruch haben, die Wahl des Truppenkörpers gestattet; voraus=
gesetzt, daß sie die Eignung für denselben haben.

Der einjährige Präsenzdienst ist grundsätzlich auf eigene Kosten abzu=
leisten, wozu bei der Cavallerie die Berittenmachung und Unterhalt des
Pferdes gehört. Doch haben Mittellose, die sich über vorzügliche Be=
fähigung nebst gutem sittlichen Betragen ausweisen, Anspruch; den ein=
jährigen Präsenzdienst auf Staatskosten abzuleisten (jedoch nicht in der
Cavallerie!).

Da das Institut des Einjährig=Freiwilligendienstes als eine Begün=
stigung der Intelligenz aufgefaßt werden muß, zu dem Zwecke, um aus der=
selben auf dem Wege militärischer Ausbildung eine Pflanzschule des Officier=
corps zu schaffen: so stellt der Staat an die Einjährig=Freiwilligen die

---

[31] Studierenden von Hochschulen, welche den Präsenzdienst als Einjährig=
Freiwillige ableisten, werden auf Grund der Min.=Vdg. vom 12. April 1889
RGB. Nr. 26 besondere Begünstigungen bezüglich der Immatriculation, der
Frequenz, der Stipendien= u. Collegienbefreiungen und Prüfungen gewährt. Die Min.=
Vdg. vom 1. August 1889 RGB. Nr. 124 enthält die Begünstigungen, welche
den Studierenden an der Akademie der bildenden Künste in Wien, welche den
Präsenzdienst als Einjährig=Freiwillige ableisten, gewährt werden.

Forderung, nach Ablauf des Präsenzjahres, die Prüfung zur Erlangung der Officierscharge abzulegen. Diejenigen Einjährig-Freiwilligen, welche bei dieser Prüfung nicht entsprechen, bleiben ein zweites Jahr im Präsenzdienst und können nach Ablauf des zweiten Jahres die Prüfung wiederholen — wodann ohne Rücksicht auf das Ergebniß derselben ihre Uebersetzung in die Reserve (nicht active Landwehr erfolgt (§. 25).

Das Institut des einjährigen Präsenzdienstes als Begünstigung der Intelligenz besteht auch bei der Marine unter entsprechender Modification der Anforderungen an die Vorbildung (Chargen in der Handelsmarine, nautische Schulen, technische Hochschulen, höhere Gewerbeschulen u. dergl.) (§. 26).

Mediciner können ihren einjährigen Präsenzdienst zur einen Hälfte im Soldatenstande, zur andern Hälfte im Militärsanitätsdienste (als Assistenzarzt-Stellvertreter) ableisten, und werden dann zu Assistenzärzten in der Reserve ernannt. Den Pharmaceuten ist der einjährige Präsenzdienst als Militärpharmaceuten gestattet — wodann sie zu Medicamentenaccessisten in der Reserve ernannt werden (§. 28).

Analoge Begünstigung genießen die Studierenden der Thierarzneikunde: nach einjährigem Präsenzdienst als Veterinäre werden sie als thierärztliche Practikanten in die Reserve übersetzt.

ad 2. Der zweiten Art von Begünstigungen, d. i. derjenigen, die in der sofortigen Einreihung in die Ersatzreserve mit Uebergehung des Dienstes in der Linie bestehen, werden theilhaftig:

a) Die Candidaten des geistlichen Standes jeder gesetzlich anerkannten Kirche und Religionsgesellschaft (§. 31). Dieselben sind sowohl im Frieden wie im Kriege von jedem Präsenzdienst, von der militärischen Ausbildung, also auch von den periodischen Waffenübungen und den Controlversammlungen befreit;

b) dieselbe Begünstigung genießen die Studierenden der Theologie und Novizen geistlicher Orden;

c) Unterlehrer und Lehrer an allgemeinen Volksschulen, Bürgerschulen und Lehrerbildungsanstalten, sowie an öffentlichen Taubstummen- und Blindenanstalten genießen die Begünstigung der unmittelbaren Einreihung in die Ersatzreserve, doch sind sie der militärischen Ausbildung in entsprechender Weise beizuziehen;

d) Besitzer ererbter Landwirthschaften, wenn sie auf denselben den ordentlichen Wohnsitz haben, die Bewirthschaftung selbst besorgen und wenn das Grunderträgniß der Wirthschaft zur selbständigen Erhaltung einer Familie von fünf Personen ausreicht, ohne das Vierfache eines solchen Ertrages zu überschreiten;

e) einzige Söhne, Enkel oder Brüder, die ihre erwerbsunfähigen Väter, verwittwete Mütter bezw. Großeltern, oder verwaiste Geschwister erhalten (§. 34).

Gleich den einzigen Söhnen, Enkeln und Brüdern werden diejenigen behandelt, die durch den Militärdienst, jugendliches Alter (unter 18 Jahren) oder unheilbare Gebrechen ihrer einzigen Brüder, thatsächlich als die einzige Stütze ihrer Eltern, Großeltern oder Geschwister übrig geblieben sind.

Alle diese Begünstigungen greifen Platz bei dem thatsächlichen und vollständigen Vorhandensein der für dieselben maßgebenden gesetzlichen Bedingungen[32]) und hören durch den Wegfall derselben auf. Auf die Versäumniß in Erfüllung der Pflichten der Wehrfähigen, also in erster Linie der Stellungspflicht, sind Geldstrafen gesetzt (von 10 bis 200 Gulden). Gegen Stellungsflüchtlinge können schwerere Strafen (höhere Geldstrafen, Verschärfung der Dienstpflicht u. s. w.) verhängt werden. Ebenso wird gegen listige Umtriebe, um sich der Wehrpflicht zu entziehen — insofern nicht das allgemeine Strafgesetz zur Anwendung kommt — mit hohen Geldstrafen und Verschärfung der Dienstpflicht vorgegangen (§§. 47, 48).

Das Selbstbestimmungsrecht der Staatsbürger wird in zwei Punkten von der Militärpflicht beschränkt, namentlich bezüglich der Auswanderung und der Verehelichung.

Da nach dem StGG. vom 21. December 1867 „die Freiheit der Auswanderung" durch die Wehrpflicht beschränkt ist, so dürfen Wehrpflichtige nicht auswandern, bevor sie ihre Wehrpflicht nicht erfüllten. Da diese Wehrpflicht (einschließlich der Landsturmpflicht) zweiundzwanzig Jahre umfaßt, so wäre streng genommen die Auswanderung österreichischer Staatsbürger vor vollendetem 42. Lebensjahre unmöglich. Das Wehrgesetz räumt jedoch dem Reichs-Kriegsminister das Recht ein, den Angehörigen des Heeres oder der Kriegsmarine vor vollendeter Dienstpflicht die Entlassung zum Zwecke der Auswanderung zu ertheilen; die Auswanderung Wehrpflichtiger, die nicht Angehörige des Heeres sind, also Landsturmpflichtiger, dann solcher, die noch nicht stellungspflichtig sind, kann vom Landesvertheidigungsminister ertheilt werden (§. 64).

Die Landwehr.

§. 11. Die Bestimmungen über die Ergänzung der Landwehr sind im Wehrgesetz enthalten (s. oben).

Die Organisation der Landwehr bestimmt der Kaiser.[33]) Bei der Landwehr werden im Frieden nur „Officiers- und Mannschaftsstämme als stehende Cadres" erhalten, welche dazu dienen, im Frieden die Evidenzführung, die Ausbildung der unmittelbar in die Landwehr eingereihten, endlich auch die

---

[32]) Der Anspruch auf die Begünstigung ist während der Dauer der Stellungspflicht alljährlich in den Monaten Jänner und Februar bei der politischen Bezirksbehörde zu stellen; die Entscheidung darüber erfolgt in erster Instanz von der zuständigen Stellungscommission, jedoch nur nach der Assentirung des Stellungspflichtigen. Den Vertretern des Heeres bei den Stellungscommissionen steht das Einspruchsrecht wegen der beschlossenen Begünstigungen zu; die Entscheidung steht dann dem Ministerium (Landesvertheidigungs- eventuell im Einvernehmen mit dem Kriegsministerium) zu.

[33]) §. 1 des Gesetzes vom 24. Mai 1883 RGB. Nr. 87 über die österreichische Landwehr.

Verwaltung der Magazine zu besorgen; im Kriegsfalle bilden sie die fertigen Rahmen, welche durch Einberufung der übrigen Landwehrmannschaft ausgefüllt werden (§. 4).

Im Frieden können daher alle dem Landwehrverbande angehörigen Personen, mit Ausnahme der bei den Landwehrbehörden, Landwehrcadres und Landwehranstalten in activer Dienstleistung stehenden, außer der Zeit, in welcher sie an der Ausbildung, an den periodischen Waffenübungen und an den Controlsversammlungen (Hauptrapporten) theilzunehmen haben, ihren bürgerlichen Beschäftigungen nachgehen.

Der im Frieden präsent zu erhaltende Mannschaftsstand ist in erster Reihe durch freiwillig sich Meldende, welche die erforderliche Eignung besitzen, zu decken; wenn deren Zahl aber für den Bedarf nicht ausreicht, durch Heranziehung und Verwendung von unmittelbar in die Landwehr Eingereihten, jedoch nur innerhalb des ersten Dienstjahres und unter thunlichster Berücksichtigung ihrer Familien- und Erwerbsverhältnisse zu ergänzen.

Das von den Personen des Mannschaftsstandes auf solche Art bei dem Cadre zugebrachte Dienstjahr wird ihnen auf ihre Dienstpflicht doppelt angerechnet.

Unterofficiere, welche nach einjähriger Dienstleistung im Friedenspräsenzstande oder nach zurückgelegter Heeresdienstpflicht noch zu einer ferneren Dienstleistung im Präsenzstande der Landwehr auf Grund freiwillig eingegangener Verpflichtung verwendet werden, wird die weitere, im activen Dienste zugebrachte Zeit auf ihre Landwehrdienstpflicht doppelt angerechnet. (§. 5.)

Die zur Landwehr unmittelbar eingereihten Recruten werden durch acht Wochen (Cavallerie drei Monate) ausgebildet (§. 6).

Die nicht activen Landwehrmänner sind zu Waffenübungen in der Dauer bis zu vier Wochen verpflichtet[34].

Nicht active Landwehrofficiere können nach Erforderniß auch zu anderen Dienstleistungen herangezogen werden, deren Gesammtdauer jedoch vier Wochen nicht überschreiten darf.

Die zu den Waffenübungen nicht herangezogenen Landwehrpersonen sind verpflichtet, zu den Controlversammlungen (Hauptrapporten), welche aber jedesmal nicht mehr als einen Tag in Anspruch nehmen dürfen, zu erscheinen (§. 8). Auch müssen sie jeden Wechsel ihres bleibenden Aufent-

---

[34]) Zu den Waffenübungen bis zu obiger Dauer können nicht active Landwehrofficiere nud Officiersaspiranten nach Erforderniß, und im Uebrigen alle im nicht activen Stande der Landwehrtruppen befindlichen Landwehrmänner mit thunlicher Berücksichtigung ihrer Aufenthaltsverhältnisse so oft herangezogen werden, daß die Gesammtdauer aller periodischen Waffenübungen während der ganzen Landwehrdienstzeit zusammen 24 Wochen für die unmittelbar zur Landwehr Eingereihten und 4 Wochen für die nach vollstreckter Heeresdienstpflicht aus der Reserve zur Landwehr Uebersetzten nicht übersteigt.

Die Kundmachung, welche Mannschaftsjahrgänge jeweilig zu den periodischen Waffenübungen einberufen werden sollen, hat spätestens bis Ende des der Einberufung vorangehenden Jahres zu erfolgen (§. 7.)

haltsortes der Landwehrbehörde anzeigen (§. 15). Sowohl die Waffenübungen wie die Controlversammlungen müssen außerhalb der Erntezeit
abgehalten werden[35]).

Die Landwehr bezieht während ihrer Dienstleistung dieselben Löhnungen
wie das stehenden Heer. Die Kosten der Landwehr trägt im Frieden die
bezügliche Reichshälfte (also das Budget des Landesvertheidigungsministers);
im Kriege das Reich (also das Budget des gemeinsamen Reichs-Kriegs-
ministers)[36]).

Der Landsturm.

Der Landsturm bildet einen integrirenden Theil der Wehrkraft **§. 12.**
und steht als solcher ebenso unter völkerrechtlichem Schutze wie das reguläre
Heer[37]). Zum Dienste in demselben sind alle wehrfähigen Staatsbürger,
die nicht schon anderen Heeresbestandtheilen angehören vom 19. bis zum 42.
Lebensjahre, Officiere und Militärbeamten des Ruhestandes bis zum 60.
Lebensjahre verpflichtet. Abgesehen von diesen persönlichen Verpflichtungen
erstreckt sich die Landsturmpflicht auf alle Körperschaften, welche militärischen
Charakter haben oder militärische Abzeichen tragen (z. B. uniformirte
Bürgercorps u. dergl.). Der Landsturm zerfällt in zwei Aufgebote; das
erste bilden die 19 bis 37jährigen, das zweite die 38 bis 42jährigen Land-
sturmpflichtigen (§. 3).

Der Landsturm darf nur im Kriegsfalle und auf Befehl des Kaisers
aufgeboten werden (§. 4). Die ausnahmsweise Verwendung desselben
außerhalb der Landesgränzen bedarf der Ermächtigung durch ein Reichsgesetz; wenn Gefahr in Verzuge, genügt dazu eine kaiserliche von den Ministern gegengezeichnete Verordnung. Vom ersten Aufgebot des Landsturmes
kann in Kriegsfalle die zur Ergänzung der Landwehr nöthige Anzahl von
Landsturmmännern herangezogen werden, doch sind dieselben bei Beendigung
des Krieges sofort zu entlassen (§. 5). Zur leichteren Einberufung des

---

[35]) Landwehrpersonen, welche der Einberufung zu den Waffenübungen oder
zur Dienstleistung binnen der bestimmten Frist nicht Folge leisten, sind, wenn sie
ihr Ausbleiben nicht vollständig rechtfertigen, mit Arrest von einer Woche bis zu
drei Monaten zu bestrafen, bei der dritten Wiederholung jedoch, und in Kriegs-
zeiten schon beim ersten Falle, kriegsrechtlich zu behandeln.

Die Bekleidung einer ·Charge bildet in einem solchen Falle einen erschweren-
den Umstand. (§. 16 Landwehrgesetz.)

[36]) Das Gebiet der österreichischen Länder zerfällt in 92, das der ungarischen
in 94 Landwehrbataillons-Bezirke unter besonderen Commanden; in Innsbruck
befindet sich ein „Landesvertheidigungs-Commando" für Tirol und Vorarlberg, deren
„Landesschützen" in Verbindung mit dem dortigen Landsturm und Landes-Schieß-
standwesen das eigene „Institut der Landesvertheidigung" bilden.

[37]) Gesetz vom 6. Juni 1886 §. 1. Als Zweck des Landsturmes bezeichnet
die unten erwähnte „Vorschrift" nicht nur die Verstärkung und Unterstützung des
Heeres und der Landwehr, sondern auch die Entlastung derselben von Hilfs-
dienstleistungen technischer, administrativer und sanitärer Natur.

Landsturmes sind die Gemeinden verpflichtet, die „Sturmrollen" immer in Evidenz zu halten[38]).

Von der Landsturmpflicht werden diejenigen (für immer) befreit die zur Ausübung des Landsturmdienstes untauglich oder sonst mit einem von den im Gesetze aufgezählten Gebrechen behaftet sind. Enthoben (d. h. zeitweilig befreit) von dem Landsturmdienst werden diejenigen, welche zur Besorgung der Angelegenheiten des öffentlichen Dienstes auf ihrem Dienstposten unentbehrlich sind.

Der Landsturm ist keine gemeinsame Angelegenheit; daher unterliegt er auch nicht dem gemeinsamen Kriegsminister, sondern dem österreichischen Landesvertheidigungsminister; nur die Kosten des aufgebotenen Landsturmes werden aus dem Budget des gemeinsamen Kriegsministeriums gedeckt.

Festungen.

§. 13. Die Anlage und Erhaltung von Festungen ist nicht Sache der Gesetzgebung, sondern der gemeinsamen Militärverwaltung; als solche gehört sie zum Reichskriegsministerium, und die Kosten derselben werden aus den für die gemeinsame Kriegsverwaltung votirten Summen bestritten; denn nach außen hin bildet ja die gesammte Monarchie eine Einheit und es gehört daher zur „Reichsbefestigung" ebensogut die in Böhmen oder Galizien gelegene Festung wie die in Siebenbürgen und Ungarn. . Das System dieser Reichsbefestigung hat sich denn auch nur in diesem einheitlichen Sinne ausgebildet; weder ist Ungarn gegenüber Oesterreich befestigt, noch Oesterreich gegenüber Ungarn: sondern die ganze Monarchie gegen das Ausland. Die derzeit existirenden 15 Festungen[39]), die jede unter dem unmittelbaren Befehl eines Festungscommandanten sich befindet, umgeben die Monarchie in einem großen, mehr weniger der Gränze folgenden Kreise, von Franzensfeste und Trient angefangen gegen Osten bis Karlsburg, dann wieder von Przemysl und Krakau bis Königgrätz; ungefähr in der Mitte dieses Kreises als Deckung von Budapest befindet sich Komorn. — Zum Schutze der Festungen schafft das Gesetz in ihrer Umgebung eine Art Ausnahmszustand. Im Umfange des Fortificationsrayons darf ohne Bewilligung der Militärbehörde kein Bau vorgenommen werden. Im engeren Festungsrayon (im Angriffsterrain) darf überhaupt keinerlei Bauwerk, im weiteren können Bauten nur unter gewissen Bedingungen gestattet werden.

Die wichtigste dieser Bedingungen ist die Ausstellung eines Demolirungsreverses, worin der Bauführer sich verpflichtet, keinerlei Entschädigung für sein aufzuführendes Gebäude zu beanspruchen, falls in Folge von Kriegsereignissen oder zum Zwecke von Vertheidigung die Demolirung desselben erfolgen sollte. Dieser Revers muß auf das aufzuführende Ge-

---

[38]) Ueber die Organisation des Landsturmes, Verzeichnung und Evidenthaltung der Landsturmpflichtigen rc. erfloß eine Vorschrift (Neuauflage) mit Min.-Vdg. vom 20. December 1889 RGB. Nr. 193.

[39]) Franzensfeste, Trient, Pola, Alt-Gradisca, Brod, Essek, Peterwardein, Temesvar, Arad, Karlsburg, Przemysl, Krakau, Olmütz, Königgrätz und Komorn.

bäude bücherlich sichergestellt werden. Auch bezüglich der Höhe und des Umfanges der im Fortificationsrayon aufzuführenden Gebäude sind militärische Vorschriften maßgebend und sind daher die Weisungen der Militärbehörde strenge zu befolgen.[40])

Diese Vorschriften gelten übrigens nicht nur für Festungen im engsten Sinne des Wortes, sondern auch für auf strategischen Linien gelegene feste Plätze und große Städte, welche gegebenen Falles strategische Objecte werden können. So sind z. B. mit der Kundmachung der Statthalterei in Prag vom 16. Juli 1875 Vorschriften betreffend den Bauverbotsrayon von Prag und Wyšehrad erlassen worden und ebenso auch anderwärts.

- - - - -

Die Militärlasten.

Die Leistung der persönlichen Wehrpflicht seitens der Einzelnen sichert **§. 14.** dem Staate das zur Bildung seiner Wehrmacht erforderliche Menschenmaterial. Für alle übrigen Bedürfnisse der Wehrmacht haben in erster Linie das Reich und der Staat, in zweiter Linie die Länder, Bezirke und Gemeinden aufzukommen.

Das Reich votirt durch das Organ der gemeinsamen Delegationen die für das gemeinsame Heer nöthigen Geldmittel, welche auf Grund der von den einzelnen Reichshälften durch ihre Parlamente votirten „Beitragsquoten"[41]) aufgebracht werden. Nebstdem votirt jede Reichshälfte für sich die Kosten ihrer Landwehr.

Da das Militär sich seinen Unterhalt in eigener Regie beschafft, d. h. keinerlei Naturalleistungen zum Zwecke seines Unterhaltes erfordert, so ist durch das votirte Militärbudget der Unterhalt des Heeres und ebenso die Bewaffnung, die Versorgung desselben mit Munition und Bekleidung bestritten.

Dagegen müssen zum Zwecke der Unterkunft des Heeres sowohl die Länder, wie auch die Bezirke und Gemeinden zu Naturalleistungen (Einquartierung) herangezogen werden.[42]) Und zwar haben die Kronländer für die bleibende, die Gemeinden für die vorübergehende Einquartierung zu sorgen.[43]) Allerdings leistet die Militärverwaltung sowohl den Kronländern, als auch den Gemeinden und zwar ebensowohl für gemeinsame, als auch für Einzelquartiere[44]) eine Vergütung, jedoch nur in der durch das

[40]) Das Terrain vor einem befestigten Platze, Festung, Forts u. dergl. muß bis an die Gränze des wirksamen Kanonenschusses von allen Baulichkeiten frei gehalten werden. Min.-Erl. vom 21. December 1859 RGB. Nr. 10

[41]) Diese Beitragsquote für das gemeinsame Heer ist im österreichischen Finanzgesetz nicht besonders aufgeführt, sondern steckt in der Post „Beitragsquote zur Bestreitung der gemeinsamen Angelegenheiten."

[42]) Gesetz über Beistellung der während des Friedensstandes von dem stehenden Heer, der Kriegsmarine und der Landwehr benöthigten Unterkunft und Naturalerfordernisse vom 11. Juni 1879.

[43]) Unter bleibender Einquartierung versteht das Gesetz (§. 2) diejenige, welche auf Grund der stabilen Friedensdislocation gemäß der Anordnung des obersten Kriegsherrn vom Jahre 1870 platzgreift; alle anderen Einquartierungen aus Anlaß von Durchzügen, Manövern ꝛc. sind vorübergehende.

[44]) Unter gemeinsamer Einquartierung versteht das Gesetz (§. 3) jene, wobei

Gesetz festgesetzten Höhe⁴⁵), welche möglicherweise die wirklichen Kosten der
Länder und Gemeinden nicht deckt, welch letzterer Umstand jedoch weder die
Länder noch die Gemeinden zu irgend welchen Ansprüchen gegen die Militärverwaltung berechtigt. Doch überläßt es das Gesetz den Landesvertretungen,
die die Gemeinden treffende Einquartierungslast auf die einzelnen Gemeinden verhältnißmäßig zu vertheilen, entweder durch Uebernahme der den
Gemeinden erwachsenden Mehrkosten auf das Landesbudget oder durch Bildung von Concurrenzbezirken behufs Umlegung der Einquartierungsmehr-
kosten auf dieselben (§. 38).

Uebrigens hat die Gemeinde nur die Aufgabe, die sie treffende Einquartierungslast auf ihre Gemeindegenossen zu repartiren; von diesen letzteren kann jedoch jeder Einzelne von der ihm zugetheilten Einquartierungslast sich befreien, wenn er für die ihm zugewiesenen Militärpersonen ein
entsprechendes Quartier anderswo (doch in derselben Gemeinde) miethet.

Militärversorgung.

§. 15. Der Militärversorgung werden theilhaftig entweder: 1. ausgediente,
2. dienstuntauglich gewordene Militärpersonen (auch Landwehr), 3. ihre
Hinterbliebenen.

Die vollendete Dienstzeit (40 Jahre) berechtigt zu einer der vollen
Activitätsgage gleichkommenden Pension. Eine geringere Dienstzeit be-
rechtigt, wenn dabei die Dienstuntauglichkeit erwiesen wird, zu einer geringeren
Pension.⁴⁶) Denjenigen, welche vor vollendetem zehnten Dienstjahre wegen

in einem und demselben Gebäude die Unterkünfte für mindestens eine halbe Com-
pagnie bei der Infanterie- oder Jäger-Truppe, eine viertel Escadron bei der
Cavallerie, eine halbe Batterie der Feldartillerie u. s. w. beigestellt werden; erreicht die
beigestellte Unterkunft nicht den Fassungsraum zur Unterbringung solcher Truppen-
theile, so gilt dieselbe nur als Einzel-Einquartierung.

⁴⁵) Das Gesetz enthält (in den als Beilagen demselben beigefügten Ausweisen,
sodann in der Durchführungsverordnung zu demselben vom 1. Juli 1879 RGB.
Nr. 94 und den beigefügten Ausweisen und Tarifen einerseits die Anforderungen,
welche die Militärverwaltung bezüglich der Einquartierung von Soldaten und
Chargen zu stellen berechtigt, die Länder und Gemeinden daher zu erfüllen verpflichtet sind; andererseits wieder die Gebühren, welche die Militärverwaltung für
jede dieser Anforderungen leistet. Die die Gemeinden und Länder treffende Einquartierungslast besteht eben in der Tragung der Mehrkosten über die von der
Militärverwaltung nach dem Gesetze geleistete Vergütung.

⁴⁶) Eine zehnjährige ununterbrochene Dienstzeit berechtigt zu einem Drittel
der zuletzt bezogenen Activitätsgage — für jedes weitere Jahr werden zu diesem
Drittel 2½% zugezahlt. Dieses gilt aber nur für Officiere, Militärgeistliche und
Beamte. Für Unteroffiziere und Soldaten gilt ein geringerer Maaßstab. Dagegen
ist den Unterofficieren, welche zwölf Jahre gedient haben und gut conduisirt sind,
mit Gesetz vom 19. April 1872 RGB. Nr. 60 ein Anspruch auf Verleihung von
Anstellungen im öffentlichen Dienste, dann bei vom Staate subventionirten Transportunternehmungen gewahrt. Gewisse Dienstposten (Dienerschafts- und Aufsichts-
posten bei Gerichten und Behörden) werden für solche Unterofficiere ausschließlich vorbehalten. Vergl. dazu die Min.-Vdg. vom 12. Juli 1872 RGB.
Nr. 98 worin die Bestimmungen zur Ausführung obigen Gesetzes vom 19. April
1872 enthalten sind.

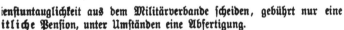

ienstuntauglichkeit aus dem Militärverbande scheiden, gebührt nur eine
itliche Pension, unter Umständen eine Abfertigung.

Die Versorgung der Wittwen und Waisen von Officieren und von
annschaften des Heeres, der Kriegsmarine, der Landwehr und des Land=
rmes wurde zuletzt mit Gesetz vom 27. April 1887 neu geregelt.
arnach haben Wittwen von Officieren Anspruch auf fortlaufende Jahres=
nsion, wenn ihr Gatte 1. vor dem Feinde gefallen oder in Folge erlittener
rwundung gestorben ist, 2. ohne Rücksicht auf die Todesursache zu einer
it gestorben ist, wo er bereits einen Anspruch auf eine bleibende Militär=
rsorgung hatte. In letzterem Falle erhalten die Wittwen eine nach zwölf
ngelassen sich abstufende Pension (von 200 bis 2000 fl. jährlich); im
teren Falle erhalten sie dazu noch einen 50 %igen Zuschuß.

II. Buch.

Finanzrecht.

Die Staats-Finanzen. ✓

§. 16. Das Finanzrecht umfaßt alle diejenigen Bestimmungen, die in ihrer Gesammtheit den Zweck verfolgen, dem Staat die Geldmittel zur Bestreitung seiner nöthigen Ausgaben zu verschaffen. Statt der früheren Naturalabgaben (Zehent, ausgerüstete Mannschaft u. dgl.) bezieht der Staat heutzutage aus dem Vermögen der Staatsgenossen

1. Steuern, 2. Zölle, 3. Gewinn aus Monopolen und Gefällen, endlich 4. Gebühren und Taxen.

Die Ausgaben des Staates lassen sich in folgende Hauptrubriken bringen:

1. Civilliste des Herrschers;
2. Erhaltung der Wehrmacht;
3. Besoldung der Beamten, Diener und Angestellten; Bestreitung der Kosten der Volksvertretungen;
4. Herstellung von Werken öffentlichen Nutzens;
5. Förderung gemeinnütziger Zwecke; endlich
6. Verzinsung der Staatsschulden.

Bei den Leistungen an den Staat ging das Bestreben der Völker immer dahin, eine gerechte Veranlagung, d. h. eine nach dem Vermögen der Einzelnen verhältnißmäßige Vertheilung auf dieselben zu erzielen — (allerdings auch bestrebten sich die einzelnen socialen Bestandtheile des Staates, diese Lasten so viel als möglich von sich ab und auf die Schultern der anderen Bestandtheile zu wälzen).

Bezüglich der Ausgaben ging das Bestreben der Steuerträger immer dahin, dieselben nicht über das Maaß des Nöthigen und Zweckmäßigen wachsen zu lassen. Aus diesen Bestrebungen ergab sich in historischer Entwickelung das Recht der Volksvertretungen, die Steuern und Abgaben zu bewilligen und über den Staatshaushalt Controle zu üben (Budgetrecht).[47]

---

[47] Vergl. Rechtsstaat und Socialismus II. §§. 31 u. 32; Seidler: Ueber Budget- und Budgetrecht. Wien 1885.

Staatsvoranschlag und Finanzgesetz.

Kraft des dem Reichsrathe verfassungsmäßig gewährleisteten Budgetrechts wird demselben jährlich vom Finanzministerium ein Voranschlag der Einnahmen und Ausgaben zur Beschlußfassung vorgelegt.[48] Der von beiden Häusern des Reichsraths beschlossene Voranschlag wird sodann, nachdem er die kaiserliche Sanction erhalten, als Finanzgesetz im Reichsgesetzblatte kundgemacht.

Der Staatsvoranschlag besteht aus zwei Theilen; den ersten bildet das „Erforderniß“, d. i. die voraussichtlichen Ausgaben, den zweiten die „Bedeckung“, d. i. die voraussichtlichen Einnahmen.

Sowohl die Ausgaben wie die Einnahmen werden in ordentliche und außerordentliche eingetheilt und sind im Voranschlag nach den einzelnen Ministerien gruppirt und in Titel und Paragraphe geordnet. Beigegeben werden diesem Voranschlage die Detailnachweisungen über die einzelnen Verwaltungszweige.

Entsprechend der Anordnung dieses Voranschlages ist auch die des Finanzgesetzes.[49] Ein Virement ist dabei nicht gestattet. Die that

---

[48] Verordn. vom 17. October 1863 und l. Verordn. vom 21. November 1866 RGB. Nr. 140.

[49] Das jährlich meist in der ersten Hälfte des Jahres im RGB. erscheinende Finanzgesetz besteht in der Regel aus mehreren einleitenden Artikeln, welche die Gesammtsumme der Ausgaben feststellen, bezüglich der Verwendung und Bedeckung derselben auf den Staatsvoranschlag verweisen. Ergiebt sich ein Deficit, so wird die Art der Bedeckung desselben festgesetzt. Diesen einleitenden Artikeln folgt der Staatsvoranschlag, der sich in zwei Theile: Staatsausgaben und Staatseinnahmen gliedert. Jeder dieser Theile besteht aus Titeln, die in Capitel untergetheilt sind. Die Titel mit ihrem Gesammtbetrage sowohl der Ausgaben wie der Einnahmen sind nach jedem Theile in eine Recapitulation zusammengestellt. Der erste Theil, Staatsausgaben zerfällt in folgende Titel: 1. Allerhöchster Hofstaat, 2. Cabinetskanzlei Sr. Maj., 3. Reichsrath, 4. Reichsgericht, 5. Ministerrath, 6. Beitragsleistung zum Aufwande für die gemeinsamen Angelegenheiten, 7. Ministerium des Innern, 8. Ministerium für Landesvertheidigung, 9. Ministerium für Cultus und Unterricht, 10. Ministerium der Finanzen, 11. Ministerium des Handels, 12. Ackerbauministerium, 13. Justizministerium, 14. Oberster Rechnungshof, 15. Pensionsetat, 16. Subventionen und Dotationen, 17. Staatsschuld, 18 Verwaltung der Staatsschuld. Außer diesen 18 Titeln zeigt der zweite Theil Staatseinnahmen noch eine 19. Einnahme aus der Veräußerung von unbeweglichem Staatseigenthum. Allerdings figuriren in dem Einnahmetheil mehrere obiger Titel nur der Symmetrie wegen, da sie gar keine Einnahmen aufweisen und blos Ausgabetitel sind, wie; Allerhöchster Hofstaat, Cabinetskanzlei, Reichsrath und Reichsgericht, Gemeinsame Angelegenheiten, oberster Rechnungshof. Diese Behörden beziehen nämlich keinerlei Gebühren oder Taxen und auch die gemeinsamen Angelegenheiten sind nur eine Ausgabepost. Die übrigen Einnahmetitel weisen diejenigen Einnahmen aus, welche durch die bezüglichen Behörden im eigenen Ressort auf den verschiedensten Grundlagen percipirt werden. So figuriren im Einnahmetitel Ministerrath die Einkünfte der in das Ressort des Ministerpräsidiums gehörenden officiellen Zeitungen und des Telegraphen-Correspondenzbüreaus und ähnlich bei anderen Behörden. Selbstverständlich weist der Titel „Finanzministerium“ den weitaus größten Theil der Gesammteinnahmen aus, so z. B. in den Finanzgesetzen von 1889 und 1890 beinahe ⅘ der Gesammteinnahme, was sich daraus erklärt, daß ins Ressort dieses Ministeriums die Einhebung aller Steuern und der meisten

fächliche Gebahrung der Finanzbehörden wird in befonderen Gebahrungs= ausweifen und Rechnungsabfchlüffen dem öfterreichifchen oberften Rechnungs= hofe vorgelegt, der auf Grund derfelben einen Centralrechnungsabfchluß verfaßt, der zunächft dem Kaifer unterbreitet, fodann vom Finanzminifter dem Reichsrathe zur verfaffungsmäßigen Erledigung vorgelegt wird. Dem oberften Rechnungshofe fteht das Recht zu, bei Verfaffung des Central= rechnungsabfchluffes etwaige Ueberfchreitungen der gefeßlichen Beftimmungen zu rügen; der Reichsrath hat der Regierung nach Prüfung des Rechnungs= abfchluffes das Abfolutorium zu ertheilen [50]), womit er zugleich einen der wichtigften Acte der ihm zuftehenden Controle des Staatshaushaltes übt.

Die Staatsfchulden.

§. 18. Auch auf das Staatsfchuldenwefen übt der Reichsrath den entfchei= dendften Einfluß; nur unter feiner Mitwirkung werden Staatsanlehen gefeß= lich aufgenommen, und er ift es auch, unter deffen gefeßgeberifcher Mit= wirkung die leßte große Converfion der öfterreichifchen Staatsfchuld vor= genommen wurde. Man könnte meinen, daß die Aufnahme eines Anlehens feitens des Staates zwifchen diefem und dem Gläubiger ein reines Privat= rechts= refp. Schuldverhältniß begründe. Von Zeit zu Zeit aber verräth fich diefes Verhältniß doch als ein folches, welches, da es mit dem Staat gefchloffen ift, kein rein privatrechtliches ift; denn von Zeit zu Zeit fieht fich der Staat gezwungen, die Bedingungen diefes zweifeitigen Verhältniffes einfeitig zu ändern, wogegen den Gläubigern kein Rechtsweg offen fteht, wenn fie mit der Aenderung nicht zufrieden find. Eine folche Aenderung ift in Oefterreich im Jahre 1868 inforne vorgenommen worden, als die gefammten damals beftehenden verfchiedenen Staatsfchulden in eine einheitliche Rentenfchuld umgewandelt wurden, wobei in der Form einer 20%igen Steuerauflage auf die Zinfen derfelben, diefe leßteren thatfächlich reducirt wurden. [61]) Durch diefe Reducirung ergab fich für den Staat ein jährliches

Abgaben gehört und daher in diefem Titel ausgewiefen ift. Uebrigens belief fich im Jahre 1889 das Gefammterforderniß (Ausgaben) auf 540 Millionen, denen eine Gefammteinnahme von 542 Millionen gegenüber ftand, in welche nur 150,000 fl. aus dem Verkauf unbeweglichen Staatseigenthums einbezogen find. Es war das feit langen Jahren das erfte öfterreichifche deficitlofe Budget. S. unten „Staatsfchulden und Deficit".

[50]) § 11 lit. c des Gefeßes vom 21. December 1867 RGB. Nr. 141. Vergl. auch Guftav Seidler: Der Staatsrechnungshof Oefterreichs. Wien 1884.

[61]) Es gefchah dieß auf Grundlage des zwifchen Oefterreich und Ungarn ge= fchloffenen Uebereinkommens vom 24. December 1867 RGB. Nr. 3 ex 1868. Mittelft deffelben verpflichtete fich Ungarn zu einem feften, nicht zu ändernden Beitrag zu den Zinfen der als gemeinfam erklärten allgemeinen öfterreichifchen Staatsfchuld; diefer Beitrag wurde mit 29,188,000 fl. feftgefeßt. Gleichzeitig wurde die Durchführung der oben erwähnten Converfion befchloffen, welche mit dem Gefeß vom 20. Juni 1868 Nr. 66 RGB. thatfächlich erfolgte. Nur einige wenige Staatsfchuldgattungen wurden in die Converfion nicht einbezogen, namentlich die verfchiedenen Lottoanlehen (vom Jahre 1839, 1854, 1860, 1864), die Schuld des Staates an die Nationalbank und einige andere, vergl. Blonski: Finanzgefeßkunde Oefterreichs B. II, 388 ff.

Zinsenersparniß von über 13 Millionen Gulden. Allerdings ist für diesen den Gläubigern zugefügten Zinsenverlust ein reichlicher Ersatz dadurch geboten worden, daß seither das Staatsschuldenwesen in Oesterreich unter vollkommen hinreichende parlamentarische Controle gestellt wurde, wodurch der innere Werth der Schuldtitres gehoben wurde, was sich auch in der seither eingetretenen, allmählich steigenden Curserhöhung derselben ziffermäßig ausdrückt. Nachdem seit dem österreichisch-ungarischen Ausgleiche aber die gemeinsame Staatsschuld jede der beiden Reichshälften für ihre besonderen Bedürfnisse den öffentlichen Credit noch mannigfach in Anspruch nahm, so bildeten sich in Folge dessen dreierlei Staatsschuldgattungen: die gemeinsame österreichisch-ungarische, die österreichische und die ungarische. Jede der beiden letzteren Kategorieen zerfällt wieder in die fundirte und die schwebende. Von den besonderen consolidirten Schulden der einzelnen Reichshälften sind die einen in Gold, die anderen in Papiergeld verzinslich (Gold- und Notenrenten); auch sind seit der Conversion die Notenrenten, wie auch die meisten anderen Staatsschuldobligationen mit der Verpflichtung des Staates emittirt worden, dieselben nie zu besteuern (steuerfreie Renten). Die speciellen Staatsschulden jeder der beiden Reichshälften werden von den betreffenden Finanzministerien verwaltet; die gemeinsame consolidirte Staatsschuld jedoch wird vom österreichischen Finanzministerium allein verwaltet[52]), respective von der demselben unterstehenden Direction der Staatsschuld.[53]) Die Controle der Gebahrung sowohl der consolidirten gemeinsamen Staatsschuld, als auch der besonderen österreichischen Staatsschulden, übt eine durch Wahl aus den beiden Häusern des Reichsraths hervorgehende „Staatsschuldencontrols-Commission des Reichsraths".[54])

Abgaben.

§. 19. Alle Abgaben können vom volkswirthschaftlichen, vom fiscalischen, vom finanz-technischen oder vom staatsrechtlichen Standpunkte betrachtet werden. Vom volkswirthschaftlichen Standpunkte werden sie mit Rücksicht auf ihren Einfluß auf die Volkswirthschaft, auf Production oder Consumtion betrachtet; sie können nämlich die Production fördern oder hemmen; sie können die Consumtion steigern oder beschränken. Vom fiscalischen Standpunkte werden die Abgaben nach ihrer Ertragfähigkeit untersucht; vom finanz-technischen nach der größeren oder geringeren Leichtigkeit ihrer Veranlagung oder Einbringung. Vom staatsrechtlichen Standpunkte handelt es sich um die durch das Steuergesetz geschaffenen Rechtsverhältnisse; darum, wer durch dieselben und in welchem Maaße er verpflichtet, beziehungsweise also auch berechtigt ist. Die Abgabepflicht kann entweder unmittelbar die Person des Staatsbürgers oder in erster Linie den Besitz,

---

[52]) Auf Grund des Gesetzes vom 13. April 1870 RGB. Nr. 57.
[53]) Ihren Wirkungskreis stellt die Verordnung vom 26. Februar 1860 RGB. Nr. 53 fest.
[54]) Gesetze vom 10. Juni 1868 RGB. Nr. 53 und 54 vom 18. März 1876 RGB. Nr. 35.

den Ertrag, das Einkommen, das Gewerbe, die Dienstleistung und daher erst mittelbar die Person als das Subject dieser Rechte, Zustände und Thätigkeiten treffen. Doch bezieht sich diese Pflicht nur auf die sog. directen Steuern. Denn die sog. indirecten beruhen eben darauf, daß sie vom Einzelnen, ohne daß er sich dessen bewußt ist, also ohne daß er eine staatsrechtliche Pflicht dabei zu erfüllen in die Lage kommt, gezahlt werden. Darin liegt eben das Geheimniß und sozusagen der fiscalische Kunstgriff der indirecten Steuern.

Was nun die directen Steuern anbelangt, so trifft den Staatsbürger als solchen eine Zahlungspflicht (nachdem es keine Kopfsteuer mehr giebt) nur noch als Ersatz für nicht erfüllte Wehrpflicht. Nur die Militärtaxe begründet eine Pflicht des Staatsbürgers als solchen, dieselbe zu zahlen, soferne er nicht ihr Aequivalent, die Militärpflicht leistet.[55]) Zur Zahlung aller anderen directen Abgaben wird der Einzelne erst dann verpflichtet, wenn er in irgend eines der Verhältnisse tritt, welche die Steuerpflicht begründen, also wenn er Besitzer eines steuerpflichtigen Objectes oder Gewerbetreibender wird; in ein Dienstverhältniß tritt; aus einem Vermögen Einkommen bezieht u. s. w.

Diese Steuerpflicht ist aber je nach der Art des Verhältnisses, in dem sie begründet ist, eine verschiedene, und zwar eine bald mehr bald weniger persönliche. Bei mehr persönlicher kann die Staatsgewalt den Einzelnen unmittelbar durch Execution zur Leistung zwingen; bei mehr sachlichen, d. h. aus dem Besitz eines Objects fließenden Steuerpflichten kann der Einzelne durch Imstichlassen des Objectes sich jeder persönlichen Pflichterfüllung entziehen, ohne daß gegen ihn persönlich irgend welche Zwangsmaßregeln ergriffen werden dürften. So braucht ein Hausbesitzer die Steuern nicht zu zahlen, wenn er das Haus der steueramtlichen Execution (Sequestration) überläßt. Dagegen sind Steuern, zu deren Zahlung man aus dem Betriebe eines Gewerbes, eines Dienstgehaltes, eines Einkommens verpflichtet ist, mehr persönlicher Natur, und man kann zu deren Zahlung durch persönliche Zwangsmaßregeln, wie Pfändung und executive Feilbietung von Fahrnissen, in deren Besitz man sich befindet, angehalten werden.

Jede Steuerpflicht begründet zugleich die Pflicht der Einhaltung der vorgeschriebenen Zahlungstermine, auf deren Versäumniß Verzugszinsen als Strafe gesetzt sind.

Das jährliche Finanzgesetz bezeichnet als directe Steuern: 1. die Grundsteuer, 2. die Gebäudesteuer, 3. die Erwerbsteuer und 4. die Einkommensteuer. Als indirecte Steuern bezeichnet dasselbe die verschiedenen Verzehrungssteuern, nämlich von Branntwein, Wein und Most, Bier, Fleisch und Schlachtvieh, Zucker, Mineralöl und von „sonstigen Gebrauchsgegenständen", und hierher gehört wohl noch die Abgabe, betreffend den Handel mit gebrannten geistigen Getränken, den Ausschank und Verschleiß

---

[55]) Allerdings sind nicht ausnahmslos alle Staatsbürger, die den Militärdienst nicht leisten, zur Zahlung der Militärtaxe verpflichtet; so z. B. sind von derselben befreit die mit schweren Gebrechen Behafteten, die ganz Mittellosen u. s. w.

derselben. Als Monopole werden in Oesterreich behandelt. Salz, Tabak, Post, Telegraph und Lotto; den Charakter von Regalien besitzen die Einnahmen des Staates aus den Mauthen, der Punzirung. Eine eigene Kategorie von Abgaben bilden die Taxen und Gebühren von Rechtsgeschäften.

Jede dieser Abgaben beruht auf einem speciellen Gesetz und jedes dieser Gesetze begründet ein besonderes Recht, welches seine besondere Entwickelung und seine eigenthümlichen Principien aufweist.

Bei allen diesen Abgaben, mit Ausnahme der Monopole, handelt es sich vor allem darum, wer zu zahlen verpflichtet ist; wie viel und wann oder in welchen Raten er zu zahlen hat. Den Pflichten der Steuerzahler entsprechen ihre Rechte, die darin bestehen, nicht mehr und nicht auf andere Weise zu leisten, als ihre Pflicht ist. Bei jeder einzelnen Abgabe aber beruht die Bemessung der Steuer auf speciellen Grundlagen, welche bald einfach, bald sehr complicirt sind, und leicht Gegenstand von Zweifeln und daher auch von streitigem Verfahren bilden können. Dieses Verfahren spielt sich vorerst vor den zuständigen politischen bezw. Finanzbehörden ab und kann, wenn es den Instanzenzug derselben durchlief, vor dem Verwaltungsgerichtshofe seinen Abschluß finden.

Die Grundsteuer.[56]

Aus der Nothwendigkeit Steuern zu erheben, ergiebt sich für den **§. 20.** Staat die weitere Nothwendigkeit, sie dort zu nehmen, wo er sie nehmen kann, eine Nothwendigkeit, die bisher in noch ungelöstem Widerspruche steht mit dem Postulat der Theorie, sie nur von dem zu nehmen, der sie geben kann. Diesem Postulate könnte der Staat nur dann Rechnung tragen, wenn die Gewißheit vorhanden wäre, daß diejenigen, die sie geben können, sie auch geben wollen. Diese Gewißheit ist durchaus nicht vorhanden — und der Staat ist daher vorderhand noch darauf angewiesen, nicht allein nach theoretisch stichhaltigem, sondern auch nach fiscalischem Grundsatz vorzugehen.

Nach diesem Grundsatze besteuert er in erster Linie die sichtbaren Vermögensobjecte, ohne Rücksicht, ob ihre Inhaber vermögend sind oder nicht, ob sie im Ueberfluß schwelgen oder Noth leiden. Der Staat faßt den Grund und Boden als Ertragsquelle auf und besteuert dieselbe als solche ohne Rücksicht darauf, in wessen Händen sich dieselbe momentan befindet, und dieser fiscalische Grundsatz wird noch durch die weitere Nothwendigkeit verschärft, die kleinste Grundparzelle in demselben Verhältniß, wie das größte Latifundium zu besteuern.

Diese Principien der Grundbesteuerung sind in den geltenden Gesetzen über die Regelung der Grundsteuer[57] klar und deutlich ausgesprochen. Daß es die Nothwendigkeit, die staatlichen Bedürfnisse zu decken, und nicht das subjective Vermögen, zu dieser Bedeckung beizusteuern, ist, welche als

---

[56] Vergl. m. Verwaltungslehre §§. 35—37. Adolf Beer: Der Staatshaushalt Oesterreichs S. 1—27.
[57] v. 24. Mai 1869 RGB. Nr. 88.

Gumplowicz, Das österr. Staatsrecht.   19

oberster Grundsatz gelten muß, geht aus dem Art. I dieses Grundsteuer-
gesetzes hervor, wonach als Maaßstab für die Höhe dieser Steuer „die im
Wege des Gesetzes von 15 zu 15 Jahren festgesetzte Grundsteuerhauptsumme", b. i. das Bedürfniß des Staates einzig und allein gilt.

§. 21.   Denn diese Grundsteuerhauptsumme ist der Ausdruck der Bedürfnisse
des Staates und ihre nothwendige Höhe ergibt sich für den Gesetzgeber einzig
und allein aus der Vergleichung des Gesammtbedürfnisses des Staates mit
der ihm zu Gebote stehenden Gesammtbedeckung desselben. Aus der Analyse
der letzteren ergibt sich, welcher Theil der Bedeckung aus anderen Steuer-
quellen geschöpft werden kann und welcher Theil daher aus der Grundsteuer geschöpft werden muß; dieses Ergebniß ist bestimmend für die Festsetzung der „Grundsteuerhauptsumme". Ist diese einmal festgesetzt, so wird
dieselbe mit dem ermittelten Reinertrag alles im Staate vorhandenen Grund
und Bodens in Verhältniß gesetzt und auf diese Weise das Steuerpercent
dieses gesammten Reinertrages ermittelt. Dieses Steuerpercent des gesammten Reinertrages wird verhältnißmäßig auf die aus dem Grundkataster
ersichtlichen Einzelerträge der einzelnen Parzellen repartirt.[58] Und nachdem schon der Grundkataster gemäß dem Grundsatze angefertigt wurde, daß
„der Grundsteuer alle Grundoberflächen unterliegen, welche im Wege
der landwirthschaftlichen Bodenkultur benutzbar sind" (§. 1 des Gesetzes
v. 24. Mai 1869 RGB. Nr. 88), ohne Rücksicht ob und auf welche Weise
sie auch benützt werden, dabei also weder auf subjective Benützung, noch auch
auf subjectiven Gewinnbezug Rücksicht genommen wird: so stellt sich die
Grundsteuer als eine Antheilnahme des Staates an dem Gesammtertrag
des productiven Staatsbodens dar, ohne Rücksicht auf die individuellen
Verhältnisse der Staatsbürger zu den einzelnen in ihrem Besitz befindlichen
Theilen dieses Bodens und noch weniger auf ihre anderweitige materielle
Lage.[59]

Die Grundsteuer ist daher eine Realsteuer, die Zahlung derselben für
den Einzelnen daher nur insoferne eine Pflicht, inwieferne er in dem Besitze eines productiven Grundes sich befindet. — Dieses drückt das Gesetz
mit den Worten aus: „der Grundsteuer unterliegen alle Grundoberflächen".

Bei der Grundsteuer also kümmert sich der Gesetzgeber nicht um
die Rückwirkung der Steuerzahlung auf die persönlichen Verhältnisse der
Steuerzahler, woraus es sich auch erklärt, daß diese letzteren von dieser
Steuer in ihrem Vermögen ganz unverhältnißmäßig getroffen werden, da
das Gesetz einzig und allein die Grundparzelle als Steuereinheit ins Auge
faßt und daher die Steuer auch von Besitzern fordert, deren Steuerkraft

---

[58] Ges. v. 28. März 1880 RGB. Nr. 34.
[59] Die Grundsteuerhauptsumme „wird nach Verhältniß des ermittelten Reinertrages der steuerpflichtigen Objecte auf die einzelnen Länder beziehungsweise
einzelnen Steuergemeinden und einzelnen Grundstücke gleichmäßig vertheilt und
hiernach das Steuerpercent ermittelt", §. 4 Gesetz vom 28. März 1880. Diese
Grundsteuerhauptsumme wurde vom 1. Jänner 1881 ab auf die Dauer von
15 Jahren mit 37½ Millionen Gulden (für Oesterreich) festgesetzt.

gleich Null ist.[60]. Letzteres kann aber der Fall sein nicht nur bei Besitzern einer oder weniger schuldenfreien Parzellen, sondern auch bei Besitzern von Latifundien, wenn dieselben ihrem ganzen Werthe nach verschuldet sind. Mit Bezug also auf die Steuerzahler hat die Grundsteuer den Charakter einer Kopfsteuer, nur mit dem Unterschied, daß hier die Grundparzelle als Einheit, als Kopf, gilt und der Besitzer von 1000 Grundparzellen diese Kopfsteuer tausendfach zahlt. Vom Standpunkt der Verhältnißmäßigkeit der Steuer zur Steuerkraft also kann in der Praxis die Grundsteuer in doppelter Weise ungerecht werden, indem sie nämlich weder auf den geringen Besitz, der keine Steuerkraft verleiht, noch auf die Verschuldung, durch welche die Steuerkraft eingebüßt wird, Rücksicht nimmt.

Aus dem Grundsatze, daß die Grundsteuer eine Realsteuer ist und einzig und allein den möglichen Reinertrag (auch wenn derselbe durch irgend welches Verschulden oder willkürlichen Vorgang des Besitzers nicht erzielt wird) treffen soll, folgt die Bestimmung, daß von derselben ausgenommen sind: 1. unproductive Grundflächen; 2. Sümpfe, Seen und Teiche, insoferne sie nicht landwirthschaftlich cultivirt werden und weder durch Fischerei, noch durch Rohrschlag oder Gewinnung von Torf einen Ertrag abwerfen; 3. die Bauarea und die Hofräume; 4. die zur Bereitung des Meersalzes bestimmten Grundflächen. Auch die Nachläße der Grundsteuer in Folge von Elementarschäden, welche „den der Versteuerung unterliegenden reinen Ertrag zeitweise ganz oder zum Theil verschlingen", gehören hieher.[61]

Aus dem zweiten Grundsatze aber, daß es thatsächlich der jedesmalige Besitzer ist, der die Steuern zu zahlen verpflichtet ist (denn eine andere Bedeutung können die Worte „der Grundsteuer unterliegen alle Grund=oberflächen", nicht haben), folgt, daß Grundoberflächen, die öffentlich sind, also keinen Besitzer haben, von dieser Steuer ausgenommen sind; als solche Grundflächen werden aufgezählt: „öffentliche Fluß= und Fahrwege, Lein=pfade und Straßen, Ortsplätze, Kirchenplätze und Gassen, dann die zu öffentlichen Zwecken dienenden Kanäle und Wasserleitungen, das Bett der Flüsse und Bäche, endlich öffentliche Beerdigungsplätze, insolange dieselben keine andere Widmung erhalten."[62]

---

[60]) Daher hat das mit Gesetz vom 6. April 1879 RGB. Nr. 54 Abschnitt VI geregelte Reclamationsverfahren einzig und allein die Grundstücke zum Gegenstande, nicht aber persönliche Verhältnisse und Beziehungen — mit Ausnahme einer „unrichtigen Besitzverschreibung". Im Uebrigen können Gegenstand von Reclamationen gegen die Ergebnisse der Einschätzung nur sein: unrichtige Ermittelung des Flächenmaaßes, vorkommende Fehler bei den aufgestellten Berechnungen, unrichtige Ansetzung einzelner Grundstücke rücksichtlich ihrer Steuerpflicht und Steuerfreiheit, unrichtige Einschätzung in den Classificationstarif.

[61]) Vergl. Inama-Sternegg: Das Grundeigenthum und die sociale Frage. Statistische Monatschrift 1882, S. 169. Eine sehr gediegene Arbeit über die Schattenseiten der Grundsteuer lieferte Prof. M. Bochenek in seinem: Podatek gruntowy etc. (Die Grundsteuer und das System der Einkommensteuer). Krakau 1883.

[62]) Patent vom 23. Dec. 1817 §. 201. Manz XXI. 1. S. 39; ferner Gesetz vom 6. Juni 1888 RGB. Nr. 81 betreffend die Bestimmungen über die Abschreibung an der Grundsteuer wegen Elementarschäden und die Durchführungsverordnung dazu vom 1. Juli 1888 RGB. Nr. 105.

19*

§. 22.   Nachdem das Resultat der letzten Grundsteuerregulirung mit dem Ges. v. 7. Juni 1881 als Grundlage für die Grundsteuerbemessung festgestellt wurde, sind mit Ges. v. 23. Mai 1883 RGB. Nr. 83 die Vorschriften über die Evidenzhaltung des Grundsteuerkatasters kund gemacht worden.[63])

Die Pflicht der Evidenzhaltung, der mit den Objecten der Grundsteuer vorfallenden Veränderungen liegt in erster Linie den betreffenden Behörden ob.

Als solche fungiren technisch vorgebildete Vermessungsbeamte, die von dem Finanzministerium oder den Finanzlandesdirectionen bestellt und beaufsichtigt werden. (§. 12).

Als Grundlage aller weiteren Evidenzhaltung sind dieselben verpflichtet, die nach der letzten Aufnahme verfertigten Besitzbögen jedem Grundbesitzer zuzustellen. Das geschah zum ersten Male zugleich mit der Grundsteuervorschreibung für das Jahr 1883 (gegen eine Gebühr von 5 kr. für jeden Bogen).

Gegenstand der von diesem Zeitpunkte an zu pflegenden Evidenzhaltung sind alle Veränderungen, welche sich hinsichtlich des Umfanges der Steuergemeinde, der Person des Besitzers, der steuerpflichtigen Objecte ergeben (§. 2). Und zwar bezieht sich diese Pflicht der Evidenzhaltung sowohl auf den Grundsteuerkataster und die Eisenbahnbücher, wie auch auf die auf Grund der letzten Grundsteuerregulirungsoperate angelegten neuen Grundbücher (Landtafeln). Es werden daher alle vorfallenden Aenderungen in allen diesen öffentlichen Verzeichnissen durchgeführt und ersichtlich gemacht.

Sowohl alle öffentlichen Behörden wie die Gemeinden, und endlich die Grundbesitzer, sind zur Unterstützung und Mitwirkung an dieser Evidenzhaltung durch „Mittheilung der zu ihrer Kenntniß gelangenden Aenderungen an den Vermessungsbeamten" verpflichtet. (§§. 13, 14).

Insbesondere sind zur Anzeige vorgefallener Aenderungen bei ihrem Grundbesitze binnen sechs Wochen die Grundbesitzer verpflichtet, und zwar ebensowohl rücksichtlich des Besitzwechsels, wie der Objectsveränderung. Der ersteren Pflicht wird übrigens durch rechtzeitige Ueberreichung des betreffenden Tabulargesuches Genüge geleistet.

Ueber alle solche Anzeigen hat die zuständige Behörde (der Vermessungsbeamte) die nöthigen Constatirungen, Vermessungen und Aufzeichnungen vorzunehmen — und sodann die Richtigstellung der Katastraloperate durchzuführen (§. 34). Die Berücksichtigung dieser Veränderung bei der Steueraufheilung erfolgt von dem auf die Anmeldung folgenden Jahre an (§. 50). Die Einsichtnahme in die Katastralmappen und Evidenzhaltungsoperate bei dem Steueramte oder dem Vermessungsbeamten steht jedermann frei; auch hat jedermann das Recht, sich bei dem Amte Copien

---

[63]) Zu diesem Gesetze wurde mit FMV. vom 11. Juni 1883 RGB. Nr. 91 eine Vollzugsvorschrift erlassen. Manz, B. XXI. S. 93.

der Mappen und Abschriften der Operate gegen Erlag der (vom Finanzministerium) festgesetzten Gebühren anfertigen zu lassen (§. 58).[64])

Gebäudesteuer.

Die gegenwärtig geltende Gebäudesteuer wird auf Grund des kais. §. 23.
Patentes vom 23. Februar 1820 und des gleichzeitigen Hftb. Z. 351 und
des einige Abänderungen obigen Patentes enthaltenden Gesetzes vom 9. Februar 1882 RGB. Nr. 17, zu welchem eine Vollzugsvorschrift mit FME.
vom 27. Februar 1882 und Erläuterungen unterm 15. Juli 1882 erflossen, umgelegt und eingehoben.

Derselben unterliegen alle Wohngebäude, sie mögen in geschlossenen
Ortschaften oder einzeln liegen (Pat. 23. Febr. 1820 §. 1). Doch theilt
das Gesetz dieselben in zwei Kategorieen, von denen die eine nach dem
(wirklichen oder möglichen) Zinsertrage, die andere im Wege der Classification besteuert wird. Auf diese Eintheilung aller Wohngebäude beziehen sich die mit dem Ges. vom 9. Februar 1882 getroffenen Abänderungen des früheren Gebäudesteuerpatentes.

Darnach werden der „Hauszinssteuer" unterzogen alle Gebäude,

a) welche in Orten gelegen sind, in denen sämmtliche Gebäude oder
wenigstens die Hälfte derselben und außerdem die Hälfte der Wohnbestandtheile einen Zinsertrag durch Vermiethung abwerfen oder

b) welche außer diesen Ortschaften gelegen, ganz oder theilweise von dem
Eigenthümer durch Vermiethung benützt werden. (§. 1).

Alle anderen Wohngebäude, die also nicht unter obige zwei Rubriken
fallen, werden der „Hausclassen-Steuer" unterzogen, d. h. einer Steuer, die
sich nicht nach dem Zinsertrage, sondern nach der „Anzahl der Wohnbestandtheile" richtet. Das Ausmaaß dieser Steuergebühr ist durch einen
dem Gesetze beigefügten Tarif festgestellt, welcher alle hieher gehörigen
Wohngebäude nach der Anzahl ihrer Wohnbestandtheile in 16 Classen eintheilt, von denen die I. Classe mit einer Anzahl von 40—36 Wohnbestand-
theilen 220 fl., und die unterste mit einem Wohnbestandtheil 1 fl. 50 kr. zahlt.

Dieser Steuer unterliegende Wohngebäude, die mehr als 40 Wohnbestandtheile haben, zahlen für je einen mehr vorhandenen Bestandtheil 5 fl.
über den höchsten Tarifsatz, während Hütten ohne Mauerwerk einen er-
mäßigten Tarifsatz von 75 kr. zahlen.

Nachdem schon mit dem Patente vom 29. Februar 1820 eine Anzahl
im §. 4 namhaft gemachter Städte der Hauszinssteuer unterzogen wurden,
wurde auf Grund des Ges. vom 9. Februar 1882 der Kreis dieser Städte
nach Maaßgabe obermähnter Bestimmung (§. 1, a u. b) ausgedehnt. Die

[64]) In Ungarn wurde die Grundsteuer mit GA. XXV ex 1868 neu geregelt und soll 20²/₄ % des Katastralertrages betragen, wozu noch 9 % Grund-
entlastungszuschlag hinzugefügt werden. Mittlerweile wurde aber die im Jahre
1875 begonnene Rectificirung des Katasters beendigt, auf Grund welcher die
Grundsteuer bis zu 25¹/₂ % erhöht werden soll.

Heranziehung eines Ortes zur Hauszinssteuer ist aber gegenwärtig kein gesetzgeberischer Act mehr wie im J. 1820, sondern einfache Anwendung obiger gesetzlichen Bestimmung, fällt also in den Wirkungskreis der Regierungsgewalt. Den bezüglichen „Ausspruch" zu thun, ist Sache der Steuerbehörde erster Instanz und dieselbe hat davon die betreffende Gemeindevertretung zu verständigen. Gegen diesen Ausspruch steht nicht nur der betreffenden Gemeindevertretung, sondern jedem einzelnen Hausbesitzer der Recurs an die Finanzlandesbehörde, mit aufschiebender Wirkung zu. — Auch die Einreihung der Hausclassen-Steuerobjecte in die einzelnen Tarifclassen, wodurch dieselben also mit einer für diese Tarifclasse festgesetzten Steuer belegt werden, wird ebenfalls von der Steuerbehörde erster Instanz vorgenommen.

Die Hauszinssteuerbemessung erfolgt für jedes Jahr auf Grundlage der Zinsertragsbekenntnisse (Fassionen), welche von den Eigenthümern oder permanenten Nutznießern der Gebäude über die in dem, dem Steuerjahre vorausgehenden Jahre stipulirten Miethzinse schriftlich eingereicht werden. Von diesen Miethzinsen werden 15 Percent in Abschlag gebracht und der Rest als Reinertrag besteuert. Auch werden Mehrbeträge der Zinsen, die für Einrichtungen (Möblirungen) der Wohnungen oder für Gärten gezahlt werden, in Abschlag gebracht. Häuser oder Wohnungen, die der Eigenthümer selbst benützt, werden so betrachtet, als ob sie vermiethet wären.

Die Zinsertragsbekenntnisse unterliegen der Controle a) durch Bestätigung der Parteien (eigenhändige Fertigung); b) durch amtliche Revisionen in Verdachtsfällen; c) durch Oeffentlichkeit derselben, indem jedermann das Recht zusteht, in dieselben Einsicht zu nehmen.

Auf Zinsertragsverheimlichungen sind Geldstrafen gesetzt; es unterliegen denselben sowohl die Vermiether wie die Miether. Für nichtvermiethete und nichtbenutzte Wohnungen können Vergütungen beansprucht werden. Doch müssen zu diesem Zwecke die eingetretenen Leerstehungen rechtzeitig (binnen 14 Tagen) dem Steueramte schriftlich angezeigt werden; ebenso die Wiedervermiethungen. Die Unterlassung letzterer Anzeige wird als eine Zinsverheimlichung bestraft.

Als Grundlage der Classificirung der nicht hauszinssteuerpflichtigen Wohngebäude wird die Anzahl der in denselben befindlichen Zimmer und Kammern genommen, ohne Rücksicht auf ihre wirkliche Benützung. Die Classificirung wird von den Steuerbehörden erster Instanz vorgenommen, die zu diesem Zwecke einen Hausklassen-Steuerkataster anzulegen, beziehungsweise den vorhandenen in Evidenz zu halten, richtig zu stellen und zu vervollständigen verpflichtet sind.[65]

Auch bei Gebäuden findet, wenn dieselben durch Elementarunfälle zeitweise unbenützbar werden, ein entsprechender Steuernachlaß ein (Hofd. 4. Dec. 1821); endlich ist mit Ges. vom 25. März 1880 für Neu-, Um- und Zubauten eine 12jährige Befreiung von der (Staats-)Gebäudesteuer normirt. Die Gebäudesteuer ist in vier vierteljährigen Raten einzuzahlen.

---

[65] Hofd. vom 12. August 1823, bei Manz, B. XXI. S. 333.

Die Einzahlungstermine sind für die einzelnen Kronländer verschieden festgesetzt.[66])

Erwerbſteuer.

Dieselbe wurde mit kaiſ. Patent vom 31. Dec. 1812 erſt in einigen §. 24. Kronländern eingeführt, ſpäter allmählig auf alle anderen ausgedehnt.[67]) Der Entrichtung derſelben unterliegen alle jene „Staatsbürger, welche ſich en Gewerben, Fabriken, Handlungsunternehmungen oder anderen Gewinn bringenden Beſchäftigungen dieſer Art widmen." Dieſelben werden in vier Klaſſen getheilt: Fabrikanten, Handelsleute, Gewerbe= (und Künſte)treibende und Dienſte leiſtende. Die letzteren drei Claſſen zerfallen jede in mehrere Kategorieen, ſo die Claſſe der Handelsleute in ſolche, die mit rohen Pro= ducten (landwirthſchaftlichen) Handel treiben, in ſonſtige Handelsleute und Großhändler; die Künſte= und Gewerbetreibende in ſolche, die Fabriks= befugniſſe haben (und nicht zur 1. Claſſe als Landesfabriksbeſitzer gehören), in ſolche, die Gewerbsbefugniſſe haben, in Krämer, Standhändler und Hauſirer, in Meiſter und in freie Gewerbetreibende; die Claſſe der Dienſte leiſtenden zerfällt in Unterricht ertheilende, Geſchäftsvermittler, Transportunternehmer. Von jeder dieſer Kategorieen wird eine Claſſen= ſteuer nach einem feſtgeſetzten Tarif, deſſen Sätze ſich nach dem Umfange der Gewerbe und nach der Bevölkerungszahl der Orte richten, an welchen die Gewerbe betrieben werden. Die Entſcheidung über die Einreihung der einzelnen Gewerbsunternehmungen und Dienſtleiſtungen in die einzelnen Tarifclaſſen ſteht der Landesſtelle zu, welche ſich dabei „auf die abzufor= dernden Erklärungen der einzelnen Erwerber und das Gutachten der Orts= obrigkeiten zu ſtützen verbunden ſind".[68]) (§. 8 des Pat. 1812.) Nach

---

[66]) Die ungariſche mit GA. XXII ex 1868 eingeführte Gebäudeſteuer beruht auf den gleichen Grundlagen wie die öſterreichiſche; ſie zerfällt ebenfalls in eine Hauszins= und Claſſenſteuer. Die Hauszinsſteuer beträgt in Ungarn zwiſchen 6—24 % des ermittelten Zinsertrages, je nachdem die Gebäude ſich in kleineren oder größeren Orten befinden. Die Hausclaſſenſteuer wird dort in drei Claſſen angehoben. In die erſte gehören diejenigen Gemeinden, in welchen nicht der dritte Theil der geſammten Wohnbeſtandtheile vermiethet wird, in die zweite ge= hören die Städte mit geregeltem Magiſtrate, in die dritte alle Orte, in denen mindeſtens ein Drittheil ſämmtlicher Wohnungen vermiethet wird. Die Steuer beginnt in der erſten Claſſe mit 80 kr. für Gebäude mit einem Wohnbeſtandtheil und ſteigt von da bis 36 fl. bei 14—16 Wohnbeſtandtheilen; in der zweiten Claſſe ſteigt ſie von 1 fl. bis 45 fl., in der dritten Claſſe von 1½ fl. bis 54 fl. je nach der Zahl der Wohnbeſtandtheile.

[67]) Manz XXI. 1. S. 345. Auch Verwaltungslehre §§. 40, 41.

[68]) Dieſe Beſtimmung wird vielſeitig als eine ſolche angefochten, die der Willkür der Steuerbehörde zu großen Spielraum gewährt. „Für die Einreihung der Steuerpflichtigen in die verſchiedenen Tarifclaſſen ſchreibt Beer, beſtehen keine feſte Normen und der Steuerträger iſt gegen die Entſcheidung der Steuerbehörden iſt ſchutzlos . . ." (Staatshaushalt Oeſterreichs S. 79.) Vergl. auch Frei= herr von Berger: Handbuch der öſterreichiſchen directen Steuern S. 281, 228.

erfolgter Entscheidung erhält jeder Steuerpflichtige einen **Erwerbsteuerschein**, der ihm als Legitimation zur Ausübung seines Erwerbes dient.[**)]

Doch ist der Beginn des Gewerbebetriebes nicht an die vorhergehende Erwirkung des Erwerbsteuerscheines gebunden, sondern die Gewerbebehörde benachrichtigt die Steuerbehörde von der Ertheilung der Concession oder erfolgten Anmeldung der freien Gewerbe, worauf die Steuerbehörde die Steuer bemißt und den Erwerbsteuerschein ausstellt. Rekurse gehen an die Landessteuerbehörde, die in zweiter und letzter Instanz entscheidet. Nur in gewissen Fällen ist die Berufung an das Finanzministerium zulässig.

Nachdem der Gesetzgeber wohl die Absicht kundgiebt, alle Erwerbs-zweige zu besteuern, keinesfalls aber im Stande war, alle künftig möglich werdenden Erwerbsarten aufzuzählen, so ergiebt sich die Frage, ob die Steuerbehörden berechtigt sind, auch solche neu auftauchende Erwerbszweige zu besteuern, von denen im Gesetze keine Erwähnung geschieht. Der Ver-waltungsgerichtshof hat nun aus Anlaß einer Beschwerde gegen die Ent-scheidung einer Finanz-Landes-Direction, womit einem Hopfenhändler eine besondere Erwerbsteuer auferlegt wurde, aus Anlaß des von ihm erwerbs-mäßig betriebenen Ein- und Verkaufes von Realitäten zu Recht erkannt, daß wohl der einmalige Ein- und Verkauf von Realitäten kein steuerpflich-tiges Unternehmen begründe, daß aber dort, wo seitens der Partei während einiger Jahre in wiederholten Fällen Realitäten angekauft und verkauft wurden, auf eine Erwerbsabsicht geschlossen werden muß, und daß in solchen Fällen die Steuerbehörde zur Besteuerung eines solchen Erwerbes be-rechtigt sei.[70)]

Die Erwerbsteuerscheine werden nur auf drei Jahre ausgestellt, nach deren Verlauf ihre Erneuerung angesucht werden muß; auch gilt der Erwerbsteuerschein nur für den Ort, für welchen er ausgestellt ist (§. 11), dagegen sind dieselben an andere Personen übertragbar in denjenigen Fällen, in denen Gewerbsrechte übertragen werden können.

In den Hauptstädten der Provinzen berechtigt ein Erwerbsteuerschein nur zum Betriebe desjenigen Gewerbes, für welches er ausgestellt ist: doch steht nichts im Wege, daß eine Person mehrere Gewerbe treibe und zu diesem Zwecke mehrere Erwerbsteuerscheine löse und die mehrfache Steuer zahle. Nur in kleineren Städten und Orten ist es den Gewerbetreibenden gestattet, auf Grund eines Erwerbsteuerscheines mehrere Gewerbe zu be-treiben; doch muß in diesem Falle der Erwerbsteuerschein für dasjenige Ge-werbe gelöst werden, welches die höchste Steuer zahlt (§. 14). An Stelle in Verlust gerathener Erwerbsteuerscheine werden Duplicate ausgefolgt, für die der vierte Theil der auf ein Jahr bemessenen Steuer zu entrichten

---

[**)] Befreit von der Erwerbsteuer sind: landwirthschaftliche Industrie, Hilfs-arbeiter, Taglöhner und Arbeiter, öffentliche Beamte, Schriftsteller, Künstler, Aerzte, Lehrer in Orten mit weniger als 4000 Einwohnern; ferner Bergwerke, Postmeister, Mauthenpächter, Sparcassen, Erwerbs- und Wirthschaftsgenossenschaften und Vorschußcassen, endlich die österr.-ungar. Bank.

[70)] EE. des VGH. vom 30. October 1886 Z. 2734 und vom 25. Septbr. 1888 Z. 2988; Alter's Judicatenbuch S. 401. Vergl. oben Theil I Note 9.

ist (§. 15). Die Erwerbsteuer wird jährlich, in zwei halbjährigen Raten, im vorhinein entrichtet; nur die Hausirer müssen ihre jährliche Erwerb=steuer auf einmal im vorhinein bezahlen. Ein Rückersatz, der im vorhinein entrichteten Steuer findet nur in dem Falle eines erwiesenen unrecht=mäßigen Erlages statt.

Die Erwerbsteuerrückstände werden nach vorhergehender Einmahnung 14 Tage nach der Verfallzeit durch Militärexecution (Einquartirung von Militär) hereinzubringen versucht, und wenn diese Execution nichts fruchtet, durch Pfändung und Verkauf der Mobilien, wobei jedoch Werkzeuge und Gewerbevorrichtungen verschont bleiben müssen.[71]) Zur Erwerbsteuer wird seit 1869 ein außerordentlicher Zuschlag mit 70 oder 100% der einfachen ordentlichen Gebühr eingehoben, und zwar mit 70% wenn die ordentliche Gebühr 30 fl. nicht übersteigt, sonst 100%.

Einkommensteuer.

§. 25. Wenn der Staat den nur durch Arbeit Ertrag liefernden Grundbesitz und allen mühevollen Erwerb besteuert, so wäre es gewiß ein Unrecht, müheloses Einkommen unbesteuert zu lassen.[72]) Leider ist der Staat nicht im Stande, dieses meist aus dem Besitz mobilen Capitals fließende Ein=kommen mit Sicherheit ausfindig zu machen. Er ist daher darauf ange=wiesen, dasselbe theils auf Grund mehr oder weniger berechtigter Ver=muthungen und Schlüsse, theils auf Grund offenkundiger Thatsachen, theils endlich auf Grund der Eigenbekenntnisse, der Besteuerung zu unterziehen.

Den ersten Versuch, auf diese Weise das reine Einkommen der Staats=bürger zu besteuern, machte das kais. Patent vom 29. October 1849, RGB. Nr. 439[73]) Dasselbe statuirt drei Classen von Einkommen. In die erste Classe gehört das vermuthete Einkommen aus denjenigen „Er=werbsgattungen", die der Erwerbsteuer unterworfen sind. In dieser Classe werden daher alle Gewerbetreibenden, die bereits Erwerbsteuer zahlen, auf die Vermuthung hin, daß sie ein reines Einkommen besitzen, welches von der Erwerbsteuer nicht ausgiebig genug besteuert ist, zur Einkommensteuer

---

[71]) In Ungarn wurde mit GA. XXIX eine Personalerwerbsteuer nach vier Classen eingeführt. In die erste Classe gehören Dienstleute mit einem 40 fl. nicht übersteigenden Monatslohn; diese zahlen 60 kr. bis 5 fl. jährlich; in die zweite Classe gehören die bereits besteuerten Grund= und Hausbesitzer und Capitalisten, welche bereits die Rentensteuer zahlen; diese zahlen 2—4 fl.; in die dritte Classe gehören Pächter, Gewerbetreibende, Fabrikanten, Kaufleute und alle gelehrten Berufe; diese zahlen 1 bis 10% des einbekannten Erträgnisses; in die vierte Classe ge=hören Beamte und sonstige Personen mit mehr als 40 fl. Monatseinkommen; diese zahlen 1 bis 10% vom Diensteinkommen, wobei eine progressive Scala zur Anwendung kommt. Ueber Einkommensteuer vergl. Verwaltungslehre §. 42.

[72]) Vergl. Fr. J. Neumann: Die progressive Einkommensteuer. Leipzig 1874. In Oesterreich gab es schon zu Anfang dieses Jahrhunderts eine Einkommensteuer mit progressivem Steuerfuß. Dieselbe wurde jedoch im Jahre 1829 anläßlich der Einführung der Verzehrungsteuer aufgehoben. Freiberger a. a. O. S. 350.

[73]) Die näheren Bestimmungen zur Durchführung obigen Einkommensteuer=Patentes enthält der Min.=Erl. vom 11. Jänner 1850 RGB. Nr. 10.

herangezogen. Außerdem werden in dieser Classe solche Erwerbsgattungen, die von der Erwerbsteuer bisher nicht getroffen waren, besteuert und zwar: Berg- und Hüttenbetriebe; Pächter bezüglich ihres Gewinnes aus Pachtungen, deren Objecte selbstverständlich der Grund- und Gebäudesteuer unterliegen. Doch ist die Einkommensteuer dieser Classe nie mit einem niederen Betrage zu bemessen als an Erwerbsteuer mit Zuschlag eines Drittheiles derselben entfällt. Die Erwerbsteuer wird in die Einkommensteuer eingerechnet und letztere nur mit demjenigen Betrage, um den sie höher ist als die Erwerbsteuer, eingehoben.

In die zweite Classe gehört das Einkommen aus allen Dienstleistungen, die der Erwerbsteuer nicht unterliegen, und aus Jahresbezügen von Versorgungs- oder Lebensversicherungsanstalten. Es fallen also unter diese Rubrik alle Gehalte, Personalzulagen und überhaupt alle festen Bezüge der Beamten und Diener sowohl des Staates, der Gemeinden, der Länder, öffentlichen Anstalten, Gesellschaften oder Privatpersonen; Pensionen, Unterhaltsbeiträge der in Ruhestand versetzten Beamten, Officiere, Diener, ihrer Wittwen oder Kinder. Unterhaltsbeiträge, welche Pfründen, Kirchengemeinden oder gesetzliche Orden aus dem Staatsschatze beziehen; das Einkommen von Beschäftigungen, welche das Erwerbsteuerpatent von der Erwerbsteuer befreit, als: Schriftstellerei und Ausübung freier Künste; Praxis aller Sanitätspersonen (Aerzte, Wundärzte, Hebammen u. s. w.), alle wie immer geartete Lehrbeschäftigung in Orten von unter 4000 Menschen Bevölkerung.

In die dritte Classe endlich gehören Zinsen von Darlehen oder anderen stehenden Schuldforderungen, die Leibrenten oder andere den Zinsgenuß von einem Capitale vertretende Renten, so weit dieselben nicht in der zweiten Classe begriffen sind.

Von der Einkommensteuer in der ersten Classe ist jedoch befreit das Einkommen aus denjenigen Künsten, Gewerben und Dienstleistungen, welche nach dem Erwerbsteuerpatente mit der kleinsten Erwerbsteuer von 5 fl. besteuert sind.

In der zweiten Classe werden der Einkommensteuer nicht unterzogen: die Dienstbezüge der activen Soldaten und Officiere; die Bezüge, die den Mendicantenklöstern, dann denjenigen geistlichen Orden, die sich dem Unterrichte, der Erziehung oder der Krankenpflege widmen, endlich den Schulen, Siechenhäusern und anderen Wohlthätigkeitsanstalten aus dem Staatsschatze bewilligt werden; das in diese Classe gehörige Einkommen, welches 600 fl. nicht übersteigt.

In dieser Classe bleibt auch jenes Einkommen steuerfrei, welches von einer Sparcasseneinlage bezogen wird.

Auch bleibt derjenige von der Einkommensteuer befreit, welcher beweist, daß sein gesammtes Jahreseinkommen ohne Abzug der Schulden im Ganzen 300 fl. nicht übersteigt. Ein solcher kann auch verlangen, daß ihm sein Gläubiger seine Capitalszinsen ohne Abzug der Steuer nach dem Patent vom 10. October 1849, auszahle.

Zur Kenntniß der in obigen drei Classen zu besteuernden Einkommen §. 26. gelangt die Behörde auf folgende Weise.

Das Einkommen der ersten Classe muß von den zum Genusse desselben Berechtigten einbekannt werden; und zwar müssen dieselben in ihren Bekenntnissen (Fassionen) das reine Einkommen von dem steuerpflichtigen Geschäftsbetriebe für ein Jahr, nach dem Durchschnitt der letzten drei Jahre, eventuell eines kürzeren Zeitraumes angeben; sie dürfen jedoch bei dieser Angabe keine willkürlichen Abzüge machen. Insbesondere dürfen nicht in Abzug gebracht werden:

1. Capitalsbeträge, die im Laufe des dem Bekenntnisse zum Grunde liegenden Zeitraumes aus der Unternehmung gezogen wurden; ·

2. die Zinsen von dem in der Unternehmung oder dem Geschäfte angelegten Capitale und von den Capitalsschulden der steuerpflichtigen Geschäftsunternehmung;

3. die Vergütung für die Arbeit des Steuerpflichtigen und seiner Familie, die er zu unterhalten verpflichtet ist;

4. die Wohnung des Steuerpflichtigen und seiner Familie.

Die Bezüge, welche das Einkommen der zweiten Classe bilden, sind von den Cassen oder den sonst Zahlungspflichtigen der Steuerbehörde anzuzeigen. Andere Bezüge, die nicht auf diese Weise zur Kenntniß der Steuerbehörde kommen, ist der Steuerpflichtige anzuzeigen verpflichtet.

Die Zinsen und Renten, die das Einkommen in der dritten Classe bilden, werden in der Regel durch den Abzug, zu dem der Schuldner dem Gläubiger gegenüber gesetzlich verpflichtet ist und den er der Steuerbehörde entrichtet, besteuert. Wo ein solcher Abzug aus was immer für Ursache nicht Platz greift, hat der zum Bezuge Berechtigte ein Bekenntniß abzugeben, worin: das zinstragende Capital, der Zinsfuß, Name und Wohnort des Schuldners angegeben werden.

Die Einkommenbekenntnisse, deren Richtigkeit von den Steuerpflichtigen mit ihrer Unterschrift an Eidesstatt zu bekräftigen sind, werden von eigens hiezu bestellten Commissionen geprüft und „richtiggestellt".

Handels= und Gewerbsgesellschaften werden als eigene Steuerpflichtige behandelt und haben die Einkommensteuerbekenntnisse einzubringen.

Die Höhe der Einkommensteuer beträgt bei den Einkommen der ersten und dritten Classe 5 vom Hundert, ohne Rücksicht auf die Höhe des Einkommens. Es zahlt daher der kleine Gewerbsmann, der Krämer u. s. w. verhältnißmäßig dasselbe Percent seines Einkommens wie der große Bergwerks= und Hüttenwerksbesitzer; der kleine Rentier, der 500 fl. Einkommen bezieht, dasselbe Percent wie der größte Capitalist, dessen Einkommen Hunderttausende beträgt.

Nur bei dem Einkommen der zweiten Classe greift in dem Steuerpercent eine mäßige Progression Platz und zwar zahlt das jährliche Einkommen von 600—1000 fl. 1%, und steigt dieses Percent von je weiteren 1000 fl. um 1%, so daß bei einem Einkommen von 3000 fl. das erste Tausend mit 1%, das zweite mit 2%, das dritte mit 3% besteuert wird. Doch geht diese Progression nur bis 10000 fl. Einkommen, indem von dem zehnten 1000 fl. noch 10°/₀ gezahlt, dieses Steuerpercent aber bei den folgenden Tausenden nicht überschritten wird; das auf die zehnten 1000 fl. in die Hunderttausende steigende Einkommen zahlt nur mehr 10°/₀ an Steuern.

Je nach Bedarf des Staates wird zu der Einkommensteuer ein Zuschlag, der einen aliquoten Theil derselben beträgt, hinzugefügt. Dieser Zuschlag wird in dem jährlichen Finanzgesetze namhaft gemacht und mit der Einkommensteuer zugleich eingehoben.[74]

Verzehrungssteuern.

§. 27. Eine allgemeine Verzehrungssteuer wurde in Oesterreich zuerst im Jahre 1829 an Stelle der bis dahin in den einzelnen Provinzen bestandenen verschiedenartigen Steuern von Nahrungs= und Genußmitteln eingeführt; in Wien und den Provinzialhauptstädten in der Form und unter der Bezeichnung der Accise.[75]

Das staatsrechtliche Merkmal dieser Steuer ist, daß die Pflicht zu ihrer Entrichtung unmittelbar in der Regel nur den Erzeuger oder Verschleißer (Händler), der derselben unterzogenen Nahrungs= und Genußmittel trifft, nicht aber den Consumenten, der dieselbe thatsächlich im Preise der Waaren an den Erzeuger oder Händler bezahlt.

Gegenstände dieser Steuer sind: Branntwein, Wein und Most, Bier, Fleisch und Schlachtvieh, Zucker, Mineralöl, außerdem in geschlossenen Städten noch eine Anzahl anderer Verbrauchsgegenstände wie z. B. Kohlen, Brennholz u. s. w.[76]

Die verschiedene Natur jedes dieser Steuerobjecte macht ein verschiedenes Verfahren bei der Einhebung der Steuer von denselben nöthig und obendrein bedingt es ein verschiedenes System der Einhebung je nachdem es sich um geschlossene Städte oder offenes Land handelt. Bei solchen Objecten, welche zum Verkauf nur in größeren Etablissements erzeugt werden können, wie z. B. beim Bier, Branntwein, Zucker und Mineralöl basirt die Steuereinhebung auf der Berechnung des in den Erzeugungsstätten (Brennereien, Zuckerfabriken, Petroleumraffinerien) erzeugten Quantums, wonach die Steuer von den Erzeugern eingehoben wird. Wo die Erzeugung nicht auf einzelne Stätten centralisirt, sondern allgemein verbreitet ist, wie das z. B. bei Wein und Most und auch beim Fleisch der

---

[74] In Ungarn wird an Stelle einer Einkommensteuer eine Capitalszinsen- und Rentensteuer (GA. XXII: 1875) und überdieß ein allgemeiner Einkommensteuerzuschlag eingehoben (GA. XLVII: 1875). Gegenstand der ersteren ist jeder Rentenbezug und Ertrag desjenigen Vermögens, welches durch die bestehenden Steuern nicht getroffen wird. Der allgemeine Einkommensteuerzuschlag ist thatsächlich nur ein Zuschlag zu verschiedenen bestehenden Steuern, wobei diese Steuern (meist im fünffachen Betrage) die Grundlage bilden. Es zahlen also diesen Zuschlag alle, welche Grund=, Gebäude=, Erwerbs= und Rentensteuer zahlen.

[75] Allerhöchste Entschließung vom 25. Mai 1829 PGS. S. 67 Nr. 74.

[76] Diese Gegenstände sind aufgezählt in dem, dem Verzehrungssteuergesetze vom Jahre 1829 beigefügten Tarif für geschlossene Städte. Manz, B. XXII.

I ift, da ift für die Methode der Steuereinhebung der Unterschied zwischen
hloffenen Städten und offenem Lande von entscheidendem Einfluß; in
exen nämlich wird die Steuer bei den Linienämtern erhoben, wobei
rmann, der diese Steuerobjecte in die Stadt einführt, nur die er=
.bten Straßen und Wege in die Stadt benützen darf (nicht Verbots=
je) [77]); auf offenem Lande dagegen wird bei solchen Artikeln zum ver=
.ten System der Verpachtungen oder zu directer Abfindung mit den
vbucenten Zuflucht genommen.

Einige dieser Steuern, namentlich die Bier=, Branntwein= und Zucker=
:er gehören zu denjenigen indirecten Steuern, welche auf Grund des Aus=
ichsgesetzes vom 21. December 1867 RGB. Nr. 146, in beiden Reichshälften
h gleichen von Zeit zu Zeit zu vereinbarenden Grundsätzen behandelt werden.

.ann also die Steuer von diesen Gegenständen nicht einseitig in einer
ichshälfte abgeändert werden, sondern es ist zu jedem gesetzgeberischen
.te auf diesem Gebiete das vorhergehende Einverständniß beider Regie=
.rgen erforderlich, worauf erst die bezüglichen Gesetze in beiden Parla=
.nten im Wesentlichen gleichen Inhalts durchgeführt werden müssen. [78])

Diese Gruppe von Steuern, also: Bier=, Branntwein= und Zucker=
.uer, sind noch in anderer Hinsicht besonders bemerkenswerth und haben
.ige gemeinsame Merkmale.

Sie sind finanziell die bedeutendsten; das Einkommen aus denselben
.ertrifft weit die Einkünfte aus den anderen Steuern. Während die Ein=
.ifte aus den einzelnen indirecten Abgaben sich im österreichischen Budget
.chftens zur Ziffer $5\frac{1}{2}$ Millionen erheben, erreicht das Einkommen aus

---

[77]) Für Wien ist neuestens mit Gef. vom 10. Mai 1890 RGB. Nr. 78 die
.rzehrungssteuer (Accise) geregelt worden. Dabei wurde das als geschlossen er=
.rte Gebiet von Wien auf eine Anzahl von Vororten und Gemeinden erweitert
.s künftige Großwien). Der beigeschlossene Tarif enthält zwölf Nummern (Haupt=
.riken) namentlich: Wein, Obstmost, Bier, Rindvieh, Schaafe, Schweine, Fleisch,
.flügel, Wildpret, ausgehacktes Wildpret, Federwild, Fische und Schalthiere. Der
.rre nun aufgehobene Verzehrungssteuertarif von Wien enthielt noch eine Anzahl
.rerer Gegenstände, wie z. B. Brennholz u. dergl., was jetzt freigegeben wurde.
[78]) Noch weiter als obige Bestimmung des Gef. vom Jahre 1867 gehen die
.ll= und Handelsbündnißverträge zwischen Oesterreich und Ungarn, von denen
. erste vom 24. December 1867 RGB. Nr. 4 ex 1868, der zweite vom 27. Juni
.78 RGB. Nr. 62, der dritte endlich gegenwärtig und bis zu Ende des Jahres 1897
.tende vom 24. Mai 1887 RGB. Nr. 47 datirt. Der Art. XI des zweiten der
.gen Zoll= und Handelsbündnißverträge (der mittelst des dritten vom Jahre 1887
.f weitere 10 Jahre verlängert wurde) bestimmt, daß sowohl das Salz= und
.bakgefälle, wie auch diejenigen indirecten Abgaben, welche auf die wirthschaft=
.je Production von unmittelbarem Einflusse sind, namentlich die Branntwein=,
.er= und Zuckersteuer in beiden Ländergebieten während der Dauer dieses Ver=
.ges nach vereinbarten gleichartigen Gesetzen und Verwaltungsvor=
.riften gehandhabt werden sollen, und daß diese Gesetze und Verwaltungsvor=
.riften nur im gemeinsamen Einverständnisse wieder abgeändert werden können.
.r Wahrung dieser Uebereinstimmung steht jedem der beiden Finanzminister das
.cht zu, in den Geschäftsgang im anderen Theile der Monarchie durch eigene
.gane Einsicht zu nehmen. Was also in Vorstehendem sowohl von diesen in=
.recten Verzehrungssteuern als auch vom Tabak= und Salzmonopol als in Oester=
.ch geltend gesagt wird, das gilt auch in vollem Maaße für Ungarn.

den obgenannten drei Steuern die Ziffer von 20 und 30 Millionen. Am nächsten kommt ihnen nur der Ertrag aus dem Salzmonopol mit über 20 Millionen und nur das Tabakmonopol liefert mit über 82 Millionen einen höheren Ertrag.

Dieser Umstand erklärt es, daß der Staat auf die zweckmäßige Besteuerung der genannten drei Genußartikel eine ganz besondere Sorgfalt verwendet.

Woher es kommt, daß diese drei Artikel, sowie das Salz und der Tabak verhältnißmäßig die ergiebigsten Einnahmequellen bilden, haben wir an anderer Stelle auseinandergesetzt.[79]) Hier sei nur kurz bemerkt, daß jede dieser Steuern die allergrößte Masse des Volkes zur Leistung heranzieht, und daß die Bier-, Branntwein- und Zuckererzeuger, welche die Steuer entrichten, eigentlich nur die Mittelspersonen sind, deren sich der Staat bedient, um die breitesten Schichten des Volkes zur Steuerleistung heranzuziehen; als Lohn dafür allerdings empfangen diese Bier-, Branntwein- und Zuckererzeuger bedeutende, ja riesige Monopolsgewinnste.[80])

Nur diese den genannten Unternehmern zu Theil werdende Rolle erklärt und rechtfertigt es, daß der Staat ihnen gegenüber sich gesetzlich zu den weitestgehenden Eingriffen und Beschränkungen der individuellen Freiheit der Handlung und Erwerbsthätigkeit ermächtigen läßt, so daß es in diesen Gewerbebetrieben keine anderen als nur staatlich controlirte Erzeugungsprocesse giebt und die betreffenden Unternehmer in ihrer ganzen Gewerbethätigkeit den controlirenden Finanzbehörden so unterworfen sind, als ob sie nur Angestellte des Staates wären und nur in seinem Auftrage arbeiten würden.

Dabei verfährt der Staat der Großindustrie gegenüber mit größerer Strenge, während er der landwirthschaftlichen Industrie größere Nachsicht entgegenbringt. So ist es z. B. den landwirthschaftlichen Branntweinerzeugern gestattet, den zu ihrem Hausbedarf nöthigen Branntwein steuerfrei ihren Brennereien zu entnehmen, während ein solches Vorgehen bei den Bierbrauereien und Zuckerfabriken ausdrücklich verboten ist und die betreffenden Unternehmer auch das zu ihrem Hausbedarf nöthige Quantum von Zucker und Bier versteuern müssen. Allerdings erklärt sich die größere Connivenz gegen die landwirthschaftlichen Brennereien auch aus dem Umstande, weil

---

[79]) Verwaltungslehre §. 53.
[80]) Daher richten sich auch die Angriffe der Socialisten vornehmlich gegen alle indirecten Steuern. Lassalle (Die indirecte Steuer. 1863) berechnet, daß von den im preußischen Budget 1855 figurirenden Einnahmen im Betrage von rund 109 Millionen nur etwa 13 Millionen aus der directen Steuer fließen, und nach Abzug von 11 Millionen aus Staatsdomänen, der Rest von 85 Millionen aus indirecten Steuern herrühre. An diese Berechnung knüpft nun Lassalle folgende Bemerkung: „Die indirecte Steuer ist das Institut, durch welches die Bourgeoisie das Privilegium der Steuerfreiheit für das große Capital verwirklicht und die Kosten des Staatswesens den ärmeren Classen der Gesellschaft aufbürdet.‟ Diese scharfe Kritik der indirecten Steuern hat viel dazu beigetragen, das Problem einer Einkommensteuer auf die Tagesordnung vieler europäischen Staaten und auch Oesterreichs zu setzen. Dieses Problem erwartet seine Lösung von der Zukunft.

ese Brennereien in viel zu großer Zahl vorhanden sind, als daß sie so
ntrolirt werden könnten, wie die verhältnißmäßig wenigen großindustriellen
nternehmungen der Bierbrauer und Zuckererzeuger. Auch wäre es den
ndwirthen gegenüber, die doch eine Grundsteuer zahlen, eine ungerecht=
rtigte Härte, wollte man ihnen ihren eigenen Branntwein nur versteuert
m Genusse überlassen. Dem industriellen Betriebe gegenüber braucht der
taat allerdings diese Rücksicht nicht walten zu lassen.

Ein weiteres gemeinsames Merkmal dieser drei Steuergattungen liegt
rin, daß sie von Producten eingehoben werden, an deren Export der
taat ein so hohes und mächtiges Interesse hat,[81]), daß er auf jede Steuer
rzichtet und die eingehobenen zurückerstattet, sobald das Product die Zoll=
nie verläßt. Daher sind in den bezüglichen Steuergesetzen identische Be=
immungen über Steuerrestitution bei der Ausfuhr dieser Producte über
e Zolllinie, enthalten wenn sie versteuert waren, aber auch Bestimmungen
ber ihre unter den nöthigen Vorsichten vorzunehmende unversteuerte Aus=
hr über die Zolllinie.

Die Biersteuer.

Die Biersteuer wird „von allen jenen, welche sich mit der Erzeugung §. 28.
on Bier beschäftigen," eingehoben. Das Gesetz vom Jahre 1829 legte
och das Hauptgewicht auf die Abfindung mit den Erzeugern und läßt die
tarifmäßige Gebührenrichtung" erst da eintreten, wo keine Abfindung zu
5tande kommt. Sowohl die Abfindung, wie auch die tarifmäßige Ge=
ührenberechnung wurde im Sinne jenes Gesetzes nach der Menge des
rzeugten Bieres vollzogen.

Erst mit dem Min. Erl. vom 19. December 1852 schritt man zu
iner rationelleren Besteuerung des Bieres, indem man zur Grundlage der
5teuerberechnung nicht wie bis dahin nur die Menge, sondern auch den
Extractgehalt der Bierwürze nahm. Darnach wird die Verzehrungs=
euer vom Bier nach der vollen, auf den Kühlstock gebrachten Menge und
ach dem vor Beimischung des Gährungsmittels zu constatirenden Extract=
ehalt der Bierwürze berechnet. Dieser Extractgehalt (an Zucker) wird
tittelst des ämtlichen Zuckermessers (Saccharometers) erhoben.

Dabei giebt es keine Steuerbefreiungen aus dem Grunde, daß das
Bier zum eigenen Hausbedarf erzeugt wird.

Der Bräuer ist verpflichtet, das vorzunehmende Brauverfahren recht=
eitig der Finanzbehörde anzumelden, wobei er den Extractgehalt der zu
rzeugenden Bierwürze in ganzen Saccharometergraden angeben muß.[82])
Bei dieser Angabe wird ihm ein gewisses Fehlermaximum (ein Grad)

---

[81]) Dieses Interesse beruht darauf, daß es sich bei den genannten Erzeug=
issen um Extracte aus landwirthschaftlichen Rohstoffen handelt, bei deren Er=
eugung die Abfälle und Ueberbleibsel in erster Linie zur Viehmast, in zweiter
ur Bodenmelioration dienlich sind. Der Export dieser Artikel bedeutet also die
öchste Verwerthung nationaler Arbeit bei größter Schonung der Fruchtbarkeit des
eimathlichen Bodens.

[82]) Ges. vom 25. April 1869 RGB. Nr. 49.

nachgesehen; über dieses Maximum beginnt die Strafbarkeit wegen falscher Angabe.

Auf Grundlage der angemeldeten Anzahl der Saccharometergrade wird die Steuer berechnet. Zu dieser ordentlichen Biersteuer wird in geschlossenen Städten noch ein außerordentlicher Zuschlag hinzugefügt.

Der ganze Proceß der Bierbereitung steht unter ämtlicher Controle — und das Gesetz normirt sogar die Art und Weise des Vorganges bei demselben. So ist z. B. eine Verdünnung der angemeldeten und erzeugten Bierwürze nicht gestattet.

Die Finanzbehörde kann sich jederzeit über den Stand des Bräuprocesses durch Nachschau die nöthigen Informationen verschaffen; der Geschäftsbetrieb jener Biererzeuger, die schon einmal wegen einer Gefällsübertretung gestraft wurden, kann einer schärferen Aufsicht unterworfen werden.

Branntweinsteuer.

§. 29.
Die Steuer von gebrannten Flüssigkeiten, mit der auch die Preßhefenbesteuerung verbunden ist, hat in den letzten Jahren einen großen Aufschwung genommen; durch eine Vervollkommnung der Steuereinhebungsmethode[83]) ist es gelungen, das Einkommen von diesem Steuerobjecte bei Wahrung aller berechtigten volkswirthschaftlichen Interessen auf fast das Vierfache des früheren Ertrages zu bringen.[84])

Die Steuer wird theils als Productionsabgabe (bei der Erzeugung in industriellen, nichtlandwirthschaftlichen Brennereien), theils als Consumabgabe beim Uebergang des Branntweins aus der amtlichen Controle in den freien Verkehr eingehoben; die Consumabgabe hat zweierlei Sätze, so daß ein gewisses, gesetzlich bestimmtes Quantum von Spiritus dem niedrigeren Steuersatze unterworfen ist, welches Quantum individuell unter die Brennereibesitzer vertheilt wird, so daß es jedem derselben freisteht, das auf ihn entfallende Quantum zu dem niedrigeren Steuersatze in den Verkehr zu setzen. Die Consumabgabe ist insbesondere auf die landwirthschaftlichen Brennereien (§. 2a) berechnet.

Zum eigenen Hausbedarf in den gesetzlichen Gränzen erzeugter Branntwein genießt Steuerfreiheit.

Auch derjenige Branntwein, der, sei es als solcher oder in Form von Liqueur, Rum u. dergl., über die Zolllinie ausgeführt wird oder zu ge-

---

[83]) Das Branntweinsteuergesetz vom 27. Juni 1878 RGB. Nr. 72 wurde mit Ges. vom 19. Mai 1884 RGB. Nr. 63 abgeändert und dieses wurde wieder durch das gegenwärtig geltende Ges. vom 20. Juni 1888 RGB. Nr. 95 ersetzt; zu diesem letzteren sind mit Min.-Erl. vom 10. August 1888 RGB. Nr. 133 Durchführungsvorschriften erlassen worden.

[84]) Während noch im Jahre 1888 der Staatsvoranschlag die Branntweinsteuer mit 8½ Millionen präliminirte, figurirt dieselbe im Voranschlag von 1889 mit (rund) 32 Millionen und ebenso im Voranschlag von 1890; im Voranschlag von 1891 mit rund 31 Millionen. Zugleich mit der Branntweinsteuer und als (30%)ger Zuschlag zu derselben wird von denjenigen Branntweinbrennern, welche Preßhefe (zum Absatz bestimmte Hefe) erzeugen, die Preßhefeabgabe eingehoben; im Finanzgesetz von 1890 ist dieselbe mit 420,000 fl. eingestellt.

rblichen und Heilzwecken verwendet wird, genießt Steuerfreiheit· (§. 6).
e landwirthschaftlichen Brennereien genießen gegenüber den industriellen
h eine besondere Begünstigung in Form von Bonificationen aus der
aatscasse für jedes Hectoliter Alkohol, welches von ihrer Erzeugungsstätte
er Beobachtung der dießbezüglichen Bestimmungen weggebracht wird.

Bei der Ausfuhr über die Zolllinie wird eine besondere Steuerboni=
ition für jeden Liter Alkohol gewährt — diese Steuerbonificationen
fen aber jährlich die gesetzlich bestimmte Summe (von einer Million Gulden)
jt übersteigen (§. 3.)

Zur Zahlung der Productionssteuer ist der Unternehmer verpflichtet;
einer Gefällsverkürzung ist auch der Betriebsleiter verantwortlich und
lungspflichtig (§. 15.) Die Consumsteuer haftet auf dem Branntwein,
lange er sich auf der Erzeugungsstätte, auf Freilagern oder im Trans=
rte befindet, mit der gesetzlichen Priorität gegenüber allen anderen Forde=
ngen (§. 17.)

Die Steuer wird nach der Menge des erzeugten Alkohols bemessen.
ese Alkoholmenge aber wird festgestellt, entweder im Wege der Pauschalirung
h der Leistungsfähigkeit der Brennvorrichtungen oder auf Grund der
zeigen eines Controlmeßapparates oder endlich auf Grund eines frei=
iligen Uebereinkommens mit dem Brennereiunternehmer (Abfindung). Die
rennereien werden zu diesem Zwecke in mehrere Kategorieen eingetheilt
. 32), je nachdem aus welchen Stoffen, nach welcher Methode und in
lchem Umfange sie Alkohol erzeugen, und das Gesetz bestimmt, auf welche
tegorieen von Brennereien je eine der obigen Steuerbemessungsarten An=
ndung zu finden hat, womit auch die Art der Abgabenentrichtung be=
mmt wird.] Bei denjenigen Brennereien nämlich, wo die Pauschalirung
er Abfindung stattfindet, wird die Abgabe bei der Erzeugung, dagegen
rd bei zwei Kategorieen Brennereien (Zahl II und III des §. 32) die
gabe beim Uebergange des Steuerobjectes in den freien Verkehr
gehoben.

Zur Sicherstellung der Abgaben sind weitgehende Controlmaßregeln
troffen, so zwar, daß der Betrieb der Brennereien unter ununterbrochener
fficht der Finanzbehörde vor sich geht. Die Unternehmer müssen die ge=
uen Beschreibungen der Erzeugungsstätten und der zur Erzeugung ge=
auchten Gefäße, Geräthschaften, Maschinen und Vorrichtungen den
nanzbehörden in zwei Exemplaren vorlegen, von denen sie eines, mit der
stätigungsclausel der Behörde versehen, zu ihrer Deckung zurückbehalten.
wohl von dem Beginn, wie von jeder Unterbrechung und dem Schluß
 Productionsprocesses muß die Behörde benachrichtigt werden, welcher
erdies das Recht zusteht, jederzeit (auch bei Nacht) die Erzeugungsstätten
inspiciren. (§. 30.)

Zuckersteuer.

Auch die Zuckersteuer unterlag in den letzten Jahrzenten mehrfachen **§. 30.**
odificationen. Gegenwärtig gilt für die Zuckersteuer das Gesetz vom

20. Juni 1888[86]). Darnach ist Gegenstand der Steuer das Product selbst — also Zucker jeder Art, woraus immer derselbe erzeugt worden ist. Nur unterliegt der Rübenzucker und aller Zucker von gleicher Art (also auch Rohrzucker) einer höheren Steuer (11 fl. für 100 Kilogramm) als der Zucker anderer Art (1—3 fl. für 100 Kilogramm). Zur Zahlung der Steuer ist nicht nur der Unternehmer verpflichtet, sondern auch jeder, der unversteuerten Zucker wissentlich an sich bringt. Bei Gefällsverkürzungen sind auch die Betriebsleiter der Zuckerfabriken haftbar.

Die Verbrauchsabgabe haftet auf dem im Transporte befindlichen Zucker so wie auf dem Branntwein (s. o.). Die Eisenbahn= und Dampf=schiffahrtsunternehmungen sind verpflichtet, auf Verlangen des Finanzmi=nisters demselben die Ausweise über die von ihnen vermittelten Zucker=transporte vorzulegen. Jeder Unternehmer, der Zucker erzeugen will, ist verpflichtet, vier Wochen vor der Eröffnung des Betriebes der Finanzbehörde die vollständige Beschreibung der Erzeugungsstätte, der Werksvorrichtungen und des einzuschlagenden Verfahrens mitsammt dem Plan der einzuhaltenden Betriebszeit vorzulegen.

Die Erzeugungsstätte muß mit einer wenigstens zwei Meter hohen Umfriedung[86]) umgeben oder auf andere Weise (durch Gebäude) umschlossen sein. In der Umfriedung dürfen nur die zum Betriebe nothwendigen Ein=gänge bestehen. Die Finanzbehörde nimmt auf Grund der Anmeldung und der Beschreibung die Betriebsräume in Augenschein, worüber ein Protokoll aufgenommen wird. Sowohl das ganze Etablissement, wie auch jeder Theil desselben, sind mit Aufschriften, welche deren Bestimmung andeuten, zu versehen. All und jede diesbezügliche Veränderung muß der Behörde gemeldet werden; ebenso muß jede mindestens vierwöchentliche Betriebsunter=brechung der Behörde angezeigt werden. Die Behörde nimmt dann die fertigen und unfertigen Producte auf; erstere werden versteuert, letztere unter amt=lichen Verschluß eingelagert. Während der Betriebsunterbrechung werden die Werksvorrichtungen mit amtlichem Verschluß versehen; soll der Betrieb wieder aufgenommen werden, so hat der Unternehmer dieses der Behörde zu melden, welche behufs Abnahme des Verschlusses weitestens 6 Stunden vor dem angemeldeten Betriebsbeginn an Ort und Stelle sich einzufinden hat. Erscheint sie nicht, so ist der Unternehmer berechtigt, den Verschluß zu beseitigen. Der Unternehmer ist verpflichtet, gegen zu vereinbarenden Miethzins für ein Organ der Finanzbehörde innerhalb der Umfriedung der Fabrik eine Wohnung einzuräumen und auch sonstige zur Amtshandlung der Finanzbehörde nöthigen Localitäten zur Verfügung zu stellen.

Das fertige Product wird abgewogen, über dasselbe fortlaufende Aufzeichnung geführt und sohin die Steuer nach dem Gewicht des Productes berechnet. Die Fabriken sind unter ständige steueramtliche Aufsicht gestellt.

Jede Zuckerfabrik muß ihr Product mit einer eigenen Marke bezeichnen. Der versteuerte Zucker muß mit amtlicher Marke versehen sein — so lange

---

[85]) Dazu die Vollziehungsverordnung vom 20. Juni 1888 RGB. Nr. 111.
[86]) Mauer, Planke, Gitter, Stacketenzaun.

er nicht in den Kleinverschleiß gelangt. Zuckerverschleißer oder Gewerbe treibende, welche bei ihrem Gewerbe Zucker verwenden, müssen ihr diesfalliges Geschäft der Finanzbehörde anzeigen; sie sind verpflichtet, bei Uebernahme von Zucker auf das Vorhandensein der amtlichen Marken zu achten; verschweigen sie einen diesbezüglichen Mangel, so unterliegen sie einem Strafverfahren, außer wenn sie den bemerkten Mangel rechtzeitig (48 Stunden) anzeigen; die an den Verpackungen befindlichen amtlichen Marken haben sie bei der Entnahme des Zuckers zu vernichten.

Der Finanzwache ist über die Zuckerfabriken und Zuckertransporte ein weitgehendes Controlrecht eingeräumt. Von Zeit zu Zeit werden behördliche Aufnahmen der in den Fabriken und Magazinen vorhandenen Vorräthe vorgenommen. Jeder Transport des Zuckers, sogar innerhalb der Fabriken von der Erzeugungsstätte in die Magazine, darf nur bei Tageszeit vorgenommen werden.

Die Wegbringung aus der Fabrik darf nur auf behördlich bestimmten Straßen und Wegen stattfinden. Die Art der Buchführung über die Zuckererzeugung und den Zuckerabsatz ist genau vorgeschrieben; der Unternehmer muß die vorgeschriebenen Aufzeichnungen führen — und dieselben werden von den Finanzorganen controlirt und mitunterfertigt. Da das steuerbare Verfahren mit der Wegbringung des Zuckers beginnt, so ist hievon der Behörde rechtzeitig die Meldung zu erstatten; diese Meldung hat alle einzelnen auf die zum Transport gelangende Zuckerpartie bezüglichen Daten zu enthalten; weniger wie 500 Kilo Zucker darf nicht weggebracht werden. Innerhalb der Umfriedung der Fabrik darf der zum Hausgebrauch des Fabrikanten nöthige Zucker nur gegen vorausgegangene Anmeldung und nach entrichteter Verbrauchsabgabe der Fabrik oder dem Lager entnommen werden.

Die Zuckersteuer ist in der Regel vor der Wegbringung des Zuckers im Steueramte zu erlegen; doch kann unter Umständen auch eine Borgung der Steuer bis auf vier Monate stattfinden. Unversteuert kann unter den nöthigen Vorsichten Zucker in ein Freilager oder aus einem solchen über die Zolllinie ausgeführt werden.

────────

Wein- und Moststeuer.

Die Einhebung der Wein-, Weinmost- und Obstmoststeuer erfolgt auf **§. 31.** dem offenen Lande nach den Bestimmungen des Verzehrungssteuergesetzes vom Jahre 1829 (§ 5 lit. b) von den Gast- und Schankwirthen, Buschenschänkern und sogenannten Leutgebern, sowie von allen denjenigen, welche diese Getränke, mögen es selbsterzeugte oder fremder Erzeugung sein, ausschänken oder im Kleinen verkaufen. Der Tarif, auf dessen Grundlage diese Steuer gegenwärtig bemessen wird, ist mit dem Gesetze vom 17. August 1862 Nr. 55 RGB. erlassen worden.[87]

────────

[87] Manz, B. XXII. S. 56.

In geschlossenen Städten wird diese Steuer als Accise auf Grundlage des (höheren) Tarifes vom 25. Mai 1829 eingehoben. Die Erzeuger bleiben bei dieser Steuer ganz außer Betracht: so lange also diese Getränke nicht in den Ausschank und nicht in eine geschlossene Stadt gelangen, braucht von denselben keine Steuer gezahlt zu werden.

Dagegen werden Kunst= und Halbweine in den für die Verzehrungs= steuer als geschlossen erklärten Orten in gleicher Weise wie der Naturwein besteuert, wobei jedoch die Steuerpflicht die Erzeuger trifft, zu welchem Zwecke die Erzeugungsstätten ähnlichen Bewachungen und Controlen und die Unternehmer ähnlichen Pflichten unterworfen sind wie dieß bei der Zucker= fabrikation und Bierbrauerei der Fall ist.[88] Am offenen Lande wird von Kunst= und Halbwein die Verzehrungssteuer in denselben Fällen und in demselben Ausmaße eingehoben wie dieß für den Wein im Allgemeinen der Fall ist.[89] Der Ertrag der Wein= und Moststeuer ist in den letzten Staats= voranschlägen mit $4^1/_2$ Millionen eingestellt.

— · —

Fleisch- und Schlachtviehsteuer.

§. 32.   Mit der Weinsteuer hat die Fleischsteuer das Gemeinsame daß die Pro= ductionsstätten dieser Genuß= und Nahrungsartikel weit und breit im Lande zerstreut sind; daß es daher unmöglich ist, von diesem Artikel eine Pro= ductionsabgabe zu erheben, die Verwaltung vielmehr gezwungen ist an die Besteuerung derselben entweder an den Thoren der geschlossenen Städte oder aber am offenen Lande in dem Momente heranzutreten, wo sie in den Handel kommen. Denn schon die Verschleißstellen dieser Artikel sind viel geringer an Zahl als deren Productionsstätten, beim Fleische aber sind die Schlachtstellen in noch viel geringerer Anzahl vorhanden und daher leichter einer Controle zu unterziehen.

Daher faßt auch das Fleischsteuergesetz[90] für das offene Land in erster Linie die Schlachtungen in's Auge und macht diese zum Gegenstand der Steuer („Der Verzehrungssteuer unterliegen Schlachtungen ꝛc." § 1). Allerdings muß die Schlachtung, um Gegenstand der Besteuerung zu werden, entweder von gewissen gesetzlich bezeichneten Personen oder zu einem im Gesetze bestimmten Zwecke vorgenommen werden. Und zwar unterliegt der Besteuerung jede Schlachtung, welche ohne Rücksicht zu welchem Zwecke von einer gewissen Kategorie von Gewerbetreibenden als: Fleischer, Selcher, Wirthe u. drgl. vorgenommen werden; oder aber auch von anderen Per= sonen[91], wenn dieselben für gemeinschaftliche Rechnung oder zum Zwecke der Veräußerung in rohem Zustande, erfolgt.

---

[88] Gesetz vom 30. März 1882 RGB. Nr. 45.
[89] Fin.-Min.-Erl. vom 3. October 1880 Z. 30093. Manz, B. XXII. S. 57.
[90] Gesetz vom 16. Juni 1877 über die Fleischsteuer außer den für die Verzehrungssteuereinhebung als geschlossen erklärten Orten. Nr. 60 RGB.
[91] Unter diesen „anderen Personen" werden auch Klöster und Ordenshäuser verstanden, welche Zöglinge entgeltlich beköstigen. (Erk. des Verwaltungsgerichts vom 19. und 25. Mai 1880 Z. 990. Budwinski Nr. 777 und 782.)

Außer den Schlachtungen sind aber auch noch unter gewissen gesetzlich bestimmten Umständen dieser Steuer unterworfen: der Fleischbezug und der Fleischverkauf, wobei allerdings die Rücksicht darauf obwaltet, daß das Fleisch[92]) nicht zwei- oder mehrfach besteuert werde, andererseits aber auch danach gestrebt wird, daß das Fleisch immer mit dem vollen Tarifsatze des- jenigen Ortes[93]) versteuert werde, wo es schließlich verbraucht wird. Wird also das Fleisch von einem Orte bezogen, wo es einem niedrigeren Tarif unterworfen war, so muß die Differenz nachgezahlt werden; auch hält das Gesetz immer an dem Grundsatze fest, daß eine Steuerabfindung immer nur Geltung hat zwischen dem Steuerärare und dem betreffenden Gewerbsmanne, keiner dritten Person zu Gute kommen darf. Wenn also Fleischer, Selcher oder Wirthe Fleisch aus einem fleischsteuerpflichtigen Gewerbebetriebe be- ziehen, hinsichtlich dessen die Entrichtung der Fleischsteuer abfindungsweise stattfindet, so müssen sie das so bezogene Fleisch nichtsdestoweniger versteuern. Diese Bestimmung hat selbstverständlich den Zweck, die übermäßige Aus- beutung eines Abfindungsvertrages mit dem Aerar seitens vieler Gewerbe- treibenden zu verhüten.

Die Fleischsteuer wird nach dem Tarife theils vom Stück geschlach- teten Viehes, theils (bei frischem Fleisch und Fleischwaaren) nach dem Ge- wichte und nach drei Classenabstufungen berechnet und zwar gehören in die erste (höchste) Classe alle Orte mit einer Bevölkerung von über 20,000 Seelen; in die zweite (mittlere) Classe alle Orte mit einer Bevölkerung von 10—20,000 Seelen und in die dritte (niedrigste) alle übrigen Orte (also unter 10,000 Seelen).

Die Einhebung der Fleischsteuer erfolgt übrigens nach einem der drei für die Verzehrungssteuer im Gesetze vom Jahre 1829 vorgeschriebenen Systeme, welche mit specieller Berücksichtigung der Fleischsteuer im Fleisch- steuergesetz noch insbesondere (§§ 17—19) erläutert werden. Es sind das die Systeme: der Abfindung, Verpachtung und ärarischer Regie b. i. mittelst der durch die Finanzorgane erfolgenden Besteuerung jeder einzelnen steuer- baren Handlung (Schlachtung, Fleischbezug, Veräußerung).

Das Gesetz trägt sowohl den Interessen des Handels wie auch den berechtigten Interessen des Privathaushaltes Rechnung: den ersteren, indem es diejenigen Schlachtungen von der Versteuerung ausnimmt, welche zum Zwecke des Großhandels mit ganzen geschlachteten Viehstücken vorgenommen werden (§. 3 Abs. 4); den letzteren, indem es Personen, die kein Fleisch- gewerbe treiben, unversteuerte Viehschlachtungen zu eigenem Gebrauche unter gewissen Umständen gestattet (§. 3 Abs. 3).

Auch der Fleischbezug bleibt unter Umständen unversteuert, wenn die Steuer schon beim Fleischhändler entrichtet wurde; so z. B. der Fleisch- bezug der Speisewirthe; endlich wird es nicht als „entgeltliche Veräußerung"

---

[92]) Dem Begriff „steuerbares Fleisch" giebt das Gesetz (§. 2) einen sehr weiten Umfang, indem es unter denselben nicht nur alle Sorten Fleisch und alle Pro- ducte aus denselben (Würste), sondern auch Speck subsumirt.

[93]) Ueber Abstufung der Steuer nach den Orten s. unten.

angesehen, wenn Dienstboten, Hausleuten u. s. w. als Bestandtheil ihrer Kost Fleisch verabreicht wird.

Auch bei der Fleischsteuer haben die steuerpflichtigen Unternehmer zugleich die Pflicht der rechtzeitigen Anmeldung ihrer Unternehmungen und der einzelnen von ihnen vorzunehmenden steuerbaren Handlungen (Schlachtungen, Fleischbezug); die Finanzbehörden führen die Controle mittelst eigener Anmeldungs- und Revisionsverzeichnisse und folgen über die geleisteten Steuerzahlungen Zahlungsbolette aus, die mit fortlaufenden Nummern versehen sind. Die erwähnten steuerbaren Handlungen dürfen nicht ohne rechtzeitige Anmeldung und nicht früher als in dem angemeldeten Termin vollzogen werden.

Wird Fleisch, von dem die Steuer bei der Schlachtung entrichtet, nach geschlossenen Orten abgesetzt, wo von demselben die Accise entrichtet wird, so kann unter Einhaltung der gesetzlichen Vorschriften eine Rückvergütung der bei der Schlachtung entrichteten Steuer gefordert werden (§§. 35, 36). Auf die Uebertretungen des Fleischsteuergesetzes sind, abgesehen von den Bestimmungen des Gefällsstrafgesetzes, noch besondere Geldstrafen von 5—100 fl. gesetzt, welche von den Finanzbehörden verhängt werden.

Mineralölsteuer.

§. 33. Die allgemeine Mineralöl-(Petroleum-)Steuer wurde in Oesterreich erst mit dem Gesetz vom 26. Mai 1882 RGB. Nr. 55 [94]) eingeführt — womit zugleich die früher bestandene Verzehrungssteuer von Mineralöl bei der Einfuhr in geschlossene Orte aufgehoben wurde. Dieser Steuer unterliegt das fertige Product von der gesetzlich bestimmten Gradhaltigkeit und ist von dem Unternehmer bei der Wegbringung aus der Erzeugungsstätte zu entrichten.

Die Controle ist ähnlich wie bei den Bierbrauereien; es unterliegen derselben die Erzeugungsstätte, die Werksvorrichtungen, der Erzeugungsproceß und die producirten Vorräthe. Behufs erfolgreicher Uebung der Controle müssen größere Raffinerien innerhalb der Fabrik eine Wohnung für ein Finanzorgan beistellen (gegen vereinbarten Zins); ferner wird ein bestimmter Umkreis um die Fabrik als Controlgebiet bezeichnet, innerhalb dessen jedermann zur Legitimation über den Besitz von Mineralöl verpflichtet ist; die Wegbringung des Mineralöls ist an bestimmte Straßen und Tageszeiten gebunden. Die Unternehmer sind zur Führung genauer Verzeichnisse über Production und Absatz verpflichtet, welche von den Finanzorganen jederzeit eingesehen und mit den vorhandenen Vorräthen verglichen werden können.

Endlich kann auch bei der Petroleumsteuer unter den gesetzlich bestimmten Vorsichten eine Borgung (Stundung) stattfinden und kann dasselbe nach dem Auslande steuerfrei ausgeführt werden. — Der Ertrag dieser Steuer stieg in den letzten Jahren bis über vier Millionen. [95])

[94]) Dazu die Vollzugsvorschrift mit Ministerial-Erlaß vom 23. Juni 1882 RGB. Nr. 78.

[95]) Außer den hier aufgezählten Verzehrungssteuern kommt im Staats-

Monopolrecht.

Die allgemeinen Bestimmungen über die Monopolsgegenstände sind in §. 34. der Staatsmonopolordnung vom 11. Juli 1835 enthalten. Darnach darf niemand ohne Bewilligung der Gefällsbehörden Gegenstände des Staats= monopols erzeugen, bereiten oder auf eine durch das Gesetz untersagte Weise verwenden. Die erwähnten Bewilligungen lauten immer speciell für gewisse Personen, bezeichnen genau das Verfahren bei der Erzeugung, den Ort wo dieselbe ·stattfinden kann und den Umfang derselben. Der Concessionär hat sich genau an alle diese Punkte der Bewilligung zu halten. Die er= zeugten Monopolsgegenstände müssen an die staatlichen Niederlagen ab= geliefert werden; der Staatsschatz leistet für dieselben angemessene Vergütung. Auf die Gegenstände des Staatsmonopols, die für das Aerar erzeugt werden oder werden können, können dritte Personen aus privatrechtlichen Titeln keinerlei Ansprüche erheben, durch welche die Erzeugung oder Verwendung dieser Gegenstände gehindert wäre; wohl aber kann der vom Aerar für die ge= lieferten Monopolsgegenstände zu zahlende Preis Gegenstand privatrecht= licher Ansprüche werden. Monopolsgegenstände dürfen ferner ohne behörd= liche Bewilligung (Licenz) von niemandem veräußert werden; daher darf solche Gegenstände auch niemand von Personen, die keine Licenz besitzen ankaufen. Dagegen wird von den Behörden für geeignete Verkaufsstellen dieser Gegenstände Sorge getragen.

Mit Bezug auf den Handel mit Monopolsgegenständen besteht übrigens ein Unterschied zwischen Tabak und Salz — indem der Handel mit letzterem freigegeben ist, wenn die Händler nur das Salz aus ärarischen Magazinen kaufen, während der Handel mit Tabak überhaupt untersagt ist und nur von ärarischen Verkaufsstellen (Trafiken) besorgt wird. —

Salzmonopol.

Da das Recht des Salzmonopols sowohl Oesterreich wie Ungarn in §. 35. gleicher Weise zusteht, so wird die Regelung desselben in beiden Reichs= hälften nach vereinbarten gleichen Gesetzen vorgenommen (StGG. 21. Dec. 1867 RGB. Nr. 145). In Folge dessen mußte auch zum Zwecke der Ver= waltung des Salzmonopols in beiden Reichshälften eine Vereinbarung ge= troffen werden (Ges. v. 7. Juni 1868 RGB. Nr. 23). Letztere geht dahin, daß jeder Reichshälfte das Einkommen von dem in derselben zur Consumtion gelangenden Salze möglichst gewahrt bleibe. Die Salzpreise werden daher einverständlich zwischen den beiderseitigen Ministerien so festgesetzt, daß keine Reichshälfte der anderen auf ihrem Territorium Concurrenz machen kann, daß also der beim Salzmonopol gestattete Privathandel sich auf je eine Reichshälfte beschränke und die Ausdehnung desselben von einer Reichshälfte auf die zweite (durch Transport) sich nicht mehr rentire.

----

voranschlag noch die Post „Verzehrungssteuer von sonstigen Verbrauchsgegenständen" vor, welche die bei den Linien Wiens eingehende Accise umfaßt; die darauf= folgende Post „Pachtungen" umfaßt die Pachtschillinge für die verpachtete Accise in mehreren Landeshauptstädten.

Als Grundlage der Monopolisirung erklärt §. 204 der Staatsmonopolordnung vom 11. Juli 1835 alles auf oder unter der Oberfläche des Staatsgebietes von der Natur erzeugte, im reinen Zustande oder im Gemenge
mit anderen Stoffen vorhandene Kochsalz als ausschließendes Eigenthum des
Staates; die Gewinnung des Salzes besorgt der Staat in eigener Regie.[96])

Salzbergwerke dürfen daher von keinem Privaten ausgebeutet werden;
wo immer jemand in den Gränzen des Staatsgebietes Salz entdeckt, sei es
als Salzlager, Salzquelle oder als Kochsalz in gediegenem Zustande, ist er
verpflichtet, binnen 90 Tagen die Anzeige an die Behörde zu erstatten.
Convenirt es dem Aerar nicht, eine solche Salzfundstelle auszubeuten, so ist
er berechtigt, dieselbe unbrauchbar zu machen. Wo immer dagegen der
Staat Salzfundstellen auszubeuten beabsichtigt, ist er berechtigt, die Abtretung der zu diesem Zwecke erforderlichen Grundstücke zu fordern. Der
Eigenthümer des Grundes hat das Recht der Schadloshaltung nach §. 365
a. b. GB.

Wird bei anderen Productionsprocessen (z. B. Salnitererzeugung)
Salz als Nebenproduct gewonnen, so muß es an die Behörde abgeliefert
werden.[97]) Eignet sich dasselbe nicht zum Verkauf in den ärarischen Niederlagen, so kann es unbrauchbar gemacht werden (benaturirt). Auf Bereitung
oder Verwendung nichtärarischen Salzes sind Strafen gesetzt.

Dagegen liefert das Aerar unter gewissen Umständen Fabrikssalz
an industrielle Unternehmungen zum Selbstkostenpreise (also nicht zum
Monopolspreise) zum Zwecke der Förderung der heimischen Industrie; doch
wird, um mißbräuchliche Verwendung solchen Salzes vorzubeugen, dasselbe
ebenfalls bevor es an die begünstigten Parteien abgegeben wird, zu menschlichem Genusse unbrauchbar gemacht (benaturirt).

Tabakmonopol.

§. 36.   Das Tabakmonopol beruht gleich dem Salzmonopol auf der Zoll-
und Monopolordnung vom 11. Juli 1835. Während aber die Grundlage

---

[96]) Salzbergwerke und die zu denselben gehörenden Anstalten und Einrichtungen unterliegen nur insoferne dem allgemeinen Berggesetze, als die besonderen Gesetze über das Salzmonopol nicht Ausnahmen begründen. Bergbehörden
dürfen zur Aufsuchung und Aufschließung des Kochsalzes keinerlei Schurfbewilligungen verleihen; dagegen ist jede Bergbehörde verpflichtet, sobald sie Kenntniß
von einem neuen Vorkommen von Steinsalz, Salzquellen oder unterirdischen Soolen
erhält, hievon sogleich der zuständigen Finanzbehörde die Anzeige zu erstatten.
Die staatlichen Unternehmungen auf Gewinn von Kochsalz unterliegen keinerlei
Bergbaubewilligung: nur sind die Salinenverwaltungen verpflichtet, bezüglich der
Werksobjecte die Anordnungen des Berggesetzes zu beobachten und die Verhandlungen wegen zwangsweiser Ueberlassung von Grundstücken und Tagwässern bei
der Bergbehörde einzuleiten. Haberer und Zechner: Handbuch des österreichischen
Bergrechts S. 11.

[97]) Andererseits wieder kann Kalisalz trotzdem es kein vorbehaltenes Mineral
ist und principiell dem Eigenthümer des Grund und Bodens gehört, aus dem
Grunde nicht frei ausgebeutet werden, weil es nur als Gemengtheil des Stein-
salzes vorkommt (z. B. in Kalusz in Galizien). Die Kalisalzbergbaue sind daher
gleichzeitig auch Salzbergbaue und als solche Gegenstand des Salzmonopols.

es Salzmonopols die gesetzliche Erklärung bildet, daß alles Kochsalz im Staate Eigenthum des Staates sei: so beruht das Tabakmonopol auf dem Allgemeinen Verbote des Tabakbaues ohne behördliche Bewilligung und Controle. In Ungarn weitverbreitet, wird der Tabakbau in Oesterreich nur in Galizien, der Bukowina, Tirol und Vorarlberg betrieben. Derselbe steht unter steter strenger Controle der Finanzbehörden, welche die Art und Weise des Anbaus, den Umfang desselben, das Verfahren beim Aussetzen der Pflanzen, bei der Einfechsung und bei der Einlösung genau vorschreiben. In der Regel darf das reife Product nur an das Aerar verkauft werden.

Die fabriksmäßige Verarbeitung des Tabaks und der Verkauf der Cigarren und des Schnupftabaks besorgt das Aerar ausschließlich; all und jeder Privathandel mit Tabakserzeugnissen ist untersagt. Den ärarischen Tabaksverschleiß regelt die Vorschrift vom 28. Jänner 1851.

Der Bruttoertrag des Tabaksmonopols beläuft sich nach dem Voranschlag von 1890 auf über 82 Millionen, von welchem Bruttoertrag die Regieauslagen mit über 29 Millionen gegenüberstehen, so daß der Nettoertrag sich auf ungefähr 53 Millionen beziffert.

_____

Lotto.

Als ein Entgelt für eine Dienstleistung kann auch der Gewinn betrachtet werden, den der Staat aus dem Lottomonopol erzielt. Denn das Spielbedürfniß wurzelt in der socialen Natur der Menschen; auch die primitivsten Menschen kennen dieß Bedürfniß und befriedigen es (was die Erzählung Tacitus' von den Germanen bestätigt). Jedes allgemeine Bedürfniß erzeugt aber nothwendigerweise die Classe von Menschen, die aus der Befriedigung desselben Gewinn ziehen. Allerhand Spielunternehmer würde es überall geben, wo der Staat sie nicht unmöglich machte. Durch das Lottomonopol behält sich der Staat den ausschließlichen Gewinn aus der Befriedigung dieses allgemeinen Bedürfnisses, das allerdings nicht zu den edleren gehört, dem jedoch in der einen oder anderen Form die meisten Menschen fröhnen. In dem Vorbehalt der Abhaltung von Glücksspielen liegt mit inbegriffen, daß ohne staatliche specielle Bewilligung niemand Glücksspiele, welcher Art immer, veranstalten darf. (Daher auch die Besteuerung des Totalisateurs mit Ges. v. 31. März 1890.) Das Lottomonopol in Oesterreich beruht auf dem k. Patent vom 13. März 1813. Der Spielende, das ist derjenige, der auf Zahlen in dem Lotto einen Einsatz leistet, schließt damit einen Glücksvertrag mit dem Staate ab, vermöge dessen der Staat verpflichtet wird, wenn die gespielten Zahlen gezogen werden, den darauf fallenden Gewinn zu bezahlen. Doch ist der Staat nicht verpflichtet immer und überall, von jedermann und auf alle möglichen Zahlen Einsätze in Empfang zu nehmen. Es steht ihm jederzeit frei, solche zurückzuweisen und den Glücksvertrag nicht einzugehen.

Die Empfangnahme der Einsätze von den Spielenden besorgt der Staat durch eigene Lottoämter und Collecturen; letztere werden an Private übertragen, die dafür von den Einsätzen gewisse Percente erhalten. Art und

§. 37.

Weise der Einsätze und Gewinnste sind durch einen Specialtarif geregelt, der für beide Parteien, Spielende und Aerar, maaßgebend ist.

Ueber den gemachten Einsatz wird ein Einlageschein ausgefertigt, der die Legitimation des Spielenden bildet. Der Einlageschein muß die Nummer der Collectur, den Ziehungstag, Ziehungsort, die erste und letzte Marginalnummer, unter welcher das gesammte Spiel in die Originalliste eingetragen wurde, die Höhe des Geldeinsatzes und die Unterschrift des Collectanten enthalten.

Durch den Einsatz wird das Aerar jedoch nur dann verpflichtet, wenn das vom Collectanten eingesammelte „Spiel" rechtzeitig, das ist vor der Ziehung, bei dem Amte eintrifft; widrigenfalls werden die Einsätze zurückbezahlt; dieselben müssen jedoch binnen drei Monaten behoben werden, geschieht dieß nicht, so fallen sie dem Aerar zu. Ebenso müssen die Gewinnste binnen drei Monaten behoben werden, widrigenfalls sie dem Aerar anheimfallen.

Verkehrs-Monopole und Abgaben.

§. 38. Wie sich der Staat die ausschließliche Erzeugung und Veräußerung solcher Genußmittel vorbehält, die ein allgemeines Bedürfniß befriedigen (Salz, Tabak), ebenso behält er sich Dienstleistungen vor, die ebenso allgemein in Anspruch genommen werden müssen. Es sind das die verschiedenen Communicationsvermittlungen, wie sie die Post, Eisenbahn und der Telegraph besorgen. Wo staatliche Postverbindung besteht, darf sich niemand mit Brief-, Schriften- oder Drucksachen-Transport befassen; auch nicht mit Personen-Transport insofern bei demselben ein Wechsel der Pferde oder anderer Transportmittel an bestimmten Standorten Platz greift. Selbstverständlich können aber solche Transportunternehmungen gegen staatliche Concession (z. B. Tramways, Eisenbahnen 2c.) betrieben werden. Die Inanspruchnahme und Benutzung der staatlichen Communicationsmittel Post, Eisenbahn und Telegraphen steht jedermann ohne Unterschied gegen Entrichtung der tarifmäßigen Gebühren zu. Das Geheimniß der zur Beförderung gelangenden Briefe darf der Staat nicht verletzen; dagegen kann er die Beförderung von Depeschen, deren Inhalt gemeingefährlich oder staatsgefährlich ist, verweigern. Für die Art und Weise der Benutzung der Eisenbahnen erläßt er Reglements, die sowohl dem Eisenbahnpersonale wie dem reisenden Publikum die Beobachtung gewisser Regeln zur Pflicht machen. Doch ist heutzutage bei den staatlichen Verkehrsanstalten das fiscalische und finanzielle Moment das untergeordnete, das wirthschaftliche dagegen das überwiegende. Post-, Eisenbahn-, Telegraphen- und neustens Telephonanstalten werden vom Staate als Verkehrsanstalten im wirthschaftlichen Interesse der Gesammtheit betrieben; dieses letztere ist es, welches bei all und jeder Festsetzung der Tarife in Betracht kommt und den Ausschlag giebt, daher wir auch dieser Anstalten hier nur Erwähnung thun, die näheren Ausführungen dagegen über dieselben dem Verkehrsrechte (s. unten) vorbehalten.

Faßt man den „Verkehr" im weiteren Sinne, in dem er nicht nur den Transport von Personen, Waaren und Mittheilungen, sondern den geschäftlichen Verkehr bedeutet, bei welchem Güter übertragen werden, so ist auch dieser Verkehr den staatlichen Abgaben unterworfen. Diese Verkehrsabgaben werden wir unten als „Gebühren" von Vermögensübertragungen in Betracht ziehen. Dieselben sind aber ihrem Wesen nach von den eigentlichen Gebühren grundverschieden, weil sie keineswegs als bloßer Entgelt für die „privatliche Bemühung einer Staatsbehörde" (Roscher) aufgefaßt werden können, auch in die üblichen „Systeme der Gebühren", die auf der Unterscheidung der mannigfaltigen Functionen des Staates beruhen (Justizgebühren, Verwaltungsgebühren u. s. w.) keineswegs sich einreihen lassen. Auch ist es für diejenigen Theoretiker, die für jede Abgabe eine „Rechtsbegründung" finden wollen, schwer, für diese „Gebühren", die mit der „privatlichen Bemühung" des Staates in keinem Verhältnisse stehen, eine solche Begründung zu construiren. Es ist eben der Güterumsatz als solcher, der wirthschaftliche Verkehr, den der Staat besteuert, weil er denselben als einen greifbaren Beweis vorhandenen Vermögens ansieht.

Bergregal.

Bis zum Jahre 1854 galten in Oesterreich nahezu 40 verschiedene **§. 39.** Provinzial und Local=Bergordnungen, von denen die älteste aus dem 13. Jahrhundert, die Mehrzahl aber aus dem 16. Jahrhundert stammten. Dieselben waren zumeist auf den in früheren Zeiten einzig lohnenden Metallbergbau berechnet, da damals der Flöz= und Steinkohlenbergbau infolge mangelhafter Verkehrsverhältnisse sich nicht entwickeln konnte. Auf letztere konnten dieselben keine Anwendung finden. Kaiser Josef II. trug sich mit der Idee, für sämmtliche österreichischen Länder mit Inbegriff Ungarns und Siebenbürgens eine neue allgemeine Bergordnung verfassen zu lassen (Hfd. v. 7. Juni 1786). Diese Idee konnte aber damals noch nicht verwirklicht werden. Auch ein im Jahre 1838 gemachter Anlauf, ein neues Steinkohlengesetz zu verfassen, führte zu keinem Resultate. Erst 1849 wurde der Plan wieder aufgenommen. Ein mit Benutzung des gesammten älteren Materials an Bergordnungen und legislatorischen Vorarbeiten verfaßter Entwurf wurde vom Ministerium für Landescultur und Bergwesen in Druck gelegt und allen Behörden zur Begutachtung mitgetheilt.[98] Nachdem zahlreiche Gutachten eingelaufen waren, wurde neuerdings ein Entwurf ausgearbeitet und derselbe unter dem Titel „revidirter Berggesetzentwurf" im Jahre 1851 veröffentlicht. Es folgte noch ein dritter und vierter Entwurf, welch letzterer erst nach einigen Modificationen die kaiserliche Sanction erhielt und als Gesetz vom 23. Mai 1854 kundgemacht wurde,[99] zu welchem

---

[98] Das Rundschreiben des Ministeriums für Landescultur und Bergwesen vom 25. December 1849 Z. 1451 hat für das zu schaffende Berggesetz folgende vier Grundsätze aufgestellt: 1. Aufrechthaltung des obersten Regalitätsrechts; 2. Einführung einer festen, geregelten Oberaufsicht des Staates über alle Bergbaue. 3. Anwendung der gesetzlichen Expropriation, wo dieselbe für den Bergbau unerläßlich ist. 4. Die Unterstellung der Bergbauverhältnisse unter die allgemeinen Gesetze, wo die Eigenthümlichkeiten des Bergbaues nicht eine Ausnahme gebieten. Vergl. Referenten-Entwurf eines neuen Berggesetzes. Wien 1876 S. 54.

[99] Das allg. Berggesetz enthält (in 16 Hauptstücken) die allgemeinen Be

unterm 24. September 1854 eine besondere umfassende Vollzugsvorschrift erlassen wurde. Gegenwärtig wird aber die Reformbedürftigkeit dieses Berggesetzes allgemein anerkannt. Das Abgeordnetenhaus hat in seiner Sitzung vom 31. Mai 1871 der Regierung die Revision desselben bringend empfohlen, in Folge dessen auch die Regierung einen Entwurf eines neuen Berggesetzes ausarbeitete (1876), der jedoch bisher die parlamentarische Behandlung noch nicht passirte.

Das Gesetz vom 23. Mai 1854 erklärt (§ 3) als Bergregal jenes landesfürstliche Hoheitsrecht, gemäß welchem gewisse auf ihren natürlichen Lagerstätten vorkommende Mineralien der ausschließlichen Verfügung des a. h. Landesfürsten vorbehalten sind. Zu diesem Bergregale gehören alle Mineralien, welche wegen ihres Gehaltes an Metallen, Schwefel, Alaun, Vitriol, Kochsalz benutzbar sind, ferner die Cementwässer, Graphit und Erdharze, endlich alle Arten von Schwarz- und Braunkohle. Diese Mineralien bilden die Classe der vorbehaltenen Mineralien.[100] Bezüglich derselben steht nur dem Staate das Recht der Aufsuchung und Gewinnung zu; niemand sonst darf im Gebiete des Staates ohne specielle Bewilligung der competenten Behörde nach solchen Mineralien suchen (schürfen) oder aufgefundene benützen oder verwerthen.[101] Der Staat ertheilt die Bewilligung entweder in der Form der Zuweisung von Schurfgebieten (Schurffeldern) oder die Verleihung von Bergwerksmaaßen (Grubentagmaaßen) und Bergwerksconcessionen. Unter Bergwerksmaaßen versteht man Rechtecke von 12,533 ☐Klaftern (45,116 ☐Metern) in der horizontalen Ebene des Aufschlagpunktes, wobei die Höhe und Tiefe der Ausbeutung unbeschränkt ist.[102]

Den Verleihungen des Staates gegenüber weichen die Rechte der Eigenthümer des Grund und Bodens; so daß der Staat nicht nur als Eigenthümer aller unterirdischen „vorbehaltenen" Mineralien angesehen

---

stimmungen über vorbehaltene Mineralien (§§. 1—12), über das Schurfrecht und die Verleihung desselben (§§. 13—97), über die Vorrechte des Bergbaubetriebes und ihre Pflichten (§§. 98—107), über Bergwerkseigenthum und die mit demselben verbundenen Rechte (§§. 108—133), über die Pflicht der Bauhafthaltung und der Bergbau-Fristungen (§§. 170—189), über die Verhältnisse der am Bergbau betheiligten Besitzer und Angestellten (§§. 200—209), über Bruderladen (§§. 210—214), Bergwerksabgaben (§§. 215—219), über die Bergbehörden, ihren Wirkungskreis und Verfahren vor denselben (§§. 220—250), über Endigung der Bergbauberechtigungen (§§. 251—267), endlich über Pfandrechte, Execution und Concurs bezüglich der Bergwerke (§§. 268, 269).

[100] Vergl. Haberer u. Zechner: Handbuch des österreichischen Bergrechts, Wien 1884. S. 3 ff. „Die Reihe der vorbehaltenen Mineralien ist keine geschlossene; es kann eine neue bisher nicht übliche Darstellung von Metallen, Schwefel, Alaun ꝛc. zur Folge haben, daß das betreffende zu diesem Zwecke verwendete Mineral in die Reihe der vorbehaltenen einbezogen wird". S. 6. Daselbst S. 8. Aufzählung aller vorbehaltenen Mineralien.

[101] Vergl. Schneider: Lehrbuch des Bergrechts S. 205.

[102] Die verliehenen Bergwerksmaaße sind entweder Grubenmaaße oder Tagmaaße; erstere geben das Recht zur Gewinnung aller innerhalb der verliehenen Fläche, letztere nur zur Gewinnung aller oberflächlich vorkommenden Mineralien.

werden kann, sondern auch das Recht hat, nach thatsächlich nicht vorhandenen zu suchen, eventuell das Suchen zu gestatten. Denn durch die vom Staate ertheilte Schurfbewilligung erlangt der Schürfer die Befugniß, innerhalb seines Schurfgebietes, insofern ältere Bergbaurechte nicht im Wege stehen, Schurfbaue ohne Beschränkung ihrer Zahl zu eröffnen und zu betreiben.[103] Nur dürfen die Schürfarbeiten nicht in einen regelrechten Abbau übergehen, ein solcher kann erst nach Erlangung der Verleihung begonnen werden.

Die von der Behörde ertheilte einfache Schurfbewilligung ertheilt noch kein ausschließliches Recht zum Schürfen; die Behörde kann auf ein und demselben Gebiete mehrere Schurfbewilligungen ertheilen. Erst von dem Zeitpunkte an, wo der Schürfer der Behörde einen bestimmten Punkt anzeigt, an welchem er einen Schurfbau zu beginnen und das Schurfzeichen zu setzen beabsichtigt, erwirbt er das ausschließliche Recht für den angezeigten Punkt, d. i. einen Freischurf. Damit erlangt er den Anspruch auf die Verleihung eines Grubenmaaßes, womit er das Eigenthumsrecht auf die innerhalb des verliehenen Feldes vorkommenden vorbehaltenen Mineralien erlangt[104].

Befinden sich vorbehaltene Mineralien in Saifen (Sandbänken) Fluß= betten, im Berggerölle, aufgeschwemmtem Gebirge oder in alten verlassenen Halden, so wird das Recht zur Ausbeutung derselben durch Verleihung von Tagmaaßen ertheilt.

Ferner verleiht die Behörde Concessionen auf Hilfsbaue (Stollen und Schächte außerhalb des verliehenen Grubenfeldes) auf Revierstollen, d. h. solchen Stollen, durch welche ein ganzes Revier aufgeschlossen wird.

Die Abgaben, welche für die obigen Verleihungen und Concessionen an das Aerar zu zahlen sind, setzt der Staat im Gesetzgebungswege fest. Es leitet ihn dabei sein fiskalisches Interesse, das jedoch mit dem volks= wirthschaftlichen im Einklange bleiben muß. Denn zu große und drückende Abgaben würden vom Bergbau abschrecken, während geringe Abgaben die Unternehmungslust befördern.

Die bezüglichen Normen sind in dem elften Hauptstück des Berg= gesetzes von 1854 (§§. 215—218) und in dem Gesetz vom 28. April 1862 RGB. Nr. 28 enthalten.

Darnach unterliegt jedes verliehene Bergwerksmaaß der periodischen Entrichtung einer Gebühr (Maaßengebühr), welche gegenwärtig vierteljährlich gleichzeitig mit der Einkommensteuer an die Steuercassen zu entrichten ist und 4 fl. jährlich von jedem einfachen Bergwerksmaaß beträgt[105].

---

[103] Schürfen im bergrechtlichen Sinne heißt vorbehaltene Mineralien in ihrer Lagerstätte aufsuchen und die gefundenen so weit aufschließen, daß die Verleihung des Eigenthumsrechts auf derselben erfolgen kann (§. 13 a. BG.). Haberer l. c. S. 113.

[104] Die früher bestandene Verpflichtung des Bergwerks-Eigenthümers, die Rohproducte an Gold und Silber an die staatlichen Münzämter abzuliefern, wurde mit k. Patent vom 24. October 1854 aufgehoben, daher kann gegenwärtig der Bergwerks-Eigenthümer über das gefundene Gold und Silber frei verfügen.

[105] Die Maaßengebühr ist von jedem verliehenen Bergwerksmaaße zu zahlen, ohne Unterschied ob der Bergbau betrieben wird oder nicht, ob er einen Ertrag

Außer der Maaßengebühr unterliegt jeder Bergbau der **Einkommen=steuer**[106]); jeder Freischurf hingegen einer besonderen Freischurfgebühr (4 fl. öW. jährlich).

Das Hoheitsrecht des Staates liegt beim Bergregal nicht darin, daß der Staat von den Bergwerksunternehmungen Steuern und Abgaben bezieht: denn das thut er ja bei allen Gewerben und bei all und jedem Grund= und Gebäudebesitz. Dasselbe liegt vielmehr darin, daß er den Eigenthümern des Grund und Bodens die Benützung der unter ihren Grundoberflächen befindlichen Bergwerkgüter **verbietet** und alles Bergwerksgut thatsächlich als sein Eigenthum betrachtet, dessen Benützung, Ausbeutung und Gewinnung von seiner Bewilligung abhängig macht.

Auf den Namen, mit dem man den Grundsatz des Bergrechts benennt, kommt es dabei nicht an — es ist bloßes Wortspiel, wenn man diesen Grundsatz „Bergfreiheit" nennt, indem man sich darauf beruft, daß es jedermann gestattet ist unter gesetzlichen Modalitäten zu schürfen und zu bauen. Thatsächlich ist alles Bergwerksgut der privaten Verfügung entzogen und darf nur mit staatlicher Bewilligung unter den vom Staate vorgeschriebenen Bedingungen gewonnen werden; ob man dies den Grundsatz der Regalität oder den der „Bergfreiheit" nennt, ändert nichts an dem Wesen der Sache; allerdings liegt in dem Vorrechte des Staates mehr Freiheit für jedermann als in dem Vorrechte einzelner Besitzer, und somit bedingt jede Regalität und jedes Staatsmonopol mehr Freiheit für die Gesammtheit als Sondereigenthum einzelner und privates Monopol. Die Erfahrung lehrt jedoch, daß das Bergregal noch immer es nicht ver-hindern kann, daß solche private Monopole thatsächlich entstehen, wor-

---

liefert oder Zubuße erheischt. Früher zahlte man die Maaßengebühr an die Berg-hauptmannschaftscassen; seit dem Fin.-Min.-Erl. vom 7. November 1863 an die zur Einhebung der Steuern berufenen Cassen. Nur die Vorschreibung der Gebühr erfolgt bei den Berghauptmannschaften auf Grund des bei denselben ge-führten Maaßen-Katasters. Da die Maaßengebühr wie jede andere Steuer von Immobilien auf dem Steuerobjecte haftet, so ist der jeweilige Besitzer eines ver-liehenen Bergbaues für alle von seinen Vorgängern noch nicht bezahlten Gebühren haftbar; für diese rückständigen Gebühren haftet der Besitzer jedoch nicht per-sönlich, d. h. nicht mit seinem übrigen Vermögen, mit dem er allerdings für diejenigen Gebühren haftet, mit denen er selbst im Rückstande bleibt. Miteigen-thümer haften solidarisch. Die Maaßengebühr kann bei sehr armen oder sehr zerstreuten Lagerstätten bis zur Hälfte ermäßigt werden (Min.-Vdg. vom 30. Sep-tember 1859, RGB. Nr. 181).

[106]) Die Frage, inwiefern Bergbauunternehmungen von der Erwerbsteuer befreit oder derselben unterworfen sind, ist in vielen Fällen streitig. Mit dem Hofd. vom 9. October 1813 Z. 1181 wurden nämlich alle „montanistischen Werke, welche der berggerichtlichen Jurisdiction unterstehen," von der Erwerbsteuer be-freit. — Seither sind aber in dieser „berggerichtlichen Jurisdiction" mannigfache Veränderungen eingetreten, so daß dieselbe kein Kriterium der Erwerbsteuerfreiheit mehr abgeben kann. Gegenwärtig ist vielmehr für die Erwerbsteuerpflicht maaß-gebend, ob die Bergbauunternehmung sich blos auf die Förderung des rohen Bergwerksproductes beschränkt, in welchem Falle die Erwerbsteuer entfällt, oder ob die Unternehmung eine weitere technische und fabriksmäßige Umgestaltung des Rohproductes vornimmt, in welchem Falle die Erwerbsteuer zu zahlen ist. Vergl. Haberer u. Zechner S. 391.

unter die Gesammtheit oft leidet (Kohlenmonopol des Großcapitals) und es ist sehr wahrscheinlich, daß die zukünftige Entwickelung in der Richtung der Ausdehnung der Bergregalität vielleicht sogar zur Verstaatlichung mancher Bergwerke (wie z. B. Kohlenbergwerke) im Interesse der Gesammtheit führen wird. Denn wie die Sachen heute liegen, ist es oft auch ausländischem Capital möglich, durch ausgedehnten Kohlenbergbau die inländische Bevölkerung thatsächlich in Contribution zu setzen (s. auch unter Bergrecht).

Münzregale.

Auch aus dem Münzregale, d. i. aus dem ausschließenden Rechte des Staates, Geldmünzen zu prägen, welches Recht der Staat in erster Linie im allgemeinen Interesse übt, resultirt für denselben ein Einkommen, welches dadurch entsteht, daß der Staat durch die Natur des Münzregals gezwungen ist, den Zählwerth der Münzen um ein ganz geringes Percent über den innern Werth des auf die Münzen verwendeten Metalles zu erhöhen, ihm daher bei der Ausprägung der Münzen eine kleine Provision (Schlagschatz) zu Gute kommt.[107] **§. 40.**

Da das Recht, Münzen zu prägen, ein Staatsmonopol ist, so darf niemand im Staate Geldmünzen prägen, auch wenn er dieselben vollwerthig, ja sogar übervollwerthig prägen wollte. Dieses Monopolrecht des Staates, welches sich nicht nur auf die Währungsmünze und Scheidemünze, sondern auch auf die aus Gold geprägte Handelsmünze bezieht, ist durch Strafbestimmungen geschützt.[108]

Da „die Feststellung des Münzwesens und des Goldfußes" zu den Angelegenheiten gehört, die in Oesterreich und in Ungarn nach gleichen von Zeit zu Zeit zu vereinbarenden Grundsätzen zu behandeln sind,[109] so beruht das geltende Münzsystem und die Ausübung des Münzregales auf den dießbezüglichen Bestimmungen des österr.-ungarischen Zoll- und Handelsbündnisses. Allerdings hat dieses (Art. XII) an den bestehenden Verhältnissen nichts geändert, nur stellt dasselbe beiderseitige gleichartige gesetzgeberische Maaßregeln behufs Herstellung „metallischer Circulation" in Aussicht.

Zölle.

Es könnte scheinen, daß nachdem das Zollgesetz keinen Unterschied von Personen kennt, sondern jedermann gegenüber dieselben Zollsätze aufstellt, alle Staatsbürger von dem Zollgesetze gleich betroffen, gleicherweise belastet werden. Und doch ist das bei weitem nicht der Fall. Denn allerdings wird jedermann, sobald er eine mit einem Zoll belegte Waare einführt, zu der gleichen Zollzahlung angehalten und muß dieselben leisten: der Unterschied **§. 41.**

---

[107] Die Einnahme aus dem „Münzwesen" ist im letzten Finanzgesetz (1890) mit 270,000 fl. eingestellt.
[108] §§. 38, 106, 118—121, 325 des Strafges. 1852.
[109] Art. XII des Ges. vom 21. December 1887 RGB. Nr. 146.

aber liegt darin, daß während die einen darauf angewiesen sind, ihre Bedürfnisse mittelst solcher Artikel zu befriedigen, die eingeführt und verzollt werden müssen: andere diese Artikel sehr wohl entbehren können und noch andere aus dem Umstand, daß auf gewisse Artikel ein Zoll gelegt ist, Vortheil ziehen.

Da die Zölle ursprünglich einzig und allein dem fiskalischen Interesse dienten, wurde auf die durch dieselben erzeugte ungleiche Belastung der Staatsbürger nicht Rücksicht genommen. Als sich mit der Zeit einerseits der Grundsatz der Gleichheit aller Staatsbürger, in Folge dessen also auch der Allgemeinheit aller Belastung in der Gesetzgebung Bahn brach, andererseits die Wirkung der Zölle als ungleiche Besteuerung hervortrat, war die Gesetzgebung immer mehr bestrebt, durch Umgestaltung der Zolltarife das fiscalische Interesse mit der Forderung des Gleichheitsprincipes, also der Allgemeinheit, in Einklang zu bringen. Zu alledem trat dann in neuerer Zeit die Rücksicht auf das volkswirthschaftliche Interesse, namentlich auf den Schutz der heimischen Industrie gegen ausländische Concurrenz, welcher ebenfalls durch Gestaltung des Zolltarifes geübt werden konnte. Unter Festhaltung nun des obersten Gesichtspunktes aller Zollgesetzgebung, nämlich des fiscalischen, welcher die Zölle in erster Linie als Einnahmsquelle für den Staat betrachten muß, war die österreichische Gesetzgebung in den aufeinanderfolgenden Umgestaltungen des Zolltarifes bestrebt, sowohl dem Grundsatz der Allgemeinheit und Verhältnißmäßigkeit der Besteuerung, als auch den berechtigt scheinenden Interessen der heimischen Production Rechnung zu tragen.

§. 42.   Da die Zölle zu denjenigen Angelegenheiten gehören, welche nach dem Gesetz vom 21. December 1867 RGB. Nr. 146 in Oesterreich und in Ungarn nach gemeinsamen Grundsätzen zu behandeln sind, so können die Zölle in Oesterreich-Ungarn jedesmal nur auf Grund eines Zollvertrages zwischen beiden Reichshälften und nach einem vereinbarten Zolltarif erhoben werden. Ein solcher Zoll- (und Handels-) Vertrag wurde zwischen Oesterreich und Ungarn unterm 24. December 1867 geschlossen, sodann unterm 27. Juni 1878 erneuert; dieser letztere Vertrag wurde im Jahre 1887 auf weitere zehn Jahre mit einigen Modificationen verlängert. [110]

Nach diesem letzten Vertrage nun bilden während der Dauer des Zoll- und Handelsbündnisses beide Ländergebiete ein Zoll- und Handelsgebiet, umgeben von einer gemeinsamen Zollgränze. [111] In Folge dessen hat keine der beiden Reichshälften das Recht, Verkehrsgegenstände, welche aus dem einen Ländergebiete in das andere übergehen, mit irgend welchen Abgaben (sei es Ein-, Aus- oder Durchfuhrsabgaben) zu belasten und zu solchem Zwecke irgend welche Zwischenzolllinien aufzurichten. Alle mit fremden Staaten abgeschlossenen Zoll-, Handels- und Schifffahrtsverträge,

---

[110] RGB. Nr. 48 1887.
[111] Mit Ges. vom 20. December 1879 RGB. Nr. 136 wurden auch Bosnien und die Herzegowina in dieses gemeinsame Zollgebiet einverleibt. — Auch sind im Sinne der beiden letzten Zoll- und Handelsbündnisse die Freihafengebiete von Triest und Fiume in das gemeinsame Zollgebiet einbezogen worden.

wie alle anderen Verträge, welche die wirthschaftlichen Beziehungen zum Ausland regeln,[112] haben in beiden Reichshälften gleich bindende Kraft. Alle
innerhalb der gemeinsamen Zollgranze geltenden Zollgesetze und Zolltarife,
dann die Vorschriften über Einhebung und Verwaltung der Zölle in beiden
Ländergebieten, dürfen nur im gemeinsamen Einverständniß der beiderseitigen Legislativen abgeändert oder aufgehoben werden.

Die Einhebung und Verwaltung der Zölle bleibt den Regierungen
beider Theile innerhalb der Gränzen des ihnen unterstehenden Länder-
gebietes überlassen.

Beide Reichshälften haben das Recht, sich gegenseitig bezüglich der
Einhaltung eines übereinstimmenden Verfahrens in der Verwaltung und
Einhebung der Zölle durch besondere Inspectoren zu überwachen.

Der Zolltarif.

Die Verwaltung des Zollwesens beruht theilweise noch auf der Zoll-
und Monopolsordnung vom Jahre 1835, den Vollzugsvorschriften zu denselben vom Jahre 1836 und den zu denselben seither erflossenen zahlreichen
Nachtragsverordnungen; theilweise auf dem letzten gegenwärtig giltigen
Zolltarif des österreichisch-ungarischen Zollgebietes, welcher mit Gesetz vom
25. Mai 1882 RGB. Nr. 47 kundgemacht und mit Gesetz vom 21. Mai
1887 RGB. Nr. 52 in einigen unwesentlichen Einzelnheiten abgeändert
wurde. Dem eigentlichen Zolltarif sind eine Reihe von Artikeln (XIX) vor-
ausgeschickt, welche allgemeine Bestimmungen enthalten; der Zolltarif selbst
besteht aus zwei Theilen, von denen der erste in fünfzig Tarifclassen mit
zusammen 356 Tarifnummern alle die Waaren aufzählt, welche bei der
Einfuhr einen Zoll zahlen oder auch ausdrücklich von Zolle befreit sind.
Die Angabe der Zollgebühr geschieht entweder auf Grundlage des Gewichtes (per 100 Kilo) oder per Stück. Als zweiter Theil des Zolltarifs,
der die Ausfuhrzölle enthält, figurirt nur eine Tarifclasse mit einer Tarifnummer, da bei der Ausfuhr nur von diesem einen Artikel (Hadern, Abfälle zur Papierfabrikation u. dergl.) ein Ausfuhrzoll eingehoben wird.

Die in den Eingangsartikeln enthaltenen allgemeinen Bestimmungen
dieses Gesetzes erklären alle Waaren in der Einfuhr für zollpflichtig,
soweit dieselben nicht in dem beigefügten Zolltarife ausdrücklich für zollfrei erklärt sind. Es unterliegt daher jede im Zolltarife nicht ausdrücklich
als zollfrei erklärte Waare einem Zolle und zwar demjenigen, der in dem
Zolltarife für die Tarifnummer, zu welcher diese Waare gehört, angegeben
ist. Die Einbeziehung einer gegebenen Waare unter eine Tarifnummer des
Zolltarifes ist Sache der Zollbehörden und geschieht nach den Vorschriften
des Zollverfahrens.

Für den Waarendurchfuhr wird kein Zoll eingehoben;[113] in der Aus-

§. 13.

---

[112] Hieher gehören auch alle Consular-, Post- u. Telegraphen-Verträge.
[113] Doch ist die Ein- und Durchfuhr von Gegenständen der Staatsmonopole
(Kochsalz, Schießpulver, Tabak) nur mit Erlaubniß der competenten Behörde gestattet; auch kann die Regierung aus Gründen der Sanitäts- und Sicherheits-
polizei den Verkehr mit bestimmten Gegenständen verbieten.

fuhr sind alle Waaren zollfrei bis auf die einzige obenerwähnte Tarifclasse und Nummer (Hadern und zur Papierfabrikation dienende Abfälle).

Sowohl der Zoll wie das gesetzlich bestimmte, zugleich mit demselben
zu entrichtende Wag-, Siegel- und Zettelgeld, sind in Goldmünze zu entrichten; im Verordnungswege wird bestimmt, mit welchem Aufgeld Silber
als Zollzahlung angenommen werden kann.

Befreit vom Einfuhrzolle werden Waaren und Gegenstände aus dop-
peltem Grunde, wegen ihrer wirthschaftlichen Eigenschaft oder wegen der
Zwecke, für welche sie im Inland bestimmt sind.

Die ersteren Befreiungen sind in dem Zolltarife in den bezüglichen
Tarifclassen und Nummern ausdrücklich aufgeführt; sie gelten theils Rohproducten, Halbproducten oder Abfällen, welche zum Zwecke der Verarbeitung und Herstellung von werthvolleren Fabrikaten oder Ganzfabrikaten
eingeführt werden und bezwecken die Hebung und Förderung der inländischen
Industrie. In die Kategorie dieser zollfreien Waaren gehören z. B. Felle
und Häute, Werkholz, Hörner, Bernstein, rohe Baumwolle u. s. w.

Aus demselben Grunde als Hilfsmittel der Industrie sind zollfrei
Brennmaterialien wie: Holzkohle, Steinkohle, ferner chemische Hilfsstoffe.

Ihrer bekannten wirthschaftlichen Eigenschaft ebenfalls verdanken die
Zollfreiheit alle edlen Metalle und Münzen; endlich sind als zollfrei erklärt
Gegenstände der Kunst und Wissenschaft, wie auch Hilfsinstrumente der
letzteren (Präcisionsinstrumente), daher auch zollfrei: Bücher, Druckschriften,
aller Art graphische Darstellungen und Werke der Bildhauerkunst (letztere
jedoch nur mindestens in natürlicher Größe).

Aus dem zweiten Grunde, ihrer Bestimmung für gewisse privilegirte
Personen, Anstalten und Zwecke sind in den Eingangsartikeln des Zolltarif-
gesetzes als zollfrei erklärt: alle Gegenstände, die für den Gebrauch des
Kaisers und der am k. k. Hofe accreditirten diplomatischen Personen be-
stimmt sind; Monopolsgegenstände, die das Aerar aus dem Ausland bezieht;
Militäreffecten für die Heeresverwaltung; Habschaften der Einwanderer;
Erbschaftseffecten inländischer Erbnehmer; Gegenstände der Kunst und
Wissenschaft für inländische öffentliche Sammlungen; Antiquitäten auch für
private Sammlungen; verliehene Ordenszeichen und Ausstellungsmedaillen;
Effecten der Reisenden sowie die Transportmittel derselben; Muster- und
Probensendungen; die zum Bau und zur Ausrüstung von Schiffen erforderlichen Gegenstände; Waaren und Gegenstände, die zur Veredlung, Reparatur
und Bearbeitung eingeführt werden um in werthvollerem Zustande wieder
ausgeführt zu werden, wenn für diese Rückausfuhr die vorgeschriebene
Sicherheit gegeben wird; inländische Waaren, die nachdem sie zum Zwecke
des Verkaufes unter Anwendung des sog. Losungsverfahrens ausgeführt,
unverkauft wieder eingeführt werden. Die Controlsmaßregeln rücksichtlich
solcher Verkehrserleichterungen werden im Verordnungswege kundgemacht.
Außer den obigen gesetzlich zollfreien Gegenständen können die Finanzbehörden in einzelnen rücksichtswürdigen Fällen vom Einfuhrzolle solche
Gegenstände befreien, die zu Cultus- und wohlthätigen Zwecken eingeführt
werden. Auch kann die österreichische Regierung im Einverständnisse mit

ngarifchen in Fällen fchlechten Ernteausfalles im Inlande den Ein=
ll für Getreide und Hülfenfrüchte zeitweilig an einzelnen oder allen
,en aufheben.

Auf Waaren aus Staaten, mit denen befondere Zoll= und Handelsver=
beftehen, kommen nicht die Zollfätze diefes allgemeinen Tarifes, fondern
:fonderen vereinbarten Zollfätze zur Anwendung. Dagegen unter=
Waaren, welche aus Staaten kommen, die öfterreichifche und unga=
Schiffe oder Waaren ungünftiger behandeln, als jene anderer Staaten
r Einfuhr, außer dem im Tarife enthaltenen Zolle noch einem Zu=
: von 30 Percent, und wenn fie in dem Tarife als zollfrei erklärt
einem im Verordnungswege zu beftimmenden fpecififchen Zolle von
Percent des Handelswerthes. (Vergl. weiter unten „öffentliches
:lsrecht“.)

Das Zollverfahren.

Das Zollverfahren, welches nur in Zollämtern (Haupt= und Neben=
§. 44.
ttern) vor fich gehen kann, zu welchem die Waaren nur auf Zoll=
en[114]) und zur Tageszeit[115]) gelangen dürfen, beruht auf obligaten
enerklärungen (Declarationen), die vorfchriftsmäßig feitens der Partei
erreichen find. Ohne folche Waarenerklärungen kann kein Zollver=
t ftattfinden. Diefe Waarenerklärungen müffen nach den vorgefchrie=
Rubriken alle, die zu verzollende Waare betreffenden Angaben über
n und Wohnfitz des Verfenders, des Waarenführers, des Beftimmungs=
der Waare, der Befchaffenheit und Gattung derfelben, fowie des
faten enthalten. Der Ausfteller der Waarenerklärung, der diefelbe
unterfchreiben muß, haftet für die Richtigkeit der in derfelben enthal=
Angaben. In der Regel ift der Waarenführer (Spediteur) der Aus=
der Declaration; doch kann es auch der Adreffat (der Empfänger),
deffen Bevollmächtigter fein.

Auf Grundlage einer folchen Waarenerklärung beginnt die Zollbehand=
mit der Prüfung der den Waarentransport begleitenden Papiere
ßtbriefe u. f. w.), worauf die Aufnahme der zu verzollenden Waaren
: amtliche Niederlage erfolgt, wo im Beifein des Waarenführers oder
dreffaten oder deren Vertreter die zollamtliche Unterfuchung (Befchau)
zwar zuerft die äußere und fodann die innere der Waaren erfolgt.
bt fich dabei kein Anftand, ftimmen die Angaben der Waarenerklärung
em Befund der Waaren bezüglich aller dabei in Betracht kommenden
te, namentlich der Quantität und der Qualität, fo wird zur Berech=
der Zollgebühren gefchritten, worauf die letzteren eingehoben werden.
Berichtigung der Zollgebühren wird je nach Umftänden die amt=

---

[114]) Zollftraßen find jene Land= und Wafferwege, auf denen allein den Waaren
ingang und der Austritt über die Zolllinie geftattet ift. Nebenwege find
en. Wo Gränzzollämter nicht unmittelbar an der Zolllinie beftehen, werden
eberwachung der Einfuhr nöthigenfalls Avifo= oder Anfagepoften auf=
t.

[115]) Eine Ausnahme bilden Eifenbahntransporte und Poftfrachten.

liche Bezeichnung der dem Zollverfahren unterzogenen Gegenstände eventuell die Anlegung des amtlichen Verschlusses vorgenommen, worauf die Hinausgabe der verzollten Waaren an den Adressaten oder Waarenführer erfolgt, der auch das Recht hat, die Ausfertigung einer schriftlichen Bestätigung über das vollzogene Zollverfahren zu verlangen.

Das Mauthgefälle.

§. 45.	Am nächsten verwandt mit den Zöllen sind die Mauthgebühren; diese Verwandtschaft datirt von gleicher Abstammung. Denn ursprünglich waren sowohl Zölle wie Mauthen Abgaben, die aus Anlaß der Benützung öffentlicher Straßen, als Entgelt für die Sicherheit auf denselben von den Gebietsherren erhoben wurden. Mauth- und Zollstätte fiel ursprünglich immer zusammen.[116]

Mit der Zeit differenzirte sich diese Wegeabgabe in eine Abgabe für die Waare — Zoll — und in eine Abgabe für die Benützung des Weges auch ohne Waarentransport — die Mauth. Das ältere Staatsrecht construirte als Begründung dieser letzteren die Wegehoheit und leitete von derselben das „Mauthgefälle" ab.

In Oesterreich erfuhr das Mauthwesen eine allgemeine gesetzliche Regelung mittelst des in Folge a. h. Entschließung vom 30. December 1820 erflossenen Hofkammerdecretes vom 17. Mai 1821 — dessen grundlegende Bestimmungen noch heute gelten.[117]

Darnach werden Mauthgebühren entrichtet für Zug- und Treibvieh beim Passiren von Mauthschranken und bei ärarischen Ueberfuhren über Flüsse; von Menschen bei diesen letzteren. Es kommt also nicht darauf an, ob das Fuhrwerk beladen ist oder nicht, sondern nur auf die Anzahl des vorgespannten Zugviehes.[118]

Mauthschranken, bei denen die Mauthgebühr zu entrichten ist, werden nur auf chausseemäßigen Straßen errichtet, dann auf Brücken und bei Ueberfuhren. Die Mauthgebühren sind sehr mäßig gehalten, damit sie wie eine indirecte Steuer von dem verkehrenden Publicum nicht als größere Belastung empfunden werden.

Dagegen sind auf Umgehungen der Mauthgebührzahlung empfindliche Geldstrafen gesetzt, so daß keine Versuchung zu Gefällsübertretung vorhanden ist.

Die Mauthgebühren werden seit dem Jahre 1829 vom Staate nicht in eigener Regie eingehoben, sondern an Mauthpächter verpachtet, welche sodann die Gebühr an den Mauthschranken von den Parteien nach festgesetztem Tarife einheben. Die Pächter sind verpflichtet, die Parteien bei Tag und Nacht ohne Weitläufigkeiten zu expediren, die Gebühren auf der

---

[116] Verwaltungslehre §. 50) S. 146.

[117] Vergl. Manz'sche Separatausgabe Nr. 27: Die Weg-, Brücken- und Fährten-Mauthvorschriften von Schaffer.

[118] Die Höhe der heute geltenden Mauthgebühren wurde festgesetzt mit K.-Vdg. v. 15. August 1858, RGB. Nr. 39 und zwar für Zugvieh in der Bespannung mit 2 Kr., für Zugvieh außer der Bespannung und schweres Treibvieh mit 1 kr., für leichtes Treibvieh mit ½ Kr. vom Stück. Dieser Tarif gilt nur für ärarische Straßen, nicht für Landesstraßen.

ße an den Mauthschranken in Empfang zu nehmen und die amtlich
tigte Gebührentabelle zu jedermanns Einsicht an einer jedermann sicht-
n und zugänglichen Stelle außerhalb des Mauthgebäudes anzuheften.

Streitigkeiten zwischen den Mauthpächtern und den Parteien aus der
thzahlungspflicht werden mit Ausschluß des Rechtsweges von den
nzbehörden entschieden. Von der Mauthzahlung giebt es zahlreiche
liche Befreiungen und zwar persönliche und sachliche. Die persönlichen
en theilweise denselben Personen zugestanden wie die Zollbefreiungen,
dem kaiserlichen Hofe, den das Erterritorialrecht genießenden Personen
rgl.: die sachlichen Befreiungen gelten allen solchen Fuhrwerken und
nsporten, welche entweder im Dienste des Militärärars verkehren oder
innützigen Zwecken dienen; auch die umliegende Landwirthschaft ist bei
n zum Betriebe nöthigen Wirthschaftsverkehr von der Mauth be-[119]

Trotz dieser weitreichenden Begünstigungen der Landwirthschaft und
innütziger Zwecke ist die Mauthgebühr eine Steuer, deren gerechte
nlagung und Vertheilung auf die Gesammtheit nicht in der Macht der
atsverwaltung liegt. Denn bei den heutigen Verkehrsverhältnissen
t die Mauthgebühr in verhältnißmäßig viel höherem Maaße den Nah-
hr als den Fernverkehr, daher auch den Kleinverkehr in höherem Maaße
ben Großverkehr; sie belästigt den Localverkehr und läßt den Länder-
hr frei; sie beschwert den kleinen Nahrungsmittelverkehr und läßt den
en mittelst Eisenbahnen sich vollziehenden Industrieverkehr unberührt.

Aus dieser Eigenschaft der Mauthgebühr erklärt sich die auffallende
tsache, daß trotz des riesigen Aufschwunges des Länder- und Welt-
ehrs der in dem steigenden Ertrage aller Abgaben seinen Ausdruck
t, der Ertrag der Mauthgebühr fast constant bleibt[120], weil diese Ge-
: eben an dem Aufschwung des Großverkehrs keinen Antheil hat und
immer gleichmäßig den Local- und Kleinverkehr belastet. Daher ist
t auch in vielen Ländern diese Gebühr (in deutschen Werken meist
auffeegeld" genannt) schon zu Anfang dieses Jahrhunderts aufgehoben
ben, so in Frankreich 1806 und in den einzelnen deutschen Staaten im

---

[119] Die Local-Mauthbefreiung genießen alle Wirthschaftsfuhren, welche die
ohner des Ortes, wo ein Mauthschranken aufgestellt ist, mit ihrem eigenen
im Orte gemietheten Zugvieh verrichten, oder zum Betriebe ihrer Wirthschaft
wendig haben (Hftmrd. vom 27. Mai und 26. October 1821), sowie das zur
e, zur Schwemme, zur Tränke, zum Beschlagen, sowie zur Heilung getriebene
(Hftmrd. vom 14. Juli 1824 und vom 25. Juli 1829). Die Alpenbesitzer
bei jenen Weg- und Brückenmauthstationen, welche zwischen der eigentlichen
und den Wirthschaftsgebäuden liegen, hinsichtlich des zur Weide auf die
n bestimmten Viehes neben den eigentlichen Wirthschaftsfuhren auf dem Hin-
Rückzuge befreit (Hftmrd. vom 14. November 1825), und es sind unter dieser
eiung auch jene Fuhren begriffen, mittels welcher die Alpenbesitzer das während
Sommers auf der Alpe gesammelte Heu und die Waldstreu für ihren eigenen
hschaftsbetrieb zuführen (Hftmrd. vom 11. Juli 1824).

[120] In dem Decennium von 1868—1877 blieb der Ertrag von den Mauthen
ant zwischen 2½—2¾ Millionen und in den Finanzgesetzen von 1885—1890
erselbe fast constant mit circa 2,400,000 fl. eingestellt.

Laufe dieses Jahrhunderts.[121] Auch in Oesterreich sind im Reichsrath mehrfach Forderungen nach Aufhebung dieser Abgabe laut geworden. — Jedenfalls erfährt die ärarische Mauthgebühr gegenwärtig keinerlei Ausdehnung: dagegen ist dieselbe den einzelnen Ländern als ein Bedeckungsmittel für Straßenbau und Straßenerhaltung vom Staate überlassen und spielt in den Landeshaushalten eine bedeutende Rolle. In den Ländern werden die einzelnen Mauthstellen und die allgemeine Pflicht, die Gebühr an denselben zu entrichten, durch Landesgesetze bestimmt.[122]

Gebühren.

§. 46. Ein namhaftes Erträgniß liefern der Finanzverwaltung die als „Gebühren" bezeichneten Abgaben, welche theilweise in der Form der Stempelverwendung, theilweise als unmittelbare Gebühren= und Taxenentrichtung an die Staatskassen gezahlt werden.[123]

Gebühren sind zu zahlen von allen Rechtsgeschäften, durch welche nach den bürgerlichen Gesetzen Rechte begründet, übertragen, befestigt, umgeändert oder aufgehoben werden; von allen Vermögensübertragungen auf den Todesfall; ferner von allen Rechtsurkunden wie Zeugnissen, Handelsbüchern, Eingaben an Behörden, Eintragungen in öffentliche Bücher und ämtliche Ausfertigungen, Urtheile u. s. w.[124] endlich von Spielkarten[125], Kalendern, Zeitungen und öffentlichen Ankündigungen.[126]

Die Höhe dieser Gebühren bestimmt der dem Gebührengesetze beigefügte, alphabetisch geordnete, hundertundsiebzehn Positionen enthaltende Tarif. Die Gebühr ist entweder mit einem festen (fixen) Betrag festgesetzt, oder mit einem nach dem Werthe des Gegenstandes des Rechtsgeschäftes steigenden Betrage. Diese Steigerung ist wieder entweder nach festen Abstufungen oder nach Percenten des Betrages normirt — das Maaß des Steigens der Gebühr nach festen Abstufungen des Werthes des Gegenstandes ist in den, dem Ge-

---

[121] In Preußen erfolgte 1838 und 1840 eine Regelung und Mäßigung des Mauthtarifes, 1874 Aufhebung aller Chausseegelder auf Staatsstraßen; zuletzt ist 1885 diese Abgabe in Sachsen ganz aufgehoben worden. Vergl. Reitzenstein, Das dtsche. Wegerecht. Freiburg 1890 S. 125.

[122] Z. B. §. 17 des Straßengesetzes für Steiermark v. 23. Juni 1866, ebenso in anderen Landesgesetzen.

[124] Im Finanzgesetz figurirt neben der Post: Gebühren und Taxen, die im Jahre 1890 mit 33³/₄ Millionen eingestellt sind, die Post-„Stämpel" mit über 18³/₄ Millionen. Da nun die Stämpel nichts anderes als eine Form der Zahlung der Gebühren und Taxen repräsentiren, so entfällt im Grunde auf die „Gebühren und Taxen" die Summe von rund 52½ Millionen, eine Summe, welche keine andere weder directe noch indirecte Steuer einträgt, und welche nur von dem Erträgniß des Tabakmonopols (82 Millionen) übertroffen wird.

[124] §. 1 des Gebührengesetzes (Kaiserl. Patentes) vom 9. Februar 1850 RGB. Nr. 50. An dieser Grundlage des heutigen Gebührenrechts wurden mit den Gesetzen vom 13. December 1862 RGB. Nr. 89, vom 29. Februar 1864 RGB. Nr. 20, und vom 24. Mai 1873 RGB. Nr. 26 Aenderungen vorgenommen; mit Ges. vom 8. März 1876 RGB. Nr. 26 ist eine Stämpelgebühr von Wechseln, die scalenmäßig steigt, eingeführt worden.

[125] Ges. vom 15. April 1881 RGB. Nr. 43.

[126] K. Patent vom 6. September 1850 RGB. Nr. 345.

e beigefügten drei Scalen enthalten. Die percentuale Gebühr ist immer
mittelbar zu entrichten, und zwar wird zu diesem Zwecke die über das
chtsgeschäft (Kauf und Verkauf von Immobilien, Tausch, Gesellschaftsver=
g, Ehepacten u. s. w.) verfaßte Urkunde der Steuerbehörde zur Bemessung
Percentualgebühr übermittelt. Einescalamäßige Gebühr kann, wenn
Betrag 20 fl. überschreitet, ebenfalls unmittelbar entrichtet werden.
Zur Entrichtung der Gebühr sind bei zweiseitigen Rechtsgeschäften
be Parteien zur ungetheilten Hand verpflichtet; bei einseitigen diejenige
rtei, zu dessen Vortheil die Urkunde errichtet wurde. Bei Vermögens=
:rtragungen haftet die Gebühr auf dem Gegenstande des Vertrages mit
n Vorzugsrecht der Steuern. Advocaten, Notare und öffentliche Agenten
b haftbar für die Entrichtung der Gebühr von denjenigen Rechts=
chäften, über welche unter ihrer Mitwirkung Rechtsurkunden verfaßt
rden; doch entledigen sie sich ihrer Pflicht durch Anzeige des Rechts=
chäftes an die Steuerbehörde, was in der Regel durch Vorlage einer
:imirten (stempelfreien) Abschrift an dieselbe zu geschehen hat. Diese Pflicht
gt auch den Gerichten ob. Nichtentrichtung der Gebühr oder mangel=
fte Stempelung werden mit dem dreifachen Betrage der Gebühr ge=
aft. Doch wurde mit Gesetz vom 8. März 1876 RGB. Nr. 26 für
Unterlassung der Stempelung einer Anzahl von Urkunden die Geld=
afe bis zum fünfzigfachem Betrage der ursprünglichen Gebühr erhöht;
sind das meist kaufmännische Urkunden, die einer sehr geringen Gebühr
terliegen (Frachtkarten, Rechnungen, Wechsel u. s. w.). Alle Behörden
b zur Anzeige von nichtgestempelten oder mangelhaft gestempelten Ur=
;den, wenn solche anläßlich von Amtshandlungen zum Vorschein kommen,
:rpflichtet. Denjenigen, welche Gebührenverkürzungen anzeigen, gebührt
e gesetzlich bestimmte Belohnung.
Das Jahr 1850, das Geburtsjahr des Gebührengesetzes, brachte
sterreich auch ein „neues provisorisches" Gesetz, womit Spielkarten,
lender, ausländische Zeitungen, Ankündigungen und Zeitungsinserate ein=
ührt wurden.[127] Von diesen damals eingeführten Gebühren ist seither
' Placaten= und Inseratensteuer wieder aufgehoben[128]), der Stempel auf
sländische Zeitungen auch auf alle inländischen ausgedehnt[129]), und die
ielkartengebühr bedeutend erhöht worden. Diese Gebühren sind aller=
igs nicht hoch, der Kalenderstempel beträgt drei Kreuzer für je ein
emplar; der Spielkartenstempel 15—30 Kreuzer für ein Spiel (nicht
glättete und geglättete Karten); von jedem Exemplar einer Zeitungs=
mmer gebührt ein Kreuzer: doch ist von diesen Gebühren nur der Spiel=
tenstempel unangefochten, während der Kalender= und Zeitungsstempel
ht mit Unrecht als eine empfindliche Belastung der Lectüre des armen

---

[127]) In einigen Kronländern war schon seit dem Jahre 1840 ein Stämpel
 Kalender, Spielkarten, Zeitungen und Annoncen eingeführt; in diesen Kron-
dern trat das neue Gesetz an Stelle des alten.
[128]) Mit Gesetz vom 29. März 1874 RGB. Nr. 30.
[129]) Mit k. Vdg. vom 23. October 1857 RGB. Nr. 207 und vom 23. No-
mber 1858 RGB. Nr. 217.

Mannes und eine Erschwerung der wünschenswerthen Ausbreitung billiger Zeitschriften betrachtet wird.

Zur Entrichtung dieser Gebühren sind verpflichtet bei Spielkarten deren Erzeuger[130], bei Kalendern deren Verleger, bei Zeitungen deren Herausgeber und Verleger. Doch sind bei Spielkarten und Kalendern diejenigen für die Gebühr haftbar, welche ungestempelte Exemplare benützen oder verbreiten.[131])

Erbschaftssteuer und Gebührenäquivalent.

§. 47. Die unter den Gebühren (Tarifpost 106) als Gebühr von den „Vermögensübertragungen von Todeswegen" aufgeführte Abgabe ist ihrem Wesen nach keine Gebühr, sondern eine Erbschaftssteuer. Denn zum Begriffe der Gebühr gehört zum mindesten die subjective Möglichkeit, die gebührenpflichtige Handlung zu unterlassen, und somit der Ausschluß des allgemeinen Zwanges, dieselbe zu entrichten. Allerdings ist auch diese Möglichkeit häufig illusorisch: denn in gewissen Situationen und Verhältnissen ist der Einzelne gezwungen, die Hilfe des Gerichtes oder der Behörde anzurufen und die entsprechende Eingabe- oder Protokoll-Stempel-Gebühr zu zahlen. Doch zur begrifflichen Begründung der Gebühr läßt sich da immerhin noch der Fall denken (und kommt vielleicht auch vor), daß jemand,

[130]) Behufs Entrichtung der Abgabe sind die Spielkarten mit der amtlichen Verschlußmarke zu versehen und der amtlichen Abstämpelung zu unterziehen. Diese amtlichen Verschlußmarken werden den zur Zahlung Verpflichteten gegen Verrechnung unentgeltlich verabfolgt und dürfen für sich allein nicht weiter begeben werden (§. 2). Das Spielkartenerzeugungsgewerbe wird als concessionirtes erklärt und hat auf die Verleihung die Finanzlandesbehörde Einfluß zu nehmen.

[131]) Alle die oben erwähnten Gebührengesetze v. 1850, 1862, 1864 sind seinerzeit auch für Ungarn wirksam geworden und wurden durch den Ausgleich 1867 in ihrer Wirksamkeit und Rechtsgiltigkeit nicht berührt. Es stellte sich lediglich die Nothwendigkeit heraus, „die wechselseitigen Verhältnisse beider Reichshälften in Ansehung der Stempel, unmittelbaren Gebühren und der Taxen" zu regeln. Zu diesem Behufe wurde mit Ges. v. 3. Juli 1868 RGB. Nr. 94 der österreichische Finanzminister ermächtigt, mit dem ungarischen Finanzminister darüber eine Uebereinkunft zu treffen, „welcher Reichshälfte zunächst der Anspruch auf die bezügliche Abgabe von den einzelnen abgabenpflichtigen Objecten zusteht, welche Wirkung die in der einen Reichshälfte erfolgte Zahlung der Gebühr, namentlich bei Uebertragung der Urkunde in die andere Reichshälfte" haben solle und wie „die beiderseitigen Gefällsinteressen gefördert" werden sollen. Auf Grund dieser gesetzlichen Ermächtigung nun wurde zwischen beiden Finanzministern eine dießbezügliche Übereinkunft getroffen und die bezüglichen Bestimmungen mit Fin.-MV. v. 2. October 1868 RGB. Nr. 135 erlassen. Dieselben beruhen auf dem Grundsatze vollständiger Parität und Reciprocität. Jede der beiden Reichshälften hat ihre eigenen Stempelmarken, die in jedem Staatsgebiete zu den daselbst errichteten Urkunden verwendet werden müssen. Die unmittelbare Gebührenentrichtung erfolgt in der Regel ebenfalls in dem Staatsgebiete, wo das Rechtsgeschäft abgeschlossen wird. Einige Ausnahmen greifen Platz bezüglich der Geschäfte über unbewegliches Eigenthum, wobei die Zugehörigkeit desselben zu einem der beiden Staatsgebiete, bezüglich der letztwilligen Erklärungen, bei denen der Ort der Nachlaßhandlung entscheidet u. dergl. Die Zahlung des Gebührenäquivalentes richtet sich bei beweglichem Vermögen nach dem Wohnsitze der zahlungspflichtigen juristischen Person, bei unbeweglichem je nach der Lage desselben in dem einen oder andern Staatsgebiete.

um keine Gebühren zu zahlen, auf seine gerichtlich geltend zu machenden Rechte verzichtet. Was aber niemand unterlassen kann, das ist das Sterben; und dieses unabwendbare Ereigniß müssen nicht nur alle besitzlosen, sondern auch alle diejenigen über sich ergehen lassen, die etwas besitzen. Auch können diese letzteren ihr Hab und Gut in's Jenseits nicht mitnehmen. Daher hängt der „Vermögensverkehr von Todeswegen" (wie einige Staatsrechts= lehrer diesen Act benennen, um den Gebührencharakter dieser Abgabe zu retten) nicht vom Willen des Einzelnen ab und stellt sich die Abgabe von solchen Vermögensübertragungen einfach als eine allgemeine, alle besitzenden Classen treffende Vermögenssteuer dar.[132] Auch die Begründung des Gebühren= charakters dieser Abgabe damit, daß der Staat dem Erben, indem er ihm zum Nachlaß verhilft, einen Dienst leiste und daher eine Gebühr zu fordern berechtigt wird, ist eine bei den Haaren herbeigezogene. Denn mit solchen „Diensten" (Schutz des Eigenthums und der Person) können nicht nur die Gebühren, sondern alle Steuern überhaupt begründet werden.

Der beste Beweis übrigens, daß diese „Gebühr" vom Staate nicht gerade „bei Gelegenheit" des Todes und aus Veranlassung der von ihm dabei dem Erben zu leistenden Dienste eingehoben wird, ist der Umstand, daß der Staat dieselbe auch von denjenigen Besitzern einhebt, die so glück= lich sind nicht sterben zu müssen und daher der Dienste des Staates bei Gelegenheit des Todes entrathen können, d. i. von den juristischen Personen (Gebührenäquivalent, wovon unten).

Uebrigens sind alle diese Begründungen ganz überflüssig;[133] die Erb= schaftssteuer ist als solche eine der gerechtfertigtesten und wenn sie gerecht veranlagt und bemessen wird, eine der gerechtesten Steuern und in An= betracht dessen, daß sie durchwegs in dem Momente eines wirklichen Ver= mögenszuwachses des Einzelnen abgefordert und eingehoben wird, auch eine solche, die den Einzelnen am wenigsten belastet. Aber allerdings hängt alles von der gerechten Veranlagung derselben ab, wozu die erste Bedingung ist, daß sie sich ihres Charakters als Steuer vollkommen bewußt werde.[134]

---

[132] Wenn zur Begründung des Charakters der Steuer im Gegensatz zu den Gebühren die regelmäßige Wiederkehr der ersteren in gleichen Zeitperioden gehören sollte, so kann man geltend machen, daß der Staat bei keiner anderen Steuer so sicher auf eine regelmäßige Wiederkehr in durchschnittlich gleichen Perioden rechnen könne, wie bei der Erbschaftssteuer. Denn im großen Ganzen muß ja jedes Besitzthum in durchschnittlich regelmäßigen Menschenalterperioden dem Staate die Erbschaftssteuer zahlen, so daß er auf diese Vermögenssteuer vielleicht mit noch größerer Sicherheit rechnen kann, wie z. B. auf die Grundsteuer.

[133] Vergl. m. Verwaltungslehre §. 31 über die „rechtliche Begründung" der Steuern. Wem das, was dort darüber gesagt wird, zu hart oder gar „materia= listisch" erscheint, den verweise ich auf folgende Worte Macaulay's: „ . . . ex= perience has fully proved that the voluntary liberality of individuals, even in times of the greatest excitement, is a poor financial ressource when com= pared with severe and methodical taxation, which presses on the willing and unwilling alike (History I 112, Tauchnitz).

[134] Ueber Erbschaftssteuer vergl. Roscher Finanzwissenschaft, 1886 S. 308 und den Artikel Mayr's in Stengel's Lexicon der Verwaltung I 360, wo die ein= schlägige Literatur angeführt ist. Zwischen den extremen Ansichten der Socialisten und ihrer gelehrten Nachbeter, welche einfach das Erbrecht abschaffen und nur den

Letzteres ist bei der österreichischen Erbschaftssteuer offenbar noch nicht der Fall, was schon der äußerliche Umstand verräth, daß sie als eine „Gebühr von Vermögensübertragungen von Todeswegen" auftritt. Jede Gebühr aber, welche die Tendenz hat, den Gegenstand ohne Rücksicht auf persönliche Verhältnisse in gleicher oder doch proportionaler Weise zu treffen, kann bei einer Erbschaftsgebühr bedenklich werden. Glücklicherweise hat der österreichische Gesetzgeber bei dieser Gebühr die Höhe derselben nicht nur nach der Größe des Vermögens, sondern auch nach dem Verwandschaftsgrade des Uebernehmers abgestuft, womit er unwillkürlich den wahren Charakter dieser Gebühr als Steuer schon zu erkennen giebt. Der Zukunft bleibt es vorbehalten, aus dieser Gebühr die eigentliche Erbschaftssteuer voll und ganz zu entwickeln und allen Anforderungen, die man an eine solche zu stellen berechtigt ist, Rechnung zu tragen. — Nach dem geltenden Gebührengesetze zahlt das „von Todeswegen übertragene Vermögen", wenn es von Eltern an eheliche oder uneheliche Kinder oder deren Nachkömmlinge und umgekehrt, an Wahlkinder, endlich an den bis zur Zeit des Todes des Erblassers von ihm nicht getrennten Ehegatten übergeht, von dem Werthe 1%; wenn es an weitere Verwandte bis einschließlich der Geschwisterkinder übergeht, 4% und noch weiter oder an fremde Personen 8%; nur wenn diese fremden Personen zu dem Erblasser in einem Lohn= oder Dienstverhältnisse standen und das Vermächtniß an dieselben eine Jahresrente von 50 fl. oder eine Capitalssumme von 500 fl. nicht übersteigt, gebührt davon bloß 1%. Was unter diesem „Werth" des Tarifes zu verstehen ist, erklärt der §. 57 des Gebührengesetzes, wonach der „gesammte Nachlaß eines Verstorbenen, welcher sich nach Abschlag der auf demselben lastenden Passiven und der Krankheits= und Begräbnißkosten als reines Verlassenschafts-

Staat als alleinigen lachenden Erben aller Besitzenden gelten lassen wollen und der heutigen schüchtern als Gebühr auftretenden Erbschaftssteuer liegt in der Mitte der für den Staat wahrhaft „goldene" Weg einer rationellen Heranziehung aller Erbschaften, die ohne ungerechte Bedrückung mittelloser Familien zu dieser Steuer herangezogen werden können. Allerdings bedeutet nicht jede Erbschaft eine Vermögensvermehrung. Wenn ein Familienvater, der neben seinem Berufseinkommen ein kleines Capital besitzt, stirbt: so bedeutet diese „Erbschaft" für seine Familie entschieden eine Vermögensminderung — und solche Erbschaften dürfte der Staat nicht besteuern; von solchen Erbschaften ist auch die heutige „Gebühr" eine sehr hart empfundene und drückende Abgabe. Betritt aber einmal die Erbschaftsgebühr offen den Weg der Steuer und entwickelt sich als solche, dann kann ihre rationelle Ausbildung nicht ausbleiben. Sie wird dann überhaupt erst über einer gewissen Capitalshöhe, die einem steuerfreien Minimaleinkommen entspricht, und daher steuerfrei bleibt, einsetzen und nach aufwärts sich bewegend das wachsende Capital progressiv besteuern. Diese Progression braucht ja ebenfalls nicht im Geiste des Socialismus bis zu einer Großcapitalsconfiscation sich zu steigern, um nichtsdestoweniger dem Staate das zu geben, was ihm als dem berufensten Förderer und Vertreter des Gesamtinteresses gebührt. Eine solche künftige Erbschaftssteuer kann auf Verhältnisse Rücksicht nehmen, die heute zum großen Nachtheil des Staates unberücksichtigt bleiben; sie kann das Vermögen des kinderlosen Erblassers in höherem Maaße heranziehen; sie kann bei einem gewissen entfernten Verwandtschaftsgrade die Progression bis zu einer Theilung steigern, mit einem Worte, sie kann für den Staat in noch ungeahnter Weise ergiebig werden und zugleich alle Härten der heutigen Erbschaftsgebühr beseitigen.

vermögen herausstellt", der Gebühr unterliegt. Andere als die soeben erwähnten Kosten, also z. B. „der gesetzliche sechswöchentliche Unterhalt für die hinterlassene Gattin, für Dienstboten und Hausgenossen" dürfen vom Nachlasse vor der Berechnung der Gebühr nicht abgezogen werden. Auch die Legate nicht, wohl aber ist der Erbe berechtigt, den Legataren den auf sie entfallenden Gebührenantheil bei Auszahlung der Legate abzuziehen.

Wie bereits angedeutet, erkennt der Gesetzgeber selbst implicite die „Gebühr von Vermögensübertragungen von Todeswegen" als eine regel= rechte Vermögenssteuer an, indem er nicht nur in logischer Consequenz, sondern einem Gefühl der Gerechtigkeit und Billigkeit folgend, die Ent= richtung derselben „Gebühr" in regelmäßig wiederkehrenden zehnjährigen Zeitperioden von dem Vermögen aller juristischen Personen vorschreibt. Und zwar haben dieses „Gebührenäquivalent" zu entrichten:

alle Stiftungen, Beneficien, Kirchen, geistliche und weltliche Gemeinden, Vereine, Anstalten und andere Corporationen und Gesellschaften, deren Mitgliedern ein Antheil an dem Vermögensstamme der Gemeinschaft nicht zusteht, in der Höhe von $3\,^0/_0$ des unbeweglichen und $1\,^1/_2\,^0/_0$ des beweg= lichen Vermögens;

alle Actienunternehmungen und andere Erwerbsgesellschaften, deren Theil= habern an dem Hauptstamme des gemeinschaftlichen Vermögens ein Antheil zusteht, in der Höhe von $1\,^1/_2\,^0/_0$ des unbeweglichen Vermögens.[135]

Punzirungs- und Aichgebühren.

§. 48.
Zu den Gebühren ist auch die Punzirungsgebühr zu zählen, da die= selbe aus Anlaß einer Amtshandlung, hier der Punzirung, entrichtet wird. Allerdings ist diese Amtshandlung eine solche, welcher sich alle Verfertiger und Verkäufer von Gold= und Silberwaaren unterwerfen müssen, die aber andererseits ihnen zu Statten kommt, da doch die amtliche Punze, der Gold= und Silberwaare insoferne einen höheren Werth giebt, inwieferne an deren Echtheit nicht mehr gezweifelt wird.[136]

Der Punzirung unterliegen alle wie immer gestalteten Gold= und Silberwaaren.[137] Bei der Punzirung wird der Feingehalt der Gold= und Silberwaaren erhoben und mittelst aufgedrückter Punze bestätigt. Der Fein-

---

[135] Das Gesetz statuirt mehrere Befreiungen vom Gebührenäquivalent mit Rücksicht theils auf bestehende Eigenthumsbeschränkungen, theils auf die Widmung des Vermögens zu gottesdienstlichen, Unterrichts=, Wohlthätigkeits= und Humanitäts= Zwecken, s. Manz XII, S. 376.

[136] Die allgemeine Verpflichtung, sich der Feingehaltscontrole des in Ver= kehr zu setzenden Goldes und Silbers zu unterwerfen, wird auch damit begründet, daß der Staat auf den früheren Vorbehalt alles Gold und Silber gegen Münze einzulösen verzichtete (Kaiſ. Patent vom 24. October 1856). Jener Vorbehalt, der in den älteren Bergordnungen seit Kaiser Ferdinand I. und noch in dem §. 123 des allg. Berggesetzes von 1854 enthalten war, machte diese Controle überflüssig. Heutzutage, wo der Gewerke über sein Gold und Silber nach Be= lieben verfügt, ist dieselbe eine nothwendige Schutzmaaßregel für die Sicherheit des öffentlichen Verkehrs mit Werthsachen aus Edelmetallen.

[137] Ges. vom 19. August 1865 RGB. Nr. 75 ex 1866; dazu die Vollzugs= Verordn. des FM. vom 30. November 1866 RGB. Nr. 149.

gehalt wird mit Nr. 1, 2, 3 und 4 bezeichnet; es dürfen aber nur solche Gold= und Silberwaaren verfertigt werden, welche keinen geringeren als den niedersten Feingehalt besitzen. Behufs Durchführung dieser gesetzlichen Bestimmung sind sowohl Verfertiger von und Händler mit Gold= und Silberwaaren einer eingehenden und weitreichenden Controle der Punzi= rungsbehörden unterworfen; sie stehen unter fortwährender amtlicher Auf= sicht. Sie sind verpflichtet, sowohl den Antritt ihres Gewerbes wie auch jeden Wechsel ihrer Werkstätte längstens binnen acht Tagen der Controls= behörde anzuzeigen; ordnungsmäßige Gewerbsbücher zu führen, in welche der Controlsbehörde jederzeit die Einsichtnahme freisteht. Aus dem Aus= lande eingeführte Gold= und Silberwaaren unterliegen ebenfalls der Fein= gehaltscontrole.[138]

Die für das Punzirungswesen bestellten Behörden, denen in der Regel auch das Gold= und Silbereinlösungsgeschäft übertragen ist, unterstehen dem Finanzministerium. Oberste Centralbehörde hiefür, welche unmittelbar dem Finanzminister untersteht, ist das Hauptmünzamt in Wien; diesem untergeordnet ist das Hauptpunzirungsamt; selbständige Punzirungsämter bestehen in Linz, Graz, Triest, Prag, Lemberg, Krakau und Bregenz: doch wird auch nöthigenfalls Steuerämtern, Hauptzollämtern und Salinenver= waltungen das Punzirungsgeschäft übertragen.

Dem Wesen nach gleichartig mit den Punzirungsgebühren sind alle Aichgebühren, welche von den Aichämtern für die Ausführung von Aichungs= arbeiten bei allen Maaßen und Gewichten nach dem der Aichordnung vom J. 1872 beigefügten Aichgebührentarif eingehoben werden.[139]

Diese Aichordnung erfloß im Wege der Verordnung in Ausführung des Gesetzes vom 23. Juli 1871 RGB. Nr. 16, womit eine neue Maaß= und Gewichtsordnung (die metrische) festgestellt wurde, welche vom 1. Jänner 1876 sowohl in Oesterreich wie in Ungarn ins Leben trat.[140]

Das Gesetz begründet eine allgemeine Verpflichtung, sich nur der gesetzlichen Maaße, Gewichte und Meßapparate zu bedienen; Zuwider= handelnde werden mit 5 bis 100 fl., eventuell mit Haft und jedesmal auch mit Verfall der ungesetzlichen Maaße, Gewichte und Meßapparate gestraft

Alle gesetzlichen Maaße, Gewichte und Meßapparate aber müssen amtlich geaicht werden; nur durch die vollzogene Aichung erlangt ein Maaß, Gewicht oder Meßapparat, welches nach den Bestimmungen des Ge= setzes und der Aichordnung angefertigt ist, die volle gesetzliche Qualifica=

---

[138] Nicht unterworfen der amtlichen Controle sind, bloß vergoldete oder versilberte Waaren oder solche, die nur mit Gold und Silber legirt sind, so daß das edle Metall nur ¼ des Gewichtes ausmacht; ferner wissenschaftliche Instru= mente; Denkmünzen k. k. Anstalten; mit Email ganz bedeckte Gegenstände; bloße Fassungen von Edelsteinen, bei denen das verbrauchte Gold und Silber unter= geordnete Bedeutung hat, und Gegenstände, welche beim Gold nicht über 40 Aß, beim Silber nicht über 60 Aß wiegen.

[139] Die MV. vom 8. Jänner 1878 RGB. Nr. 8 enthält einige Modifi= cationen des obigen Tarifes.

[140] Das beiderseitige Festhalten an diesem metrischen Maaß= und Gewichtssystem ist im Art. XIII des österreichisch-ungarischen Zoll- und Handelsbündnisses vereinbart.

tion.[141]) Die Aichordnung beschreibt genau und in's Detail die Beschaffen=
heit aller Maaße, Gewichte und Meßapparate (Alkoholometer, Sacharo=
meter u. s. w.). Die amtliche Aichung, welche durch vorschriftsmäßige Auf=
drückung (Einprägung, Einbrennung u. dergl.) eines Stempels besteht, ist
die Beglaubigung, daß das vorgewiesene Exemplar eines Maaßes, Ge=
wichtes oder Meßapparates die gesetzliche Beschaffenheit besitzt.

Das oberste technische Organ für die Verwaltung des Aichwesens
ist die Normal=Aichungs=Commission in Wien, welche unmittelbar dem Handels=
minister untersteht.[142]) In den einzelnen Ländern bestehen Aichämter, in
der Regel am Sitze landesfürstlicher Behörden, die unmittelbar von Aich=
inspectoren beaufsichtigt werden.[143]) Die Einrichtung und Geschäftsführung
der Aichämter regelt die Min.=Ver. vom 3. April 1875.[144])

Die Amtshandlungen der Aichämter können auch außerhalb des Amtes
vorgenommen werden, in welchem Falle die betreffenden Beamten die vor=
geschriebenen Diäten beziehen.

Taxen.

§. 49. Unter Taxen versteht man ganz speciell diejenigen Gebühren, welche
aus Anlaß von Verleihungen von Titeln, Würden und Berechtigungen
gezahlt werden. Dieselben werden gegenwärtig noch auf Grund des in
Kraft gebliebenen zweiten Theiles des Tax= und Stempelgesetzes vom
27. Jänner 1840 eingehoben, dessen erster Theil mit dem Inslebentreten
des Gebührengesetzes vom J. 1850 außer Geltung kam.

Der Taxentrichtung unterliegen: 1. landesfürstliche Gnadenverleihungen;
2. Dienstverleihungen; 3. Privilegiumsverleihung; 4. verschiedene Berech=
tigungen und 6. Verwahrung gerichtlicher Depositen.

Unter Gnadenverleihungen versteht das Gesetz Verleihungen: des
Adelsstandes[145]), von Orden, Würden, (Kämmerer= und Geheimrathswürde),
Ehrenämter, Ehrentitel, Incolat und Indigenat.

Die Diensttaxe wird aus Anlaß jeder stabilen entgeltlichen Ernen=
nung zu einem Dienstplatze (Staatsamte) eingehoben; sie beträgt bei der

[141]) Art. XI des Ges. vom 23. Juni 1871; daher unterliegen auch der ge=
setzlichen Strafe diejenigen, welche sich vollkommen richtiger, jedoch nicht geaichter
Maaße und Gewichte bedienen. Auch dürfen ungeaichte Maaße und Gewichte nicht
verkauft werden; dieselben müssen vor dem Verkauf geaicht werden.

[142]) Ihr Wirkungskreis ist bestimmt in der M.V. vom 17. Feuruar 1874
RGB. Nr. 17.

[143]) Ges. vom 31. März 1875 RGB. Nr. 43 betreffend die Organisirung
der Aichbehörden.

[144]) Die Einnahmen aus den Aichgebühren sind im Budget im Capitel
„Handelsministerium“ eingestellt; doch werden dieselben wegen der inneren Ver=
wandtschaft mit den Punzirungsgebühren an dieser Stelle erwähnt; sie ergeben
übrigens einen höheren Betrag als diese letzteren. Im Finanzgesetz für 1890
sind die Punzirungsgebühren mit 236,000, die Einnahmen aus dem Aichdienst
mit 312,000 fl. eingestellt.

[145]) Die Adelstaxe wird in mehreren Abstufungen eingehoben von 1050 fl.
für den einfachen Adel bis zu 12,600 fl. für den Fürstenstand. Zu den Adels=
taxen gehören die Taxen für Adelsdiploms=Ernenerung, Prädicatsverleihung und
Wappenbrief=Ausfertigung.

erſten Ernennung ein Dritttheil des Jahresgehaltes und bei jeder Vor=
rückung ein Dritttheil des Mehrbetrages des Jahresbezuges.

Da die Taxen von induſtriellen Privilegien jetzt nach dem Privi=
legiengeſetze vom 15. Auguſt 1852 bemeſſen werden, ſo unterliegen dem
Taxgeſetze nur noch die Privilegien zur Abhaltung von Jahr= und Wochen=
märkten und die zur Errichtung von Actiengeſellſchaften (Eiſenbahnen).

Zu den „Berechtigungen" zählt das Geſetz die Zulaſſung zur Advo=
catur, die Verleihung öffentlicher Agenturen, des Notariats, Senſalats und
aller Arten von Fideicommiſſen. Für dieſe Verleihungen werden Taxen
in feſten Beträgen gezahlt.

Die Beſtimmungen über die Depoſitentaxe wurden mit dem k.
Patente vom 26. Jänner 1853, RGB. Nr. 18 neugeregelt. Darnach iſt
die „Verwahrungsgebühr" von Gold, Pretioſen und Werthpapieren ſowohl
nach ihrem Werthe, als nach der Dauer der Verwahrung auf Grundlage
des im Geſetze enthaltenen Tarifes zu bemeſſen. Für andere Urkunden
und Gegenſtände wird die Verwahrungsgebühr nur nach der Dauer der
Verwahrung bemeſſen.

h.) Die conſolidirten Staatsſchulden.

§. 50. Man kann wohl ſagen, daß Oeſterreich ſeit Jahrhunderten[146]) mit
einem chroniſchen Deficit behaftet war, den es nicht bewältigen konnte und
der erſt in den letzten zwei Jahren aus dem öſterreichiſchen Budget ver=
ſchwand.[147]) Zur Deckung deſſelben wurden in älteren Zeiten Anlehen
gegen kaiſerliche Schuldbriefe, erſt ſeit der zweiten Hälfte des 18. Jahr=
hunderts eigentliche Staatsſchulden aufgenommen.[148]) Die Geſammtſumme
dieſer Staatsſchuld betrug ſchon im Jahre 1781 über 283 Millionen und
ſtieg bis in die 60er Jahre unſeres Jahrhunderts auf über 2500 Millionen.[149])

[146]) Schon im Jahre 1703 wurde das Wiener Stadt=Banco zu dem Zwecke
gegründet, für den Staat durch Ausgabe von Banco=Obligationen Anlehen zu
contrahiren. Vergl. J. H. Bidermann: Geſchichte des Wiener Stadt=Banco.
[147]) Nur die Jahre 1868 bis 1873 (wirthſchaftlicher Aufſchwung vor dem
Krach) hatten kein Deficit und G. v. Pacher (Chroniſche Finanznoth Oeſterreichs)
rechnet für dieſelben einen jährlichen Ueberſchuß durchſchnittlich für 1868—1870
von 7,941,000 und für 1871—1873 von 4,022,756 fl. heraus. Mit 1874 ſtellte
ſich aber ſchon wieder das Deficit ein und betrug nach derſelben Berechnung bis
1877 im Durchſchnitt 25,388,800 fl., für 1878—1880 ſtieg es im Durchſchnitt auf
über 53 Millionen. Seitdem begann eine Abnahme des Deficits. Noch das
Finanzgeſetz vom Jahre 1888 weiſt ein Deficit von (über) 20 Millionen auf; doch
ſchon das Finanzgeſetz von 1889 iſt das erſte ſeit längeren Jahren deficitloſe und
weiſt einen Ueberſchuß von über 2 Millionen auf; ebenſo das für 1890, welches
einer Einnahme von . 548,820,006 fl. öW.
eine Geſammtausgabe von 546,303,035 „ „ entgegenſtellt, daher
einen Ueberſchuß von . 2,517,971 fl. öW. ausweiſt.
Auch für das Jahr 1891 ergiebt ſich aus dem Reichsrath im December
1890 vorgelegten Voranſchlag ein Ueberſchuß von über 2¼ Million.
[148]) Daneben nahmen die Stände der einzelnen Länder zur Deckung der
Staatsbedürfniſſe beſondere ſtändiſche Aerarialſchulden auf, für welche die Länder
hafteten.
[149]) Vergl. die „ſtatiſtiſchen Handbücher" Czörnig's, die mit dem Jahre
1861 beginnen. Mit Ende des Jahres 1867 belief ſich die conſolidirte (abgeſehen

Diese Gesammtschuld setzte sich aus einer großen Anzahl zu verschiedenen Zeiten, unter den verschiedensten Bedingungen, Modalitäten und Verzinsungen contrahirten Staatsschulden zusammen.[150]) Der österreichisch-ungarische Ausgleich drängte auch zu einer Auseinandersetzung über diese Staatsschuld und daher auch zu einer Regelung derselben. Es mußte nämlich zuerst die Frage geregelt werden, wie die Gesammtschuld auf die beiden Reichshälften zu vertheilen sei. Diese Frage fand mit dem Gesetze vom 24. December 1867[151]) eine solche Lösung, daß Ungarn sich verpflichtete, zur Bedeckung der Zinsen für die bisherige allgemeine österreichische Staatsschuld einen dauernden, einer weiteren Änderung nicht unterliegenden Jahresbeitrag von 29,188,000 fl. öW. (darunter 11,776,000 in klingender Münze) zu zahlen.[152]) Gleichzeitig aber wurde vereinbart, daß die „dermal bestehenden verschiedenen Schuldtitel in möglichst umfassender Weise in eine einheitliche Rentenschuld umgewandelt" und auf diese Weise die Finanzverwaltung von der Sorge um Capitalsrückzahlungen von fällig werdenden Schulden ein für allemal befreit werde. Damit wurde die Conversion möglichst aller österreichischen Staatsschulden in eine einheitliche Rentenschuld angebahnt. Da es aber unter diesen Schulden noch eine Anzahl solcher gab, die nach den Bedingungen, unter denen sie contrahirt wurden, in eine Rentenschuld nicht convertirt werden konnten, sondern bei der jedesmaligen Fälligkeit oder jährlich in gewissen Quoten zurückgezahlt werden mußten: so wurde vereinbart, daß die zu diesen unumgänglichen Capitalsrückzahlungen nöthigen Beträge jedesmal mittelst Ausgabe von entsprechenden Beträgen der Obligationen der zu schaffenden einheitlichen Rentenschuld, aufgebracht werden sollten.

Das durch eine solche Geldbeschaffung hervorgehende Mehrerforderniß in Staatsschuldzinsen fällt den österreichischen Ländern zur Last und Ungarn trägt zu dieser Mehrbelastung nur den fixen jährlichen Beitrag von Einer Million Gulden öW. und von 150,000 fl.[153]) in klingender Münze bei. Als

von der schwebenden) allgemeine Staatsschuld auf 2599 Millionen, mit einem Zinsenerforderniß von über 115 Millionen.

[150]) Es gab an 80 verschiedene Arten von Schulden und die Verzinsung schwankte zwischen $1^3{}_{,4}$—6%. Vergl. die Rede Lonyay's in der fünften Sitzung des 67er Ausschusses des ungar. Reichstages vom 1. Februar 1867.

[151]) RGB. Nr. 3 ex 1868.

[152]) Ungarn hat damit nach den einstimmigen Ausführungen seiner Politiker keineswegs einen Theil der österreichischen Staatsschuld übernommen, sondern nur die Pflicht eines jährlichen Beitrages zur Bedeckung der „österreichischen" Staatsschuld. Thatsächlich ist in den Ausgleichsgesetzen eine Anerkennung dieser Staatsschuld als einer zu einem Theile „ungarischen" nicht enthalten.

[153]) Diese 150,000 fl. in klingender Münze waren speciell zur Tilgung eines von der österreichischen Bodencreditanstalt in Wien im Jahre 1867 aufgenommenen „Domänenanlehens" bestimmt und zwar aus dem Grunde, weil die österreichische Regierung der Bodencreditanstalt sowohl österreichische wie auch ungarische Domänen verpfändete mit der Ermächtigung, daß die Bodencreditanstalt auf diese Domänen 5% Pfandbriefe (innerhalb 46 Jahren verloosbare) emittire. Obige 150,000 hatten also den speciellen Zweck, diese Domänen-Pfandschuld in so weit sie die ungarischen Domänen belastete, zu tilgen, daher auch die Zahlung derselben nach erfolgter Tilgung eingestellt werden soll.

Aequivalent kommt den österreichischen Ländern der Wegfall der Zinsen der getilgten Schulden sowie die von den Coupons und Lotteriegewinnsten des Staates zu entrichtende Einkommensteuer zu Gute. Beiden Reichshälften ist dabei das Recht, vorbehalten beliebige Theile der allgemeinen . österreichischen Staatsschuld durch Capitalsrückzahlung (also Einlösung) zu vermindern: worauf der auf diese Weise in Ersparung kommende Zinsenbetrag der betreffenden Finanzverwaltung zu Gute kommt (§. 6).

Im Sinne obiger Vereinbarungen erfolgte mit Gesetz vom 20. Juni 1868 die Conversion des allergrößten Theiles der österreichischen Staatsschulden [154]) in die 5%ige einheitliche (allgemeine) österreichische Rentenschuld; dabei wurde aber das Einkommen aus diesen Rentenobligationen mit 16% besteuert [155]) (also statt 5 fl. von einer Hundert=Gulden=Obligation nur 4 fl. 20 kr.) und ein bestimmter Modus des Umtausches der verschiedenen bestehenden Schuldentitel in die neue Rentenschuld festgesetzt. [156])

Für die Zukunft sollte die Herstellung des Gleichgewichtes zwischen den Einnahmen und Ausgaben der leitende Grundsatz beider Finanzverwaltungen bilden; im Falle aber eine der beiden Finanzverwaltungen in die Lage kommen sollte ein entstandenes Deficit mittelst Anlehens decken zu müssen, so haben solche Creditoperationen die einzelnen Reichshälften jede auf ihr eigenes Conto vorzunehmen. In der Regel also hat jede Reichshälfte selbständig für sich Anlehen zu contrahiren, so daß es von da an neben der allgemeinen Staatsschuld auch besondere Staatsschulden der einzelnen Reichshälften geben kann (wie das auch thatsächlich der Fall ist). Nichtsdestoweniger wurde auch der Fall vorausgesehen, wo „im Interesse der gesammten Monarchie außerordentliche Ausgaben und insbesondere zur Bedeckung solcher Bedürfnisse zu bestreiten kommen, welche im Sinne der pragmatischen Sanction zu den gemeinschaftlichen Angelegenheiten gehören", ein „neues Anlehen auf gemeinschaftliche Rechnung" aufgenommen werden müßte. Für ein solches Anlehen, welches selbstverständlich nur unter Zustimmung der beiderseitigen Legislativen contrahirt werden könnte, ist im voraus festgesetzt, daß die Beitragsleistung zu der Verzinsung

---

[154]) Ausgenommen von der Conversion waren nur: 1. alle Lottoanlehen, also die von 1839, 1854, 1860, 1864 und die Comorentenscheine. 2. das oben (in der Note) erwähnte Domänenanlehen von der Bodencreditanstalt, weil dasselbe ebenfalls nach einem Tilgungs=(Zinsungs)=Plane amortisirbar war. 3. Die Schulden des Staates an die Grundentlastungsfonds der Länder und an die Nationalbank. 4. Die unverzinsliche und die in Wiener Währung verzinsliche Staatsschuld, endlich 5. die Prioritätsschuld der bestandenen Wien=Gloggnitzer Bahn, die meist Staatseigenthum war.

[155]) Auf einige der von der Conversion ausgenommenen Schuldentitel wurde zugleich eine 20%ige Steuer gelegt — durch diese Steuerabzüge wurde damals ein jährlicher Betrag von über 13 Millionen an Zinsen in Ersparung gebracht.

[156]) Kundmachung des Fin.=Min. vom 25. December 1868 RGB. Nr. 158. Es wurden, abgesehen von der Verschiedenheit des Betrages, zweifache Rentenobligationen ausgegeben: auf Ueberbringer und auf Namen lautende. Die Zinsen der letzteren wurden mittelst der Einlösung der Coupons, die Zinsen der ersteren bei der Staatsschuldencasse in Wien gegen zinsenfreie Quittungen den betreffenden Eigenthümern ausgezahlt.

?selben nach dem „bestehenden Beitragsverhältnisse zu den pragma=
chen Angelegenheiten" sich zu richten habe.

Zu einem solchen gemeinsamen Anlehen ist es seit dem geschlossenen
?sgleiche noch nicht gekommen: dagegen hat allerdings jede der beiden
:ichshälften seither ihre besonderen Staatsschulden aufgenommen,[157]) so
?s es gegenwärtig in Oesterreich=Ungarn dreierlei Kategorieen von con=
?libirten Staatsschulden giebt: 1. die allgemeine einheitliche Rentenschuld;
?. die besondere österreichische und 3. die besondere ungarische Staatsschuld.

Von diesen drei Kategorieen von Staatsschulden wird selbstverständlich
?e besondere, sowohl die österreichische wie die ungarische, von dem be=
?ffenden Finanzminister verwaltet; in Oesterreich wurde jede der zwei
?ittirten neuen Rentenschulden in ein besonderes Rentenbuch eingetragen
?b wird die Controle darüber von der Staatsschuldencontrolscommission
?s Reichsrathes geführt.

Was dagegen die allgemeine einheitliche Rentenschuld anbelangt, so
stand ursprünglich die Absicht, dieselbe als eine dem Wesen nach „gemein=
?me"[158]) durch ein gemeinsames Regierungsorgan verwalten und ein ge=
:insames parlamentarisches Organ (durch zwei parlamentarische Com=
?ssionen) controliren zu lassen. In diesem Sinne wurde mit Gesetz vom
?. Juni 1868 RGB. Nr. 54 das österreichische Ministerium ermächtigt,
?t dem ungarischen Ministerium ein Uebereinkommen abzuschließen. Ein
?ches kam aber nicht zu Stande, da nach der ungarischen Anschauung die
?llgemeine consolidirte" Staatsschuld keine „gemeinsame" ist und die staats=
?htliche Verpflichtung Ungarns bezüglich derselben sich lediglich auf die im
?1 des Gesetzes vom 24. December 1867 von Ungarn übernommene Ver=
?ichtung einer fixen Beitragsleistung zur Zinsenzahlung beschränkt. Es
?ßte daher von der ursprünglichen Absicht abgegangen werden und mit
?setz vom 13. April 1870 RGB. Nr. 57 wurde die Gebahrung und
?rwaltung dieser „consolidirten" Staatsschuld dem österreichischen
?nanzministerium übertragen (§. 1). Nur wurde der ungarischen
?ichshälfte das Recht gewahrt darüber zu wachen, daß die von derselben

---

[157]) Das erste seit dem Ausgleich aufgenommene österreichische Anlehen
?r das auf Grund des Ges. vom 18. März 1876 RGB. Nr. 35 contrahirte
?olge steuerfreie in Gold verzinsliche Rentenanlehen (die sog. Goldrente), von
?lchem in den Jahren 1876—1880 ein Nominalbetrag von 335 Millionen emittirt
?rbe; das folgende, zweite, österreichische Anlehen war das auf Grund des Ges.
?n 11. April 1881 RGB. Nr. 33 contrahirte 5 % steuerfreie in Noten österr.
?ährung verzinsliche, ebenso wie das vorige nicht rückzahlbare Rentenanlehen
?g. 5 % Notenrente), mit welchem die in den Jahren 1881—1888 sich ergebenden
?ficite im österreichischen Staatshaushalte gedeckt wurden. In demselben Zeit=
?ume hat auch die ungarische Regierung eine ganze Reihe von besonderen
?garischen Staatsschulden contrahirt, unter denen sich ebenfalls eine 4 % Gold=
?nte und eine 5 % Notenrente befinden.

[158]) Die allgemeine consolidirte (einheitliche) Rentenschuld wird in den unga=
?chen und in Folge dessen auch in den österreichischen Gesetzen nie als „gemein=
?me" bezeichnet; auch ist dieselbe nie als „gemeinsame Angelegenheit" bezeichnet
?rden; der amtliche Curszettel bezeichnet dieselbe ebenfalls nur als „allgemeine"
?aatsschuld.

geleistete jährliche Beitragszahlung zu den Zinsen dieser Staatsschuld ihrer gesetzlichen Bestimmung zugeführt werde (§. 2). Somit fiel auch jede gemeinsame parlamentarische Controle der Gebahrung dieser Staatsschuld weg und überging diese Controle einfach auf die Staatsschuldencontrolscommission des Reichsraths.[159]

B.) Schwebende Staatsschuld. ✓

§. 51. Die schwebende Staatsschuld in Oesterreich hat im Ganzen ähnliche Wandlungen durchgemacht wie die consolidirte. Vor dem österreichisch-ungarischen Ausgleich gab es nur eine schwebende Staatsschuld; diese wurde auf Grund des Ausgleiches zu einer gemeinsamen, einseitig nicht vermehrbaren erklärt; daneben existiren heute besondere österreichische und ungarische schwebende Schulden, wie sie sich in jeder Staatsverwaltung aus der Natur der Sache von selbst ergeben. Was nun die ältere österreichische schwebende Staatsschuld anbelangt, so bestand dieselbe aus: 1. Papiergeld, 2. verzinslichen Schatzscheinen, endlich 3. Depositen und Cautionen.

ad 1. Die Papiergeldausgabe begann schon 1762 mit den Bancozetteln und stieg bis zum Jahre 1811 auf die Summe von über 1060 Millionen Gulden CM. Die damals mit kaiserl. Patente vom 20. Febr. 1811 durchgeführte Reducirung des Werthes dieser Bancozettel auf den fünften Theil ihres Nominalwerthes (Staatsbankrott) half wenig, denn schon fünf Jahre später, 1816, betrug das neu ausgegebene in Umlauf befindliche unbedeckte Papiergeld (Einlösungsscheine und Anticipationsscheine) die Summe von 678¹/₂ Millionen Gulden, von denen allerdings bis zum Jahre 1819 ein Theil und zwar 226 Millionen eingezogen wurde. Zur Beseitigung und allmähligen Consolidirung des Restes von 449¹/₂ Millionen dieser unbedeckten, also uneinlösbaren schwebenden Schuld, welche den Credit des Staates untergrub und Handel und Verkehr tief schädigte, wurde mit Patent vom 1. Juni 1816 die k. k. privilegirte Nationalbank gegründet und unterm 15. Juli 1817 mit einem ausschließlichen Privilegium für die Dauer von 25 Jahren ausgestattet, welches am 1. Juli 1841 erneuert und in einigen Punkten modificirt und bis Ende December 1866 verlängert wurde.[160] Speciell mit Bezug auf das Papiergeld verpflichtete sich nun die Nationalbank, gegen das ihr eingeräumte ausschließliche Recht der Banknotenemission und gegen ihr vom Staate zu leistende Deckung den im Umlauf befindlichen

[159] Die laufende Verwaltung der allgemeinen Staatsschuld besorgt in erster Instanz die k. k. Staatsschuldencassa in Wien, an welche laut Minist.-Vdg. vom 14. Mai 1874 alle Eingaben in Umschreibungsangelegenheiten von auf Namen lautenden Obligationen der Staatsschuld zu richten sind; in zweiter Instanz die k. k. Direction der Staatsschuld, welche mit k. Patente vom 21. December 1859 errichtet, an die Stelle der früher bestandenen Direction des allgemeinen Tilgungsfondes trat und deren Wirkungskreis mit der Min.-Vdg vom 26. Februar 1860 RGB. Nr. 53 geregelt wurde (sie verfügt insbesondere die Umschreibungen der auf Namen lautenden Obligationen); gegen die Entscheidungen der Direction der Staatsschuld steht die Berufung an das Finanzministerium offen.

[160] Mit Ges. vom 27. December 1862 RGB. Nr. 2 ex 1863 wurde dieses Privilegium bis Ende December 1877 verlängert.

Papiergeldbetrag von 449¹/₂ Millionen Gulden Wiener Währung einzu=
lösen und an deren Stelle ihre jederzeit gegen Silber einlösbaren Banknoten
zu emittiren. Gleichzeitig verpflichtete sich der Staat feierlich, nie mehr
Papiergeld mit Zwangscurs auszugeben. Die Ereignisse des Jahres 1848
zwangen jedoch die Regierung, mit solchen Geldforderungen an die National=
bank heranzutreten, daß dieselbe sich außer Stand gesetzt sah, die Einlös=
barkeit ihrer Banknoten aufrechtzuerhalten. Mit dem kaiserl. Patent vom
2. Juni 1848 wurden denn auch Beschränkungen der Baareinlösung der
Banknoten verfügt, womit die thatsächliche Uneinlösbarkeit und der Zwangs=
curs wieder ihren Einzug in Oesterreich hielten.[161] Mit Ges. vom 5. Mai
1866 wurde ein Theil der Banknoten für Staatsnoten erklärt und mit
Ges. vom 25. August 1866 wurde sodann die Emission förmlicher Staats=
noten angeordnet.

Allerdings wurde für die in Umlauf gesetzten Staatsnoten eine
Maximalgrenze von ungefähr 300 Millionen gesetzt, indem bestimmt wurde,
daß dieselben zusammen mit den vom Staate ausgegebenen „Partial=
hypothekarscheinen", welche ungefähr 100 Millionen betrugen (und von denen
wir gleich sprechen wollen), die Summe von 400 Millionen nicht übersteigen
sollten.

ad 2. Den zweiten Bestandtheil der österreichischen schwebenden
Schuld bildeten die seit dem Jahre 1848 von der Finanzverwaltung aus=
gegebenen verzinslichen (mit 5, 5¹/₂ und 6 pCt.) Partialhypothekaranwei=
sungen (sog. Salinenscheine), für welche durch die Einverleibung des Pfand=
rechts in die öffentlichen Bücher auf die ärarischen Salinen in Gmunden,
Hallein und Aussee eine Sicherstellung gegeben wurde. Mit dem Gesetz
vom 17. November 1863 wurde der Maximalumlauf dieser Salinenscheine
mit 100 Millionen fixirt; doch wurde mit Ges. vom 25. August 1866 der
Finanzminister ermächtigt, einen etwaigen Minderumlauf der Salinenscheine
durch eine entsprechende Erhöhung des Staatsnotenumlaufes zu ersetzen,
während er zugleich verpflichtet war, bei einer eventuellen Mehrausgabe von
Salinenscheinen den entsprechenden Betrag in Staatsnoten einzuziehen — so
daß, wie erwähnt, diese beiden Bestandtheile der schwebenden Schuld
zusammen den Betrag von 400 Millionen nicht übersteigen durften.

Rund mit diesem Betrage anerkannte denn auch der österreichisch=
ungarische Ausgleich die schwebende österreichische Staatsschuld als „gemein=

---

[161] Vorübergehende Versuche, die „Valuta wieder herzustellen", d. h. die
Bank, durch Rückzahlung der bei ihr contrahirten schwebenden Schuld und Ein=
ziehung der emittirten Staatsnoten, in den Stand zu setzen, ihre Baarzahlungen
wieder aufzunehmen, wurden wiederholt, doch ohne dauernden Erfolg gemacht, so
zuerst mit Patent vom 15. Mai 1851, in dessen Ausführung unterm 23. Februar
1854 mit der Bank ein Uebereinkommen wegen Uebernahme des umlaufenden
Staatspapiergeldes geschlossen wurde; sodann bei der Einführung der österreichischen
Währung am 1. November 1858, endlich mittelst des Uebereinkommens mit der
Bank vom 3. Jänner 1863 wegen Wiederaufnahme der Baarzahlungen — aber
jedesmal vereitelten kriegerische Ereignisse (1859 und 1866) die Durchführung der
geplanten und in Angriff genommenen Operation, indem sie immer wieder die
Regierung zu neuen Geldbeschaffungen und Staatsnoten-Emissionen zwangen.

same schwebende Schuld" beider Reichshälften.[162]) Daß sich Ungarn dieser schwebenden Schuld gegenüber ganz anders stellte wie gegenüber der consolidirten, daß es diese schwebende Schuld als gemeinsame anerkannte, die Garantie für dieselbe solidarisch übernahm und die Verwaltung und Controle derselben in die Hände sowohl des gemeinsamen Finanzministers wie einer gemeinsamen parlamentarischen Commission legte:[168]) hat seinen Grund einfach darin, daß die österreichischen Staatsnoten (und damals auch die Münzscheine) in beiden Reichshälften circulirten und daher jedermann auch in Ungarn an der intacten Aufrechterhaltung des Werthes jedes österreichischen Papierguldens dasselbe Interesse hatte wie jedermann in Oesterreich. Und es mag zum Ueberflusse auch dieses Beispiel zur Illustration des Satzes dienen, daß es in erster Linie reale und zumeist wirthschaftliche Verhältnisse und Interessen sind, die im Staatsrecht ihren Ausdruck finden. Die consolidirte österreichische Staatsschuld, die sich zumeist im

---

[162]) §. 5 des Ges. vom 24. December 1867 RGB. Nr. 3 stellt unter die „solidarische Garantie beider Reichstheile die in Staatsnoten und Münzscheinen (letztere im Betrage von 12 Millionen wurden mittlerweile aus dem Verkehr gezogen) bestehende schwebende Schuld von zusammen 312 Millionen." Diese Garantie erstreckt sich auch auf einen durch eventuellen Minderumlauf der Salinenscheine hervorgerufenen Mehrumlauf der Staatsnoten (s. oben). Doch wurde gleichzeitig festgesetzt, daß „jede anderweitige Vermehrung der in Staatsnoten oder Münzscheinen bestehenden schwebenden Schuld, sowie die Maaßregeln zu ihrer künftigen Fundirung nur im gegenseitigen Einvernehmen der beiden Ministerien und unter Genehmigung der beiden Legislativen stattfinden" könne.

[168]) Die näheren Bestimmungen über die „Gebahrung und Controle der gemeinsamen schwebenden Staatsschuld" enthält das bezügliche Ges. vom 10. Juni 1868 RGB. Nr. 53. Darnach steht die Verwaltung derselben dem gemeinsamen Reichsfinanzminister zu; die Kosten dieser Verwaltung (Erzeugung der Staatsnoten, Ueberwachung der Ausgabe, Einlösung derselben, Vertilgung der abgenützten u. s. w.) trägt nach dem Verhältniß 70 : 30 Oesterreich und Ungarn und bilden einen Bestandtheil der gemeinsamen Ausgaben. Aus dem Gewinne, der sich daraus ergiebt, daß ein Theil der Staatsnoten im Umlauf zu Grunde geht und bei Einziehung alter Staatsnoten und Umtausch gegen neue in der Regel nicht alle ausgegebenen zur Einlösung gelangen: wird ein Fond gebildet, der zur Verminderung der Erzeugungs- und Ausstattungskosten der Noten dient. Zur Controle dieser gemeinsamen schwebenden Staatsschuld wählt sowohl der Reichsrath als auch der Reichstag je eine Commission aus 6 Mitgliedern, die ihr Amt unentgeltlich ausüben und denen bezüglich ihrer in der Ausübung ihres Controlamtes gemachten Aeußerungen und Abstimmungen Abgeordneten-Immunität zukommt. Aufgabe dieser Commissionen ist: darüber zu wachen, daß das gesetzliche Maximum der in Umlauf gesetzten Staatsnoten nicht überschritten werde; über Erzeugung, Vorrath und Vertilgung der unbrauchbar gewordenen oder eingezogenen Staatsnoten Controle zu üben; ebenso die Ausgabe, den Stand und Umlauf der einen Theil der gemeinsamen schwebenden Schuld bildenden Hypothekar-Obligationen und deren gesetzliches Verhältniß zu überwachen; über den Stand der gemeinsamen schwebenden Schuld allmonatliche Ausweise in der Wiener Zeitung zu veröffentlichen; die Erlasse des Reichsfinanzministers bezüglich Hinausgabe von Staatsnoten zu contrasigniren; die Gegensperre zur Hauptreserve der Staatsnoten zu üben. Das Reichsfinanzministerium ist verpflichtet, diesen Controlscommissionen alle erforderlichen Auskünfte zu ertheilen, Einsichtnahme und Revisionen zu gestatten. Jede Commission erstattet über ihre Thätigkeit jährlich einen Bericht an ihre Legislative.

[Aus]lande oder doch im Vergleich mit Ungarn vorwiegend im Besitz der österreichischen Capitalisten befand, konnte die Ungarn kühl lassen: ihrer Verpflichtung gegenüber derselben entledigten sie sich mittelst eines fixen jährlichen Beitrages, ohne auch nur eine Antheilnahme an deren Verwaltung und Controle zu beanspruchen.

Ganz anders lag die Sache in Betreff der schwebenden Schuld, zumal desjenigen Bestandtheils derselben, der aus Staatsnoten bestand. Hier handelte es sich um das actuelle Interesse auch der ganzen ungarischen Bevölkerung, die doch über keine anderen Umlaufsmittel verfügte als über die österreichischen Staatsnoten. So wurden denn nicht nur die oberwähnten Stipulationen geschlossen, sondern zugleich auch (in dem gleichzeitigen und either von 10 zu 10 Jahren erneuerten Zoll= und Handelsbündniß Art. XII) die Bestimmung getroffen, daß die beiderseitigen Regierungen so bald als thunlich die Wiederherstellung der metallischen Circulation, somit also die Eliminirung dieser aus Staatsnoten bestehenden Staatsschuld aus dem gemeinsamen Staatshaushalte anzustreben haben, eine Bestimmung, welcher Rechnung zu tragen gegenwärtig die beiderseitigen Regierungen im Begriffe sind (f. unten).

ad 3. Die auf Grund des Finanzgesetzes vom 30. März 1878 und des darauffolgenden Ges. vom 11. Juni 1878 vom österreichischen Finanzministerium ausgegebenen steuerfreien Schatzscheine mit drei= und fünfjähriger Verfallszeit bilden einen Theil der besonderen österreichischen schwebenden Schuld, zu welcher endlich auch

ad 4. die Cautionen und Depositen gehören, deren Annahme mit der Staatsverwaltung in unvermeidlichem Zusammenhange steht und eine vorschriftsmäßig verzinsliche, im Großen und Ganzen unveränderliche Post der schwebenden Schuld darstellen.

Das Cassen- und Rechnungswesen.

§. 52.

Die staatliche Geldgebahrung beruht auf dem Grundsatze, daß alle Ausgaben und Einnahmen des Staates ausschließlich nur durch die Staatscassen zu geschehen haben. Die Behörden können nur Zahlungsaufträge erlassen, welche bei den Cassen zu effectuiren sind, und Zahlungsanweisungen auf die Cassen ausstellen. Unmittelbar haben die Behörden mit der Geldgebahrung nichts zu schaffen.

Das Cassensystem aber ist das der Einheitlichkeit der Staatscasse, das heißt es existirt nirgends mehr als eine Staatscasse, welche alle Zahlungen und Geldempfänge für die gesammte Verwaltung ihres Sprengels vermittelt. Und zwar bestehen in den Landeshauptstädten je eine Landeshauptcasse[164])

---

[164]) In Wien, Prag und Lemberg bestehen Landeshauptcassen; in Innsbruck, Graz und Brünn führen sie den Titel Finanz-Landescassen, in Zara, Salzburg, Klagenfurt, Laibach, Cernowitz Landeszahlämter. Die Cassen unterstehen den Verwaltungsbehörden: die Steuerämter den Bezirkshauptmannschaften, die Landescassen den Finanzlandesdirectionen, die drei Centralcassen (Staatscentralcasse, Ministerialzahlamt und Staatsschuldencasse in Wien) dem Finanzministerium.

und in Wien eine Staatscentralcasse [165]); in den Bezirksstädten versehen den Cassendienst die Steuerämter.

Jede Zahlung bei einer Casse muß mindestens von zwei Beamten bestätigt werden; keine Ausgabe und kein Empfang (mit Ausnahme der Steuerbeträge) darf ohne speciellen Auftrag der vorgesetzten Behörde und ohne vorhergehende Liquidation seitens des hiezu berufenen Beamten, vorgenommen werden. [166])

Die Cassen stehen mit einander im Cassenverband; jede untergeordnete Casse ist verpflichtet, ihre Ueberschüsse an die ihr unmittelbar übergeordnete abzuführen; ebenso empfängt jede untergeordnete Casse von der ihr zunächst übergeordneten die nöthigen Dotationen.

Die vorgesetzten politischen und Finanzbehörden haben von Zeit zu Zeit Scontrirungen der Casse vornehmen zu lassen. Die laufende Gebahrung der Cassen wird übrigens von den Rechnungsdepartements derjenigen Behörden controlirt und in Evidenz gehalten, denen Cassen untergeordnet sind; bei jeder solchen Behörde besteht daher ein entsprechendes von Rechnungsbeamten zusammengesetztes Rechnungsdepartement [167]).

---

[165]) Dieselbe trat an die Stelle der I. Abtheilung des bis 1869 bestandenen Universal-Cameralzahlamtes (a. h. E. vom 8. April 1869); an die Stelle der II. Abtheilung jenes Amtes trat das k. k. Ministerialzahlamt (Min.-Vbg. vom 20. Juni 1869 RGB. Nr. 115), dessen specielle Aufgabe es ist, als Ausgabscasse und Vollzugsorgan der Ministerien zu fungiren.

[166]) Vergl. die amtliche „Zusammenstellung der Cassamanipulationsvorschriften" aus dem Jahre 1850 und den „Amtsunterricht für die ausübenden Aemter" aus dem Jahre 1853.

[167]) „Bestimmungen über die Regelung des Staats-Rechnungs- und Controldienstes" sind mit der k. Verordn. vom 21. November 1866 RGB. Nr. 140 erlassen worden.

III. Buch.

Aeußeres Staatsrecht.

Die auswärtigen Vertretungen.

Auf einer jeden Stufe seiner Entwickelung ist jedem Staate durch sein §. 53. Selbsterhaltungs- und Machtinteresse eine bestimmte Summe von Thätig-keiten dictirt, die er nicht unterlassen kann. Diese Summe von Thätigkeiten und Functionen können durch die verschiedenst gestalteten Organe, in den verschiedensten Formen vollzogen werden: ihr Vollzug jedoch ist eine Lebens-bedingung jedes Staates.

Auf der Stufe, auf der man gewöhnlich den Staat als Rechtsstaat oder Culturstaat bezeichnet, gehört zu dieser Summe von Thätigkeiten in erster Reihe Schutz der Personen und des Eigenthums, überdies in gewissem Maaße Sorge um Wohlfarthbeförderung. Diese Thätigkeiten entwickelt der moderne Culturstaat nicht nur auf seinem eigenen Gebiete, sondern auch außerhalb desselben bezüglich seiner auswärts sich aufhaltenden An-gehörigen; die Organe, deren er sich zu diesem Zwecke bedient, sind aus-wärtige Missionen, die im Laufe der Entwickelung sich von gelegentlichen zu stabilen ausgestalteten und nach Aufgabe und Beruf zu rein diplomatischen (Botschaften, Gesandtschaften) und commerciellen (Consulaten) differen-zirten, deren Form und Organisation zuerst von internationaler Sitte und eben solchem Brauch, schließlich mittelst staatlicher Gesetzgebung ausgebildet wurden. [168])

Insofern diese auswärtige Thätigkeit des Staates in Verhandlungen mit anderen Staaten über internationale Verhältnisse besteht, ist es selbst-verständlich und nothwendig, daß er dieselbe theilweise außerhalb seines Ge-bietes, am Sitz der fremden Herrscher vollzieht, wenn er nicht gerade mit den Vertretern der fremden Staaten auf eigenem Gebiete verkehrt. [169])

---

[168]) S. Verwaltungslehre §§. 67—70, wo auch die einschlägige Literatur angegeben ist. Von neueren Werken sei nur noch hervorgehoben Pradier-Fodéré: Cours de droit diplomatique. Paris 1881.

[169]) Der Nutzen der Diplomatie besteht nicht nur darin, daß sie Kriege ver-hindert, sondern daß sie, wenn sie gut geleitet ist, zum Siege verhilft und die beste Ausnützung der Folgen des Krieges besorgt. Das durch die preußische Diplomatie im März 1866 mit Italien geschlossene Bündniß, kraft dessen Italien sich zu einem gleichzeitigen Angriff auf Oesterreich an dessen Südgrenze ver-pflichtete, hat ohne Zweifel den größten Antheil an den preußischen Siegen von Königgrätz und Sadowa gehabt. Durch die der preußischen Diplomatie sodann gelungene Neutralisirung Frankreichs nach Königgrätz versicherte sich Preußen der

Nicht so einfach liegt die Sache, wenn der Staat außerhalb seines Gebietes durch seine Organe obrigkeitliche Functionen gegenüber seinen im fremden Staate weilenden Angehörigen vollzieht. Denn eine solche Thätigkeit widerspricht dem allgemein herrschenden Grundsatze der Territorialität des Rechtes, vermöge dessen es auf jedem gegebenen Territorium nur eine souveräne Staatsgewalt giebt, von der aus obrigkeitliche Functionen ausgehen können. Es liegt hier aber eine vollberechtigte Institution vor, vermöge deren die Staaten eines gewissen Culturkreises sich gegenseitig das Zugeständniß machen, daß ihre auswärtigen Missionen bezüglich ihrer auswärts weilenden Angehörigen solche obrigkeitlichen Acte nach heimatlichem Rechte und Gesetze vollziehen dürfen.

Dazu bedarf es aber jedesmal einer formellen Einwilligung des auswärtigen Staates, welche durch die Thatsache der Annahme und des Empfanges des auswärtigen diplomatischen Vertreters oder durch die Ertheilung des sogenannten Exequatur an den auswärtigen commerciellen Vertreter gegeben wird.

Da sich aber durch eine solche Einwilligung kein Staat ein für allemal seiner Souveränetät auf eigenem Gebiete zu Gunsten eines auswärtigen Staates begiebt: so folgt daraus, daß die ertheilte Einwilligung jedesmal widerrufbar ist und daß jeder Staat dem diplomatischen Vertreter eines auswärtigen Staates „seine Pässe zustellen" kann, wie der technische Ausdruck lautet, oder dem commerciellen Vertreter das ertheilte „Exequatur" wieder entziehen kann. Solche Kündigungen und Widerrufe der ertheilten Ermächtigung erfolgen entweder in Kriegsfällen, wo die Beziehungen mit dem auswärtigen Staate unterbrochen werden oder können auch aus persönlichen Gründen erfolgen, in welchem Falle jedoch nach völkerrechtlichem Brauche eine Abberufung des mißliebig gewordenen Vertreters durch seinen eigenen Staat veranlaßt wird.

Je nach dem Range der Staaten nach Macht, Größe und Bedeutung unterhält Oesterreich-Ungarn bei denselben als diplomatische Missionen: Botschaften, Gesandtschaften, Minister-Residenten oder diplomatische Geschäftsträger (chargés d'affaire). Botschaften werden unterhalten nur bei den europäischen Großmächten und zwar beim Deutschen Reich, Frankreich, England, Rußland, Italien, beim Päpstlichen Stuhl und der Türkei. Gesandtschaften werden unterhalten bei den außereuropäischen Großmächten, als: Vereinigte Staaten Nordamerikas, Brasilien, Japan und Persien; bei den kleineren Staaten Europas, als: Schweden-Norwegen, Holland, Belgien, Dänemark, Griechenland, Spanien, Portugal, Rumänien, Sachsen, Württemberg, Bayern, Schweiz und Serbien. In noch kleineren Staaten werden Minister-Residenten und diplomatische Agenten unterhalten. Uebrigens beruhen diese Verhältnisse auf Reciprocität; die Staaten wechseln mit einander Vertreter gleichen Ranges.

---

großen Vortheile des Friedensschlusses von Nikolsburg. Auch hat z. B. den Versailler Frieden nicht Moltke geschlossen, sondern Bismarck. Solche Thatsachen beweisen besser wie alle Argumentationen die hohe Wichtigkeit der Diplomatie im internationalen Staatenverkehr.

Die Consulate.

Die vorwiegend mit commerciellen Aufgaben betrauten Consulate §. 54. erden wo möglich an allen für den auswärtigen Handel der Monarchie ichtigen Plätzen unterhalten und je nach der größeren oder geringeren Be- utung dieser Plätze mit Generalconsuln I. oder II. Classe, Consuln, Vice- nsuln, Consularagenten oder Honorarconsuln, die im Gegensatz zu den ectiven Consuln keine besoldeten Staatsbeamten sind, besetzt.[170] Die Zahl os der effectiven Consuln beläuft sich auf ungefähr 450; das Verzeichniß rselben wird zu Anfang jedes Jahres in der Wiener Zeitung und im igarischen Amtsblatte veröffentlicht.

Um dem Staate einen hinreichenden Nachwuchs von Consularfunctio- iren zu sichern, ist das Institut von Consulareleven geschaffen worden, welchen Jünglinge, die die vorgeschriebenen Studien zurückgelegt haben ıb auch andere vorgeschriebenen Erfordernisse nachweisen können, ernannt erden. Consulareleven werden in der Regel zur Ausübung der Consular- axis den einzelnen Consularämtern zugewiesen.

An Plätzen, wo keine effectiven Consuln unterhalten werden, ernennt an häufig Honorarconsuln — die nicht wirkliche Staatsbeamte, sondern hrenbeamte und auch Angehörige des fremden Staates sein können. Auch e Honorarconsuln werden in dieselben Rangsclassen eingetheilt wie die iectiven Consuln — es giebt also auch unter ihnen Generalconsuln, Consuln, iceconsuln und Consularagenten. Die Honorarconsuln werden meist aus dem andelsstande gewählt. Ihre Functionen sind dieselben wie die der effectiven onsuln — auch beziehen sie für dieselben die tarifmäßigen Consulargebühren.

Als Staatsbeamte haben die Gesandten und effectiven Consuln aller angsclassen ihren Staaten gegenüber die allgemeinen Rechte und Pflichten ler Staatsbeamten; dem Auslande gegenüber kommt den Gesandten aller angsclassen eine Anzahl von Rechten zu, die durch das Völkerrecht bestimmt erden und deren Inbegriff man als das Recht der diplomatischen Rechts- rsönlichkeit bezeichnet. Sie genießen in dem Staate, bei welchem sie accre- litt sind, das Recht der Unverletzlichkeit und der Exterritorialität, die Ex- ntion von der Civil- und Strafgerichtsbarkeit, die Abgabenfreiheit, das Recht s privaten Gottesdienstes — eventuell in einer Capelle des Gesandtschafts- tels, die Jurisdiction über ihr Amts- und Dienstpersonal u. s. w.[171] Die onsuln sind keine diplomatischen Personen und es stehen ihnen keine so isgedehnten Rechte zu wie den Gesandten. Zu den besonderen Pflichten ler Gesandten und Consuln gehört die regelmäßige Berichterstattung und

---

[170] Vergl. Malfatti di Monte Trento, Handbuch des österr.-ung. Consular- ɔjens, Wien 1879. Supplementband dazu 1883. Wegen der Aehnlichkeit der ɛbezüglichen Verhältnisse ist auch Ph. Zorn's: Das deutsche Gesandtschafts-, ɔnsular- und Seerecht in Hirth's Annalen 1882 zu vergleichen.

[171] Der §. 38 des AbGB., der von den „Befreiungen" spricht, welche e Gesandten, öffentlichen Geschäftsträger und ihr Dienstpersonale gemäß m Völkerrechte genießen, bezieht sich offenbar auf Vertreter fremder Staaten in :sterreich; selbstverständlich ist diese Bestimmung nur auf Reciprocität begründet. ieselben Befreiungen, die der Staat den fremden Vertretern „nach Völkerrecht" gesteht, nimmt er für seine Vertreter im Auslande in Anspruch.

zwar seitens der ersteren über diplomatische und politische, seitens der letzteren vorwiegend über commercielle Verhältnisse des betreffenden fremden Staates. Ferner obliegt ihnen der Schutz der Personen und des Eigenthums ihrer Nationalen, d. i. der Angehörigen ihres Heimatsstaates — sowie endlich auch die möglichste Förderung der Interessen des eigenen Staates und seiner Angehörigen.

§. 55.   Aus der Gemeinsamkeit der auswärtigen Angelegenheiten zwischen Oesterreich und Ungarn ergiebt sich überdies die bedeutsame Thatsache, daß es nur gemeinsame österreichische und ungarische Missionen im Auslande giebt und daß alle obigen Pflichten derselben sich sowohl auf Oesterreich wie auf Ungarn beziehen.[172]

Aus dieser Doppelstellung kann sich aber für die betreffenden Functionäre aus dem Grunde nie eine Schwierigkeit oder ein Interessenconflict ergeben, weil dieselben nur von einer Person, vom Kaiser und Könige, ernannt werden und die Leitung der auswärtigen Angelegenheiten schon aus dem Grunde eine einheitliche sein muß, weil sowohl der Abschluß von Staatsverträgen, als auch die Erklärung von Krieg und der Abschluß von Frieden nur dem Kaiser und Könige zusteht.[173] Die unmittelbare Leitung des gesammten auswärtigen diplomatischen Dienstes, sowie des gesammten Consulatwesens besorgt der gemeinsame Minister des Aeußeren, der bei Errichtung und Aufhebung einzelner Consularämter sowie bei Festsetzung der denselben zu ertheilenden Instructionen sich mit den beiderseitigen Handelsministern ins Einvernehmen setzt.[174]

Uebrigens steht auch jedem der beiden Handelsminister das Recht zu, in den Angelegenheiten seines Ressorts mit den Consulaten in directe Correspondenz zu treten und sind letztere verpflichtet, ihm die nöthigen Auskünfte zu ertheilen; auch werden den beiden Handelsministern vom Minister des Aeußeren die periodischen Consulatsberichte mitgetheilt.[175] Nichtsdestoweniger ist nur der Minister des Aeußeren die einzige den Consulaten vorgesetzte Behörde und entscheidet in letzter Instanz in allen Angelegenheiten der Consulargebühren — wenn auch nach Einvernehmen der betheiligten Ministerien der einen oder der anderen Reichshälfte.

---

[172] Der diese Gemeinsamkeit festsetzende Absatz a. §. 1 des Gesetzes vom 21. December 1867 RGB. Nr. 146 lautet: Die auswärtigen Angelegenheiten mit Einschluß der diplomatischen und commerciellen Vertretung dem Auslande gegenüber, sowie die in Betreff der internationalen Verträge etwa nothwendigen Verfügungen, wobei jedoch die Genehmigung der internationalen Verträge, insoweit eine solche verfassungsmäßig nothwendig ist, den Vertretungskörpern der beiden Reichshälften vorbehalten bleibt.

[173] Für Oesterreich sind die bezüglichen Bestimmungen enthalten in den §§. 3, 5 und 6 des StGG. vom 21. December 1867 RGB. Nr. 145.

[174] Art. IX des Zoll- und Handelsbündnisses zwischen Oesterreich-Ungarn vom 27. Juni 1878 RGB. Nr. 62.

[175] Diese Consulatsberichte zu sammeln und zusammenzustellen ist Sache des Handelsministeriums nach der Verordn. vom 20. April 1861. Die für den Handel und Verkehr wichtigen Consulatsberichte werden in den „Mittheilungen der k. und k. Consulatsbehörden" vom österreichischen Handelsministerium veröffentlicht.

Consulate und Gesandtschaften.

Je nach den Bedürfnissen werden auf einzelnen Plätzen nur diplo- §. 56. matische Missionen oder nur Consulate unterhalten, auf anderen dagegen sowohl erstere als letztere. Im allgemeinen sind die Consulate den diplomatischen Missionen in demselben oder in dem nächsten Staate untergeordnet. Aus der Natur der Sache folgt es, daß, wo nur die eine oder die andere dieser Vertretungen vorhanden sind, dieselben nöthigenfalls die Aufgaben der fehlenden speciellen Vertretung übernehmen und deren Aufgabe so viel als möglich besorgen müssen. So haben denn diplomatische Missionen, wo es keine besonderen Consuln giebt, die Agenden der Consulate zu besorgen, während vorkommenden Falles die Consulate, wo es keine diplomatische Missionen giebt, auch über politische und diplomatische Verhältnisse zu berichten, ja nöthigenfalls die diesbezüglichen Geschäfte zu besorgen haben. Dagegen ergiebt sich in Staaten und auf Plätzen, wo sowohl diplomatische Missionen als auch Consulate unterhalten werden, die Nothwendigkeit strenger Competenzabgränzung zwischen dem Geschäftskreis der einen und der anderen. Diese Abgränzung ist im allgemeinen durch die Bestimmung und die Aufgabe einerseits der diplomatischen, andererseits der commerciellen Vertretung von selbst gegeben.

Den diplomatischen Vertretern bleibt dann ausschließlich das Gebiet der Politik, welches sich nicht näher gesetzlich feststellen läßt. Den Inhalt ihrer Thätigkeit bestimmen die jedesmaligen internationalen Verhältnisse und Beziehungen; die Formen derselben sind theils durch internationale Uebung und Sitte, theils durch internationale Verträge vorgeschrieben. [176])

Wo es nur Consuln giebt oder wo neben diplomatischen Missionen commercielle Vertretungen sich befinden, liegt letzteren sowohl die Wahrnehmung der Handelsinteressen des Heimatsstaates, als auch die Vornahme derjenigen obrigkeitlichen Functionen bezüglich der Nationalen ob, welche sich theils aus dem denselben zu gewährenden Schutz, theils aus den Hoheitsrechtsrechten ihres Heimatstaates ergeben. Insbesondere haben dieselben die Wehrpflichtigen ihres Amtsbezirkes in Evidenz zu halten und deren pflichtmäßige Beziehungen zum Heimatlande zu vermitteln. Ueberhaupt sind die Consuln verpflichtet, auf Requisition der heimischen Behörden Zustellungen an die Nationalen ihres Amtsbezirkes zu besorgen, dieselben vorzuladen und als Zeugen zu vernehmen.

Dagegen ist das Recht, Acte des Civilstandes zu vollziehen, den österreichisch-ungarischen Consuln nicht eingeräumt worden; sie sind daher nicht befugt, Trauungen, auch nicht im Delegationswege vorzunehmen. [177])

In vielen nichtchristlichen Staaten ist den Consulaten die Civilgerichts-

---

[176]) Doch ist das Ertheilen von Pässen und Vidirung derselben in erster Reihe Sache der diplomatischen Missionen — erst in zweiter Linie, wo keine solchen sind, Sache der Consulate.

[177]) Die Consuln des Deutschen Reiches fungiren da, wo sie hierfür Specialauftrag des Reichskanzlers empfangen haben, als Civilstandesbeamte für ihre Untergebenen, nehmen als solche Eheschließungen vor und führen Personenstandsregister. S. Zorn: Deutsches Staatsrecht. 1833 B. II S. 494.

barkeit in Streitigkeiten der österreich-ungarischen Angehörigen unter sich und mit Angehörigen dritter Staaten übertragen.[178]) Doch unterscheiden sich auch diese Consulate hinsichtlich des größeren oder geringeren ihnen übertragenen Wirkungskreises, indem einigen ein voller jurisdictioneller Wirkungskreis, einigen nur ein beschränkter übertragen wurde. Diejenigen Consularämter, denen keine oder nur eine geringere Jurisdiction zusteht, haben für die Consulargerichte, wenn sie dazu aufgefordert werden, Hilfsamtshandlungen und Verrichtungen zu besorgen. Die Consulargerichte fungiren als erste Instanzen und die Berufungen von ihren Entscheidungen gehen an die für die einzelnen derselben gesetzlich bestimmten österreichischen Oberlandesgerichte (Wien, Zara, Lemberg, Triest), und in dritter Instanz an den Obersten Gerichts= und Cassationshof in Wien.

Die Consularämter im ottomanischen Reiche üben auch eine gesetzlich bestimmte, übrigens engbegränzte Jurisdiction in Strafsachen über österreich=ungarische Staatsangehörige.[179])

Die Consulate als Seebehörden.

§. 57.   Mit dem wesentlichsten Beruf der Consulate, der Wahrung commericeller Interessen im Auslande, hängt es zusammen, daß denselben ein ausgedehnter Wirkungskreis bezüglich der österreich-ungarischen Handelsschiffe zukommt. Sie sind die wahre Aufsichtsbehörde über die österreich-ungarischen Schiffe in ausländischen Häfen, sie haben die österreich=ungarischen Schiffscapitäne in Ansehung der genauen Erfüllung der Schiffahrtsgesetze zu überwachen, die Schiffsurkunden derselben zu prüfen und die darin bemerkten Gebrechen abzustellen. Die Capitäne und Patrone dieser Schiffe müssen sich binnen 24 Stunden nach ihrer Ankunft im auswärtigen Hafen bei den Consulaten melden und denselben über ihre Ladung, Reise und Bestimmung Rechenschaft (das sog. Seeconstitut) ablegen (Hofrescr. v. 15. März 1763 und 1. Febr. 1783). Die Consuln ertheilen den Schiffscapitänen über erlittene Unglücksfälle die zu ihrer Rechtfertigung dienenden Legitimationen und üben in civilen Streitigkeiten und Strafsachen zwischen Capitänen und Mannschaften eine Art von Jurisdiction aus. Selbstverständlich haben sie die Interessen der Capitäne bezüglich ihrer Schiffe und Ladungen nach Kräften zu fördern. Insbesondere liegt den Consuln ob die Aufsicht über die Einhaltung der in der Verordnung vom 1. Sept. 1883, RGB. Nr. 143 behufs Verhütung von Seeunfällen enthaltenen Bestimmungen.

Die Consulate haben die Führung der vorschriftsmäßigen Flaggen seitens der Schiffe zu controliren; über jedes vorschriftswidrige Vorgehen in dieser Hinsicht das Nöthige zu veranlassen. Sie beaufsichtigen und controliren ferner: Die Einhaltung der Schiffahrtslinie, die Heuerung von

---

[178]) Die hierauf bezüglichen Bestimmungen sind in der kaiserl. Verordnung vom 29. Jänner 1855 RGB. VII Nr. 23 und in der Min.=Vdg. vom 31. März 1855 RGB. XVII Nr. 58 enthalten.

[179]) Sowohl in Straf= als auch in Civilsachen haben die Consulargerichte und -Aemter nur das geltende österreichische beziehungsweise ungarische Gesetz in Anwendung zu bringen.

Schiffsleuten (worüber sie die Musterrollen amtlich ausfertigen), die ord=
nungsmäßige Ausfertigung der Seedienstbücher, die Ausschiffung eventuell
Heimsendung von dienstuntauglich gewordenen Matrosen; die Lohnzahlungen
an dieselben, wie überhaupt ihr gesammtes Dienstverhältniß.

Endlich haben die Consulate die beiden Seebehörden von Triest und
Fiume durch regelmäßige Berichte über die Handelsmarine von Allem in
Kenntniß zu setzen, was zur Uebersicht und Ueberwachung des consular-
amtlichen Geschäftsganges in maritimen Angelegenheiten nothwendig ist.

Die Consulate als Evidenzhaltungsbehörden.

Wenn auch die Consulate ursprünglich zu commerciellen Zwecken er= §. 58.
richtet wurden und vorwiegend auch jetzt noch denselben dienen, so kann
doch der Staat darauf nicht verzichten, sich dieser einmal vorhandenen auswärtigen Organe auch zu anderen staatlichen Zwecken zu bedienen, die mit
den Handelsinteressen des Staates in keinerlei Verbindung stehen. Und
zwar sind es seine Militär= und Finanzangelegenheiten, in denen er sich
der Consulate bedient, so oft eine dießbezügliche Thätigkeit im Aus=
lande nöthig wird. Dieses ist nun in Militärsachen der Fall bezüglich der
im Auslande weilenden wehrpflichtigen Angehörigen der österreich.=ungarischen
Monarchie. Auf die Evidenthaltung derselben haben die Consulate eine
besondere Sorgfalt zu verwenden. Die vorkommenden Veränderungen in
dem Stande derselben in ihren Bezirken haben die Consulate in fort=
laufenden Veränderungsausweisen dem Ministerium des Aeußern zur Kenntniß
zu bringen.[180])

Andererseits sind alle wehrpflichtigen Oesterreicher und Ungarn, die,
sei es auf kurze Zeit oder auch dauernd beurlaubt sind, verpflichtet, wenn
sie sich im Auslande befinden, zum Zwecke der Evidenthaltung sich bei der
nächsten k. und k. Vertretungsbehörde (Mission oder Consulat) zu melden. Die
Meldung der auf kurze Zeit Beurlaubten hat, falls sich an ihrem Urlaubs=
oder Aufenthaltsorte eine solche Behörde befindet, binnen 24 Stunden nach
ihrer Ankunft zu geschehen; die dauernd Beurlaubten und Reservemänner
haben diese Meldung binnen 8 Tagen nach ihrer Ankunft zu machen. Das
Consulat (oder Mission) hat bei dieser Gelegenheit den Reisepaß der Be=
urlaubten zu vidiren.

Die Evidenzhaltungspflicht der Consulate erstreckt sich auch auf die
Landwehrmänner, welche sich auf Handelsschiffen behufs ihres Erwerbes in
Dienst befinden.

Auch bezüglich der in ihren Amtsbezirken sich aufhaltenden Stellungs=
pflichtigen haben die Consulate die Verhandlungen, namentlich über deren
Enthebungsgesuche von dem persönlichen Erscheinen vor der Assentirungs=
commission zu pflegen und in diesen Angelegenheiten nach der hierfür be=
stehenden Information vorzugehen.

---

[180]) Vergl. die Circulare vom 3. Jänner 1877, vom 12. December 1878
u. ff. bei Malfatti.

In Finanzangelegenheiten sind die Consulate verpflichtet, von den in ihren Amtsbezirken sich aufhaltenden österreichisch=ungarischen Staats= angehörigen auf Requisition der österreich.=ungarischen Finanzlandesbehörden die gebührenden Zahlungen (Taxen, Stempelgebühren, unmittelbare Ge= bühren, Steuerrückstände u. s. w.) einzuheben und an die requirirenden Finanz= landesbehörden unmittelbar einzusenden.

Ueber ihre gesammte Thätigkeit und über die von ihnen gemachten, für die Interessen ihres Staates relevanten Beobachtungen haben die Con= suln theils fortlaufende Aufzeichnungen zu machen, theils regelmäßige oder gelegentliche Berichte dem Ministerium des Aeußern einzusenden.

Diese Berichte theilen sich ihrem Inhalte nach in solche, welche poli= tische und solche, welche laufende Privatangelegenheiten enthalten. Die ersteren sind an die Person des Ministers des Aeußeren zu richten.

Die Aufzeichnungen (in Protocollen und Journalen) über ihre administrative Geschäftsthätigkeit dienen als Grundlage der Geschäftsausweise, welche die Consularämter halbjährig dem Ministerium des Aeußeren zu= zuschicken haben — und die nach einem bestimmten, im Wege der Normalien festgesetzten Schema abzufassen sind. [181]

---

[181] Das letzte Schema für solche Ausweise ist mit dem Circulare vom 25. März 1882 Z. 5251/10 festgesetzt worden; es enthält außer den Rubriken für Angelegenheiten der Schiffahrt, des Handels, des consularamtlichen Schutzes, der Rechtsprechung auch Rubriken für die Einwohnerzahl des Consularbezirkes und die darunter befindlichen österr.=ungar. Staatsangehörigen.

IV. Buch.

Evidenzhaltungsrecht.

Volkszählungsrecht.

Zum Zwecke des nosse rempublicam, als erster Bedingung einer ge= **§. 59.**
deihlichen Verwaltung, hat die statistische Centralcommission für eine
„vollständige administrative Statistik des Reiches" zu sorgen. [182])

Sie entwirft die Formularien zur Ermittelung statistischer Daten,
sammelt mittelst derselben das gesammte statistische Material, welches sie
sodann bearbeitet und veröffentlicht.

Eine ihrer wichtigsten Aufgaben ist die Vorbereitung der Volks=
zählungen. Das Recht, die letzteren vorzunehmen, muß aus zweifachem
Grunde auf Gesetzen beruhen: der großen Kosten wegen, welche sie ver=
ursachen und der Pflichten wegen, welche dabei dem Einzelnen auferlegt
werden.

Das gegenwärtige Volkszählungsrecht in Oesterreich beruht auf dem
Ges. v. 29. März 1869 über die Volkszählung. Darnach finden Volks=
zählungen von 10 zu 10 Jahren, vom 31. Dec. 1869 an gezählt, statt, [183])
Das Gesetz verfügt alle jene Maßregeln, welche die Vornahme des Zählungs=
wertes erleichtern, als die Numerirung aller Gebäude (§§. 1—8) auf
Kosten der Eigenthümer, die Aufstellung von Ortschaftstafeln mit der Be=
zeichnung der Ortschaft auf Kosten der Gemeinden (§§. 9 und 10). Die
Vornahme der Zählung obliegt in Landeshauptstädten und Statutengemeinden
den Gemeindeämtern; in allen anderen Gemeinden den Bezirkshauptmann=
schaften (§. 12). Die dabei zu verwendenden Druckforten liefert der Staat
(§. 13). Alle übrigen mit der Vornahme der Zählung verbundenen Kosten
tragen die Gemeinden, beziehungsweise die Gutsgebiete. Die Zählung
wird Ortschafts= und Gemeindeweise nach den Wohngebäuden und in den=
selben nach den Wohnungen ausgeführt (§. 11). Die Zählung des activen
Militärs besorgen die Militärbehörden.

---

[182]) Min.=Vdg. vom 3. März 1863 RGB. Nr. 24 betreffs Errichtung einer
statistischen Centralcommission (an Stelle der früher bestandenen Direction für
administrative Statistik) und die Verordn. vom 28. Februar 1884 RGB. Nr. 28.
[183]) Die erste Zählung auf Grundlage des Ges. vom 29. März 1869 fand
am 31. December 1869, die zweite am 31. December 1880 und die dritte am
31. December 1890 statt.

Mit der Volkszählung zugleich werden auch alle häuslichen Nutzthiere gezählt.

In jeder Ortschaft wird die gesammte anwesende (sowohl einheimische wie fremde), also factische Bevölkerung, zugleich aber auch die abwesende nach der Ortschaft zuständige Bevölkerung (die rechtliche) gezählt.

Zu den einheimischen zählt man nicht nur die in der Gemeinde, zu welcher die Ortschaft gehört, Heimatsberechtigten, sondern auch jene daselbst anwesenden österreichischen Staatsbürger, von denen es nicht bekannt ist, in welcher Gemeinde sie nach dem Heimatsgesetze vom 3. Dec. 1863 als heimatsberechtigt zu behandeln sind (§. 14). Alle anderen in der Ortschaft anwesenden Personen werden als Fremde gezählt. Bei jeder anwesenden Person ist zugleich aufzunehmen ihr: Geschlecht, Alter, Religion, Stand (ob ledig, verheirathet oder verwittwet), Heimat, Beruf oder Beschäftigung und Umgangssprache. Die Abwesenden werden nur nach Geschlecht und Aufenthalt verzeichnet.

Die Regierung, hat auch das Recht andere statistisch wichtige Daten, wie z. B. körperliche Gebrechen, Beschaffenheit der Wohnungsverhältnisse aufnehmen zu lassen. Ihre diesbezüglichen Anordnungen trifft sie mittelst Verordnungen. [184])

Die Aufzeichnung der erhobenen Daten geschieht entweder in Anzeigezetteln oder in Aufnahmsbögen. Die ersteren sind nur zur Verzeichnung einzelner Wohnparteien oder Personen bestimmt: die letzteren zur Verzeichnung einer größeren Anzahl von Wohnparteien und zwar entweder einer (kleineren) Gemeinde oder eines Gutsgebietes.

Selbstverständlich ist das Verfahren ein verschiedenes, je nachdem Anzeigezettel oder Fragebogen in Anwendung kommen.

Der Anzeigezettel kommt in der Regel in Anwendung in den Landeshauptstädten und den Statutengemeinden; die Aufnahmsbogen in allen anderen Gemeinden und den Gutsgebieten. Doch können die politischen Behörden nach Vernehmung der Gemeindevorstände auch anderen Gemeinden und Gutsgebieten die Verwendung von Anzeigezetteln auftragen.

Das Anzeigezettel-Verfahren besteht darin, daß jedem Hausbesitzer

---

[184]) Durch dieses der Regierung vorbehaltene Verordnungsrecht ist derselben die Möglichkeit gegeben, innerhalb des Rahmens des Gesetzes vom Jahre 1869 diejenigen Verbesserungen des Zählungswerkes durchzuführen, welche durch die bei den vorhergehenden Zählungen gemachten Erfahrungen und auch durch die Fortschritte der statistischen Wissenschaft sich als zweckmäßig darstellen. Auch die auf die neueste Volkszählung vom Jahre 1891 bezügliche Min.-Vdg. v. 9. August 1890 RGB. Nr. 162 bringt eine Reihe solcher Verbesserungen in der Ausgestaltung der Formularien und überdieß die Anordnung, daß zum Behufe gründlicherer wissenschaftlicher Aufarbeitung des durch die Volkszählung hergestellten Urmaterials dieses selbst nach Abschluß der Zählung und Herstellung der localen und territorialen Uebersichten mitsammt den letzteren an die Centralcommission in Wien zu leiten sind. Sowohl in dieser letzteren Maaßregel wie auch in der Ausgestaltung der Formularien liegt ein bedeutender Fortschritt gegenüber den zwei vorhergehenden Volkszählungen von 1869 und 1880. Vergl. darüber die Abhandlung Inama-Sternegg's (auf dessen Initiative dieser Fortschritt der Volkszählung zurückzuführen ist): Die nächste Volkszählung. (statist. Monatsschrift vom September 1890.)

oder dessen Bestellten zur Betheilung an alle Wohnparteien solche Zettel zur Ausfüllung rechtzeitig übergeben werden. In größeren Städten ent=halten diese Anzeigezettel auch Rubriken zum Zwecke der Beschreibung der Wohnungsverhältnisse.[185])

Die Hausbesitzer sind verpflichtet, die ausgefüllten Anzeigezettel aller Miethparteien zu sammeln und dieselben an den Gemeindevorsteher ab=zuliefern. Der Gemeindevorsteher besorgt die analoge Pflicht gegenüber der politischen Bezirksbehörde; er sammelt nämlich alle Zettel sammt ihren Umschlagbögen mittelst eines eigenen Sammelbogens, controlirt dieselben auf ihre Vollzähligkeit, verfertigt auf Grund derselben eine Ortsübersicht und liefert das ganze Operat sammt Beilagen an die politische Behörde ab, welcher die Verfassung der Bezirksübersicht und Uebermittelung der=selben an die Landesbehörde obliegt; die Landesbehörden verfassen die Landesübersichten und übermitteln dieselben der statistischen Centralcommission, wo die Gesammtübersichten über alle Länder verfaßt werden.

Matrikenführung.

Eine Vorbedingung aller Verwaltung ist die Evidenzhaltung des **§. 60.** Standes der Bevölkerung. Zu diesem Zwecke müssen der Verwaltung genau geführte Verzeichnisse aller Geburten und Todesfälle, wie auch aller Ehe=schließungen zu Gebote stehen; und muß, nicht nur jedes Individuum einen festen Personennamen, sondern auch einen ebenso unveränderlichen Familien=namen führen, und dürfen dießfällige Aenderungen nicht ohne Verständigung, eventuell Bewilligung der Behörde vorgenommen werden.

Die historische Entwickelung des Matrikeninstituts[186]) brachte es mit sich, daß in Oesterreich=Ungarn die sog. Standesregister nicht unmittelbar von staatlichen Behörden, sondern zumeist von geistlichen Behörden (Seelsorgern) geführt werden, über welche jedoch der Staat in neuester Zeit seine strengste Aufsicht und Controle ausübt.[187])

Ebenso wie es in Oesterreich=Ungarn keine Civil=Standesämter giebt, so giebt es auch kein allgemeines Gesetz über die Führung der Standes=register oder Matriken, sondern für jede der anerkannten Religionsgenossen=schaften und Kirchen besondere, die Führung dieser Register durch ihre geistlichen Functionäre betreffenden Vorschriften. Die älteren dieser Vor=

---

[185]) Eine Beschreibung der Wohnungsverhältnisse erfolgte im Jahre 1880 nur für die 8 großen Städte Wien, Prag, Graz, Triest, Brünn, Lemberg, Krakau und Reichenberg und zwar in der Weise, daß die Höhenlage der Wohnungen, die Art und Zahl ihrer Bestandtheile und die Art der Benutzung der Wohnung (zum Wohnen, zum Geschäftsbetrieb) mittelst eines eigenen Frageschemas erhoben wurde. Für die Zählung des Jahres 1890 ist die Zahl dieser Städte bedeutend vermehrt worden. Inama=Sternegg a. a. O.

[186]) Vergl. meine Verwaltungslehre §. 81.

[187]) Grundlegende Bestimmungen über Führung der Trauungs=, Geburts= und Sterberegister enthält das Patent Kaiser Josef II. vom 20. Februar 1784. Jos. GS. VI 574.

schriften sind enthalten in kaiserlichen Patenten und Hoflauzleidecreten, die neueren theils in Gesetzen, theils in Ministerial=Verordnungen, Erlässen und Instructionen.[187a])

Die Regelung der Matrikenführung durch den Staat begann in Oesterreich bei der katholischen Kirche; erst später wurde die Matriken= führung auch den akatholischen[188]) Seelsorgern, sodann den Rabinern[189]) oder den die Stelle derselben vertretenden Gemeindevorstehern, ferner den altkatholischen Seelsorgern[190]) aufgetragen; endlich mußte auch für die Matrikenführung bezüglich der Confessionslosen vorgesorgt werden.[191])

Die Grundsätze jedoch, nach welchen in diesen verschiedenen Gesetzen und Verordnungen die Matrikenführung eingerichtet ist, sind überall die= selben. Darnach hat jeder mit der Matrikenführung betraute Functionär nach vorgeschriebenem Formular drei Bücher zu führen: ein Trauungs=, ein Geburts= und ein Sterbebuch. Die meisten Vorschriften beziehen sich auf das Geburtsbuch, da über die Geburt am leichtesten unwahre Angaben gemacht werden können. Die Geburtseintragung muß enthalten: Jahr, Monat und Tag der Geburt; die Hausnummer der Geburtsstätte; die Tauf= und Zu= namen der Eltern und ihre Religion; den Taufnamen des Kindes; die Angabe, ob dasselbe ehelich oder unehelich ist, endlich die Tauf= und Zunamen (sammt Stand) der Taufpathen und den Namen der Hebamme, welche die Ent= bindung vornahm. Bei unehelichen Kindern darf der Name des vermuth= lichen oder vermeintlichen Vaters nicht angegeben werden, außer wenn dieser „sich selbst dazu bekennt".

Die Trauungsbücher haben zu enthalten: das Datum (Jahr, Monat und Tag, den Ort und die Hausnummer) der Trauung; den Vor= und Zunamen der Brautleute; Religion und Alter derselben; ihren Civilstand, endlich Vor= und Zunamen und Stand der Zeugen. Auch muß die den Gesetzen angemessene Einwilligung der die Ehe eingehenden Personen oder ihrer gesetzlichen Vertreter mit voller Gewißheit dargestellt werden[192])

Die Sterberegister haben zu enthalten: das Datum des Todes (Jahr, Monat, Tag, Ort und Hausnummer), die Religion, Geschlecht, Alter des Verstorbenen und die Krankheit, an der er starb.

Die vorschriftsmäßige Führung dieser Bücher haben sowohl die vor= gesetzten geistlichen Behörden als auch die politischen Behörden zu über= wachen. Die Eintragungen in die Matriken haben theils auf Grundlage glaubwürdiger Aussagen der durch das Gesetz bestimmten Personen, theils auf

---

[187a]) Die neueste Sammlung aller „Matrikenvorschriften" besorgt von A. Herr= man erschien bei Manz, Wien 1891.

[188]) Hftd. 26. November.

[189]) Gesetz vom 10. Juli 1868 RGB. 1869 Nr. 12.

[190]) Verordn. des Min. d. Innern vom 8. November 1877 RGB. Nr. 100.

[191]) Gesetz vom 9. April 1870 RGB. Nr. 51 und Vollzugsvorschrift vom 20. October 1870 RGB. Nr. 128.

[192]) Hftd. vom 1. Juli 1813.

Grundlage beizubringender und der Eintragung beizuschließender Urkunden (Todtenbeschauzettel) zu erfolgen.

Da nicht an allen Orten die zur Führung der Matriken berufenen Functionäre existiren, so hat die politische Behörde (Statthalterei, Bezirks=hauptmannschaft) dafür Sorge zu tragen, daß bestimmte Matrikelbezirke ge=schaffen werden, so daß jede Ortschaft, eventuell jede einzeln gelegene Wohn=stätte einem bestimmten Matrikelbezirke zugewiesen werde.[193]

Den vorschriftsmäßig geführten Matriken kommt als öffentlichen Ur=kunden volle Glaubwürdigkeit über jene Umstände zu, die sie nach dem Ge=setze zu bescheinigen haben; sie besitzen die Kraft rechtlicher Beweise, „welche jedoch in einzelnen Fällen durch einen bündigen Gegenbeweis entkräftet werden können".[194] Die Matrikenführer oder ihre gesetzlichen Vertreter sind auch zur Ausfertigung von Geburts= und Trauungszeugnissen, wie auch von Todtenscheinen auf Grund der in den Matriken enthaltenen Ein=tragungen berechtigt und verpflichtet — und dürfen dafür nur die vor=geschriebene Gebühr einheben.

Personennamen.

§. 61. Die nothwendige Voraussetzung aller Volkszählung und Matriken=führung, aber auch aller polizeilichen Evidenzhaltung der Bevölkerung zu Zwecken der öffentlichen Sicherheit ist die persönliche Namensführung. Zu diesem Zwecke muß jede physische Person außer ihrem Familiennamen noch einen Vornamen führen. Den Familiennamen erhält jede Person durch ihre Geburt, indem das eheliche Kind den Namen des Vaters, das unehe=liche denjenigen der Mutter zu führen hat. Den Vor= (oder Geburts=) Namen erhält jedes Kind bei der Eintragung in die Geburtsmatriken nach Wahl seiner Eltern oder deren gesetzlichen Vertreter. Findlingen wird von amtswegen ein Vor= und Zuname gegeben. In der Regel behält jeder=mann seinen Vor= und Zunamen durchs ganze Leben; eine eigenwillige Aenderung derselben ist nicht gestattet, und wird unter Umständen als Falschmeldung nach dem Strafgesetz behandelt. Eine gesetzliche Aenderung des Familiennamens tritt bei Frauenzimmern ein am Zeitpunkt der Heirath, indem sie dann den Familiennamen ihres Gatten annehmen; ferner bei Adoptionen, wo dann die Adoptirten den Familiennamen ihrer Adoptiv=eltern erhalten. Abgesehen von diesen Fällen gesetzlicher Namensänderung können Familiennamen „in besonders rücksichtswürdigen Fällen" von der politischen Behörde (Ministerium des Innern, Statthaltereien und Landes=präsidien) bewilligt werden.

Personen adeligen Standes haben das Recht ihren Namen das Wörtchen „von" oder sonstige ihnen zukommende Standesbezeichnung hin=

---

[193] Die Min.=Verordn. vom 25. August 1860 RGB. Nr. 160 regelt den Vorgang bei Beurkundungen von Geburts= und Todesfällen von Civilpersonen auf österreichischen Handels= und Kriegsschiffen.
[194] Verordnung des tiroler Guberniums vom 21. September 1815.

zuzufügen: unberechtigte Führung eines Adelsprädicates wird strafgesetzlich behandelt. Ebenso verhält es sich mit Titeln, welche ad personam verliehen werden. Ein Ministerialerlaß vom Jahre 1873 (an die Stathalterei in Prag Z. 7875) erklärt jede Aenderung des Vornamens für unzulässig. Doch sind Uebersetzungen von Vornamen aus einer Sprache in eine andere selbstverständlich gestattet und die in eine ungarische Geburtsmatrikel z. B. mit dem Vornamen „Lajos" eingetragene Person kann sich allerdings in deutschen Urkunden oder Meldzetteln „Ludwig" nennen und viceversa. Dagegen ist eine Uebersetzung des Familiennamens ohne behördliche Bewilligung unzulässig und strafbar.

Meldungs- und Paßwesen.

§. 62.
Einen integrirenden Bestandtheil des Evidenzhaltungsrechts bildet das „zum Behufe der inneren Aufsicht" eingerichtete Meldungs- und Paßwesen.[195]) Ersteres beruht vornemlich auf der Min. Ver. vom 15. Februar 1857 RGB. Nr. 33, mit welcher die polizeiliche Meldung aller Unterstands- und Wohnungsänderungen der Einheimischen, der Eintritt und Austritt der Dienstboten, endlich Ankunft und Abreise von Fremden allen Hausbesitzern, Unterstand- und Dienstgebern, endlich allen Miethherrn und Hotelbesitzern zur Pflicht gemacht wurde. In Orten, wo sich keine landesfürstlichen Polizeibehörden befinden, sind die Gemeindevorsteher zur Ueberwachung des Meldungswesens verpflichtet.

Bezüglich der Einkehrhäuser beruht das österreichische Meldungswesen auf dem Grundsatz, daß niemand in einem solchen eine Nacht zubringen darf, ohne der Behörde gemeldet zu werden. Die Pflicht der Anmeldung obliegt den Inhabern der Einkehrhäuser.[196]) In Privathäusern, wo es sich nur um Anmeldung von Jahres- oder Monatsparteien handelt, wird die Meldungspflicht mit Bezug auf den Meldungstermin nicht so strenge gehandhabt, obliegt aber nichtsdestoweniger den Hausbesitzern oder Verwaltern. Dagegen sind alle Arbeitgeber verpflichtet, die bei ihnen in Dienst und Arbeit eintretenden binnen drei Tagen zu melden.

Die Meldungen an die Behörde geschehen theils durch Ueberreichung von Meldezetteln, deren Rubriken (Vor- und Zuname, Beschäftigung, Domicil u. s. w.) ausgefüllt worden sind, theils durch Ausfüllung der Rubriken des im Einkehrhaus aufliegenden behördlich controlirten Fremdenbuches. Diese Rubriken bestimmen den Umfang der Meldungspflicht. Dieselben dürfen nicht von einzelnen Gemeinden willkürlich festgesetzt beziehungsweise erweitert werden: sie sind gesetzlich normirt.[197])

---

[195]) K. V. vom 9. Februar 1857 RGB. Nr. 31.

[196] Ebenso sind die Vorsteher sämmtlicher männlichen und weiblichen Klöster, Convente und Stifte verpflichtet, jeden bei ihnen übernachtenden Fremden bei der politischen Behörde zu melden. Min.-Erl. vom 20. April 1876 Z. 10382.

[197]) Min.-Verordn. vom 15. Jänner 1860 RGB. Nr. 20 bestimmt, daß die Fremdenbücher der Einkehrhäuser nur die nachstehenden Rubriken zu enthalten haben: 1. Tag der Ankunft; 2. Vor- und Zunamen, Charakter und Beschäftigung;

Bis zum Jahre 1857 war das Meldungswesen eng verknüpft mit ~~dem~~ Paßwesen, daher noch heute unter den Rubriken der Meldungszettel ~~und~~ Fremdenbücher die Rubrik „wodurch er legitimirt ist", oder „Reise= ~~kunde"~~ figurirt. Da aber mittlerweile der früher bestehende Paßzwang ~~theil~~weise gemildert, theilweise ganz aufgehoben wurde [198]), so entfällt die ~~Pf~~licht, jene auf Pässe bezügliche Rubrik auszufüllen. Dagegen ist jeder ~~Re~~isende sowohl In= als Ausländer, verpflichtet, auf allfälliges ämtliches ~~Ve~~rlangen über seine Person und die Mittel zu seinem Unterhalt sich auszu~~weisen.~~ [199]) Zum Reisen ins Ausland sind in der Regel Pässe erforderlich ~~und~~ werden von der politischen Behörde auf Verlangen ausgestellt. Ausländer müssen in Oesterreich mit Pässen oder Legitimationskarten ihrer ~~Hei~~matsbehörden versehen sein. Nachdem aber die regelmäßigen Paßrevisionen ~~an~~ der Gränze weggefallen sind, so dienen diese Reiseurkunden nur dazu, sich gegebenenfalls vor den inländischen Behörden legitimiren zu können. [200])

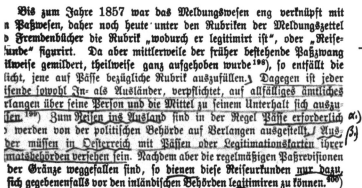

Gewöhnlicher Wohnort; 4. Reiseurkunde; 5. Begleitung; 6. Tag und Richtung ~~der~~ Abreise. Die ersten 5 Rubriken hat der Gast, die letzte der Wirth auszufüllen.

Die Uebertretungen der Meldungsvorschriften werden von den politischen Be~~hör~~den beziehungsweise Polizeibehörden untersucht und nach den Bestimmungen ~~der~~ Min.=Verordn. vom 2. April 1858 RGB. Nr. 51 „mit 5—100 fl. oder mit ~~Arr~~est von 1—14 Tagen bestraft". Diesen Strafen unterliegen die säumigen ~~Gast~~wirthe.

[198]) „Inländer bedürfen zur Reise im Inland in der Regel eines Passes ~~nicht",~~ Min.=Verordn. vom 15. Febr. 1857 RGB. Nr. 32. Eine vollständige ~~Aufhe~~bung der Paßrevisionen auch an den Gränzen des Staatsgebietes erfolgte ~~durch Kais.~~ Verordn. vom 6. November 1865 RGB. Nr. 116. Nur in Aus~~nah~~mszuständen können die betheiligten Ministerien zeitlich und örtlich Paß~~zwangs~~bestimmungen erlassen.

[199]) §. 3 Kais. Verordn. vom 6. November 1865.

[200]) Alle derzeit noch in Kraft bestehenden Paßvorschriften sind in der Kund~~ma~~chung der Ministerien des Aeußeren, des Handels, der Polizei und des Krieges ~~vom~~ 10. Mai 1867 zusammengefaßt und verlautbart worden. (Abgedruckt bei ~~May~~rhofer II 557 ff., bei Ulbrich, Verwaltung I 672 ff.)

V. Buch.

Verkehrsrecht.

Gegenstand und Competenz.

§. 63. Straßen, Wege und andere Communications= und Verkehrsmittel sind rein technische Leistungen und Bauwerke. Sie erlangen eine öffentlich=rechtliche Bedeutung im Staate durch die Fragen: Wer die Kosten ihrer Herstellung und ihrer Erhaltung zu bestreiten hat? Welche Privatrechte der Nothwendigkeit ihrer Herstellung und Erhaltung zu weichen haben? Welche Pflichten Staat und Staatsangehörige dieser Nothwendigkeit wegen auf sich nehmen müssen? Welche Benützungsrechte an ihnen der Gesammtheit und dem Staate zustehen? Wer die Aufsicht über die gesetzliche Ausübung obiger Rechte und Erfüllung obiger Pflichten zu führen hat?

Diese Fragen werden geregelt durch gesetzliche Bestimmungen, deren Inbegriff das Verkehrsrecht ausmacht. Jenachdem diese Bestimmungen sich auf einzelne Arten oder Bestandtheile der Verkehrsvermittelung be=ziehen, unterscheidet man: Straßenrecht, Stromrecht, Seerecht, Schifffahrts=recht, Eisenbahnrecht, Postrecht, Telegraphenrecht u. s. w.

Bei einigen dieser Rechtsgebiete entscheidet ihr Gegenstand nicht nur über die Competenz zu ihrer gesetzgeberischen Regelung, sondern auch zu ihrer Verwaltung. So gehören Eisenbahnen, Telegraphen, Postwesen, Schifffahrt nicht nur zur gesetzgeberischen Competenz des Reichsraths, son=dern auch in den Wirkungskreis der Staatsverwaltung. Hingegen ent=scheidet über die Competenz sowohl zur Gesetzgebung wie zur Verwaltung beim Straßenrecht der Umstand, ob die betreffende Straße eine „Reichs=communication" [201]) ist oder nicht. In ersterem Falle gehört die Gesetz=gebung bezüglich derselben dem Reichsrath, die Verwaltung unmittelbar den politischen Behörden [202]); in letzterem sowohl Gesetzgebung wie Verwaltung dem Landtag und den autonomen Landesbehörden.

---

1. Straßenrecht.

§. 64. Aus der Thatsache der Decentralisation der Verwaltung und der Uebertragung eines Theiles derselben an die Länder und antonomen Körper=schaften (Bezirke, Gemeinden, Concurrenzbezirke) ergiebt sich die Einthei=lung der Straßen in Reichs=, Landes=, Bezirks=, Gemeinde= und Concur=renzstraßen. Die Reichsstraßen werden auch ärarische, im Gegensatze zu

---

[201]) lit. d. §. 11 des Ges. vom 21. December 1867 RGB. Nr. 141.
[202]) Vergl. jedoch unten §.

len anderen die nichtärarisch sind, genannt. Die Gesetzgebung bezüglich r nichtärarischen öffentlichen Straßen gehört gegenwärtig in die Compe= nz der Landtage, welche denn auch in den Jahren 1868—1878 die ein= lnen Landesstraßengesetze beschlossen haben. Außerhalb dieser öffent= chen Straßen stehen Privatwege und Straßen, die von Privaten her= gestellt und erhalten werden.

Die Zuzählung der einzelnen Straßen oder Straßentheile zu einer r obigen Kategorieen geschieht nicht ausschließlich nach Maaßgabe der leisteten Herstellungskosten. Da nämlich Straßen ein öffentliches Gut nd, und daher ihr „Besitz" mehr eine Last als ein Vortheil ist, so wird n keiner Seite der Umstand der Herstellung der Straße als Titel und rund geltend gemacht, um auch die Last der Erhaltung für sich in An= ruch zu nehmen. Im Gegentheil wäre jede Partei oder Seite, welche die erstellung der Straße besorgt, immer bereit, die Erhaltung derselben von h abzuwälzen. Es ist also die Herstellung der Straße keineswegs ein zügender Anhaltspunkt zur Beurtheilung ihrer Kategorie; dagegen ist lerdings entscheidend dafür, erstens: der Umstand, wem die Erhaltung der traße obliegt, zweitens: die gesetzliche, auf der Bedeutung und Wichtigkeit r Straße basirende Erklärung.

Darnach sind alle öffentlichen Straßen und Wege, deren Herstellung nd Erhaltung der Staatsschatz besorgt, Staatsstraßen (das österreichische esetz nennt dieselben Reichsstraßen, ärarische Straßen); alle anderen nichtärarische) Straßen sind, je nachdem ihre Herstellung und Erhaltung n verschiedenen autonomen Gebieten und Körperschaften obliegt: Landes=, ezirks=, Gemeinde= oder Concurrenzstraßen (Wege). [203]

Bei der gesetzlichen, durch die Landesgesetzgebungen getroffenen Ein= thung der einzelnen Straßen in die verschiedenen Kategorieen der nicht= rarischen Straßen sind folgende Gesichtspunkte maßgebend. Straßen, elche eine besondere Wichtigkeit für das ganze Land haben, werden zu andesstraßen erklärt; Straßen, welche von minderer Wichtigkeit für das anze Land, mehrere Ortschaften oder Straßenzüge miteinander verbin= n, werden zu Bezirksstraßen; endlich solche Straßen und Wege, welche

---

[203] Die Frage, ob ein Weg ein öffentlicher oder Privatweg sei, ist eine der ufigsten Streitfragen zwischen Privaten und Behörden und der VGH. kam daher hon oft in die Lage, allgemeine Merkmale zur Entscheidung dieser Frage auf= stellen. Nach den Erkenntnissen des VGH. nun hängt diese Entscheidung von ab, wer den Weg hergestellt, sondern wer ihn benützt. Der Um= and, daß eine Straße von einer Privatpartei errichtet und längere Zeit von ihr lein erhalten wurde, kann an und für sich die Behörde nicht hindern, dieselbe s Gemeindestraße anzuerkennen (Wolski Nr. 2341 S. 411, Alter I. 1895). benso ist nach dem Erk. des VGH. (Wolski Nr. 2351 S. 412) für die Frage, b ein vorhandener Weg nach seiner Lage, seiner bisherigen Benützung und seiner edeutung für den Verkehr als öffentlicher anzusehen sei, der Umstand, daß der= lbe über den Grund und Boden eines Privaten führt, ohne Belang. Dagegen richt allerdings gegen die Oeffentlichkeit eines Weges der Umstand, daß der igenthümer der Wegfläche die Benützung nach Gutdünken gestattet oder verwehrt t, vorausgesetzt, daß diese Acte der berufenen Behörde bekannt wurden. (Alter I r. 1889.)

mehrere Gemeinden miteinander verbinden oder den Verkehr innerhalb der Ortschaften und Gemeinden vermitteln, werden zu Gemeindestraßen oder -Wegen erklärt. [204]) Dabei werden Brücken und Kunstbauten als Zugehör jener Straßen und Wege angesehen, in deren Zuge sie liegen.

Für die verschiedenen Kategorieen der nichtärarischen öffentlichen Straßen, bestimmen die Landesgesetze die Breite (in Niederösterreich Landes- und Bezirksstraßen sechs Meter), und die Art der Herstellung (in Niederösterreich Landes- und Bezirksstraßen chausseemäßig). Einige Landesstraßengesetze (z. B. das niederösterreichische) ordnen für Landes- und Bezirksstraßen Baumpflanzungen an; wo wegen schlechten Untergrundes solche nicht durchführbar sind, werden häufig (wie z. B. in Niederösterreich) für den Winter Aufpflanzung von Schneestangen angeordnet.

Was die Kosten der Herstellung und Erhaltung der Straßen betrifft, so ist in allen Landesgesetzen der Grundsatz maßgebend, daß die Landesstraßen aus dem Landesfonde hergestellt und erhalten werden. In den meisten Ländern werden einem besonderen Landesstraßenfonde die Einnahmen nichtärarischer Mauthen zugewiesen. [205]) Zur Herstellung und Erhaltung der Bezirksstraßen werden in mehreren Ländern Straßen-Concurrenzbezirke gebildet, wobei nicht nur Geldbeiträge, sondern auch (wie z. B. in Galizien) Naturalleistungen (Arbeitstage) der Gemeindeangehörigen festgesetzt werden. Bezüglich der Gemeindestraßen und -Wege, gilt allgemein der Grundsatz, daß für dieselben die betreffenden Gemeinden aufkommen müssen; wo Bezirksvertretungen bestehen, ist es in erster Linie Sache der Bezirksausschüsse, die Gemeinden in dieser Beziehung zu überwachen.

---

[204]) Ebenso häufig wie der Streit: ob öffentlich, ob privat, ist derjenige, ob eine Straße Gemeinde- oder Bezirks- (beziehungsweise Landes-) Straße sei. Diese Streitfrage entsteht meist bei Gelegenheit von landesbehördlichen Aufträgen an Gemeinden bezüglich der Erhaltung ihrer Straßen und ist ebenfalls schon oft Gegenstand der Judicatur des VGH. geworden, der seine diesbezüglichen Erkenntnisse jedesmal auf Grund der betreffenden Landesgesetze schöpft. Denn diese Landesgesetze und nicht das freie Ermessen der Behörden sind für den Charakter einer Straße als Gemeindestraße ausschlaggebend (Wolski Nr. 2336) und die Verwaltungsorgane sind bei der Erklärung eines Weges als einer Gemeindestraße an die vom Gesetze vorgezeichneten Bedingungen gebunden (Wolski Nr. 2337). Entscheidend für den Charakter als Gemeindestraße ist, daß derselbe nicht nur ein öffentlicher, sondern ein solcher Weg sei, der eine im allgemeinen Interesse liegende Verbindung herstelle (Wolski Nr. 2338). Daher nicht jeder gelegentlich entstandene wenn auch allgemein benutzte Durchgangsrain, der jedoch keinem allgemeinen Interesse entspricht, schon ein öffentlicher, ein Gemeindeweg ist (Wolski Nr. 2339). Nur die dem öffentlichen Verkehre dienenden in einer Gemeinde befindlichen Wege, die keiner höheren Kategorie zuzuzählen sind, sind Gemeindewege (Alter I Nr. 1902 und 1903) und alle solche Wege ist die Gemeinde zu erhalten verpflichtet.

[205]) „Die Errichtung von Straßen- und Brücken-Mauthen auf nicht ärarischen Straßen, die Feststellung der darauf bezüglichen Tarife und Mauthbefreiungen erfolgt durch das Landesgesetz." §. 17 steirischen Landes-Straßengesetzes v. 23. Juni 1866. Ebenso §. 7 des galizischen Landes-Straßengesetzes v. 18. August 1866. Weitere Bestimmungen über Wege- und Brücken-Mauthen enthält das galizische Straßengesetz v. 25. December 1871. Vergl. ferner das Bukowinaer Landes-Straßengesetz v. 8. December 1869 und mehrere andere Landesgesetze.

Straßenerhaltung.

§. 65. Worin die Pflicht der Straßenerhaltung besteht, welche concreten Leiftungen dieselbe erfordert, das ergiebt sich aus der technischen Natur der Straße als Bauobjett; die bezüglichen gesetzlichen Bestimmungen sind nichts anderes als die Formulirung der durch die Straßenbaukunst aufgestellten Forderungen.[206]

Als oberster allgemeiner Grundsatz kann hingestellt werden, daß die <u>Straßen und Wege in dem Zustande, in welchem sie bei ihrer Neuher-</u><u>stellung sich befinden, erhalten werden müssen.</u> Es müssen daher alle diejenigen Veränderungen der Straßen und Wege, welche durch Einflüsse der Witterung (Regen, Schnee), durch Elementarereignisse, durch normale Benützung oder (absichtliche und unabsichtliche) Beschädigung bei der Benützung erfolgen, allsogleich wieder beseitigt und die Straße (Weg) in den vorigen Zustand versetzt, eventuell ausgebessert werden.

Zu den Veränderungen durch Einflüsse der Witterung gehört die Durchweichung in Folge des Regens oder Schnees und die Verschneiung; es müssen daher die Abzugscanäle und Wasserdurchläffe in gutem Zustande erhalten, der Schnee abgeräumt werden. Die Straße muß trocken erhalten und von dem sich auf derselben ansammelnden Staub und Koth gereinigt werden. Durch die Benützung bilden sich auf der Straße Geleise und Unebenheiten; diese müssen durch entsprechende Schotteranschüttungen wieder ausgeglichen werden, zu welchem Zwecke die regelmäßige Schotterbeistellung und Bereithaltung desselben am Rande der Straßen erforderlich ist.

Nicht inbegriffen in die Pflicht der Erhaltung der Straßen ist die Pflicht der Herstellung und Erhaltung der Hohlbrücken über die Straßengräben behufs Verbindung der Straßen mit den Gründen der Anrainer; diese Pflicht obliegt den letzteren. (Patent vom 9. April 1776.)

Straßenpolizei.

§. 66. Zur Erhaltung der Straße tritt hinzu die <u>Sicherung des Verkehrs auf derselben (Straßenpolizei)</u>[207]. Dieselbe besteht theils in der

---

[206] Der Ausdruck „Erhaltung" begreift die Vornahme aller jener Arbeiten in sich, welche, gleichviel ob gewöhnlicher oder regelmäßiger oder nur außerordentlicher Weise erforderlich sind, um den, den Gesetzen oder speciellen Verpflichtungen entsprechenden Zustand der Sache dauernd zu sichern. (Alter I Nr. 1900.)

[207] Auf die Sicherheit des Verkehrs in den Straßen beziehen sich die §. 422—425 des allg. Strafges. vom Jahre 1852. Auch dürfen Pulvermagazine in der Regel nicht in der Nähe öffentlicher Straßen angelegt werden. Hfd. 3. Juli 1847 RGS. B. 75. Die Handhabung der Straßenpolizei ist Sache der politischen Verwaltung (Min.-Verordn. vom 8. December 1860 RGB. Nr. 268 über die Organisation des Staatsbaudienstes). Bezüglich der nicht ärarischen Straßen jedoch tritt diese Handhabung gegenwärtig nur insoferne ein, inwieferne es sich um öffentliche Rücksichten des Verkehrs handelt (Beseitigung von Verkehrshindernissen u. dergl.) und auch da hat sich die politische Behörde zunächst an die autonome Behörde, in deren unmittelbaren Wirkungskreis die betreffende Straße gehört, zu wenden, damit diese das Nöthige veranlasse; erst wenn die autonome Behörde säumig ist, trifft die politische Behörde die erforderlichen Maaßregeln.

Hintanhaltung von Beschädigungen und mißbräuchlicher Benützung der Straßen und Wege, theils in positiven Vorkehrungen. [208])

Was erstere anbelangt, so werden Beschädigungen der Straße selbst und der zu derselben gehörigen Objekte als: Banquetten, Parapet= und Stützmauern, Streiffteine, Geländer, Sicherheitspflöcke, Canäle, Brücken, Gräben, Alleepflanzungen, Baumpfähle, Meilenzeiger, Wegweiser, Warnungstafeln u. s. w., soferne sie nicht unter das Strafgesetz fallen, als eine Uebertretung der Straßenpolizeiordnung erklärt und mit Strafen belegt; auch gehören hieher die Vorschriften über die Beschaffenheit des Fuhrwerks, der Radfelgen, der Art und Weise des Bremsens (keine Sperrketten, sondern Hemmschuhe), damit der Straßenkörper geschont werde. Was die positiven Vorkehrungen zur Sicherung des Verkehrs anbelangt, so bestehen dieselben in der Errichtung von Geländern, Warnungszeichen, Schneestangen (wo keine Baumpflanzungen sind) u. s. w.

2. Wasserstraßen.

§. 67. Ebenso wie Straßen und Wege sind Ströme und Flüsse der allgemeinen, öffentlichen Benützung freigegeben. [209]) Doch unterliegt dieselbe gesetzlichen Vorschriften, welche den Zweck haben: 1) die Ströme und Flüsse in verkehrsfähigem Zustande zu erhalten und 2) dem Verkehr auf denselben die größtmöglichste Sicherheit zu Theil werden zu lassen. Diese Vorschriften sind in den zahlreichen Schiffahrts= und Strompolizeiordnungen (§. 7 des RGes. vom 30. Mai 1869 RGB. Nr. 93) enthalten. [210])

[208]) Die bezüglichen Bestimmungen sind in den Straßenpolizeiordnungen enthalten, deren Erlassung gegenwärtig ebenfalls in die Competenz der Landesgesetzgebung fällt. Zwischen 1866 und 1878 wurden solche Straßenpolizeiordnungen erlassen: für Böhmen, Niederösterreich, Steiermark, Kärnten, Krain, Bukowina, Mähren, Schlesien und Istrien.

[209]) §. 2 des Reichsgesetzes vom 30. Mai 1869 RGB. Nr. 93. Von dem Punkte an, wo die Floß= und Schiffbarkeit eines Flusses beginnt, bildet er als Ganzes ein öffentliches Gut, ohne daß es auf die Floß= und Schiffbarkeit der einzelnen Seitenarme ankäme (Alter I Nr. 1710). Zuleitungen aus öffentlichen Gewässern im offenen Rinnsale sind — von besonderen Titeln abgesehen — öffentliche Gewässer (ebenda I Nr. 1710).

[210]) Die wichtigsten davon sind: Die provisorische Donauschiffahrts= und Strompolizeiordnung vom 31. August 1874 RGB. Nr. 122 mit der Nachtragsverordnung vom 18. October 1888 RGB. Nr. 160; die Donauschiffahrtsacte zwischen Oesterreich, Bayern, Türkei und Württemberg vom 7. November 1857 RGB. Nr. 13 und die Vollzugsverordnung dazu des HM. vom 29. Jänner 1858 RGB. Nr. 21; die Flußpolizeivorschrift für den unteren Theil des Marchflusses, von Göding abwärts bis zu dessen Ausmündung in die Donau, kundgemacht durch Hfb. vom 27. Jänner 1825, §. 2739; die Schiffahrtsordnung für Oesterreich ob der Enns bei Fahrten auf der Donau, Traun, Salza und dem Inn vom 20. März 1770, republicirt am 7. April 1800 und am 12. Mai 1822; das Navigationspatent für die Mur in Steiermark vom 25. Juli 1780 und die Flußpolizeivorschrift für die schiffbaren Flüsse des Kronlandes Steiermark, den Mur=, Drau=, Sann= und Savestrom, sowie die übrigen Flüsse und Bäche daselbst, kundgemacht mit Hfb. vom 21. September 1826; Min.-Erl. vom 16. December 1876 §. 27044 betreffend die Vorschrift für die Floßfahrt auf der Mur, die Schiffahrtsordnung für den Save= und Sannfluß in Krain vom 17. Juli

Um die Wasserstraßen verkehrsfähig zu machen und bie verkehrs=
igen in diesem Zustande zu erhalten, werden von staatswegen Strom= und
ßregulirungen vorgenommen, wobei alle Hindernisse (Felsen, Klippen, Riffe,
mbbänke, Baumstämme u. brgl.) beseitigt werden; zugleich aber ist all
o jedes Beginnen verboten, welches irgend welche neue Schifffahrtshinder=
ße zu schaffen geeignet ist.

Schiffahrtspolizei.

Die Sicherheit des Verkehrs wird angestrebt durch Vorschriften über §. 68.
die Qualification der Schiffer (Schiffsleiter), b) die Beschaffenheit der
hrzeuge und c) über bei der Leitung derselben zu beobachtende Vorsichts=
ßregeln.

a. Qualification der Schiffer. Da das Schiffergewerbe auf
nnenwassern ein concessionirtes Gewerbe ist (§. 15 Al. 5 des Ges. vom
. März 1883 RGB. XII), so wird zur Verleihung der Concession zur
sübung desselben, außer den zum selbständigen Betriebe eines Gewerbes
: alle Gewerbe vorgeschriebenen Bedingungen (§§. 2 bis 10 ob. Ges.).
rläßlichkeit mit Beziehung auf das Schiffergewerbe und obendrein der
schweis der besonderen Befähigung für dasselbe gefordert (§. 23 ob. Ges.).
ese besondere Befähigung muß durch eine mit dem Bewerber vorzuneh=
nde Prüfung dargethan werden, welche unter Leitung eines Baubeamten
er eines Organes der politischen Behörde von einem anerkannten Schiff=
ister oder patentirten Schifführer vorgenommen wird. Nach gut bestan=
ier Prüfung erhält der Bewerber ein Schifferpatent (MB. v. 29. Jänner
58 RGB. Nr. 22 über die Erlangung der österr. Legitimation zur
ußschiffahrt auf der Donau).

b. Ueber die Beschaffenheit der Fahrzeuge kann keine allgemein gültige
rschrift erlassen werden aus dem Grunde, weil die Verschiedenheit der
röme und Flüsse auch eine verschiedene Beschaffenheit des Baues der
hrzeuge erfordert. Es sind daher für die Befahrung jedes Stromes
sondere Vorschriften erforderlich. Dieselben betreffen: den Bau des
hiffes, die Schiffsgeräthschaften, die sich auf demselben befinden müssen,
: Tiefe der Tauchung u. s. w.[211])

---

99 und 19. August 1801; die Verordn. des Triester Gub. v. 11. März 1820
4212, für die Ströme, Flüsse und Bäche des ehemaligen Triester Gouverne=
nts-Bezirkes; das Navigationspatent für Böhmen vom 31. Mai 1777; die
hiffer-Innungsordnung für die böhmischen Schiffmeister des Leitmeritzer Kreises
m Jahre 1805; Elbschifffahrtsacte vom 23. Juni 1821 und Additionalacte
zu vom 13. April 1844; das Polizeireglement für die Elbe- und Moldau-
hiffahrt vom 2. December 1841 und Hfd. vom 6. April 1846 Z. 11741 und
in.-Erl. vom 29. Juli 1868; Elbeschifffahrtsacte v. 7. März 1890; die Fluß-
lizei-Vorschriften für den Marchfluß und die in denselben ausmündenden
üsse in Mähren vom 5. August 1825; die Ordnung für die Floßfahrten in
lizien vom 28. November 1789 und vom 6. November 1827, Gub. Z. 68772,
vie die Srtompolizei= und Pflanzungs-Ordnung vom 2. März 1842 böhm. LGB. be=
ffend die Erlangung der Schifferpatente auf der Elbe. Vergl. Mayrhofer II Nr. 897.

[211]) Für die Donau verfügt die Min.-Verordn. v. 31. August 1874 RGB.
:. 122, daß Dampf= und Schleppschiffe nur bis zur Gränze ihrer im Aichungs=

c. Die Vorschriften betreffs der Führung des Schiffes bezwecken in erster Linie den Gefahren vorzubeugen, die sich aus dem Zusammenstoße mit anderen Schiffen ergeben können. So verbietet die Strom-Polizei-Ordnung für die Schiffahrt auf der Donau den Beginn oder Fortsetzung der Fahrt nach eingetretener Dämmerung, bei starkem Nebel, heftigen Winden und Stürmen. Bei Begegnung von Schiffen hat das stromaufwärts gezogene dem stromabwärts fahrenden auszuweichen. Wo die Schiffahrt während der Dunkelheit nicht verboten ist, dort wird die entsprechende Beleuchtung der Schiffe anbefohlen. Allfällige im Strome angebrachte Warnungszeichen dürfen von den Schiffen nicht beschädigt, noch aus ihrer ursprünglichen Stellung gebracht werden.

Werden die Wasserstraßen von Dampfschiffen befahren, so müssen die Vorsichtsmaßregeln zur Sicherung des Verkehrs dementsprechend erweitert, respective modificirt werden. Die bezüglichen speciellen Bestimmungen sind enthalten in der Min.-Vdg. vom 4. Jänner 1855 RGB Nr. 9. Nach denselben findet die Ertheilung ausschließender Privilegien zum Betriebe der Dampfschiffahrt für bestimmte Gewässer nicht mehr statt (§. 1). Allerdings kann keine Dampfschiffahrtsunternehmung ohne behördliche Bewilligung betrieben werden, welche nur an vollkommen vertrauenswürdige Personen verliehen werden darf (§. 2). Diese Bewilligung ertheilt, wenn es sich nur um ein Kronland handelt, die Landesstelle, kommt noch ein zweites Kronland in Betracht, das Handelsministerium (§. 3). Vor der Inbetriebsetzung muß jedes Dampfschiff behördlich (commissionell) untersucht und geprüft werden, insbesondere müssen die auf demselben befindlichen Dampfkessel nach den hierfür bestehenden speciellen Vorschriften vom 11. Februar 1854 RGB. Nr. 48 untersucht werden, worüber ein amtliches Certificat auszustellen ist (§. 4). Die Führung des Dampfschiffes darf nur eigens dazu qualificirten Personen anvertraut werden, d. h. ämtlich geprüften und mit Befähigungs-Decret ausgestatteten Schiffsführern (Capitänen).

Kennt der Capitän nicht die zu befahrende Strecke, so muß er sich eines ortskundigen Lootsen bedienen (§. 6). Jedes Dampfschiff muß außerdem einen geprüften und befähigten Maschinisten zur Bedienung der Maschine an Bord haben und mit den vorgeschriebenen Schiffsrequisiten versehen sein (§. 7). Das Zuwiderhandeln oder die Unterlassung der Befolgung obiger Vorschriften wird, wo nicht das Strafgesetz in Anwendung kommt, nach den Gewerbevorschriften bestraft; die Ueberwachung der Dampfschiffahrt ist Sache der politischen Behörden, in oberster Instanz des Handelsministeriums.

Besondere Vorschriften (so die Rgg.-Vdg. vom 13. Juni 1840 Z. 32501) enthalten Bestimmungen über das Ein- und Ausschiffen der Passagiere der Dampfschiffe, um möglichen Unfällen vorzubeugen.

---

certificate angegebenen Tragfähigkeit belastet werden dürfen; für ungedeckte Ruderschiffe ist die Tiefe der Tauchung derart vorgeschrieben, daß die Höhe des über dem Wasser hervorragenden Schiffsrandes (Bordfreiheit) festgesetzt ist (mit 9 Zoll in der Schiffsmitte). Jedes Ruderschiff größerer Gattung, welches für den Personentransport bestimmt ist, muß mit einer Rettungszille von vorgeschriebener Größe versehen sein u. s. w.

Seeverkehr.

Viel weitergehende Vorsichtsmaaßregeln als für die Befahrung der **§. 69.** Binnenwasser werden nöthig, wenn es sich um den Verkehr zur See handelt. Die Grundlage der bezüglichen Bestimmungen bildet noch immer das österreichische Marine-Edict: Editto politico di navigazione mercantile vom 25. April 1744 (für Ungarn kundgemacht mit Hofrescript vom 29. Juli 1803), an welches sich eine Reihe von Nachtragsverordnungen schließen, darunter die neuesten aus dem letzten Jahrzehnt, nämlich: Die Handels=min.=Vdg. vom 20. Jänner 1880 RGB. Nr. 10 über Schifflichter und Signale, Steuer= und Segelregeln; die Handelsmin.=Vdg. vom 7. März 1881 betreffend die Ueberwachung der Schiffe in Ansehung der Signalvorrichtungen; Handelsmin.=Vdg. vom 1. September 1883 RGB. Nr. 143 betreffs der Untersuchung der Schiffe durch die Seebehörden, und Handels=min.=Vdg. vom 1. December 1880 RGB. Nr. 141 betreffs der Hilfeleistung in Seenoth.

Die Reformbedürftigkeit dieser ganzen Seeschiffahrtsgesetzgebung ließ sich schon lange fühlen und wurde allerseits anerkannt. Denn seit dem Jahre 1744 änderten sich alle einschlägigen Verhältnisse gründlich. Der Verkehr erlangte eine ungeahnte Ausdehnung, die Schiffahrtskunst stieg auf eine früher ungekannte Höhe, die Zahl der Schiffe vermehrte sich und in denselben Maaße auch, wuchsen die Gefahren der Schiffahrt. An die Staatsverwaltung trat die bringende Aufgabe heran, all diesen neuen Verhältnissen Rechnung zu tragen, und die gelegentlich herausgegebenen Verordnungen konnten eine vollständige Codification dieser Verhältnisse nicht ersetzen.

So entschloß sich denn die Regierung zur Inangriffnahme einer solchen, zumal das Deutsche Reich mit gutem Beispiele vorangegangen war, und mit Reichsgesetz vom 27. December 1872 eine neue „Seemannsordnung" erlassen hatte. Das österreichische Reformwerk auf diesem Gebiete begann mit dem Gesetze vom 7. Mai 1879 RGB. Nr. 65, womit vorerst über die Registrirung der Seehandelsschiffe neue Normen erlassen wurden.

An diesen ersten Theil der künftigen österreichischen Seegesetzgebung schließt sich als zweiter Theil eine „Seemannsordnung", deren Entwurf von der Regierung im Jahre 1889 dem Abgeordnetenhause vorgelegt und von demselben mit geringen Modificationen angenommen wurde. Dieser vom Abgeordnetenhaus beschlossene Gesetzentwurf hat noch die Berathung im Herrenhause zu passiren und gelangt dann zur kaiserlichen Sanction.

Als dritter Theil der neuen Seegesetzgebung ist endlich ein neues Privatseerecht in Aussicht genommen.

Gegenwärtig nun gelten die Bestimmungen des Editto di navigazione nur noch über diejenigen Gegenstände, die weder durch das Gesetz vom 7. Mai 1879 noch durch die anderen obenerwähnten Nachtragsverordnungen normirt sind.

Regiſtriruug der Seehandelsſchiffe.

§. 70. Das neue Geſetz vom 7. Mai 1879 bezweckt zuerſt eine vollkommene Evidenzhaltung aller öſterreichiſchen Seehandelsſchiffe. Als öſterreichiſches Seehandelsſchiff mit dem Rechte und der Pflicht, die geſetzlich vorgeſchriebene öſterreichiſche Flagge zu führen, wird jedes Schiff betrachtet welches nach Vorſchrift des neuen Geſetzes in das Schiffsregiſter eingetragen, oder wenn das noch nicht möglich war, mit einem öſterreichiſchen Interimspaſſe verſehen iſt.

Die Eintragung in das Schiffsregiſter kann nur ſolchen Schiffen gewährt werden, die wenigſtens zu zwei Dritteln Eigenthum von Oeſterreichern oder inländiſchen Actiengeſellſchaften ſind. Jedes öſterreichiſche Seehandelsſchiff aber muß von einem Oeſterreicher befehligt werden und wenn es der weiteren Schiffahrt angehört, auch einen öſterreichiſchen Steuermann an Bord haben; ferner muß jedes öſterreichiſche Schiff einen öſterreichiſchen Heimathafen haben; als ſolcher wird jener betrachtet, von dem aus das Schiff die Seefahrt betreibt. Die Handelsſchiffe werden in drei Kategorien getheilt, in ſolche: der kleinen Küſtenfahrt, der großen Küſtenfahrt und der weiten Seefahrt. Für die Schiffe der beiden erſteren Kategorieen iſt der Umfang der ihnen geſtatteten Küſtenfahrt geſetzlich feſtgeſetzt.;[212] nur für die Schiffe der letzteren Kategorie iſt die Fahrt unbegrenzt.

Für jede dieſer Kategorieen von Schiffen wird ein eigenes Regiſter geführt; und zwar für die Schiffe weiter Seefahrt und großer Küſtenfahrt von der Seebehörde in Trieſt, für die kleinere Küſtenfahrt von dem Hafenamte, in deſſen Amtsgebiete der Heimatshafen des Schiffes liegt.

Die Eintragung in's Regiſter hat zu enthalten: die Angaben über Namen und Bauart des Schiffes, deſſen Maaß und Tonnengehalt, Ort und Zeit der Erbauung, Heimatshafen, die auf die Perſon des Rhebers, eventuell der Mitrheder ſich beziehenden Daten (Name, Wohnort u. ſ. w.), die Normalzahl der Mannſchaft, des jeweiligen Schiffers, die Zahl der Geſchütze, endlich Zahl und Datum des ausgeſtellten Regiſterbriefes. Kein Schiff darf ſeinen Namen willkürlich ändern; das Eigenthum des Schiffers wird durch den von der competenten Behörde vorſchriftsmäßig ausgefertigten Beilbrief bewieſen, in welchem die auf den Bau des Schiffes bezüglichen Angaben genau enthalten ſein müſſen. Jedes öſterreichiſche Schiff hat den Regiſterbrief an Bord zu führen; ebenſo die Muſterrolle, in welcher der jeweilige Schiffer und die Mannſchaft eingetragen ſein müſſen. Für die Regiſtrirung der Schiffe wird eine Gebühr eingehoben; die Schiffe der kleinen Küſtenfahrt bis 25 Tonnen ſind von der Zahlung der Regiſtergebühr befreit.

---

[212] Die kleine Küſtenſchiffahrt erſtreckt ſich auf das Adriatiſche Meer im Weſten bis zum Vorgebirge Sta. Maria di Leuca, gegen Oſten bis zum Cap Clarenza einſchließlich des Golfes von Lepanto, der joniſchen Inſeln einſchließlich des Hafens und Canales von Zante, endlich auf die Flüſſe, die in dieſe Gewäſſer münden. Die große Küſtenfahrt erſtreckt ſich auf das Adriatiſche Meer einſchließlich der Meerenge von Gibraltar, auf das Schwarze und Aſowſche Meer, Suezcanal, Rothes Meer bis Aden und alle in dieſe Meere mündenden Flüſſe.

Die den obigen Bestimmungen Zuwiderhandelnden werden mit Geldbußen bis zu 1000 fl. bestraft; bei dem bezüglichen Verfahren bildet das Hafenamt die erste, die Seebehörde die zweite und das Handelsministerium die dritte Instanz.

Schiffscapitän und Mannschaft.

§. 71. Bis die neue Seemannsordnung Gesetzeskraft erlangt, sind die Verhältnisse des Schiffsführers (Capitäns) zu der Mannschaft noch nach den Bestimmungen des Editto und den seither erflossenen Nachtragsverordnungen geregelt. Darnach ist jeder Schiffscapitän oder Patron verpflichtet, ein Journal zu führen, in welches alle auf die eingehaltene Route und die Mannschaft bezüglichen Daten (Löhnung, Aufführung ꝛc.) einzutragen ist; diese Journale werden nach jeder zurückgelegten Fahrt dem Hafenamte vorgelegt. Bei der Abfahrt muß sich der Capitän mit legalisirten Manifesten oder Ladungs-Verzeichnissen vom Hafenamte versehen; in fremden Häfen werden den österreichischen Capitänen diese Manifeste von den österreichisch-ungarischen Consuln ausgestellt. [213]

Der Capitän ist ferner verpflichtet, sich vor der Abreise von der Seetüchtigkeit des Fahrzeuges zu überzeugen. [214] Im Falle einer Gefahr darf

---

[213] Mit Min.-Verordn. vom 23. März 1881 ist eine neue Schiffsmanifestordnung erlassen worden. Darnach hat jedes nationale oder fremde Seehandelsschiff ohne Unterschied der Kategorie, welches von einem inländischen nach einem anderen inländischen Hafen oder nach dem Auslande fährt, ein vom Schiffsführer (Capitän) unterschriebenes Manifest über die geladenen Waaren zu führen. Auch fremde Schiffe, die sich der österreichischen Zolllinie auf vier Seemeilen nähern, müssen mit einem solchen Manifeste versehen sein. Das Manifest muß die Zahl und die Zeichen aller auf dem Fahrzeuge befindlichen Stücke, Kisten, Ballen u. dergl. Behältnisse, dann die Menge, das Gewicht und Gattung der geladenen Waaren enthalten. Der Capitän ist für die Richtigkeit des Manifestes verantwortlich. Das Manifest ist sowohl bei der Ankunft wie auch bei der Abfahrt dem Hafenamte zu überreichen; das Hafenamt vergleicht das Manifest mit den Ladescheinen, versieht dasselbe mit seinem Visum und Siegel und stellt es dem Capitän zurück. Berührt das Schiff mehrere Häfen und ladet Waaren ab, so wird die Abladung auf dem Manifest (Rückseite) ersichtlich gemacht. Schiffe mit zollfreien oder bereits zollämtlich abgefertigten Waaren sind von der Führung des Manifestes befreit. (Vergl. die Nachtragsverordnung vom 12. Jänner 1884 RGB. Nr. 9).

[214] Die Min.-Verordn. vom 1. September 1883 RGB. Nr. 143 enthält „Sicherheitsvorschriften für Seeschiffe, welche Reisende befördern". Darnach muß jedes solche Schiff vor der Abreise von der hierzu berufenen Behörde nicht nur auf seine Seetüchtigkeit, sondern auch darauf hin geprüft werden, ob es den Reisenden eine „entsprechende Unterbringung und Verpflegung" zu bieten in der Lage sei. Je nach der Größe des Schiffes und dessen Fassungsraum muß dasselbe mit einer verhältnißmäßigen Zahl von Booten versehen sein, welche die vorgeschriebene Beschaffenheit besitzen müssen. Die behördliche Untersuchung erstreckt sich ferner auf das Vorhandensein aller für die Schiffahrt nöthigen Instrumente, Signalapparate, Feuerlöschapparate u. dergl. Reisende dürfen nicht auf mehr als zwei Decks untergebracht werden, nämlich auf dem ersten und dem unmittelbar darunter befindlichen Zwischendeck. Die Zahl der aufzunehmenden Reisenden ist nach der Raumgröße des Schiffes ganz genau bestimmt und zwar auf die Weise, daß auf jeden einzelnen Reisenden „eine von jedem Hindernisse freie Oberfläche von wenigstens 0,84 □Meter zu freier Verfügung" entfällt. Auf die Reisenden

der Capitän das Schiff nicht verlassen; in äußersten Fällen, wo er dieß thut, muß er diesen Schritt vor dem nächsten österreichischen Consul rechtfertigen. In fremden Häfen hat der Capitän darauf zu sehen, daß seinem Schiffe alle den österreichischen Schiffen völkerrechtlich oder vertragsmäßig zukommenden Rechte allseitig gewahrt werden; der Capitän muß die Rechte an Bord zubringen; er hat das Recht, sich seine Mannschaft auszuwählen; muß aber dieselbe in strenger Zucht halten. Er besitzt über dieselbe ein bestimmtes Disciplinarrecht. Schwerere Vergehen oder Verbrechen hat er behufs Einleitung der Untersuchung dem nächsten Consul anzuzeigen. Wo kein solcher ist, steht ihm unter Beirath der Schiffsofficiere eine gewisse Jurisdiction zu — doch hat er den Verbrecher mit dem ersten Schiffe an eine österreichische Behörde zu schicken. Als Schiffsofficiere erklärt das Editto den Schiffsschreiber, den Piloten und den Steuermann — deren Rangverhältnisse und Pflichten werden genau bestimmt.

Hafenpolizeiordnung.

§. 72. Ueber das Verhalten der Handelsschiffe in den Seehäfen sind mit Ministerialverordnung vom 14. März 1884 Nr. 33 zeitgemäße Bestimmungen getroffen worden. Darnach hat jedes Handelsschiff, wenn es bei Tage in einen Hafen einläuft, seine Nationalflagge zu hissen und darf dieselbe vor Beendigung der Hafen- und seesanitätsamtlichen Behandlung nicht niederholen. Bei Nacht sind die bezüglichen Vorschriften über die Führung von Lichtern zu beobachten. Vor erhaltener Pratica ist jeder Verkehr des Schiffes mit dem Lande (abgesehen von den in den Sanitäts- und Zollvorschriften begründeten) und mit anderen Schiffen verboten.

Bei der Aufnahme des Seesanitäts-Constitutes hat der Capitän die Bordpapiere vorzulegen und über Reise und Vorkommnisse in maritimer und sanitärer Beziehung Auskunft zu ertheilen. Führt das Schiff feuergefährliche Gegenstände, als Pulver, Sprengmaterial, Petroleum, Salpeter, Spirituosen u. dgl. an Bord, so hat dieß der Schiffer, ohne erst eine Aufforderung abzuwarten, besonders anzugeben.

Ueberhaupt hat der Schiffer alle ihm in Ausübung des Dienstes vom Hafenamte gestellten Fragen zu beantworten.

Nach der Aufnahme des Seesanitäts-Constitutes weiset das Hafenamt dem Schiffe einen Anker- oder Liegeplatz an. Der Schiffer darf ohne Er-

---

des Zwischendecks muß ein größerer Flächenraum (von 1,11 ☐Meter) entfallen. Der für die Reisenden bestimmte Raum muß genügend Licht und Ventilation haben; an Bord des Schiffes muß sich ein Arzt befinden und müssen die nöthigen Arzneien vorhanden sein; der Proviant muß in genügender Menge vorräthig sein. Auf Grund obiger Vorschriften wird für jedes österreichische Schiff, welches Reisende transportirt, die Zahl der Reisenden bestimmt und im Registerbuche des Schiffes (oder besonderen Bescheinigung) behördlich bestätigt. Ueber die Beobachtung all dieser Vorschriften haben die Hafen- und Seesanitäts-Aemter zu wachen; in Fällen, wo diesen Vorschriften nicht entsprochen wird, haben sie den Schiffscapitän aufzufordern, denselben nachzukommen. Zuwiderhandelnde Capitäne werden mit Geldbußen bestraft (bis 100 fl.), auch kann ihnen die Expedition verweigert werden. Die Berufung der Capitäne geht an die Seebehörde.

laubniß des Hafenamtes weder einen solchen Platz nehmen, noch denselben wechseln. Die Liegepläße werden, abgesehen von den in besonderen Vereinbarungen begründeten Ausnahmen, ohne Unterschied der Nationalität der Schiffe, nach der Reihenfolge der Ankunft, nach der Beschaffenheit der Ladung und nach der Tragfähigkeit des Schiffes angewiesen. Kein Schiff darf am Ufer unbeschäftigt liegen, sobald ein anderes Schiff zum Laden oder Löschen eines Anlegeplaßes bedarf. Ueberhaupt haben die Schiffe den von ihnen eingenommenen Platz zu verlassen, wenn dieß vom Hafenamte verlangt werden sollte. Ein am Ufer liegendes Schiff oder Boot darf nur mit Genehmigung des Hafenamtes und gegen Beobachtung der dießfälligen zollämtlichen Vorschriften als Platz zum Kleinverkaufe oder als Waarenlager benüßt werden. Der Schiffer eines längs der Ufer des Hafenbereiches vertäuten Schiffes muß es geschehen lassen, daß das Hafenamt seinem Schiffe ein anderes zur Seite lege, und daß letzteres die Verbindung mit dem Ufer über sein Schiff bewertstellige. Auch die Vertäuung des Schiffes am Liegeplaße hat nach Anweisung des Hafenamtes zu geschehen.

Hafenpolizei.

§. 73. Alle hafenpolizeilichen Bestimmungen sind von den Schiffern genau zu beobachten; jede Beschädigung der Ufermauern, der Boien anderer Schiffe und deren Vertäuungsmittel ist strenge untersagt.

An Bord der im Hafen vertäuten Schiffe haben sich in der Regel zwei Dritttheile der Bemannung und ein Schiffsofficier anwesend zu befinden, doch kann das Hafenamt, mit Rücksicht auf den Bemannungsstand oder auf die Liegepläße des Schiffes, eine Verminderung dieser Zahl gestatten.

Auf abgerüsteten Schiffen, welche im Hafen vertäut sind, hat sich eine Wache zu befinden, deren Stärke nach den Verhältnissen von dem Hafenamte festgesetzt wird.

Zur Nachtzeit muß auf jedem Schiffe im Hafen, ohne Unterschied, ein Mann die Wache am Deck halten.

Zum Anzünden von Feuer im Raume behufs Räucherung ist die Bewilligung des Hafenamtes notwendig, wobei von demselben die nöthigen Weisungen gegeben werden.

Während des Ladens oder Löschens feuergefährlicher Gegenstände ist das Tabakrauchen auf und unter Deck, sowie im Raume, dann auch am Ufer in unmittelbarer Nähe dieser Gegenstände strengstens untersagt.

Im Falle einer Feuersbrunst auf einem Schiffe, oder eines anderen Unglücksfalles an irgend einem Punkte des Hafens haben sich die Schiffer mit ihren Bemannungen zur Hilfeleistung für den Fall bereit zu halten, als sie vom Hafenamte dazu aufgefordert würden. Dem Hafenamte obliegt die Leitung der zur Abhilfe erforderlichen Arbeiten.

Wenn auf einem Schiffe eine Feuersbrunst entsteht, oder ein Unglücksfall eintritt, welcher die öffentliche Sicherheit gefährdet, so hat der Schiffer, beziehungsweise die Wache dieses Schiffes, eventuell im Unterlassungsfalle die Wache des Nachbarschiffes mit der Bordglocke Sturm zu läuten und dem Hafenamte auch Meldung zu erstatten.

In Fällen von Gefahr überhaupt, durch welche die Sicherheit des Hafens und der in demselben liegenden Schiffe bedroht wird, ist der Schiffer verpflichtet, auch ohne Anordnung des Hafenamtes, das den Verhältnissen entsprechende Benehmen zur Hintanhaltung oder Verringerung von Unglücksfällen zu beobachten.

Beim Laden und Löschen von feuergefährlichen Gegenständen, sind die vorgeschriebenen Vorschriften zu beobachten.

Zu jeder Kalfaterung, Ausbesserung, sowie zum Abbrechen der Schiffe bedarf es einer schriftlichen Bewilligung des Hafenamtes.

Auch im Hafenbereiche hat der Schiffer das Verhalten seiner Mannschaft zu überwachen; ist die Ordnung am Schiffe ernstlich bedroht, kann er vom Hafenamt Hilfe verlangen. Ohne Erlaubniß des Hafenamtes ist das Beherbergen fremder Personen auf Schiffen untersagt. Von jeder Entlassung eines Seemannes oder dessen heimlicher Entfernung hat der Schiffer das Hafenamt zu verständigen.

Der Schiffer eines Schiffes fremder Flagge ist verpflichtet, vor dessen Ausklarirung dem Hafenamte eine Abschrift seiner Musterrolle zu übergeben. Der Schiffer erhält die Ausklarirung und die Erlaubniß zum Auslaufen aus dem Hafen nicht eher, als bis derselbe den über die Ladungsmanifeste giltigen Vorschriften entsprochen und sich über die Entrichtung der Schiffahrts- und Zollgebühren und der sonstigen für das Schiff oder die Waaren etwa bestehenden Abgaben gehörig ausgewiesen hat. Wenn über ein Schiff von einer hierzu berufenen Behörde aus irgend einer Ursache ein Sequester verhängt wird, ist das Hafenamt befugt, Maßregeln zu treffen, durch welche das Schiff an der Abreise behindert wird.

Im Anhange zu obiger allgemeinen Hafenpolizeiordnung sind seither besondere Bestimmungen für den Hafen von Pola erlassen worden (Ministerialverordnung vom 18. April 1887, RGB. Nr. 42), die aus dem Grunde nothwendig geworden sind, da dieser Hafen aus einem Militär- und Handelshafen besteht, daher sowohl das Verhältniß dieser beiden Häfen zu einander wie auch die Competenz der Civil- und Militär-Hafenbehörden gegenseitig abgegränzt werden mußte.

Mit Ministerialverordnung vom 1. Juli 1888 endlich wurden neue Bestimmungen über das Lootsenwesen an der österreichischen Küste erlassen.[215]

Seepolizeiordnung.

§. 74. Während der Fahrt hat jedes Dampfschiff die vorschriftsmäßigen Lichter von Sonnenuntergang bis Sonnenaufgang zu führen (HMB. vom 20. Jänner 1880); bei Nebel und Schneewetter, wenn Lichter unsichtbar sind, muß

[215] Niemand darf sich zum Lootsen eines Schiffes längs der österreichischen Küste anbieten, der nicht mit einem Zeugnisse eines k. k. Hafen- und Seesanitäts-Capitanates über die abgelegte Küstenlootsenprüfung versehen ist (§. 2). Uebrigens besteht an der österreichischen Küste kein Lootsenzwang. Für die Entlohnung der Lootsen besteht ein behördlich genehmigter Tarif.

jedes Schiff von zwei zu zwei Minuten Signalpfiffe ertönen lassen und gleichzeitig auch die Fahrgeschwindigkeit mäßigen; bei Begegnungen zweier Schiffe müssen die Vorschriften über das gegenseitige Ausweichen genau beobachtet werden.

Wird ein Schiff von einem Unfall betroffen, so ist jedes vorbeifahrende oder in der Nähe befindliche Schiff zum Beistande verpflichtet (HMB. vom 1. December 1880). Nach einem Zusammenstoße von Schiffen ist diese Pflicht eine gegenseitige.

Auch haben sich die Schiffer der collidirenden Schiffe gegenseitig ihre Namen, ihre Heimat und Reiseziel mitzutheilen. Zuwiderhandelnde können mit Geldbußen oder Arrest gestraft werden.

Mit Ministerialverordnung vom 7. März 1881, RGB. Nr. 21 sind über die Beschaffenheit der Signallichter (Positionslaternen), über den Ort, wo sie anzubringen sind, ferner über die Nebelsignale detaillirte Vorschriften erlassen worden.

Die österreichischen Hafen- und Seesanitätsämter sind befugt, auch die ungarischen Schiffe, die sich in ihrem Amtssprengel befinden, zu besichtigen und ihnen die Befolgung der Vorschriften bezüglich der Signalvorrichtungen aufzuerlegen. Sollten die ungarischen Schiffer den Anordnungen und Aufträgen nicht Folge leisten, so ist die Seebehörde davon zu verständigen, welche darüber der Seebehörde in Fiume zu berichten hat. Gegenüber ausländischen Schiffen haben die Hafenbehörden ebenfalls das Recht der Besichtigung und Untersuchung, doch haben sie sich nur auf die Feststellung der Thatsachen zu beschränken, ob diese fremden Schiffe den internationalen Vorschriften zur Vermeidung von Seeunfällen nachkommen, und vorgefundene Unregelmäßigkeiten der Seebehörde in Triest mitzutheilen.

---

3) Oeffentliches Eisenbahnrecht.

In womöglich noch höherem Maße als die Seeschiffahrt wird die vorsorgliche Thätigkeit des Staates durch den Eisenbahnverkehr herausgefordert. Insbesondere muß das bei Oesterreich-Ungarn als Continentalstaat der Fall sein, in welchem der Eisenbahnverkehr eine größere Rolle spielt als der Seeverkehr. Die hohe Wichtigkeit dieses Verkehrsmittels für das ganze öffentliche und insbesondere für das wirthschaftliche Leben rechtfertigen es zur Genüge, daß der Staat, wo er den Eisenbahnbetrieb nicht in eigene Regie übernimmt, zum mindesten denselben seiner ganzen Entwickelung und Ausdehnung nach aufs sorgfältigste überwacht. §. 75.

Die Eisenbahnen-Verwaltung bezieht sich

a) auf die Concessionirung,

b) auf den Betrieb,

c) auf die Verhältnisse der Bahnunternehmung und Betriebsleitung zu dem reisenden und Güter verfrachtenden Publicum,

d) auf die Personen- und Frachtentarife.

Vorconceſſion.

§. 76. Die Conceſſionirung der Eiſenbahnen iſt geregelt durch das Eiſen-
bahnconceſſionsgeſetz, welches mit der Verordnung des Miniſteriums
für Handel, Gewerbe und öffentliche Bauten vom 14. September
1854 RGB. Nr. 238 erlaſſen wurde. — Dasſelbe enthält die Beſtimmungen bezüglich der Ertheilung von Conceſſionen zum Baue von
Privateiſenbahnen. Je nach dem Zwecke, welchem ſolche Bahnen zu dienen
haben, unterſcheidet dieſes Geſetz zweierlei Privateiſenbahnen: erſtens
ſolche, welche ein Unternehmer lediglich zu ſeinem eigenen Gebrauche auf
eigenem oder fremdem Grunde unter Zuſtimmung des Grundeigenthümers
bauen will, zu denen daher nur ein einfacher Bauconſens nöthig iſt,
zweitens ſolche, welche als öffentliches Transportmittel für Perſonen
und Waaren zu dienen haben oder wodurch eine Landſtraße in eine Eiſen-
bahn umgewandelt werden ſoll. Letztere erfordern eine „beſondere Bewilligung" und zwar 1. zu den Vorarbeiten und 2. zur Anlage der Bahn
und der dazu gehörigen Gebäude.[216])

---

[216]) Die Bewilligung zu den Vorarbeiten ſteht dem Miniſterium für Handel,
Gewerbe und öffentliche Bauten im Einvernehmen mit dem Miniſterium des
Innern und dem Armee-Obercommando zu.

Die Conceſſion der Bahnanlage wird vom Kaiſer ertheilt (§. 2).

Die Bewilligung zu den Vorarbeiten kann ſowohl einzelnen Perſonen und
vorſchriftsmäßig gebildeten Vereinen, als auch ſolchen Perſonen ertheilt werden,
welche ſich erſt zu einem Vereine verbinden wollen. Dieſelbe wird aber nur dann
ertheilt, wenn weder in Bezug auf die Perſon des Conceſſionswerbers, noch in
Bezug auf die privatrechtlichen und öffentlichen Rückſichten dagegen ein Anſtand
obwaltet.

Wird dieſe Bewilligung von einem erſt zu gründenden Vereine angeſucht,
ſo kann ſie nur unter dem Vorbehalte ertheilt werden, daß die Bittſteller alle jene
Bedingungen erfüllen, welche im Vereinsgeſetze vom 26. November 1852 zur Erlangung der vorläufigen Bewilligung zur Gründung eines Vereines vorgeſchrieben ſind.

Perſonen und Vereine, welche eine Conceſſion erhalten wollen, haben
darum beim Miniſterium für Handel, Gewerbe und öffentliche Bauten anzuſuchen
und dem Geſuche den Plan des Unternehmens, insbeſondere die Richtung der be-
abſichtigten Bahn, wenigſtens in allgemeinen Umriſſen, darzuſtellen und die Zeit
anzugeben, innerhalb welcher die Vorarbeiten begonnen und vollendet werden
ſollen (§. 3).

Gegen eine abweiſende Entſcheidung des Handelsminiſteriums iſt eine Beſchwerde an den VGHof unzuläſſig, da eine ſolche Conceſſionsertheilung dem freien
Ermeſſen der Regierung anheimgeſtellt iſt. (Erkenntniß des VGH. vom 12. März
1883 Z. 542.)

Mit Geſ. vom 17. Juni 1887 RGB. Nr. 81 iſt die Regierung ermächtigt
worden, bei Conceſſionen neuer Localbahnen (Secundärbahnen, Vicinalbahnen
u. dergl.) nicht nur in Bezug auf die Vorarbeiten, den Bau und die Ausrüſtung
alle thunliche Erleichterungen zu gewähren, ſondern auch bei dieſen Bahnen von
einigen Beſtimmungen der Eiſenbahnbetriebsordnung und des Eiſenbahnconceſſions-
geſetzes und des Tarifgeſetzes (über welche weiter unten geſprochen wird) Umgang
zu nehmen; auch kann die Regierung bei den Conceſſionsertheilungen für ſolche
Bahnen mancherlei Begünſtigungen und Befreiungen (von Gebühren und Stempeln)
eintreten laſſen.

Bergwerksbahnen, das ſind ſolche Privatbahnen, welche zum Bergbau-
betriebe nothwendig ſind, fallen nicht unter die Beſtimmungen obiger Eiſenbahn-

1. Die Bewilligung zu den Vorarbeiten berechtigt den Concessions=werber, die Vorerhebungen für die künftige Ausführung der Bahn zu pflegen und die nöthigen Vermessungs= und Nivellirungsarbeiten vornehmen zu lassen; dabei erlangt er kein Vorrecht vor anderen. Es kann eine solche Bewilligung gleichzeitig mehreren Bewerbern ertheilt werden.[217] Nach Ab=lauf des bestimmten Zeitraums erlischt diese Bewilligung von selbst. Mit Ministerialverordnung vom 25. Jänner 1879 RGB. Nr. 19 wurde der Zeitraum, für welche solche Bewilligungen zu ertheilen sind, auf höchstens sechs Monate bestimmt und eine Verlängerung wird nur dann gestattet, wenn der Concessionswerber vor Ablauf dieser Frist dem Handelsminister ein greifbares Resultat seiner Vorarbeiten, bestehend in Generalkarten, Profilen, Kostenüberschlägen c., vorlegt.[218]

2. Concession zum Bau.

Ist der Concessionswerber mit den Vorarbeiten fertig und will er eine **§. 77.** definitive Concession zum Baue der Eisenbahn erlangen, so hat er sein dieß=fälliges Gesuch beim Ministerium für Handel und Gewerbe unter Beischließung einer Anzahl in der obigen Ministerialverordnung §. 2 specialisirten Project=stücke (Karten, Kostenüberschläge u. s. w.) einzureichen.

Werden die vorgelegten Projecte entsprechend befunden, so wird das=selbe einer Tracenrevision unterzogen. Zu diesem Behufe muß der Bau=werber die Generalkarte, eine Detailkarte mit Erläuterungen der Landes=behörde in einer Anzahl von Copieen vorlegen, welche durch acht Tage zu jedermanns Einsicht aufgelegt werden. Hierauf wird zur Tracenrevision geschritten. Diese wird von einer Commission unter der Leitung der poli=tischen Landesbehörde und unter Theilnahme eines Vertreters der General=Inspection der österreichischen Eisenbahnen, des Reichskriegsministeriums und autonomer Landesbehörden vorgenommen.

Auf Grund des Protokolles der Tracenrevisions=Commission bestimmt die Regierung die allgemeine Richtung der Bahn und die technischen Be=

concessionsgesetzes und die Baubewilligung für dieselben ertheilt die politische Landesstelle. Nur wenn eine solche Bergwerksbahn in eine andere öffentliche Bahn einmünden soll, bleibt die Bewilligung derselben den competenten Ministerien vorbehalten (Min.=Verordn. vom 1. November 1859 RGB. Nr. 200). Pferde=eisenbahnen bewilligt auf Grundlage der Prüfung der einschlägigen Localverhält=nisse durch die Landesbehörde das Handelsministerium (a. h. E. v. 25. Febr. 1859).

[217] Doch hat jede solche Concession nur in Ansehung jener Person Geltung, welcher dieselbe ertheilt wurde; dieselbe ist also insoferne nicht übertragbar, als der neue Erwerber aus einer solchen Uebertragung keinerlei Recht zur Vornahme technischer Vorarbeiten für sich ableiten kann. Diese Unübertragbarkeit ist die ein=fache Folge der oberwähnten Bestimmung, daß bei der Concessionsertheilung auch auf die Person Rücksicht genommen wird.

[218] Die erforderlichen Vorlagen und Ausweise sind in der obigen HMB. vom 25. Jänner 1879 aufgezählt und ihre Beschaffenheit detaillirt angegeben (s. Manz, B. XVII 1888 S. 29).

Alle Pläne müssen in der Regel zugleich eingereicht werden.

dingungen, unter denen eine Concession erworben werden kann.[219]) Ist der Concessionswerber mit diesen einverstanden, so wird das Ansuchen um die Concession zum Baue der Eisenbahn der kaiserlichen Beschlußfassung unterzogen.[220])

Eine solche Concession wird nur auf eine bestimmte Zeit, höchstens auf 90 Jahre ertheilt. Nach Ablauf derselben geht das Eigenthum an der Eisenbahn sammt Grund und Boden und Bauwerken an den Staat über. Nur das Eigenthum an den zum Transportgeschäfte dienenden Fahrnissen und Realitäten bleibt dem Unternehmer.

Mit der Eisenbahnconcession sind in der Regel folgende Rechte verbunden:

a) den Bau der Bahn nach den genehmigten Plänen durchzuführen;

b) das ausschließliche Recht auf den Betrieb einer Eisenbahn in der concessionirten Richtung und Strecke; die Regierung darf nur noch Zweigbahnen oder Fortsetzungen concessioniren, aber keine Concurrenzbahn;[221])

c) das Recht der Enteignung nach §. 365 abGB. gegen jedermann zu den nothwendigen Zwecken der concessionirten Bahn.[222]) Das Enteignungsrecht der Eisenbahnunternehmungen ist mit Gesetz vom 18. Februar 1878 RGB. Nr. 30 geregelt;

d) das Transportrecht für Personen und Sachen nach dem festgesetzten und von der Regierung genehmigten Tarife — doch bleibt das Postregale bezüglich der der Postanstalt ausschließlich vorbehaltenen Gegenstände aufrecht.

Dagegen haben die concessionirten Eisenbahnunternehmungen folgende Pflichten gegenüber der Staatsverwaltung:

[219]) In dem an das Handelsministerium einzureichenden Gesuche um die definitive Concession zum Baue von Eisenbahnen muß der Bewerber nicht nur den öffentlichen Nutzen der zu bauenden Bahn darthun, sondern auch die Art und Weise der Geldbeschaffung für das Unternehmen darlegen; das Handelsministerium ist berechtigt, von dem Concessionsbewerber dießfalls eine Caution zu verlangen, welche, wenn dem Bewerber die Durchführung des Unternehmens oder die Geldbeschaffung nicht gelingt, dem Fiscus verfällt.

[220]) Dabei muß sich das Handelsministerium auf das Gutachten der Statthalterei des betreffenden Kronlandes, welches nach Einvernahme der competenten Militär- und Civilbehörden, sowie von Sachverständigen abgegeben wird, stützen (§. 6). Auch muß das Handelsministerium, bevor es eine solche Concession der kaiserl. Beschlußfassung vorlegt, das Einvernehmen mit dem Ministerium des Innern und dem Armee-Obercommando pflegen (BGB. v. 4. April 1881 Z. 602).

[221]) Doch gehört die Klage einer Eisenbahngesellschaft auf Nichtigkeitserklärung der, einer anderen Gesellschaft ertheilten, das Privilegium der Klägerin verletzenden Bahnconcession, wie überhaupt alle aus verschiedener Auslegung der Concessionsurkunde zwischen der Eisenbahnunternehmung und der Staatsverwaltung sich ergebenden Streitigkeiten nicht auf den Rechtsweg, wie das der OGH. zu wiederholten Malen erkannte (Röll, Eisenbahnrechtliche Entscheidungen. Nr. 40, 122, 186, 222).

[222]) Ueber die Nothwendigkeit der Enteignung entscheidet die Statthalterei und in weiterem Instanzenzuge das Ministerium des Innern. Dem enteigneten Eigenthümer bleibt, wenn er eine hohe Entschädigung beansprucht, der Rechtsweg offen. Bei Bergwerksbahnen findet die Enteignung nach §§. 98 u. 131 des allg. Berggef. vom Jahre 1854 statt (Min.-Vdg. v. 1. November 1859 RGB. Nr. 200).

a) die Pflicht, alle Detailpläne (Steigungen, Krümmungen ꝛc.) vor der Ausführung zur Genehmigung vorzulegen und alle Vorschriften, insbesondere bezüglich der Vorsichtsmaßregeln gegen Feuersgefahr und sonstige Beschädigungen genau zu erfüllen;

b) allen Schaden an öffentlichem und Privatgut, der durch den Bahnbau erfolgt, zu ersetzen;[223]

c) die Kosten all derjenigen Bauten (Brücken, Viaducte u. f. w.) zu tragen, die in Folge des Bahnbaus nothwendig geworden sind;

d) die nöthige Sicherung der öffentlichen Wege und Brücken, die von der Bahn benutzt werden, vorzunehmen (durch Absperrungsvorrichtungen, Einfriedungen ꝛc.);

e) der Tarifhoheit des Staates sich unbedingt zu fügen;[224]

f) ebenso dem staatlich festgesetzten Betriebsreglement, insbesondere auch bezüglich der unentgeltlichen Beförderung der Postsendungen und Postbediensteten;

g) erforderlichenfalls gegen die bestimmten Tarifsätze alle ihre Fahrbetriebsmittel der Militärverwaltung zur Verfügung zu stellen;

h) die Pflicht, sich mit den angränzenden Eisenbahnunternehmungen bezüglich der Verkehrsverhältnisse einzuverstehen und in Collisionsfällen den Entscheidungen der Behörde sich zu unterwerfen;

i) die Staats-Telegraphenleitung längs der Bahn auf deren Grund und Boden unentgeltlich zu gestatten;

k) Eisenbahnactiengesellschaften sind endlich verpflichtet, zu jeder Anleihe mit Hinausgabe von Obligationen oder in Form von Actien-Emissionen oder Aufzahlungen auf die früheren Actien die Genehmigung der Staatsverwaltung einzuholen.[225]

Die ertheilte Eisenbahnconcession erlischt:

a) mit dem Ablauf des Zeitraums, für welchen sie ertheilt wurde;

b) in Folge Nichteinhaltung wesentlicher Bedingungen der Concession, z. B. des Termins des Ausbaues, der Eröffnung des Betriebes. In letzterem Falle können jedoch nach Umständen der abgelaufene Termin erstreckt und die gesetzlichen Folgen des fruchtlos verstrichenen Termins mobi-

---

[223] Ueber dießbezügliche Ersatzansprüche haben die competenten Gerichtsbehörden zu entscheiden (a. h. E. v. 26. Juni 1864, HME. v. 28. Juli 1864 Z. 9400).

[224] §. 66 der k. V. v. 16. November 1851; f. unten: Tarifwesen. Schon in dem Concessionsgesetz 1854 ist eine von drei zu drei Jahren vorzunehmende Revision der Tarife vorgesehen (§. 10. e). Bei der so vorzunehmenden jedesmaligen Festsetzung des Tarifes muß auf „sämmtliche Verhältnisse", also nicht nur auf die Tarife der Nachbarbahnen, sondern auch auf die Rentabilität der Unternehmung Rücksicht genommen werden, wobei sich die Regierung vorbehielt „dann, wenn die reinen Erträgnisse der Bahn fünfzehn Procent der Einlagen überschreiten, auf eine billige Herabsetzung der Preise einzuwirken". Wir werden sehen, daß seither die Tarifhoheit des Staates, welche in dem Gef. v. J. 1854 noch sehr schüchtern auftritt, im Interesse der Volkswirthschaft eine intensivere Entwickelung erfuhr.

[225] Doch kann in einer Concessionsurkunde die Eisenbahnunternehmung von der einen oder anderen der obigen Pflichten befreit werden, ebenso wie ihr in der Concessionsurkunde nach Umständen noch andere Pflichten auferlegt werden können.

ficirt werden. Auch kann, wenn die Eisenbahnunternehmung wesentliche Bestimmungen der Concessionsurkunde verletzt, die Sequestration derselben angeordnet werden. Dießbezügliche Angelegenheiten sind von dem Rechtsweg ausgeschlossen (§§. 12, 13).

§. 78. Die Anlage der Bahnhöfe und Stationen bildet keinen Gegenstand der Concession; dieselbe wird vielmehr als Consequenz der Concessionirung der Eisenbahn angesehen und unterliegt einer abgesonderten Baubewilligung. Zum Zwecke der Erlangung derselben werden zuerst die vorgeschriebenen Specialkarten und Pläne[226]) dem Handelsministerium vorgelegt, welches im Falle der Genehmigung derselben eine Amtshandlung in derselben Weise wie bei der Tracenrevision anordnet (§. 10).

Die „Stationscommission" hat sich nicht nur über die Zahl und Länge der auszuführenden Stationen, sondern auch über ihre Benennung sowie über die Zufahrtsstraßen und deren Richtung auszusprechen. In Ländern, wo über Zufahrtsstraßen Landesgesetze bestehen, muß sich an dieselben zu halten: wo das nicht der Fall ist, ist über die Kosten der Zufahrtsstraßen wo möglich eine Vereinbarung zwischen den Eisenbahnunternehmungen und den betheiligten Gemeinden angestrebt werden.

Nach Feststellung der Stationen werden die Detailprojecte verfertigt. Auf Grund der Protokolle der Stationscommissionen und der vorgelegten Detail=Projectstücke ordnet der Handelsminister die politische Begehung durch eine besondere Commission an, welche aus einem Vertreter der politischen Landesbehörde als Commissionsleiter, sodann einem Vertreter der Generalinspection der österreichischen Eisenbahnen und einem Vertreter des Reichskriegsministers besteht. Diese „politische Begehungscommission" hat eine doppelte Aufgabe: erstens den Umfang der nöthigen Enteignungen festzustellen und zweitens die Begutachtung der Baupläne vom Standpunkt des öffentlichen Interesses. Für jede Katastralgemeinde ist ein besonderes Begehungsprotokoll aufzunehmen. Alle diese Protokolle werden durch die Landesbehörde mit ihrer Begutachtung dem Handelsministerium zur Kenntnißnahme übermittelt — sodann aber in dem Archive der Landesbehörde aufbewahrt.

Kein Bau darf ohne Consens des Handelsministers zur Ausführung kommen. Der provisorische Locomotivbetrieb darf nur mit Genehmigung der Generalinspection eingeleitet werden, welche auch zur Vornahme aller Brückenproben berufen ist. Ist die Bahnstrecke vollendet, erfolgt eine technisch=polizeiliche Prüfung der Ausführung durch eine Prüfungscommission, auf deren Antrag das Handelsministerium den Eröffnungsconsens ertheilt.[227])

---

[226]) Detaillirt aufgezählt in §. 8 der Min.-Vdg. v. 25. Jänner 1879.

[227]) Seitens der Unternehmung ist aber früher noch der Ausweis zu liefern, daß nach Beschaffenheit der Bahn und Menge der Betriebsmittel der ungestörte, regelmäßige und sichere Betrieb erwartet werden kann.

Der Betrieb.

Die Bestimmungen über den Betrieb sind in der kaiserlichen Verord= §. 79.
nung vom 16. Nov. 1851 und in einer Anzahl von, dieselbe ergänzenden
Ministerial-Erlässen enthalten.[228])

Die Eisenbahnunternehmungen müssen die Bahn stets in demselben
betriebssicheren Zustande erhalten, und insbesondere auch für die nöthigen
Kundmachungen (Fahrordnung, Tarife, Bestimmungen über Aufnahme
von Personen und Gütern u. dergl.) sorgen. Die größte Fahrgeschwindig=
keit der Personenzüge darf sieben Meilen per Stunde, und die der Lasten=
züge fünf Meilen per Stunde nicht überschreiten. Die Staatsverwaltung
kann nach Umständen eine größere Fahrgeschwindigkeit gestatten.

All und jede Aenderungen in den Fahrordnungen, Fahrpreisen und
Frachtentarifen können nur nach eingeholter Genehmigung des Handels=
ministeriums vorgenommen und müssen 14 Tage vor ihrer Wirksamkeit
zur öffentlichen Kenntniß gebracht werden (§. 7).

Dem Publicum gegenüber sind die Unternehmungen verpflichtet, jeder=
mann, der die festgesetzten Bedingungen erfüllt, die Benutzung der Bahn
und ihrer Betriebsmittel möglich zu machen (§. 8).

Doch sind sie nicht verpflichtet, trunkene und unanständig sich betragende
Personen, welche die Mitreisenden belästigen, zu befördern (§. 9). Auf
allen Aufnahmsstationen müssen Beschwerdebücher für das reisende Publikum
aufliegen (§. 11). Die beförderten Güter sind vor Verderbniß zu bewahren
(§. 12). Die Angestellten der Bahn haben mit dem Publicum höflich zu
verkehren und den Dienst in ihrer Dienstkleidung zu verrichten (§. 15).
Bei sich ereignenden Unfällen haben sie den Passagieren alle mögliche Hülfe
zu leisten (§. 18). Die Bahnunternehmungen haften für allen aus ihren
oder ihrer Angestellten Schuld an Personen und Gütern zugefügten Be=
schädigungen (§. 19). Alle Fahrbetriebsmittel, als Locomotiven, Wagen u.s.w.
müssen so beschaffen sein, wie es die Betriebsordnung vorschreibt; ebenso
müssen die Züge nach Vorschrift derselben zusammengestellt sein. Bei der
Fahrt sind die vorgeschriebenen Vorsichten und ebenso die Vorschriften be=
züglich der Bewachung der Bahn und der Signale zu beobachten.

Dem Staate gegenüber ist für die genaue Einhaltung aller obigen
Vorschriften, wie überhaupt für den vorschriftsmäßigen Betrieb der Eisen=
bahn einer Privatunternehmung, die bei jeder derselben aufzustellende und
der Staatsverwaltung namhaft zu machende Direction verantwortlich (§. 59).
Dieselbe erscheint sowohl der Staatsverwaltung wie dem Publicum gegen=
über als Bevollmächtigter der Unternehmung, und letztere ist für alle Hand=
lungen und Unterlassungen der Direction verantwortlich (§. 60). Alle

---

[228]) Nach Art. VIII des zwischen Oesterreich u. Ungarn bestehenden Zoll= und
Handelsbündnisses (welches mit Gesetz v. 21. Mai 1887 bis 31. December 1897
verlängert wurde), soll sowohl die obige Eisenbahnbetriebsordnung v. 16. Novbr.
1851 sammt zugehörigen Nachtragsbestimmungen und das am 10. Juni 1874 ein=
geführte Eisenbahnbetriebsreglement in beiden Ländergebieten unverändert
beobachtet werden, in so lange sie nicht im gegenseitigen Einvernehmen und in
einer für beide Theile gleichartigen Weise abgeändert sein werden.

Beamten der Eisenbahn sind in steter Evidenz zu halten und die Behörden sind mittelst eigener, von der Eisenbahnverwaltung auszufüllender Drucksorten von dem Status ihrer Beamten in Kenntniß zu erhalten. Die verschiedenen Classen des Betriebspersonals müssen mit den auf sie bezüglichen Dienstesvorschriften und Instructionen betheilt werden. Jede Eisenbahnunternehmung ist verpflichtet, über ihre gesammte Verwaltung genaue Rechnung zu führen und in ihre Acten und Bücher den Abgesandten des Handelsministeriums jederzeit Einsicht zu gestatten.

Die unmittelbare Aufsicht über die Bahnbeamten und Diener steht der Eisenbahndirection zu; die höhere Aufsicht und Controle (sowohl bei Staats= als bei Privatbahnen) der Generalinspection der österreichischen Eisenbahnen, welche dem Handelsministerium untersteht. Die Generalinspection besitzt eine gesetzlich geregelte Disciplinargewalt über alle Eisenbahnbeamten und Diener, von welcher sie bei Staatseisenbahnen unmittelbar Gebrauch machen kann, bei Privateisenbahnen durch Vermittelung der betreffenden Directionen.[229] Jede über einen Beamten oder Diener verhängte Strafe wird in die über dieselben zu führenden Qualificationstabellen eingetragen.

Disciplinarstrafen gegen Eisenbahndirectionen und ihre Mitglieder verhängt das Handelsministerium.

Die Eisenbahnbetriebsordnung setzt auch die Pflichten sowohl des die Eisenbahn benützenden Publicums wie auch der Anrainer und aller derjenigen fest, welche sich in der Nähe der Bahn befinden. Von diesen letzteren wie von den Anrainern der Bahn darf nichts vorgenommen werden, wodurch „der Bestand der Bahn oder ihres Zugehörs oder die regelmäßige Benutzung derselben" gefährdet werden könnte (§. 99). Die Pflicht der dießbezüglichen Ueberwachung liegt nicht nur den Sicherheitsorganen und politischen Behörden, sondern auch den Gemeindevorständen ob (§. 101). Speciell aber den Bahnbeamten und Dienern (auch der Privatbahnen) wird zum Zwecke dieser Ueberwachung ein „polizeilicher Wirkungskreis" übertragen, und werden dieselben zu diesem Zwecke von der Staatsverwaltung in Eid genommen (§. 102).

Das Betriebs-Reglement. (92)

§. 80.   Während die „Betriebsordnung" die Bestimmung hat, die öffentliche Sicherheit auf den Eisenbahnen herzustellen und zu erhalten, soll das Reglement[230] das gegenseitige Verhalten der Unternehmung und ihrer Angestellten sowohl gegenüber dem reisenden als dem verfrachtenden Publicum

---

[229] Diese Bestimmungen ändern nichts an dem Ueberwachungsrechte der Sicherheitsorgane und der politischen Behörden bezüglich der von den Eisenbahnunternehmungen, ihren Beamten und Dienern zu befolgenden allgemeinen Polizeigesetze (§. 90).

[230] HMV. v. 10. Juni 1874 betreffend die Einführung eines neuen Betriebsreglements für die österreichischen Eisenbahnen; zu diesem Reglement sind seither zahlreiche Nachtragsverordnungen erschienen. Vergl. Manz, XVII S. 290.

egeln. Theilweise stellt sich dasselbe auch als Ergänzung der Betriebs=
rdnung dar, und enthält die untergeordneten Detailbestimmungen, welche
ie Ausführung der in der Betriebsordnung in großen Umrissen gegebenen
Bestimmungen betreffen.

Darnach ist das Publicum ben Anordnungen des Eisenbahn=Dienst=
erfonals Folge zu leisten verpflichtet (§. 2). Streitigkeiten zwischen letzteren
nd ersteren entscheidet auf den Stationen der Stationsvorsteher, während
er Fahrt der Zugführer (§. 3).

Die Personenbeförderung geschieht nach Maaßgabe der kundgemachten
Fahrpläne; die Fahrbillets berechtigen zur Benützung der entsprechenden Wagen=
lasse. Jedenfalls haben die mit durchgehenden Billets ankommenden Reisenden
en Vorzug vor den neu hinzutretenden (§. 9). Unterbrechungen der Fahrt
eitens der Reisenden, müssen dem Stationsvorstande gemeldet werden bei
Berlust des Rechtes, einen folgenden Zug zu benützen (§. 10). Der Reisende,
er die Abfahrtszeit versäumt, hat keinen Anspruch auf Rückerstattung des
Fahrgeldes, doch kann er einen am selben Tage noch folgenden Zug (in
erselben Richtung) benützen (§. 16).

Die auf der Bahn transportirten Güter sind entweder Reisegepäck
der Frachtgüter. Jede dieser Kategorieen unterliegt besonderen Transport=
bestimmungen.

Als Reisegepäck wird nur das betrachtet, was der Reisende zu seinen
Reisebedürfnissen mit sich führt. Dasselbe muß sicher und dauerhaft verpackt
ein und spätestens 15 Minuten vor Abgang des Zuges unter Vorzeigung
es Fahrbillets in die Gepäckexpedition eingeliefert werden; der Reisende
erhält darüber einen Gepäckschein, an dessen Inhaber das Gepäck an der
Endstation ohne weiteres ausgeliefert wird — wodurch die Bahn von jedem
veiteren Anspruch befreit wird.

Frachtgut ist die Eisenbahn zum Transporte zu übernehmen ver=
pflichtet, wenn dasselbe seiner Beschaffenheit und seiner Verpackung nach
en im Reglement enthaltenen Vorschriften (§§. 46—48) entspricht.

Der Frachtvertrag wird mittelst Ausstellung des Frachtbriefes
eitens des Absenders und mittelst Abstempelung seitens der Bahn ge=
chlossen. Das Reglement bestimmt, welche Angaben der Frachtbrief enthalten
nuß. Der Versender haftet für die Richtigkeit der Angaben des Frachtbriefes.

Die Bahn ist nur insoweit verpflichtet Transportgüter zur Beförde=
rung anzunehmen, als es ihre normalen Transportmittel gestatten; doch
nuß sie die zugeführten Güter in mittlerweilige Aufbewahrung übernehmen.

Am Bestimmungsorte ist die Bahn verpflichtet, dem Adressaten das
Frachtgut auszuliefern; sie haftet für die von ihr übernommenen Güter
§. 62), und ist auch für ihre Angestellten verantwortlich (§. 63). Das
Reglement setzt Umfang und Zeitdauer dieser Haftung fest (§§. 64—70).

Das Tarifrecht.

§. 81.   Allmählig hat sich in den letzten Decennien aus dem Aufsichts- und Ueberwachungsrecht, welches der Staat über die Eisenbahnen auch auf dem Gebiete des Tarifwesens übte, die staatliche Tarifhoheit, d. i. das Recht, alle Personen- und Frachtentarife zu bestimmen, entwickelt. Während das Concessionsgesetz vom Jahre 1854 nur erst davon sprach, daß es der „Staatsverwaltung vorbehalten bleibt", bei einer gewissen Höhe der reinen Erträgnisse der Bahn „auf eine billige Herabsetzung der Preise einzuwirken", wobei offenbar nur an die „Mäßigung übertriebener Anforderungen in den Tarifsätzen" gedacht wurde, von der die Betriebsordnung vom Jahre 1851 (§. 66) sprach (f. ob. S. 375): sah sich die Staatsverwaltung schon in der Mitte der 70er Jahre genöthigt, auch gegen „Bonificationen" also Ermäßigungen der Tarifsätze an einzelne Verfrachter einzuschreiten, da solche „Nachlässe" von den öffentlichen Tarifsätzen unter Umständen eine Beeinträchtigung des Handels- und Gewerbestandes zu Gunsten einzelner von den Eisenbahn-unternehmungen Begünstigter nach sich zogen, unter Umständen aber auch garantirte oder staatliche Bahnunternehmungen schädigten. Der Ministerial-Erlaß vom 10. Mai 1875[231] stellte daher dieses Bonificationswesen der Eisenbahnen unter strenge Controle der Staatsverwaltung.

    Mit dem Erlaß des Handelsministeriums vom 30. Juni 1875 Z. 15386 wurden sodann die „Principien für die Bildung der Gesammt-sätze der directen Tarife mit dem Auslande, beziehungsweise für die Con-struirung der österreichischen Antheile an denselben", die aus der Initiative der Eisenbahnverwaltungen hervorgegangen waren, „zur Darnachachtung bekannt gegeben".

    Nach solchen vorbereitenden Maaßregeln der Staatsverwaltung erfolgte endlich 1877 die gesetzliche Regulirung der Personentarife (Gesetz vom 15. Juli 1877 RGB. Nr. 64) und zwar in der Weise, daß ein Maximal-tarif für den Personentransport per Person und Kilometer für jede der bestehenden drei Wagenclassen festgesetzt wurde. Einen Maximaltarif für den Waarentransport konnte die Regierung bisher aus dem Grunde nicht durchführen, weil die Privatbahnen durch Bestimmungen ihrer Concessionen gegen eine solche Maßregel geschützt sind.

    Dennoch ist durch die Tarifbestimmung für Personen, ein sehr wichtiges Attribut ein für allemal in die Competenz der Staatsgesetzgebung übergegangen. Und zwar wird mit diesem Gesetze der Handelsminister ermächtigt, auf Grund der Bestimmungen desselben auch Tarifänderungen, allerdings „mit Berücksichtigung der besonderen Rechte einzelner Bahnunter-nehmungen" durchzuführen.

    Die so, wenigstens theilweise, ausgebildete Tarifhoheit des Staates ermöglicht es demselben, dem neuestens nach dem Vorgange Ungarns auf allen Staatsbahnen eingeführten Zonentarif im Personenverkehr all-mählig auch auf allen österreichischen Privatbahnen Eingang zu verschaffen.

---

231) Manz, XVII S. 245.

Die staatsrechtliche Stellung der Eisenbahnen.

Die ersten Eisenbahnen in Oesterreich waren Privatunternehmungen, **§. 82.** lche der Staat durch Gestattung von Expropriationen zu ihren Gunsten derte, durch Privilegiumsertheilung vor Concurrenz schützte.[232] In dem raße aber, wie die Erfolge der Bahnbauten in England und auch auf a europäischen Continente sichtbarer wurden, begann der Staat bei den ncessionsertheilungen auch an seine Interessen zu denken und sein Hoheits= ߳t gegenüber den Eisenbahnunternehmungen zu wahren, sich auch gewisse rtheile für die Verleihung des Privilegs auszubedingen.[233] Allerdings ϣah das noch nicht bei dem unterm 4. März 1836 an Rothschild ; 50 Jahre verliehenen Privilegium auf eine Bahn zwischen Wien und ϣnia (Kaiser Ferdinands=Nordbahn), an deren Prosperirung die da= lige Regierung nicht recht glauben wollte, deren großartige materielle folge jedoch dazu beitrugen, die Staatsverwaltung mit der Zeit auf die ϣ␜en Vortheile aufmerksam zu machen, welche sie mittelst Eisenbahn= ιcessionen privaten Unternehmern zuwendet. In diesen ersten, je auf Jahre ertheilten Privilegien wurde den Unternehmern noch das Eigen= ım an der Bahn über die Privilegiumszeit hinaus auf unbegränzte ߼uer garantirt. Die einzigen Vorbehalte, die der Staat für sich machte, ren zu Gunsten der Post= und Militärtransporte. Doch schon im darauf= genden Jahre scheint die österreichische Staatsverwaltung die Idee ins ␣ge gefaßt zu haben, selbst Eisenbahnen zu bauen, wobei ihr gewiß nur Hoffnung vorschwebte, aus einer solchen Unternehmung fiscalischen ␜winn zu ziehen. Zum mindesten spricht das Cabinetsschreiben vom . Nov. 1837 zuerst den Gedanken aus, daß der Staat sich das Recht, öst Eisenbahnen zu bauen, vorbehalte.

Eine Folge dieser Wendung war es, daß auf Grund a. h. Erlasses vom . Dec. 1837 in den unterm 18. Juni 1838 erlassenen „Directiven über ␤ bei Eisenbahnen zu beobachtende Concessionssystem" der Grundsatz ␣fgestellt wurde, daß bei künftigen Concessionsertheilungen der Staat nach ␣lauf der meist 50jährigen Concessionsdauer in das volle unentgeltliche ␤enthum der Bahn (mit Ausschluß der dem Transportgeschäfte ge=

---

[232] Die erste österreichische Bahn war die im Jahre 1830 erbaute 55 Kilo-␤er lange Bahn von Prag nach Lana; die zweite war die auf Grund einer ␤vilegiumsertheilung an Professor von Gerstner (vom 7. September 1824) von ␤ ersten „österreichischen Eisenbahngesellschaft" im Jahre 1832 hergestellte 126 Kilo-␤er lange Eisenbahn von Linz nach Gmunden. Die erste dieser Bahnen ist seit ␤ Jahre 1855 im Besitz der Buschtiehrader Eisenbahn-Actiengesellschaft, die zweite ␤rging im Jahre 1857 an die Kaiserin Elisabeth-Bahn und sodann mitsammt ␤er in den Besitz des Staates.

[233] Ueber Entwickelung des Eisenbahnwesens vergl. m. Verwaltungslehre ␤ 125—127 und außer den dort angeführten Literatur noch Meili: Das Recht ␤ modernen Verkehrs; Reinitz: Rechtsverhältnisse zwischen Staat und Eisen-␤ nen in Oesterreich; Michel: Oesterreichs Eisenbahnrecht. Wien 1860. Jaques: ␤ Rechtsverhältnisse der mit Zinsengarantie versehenen Eisenbahn-Gesellschaften. ␤ en 1864. Schreiber: Die Eisenbahnen als öffentliche Verkehrsgesellschaften und ␤ ᠄ Tarifpolitik. Wien 1887.

widmeten Gegenstände) zu treten habe. Eine weitere Folge dieser Absicht war, daß sich die Regierung bei der 1838 an Baron Sina verliehenen Concession auf eine Bahn von Wien-Gloggnitz das Recht vorbehielt, eine zweite Bahn in derselben Strecke auf Staatskosten zu bauen. Diese Idee, den Staat zum Eisenbahnunternehmer zu machen, kam endlich zu Anfang der 40er Jahre zur Reife, und damals entschloß sich die Regierung, die in den Jahren 1838 und 1839 der Sina'schen Actiengesellschaft verliehene Bahn Wien-Gloggnitz einzulösen, und den weiteren Ausbau eines österreichisch-ungarischen Eisenbahnstaatsnetzes auf Staatskosten zu unternehmen.

Die amtliche Wiener Zeitung vom 22. Dec. 1841 verkündete das neue Eisenbahnprogramm der Regierung. Die Erfahrungen der letzten Jahre, hieß es da, haben gelehrt, daß die Ausführung der Eisenbahn-Unternehmungen durch Privatgesellschaften Schwierigkeiten erzeuge, die „mit der Natur von Privatgesellschaften unzertrennlich verbunden sind". Diese Schwierigkeiten seien die Folgen des Umstandes, daß Privatgesellschaften die „öffentlichen Rücksichten den pecuniären Vortheilen" hintansetzen. „Die Staatsverwaltung allein ist hier in dem Falle die Bahnlinie mit Umgehung aller Nebenvortheile, im Sinne der allgemeinen Interessen des Verkehrs, und sonach unter Berücksichtigung aller Staatszwecke aufzufassen und zu bestimmen". Nachdem sich auch einige private Bahnunternehmungen, welche in finanzielle Bedrängniß gerathen waren (es waren das die Wien-Gloggnitzer und die Wien-Raaber Bahnen, von denen die letztere 1841 theilweise eröffnet wurde), an die Regierung um Hilfe gewendet hatten, beschloß dieselbe, „daß auf die Zustandebringung der für die Staatsinteressen wichtigsten Bahnen von Seite der Regierung directer Einfluß genommen werde, ohne die Privatbetriebsamkeit, da wo sie sich als nützlich bewährt, auszuschließen. Die Bahnen werden sich daher in Staats- und Privatbahnen theilen... Auf Grundlage dieses neuen Regierungsprogramms bezüglich der Eisenbahnen begann nun eine ersprießliche Thätigkeit auf dem Gebiete des Eisenbahnbaues, indem sowohl die wichtigen Linien Brünn-Olmütz-Prag-Bodenbach, wie auch die Fortsetzung der Linie Wien-Gloggnitz über Graz-Laibach nach Triest auf Rechnung des Staates in Angriff genommen wurden. [24])

Die Privatisirung der Staatsbahnen.

§. 83. Würde Oesterreich den damals eingeschlagenen Weg, neben den Privateisenbahnen, Staatsbahnen zu bauen und zu verwalten, unbehindert fortgesetzt haben, dann würde sich der Uebergang zum reinen und ausschließlichen Staatsbahnbetrieb mit der Zeit von selbst, ohne alle Umwälzungen und ohne größere Geldopfer, vollzogen haben. Der Staat würde die wichtigsten und größten Bahnen in seinen Besitz, dadurch das natürliche Uebergewicht über die Privatbahnen bekommen haben, das Anheimfallen dieser letzteren

[201]) Zur Verwaltung dieser Staatsbahnbau-Angelegenheiten wurde eine Generaldirection der Staatseisenbahnen bestellt, deren oberste Leitung dem Präsidenten der k. k. allg. Hofkammer, Karl Freiherrn von Kübeck übertragen wurde.

m den Staat wäre nur eine Frage der Zeit und würde sich kostenlos von selbst vollziehen.

Aber auch auf diesem Gebiete wie auf allen anderen staatlichen Gebieten spielt sich die Entwickelung nicht so einfach ab; theils äußere Nothwendigkeiten, theils falsche Theorieen greifen immer als „störende Ursachen" in den ruhigen Gang staatlicher Entwickelung ein, und auf keinem Gebiete bleiben dem Staate bittere Erfahrungen erspart, überall gelangt er erst durch Irrthum zur Wahrheit, durch Reactionen zum Fortschritt.

Die im Gefolge der Ereignisse des Jahres 1849 und der politischen Reaction der ersten 50er Jahre über Oesterreich hereingebrochene finanzielle Bedrängniß einerseits, und andererseits mißverstandene Freihandelstheorieen, welche all und jeden Staatsbetrieb als einen unwirthschaftlichen darzustellen suchten, bewogen die Regierung in der Mitte der 1850er Jahre sich ihres ganzen Eisenbahnbesitzes mit riesigen Verlusten zu entledigen, um momentane Finanzverlegenheiten zu beseitigen. [235]) Ein noch bedenklicherer Präcedenzfall wurde aber gleichzeitig damit geschaffen, daß der Staat der neuen Actiengesellschaft den Zinsertrag ihres Actiencapitals garantirte.

Damit war für mehr als zwei Decennien ein neues Eisenbahnverwaltungssystem auf Grundlage von: Privatbahnen und garantirten Bahnen in Oesterreich eingeführt, zu dessen Durchführung das Concessionsgesetz von 1854 erlassen worden war.

Allerdings war auch dieses System insoferne von Nutzen, weil sowohl inländisches wie ausländisches Capital, herangelockt durch die günstigen Bedingungen, unter denen es in Oesterreich in Eisenbahnen angelegt werden konnte, in Fülle hereinströmte und den Ausbau der österreichischen Eisenbahnen mächtig förderte. [236]) Der Staat aber, der sich vom Eisenbahnbau und Besitz ganz zurückzog und beides der Privatindustrie überließ, ward allmählig durch die eingegangenen Verpflichtungen der Zinsengarantie, [237])

---

[235]) Unterm 12. Jänner 1855 wurde einer Actiengesellschaft (Sina, Eskeles, Herzog von Galliera und Pereire) die nördliche Staatsbahn von Brünn nach Bodenbach, sowie die südlichen in Ungarn gelegenen Staatsbahnlinien Marchegg-Szolnok-Szegedin, ferner (die im Bau begriffene) Szegedin-Temesvar, ferner eine von Temesvar gegen die Donau zu erbauende und eine Linie im Banat für 65,450,000 fl. Conv. M., d. i. für kaum die Hälfte jener Summe, überlassen, welche der Staat in diese Bahnen investirt hatte; obendrein aber verbürgte sich der Staat gegenüber dieser so gebildeten neuen „Staatsbahngesellschaft", deren Concession auf 90 Jahre festgesetzt wurde, für ein Reineinkommen ihres Actiencapitals von 5% und 1/8% Capitaltilgung.

[236]) In der zweiten Hälfte der fünfziger Jahre entstanden auf Grund des Concessionsgesetzes und mit Zinsengarantie die wichtigsten österreichischen Bahnlinien, wie: die Kaiserin Elisabeth-Bahn, die Theiß-, die Südnorddeutsche Verbindungsbahn, die Carl-Ludwigsbahn, böhmische Westbahn u. a.

[237]) Die Zinsengarantie bestand in der Regel in der Verpflichtung des Staates, den Eisenbahngesellschaften in dem Falle, daß das Reinerträgniß derselben in einem Betriebsjahre nicht 5,2% vom „Anlagecapital" erreicht, zur Ergänzung der 5% Zinszahlung an ihre Actionäre und zur Amortisation des Capitales mit 1/8% einen Zuschuß zu leisten. Allerdings sollte der Staat diesen Zuschuß nur als ein mit 4% verzinsliches Darlehen leisten, da die Gesellschaften verpflichtet wurden, mit späteren Einnahme-Ueberschüssen diese staatlichen Vorschüsse

namentlich bei den vielen „nothleidenden" Eisenbahnen, immer mehr in Mitleidenschaft gezogen, so daß mit der Zeit die Thatsache immer deutlicher und klarer hervortrat, daß bei diesem System der Gewinn der Eisenbahnunternehmungen in die Taschen der Actionäre fließe, während die Verluste derselben aus dem Staatssäckel gezahlt werden. Diese Erkenntniß führte, allerdings nicht ohne heftige Kämpfe in den Parlamenten, zu einer neuerlichen Wandlung in den Anschauungen bezüglich des Eisenbahn-Verwaltungs-Systems: die großen Opfer, welche der Staat jahraus jahrein für die garantirten und nothleidenden Privatbahnen bringen mußte und die Schwierigkeiten, denen er behufs Durchführung volkswirthschaftlich gebotener Frachtentarif-Regelungen bei den Privatbahnen begegnete, verhalfen endlich der rationellen Verstaatlichungstendenz des Eisenbahnwesens zum Siege.

Privatbahnen oder Staatsbahnen?

§. 84. Es ist hier der Ort, wenn auch in kürzester Weise, auf diese Frage einzugehen. So oft die Verstaatlichung irgend eines wirthschaftlichen Betriebes gefordert wird, erheben sich dagegen die Anhänger der sog. „wirthschaftlichen Freiheit" und beschuldigen die Verstaatlichungstendenz des „Staatssocialismus". Nun ist es ja richtig und soll keineswegs geleugnet werden, daß das Princip der wirthschaftlichen Freiheit das einzig richtige ist und der socialistische Staat eine Utopie. Aber die Frage der Verstaatlichung der Eisenbahnen hat mit dem Staatssocialismus gar nichts zu thun, und es ist nur eine Begriffsverwirrung, wenn man ein Staatsbahnsystem mit dem Staatssocialismus in Zusammenhang bringt. Es giebt nämlich eine ganz genaue und leicht erkennbare Gränze, bis wohin die Staatsverwaltung mit Verstaatlichungen wirthschaftlicher Betriebe im Gesammtinteresse vordringen kann, und jenseits welcher erst der utopistische Staatssocialismus beginnt. Die Gränze wird durch die Möglichkeit der

zurückzuzahlen. An eine solche Rückzahlung war aber bei den meisten garantirten Bahnen gar nicht zu denken. Dieses Verhältniß war überhaupt in jeder Hinsicht ein unhaltbares und namentlich für den Staat höchst nachtheiliges. Schon über die Höhe des staatlichen Zuschusses entstanden Streitigkeiten. Denn die Eisenbahngesellschaften verlangten eine Ergänzung desjenigen Betrages, den sie ihren Actionären zu verzinsen hatten, also des Actiencapitals. Dagegen machte die Regierung mit Recht geltend (Mai 1863), daß sie nur zur Verzinsung des wirklichen Anlagecapitales sich verpflichtet habe, nicht aber des Actiencapitales, welches sehr oft, ja regelmäßig, das Anlagecapital bedeutend überstieg, weil es nicht nur die Baukosten, sondern auch den Gründergewinne, Finanzirungskosten u. dergl. repräsentirte. Eine Quelle weiterer Streitigkeiten bildete die staatliche Controle der Betriebsrechnungen der Eisenbahnen. Denn thatsächlich nahm unter dem Einfluß des Garantieverhältnisses der Privatbahnbetrieb einen noch viel schlimmeren Charakter an, als man das gewöhnlich gemeinwirthschaftlichen Unternehmungen zum Vorwurf macht. Denn während man gewöhnlich den Privatunternehmungen im Gegensatz zu den gemeinwirthschaftlichen große Sorgfalt und großen Eifer im Verfolgen der Erwerbsgewinnste nachrühmt: fielen ja bei den garantirten Bahnen alle Motive dieses privatwirthschaftlichen Erwerbsfleißes weg, nachdem doch für alle Ausfälle der Staat aufzukommen hatte. So war bei diesem System der Staat thatsächlich der Geprellte.

Monopolisirung eines allgemeinen Bedürfniß=Befriedigungs= Mittels ganz bestimmt und unzweideutig gezogen. Welcher Wirthschafts= trieb immer zu einer solchen Monopolisirung Gelegenheit giebt, der muß rationellerweise der Verstaatlichung unterzogen werden. Denn jede Monopolisirung eines Befriedigungsmittels eines allgemeinen Bedürfnisses thatsächlich eine Besteuerung der Massen, eine in wirthschaftlicher Form geübte Herrschaft über dieselben; eine solche Herrschaft aber darf im Staate nur der Staat ausüben.

Allerdings wenn die Socialisten den Staat zu dem einzigen und alleinigen Unternehmer und Industriellen machen wollen, so ist das eine Utopie; weil der Staat einerseits gar nicht die Möglichkeit hat, alle Gewerbe und Industrieen zu betreiben, und auch nicht die Macht, der Welt= concurrenz sich entgegenzustellen; auch kann der Staat das mit einem solchen Industriebetrieb verbundene Risico nicht auf sich nehmen. Der Staat kann nicht Tuchfabrikant, Spielwaarenfabrikant und drgl. sein, weil er auf dem Gebiete dieser Production den Privaterwerbfleiß, der sich in die gewag= testen Speculationen einläßt, ausländische Absatzgebiete aufsucht, den Kampf mit der Weltconcurrenz aufnimmt — nicht ersetzen kann. Auch ist bei solchen Industrieen die Gefahr einer Monopolisirung eines allgemeinen Bedürfniß= befriedigungs=Artikels nicht vorhanden. Ihrer Natur nach sind diese Pro= ductionszweige zersplittert und der freie Wettbewerb aller Völker auf diesem Gebiete kommt den Consumenten, also den Massen zu Gute. Auf diesem Gebiete ist gewiß wirthschaftliche Freiheit das rationellste Prinzip und jede Einmischung des Staates von Uebel. Ganz anders steht die Sache auf dem Gebiete solcher Verkehrsmittel, wie die Eisenbahn. Da ist schon der Natur der Sache nach jede Concurrenz ausgeschlossen und wurde auch mittelst der Privilegien, ohne welche niemand eine Eisenbahn bauen würde, ausgeschlossen. Jede Eisenbahnunternehmung erlangt daher sehr leicht ein Monopol, mittelst dessen sie die großen Massen der Bevölkerung besteuert; denn wenn auch das Reisen nicht zu den nothwendigen allgemeinen Be= dürfnissen gezählt werden will, so sind doch heutzutage die Massen auf Consumirung von Nahrungsmitteln angewiesen, welche nur durch den Bahn= transport ihnen zur Verfügung gestellt werden können, namentlich an solchen Orten, deren Bevölkerung in Folge jahrzehntelanger günstiger Communi= cationsverhältnisse gewachsen ist. Dasselbe gilt von anderen Artikeln des täglichen Bedarfes, z. B. von Kohlen. Wenn die Industrie Wiens sich einmal in Folge leichter Beschaffung von Kohlen mittelst der Nordbahn ent= wickelt hat, so ist sie auf diese Zufuhren angewiesen; und die Nordbahn könnte daher das Monopol erlangen durch Erhöhung der Kohlenfrachten, das Wiener Gewerbe zu besteuern.

Ein solches Verhältniß der Massen darf aber aus dem Grunde nur im Staate Platz greifen, weil der Staat bei jeder Uebung seiner Herr= schaft auch an die Erhaltung des Staates denken muß, und der Wohlstand der Massen, das Blühen der Industrie und des Gewerbefleißes in seinem Interesse liegt, während bei einer Privatactiengesellschaft schon aus dem Grunde auf einen Patriotismus und Gemeinsinn nicht gerechnet werden darf, weil ihre Actien möglicherweise sich auch in den Händen des Auslandes befinden können.

Solche Wirthschaftsbetriebe nun sind für die staatliche Verwaltung, für die Verstaatlichung präbestinirt und wie deren Verstaatlichung sich bereits auf dem Gebiete der Post und des Telegraphenwesens bewährt hat, so wird es sich auch auf dem Gebiete des Eisenbahnwesens bewähren. [238])

Die Verstaatlichung der Eisenbahnen.

§. 85. Den ersten gesetzgeberischen Ausdruck erlangte die obliegende Verstaatlichungstendenz in dem Gesetze vom 14. December 1877 RGB. Nr. 112, womit die Regierung zwar ermächtigt wurde den Unternehmungen von Eisenbahnen, welche die Garantie des Reinerträgnisses von Seite des Staates genießen, auch Vorschüsse zur Bedeckung von Betriebskostenabgängen zu gewähren [239]), zugleich aber auch für berechtigt erklärt wurde, den Betrieb garantirter Bahnen, für welche sie solche Vorschüsse gewährte, selbst zu führen oder durch andere führen zu lassen, d. h. in Staatsbetrieb zu übernehmen. Für die Rückzahlung solcher Vorschüsse wurde zugleich

---

[238]) Allerdings ist mit dem Eisenbahnwesen der Kreis jener Wirthschaftsbetriebe, die sich zur Verstaatlichung eignen, nicht geschlossen: dieselben Gründe sprechen auch für die Verstaatlichung einiger Zweige des Bergwesens z. B. der Kohlenbergwerke. Denn Kohle ist ebenso ein Artikel des allgemeinen Bedürfnisses und der Kohlenbau wird ebenso leicht zu einem Monopol wie die Eisenbahn. Auch ist nicht einzusehen, warum das Salz ein Monopol bilden soll, Kohle aber nicht, während doch die Kohle alle die Eigenschaften hat, welche das Salz so sehr zum Staatsmonopol qualificiren. Auch bei den Kohlen ist eine freie Concurrenz, die dem Consumenten zu Gute käme, unmöglich: auch hier wird am häufigsten ein Monopol begründet zu Gunsten von Privatunternehmern. Obendrein ist bei dem bestehenden Bergrechte die Möglichkeit nicht ausgeschlossen, daß ein solches Monopol von ausländischem Capitale rücksichtslos ausgebeutet werde. Wenn z. B. reiche ausländische Capitalisten in einem weites Schurfgebiet, in welchem sie Kohlen fanden, nach dem geltenden „Bergfreiheit“ mit Beschlag belegen, so können sie für Jahrhunderte von der inländischen Bevölkerung sich für die inländische Kohle Monopolpreise zahlen lassen, dieselbe also einfach tributpflichtig machen. Wo immer solche Verhältnisse möglich sind, da ist der Staat zur Verstaatlichung des betreffenden Wirthschaftsbetriebes nicht nur berufen, sondern nach Maaßgabe der Verhältnisse in seinem eigenen, vitalsten Interesse verpflichtet.

[239]) Die Nothwendigkeit der Ermächtigung der Regierung zu solchen „Vorschüssen“ an garantirte Bahnen ergab sich daraus, daß der Staat nach dem Wortlaute der Concessionen nur verpflichtet war, den zur 5% Verzinsung des Actiencapitals fehlenden Betrag des Jahresreinertrages der Bahnen zu ergänzen. Da nun, wie das ganz richtig der Fin.-Min.-Erl. vom 25. Mai 1863 an die garantirten Eisenbahnen auseinandersetzte, von einem Jahresreinertrage vor Ablauf des Betriebsjahres nicht die Rede sein konnte, so bestand die Forderung der Bahnen auf eine Ergänzung des Jahresreinertrages bis zu dem gewährleisteten Betrage vor Ablauf des Betriebsjahres nicht zu Recht, konnte also nur nach Ablauf der Betriebsjahre gefordert werden. Nun mußten aber die nothleidenden Bahnen schon während der Betriebsjahre ihren Zinsverpflichtungen nachkommen und forderten vom Staate „Vorschüsse“. Auf solche Vorschüsse bezog sich obige Ermächtigung.

eine strengere Bestimmung getroffen, als die bis dahin geltende[240]). Ferner wurde die Regierung ermächtigt, den Betrieb solcher garantirten Bahnen, welche für die letzten fünf Jahre mehr als die Hälfte des garantirten Reinerträgnisses jährlich in Anspruch genommen haben, ohne weiteres zu übernehmen. Die Rechte der Actiengesellschaften sollten durch den Staats= betrieb nicht berührt werden. Endlich wurde die Regierung auch ermäch= tigt „bei vorläufigen Vereinbarungen über den Ankauf garantirter Bahnen die Uebernahme der gesammten Prioritätsschulden und die Zahlung des restlichen Kaufschillings in Eisenbahn=Schuldverschreibungen zuzusichern" (§. 6).

Damit begann die Periode der Uebernahme der garantirten Privat= bahnen in den Staatsbetrieb und der dadurch angebahnten Verstaat= lichungen derselben. Gleichzeitig wurde auch, nachdem das Prinzip der Verstaatlichung auch in anderen Staaten (in Preußen) siegreich vor= drang, der Staatsbahnbau in Angriff genommen.

Gemäß dieser ganzen hier dargestellten Entwickelung giebt es daher gegenwärtig in Oesterreich viererlei öffentliche Eisenbahnen mit Bezug auf ihr Verhältniß zum Staate und zwar: nichtgarantirte Privatbahnen, ga= rantirte Privatbahnen, Privatbahnen im Staatsbetrieb und Staatsbahnen. Mit Bezug auf das Verhältniß der Bahnen zu einer oder der anderen der beiden Reichshälften giebt es österreichische Bahnen, ungarische Bahnen und gemeinsame Bahnen, das sind solche, „deren Linien beide Theile der Monarchie durchziehen." Die Verhältnisse der beiderseitigen Regierungen zu diesen letzteren Bahnen sind auf Grund der Ausgleichsgesetze und des Art. VIII des österr.=ungar. Zoll= und Handelsbündnisses (Art. VIII blieb unverändert bei der Erneuerung des Bündnisses im Jahre 1887) durch ein provisorisches Uebereinkommen der beiderseitigen Regierung vom 29. Juli und 21. August 1868 geregelt worden. Darnach übt hinsichtlich der ge= meinsamen Bahnen jede der beiden Regierungen alle der Staatsverwaltung zustehenden Rechte „rücksichtlich desjenigen Theiles der Bahnen selbständig und ausschließlich aus, welcher in ihrem Gebiete sich befindet." So oft es sich jedoch dabei um wichtigere und kostspieligere Maßregeln handelt, werden dieselben von jedem Fachminister nur im Einvernehmen mit dem anderen getroffen. Sollen neue gemeinsame Bahnen in's Leben gerufen werden, so sind alle Ansuchen um Vorconcession, Bauconcession u. s. w. sowohl in Oesterreich wie in Ungarn anzubringen und auch die Concessionsurkunde wird für jedes Gebiet von der betreffenden Regierung abgesondert ausge= stellt.[241]) Selbstverständlich gehen in solchen Fällen die beiden Fachminister

§. 86.

---

[240]) „Insolange solche Vorschüsse aushaften, hat die (bisherige) Bestimmung, wonach nur die Hälfte des die garantirte Jahressumme überschreitenden Rein= ertrages zur Rückzahlung an den Staat abzuführen ist, nicht Anwendung zu finden" (§. 3.)

[241]) Für die Strecken in beiden Staatsgebieten erlassen beide Regierungen einverständlich die gleichen Dienstesvorschriften und Instructionen; die betreffenden Bahndirectionen sind verpflichtet, alle vorschriftsmäßigen Vorlagen und Anzeigen gleichzeitig an beide Regierungen zu machen; die Genehmigung der Fahrpläne für gemeinsame Bahnlinien ertheilt für jede Theilstrecke die betreffende Regierung — allerdings wird diesbezüglich ebenfalls im beiderseitigen Einverständnisse vorgegangen.

einverständlich vor. Was das Heimfallsrecht an den Staat bei gemein=
samen Eisenbahnen anbelangt, so fällt alles unbewegliche Gut dem=
jenigen Staate zu, auf dessen Gebiet es sich befindet. Die Erhebungen
über Bahnunfälle werden von der Aufsichtsbehörde jenes Staatsgebietes vor=
genommen, auf dem der Unfall sich ereignete. Den Untersuchungsorganen
ist es jedoch gestattet, eventuell auch das Personal des anderen Staats=
gebietes einzuvernehmen. Uebrigens machen sich beide Regierungen periodisch
gegenseitige Mittheilungen über den Stand der Fahrbetriebsmittel, Unfälle,
Achsbrüche wie auch auf den Personen= und Gütertransport =bezügliche
statistische Mittheilungen.

Eisenbahnbehörden.

§. 87.   Die vom Ende der 70er und mit dem Anfang der 80er Jahre
sich mehrende Anzahl der in den Staatsbetrieb übergehenden Privatbahnen
und der immer wachsende Nutzen der Staatsbahnen erzeugte die Nothwendig=
keit einer Reorganisation der Eisenbahnbehörden. Die bestehende General=
inspection der Eisenbahnen, die im Jahre 1875 in's Leben gerufen wurde
und lediglich eine technisch=administrative Aufsichtsbehörde ist, erwies sich
schon nach ihrem gesetzlichen Wirkungskreise zur Bewältigung der ganz
neuen Aufgaben der Verwaltung der in Staatsbetrieb übergegangenen
und zum Baue und zur Verwaltung der Staatsbahnen unzureichend.
So wurde denn im Jahre 1884 eine Generaldirektion der österreichischen
Staatsbahnen als Centralstelle in Wien errichtet, welcher als untergeordnete
Organe k. k. Eisenbahn=Betriebs=Directionen in Wien, Linz, Innsbruck,
Villach, Budweis, Pilsen, Prag, Krakau, Lemberg, Pola und Spalato
unterstellt wurden.[242] An der Spitze der Generaldirection steht ein Sec=
tionschef des Handelsministeriums als „Präsident".

---

[242] Min.=Erl. vom 23. Juni 1884 RGB. Nr. 103. Als Aufgabe der
Generaldirection wird daselbst die Führung des Betriebes auf den in eigener Ver=
waltung des Staates befindlichen Staatsbahnen und vom Staate betriebenen
Privatbahnen, wie auch die Führung des Staats=Eisenbahnbaues unter der Ober=
aufsicht des Handelsministers, jedoch unabhängig von den sonstigen Eisenbahn=
Agenden des Handelsministeriums bezeichnet.
Die Generaldirection hat in Angelegenheiten des bezeichneten Geschäftskreises
als Executivorgan des Handelsministers zu fungiren und in dieser Eigenschaft die
oben angeführten Bahnen als einheitliches Gesammtnetz insbesondere gegenüber
den Militär=Centralstellen, dann gegenüber anderen Verkehrsanstalten und im
Vereine deutscher Eisenbahnverwaltungen zu vertreten.
Im Mobilisirungsfalle tritt die Generaldirection sofort in die Centralleitung
für Militärtransporte auf Eisenbahnen ein.
Die oben erwähnten Eisenbahnbetriebs=Directionen haben den localen Be=
triebsdienst unter Trennung der drei Hauptdienstzweige von einander durch, als
unterste Dienststellen fungirende Organe zu versehen, und zwar:
a) Den Bahnaufsichts= und Bahnerhaltungsdienst, einschließlich der Bauten, für
welche keine eigenen Bauleitungen bestellt sind, durch Bahnerhaltungs=
Sectionen;
b) den Verkehrs= und commerciellen Dienst durch die Stationen (Haltestellen),
welche bei größerer Wichtigkeit die Bezeichnung: „k. k. Bahnbetriebsamt"
mit erweiterten Competenzbefugnissen erhalten;

Da gleichzeitig „zur Begutachtung volkswirthschaftlicher Fragen im Bereiche des Eisenbahnverkehrs" dem Handelsminister ein Staatseisenbahnrath²⁴³) beigegeben wurde (§. 5), so ernennt der Handelsminister aus dem Staatseisenbahnrath fünf Mitglieder, welche einen ständigen **Beirath²⁴⁴**) des Präsidenten der Generaldirection bilden, zur Begutachtung aller Anträge auf Tarifermäßigungen im Personen= und Güterverkehr und

c) den Zugförderungs= und Werkstättendienst, einerseits durch die Heizhausleitungen, andererseits durch die Werkstättenleitungen.

Neben den Bahnerhaltungs=Sectionen können zur Ausführung von Neubauten auf den im Staatsbetriebe befindlichen Eisenbahnen besondere technische Organe (Sectionen, Bauleitungen) aufgestellt werden.

Die Bauausführung neuer auf Staatskosten herzustellender Bahnen erfolgt durch die zu diesem Zwecke aufgestellten, der Generaldirection unmittelbar unterstehenden Bauleitungen, denen für die einzelnen Baustrecken Sectionen untergeordnet sind.

Die Dienstsprache der Staats-Eisenbahnverwaltung ist die deutsche.

In derselben hat insbesondere der gesammte innere Dienst mit Einschluß des Verkehres aller Organe der Staats-Eisenbahnverwaltung unter einander stattzufinden. Alle Organe der Staats-Eisenbahnverwaltung haben mit den Militärund Civilbehörden in deutscher Sprache zu verkehren.

²⁴³) Der Staats-Eisenbahnrath besteht aus dem Vorsitzenden und 50 Mitgliedern, welche vom Handelsminister auf die Dauer von drei Jahren ernannt werden. Von denselben werden: a) 9 Mitglieder vom Handelsminister nach freiem Ermessen ausgewählt und 5 Mitglieder in der Weise ernannt, daß der Finanzminister und der Ackerbauminister je zwei, und der Reichskriegsminister eine der zu ernennenden Persönlichkeiten bezeichnet; b) 24 Mitglieder über Vorschlag von Handels= und Gewerbekammern und c) 12 Mitglieder über Vorschlag von Landesculturräthen und sonstigen landwirthschaftlichen Fachcorporationen ernannt. (§. 17). Der Staats-Eisenbahnrath versammelt sich über Einladung des Handelsministers nach Bedürfniß, mindestens aber zweimal im Jahre, und zwar im Frühjahre und Herbste zu einer Sitzung. Derselbe ist berufen in wichtigen, die Interessen des Handels, der Industrie, der Land- und Forstwirthschaft berührenden Fragen des Eisenbahn-Verkehrswesens sein Gutachten abzugeben.

Seiner Begutachtung unterliegen, insoweit es sich um die vom Staate betriebenen Eisenbahnen handelt, insbesondere:

a) alle wichtigen Anträge bezüglich des Tarifwesens, bezüglich der Anwendung von Ausnahme= und Differentialtarifen;

b) die jährlich zweimal (für die Sommer= und Wintermonate) festzustellenden Fahrpläne;

c) Anträge auf Abänderung der reglementarischen Bestimmungen, soweit es sich nicht um technische Bestimmungen handelt;

d) die Grundsätze für die Art der Vergebung von Lieferungen und Arbeiten.

Außerdem liegt dem Staatseisenbahnrathe ob, sich über Aufforderung des Handelsministers über die Wahl der Orte zu äußern, an welchen EisenbahnBetriebsdirectionen, Betriebsämter, Materialmagazine und Bahnerhaltungs=Sectionen zu errichten sind. Der Staats-Eisenbahnrath kann ferner rücksichtlich der im Staatsbetriebe befindlichen Eisenbahnen Anfragen und Anträge stellen. Er kann in Angelegenheiten seines Wirkungskreises auch Anträge stellen, welche sich auf andere Eisenbahnen und auf das Eisenbahnwesen überhaupt beziehen.

²⁴⁴) Die Mitglieder des ständigen Beirathes haben nach Bestimmung des Präsidenten der Generaldirection bei der Controle der finanziellen Gebahrung und insbesondere bei der Scontrirung der Hauptcassa mitzuwirken und an der Verwaltung der Pensions= und Wohlthätigkeitsfonde theilzunehmen. Dieselben erhalten eine Entlohnung, deren Höhe vom Handelsminister bestimmt wird.

auf Vergebung von Arbeiten und Lieferungen für die im Bau begriffenen Linien der Staatsbahnen (§. 14). Der Handelsminister hat das Recht, gewisse Angelegenheiten aus dem Wirkungskreise der Generaldirection seiner Entscheidung vorzubehalten. [245])

Eine wichtige Frage nach der Errichtung der Generaldirection war die Regelung ihres Verhältnisses zur Generalinspection der österreichischen Eisenbahnen. Letztere wurde als technisch-administrative Aufsichtsbehörde des Eisenbahnbetriebes, sogar auf den der Generaldirection unterstehenden Staatseisenbahnen beibehalten. [246]) Der Generalinspection obliegt demnach auch fernerhin: die Aufsicht über die Erhaltung der Bahnlinien sammt Zugehör, über die Instandhaltung der Fahrsbetriebsmittel, die Ueberwachung des technischen Betriebes, des Signal- und des Transportwesens und die Aufsicht über die Bahnbeamten und Diener im Sinne der Eisenbahnbetriebs-ordnung.

Dagegen leitet und überwacht die Generaldirection die Bauaus-führungen auf allen Staatsbahnen. Bei den zu diesem Zwecke abgehaltenen Commissionen intervenirt jedoch immer auch ein Vertreter der General-inspection. [247])

[245]) Insbesondere sind dem Handelsminister vorbehalten: 1. wichtigere organisatorische Verfügungen, im Rahmen der gesetzlichen Organisation; 2. die Feststellung des Jahres-Präliminares und die Bewilligung zu Ausgaben, welche in demselben nicht vorgesehen sind, nach Maaßgabe der auf verfassungsmäßigem Wege zu erwirkenden Credite; 3. die Ernennung des Stellvertreters des Präsidenten der Generaldirection; 4. die Ernennung der Abtheilungsvorstände der Generaldirection, der Betriebsdirectoren und Bauleiter, sowie des Leiters der Bodensee-Schiffahrts-Inspection; 5. die Ernennung, Beförderung, Kündigung (Pensionirung) und Entscheidung über die Disciplinarbehandlung aller Beamten der Staats-Eisenbahn-verwaltung, welche mehr als 2000 fl. Jahresgehalt beziehen, sowie die Ertheilung von Remunerationen und Geldaushilfen an die bezeichneten Beamten; endlich Urlaubsbewilligungen an die höheren Beamten der Generaldirection, die Bewilligung zum Abschluß von Verträgen über unbewegliches Staatseigenthum „und andere Verträge über bedeutendere Summen."

[246]) HMV. vom 12. Juli 1884 Nr. 122 betreffend die Regelung der Beziehungen der Generaldirection der österreichischen Staatsbahnen zu der Generalinspection der österreichischen Eisenbahnen. „Aus dem, mit Verordnung des Handelsministeriums vom 26. August 1875 normirten Wirkungskreise der Generalinspection der österreichischen Eisenbahnen", heißt es daselbst, „entfallen in den dienstlichen Beziehungen derselben zur Generaldirection der österreichischen Staatsbahnen alle Amtshandlungen und Agenden, welche nicht ausdrücklich in der Eisenbahn-Betriebs-ordnung vom 16. November 1851 oder in anderen Gesetzen der Generalinspection auch gegenüber den Staatseisenbahnen vorbehalten sind und mit der Handhabung der Sicherheit und Ordnung des Bahnbetriebes nicht im Zusammenhange stehen. Insbesondere findet eine Prüfung und Ueberwachung der ökonomischen Gebahrung der Generaldirection durch die Generalinspection nicht statt."

[247]) Daher sind auch vor der Abhaltung der betreffenden Commissionen die bezüglichen Acten und Projectspläne durch einen Zeitraum von 14 Tagen zur Einsicht der Generalinspection bereitzuhalten. Die Generaldirection muß die Pläne von Herstellungen, welchen eine neue Constructionsart oder ein neues System zu Grunde liegt, der Generalinspection zur Begutachtung übermitteln, und derselben zur Evidenzhaltung der Bahneinrichtungen der österreichischen Eisenbahnen von den Ausführungsplänen der Stations- und Geleiseanlagen, sowie der sonstigen Betriebsanlagen neuer Bahnlinien je eine Copie für das Archiv zur Verfügung

Das Poſtrecht.

Die einſtige Bedeutung der Poſt als Perſonen= und Güter=Verkehrs= §. 88. anſtalt tritt angeſichts der Eiſenbahnen immer mehr in den Hintergrund, wogegen dieſelbe als Nachrichtenverkehrsanſtalt eine immer größere Bedeutung gewinnt. Dazu kommt noch, daß aus der früheren fiskaliſchen Einrichtung immer mehr eine im öffentlichen Intereſſe functionirende Anſtalt geworden iſt. Es iſt demnach die Poſt heutzutage vorwiegend eine dem Nachrichtenverkehr der Geſammtheit gewidmete öffentliche Anſtalt, die vom Staate als Monopol, jedoch immer mehr nach den Grundſätzen einer rationellen Privatwirthſchaft betrieben wird. [248]

Da ſich aber zugleich die Poſt ihrer Beſtimmung nach, auch ein internationales Verkehrsmittel zu ſein, immer mehr zu einer internationalen Anſtalt ausbildete, ſo kam es ſchließlich dazu, daß die Grundſätze ihres Betriebes in gegenſeitigem Einverſtändniß mit fremden Staaten geregelt und feſtgeſetzt wurden. Die höchſte Stufe dieſer Entwickelung erreichte die Poſtverwaltung durch die Bildung des Weltpoſtvereins vom 1. Juni 1878 RGB. Nr. 66. Damit iſt die Poſt jedes Staates nicht nur eine öffentliche Anſtalt des betreffenden Staates, ſondern eine öffentliche Weltanſtalt geworden, welche buchſtäblich „für alle Welt" Dienſte leiſtet und von „aller Welt" benützt werden kann. [249]

Aus allen dieſen in der Poſtanſtalt ſich vereinigenden Momenten ergeben ſich folgende öffentliche Rechtsverhältniſſe:

a) Aus der Monopoliſirung der Poſt durch den Staat ergibt ſich deſſen alleinige und ausſchließliche Berechtigung zum Betriebe des Nachrichtenverkehrs, inſoferne derſelbe durch Ueberſendung von Mittheilungen in einer beſtimmten Form vor ſich geht. Und zwar bezieht ſich das Monopol nur auf Mittheilungen in geſchloſſenen Briefen oder Druckſchriften; ſolche dürfen von einem Orte zum anderen nur durch die ſtaatliche Poſt befördert werden. [250] Doch iſt das Verſenden und Zuſtellen von Büchern und Zeitungen innerhalb eines Ortes (Stadt) geſtattet.

ſtellen. Die im Archive der Generalinſpection bereits vorhandenen Pläne von ſolchen Anlagen ſind durch die Generaldirection im erſten Monate jedes Jahres durch Einzeichnung der im Laufe des Vorjahres erfolgten Aenderungen in Uebereinſtimmung mit dem factiſchen Beſtande zu bringen.

[248] Grundlage der öſterreichiſchen Poſtverwaltung bildet noch immer das Poſtgeſetz vom 5. November 1837, welches die Beſtimmungen über das „Poſtregal" nach fiscaliſchen Geſichtspunkten regelte. Seither ſind jene Beſtimmungen durch ſpätere Geſetze und Verordnungen vielfach abgeändert worden. Für Ungarn iſt bis heutzutage das proviſoriſche Poſtgeſetz vom 1. Februar 1851 in Geltung.

[249] Vergl. meine Verwaltungslehre §§. 128—130 und die dort angeführte Literatur.

[250] Ausgenommen ſind Briefe und periodiſche Schriften, welche jemand durch einen Boten befördert, wenn nur letzterer ſich nicht mit dem Sammeln anderer Briefe und Sendungen befaßt. Auch dürfen periodiſche Schriften auf anderem als dem Poſtwege befördert werden, wenn ſeit ihrer Ausgabe mehr als ein halbes Jahr verfloſſen iſt. (§. 11 Poſtgeſ. v. 1837.)

Auf den Perſonen- und Gütertransport erſtreckt ſich das Poſtmonopol nicht[251]) — und es beſteht neben demſelben ſowohl das conceſſionirte gewerbmäßige Lohnfuhrwerk, wie auch der gelegentliche Nebenverdienſt von Fuhrwerksbeſitzern, endlich auch der conceſſionirte Gütertransport (z. B. Möbeltransport-über-Land-Unternehmungen).

Andererſeits ergiebt ſich aus dem Poſtmonopol für die Verwaltung die Pflicht, den Transport von Briefen, Druckſchriften, Muſtern wie auch anderer Fahrpoſtſendungen[252]) ohne Rückſicht auf die Perſon des Aufgebers zu übernehmen, ſobald die Sendungen den beſtehenden Reglements entſprechen und die Tarifbedingungen erfüllt werden.

b) aus dem Umſtande, daß ſich der Poſtbetrieb als eine entgeltliche Dienſtleiſtung des Staates darſtellt, ergiebt ſich zwiſchen dem Staat als Unternehmer und den einzelnen ſeine Dienſte in Anſpruch Nehmenden ein Vertragsverhältniß, welches zwar als ein Verhältniß öffentlichen Rechts nicht ganz unter das Privatrecht fällt, jedoch mit dem Privatrechtsverhältniß der locatio conductio einige Aehnlichkeit und Analogie beſitzt. Es unterſcheidet ſich von letzterem namentlich darin, daß der Staat ſein Monopol- und zugleich Hoheitsrecht benützend, die Bedingungen des Poſtvertrages, als Unternehmer zugleich und als Geſetzgeber einſeitig feſtſetzt und ſich nur an die von ihm ſelbſt feſtgeſetzten Bedingungen gebunden erachtet — dem Einzelnen gegenüber dagegen Verletzungen dieſes Poſtvertrages hoheitsrechtlich mit Strafen belegt.

Die Rechte des Einzelnen gegen die Poſtverwaltung aber fließen nicht aus dem durch die Thatſachen begründeten Vertrage, ſondern aus den durch die Poſtgeſetze und Reglements gegebenen Beſtimmungen, wodurch das in den Thatſachen begründete Privatrechtsverhältniß öffentlich-rechtlich modificirt erſcheint.

c) Aus dem internationalen und Weltcharakter der Poſtanſtalt ergiebt ſich für den Staat die Verpflichtung, bei der Feſtſetzung der Beſtimmungen des Poſtvertrages die durch die internationalen Poſtverträge und den Weltpoſtvertrag gezogenen Schranken nicht zu überſchreiten.

Die Poſtreglements.

§. 89.   Die oben erwähnten Reglements beziehen ſich

α) auf die äußere Form der Sendungen;

β) auf den Briefportotarif;

γ) auf die Briefverſicherung mittelſt Recommandation, womit die Haftung des Staates für aufgegebene Briefe erlangt wird.

ad α) Mit der Briefpoſt können im inländiſchen Verkehr verſendet werden: 1. Briefe und Schriften ohne Werthangabe bis zum Gewichte von

---

251) Mit dem Geſetz v. 31. März 1865 iſt der Perſonentransport aus dem Staatsvorbehalte, mit Ausnahme ſehr unbedeutender Beſchränkungen, ausgeſchieden worden. S. Bartl: Handbuch f. d. ausübenden Poſtdienſt in Oeſterreich S. 5.

252) Es beſteht neben der Briefpoſt die Fahrpoſt, welche auch Gegenſtände, die poſtpflichtig ſind, als: Geld, Werthpapiere, Waaren und Effecten zum Transporte übernimmt. (Fahrpoſt-Sendungen.)

250 Gramm; 2. Correspondenzkarten; 3. Drucksachen (Kreuzbandsendungen) bis zum Gewichte von 1000 Gramm; 4. Waarenproben und Muster bis 250 Gramm; 5. Zeitungen und 6. Postanweisungen; 7. lebende Bienen in Holzkästchen; endlich 8. Postaufträge. [253])

Mit der **Fahrpost** können versendet werden: 1. Schriften ohne Werthangabe von mehr als 250 Gramm; 2. Briefe und Schriften mit declarirtem Werthe; 3. Frachtstücke mit oder ohne Werthangabe; 4. Sendungen mit Nachnahme; 5. Postnachnahmekarten.

Ausgeschlossen von dem Fahrposttransporte sind eine Reihe speciell angegebener Gegenstände, die dem Verderben unterliegen oder deren Transport mit Gefahren (z. B. Explosion und drgl.) verbunden ist — endlich lebende Thiere. [254])

ad β) Das Briefporto wird, abgesehen von einem Stadtpost- und einem demselben gleichgehaltenen Bestellungsbezirke eines Postamtes über dieselben hinaus ohne Rücksicht auf die Transportstrecke nach einer Gewichtsscala und bei Werthsendungen auch noch nach dem Werthe abgestuft. Die Franzirung soll durch Aufkleben der entsprechenden Marke stattfinden; doch können gewöhnliche Briefe im Umfange des Weltpostvereins auch unfrankirt versendet werden; nach außerhalb desselben besteht in der Regel Frankirungszwang. Doch wird bei Bestellung unfrankirter Briefe eine fixe Zutaxe eingehoben.

Ein besonderer Tarif enthält die Portogebührensätze nach allen Orten des Weltpostvereines.

Das Gesetz vom 2. October 1865 RGB. Nr. 108 enthält die Aufzählung der Personen, Behörden und Correspondenzen, denen Portofreiheit zusteht. [255])

ad γ) Die Recommandation besteht darin, daß der Brief dem Postbeamten übergeben wird, welcher dem Abgeber über den Empfang ein Recepisse ausfertigt. Recommandirte Briefe und Sendungen müssen in der Regel frankirt werden. Für die Recommandation wird eine besondere Gebühr entrichtet.

Der Zweck der Recommandation der Briefe und Sendungen ist die Versicherung derselben gegen Verlust. Denn während die Post für den Verlust

---

[253]) Die Postanweisung bezweckt die Auszahlung eines Geldbetrages durch die Post an eine dritte Person, den Adressaten; der Postauftrag bezweckt die Encaissirung eines Geldbetrages von einer dritten Person für den Auftraggeber. Den Postaufträgen kann das die Forderung begründende Document (Rechnung, Wechsel, Schuldschein u. dergl.) zur Aushändigung an denjenigen, der die Zahlung leisten soll, beigeschlossen werden.

[254]) Eine vollständige Zusammenstellung aller geltenden Postvorschriften und Tarifsätze findet man in Kallina's Posttarifen, die jährlich zweimal erscheinen. (Wien, Waldheim.)

[255]) In erster Linie sind portofrei die Correspondenzen des Kaisers und der Mitglieder der kaiserlichen Familie, deren Obersthofmeisterämter und Secretariate. Ferner ist portofrei alle Amtscorrespondenz der staatlichen Behörden. Der amtliche Charakter solcher Correspondenzen muß auf der Adresse durch die Aufschrift „portofreie Dienstsache" ersichtlich gemacht werden. S. Mayrhofer I S. 494 ff. Kallina's Posttarif.

gewöhnlicher Briefe und Sendungen keine Haftung übernimmt: verpflichtet sie sich im Falle des Verlustes eines recommandirten Briefes (oder Sendung) zum Ersatze in einem bestimmten Betrage.

Bei allen recommandirten Correspondenzen sowohl im internen als auch im Weltpostvereinsverkehr kann der Absender die Beigabe eines Rückscheines verlangen, auf welchem der Empfänger den Empfang zu bestätigen hat, und welcher Schein (Retour=Recepisse) von der Post dem Absender auf dessen Verlangen gegen Rückgabe des ersten Recepisses ausgehändigt wird. Für solche Retour=Recepisse ist eine weitere Gebühr zu zahlen.

Im amtlichen Verkehr der Behörden unter sich treten Befreiungen von Recommandationsgebühren ein.

Die Postverkehrsgebiete. ✓

§. 90. Mit Rücksicht auf die Postverträge bestehen für Oesterreich sechs ver= schiedene Postverkehrsgebiete und zwar:

1. Das interne österreichische Postverkehrsgebiet. Insoferne es sich in diesem Gebiete um keine externen Angelegenheiten handelt, regelt den Verkehr in diesem Gebiete das österreichische Handelsministerium voll= kommen autonom innerhalb der Staatsgesetze.[256]

2. Das österreichisch=ungarische Postverkehrsgebiet, auch internes Wechselverkehrsgebiet genannt, beruht auf dem österreichisch= ungarischen Zoll= und Handelsbündniß. Kraft derselben kann keine der beiden Reichshälften mit ausländischen Staaten Postverträge abschließen, die nur für das interne Gebiet einer Reichshälfte zu gelten hätten; die mit fremden Staaten abgeschlossenen Postverträge haben vielmehr für die ganze Monarchie gleichbindende Kraft, involviren daher ebenfalls ein österreichisch=ungarisches Postverkehrsgebiet.

3. Das internationale Wechselverkehrsgebiet, welches aus dem Wechselverkehr Oesterreichs mit dem Auslande mit Ausschluß (Tran= sitirung) Ungarns entsteht.

4. Das Wechselverkehrsgebiet mit Deutschland, welches mit dem am 7. Mai 1872 zu Berlin abgeschlossenen österreichisch=ungarisch= deutschen Postvertrag constituirt wurde. Die Bestimmungen dieses Ver= trages beziehen sich auf den Wechselverkehr zwischen beiden Staaten und auf den Durchgangsverkehr, sofern im Verkehr einer der vertrags= schließenden Theile mit einem fremden Staate die Gebiete der vertrags= schließenden Theile berührt werden.

5. Das Weltpostverkehrsgebiet, welches mittelst des am 9. Oct. 1874 zu Bern geschlossenen Weltpostvertrages constituirt wurde.

---

[256] Bartl spricht nur von einem internen österreichisch=ungarischen Postverkehrsgebiet. Doch ist es klar, daß es auch ein ausschließliches österreichisches Postverkehrsgebiet giebt, denn nur für dieses gelten die in dem österreichischen Reichsgesetzblatt und in dem österreichischen Postverordnungsblatt kundgemachten Gesetze und Verordnungen. Auch beziehen sich sehr viele Vorschriften, wie z. B. über Uniformirung der Postbeamten, ausschließlich auf die im Reichsrath ver= tretenen Länder.

Die Bestimmungen dieses Vertrages wurden seither auf dem Congresse zu Paris 1878 und in Lissabon 1885 einer Revision unterzogen[257].)

6. Das sog. Vereins-Auslandsgebiet, d. i. das Postverkehrsgebiet, welches gebildet wird durch den Verkehr Oesterreich-Ungarns mit dem außerhalb des Weltpost-Vereins befindlichen Staaten (Vereins-Auslandsverkehr).

Telegraphen- und Telephonrecht.

§. 91. Als Nachrichtentransportanstalt werden der Telegraph und das Telephon nach den Grundsätzen der Post verwaltet und erzeugen die den Postrechtsverhältnissen analogen Rechtsverhältnisse.

Der Telegraph ist ebenso wie die Post und Eisenbahn eine öffentliche Anstalt; die Benützung desselben steht also jedermann frei. Doch kann die Regierung den Telegraphendienst nach Belieben einstellen; Telegraphenämter nach Bedürfniß und Gutdünken eröffnen und aufheben.

Ausgeschlossen von der Beförderung sind nur Depeschen unsittlichen oder staatsgefährlichen Inhalts. Unter Umständen ist das Telegraphenamt berechtigt, den Nachweis der Identität der Person des Absenders zu fordern.

Die Telegraphenanstalt übernimmt keinerlei Haftung für die durch Verlust, Verstümmelung oder Verspätung möglicherweise entstehenden Nachtheile.

Die Telegramme können in den meisten lebenden europäischen und einigen lebenden orientalischen Sprachen abgefaßt werden. Auch dürfen die Telegramme in „verabredeten" und „geheimen" Sprachen verfaßt, d. h. sie können auch chiffrirt sein. Im europäischen Verkehr wird die Telegraphengebühr, mit einer Grundtaxe und Hinzufügung einer Worttaxe berechnet; im außereuropäischen Verkehr wird nur eine Worttaxe berechnet.

Dem Sprachgebrauche widerstrebende Zusammenziehungen sind nicht gestattet.

Ebenso wie Telegraphenleitungen sind „Herstellungen von Telephonanlagen, welche den unmittelbaren Anschluß an ein Staatstelegraphenamt erhalten sollen, auf Ansuchen der Partei gegen festgesetzte Gebühr ausschließlich von der Post- und Telegraphenverwaltung zu besorgen.[258])

Die Postbehörden.

§. 92. Das gesammte Post- und Telegraphenwesen untersteht dem k. k. Handelsministerium und wird von dem k. k. Generaldirector für Post- und Telegraphen-Angelegenheiten geleitet. Als Hilfsorgane der Centralleitung fungiren: das Postcursbureau und die Postökonomie-Verwaltung, zur Rechnungscontrole ist das Fach-Rechnungsdeparte-

---

[257]) Die Bestimmungen des Weltpostvertrages beziehen sich nur auf den Briefpostverkehr; auf den Fahrpostverkehr findet dieser Vertrag keine Anwendung; für letzteren gelten daher die zwischen Oesterreich-Ungarn und den einzelnen ausländischen Staaten abgeschlossenen speciellen Post- (und Handels-) Verträge.

[258]) Min.-Vdg. v. 7. October 1887 RGB. Nr. 116.

ment bestimmt. Als Landesbehörden für das Post= und Telegraphen=
wesen sind dem Handelsministerium beziehungsweise der Generaldirection
zehn Post= und Telegraphen=Directionen untergeordnet, und zwar:
in Wien, Linz, Innsbruck, Graz, Triest, Zara, Prag, Brünn, Lemberg und
Czernowitz. Als Hilfsamt für den Rechnungs= und Controldienst besteht
bei jeder Postdirection ein Rechnungsdepartement. [259])

Nicht die gesammte Postverwaltung wird in unmittelbarer Staatsregie
von staatlichen Organen besorgt: vielmehr liegt ein Theil derselben (die
Postverwaltung am flachen Lande und in kleinen Orten) in den Händen
von Pächtern, die als „Postmeister" auf Grund von Verträgen mit der
Postverwaltung einzelne Poststationen zur Besorgung aller Postgeschäfte über=
nehmen. Es giebt in Folge dessen zwei Kategorieen von Postämtern: ärarische
und nichtärarische. [260]) Die erstern sind mit staatlichen Beamten besetzte
Aemter; dagegen sind die, die nichtärarischen Postämter verwaltenden Post=
meister und Postexpedienten, einfach private Unternehmer (gleich den Steuer=
pächtern) und haben keine amtliche Stellung.

[259]) In Ungarn untersteht das Post= und Telegraphenwesen ebenfalls dem
Handelsministerium und wird von dem Minister selbst geleitet. Als Hilfs=
organe sind das Postcursbureau, das Central-, Post= und Telegraphen-
Oeconomat, die Central-, Post- und Telegraphen-Casse, das
Ministerial-, Post- und Telegraphen-Buchhaltung beigegeben. Für die
verschiedenen Verwaltungsgebiete sind königl. ungarische Post= und Tele-
graphendirectionen aufgestellt, u. zw. in Budapest, Preßburg, Oedenburg,
Kaschau, Großwardein, Temesvar, Hermannstadt, Fünfkirchen und Agram.

Der Postmanipulationsdienst wird bei den ärarischen Postämtern durch kgl.
ungar. Staatsbeamte verrichtet, bei den nichtärarischen Postämtern ist derselbe
an Privatpersonen übertragen.

Außer den erwähnten Postanstalten in Oesterreich-Ungarn bestehen noch
österreichisch-ungarische Postämter und Postexpeditionen in der europäischen und
asiatischen Türkei und im Fürstenthum Liechtenstein.

Im Occupationsgebiete Bosnien, Herzegowina besorgen den Postdienst k. u.
k. Militär-Postämter und im Sandschak Novibazar k. u. k. Feldpost-Expedituren.
Beide sind der Militär-Post- und Telegraphen-Direction in Sarajevo untergeordnet, welche dem k. u. k. Reichs-Kriegsministerium in Wien untersteht.

[260]) HMErl. v. 23. August 1880 Nr. 11713.

VI. Buch.

Volkswirthschaftsrecht.

Der Inbegriff der gesetzlichen Bestimmungen, welche es sowohl dem **§. 93.** Einzelnen als auch Genossenschaften und Vereinen ermöglichen, an der Gesammtwirthschaft des Volkes den möglichst wirksamsten Antheil zu nehmen, nennen wir Volkswirthschaftsrecht.

Die österreichische Gesetzgebung seit dem Jahre 1859 und insbesondere die Staatsgrundgesetze v. Jahre 1867 trugen der durch jahrhunderte alten Erfahrung gewonnenen, durch die Wissenschaft seit Adam Smith bestätigten Erkenntniß Rechnung, daß nur die unbedingte öconomische Freiheit des wirthschaftenden Individuums und die größtmöglichste Bewegungsfreiheit der Genossenschaften und Vereine die Grundbedingung der wirthschaftlichen Wohlfahrt des Staates ist.

Wie aber keine staatsrechtliche Reform je in einem Wurfe vollzogen wurde; wie jede Neuerung erst mit den entgegenstehenden und widerstreitenden Interessen den Kampf bestehen muß: so ist auch als nothwendige Reaction gegen die freiheitliche Gewerbegesetzgebung von 1859 und die, eine freie wirthschaftliche Bewegung fordernde Staatsgrundgesetzgebung von 1867, seit den ersten 80er Jahren unseres Johrhunderts eine Gegenströmung entstanden, welche die von der freiheitlichen Entfaltung der Volkswirthschaft bedrohten Elemente zu schützen unternahm. Dieser Gegenströmung erlag die österreichische Gesetzgebung auf mehreren nicht unbedeutenden Punkten und somit befindet sich das gegenwärtige österreichische Wirthschaftsrecht in einem Moment des Rückfalles in eine einmal schon überwundene Entwickelungsphase; wir können getrost hier von einem atavistischen Rückschlag in eine bereits als überwunden betrachtete Wirthschaftsform sprechen. In Ungarn ist ein solcher Rückfall bisher nicht erfolgt.

Nach den drei Hauptzweigen der Volkswirthschaft theilt sich das Volkswirthschaftsrecht in a) Landwirthschaftsrecht, b) Gewerbe= und Industrierecht und c) öffentliches Handelsrecht.

Erstes Hauptstück.

Das Landwirthschaftsrecht.

§. 94. Da die landwirthschaftliche Production die Grundlage alles Volkswohlstandes ist, so ist sie auch die Grundbedingung der Macht des Staats. Von jeher war daher die Förderung der Landwirthschaft eine der wichtigsten Angelegenheiten jedes Staates, der nicht etwa durch gänzlichen Mangel an productivem Boden auf andere Lebensbedingungen (Handel) angewiesen war. Von jeher hat sich denn auch der Staat für berechtigt gehalten, alle diejenigen Maaßregeln zu ergreifen, die er zum Zwecke der Förderung der Landwirthschaft für nothwendig erachtete.

Eine der ersten solcher Maaßregeln, die fast jeder Staat in den Anfangsstadien seiner Entwickelung ergriffen hat, war der Zwang zur landwirthschaftlichen Arbeit (Sklaverei, Robot, Frohnden). Als fortgeschrittene Cultur und gereiftere Einsicht in volkswirthschaftliche Verhältnisse einen solchen Zwang für überflüssig erscheinen ließen, wurde derselbe aufgegeben, die Landwirthschaft dem freien Betrieb überlassen und die staatliche Förderung derselben auf die Wegräumung überkommener Hindernisse dieses freien Betriebes, sowie die Herstellung solcher Hilfsmittel beschränkt, welche die Kräfte des Einzelnen übersteigen.

Das aus dem Zusammentreffen staatlicher Action mit der landwirthschaftlichen Bevölkerung und deren Thätigkeit entstandene Landwirthschaftsrecht hat zum Gegenstande:

a) Die Personen, welche die Landwirthschaft betreiben (Landwirthe);
b) das Landwirthschaftsgut als Object landwirthschaftlicher Thätigkeit (Feldgut, Wald, Wasser);
c) die Beziehungen der Grundbesitzer zu dem Grund und Boden und zwar sowohl mit Beziehung auf Erwerb desselben als auch auf Verfügung über dasselbe, worunter nicht nur Benützung, sondern auch Veräußerung, Theilung und Vererbung zu verstehen ist. Nach diesen drei Richtungen soll das österreichische Landwirthschaftsrecht hier in Betracht gezogen werden.

Die Landwirthe.

§. 95. Die Landwirthschaft wurde von jeher und wird heutzutage ebenso wie anderwärts auch in Oesterreich-Ungarn betrieben: von Großgrundbesitzern als Unternehmern, von Kleingrundbesitzern oder Bauern, die theils auch Unternehmer, theils selbst Arbeiter sind, endlich von Pächtern, die blos Unternehmer oder auch auf kleinen Besitzungen Unternehmer und zugleich Bauern sein können.

In der Benützung und Bewirthschaffung ihres Grund und Bodens sind Groß- wie Kleingrundbesitzer gleich frei und nur denjenigen Beschränkungen gleicherweise unterworfen, welche sich aus Rücksicht für das Wohl und das Interesse der Gesammtheit ergeben.

Doch war diese wirthschaftliche Verschiedenheit von jeher und ist auch heute noch verbunden mit einer verschiedenen öffentlichen Rechtsstellung. Allerdings ist in dieser Verschiedenheit der Rechtsstellung der Großgrundbesitzer und der Bauern seit den Jahren 1848 und 1849 eine wesentliche Umwandlung erfolgt, indem die früheren Unterthanen zu freien Staatsbürgern erhoben wurden und sodann die Gleichheit aller Staatsbürger vor dem Gesetze staatsgrundgesetzlich verbürgt wurde; nichtsdestoweniger äußert sich die Verschiedenheit der wirthschaftlichen, Stellung auch heute noch nach mehreren Richtungen in der verschiedenen öffentlichen Rechtstellung sowohl der Besitzer wie ihrer Besitzungen. Was die Besitzer anbelangt, so ist die Gränze zwischen diesen beiden Classen der Staatsbürger (Klein- und Großgrundbesitzer) durch die Steuerleistung bestimmt. Diese Gränze ist in den einzelnen Ländern eine verschiedene und schwankt zwischen 50 fl. und 250 fl., so daß in einigen Ländern schon derjenige, der mehr als 50 fl. an Grundsteuern zahlt, als Großgrundbesitzer angesehen wird, während in anderen Ländern hiezu eine Grundsteuerleistung von 250 fl. erforderlich ist.[261] Der staatsrechtliche Vorrang der Großgrundbesitzer nun besteht darin, daß sie

a) ein unmittelbares Wahlrecht besitzen, während die Kleingrundbesitzer nur ein mittelbares Wahlrecht ausüben;

b) verhältnißmäßig zu ihrer Zahl eine stärkere (zahlreichere) Vertretung in die gesetzgebenden Körperschaften entsenden;

c) daß Großgrundbesitzerinnen wahlberechtigt sind, während die Kleingrundbesitzerinnen kein Wahlrecht haben;

d) Großgrundbesitzer können ihr Wahlrecht durch Bevollmächtigte ausüben, was die Kleingrundbesitzer nicht thun können.[262]

Die Grundentlastung.

Die Umwandlung zwangsweiser Bearbeitung des Bodens in den freien Betrieb der Landwirthschaft ist in Oesterreich mittelst der unter dem Namen der Grundentlastung bekannten administrativ-finanziellen Operation durchgeführt worden, welche mit dem kaiserl. Patent v. 7. September 1848 in Angriff genommen, sodann auf Grundlage desselben und des kaiserl. Patentes v. 4. März 1849 zu Ende geführt wurde. Ersteres beseitigte definitiv jedes Unterthänigkeits- sowie auch jedes schutzobrigkeitliche Verhältniß zwischen Bauern und Großgrundbesitzern. Die von letzteren bis

§. 96.

---

[261] Eine Steuerleistung von 250 fl. ist erforderlich in Böhmen, Mähren und Schlesien; von 200 fl. in Niederösterreich; von 100 fl. in den meisten Ländern u. zw. Oberösterreich, Salzburg, Steiermark, Kärnten, Krain, Görz und Gradiska (II. Wahlbezirk) Istrien, Dalmatien (Zara, Spalato, Ragusa), Galizien und Bukowina; endlich nur 50 fl. sind erforderlich in Tirol (adeliger Grundbesitz!) Görz und Gradiska (I. Wahlbezirk), und Dalmatien (Cattaro).

[262] Vergl. Habermann (Dr. Georg): Studien über Agrargesetzgebung. Wien 1872. Mit Bezug auf das Wahlrecht heißt es da (S. 35): „Was der Bauersmann in dieser Beziehung zu wenig, hat der Edelmann zu viel; fast scheint es, als ob der Vorzug des Einen die Zurücksetzung des Anderen bedingt."

dahin geübte Civil= und Strafgerichtsbarkeit sowohl als auch politische Ver=
waltung wurde den neu errichteten Gerichts= und Administrativbehörden
übertragen; jeder Unterschied zwischen Dominical= und Rusticalgründen
wurde aufgehoben und zugleich erklärt, daß alle aus dem Unterthänigkeits=
verhältnisse entspringenden, auf dem unterthänigen Grunde lastenden Servi=
tuten, Giebigkeiten, Leistungen, (Zehent=, Schutz=, Vogt=, Wein= und Berg=
herrlichkeit), sowie alle aus Anlaß der Besitzänderungen unter Lebenden
und auf den Todesfall zu entrichtenden Gebühren (Laudemien und Mor=
tuarien) aufzuhören haben. [263])

Für einige dieser aufgehobenen Lasten sollte eine Entschädigung
geleistet werden, für andere nicht. Die Beantwortung der Frage, für
welche Giebigkeiten und Leistungen den Bezugsberechtigten eine Entschädigung
zu Theil werden solle, sowie die erforderliche Bestimmung über die Art
und Weise der Aufhebung und Regulirung der in Frage stehenden Rechte
(die Durchführung der Grundentlastung) wurde eigenen Organen
übertragen, die ausschließlich zu diesem Zwecke ins Leben gerufen und mit
den entsprechenden Instructionen versehen wurden. Hierüber erflossen in
Ausführung des Patentes vom 4. März 1849 für jedes einzelne Kronland
nach dessen eigenthümlichen Verhältnissen die geeigneten Ministerialver=
fügungen. [264])

In jedem Kronlande wurden Landes= und Bezirkscommissionen zur
Durchführung der Grundentlastung ernannt; die Entscheidung in letzter In=
stanz über die dabei vorkommenden Fragen war dem Ministerium vorbehalten.
Als unentgeltlich aufzuhebende Giebigkeiten und Leistungen wurden be=
zeichnet:

a) alle Rechte und Bezüge, welche aus dem persönlichen Unter=
thanenverbande und dem Schutzverhältnisse entsprangen als Robot,
Robotgelder, Waisen=Hofdienste, Spinnschuldigkeiten, verschiedene
„Zinse", endlich das Heimfalls=Einstands= und Vorkaufsrecht der Grund=
obrigkeiten.

b) Ferner wurden ohne Entgelt aufgehoben alle aus dem obrigkeitlichen
Jurisdictionsrechte hervorgegangenen Bezüge (grundherrliches und
bürgerliches Abfahrtsgeld u. dgl.)

c) Der Bier= und Branntweinzwang, d. i. die Verpflichtung, diese Ge=

---

[263]) Habermann: a. a. O. hebt die segensreichen Folgen der Grundentlastung
hervor. „Der Aufschwung der Landwirthschaft datirt aus einer Zeit, wo sie eine
freie Beschäftigung, der Intelligenz und freien Mitwerbung anheim gegeben wurde."
So schrieb man noch im Jahre 1872. Seither stellte sich die Nothwendigkeit her=
aus, gegen die „Ausschreitungen" dieser Freiheit anzukämpfen. S. unten S. 404
— 406.

[264]) Für Oesterreich unter der Enns vom 13. Februar 1850 Nr. 14 des LGB.,
— für Oesterreich ob der Enns und für Salzburg vom 4. October 1849, — für
Steiermark, dann für Kärnten und Krain vom 12. September 1849, — für Istrien
vom 17. September 1849, — für Tirol und Vorarlberg vom 17. August 1849,
— für Böhmen vom 27. Juni 1849, — für Mähren vom 27. Juni 1849, —
Schlesien vom 11. Juli 1849, — für Galizien vom 15. August 1849 und vom
15. August 1850.

tränke von den ehemaligen Propinationsberechtigten oder an ihre
Stelle getretenen Besitzern des Bier= und Branntweinregals abzu=
nehmen, unbeschadet der durch privatrechtliche Verträge begründeten
ähnlichen Verpflichtungen und Rechte; sowie der Weinzwang dort,
wo er bestanden hat; [265])

d) das ausschließliche Recht der böhmischen Obrigkeiten auf gefundene
Granaten;

e) alle Jagdvorrechte der Obrigkeiten u. s. w.

Entgeltlich sollten dagegen aufgehoben (also abgelöst) werden:

a) Holzungs= und Weiderechte sowie ähnliche Servituten;

b) alle wechselseitigen aus emphiteutischen Verträgen herrührenden
Leistungen;

c) alle Giebigkeiten für Kirchen, Schulen, Pfarren und für Gemeinde=
zwecke.

Dagegen entfielen aber auch für die Obrigkeiten alle aus den früheren
Schutzverhältnissen ihren Unterthanen gegenüber entspringenden Pflichten
und Lasten. —

Selbstverständlich hatten die Ablösungsgesetze keine Anwendung auf
zeitliche Grund=, Pacht= und Grundbestandsverträge.

Die constituirten Landescommissionen forderten nun durch Edicte alle
betheiligten Parteien zur Anmeldung ihrer Ansprüche auf; diese Anmeldungen
wurden den Bezirkscommissionen behufs Durchführung der Verhandlungen
mitgetheilt; Ansprüche und Verhältnisse, über welche keine gütliche Aus=
gleichung erzielt werden konnte, wurden auf den Rechtsweg gewiesen.

Der Werth der ablösbaren Schuldigkeit wurde nach den örtlichen
Durchschnittspreisen berechnet — worüber eingehende Bestimmungen erflossen.

Von dem ermittelten Werthe der Leistungen wurde der Werth der
Gegenleistungen der Obrigkeiten in Abzug gebracht — doch sollte in keinem
Falle, auch wenn sich ein Ueberschuß der letzteren herausstellen sollte, eine
Vergütung für dieselben stattfinden.

---

[265]) Doch wurde durch die Grundentlastungsgesetze das den ehemaligen Do=
minien in Böhmen, Mähren, Galizien und der Bukowina aus der Landesverfassung
zustehende Propinationsrecht, d. i. das ausschließende Erzeugungs= und Ausschanks=
recht geistiger Getränke (Branntwein, Bier) nicht berührt. (Min.=Erl. v. 10. Juli
1849.) Nur die früher hie und da bestandenen Verpflichtungen, von den Pro=
pinationsberechtigten gewisse Quantitäten geistiger Getränke zu kaufen, entfiel
ohne Entschädigung. Das eigentliche Propinationsrecht, d. h. die ausschließliche
Berechtigung der Großgrundbesitzer Bier und Branntwein im Umkreise ihres Guts=
gebietes zu erzeugen, wurde im Jahre 1869 in Böhmen, Mähren und Schlesien
aufgehoben und die früher Berechtigten erhielten eine Entschädigung. In Galizien
und der Bukowina wurde die Aufhebung resp. die Ablösung des Propinations=
rechtes in den Jahren 1875 u. 1879 durchgeführt. Dabei beließ man aber die früher
Berechtigten noch 26 Jahre in der Ausübung ihres Rechtes. Erst als durch das
Gesetz betreffend den Zoll von gebrannten geistigen Flüssigkeiten v. 20. Juni 1888
die Besitzer der Propinationen in der Ausübung ihrer Rechte geschmälert werden
mußten, erfolgte eine nochmalige und allerletzte Ablösung dieses ihres nunmehr
temporären Propinationsrechtes ein für allemal und zwar mittelst eines Ent=
schädigungscapitals von 26 Millionen Gulden. Vergl. Victor Korn: Das Pro=
pinationsrecht in Galizien und in der Bukowina und dessen Ablösung. Wien 1889.

Von dem ermittelten Werthe wurde ein Drittheil als non den Berechtigten für Steuer, Einbringungskosten u. dergl. aufzuwendender Betrag in Abzug gebracht und die verbleibenden zwei Drittheile als Grundlage der Entschädigung genommen. Die Last dieser Entschädigung wurde zu einer Hälfte den früher Verpflichteten (also den gewesenen Unterthanen), zur anderen Hälfte dem Kronlande eventuell dem Staatsschatze auferlegt.

Die zur Last der Verpflichteten ermittelte jährliche Entschädigungsrente wurde in 20fachem Anschlage zum Capitale erhoben und als eine auf dem entlasteten Grunde mit der gesetzlichen Priorität vor allen anderen Hypothekarlasten zu Gunsten der zu diesem Zwecke geschaffenen Grundentlastungscassen haftende Forderung behandelt.

Die Verpflichteten hatten die Entschädigungsrente bei den Steuercassen zugleich mit den Steuern in $^1/_4$ jährigen Raten zu entrichten.

Die Durchführung der Grundentlastung in allen nichtungarischen Ländern dauerte zehn Jahre.

Nachdem die Grundentlastungscommissionen die Summe der Forderungen jedes einzelnen Bezugsberechtigten, sowie die Beiträge, welche zur Tilgung desselben die Verpflichteten selbst, das Kronland und der Staat zu leisten hatten, ermittelten: traten die schon mit dem kaiserl. Patent v. 25. September 1850 in Aussicht gestellten und in den Jahren 1851 bis 1853 in's Leben gerufenen Grundentlastungsfonds in Action, um diese gegenseitigen Ablösungsleistungen und Empfänge zu vermitteln. Diese Fonds standen unter der Verwaltung eigener Directionen in jedem Kronlande. Das Ablösungsgeschäft wurde durch Schaffung von Grundentlastungsobligationen vollzogen, welche von dem Grundentlastungsfonds an die Berechtigten an Zahlungsstatt hinausgegeben wurden. Diese Obligationen welche alle Vorzüge der Staatspapiere genossen, waren im Verlaufe von 40 Jahren amortisirbar, indem dieselben nach Maßgabe der einfließenden Zahlungen der Verpflichteten zur Einlösung gelangten — mittlerweile aber verzinslich waren.

Nach einem im Jahre 1857 veröffentlichten amtlichen Berichte über die Resultate der Grundentlastungsarbeiten (wobei die Bukowina und die ungar. Länder noch nicht einbezogen waren) belief sich bis Ende Februar 1857 die Zahl der angemeldeten Berechtigten auf 58,975, die der Verpflichteten auf 2,872,200; das an die ersteren zu zahlende Entlastungscapital wurde damals mit 292,884,625 fl. ausgemittelt, wobei die Kosten der Liquidirungsoperation sich auf 3,908,594 fl. beliefen.

Gegenwärtig, nachdem die ganze Grundentlastungsoperation größtentheils durchgeführt ist, wird die an die früheren Grundherren ausgezahlte (zum Theil noch zu zahlende) Summe auf 520 Millionen Gulden berechnet, (wovon auf Ungarn sammt Nebenländern 232 Millionen entfällt).[266]

Nicht einbezogen in obige Ablösungsoperation wurden Wasserbezugsrechte, das Propinationsrecht in den slavischen Kronländern (s. oben) endlich

---

[266] Marchet: Rückblick auf die Entwickelung der österreichischen Agrarverwaltung (1889) S. 17.

ie Holzungs= und Weiderechte, wie auch die Servitutsrechte zwischen Obrig=
eiten und ihren bisherigen Unterthanen in Galizien, Krakau und der
Bukowina. Die Regelung resp. Ablösung dieser Rechte wurde einer folgen=
en Zeit überlassen. (Kaiserl. Patent v. 5. Juli 1853.)

Für die ungarischen Länder wurden den dortigen abweichenden Ver=
ältnissen angepaßte Gesetze und Verordnungen erlassen, so die kaiserl. Pa=
ente v. 2. März 1853 und 21. Juni 1854.

Nach diesen Patenten entfielen in Folge der Aufhebung des Urbarial=
erbandes und der grundherrlichen Gerichtsbarkeit alle aus diesen ent=
pringenden und abgeleiteten Rechte und Verpflichtungen und wurden den
rüheren Unterthanen das freie Eigenthums= und Verfügungsrecht über die
on ihnen besessenen Urbarialgründe zugesprochen. Die Berechtigten er=
ielten dafür eine Entschädigung aus Landesmitteln, welche durch Steuer=
uschläge aufgebracht wurden, aus denen man Entlastungsfonds wie in Oester=
eich bildete. (Kaiserl. Patente v. 16. Jänner 1854 u. 1. Jänner 1856.)

Bestiftungszwang und Freitheilbarkeit.

§. 97. Da auch in jedem gemeinschaftlichen Besitze eine Beschränkung der
reien Verfügung über Grund und Boden liegt, so war es eine Folge des
ngenommenen Grundsatzes wirthschaftlicher Freiheit, daß der Staat seine
ilfe all und jeden Aufhebungen solcher Gemeinschaften angedeihen ließ und
lle Separationen, Gemeinheitstheilungen förderte. In erster Linie richtete
ich die bezügliche Thätigkeit der Staatsgewalt auf die von Alters her
iblichen gemeinschaftlichen Gemeindeweiden, welche einem Fortschritt ratio=
eller Landwirthschaft hinderlich im Wege standen, deren Auftheilung daher
efördert wurde,[267] wie auch auf die Regulirung und Ablösung aller
Weide= und anderer landwirthschaftlichen Nutzungsrechte an fremdem Grund
nd Boden. Behufs Durchführung der letzteren erfloß das Patent vom
5. Juli 1853 und sodann das Gesetz v. 7. Juni 1883.

Ferner wurde der früher bestehende „Bestiftungszwang", d. h. das
Verbot der Theilung der Bauerngüter im Erbgange aufgehoben und zwar
mittelst Landesgesetzen in den Jahren 1868 und 1869 in den Ländern
Böhmen, Bukowina, Galizien, Kärnten, Mähren, Niederösterreich, Ober=
österreich, Salzburg, Schlesien, Steiermark und Vorarlberg. (In Dalmatien,
m Küstenlande, in Krain und ital. Theile von Tirol hatten keine solchen
Beschränkungen bestanden; in Deutsch=Tirol dagegen wurden die mit Hfd.
v. 9. October 1795 bezüglich der Bauerngüter festgesetzten Beschränkungen
er Theilbarkeit aufrechterhalten.)

---

[267] Die ersten dießbezüglichen Bestrebungen datiren aus der zweiten Hälfte
des vorigen Jahrhunderts. Das Patent v. 5. November 1768 verfügt eine Ver=
messung und Auftheilung der Gemeindeweiden und Hutungen; eine Ausnahme
vird nur für Alpenweiden gestattet. Die Patente vom 26. März 1769 und
17. April 1784 erkennen denjenigen, welche Gemeindeweiden zu nutzbarer Cultur
bringen werden, 30jährige Zehentbefreiung zu. Das Patent v. 14. März 1775
chreibt die Art und Weise vor wie bei solchen Theilungen vorgegangen werden
olle; auch die Hofdecrete v. 14. Octbr. 1808 und 26. December 1811 beschäftigen
ich damit.

Diese freiheitliche Entwickelung der Agrarverfassung hat wohl im allgemeinen die landwirtschaftliche Production Oesterreich-Ungarns gesteigert, da dem Großgrundbesitze durch die Grundentlastungsentschädigung ein bedeutendes Capital zugeführt wurde, welches derselbe zu landwirthschaftlichen Investitionen und Meliorationen verwenden konnte: dagegen stellten sich die von der freiheitlichen Doctrin verkündeten segensreichen Früchte dieser Entwickelung für den Bauernstand mit nichten ein. Die neuen theilweise aus der Grundentlastung auf denselben überwälzten Steuern drückten denselben schwer; die Freiheit, auf seinen Grund und Boden nach Belieben Schulden zu contrahiren, ward ihm verderblich; ebenso die Freiheit, das ihm oft knapp zugemessene Grundeigenthum nach Belieben zerstückeln und veräußern zu dürfen. Es bauerte nicht lange und ein Niedergang des Bauernstandes, eine landwirthschaftliche Noth stellte sich ein [268]) und an die Gesetzgebung trat wieder die Aufgabe heran, einem immer weiteren Verfall des Kleingrundbesitzes vorzubeugen.

Vorerst dachte man demselben durch gewisse Palliativmittel ohne Verletzung der freiheitlichen Grundsätze beikommen zu können. Solche Mittel waren: Creditinstitute für die kleinen Landwirthe und Commassationsgesetze. Die Wirkung der ersteren war keine segensreiche (z. B. die Rusticalbank in Galizien in den ersten 1870er Jahren), der freie kleine Grundbesitz kam nur noch mehr in Abhängigkeit vom Capital (Sparkassen) und die Zahl der executiven Feilbietungen stieg in erschreckender Weise.

Nun versuchte es der Gesetzgeber mit Commassationsgesetzen.

Commassation. ✓

§. 98. 　　Zu den Ursachen des Niederganges der kleinen Landwirthschaft gehörte auch unstreitig die Gemenglage der Ackerparzellen; eine zweckmäßige Zusammenlegung (Commassation) derselben, welche dem Landwirth viel Arbeit und Geld erspart, sollte der landwirthschaftlichen Noth steuern. [269])

　　Zu diesem Zwecke gestattet das Reichsgesetz vom 7. Juni 1883 RGB. Nr. 92, daß landwirthschaftliche Grundstücke eines bestimmten Gebietes behufs erfolgreicherer Bewirthschaftung unter behördlicher Mitwirkung der Zusammenlegung unterzogen werden können (§. 1).

　　Solche Zusammenlegungen werden von eigens zu diesem Zwecke gebildeten Local- und Landescommissionen durchgeführt, über welche als höchste Instanz eine Ministerialcommission im Ackerbauministerium fungirt. (§. 6). Zum Zwecke der Erleichterung dieser Operationen wird das Verfahren dabei gebührenfrei erklärt und auch im übrigen sehr vereinfacht und von allen im ordentlichen Gerichts- und Verwaltungsverfahren sonst üblichen Beschränkungen befreit. Dieß bezieht sich insbesondere auf die sonst vor-

---

[268]) Doch soll eine der vielen Ursachen derselben auch die wachsende amerikanische Concurrenz sein.

[269]) S. Carl Peyrer's einschlägige Schriften: Die Arrondirung des Grundbesitzes. Wien 1869. Die Zusammenlegung der Grundstücke, die Regelung der Gemeingründe und die Ablösung der Forstservituten in Deutschland und Oesterreich. Wien 1873. Die Regelung der Grundeigenthumsverhältnisse. Wien 1877.

geschriebene Rücksichtnahme auf Rechte dritter Personen; sind solche Rechte auf einem abgefundenen Grundstücke versichert, so werden sie gebührenfrei auf das Abfindungsstück übertragen. Kommen bei solchen Zusammen=legungen Parteistreitigkeiten vor, so werden dieselben von der Landes=commission eventuell im Berufungswege von der Ministerialcommission entschieden.

Die endgiltigen Erkenntnisse dieser Behörden, sowie die von denselben genehmigten Vergleiche haben die Rechtswirksamkeit gerichtlicher respective politischer Erkenntnisse oder Vergleiche und sind gleich diesen von den ordentlichen Behörden zu vollstrecken. Bei den auf Grund dieser Urkunden vorzunehmenden Eintragungen in die öffentlichen Bücher findet eine Ein=vernehmung dritter Personen, für welche dingliche Rechte haften, nicht statt (§. 11).

Die Vorarbeiten für eine Zusammenlegung, sowie der Zusammen=legungsplan können entweder unter Leitung eines Localcommissärs oder ohne diesen durch einen oder mehrere Eigenthümer der zusammenzulegenden Grundstücke zu Stande kommen. Dieser Plan muß enthalten: die Be=werthung der in Betracht kommenden Grundstücke und Rechte; die Bezeich=nung derselben als abzufindende oder Abfindungsgrundstücke, endlich die Angabe jener gemeinschaftlichen Anlagen, welche zur wirthschaftlichen Be=nützbarkeit der Abfindungsgrundstücke nothwendig sind (§. 27).

Die wichtigste Bestimmung des ganzen Gesetzes enthält der §. 28, welcher besagt, daß, wenn mindestens die Hälfte der Eigenthümer der zu einem Zusammenlegungsgebiete gehörigen landwirthschaftlichen Grundstücke behufs Zusammenlegung derselben sich einigen, die Landescommission die Zusammenlegung in Angriff zu nehmen hat. Somit ist der Grundsatz der zwangsweisen Durchführung der Zusammenlegung gegenüber einer wider=strebenden Minderheit vom Gesetze sanctionirt, worin allerdings die einzige Gewähr der Durchführung dieser gemeinnützigen Operationen liegt; denn mit der doctrinären Respectirung der Unverletzlichkeit des Privateigenthumsrechts würden sich Commassationen kaum je durchführen lassen.

Dabei wird in diesem Gesetze die Selbstbestimmung der Staatsbürger nicht nur in weitestem Maaße gewahrt, sondern mächtig angeregt und ge=fördert, indem es den Eigenthümern der zusammenzulegenden Grundstücke freigestellt wird, die ganze Zusammenlegungsoperation ohne Mitwirkung eines Localcommissärs, also außerämtlich durchzuführen (§. 31). Allerdings ist auch für diese außerämtliche Durchführung das Verfahren im Gesetze festgestellt (§§. 32 ff.).

Die Ausführung des ganzen Gesetzes ist jedoch von der Erlassung dasselbe ergänzender Bestimmungen im Wege der Landesgesetzgebung ab=hängig gemacht, indem es den Landesgesetzgebungen überlassen bleibt, zu bestimmen, was als ein „landwirthschaftliches Grundstück", sowie als ein „Gebiet" im Sinne dieses Reichsgesetzes anzusehen ist (§. 2); ferner welche Grundstücke dieser Art ihrer besonderen Eigenschaften wegen nur mit Zu=stimmung des Eigenthümers der Zusammenlegung unterzogen oder selbst gegen den Willen des Eigenthümers hievon ausgeschlossen werden dürfen.

Erstes Hauptstück.

Das Landwirthschaftsrecht.

§. 94.   Da die landwirthschaftliche Production die Grundlage alles Volkswohlstandes ist, so ist sie auch die Grundbedingung der Macht des Staates.
Von jeher war daher die Förderung der Landwirthschaft eine der wichtigsten
Angelegenheiten jedes Staates, der nicht etwa durch gänzlichen Mangel an
productivem Boden auf andere Lebensbedingungen (Handel) angewiesen
war. Von jeher hat sich denn auch der Staat für berechtigt gehalten, alle
diejenigen Maaßregeln zu ergreifen, die er zum Zwecke der Förderung der
Landwirthschaft für nothwendig erachtete.

Eine der ersten solcher Maaßregeln, die fast jeder Staat in den
Anfangsstadien seiner Entwickelung ergriffen hat, war der Zwang zur
landwirthschaftlichen Arbeit (Sklaverei, Robot, Frohnden). Als fortgeschrittene Cultur und gereiftere Einsicht in volkswirthschaftliche Verhältnisse einen solchen Zwang für überflüssig erscheinen ließen, wurde derselbe
aufgegeben, die Landwirthschaft dem freien Betrieb überlassen und die
staatliche Förderung derselben auf die Wegräumung überkommener Hindernisse dieses freien Betriebes, sowie die Herstellung solcher Hilfsmittel beschränkt, welche die Kräfte des Einzelnen übersteigen.

Das aus dem Zusammentreffen staatlicher Action mit der landwirthschaftlichen Bevölkerung und deren Thätigkeit entstandene Landwirthschaftsrecht hat zum Gegenstande:

a) Die Personen, welche die Landwirthschaft betreiben (Landwirthe);

b) das Landwirthschaftsgut als Object landwirthschaftlicher Thätigkeit
(Feldgut, Wald, Wasser);

c) die Beziehungen der Grundbesitzer zu dem Grund und Boden und
zwar sowohl mit Beziehung auf Erwerb desselben als auch auf
Verfügung über dasselbe, worunter nicht nur Benützung, sondern
auch Veräußerung, Theilung und Vererbung zu verstehen ist.

Nach diesen drei Richtungen soll das österreichische Landwirthschaftsrecht hier in Betracht gezogen werden.

———

Die Landwirthe.

§. 95.   Die Landwirthschaft wurde von jeher und wird heutzutage ebenso wie
anderwärts auch in Oesterreich-Ungarn betrieben: von Großgrundbesitzern
als Unternehmern, von Kleingrundbesitzern oder Bauern, die theils auch
Unternehmer, theils selbst Arbeiter sind, endlich von Pächtern, die blos
Unternehmer oder auch auf kleinen Besitzungen Unternehmer und zugleich
Bauern sein können.

In der Benützung und Bewirthschaffung ihres Grund und Bodens
sind Groß- wie Kleingrundbesitzer gleich frei und nur denjenigen Beschränkungen gleicherweise unterworfen, welche sich aus Rücksicht für das Wohl
und das Interesse der Gesammtheit ergeben.

Doch war diese wirthschaftliche Verschiedenheit von jeher und ist auch heute noch verbunden mit einer verschiedenen öffentlichen Rechtsstellung. Allerdings ist in dieser Verschiedenheit der Rechtsstellung der Großgrundbesitzer und der Bauern seit den Jahren 1848 und 1849 eine wesentliche Umwandlung erfolgt, indem die früheren Unterthanen zu freien Staatsbürgern erhoben wurden und sodann die Gleichheit aller Staatsbürger vor dem Gesetze staatsgrundgesetzlich verbürgt wurde; nichtsdestoweniger äußert sich die Verschiedenheit der wirthschaftlichen, Stellung auch heute noch nach mehreren Richtungen in der verschiedenen öffentlichen Rechtstellung sowohl der Besitzer wie ihrer Besitzungen. Was die Besitzer anbelangt, so ist die Gränze zwischen diesen beiden Classen der Staatsbürger (Klein- und Großgrundbesitzer) durch die Steuerleistung bestimmt. Diese Gränze ist in den einzelnen Ländern eine verschiedene und schwankt zwischen 50 fl. und 250 fl., so daß in einigen Ländern schon derjenige, der mehr als 50 fl. an Grundsteuern zahlt, als Großgrundbesitzer angesehen wird, während in anderen Ländern hiezu eine Grundsteuerleistung von 250 fl. erforderlich ist.[261] Der staatsrechtliche Vorrang der Großgrundbesitzer nun besteht darin, daß sie

a) ein unmittelbares Wahlrecht besitzen, während die Kleingrundbesitzer nur ein mittelbares Wahlrecht ausüben;

b) verhältnißmäßig zu ihrer Zahl eine stärkere (zahlreichere) Vertretung in die gesetzgebenden Körperschaften entsenden;

c) daß Großgrundbesitzerinnen wahlberechtigt sind, während die Kleingrundbesitzerinnen kein Wahlrecht haben;

d) Großgrundbesitzer können ihr Wahlrecht durch Bevollmächtigte ausüben, was die Kleingrundbesitzer nicht thun können.[262]

Die Grundentlastung.

Die Umwandlung zwangsweiser Bearbeitung des Bodens in den **§. 96.** freien Betrieb der Landwirthschaft ist in Oesterreich mittelst der unter dem Namen der Grundentlastung bekannten administrativ-finanziellen Operation durchgeführt worden, welche mit dem kaiserl. Patent v. 7. September 1848 in Angriff genommen, sodann auf Grundlage desselben und des kaiserl. Patentes v. 4. März 1849 zu Ende geführt wurde. Ersteres beseitigte definitiv jedes Unterthänigkeits- sowie auch jedes schutzobrigkeitliche Verhältniß zwischen Bauern und Großgrundbesitzern. Die von letzteren bis

---

[261] Eine Steuerleistung von 250 fl. ist erforderlich in Böhmen, Mähren und Schlesien; von 200 fl. in Niederösterreich; von 100 fl. in den meisten Ländern u. zw. Oberösterreich, Salzburg, Steiermark, Kärnten, Krain, Görz und Gradiszca (II. Wahlbezirk) Istrien, Dalmatien (Zara, Spalato, Ragusa), Galizien und Bukowina; endlich nur 50 fl. sind erforderlich in Tirol (adeliger Grundbesitz!) Görz und Gradiska (I. Wahlbezirk), und Dalmatien (Cattaro).

[262] Vergl. Habermann (Dr. Georg): Studien über Agrargesetzgebung. Wien 1872. Mit Bezug auf das Wahlrecht heißt es da (S. 35): „Was der Bauersmann in dieser Beziehung zu wenig, hat der Edelmann zu viel; fast scheint es, als ob der Vorzug des Einen die Zurücksetzung des Anderen bedingt."

Fiſchereirecht.

§. 101. Die Fiſcherei war früher in Oeſterreich theils auf Grund des §. 382 abGB. freigegeben, theils ein Vorrecht der Grundherrſchaften. Erſteres erwies ſich als für die Fiſchzucht ſchädlich; es hatte eine merkliche Abnahme der Fiſchausbeute in den Binnenwäſſern zur Folge.

Das Vorrecht der Grundherrſchaften aber gerieth da, wo es auf fremdem Grund und Boden betrieben wurde, mit den im Jahre 1848 und 1849 proclamirten Grundſätzen der Bodenbefreiung und Ablöſung der Grundlaſten in Widerſpruch und mußte theilweiſe abgeſchafft werden.[274] Dagegen blieben ausſchließliche, auf Privatrechtstiteln beruhende Fiſchereirechte in Kraft.

Die Rückſicht auf die Förderung der Fiſchzucht erforderte gebieteriſch eine Regelung des geſammten Fiſchereirechtes. Andere Staaten, ſo z. B. Preußen gingen in den 70er Jahren mit ſolchen Regelungen voran. Das preußiſche Fiſchereigeſetz von 1874 enthielt Beſtimmungen, welche den Zweck hatten, die der Fiſchbrut ſchädliche Verunreinigung des Waſſers und Art und Weiſe des Fanges zu beſeitigen. Auch wurde die Freiheit des Fiſchfanges aufgehoben und das Fiſchereirecht den Gemeinden zuerkannt, welche die Erlaubniß zum Fiſchfange zu ertheilen haben (Fiſchkarten). Dieſem Beiſpiele folgte im Großen und Ganzen auch die öſterreichiſche Geſetzgebung.

Das Geſetz vom 25. April 1885 RGB. Nr. 58 erklärt das freie Fiſchfangsrecht für aufgehoben (§. 1). In künſtlichen Waſſeranlagen ſteht das Recht des Fiſchfanges nur den Beſitzern zu; in natürlichen denjenigen, denen es die Landesgeſetze einräumen. Zu Gunſten der Fiſchzucht geſtattet das Geſetz den Fiſchern in Ausübung der Fiſcherei ſogar das Betreten fremder offener Uferſtrecken. Auf Grundlage dieſes Reichsgeſetzes haben ſodann die einzelnen Landtage Fiſchereiordnungen erlaſſen.[275]

Dieſe enthalten die Beſchränkungen, denen die Fiſchereiberechtigten im Intereſſe der Fiſchzucht unterworfen ſind; dahin gehören die Beſtimmungen über die Schonzeit der verſchiedenen Fiſchgattungen; über die Beſchaffenheit der Netze und Garne (über die Weite der Maſchen u. dgl.) behufs Schonung der jungen Brut; endlich Verbote, die Fiſche durch explodirende Stoffe (Dynamit) oder Gifte zu tödten.

---

[274] Man war darüber nicht einig, ob die Grundſätze der Grundentlaſtung ſich auch auf die Ablöſung der Fiſchereirechte beziehen. In Böhmen, Mähren und Schleſien ſcheint die Regierung urſprünglich (Min.-Vdg. v. 27. Juni u. 11. Juli 1849) für die Ablöſung geweſen zu ſein; im Jahre 1852 kam die Regierung von dieſer Anſicht zurück, verwies Diejenigen, welche aus ihrem Eigenthume am Waſſerbette ihr Recht zur Fiſcherei ableiteten, auf den Rechtsweg und erklärte in den anderen Ländern den vormärzlichen status quo als wiederhergeſtellt. (Min.Vdg. v. 31. Jänner 1852 Z. 460.) Dieſer status quo ante beruhte aber in einigen öſterreichiſchen Ländern theilweiſe noch auf Geſetzen aus dem 16. Jahrh., wie z. B. der Fiſchereiordnung Rudolf II. aus dem Jahre 1583; dem Titel X des Tractatus de juribus incorporalibus, ferner auf Fiſchereiordnungen Carl VI. (1720 u. 1728) und Maria Thereſia's 1771.

[275] Sowohl das Reichsgeſetz mit dem Mot.-Ver. der Regierung, wie auch alle Landes-Fiſchereigeſetze bei Manz B. XXV.

Alle obigen Gesetze und Fischereiordnungen gelten nur für die Binnen=
wäffer: für die Seefischerei gilt gegenwärtig die Min.=Verordnung vom
December 1884 RGB. Nr. 188. Dieselbe bestätigt das alte Recht der
stenbewohner nach der Bestimmung der Seefischerei=Verordnung vom
Mai 1835, innerhalb einer Seemeile von der Küste den Fischfang zu
treiben. Den Küstengemeinden ist es nicht gestattet, diese Fischerei zu
pachten. Dagegen können die Seebehörden auch andere Personen als
Angehörigen der Küstengemeinde zur Seefischerei in dem erwähnten
stenstriche zulassen. Doch fällt die dafür einzuhebende Taxe der be=
ffenden Küstengemeinde zu. Auch können die Seebehörden trotz des Vor=
altes der Fischerei für die Küstenbewohner aus volkswirthschaftlichen
r anderen Rücksichten innerhalb des vorbehaltenen Küstenwassers einzelnen,
h nicht zur Küstengemeinde gehörigen Personen Bewilligung zur Anlage
t Fischzucht=Anstalten ertheilen. Die Küstenbewohner müssen sich die in
lge dessen ihnen in der Ausübung der Fischerei auferlegten Beschränkungen
allen lassen.

Zur Förderung der Fischzucht und Erhaltung der Fischbrut ist das
chen und Feilbieten von Laich und Fischbrut verboten; Ausnahmen
rden nur für wissenschaftliche und Zuchtzwecke gestattet. Das Gesetz ent=
t ferner Bestimmungen über die Schonzeit der einzelnen Fischgattungen.
fsichtsbehörden sind bezüglich der Beobachtung der Vorschriften dieses
setzes die Hafen= und Seesanitätscapitänate.

- - - - - -

Wafferrecht.

Das Reichsgesetz vom 30. Mai 1869 ordnet die für die Landwirthschaft §. 102.
:vanten, aus dem Vorhandensein der Gewässer sich ergebenden Verhältnisse.

Darnach sind Flüsse und Ströme von der Stelle an, wo deren Be=
zung zur Fahrt mit Schiffen oder gebundenen Flössen beginnt, mit ihren
itenarmen öffentliches Gut und behalten diese Eigenschaft auch dann,
nn diese Benützung zeitweise unterbrochen wird oder gänzlich aufhört
2). Auch die nicht zur Fahrt mit Schiffen oder gebundenen Flössen
nenden Strecken dieser Gewässer sind öffentliches Gut, insoweit gesetzliche
stimmungen oder besondere Privatrechtstitel die Oeffentlichkeit nicht aus=
ließen (§. 3). Jedoch gehören dem Grundbesitzer folgende Gewässer:

a) Das unterirdische und auf seinem Grunde zu Tage quellende Wasser
   (mit Ausnahme der Salzquellen, die dem Salzmonopol unterliegen);
b) das aus atmosphärischen Niederschlägen auf seinem Grunde sich
   sammelnde;
c) Brunnen=, Teiche= und Cisternen=Wasser und was daraus fließt und
   dazu gehört.

Privatbäche und fließende Privatgewässer sind Zugehör des Grundes:
nen sie sich aber zur Schiffahrt, so können sie als öffentliches Gut er=
rt werden (§. 6).

Die Oeffentlichkeit der Gewässer bezieht sich auch in soferne auf die
:r, als die Besitzer derselben das Befestigen der Schiffe und Flösse an

ben dazu behördlich bestimmten Plätzen und die Benützung der Leinpfade gestatten müssen. Nur unter gewissen Bedingungen können sie dafür Entschädigung fordern (§. 8). Auch die Benützung der Privatgewässer ist gewissen öffentlich-rechtlichen Beschränkungen unterworfen. Die Verunreinigung derselben oder der Rückstau sind, wenn daraus für fremde Grundstücke Nachtheil erwächst, verboten (§. 10). Kein Grundeigenthümer darf den natürlichen Abfluß der Gewässer zum Schaden eines oberen oder unteren Nachbarn ändern (§. 11).

Auch ohne Enteignung nach §. 365 abGB. kann die politische Behörde bei fließenden Privatgewässern den Eigenthümer verhalten, dasselbe anderen zur Verwendung (gegen angemessene Entschädigung) zu überlassen, eventuell anderen ein Servitut einzuräumen, damit anderen gehörendes Wasser von einer Gegend nach einer anderen über ihren Grund und Boden geleitet und daselbst die zu dieser Leitung erforderlichen Werke und Anlagen errichtet werden. Doch kann der Grundbesitzer verlangen, daß ihm das fragliche Grundstück, das zu dieser Leitung nöthig ist, gegen angemessene Entschädigung abgekauft werde. — Ortschaften und Gemeinden haben zum Zwecke ihrer Wasserversorgung das Enteignungsrecht von Privatgewässern. Die näheren Bestimmungen über solche Enteignungen haben die Landesgesetzgebungen zu treffen.

Zur Ausführung von Wasserbauten von unzweifelhaftem Nutzen (worüber die Behörden entscheiden) begünstigt das Gesetz die Bildung von Wassergenossenschaften, indem es der Majorität der Betheiligten zur Durchsetzung ihrer Beschlüsse auch gegen eine widerstrebende Minorität verhilft; dabei wird die Majorität nicht nach Köpfen, sondern nach der Größe des Besitzes berechnet (§§. 20, 21). Die nähere Regelung der Verhältnisse der Wassergenossenschaften ist Sache der Landesgesetzgebung.[276] Die bestehenden Genossenschaften werden in einem Wasserbuche in Evidenz gehalten. Zu Wasserbauten öffentlichen Nutzens, die aus Staats- oder Landesmitteln unternommen werden, beizutragen, können die Besitzer angränzender Liegenschaften im Verwaltungswege angehalten werden (§. 26).

Behufs unschädlicher Ableitung von Gebirgswässern, welche einem bestimmten Gebiete (dem „Arbeitsfeld") gefährlich werden können, kann die Regierung alle jene Bauten und Vorkehrungen anordnen, welche nach den obwaltenden Verhältnissen nöthig sind. Ein besonderes Gesetz[277] räumt der Regierung die bezüglichen Rechte ein, ermächtigt sie zur Einsetzung von Landescommissionen, deren Aufgabe es ist, solche „Arbeitsfelder" auszuforschen und die nöthigen Schutzbauten zu beantragen. Zur finanziellen Unterstützung und Förderung solcher Bauten wurde mit Gesetz vom 30. Juni 1884 ein besonderer „Meliorationsfond" durch jährliche Zuweisung einer halben Million aus Staatsmitteln vom Jahre 1885 bis 1894 geschaffen.[278]

---

[276] Die betreffenden Landesgesetze sind fast gleichlautend in den Jahren 1870—1875 in allen Kronländern erlassen worden. Vergl. Manz B. XXIII.

[277] Gef. v. 30. Juni 1884 RGB. Nr. 117.

[278] Mit Gef. v. 31. Mai 1889 wurde obiger Zeitraum um 10 Jahre bis 1904 verlängert. Die Min.-Vdg. vom 18. December 1885 RGB. Nr. 1 ex 1886 enthält

Forſtrecht.

Das öſterreichiſche Forſtgeſetz vom 3. December 1852 RGB. Nr. 250 **§. 103.** unterſcheidet **Reichsforſte,** welche unmittelbar von den Staatsbehörden bewirthſchaftet werden; **Gemeindewälder,** welche den Stadt- und Land= gemeinden gehören und **Privatwälder,** das ſind ſolche, welche entweder einzelnen Staatsbürgern oder juriſtiſchen Perſonen, wie Orden, Klöſtern und Stiftungen, gehören. Auf alle dieſe Wälder ohne Unterſchied bezieht ſich die Beſtimmung, daß **ohne behördliche Bewilligung kein Waldgrund der Holzzucht** entzogen und zu anderen Zwecken verwendet werden darf (§. 2). Dieſe Bewilligung ertheilt bei Reichsforſten das Aderbauminiſterium, bei Gemeinde= und Privatwäldern in erſter Inſtanz die Bezirkshauptmannſchaft. Auf eigenmächtige Verwendung eines Waldgrundes zu anderen Zwecken ſind Geldſtrafen geſetzt und ſind die betreffenden Parzellen wieder aufzuforſten.

Bei Reichs= und Gemeindeforſten ſind friſch abgetriebene Waldtheile binnen fünf Jahren wieder in Beſtand zu bringen. Kein Wald darf verwüſtet, d. h. ſo behandelt werden, daß die fernere Holzzucht unmöglich wird. Kein Wald darf ſo behandelt werden, daß daraus dem Nachbarwalde Schaden erwächſt (durch Bloßſtellung gegen Winde u. dgl.). Wo ein Wald ausgehauen wird, muß zum Schutze des Nachbarwaldes ein ſogen. Wind= mantel zurückgelaſſen werden (§§. 3—5).

Beſondere Vorſichten ſind für die Holzzucht von Gebirgsabhängen vorgeſchrieben, um Abrutſchungen vorzubeugen (§. 7). Wälder, die mit Servituten belaſtet ſind, müſſen nicht nur erhalten, ſondern angemeſſen be= wirthſchaftet werden. Auf Verlangen einer betheiligten Partei ſetzt für ſolche Wälder die Behörde den Wirthſchaftsplan feſt (§. 9).

Die Waldweide darf in den zur Verjüngung beſtimmten Waldtheilen, in welchen das Weidevieh dem bereits vorhandenen oder erſt anzuziehenden Nachwuchſe des Holzes verderblich wäre (Schonungsflächen, Hegeorte) nicht ausgeübt und in die übrigen Waldtheile nicht mehr Vieh eingetrieben werden, als daſelbſt die erforderliche Nahrung findet (§. 10). Ueberhaupt muß das Vieh ſowohl während der Weide, wie während des Triebes von den Schonungsflächen ferngehalten werden.

Die Ausübung der verſchiedenen Waldſervituten (Bodenſtreu, Sammeln allerhand Streumaterials, Aſtſtreu u. dgl.) darf nur nach den Vorſchriften des Geſetzes (§§. 11—13) vorgenommen werden; auch die Gewinnung, Aufarbeitung und Bringung des Holzes darf nur derart vorgenommen werden, daß weder nebenanſtehende Bäume, noch das junge Holz beſchädigt werden. Forſtproducte dürfen nur auf den bleibenden, vom Waldbeſitzer bezeichneten Wegen (Erdrieſen oder Erdgefährten) aus dem Walde geſchafft werden. Bei Gefahr für Perſonen oder fremdes Gut kann die Behörde über den betreffenden Wald die Bannlegung verhängen, womit eine ſtreng einzuhaltende Behandlung des Waldes den Beſitzern zur Pflicht gemacht wird. Zur Beaufſichtigung von Bannwäldern kann die Behörde ein eigenes

---

die Vorſchriften bezüglich der Inſtruirung der techniſchen Unternehmungen, welche aus dem ſtaatlichen Meliorationsfonde unterſtützt werden ſollen.

Perſonal anſtellen und in Eid nehmen. Auf Bannwäldern laſtende Ein=
forſtungen ruhen nach Erforderniß gänzlich.

Gemeindewälder dürfen in der Regel nicht vertheilt werden (§. 21).

Privatbeſitzer größerer Waldungen müſſen im öffentlichen Intereſſe ſach=
kundige Forſtwirthe anſtellen (§. 22).[279]

Ueberhaupt hat die politiſche Behörde die Bewirthſchaftung ſämmt=
licher Forſte ihres Bezirkes zu überwachen, wobei ſie von dem forſttechniſchen
Perſonale unterſtützt wird.[280]

Bringung der Waldproducte.

§. 104.

Jeder Grundeigenthümer iſt verpflichtet zu geſtatten, daß Waldproducte,
die auf anderen Wegen entweder gar nicht oder nur mit unverhältnißmäßigen
Koſten aus dem Walde gebracht werden können, über ſeine Gründe gebracht
werden; allerdings hat er Anſpruch auf Erſatz des ihm damit zugefügten
erweislichen Schadens. Ueber die Nothwendigkeit ſolcher Bringung ent=
ſcheiden die politiſchen Behörden; über die Entſchädigungsanſprüche ſteht
der Rechtsweg offen.

Ueber Erhaltung und Fortführung aller zur Bringung der Waldproducte
dienenden Wege zu Lande und zu Waſſer (Erdrieſen, Holztriften ꝛc.) ent=
ſcheidet die politiſche Behörde (§. 26).

Die Bewerbung zur Bewilligung einer Trift oder zur Errichtung von
Triftbauten ſteht jedermann frei. Doch darf auf ein Triftwaſſer, auf dem
bereits ein ausſchließliches Benutzungsrecht verliehen wurde, kein neues
Triftrecht verliehen werden (§. 27).

Bewerben ſich mehrere um eine Trift oder um Errichtung neuer Trift=
bauten an gleicher oder nahezu gleicher Stelle, ſo hat die Behörde auf eine
gütliche Einigung der Bewerber hinzuwirken; kommt keine Einigung zu
Stande, ſo entſcheiden die Behörden.[281]

---

[279] Die näheren Beſtimmungen über die Beſtellung des hier erwähnten
Forſtperſonals enthält den Min.-Erl. v. 16. März 1872 Z. 6266 bei Manz B. VIII.

[280] Die Aufgaben und Pflichten des forſttechniſchen Perſonals ſind feſt=
geſetzt in der Min.-Vdg. v. 27. Juli 1883 RGB. Nr. 137. Dieſes Perſonal
beſteht aus ſtaatlichen Berufsforſttechnikern und Forſtwarten, aus Forſttechnikern
der Saatsforſtverwaltung und aus Privatforſttechnikern, die ihr Amt als Ehrenamt
bekleiden. Es unterſteht zunächſt der politiſchen Behörde, in oberſter Linie dem
Ackerbauminiſter.

[281] Dabei kommen folgende Grundſätze zur Anwendung: Eine für zuläſſig
erkannte Trift, über welche ſich mehrere Bewerber gütlich nicht einigen können, iſt
entweder ſo einzutheilen, daß jedem einzelnen Bewerber eine beſondere Triftzeit
eingeräumt wird, oder wenn dieß nicht möglich iſt, hat für die erforderlichen
Strecken derjenige den Vorzug, der die werthvollſte Holzmenge zu
triften hat; bei gleich werthvollen Holzmengen gebührt der Vorzug dem bereits
länger Triftenden (§. 31). Die Bewilligung zu einer Triftbaute kann nur unter
der Bedingung ertheilt werden, daß der Unternehmer ſich verpflichtet, den Ge=
brauch ſeiner Baute auch anderen, die Triftbewilligungen erlangen, zu geſtatten
(§. 32). Ebenſo müſſen beſtehende Triftbauten anderen Triftunternehmern zum
Gebrauche gegen angemeſſene Vergütung überlaſſen werden, ſoweit der Eigen=
thümer dieſelben nicht benützt. Jeder Triftunternehmer iſt verpflichtet, die Ufer=

Waldbrände und Insectenschäden.

Das Gesetz gebietet jedermann eine besondere „strenge Vorsicht" bei **§. 105.** Anmachung von Feuern und dem Gebrauche feuergefährlicher Gegenstände in Wäldern und am Rande derselben (§. 44). Wenn aus Vernachläſſigung solcher Vorsicht oder aus sonstigem Verschulden Waldbrand entsteht, hat der daran Schuldtragende für den entstandenen Schaden Ersatz zu leisten und kann nach Maaßgabe der Umstände, insofern nicht das allgem. Strafgesetz in Anwendung zu bringen ist, mit vorgeschriebener Geldstrafe belegt werden.

Das Gesetz geht aber noch weiter, indem es jedermann die Pflicht auferlegt, ein im Walde oder an deſſen Rande bemerktes, verlaſſenes und unausgelöschtes Feuer nach Thunlichkeit zu löschen oder deſſen Löschung durch Alarmirung der nächsten Bewohner in der Richtung seines Weges zu veranlaſſen. Auf die Unterlaſſung dieser Pflicht wird ebenfalls Geld-, eventuell Arreststrafe gesetzt (§. 45).

Zur Löschung eines Waldbrandes können alle umliegenden Ortschaften sowohl von Waldbesitzer, dem Forstpersonale, als auch von den Ortsvorständen aufgeboten werden. Die aufgebotene Mannschaft ist verpflichtet, sogleich mit dem nöthigen Löschgeräthe ausgerüstet an die Brandstätte zu eilen und Hilfe zu leisten. Die Leitung des Löschgeschäftes kommt in erster Linie den am Orte anwesenden Forst- oder Gemeindebeamten zu (§. 46).[282)

---

strecken, Gebäude und Wasserwerke, welche durch die Trift bedroht sind, durch Schutzbauten zu versichern, wie überhaupt die Triftunternehmer für allen durch die Trift verursachten Schaden ersatzpflichtig sind. Zum Zwecke der Triftbesorgung dürfen die Arbeiter über fremde Gründe gehen. Von der Beendigung jeder Trift ist unverweilt die politische Behörde zu verständigen, damit dieselbe über eventuelle Ersatzansprüche amtszuhandeln in die Lage kommt. Gemeinden und Behörden haben den Triftunternehmern zur Wiedererlangung verschwemmter Hölzer behilflich zu sein (§. 43).

[282) Nach gelöschtem Brande ist die Brandstelle durch einen oder zwei Tage, oder nach Erforderniß noch länger zu bewachen, weßhalb die hierzu nöthige Mannschaft zu bestellen ist.

Ortsvorstände, welche das Aufgebot zur Waldbrandlöschung unterlassen, ebenso diejenigen Personen, welche dem Aufgebote der Ortsvorstände ohne zureichenden Grund keine Folge leisten, sind mit Geld oder Arrest zu bestrafen (§. 48).

Ebenso wie auf Waldbrandgefahren ist auch auf die Beschädigung der Wälder durch Insecten stets ein wachsames Auge zu richten. Die Waldeigenthümer oder deren Personale, welche derlei Beschädigungen wahrnehmen, sind, wenn die dagegen angewendeten Mittel nicht zureichen, und zu besorgen steht, daß auch nachbarliche Wälder von diesem Uebel ergriffen werden, verpflichtet, der politischen Behörde bei Strafe sogleich die Anzeige zu erstatten. Zu einer solchen Anzeige ist übrigens jedermann berechtigt (§. 50).

Die politische Behörde hat unter Mitwirkung geeigneter Sachverständiger sogleich die geeigneten Maaßregeln gegen die etwa zu besorgenden Insectenverheerungen zu treffen und das Nöthige, nach unverzüglicher Einvernehmung der betheiligten Waldeigenthümer und ihres Forstpersonales, schleunigst zu verfügen. Alle Waldeigenthümer, deren Wälder in Gefahr kommen könnten, sind zur Beihilfe verpflichtet, und müssen den Anordnungen der politischen Behörde, welche hierin selbst zu Zwangsmaßregeln befugt ist, unbedingte Folge leisten. Die Kosten sind von den betheiligten Waldeigenthümern, nach Maaßgabe der geschützten Waldflächen, zu tragen (§. 51).

Forstfrevel.

§. 106. Außer den Uebertretungen obiger Vorschriften (auch durch Unterlassungen der auferlegten Verpflichtungen), ist eine Reihe von Handlungen im Walde als Forstfrevel mit angemessenen Strafen (Geld= eventuell Arrest=strafen) bedroht, wie z. B. das unbefugte Sammeln von Raff=, Klaub= oder Leseholz, das Anhacken der Bäume, Abhauen von Gipfeln, Aesten und Zweigen, das Sammeln von Baumsäften, ja sogar das Verbleiben im Walde gegen die ausdrückliche Weisung des Forstpersonals, der unbefugte Vieh=eintrieb u. dergl.

Um die Wälder vor Frevel zu beschützen, steht dem Forstverwaltungs=personal ein beeidetes Forst=, Schutz= und Aufsichtspersonal zur Seite.[283] Dasselbe wird als öffentliche Wache angesehen, hat im Dienste das vor=geschriebene Dienstkleid (oder ein kenntliches Dienstzeichen) zu tragen und genießt die Rechte, welche den obrigkeitlichen Personen in Civilsachen zu=kommen. Dieses Forstschutzpersonal (welches im Dienste auch die üblichen Waffen tragen kann, von denen es jedoch nur im Falle gerechter Nothwehr Gebrauch machen darf), ist berechtigt, Personen, die im Forste betreten werden, verdächtige Werkzeuge abzunehmen und bei Forstfrevel auf der That betretene Personen festzunehmen und den competenten Behörden zu übergeben.

Jagdrecht.

§. 107. Das österr. Jagdrecht wurde mit dem Patente vom 7. März 1849 RGB. Nr. 154 im Geiste der neuen Zeit reformirt.[284] Dasselbe wird vom Gesetzgeber selbst als Consequenz und Ergänzung des Grundent=lastungsgesetzes eingeführt und beginnt mit der grundsätzlichen Bestimmung, daß das Jagdrecht auf fremdem Grund und Boden aufgehoben ist (§. 1).

Eine Entschädigung für das aufgehobene Jagdrecht sollte nur in den Fällen stattfinden, wo dasselbe sich erweislich auf einen mit dem Eigen=thümer des damit belasteten Grundes abgeschlossenen Vertrag gründete. Ebenso wurden alle Jagdfrohnen und Leistungen für Jagdzwecke ohne Ent=schädigung aufgehoben.

Auf eigenem Grund und Boden steht das Jagdrecht jedermann zu, wenn der zusammenhängende Grundcomplex wenigstens 115 Hectar be=trägt (§. 5), oder einen geschlossenen Thiergarten bildet (§. 4). Nur auf Grundstücken unter 115 Hectar und die keinen geschlossenen Thiergarten bilden, wird das Jagdrecht der Gemeinde in deren Gemarkung dieselben

---

[283] Die Verordnung des Ackerbauministeriums v. 11. Februar 1889 RGB. Nr. 23 enthält die Bestimmungen betreffs der Staatsprüfungen für Forstwirthe sowie für das Forstschutz= und technische Hilfspersonal.

[284] Nur die jagdpolizeilichen Vorschriften der alten Jagd= und Waldschutz=verordnung vom Jahre 1786 blieben in Geltung; dieselben wurden übrigens mit der Min.=Vdg. vom 15. December 1852 insoferne sie mit dem neuen Jagd=gesetze nicht in Widerspruch stehen, neuerdings kundgemacht und deren Beobachtung zur Pflicht gemacht. Ueber Entwickelung der Waldwirthschaft vergl. Verwaltungs=lehre 144—146.

liegen, zugewiesen (§. 6), jedoch mit der Verpflichtung, die ihr zugewiesene Jagd entweder ungetheilt zu verpachten oder selbe durch eigens bestellte Sachverständige (Jäger) ausüben zu lassen (§. 7). [285]) Die Verpachtung der Gemeindejagd hat im Wege der öffentlichen Feilbietung unter Inter= vention der politischen Behörde zu geschehen. (Min.=Verordn. v. 15. Dec. 1852 RGB. Nr. 257.) Die Dauer der Pachtzeit soll in der Regel nicht unter fünf Jahren, in keinem Falle aber unter drei Jahren festgesetzt werden.

Der jährliche Reinertrag der Gemeindejagd wird unter die Gesammt= heit der Grundeigenthümer getheilt (§. 8).

Die politische Behörde hat darüber zu wachen, daß die Gemeinden ihre Jagd nur in der gesetzlichen Weise benützen. Wildfrevel und Wild= diebstähle von Gemeindemitgliedern bezüglich des Gemeinde=Wildstandes begangen, werden so bestraft, als ob sie von Fremden begangen würden (§. 10). Dagegen haben die einzelnen Mitglieder der Gemeinde Anspruch auf Entschädigung für erlittene Wild= und Jagdschäden gegen die zur Jagd berufenen Personen (§. 11).

In Erläuterung obigen Jagdgesetzes hat die Min.Verordn. v. 15. Dec. 1852 den Inhalt des Jagdrechtes ausführlich dahin bestimmt, daß dasselbe in der den Jagdinhabern oder deren Pächtern zustehenden Befugniß be= steht, die in ihrem Jagdreviere im Freien vorkommenden nützlichen Wild= gattungen nach Zulässigkeit der Natur der Wildthiere und in einer dem Feld=, Wein= und Waldbaue im allgemeinen unschädlichen Menge zu hegen, dieselben zur Zeit ihrer besten Benützbarkeit kunstmäßig zu fangen oder zu erlegen, nebstbei auch alle schädlichen Raubthiere zu jeder Jahreszeit nach Thunlichkeit zu tödten oder deren Brut zu zerstören. Der Vogelfang ist kein Gegenstand des Jagdrechtes — wohl aber fällt unter dasselbe alles Federwildpret — wie auch Kaninchen.

Ferner hat jeder Besitzer oder Pächter eines Jagdbezirkes das Recht, in Wäldern, Auen oder Gebüschen Fasanen einzusetzen, Hasen und an= deres Wild in seinem Bezirke mit Hunden zu jagen oder zu hetzen, inso= ferne dieses ohne Beschädigung was immer für eines Grundeigenthümers geschieht, welche der Jagdeigenthümer zu vergüten verpflichtet ist (§. 2).

Dagegen darf Schwarzwild (Wildschweine) nur in geschlossenen und gegen allen Ausbruch gut gesicherten Thiergärten gehalten werden. Außer= halb solcher Thiergärten angetroffenes Schwarzwild darf von jedermann gleich Raubthieren (Wölfen, Füchsen u. dergl.) erlegt werden (§. 3). Das Jagdrecht des Jagdinhabers bezieht sich auch auf das durch seinen Bezirk vorüberziehende Wild und niemand hat das Recht, ein in seinem Bezirke angeschossenes Wild auf fremden Jagdbezirk zu verfolgen (§§. 4 u. 5). In seinem Banne ist jeder Jagdbesitzer berechtigt, Fangeisen und Schlingen zu legen, auch Wolfsgruben anzulegen; doch muß er dabei jedermann erkennbare Zeichen aufstellen. In Gegenden, wo Bären, Luchse und Wölfe vorkommen,

---

[285]) Mit Min.=Vdg. v. 14. Juni 1889 RGB. Nr. 100 sind Bestimmungen über die Prüfung für den Jagd= und Jagdschutzdienst erlassen worden.

ist jeder Insasse verpflichtet, sich an den von den Gemeinden veranstalteten allgemeinen Jagden zu betheiligen. Für die Erlegung schädlicher Raubthiere, gebühren jedermann die gesetzlich bestimmten Prämien (§. 7). Uebermäßige, der Cultur schädliche Wildhegung ist untersagt; eine Verminderung derselben kann behördlich angeordnet werden.

Jeder Grundeigenthümer ist berechtigt, seine Grundstücke durch Planken, Zäune, Gräben u. dergl. vor dem Eindringen des Wildes zu schützen und seine Grundstücke (Waldungen, Auen) vor dem aus dem Eindringen des Wildes folgenden Schaden zu verwahren. Doch dürfen diese Umzäunungen nicht etwa zum Fangen des Wildes eingerichtet sein. Auch sind in Gegenden an Wässern alle 500 Schritte in den Umzäunungen Thore zu lassen, damit bei großer Anschwellung des Wassers sich das Wild durch dieselben retten könne (§. 11).

Jedermann hat das Recht, durch Errichtung von Scheuchgegenständen, Nachtfeuer u. dergl. das Wild von seinen Grundstücken abzutreiben (§. 12).

Auf wie immer angebauten Grundstücken, auf Weingärten vor der Weinlese darf unter keinem Vorwande weder gejagt, getrieben noch gesucht werden. [286]

---

[286] In der nächsten Umgebung der Ortschaften, Häuser und Scheuern darf zwar das Wild aufgesucht, auch mit Netzen gefangen, nicht aber mit Schießwaffen erlegt werden.

Ebenso hat in dieser Nähe die Aufstellung solcher Schlageisen oder Fallen zu unterbleiben, welche für Menschen oder Thiere gefährlich werden könnten (§. 14).

Bei Streif-, Treib- und Kreisjagden dürfen bei schwerer Verantwortung des Jagdleiters nur solche Individuen als Schützen zugelassen werden, welche nicht nur Waffenpässe besitzen, sondern die auch mit Schießgewehren umzugehen und sich bei solchen Jagden nach Waidmannsbrauch zu benehmen wissen.

Finden jedoch Treibjagden in Wäldern oder Auen statt, so ist solches bekannt zu machen, damit sich die darin befindlichen Holzsammler, Holzhauer, Fuhrleute ꝛc. zuvor entfernen können (§. 15).

An Sonn- und Feiertagen dürfen keine Treib- und Kreisjagden stattfinden

Der Grundbesitzer hat das Recht, die unverzügliche Vergütung aller Wildschäden, sie mögen in den Jagdbezirken an Feldfrüchten, Weingärten oder Obstbäumen geschehen sein, zu verlangen. (§. 17).

Die Jagdgerechtigkeit soll nicht verhindern, daß zur Beförderung der Landescultur jedermann, der in einem Jagdbezirke Gründe besitzt, dieselben unbeschränkt genießen, folglich darauf Wohnungen und Wirthschaftsgebäude erbauen, die Wiesböden von Unkraut und Dornen reinigen, ohne alles Hinderniß abmähen und sein Vieh darauf zur bestimmten Zeit weiden könne.

In einem fremden Jagdbezirke darf sich niemand, außer auf der Straße oder dem Fußsteige bei der Durchreise mit einem Gewehre, selbst wenn er mit einem Waffenpasse versehen wäre, betreten lassen.

Die Jagdberechtigten haben sich mit ihren Waffenpässen bei Begegnung an den Reviergränzen auf gemeinschaftlichen Wegen, oder dort, wo der Durchgang durch ein Jagdrevier nach einem anderen unvermeidlich ist, gegenseitig auszuweisen (§. 21).

Wenn in einem Wildbanne ein bewaffneter Wildschütz auf Zurufe der Jäger sich nicht ergibt, sondern zur Wehre stellt, so sind die Jäger berechtiget, die nöthige Vertheidigung vorzunehmen, um ihr Leben zu schützen (§. 25).

Staatliches Gestütswesen.

Die Pferdezucht fördert der Staat a) durch Errichtung und Erhaltung **§. 108.**
ner (ärarischer) Gestüte und Hengsten-Depôts, b) durch Regelung des
vatbeschälwesens, c) durch Ertheilung von Prämien für gute Zuchtpferde.

ad a) Staats=Hengsten=Depôts bestehen für Niederösterreich, Ober=
rreich, Salzburg, Tirol und Vorarlberg in Stabl; für Steiermark,
:nten, Krain, Küstenland und Dalmatien in Graz; für Böhmen in
1g; für Mähren in Klosterbruck; für Galizien in Drozdowice; in Radautz
»er Bukowina besteht ein Staatsgestüte.

In Ungarn bestehen Staatsgestüte in Mezö=Hegyes, Kisber, Babolna
i Fogarasz; Staats=Hengsten=Depôts in Nagy=Körös, Stuhlweißenburg,
pfi=St.=Györgey, Debreczin und Agram.

Diese der Pferdezucht dienenden Anstalten unterstehen dem Ackerbau=
1ifterium; sie haben den Zweck, einerseits dem Staate für Militärzwecke
uchbares Pferdematerial bereit zu halten, andererseits die Pferdezucht
Privatbesitzer zu unterstützen. Letzteres geschieht auf diese Weise, daß
Privaten das Recht eingeräumt wird, unter gewissen Modalitäten die
rischen Pferdezuchtanstalten zu benutzen, wogegen allerdings im Mobili=
ngsfalle jeder Pferdebesitzer verpflichtet ist, seine diensttauglichen Pferde
i Staate gegen Entschädigung zu überlassen.

ad b) Das Privatbeschälwesen ordnet die Ministerialverordnung vom
April 1855 RGB. Nr. 79 auf der Grundlage, daß jeder private Be=
r von Hengsten, wenn er dieselben zum Beschälen verwenden will, sich
diesem Zwecke mit einem behördlichen Erlaubnißschein versehen muß, wo=
ch es der Behörde möglich ist, nur vollkommen taugliche Hengste zur Pferde=
jt zuzulassen. Die behördlichen Licenzen sind übrigens unentgeltlich zu
eilen; dagegen ist die Verwendung nichtlicenzirter Hengste unter Strafe
joten. (Ausführliche Vorschriften über das bezügliche Verfahren ent=
ien die Min. Verordn. vom 3. Febr. 1866 RGB. Nr. 18 und vom
Mai 1874 RGB. Nr. 76.)

ad c) An obige präventive und repressive Maaßregeln zur Aufbringung
inländischen Pferdezucht reihen sich die zur freiwilligen Pflege der
rdezucht aufmunternden Maaßregeln, die in der Ausschreibung von Prä=
n bestehen, worüber schon die Hofkanzleidecrete vom 5. März 1829 und
Juli 1838 die ersten Verfügungen enthielten. Die meisten Bestim=
1gen darüber enthält der Ministerialerlaß vom 29. Mai 1872
:675/877. Darnach werden Pferdeprämien ertheilt für Mutterstuten, junge
1ten und für Hengstfohlen; die Prämien sind entweder Staatsprämien
Geld, filberne Staatsmedaillen und belobende schriftliche Anerkennungen
ens der Prämiirungscommissionen.

Neben der Geldprämie ist immer auch eine Medaille zu ertheilen,
1so wird jeder Prämie ein Certificat beigeschlossen, welches die Gründe
Prämiirung enthält.

Endlich wurden auch zur Hebung der Pferdezucht im Jahre 1857
ttliche Pferderennen eingeführt (Min.=Erl. vom 27. April 1857 RGB.
84) und Staats=Rennpreise ausgesetzt.

Thierseuchenrecht.

§. 109. Zum Schutze des inländischen Viehstandes gegen Viehseuchen überhaupt und gegen einige, besondere Thierarten häufig heimsuchende Krankheiten, ermächtigt und verpflichtet das Gesetz vom 29. Februar 1880 RGB. Nr. 35 die Regierung zu einer Reihe von Maaßnahmen sowohl für die Fälle ausgebrochener Seuchen, wie auch zum Zwecke der Verhütung des Ausbruchs, der Einschleppung solcher vom Auslande und der Verschleppung im Inlande. [287]

Die zu obigen Zwecken zu ergreifenden Maaßregeln sind theils dauernde, welche die eigentlich präventiven sind, theils vorübergehende, welche auch präventive sein können, in der Regel repressive sind.

Die dauernden und präventiven Maaßregeln bestehen in dem Viehpaßzwange für alle Hausthiere, welche einer der acht im Gesetze aufgezählten Krankheiten [288] unterliegen, bei ihrer Einfuhr in das Geltungsgebiet dieses Gesetzes, also in die im Reichsrathe vertretenen Länder.

Ohne Viehpässe, in welchen auf die zuverlässigste Weise die amtliche Bestätigung enthalten sein muß, daß die Thiere beim Abgange von ihrem seuchenfreien Orte vollkommen gesund waren, dürfen solche Hausthiere nicht über die österreichische Grenze gelassen werden. [289] Trotz solcher Viehpässe müssen Thiere, die entweder als krank oder verdächtig erkannt werden, von der Gränze zurückgewiesen werden.

Auch im inländischen Verkehre müssen Viehpässe beigebracht werden:

a) für Wiederkäuer, Pferde und Schweine, welche auf Thierschauen gebracht werden;

b) für Rindvieh jeden Alters, welches auf Viehmärkte oder Auctionen gebracht oder für Rindvieh (zum Schlachten bestimmte Kälber unter 6 Monaten ausgenommen), welches aus Anlaß des Wechsels des Standortes in einen anderen, über 10 Kilometer entfernten Ort abgetrieben wird;

[287] Ueber Thierzucht im Allgemeinen vergl. m. Verwaltungslehre §. 147. Die Ergreifung aller gesetzlichen Maaßregeln bezüglich der Thierseuchen und Krankheiten obliegt in erster Instanz den politischen Bezirksbehörden unter gesetzmäßiger Mitwirkung der Gemeinden, in zweiter Instanz den Landesbehörden, in oberster dem Ministerium des Innern beziehungsweise dem Handels- und Ackerbauministerium. Die politischen Behörden erster Instanz haben sich dabei des Beistandes der beamteten Thierärzte oder anderer approbirter Thierärzte zu bedienen (§. 2 ob. Ges.)

[288] Das ist:
a) der Maul- und Klauenseuche der Rinder, Schafe, Ziegen und Schweine;
b) dem Milzbrande (Anthrax) der landwirthschaftlichen Hausthiere;
c) der Lungenseuche der Rinder;
d) der Rotz- (Wurm-) Krankheit der Pferde, Esel und Maulthiere;
e) der Pocken- oder Blatternseuche der Schafe;
f) der Beschäl- (Chancre-) Seuche der Zuchtpferde und des Bläschenausschlages an den Geschlechtstheilen der Pferde und Rinder;
g) der Räude (Krätze) der Pferde und Schafe;
h) der Wuthkrankheit der Hunde und übrigen Hausthiere.
[289] Durchführungsvorschrift zu ob. Ges. v. 12. April 1880 RGB. Nr. 36.

c) für Herden von Wiederkäuern und Schweinen, welche über größere Landstriche getrieben werden;

d) für Wiederkäuer, welche mittelst Eisenbahnen und Schiffen befördert werden.[290]

Zu den dauernden präventiven Maaßregeln gehört ferner die sach=verständige Aufsicht über alle Viehmärkte, sowie Thierauctionen und öffent=liche Thierschauen. Die bestellten Aufsichtsorgane sind verpflichtet, jedes auf den Markt gebrachte Viehstück genau zu untersuchen, bei Wahrnehmung oder bei sich ergebendem Verdachte einer ansteckenden Thierkrankheit die Ab=sonderung und Bewachung der kranken und verdächtigen Thiere auf einen entfernteren, jede Berührung mit anderen ansteckungsfähigen Thieren aus=schließenden Standort sogleich zu verfügen und hierüber unverzüglich der Behörde die Anzeige zu erstatten.

Vieh von unsicherer Provenienz muß am Marktorte geschlachtet werden.

Die Marktordnung für Viehmärkte ist von der politischen Landes=behörde, bei Viehmärkten hervorragender Bedeutung von den Ministern des Innern, des Handels und des Ackerbaues, nach Vernehmung der betreffenden Gemeinden, zu erlassen.

Besondere Vorsichtsmaaßregeln sind bei dem Transport von Wieder=käuern auf Eisenbahnen und Schiffen immer und jederzeit zu beobachten. Dieselben bestehen in regelmäßigen Untersuchungen der Thiere durch Sach=verständige beim Ein= und Ausladen, in der strengen Absonderung von Schlacht= und Zuchtvieh, von fremden und einheimischem Vieh auf dem Transporte; endlich darf eine Ausladung von Thieren — Nothfälle aus=genommen — nur am Bestimmungsorte erfolgen (§. 10). Mit Gesetz vom 19. Juli 1879 RGB. Nr. 10 sind Eisenbahnverwaltungen und Schiffs=führer zur regelmäßigen Desinfection der Waggons beziehungsweise der Viehunterkunfträume sogleich nach dem Ausladen des Viehes verpflichtet. Triebheerden müssen während ihres Marsches mindestens von fünf zu fünf Meilen von einem approbirten Thierarzt untersucht werden und der Weiter=trieb darf nur auf Grund des den guten Gesundheitszustand bestätigenden Viehpasses gestattet werden. Zeigt sich bei einer solchen Untersuchung, daß die Triebheerde oder einzelne Thiere derselben krank sind, so ist nach den besonderen für solche Fälle gegebenen Bestimmungen vorzugehen.

Ferner gehört zu den dauernden Maaßregeln die allgemeine obliga=

---

[290] Wenn andere Hausthiere als Wiederkäuer von ansteckenden Thierkrank=heiten befallen werden, oder wenn die Gefahr vorliegt, daß durch dieselben An=steckungsstoffe weiter verbreitet werden können, so ist die politische Landesbehörde ermächtigt, auch rücksichtlich solcher Thiere Viehpässe für den Auftrieb auf Märkte und Auctionen, sowie für den Transport auf Eisenbahnen und Schiffen anzuordnen.

Die Viehpässe werden in der Regel von den Gemeindevorständen ausgestellt, doch kann die politische Behörde nach Umständen eigene Organe damit betrauen. Die gedruckten Formulare der Viehpässe müssen von der politischen Behörde be=zogen werden, welche dieselben in Jurtabücher gebunden liefert, damit die Vieh=pässe mit fortlaufenden Nummern versehen werden und auf diese Weise eine bessere Controle ermöglicht werde.

torische Vieh= und Fleischbeschau.[291]) Dieselbe muß in allen Schlacht=
localitäten und Gemeindeschlachthäusern von approbirten Thierärzten vorgenommen werden.

Endlich gehört zu den dauernden Maaßregeln die stetige Ueber=
wachung nicht nur des Inlandes, sondern auch des angränzenden und desjenigen Auslandes, mit welchem das Inland in Verkehrsbeziehungen steht,
mit Bezug auf Thierkrankheiten und Seuchen und die allgemeine Anzeige=
pflicht bezüglich aller im Inlande vorkommenden kranken und verdächtigen
Thiere.

Was die Ueberwachung des Auslandes anbelangt, so sind die politischen
Behörden verpflichtet, dem Gesundheitszustande der Thiere in dem angränzenden Auslande fortwährend ein besonderes Augenmerk zuzuwenden.

Gelangt zu ihrer Kenntniß, daß in einem Nachbarlande eine ansteckende
Thierkrankheit in einem für den inländischen Viehbestand bedrohlichem Umfange ausgebrochen und ihre Verschleppung in das diesseitige Gebiet zu besorgen ist, so können dieselben die Einfuhr lebender oder todter Thiere,
durch welche eine Verschleppung des Ansteckungsstoffes möglich ist, aus dem
verseuchten Gebiete:

entweder entlang der Gränze des ganzen Verwaltungsgebietes oder
für bestimmte Gränzstrecken verbieten, oder

nur über bestimmte Eintrittsorte und unter Beschränkungen gestatten,
welche die Gefahr einer Einschleppung ausschließen.

Diese Verkehrsbeschränkungen können nach Erforderniß auch auf die
Einfuhr von rohem Fleisch und sonstigen thierischen Rohstoffen, Dünger,
Rauhfutter, Streumateriale und von allen Gegenständen, welche Träger des
Ansteckungsstoffes sein können, ausgedehnt werden.

Nach Maaßgabe der Umstände kann die Absperrung der Gränze,
nöthigenfalls mit militärischen Kräften verfügt werden.

Was die Anzeigepflicht anbelangt, so ist jeder, der an einem ihm
zugehörigen oder seiner Aufsicht anvertrauten Thiere eine der oben erwähnten nicht ansteckenden Krankheiten oder Erscheinungen wahrnimmt,
welche den Verdacht einer solchen erregen[292]), verpflichtet, dem Gemeindevorstande unverzüglich davon die Anzeige zu erstatten und das Thier vollständig abzusondern.

Die Verpflichtung zur unverzüglichen Anzeige und zur Fernhaltung
der Thiere von Orten, wo die Gefahr der Ansteckung für andere Thiere besteht, tritt auch dann ein, wenn unter den Thieren eines Stalles oder einer
Heerde innerhalb acht Tagen ein zweiter Fall einer innerlichen Erkrankung unter den gleichen Erscheinungen vorkommt.

---

[291]) Ueber Anordnung des Ministeriums des Innern hat die niederösterreichische Statthalterei mit der Kundmachung vom 20. Juni 1870 die Bestimmungen der alten Viehbeschauordnung vom Jahre 1838 mit den Abänderungen
im Sinne des Hkb. 11. December 1840 republicirt.

[292]) Ueber solche Erscheinungen, welche den Verdacht einer der erwähnten
acht Krankheiten begründen, gab das Ministerium eine populäre Belehrung
heraus, welche zum mindesten bei allen Gemeindevorständen vorhanden sein muß.

Den Gemeindevorstehern liegt diese Anzeigepflicht gegenüber den politischen Behörden ob; Thierärzte, Fleisch= und Viehbeschauer sind verpflichtet, solche Anzeigen gleichzeitig den Gemeindevorstehern und den politischen Behörden zu erstatten.

Zeitweilige Maaßregeln gegen Thierseuchen.

§. 110. Die Gesammtheit der zeitweilig aus Anlaß von Thier=Seuchen und Krankheiten zu ergreifenden Maaßregeln beruht auf den Grundsätzen:

a) der größtmöglichsten Publicität aller Seuchenfälle;

b) der zwangsweisen Durchführung der vorgeschriebenen Verkehrs= sistirungen, Viehsperren und Viehvertilgungen;

c) der Entschädigung der schuldlosen inländischen Vieheigenthümer durch den Staat.

ad a) Ist der Ausbruch einer ansteckenden Krankheit festgestellt, so hat die politische Bezirksbehörde den an den Seuchenort angränzenden Gemeinden und den nächstliegenden politischen Bezirks= und in den Küstenländern auch den Seesanitätsbehörden hievon unverzüglich Mittheilung zu machen und darüber auch der politischen Landesbehörde zu berichten.

Letztere hat nach Maaßgabe der Gefahr die benachbarten Verwaltungsgebiete, rücksichtlich der Küstenländer auch die Seebehörde in Triest, von dem Seuchenausbruche und den verfügten Absperrungsmaaßregeln in Kenntniß zu setzen und hierüber dem Ministerium des Innern die Anzeige zu erstatten.

Alle Ortschaften, in denen eine Viehseuche zum Ausbruch kam, sowie auch die einzelnen Höfe und Ställe, in welchen kranke Thiere sich befinden, sind mittelst aufgestellter Warnungstafeln kenntlich zu machen, endlich hat die Landesbehörde alle Ortschaften, in denen die Seuche aufgetreten, durch Kundmachungen (in amtlichen Zeitungen) als verseucht allgemein bekannt zu geben.

ad b) Die erste Verkehrssistirung, bestehend in der Stallsperre, hat der Gemeindevorsteher gleichzeitig mit der Anzeige an die politische Behörde vorläufig zu verfügen (§. 17).

Die politische Bezirksbehörde hat nach erhaltener Anzeige von dem Ausbruche oder von dem Verdachte einer ansteckenden Thierkrankheit ohne Verzug den beamteten Thierarzt an Ort und Stelle abzuordnen. Derselbe bildet mit dem Gemeinde= (Gutsgebiets=) Vorsteher die Seuchencommission und hat die Art, Ausbreitung und Ursache der Krankheit zu erheben, die auf Grund dieses Gesetzes und der Vollzugsvorschrift zu treffenden Maaß= regeln anzuordnen und deren Durchführung einzuleiten.

Der Besitzer des seuchenverdächtigen Thieres hat das Recht, zu den Erhebungen der Seuchencommission auch seinerseits einen approbirten Thierarzt beizuziehen. Bei Meinungsverschiedenheiten muß an die politische Behörde in kürzestem Wege berichtet werden, doch dürfen die zu ergreifenden Schutzmaaßregeln dadurch keinen Aufschub erleiden.

Ist zur Erforschung der Krankheit eine Section erforderlich, so kann in Ermangelung eines Cadavers die politische Behörde die Tödtung eines verdächtigen Thieres zu diesem Zwecke anordnen; die politische Behörde kann auch im vorhinein ihren Organen die Ermächtigung zu einer solchen Tödtung ertheilen.

Wird das Vorhandensein einer Seuche constatirt, so können „nach Beschaffenheit des Falles und der Größe der Gefahr" folgende gesetzlich gestatteten Maaßregeln ergriffen werden: 1. Absonderung von erkrankten oder verdächtigen Thieren; 2. die verschiedensten Beschränkungen des Verkehrs mit solchen Thieren und zwar: Einstellung des Weitertriebes, Stallsperre,[293]) Weidesperre,[294]) Orts= und Flursperre;[295]) das Verbot des gemeinschaft= lichen Tränkens und Schwemmens der Thiere; der Abhaltung von Vieh= märkten u. dergl.; 3. die Vornahme einer allgemeinen Impfung der der Ansteckungsgefahr ausgesetzten Thiere, endlich 4. die Tödtung seuchenkranker und verdächtiger Thiere, wobei auf die unschädliche Beseitigung der Cadaver solcher Thiere und auf die Desinficirung der Räumlichkeiten, in welchen dieselben sich befanden, behördlicherseits zu sehen, nöthigenfalls dieselbe zwangs= weise durchzuführen ist.[296])

Die genaue Durchführung dieser Maaßregeln ist Sache der Gemeinde= behörde des Seuchenortes und dieselbe wird hierin von der politischen Be= hörde überwacht.

[293]) Dieselbe hat zur Folge, daß die Thiere die ihnen zugewiesene Räum= lichkeit (Stall, Standort, Hofraum, Gehöft, abgesonderter Weideplatz u. s. w.) nicht verlassen und überhaupt mit anderen durch die Krankheit gefährdeten Thieren nicht in Verkehr gebracht werden dürfen.

Die Stallsperre hat nach Erforderniß auch die Absonderung aller mit den kranken Thieren in Berührung gekommenen Gegenstände, Stallgeräthe, Futter, Dünger u. dergl. im Gefolge.

Mit der Verhängung der Stallsperre ist auch für die Dauer der ansteckenden Krankheit das Verbot des Einbringens neuen Viehes in die gesperrte Räumlichkeit verbunden.

[294]) Durch dieselbe wird entweder der Weidegang überhaupt oder wenn das nicht thunlich, die gemeinschaftliche Weidetrieb sowie die gemeinschaftliche Benützung der dahin führenden Wege und Straßen verboten.

[295]) Die Ortssperre hat zur Folge, daß kein Thier von der von der Krankheit gefährdeten Gattung ohne besondere Bewilligung der politischen Behörde aus dem Orte gebracht, noch dahin eingeführt werden darf. Hiebei kann auch die Ausfuhr von Thierabfällen und Rohproducten, mittelst deren die Krankheit ver= schleppt werden könnte, verboten werden.

Die Ortssperre ist nur dann zulässig, wenn mit der Seuche ihrer Beschaffen= heit nach eine größere allgemeine Gefahr verbunden ist und in einer größeren Anzahl von Stallungen Thiere von derselben ergriffen wurden.

In größeren Ortschaften kann die Sperre auf die betreffenden Straßen oder Theile des Ortes beschränkt werden.

Unter Verhältnissen, welche die Haltung der kranken und verdächtigen Thiere in den Ställen nicht zulassen, kann an Stelle der Ortssperre und unter den sonst mit der Ortssperre verbundenen Verkehrsbeschränkungen die Absperrung für die ganze Feldmark oder einzelner Theile derselben verfügt werden (Flursperre).

Die Verhängung der Orts= und Flursperre sowie die Ausnahmen von der= selben können nur mit Bewilligung der politischen Behörde erfolgen.

[296]) Sowohl über die unschädliche Beseitigung wie auch über die vorzunehmende Desinficirung enthält die erwähnte Vollzugsvorschrift die detaillirten Angaben.

Während der Dauer einer ansteckenden Thierkrankheit hat die politische Bezirksbehörde den Amtsthierarzt in angemessenen Zwischenräumen zur Nachschau in den Seuchenort zu entsenden (§. 23).

Die Heilung kranker Thiere zu veranlassen, bleibt, soferne eine thier=ärztliche Behandlung überhaupt zulässig ist, dem Ermessen des Thiereigen=thümers überlassen.

Für Fälle, in welchen nach den Bestimmungen des Gesetzes die thier=ärztliche Behandlung kranker Thiere erfolgen muß, dieselbe aber vom Eigen=thümer vernachlässigt oder unterlassen wird, hat die politische Bezirksbehörde, wenn hieraus eine Gefährdung des Viehstandes Anderer zu besorgen ist, die thierärztliche Behandlung der kranken Thiere auf Kosten des Eigen=thümers zu veranlassen. Das Heilungsverfahren ist vom beamteten Thier=arzte zu beaufsichtigen (§. 24).

Die zur Tilgung einer ansteckenden Thierkrankheit getroffenen veterinär=polizeilichen Maaßregeln treten außer Wirksamkeit, wenn die Krankheit amtlich als erloschen erklärt wird.

Dieß darf erst dann geschehen, wenn kein seuchenkrankes Thier in dem betreffenden Hofe, beziehungsweise Orte mehr vorhanden, das Desinfections=verfahren vollzogen und der bestimmte Zeitraum seit dem letzten Genesungs=, Tödtungs= oder Umstehungsfalle eines Thieres abgelaufen ist (§. 25).

Die politische Behörde muß von dem Erlöschen der Seuche alle jene Gemeinden benachrichtigen, denen sie den Ausbruch derselben anzeigte.

ad c) Die Entschädigung der Viehbesitzer für diejenigen Thiere, welche über behördliche Anordnung zum Zwecke der Feststellung des Vor=handenseins einer ansteckenden Krankheit getödtet werden, findet durch Ver=gütung des gemeinen Werthes aus dem Staatsschatze statt (§. 37). Aus=genommen sind nur die Fälle der Tödtung wegen Wuthkrankheit. Der gemeine Werth wird durch Schätzung vor der Tödtung festgestellt. Die Schätzungscommission hat aus zwei beeideten Vertrauensmännern und einem Abgeordneten der politischen Behörde zu bestehen. Auf den Schätzungs=betrag erkennt die politische Landesbehörde.[297]). Die Kosten aus Anlaß der obigen Maaßregeln tragen theilweise der Staatsschatz, theilweise die Gemeinden und theilweise die Eigenthümer.

Der Staatsschatz bestreitet die Kosten der Ueberwachung oder Sperrung der Gränze gegen die Nachbarstaaten und die Länder der ungarischen Krone.

Die Gemeinden tragen die Kosten für die wirksame Durchführung der örtlichen Schutz= und Sperrmaaßregeln, sowie für das Ausführen der Ca=daver und Abfälle, für das Verscharren und für die Verscharrungsplätze.

Die Eigenthümer tragen die Kosten, welche aus der Beaufsichtigung der Vieh= und Pferdemärkte, Thierauctionen und Thierschauen erwachsen.

Auf die Uebertretung des Thierseuchengesetzes sind Geldstrafen bis zu 2000 fl. gesetzt; daneben greifen auch Confiscationen von Thieren und thie=rischen Rohproducten, welche gegen bestehende Verbote eingeführt werden, Platz.

---

[297]) Die Gewährung einer Entschädigung für solche Thiere, für welche der Staatsschatz keine Entschädigung leistet, aus Mitteln der Länder, Bezirke oder zu bildender Versicherungsverbände bleibt der Landesgesetzgebung vorbehalten.

Bergrecht.

§. 111. Insofern der Staat das Berggut vom Grundeigenthum trennt (vorbehaltene Mineralien), dasselbe als Regal betrachtet und das Ausbeutungs-
recht desselben von seiner Einwilligung abhängig macht, die er gegen bestimmte Bergabgaben an Unternehmer verleiht: gehört seine dießbezügliche
Thätigkeit in das Gebiet des Finanzrechts (Regalien) und wurde oben bereits behandelt.

Das Berggesetz verfolgt aber nicht nur fiskalische Zwecke, sondern ist
auch bestrebt, durch Bestimmungen, welche die Mitwirkung Vieler und die
Vereinigung von Capitalien zu größeren Unternehmungen erleichtern, den
Bergbau als wirthschaftliche Production zu fördern. Es können also Bergwerke nicht nur von einzelnen, sondern auch von mehreren physischen oder
juristischen Personen besessen und betrieben werden (§. 134 aBG.). Eine
bücherliche Theilung allerdings des Bergwerkseigenthums gestattet das Berggesetz in der Regel nur bis zum sechzehnten Theile (§. 135). Soll das
Eigenthum an dem Bergwerke in mehr Antheile zerlegt werden (VI. Hauptstück aBG.), so ist zu diesem Zwecke entweder eine Gewerkschaft zu errichten oder eine Actiengesellschaft nach dem Vereinsgesetze vom 26. November 1852 zu gründen.[298] Die Gründung einer Gewerkschaft muß in
dem Vergleiche angemerkt und die darüber errichtete Urkunde bei der
Bergbehörde zu jedermanns Einsicht eingetragen werden (§. 137). Die
Theilnehmer an der Gewerkschaft haften jeder nur mit seinem Antheile
(Kuxe). Doch darf eine Gewerkschaft in nicht mehr als 128 Kuxe und
jeder Kux nicht mehr als in 100 Theile getheilt werden.

Die Kuxe sind übertragbar, doch müssen dieselben zur Rechtswirksamkeit der Uebertragungen in das Gewerkenbuch eingetragen werden. Jede
Gewerkschaft muß einen Director bestellen und denselben der Bergbehörde
namhaft machen. Der Dienstvertrag der Gewerkschaft mit der Direction,
der Bestimmungen über die gesetzlich vorgeschriebenen Punkte enthalten muß,
ist eine öffentliche Urkunde und muß ebenfalls der Bergbehörde zu jedermanns Einsicht mitgetheilt werden (§§. 145 u. 146). Auch die inneren
Verhältnisse der Gewerkschaft, die Beziehungen der Gewerken zur Gewerkschaft, die Formen der Abhaltung der Gewerkentage, das Verfahren bei denselben ist gesetzlich geregelt. Insbesondere ist die Art und Weise der Einbringung
der Zubußen von den einzelnen Kuxinhabern im Interesse des Betriebes
gesetzlich geregelt und eine Abänderung dieser Bestimmungen durch die Ge-
werksstatuten nicht zulässig. Der Director ist darnach verpflichtet, die auf
dem Gewerktage beschlossenen Zubußen einzutreiben und die Kuxinhaber
außerhalb des Bezirkes der Bergbehörde müssen auf ordnungsmäßiges Ansuchen des Directors vom zuständigen Gerichte zum Erlage der Zubußen
binnen 14 Tagen aufgefordert werden (§. 158). Bleibt diese Aufforderung

---

[298] Ausländische Actiengesellschaften können zum gewerbsmäßigen Betriebe
von Geschäften im Inlande nach Maaßgabe der k. Vdg. vom 29. November 1865
RGB. Nr. 127 zugelassen werden.

erfolglos, so tritt ein besonderes beschleunigtes sogenanntes „Retardatsver=
fahren" zur Einbringung der Zubuße ein.

Zu den Begünstigungen des Bergbaus gehören auch die dem Berg=
werksunternehmer eingeräumten Rechte auf fremde ihm zu Bergbauzwecken
nöthige Grundstücke, deren Ueberlassung er unter den gesetzlichen Bedingungen
fordern kann (aBG. IV. Hauptstück).

Bergbaupolizei.

§. 112. Da alle Vorrechte und Begünstigungen der Bergbauunternehmer nur
der Förderung des Bergbaues gelten, so ist es selbstverständlich, daß die
Unternehmer all denjenigen Pflichten unterworfen werden, ohne deren Er=
füllung der volkswirthschaftliche Zweck des Bergrechts nicht erreicht werden
könnte. Die Unternehmer sind daher zur „Bauhafthaltung" und zur strengen
Beobachtung der bergpolizeilichen Vorschriften verpflichtet.

Zur Bauhafthaltung gehört die möglichste Sicherung der unternommenen
Tag= und Grubenbaue gegen jede Gefahr für Personen und Eigenthum [299])
und die Erhaltung des Baues in stetem Betriebe (§. 170).

Behufs Herstellung der erforderlichen Sicherheit für das Leben der
Personen sind alle Tageinbaue zu umfrieden; alle brüchige oder bruch=
gefährliche Grubenbaue zu sichern, für entsprechende Wetterführung zu sorgen
und überhaupt alle bergtechnisch angezeigten und vorgeschriebenen Schutz=
maßregeln zu ergreifen.[300])

Zum „steten Betriebe" wird erfordert, daß derselbe an jedem Werk=
tage mindestens durch acht Stunden täglich von einer nach Beschaffenheit
des Bergwerkes entsprechenden Zahl von Arbeitern belegt sei (§. 174);
über den Erfolg des Betriebes muß der Bergbehörde halbjährig Bericht
erstattet werden (§. 178); bei verliehenen Bergbauen kann die Bergbehörde
wegen eingetretener Verkehrsstockungen oder anderer Hindernisse Fristungen,
doch höchstens bis zu einem Jahre ertheilen.

Ueberdieß sind die Bergwerksbesitzer noch zur Anlage von Gruben=

---

[299]) Mit Recht bemerkt der „Referentenentwurf", daß obige Bestimmung des
§. 170 des aBG. viel weiter geht als zweckmäßig ist, indem auch die Wahr=
nehmung rein privatrechtlicher Interessen beim Bergbaue nicht zur Aufgabe der
Bergpolizei gehört und der Bergbau ohne gleichzeitige Gefährdung des Oberflächen=
eigenthumes in vielen Fällen gar nicht möglich ist; doch hat ja der Eigen=
thümer ohnehin den Schadenersatzanspruch für den ihm zugefügten Schaden. Der
„Entwurf" beschränkt sich daher lediglich auf den Schutz der „persönlichen Sicher=
heit und des öffentlichen Verkehrs."

[300]) Da die für einzelne Bergwerksbaue erforderlichen Schutzmaßregeln nach
Lage und Beschaffenheit verschieden sind, so ist es Sache der Berghauptmann=
schaften, für die ihr unterstehenden Reviere, eventuell für einzelne Bergwerke die
entsprechenden individualisirten Vorschriften zu erlassen. So hat z. B. die Berg=
hauptmannschaft Wien für die ihr unterstehenden Steinkohlenreviere Ostrau=Karwin
in Schlesien und Rossitz=Oslawan in Mähren unterm 12. Juli 1877 eine Verordnung
über Verhütung schlagender Wetter erlassen; Sache der Revierämter ist es dann,
die genaue Durchführung solcher Vorschriften zu überwachen.

karten, zur Lieferung statistischer Nachweise verpflichtet; wenn sie nicht im Bezirke der Behörde ihr Domicil haben, so müssen sie der Behörde einen im Bezirke wohnhaften Bevollmächtigten namhaft machen (§. 188).[301])

Naphthagrubenbau.

§. 113. Schon das Berggesetz von 1854 schließt alle nicht vorbehaltenen Mineralien von der Regalität aus und überläßt dieselben dem vollen Verfügungsrecht der Eigenthümer des betreffenden Grund und Bodens. Der Kreis dieser letzteren Mineralien ist aber durch die Definition des Berggesetzes (§. 3) keineswegs genau umschrieben und es blieb dem Gesetzgeber vorbehalten, von Fall zu Fall zu erklären, ob ein Mineral der Regalität zu unterziehen oder dem Verfügungsrecht des Grundeigenthümers zu überlassen sei. Ein solcher Zweifel entstand in den letzten 50er Jahren bezüglich des in Galizien an den nördlichen und nordöstlichen Abhängen der Karpathen vorkommenden Erdöles (Naphtha). Da der §. 3 des Berggesetzes unter den vorbehaltenen Mineralien das „Erdharz" aufzählt, so erklärte das Finanzministerium nach eingeholtem Gutachten von Sachverständigen das Erdöl als zu den Erdharzen gehörig und somit der Regalität unterworfen. Gegen diese Erklärung der Regierung erhob jedoch der galizische Landtag Vorstellungen, in Folge deren eine kaiserliche Entschließung vom 22. Jänner 1862 Erdöl und Bergtheer, sofern sie zur Gewinnung von Leuchtölen benützt werden, von der Regalität wieder eximirte, welche Exemtion mit dem Ministerialerlaß vom 30. Mai 1865 auch auf das Erdwachs und mit kaiserlicher Entschließung vom 12. September 1866 auch für die Bukowina geltend erklärt wurde.

Da aber das Gesetzgebungsrecht in Bergwerkssachen zur Competenz des Reichsraths gehört, so wurde diese Angelegenheit im Wege der Reichsgesetzgebung mit Gesetz vom 11. Mai 1884 RGB. Nr. 21 endgiltig geregelt. Darnach unterliegen Naphtha (Erdöl, Bergöl, Petroleum, Bergtheer), Bergwachs (Ozokerit, Erdwachs), Asphalt sowie Bitumen mit Ausschluß der bituminösen Mineralkohlen in Galizien und der Bukowina dem Verfügungsrechte des Grundeigenthümers; die bereits verliehenen Bergbauberechtigungen bleiben jedoch aufrecht und werden nach dem Berggesetze vom Jahre 1854 behandelt (§. 1).

Das Gewinnungsrecht obiger Mineralien kann jedoch vertragsmäßig von dem Grundeigenthum getrennt werden; in diesem Falle wird es als selbständiges Realrecht in ein zu schaffendes öffentliches Naphthabuch eingetragen (§. 2). Gegen eine solche Trennung haben die Hypothekargläubiger der betreffenden Grundrealität das Einspruchsrecht (§. 3). Zwei oder mehrere Naphthafelder können vereinigt werden (§. 5). Der Naphthafeld-

---

[301]) Die Pflichten der Bergwerksunternehmer gegenüber ihren Arbeitern und die Anstalten behufs Versicherung derselben gegen Unfälle und Krankheit eventuell Versorgung ihrer Hinterbliebenen für den Fall ihres Todes sollen unten im Zusammenhang mit der Arbeiterschutzgesetzgebung erörtert werden.

eigenthümer ist befugt, zum vortheilhafteren Betriebe seines Bergwerks in den Grundstücken anderer Eigenthümer Hilfsbaue anzulegen (§ 7).[302]

Wenn nun auch die nicht vorbehaltenen Mineralien, von denen die größte volkswirthschaftliche Bedeutung unstreitig dem Erdöl zukommt, als Zugehör des Grund und Bodens im Eigenthum der Grundeigenthümer stehen: so ist doch die Art und Weise der Gewinnung desselben keineswegs dem privaten Gutdünken überlassen. Denn sowohl die Gefahren, mit denen der Bergbau nach Naphtha verbunden ist, wie auch das große volkswirth= schaftliche Interesse an einem rationellen Bau, stellen an den Staat die Forderung, auch über die Naphthagruben seine Bergpolizei zu üben, wie auch die Interessen der in den Naphthagruben beschäftigten Arbeiter wahr= zunehmen. In dieser Beziehung stehen nun auch die Naphthagruben (wie auch die aller im §. 1 des Gesetzes vom 11. Mai 1884 angeführten Mi= neralien) unter der Aufsicht der Bergbehörden (§. 1). Eine Vernachlässigung des begonnenen Baues hat die Entziehung desselben zu Folge, ganz wie das die §§. 254—258 des allgemeinen Berggesetzes vom Jahre 1854 be= züglich der vorbehaltenen Mineralien vorschreiben (§. 12); wie denn auch

---

[302]) Streitige Naphthabausachen entscheidet die Berghauptmannschaft. Die Rechtsverhältnisse mehrerer Miteigenthümer können nach dem allg. Berggesetze von 1854 geregelt werden. Bei der Bergbehörde wird ein besonderes Naphthabuch geführt, in welches jede Gründung einer Gewerkschaft eingetragen wird. Die Theilung des gewerkschaftlichen Vermögens ist jedoch nur in 100 Kuxe zulässig. Die Bestimmungen des Berggesetzes über das Verhältniß der Bergwerkbesitzer zu ihren Beamten und Arbeitern und über Bruderladen finden auch auf Naphtha= gruben Anwendung. Der Betrieb des Naphthabaues genießt dieselben Begünsti= gungen wie jeder andere Bergbau, wenn es sich um Benützung fremder Grund= stücke handelt, die für den Naphthabau nöthig sind; dieselben müssen dem Naphtha= betrieb überlassen werden und finden dabei die bezüglichen Bestimmungen des Berggesetzes Anwendung.

Wird amtlich festgestellt, daß der Naphthafeldeigenthümer seine Baue an= dauernd und in einem Umfange vernachlässigt, daß hieraus Gefahren für die per= sönliche Sicherheit oder das Gemeinwohl erwachsen können, oder erwachsen sind, und daß er trotz wiederholter Aufforderung den bergpolizeilichen Vorschriften nicht genügt, so hat die Berghauptmannschaft auf die Entziehung des Naphthafeldes zu erkennen und nach Rechtskraft dieses Erkenntnisses die executive Schätzung und Feilbietung des Naphthafeldes einzuleiten.

Hiebei ist nach Maaßgabe der Bestimmungen des allgemeinen Berggesetzes vorzugehen. Durch die stattgefundene executive Veräußerung tritt der Käufer in alle Rechte und Pflichten des früheren Naphthafeldeigenthümers.

Tritt einer der im §. 259 aBG. vorgesehenen Fälle ein, d. i. kommt es zu keiner Veräußerung des Naphthafeldes so ist dasselbe für erloschen zu erklären, die Löschung im Naphthabuche zu veranlassen und die dinglich Berechtigten hievon zu verständigen.

Erklärt der Eigenthümer eines Naphthafeldes die Auflassung desselben bei der Tabularbehörde, so hat das in dem allgemeinen Berggesetze für solche Fälle vorgeschriebene Verfahren Anwendung zu finden.

Endlich erklärt das Gesetz vom 11. Mai 1884, daß die Erlassung weiterer gesetzlicher Bestimmungen zur Regelung der Gewinnungsrechte an den wegen ihres Gehaltes an Erdharzen benützbaren Mineralien, in das Gebiet der Landesgesetz= gebung fällt, welcher insbesondere die Bestimmungen über den Betrieb und die Verwaltung, über die Bergpolizei und über das Verfahren bei den Bergbehörden, endlich über die Strafgewalt der Bergbehörden zustehen.

bezüglich der zum Naphthabau nöthigen Expropriationen, der durch dieselben entstandenen Schäden, die Bestimmungen des allgemeinen Berggesetzes und zwar dessen §§. 99—100, 101—103 Anwendung finden (§§. 8 u. 9).

Was endlich die beim Naphthabergbau beschäftigten Arbeiter betrifft, so finden die Bestimmungen des allgemeinen Berggesetzes über Bruderladen auf dieselbe volle Anwendung.[30][1])

Vertretungen der Landwirthschaft.

§. 114. Die landwirthschaftlichen Interessen besitzen in Oesterreich keine gleichmäßige auf Reichsgesetz beruhende autonome Vertretung in den einzelnen Ländern, wie das bezüglich der Handels- und Gewerbeinteressen der Fall ist (s. unter „Handelskammern"). Nur in einigen Ländern sind aus privater Initiative Landwirthschaftsvereine hervorgegangen, denen insoferne eine halbamtliche Stellung zukommt, als dieselben von der Regierung anerkannt und von derselben gelegentlich um Gutachten in landwirthschaftlichen Dingen angegangen werden. Solche Vereine sind die landwirthschaftliche Gesellschaft in Galizien und in der Steiermark.[304])

Eine staatsrechtlich anerkannte Stellung erlangten bisher nur die Landesculturräthe in Böhmen und Tirol.

Die Organisation des böhmischen Landesculturrathes ist durch ein vom Kaiser genehmigtes Statut geregelt.[305]) Darnach ist der Landesculturrath ein „sachliches Organ zur Förderung der Interessen der Landescultur" einschließlich derjenigen der landwirthschaftlichen Industrie. In den Wirkungskreis desselben gehört: Abgabe von Gutachten, Einbringung von Anträgen in landwirthschaftlichen Landesangelegenheiten und Förderung von landwirthschaftlichen Vereinen.

Bemerkenswerth ist die Zusammensetzung des Landesculturrathes, der aus Wahlen innerhalb der verschiedenen in Böhmen bestehenden Vereine hervorgeht, welche theils landwirthschaftliche, theils verwandte Zwecke verfolgen wie der böhmische Forstverein, Brauindustrieverein, Zuckerindustrieverein u. s. w. Außer diesen gewählten Mitgliedern haben Sitz und Stimme am Landesculturrath je drei vom Ackerbauministerium und dem Landes-

---

[303]) Daher gegenwärtig auch das Gesetz vom 28. Juli 1889 betr. die Regelung der Bruderladen.

[304]) Nach der Gründungsurkunde v. 4. Februar 1819 ist die steiermärkische Landwirthschaftliche Gesellschaft in Graz „ein freier Verein zur Förderung der Landescultur in ihrem ganzen Umfange und zur Wahrnehmung des Einflusses der Gesetzgebung und Verwaltung auf die Landescultur." Die Statuten dieser Gesellschaft v. 6. März 1869 wurden im Jahre 1871 in geänderter Form bestätigt; die Gesellschaft kann im Lande Filialen errichten; an der Spitze der Gesellschaft steht ein Centralausschuß mit einem Präsidenten, der von der allgemeinen Versammlung gewählt wird, dessen Wahl jedoch der Bestätigung des Kaisers bedarf.

[305]) Das frühere mit a. h. EE. 8. Jänner u. 29. Mai 1880 genehmigte Statut ist zufolge a. h. E. v. 10. April 1881 abgeändert worden; die Wahlordnung für den Landesculturrath ist mit Erlaß vom 12. April 1881 3. 4244 vom Ackerbauministerium bestätigt worden.

ausschusse ernannten Mitglieder. Im Zusammenhange mit dem „böhmischen Ausgleich" ist eine Reorganisation dieses Landesculturrathes im Zuge.

In Tirol wurde mit Landesgesetz vom 23. September 1884 ein Landesculturrath und eine Anzahl von Bezirksgenossenschaften der Landwirthe (für jeden Gerichtsbezirk eine) in's Leben gerufen.

Das Gesetz erklärt die Bezirksgenossenschaften der Landwirthe als die zur Erstattung selbständiger Anträge in Landescultur-Angelegenheiten und zur Begutachtung einschlägiger Fragen, sowie zur örtlichen Mitwirkung an diesbezüglichen Vorkehrungen des Staates oder des Landes „zunächst berufenen" Körperschaften. Diesen Genossenschaften können alle Landwirthe (Eigenthümer, Fruchtnießer und Pächter) beitreten; andere Personen aber nicht. Die Einleitung zur Bildung solcher Genossenschaften trifft die politische Bezirksbehörde im Einvernehmen mit hervorragenden Landwirthen des Bezirkes. Die den Bestimmungen des Gesetzes gemäß zu entwerfenden Statuten der Bezirksgenossenschaften unterliegen der staatlichen Genehmigung; die Obmänner und Stellvertreter derselben werden vom Statthalter bestätigt. Zur Besorgung derselben Angelegenheiten wie die Bezirksgenossenschaften, jedoch für das ganze Land, ist der Landesculturrath berufen, der in zwei Sectionen zerfällt, eine für Deutsch- und eine für Wälsch-Tirol (erstere mit dem Sitze in Innsbruck, letztere mit dem Sitze in Trient).

Jede der beiden Sectionen besteht außer den Präsidenten, die vom Kaiser ernannt werden, aus Vertretern des Landesausschusses, der politischen Landesbehörde und den Obmännern der Bezirksgenossenschaften. Jede Section hat einen ständigen Ausschuß als ausführendes Organ.

Die Regieerfordernisse der Bezirksgenossenschaften werden aus den Beiträgen der Mitglieder bestritten; die des Landesculturraths aus dem Landesculturfonde und wenn derselbe nicht hinreicht aus dem tirolischen Getreideaufschlagsfonde.

Zweites Hauptstück.

Gewerberecht.

Das Gewerbe und die Staatsverwaltung.

§. 115. Eine Würdigung des gegenwärtigen österreichischen Gewerberechts ist ohne Kenntniß seiner Entwickelung in den letzten zweihundert Jahren unmöglich. Denn nicht nur daß das gegenwärtige Gewerberecht großentheils auf einem allerjüngsten Gesetze beruht (Gewerbenovelle 1883) und noch keine tieferen Wurzeln gefaßt hat, zu dessen Verständniß daher sein erst neuerlicher Entstehungsprozeß unumgänglich nothwendig ist: sondern dasselbe erscheint im Zusammenhange mit der seit zweihundert Jahren sich vollziehenden Entwickelung fast nur als eine der vielen Fluthwellen, die im Strome derselben entstehen, um kurz darauf wieder zu zerfließen.

Das Gewerberecht entsteht und entwickelt sich im steten Kampfe socialer Selbstsucht mit der das Interesse der Gesammtheit vertretenden Staatsgewalt. Die unmittelbare Ursache des Kampfes ist eine sehr einfache und klare. Den Gewerbetreibenden ist ihr eigenes Wohlergehen das Maaß der Dinge. Sie trachten ihren Kreis so eng als möglich zu schließen, um sich dieß Wohlergehen so leicht als möglich zu sichern. Der Staat jedoch handelt instinktiv im Interesse der Gesammtheit. Daß die freie Concurrenz der Gesammtheit zu gute kommt, wenn sie auch Einzelnen das Leben sauer macht, ist eine Wahrheit, die von den Regierungen seit zweihundert Jahren erkannt wurde. Daher sind die Regierungen in Europa seit zweihundert Jahren bemüht, die Kreise der Gewerbetreibenden zu öffnen, zu vergrößern — jedes Abschließen derselben zu verhindern.

So oft nun die Regierungen die Bahn des Wettbewerbes im Interesse der Gesammtheit frei machen: beginnt das Gejammer derjenigen, die darunter leiden. Diesem Gejammer Rechnung tragend, erfolgt dann regelmäßig eine kleine Reaction; die Regierungen machen Concessionen an die Gewerbetreibenden, so lange bis die Staatsraison sie zwingt, den Wettbewerb wieder frei zu geben.

Die Gewerbetreibenden rufen dem Staate immer wieder zu: gestatte keine freie Concurrenz, denn diese richtet viele kleine Gewerbetreibende zu Grunde. Doch dieser Ruf heißt so viel als ob man dem Staate zurufen wollte: führe keinen Krieg, weil dabei viele Soldaten erschossen werden!

Entwicklung der Gewerbefreiheit in Oesterreich.

§. 116. Auch in Oesterreich wogt der Kampf seit zweihundert Jahren unentschieden. Das Selbstinteresse der Gewerbetreibenden hatte sich in den Zünften feste Zwingburgen geschaffen, die lange den Angriffen der Staatsgewalt trotzten. Zu diesen Angriffen würde der Staat keine Veranlassung haben, wenn nur die Zunftorganisation auch die Blüte des Handwerkes erhalten und sicherstellen könnte. Das war aber nicht der Fall. „. . . nach dem Ende des 30jährigen Krieges überströmten gleichsam die über die wirthschaftlichen Zustände sich verbreitenden Berichte der Regierungsbehörden an das Wiener Hoflager von Klagen über den gänzlichen Verfall des Handwerkes, über die „„Verluderung““ in allen Handwerkserzeugnissen, über die Unredlichkeit der Meister und über die Verwilderung der „„Knechte““ derselben.“ [306]

Es ist bezeichnend, daß derselbe österreichische Regent, der den ersten kräftigen Anstoß zur Reform der bäuerlichen Unterthänigkeitsverhältnisse gab, Leopold I., [307] es auch war, der es unternahm, dem „heillosen“ Verfalle der Zunfthandwerke zu steuern. [308] Das konnte nach der Ansicht der damaligen Regierungskreise auf keine andere Weise geschehen, als indem man sich ent-

---

[306] Heinrich Reschauer: Geschichte des Kampfes der Handwerkerzünfte und der Kaufmannsgremien mit der österreichischen Büreaukratie. Wien 1882 S. 3.
[307] Vergl. m. Einleitung S. 137.
[308] Reschauer l. c. S. 4.

ſchloß „das Uebel bei der Wurzel zu faſſen und durch Ausrottung der Zünfte den bürgerlichen Erwerb zu curiren." Und auch die von Kaiſer Leopold I. nach Oeſterreich berufenen berühmteſten National-Oekonomen jener Zeit, Joh. Joach. Becher, Philipp Wilhelm von Horningk und Wilhelm Freiherr von Schröder beſtätigten in ihren Gutachten, daß die Zünfte zu einem „böſen Mißbrauch" geworden ſeien, der „die ehrlichen armen Leute am Bürger= und Meiſterwerden hindere und ein wahres Monopol verdecke."[309]) Doch kam es unter Kaiſer Leopold nur zu ein= gehenden Unterſuchungen der Angelegenheit und zur Einholung von Gut= achten ſeitens der Landesregierungen, die alle mehr oder weniger die Reform der Zunfteinrichtungen als höchſt bringend bezeichneten.[310])

Ein entſcheidender Schritt zur Einſchränkung der Zünfte erfolgte erſt unter Kaiſer Joſef I., der unterm 1. October 1708 anordnete, daß neue Zünfte zu errichten, ihnen Innungsartikel und Rechte zu ertheilen, dem Regenten allein zuſtehe. Gleichzeitig begann die Regierung über die Köpfe der Zünfte hinweg Befugniſſe zum fabrikmäßigen Gewerbebetrieb zu er= theilen.[311])

Kaiſer Karl's VI. General-Zunftordnung.

§. 117.

Auf dieſem Wege ging es nun immer weiter. Man ließ die Zünfte beſtehen — ertheilte aber außerhalb derſelben allerhand Gewerbebefugniſſe, vorerſt zur Ausübung ſolcher Gewerbe, die noch keine zünftige Organiſation beſaßen, ſodann auch ſolcher, die bereits in den Zünften vertreten waren. Dieſe Uebung erhielt ihren codificatoriſchen Ausdruck in dem Patente Kaiſer Karls VI. vom 12. April 1725, womit unabhängig von den Zünften und ihren Satzungen „Schutz-Befugniſſe" für Gewerbetreibende eingeführt wurden, auf Grund welcher den Geſellen auch der zünftigen Gewerbe ohne vorher= gehende Erwerbung des zünftigen Meiſterrechts die Ausübung ihrer Gewerbe geſtattet wurde (die Befugniſſe wurden in Form von Decreten ertheilt, daher die betreffenden Gewerbetreibenden als „Decreter" bezeichnet wurden).

Kaiſer Karl VI. begnügte ſich aber nicht mit dieſer Umgehung der Zünfte und der Begründung einer ganzen Claſſe unzünftiger Gewerbe= treibender: er wollte auch die in den Zünften beſtehenden Mißbräuche beſei= tigen. Zu dieſem Zwecke erließ er eine General-Zunftordnung (19. April 1732) welche eine „neue gute Ordnung" innerhalb der Zünfte herſtellen ſollte, wo bisher nur „Unverſtand, Engherzigkeit und Selbſtſucht" walteten.[312])

Wenn nun auch die General-Zunftordnung ihren Zweck unmittelbar nicht erreichte, ſo gab ſie doch den nachfolgenden öſterreichiſchen Regierungen eine beſtimmte Richtung in ihrem Vorgehen gegen die Zünfte. So war die Regierung der Kaiſerin Maria Thereſia bemüht, „die Machtbefugniſſe der

---

[309]) Ebenda.
[310]) Kopetz: Gewerbegeſetzkunde II S. 19.
[311]) 1709 wurde die erſte „ausſchließliche" Befugniß zum Betriebe einer Traubenkern-Oelfabrik in Wien ertheilt.
[312]) Worte des kaiſerl. Reſcriptes vom 29. November 1724.

Zünfte den Angehörigen derselben gegenüber auf ein Minimum einzuschränken". Auch ist die ganze Tendenz der Theresianischen Regierung in Gewerbesachen aus der am 25. Juli 1763 an den niederösterreichischen Commerz-Conseß erlassenen Instruction ersichtlich, worin demselben empfohlen wird „bei allen Professionen, so in das Manufacturwesen einschlagen, jedesmal die geschicktesten Arbeiter zur Meisterschaft auszuwählen, sich an keine Zahl zu binden, sondern die Zahl der Meister nach Maaß, als die Manufacturen wachsen, zu vergrößern." Die Behörden waren denn auch nicht nur mit einzelnen Gewerbebefugnissen freigebig, sondern erklärten auch ganze Kategorieen von Gewerben, die früher zünftig waren, für frei.

Diese Praxis wurde immer allgemeiner und immer verbreiteter, namentlich als mit dem Hofdecret vom 30. Mai 1776 den Magistraten und Ortsobrigkeiten das Recht eingeräumt wurde, die Polizei- und Commerzialgewerbe in erster Instanz zu verleihen. Unter Kaiser Josef II. wurde diese Richtung mit größter Energie verfolgt. Mit Hofdecret vom 15. Jänner 1784 wurde jede Festsetzung der Anzahl zünftiger Gewerbe innerhalb der einzelnen Handwerke für unstatthaft erklärt, und es Jedermann freigestellt, auch mehrere Gewerbe gleichzeitig zu betreiben; der Einfluß der Zünfte aber auf die Verleihung von Gewerbebefugnissen sank zu einer inhaltslosen Formalität herab. Die Rechte und Befugnisse der Fabriken wurden erweitert; eine große Anzahl von Gewerben wurde als unzünftig, eine Anzahl von Beschäftigungen und Künsten vollkommen frei erklärt.

Die auf allen Gebieten des öffentlichen Lebens nach dem Tode des Kaisers Josef II. um sich greifende Reaction, scheint auch den Zünften (und Handelsgremien) Muth eingeflößt zu haben, mit ihren Forderungen nach Einführung der alten Beschränkungen und Beseitigung des „Commerzialsystems" aufzutreten. Insbesondere war es die Regierungszeit Kaiser Franz I., welche die zünftlerischen Bestrebungen neu belebte.

Die „Polizeisperre" unter Kaiser Franz I.

§. 118.   Die Excesse der französischen Revolution hatten all und jede freiheitliche Entwickelung in Mißcredit gebracht; zudem herrschte ein großes Mißtrauen gegen alles Ausländische und Fremde, das zur Folge hatte, daß nun ausländischen Gewerbetreibenden und Industriellen die Ansiedlung in Oesterreich erschwert wurde. Bezeichnend für die nun zum Regierungsprinzip erhobene Aengstlichkeit ist das Cabinetsschreiben vom 28. Februar 1802, womit der böhmisch-österreichischen Hofkanzlei aufgetragen wurde, „in Verleihung der Meisterrechte und Gewerbsbefugnisse so sparsam als möglich vorzugeben"; gleichzeitig wurde die Errichtung weiterer Fabriken in Wien und den Vorstädten als unstatthaft erklärt und zwar unter anderen aus dem Grunde, damit die ohnehin „übermäßige Bevölkerung" nicht noch mehr zunehme. Im Jahre 1806 gab Kaiser Franz I. der Commerz-Hofcommission wegen eines von derselben an einen Seidenzeugfabrikanten in Wien verliehenen Fabrikbefugnisses einen Verweis mit der Motivirung: daß es an Gewerben

iefer Art in Wien ohnehin nicht mangelt und daß der Kaiser die Manu-
acturen in Wien nicht vermehrt, fondern vermindert wiſſen will.[313])

Zum Ruhme der öſterreichiſchen Beamtenſchaft muß es jedoch her=
orgehoben werden, daß ſie nicht müde ward, ſolchen Anſchauungen und
Befürchtungen des Kaiſers in wohlmotivirten und ſehr gründlichen aller=
unterthänigſten Vorträgen entgegenzutreten: ſo daß der Kaiſer die im Jahre
1802 theilweiſe eingeführten Beſchränkungen der Gewerbefreiheit in der
folge wieder beſeitigte. Doch auch die Zünfte und Kaufmanns=Gremien
ſtellten den Kampf nicht ein. Immer wieder von neuem beſtürmten ſie den
Kaiſer mit Bittgeſuchen, worin ſie auf den ihnen durch Verleihung von
Gewerbsbefugniſſen ſeitens der Behörden unfehlbar drohenden Ruin hin-
wieſen. Dieſes Vorgehen blieb nicht ohne Wirkung. Unterm 10. Auguſt
1822 erließ der Kaiſer an den oberſten Kanzler, Grafen Saurau, ein
Cabinetsſchreiben, worin er ſich gegen die übermäßigen Gewerbsvermehrungen
ausſprach und die Kanzlei dafür „ſtreng verantwortlich“ machte, „Gewerbs-
verleihungen für die Zukunft nur für den abſolut nothwendigen Bedarf zu
geſtatten.“ Die Gegenvorſtellungen der Commerz=Hofcommiſſion blieben
unberückſichtigt. Der Kaiſer blieb dabei (24. Februar 1824), daß „die
Gewerbs= und Handelsbefugniſſe nicht ohne Grund zu vermehren“ und „die
Gewerbs= und Handelsleute gegen unbefugte Eingriffe und Störungen ihrer
Berechtſame nachdrücklich zu ſchützen“ ſeien — und auf dieſer abſchüffigen
Bahn ging es nun fort bis zu der im Jahre 1831 vom Kaiſer anbefohlenen
ſog. „Polizeiſperre“.

Unterm 17. Auguſt dieſes Jahres erließ der Kaiſer nämlich an den
oberſten Kanzler, Grafen Mittrowsky, ein Handbillet folgenden Inhalts:
„Sie haben die Verleihung von Gewerben, die nicht radizirt oder nicht ver=
äuflich ſind, bis auf meinen weiteren Befehl einzuſtellen.“ Allerdings
wurde dieſe Sperre vorderhand nur auf die Polizeigewerbe in den Städten
beſchränkt, die Zünfte und Handlungsgremien dagegen mit ihren Petitionen
um Ausdehnung derſelben auch auf ihre Gewerbe wurden abgewieſen: aber
dieſe unaufhörlichen Bittgeſuche der Zünfte und Gremien, auch nach erfolgter
Polizeiſperre, hielten die Gewerbeberechtsfrage in ſtetem Fluß und gaben auch
den von joſephiniſchem Geiſte belebten Behörden immer von neuem Anlaß,
die Grundloſigkeit der zünftleriſchen Klagen zu erörtern und dagegen den
freiheitlichen Anſchauungen Ausdruck zu verſchaffen.

So heißt es in einem Vortrage der allg. Hofkammer vom 1. Auguſt
1833: „Die vielen in letzter Zeit erhobenen Klagen und Beſchwerden der
Commerzialgewerbs=Innungen über Abnahme ihres Wohlſtandes, über ihren
gänzlichen Ruin, über die Geringfügigkeit ihres Abſatzes, über die Ueber-
füllung ihrer Gewerbe... ſtehen in einem nicht erklärbaren Contraſte mit
Thatſachen und Wahrnehmungen, von denen ſich jedermann täglich überzeugen könne, nämlich mit den augenſcheinlichen Fortſchritten der öſterreichiſchen
Induſtrie und dem jährlichen Zunehmen des Abſatzes öſterreichiſcher Erzeug=
niſſe auf ausländiſchen Märkten, mit der Menge von Privilegien, welche

---

[313]) Reſchauer l. c. 55.

auf neue Erfindungen und Verbesserungen in allen Zweigen der Industrie fortwährend angesucht und ausgeführt werden, mit dem Zudrange neuer Unternehmer zu allen Gattungen von Gewerben, mit dem Entstehen ganz neuer Vorstädte um Wien herum, wovon die Häuser beinahe ausschließlich Gewerbsleuten angehören. . . ."

Diese Stelle ist für den beiderseitigen Standpunkt, der Zünfte und Gremien einerseits, der Behörden andererseits sehr bezeichnend; während erstere nur ihren eigenen Vortheil im Auge haben, jede unliebsame Concurrenz sich vom Leibe halten wollen, fassen die Staatsbehörden die Gesammtheit in's Auge; jene klagen über den Ruin ihrer Zunftgenossen; diese weisen auf die Entwickelung des Wohlstandes der Gesammtheit und den Aufschwung der Industrie hin. Die Wucht dieser letzteren Gründe bildete einen wirksamen Hemmschuh der vom Kaiser selbst begünstigten reactionären Strömung. Die allgemeine Hofkammer beschuldigte die Zünfte und Gremien, daß sie „durch falsche Vorspiegelungen eines angeblichen Nothstandes, Geschlossenheit ihres Mittels und ausschließende Monopolrechte auf Kosten des Publicums sowohl als ihrer eigenen, mit Meisterrechten oder Befugnissen noch nicht betheilten Gewerbsgenossen zu erringen" suchen, (Vortrag vom 24. Jänner 1834) und kennzeichnete die beiderseitigen Standpunkte, der Zünfte und Behörden, auf folgende überaus zutreffende Weise: „Wenn es nun gleich in dem Zunftgeiste aller Gremien liege, daß jedes Mitglied von dem Augenblicke an, wo es in dasselbe aufgenommen wird, nach Ausschließung weiterer Concurrenten strebe, um bei minderer Concurrenz die Preise seiner Waaren über den natürlichen Marktpreis hinaufsteigern und überspannte Gewinnste machen zu können, so sei es dagegen Pflicht der Behörde, nur den Handel, die Industrie und das Publicum im allgemeinen im Auge zu behalten." [314]

Neuerliche Gewerbe-Enquêten.

§. 119. Mittlerweile hatte der Kaiser bereits (unterm 17. August 1832) eine allgemeine „Einvernehmung der Unterbehörden" über die Zweckmäßigkeit von Beschränkungen der Handels- und Gewerbeclassen anbefohlen, in Folge dessen eine großartige alle Landesstellen, Kreisämter, Gutsobrigkeiten, Magistrate und Zünfte umfassende Enquête über die Gewerberechtsfrage in Scene gesetzt wurde.

Anfangs Jänner 1835 ist das Ergebniß dieser Enquête dem Kaiser unterbreitet worden. Die allgemeine Hofkammer begleitete das umfangreiche Material der aus allen Ländern eingelangten Gutachten mit einer Note, worin sie die gedeihlichen Folgen des freiheitlichen oder Commerzialsystems nachweist und vor Beschränkungen des Gewerbsbesitzes warnt. „Es würde wohl bald sehr traurig um jenen Staat aussehen," heißt es darin, „der durch seine Gesetzgebung die Faulheit und die Ungeschicklichkeit auf Kosten des Allgemeinen in Schutz nehmen wollte." „Nicht die Vermehrung, sondern die Verminderung der Unternehmungen zur Beschäftigung erwerbsfleißiger,

---

[314] Reschauer a. a. O. S. 93.

arbeitender Hände, der Zwang und die Beschränkungen des Handels und der Industrie sind nach den Erfahrungen aller Zeiten mit großen Gefahren verbunden; sie erzeugen die furchtbarsten Keime der Immoralität, Müßiggang, Bettelei, Verarmung, Gewerbstörerei, Schleichhandel, Bedrückungen dem Publicum, Betrügereien den Behörden gegenüber." Die Note gipfelte in dem Antrage, „nicht nur bei jenem (freiheitlichen) Systeme standhaft zu beharren, unter dessen Schutze seit der weisen Regierung der Kaiserin Maria Theresia die Quellen des Nationalwohlstandes gedeihliche Zuflüsse fanden: sondern auch in jenen Verbesserungen der gesetzlichen Einrichtungen folgerecht fortzufahren, welche die Hindernisse einer fortschreitenden Entwickelung des allgemeinen Wohlstandes beseitigen...", indem „ein Rückschreiten der Gesetz= gebung durch Einführung neuer Beschränkungen im Fache des Handels und der Industrie nicht allein durchaus nicht räthlich, sondern auch sogar in hohem Grade bedenklich und gefährlich wäre."

Auf diese Vorstellungen hin erhielt die Hofkammer mittelst kaiserlichen Handschreibens den Auftrag, einen Entwurf eines einheitlichen Gewerbe= gesetzes auszuarbeiten. Die Hofkammer kam diesem Auftrage noch im Laufe des Jahres 1835 nach und verfaßte einen aus 67 Paragraphen bestehenden Entwurf für ein Gewerbegesetz, das sowohl in den deutsch= böhmischen Ländern wie auch in Galizien und Bukowina einzuführen wäre. Dieser Entwurf beruhte im Ganzen auf freiheitlichen Principien bei möglichster Schonung wohlerworbener Rechte, er hob die bestehenden Zünfte und Gremien nicht auf, statuirte aber keinen Zunftzwang.

Die Gewerbeordnung 1859.

Der Entwurf von 1835, der kurz vor dem Tode Kaiser Franz I. in sein Cabinet §. 120. gelangte, wurde nicht mehr erledigt, und während der Regierung Ferdinand I. blieb die Gewerberechtsfrage, wie so viele andere, in statu quo; die Regierung war jeder Initiative bar und ohne dieselbe konnte nichts vorgenommen werden. So kam es zu den Stürmen des 1848er Jahres. Es ist nun sehr bezeichnend, daß in jenen Tagen, wo allerwärts der Ruf nach Freiheit erscholl, nur die Zünfte sich fein nüchtern den Sinn für ihr Eigeninteresse bewahrt haben und überall gegen die Freigebung der Gewerbe sich erhoben. In diesem Sinne überreichten sie Petitionen an den constituirenden Reichstag in Wien, so unter anderen die vom Central=Gremium und Innungscomité in Wien am 8. August 1848 überreichte. Dieselbe erhob im vorhinein Protest gegen eine eventuelle Freigebung der Gewerbe, verlangte die Einstellung des Hausirhandels, Aufhebung aller bisher geduldeten „freien Beschäftigungen" u. dgl. In demselben Sinne sprach sich eine gleichzeitige Petition der oberösterreichischen Gewerbinhaber und Innungen aus. Der Reichstag fand selbstverständlich keine Zeit, sich mit dieser Frage zu be= schäftigen; dagegen faßte im Anfang der 50er Jahre die Regierung wieder den Entschluß, ein neues, den Verhältnissen der Neuzeit entsprechendes Handels= und Gewerbegesetz zu schaffen. Zu diesem Zwecke wurden die damals neu errichteten Handels= und Gewerbekammern aufgefordert, ihre

Gutachten über ein solches zu schaffende Gesetz abzugeben. Unter Benutzung der in Folge dessen eingelaufenen Gutachten veröffentlichte die Regierung im Jahre 1854 einen in zünftigen Geiste gehaltenen „Entwurf eines Handels- und Gewerbegesetzes für den österreichischen Kaiserstaat", der wieder sämmtlichen Handels- und Gewerbekammern zur Begutachtung über- mittelt wurde. Doch scheint die Regierung selbst bald von dem Standpunkt dieses Entwurfes abgewichen zu sein, denn im Jahre 1856 veröffentlichte sie schon einen neuen, diesmal wieder in freiheitlichem Geiste verfaßten Entwurf eines Handels- und Gewerbegesetzes. Nach diesem Entwurfe sollten alle Zünfte aufgehoben, das Gewerbe freigegeben, die gesammte Gewerbe- polizei den staatlichen Polizeibehörden übertragen werden. Aus diesem Ent- wurfe ist dann endlich die Gewerbeordnung von 20. December 1859 her- vorgegangen, welche auf dem Grundsatze der Gewerbefreiheit aufgebaut wurde, weder Zunftzwang noch zünftige Gewerbe kennt, wohl aber Genossen- schaften „unter denjenigen, welche gleiche oder verwandte Gewerbe betreiben". Es war dieß die letzte gesetzgeberische Arbeit des absoluten Regimes in Oesterreich auf dem Gebiete des Gewerberechts; daraus erklärt es sich, daß in derselben die in der Wissenschaft herrschenden Ideen über die seitens der interessirten Zünfte und Gremien geäußerten Wünsche den Sieg davon- trugen. Es sollte sich in der Folge zeigen, daß parlamentarische Vertretungs- körper von den interessirten Kreisen der Gewerbetreibenden noch ganz anders und viel mehr abhängig sind als absolute Regierungen.

Die Gewerbenovellen 1883 und 1885.

§. 121. Die Gewerbeordnung 1859 rief gleich nach ihrem Erscheinen einen Sturm des Unwillens seitens der Zünfte und Gremien hervor. Dieser Unwille konnte sich seit der Einführung des repräsentativen Systems (1861) nicht nur in Petitionen an den Reichstag Ausdruck verschaffen, sondern machte sich auch nun in Vereinen, Wählerversammlungen und Gewerbe- tagen Luft. Die Agitation der steuerzahlenden Gewerbetreibenden, die das Wahlrecht in die Vertretungskörper üben und daher immer einen gewissen Einfluß auf die Wähler haben, wuchs von Jahr zu Jahr; die Abgeordneten aus den Städten und Märkten mußten ihren Wählern Rechnung tragen, zünftlerische Anträge stellen, für welche auch die Großgrundbesitzer stimmten, deren Interesse durch den Abfluß landwirthschaftlicher Arbeiter in die Städte geschädigt wird. Diesem allseitigen Andrängen gab die Regierung endlich nach und brachte im Jahre 1880 den Entwurf einer neuen Gewerbeordnung im Reichsrathe ein, worin den zünftlerischen Wünschen Rechnung getragen wurde. Der Reichsrath ging aber vorerst auf die Berathung des ganzen Entwurfes nicht ein und begnügte sich damit, von den neun Hauptstücken der 1859er Gewerbeordnung fünf ganz umzuändern (I—IV u. VII) und an Stelle der alten in die Gewerbeordnung einzufügen (Gewerbenovelle vom 15. März 1883 RGB. Nr. 39). Und zwar waren es die Hauptstücke, die von der Eintheilung der Gewerbe (I), von den Bedingungen des Betriebes (II) von den Erfordernissen einer besonderen Genehmigung bei einzelnen Gewerben (III), von dem Umfang und der Ausübung des Gewerbes (IV), enblich von den Genossenschaften (VII), welche abgeändert, beziehungsweise auf ganz neuen Grundlagen verfaßt wurden) In weiterem Verfolge dieser gesetzgeberischen. Richtung wurde zwei Jahre später auch das VI Hauptstück der 1859er Gewerbeordnung „von dem Hilfspersonale" ebenfalls dem Standpunkte der 1883er Novelle angepaßt (Ges. v. 8. März 1885 RGB. Nr. 22). So beruht denn die heutige Regelung des Gewerbewesens in Oesterreich auf der durch die zwei Novellen von 1883 und 1885 in ihren wesentlichsten Punkten veränderten Gewerbeordnung von 1859. Mit der letzteren ist die Bahn freiheitlicher Entwickelung beschritten, mit den zwei Novellen ist die Umkehr zur Zunftverfassung, so weit eine solche bei den heutigen Verhältnissen überhaupt möglich ist, vollendet worden.

Eintheilung der Gewerbe.

Jede Gewerbeverfassung beruht auf einer eigenthümlichen Eintheilung der Gewerbe; denn es hat immer, auch in den Zeiten der Herrschaft der Zünfte, Gewerbe gegeben, die aus den verschiedensten Gründen unzünftig waren und auf Consensen oder Concessionen der Behörden beruhten. Es hat also schon sehr frühe außer den zünftigen Gewerben auch nichtzünftige, oder wie man das später in Oesterreich nannte, Polizeigewerbe, gegeben. Neben diesen hatten sich in den Zeiten der verschiedenen Bannrechte und persönlichen Vorrechte die sogenannten Real= (oder rabicirten) und Personalgewerbe herausgebildet (von ersteren meint Kopetz, daß sie sich „eingeschlichen" hätten).

Die ersteren, die Real= oder rabicirten Gewerbe, waren solche, „welche ausdrücklich in der Hausgewähr enthalten" waren und deren Ausübung an den grundbücherlichen Besitz der betreffenden Realität geknüpft war.[315]

Die Personalgewerbe waren solche, „welche blos auf die Person des Anwerbers verliehen" wurden, mit dessen Tode erloschen und höchstens von dessen nicht zu einer zweiten Ehe schreitenden Wittwe ausgeübt werden konnten.[316]

§. 122.

[315]) Die auf die rabicirten Gewerbe bezügliche Gesetzgebung ist weder durch die Gewerbeordnung 1859 noch durch die beiden Gewerbenovellen berührt worden. Art. VII des Kundmachungspatentes v. 1859 sagt ausdrücklich: „Die Realeigenschaft der zu Recht bestehenden rabicirten und verkäuflichen Gewerbe bleibt unverändert. Neue Realgewerbe dürfen nicht gegründet werden." Das Verfahren bei Constatirung der Realeigenschaft der rabicirten Gewerbe wurde mit Min.-Vdg. vom 31. October 1856 festgestellt und besteht zu Recht. Als rabicirtes Gewerbe wird nur jenes angesehen, welches in der Hausgewähr des ordentlichen Grundbuchs ausdrücklich enthalten ist, daher „einen wahren Theil des Hauses und seines Werthes bildet" (Wolski Nr. 889). Diese Eintragung in das öffentliche Buch ist die unerläßliche Voraussetzung der rechtlichen Existenz eines rabicirten Gewerbes. Ohne diese Voraussetzung kann die Einleitung des Verfahrens zur Constatirung des Eigenschaft eines Gewerbes als Realgewerbes (gemäß obiger Ministerialverordnung von 1856) nicht gefordert werden. (Alter I 1163). Vergl. Weigelsperg: Compendium des Gewerbewesens. 3. Aufl. S. 15.
[316]) Hofdecret v. 20. Februar 1795 an die niederösterr. Regierung.

Eine dritte Kategorie von Gewerben, welche die Mitte hielt zwischen den Real- und Personalgewerben, waren die verkäuflichen, welche „zwar keinem Hause ankleben, doch aber von dem Eigenthümer auf seine Kinder übertragen, an dritte Personen verkauft, verschenkt, verpfändet" werden konnten. Ueber diese verkäuflichen Gewerbe wurden in den Städten besondere Vormerk-Protokolle geführt.[317]

Diese verschiedenen Arten von Gewerben erhielten sich in Oesterreich bis zum Jahre 1859. Die Gewerbeordnung dieses Jahres machte (unbeschadet der erworbenen Rechte) für die Zukunft allen diesen Kategorien von Gewerben ein Ende, indem sie, dem Grundsatze der Gewerbefreiheit entsprechend, kurz und bündig erklärte, daß „die Gewerbe entweder gegen bloße Anmeldung betrieben oder an eine besondere Bewilligung der Behörde gebunden" sein können (§. 1). Erstere wurden freie, letztere concessionirte Gewerbe genannt; dabei statuirte die Gewerbeordnung die ersteren als Regel, die letzteren als durch öffentliche (Sanitäts-, Sicherheits- u. dgl.) Rücksichten gebotene Ausnahme. An Stelle dieser einfachen und allgemein verständlichen Eintheilung der Gewerbe setzte die heute geltende Novelle von 1883 eine Dreitheilung in freie, handwerksmäßige und concessionirte 1859. Die Definition der letzteren blieb dieselbe wie in der Gewerbeordnung 1859. Es gehören zu denselben „jene Gewerbe, bei denen öffentliche Rücksichten die Nothwendigkeit begründen, die Ausübung derselben von einer besonderen Bewilligung abhängig zu machen" (§. 1). Als solche wurden erklärt:

1. Alle Gewerbe, welche auf mechanischem oder chemischem Wege die Vervielfältigung von literarischen oder artistischen Erzeugnissen, oder den Handel mit denselben zum Gegenstande haben (Buch-, Kupfer-, Stahl-, Holz-, Steindruckereien und dergleichen einschließlich der Tretpressen, dann Buchhandlungen, einschließlich der Antiquarbuchhandlungen, Kunst-, Musikalienhandlungen); 2. die Unternehmungen von Leihanstalten für derlei Erzeugnisse und von Lesecabineten; 3. die Unternehmungen periodischer Personentransporte; 4. die Gewerbe derjenigen, welche an öffentlichen Orten Personentransportmittel zu jedermanns Gebrauche bereit halten, oder persönliche Dienste (als Boten, Träger u. dgl.) anbieten; 5. Das Schiffergewerbe auf Binnengewässern; 6. das Baumeister-, Brunnenmeister-, Maurer-, Steinmetz- und Zimmermannsgewerbe; 7. das Rauchfangkehrergewerbe; 8. das Canalräumergewerbe; 9. das Abdeckergewerbe; 10. die Verfertigung und der Verkauf von Waffen- und Munitionsgegenständen; 11. die Verfertigung und der Verkauf von Feuerwerksmateriale, Feuerwerkskörpern und Sprengpräparaten aller Art; 12. das Tröblergewerbe; 13. das Pfandleihergewerbe; 14. die Darstellung von Giften und die Zubereitung der zu arzneilicher Verwendung bestimmten Stoffe und Präparate, sowie der Verschleiß von beiden, insoferne dies nicht ausschließlich den Apothekern vorbehalten ist; dann die Erzeugung und der Verschleiß von künstlichen Mineralwässern; 15. die Gast- und Schankgewerbe, einschließlich des durch

---

[317] Die Führung solcher Vormerkbücher ordnet noch die Min.-Vdg. vom 6. März 1859 an, zum Zwecke der Evidenzhaltung.

ein besonderes Gesetz geregelten Ausschankes und Kleinverschleißes von ge=
brannten geistigen Getränken; 16. die gewerbsmäßige Erzeugung, der Ver=
kauf und der Ausschank von Kunstweinen und Halbweinen; 17. die Aus=
führung von Gasrohrleitungen, Beleuchtungseinrichtungen und Wasserein=
leitungen; 18. das Gewerbe der Erzeugung und der Reparatur von Dampf=
kesseln; 19. das Gewerbe der Spielkartenerzeugung; 20. die Ausübung
des Hufbeschlages; 21. das Gewerbe der Vertilgung von Ratten, Mäusen,
schädlichen Insecten und dergleichen durch gifthältige Mittel.

Der Handelsminister ist jedoch ermächtigt, erforderlichenfalls nach Ein=
vernehmung der betreffenden Handels= und Gewerbekammer sowie der Ge=
nossenschaften im Verordnungswege noch einzelne andere, als die oben
aufgezählten Gewerbe an eine Concession zu binden.[318]

Ebenso können einzelne, dermalen concessionirte Gewerbe von dem Er=
fordernisse der Concession entbunden werden (§. 24).

Für Verleihung einer Concession ist eine Gebühr zu entrichten, und
zwar durch den auf den auszufertigenden Gewerbeschein anzubringenden
Stempel.

Eine Unterabtheilung der concessionirten Gewerbe bilden die Gast=
und Schankgewerbe.

Dieselben zerfallen in folgende Berechtigungen:

a) Fremdenbeherbergung; b) Speisenverabreichung; c) Bier=, Wein=
und Most=Ausschank; d) Ausschank und Kleinverschleiß von gebrannten
geistigen Getränken; e) Kunst= und Halbweinausschank; f) Kaffeehausgewerbe;
g) Haltung von erlaubten Spielen. Diese Berechtigungen können einzeln
oder in Verbindung verliehen werden (§. 16).

Zur Erlangung der Concession für eines der hier aufgezählten Gast=
und Schankgewerbe werden nebst den allgemeinen Bedingungen zum selb=
ständigen Gewerbsbetriebe Verläßlichkeit und Unbescholtenheit des Bewerbers

---

[318] Da das Gesetz bestimmte, daß alle Gewerbe, welche nicht als handwerks=
mäßig oder als concessionirt erklärt werden, freie Gewerbe sind, so konnte es
nicht ausbleiben, daß sich Fälle von Gewerbegründungen ereigneten, die der Gesetz=
geber nur weil er sie nicht voraussah, nicht in die Zahl der concessionirten aufnahm, die aber im Sinne und Geiste des Gesetzes ohne Concession nicht betrieben
werden dürfen. Wenn nun in solchen Fällen die Partei gegen die Entscheidung
der politischen Behörde, womit ihr der freie Gewerbebetrieb beanständet wird,
an den Verwaltungsgerichtshof die Beschwerde überreicht, so urtheilt der VGH.
nach dem geltenden Gesetze und erklärt das neue Gewerbe für frei, weil es weder
unter den handwerksmäßig noch unter den concessionirten aufgezählt ist. So
erkannte denn der VGH. die „Errichtung eines Informationsbüreaus" zum
Zwecke der Auskunftsertheilung über Creditverhältnisse von Firmen", ferner eine
„Leichenbestattungsunternehmung" auf den Wortlaut des Gesetzes sich stützend
für freie Gewerbe (Alter I 1047, 1048) während es doch klar ist, daß keine
Staatsverwaltung derartige Gewerbeunternehmungen frei geben kann. That=
sächlich sind diese Gewerbe in Folge jener Erkenntnisse des VGH. mit nachfolgen=
der Min.=Vdg. v. 20. Juli 1885 RGB. Nr. 116 und 30. December 1885 RGB.
Nr. 13 ex 1886 als concessionirte erklärt worden. Es ist das ein ähnlicher Vor=
gang wie der oben Theil I Note 9 dargestellte, wo die Judicatur des VGH. der
Rechtsbildung durch Entscheidungen der politischen Behörden, entgegentritt und
jedes neue Recht in einer allgemeinen Rechtsnorm begründet haben will.

geforbert. Auch ist babei auf das Bebürfniß der Bevölkerung, bie Eignung des Locales, bessen örtliche Lage und auf die Thunlichkeit der polizeilichen Ueberwachung Rücksicht zu nehmen; babei sind bie Gemeinde bes Stand= ortes und bie landesfürstliche Polizeibehörde (wo eine solche sich befindet) um ihre Meinung zu befragen.[319]) Wird bie Concession ungeachtet der Ein= wendungen der Gemeinde ertheilt, so steht berselben bas Recursrecht zu.[320])

II. Freie und handwerksmäßige Gewerbe.

§. 123. Als freie Gewerbe werden biejenigen erflärt, welche weder als hand= werksmäßig, noch als concessionirt erklärt werden. Auf diese Weise hängt, nachbem bie concessionirten Gewerbe im Gesetz aufgezählt sind, bie Be= stimmung der freien Gewerbe von der Erklärung ab, welche Gewerbe hand= werksmäßig sind. Eine solche Erklärung konnte die Gewerbegesetznovelle 1883 nicht geben; der Begriff selbst war bem Gesetzgeber nicht flar und er zog es vor, die Erklärung einer gewissen Anzahl von Gewerben als hand= werksmäßige vorberhand der Regierung zu überlassen — und begnügte sich nur mit einer ganz unbestimmten Andeutung, was für Art von Gewerben ihm bei biesem Worte vorschwebten.

Das Gesetz ermächtigt baher den Handelsminister im Einvernehmen mit dem Minister des Innern bis zur legislativen Festtellung, im Ver= ordnungswege bie handwerksmäßigen Gewerbe zu bezeichnen, wobei als handwerksmäßige Gewerbe jene anzusehen sind, bei benen es sich um Fertig= feiten handelt, welche bie Ausbildung im Gewerbe durch Erlernung und längere Verwendung in bemselben erforbern und für welche diese Ausbildung in der Regel ausreicht (§. 1). Diese Bezeichnung der handwerksmäßigen Gewerbe erfolgte zuerst mit Min.=Verordnung vom 17. September 1883, welche sobann mit Min.= Verordnung vom 30. Juni 1884 RGB. Nr. 110 ergänzt und theilweise abgeändert wurde. Darnach wurden als handwerksmäßig bezeichnet bie Ge= werbe der: 1. Anstreicher und Lacirer; 2. Bäcker; 3. Buchbinder, Futteralmacher, Lebergalanterie= und Cartonnagearbeiter; 4. Bürstenbinder; 5. Drechsler, Meerschaumbildhauer und Pfeifenschneider; 6. Erzeuger musikalischer In= strumente (Klavier, Orgel, Harmonium u bgl., Blechinstrumente; Flöte, Clarinette, Fagot, Oboe, Violine, Violon, Violoncello, Guitarre, Zither u. bgl.); 7. Faßbinder; 8. Feinzeugschmiede, Sporer, Messerschmiede, Metall= und

---

[319]) Bei Verleihung bieser Gewerbe ist bie Würdigung der Localverhältnisse Sache bes freien behördlichen Ermessens, gegen bießbezügliche rechtskräftige Entscheidungen der politischen Behörden kann keine Beschwerde an ben BGH. an= gebracht werden (Wolsti Nr. 842). Auch bezüglich der Uebertragung einer ver= liehenen Schankconcession in ein anderes Local hat bie politische Behörde bas Recht, eine solche nach freiem Ermessen zu gestatten oder nicht. (Wolsti Nr. 844, Alter I 1061.)

[320]) Hat bie Gemeinde die ihr zustehenden Einwendungen nicht geltend ge= macht, so ist bie Oberbehörde nicht berechtigt über einen nachträglichen Recurs berselben bie ertheilte Concession zurückzuziehen. E. b. BGH. v. 29. April 1887 Budwinski 3508.

Stahlschleifer (mit Ausnahme der Karrenschleifer), Feilhauer, Laubsägen=
macher, Nadler und Webekammmacher; 9. Fleischhauer; 10. Fleischselcher;
11. Friseure, Raseure und Perrückenmacher; 12. Glaser; 13. Gold=, Silber=
und Juwelenarbeiter; 14. Gold=, Silber= und Metallschläger; 15. Gürtler=
und Broncewaarenerzeuger; 16. Hafner; 17. Handschuh= und Bandagen=
macher; 18. Hutmacher; 19. Kamm= und Fächermacher, Beinschneider;
20. Kleidermacher; 21. Korbflechter; 22. Kürschner, Rauhwaarenfärber,
Kappenmacher; 23. Kupferschmiede; 24. Lebzelter und Wachszieher; 25. Metall=
und Zinngießer; 26. Mechaniker (fein= oder Präcisions=Mechaniker), Er=
zeuger chirurgisch=medicinischer Instrumente und Apparate, und Optiker;
27. Platirer; 28. Posamentirer, Schnür= und Börtelmacher, Knopf= und
Creppinmacher, Gold= und Silberdrahtzieher, Gold= und Silberplättner und
Spinner, Gold=, Silber= und Perlensticker; 29. Rothgerber; 30. Schlosser;
31. Schuhmacher; 32. Seiler; 33. Siebmacher und Gitterstricker; 34. Sonnen=
und Regenschirmmacher; 35. Spängler; 36. Tapezirer, dann Erzeuger von
gesteppten Decken, Kissen und von Matratzen; 37. Taschner, Riemer,
Peitschenmacher, Kappenschirmschneider, Sattler und Pferdegeschirrmacher;
38. Tischler; 39. Uhrmacher; 40. Vergolder; 41. Wagner; 42. Wagen=
schmiede; 43. Wagensattler; 44. Weißgerber; 45. Ziegel= und Schiefer=
decker; 46. Zimmermaler und 47. Zuckerbäcker und Kuchenbäcker.

Ueber die Frage, ob ein Gewerbe, welches in obiger Liste nicht vor=
kommt, weil es örtlich anders bezeichnet ist, thatsächlich aber mit einem der
obigen identisch ist, als handwerksmäßig zu behandeln sei, entscheiden die Ge=
werbsbehörden im Instanzenzuge. Wo über den Umfang eines der obigen
Zweifel entsteht, entscheidet darüber die Landesbehörde (Min.=Erl. 27. Oct.
1884 Z. 33668).

Fabriksmäßige Unternehmungen.

§. 124. Außerhalb der Gewerbe überhaupt und von jeder Einreihung unter
dieselben ausgenommen steht die Hausindustrie; speciell von den hand=
werksmäßigen Gewerben und jeder Einreihung unter dieselben ausgenommen
sind alle „Handelsgewerbe im engeren Sinne" und „fabriksmäßig betriebene
Unternehmungen" (§. 1).

„Im Zweifel, ob ein gewerbliches Unternehmen als ein fabriksmäßig
betriebenes, beziehungsweise ein Handelsgewerbe im engeren Sinne anzu=
sehen sei, entscheidet die politische Landesbehörde nach Anhörung
der Handels= und Gewerbekammer und der betheiligten Genossen=
schaften und im Recurswege der Minister des Innern im Einvernehmen
mit dem Handelsminister" (§. 1).

Diese vom Gesetzgeber statuirten „Ausnahmen", die allerdings durch
die ganze Gestaltung der modernen Production und des modernen Verkehrs
sich als unvermeidlich erweisen, sind von großer Tragweite, denn sie be=
wirken, daß die Bestimmungen des Gesetzes über „handwerksmäßige" Ge=
werbe zu einem großen Theile für die Praxis sehr dehnbar, wenn nicht
ganz illusorisch gemacht werden. Denn erstens geht der Gesetzgeber jeder

näheren Bestimmung der Begriffe: Handelsgewerbe und fabriksmäßige Unternehmung aus dem Wege und überläßt dieselbe der Regierung, und zweitens giebt es kaum eine handwerksmäßige Production, die nicht auch fabriksmäßig betrieben werden könnte, und ebenso ist die Gränze zwischen handwerksmäßigem Betrieb und Handelsbetrieb oder auch hausinduſtriellem Betrieb in vielen Fällen sehr schwankend.[321]

Allerdings hat sich die Regierung beeilt, diese Begriffsbestimmungen, von denen die Wirksamkeit der Gewerbenovelle abhängig gemacht wurde in authentischer Form zu geben. So erklärte sie als „fabriksmäßig" solche Gewerbsunternehmungen, in welchen die Herstellung oder Verarbeitung von gewerblichen Verkehrsgegenständen in geschlossenen Werkstätten unter Betheiligung einer gewöhnlich die Zahl von 20 übersteigenden außerhalb ihrer Wohnungen beschäftigten Anzahl von gewerblichen Hilfsarbeitern erfolgt, wobei die Benutzung von Maschinen als Hilfsmittel und die Anwendung eines arbeitstheiligen Verfahrens die Regel bildet und bei denen eine Unterscheidung von den handwerksmäßig betriebenen Productionsgewerben auch durch die Persönlichkeit des zwar das Unternehmen leitenden, jedoch an der manuellen Arbeitsleistung nicht theilnehmenden Gewerbsunternehmers, dann durch höhere Steuerleistung, durch Firmaprotokollirung u. dgl. eintritt. (M.E. vom 18. Juli 1883 Z. 22037.)

Handelsgewerbe und Hausindustrie.

§. 125. Als „Handelsgewerbe im engeren Sinne" erklärte der M.E. vom 16. September 1883 Z. 26701 jene, bei welchen die Gewerbsanmeldung beziehungsweise der Gewerbeschein auf den Betrieb des Handels lautet, bei denen also dieser Handelsbetrieb das alleinige Geschäft bildet und nicht als ein Ausfluß des den gewerblichen Producenten zustehenden Rechtes, mit ihren Erzeugnissen und Waaren Handel zu treiben, erscheint.

Als Hausindustrie endlich erklärt derselbe M.E. im allgemeinen jene gewerbliche productive Thätigkeit, welche nach örtlicher Gewohnheit von Personen in ihren Wohnstätten, sei es als Haupt-, sei es als Nebenbeschäftigung, jedoch in der Art betrieben wird, daß diese Personen bei ihrer Erwerbsthätigkeit, falls sie derselben nicht blos persönlich obliegen, keinen gewerblichen Hilfsarbeiter (Gehilfen, Gesellen, Lehrlinge) beschäftigen, sondern sich der Mitwirkung der Angehörigen des eigenen Hausstandes bedienen.[322]

Diese amtlichen Begriffsbestimmungen sind aber keineswegs so genau, daß sie in Einzelfällen untrügliche Merkmale der Unterscheidung an die Hand geben: woraus folgt, daß die Entwickelung des industriellen Lebens durch die gesetzliche Eintheilung der Gewerbe wohl etwas behindert und erschwert, keineswegs aber in die alten zünftigen Schranken zurückgedrängt werden kann. Wo es neben dem „handwerksmäßigen" Gewerbe noch freie,

---

[321] Sigmund Mayer: Die Aufhebung der Gewerbefreiheit. Wien 1887 S. 90.
[322] Weigelsperg (Bela Frhr. v.): Compendium des Gewerbewesens. Wien Manz 1889. I S. 19.

conceſſionirte, Handelsgewerbe, fabriksmäßige und endlich hausindustrielle giebt und wo obendrein die Gränze zwischen dem handwerksmäßigen und dem handels= und fabriksmäßigen Betrieb ein und desselben Gewerbes so dehnbar ist wie hier, da ist die Gefahr einer gewaltsamen Zurückdrängung der industriellen Entwickelung im Grunde nicht vorhanden. Allerdings aber bringt die Statuirung der neuen Kategorie der „handwerksmäßigen“ Gewerbe, wie wir sehen werden, eine Anzahl von Amtshandlungen mit sich, über deren Nothwendigkeit die Ansichten noch sehr getheilt sind.

Bedingungen des Gewerbebetriebes. *(2, 5)*

§. 126. Die Bedingungen des selbständigen Gewerbebetriebes beziehen sich theils auf alle Gewerbe (allgemeine Bedingungen), theils auf einzelne Kategorieen derselben (freie, conceſſionirte, handwerksmäßige). Sowohl die allgemeinen wie auch die besonderen, die sich auf die freien und conceſſionirten Gewerbe beziehen, wurden durch die Gewerbenovelle 1885 nicht geändert und blieben im Wesentlichen dieselben wie sie die Gewerbeordnung 1859 festgesetzt hatte.

Die allgemeinen sind die Eigenberechtigung („in der Regel“ §. 2) und in gewissen Fällen Unbescholtenheit. Was jedoch die erstere anbelangt, so können für Rechnung von Personen, denen die freie Verwaltung ihres Vermögens nicht eingeräumt ist, Gewerbe mit Zustimmung ihrer gesetzlichen Vertreter und des competenten Gerichtes (als obervormundschaftlicher Behörde) durch einen geeigneten Stellvertreter oder Pächter betrieben werden (§. 2). Was die Unbescholtenheit anbelangt, so können Personen, welche wegen eines Verbrechens überhaupt, wegen eines aus Gewinnsucht oder gegen die öffentliche Sittlichkeit begangenen Verbrechens oder wegen einer solchen Uebertretung oder wegen des in §. 486 StGB. bezeichneten Vergehens (schuldbare Crida), desgleichen wegen Schleichhandels verurtheilt wurden, vom Antritte eines Gewerbes ausgeschlossen werden (§. 5). Ebenso können richterliche und administrative Erkenntnisse auf Ausschließung von dem Betriebe eines Gewerbes lauten; in ersterem Falle ist die Ausschließung nur für die Dauer der gesetzlichen Straffolgen wirksam (§. 6).

Im Uebrigen begründet das Geschlecht keinen Unterschied in Bezug auf Zulassung zu Gewerben (§. 2); auch juristische Personen können zu Gewerben zugelassen werden (§. 3).

Der Antritt eines Gewerbes ist von der Aufnahme in den Verband einer Gemeinde nicht abhängig und ändert nichts an der Gemeindezuständigkeit (§. 7), da nach dem StGG. vom 21. December 1867 Nr. 142 Art. 6. jeder Staatsbürger an jedem Orte des Staatsgebietes sich niederlassen, Liegenschaften erwerben und jeden Erwerbszweig unter den gesetzlichen Bedingungen ausüben kann.

Dagegen wird von Ausländern der Nachweis der Reciprocität verlangt (§. 8). In Ermangelung eines solchen bedürfen sie zum Betrieb eines Gewerbes einer förmlicher Zulassung seitens der politischen Behörde. — Der gleichzeitige Betrieb mehrerer Gewerbe ist gestattet (§. 9).

§. 127. Die besonderen Bedingungen für die freien und concessionirten Gewerbe blieben ebenfalls zum großen Theil unverändert so wie sie in der Gewerbeordnung 1859 festgesetzt waren. Darnach ist jedermann, der durch die obigen Bestimmungen nicht ausgeschlossen erscheint, zum selbständigen Betrieb eines freien Gewerbes gegen vorschriftsmäßige Meldung bei der Behörde berechtigt (§. 11). Waltet kein gesetzliches Bedenken ob, so erhält der Unternehmer einen Gewerbeschein (§. 13). Zum Betrieb eines concessionirten Gewerbes bedarf es der Concession. Dieselbe wird gegen Nachweis der besonderen Befähigung, deren Bedingungen im Verordnungswege festgestellt werden ertheilt. (Für Baugewerbe im Gesetzeswege.) Bei Schank=, Gast= und ähnlichen im Gesetze bestimmten Gewerben hat die Behörde bei Verleihung der Concession auch die örtlichen Bedürfnisse und Verhältnisse zu berücksichtigen. Preßgewerbe dürfen in der Regel nur an Orten errichtet werden, wo eine politische Behörde ihren Sitz hat.

Am schwierigsten gestalten sich diese besonderen Bedingungen bei den „handwerksmäßigen Gewerben" dieser Neuschöpfung der Gewerbenovelle von 1885. Der Gesetzgeber beabsichtigte durch dieselben das Kleingewerbe vor der Concurrenz nichtzünftiger Elemente zu schützen, den Eintritt in dasselbe zu erschweren und zu diesem Zwecke die alten Zunftvorrechte wieder ins Leben zu rufen. Vor allem nun bestimmt das Gesetz, daß zum Antritte von handwerksmäßigen Gewerben außer den ordentlichen Bedingungen obendrein noch der Nachweis der Befähigung erforderlich ist, welcher durch das Lehrzeugniß und ein Arbeitszeugniß über eine mehrjährige Verwendung als Gehilfe in demselben Gewerbe oder in einem dem betreffenden Gewerbe analogen Fabriksbetriebe erbracht wird.

Die Bestimmung der Zahl der Jahre, welche der Bewerber sich als Lehrling sowie als Gehilfe verwendet haben muß, erfolgt im Verordnungswege.

Diese Bestimmungen haben allerdings ein zünftiges Gepräge und wären an und für sich wohl geeignet, unzünftige aber fähige und geeignete Elemente vom Handwerk zum Schaden des allgemeinen Wohlstandes fernzuhalten. Glücklicherweise werden diese Bestimmungen gleich in demselben §. 14 mehrere andere diese Erlaß des Lehrzeugnisses durch Schulzeugnisse hinzugefügt, welche vielleicht unwillkürlich den ganzen Gegensatz der Neuzeit mit ihrer freien Entwickelung zu der alten Zeit der Zunftschranken zum Ausdruck bringen.

Denn an Stelle obiger zunftmäßiger Nachweise kann darnach ein Zeugniß über den mit Erfolg zurückgelegten Besuch einer gewerblichen Unterrichtsanstalt (Fachschule, Lehrwerkstätte und Werkmeisterschule an höheren Gewerbeschulen) treten, in welcher eine praktische Unterweisung und fachgemäße Ausbildung im betreffenden Gewerbe erfolgt.

Die Bezeichnung der betreffenden Anstalten, sowie die Bezeichnung der Gewerbe, für welche die Zeugnisse der gedachten Anstalten das Lehr- und Arbeitszeugniß zu ersetzen vermögen, erfolgt im Verordnungswege.

In besonders rücksichtswürdigen Fällen ist jedoch die politische Landes=

behörde ermächtigt, Inhabern handwerksmäßig betriebener Gewerbe die Dispens von der Beibringung des Befähigungsnachweises zu ertheilen. Ebenso kann die politische Landesbehörde, nach Einvernahme der Genossenschaft, ausnahmsweise von der Beibringung des Lehrzeugnisses Umgang nehmen. Auch bezüglich des Nachweises der Befähigung der Frauen zum Betriebe eines handwerksmäßigen Gewerbes kann die Gewerbsbehörde nach freier Würdigung vorgehen (§. 14).

So ist denn im Grunde den zünftigen Tendenzen, die an dem Zustandekommen dieser Gewerbeordnung mitwirkten, die gefährlichste Spitze abgebrochen.

Betriebsanlagen. (3., 6*)

Eine Genehmigung der Betriebsanlage ist ohne Unterschied ob es sich §. 128. um ein freies, concessionirtes oder handwerksmäßiges Gewerbe handelt, immer dann erforderlich, wenn bei dem zu betreibenden Gewerbe Feuerstätten, Motoren, Wasserwerke in Anwendung kommen oder wenn der Betrieb die Nachbarschaft belästigen oder gefährden kann (§. 25).

Bei allen solchen Betrieben ist vor der Eröffnung derselben die Betriebsstätte — und Anlage behördlich nach jeder Richtung zu prüfen und sind die etwa nöthigen Beschränkungen des Betriebes anzuordnen, damit nicht etwa schon die Anlage der Arbeitsräume die Sicherheit des Lebens oder die Gesundheit der darin beschäftigten Personen gefährde (§. 26).

Bei einer im Gesetze namentlich aufgeführten Anzahl von Betriebsanlagen darf die Genehmigung nur dann ertheilt werden, wenn das für dieselben speciell vorgeschriebene Edictalverfahren und sohin die commissionelle Verhandlung mit den allfälligen Interessenten zuerst durchgeführt und aus derselben sich keine stichhaltigen Gründe gegen die Genehmigung der Betriebsanlage ergeben haben.

Es sind das folgende (im Gesetze in alphabetischer Ordnung aufgezählten) 52 Betriebsanlagen:

1. Abdeckereien; 2. Anlagen zur Bereitung von Feuerwerksmateriale, Feuerwerkskörpern und Sprengpräparaten; 3. Borsten=, Roßhaar= und Federn=Reinigungsanstalten; 4. Blutlaugensiedereien; 5. Chemische Waarenfabriken; 6. Cementfabriken; 7. Künstliche Düngfabriken (Poudrette, Düngharnsalz u. dergl.); 8. Darmsaitenmanufacturen; 9. Destillationsanstalten für Mineralöle; 10. Dachpappe= und Dachfilzfabriken; 11. Darmsaitenerzeugungs= und Reinigungsanstalten; 12. Firniß= und Terpentinsiedereien; 13. Flachs= und Hanfröstanstalten; 14. Fleckfiedereien; 15. Gold= und Silberkrätzmühlen; 16. Glashütten; 17. Gerbereien und Niederlagen von rohen Häuten und Fellen; 18. Hornknopffabriken; 19. Hopfenschwefelbarren; 20. Holzimprägniranstalten; 21. Kerzengießereien; 22. Knochenbleichen; 23. Knochensiedereien; 24. Knochenstampfen und Mühlen; 25. Knochenbrennereien, Spodiumfabriken; 26. Kesselfabriken; 27. Leimsiedereien; 28. Leuchtgasbereitungs= und Aufbewahrungsanstalten; 29. Metallschmelzereien, Hütten= und Hammerwerke, insoweit das Befugniß ihrer Errichtung

nicht aus der Bergwerksverleihung fließt; 30. Maschinenfabriken; 31. Oel=, Firniß= und Lackfabriken; 32. Pech=, Asphalt= und Wagenschmierfiedereien; 33. Papierfabriken; 34. Salzsäurefabriken; 35. Salpetersäurefabriken; 36. Salmiakfabriken; 37. Schafwoll= und Baumwollsengereien; 38. Schwefelsäurefabriken; 39. Schlachthäuser und Blutalbuminfabriken; 40. Schnellbleichen; 41. Seifensiedereien; 42. Spiegelamalgamirwerke; 43. Steinbrüche, Ziegelbrennereien, Kalkbrennereien und Gypsbrennereien, insoferne dieselben nicht als landwirthschaftliche Nebenbeschäftigungen erscheinen, und insoferne die beiden letzteren außerhalb des Gewinnungsortes des Materiales errichtet werden; 44. Talgschmelzereien; 45. Thonwaarenbrennereien; 46. Wachstuchmanufacturen; 47. Zündwaarenfabriken; 48. Zucker=, Spiritus= und Preßhefefabriken, endlich insoferne sie außerhalb des Gewinnungsortes errichtet werden, Anstalten zur Bereitung von Coaks (49), Steinkohlen= (50), Holztheer= (51) und Rußbrennereien (52).

Die Regierung ist jedoch ermächtigt, obiges Verzeichniß nach Anhörung der Handels= und Gewerbekammern im Verordnungswege abzuändern.

Ueber ein Ansuchen um Genehmigung einer der vorbezeichneten Anlagen hat die Behörde eine commissionelle Verhandlung anzuberaumen und gehörig kundzumachen. Stehen keine öffentlichrechtlichen Bedenken dem geplanten Betriebe im Wege, so hat die Behörde die Genehmigung zu ertheilen und etwaige privatrechtliche Einwendungen auf den Rechtsweg zu verweisen (§. 30). Die Kosten der Commission trägt der Unternehmer (§. 31).

Gleichwie die Neuerrichtung einer Betriebsanlage, ist auch bei wesentlichen Aenderungen derselben eine Genehmigung auf Grund commissioneller Verhandlung erforderlich; beim Wechsel der Person des Inhabers bedarf es keiner solchen Genehmigung (§. 32).

Die ertheilte Genehmigung erlischt, wenn der Betrieb binnen Jahresfrist nicht begonnen oder durch mehr als drei Jahre unterbrochen wird. Doch können diese Fristen aus rücksichtswürdigen Gründen verlängert werden.

Umfang und Ausübung der Gewerberechte. (4,5t)

§. 129. Der Umfang und die Ausübung eines Gewerberechtes wird durch den Inhalt der Concession bestimmt. Im Zweifel entscheidet die Gewerbebehörde nach Einvernahme der Handels= und Gewerbekammer, welche wieder die betreffende Genossenschaft zu hören hat (§. 36).

Die Gewerbetreibenden können alle zur Herstellung ihrer Erzeugnisse nöthigen Arbeiten vereinigen und die hiezu nöthigen Hilfsarbeiter anderer Gewerbe halten (§. 43).

Doch ist, sofern es sich um handwerksmäßige Gewerbe handelt, das Halten von Lehrlingen anderer Gewerbe nicht gestattet. Eine Beschränkung auf den Verkauf der selbstgefertigten Waare findet nicht statt und somit kann jeder Gewerbetreibende zugleich den Handel mit den Artikeln seines Faches betreiben (§. 37).

Die Bewilligung eines Handelsgewerbes ohne Einschränkung auf bestimmte Waaren begreift in sich das Recht, mit allen denjenigen Waaren Handel zu treiben, die nicht an eine besondere Concession gebunden sind (§. 38).

Die freien und handwerksmäßigen Gewerbe können in der Gemeinde ihres Standortes an mehreren Betriebsstätten betrieben werden (§. 39).

Zweigetablissements außerhalb der Gemeinde des Standortes müssen besonders angemeldet und bei concessionirten Gewerben besonders concessionirt werden (§. 40).

Ueber Antrag der Gemeindevertretungen größerer Städte kann jedoch die politische Behörde für die Ausübung des Rauchfangkehrer= und Canal= räumergewerbes innerhalb dieser Städte bezirksweise Abgränzungen verfügen, sowie dieselben verändern oder aufheben. Eine solche Abgränzung hat die Folge, daß innerhalb der so abgegränzten Bezirke nur jene Gewerbs= leute der betreffenden Kategorieen berechtigt sind, Arbeiten zu verrichten, welche in demselben ihren Standort haben (§. 42).

Bei allen Gewerben ist die Uebersiedlung in den Bezirk einer anderen Gewerbebehörde als die Begründung eines neuen Gewerbes anzusehen, doch ist dabei ein Nachweis technischer Befähigung, der bei einigen Gewerben vorgeschrieben ist, nicht von neuem zu fordern (§. 43). Die Ge= werbetreibenden unterliegen der Firmapflicht, d. i. sie müssen auf ihren festen Betriebsstätten sich einer entsprechenden Bezeichnung ihres Gewerbes bedienen (§. 44).

Doch dürfen die Gewerbetreibenden diese Bezeichnungen zu keinerlei Irreführung des Publicums mißbrauchen, indem sie fremde Firmen, Wappen, Etiquetten ganz oder nur theilweise nachahmen. Jeder durch eine solche Nachahmung in seinem Rechte Verletzte kann auf Untersagung der fälsch= lichen Bezeichnung bei der Gewerbsbehörde klagen, überdieß macht sich der Thäter durch eine solche fälschliche Bezeichnung einer nach der Gewerbe= ordnung zu bestrafenden Uebertretung schuldig. Die bezügliche Strafver= handlung kann nur auf Verlangen des Verletzten eingeleitet werden (§. 47).

Wenn jedoch Letzterer sein Ansuchen um Bestrafung noch vor der Kundmachung der behördlichen Entscheidung an den Angeklagten widerruft, so unterbleibt die Bestrafung.

Dieser den inländischen Gewerbetreibenden und Producenten gewährte Schutz kommt unter der Voraussetzung der Gewährung der Reciprocität seitens des betreffenden Staates auch den ausländischen Gewerbetreibenden und Producenten zu.

Ebenso macht sich einer nach der Gewerbordnung zu bestrafenden Uebertretung derjenige Gewerbetreibende schuldig, der

1. seiner Betriebstätte oder seinen Erzeugnissen falsche Bezeichnungen giebt;
2. sich falsche Auszeichnungen beilegt;
3. auf seiner Firma ein nichtbestehendes Gesellschaftsverhältniß fingirt u. dergl. Finten zur Irreführung des Publicums sich bedient.

Die aus solchen Uebertretungen sich ergebenden Schadenersatzansprüche der Verletzten sind jedoch auf den Rechtsweg zu verweisen (§. 51).

§. 130. Für den Kleinverschleiß von Artikeln des allgemeinen täglichen Bedürfnisses kann die Behörde Maximaltarife festsetzen; ebenso können gewisse concessionirte Gewerbe an Maximaltarif gebunden werden, wie z. B. Fuhrwerk, Rauchfangkehrer, Abdecker u. s. w.

Solche Tarife werden über Antrag der Gemeindevertretung und nach Einvernehmung der Handels- und Gewerbekammer und der betreffenden Genossenschaften unter Berücksichtigung der bestehenden Verhältnisse von der politischen Landesbehörde festgestellt und haben nur für das Gebiet der betreffenden Gemeinde bis auf Widerruf Geltung (§. 51).

Für den Kleinverkauf von Artikeln, die zu den nothwendigen Bedürfnissen des täglichen Lebens gehören, sowie für Gast- und Schankgewerbe, dann für Transport- und Platzdienstgewerbe hat die Gewerbebehörde die Ersichtlichmachung der Preise mit Rücksicht auf Quantität und Qualität anzuordnen (§. 52).

Gewerbetreibende gewisser Kategorieen, wie Bäcker, Fleischer, Rauchfangkehrer, Canalräumer, Transportunternehmer können ihren Betrieb nicht willkürlich jederzeit einstellen, sondern müssen die beabsichtigte Einstellung vier Wochen früher der Gewerbebehörde anzeigen (§. 53).

Bei einigen Gewerben greift die gewerbepolizeiliche Regelung des Betriebes Platz, wie beim Personentransport-, Rauchfangkehrer-, Canalräumer-, Abdeckergewerbe. Jeder Gewerbetreibende kann sein Gewerbe durch einen Stellvertreter ausüben oder dasselbe verpachten. Die Afterverpachtung eines Gewerbes ist jedoch nicht gestattet.

Ein Stellvertreter (Geschäftsführer) oder Pächter muß immer, gleich dem Gewerbsinhaber selbst, die für den selbstständigen Betrieb des betreffenden Gewerbes erforderlichen Eigenschaften besitzen. Es ist daher bei freien und handwerksmäßigen Gewerben der Stellvertreter (Geschäftsführer) oder Pächter von dem Gewerbsinhaber der Gewerbsbehörde anzuzeigen und bei concessionirten Gewerben vom Gewerbsinhaber die Genehmigung der Gewerbsbehörde einzuholen (§. 55).

Nach dem Tode des Gewerbeinhabers hat der Nachfolger, der dasselbe weiterführen will, dasselbe auf eigenem Namen neu anzumelden.

Deßgleichen hat eine neue Anmeldung stattzufinden, wenn ein Gewerbsetablissement durch Acte unter Lebenden auf einen Anderen übertragen wird. Ist das Gewerbe ein concessionirtes, so bedarf es in beiden Fällen einer neuen Concession. Nur für Rechnung der Witwe für die Dauer ihres Witwenstandes oder der minderjährigen Erben bis zur erreichten Großjährigkeit kann ein concessionirtes oder handwerksmäßiges Gewerbe auf Grundlage der alten Concession, beziehungsweise des alten Gewerbscheines fortgeführt werden. Zur Fortführung eines Gewerbes für Rechnung der Massa während einer Concurs- oder Verlassenschaftsabhandlung bedarf es weder einer neuen Anmeldung noch Concession. In diesem, wie im vorhergehenden Falle ist, wenn die Natur des Gewerbes es fordert, ein geeigneter Stellvertreter (Geschäftsführer) zu bestellen (§. 56).

Eine Concession kann behördlich zurückgezogen werden, wenn ein Mangel der gesetzlichen Erfordernisse zum Vorschein kommt; bei einigen

B) concessionirten Gewerben, bei denen die Pflicht zur Ausübung derselben besteht (s. oben), verfällt die Concession bei längerer Nichtausübung (2 bis 6 Monate) (§. 57).

Gewerbsunternehmungen können die Auszeichnung erhalten, den kaiserlichen Adler im Schilde und Siegel zu führen.

Die Gewerbsleute sind berechtigt, im Umherreisen selbst oder durch Bevollmächtigte Bestellungen zu suchen, dürfen dabei aber keine Waaren verkaufen (außer auf Märkten); Muster mitzuführen ist ihnen gestattet (§. 59).

Das Gewerbe der Handlungsreisenden, die für mehrere Gewerbetreibende Bestellungen suchen, bildet ein selbständiges Gewerbe.

Ausländische Gewerbetreibende dürfen nach dem Inlande Bestellungen aufnehmen und dieselben ausführen, wenn und wo Reciprocität vorhanden ist (§. 61).

Marktverkehr.

§. 131. Mit Waaren, deren Verkauf an keine Concession gebunden ist, kann jedermann Märkte beziehen (§. 62).

Wer daraus ein Gewerbe macht (Fierant, Marktfahrer) hat dasselbe anzumelden.

Von Hauptmärkten, Jahrmärkten, Messen u. dergl. sind die gewöhnlichen Wochenmärkte zu unterscheiden, auf denen in der Regel nur Lebensmittel feilgeboten werden dürfen.

Alle Marktbesucher sind im Betriebe ihrer Marktgeschäfte gleichberechtigt (§. 68).

Die Gemeinden dürfen den Marktverkehr mit keinen anderen Abgaben belegen als solchen, welche eine angemessene Vergütung für die Benützung des Platzes oder den Gebrauch von Buden darstellen (§. 69).

Uebrigens können die Gemeinden unter Genehmigung der politischen Behörde eigene Marktordnungen festsetzen (§. 70).

Die Bewilligung zur regelmäßigen Abhaltung von Märkten ertheilt die Landesbehörde.

Gewerbliches Hilfspersonale. *(6., 5.) Nov. a 1885*

§. 132. Wie schon erwähnt, ist das von dem „gewerblichen Hilfspersonale" handelnde VI. Hauptstück der Gewerbeordnung 1859 durch die an dessen Stelle tretende Novelle von 8. März 1885 RGB. Nr. 22 ersetzt worden. Es wurde mit dieser Novelle ein Stück sogenannter „social-reformatorischer" Gesetzgebung vollbracht, die sich den Schutz des gewerblichen Hilfspersonales zur Aufgabe setzte. Zu diesem Zwecke sind der freien Uebereinkunft der Unternehmer und ihrer Hilfsarbeiter über das Arbeitsverhältniß enge Gränzen gezogen, innerhalb deren dieselbe allerdings sich bethätigen kann (§. 72).

Unter „Hilfsarbeiter" versteht das Gesetz alle Arbeitspersonen, welche bei Gewerbsunternehmungen in regelmäßiger Beschäftigung stehen, ohne Unterschied des Alters und Geschlechts und zwar: a) Gehilfen (Handlungsgehilfen, Gesellen, Kellner, Kutscher bei Fuhrgewerben u. dergl.); b) Fabrik-arbeiter, c) Lehrlinge, d) jene Arbeitspersonen, welche zu untergeordneten Hilfsdiensten beim Gewerbe verwendet werden, mit Ausnahme der Tag-löhner.

Die für höhere Dienstleistungen in der Regel mit Jahres- oder Mo-natsgehalt angestellten Individuen, wie: Werkführer, Mechaniker, Factoren, Buchhalter, Cassiere, Expedienten, Zeichner, Chemiker u. dergl. werden unter Hilfsarbeitern nicht begriffen (§. 73).

Von der Anschauung ausgehend, daß in dem Verhältnisse des Arbeit-gebers (Gewerbetreibenden) zum Arbeitnehmer (Hilfspersonale) der erstere die stärkere, der letztere die schwächere Partei ist: legt der Gesetzgeber dem ersteren eine größere Pflichtenlast auf als dem letzteren, um auf diese Weise dem durch das öconomische Verhältniß erzeugten Uebergewicht des Arbeit-gebers ein rechtliches Gegengewicht zu schaffen.

Während daher die Hilfsarbeiter nur verpflichtet sind dem Gewerbs-inhaber Treue, Folgsamkeit und Achtung zu erweisen, sich anständig zu be-tragen, die bedungene oder ortsübliche Arbeitszeit einzuhalten, die ihnen anvertrauten gewerblichen Verrichtungen (mit Ausnahme häuslicher Arbeiten) nach besten Kräften zu besorgen, über die Betriebsverhältnisse Verschwiegen-heit zu beobachten, sich gegen die übrigen Hilfsarbeiter und Hausgenossen verträglich zu benehmen und die Lehrlinge, sowie die unter der Aufsicht der Hilfsarbeiter arbeitenden Kinder gut zu behandeln (§. 76), liegen dem Gewerbsinhaber folgende Pflichten ob:

1. Ist er verpflichtet, auf seine Kosten alle diejenigen Einrichtungen bezüglich der Arbeitsräume, Maschinen und Werkgeräthschaften herzustellen und zu erhalten, welche mit Rücksicht auf die Beschaffenheit seines Gewerbs-betriebes oder der Betriebsstätte zum Schutze des Lebens und der Gesund-heit der Hilfsarbeiter erforderlich sind; er hat Vorsorge zu treffen, daß die Arbeitsräume während der ganzen Arbeitszeit nach Maaßgabe des Gewerbes möglichst licht, rein und staubfrei erhalten werden, und daß insbesondere bei chemischen die Verfahrungs- und Betriebsweise in einer die Gesundheit der Hilfsarbeiter thunlichst schonenden Art eingerichtet sei.

Schließlich sind die Gewerbsinhaber verpflichtet, bei der Beschäftigung von Hilfsarbeitern bis zum vollendeten 18. Jahre und von Frauenspersonen überhaupt, thunlichst die durch das Alter, beziehungsweise das Geschlecht derselben gebotene Rücksicht auf die Sittlichkeit zu nehmen.

2. Ist der Gewerbsinhaber verpflichtet, den Hilfsarbeitern zwischen den Arbeitsstunden angemessene Ruhepausen zu gewähren, welche nicht weniger als anderthalb Stunden betragen müssen, wovon thunlichst eine Stunde auf die Mittagszeit zu entfallen hat. Wenn die Arbeitszeit vor oder diejenige nach der Mittagsstunde fünf Stunden oder weniger beträgt, so kann die Ruhepause mit Ausnahme der für die Mittagszeit bestimmten Stunde für die betreffende Arbeitszeit entfallen. Bei der Nachtarbeit haben diese Vorschriften sinngemäße Anwendung zu finden.

3. Sind die Gewerbsinhaber verpflichtet, den Hilfsarbeitern bis zum vollendeten 18. Lebensjahre zum Besuche der bestehenden gewerblichen

end= und Sonntagsschulen (Vorbereitungs=, Fortbildungs=, Lehrlings=
er Fachcurse) die erforderliche Zeit einzuräumen.

4. Die Löhne der Hilfsarbeiter in baarem Gelde auszuzahlen, und
war in der Regel wöchentlich.

Sie können jedoch den Arbeitern Wohnung, Feuerungsmaterial, Be=
zung von Grundstücken, Arzneien und ärztliche Hilfe, sowie Werkzeuge
b Stoffe zu den von ihnen anzufertigenden Erzeugnissen unter Anrechnung
i der Lohnzahlung nach vorausgegangener Vereinbarung zuwenden.

Die Verabfolgung von Lebensmitteln oder der regelmäßigen Beköstigung
f Rechnung des Lohnes kann zwischen dem Gewerbsinhaber und dem
ilfsarbeiter vereinbart werden, sofern sie zu einem die Beschaffungskosten
cht übersteigenden Preise erfolgt.

Dagegen darf nicht vereinbart werden, daß die Hilfsarbeiter Gegen=
inde ihres Bedarfes aus gewissen Verkaufsstätten beziehen müssen.

Gewerbsinhaber dürfen den Arbeitern andere als die obbezeichneten
egenstände oder Waaren und insbesondere geistige Getränke auf Rechnung
s Lohnes nicht creditiren.

Die Auszahlung der Löhne in den Wirthshäusern und Schanklocali=
ten ist untersagt.

Verabredungen und Uebereinkünfte, welche obige Bestimmungen zu=
berlaufen, sind nichtig (§. 78 c).

Um solche unmöglich zu machen, räumt der Gesetzgeber dem Hilfs=
rsonale ein Klagerecht ein, das er dem Gewerbsinhaber vorenthält. So
B. kann der Hilfsarbeiter, der anders als durch Baarzahlung befriedigt
irde, jederzeit auf die unterbliebene Baarzahlung klagen, ohne daß ihm
ie Einrede aus dem an Zahlungsstatt Gegebenen entgegengesetzt werden
ante (§. 78 d).

Dagegen kann der Gewerbsinhaber Forderungen für solche dem Hilfs=
beiter gegebenen Waaren und Gegenstände nicht einklagen (§. 78 e).

Zu Gunsten der Hilfsarbeiter ist ferner der Normalarbeitstag von
chstens 11 Stunden täglich festgesetzt; derselbe kann in besonders rücksicht=
irdigen Fällen im Verordnungswege, doch nur um eine Stunde, verlängert
rden. Wo ununterbrochener Betrieb nöthig und gestattet ist, wird der
chichtenwechsel behördlich geregelt. Uebrigens kann in Fällen zwingen=
r Rothwendigkeit, doch längstens für drei Tage, gegen Anmeldung bei
r Gewerbebehörde die tägliche Arbeitszeit verlängert werden. Zum
hutze jugendlicher Hilfsarbeiter (d. i. bis zum vollendeten 16. Lebens=
hre) und Frauenspersonen wurden besondere Bestimmungen getroffen (s. unten).

Zu Gunsten aller Hilfsarbeiter endlich ist die Sonn= und Feier=
gsruhe obligatorisch. Doch dürfen an Sonn= und Feiertagen Säu=
rungs= und Instandhaltungsarbeiten der Gewerbelocale und Werksvor=
htungen vorgenommen werden. Die Gewerbeinhaber sind aber jedenfalls
rpflichtet, ihrem Hilfspersonale an Sonn= und Feiertagen die nöthige Zeit
zuräumen, um den ihrer Confession entsprechenden Verpflichtungen zum
suche des Vormittagsgottesdienstes nachzukommen (§. 75).

Behördliche Controle.

§. 133.   Um sowohl der Behörde die Controle der Einhaltung der gesetzlichen Bestimmungen über alle Arbeitsverhältnisse zu erleichtern, wie auch das Hilfspersonale in fortwährender Kenntniß seiner Rechte und der Pflichten der Gewerbsinhaber zu erhalten, müssen in den Gewerbsunternehmungen sowohl Arbeiterverzeichnisse geführt, wie auch jeder Hilfsarbeiter mit einem Arbeitsbuch versehen sein, endlich müssen in den Arbeitslocalen Arbeitsordnungen angeschlagen sein.

a.)   Die Führung des Arbeiterverzeichnisses ist Pflicht des Gewerbsinhabers; dieses Verzeichniß hat alle Hilfsarbeiter zu umfassen und hat zu enthalten: den Vor= und Zunamen, das Alter, die Heimatsgemeinde, die Gemeinde, welche das Arbeitsbuch ausgestellt hat, das Datum des Eintrittes in die Gewerbeunternehmung, den Namen des Gewerbeinhabers, bei dem der Hilfsarbeiter zuletzt in Arbeit stand, die Verwendungsart im Gewerbe, die Krankencasse, welcher der Hilfsarbeiter angehört, und das Datum des Austrittes aus der Unternehmung. Dieses Verzeichniß ist der Behörde auf Verlangen jederzeit vorzuzeigen (§. 88).

β)   Die Arbeitsbücher werden von der Gemeindebehörde des Aufenthaltsortes des Gewerbers ausgefertigt — und sind über diese Ausfertigungen genaue Vormerkungen zu führen. Das Arbeitsbuch muß enthalten: Vorund Zunamen, Geburtsort, Geburtsjahr, Religion, Stand und Beschäftigung des Hilfsarbeiters; in dasselbe wird der Ein= und Austritt in und aus den Gewerbeunternehmungen eingetragen.

Das Arbeitsbuch ist vom Gewerbsinhaber in Aufbewahrung zu nehmen.

Der Gewerbsinhaber ist verpflichtet, dasselbe auf amtliches Verlangen vorzulegen, und nach ordnungsmäßiger Lösung des Arbeits= oder Lehrverhältnisses dem Hilfsarbeiter, beziehungsweise dessen gesetzlichem Vertreter wieder auszuhändigen.

Beim Austritte hat der Gewerbsinhaber die Rubriken des Arbeitsbuches auszufüllen, zu unterfertigen und die Bestätigung des Genossenschaftsvorstehers oder der Ortspolizeibehörde einzuholen.

Das Zeugniß ist nur insoweit aufzunehmen, als es für den Hilfsarbeiter günstig lautet.

Die Eintragungen bezüglich des Zeugnisses sind auf Verlangen des Hilfsarbeiters von der Ortspolizeibehörde kosten= und stempelfrei zu beglaubigen.

γ)   Die Arbeitsordnungen müssen in den Fabriken und größeren Werkstätten den Arbeitern verlautbart, auch in den Arbeitslocalen angeschlagen werden. Dieselben haben zu enthalten: die Bestimmungen über die verschiedenen Arbeiterkategorieen der Unternehmung; über den Schulunterricht der jugendlichen Arbeiter; über die Arbeitszeit und Löhnung; über das Aufsichtspersonal, Kündigungsfristen u. s. w.

Die Arbeitsordnung muß in zwei Exemplaren der Gewerbebehörde mitgetheilt werden.

Wenn keine besondere Vereinbarung vorliegt, so gilt für das Hilfs=

arbeiterverhältniß die 14tägige Kündigung. Stücklohnarbeiter müssen je=
doch die angefangene Arbeit beendigen.

Die Gewerbeordnung setzt die Fälle fest, wo die Hilfsarbeiter sofort
entlassen werden können und wo ihnen das Recht zusteht, ihre Entlassung
sofort zu verlangen. Es sind das Fälle ungehörigen oder ungesetzlichen
Benehmens sei es von der einen oder anderen Seite.

Meist hat der schuldtragende Theil auch den eventuellen Schaden zu
ersetzen.

Beim ordnungsmäßigen Austritt ist jeder Gewerbsinhaber verpflichtet,
dem Hilfsarbeiter auf dessen Verlangen über die Art und Dauer der Be=
schäftigung ein Zeugniß auszustellen, welches auf Verlangen des Hilfs=
arbeiters auch auf sein sittliches Verhalten und den Werth seiner Leistungen
auszudehnen ist (§. 81). — Gegen den ohne gesetzlich zulässigen Grund
austretenden Hilfsarbeiter steht dem Gewerbsinhaber das Recht der Schaden=
ersatzforderung zu, auch kann er durch die Behörde denselben zur Rückkehr
verhalten (§. 85). Kein Gewerbsinhaber darf wissentlich einen Hilfsarbeiter
aufnehmen, der auf unrechtmäßige Weise seinen früheren Platz verließ
(§. 86).

Jugendliche Hilfsarbeiter und Arbeiterinnen.

§. 134. Das Verhältniß der Gewerbsinhaber zu ihrem Hilfspersonale unter=
liegt noch einigen schärferen Bestimmungen, wenn es sich um jugendliche
Hilfsarbeiter (d. i. um Hilfsarbeiter bis zum vollendeten 16. Lebens=
jahre), um Frauenspersonen, endlich um Lehrlinge handelt.) Kinder
vor vollendetem 12. Jahre dürfen überhaupt zu regelmäßigen gewerblichen
Beschäftigungen nicht verwendet werden. Vom 12. bis zum vollendeten
14. Jahre ist eine solche Verwendung nur dann gestattet, wenn dieselbe weder
ihrer Gesundheit, noch ihrer körperlichen Entwickelung hindernd ist, dann
der Erfüllung der gesetzlichen Schulpflicht nicht im Wege steht. Die tägliche
Arbeitsdauer solcher Personen darf aber 8 Stunden nicht übersteigen.

Jugendliche Hilfsarbeiter dürfen zur Nachtzeit zu gewerblichen Be=
schäftigungen nicht verwendet werden. Doch können im Verordnungswege
in rücksichtswürdigen Fällen den Gewerbetreibenden bezügliche Erleichte=
rungen gestattet werden (§§. 93—95). Auch können im Verordnungswege
gewisse gefährliche und gesundheitsschädliche Gewerbe bezeichnet werden, bei
denen jugendliche Hilfsarbeiter gar nicht in Verwendung kommen dürfen.

Die Evidenzhaltung der jugendlichen Arbeiter hat in einem abgeson=
derten Verzeichniß zu geschehen, welches der Gewerbebehörde auf Verlangen
jederzeit vorzulegen ist (§. 96).

Als Lehrling wird angesehen, wer bei einem Gewerbsinhaber zur
praktischen Erlernung des Gewerbes in Verwendung tritt, gleichviel ob ein
Lehrgeld vereinbart, oder ob für die Arbeit ein Lohn gezahlt wird oder
nicht (§. 97). Das Halten von Lehrlingen ist nur solchen Gewerbsinhabern
gestattet, welche selbst oder ihre Stellvertreter die erforderlichen Fachkennt=
nisse und die moralische Eignung dafür besitzen (§. 98).

Die Dauer der Lehrzeit ist gesetzlich geregelt. Wo keine besonderen gesetzlichen Bestimmungen bestehen, darf dieselbe ein gesetzliches Maximum (2—4 respective 3 Jahre) nicht überschreiten. Minderjährige Lehrlinge können nur auf Grund eines besonderen Vertrages aufgenommen werden. Dieser Lehrvertrag muß die gesetzlich vorgeschriebenen Daten enthalten (§. 99) und ist in das Genossenschafts-Protokollbuch einzutragen. Doch kann das Lehrverhältniß in den ersten vier Wochen durch einseitigen Rücktritt gelöst werden (§. 99a).

Der Lehrling untersteht der väterlichen Zucht des Lehrherrn, dessen Schutz und Obsorge er genießt (§. 99b).

Das Gesetz bestimmt die Fälle, in denen das Lehrverhältniß vorzeitig aufgelöst werden kann (Unfähigkeit des Lehrlings, schlechte Aufführung, Krankheit u. s. w. auf der einen, Pflichtverletzung, strafgerichtliche Verurtheilung, Ueberfiedlung, auf der andern Seite) (§. 101).

Auch eine Berufsänderung seitens des minderjährigen Lehrlings ist ein gesetzlicher Grund zur rechtzeitigen Auflösung des Lehrvertrages.

Damit eine Auflösung des Lehrvertrages nicht fraudulos herbeigeführt werde, darf ein solcher Lehrling durch ein Jahr nach denselben nur mit Zustimmung seines letzten Lehrherrn von einem anderen aufgenommen werden. Allerdings steht es ihm frei, gegen die verweigerte Zustimmung die Entscheidung der competenten Gewerbebehörde anzurufen (§. 102).

Nach ordnungsmäßiger Beendigung der Lehrzeit erhält der Lehrling einen von der Genossenschaftsvorstehung ausgestellten Lehrbrief (§. 104).

Genossenschaften. (*.‚t)

§. 135. Verwandte Gewerbe in einer oder in benachbarten Gemeinden müssen zur Bildung von Genossenschaften zusammentreten. Die Gewerbsinhaber sind Mitglieder, ihre Hilfsarbeiter Angehörige der Genossenschaft.

Durch den Antritt eines Gewerbes wird man Mitglied der betreffenden Genossenschaft und übernimmt man die Pflichten eines solchen. Für fabriksmäßig betriebene Gewerbe besteht kein Genossenschaftszwang (§. 108).

Den territorialen Umfang, auf den sich die einzelnen Genossenschaften zu erstrecken haben, bestimmt die politische Landesbehörde nach Einvernehmung der Handels= und Gewerbekammer (§. 109).

Genossenschaftsstatuten unterliegen der Genehmigung der politischen Landesstelle (§. 110). Dieselbe kann die Vereinigung mehrerer oder nach Umständen die Trennung einer Genossenschaft in mehrere verfügen (§. 111); auch entscheidet sie über die Zuweisung einzelner Gewerbe zu der einen oder anderen Genossenschaft (§. 112). Das Bestehen oder die Errichtung der Genossenschaft darf für niemanden den Antritt oder den Betrieb eines Gewerbes weiter beschränken als es durch das Gesetz bestimmt wird (§. 113).

Das Gesetz erklärt als Zweck der Genossenschaft Pflege des Gemeinzeistes, Hebung der Standesehre und Förderung gemeinsamer Interessen, und zählt eine ganze Reihe von Pflichten der Genossenschaft auf.

Und zwar: Sorge um Erhaltung geregelter Zustände zwischen Gewerbsinhabern und ihren Gehilfen, für ein geordnetes Lehrlingswesen, Bildung von Schiedsgerichten für alle Gewerbestreitigkeiten, von Fachschulen, Krankencassen u. dgl.

Die Genossenschaften eines Bezirkes können zu gemeinschaftlichen Verbänden zusammentreten (§. 114).

Für jede Genossenschaft ist im Rahmen des Gewerbegesetzes ein specielles Statut zu entwerfen, welches der Behörde zur Genehmigung vorzulegen ist. Dieses Statut hat die näheren Bestimmungen zu enthalten über eine Reihe gesetzlich angegebener Momente (Rechte und Pflichten der Mitglieder, Geschäftsbehandlung, Austragung von Streitigkeiten u. s. w.).

Die Genossenschaften stehen unter der Aufsicht der Behörde, welche gewisse Beschlüsse der Genossenschaftsversammlung über Angelegenheiten, deren Besorgung der Genossenschaft gesetzlich obliegt, im Verwaltungswege durchzuführen hat (§. 127).

Die nöthigen Kosten bringt die Genossenschaft durch Umlagen auf die Mitglieder auf; zu den Kosten jedoch gemeinschaftlicher wirthschaftlicher Anlagen beizutragen, kann kein Mitglied der Genossenschaft gezwungen werden (§. 115). Die Genossenschaften haben Vormerkungen zum Zwecke der Arbeitsvermittlung für ihre Hilfsarbeiter zu führen (§. 116). Die Geschäfte der Genossenschaft werden besorgt durch die von der Genossenschaftsversammlung gewählte Vorstehung, die aus dem Ausschuß und dem Vorsteher besteht. Daneben bestehen besondere Organe zur Leitung der Krankencasse und Uebung des schiedsgerichtlichen Amtes (§. 118). Stimmberechtigt sind alle Mitglieder, wenn nicht besondere Gründe den Verlust ihres Stimmrechts herbeiführen, wie: strafgerichtliche Verurtheilung, Concurs, Curatel, Gewerbeentziehung (§. 118). Jeder Genossenschaftsversammlung sind einige Vertreter der Gehilfenversammlung behufs eventueller Vortragung von Wünschen oder Beschwerden beizuziehen. Eine solche Versammlung muß mindestens einmal im Jahre stattfinden. Ihr Wirkungskreis ist im Gesetz dem Zwecke der Genossenschaft entsprechend bestimmt.

Die Amtsdauer der Genossenschaftsvorstehung währt in der Regel drei Jahre (§. 119c). Die Wahl der Vorstehung unterliegt der Bestätigung der Behörde (§. 119d). Die Genossenschaftsvorstehung hat über die Mitglieder und Angehörigen der Genossenschaft eine Disciplinargewalt bei Verletzung der Genossenschaftsvorschriften und kann Strafen bis zur Höhe von 10 fl. verhängen (§. 125). Die Gesammtheit der Gehilfen hat sich als Gehilfenversammlung zu constituiren (§. 120). Die Thätigkeit derselben, ihre Rechte und Pflichten regelt ein behördlich genehmigtes Statut. Gehilfen, die bereits über 6 Wochen außer Arbeit stehen, können an den Gehilfenversammlungen nicht theilnehmen.

Innerhalb der Genossenschaft bilden daher die Gehilfen einen eigenen Verband, eine Genossenschaft im Kleinen. Sie haben ihr behördlich genehmigtes

Statut, ihre Gehilfenversammlung mit einem Obmann und einem Ausschuß. An ihrer Versammlung kann die Genossenschaftsvorstehung mit berathender Stimme theilnehmen; die Behörde kann ihren Vertreter zu derselben entsenden. Ihren gesetzlichen Wirkungskreis bilden „Erörterung ihrer Interessen" und manigfache Vertreter-Wahlen (in die Krankencasse, Genossenschaftsversammlung u. dgl.).

Zur Austragung von Streitigkeiten zwischen den Genossenschafts-Mitgliedern und Angehörigen muß ein besonderer schiedsgerichtlicher Ausschuß gebildet werden (§. 122), dessen Organisation durch ein Statut geregelt werden muß, dessen Grundbestimmungen die Gewerbeordnung feststellt. Die Vergleiche und Entscheidungen dieses Ausschusses sind im Verwaltungswege vollziehbar (§. 123).

Genossenschaftliche Krankencasse. (e17)

§. 136.
Die Gewerbenovelle 1883 steht bereits unter dem Zeichen der Socialreform, welche durch die socialistische Bewegung und Literatur hervorgerufen, in England zuerst praktisch in Angriff genommen, am Anfang der 80er Jahre auch in Deutschland und Oesterreich auf die Tagesordnung gesetzt wurde.

Die Bestimmungen über die Krankencassen für die Hilfsarbeiter nehmen denn auch bereits ein Stück Arbeiterversicherungsrecht vorweg, welches fünf Jahre später in den zwei großen Arbeiterversicherungsgesetzen (gegen Krankheit und Unfall) in Oesterreich zum Ausdruck kam.[323] Schon hier in der Gewerbeordnung kommen auf engerem Gebiete dieselben Grundsätze zur Geltung, die sodann auf die gesammte Arbeiterschaft Anwendung finden sollten.

Hier knüpft das Gesetz den Bestand der Krankencassen an die Genossenschaften — denn diese sind es, die in erster Linie verpflichtet werden, solche Kassen zur Unterstützung der Gehilfen für den Fall der Erkrankung zu gründen (§. 121).

Die Genossenschaften haben ihre Mitglieder zu den gesetzlichen Leistungen heranzuziehen und können sich gegen säumige der politischen Execution bedienen. Die Bildung des Versicherungsfonds geschieht insoferne nach dem Grundsatze der Selbsthilfe, als die größeren Beiträge zu den Krankencassen die Gehilfen selbst allerdings mittelst zwangsweiser Abzüge von ihrem Lohne beisteuern; diese Beiträge dürfen jedoch nicht mehr als drei Percent des Lohngulden betragen. Dazu kommen dann allerdings auch die Beiträge der Gewerbsinhaber, welche nicht höher als mit der Hälfte der Beiträge jedes Gehilfen bemessen werden dürfen. Aus den so gebildeten Fonds, die von eigenen Anstalten (Krankencassen) verwaltet werden, bezieht dann jedes Mitglied (Gehilfe) ein Krankengeld, welches für Männer mindestens die

---

[323] S. unten Buch XI. Uebrigens hat auch die Gewerbenovelle v. 8. März 1885 (§§. 72—105 der Gewerbeordnung) mit ihren Bestimmungen zu Gunsten der jugendlichen Hilfsarbeiter und Frauenspersonen (§§. 93—96b) ebenfalls ein Stück Arbeiterschutzrecht geliefert.

Hälfte, für Frauen mindestens ein Drittel ihres Taglohnes betragen muß. Bei längerer Dauer der Krankheit ist dieses Krankengeld mindestens für die Zeit von 13 Wochen zu gewähren. Die Anstalt selbst wird genossenschaftlich verwaltet, indem die Mitgliederversammlung (also Gehilfenversammlung) zwei Drittheile des statutenmäßig zu bestellenden Vorstandes wählt; einen Drittheil des Vorstandes wählt die Genossenschaftsversammlung (also die Gewerbsinhaber).

Jede Krankencasse muß ein behördlich genehmigtes Statut besitzen, worin Bestimmungen enthalten sein müssen über Namen, Zweck, Standort, Umfang, Mitgliederbeiträge, Unterstützungsquoten, Vorstehung, Aufsichtsorgane, Cassenmanipulation, Geschäftsführung, Vertretung nach außen, Form der Kundmachungen und Statutenänderung (§. 121 b). Die Gebahrung der Krankencasse steht unter der Aufsicht der Behörde.

Drittes Hauptstück.

Das öffentliche Handelsrecht.

---

§. 137. Während der feudale und ständisch = organisirte Staat vom Handel gedanken= und planlos Gewinn und Nutzen zog, wo und auf welche Weise er es nur konnte, und denselben durch allerhand auf allen Wegen und Stegen ihm auferlegte Zölle, Mauthen, Stapelgelder u. dgl. belästigte, ohne sich im mindesten um dessen Förderung oder Hebung zu kümmern: begann der absolutistische Staat auch in Oesterreich wie anderwärts auf die Förderung der einheimischen Industrie sein Augenmerk zu richten und zu diesem Zwecke den Import fremder Erzeugnisse zu verbieten (Prohibitivsystem) und gleichzeitig den Export heimischer Producte zu begünstigen. Damit begann eine zielbewußte Handelspolitik und war die Möglichkeit geschaffen, auf diesem Gebiete staatlicher Verwaltung Erfahrungen zu sammeln und einst zu gereifteren Erkenntnissen zu gelangen. Dieses Prohibitivsystem, welches mit dem Mercantilismus insoferne zusammenhängt, inwieferne die Einfuhrverbote ausländischer Waaren auch den Zweck verfolgten, das Geld nicht außer Landes abfließen zu lassen, sondern im Inlande festzuhalten, wurde in Oesterreich schon unter Kaiser Leopold I von der Theorie empfohlen (Horneck's „Oesterreich über alles") und von der Regierung acceptirt.

Gleichzeitig mit dem gegen den Import von Waaren aufgerichteten Schranken begann die Wegräumung der zwischen den einzelnen Provinzen bestehenden inneren Zollschranken, welche bis dahin den Handel im Innern zum scheinbaren Vortheil eines kurzsichtigen Fiscalismus einengte und lahmlegte. Diese letzteren, unter Karl VI. ergriffenen Maaßregeln bedeuteten einen namhaften Fortschritt in der Entwickelung des inneren Handels, obschon das damalige Gebiet der österreichischen Länder (nach allen diesen reformatorischen Maßregeln) noch immer in sechs gesonderte Zollgebiete zerfiel.[324]) Immerhin war der Handel zwischen diesen inneren Zollgebieten gestattet und wurde immer mehr gefördert, während die Einfuhr von außen, den prohibitionistischen Principien getreu, noch durch die Zollordnungen der Kaiserin Maria Theresia und durch den Zolltarif vom Jahre 1775, namentlich für Fabrikate erschwert und theilweise ganz verboten wurde. Dieselbe Richtung verfolgte unter lebhafter Zustimmung der damals herrschenden nationalöconomischen Theorie auch Kaiser Josef II. in dem Zollpatente von 1784 und in der erweiterten Zollordnung vom Jahre 1788.

§. 138. Trotzdem man mit diesem System nur schlechte Erfahrungen machte, da es einerseits die Verwaltung zu einer Reihe von für Handel und Wandel äußerst lästigen Maßregeln führte und andererseits einen sehr lohnenden Schmuggel an allen Gränzen des Staates großzog: blieb man bei demselben unter Leopold II. (Zollpatent vom 30. Juni 1792) und Kaiser Franz. Ja, die Zolltarife dieses letzteren von 1810 und 1812 brachten sogar eine Reihe neuer Einfuhrverbote und Zollerhöhungen. Nur im innern Handel erfolgte durch die Aufhebung der Zwischenzolllinien in den deutsch-italienisch-slavischen Ländern Oesterreichs im Jahre 1826 eine theilweise Erleichterung. Es war das die Folge der in Deutschland von Friedrich List propagirten Idee des einheitlichen nationalen Handelsgebietes[325]), in welches auch Oesterreich einbezogen werden sollte. Letzteres kam nicht zur Ausführung, wohl aber wurde unter Betheiligung mehrerer größeren deutschen Staaten und unter Führung Preußens am 22. März 1833 der Deutsche Zollverein ins Leben gerufen.

Für die wirthschaftliche Entwickelung Oesterreichs wäre es gewiß von Vortheil gewesen, wenn es dem Deutschen Zollverein gleich von Anfang beigetreten wäre: dagegen sträubten sich aber die großen Industriellen, die sich die deutsche Concurrenz vom Leibe halten wollten, und sie verstanden es, in Enqueten und Gutachten ihr Interesse mit solchen Gründen zu unterstützen, daß sowohl die Landesgouverneure, wie auch die Hofkammer dem Kaiser von dem Anschluß an den Deutschen Zollverein abriethen. Letzterer wurde ohne Theilnahme Oesterreichs im Jahre 1841 auf zwölf Jahre, d. i. bis zum 31. December 1853 erneuert. Der Bestand des Deutschen Zollvereins versetzte Oesterreich in eine Zwangslage. Denn der Zollverein entzog einerseits Oesterreich den deutschen Markt und zwang es, Gegenmaaßregeln zu ergreifen; andererseits waren gegen die Mitte dieses Jahrhunderts am Continent freiere Ansichten über Handelspolitik herrschend geworden; allenthalben wendete man sich vom Prohibitivsystem ab und trachtete den internationalen Verkehr, wenn auch unter Aufrechthaltung von mäßigen Schutzzöllen, zu beleben. Auch Oesterreich konnte sich von dieser Bewegung nicht fern halten. Das Nächste und Folgerichtigste war damals ein Anschluß an den Deutschen Zollverein.

---

[324]) Franz Neumann: Oesterreichs Handelspolitik 1864. S. 5.
[325]) Friedrich List hatte am 6. März 1820 eine Audienz bei Kaiser Franz, bei der er für die Schaffung eines einheitlichen deutsch-österreichischen Handelsgebiets eintrat.

Vor allem wurden im Innern die nothwendigsten Reformen durch **§. 139.** geführt. Im Jahre 1849 wurden die Handels- und Gewerbekammern in's Leben gerufen, deren Gutachten und Anträge bei den in Aussicht genommenen Reformen eingeholt wurden. Im Jahre 1850 veröffentlichte das Handelsministerium den Entwurf eines neuen Zolltarifs, in welchem alle Prohibitionen beseitigt, die Zölle ermäßigt und der Tarif bedeutend vereinfacht erschien. Ein kaiserl. Patent vom 7. Juni 1850 verfügte die Aufhebung der Zollgränze zwischen den deutsch-italienisch-slavischen Ländern Oesterreichs und Ungarns, und unterm 6. November 1851 erschien der *1851* neue, vom 1. Februar 1852 wirksame Zolltarif, in welchem mit dem Prohibitivsystem endgiltig gebrochen wurde. Alle Ein- und Ausfuhrverbote wurden aufgehoben, mäßige Schutzzölle als Übergang zu einer für die Zukunft in Aussicht gestellten Handelsfreiheit wurden festgesetzt. So vorbereitet schloß Oesterreich endlich den Zoll- und Handelsvertrag mit Preußen vom 19. Februar 1853.

Der nächste Zweck dieses Handelsvertrages sollte, wie es im Eingang desselben hieß, der sein, zwischen Oesterreich und Preußen den Handel und Verkehr durch ausgedehnte Zollbefreiungen und Zollermäßigungen, durch vereinfachte und gleichförmige Zollbehandlung und durch erleichterte Benützung aller Verkehrsanstalten in umfassender Weise zu fördern; in weiterer Linie sollte mit demselben die „allgemeine deutsche Zolleinigung" angebahnt werden. Der Vertrag beseitigt alle Einfuhr-, Ausfuhr- oder Durchfuhrverbote und läßt solche nur ausnahmsweise für Gegenstände des Staatsmonopols, aus polizeilichen oder völkerrechtlichen Gründen gelten. Die vertragschließenden Staaten sichern sich gegenseitig das Recht der meistbegünstigten Nationen, d. h. daß jede von einem der beiden Staaten einem dritten Staate eingeräumte Zollbegünstigung zugleich auch für den andern Staat gelten solle.

Endlich wurden in dem Vertrag gegenseitige Verkehrserleichterungen vereinbart; eine gewisse Anzahl von Rohproducten und chemischen Hilfsstoffen wurden im Zwischenverkehr der beiden Staaten vollkommen zollfrei erklärt; bei einer großen Anzahl Waaren bedeutende Zollermäßigungen festgesetzt; die Befugniß, Ausgangsabgaben zu erheben, wurde gegenseitig auf eine gewisse Anzahl von Waaren beschränkt; der Veredlungsverkehr gestattet, d. i. der freie Rücktransport von Waaren, die als Rohproducte oder Halbfabrikate zum Zwecke der weiteren Verarbeitung über die Gränze gebracht werden; ferner eine Reihe gegenseitiger Verkehrserleichterungen. Die Dauer dieses Vertrages wurde auf zwölf Jahre, also bis Ende December 1865 festgesetzt. Der letzte Artikel endlich läßt denjenigen deutschen Staaten den Beitritt zu diesem Vertrage offen, welche am 1. Jänner 1854 oder später zum Zollverein mit Preußen gehören sollten. Nachdem dieser Beitritt der meisten deutschen Staaten am 4. April 1853 erfolgte, so ergab sich daraus ein Vertragsverhältniß zu dem großen, 9057 Quadratmeilen mit 33½ Millionen Einwohnern umfassenden deutschen Zollvereinsgebiete.

gehilfen, Gesellen, Kellner, Kutscher bei Fuhrgewerben u. dergl.); b) Fabriks-arbeiter, c) Lehrlinge, d) jene Arbeitspersonen, welche zu untergeordneten Hilfsdiensten beim Gewerbe verwendet werden, mit Ausnahme der Tag-löhner.

Die für höhere Dienstleistungen in der Regel mit Jahres- oder Mo-natsgehalt angestellten Individuen, wie: Werkführer, Mechaniker, Factoren, Buchhalter, Cassiere, Expedienten, Zeichner, Chemiker u. dergl. werden unter Hilfsarbeitern nicht begriffen (§. 73).

Von der Anschauung ausgehend, daß in dem Verhältnisse des Arbeits-gebers (Gewerbetreibenden) zum Arbeitsnehmer (Hilfspersonale) der erstere die stärkere, der letztere die schwächere Partei ist: legt der Gesetzgeber dem ersteren eine größere Pflichtenlast auf als dem letzteren, um auf diese Weise dem durch das öconomische Verhältniß erzeugten Uebergewicht des Arbeits-gebers ein rechtliches Gegengewicht zu schaffen.

Während daher die Hilfsarbeiter nur verpflichtet sind dem Gewerbs-inhaber Treue, Folgsamkeit und Achtung zu erweisen, sich anständig zu be-tragen, die bedungene oder ortsübliche Arbeitszeit einzuhalten, die ihnen anvertrauten gewerblichen Verrichtungen (mit Ausnahme häuslicher Arbeiten) nach besten Kräften zu besorgen, über die Betriebsverhältnisse Verschwiegen-heit zu beobachten, sich gegen die übrigen Hilfsarbeiter und Hausgenossen verträglich zu benehmen und die Lehrlinge, sowie die unter der Aufsicht der Hilfsarbeiter arbeitenden Kinder gut zu behandeln (§. 76), liegen dem Gewerbsinhaber folgende Pflichten ob:

1. Ist er verpflichtet, auf seine Kosten alle diejenigen Einrichtungen bezüglich der Arbeitsräume, Maschinen und Werkgeräthschaften herzustellen und zu erhalten, welche mit Rücksicht auf die Beschaffenheit seines Gewerbs-betriebes oder der Betriebsstätte zum Schutze des Lebens und der Gesund-heit der Hilfsarbeiter erforderlich sind; er hat Vorsorge zu treffen, daß die Arbeitsräume während der ganzen Arbeitszeit nach Maaßgabe des Gewerbes möglichst licht, rein und staubfrei erhalten werden, und daß insbesondere bei chemischen Gewerben die Verfahrungs- und Betriebsweise in einer die Gesundheit der Hilfsarbeiter thunlichst schonenden Art eingerichtet sei.

Schließlich sind die Gewerbsinhaber verpflichtet, bei der Beschäftigung von Hilfsarbeitern bis zum vollendeten 18. Jahre und von Frauenspersonen überhaupt, thunlichst die durch das Alter, beziehungsweise das Geschlecht derselben gebotene Rücksicht auf die Sittlichkeit zu nehmen.

2. Ist der Gewerbsinhaber verpflichtet, den Hilfsarbeitern zwischen den Arbeitsstunden angemessene Ruhepausen zu gewähren, welche nicht weniger als anderthalb Stunden betragen müssen, wovon thunlichst eine Stunde auf die Mittagszeit zu entfallen hat. Wenn die Arbeitszeit vor oder diejenige nach der Mittagsstunde fünf Stunden oder weniger beträgt, so kann die Ruhepause mit Ausnahme der für die Mittagszeit bestimmten Stunde für die betreffende Arbeitszeit entfallen. Bei der Nachtarbeit haben diese Vorschriften sinngemäße Anwendung zu finden.

3. Sind die Gewerbsinhaber verpflichtet, den Hilfsarbeitern bis zum vollendeten 18. Lebensjahre zum Besuche der bestehenden gewerblichen

Abend= und Sonntagsschulen (Vorbereitungs=, Fortbildungs=, Lehrlings= oder Fachcurse) die erforderliche Zeit einzuräumen.

4. Die Löhne der Hilfsarbeiter in baarem Gelde auszuzahlen, und zwar in der Regel wöchentlich.

Sie können jedoch den Arbeitern Wohnung, Feuerungsmaterial, Be= nützung von Grundstücken, Arzneien und ärztliche Hilfe, sowie Werkzeuge und Stoffe zu den von ihnen anzufertigenden Erzeugnissen unter Anrechnung bei der Lohnzahlung nach vorausgegangener Vereinbarung zuwenden.

Die Verabfolgung von Lebensmitteln oder der regelmäßigen Beköstigung auf Rechnung des Lohnes kann zwischen dem Gewerbsinhaber und dem Hilfsarbeiter vereinbart werden, sofern sie zu einem die Beschaffungskosten nicht übersteigenden Preise erfolgt.

Dagegen darf nicht vereinbart werden, daß die Hilfsarbeiter Gegen= stände ihres Bedarfes aus gewissen Verkaufsstätten beziehen müssen.

Gewerbsinhaber dürfen den Arbeitern andere als die obbezeichneten Gegenstände oder Waaren und insbesondere geistige Getränke auf Rechnung des Lohnes nicht creditiren.

Die Auszahlung der Löhne in den Wirthshäusern und Schanklocali= täten ist untersagt.

Verabredungen und Uebereinkünfte, welche obige Bestimmungen zu= widerlaufen, sind nichtig (§. 78 c).

Um solche unmöglich zu machen, räumt der Gesetzgeber dem Hilfs= personale ein Klagerecht ein, das er dem Gewerbsinhaber vorenthält. So z. B. kann der Hilfsarbeiter, der anders als durch Baarzahlung befriedigt wurde, jederzeit auf die unterbliebene Baarzahlung klagen, ohne daß ihm eine Einrede aus dem an Zahlungsstatt Gegebenen entgegengesetzt werden könnte (§. 78 d).

Dagegen kann der Gewerbsinhaber Forderungen für solche dem Hilfs= arbeiter gegebenen Waaren und Gegenstände nicht einklagen (§. 78 e).

Zu Gunsten der Hilfsarbeiter ist ferner der Normalarbeitstag von höchstens 11 Stunden täglich festgesetzt; derselbe kann in besonders rücksicht= würdigen Fällen im Verordnungswege, doch nur um eine Stunde, verlängert werden. Wo ununterbrochener Betrieb nöthig und gestattet ist, wird der Schichtenwechsel behördlich geregelt. Uebrigens kann in Fällen zwingen= der Nothwendigkeit, doch längstens für drei Tage, gegen Anmeldung bei der Gewerbebehörde die tägliche Arbeitszeit verlängert werden. Zum Schutze jugendlicher Hilfsarbeiter (d. i. bis zum vollendeten 16. Lebens= jahre) und Frauenspersonen wurden besondere Bestimmungen getroffen (s. unten).

Zu Gunsten aller Hilfsarbeiter endlich ist die Sonn= und Feier= tagsruhe obligatorisch. Doch dürfen an Sonn= und Feiertagen Säu= berungs= und Instandhaltungsarbeiten der Gewerbelocale und Werksvor= richtungen vorgenommen werden. Die Gewerbeinhaber sind aber jedenfalls verpflichtet, ihrem Hilfspersonale an Sonn= und Feiertagen die nöthige Zeit einzuräumen, um den ihrer Confession entsprechenden Verpflichtungen zum Besuche des Vormittagsgottesdienstes nachzukommen (§. 75).

29*

Behördliche Controle.

§. 133. Um sowohl der Behörde die Controle der Einhaltung der gesetzlichen Bestimmungen über alle Arbeitsverhältnisse zu erleichtern, wie auch das Hilfspersonale in fortwährender Kenntniß seiner Rechte und der Pflichten der Gewerbsinhaber zu erhalten, müssen in den Gewerbsunternehmungen sowohl Arbeiterverzeichnisse geführt, wie auch jeder Hilfsarbeiter mit einem Arbeitsbuch versehen sein, endlich müssen in den Arbeitslocalen Arbeitsordnungen angeschlagen sein.

Die Führung des Arbeiterverzeichnisses ist Pflicht des Gewerbeinhabers; dieses Verzeichniß hat alle Hilfsarbeiter zu umfassen und hat zu enthalten: den Vor- und Zunamen, das Alter, die Heimatsgemeinde, die Gemeinde, welche das Arbeitsbuch ausgestellt hat, das Datum des Eintrittes in die Gewerbeunternehmung, den Namen des Gewerbeinhabers, bei dem der Hilfsarbeiter zuletzt in Arbeit stand, die Verwendungsart im Gewerbe, die Krankencasse, welcher der Hilfsarbeiter angehört, und das Datum des Austrittes aus der Unternehmung. Dieses Verzeichniß ist der Behörde auf Verlangen jederzeit vorzuzeigen (§. 88).

Die Arbeitsbücher werden von der Gemeindebehörde des Aufenthaltsortes des Gewerbers ausgefertigt — und sind über diese Ausfertigungen genaue Vormerkungen zu führen. Das Arbeitsbuch muß enthalten: Vor- und Zunamen, Geburtsort, Geburtsjahr, Religion, Stand und Beschäftigung des Hilfsarbeiters; in dasselbe wird der Ein- und Austritt in und aus den Gewerbeunternehmungen eingetragen.

Das Arbeitsbuch ist vom Gewerbsinhaber in Aufbewahrung zu nehmen.

Der Gewerbsinhaber ist verpflichtet, dasselbe auf amtliches Verlangen vorzulegen, und nach ordnungsmäßiger Lösung des Arbeits- oder Lehrverhältnisses dem Hilfsarbeiter, beziehungsweise dessen gesetzlichem Vertreter wieder auszuhändigen.

Beim Austritte hat der Gewerbsinhaber die Rubriken des Arbeitsbuches auszufüllen, zu unterfertigen und die Bestätigung des Genossenschaftsvorstehers oder der Ortspolizeibehörde einzuholen.

Das Zeugniß ist nur insoweit aufzunehmen, als es für den Hilfsarbeiter günstig lautet.

Die Eintragungen bezüglich des Zeugnisses sind auf Verlangen des Hilfsarbeiters von der Ortspolizeibehörde kosten- und stempelfrei zu beglaubigen.

Die Arbeitsordnungen müssen in den Fabriken und größeren Werkstätten den Arbeitern verlautbart, auch in den Arbeitslocalen angeschlagen werden. Dieselben haben zu enthalten: die Bestimmungen über die verschiedenen Arbeiterkategorieen der Unternehmung; über den Schulunterricht der jugendlichen Arbeiter; über die Arbeitszeit und Löhnung; über das Aufsichtspersonal, Kündigungsfristen u. s. w.

Die Arbeitsordnung muß in zwei Exemplaren der Gewerbebehörde mitgetheilt werden.

Wenn keine besondere Vereinbarung vorliegt, so gilt für das Hilfs-

arbeiterverhältniß die 14tägige Kündigung. Stücklohnarbeiter müssen je=
doch die angefangene Arbeit beendigen.

Die Gewerbeordnung setzt die Fälle fest, wo die Hilfsarbeiter sofort
entlassen werden können und wo ihnen das Recht zusteht, ihre Entlassung
sofort zu verlangen. Es sind das Fälle ungehörigen oder ungesetzlichen
Benehmens sei es von der einen oder anderen Seite.

Meist hat der schuldtragende Theil auch den eventuellen Schaden zu
ersetzen.

Beim ordnungsmäßigen Austritt ist jeder Gewerbsinhaber verpflichtet,
dem Hilfsarbeiter auf dessen Verlangen über die Art und Dauer der Be=
schäftigung ein Zeugniß auszustellen, welches auf Verlangen des Hilfs=
arbeiters auch auf sein sittliches Verhalten und den Werth seiner Leistungen
auszudehnen ist (§. 81). — Gegen den ohne gesetzlich zulässigen Grund
austretenden Hilfsarbeiter steht dem Gewerbsinhaber das Recht der Schaden=
ersatzforderung zu, auch kann er durch die Behörde denselben zur Rückkehr
verhalten (§. 85). Kein Gewerbsinhaber darf wissentlich einen Hilfsarbeiter
aufnehmen, der auf unrechtmäßige Weise seinen früheren Platz verließ
(§. 86).

Jugendliche Hilfsarbeiter und Arbeiterinnen.

§. 134. Das Verhältniß der Gewerbsinhaber zu ihrem Hilfspersonale unter=
liegt noch einigen schärferen Bestimmungen, wenn es sich um jugendliche
Hilfsarbeiter (d. i. um Hilfsarbeiter bis zum vollendeten 16. Lebens=
jahre), um Frauenspersonen, endlich um Lehrlinge handelt.) Kinder
vor vollendetem 12. Jahre dürfen überhaupt zu regelmäßigen gewerblichen
Beschäftigungen nicht verwendet werden. Vom 12. bis zum vollendeten
14. Jahre ist eine solche Verwendung nur dann gestattet, wenn dieselbe weder
ihrer Gesundheit, noch ihrer körperlichen Entwickelung hindernd ist, dann
der Erfüllung der gesetzlichen Schulpflicht nicht im Wege steht. Die tägliche
Arbeitsdauer solcher Personen darf aber 8 Stunden nicht übersteigen.

Jugendliche Hilfsarbeiter dürfen zur Nachtzeit zu gewerblichen Be=
schäftigungen nicht verwendet werden. Doch können im Verordnungswege
in rücksichtswürdigen Fällen den Gewerbetreibenden bezügliche Erleichte=
rungen gestattet werden (§§. 93—95). Auch können im Verordnungswege
gewisse gefährliche und gesundheitsschädliche Gewerbe bezeichnet werden, bei
denen jugendliche Hilfsarbeiter gar nicht in Verwendung kommen dürfen.

Die Evidenzhaltung der jugendlichen Arbeiter hat in einem abgeson=
derten Verzeichniß zu geschehen, welches der Gewerbebehörde auf Verlangen
jederzeit vorzulegen ist (§. 96).

Als Lehrling wird angesehen, wer bei einem Gewerbsinhaber zur
praktischen Erlernung des Gewerbes in Verwendung tritt, gleichviel ob ein
Lehrgeld vereinbart, oder ob für die Arbeit ein Lohn gezahlt wird oder
nicht (§. 97). Das Halten von Lehrlingen ist nur solchen Gewerbsinhabern
gestattet, welche selbst oder ihre Stellvertreter die erforderlichen Fachkennt=
nisse und die moralische Eignung dafür besitzen (§. 98).

diesem Tarif die Industriezölle (auf Baumwollgarne, Leinenwaaren, Schaf=
wollgarne, Eisen= und Metallwaaren) erhöht worden. Nachdem auch in den
anderen Staaten Europas die Schutzzolltendenz nach dem Vorgange Deutsch=
lands obsiegte, wurden in den 1880er Jahren die Zollverträge Oesterreich=
Ungarns mit den meisten Staaten nach ihrem Ablauf nicht mehr erneuert,
so daß Oesterreich=Ungarn nur noch mit drei Staaten eigentliche Zollverträge
hat, d. i. mit Italien, der Schweiz und Serbien, welche alle, wenn sie im Jahre
1891 nicht gekündigt werden, bis 1892 als verlängert gelten. Mit allen
anderen Staaten beschränkt sich das Vertragsverhältniß auf einfache sechs=
oder zwölfmonatliche kündbare Handelsverträge mit der Meist=
begünstigungsclausel; so mit Frankreich, Belgien, Dänemark, Deutschland,
Griechenland, Großbritannien, Niederlande, Portugal, Schweden und Nor=
wegen und Spanien; außerdem noch mit einigen überseeischen Staaten.

Doch beginnt bereits ein nahender Umschlag in der Zollpolitik der
europäischen Staaten und in erster Linie Deutschland sich bemerkbar zu
machen. Die Absperrung Deutschlands hatte für die großen Massen der
Bevölkerung, namentlich der Südstaaten, traurige Folgen. Der Preis des
Fleisches und Brodes stieg in einer für die Masse des Volkes und auch für
die Mittelclassen empfindlichen Weise. Die einzelnen Bundesstaaten
petitionirten an den Bundesrath um Beseitigung der Agrarzölle. Auch
die Stadt Berlin schloß sich diesen Petitionen an und verlangt die Oeff=
nung der österreichischen Gränze. Unter der Pression dieser Forderungen
entsandte Deutschland (December 1890) Unterhändler nach Wien, um
neue Verhandlungen in der Zollfrage anzuknüpfen. Welche Entwickelungen
im Kleinen auch diese Frage durchmachen wird, im Großen steht eines fest:
die realen Verhältnisse, vermöge deren die europäischen Staaten (vielleicht
nur mit Ausnahme Rußlands) auf einander angewiesen sind, zwingen die=
selben, die Zollschranken zu beseitigen und sich mit der Zeit zu einem großen
mitteleuropäischen Zollgebiete zu vereinigen. Kleinliche einseitige Interessen
werden diese Entwickelung hemmen und zeitweilig aufhalten, engherzige
Theorien und nationaler Chauvinismus werden diese Hemmnisse zeitweilig
bejubeln; aber die wirklichen Interessen der Gesammtheit, die nur von dem
freien Verkehr der Staaten unter einander eine Förderung zu erwarten
haben, müssen und werden schließlich immer den Sieg davontragen.

Das Recht der Handelsgenossenschaften.

§. 144. Dem Zwecke der Förderung des Handels dienen alle jene gesetzlichen
Maaßregeln, welche 1. große Sammelbecken des Capitals schaffen (Banken
und Actiengesellschaften); 2. den Umlauf des Capitals erleichtern und be=
schleunigen; 3. den Credit in allen seinen Formen durch Sicherstellung des
Gläubigers ermöglichen, endlich 4. Interessenvertretungen des Handels in's
Leben rufen.

Um die entsprechenden Unternehmungen (Vereine, Gesellschaften, Ge=
nossenschaften, Sparcassen u. s. w.) zur Erreichung obiger Zwecke in's Leben
zu rufen, brauchte der Staat nie die Initiative zu ergreifen; denn da alle

diese Unternehmungen zugleich für die Begründer derselben gewinnbringend
sind, so fällt dem Staat nur die Aufgabe zu, die Gründungen derselben zu
gestatten und im allgemeinen Interesse die Thätigkeit derselben zu über=
wachen. Alles Uebrige besorgt der in gewissen Schranken berechtigte Trieb
nach Gewinn und Vermehrung des Capitals. Dieser allgemein menschliche
Trieb hatte schon in früheren Jahrhunderten das Geheimniß des Wachs=
thums wirthschaftlicher Macht und beschleunigter Capitalbildung entdeckt,
namentlich die Vereinigung der Capitalien. Auf solcher Vereinigung be=
ruhen alle auf Gewinn und Erwerb abzielenden Gesellschaften. Wenn wir
von der offenen Handelsgesellschaft und der Commanditgesellschaft, welche
in's Privat=Handelsrecht gehören, absehen: so giebt es dreierlei Arten von
öffentlichen Erwerbsgesellschaften, die sich durch die Art und Weise, wie sie
die Vereinigung der Capitalien zu Wege bringen, unterscheiden.

Wird diese Vereinigung einfach durch Actieneinzahlung erzeugt, wobei
in der Regel ein größerer Betrag (mindestens 200 fl.) als Minimum fest=
gesetzt ist, und erfolgt die vollkommene Loslösung der Person des Ein=
zahlenden von dem eingezahlten Capital, so daß die Actie auf Ueberbringer
lautet und alle Rechte der Actie auf ihren rechtmäßigen Inhaber übergehen,
der für die Geschäfte der Gesellschaft nicht weiter als bis zum Betrage
seiner Einlage haftet; das so vereinigte Capital aber von einem Ver=
waltungsrathe (eventuell Direction) als ein einheitliches Vermögen, dem
juristische Persönlichkeit zukommt, verwaltet wird: so spricht man von einer
Actiengesellschaft.

Wird die Vereinigung der Capitalien durch Spareinlagen der großen
Massen, deren Mindestbetrag nach unten mit dem kleinsten Bruchtheil der
Münzeinheit beginnt, erzeugt, um, ohne den kleinen Einlegern die mindeste
Ingerenz auf die Verwaltung zu gestatten, das solcherweise vereinigte
Capital zu einem höheren Zinse zu fructificiren als den Einlegern gezahlt
wird, so spricht man von Sparcassen.

Wird die Vereinigung der Capitalien durch kleinere Einlagen herbei=
geführt, dabei aber die Creditwürdigkeit jedes einzelnen Einlegers zur
Unterstützung des Unternehmens in ein oder der anderen Weise heran=
gezogen und ist dabei das Ziel des Unternehmens ein streng umschriebenes,
allen Theilnehmern gemeinsam zu Gute kommendes, so daß sich die Ge=
sellschaft als eine Vereinigung von (kleineren) Capitalien und Personen
darstellt, so sprechen wir von einer Erwerbsgenossenschaft.

Nach Umständen und Verhältnissen nun hat sich der Erwerbstrieb
der einen oder der anderen dieser Formen bedient, um sich zu bethätigen,
und da jeder gesunde und solide Erwerbstrieb vom Staat für die Inter=
essen der Gesammtheit nutzbar gemacht werden kann, so hat der Staat
zuerst jede einzelne solcher Unternehmungen von Fall zu Fall concessionirt
oder gar privilegirt, bis es dann zu allgemeinen gesetzlichen Normen für
jede dieser Kategorieen von Erwerbsunternehmungen kam, welche die öffent=
lichrechtliche Stellung derselben, die Formen ihrer Wirksamkeit, ihre Ver=
hältnisse einerseits zu dem bei ihnen betheiligten Publicum, andererseits
zur Staatsverwaltung festsetzten. Diese dreierlei Arten gesetzlicher Normen

wollen wir nun betrachten, wobei wir, in chronologischer Ordnung vorgehend, mit der auf die Sparcassen sich beziehenden beginnen.

Sparcassen. ✓

§. 145. Ueber Sparcassen wird meist in der Weise gesprochen als ob sie pure Wohlthätigkeitsanstalten wären, so daß es beinahe einer Rechtfertigung bedarf, daß wir dieselben nicht neben Blindeninstituten und Findelanstalten, sondern unter den Erwerbsgesellschaften behandeln.

Thatsächlich, wenn man die historischen Anfänge des Sparcassenwesens, die Zwecke, die sie sich ursprünglich setzten[331]), in's Auge faßt: so könnten sie als reine Wohlthätigkeitsanstalten qualificirt werden. Auch wurden sie von den Staatsverwaltungen ursprünglich so aufgefaßt und hat sich die seit jener Zeit datirende humanitäre Phraseologie bezüglich der Sparcassen bis heutzutage erhalten, wo sie schon lange reine Geschäfts= und Erwerbsunternehmungen geworden sind, die allerdings auch, wie alle anderen Erwerbsunternehmungen, ihre gemeinnützige Seite haben.

Jene ursprüngliche Bestimmung und Auffassung der Sparcassen gelangt, wie im preußischen Sparcassenreglement (s. Note), auch in dem österreichischen Sparcassen=Regulativ vom 2. September 1844, welches heute noch gilt, zum Ausdruck. Es heißt da: Die Bestimmung der Sparcassen besteht darin, den minder bemittelten Volksclassen Gelegenheit zur sicheren Aufbewahrung, Verzinsung und allmähligen Vermehrung kleiner Ersparnisse darzubieten, dadurch aber den Geist der Arbeitsamkeit und der Sparsamkeit bei denselben zu beleben (§. 1). Zur Errichtung von Sparcassen sind vorzüglich Vereine von Menschenfreunden unter der Bedingung berufen, daß sie einen zur Deckung der Verwaltungskosten und möglichen Verluste der Anstalt während des ersten Zeitraumes ihrer Wirksamkeit bis zur Bildung eines ergiebigen eigenen Reservefondes genügenden Garantiefond einlegen und für die regelmäßige Gebahrung Beruhigung gewähren (§. 2).

Nun waren die ersten Begründer der Sparcassen in Oesterreich gewiß von den humansten Absichten geleitete Menschenfreunde und die neue Institution unstreitig und noch bis heutzutage von öffentlichem Nutzen: nichtsdestoweniger brachte es die Ansammlung der Capitalien und die daraus resultirende Nothwendigkeit, dieselben fruchtbringend anzulegen, also Geld-

---

[331]) Die ersten Sparcassen entstanden in Deutschland in der Mitte des 18. Jahrhunderts und zwar war die erste die 1765 in Braunschweig gegründete „herzogliche Leihcasse"; sowohl diese wie eine Anzahl von Magistraten gegründete Sparcassen stellten sich in erster Linie die Aufgabe, den Spartrieb in den Massen des ärmeren Volkes zu wecken. Doch schon 1778 entsteht in Hamburg eine von einer Privatgesellschaft gegründete „Sparcasse", die das geschäftliche Moment im Auge hatte. Das erste Reglement für Sparcassen erschien in Preußen im Jahre 1838 und betont als Hauptaufgabe derselben „den ärmeren Classen Gelegenheit zur Anlegung kleiner Ersparnisse" zu geben, wobei aber mit richtigem Vorausblick vor einer „Ausartung dieser Anstalten" gewarnt wird. Vergl. Spittel: Die deutschen Sparcassen, deren Entstehung, Einrichtung, Aufgabe und Ziele. Gotha 1880.

geschäfte zu machen, mit sich, daß diese Anstalten den geschäftlichen Rück=
sichten den Vorrang einräumen mußten und daß sie heute vorwiegend Er=
werbsgesellschaften geworden sind. [332]) An dieser Thatsache ändert der Um=
stand nichts, daß nach Abzug der Gehälter und Tantièmen der Leiter,
Directoren und Verwaltungsräthe u. s. w. ein Theil der Ueberschüsse statuten=
mäßigen öffentlichen und wohlthätigen Zwecken gewidmet wird. Denn
diese Wohlthaten werden ja nicht den Einlegern erwiesen, zu deren
Gunsten doch ursprünglich die Sparcassen in's Leben gerufen wurden;
nur wenn die Sparcassen die erzielten Ueberschüsse verhältnißmäßig an
ihre armen Einleger abführen würden, könnten sie im Sinne jener ur=
sprünglichen Reglements als Wohlthätigkeitsanstalten betrachtet werden. [333])
Dagegen darf nicht übersehen werden, daß die heutigen Sparcassen, um die
zu ihrer Erhaltung und Besoldung ihrer Verwaltungen (die ursprünglich
meist unentgeltlich besorgt wurden) nöthigen Gewinne zu erzielen, ihren
Schuldnern gegenüber keinen anderen als nur den rein geschäftsmäßigen
Standpunkt einnehmen und zahllose Heimstätten zahlungsunfähiger Schuldner,
wenn auch nach minder strengen Proceduren wie Privatgläubiger, schließ=
lich aber dennoch öffentlich versteigern, was alles auch bei der Würdigung
und Beurtheilung der Sparcassen heutzutage nicht unberücksichtigt gelassen
werden darf.

Eine solche mehr nüchterne Betrachtung der Sparcassen als Erwerbs=
unternehmungen, die aus der Differenz der Verzinsung ihrer Einlagen und
ihrer Darlehen Gewinn ziehen, führte in neuerer Zeit vielfach zu Forde=
rungen nach Verstaatlichung der Sparcassen. Diesen vollkommen berech=
tigten Forderungen ist einerseits durch Gründung von Gemeindespar=
cassen [334]), andererseits aber durch Einführung der staatlichen Postspar=
casse Rechnung getragen worden.

---

[332]) Diese Thatsache wird von einem zuverlässigen Gewährsmanne, dem
Chronisten der ersten steiermärkischen Sparcasse Potpeschnigg (in dessen Fest=
schrift „50 Jahre der steiermärkischen Sparcasse," Graz 1885) mit folgenden Worten
bestätigt: „. . . es giebt überall Leute, welche aus der Errichtung von Sparcassen
irgend einen Vortheil zu erlangen hoffen und schon aus dem Grunde dieselbe
fördern." Ferner klagt dieser Verfasser, daß gegenwärtig die Ansammlung der
Reservefonds Hauptaufgabe der Sparcassen zu werden scheint, wogegen alle anderen
humanitären Zwecke zur Nebensache werden. Man sei jetzt dahin gekommen, „sein
Augenmerk vorzüglich darauf zu richten, viele Gelder an sich zu ziehen und recht
viele selbstverständlich großen Gewinn bringende Geschäfte zu machen", es walten
daher jene Rücksichten ob, welche das Geschäft fordere und „von ethischen
Motiven ist wenig zu spüren."

[333]) Dieser Gedanke ist es, der den Ministerialerlassen vom 16. April 1860
Z. 11817 und vom 20. November 1860 Z. 33803 vorschwebt, welche eindringlich
daran mahnen, aus den Ueberschüssen der Reservefonds Vorschußcassen für kleinere
Grundbesitzer und Gewerbetreibende zu errichten (s. unten).

[334]) Die Zweckmäßigkeit und Erfprießlichkeit der durch die Gemeinden ge=
gründeten und von denselben geleiteten Sparcassen hat schon das österreichische Spar=
cassenregulativ von 1844 anerkannt, indem es (S. 3) festsetzt, daß auch Gemeinden
die Errichtung von Sparcassen unter ihrer Dafürhaftung gestattet werden kann;
doch ist hierzu ein nach den bestehenden Vorschriften giltig uz Stande gekommener,
die ganze Gemeinde verpflichtender Beschluß erforderlich. Auch sind in neuerer Zeit

30*

Gründung von Sparcassen. ✓

§. 146. Ueber Gründung von Sparcassen gelten die Bestimmungen des obigen Sparcassen=Regulativs, insoferne dieselben nicht durch einige Nachtrags= verordnungen und das Vereinsgesetz vom 26. November 1852, welches auch auf Sparcassen Anwendung findet, abgeändert wurden. Das Regu= lativ unterscheidet nur zwei Arten von Sparcassen, jenachdem dieselben von einem Privatverein oder von Gemeinden in's Leben gerufen werden sollen. Die Bewilligung zur Gründung von Sparcassen fällt gegenwärtig·in die Competenz der politischen Landesbehörde. Die Bewilligung wird nur er= theilt gleichzeitig mit der Genehmigung eines vorzulegenden Statuts, in welchem Bestimmungen über alle die vom Regulativ (und auch von dem Vereinsgesetze 1852) verlangten Gegenstände und Verhältnisse enthalten sein müssen. Neben dem Statutenentwurf ist dem Ansuchen um die Be= willigung auch die Nachweisung eines entsprechenden Garantiefondes, falls aber die Errichtung von einer Gemeinde ausgeht, ein Ausweis über den Vermögensstand derselben beizufügen; es ist überdies darzuthun, daß ein hinreichender Fond zur Deckung der ersten Auslagen für Kanzlei=, Casse= und sonstige Erfordernisse durch freiwillige Beiträge oder auf andere Weise sicher gestellt, oder sonst vorhanden sei (§. 5).

Die ursprüngliche Tendenz der Sparcassen findet ihren Ausdruck in den Bestimmungen des Regulativs über den kleinen Mindestbetrag der Einlagen und deren Verzinsung. Darnach ist der geringste als Einlage bei den Sparcassen zulässige Betrag so nieder als möglich zu bestimmen, damit auch der ärmsten Classe die Gelegenheit zur sicheren, wenngleich An= fangs unverzinslichen Verwahrung kleiner Ersparnisse dargeboten werde (§. 7). Dagegen ist für die Größe der jedesmaligen Einlage in den Statuten nach den besonderen Ortsverhältnissen, und mit Rücksicht auf den Garantiefond ein Maximum festzusetzen, wobei der Erwerb der niederen Volksclassen, in dem Bezirke, wo die Sparcasse sich befindet, im Auge zu halten, und darauf zu sehen ist, daß Vermöglichere, welche ihre Gelder selbst fruchtbringend machen können, von der Benützung der Sparcassen zu diesem Zwecke ausgeschlossen bleiben.

Ebenso ist für den Gesammtbetrag, welcher mittelst allmähliger Ein= lagen zur verzinslichen Anlegung für eine und dieselbe Partei zugelassen wird, ein Maximum festzusetzen.

Die Statuten haben in Absicht auf die Einlagen jedenfalls aus= zudrücken, daß sich die Anstalt vorbehalte, Einlagen, welche das Guthaben einer Partei über das festgesetzte Maximum stellen würden, zurückzuweisen (§. 8). Mit Rücksicht auf die, über die Größe der Einlagen festzusetzenden Bestimmungen ist in den Statuten=Entwürfen vorzusehen, bis zu welchem

---

vielfach bestehende von Privatvereinen gegründete Sparcassen in Gemeindesparcassen umgewandelt worden, was jedenfalls einen Fortschritt bedeutet. — Um den Ge= meinden die Errichtung von Sparcassen zu erleichtern, ist mit Min.=Erl. v. 7. März 1855 Z. 3651 ein Musterstatut für Gemeindesparcassen an die Landesbehörden zur weiteren Mittheilung versendet worden.

Betrage die Rückzahlungen der Einlagen unmittelbar über Anmeldung der Partei, oder bei welcher Einlagssumme die vorläufige Aufkündigung, und mit welchen Abstufungen diese letztere stattfinden soll, damit die Sparcassen nicht durch Bereithaltung zu großer Baarsummen in Zinsverlust gebracht, oder einer Zahlungsverlegenheit rücksichtlich größerer Einlagssummen ausgesetzt würden (§. 9). Die Verzinsung der Einlagen hat bei so geringen Beträgen anzufangen, als es mit Rücksicht auf den angenommenen Zinsfuß jeder Sparcasse, ohne zu große Verwickelung des Rechnungswesens, nur immer möglich ist. — Die nicht erhobenen Zinsen sind zum eingelegten Capitale zu schlagen, und die Zinsen von dem so vergrößerten Capitale den Einlegern bei der Rückzahlung zu Gute zu rechnen. — In die Statuten der einzelnen Sparcassen sind übrigens die geeigneten Bestimmungen über den Anfang und das Ende der Verzinsung der Einlagen, sowie über den Zeitpunkt der Capitalisirung aufzunehmen (§. 10). In diesen Statuten ist auch der Zinsfuß für die Einlagen festzusetzen; derselbe muß jedoch jedenfalls unter dem landesüblichen Zinsfuße mit Rücksicht auf die thunliche fruchtbringende Verwendung der Einlagen gehalten werden, damit sich für die Sparcasse aus den letzteren ein Ueberschuß als Reservefond ergebe. — Uebrigens muß in den Statuten, welche verhältnißmäßig größere Summen für die Einlagen jeder einzelnen Partei zulassen, der Zinsfuß nach der Größe des eingelegten Capitales in fallender Progression abgestuft werden (§. 11). Der Ueberschuß, welcher sich aus der verzinslichen Verwendung der Einlagen nach Gutschreibung der den Einlegern gebührenden Zinsen und Zinseszinsen über Abschlag der Verwaltungskosten ergibt, ist als Reservefond der Anstalt abgesondert zu verrechnen. Dieser Reservefond hat zur Deckung etwaiger Verluste des Sparcassenfonds zu dienen. Steigt der Reservefond über die Höhe, die voraussichtlich zu obigem Zwecke nöthig ist, so kann der Ueberschuß mit Genehmigung der Behörde zu wohlthätigen und gemeinnützigen Localzwecken verwendet werden. Doch sollen diese Localzwecke immer zunächst den Interessen der unbemittelten Theilnehmer der Anstalt entsprechen (§. 12). Daher denn auch die Regierung zu wiederholten Malen und zuletzt mit Ministerialerlaß vom 19. April 1880 den Sparcassen dringend empfahl, aus den Ueberschüssen der Reservefonds Vorschußcassen für kleinere Grundbesitzer und Gewerbetreibende zu errichten.[835]

Die Bestimmungen über die Sparcassenbüchel (§§. 14 und 15) bezwecken die Sicherung derselben vor Mißbrauch durch unbefugte dritte Personen, und gewähren ihnen (§. 16) eine kürzere (6monatliche) Amortisationsfrist, im Falle sie in Verlust gerathen

Verwendung der Spareinlagen.

§. 147.

Die fruchtbringende Verwendung der bei den Sparcassen angelegten Gelder hat auf eine möglichste Sicherstellung gewährende Weise zu ge-

---

[835] Erwähnter Min.-Erl. enthält zugleich die Bestimmungen über die Statuten solcher Vorschußcassen; abgedruckt bei Mayrhofer III. S. 161.

schehen, und sich auf folgende Verwendungsarten zu beschränken: a) Ver=
zinsliche Darleihen auf Real=Hypotheken, gegen pupillarische Sicherheit,
und unter der Bedingung, daß Gebäude, auf welche bargeliehen wird, vor=
läufig bei einer Brandversicherungs=Anstalt versichert werden. Es muß übrigens
bei solchen Darlehen vorgesehen werden, daß die Rückzahlung gegen eine,
jedem Theile zustehende halbjährige Aufkündigung der ganzen Schuld, zu=
gleich aber mit Festsetzung bestimmter Rückzahlungsraten, erfolge, damit
von den gesammten, auf Hypotheken bargeliehenen Summen regelmäßig ein
bestimmter Theil zum Behufe der laufenden Rückzahlungen der Einlagen
an die Sparcassen zurückfließe. b) Vorschüsse auf österreichische
Staatspapiere und Actien der k. k. Nationalbank, jedoch höchstens für
den Zeitraum eines halben Jahres, und nur bis zum Betrage von höchstens
drei Viertel des börsemäßigen Werthes dieser Papiere am Tage des Er=
lages. c) Vorschüsse an Gemeinden zum Behufe solcher Zahlungen,
welche dieselben für gemeinnützige, genehmigte Zwecke, mittelst Concurrenz
sämmtlicher Gemeindeglieder zu leisten haben, gegen ratenweise sammt
Interessen zu bewerkstelligende Rückzahlung. d) Escompte von Staats=
Central=Cassenanweisungen und anderen zur Erwerbung mittelst
Escompte geeigneten inländischen Staatspapieren, dann solcher im Orte, wo
die Sparcasse besteht, zahlbar lautender, nicht bloß domicilirter Wechsel=
briefe, welche mit wenigstens drei anerkannt sicheren Firmen, deren eine
jedenfalls bei dem Handelsgerichte protocollirt sein muß, versehen sind.
Diese Verwendungsart ist jedoch nur in größeren Handelsplätzen, und in=
soferne zulässig, als die besonderen Statuten einer Sparcasse hierüber Be=
stimmungen enthalten. e) Vorschüsse an Versatzämter und f) an an=
dere gemeinnützige Anstalten, welche auf dem Principe der Wechsel=
seitigkeit beruhen, und denen bei jenen Sparcassen, deren Statuten eine
solche Verwendungsart ausdrücklich gestatten, ein offener Credit bis zu
einem bestimmten, mit dem Geldverkehre im Verhältnisse stehenden Betrage
eröffnet werden darf. g) Ankauf von verzinslichen österreichischen
Aerarial= oder ständischen Obligationen und Pfandbriefen. —
Die sub c, e, f und g genannten Verwendungsarten dürfen jedoch nur
dann und insoweit stattfinden, als sie durch die der betreffenden Sparcasse
vorgesetzte Landesstelle bewilligt worden sind (§. 19).

Behördliche Controle.

§. 148. Gegenüber Privatvereinen zum Zwecke der Sparcassengründung
(Gründervereinen) trifft das Regulativ die nöthigen Vorsichtsmaßregeln,
um etwaigen Ausbeutungen der Sparcassen durch dieselben vorzubeugen,
so z. B. dürfen Mitglieder solcher Vereine nicht Schuldner der Sparcasse
werden. Den Gemeinden hingegen, die Sparcassen gründen wollen,
kommt das Regulativ fördernd entgegen. Es legt ihnen nur die Pflicht
auf, für die Verwaltung der Sparcassen durch die ihnen bereits zu Gebote
stehenden oder hiefür anzustellenden Organe zu sorgen, und dabei die für die
Verwaltung des Gemeindevermögens geltenden Vorschriften zu beobachten.

Die Verwahrung und Verrechnung der Sparcassenfonds muß jedoch ge=
trennt geführt werden (§. 22).

Beschwerden einzelner Einleger über statutenwidrige Behandlung
sind bei den zur Aufsicht über Sparcassen berufenen politischen Behörden
anzubringen, welche mit Offenhaltung des Recurses an die höheren Stellen
darüber zu entscheiden, und das Nöthige vorzukehren haben. — In allen
übrigen Fällen, wo die Sparcassen als Kläger oder Gegeklagte auftreten,
unterstehen sie dem gesetzlichen oder in den Statuten bezeichneten Ge=
richtsstande (§. 26). Alle Sparcassen unterliegen der Aufsicht
der Staatsverwaltung, welche sich hauptsächlich auf die unausgesetzte
und sorgfältige Ueberwachung ihrer Vermögensgebahrung, und auf die genaue
Befolgung der in diesem Regulativ enthaltenen allgemeinen und der in den
einzelnen Statuten ertheilten besonderen Vorschriften zu beziehen hat. Zu
diesem Ende liegt es den betreffenden Statthaltereien ob, sich in genauer
Kenntniß des Zustandes der Sparcassen zu erhalten, und falls sich ein An=
laß zu Besorgnissen in Bezug auf die vollständige und gehörig gesicherte
Bedeckung der Einlagen ergeben sollte, sogleich die geeigneten Vorkehrungen
zur Abwendung von Nachtheilen zu treffen. Nebstdem hat die Statthalterei
ihr Augenmerk vorzüglich auf eine nicht unverhältnißmäßig kostspielige
Regie der Sparcassen-Anstalten, auf die Herstellung und Handhabung an=
gemessener Control-Maßregeln bei dem Einlags= und Rückzahlungsgeschäfte,
und auf die gesicherte Bewahrung der in der Casse befindlichen Gelder zu
richten. — Die Sparcassen sind übrigens gehalten, ihre jährlichen Ver=
waltungs-Präliminarien und Rechnungsabschlüsse den betreffenden Statt=
haltereien zur Einsicht vorzulegen. — Jeder Sparcasse wird ein eigener
landesfürstlicher Commissär beigegeben, der sich von dem Gange der
Geschäfte, dem Stande der Cassen, und dem ganzen Betriebe der Anstalt
fortwährend in Kenntniß zu erhalten, über die genaue Beobachtung der
Statuten zu wachen, bei wahrgenommenen Mängeln oder Unregelmäßig=
keiten die zur Herstellung der Ordnung und zur Sicherheit der Anstalt er=
forderlichen Vorkehrungen im gehörigen Wege zu veranlassen, und der
Statthalterei nach den ihm ertheilten Weisungen über den Stand der An=
stalt und seine Amtshandlungen Berichte zu erstatten hat (§. 27). Spar=
cassen und Pfandleihanstalten dürfen zwar nebeneinander zur gegenseitigen
Unterstützung errichtet, ihre Verwaltung muß jedoch genau abgesondert
geführt werden (§. 28). Die Vereinigung anderer den Theilnehmern
Gewinn bringender Unternehmungen mit den Sparcassen, als
solchen, ist nicht gestattet (§. 29). Die Sparcassen haben jährliche
Gebahrungsübersichten öffentlich bekannt zu machen, und dieselben gleich=
zeitig den Statthaltereien vorzulegen. In diesen Uebersichten ist die Zahl
der Einleger, die Summe der eingelegten Capitalien, die Art der Ver=
wendung der letzteren, das Guthaben der Interessenten an Capital und
Interessen, der zu Gunsten der Anstalt als Reservefond sich ergebende
Ueberschuß und die Regiekosten, zugleich aber auch die Vergleichung aller
dieser Daten mit den Ergebnissen des vorausgegangenen Jahres genau er=
sichtlich zu machen (§. 30).

Bei etwaigen Auflösungen von Sparcassen hat der landesfürstliche Commissär die Rechte der Einleger zu wahren (§. 34).

Actiengesellschaften.

§. **149.** Die erste allgemeine gesetzliche Regelung der Actiengesellschaften wurde mit dem Hofdecret vom 5. November 1843 Z. 33965 vorgenommen, dessen Geltung für solche auf Gewinn abzielende Actiengesellschaften durch das mit Patent vom 17. März 1849 RGB. Nr. 171 erlassene Vereinsgesetz nicht berührt wurde. Erst das Vereinsgesetz vom 26. November 1852 setzte die Bestimmungen des Hofdecrets vom 5. November 1843 wie auch das Patent vom 17. März 1849 außer Kraft und nahm eine Neuregelung der Verhältnisse aller Actiengesellschaften wie auch aller anderen Vereine vor.

Bis zur Einführung des allgemeinen deutschen Handelsgesetzbuches in Oesterreich (1863) galten nun für alle auf Gewinn berechnete Vereine, zu denen also auch alle genossenschaftlichen Handels= und Industrieunternehmungen gehörten, die Bestimmungen dieses Vereinsgesetzes. Mit der Wirksamkeit des Handelsgesetzbuches traten bezüglich der Commanditgesellschaft auf Actien und der Actiengesellschaft, bei denen der Gegenstand des Unternehmens in Handelsgeschäften besteht, die bezüglichen Bestimmungen des Vereinsgesetzes von 1852 (§§. 9 und 12) außer Kraft und an deren Stelle die, die Gründung solcher Unternehmungen mehr begünstigenden und erleichternden Bestimmungen des Handelsgesetzbuches (Art. 150—249). Das Vereinsgesetz von 1852 blieb nur noch für alle andere auf Gewinn berechneten Vereine (Transportgesellschaften, Creditanstalten, Sparcassen u. s. w.) in Kraft.

Darnach ist die besondere Bewilligung der Staatsverwaltung zur Errichtung aller Arten von Vereinen erforderlich „wenn sie Actienvereine, d. h. solche Vereine sind, bei welchem das erforderliche Capital durch Actien, d. i. durch bestimmte, mittelst der Erwerbungsarten des bürgerlichen Rechtes übertragbare Theilbeträge an dem gesellschaftlichen Unternehmungsfonde, auf welche sich die Haftung der Theilnehmer beschränkt, aufgebracht werden sollen" (§. 1 lit. b).

Insbesondere ist eine solche Bewilligung erforderlich für Vereine, welche sich die Errichtung von regelmäßigen Transportsverbindungen zwischen zweien oder mehreren Orten zu Wasser oder zu Lande überhaupt, Dampfschiffahrts=Unternehmungen insbesondere; den Bau oder die Erhaltung von Eisenbahnen, Brücken, Land= und Wasserstraßen; von Bergwerks=Unternehmungen; Colonisirungen; Credit-Anstalten; Versicherungs=Anstalten; allgemeine Versorgungs= und Renten=Anstalten; Pfandleih=Anstalten (Versatz=Anstalten) zur Aufgabe setzen (§. 4).

Und zwar ist für einige der obigen Unternehmungen wie Credit-Anstalten, allgemeine Credits= und Rentenanstalten, dann Eisenbahn= und Dampfschiffahrtsunternehmungen die Ertheilung der Bewilligung dem

Kaiser vorbehalten; für die anderen ertheilt die Bewilligung das Ministerium des Innern.

Das Gesuch um die Bewilligung zur Errichtung einer Actiengesell-schaft muß den Plan des Unternehmens mit möglichster Vollständigkeit dar-legen und mit allen hiezu nöthigen Behelfen, wozu insbesondere die Gesell-schaftsverträge und Statuten gehören, belegt sein.

Der Plan des Unternehmens oder nach Umständen die denselben ent-haltenden oder ergänzenden Verträge, Statuten u. dergl. müssen deutlich und bestimmt ersichtlich machen:

a) den Zweck des Vereines und die Mittel zu dessen Erreichung über-haupt, sowie zur Aufbringung des erforderlichen Aufwandes ins-besondere.

Bei Vereinen, welche in die Lage kommen können, außer den zum Betriebe ihres Unternehmens erforderlichen Creditirungen Darleihen aufzunehmen, ist auch anzugeben, ob, in welchen Fällen, in welcher Art und mit wessen Beistimmung eine solche Darleihens-Aufnahme gestattet sein soll;

b) die Art, wie der Verein sich bilden und erneuern soll;

c) die Geschäftsführung und Leitung in ihren wesentlichen Grundzügen;

d) die Rechte und Pflichten der Vereinsglieder als solcher;

e) wer den Verein gegenüber dritten Personen und gegenüber den Be-hörden zu vertreten habe; in welcher Art rechtsgiltige, für den ganzen Verein verbindliche Beschlüsse gefaßt und wie zur Schlichtung der aus dem Vereinsverhältnisse entspringenden Streitigkeiten vorgegangen werden soll;

f) die Bestimmungen über die Auflösung der Gesellschaft und bei Ver-einen, welche auf eine bestimmte Zeit geschlossen werden, die Dauer derselben. [336])

Bei Vereinen, welche für allmählig auszuführende Bau-Unternehmungen bestimmt sind, ist auch der Zeitpunkt festzusetzen, wann das Unternehmen begonnen, in welchen Hauptabschnitten fortgesetzt und beendet werden soll (§§. 9 und 10).

Bei Actienvereinen (die nicht unter das Handelsgesetz fallen) darf keine Vorausbezahlung unter was immer für einem Vorwande gefordert werden, bevor die Bewilligung hiezu erwirkt worden ist, auch dürfen über allenfalls freiwillig geleistete Einzahlungen keine in den Verkehr zu setzenden Interims-scheine ausgefertigt werden.

Der Vertrag oder die Statuten müssen über das, den einzelnen Actionären zustehende Stimmrecht unzweideutige Bestimmungen enthalten.

Bei Vereinen, welche wichtigere öffentliche Zwecke oder gemeinnützige Anstalten zum Gegenstande haben, ist nebst einer Direction auch ein Aus-

---

[336]) Obige Bestimmungen gelten nicht mehr für Commanditgesellschaften und Actien-Handelsgesellschaften, für welche die Bestimmungen des Handelsgesetzbuches gelten. Mit Min.-Erl. vom 2. Mai 1871 Z. 5069 ist übrigens ein Musterstatut für Actiengesellschaften erlassen worden.

ſchuß aufzuſtellen und das Gebahrungsreſultat in angemeſſenen Zeiträumen (§. 12, lit. g) zu veröffentlichen.

Die Bewilligung zur Errichtung eines Vereines kann nur dann ertheilt werden, wenn:

    a) der Zweck des Vereines erlaubt iſt, und wenn er nach dem Geſetze der Gegenſtand eines Vereines ſein darf;

    b) die Bewilligungswerber, nach ihren perſönlichen Verhältniſſen, und wo es nöthig iſt, auch nach ihren Vermögensumſtänden für die aufrechte Ausführung des Unternehmens Beruhigung gewähren oder wenigſtens kein gegründetes Bedenken wegen Verfolgung unerlaubter Nebenzwecke obwaltet, und

    c) wenn der Plan des Unternehmens und deſſen Belege den geſetzlichen Anforderungen (§§. 8—13) und den eintretenden öffentlichen Rückſichten entſprechen.

Bei gewiſſen Vereinen muß ſchon behufs Einleitung der vorberathenden Maaßregeln um die Bewilligung angeſucht werden. Es muß das jedesmal ſtattfinden, wenn:

    a) die Perſonen, welche die Errichtung des Vereines unternehmen wollen, zur Auffindung von Theilnehmern öffentliche Aufforderungen oder Bekanntmachungen zu erlaſſen die Abſicht haben, oder

    b) das Unternehmen von ſolcher Beſchaffenheit iſt, daß es Vorbereitungen erheiſcht, durch welche die Rechte dritter Perſonen berührt werden, z. B. Vermeſſungen, Nivellirungen, oder welche die Geſtattung, Vermittelung oder den Beiſtand öffentlicher Behörden vorausſetzen.

Außerdem kann die vorläufige Bewilligung zur Bildung eines Vereines nachgeſucht werden, wenn die Unternehmer ſelbſt nicht beabſichtigen, den Verein ſogleich in Wirkſamkeit treten zu laſſen.

Den Behörden ſteht zu, bei der Ertheilung der vorläufigen Bewilligung zur Bildung eines Vereines die Bedingungen zu bezeichnen, unter denen ſolche ſtattzufinden hat. Dieſe Bewilligung kann gänzlich verſagt werden, wenn die Perſönlichkeit der Geſuchſteller und der Plan des Unternehmens den geſetzlichen Anforderungen nicht vollkommen entſprechen und der Zweck des Vereines nicht die geſetzlich geforderten Eigenſchaften hat.

Der Eingabe um die vorläufige Bewilligung braucht der Plan des Unternehmens und der Entwurf der Statuten nur in den weſentlichſten Beſtimmungen beigelegt zu werden.

Insbeſondere iſt bei jenen Vereinen, welche im Wege öffentlicher Aufforderungen oder Privat-Subſcriptionen gebildet werden ſollen, darüber zu wachen, daß ſchon in den Programmen oder ſonſtigen Beitritts-Aufforderungen ausdrücklich beſtimmt werde, wer die Intereſſen des Vereines bis zu ſeiner definitiven Conſtituirung zu vertreten und die Verantwortlichkeit rückſichtlich der Voreinleitungen zu übernehmen habe, und daß ſich jeder Theilnehmer, ſchon durch ſeinen erklärten Beitritt, dem bekannt gegebenen Programme und Statute ihrem vollen Inhalte nach zu fügen habe.

Aus der erhaltenen vorläufigen Bewilligung zur Bildung eines Veres kann noch kein Recht auf die Bewilligung zur Errichtung des Vereines ist hergeleitet werden.

Aber auch die Bewilligung zur Errichtung eines Vereines hat nur Bedeutung einer Concession oder Zulassung und schließt keineswegs die klärung in sich, daß die Staatsverwaltung die Einrichtung des Unter= mens und die zur Erreichung des beabsichtigten Zweckes gewählten ittel entsprechend finde, oder daß das Unternehmen die davon erwarteten rtheile gewähren werde.

Es ist Sache der Theilnehmer, sich hievon selbst die erforderliche berzeugung zu verschaffen.

Aenderungen der genehmigten Gesellschaftsregeln (Statuten u. dergl.) d überhaupt der, durch Bewilligung des Vereines vorgezeichneten Be= nmungen bedürfen, um Wirksamkeit zu erlangen, der Genehmigung, die iselben Anordnungen unterliegt, wie die ursprüngliche Bewilligung.

Alle Actiengesellschaften stehen unter der Aufsicht der Staatsverwal= ig. Es bleibt derselben vorbehalten, in die Geschäftsgebahrung jedes reines Einsicht zu nehmen, über die Beobachtung der bei Genehmigung Vereines, oder durch allgemeine Vorschriften angeordneten Bestimmungen wachen, und wenn es nothwendig erachtet wird, dem Vereine einen, von hiezu berufenen Behörde zu bestimmenden landesfürstlichen Commissär zugeben.

Dieser hat darauf zu sehen, daß der Verein die Gränzen der ihm er= ilten Bewilligung und die Bestimmungen der genehmigten Gesellschafts= jel nicht überschreite.

Außer den Fällen der freiwilligen Auflösung, welche statutenmäßig r sich gehen muß, kann die Behörde zur Auflösung von Actiengesell= aften schreiten, wenn dieselben ohne Bewilligung gebildet wurden, ihre nehmigten Statuten überschritten haben, die ihnen behördlicherseits ge= lten Bedingungen nicht erfüllt haben oder wenn ihre Auflösung durch fentliche Rücksichten geboten ist (§. 24).

Ausländische Actiengesellschaften.

Die Erwerbsthätigkeit ausländischer Actiengesellschaften im Inland **§. 150.** an je nach Verhältnissen, Umständen und dem Gegenstande dieser Erwerbs= itigkeit dem Inlande nützlich oder schädlich sein. Wenn man sich auf den tandpunkt stellt, daß die Ausländer den aus dem Inlande gezogenen Ge= nn zu Capitalsbildung für's Ausland benützen und daher das Inland Gunsten des Auslandes in Contribution setzen, so müßte man aus= ndischen Gesellschaften jede Erwerbsthätigkeit im Inlande verbieten. Aber selben Gründe, aus welchen im Waarenverkehr die Prohibitivpolitik ver= ssen wurde, zwingen den Staat auch bezüglich der ausländischen Actien= sellschaften, eine solche Politik aufzugeben. Denn auch österreichische tiengesellschaften können auf eine Erwerbsthätigkeit im Ausland nicht rzichten und schließlich müssen auch auf diesem Gebiete sich die Grund= tze des „Freihandels", der Gegenseitigkeit, Bahn brechen. Zudem kann es ja für jedes Land nur von Vortheil sein, wenn ausländisches Capital im Inlande productiv angelegt wird (so lange demselben keinerlei Monopol eingeräumt wird).

Diese Erwägungen brachten es mit sich, daß zunächst ausländischen Actiengesellschaften mit Ausschluß der Versicherungsgesellschaften der Geschäftsbetrieb in Oesterreich unter gewissen gesetzlichen Bedingungen gestattet wurde.[337])

Diese gesetzlichen Bedingungen beruhen auf dem Grundsatz der Gleichberechtigung mit allen inländischen Actiengesellschaften derselben Art und verlangen die volle Gegenseitigkeit des bezüglichen Auslandes. Aus dem Grundsatz der Gleichberechtigung folgt, daß jede ausländische Actiengesellschaft, welche in Oesterreich zum Geschäftsbetriebe zugelassen werden will, den Nachweis erbringen muß, daß sie a) in ihrem Heimatsstaate rechtlich besteht und dort in wirklicher regelmäßiger Geschäftsthätigkeit sich befindet; b) daß der Zweck derselben den hierländischen Staatsinteressen nicht zuwiderläuft; c) daß ihre Statuten der dießbezüglichen inländischen Gesetzgebung nicht widerstreitet und d) daß sie sich sowohl den allgemeinen inländischen Gesetzen wie auch dem besonderen bezüglich der Actiengesellschaften unterwerfe. Die Entscheidung über das Vorhandensein dieser Bedingungen und sohin über die Zulassung steht denselben inländischen Behörden zu, welchen die Bewilligung der inländischen Actiengesellschaften zusteht; denselben Behörden steht auch die Aufsicht über den Geschäftsbetrieb und die Gebahrung der zugelassenen Gesellschaften nach Maaßgabe der dießfalls für die inländischen bestehenden Vorschriften zu.

Die ausländischen Gesellschaften müssen am Orte ihrer Hauptniederlassung im Inlande eine besondere Repräsentanz haben, die zur Vertretung der Gesellschaft sowohl der Regierung wie dem Publicum gegenüber ermächtigt ist. In Rechtsstreiten aus ihrem hierländischen Geschäftsbetrieb untersteht die ausländische Gesellschaft den österreichischen Gerichten, wo aber statutenmäßig ein Schiedsgericht zu entscheiden hat, so muß dasselbe ein in Oesterreich zuständiges sein.

Aus der Gleichstellung mit den hierländischen Gesellschaften derselben Art folgt ferner die gleiche Controlübung seitens der inländischen Behörden und daher die Pflicht der hierländigen Repräsentanzen zur periodischen Vorlage: der Generalbilanz der ganzen Gesellschaft, der Specialbilanz über den österreichischen Gesellschaftsbetrieb und der Protokolle der Generalversammlungen. Die Mitglieder der hierländigen Repräsentanz haften persönlich für jeden den hierländigen Gläubigern der Gesellschaft durch dieselbe zugefügten Schaden, welcher aus der Unrichtigkeit der überreichten Specialbilanz entstanden ist. Alle inländischen Bestimmungen über Eintragung in die Handelsregister haben auch bezüglich der zugelassenen Gesellschaften Anwendung zu finden.

Aus dem Grundsatz der Gegenseitigkeit folgt die Pflicht der ausländischen Gesellschaft, den Nachweis zu erbringen, daß die Regierung ihres

---

[337]) Kais. Verordn. v. 29. November 1865 RGB. Nr. 127.

Heimatsstaates die hierländigen Gesellschaften gleicher Art zum geschäfts=
mäßigen Geschäftsbetriebe und zur Verfolgung ihrer Rechte vor Gericht
im dortigen Staatsgebiete zuläßt.

Die Wirksamkeit der Zulassungserklärung erlischt auf Grund des Ge=
setzes, wenn irgend eine der obigen Bedingungen der Zulassung hinfällig
wird, wenn die ausländische Gesellschaft den gestatteten Gewerbsbetrieb
innerhalb sechs Monaten nicht wirklich eröffnet oder den eröffneten durch
drei Monate eingestellt hat.

Auch kann die Regierung die ertheilte Zulassung widerrufen, wenn
die ausländische Gesellschaft die Vorschriften dieses Gesetzes nicht beachtet.

Länger als gegenüber allen anderen ausländischen Actiengesellschaften
erhielt sich in Oesterreich die Prohibition gegenüber den ausländischen Ver=
sicherungsgesellschaften. Denn da solche Gesellschaften keine sichtbare
productive Thätigkeit entfalten und offenbar um existiren zu können mehr
Einzahlungen aus dem Lande ziehen müssen als sie an Entschädigungen
dem Lande zuwenden: so schien die Ausschließung derselben gerechtfertigt
und geboten. Doch auch diesen Gesellschaften gegenüber mußten schließlich
dieselben Gründe, die für die Zulassung aller anderen Actiengesellschaften
maaßgebend waren, den Ausschlag geben. Denn erstens kommt der Vor=
theil der Concurrenz doch nur dem inländischen Publicum zu statten, und
zweitens giebt es ja auch inländische Assecuranzgesellschaften, die auf den
Geschäftsbetrieb im Ausland reflectiren, von fremden Staaten daher die
Zulassung anstreben.

So wurde denn mit Gesetz vom 29. März 1873 RGB. Nr. 42 jene
bis dahin noch bestandene Ausschließung der ausländischen Versicherungs=
gesellschaften aufgehoben und die obigen Bestimmungen über Zulassung
ausländischer Actiengesellschaften auch auf die ausländischen Versicherungs=
gesellschaften ausgedehnt.

Postsparcassen.

§. 151.

Die ersten Versuche mit Postsparcassen machte man in England schon
im Jahre 1807; sie blieben jedoch damals erfolglos. Erst in den 50er
Jahren wurde dort die Frage neuerdings untersucht und auf Antrag
Gladstone's beschloß das englische Parlament am 16. Mai 1861 die
Einführung der Postsparcassen. Damals bestanden in ganz England 638
Sparcassen und die Gegner der Postsparcasse prophezeiten den Ruin dieser
stattlichen Anzahl als gemeinnützig anerkannten Institute. Diese Prophe=
zeiung traf nicht ein; die Postsparcassen nahmen einen ungeahnten Auf=
schwung und die alten Sparcassen erhielten sich, wenn auch in etwas ver=
minderter Zahl, doch mit unvermindertem Einlagecapital.

Diese auffallende Thatsache lenkte auf sich die Aufmerksamkeit der fest=
ländischen Regierungen, vor allem Frankreichs welches zum Studium des
neuen Institutes einen Fachmann nach England schickte. Dieser Fachmann,
Agathon Prevost, Generalagent der ersten Pariser Sparcasse, war von Haus
aus ein Gegner der staatlichen Sparcassen und ging, wie er selber gestand, nicht

ohne eine gewiſſe Voreingenommenheit nach England. Die Thatſachen jedoch belehrten ihn; von ſeiner Studienreiſe kam er als Vertheidiger der Poſtſparcaſſen zurück. [336])

Nun begann auch die öſterreichiſche Regierung ſich mit dieſer Frage zu beſchäftigen. Im Jahre 1872 entſendete ſie einen Beamten nach Eng= land, um das neue Inſtitut in ſeinem Heimatlande kennen zu lernen. Auch dieſer kehrte als warmer Anhänger desſelben zurück. Das öſterreichiſche Handelsminiſterium wäre ſchon damals der praktiſchen Durchführung dieſer Frage näher getreten, aber das damalige Finanzminiſterium widerſetzte ſich dieſem Vorhaben. Es machte geltend: die öſterreichiſchen Poſtämter ſeien keine Geldgebahrungsinſtitute und man könne ihnen einen ſolchen neuen, ihnen vollkommen fremden finanziellen Geſchäftskreis nicht zumuthen. [338])

So wurde denn damals das Vorhaben des Handelsminiſteriums auf= gegeben. Mittlerweile wurden jedoch in Oeſterreich die Poſt=Geldanweiſungen eingeführt und dieſer Poſtanweiſungsverkehr entwickelte ſich ſo raſch und mächtig, daß die Poſt ſchon zu Ende der 1870er Jahre $4\frac{1}{2}$ Millionen Anweiſungen mit einem Geldbetrage von 200 Millionen Gulden ausweiſen konnte. Damit war die öſterreichiſche Poſt ein „Geldgebahrungsiſtitut" ge= worden und die einſtige Einwendung des Finanzminiſteriums gegen die Poſtſparcaſſen verlor nun ihre Grundlage.

Am 26. November 1879 ſtellte der Abgeordnete Lenz im Abgeordneten= hauſe den Antrag: die Regierung ſei aufzufordern, ein Geſetz behufs Ein= führung von Poſtſparcaſſen dem Reichsrath vorzulegen.

Der Antrag ſtieß im Abgeordnetenhauſe auf heftige Gegnerſchaft und im Ausſchuß, dem er zugewieſen wurde, koſtete es viel Mühe, für denſelben eine Mehrheit von Stimmen zu erlangen. „Keine Verſtaatlichung des Sparcaſſenweſens" lautete die Parole der Gegner, die ſich in den Reihen derjenigen liberalen Abgeordneten befanden, welche principiell gegen alle „Verſtaatlichung" im Namen der Freiheit Oppoſition machten. Es war ein Glück für die Sache, daß ſich im Ausſchuß ein tüchtiger Statiſtiker und eifriger Anwalt des „kleinen Mannes" fand, dem die Berichterſtattung über den Antrag Lenz übertragen wurde. Otto Hausner hat ſich mit ſeinem Berichte über Einführung der Poſtſparcaſſen in der parlamentariſchen Geſchichte Oeſterreichs ein ſchönes Denkmal geſetzt. Nach einem Hinweis auf die ſegensreiche Wirkſamkeit der Poſtſparcaſſen in England, Frankreich, Italien und Belgien widerlegte er mit Zahlen die Befürchtungen der Gegner, daß die Poſtſparcaſſen das Verderben der beſtehenden Sparcaſſen

---

[336]) In ſeinem in der franzöſiſchen Kammer vorgetragenen Berichte legte er bezüglich der Wandlung ſeiner Anſichten über Poſtſparcaſſen ein freimüthiges Ge= ſtändniß ab. Rien n'eſt ſi brutal comme un fait — ſagte er da — je ſuis forcé de reconnaitre que ce ſyſtème de caiſſes d'epargnes poſtales eſt à mes yeux une grande conception. Vergl. den Motivenbericht der Regierung zum Geſetzentwurf über Sparcaſſen in den Beilagen zu den Protokollen des Abgeord= netenhauſes 1882.

[339]) Ausſchußbericht über den Geſetzentwurf betreffs der Poſtſparcaſſen er= ſtattet im Abgeordnetenhauſe im März 1881. (Berichterſtatter Otto Hausner).

sein würden. Der Zweck der Postsparcassen sei überall der, dem kleinsten Manne, dem Arbeiter, dem Dienstboten, dem Taglöhner die Gelegenheit zum Sparen zu geben. Dieser Aufgabe seien die bestehenden Sparcassen nicht gewachsen, schon aus dem Grunde, weil ihre Zahl zu gering sei. In Oesterreich gab es damals nur 321 Sparcassen; also nur an 321 Stellen konnten in Oesterreich Spargelder eingelegt werden; um eine kleine oder kleinste Einlage zu machen, müßte da oft eine Reise unternommen werden. Dagegen gab es schon damals (1880) in Oesterreich 4088 Postämter und damit würden ebensoviel Einzahlungsstellen für Spareinlagen geschaffen. Die Unzulänglichkeit jener 321 Sparcassen erhielt dagegen eine grelle und sensationelle Beleuchtung durch die ihr von Hausner entgegengestellte Thatsache, daß es in Oesterreich 3836 Lottocollecturen gebe — also mehr als zehn Mal so viel Gelegenheit zum kleinen Zahlenlottospiel als zu Spareinlagen.

Eine weitere statistische Analyse der österreichischen Spareinlagen, welche darlegte, daß im Vergleich mit anderen Staaten in Oesterreich damals auf jeden Einleger eine verhältnißmäßig große Summe entfiel: stellte es klar, daß die Einlagen der Sparcassen gar nicht einmal vom kleinen Manne herrühren, sondern „vom wohlhabenden Rentier oder abgeschreckten Speculanten", namentlich da das österreichische Sparcassenregulativ und die Statuten der Sparcassen keinerlei wirksame Bestimmungen dagegen enthalten, daß eine und dieselbe Person (auf mehrere Büchel) große Capitalien auf sichere Verzinsung anlege. Dieser Bericht Hausner's verschaffte der Sache der Postsparcassen den Sieg: Das Abgeordnetenhaus nahm am 4. März 1881 die Resolution an, womit die Regierung aufgefordert wurde, „die Errichtung von Postsparcassen mit geringer Verzinsung der Einlagen in reifliche Erwägung zu ziehen".

Dieser Beschluß des Abgeordnetenhauses traf das Handelsministerium nicht unvorbereitet. Schon in der folgenden Session legte die Regierung den Entwurf eines Postsparcassengesetzes vor. Der Motivenbericht wies unter anderen darauf hin, daß die Vertreter der Interessen der Sparcassen aus zweifachem Grunde beruhigt sein können, da erstens die Verzinsung der Postsparcassen eine sehr niedrige sei (nur 3 %) und zweitens durch die strengen Bestimmungen gegen höhere Einlagen, den Sparcassen, die doch zumeist von Rentiers benutzt werden, keinerlei Concurrenz erwachse. Der Entwurf passirte glücklich die parlamentarische Behandlung und ward zum Gesetz erhoben.[340]

---

[340] Minder glücklich in dem Durchbringen des Postsparcassenentwurfes war die deutsche Regierung im deutschen Reichstag 1884—1885. Dieselbe erlangte dort nicht die Majorität und so giebt es in Deutschland noch gegenwärtig keine Postsparcassen. Es verschuldet dieß einerseits die übertriebene Aengstlichkeit jener „Menschenfreunde", die an den Sparcassen betheiligt sind, andererseits jenes extreme Dogma des Liberalismus, welches überall den „Staatssocialismus" wittert, wo von Verstaatlichung die Rede ist. Hier bringen unklare staatsrechtliche Anschauungen der Gesammtheit empfindlichen Schaden.

✗ Das Postsparcassengesetz. ✓

§. 152. Das Postsparcassengesetz vom 28. Mai 1882 ordnet die Errichtung eines „k. k. Postsparcassenamtes" in Wien an, welches „unter staatlicher Verwaltung und Gewährleistung eine dem Handelsminister unterstehende, dem Ressort der Postverwaltung angehörige Staatssparcasse" bildet. Die Organisation und Festsetzung des Wirkungskreises derselben bleibt Sache der Regierung und wird im Verordnungswege festgesetzt.

Die einzelnen Postämter dienen als Sammelstellen des Postsparcassenamtes und besorgen die ihnen aufgetragenen Auszahlungen. Zur Erstattung gutächtlicher Aeußerungen und zur Antragsstellung in Angelegenheiten der Postsparcassen wurde ein Beirath bestellt, dessen Wirkungskreis ebenfalls im Verordnungswege festgestellt wird.

Das Postsparcassenamt in Wien ist ein einheitliches Institut unter einheitlicher Leitung; es ist der Träger aller aus den Postsparcassengeschäften sich ergebenden Rechte und Pflichten sowohl gegenüber den Einlegern wie auch nach außen. Die einzelnen Postämter sind nur Organe desselben, welche die Einlagen vereinnahmen und die dem Postsparcassenamte gekündeten Einlagen nach Maaßgabe der Bestimmungen des Reglements und der ihnen ertheilten Aufträge zurückzahlen. [841])

---

[841]) Bezüglich der Modalitäten der Einlagen gelten jetzt die Bestimmungen des Ges. v. 17. November 1887. durch welche die bezüglichen Bestimmungen des Ges. v. 28. Mai 1882 abgeändert wurden. Einzahlungen und Auszahlungen werden auf Grund von Einlagebüchern gemacht, in denen alle Transactionen eingetragen werden. Das auf den Namen des Einlegers ausgestellte Büchel kann nur von dem Einleger selbst benutzt werden, zu welchem Zwecke dasselbe mit dessen Unterschrift zu versehen ist.

Einleger, die nicht schreiben können, haben einen vertrauenswürdigen Mann mitzubringen, der die Identität des Einlegers zu bestätigen und das Einlagebuch an seiner Stelle zu unterzeichnen hat. Eine Abtretung des Einlagebuches an einen andern wird vom Postsparcassen-Amte nur dann berücksichtigt, wenn der Uebertragungsact vor einem mit dem Postsparcassendienste betrauten Postamte stattgefunden hat. Ist dies geschehen, so wird der Cessionär als Eigenthümer des Einlagebuches angesehen. Im Falle des Verlustes eines Einlagebuches wird nach Durchführung des vorgeschriebenen Verfahrens ein Duplicat ausgefertigt. Für ein und dieselbe Person darf nur ein Postsparcassen-Einlagebuch ausgefertigt werden. Wer sich zwei oder mehrere Einlagebücher hat ausfertigen lassen, geht der Zinsen des in dem zweiten oder in den übrigen später ausgefertigten Büchern eingeschriebenen Capitals verlustig. Uebertrifft jedoch der Gesammtbetrag der Einlagen in den zwei oder mehreren Einlagebüchern, welche ein Einleger sich hat ausfertigen lassen, 1000 fl., so geht der Einleger jenes Capitalstheiles, welcher den Betrag von 1000 fl. übersteigt, verlustig. Der Handelsminister ist ermächtigt, aus rücksichtswürdigen Gründen den nach dem vorstehenden Absatze eintretenden Capitalsverlust nachzusehen. Den Postbediensteten ist es untersagt, außer an ihre Vorgesetzten, an irgend jemand Auskünfte über Namen der Spareinlegern und die von ihnen eingelegten Beträge zu ertheilen. Von dem Einleger unterscheidet das Gesetz übrigens den Erleger; letzterer ist derjenige, der zu Gunsten eines andern, des Einlegers, die erste Einlage leistet und das Büchel mit seinem Namen unterfertigt.

Der Einleger ist jederzeit berechtigt, auch ohne Intervention des Erlegers bei einer Sammelstelle zu erscheinen und daselbst seine Unterschrift aufnehmen

Die Spareinlagen hat das Postsparcassenamt fruchtbringend anzulegen und zwar durch Ankauf von verzinslichen Staatsschuldverschreibungen. Da die Verzinsung der Einlagen mit 3% festgesetzt ist und die österreichischen Staatsschuldverschreibungen eine höhere Verzinsung (4—5%) gewähren, so ergiebt sich bei den massenhaften kleinen Einlagen ein bedeutender Gewinn für die Postsparcasse. Aus demselben sind in erster Linie die Verwaltungskosten und alle sonstigen Auslagen des Postsparcassenamtes zu bestreiten, der verbleibende Ueberschuß zur Bildung eines Reservefonds zu verwenden. Dieser Reservefond ist allmählig auf die Summe von 5% der gesammten Spareinlagen zu ergänzen, darf jedoch die Höhe von 2 Millionen Gulden nicht übersteigen. Wenn der Reservefond, der fruchtbringend anzulegen ist, dieses sein gesetzliches Maximum erreicht, so wird der weitere gesammte Ueberschuß dem Postgefälle gutgeschrieben, bildet dann also ein Einkommen des Staates.

Die Bestimmungen über die Einlagen, deren Verzinsung und Rückzahlung berücksichtigen in all und jeder Hinsicht das Interesse des kleinen Einlegers, indem die unterste Gränze der Einlage mit 50 kr. festgesetzt ist und die Verzinsung schon von 1 fl. beginnt.[342] Andererseits wird durch entschiedene, mit Strafsanctionen versehene Bestimmungen der Ausnützung der Postsparcassen durch Capitalisten vorgebeugt, indem keiner einzelnen Person eine größere Einlage als 1000 fl. gestattet und auch mehrfache Einlagen einer Person auf mehrere Einlagebüchel verboten sind. Dagegen kann sowohl jeder hinreichende Betrag der Einlage wie auch jeder Ueberschuß derselben über 1000 fl. zum Ankauf von Staatspapieren verwendet werden, welchen das Sparcassenamt besorgt, und für den Einleger verwahrt, wobann ihm der entfallende Zinsertrag jedesmal gutgeschrieben wird. Dadurch erfüllt das Postsparcassenamt auch den Zweck der Festlegung eines bedeutenden Theils der österreichischen Staatsschuld im Inlande.

Die Spareinlagen genießen eine Reihe gesetzlicher Vorzugsrechte. Sie können auch von Minderjährigen erlegt und (wenn nicht schriftliche Einsprache ihrer Vertreter vorliegt) auch behoben werden; es kann auf dieselben weder ein Verbot noch ein Pfandrecht erworben werden; auch eine executive Einantwortung eines Postsparcassebüchels ist unzulässig u. dergl.[343]

zu lassen. Insolange der Einleger von diesem Rechte keinen Gebrauch gemacht hat, betrachtet das Postsparcassen-Amt den Erleger als ermächtigt, im Namen des Einlegers über das Guthaben zu verfügen, soferne nicht der Einleger das Postsparcassen-Amt von seinem gegentheiligen Willen in Kenntniß gesetzt hat (§§. 2 u. 3 Min.-Vdg. v. 22. November 1887 RGB. Nr. 134).

[342] Die Höhe des Zinsfußes für Spareinlagen, welche drei von Einhundert Gulden per Jahr nicht überschreiten soll, wird vom Handelsminister im Einvernehmen mit den Ministern des Innern und der Finanzen nach Anhörung des Beirathes im Verordnungswege festgesetzt und ist jede Aenderung im Reichsgesetzblatte, dann im amtlichen Theile der „Wiener Zeitung" und in den Landeszeitungen zu verlautbaren.

Die Wirksamkeit des neu festzusetzenden Zinsfußes beginnt von dem auf dessen Kundmachung folgenden 1. oder 16. des Monates und erstreckt sich auf alle auch früher geschehenen Einlagen (Art. 5. Ges. v. 17. Nov. 1887).

[343] Die Rückzahlung des Guthabens oder eines Theiles desselben an den

Gumplowicz, Das österr. Staatsrecht. 31

Ueber die gesammte Gebahrung mit den eingelegten Spargeldern hat das Postsparcassenamt vorschriftsmäßig Rechnung zu legen, worüber die Controle dem obersten Rechnungshofe zusteht. Periodische Ausweise über den Stand des Vermögens veröffentlicht das Postsparcassenamt in der „Wiener Zeitung", jährliche Gebahrungsausweise veröffentlicht daselbst der Handelsminister mit Ablauf jedes Solarjahres. Die Correspondenz zwischen Einleger und Postsparcassenamt ist portofrei; das Einkommen des Postsparcassenamtes steuerfrei. ✓ §34. p-96

✗ Check- und Clearing-Verkehr. (۔۔۔)

§. 153. Auf Grund des Gesetzes vom 17. November 1887 wurde in Anlehnung an den Postsparcassenverkehr der Check- und Clearing-Verkehr vermittelst der Post eröffnet, womit die Postanstalt direct eine entgeltliche Geldverkehrsvermittelung im Interesse der Handel- und Gewerbetreibenden übernommen hat. So wie dieser Check- und Clearing-Verkehr ganz andere Zwecke verfolgt als der Postsparcassenverkehr, nicht mehr als eine Wohlthätigkeit für den kleinen Sparer aufgefaßt werden darf, sondern einfach als Förderung des Verkehrs durch billige und zuverlässige Vermittelung von Zahlungen und Geldempfängen: so wird denn derselbe bei dem Postsparcassenamte von dem eigentlichen Sparverkehr in der Gebahrung und Verrechnung ganz getrennt geführt. Die Theilnahme an diesem Verkehre bewilligt das Postsparcassenamt gegen Erlag einer Stammeinlage in baarem Gelde, deren Höhe im Verordnungswege festgesetzt wird.[344] Das Postsparcassenamt kann ohne Angabe der Gründe die angesuchte Theilnahme ablehnen, oder die bereits bewilligte durch Kündigung und Rückstellung der Stammeinlage jederzeit aufheben (§. 4). Die Höhe des Zinsfußes für Einlagen im Anweisungs- (Check- und Clearing-) Verkehre darf höchstens 2 % für ein Jahr betragen. Innerhalb dieser Maximalgränze setzt die Regierung den Zinsfuß fest. Die Regierung kann auch die vollständige oder theilweise Unverzinslichkeit der Einlagen im Checkverkehr — insbesondere der Stammeinlagen — anordnen.

Die Fructificirung der im Check- und Clearing-Verkehr eingehenden Gelder, insoferne dieselben nicht bereit gehalten werden müssen, erfolgt 1. durch Erwerbung von Partial-Hypothekaranweisungen (Salinenscheine); 2. durch Uebergabe an Bankinstitute in laufende Rechnung mit kurzer Verfallszeit (Contocorrent-Einlagen); 3. durch Darlehen gegen Verpfändung von Schuldverschreibungen der einheitlichen Staatsschuld und der Staats-

---

Einleger oder dessen Rechtsnachfolger oder Bevollmächtigten erfolgt über eine Kündigung, welche bei jeder von dem Kündigenden zu bezeichneten Sammelstelle (Postamt) geschehen kann, durch die in der Kündigung bezeichnete Sammelstelle.
[344] Beträgt gegenwärtig auf Grund §. 7 Min.-Vdg. v. 22. Novbr. 1887 100 fl. Die Theilnahme am Anweisungs- (Check- und Clearing-) Verkehr des Postsparcassen-Amtes ist auch solchen Personen gestattet, welche nicht Einleger im Sparverkehr sind. Sie wird vom Postsparcassen-Amte gegen Erlag einer Stammeinlage und zwar soferne der Theilnehmer auch dem Clearingverkehr beizutreten wünscht, mit Einschluß dieses Verkehrs bewilligt.

schuld der im Reichsrathe vertretenen Königreiche und Länder, dann jener österreichischen Werthpapiere, deren Belehnung der österreichisch-ungarischen Bank statutenmäßig gestattet ist, endlich von Actien und Pfandbriefen der österr.-ungar. Bank (Lombardgeschäft mit Ausschluß des Reportgeschäftes); 4. durch Escomptirung von Coupons der obigen Effecten, dann von gezogenen österreichischen Staatsloosen, wie auch von sonstigen zur Rückzahlung verlosten Effecten der oben bezeichneten Art, ferner von Steuerrestitutions-Anweisungen; 5. durch Escomptirung von Wechseln, welche bereits von einer Bank, einer Sparcasse oder einem auf Grund des Gesetzes vom 9. April 1873 registrirten Vorschuß- oder Credit-Vereine escomptirt sind; 6. durch Ankauf von Staatsschuldverschreibungen, Pfandbriefen und Prioritäts-obligationen, insoweit diese Effecten sich zur Belehnung eignen.

Die Dauer der oben erwähnten Darlehen, sowie die Frist, innerhalb welcher die zu escomptirenden Werthpapiere, dann die in Escompt zu nehmenden Wechsel innerhalb der im Reichsrathe vertretenen Königreiche und Länder zahlbar sein müssen, ist auf längstens drei Monate beschränkt. Die Auswahl der zu belehnenden oder anzukaufenden Effecten, die Festsetzung der Belehnungshöhe, sowie die Bestimmung der Institute, mit welchen das Postsparcassenamt behufs der oben bezeichneten Veranlagungsgeschäfte in Verbindung zu treten hat, erfolgt im Einvernehmen mit dem Finanzministerium (§. 7).

Der Chek- und Clearing-Verkehr genießt mannigfache Stempel- und Gebührenbefreiung oder Begünstigung.

Dagegen erhebt die Post für die Benützung dieses Verkehrs besondere Gebühren, was bei dem Sparcassenverkehr nicht der Fall ist. So werden z. B. die Druckforten im Chek- und Clearing-Verkehr gegen eine den Ersatz der Herstellungskosten zu decken bestimmte Gebühr verabfolgt; für jede an dem Conto des Theilnehmers vorzunehmende Amtshandlung wird eine Manipulationsgebühr von 2 kr. erhoben u. f. w. [345]

Für den Chek- und Clearing-Verkehr wird ein besonderer Reservefond gebildet und zwar aus jenen Ueberschüssen, welche aus der Gebahrung dieses Verkehrs nach Abschlag etwaiger Verluste im Sparverkehr nach Schluß des Verwaltungsjahres verbleiben. Auch für diesen fruchtbringend anzulegenden Reservefond ist ein Maximum (5% des reinen Einlagestandes) festgesetzt. nach dessen Erreichung alle Ueberschüsse dem Postgefälle als Einnahmen zugewiesen werden.

---

[345] Vergl. Vollzugsverordnung v. 27. November 1887 §. 10. Die Sammelstellen des Postsparcassen-Amtes erhalten für die Geschäfte des Postsparcassendienstes eine nach Schluß eines jeden Kalenderjahres auszuzahlende Entlohnung. Dieselbe beträgt a) fünf Kreuzer für jedes am Jahresschlusse existirende, von der betreffenden Sammelstelle in demselben Jahre herausgegebene Einlagebüchel; b) ein und ein Viertel Kreuzer für jede während des Jahres bei der betreffenden Sammelstelle im Sparverkehr und im Anweisungs- (Chek- und Clearing-) Verkehr bewerkstelligte Einlage.

Erwerbs- und Wirthschaftsgenossenschaften.

§. 154. Die auf Selbsthilfe bauende Genossenschaftsbewegung, die in den 40er Jahren unseres Jahrhunderts in England begann („Pionniere von Rochdale" 1843) und dort in den 50er und 60er Jahren eine die Selbst-hilfsgenossenschaften begünstigende und fördernde Gesetzgebung provocirte: griff in den 60er Jahren nach Deutschland herüber (Schulze-Delitzsch). In Preußen erfolgte sodann eine gesetzliche Regelung der Genossenschaften mit Gesetz vom 27. März 1867, welches im folgenden Jahre (4. Juli 1868) auf den Norddeutschen Bund ausgedehnt wurde. In Oesterreich entwickelte sich das Genossenschaftswesen ebenfalls in den 60er Jahren so gut es eben ging, auf Grundlage des Vereinsgesetzes vom Jahre 1852.[346]

Die Unzulänglichkeit dieses Vereinsgesetzes für alle die neuen Formen der Selbsthilfsgenossenschaften drängte jedoch zu einer gesetzgeberischen Regelung derselben. Die Regierung hatte schon in der Reichsrathssession 1868/69 einen Gesetzesentwurf dem Reichsrath vorgelegt, welcher das ganze Gebiet der Actiengesellschaften und Erwerbsgenossenschaften um-faßte: derselbe gelangte jedoch damals nicht zur Verhandlung. Im März 1872 brachte nun die Regierung auf Grund a. h. Entschließung vom 29. Februar 1872 einen Entwurf eines ausschließlich die „Erwerbs- und Wirthschaftsgenossenschaften" regelnden Gesetzes vor den Reichsrath, welches nach dem Muster des norddeutschen Gesetzes verfaßt war und nach parla-mentarischer Behandlung unterm 9. April 1873 (RGB. Nr. 70) als Gesetz kundgemacht wurde.

Dasselbe findet Anwendung auf alle Vereine von nicht geschlossener Mitgliederzahl, welche sich „die Förderung des Erwerbes oder der Wirthschaft ihrer Mitglieder mittelst gemeinschaftlichen Geschäftsbetriebes oder Creditgewährung" zum Zwecke setzen (§. 1). Je nach der Art und Weise wie dieser Zweck erreicht werden soll, auf welchem Erwerbsgebiete und durch welche Mittel er angestrebt wird, können solche Genossenschaften sehr verschieden sein. Das Gesetz zählt nur beispielsweise einige auf und zwar Vorschuß- und Consumvereine, Rohstoff- und Magazinvereine, Productiv- und Consumvereine, endlich Wohnungsgenossenschaften. Doch können auch an-dere Arten von Genossenschaften, z. B. solche, welche die gemeinschaftliche Benützung einer motorischen Kraft bezwecken u. dergl. auch unter die obige Definition und die Bestimmungen dieses Gesetzes subsumirt werden.[347]

---

[346] Die erste Genossenschaft in Oesterreich soll der Aushilfscassenverein in Klagenfurt gewesen sein; im Anfang der 70er Jahre gab es schon in Oesterreich über 1000 Genossenschaften. Eine im Jahre 1870 von den vereinigten Wiener Erwerbs- und Wirthschaftsgenossenschaften veröffentlichte Schrift klagt über das Mißtrauen, welches die Behörden dem Genossenschaftswesen entgegenbringen, und über die Bedrückung derselben seitens der Finanzbehörden. Der Berichterstatter über den Regierungsentwurf des Genossenschaftsgesetzes im Abgeordnetenhause im Jahre 1872 bestätigt, daß „diese Klagen nicht unberechtigt" waren.

[347] Das Ges. v. 27. December 1880 RGB. Nr. 15 zählt als zu diesen „auf dem Principe der Selbsthilfe beruhenden" Erwerbs- und Wirthschaftsgenossen-schaften noch ausdrücklich hinzu: Bau- und Werksgenossenschaften, ohne damit den Kreis dieser Genossenschaften erschöpfen zu wollen.

Solche Genossenschaften können entweder mit beschränkter oder un=
beschränkter Haftung ihrer Mitglieder errichtet werden.

Zur Gründung einer solchen Genossenschaft ist außer dem vorschrifts=
mäßigen Statut, die Eintragung derselben in das bei jedem Handelsgerichte zu
führende Genossenschaftsregister[348]) und zwar mit einer den Gegenstand
der Unternehmung bezeichnenden Firma erforderlich; auch muß die Art der
Haftung („beschränkt" oder „unbeschränkt") im Register ersichtlich gemacht
werden.

Der Genossenschaftsvertrag (Statut) muß enthalten: 1. die Firma
und den Sitz der Genossenschaft; 2. den Gegenstand des Unternehmens;
3. die Zeitdauer der Genossenschaft, im Falle dieselbe auf eine bestimmte
Zeit beschränkt werden soll; 4. die Bedingungen des Eintrittes der Genossen=
schafter, sowie die allfälligen besonderen Bestimmungen über das Ausscheiden
(Austritt, Tod oder Ausschließung) derselben; 5. den Betrag der Geschäfts=
antheile der einzelnen Genossenschafter und die Art der Bildung dieser An=
theile; 6. die Grundsätze, nach welchen die Bilanz aufzunehmen und der
Gewinn zu berechnen ist, die Art und Weise, wie die Prüfung der Bilanz
erfolgt, sowie die Bestimmung über die Vertheilung des Gewinnes und
Verlustes unter die einzelnen Genossenschafter; 7. die Art der Wahl und
Zusammensetzung des Vorstandes und die Formen für die Legitimation der
Mitglieder des Vorstandes, sowie der Stellvertreter derselben und der
Beamten der Genossenschaft; 8. die Form, in welcher die Zusammenberufung
der Genossenschafter geschieht; 9. die Bedingungen des Stimmrechtes der
Genossenschafter und die Form, in welcher dasselbe ausgeübt wird; 10. die
Gegenstände, über welche nicht schon durch einfache Stimmenmehrheit der
auf Zusammenberufung erschienenen Genossenschafter, sondern nur durch
eine größere Stimmenmehrheit oder nach anderen Erfordernissen Beschluß
gefaßt werden kann; 11. die Art und Weise, in welcher die von der Ge=
nossenschaft ausgehenden Bekanntmachungen erfolgen; 12. die Angabe, ob
die Haftung der Genossenschafter für die Verbindlichkeiten der Genossen=
schaft eine unbeschränkte oder eine beschränkte ist, und wenn im letzteren
Falle die Haftung über das im Gesetze bestimmte Maaß (s. unten) aus=
gedehnt wird, die Angabe des Umfanges dieser Haftung; 13. die Benennung
der Mitglieder des ersten Vorstandes oder derjenigen Personen, welche die
Registrirung der Genossenschaft zu erwirken haben (§. 5).

Der einregistrirte Genossenschaftsvertrag muß in dem vorschriftsmäßig
veranstalteten Auszug veröffentlicht werden.

Der rechtliche Bestand der Genossenschaft beginnt mit deren Ein=
registrirung; alle Abänderungen des Genossenschaftsvertrages unterliegen
denselben Bestimmungen bezüglich der Eintragung in's Register wie der
ursprüngliche Vertrag. Errichtet die Genossenschaft Filialen, so müssen die
Eintragungen bei dem Handelsgerichte des betreffenden Bezirkes wiederholt
werden. Das Rechtsverhältniß der Genossenschafter unter einander richtet

---

[348]) Ueber Anlegung und Führung dieser Register. Min.-Vdg. v. 14. Mai
1873 RGB. Nr. 71.

sich zunächst nach dem Genossenschaftsvertrage. Letzterer darf von den Bestimmungen des Gesetzes nur in denjenigen Punkten abweichen, bei welchen dieß ausdrücklich für zulässig erklärt ist. Die Genossenschaft kann unter ihrer Firma Rechte erwerben und Verbindlichkeiten eingehen, Eigenthum und andere dingliche Rechte auch an Grundstücken erwerben, vor Gericht klagen und geklagt werden. Ihr ordentlicher Gerichtsstand ist bei dem Gerichte, in dessen Bezirk sie ihren Sitz hat (§§. 11 und 12).

Macht die Genossenschaft Handelsgeschäfte, so unterliegt sie den Bestimmungen des Handelsgesetzbuchs.

Am Sitze der Genossenschaft und einer jeden Zweigniederlassung derselben wird ein Register geführt, in welches der Vor- und Zuname und Stand eines jeden Genossenschafters, der Tag seines Eintrittes in die Genossenschaft und seines Ausscheidens aus derselben, die Anzahl der einem jeden gehörigen Geschäftsantheile, sowie die Kündigung eines oder mehrerer Geschäftsantheile eingetragen werden muß.

Die Einsicht dieses Registers, sowie des Genossenschaftsvertrages und seiner allfälligen Abänderungen muß jedermann gestattet werden (§. 14).

Jede Genossenschaft muß einen aus der Zahl der Genossenschafter zu wählenden Vorstand haben, durch welchen sie gerichtlich und außergerichtlich vertreten wird.

Der Vorstand kann aus einem oder mehreren besoldeten oder unbesoldeten Mitgliedern bestehen. Ihre Bestellung ist zu jeder Zeit widerruflich, unbeschadet der Entschädigungsansprüche aus bestehenden Verträgen.

Die jeweiligen Mitglieder des Vorstandes müssen alsbald nach ihrer Bestellung zur Eintragung in das Genossenschaftsregister angemeldet werden. Der Anmeldung ist ihre Legitimation beizufügen. Die Mitglieder des Vorstandes haben ihre Unterschrift vor dem Handelsgerichte zu zeichnen oder die Zeichnung in beglaubigter Form einzureichen. Derselbe Vorgang ist bei jedem Personenwechsel oder bei Bestellung von Stellvertretern zu beobachten (§§. 15 und 16).

Die Genossenschaft wird aus den durch ihren Vorstand geschlossenen Rechtsgeschäften berechtigt und verpflichtet. Der Vorstand muß jährlich einen Rechnungsabschluß des verflossenen Geschäftsjahres und die Bilanz veröffentlichen; dabei sind auch die Daten bezüglich der Mitgliederzahl und der Vermehrung oder Verminderung der Antheile zu veröffentlichen.

Durch den Genossenschaftsvertrag kann dem Vorstande ein Aufsichtsrath, welcher von den Genossenschaftern aus ihrer Mitte, mit Ausschluß der Vorstandsmitglieder, gewählt wird, und dessen Bestellung zu jeder Zeit widerruflich ist, an die Seite gesetzt werden.

Einem solchen Aufsichtsrath räumt das Gesetz weitgehende Befugnisse ein. Derselbe überwacht die Geschäftsführung der Genossenschaft in allen Zweigen der Verwaltung, er kann sich von dem Gange der Angelegenheiten der Genossenschaft unterrichten, die Bücher und Schriften derselben jederzeit einsehen und den Bestand der Genossenschaftscasse untersuchen. Er kann, sobald es ihm nothwendig erscheint, Vorstandsmitglieder und Beamte vorläufig, und zwar bis zur Entscheidung der demnächst zu berufenden Generalverfammlung, von ihren Befugniffen entbinden und wegen einftweiliger Fortführung der Geſchäfte die nöthigen Anftalten treffen.

Er hat die Rechnungen über die einzelnen Geſchäftsperioden, insbeſondere die Jahresrechnungen, die Bilanzen und die Vorſchläge zur Gewinnvertheilung zu prüfen und darüber alljährlich der Generalverſammlung Bericht zu erſtatten.

Er hat eine Generalverſammlung zu berufen, wenn dieß im Intereſſe der Genoſſenſchaft erforderlich iſt.

Die Mitglieder des Auffichtsrathes haften für den Schaden, welchen ſie durch die Nichterfüllung ihrer Obliegenheiten verurſachen (§. 24).

Der Auffichtsrath iſt ermächtigt, gegen die Vorſtandsmitglieder die Proceſſe zu führen, welche die Generalverſammlung beſchließt.

Wenn die Genoſſenſchaft gegen die Mitglieder des Auffichtsrathes einen Proceß zu führen hat, ſo wird ſie durch Bevollmächtigte vertreten, welche in der Generalverſammlung gewählt werden.

Jeder Genoſſenſchafter iſt befugt, als Intervenient in dieſe Proceſſe auf eigene Koſten einzutreten (§. 25).

Die Geſchäftsführung der Genoſſenſchaften kann auch beſoldeten Beamten übertragen werden.

Die Geſammtheit der Genoſſenſchaft bildet die Generalverſammlung; wenn nicht das Statut etwas anderes feſtſetzt, ſo hat jeder Genoſſenſchafter in der Generalverſammlung eine Stimme. In der Regel wird die Generalverſammlung der Genoſſenſchafter durch den Vorſtand berufen.

Außer den im Genoſſenſchaftsvertrage ausdrücklich beſtimmten Fällen iſt eine ſolche jedesmal zu berufen, wenn dieß im Intereſſe der Genoſſenſchaft erforderlich erſcheint.

Die Generalverſammlung muß ſofort berufen werden, wenn mindeſtens der zehnte Theil der Mitglieder der Genoſſenſchaft in einer von ihnen unterzeichneten Eingabe unter Anführung des Zweckes und der Gründe darauf anträgt. Iſt in dem Genoſſenſchaftsvertrage das Recht, die Berufung einer Generalverſammlung zu verlangen, einer größeren oder geringeren Zahl von Genoſſenſchaftern beigelegt, ſo hat es dabei ſein Bewenden.

Die zur Einberufung der Generalverſammlung Verpflichteten ſind hierzu erforderlichenfalles auf Begehren der Antragſteller von dem Handelsgerichte durch Geldſtrafen bis zu dreihundert Gulden öſterreichiſcher Währung zu verhalten.

Die Berufung der Generalverſammlung hat in der durch den Genoſſenſchaftsvertrag beſtimmten Weiſe zu erfolgen.

Der Zweck der Generalverſammlung muß jederzeit bei der Berufung bekannt gemacht werden. Ueber Gegenſtände, deren Verhandlung nicht in dieſer Weiſe angekündigt iſt, können Beſchlüſſe nicht gefaßt werden; hiervon iſt jedoch der Beſchluß über den in einer Generalverſammlung geſtellten Antrag auf Berufung einer außerordentlichen Generalverſammlung ausgenommen.

Zur Stellung von Anträgen und zu Verhandlungen ohne Beſchlußfaſſung bedarf es der Ankündigung nicht.

Zur Beschlußfähigkeit der Generalversammlung ist, insofern der Genossenschaftsvertrag nichts anderes bestimmt, erforderlich, daß in derselben wenigstens der zehnte Theil der Mitglieder anwesend oder vertreten ist.

Im Falle der Beschlußunfähigkeit einer Generalversammlung ist, wenn der Genossenschaftsvertrag nichts anderes bestimmt, eine zweite Versammlung einzuberufen, welche ohne Rücksicht auf die Zahl der anwesenden oder vertretenen Mitglieder beschlußfähig ist (§§. 28—32).

Wenn das Statut nichts anderes bestimmt, werden die Beschlüsse der Generalversammlung mit absoluter Stimmenmehrheit gefaßt. Nur die Abänderung des Statuts und die Auflösung der Genossenschaft erfordern eine Mehrheit von wenigstens zwei Dritteln der abgegebenen Stimmen. Der Vorstand ist für seine Amtsführung und die Ausführung der Beschlüsse der Generalversammlung verantwortlich.

Die Auflösung der Genossenschaft erfolgt 1. durch Ablauf der im Genossenschaftsvertrage bestimmten Zeit; 2. durch einen Beschluß der Genossenschaft; 3. durch Eröffnung des Concurses; 4. durch eine Verfügung der Verwaltungsbehörde.

Die Auflösung einer Genossenschaft kann von der Verwaltungsbehörde verfügt werden, wenn aus Anlaß der Thätigkeit oder der Verhandlungen der Genossenschaft ein rechtskräftiges Straferkenntniß erfolgt ist.

Die Strafgerichte haben derartige Erkenntnisse sogleich, nachdem sie in Rechtskraft erwachsen sind, der politischen Landesstelle mitzutheilen (§. 37).

Das Auflösungserkenntniß steht der politischen Landesstelle zu, in deren Gebiet die Genossenschaft ihren Sitz hat, und wenn sich die Wirksamkeit der Genossenschaft durch Zweigniederlassungen auf mehrere Länder erstreckt, jener politischen Landesstelle, in deren Gebiet sich das Hauptgeschäft befindet. Gegen das Auflösungserkenntniß kann binnen vier Wochen der Recurs an das Ministerium des Innern ergriffen werden.

Die Befugniß der politischen Landesstelle, die Auflösung einer Genossenschaft auf Grund eines strafgerichtlichen Erkenntnisses zu verfügen, erlischt mit Ablauf von drei Monaten, nachdem dieses Erkenntniß in Rechtskraft erwachsen ist (§. 38).

Die Auflösung der Genossenschaft muß, wenn sie nicht eine Folge des eröffneten Concurses oder nicht von der Verwaltungsbehörde verfügt ist, durch den Vorstand zur Eintragung in das Genossenschaftsregister angemeldet und zu drei verschiedenen Malen durch die für die Bekanntmachung solcher Eintragungen bestimmten Blätter verlautbart werden.

Durch diese Bekanntmachung müssen die Gläubiger zugleich aufgefordert werden, sich bei der Genossenschaft zu melden (§. 40).

Zur Durchführung der Liquidation der Genossenschaft werden Liquidatoren bestellt, die als solche beim Handelsgericht zur Eintragung in's Genossenschaftsregister eingetragen werden müssen. Die Liquidatoren haben die laufenden Geschäfte zu beendigen, die Verpflichtungen der Gesellschaft zu erfüllen und die Genossenschaft gerichtlich und außergerichtlich zu vertreten.

Die bei Auflösung der Genossenschaft vorhandenen und die während der Liquidation eingehenden Gelder werden, wie folgt, verwendet:

1. Es werden zunächst die Gläubiger der Genossenschaft je nach der Fälligkeit ihrer Forderungen befriedigt und die zur Deckung noch nicht fälliger Forderungen nöthigen Summen zurückbehalten;

2. aus den verbleibenden Ueberschüssen werden die auf die Geschäfts= antheile eingezahlten Beträge an die Genossenschafter zurückgezahlt. Reicht der Bestand zur vollständigen Deckung nicht aus, so erfolgt die Vertheilung desselben nach Verhältniß der Höhe der einzelnen Guthaben, wenn in dem Genossenschaftsvertrage nichts anderes bestimmt ist;

3. der nach Deckung der Schulden der Genossenschaft, sowie der Ge= schäftsantheile der Genossenschafter noch vorhandene Ueberschuß wird, nach den Bestimmungen des Genossenschaftsvertrages über die Gewinnvertheilung unter die Genossenschafter vertheilt (§. 48).

Bei der Festsetzung der Pflichten der Genossenschafter gegen die Ge= nossenschaft bildet der Umstand, ob die letztere „mit unbeschränkter" oder „mit beschränkter" Haftung errichtet wurde, einen wesentlichen Unterschied.

In ersterem Falle haften die Mitglieder für alle Verbindlichkeiten der Genossenschaft im Falle des Concurses oder der Liquidation solidarisch mit ihrem ganzen Vermögen (§. 53), in letzterem Falle haften sie mit ihrem Geschäftsantheil und auch noch mit einem weiteren Betrage in der Höhe desselben, wenn das Statut nicht einen noch höheren Haftungsbetrag fest= setzt (§. 76). Dabei macht der Zeitpunkt des Eintrittes des Genossen= schafters in die Genossenschaft keinen Unterschied: jeder später eintretende haftet für alle vor seinem Eintritte von der Genossenschaft eingegangenen Verbindlichkeiten.

Das Recht des Austrittes steht jedem Genossenschafter zu, jedoch, wenn nichts anderes im Statut festgesetzt ist, immer nur mit Ablauf eines Geschäftsjahres und nach vierwöchentlicher Kündigung (§§. 54 und 77). Die ausgeschiedenen Mitglieder haben an die Reservefonds keinerlei An= sprüche (§§. 55 und 79); ihre Haftung für alle bis zu ihrem Ausscheiden von der Genossenschaft eingegangenen Verbindlichkeiten dauert bei der „un= beschränkten" bis zur Verjährungsfrist (und übergeht auf ihre Erben), bei der „beschränkten" nur ein Jahr nach dem Geschäftsjahr des Austrittes (§§. 55 und 78).

Privatgläubiger der Genossenschafter sind nicht befugt, aus dem Titel irgend eines Antheiles des einzelnen Genossenschafters am Genossenschafts= vermögen irgend einen Theil des letzteren in Anspruch zu nehmen; nur was dem einzelnen Genossenschafter an Zinsen oder Geschäftsantheilen oder was ihm im Falle der Auflösung der Genossenschaft zukommt, kann Gegen= stand der Inanspruchnahme seitens seiner Gläubiger sein (§. 56). Ist auf diese Weise das Vermögen der Genossenschaft vor den Ansprüchen der Privatgläubiger der einzelnen Genossenschafter geschützt: so ist aber auch andererseits die Genossenschaft nicht berechtigt, während der Dauer der Ge= nossenschaft einem Genossenschaftsschuldner im Wege der Compensation seine Privatforderung gegen einen Genossenschafter streitig zu machen. Eine solche Compensation kann nur dann eintreten, wenn und insoweit bei der Auflösung der Genossenschaft eine Genossenschaftsforderung dem betreffenden einzelnen Genossenschafter überwiesen wurde (§. 58).

Hat ein Privatgläubiger eines Genossenschafters nach fruchtlos vollstreckter Execution in dessen Privatvermögen die Execution in das demselben für den Fall seines Ausscheidens aus der Genossenschaft zukommende Guthaben erwirkt, so ist er berechtigt, die Genossenschaft mag auf bestimmte oder unbestimmte Zeit eingegangen sein, behufs seiner Befriedigung nach vorher von ihm geschehener Kündigung das Ausscheiden jenes Genossenschafters zu verlangen.

Die Kündigung muß mindestens sechs Monate vor Ablauf des Geschäftsjahres der Genossenschaft geschehen (§. 59).

Der Concurs der Genossenschaft hat auch bei der „unbeschränkten" den Concurs der Mitglieder nicht zur Folge. Nach geschlossenem Concursverfahren wird eine „Beitragsberechnung" angefertigt, aus welcher sich ergiebt, wie viel jeder Genossenschafter zur Befriedigung der Genossenschaftsgläubiger beizutragen hat (§. 61).

Erfolgt die Begleichung nicht gütlich, so kommt es nach gerichtlicher Verhandlung zur gerichtlichen „Bestätigung der Beitragsberechnung", gegen welche ein Rechtsmittel nicht zulässig und welche binnen 14 Tagen executionsfähig ist (§§. 61—64). Allerdings hat jeder Genossenschafter das Recht, für seine Person die bestätigte Beitragsberechnung mittelst Klage gegen den Vorstand der Genossenschaft anzufechten (§. 67).

Klagen der Genossenschafter aus Ansprüchen gegen die Genossenschaft verjähren in zwei Jahren nach Auflösung der letzteren (§. 72).

Auf die Verletzung der durch das Gesetz der Genossenschaften, ihren Vorständen und Liquidatoren auferlegten Pflichten (Anmeldungen, Nachweisungen, Mittheilungen an die Behörden u. dergl.) sind Ordnungsstrafen bis zu 100 fl. gesetzt; eine Ueberschreitung des gesetzmäßigen Wirkungskreises kann mit einer Geldbuße bis zu 300 fl. gestraft werden (§. 88).

Den auf Grund obiger Bestimmungen errichteten Erwerbs- und Wirthschaftsgenossenschaften sind mit Gesetz vom 21. Mai 1873 besondere Begünstigungen in Ansehung der Stempel- und unmittelbaren Gebühren zuerkannt worden. [349])

Börsen und Freilager.

§. 155. Den Umlauf des Capitals erleichtern und beschleunigen die großen Umsatzstätten desselben, die Börsen, und zwar sowohl Effecten- wie Waarenbörsen. Zur Errichtung derselben ist eine Bewilligung des Ministeriums

---

[349]) Mit Ges. vom 27. December 1880 RGB. Nr. 151 sind die obigen Stempel- und Gebühren-Begünstigungen auch auf „die sonstigen auf dem Principe der Selbsthilfe beruhenden nicht registrirten selbständigen Erwerbs- und Wirthschaftsgenossenschaften," welche ihren Geschäftsbetrieb statutenmäßig auf die eigenen Mitglieder beschränken, ausgedehnt worden und zwar auch für den Fall wenn sie von Nichtmitgliedern Darlehen aufnehmen, Waaren kaufen oder ihre Cassabestände bei öffentlichen Creditinstituten anlegen.

orberlich (des Finanz= u. Handelsminister.) [350]) Sie müssen eine selbständige
antwortliche Leitung haben und stehen unter staatlicher Ueberwachung.
cht genehmigte (Winkelbörsen) sind verboten; die Theilnahme an solchen
rd polizeilich gestraft. Ein behördlich genehmigtes Statut umschreibt
nau den Wirkungskreis und die Geschäftszweige jeder Börse, deren Ver=
r an feste Normen gebunden sein muß. Zur Börsenfähigkeit gehört ge=
äftliche Unbescholtenheit; Frauen sind vom Börsenbesuche ausgeschlossen.
bertretungen der Börsenordnungen seitens der Börsenbesucher werden polizei=
 gestraft. Die Börsengeschäfte können nur durch Vermittelung amtlich
tellter und beeideter Sensale gemacht werden [351]); diese sind bei ihren
schäftsvermittelungen an die (mit Gesetz vom 4. April 1875 geänderten)
stimmungen des Handelsgesetzbuches (Art. 66—84) gebunden. Die
rseleitungen verfassen unter Mitwirkung des Regierungscommissärs und
öffentlichen sohin amtliche Curszettel.

Um den in Waaren gebundenen Capitalswerth rascher zu mobilisiren
b in Umlauf zu bringen, begünstigt das Gesetz vom 28. April 1889
VB. Nr. 64 die Errichtung und den Betrieb öffentlicher Lagerhäuser
d gestattet denselben indossable Lagerscheine (Warrants) auszustellen.

Auch der bei den Postsparcassen eingeführte Checkverkehr dient zur
leichterung und Beschleunigung des Capitalsumlaufs.

Um Creditgeschäfte zu fördern, gewährt endlich (s. §. 142.) der Staat dem
äubiger, abgesehen von dem ordentlichen Rechtsschutz im Civil= und Straf=
htswege, noch einen außerordentlichen Schutz, indem er ihm das Recht ein=
imt, rechtskräftig gewordene jedoch zum Nachtheil der Gläubiger in den letzten
 Jahren vor Eröffnung des Concurses geschlossene Rechtsgeschäfte des
huldners nach Eröffnung des Concurses unter den gesetzlichen Bedingungen
zufechten. [352])

Andererseits wird allerdings auch der Schuldner vor unredlicher Aus=
utung seitens der Creditgeber in Schutz genommen. [353])

Münzrecht.

Zur Sicherung und Förderung des Handelsverkehrs übt der Staat **§. 156.**
n Münzhoheitsrecht aus, kraft dessen nur staatliches oder staatlich be=
ubigtes Geld öffentliche Geltung hat, alles ausländische Geld nur als
aare in Betracht kommt und behandelt wird.

Um zur Schaffung eines möglichst großen einheitlichen Münzverkehrs=
ietes beizutragen, trat Oesterreich (mit dem Fürstenthum Liechtenstein)
t durch die allgemeine Münzconvention vom 30. Juli 1838 unter sich
bundenen deutschen Zoll=Vereinsstaaten mit dem Münzvertrage vom
. Jänner 1857 bei, in Folge dessen in Oesterreich die „österreichische

[350]) Ges. v. 1. April 1875 betr. die Organisirung der Börsen.
[351]) Ges. v. 4. April 1875 RGB. Nr. 68.
[352]) Ges. v. 16. März 1884 RGB. Nr. 36 bei Manz B. II S. 649.
[353]) Ges. v. 28. Mai 1881 RGB. Nr. 47 betreffend Abhilfe wider unredliche
rgänge bei Creditgeschäften.

Währung" eingeführt wurde. Auf Grund dieses Vertrages wurde mit dem kaiserlichen Patent vom 19. September 1857 das österreichische Geldwesen geregelt, indem für dasselbe die in dem Münzvertrage vereinbarten Grundsätze zur Anwendung gebracht wurden.

Mit dem Vertrage vom 13. Juni 1867 ist aber Oesterreich aus dem deutschen Münzvereine ausgeschieden, in Folge dessen die in dem Münzvertrage mit den Vereinsstaaten vereinbarten Vereinsmünzen (die neben der Landesmünze Geltung hatten) in Oesterreich ihre Währungseigenschaft verloren und nunmehr Oesterreich ausschließlich seine eigene österreichische Währung hat und nur seine eigenen Landesmünzen als Geld anerkennt.

Und zwar giebt es derzeit in Oesterreich-Ungarn nur eine Art staatlichen Hartgeldes, nämlich das Silbergeld; das vom Staate geprägte und ausgegebene Goldgeld wird als Waare betrachtet und behandelt. Das Kupfergeld und ein Theil des Silbergeldes (nämlich die 10, 20 und 25 Kreuzerstücke) bilden die Scheidemünze. Neben dem Hartgeld emittirt der Staat eine bestimmte Summe von Papiergeld (Staatsnoten), welches, da es Zwangscurs besitzt, ebenfalls als Währungsgeld betrachtet werden muß.

Die Silberwährung, d. i. das als Währung erklärte Silbergeld besteht aus Silbergulden als Rechnungseinheit, von denen 45 Stück aus einem Zollpfund (500 Gramm) feinen Silbers geprägt werden. [354]

Sowohl die Silber= wie auch die Goldmünzen werden gesetzlich zum vollen Zählwerthe ausgeprägt, d. h. ihr innerer Metallwerth entspricht ihrem Nennwerth (s. ob. § 40). Nur ein Theil der Silber-Scheidemünze (die 10 und 20 Kreuzerstücke haben einen höheren Nennwerth als ihr eigentlicher Metallwerth; doch ist niemand verpflichtet, dasselbe in einem höheren Betrage als bis zur Höhe der Rechnungseinheit von 1 Gulden als Zahlungsmittel anzunehmen.

Bis zum Jahre 1879 stand es jedermann frei, Gold und Silber in Barren, Münzen, Bruch= oder Faden=Gold und Silber zur Ausmünzung in gesetzlich gangbare Münzen oder zur Verwechslung mit solchen gegen die hiefür vorgezeichnete Gebühr an die k. k. Münzämter abzugeben. Seit dem Jahre 1879 ist diese „Prägefreiheit" bezüglich der Silbermünzen (Eingulden, Zweigulden und ¼ Guldenstücke) bis auf weiteres eingestellt. Es findet daher auch eine Einlösung von Silberbarren gegen solche Münzen nicht statt. (Der bezügliche „Auftrag" des Fin.=Min. wurde nicht publicirt.)

Die österreichisch-ungarische Münzeinheit, der Gulden österreichischer Währung wird in Hunderttheile (Kreuzer genannt) getheilt. Außer den Einguldenstücken prägt der Staat als Landesmünzen noch Zweiguldenstücke und Viertelguldenstücke. Als silberne Scheidemünzen prägt der Staat Zehn= und Zwanzig-Kreuzerstücke. (Ges. v. 1. Juli 1868 RGB. Nr. 84.) An dem gesetzlich festgestellten Feingehalte darf unter dem Titel eines Remediums nicht gekürzt werden; wohl aber sind die äußersten Fehlergränzen gesetzlich bestimmt. Die öffentlichen Cassen sind verpflichtet, bei Zahlungen die Scheidemünze bis zum Betrage von 5 fl. österreichischer

---

[354] K. Patent v. 19. September 1857 RGB. Nr. 169.

Währung anzunehmen. Die Verwechslungscassen müssen Scheidemünze in jedem beliebigen Betrage auf Währungsgeld einwechseln.

Die als Handelsmünzen geltenden Goldmünzen prägt der Staat zu acht Gulden und zu vier Gulden (= 20 und 10 Franks), deren Gewicht, Feingehalt und Durchmesser im Gesetze vom 9. März 1870 bestimmt sind. Die Abweichung im Feingehalt darf bei diesen Münzen Ein Tausendtheil nicht überschreiten.[355] Zu einem im Verordnungswege[356] bestimmten Preise können diese Goldmünzen bei Auszahlungen der Staatscassen an Parteien, wenn letztere damit einverstanden sind, verwendet werden. Ein- und Ausfuhrzölle, sowie das dabei zu zahlende Wag=, Siegel- und Zettel= geld sind in Goldmünze (oder in Silber mit dem jeweiligen cursmäßigen Aufgelde) zu entrichten.[357]

Die vom Staate geprägten silbernen Levantiner (Maria=Theresia=) Thaler, die nur für die Levante bestimmt sind, haben im Inlande keinen gesetzlichen Umlaufswerth; die Staatscassen dürfen sie bei Zahlungen der Parteien nicht annehmen.[358]

Die österreichisch-ungarische Bank.

§. 157. Die auch anderwärts gemachte Erfahrung, daß der wirthschaftliche Verkehr, den der Staat durch die Uebung seines Münzhoheitsrechtes sichern und fördern will, durch die Ausgabe von Staatspapiergeld mit Zwangs= curs zu Zeiten schwer geschädigt werden kann und auch den Staat in Mitleidenschaft ziehe, wurde auch Oesterreich nicht erspart. Solches Papier= geld begann man in Oesterreich schon in der zweiten Hälfte des vorigen Jahrhunderts durch Vermittelung der Wiener Stadtbank, daher Banco= zettel genannt, zu emittiren. Die Leichtigkeit, sich durch uncontrolirte Ausgaben solcher Geldzeichen, Mittel zur Führung der Staatswirthschaft, namentlich auch der Kriege zu verschaffen, verleitete die Regierung zu einer ausgedehnteren Inanspruchnahme der Zettelpresse, so daß im Jahre 1811 der Betrag der im Umlaufe befindlichen Bancozettel, für die bereits seit 1799 der Zwangscurs eingeführt werden mußte, 1060 Millionen über= stieg — und den Staatsbankrott in der Form der Reduction des Renn= werthes der Bancozettel auf seinen fünften Theil zur unvermeidlichen Folge hatte.

Nach erfolglosen Versuchen, den dadurch im höchsten Grade zerrütteten Staatshaushalt zu ordnen, entschloß sich die Regierung, auf die Ausgabe all und jedes Staatspapiergeldes zu verzichten und mit der Versorgung des Verkehrs mit dem nöthigen Papiergeld eine selbständige Bank zu be= trauen. Zu diesem Zwecke wurde im Jahre 1816 die österreichische National=

---

[355] Ges. v. 26. Februar 1881.
[356] Fin.=Min.=Erl. v. 23. November 1870 Z. 4349.
[357] Art. XIII des Zolltarifs v. 27. Juni 1878 und Verordn. des Finanz= ministeriums v. 27. December 1878 Z. 6295.
[358] Fin.=Min.=Erl. v. 1. August 1886.

bank gegründet.[359]) Dieselbe ist eine Actiengesellschaft, deren Vermögen aus Antheilen der Actionäre besteht.[360]) Dieser Actiengesellschaft ertheilte der Staat das ausschließliche Privilegium der Notenausgabe für das ganze Reich, mit der Verpflichtung, diese Noten auf jedesmaliges Verlangen der Besitzer nach dem Nennwerthe in Metallgeld einzulösen.

Als Entgelt für dieses gewinnbringende Privilegium verpflichtete sich die Bank vorerst, dem Staate bei der Einlösung seines Papiergeldes behilflich zu sein. Thatsächlich kam diese Einlösung des Staatspapiergeldes mit Hilfe der Bank zu Stande und die Geldverhältnisse der Monarchie waren bis zum Jahre 1848 insoferne geordnete, inwieferne das circulirende Papiergeld bei der Bank jederzeit einlösbar war. Nachdem aber der Staat bei der Bank immer neue Credite in Anspruch nahm und dieselben nicht zurückzahlen konnte, gerieth die Bank im Jahre 1848 außer Stande, ihrer Noten-Einlösungspflicht nachzukommen. Der Staat aber, der diese Insolvenz der Bank verschuldete — sah sich gezwungen, die Bank von der Einlösungspflicht zu entheben (Mai 1848) und für die Banknoten den Zwangscours zu decretiren.[361]) Seit damals war wohl das Bestreben der österreichischen Regierung stets darauf gerichtet, die Bank in den Stand zu setzen, die Baareinlösung ihrer Noten aufzunehmen, was durch eine Rückzahlung der bei ihr contrahirten Schulden seitens des Staates erfolgen kann: doch konnte letzteres bis heutzutage noch nicht bewerkstelligt werden, da der Staat immer wieder durch Ereignisse und Katastrophen ge-

---

[359]) In dem kaiserl. Patent v. 1. Juni 1816, womit die österreichische Nationalbank ins Leben gerufen wurde, heißt es: „Die gewaltsamen Erschütterungen, die in den letztverflossenen 25 Jahren Europa zerrissen, haben Uns seit dem Anfange Unserer Regierung in eine Reihe schwerer Kriege verwickelt, bei welchen die Erhaltung und Selbständigkeit der Monarchie alles, was Regenten und Völkern am theuersten sein muß, gefährdet war. Wir konnten und durften Unsern Völkern keine Anstrengung ersparen. Die Entwickelung aller Kräfte des Staates forderte einen Aufwand, der die Steuerfähigkeit der Staatsbürger weit überstieg. Wir nehmen das Vertrauen Unserer Völker in Anspruch. Künstliche Geldzeichen setzen uns in den Stand, dem Drange der Bedürfnisse zu folgen und den gefährlichen Kampf zu bestehen, dessen siegreiches Ende die Monarchie in den vollen Besitz der von ihr abgerissenen Provinzen wieder eingesetzt und ihre Sicherheit und Selbständigkeit von neuem gegründet hat. Unsere erste Sorge war nunmehr darauf gerichtet, die Regelmäßigkeit in dem zerrütteten Geldwesen wieder herzustellen." Der §. 1 dieses Patentes aber lautet: „Es soll von nun an nie mehr die Ausfertigung eines neuen Papiergeldes mit Zwangswerth und Zwangsumlauf oder irgend eine Vermehrung des gegenwärtig im Umlaufe befindlichen statthaben. Sollten durch außerordentliche Umstände Ausgaben, welche die gewöhnlichen Finanzmittel des Staates überschreiten, herbeigeführt werden, so wird die Finanzverwaltung darauf bedacht sein, solche Ausgaben, ohne sich jemals eines Papiergeldes mit Zwangsumlauf zu bedienen, durch Eröffnung neuer Zuflüsse oder andere außerordentliche Hilfsmittel zu bestreiten."

[360]) In der gegenwärtigen mit Ges. v. 27. Juni 1878 RGB. Nr. 66 zu Stande gekommenen Umgestaltung zu einer „österreichisch-ungarischen Bank" besteht dieses Vermögen aus einem Capitale von 90 Millionen Gulden ö. W., welches durch die Volleinzahlung von 150,000 Actien à 600 fl. gebildet ist.

[361]) Kaiserl. Patent vom 2. Juni 1848.

zwungen wurde, theils neue Schulden bei der Bank aufzunehmen, welche dieselbe außer Stand setzten, die Baareinlösung aufzunehmen, theils Staatspapiergeld mit Zwangscurs zu emittiren. [362])

Als Staatsnoten, von deren Einlösung die Nationalbank enthoben wurde und für die der Staat die Haftung übernimmt, werden Noten zu 1 fl., 5 fl. und 50 fl. österreichischer Währung emittirt. Dieselben haben Zwangscurs. [363]) Doch ist der Höchstbetrag derselben gesetzlich fixirt und zwar mit 150 Millionen; über die jeweilige Umlaufsmenge derselben werden Ausweise von der zur Controle derselben berufenen Staatsschulden-Controls-Commission veröffentlicht.

- - - - -

Organisation der österreichisch-ungarischen Bank. ✗ ✓

§. 158.

Mit dem Gesetz vom 27. Juni 1878 wurde die bis dahin bestandene österreichische Nationalbank in eine „österreichisch-ungarische Bank" umgewandelt und derselben vom 1. Juli 1878 bis zum 31. December 1887 ein Privilegium als Zettelbank verliehen. Dieses Privilegium wurde derselben nach Ablauf der ersten zehn Jahre mit Gesetz vom 21. Mai 1887 auf weitere zehn Jahre, d. i. bis zum 31. December 1897 verlängert, wobei mehrere Paragraphen ihres Statutes abgeändert wurden.

Nach diesem neuesten Privilegiengesetze nun, dessen integrirenden Theil das Bank-Statut bildet, ist die Bank eine Actiengesellschaft, welche ihre statutenmäßige Thätigkeit sowohl in Oesterreich wie in Ungarn ausübt (§. 1). Ihr Sitz ist in Wien; doch muß sie für alle von ihr betriebenen Geschäftszweige zwei Hauptanstalten in Wien und Budapest unterhalten (§. 2). Den Actionären der Bank gebührt für jede Actie ein gleicher Antheil an dem gesammten Vermögen der Bank (§. 5). Alle ihre Rechte üben die Actionäre durch die Generalversammlung aus (§. 12). Dieselbe tritt jährlich einmal zu ihren ordentlichen Sitzungen zusammen; doch können an denselben nur solche österreichische oder ungarische Staatsangehörige

---

[362]) An der Erfolglosigkeit und dem wiederholten Scheitern dieser Bestrebungen trugen immer wieder auswärtige Kriege, welche die Existenz des Staates bedrohten, die Schuld. Die erste Maaßregel zum Zwecke der Ordnung der Geldverhältnisse wurde schon 1851 ergriffen. Mit dem Patente vom 15. Mai 1851 wurde nämlich bestimmt, daß die Gesammtsumme des Staatspapiergeldes nicht über 200 Millionen vermehrt werden dürfe und daß das im Umlauf befindliche Staatspapiergeld allmählig eingezogen werde. Mit dem Patent vom 23. Februar 1854 wurde mit der Bank das Uebereinkommen getroffen, wonach dieselbe das einlaufende Staatspapiergeld im Betrage von 148 Millionen gegen vom Staate ihr gegebene Deckung einziehen respective gegen Banknoten einlösen solle. Ende 1858 kam man auf solchem Wege schon dahin, daß die Baarzahlung der Bank aufgenommen werden konnte, als der Krieg von 1859 dieses mühevolle Werk wieder zerstörte. Im Jahre 1865 war bereits eine auf die Baarzahlung der Bank abzielendes Uebereinkommen getroffen: da vereitelte der Krieg von 1866 alle diesbezüglichen Hoffnungen. Gegenwärtig befaßt sich die Regierung mit den Vorarbeiten zur Wiederherstellung der Valuta, d. h. zur Ermöglichung der Aufnahme der Baarzahlungen seitens der Bank.

[363]) Ges. v. 5. Mai 1866 RGB. Nr. 51.

theilnehmen, welche im November vor den regelmäßigen im Februar ab-
zuhaltenden Jahressitzung sich vorschriftsmäßig als Besitzer von zwanzig
Actien ausweisen (§. 14). Von der Theilnahme an diesen Sitzungen ausgeschlossen sind solche Actionäre, die im Concurs oder in Folge strafgericht-
licher Verurtheilung bemakelt sind.

Jedes Mitglied der Generalversammlung kann nur in eigener Person
erscheinen und hat nur eine Stimme (§. 18). Juristische Personen dagegen
können sich bei der Generalversammlung vertreten lassen, jedoch nur durch
Mitglieder der Generalversammlung (§. 19).

Jedes Mitglied der Generalversammlung ist berechtigt, in den Sitzungen
der Generalversammlung Anträge zu stellen.

Anträge, welche nicht unmittelbar einen auf der Tagesordnung befindlichen Gegenstand betreffen, können in der Sitzung der Generalversammlung, in welcher sie eingebracht werden, nicht zur Beschlußfassung gelangen.
Selbständige Anträge sind nebst deren Begründung wenigstens dreißig Tage
vor der betreffenden Sitzung der Generalversammlung dem Gouverneur
schriftlich zur Kenntniß zu bringen (§. 22).

Die Generalversammlung wählt einen aus zwölf Mitgliedern bestehenden
Generalrath, der unter der Leitung eines vom Kaiser auf gemeinsamen
Vorschlag der beiden Finanzminister ernannten Gouverneurs die Verwal-
tung der Bank besorgt und überwacht. Der Gouverneur bezieht einen
Gehalt aus den Mitteln der Bank.

Neben dem Gouverneur functioniren zwei Vicegouverneure; einer in
Wien und einer in Budapest, und außer dem Generalrathe noch zwei
Directionen, eine in Wien, eine in Budapest. Die Wahl der Generalraths-
mitglieder unterliegt der kaiserlichen Bestätigung.

Der Generalrath vertritt die österreichisch-ungarische Bank nach außen
gerichtlich und außergerichtlich und ist nach Maaßgabe der Statuten zu
allen Verfügungen berechtigt, welche nicht der Generalversammlung vorbehalten sind.

Er leitet den gesammten Geschäftsbetrieb der Bank. Zur Ueberwachung der vorschriftsmäßigen Verwaltung der Bank theilen sich die
Mitglieder des Generalrathes nach der von ihm zu beschließenden Geschäftsordnung in die einzelnen Hauptzweige der Geschäfte.

Dem Generalrathe ist die Bestimmung der jedem einzelnen Geschäftszweige zuzuwendenden Geldmittel und die Festsetzung der Geschäfts-
bedingungen, dann die der Bank zustehende Entscheidung über die Errichtung
oder Aufhebung von Filialen sowie die Führung des Hypothekarcredits-
und Pfandbriefgeschäftes nach den hiefür bestehenden besonderen Statuten
vorbehalten.

Er bestimmt die allgemeinen Grundsätze, erläßt die jeweilig nöthigen
besonderen Weisungen für die gesammte Geschäftsführung und überwacht
und sichert deren Befolgung.

Die allgemeinen Bestimmungen für das Escompte- und Darlehens-
geschäft gelten gleichlautend für die österreichischen und die ungarischen
Bankplätze.

Der Generalrath wählt aus seiner Mitte für die Dauer eines jeden Geschäftsjahres ein Executivcomité. Er wählt von den je acht Mitgliedern der Direction in Wien und Budapest je sechs Mitglieder.

Dem Generalrathe steht das Veto bezüglich der von den Directionen in Wien und Budapest ernannten oder nach Ablauf ihrer Amtsdauer wieder= berufenen Censoren zu.

Der Generalrath ernennt den Generalsecretär, die Mitglieder der Geschäftsleitung und die leitenden Beamten der Bankanstalten und der Ge= schäftsabtheilungen des Centraldienstes. Seiner Genehmigung ist die definitive Anstellung von Beamten und sonstigen mit Jahresgehalt auf= genommenen Bediensteten vorbehalten (§. 22).

Der Generalrath bestimmt, in welchen Fällen und in welcher Form die Unterschrift der Geschäftsleitung in Wien (Artikel 46) und der firmirenden Bankanstalten und Geschäftsabtheilungen eine Verpflichtung für die öster= reichisch=ungarische Bank begründet, und macht dieß durch öffentlichen An= schlag in den betreffenden Amtslocalitäten bekannt.

Der Generalrath erstattet zwei Ternavorschläge zur Besetzung der beiden Vicegouverneursposten auf Grund deren die beiden Finanzminister je einen für Wien und Pest dem Kaiser zur Ernennung vorschlagen. Beide Vicegouverneure beziehen ein jährliches Functionspauschale. Die Mitglieder des Generalrathes versehen ihr Amt unentgeltlich; ihr Amt dauert vier Jahre; jeder Generalrath muß auf die Zeit seiner Amtsdauer 25 Stück Bankactien bei der Bank hinterlegen. Der Generalrath hält in der Regel zwei Sitzungen monatlich; in allen seinen Sitzungen präsidirt der Gouverneur. Die Directionen in Wien und Budapest bestehen aus Directoren, welche ihre Aemter unentgeltlich versehen und während ihrer Amtsführung je 20 Bankactien in der Bank hinterlegen müssen. Die beiden Vicegouverneure sind Vorsitzende der Directionen in Wien und Budapest. Den Directionen werden Bankbeamte als Referenten zugetheilt.

Die Oberleitung sämmtlicher Geschäftszweige führt der Generalsecretär unter Aufsicht des Generalrathes nach der zu erlassenden Instruction.

Der Generalsecretär ist das Organ, durch welches der Generalrath alle seine Beschlüsse zur Ausführung bringen läßt, und welches zunächst über die gehörige Vollziehung derselben zu wachen hat. Er erläßt unmittelbar oder im Wege der Geschäftsleitung auf Grund der vom Generalrathe ge= nehmigten Instructionen alle dießfalls erforderlichen Weisungen und Er= läuterungen an die Bankanstalten und sonstigen Organe der Bank und übt im Sinne der von dem Generalrathe zu erlassenden Dienstesordnung die Disciplinargewalt über die Beamten und sonstigen Bediensteten der Bank aus. Der Generalsecretär nimmt an allen Berathungen des Generalrathes, wie des Executivcomités desselben, jedoch nur mit berathender Stimme, theil. Es liegt in seiner Pflicht, dem Generalrathe dienstförderliche An= träge zu erstatten; auch ist dessen Meinungsäußerung in den Protokollen und Acten ersichtlich zu machen (§. 46).

Die Rechnungen der Bank werden durch, aus der Generalversamm= lung gewählte Revisoren geprüft (§. 50).

Die beiderseitigen Regierungen ernennen je einen Regierungscommissär zur Beaufsichtigung des statutenmäßigen Gebahrens der Bank (§. 51). Diese Commissäre sind berechtigt, allen Sitzungen der Generalversammlung, des Generalraths und der Directionen beizuwohnen (§. 52).

Die Einsprachen der Regierungscommissäre gegen gefaßte Beschlüsse haben aufhaltende Wirkung; betrifft die Angelegenheit eine zwischen der Bank und Regierung streitige Sache und kommt keine Verständigung zu Stande, so entscheidet darüber ein Schiedsgericht in Wien aus sieben Mitgliedern, wovon je 3 aus den obersten Gerichtshöfen in Wien und Budapest von den betreffenden Gerichtspräsidenten für jedes Jahr bestimmt werden.

Der Geschäftskreis der Bank.

§. 159. Was die Geld-Geschäfte mit dem Staate anbelangt, so kann die Bank Wechsel, welche von der österreichischen oder von der ungarischen Finanzverwaltung eingereicht werden, statutenmäßig escomptiren. Doch ist hiezu ein Sitzungsbeschluß des Generalraths nöthig. Die Bank kann ferner commissionsweise Geschäfte für Rechnung der Staatsverwaltung besorgen. Das aus der commissionsweisen Besorgung solcher Geschäfte sich ergebende Guthaben ist während des Monates nach Vereinbarung, das am Schlusse eines jeden Monates verbleibende Guthaben aber spätestens bis zum 7. des nächstfolgenden Monates gegenseitig baar zu begleichen.

Außerdem kann die Bank andere statutenmäßige Geschäfte mit der österreichischen oder der ungarischen Finanzverwaltung nur insoweit eingehen, als hiemit eine Darlehens= oder Creditgewährung seitens der Bank nicht verbunden ist (§. 55).

Im übrigen Geschäftskreise kann die Bank Wechsel, Effecten und Coupons escomptiren und weiter begeben; Darlehen gegen Handpfand ertheilen; Depositen zur Verwahrung, beziehungsweise zur Verwaltung übernehmen; Gelder gegen Verbriefung, dann Gelder, Wechsel und Effecten mit kurzer Verfallszeit in laufende Rechnung (Girogeschäft) übernehmen; Anweisungen auf ihre eigenen Cassen ausstellen; commissionsweise Geschäfte besorgen; für Effecten, welche bei der Bank belehnbar sind, und für deren Coupons nach Fälligkeit Auszahlung leisten; Gold und Silber, gemünzt und ungemünzt, dann Wechsel auf auswärtige Plätze anschaffen und verkaufen; nach den Statuten ihrer Hypothekarcreditsabtheilung Hypothekardarlehen in Pfandbriefen gewähren; ihre eigenen Pfandbriefe ankaufen und veräußern.

Das Geschäftsjahr der Bank beginnt am 1. Jänner und endet mit 31. December (§. 56).

Die Bank unterliegt keinerlei gesetzlichen Zinsbeschränkungen (§. 58). Sie ist berechtigt, gezogene und eigene Wechsel zu escomptiren, welche auf österreichische Währung lauten und längstens binnen drei Monaten innerhalb der österreichisch=ungarischen Monarchie zahlbar sind.

Die zu escomptirenden Wechsel müssen der Regel nach mit der Unterschrift von drei, jedenfalls aber mit der Unterschrift von zwei als zahlungs=

fähig bekannten Verpflichteten versehen sein. Die Geringfügigkeit der Wechsel=
summe ist kein Ausschließungsgrund.

Die Bank ist zwar nicht verpflichtet, eine Ursache der verweigerten
Escomptirung anzugeben, doch hat sie die Pflicht, bei der Prüfung der zum
Escompte angebotenen Wechsel einen gleichmäßigen und unparteiischen Vor=
gang zu beobachten. Diese Prüfung erfolgt in der Regel durch ein Censur=
comité, doch kann in besonderen Fällen der Generalrath bestimmen, daß
Wechsel ohne solche vorhergehende Prüfung escomptirt werden; solche Wechsel
sind nachträglich dem Censurcomité vorzulegen. Die Censoren werden von
den Directionen nach (§§. 61, 62) Einvernehmen der Handelskammern aus
den Kreisen der Geschäftsleute auf die Dauer von drei Jahren ernannt;
ihr Amt ist ein Ehrenamt (§. 64).

Die Darlehen gegen Handpfand darf die Bank auf nicht länger als
drei Monate ertheilen; als Handpfand können dienen Gold und Silber, Werth=
papiere die an österreichischen Börsen notirt werden und escomptfähige
Wechsel mit einer Verallszeit von höchstens sechs Monaten (§. 65). Er=
leidet das Handpfand einen Werthverlust und leistet der Schuldner keinen
Zuschuß, so ist die Bank berechtigt, noch vor dem Fälligkeitstermin das
Handpfand börsenmäßig zu veräußern. Sollte der aus dem Verkaufe des
Pfandes erzielte Betrag nicht hinreichen, die Forderungen der Bank zu be=
decken, so bleibt ihr der Regreß gegen den Schuldner vorbehalten (§. 67).

Wird zur Verfallszeit das Darlehen nicht zurückbezahlt, so ist die
Bank berechtigt, ohne irgend eine Rücksprache mit dem Darlehensschuldner
und ohne gerichtliches Einschreiten das Pfand zu ihrer Schadloshaltung
entweder ganz oder theilweise zu veräußern und nach voller Bedeckung ihrer
ganzen Forderung mit dem erübrigten Ueberschusse so zu verfahren, wie
im Falle der Werthverminderung.

Die Bank ist jedoch zu diesem Verkanfe nicht verpflichtet, und wenn
sie nach Fälligkeit des Darlehens nicht dazu schreitet, tritt für ihre Forderung
an Capital, Zinsen, etwaigen Gebühren und Kosten keine Verjährung
ein (§. 68).

Im Depositengeschäfte ist die Bank berechtigt, nach den vom
Generalrathe festzusetzenden Bestimmungen baares Geld, Werthpapiere und
Urkunden zur Aufbewahrung, dann Werthpapiere zur Verwaltung zu
übernehmen. Auf Ansuchen der Betheiligten und mit Bewilligung des
competenten Gerichtes können Werthpapiere, welche nach den allgemeinen
gesetzlichen Bestimmungen bei Behörden oder Gerichtsdepositenämtern zu er=
legen wären, bei der österreichisch=ungarischen Bank zur Aufbewahrung oder
Verwaltung unter den von dem Gerichte zu bestimmenden Cautelen und
unter den für diese Geschäftszweige von der Bank festgesetzten Bedingungen
hinterlegt werden (§. 71).

Die von der Bank ausgestellten Depositenscheine über bei ihr erlegte
Werthschaften und Urkunden können übertragen werden. Die Cession
muß mit der gerichtlich oder notariell beglaubigten Unterschrift des Depo=
nenten versehen sein und der Bank angezeigt werden.

Wird bei der Bank ein Depositum für Rechnung eines Dritten er=

32*

legt, so kann darüber nicht der Erleger, wohl aber der Eigenthümer verfügen (§. 74).

Die Bank kann auch baares Geld in Noten oder Münze ohne Verzinsung als Depôt übernehmen (§. 75).

Im Girogeschäft übernimmt die Bank Gelder, Wechsel oder Effecten in laufende Rechnung, mit oder ohne Verzinsung; die Bank kann die Eröffnung eines Girofoliums ohne Angabe von Gründen verweigern. Die Foliumsbesitzer können über ihre Guthaben mittelst Anweisungen (Checks) verfügen (§. 76).

Im Anweisungsgeschäfte werden bei den dazu bestimmten Cassen der Bank Gelder zur Auszahlung bei der Casse der Bank an einem anderen Platze übernommen, und hingegen a vista oder nach einer festgesetzten Zeit zahlbare Anweisungen erfolgt. Diese Anweisungen können auf Namen oder Ordre lauten. Die Bank haftet nicht für die Echtheit des Giro oder des Acquit. Auf eine bestimmte Zeit nach Sicht lautende Anweisungen sind der Casse der Bank am Zahlungsorte vorzuweisen, um auf denselben der Zahlungstag vormerken zu lassen.

Im Commissionsgeschäfte endlich ist die Bank berechtigt, commissionsweise Incasso zu besorgen, für fremde Rechnung Effecten oder Edelmetalle zu kaufen und zu verkaufen (§. 81).

Das Banknotengeschäft.

§. 160. Die Oesterreichisch-ungarische Bank ist während der Dauer ihres Privilegiums im ganzen Umfange der österreichisch-ungarischen Monarchie ausschließlich berechtigt, innerhalb der statutenmäßig bestimmten Grenzen Anweisungen auf sich selbst, die unverzinslich und dem Ueberbringer auf Verlangen zahlbar sind, anzufertigen und auszugeben.

Diese Anweisungen der Oesterreichisch-ungarischen Bank (Banknoten) dürfen auf keinen niedereren Betrag als zehn Gulden lauten. Sie sind auf der einen Seite mit deutschem und auf der anderen Seite mit gleichlautendem ungarischen Texte versehen. Sie tragen die statutenmäßige Firmazeichnung der Bank (§. 82).

Diese Noten ist die Bank verpflichtet, bei ihren Hauptanstalten in Wien und Budapest auf Verlangen sofort gegen gesetzliche Münze österreichischer Währung einzulösen. Die Nichterfüllung dieser Einlösungspflicht hat — außer dem Falle gesetzlicher Verfügung der Nichteinlösung — den Verlust des Privilegiums zur Folge. So weit es ihre Barbestände erlauben, ist die Bank zur Einlösung ihrer Banknoten auch bei ihren Filialen verpflichtet (§. 83).

Es ist Pflicht des Generalrathes, für ein solches Verhältniß des Metallschatzes der Bank zum Banknotenumlauf Sorge zu tragen, welches geeignet ist, die vollständige Erfüllung der obigen Einlösungspflicht der Bank zu sichern. Es muß jedoch der Banknotenumlauf mindestens zu ²/₅ durch Silber oder Gold gemünzt oder in Barren, der Rest des Notenumlaufs zuzüglich der sofort zur Rückzahlung fälligen Verbindlichkeiten der

Bank, bankmäßig bedeckt sein. Als solche bankmäßige Bedeckung wird er=
klärt: a) statutenmäßig escomptirte Wechsel und Effecten; b) statutenmäßig
beliehene Edelmetalle. Effecten und Wechsel; c) eingelöste Wechsel und Cou=
pons und d) Wechsel auf auswärtige Plätze.

Wenn der Betrag des Notenumlaufes den Baarvorrath der Bank um
mehr als 200 Millionen Gulden übersteigt, so hat die Bank von den
Ueberschüssen eine Steuer von 5°/₀ an die beiden Staatsverwaltungen und
zwar so zu entrichten, daß sie von dieser Steuer 70°/₀ an die österreichische
und 30°/₀ an die ungarische Staatsverwaltung zahlt (§. 84).

Zum Zwecke der Feststellung dieser Steuer ist die Bank verpflichtet,
allwöchentlich (am 7., 15., 23. und letzten jedes Monats) die Höhe ihres
Baarbestandes und des Notenumlaufes zu constatiren und den beiden
Staatsverwaltungen einzureichen. — Als im Umlauf befindlich sind die
von der Bank ausgegebenen und nicht an ihre Cassen zurückgelangten Noten
anzusehen. Doch sind die einberufenen und sechs Jahre nach der Ein=
berufung nicht zurückgekehrten Noten als nicht mehr im Umlauf befindlich
zu betrachten und abzuschreiben (§. 85). Die Noten der österreichischen
Bank sollen „die ausschließliche Begünstigung" genießen, daß sie bei allen
in österreichischer Währung zu leistenden Zahlungen, die nicht in Folge be=
sonderer gesetzlicher Bestimmungen (wie z. B. Zollzahlung in Gold) oder
vertragsmäßig in klingender Münze zu leisten sind, in ganz Oesterreich=
Ungarn von jedermann und von den öffentlichen Cassen zu ihrem vollen
Nennwerthe angenommen werden müssen (§. 86). Diese Bestimmung er=
leidet nur eine zeitweilige Beschränkung insoferne, daß derzeit auch die
Staatsnoten einen Zwangscurs genießen.[364])

Vorzugsrechte der Bank.

Die allgemeinen Gesetze über Actiengesellschaften finden auf die Oester=
reichisch=ungarische Bank nur insoferne Anwendung, inwieferne sie mit dem
Statut der Bank nicht in Widerspruch stehen; die Bestimmungen über
Firma=Protokollirung finden auf die Bank keine Anwendung (§. 91). Das
Vermögen und die Einkünfte der Bank sind steuerfrei (§. 92); ihre Bücher
und Vormerkungen stempel= und gebührenfrei (§. 93). Die Verfälschung
ihrer Noten, Actien, Schuldverschreibungen und Pfandbriefe wird als Ver=
fälschung öffentlicher Urkunden bestraft (§. 94). Klagen gegen die Bank
aus Handelsgeschäften können nur beim Handelsgerichte in Wien, beziehungs=
weise in Budapest angebracht werden; Klagen in anderen Angelegenheiten
nur beim Landesgerichte in Wien (§. 95). Ihren Geschäftsbüchern und
den Auszügen aus denselben kommt die Beweiskraft öffentlicher Urkunden
zu (§. 96).

§ 161.

Die Bank ertheilt über die von ihr ausgegebenen Actien und Pfand=

---

[364]) Auf Grund §. 5 alinea 1 und 2 des Ges. v. 24. December 1867 (RGB.
Nr. 3 ex 1868) und ung. Ges. Art. XV: 1867.

briefe und über bei ihr liegende Gelder und Effecten nur deren Eigen=
thümern Auskünfte.

Auch ist die Bank nicht verpflichtet, über die von ihr gewährten Cre=
dite Auskünfte zu ertheilen. Die Berechtigung der Gerichte, Auskünfte
zu fordern, wird hierdurch nicht berührt (§. 98).

Die Amortisirung der von der Oesterreichisch-ungarischen Bank aus=
gegebenen Actien und Pfandbriefe und der dazu gehörigen Dividenden, be=
ziehungsweise Zinsencoupons, muß bei dem k. k. Landesgerichte in Wien
nachgesucht werden.

Bei Amortisirung von Anweisungen ist nach den am Zahlungsorte
derselben für die Amortisirung von Wechseln giltigen Vorschriften zu ver=
fahren.

Zur Amortisirung aller übrigen von der Oesterreichisch = ungarischen
Bank oder einer ihrer Anstalten an einem österreichischen Platze ausgestellten
Urkunden ist ausschließend das k. k. Landesgericht in Wien, zur Amorti=
sirung der von ihren Anstalten in den Ländern der ungarischen Krone aus=
gestellten Urkunden ausschließend das königliche Handels= und Wechselgericht
in Budapest berufen. Die genannten Gerichte verfahren hiebei nach den in
dem betreffenden Theile der österreichisch = ungarischen Monarchie für die
Amortisirung von Staatspapieren bestehenden Vorschriften. Vor Einleitung
des Amortisirungsverfahrens und vor Erlassung des Amortisirungserkennt=
nisses haben die genannten Gerichte die Aeußerung der Oesterreichisch=
ungarischen Bank über die Richtigkeit der von dem Amortisirungswerber
angeführten Merkmale der zu amortisirenden Urkunden, beziehungsweise
über deren Ausstand einzuholen (§. 99).

Die Oesterreichisch-ungarische Bank hat ein unbedingtes Vorzugsrecht
zur Befriedigung ihrer eigenen Ansprüche auf die in ihrem Besitze befind=
lichen Gelder, Wechsel und sonstigen Werthpapiere.

Dieses Vorzugsrecht kommt der Oesterreichisch=ungarischen Bank nicht
nur auf jene Gelder, Wechsel und Werthpapiere, welche ihr zur Sicher=
stellung für ihre Forderungen übergeben worden sind, sondern ohne Unter=
schied auf alles bewegliche Vermögen ihres Schuldners zu, in dessen Inne=
habung sie wann immer und zu welchem Zwecke auch immer gelangt ist.

Bilanz. ✝

§. 162.   Die Bank muß mit dem 31. December jedes Jahres ihre Jahresbilanz
abschließen. Von den Kosten der Verwaltung dürfen dabei nur die Her=
stellungskosten neuer Banknoten auf mehrere Jahre vertheilt werden (§. 101).
Von dem Reinerträgnisse der Geschäfte gebühren den Actionären zunächst
5% des eingezahlten Actiencapitals. Von dem eventuell verbleibenden
Ueberschuß werden 8% dem Reservefonde, 2% dem Pensionsfonde hinter=
legt, der Rest zur Ergänzung der Actiendividende bis auf 7% verwendet.
(3.)   Was dann noch übrig bleibt, wird in gleichen Hälften zwischen die Actio=
näre einerseits und das österreichisch=ungarische Reich vertheilt. Von dem

auf das Gesammtreich entfallenden Betrag erhält Oesterreich 70 und Ungarn 30%.

Die Actionäre erhalten ihr Erträgniß in zwei Raten; nach Schluß
des ersten Halbjahres erhalten sie eine à conto Zahlung von $2^1/_2\%$ auf
jede Actie; den Rest, der dann auf sie entfällt, nach der spätestens im
Februar des darauffolgenden Jahres stattfindenden Generalversammlung
(§. 102). Der Reservefond ist noch vor Ergänzung der 5% ordentlicher
Dividende zur Deckung von Verlusten oder Abschreibungen bestimmt (§. 102).

Erreicht der Reservefond einmal die Höhe von 20% des Actiencapitals, so werden ihm keinerlei Zuflüsse mehr aus den Erträgnissen der
Bank zugewendet. In diesem Falle kann der Generalrath die oben erwähnten Beiträge zum Pensionsfond bis auf das Doppelte des vorgeschriebenen Betrages erhöhen. Der Generalrath bestimmt die Art und Weise
der fruchtbringenden Anlegung des Reservefonds und des Pensionsfonds.
Ersterer darf jedoch nicht in Actien der Bank angelegt werden (§. 103).

Die Bank ist zu allwöchentlichen Veröffentlichungen des Standes
ihrer Activen und zu jährlichen ihrer Bilanz verpflichtet. Die letztere
hat die vorgeschriebenen Rubriken: eingezahltes Actiencapital, Reservefond,
Banknotenumlauf, Verbindlichkeiten, Pfandbriefumlauf und sonstige Passiva;
von den Activen insbesondere Metallbedeckung, Wechselportefeuille, Lombard,
Effectenbestand, Hypotheken zu enthalten (§. 104).

Drei Jahre vor Ablauf des am 31. December 1897 erlöschenden
Privilegiums hat die Generalversammlung in Berathung zu ziehen und zu
beschließen, ob die Erneuerung des Privilegiums anzusuchen ist.

Wenn die Gesellschaft aufgelöst wird, so hat der Generalrath die laufenden Geschäfte zu beenden, die Forderungen einzuziehen, das gesammte
bewegliche und unbewegliche Vermögen der Bank unter Beobachtung der
Statuten zu verwerthen und sämmtliche Verbindlichkeiten zu erfüllen.

Zur Beendigung schwebender Geschäfte können auch neue Geschäfte
eingegangen werden.

Der nach Erfüllung aller Verbindlichkeiten erübrigte Betrag wird
unter die Gesellschaftsglieder nach Verhältniß der Actien
vertheilt.

Unter Aufrechthaltung des zur Sicherstellung der Pfandbriefe zu bestellenden Fondes auf der in Artikel 6 bestimmten Höhe können im Zuge
der Liquidation aus dem nach ausreichender Bedeckung der sonstigen noch
schwebenden Verbindlichkeiten verfügbaren Vermögen der Bank auch Theil-
rückzahlungen auf die Actien geleistet werden.

Mit dem Erlöschen des Privilegiums der Bank, sowie mit der durch
die gesetzgebende Gewalt beider Theile der Monarchie genehmigten Auf-
lösung der Gesellschaft vor dem Erlöschen des Privilegiums treten die
Privilegialrechte der Bank in Bezug auf die Anfertigung und Ausgabe von
Banknoten, und die Bestimmungen über die Antheilnahme der beiderseitigen
Regierungen an dem Reinerträgnisse der Gesellschaft außer Kraft. Die
Befugnisse der Directionen gehen auf den Generalrath über, mit Ausnahme
des Vorschlagsrechtes für die Wahl von je zwei Generalräthen, nach dessen

Wegfall alle Wahlen für den Generalrath unmittelbar aus den Mit=
gliedern der Generalversammlung geschehen.

Alle der Oesterreichisch=ungarischen Bank statutenmäßig eingeräumten
besonderen Rechte bezüglich der Geschäftsführung reichen bis zur voll=
ständigen Durchführung ihrer Liquidation auch über die Dauer des Privi=
legiums der Bank (§. 106). Ueber jene Streitigkeiten, welche anläßlich
der Auflösung der Gesellschaft zwischen den Mitgliedern derselben oder in
dem Verhältnisse der Oesterreichisch=ungarischen Bank zu der k. k. öster=
reichischen oder zu der k. ungarischen Regierung entstehen, entscheidet das
oben erwähnte Schiedsgericht, gegen dessen Ausspruch auch in diesem Falle
kein weiterer Rechtszug stattfindet (§. 108).

Das Patentrecht.

§. 163. All und jede Privilegiums=Ertheilung auf gewerbliche Erzeugnisse
wird begründet einerseits als ein Schutz geistigen Eigenthums, andererseits
als Erfinderlohn und dadurch mittelbar Förderung des Erfindungsgeistes
als mächtigsten Hebels des Gewerbes und der Industrie. Diese Begrün=
bungen sind mannigfachen Anfechtungen ausgesetzt.[365] Man bestreitet es,
daß eine Erfindung ein geistiges Eigenthum sei. Diese Einwendung ist
nicht ohne Berechtigung; aber unsere Ideen sind offenbar nicht unser
persönliches Eigenthum. Keine Idee entspringt voraussetzungslos im Ge=
hirne des Einzelnen. Sie wurde angeregt durch Ideen anderer Menschen.
Auch der genialste Erfinder ist das Product seiner Umgebung, seiner Zeit
und einer vorhergehenden Entwickelung. Unser Denken ist nicht persön=
liches Eigenthum. Wir werden erzogen und unterrichtet; Vorgänger und
Umgebung beeinflussen unsere geistige Entwickelung. Die aus solchen Vor=
aussetzungen entspringenden Ideen können sehr wohl als Gemeingut in
Anspruch genommen werden und es kann bezweifelt werden, ob das System
des Privateigenthums an Sachen auf Ideen und Erfindungen übertragen
werden darf.[366] Wenigstens haben die überaus consequenten und logisch
denkenden römischen Juristen eine solche Uebertragung nicht gekannt.

Auch die anderen Begründungen der Privilegiums=Ertheilung können

---

[365] Vergl. v. Bojanowski: Ueber die Entwickelung des deutschen Patent=
wesens in der Zeit vom Jahre 1877—1889. Der Commissionsbericht im deutschen
Reichstag (April 1877) über ein zu erlassendes Patentgesetz constatirt, daß vor
nicht gar langer Zeit noch der Patentschutz als „ein ungerechtfertigtes, den ge=
werblichen Fortschritt hemmendes Monopol" angesehen wurde. Seit den 60er
Jahren hatte sich in Deutschland in volkswirthschaftlichen Kreisen „über die Zweck=
mäßigkeit, selbst über die Berechtigung des Patentwesens grundsätzlicher Widerstreit
herausgebildet." Erst in den 70er Jahren gelang es den Anstrengungen des
„deutschen Patentschutz=Vereins" einen theilweisen Umschwung der Ansichten herbei=
zuführen und sodann auch die deutsche Reichsregierung für den Patentschutz zu
gewinnen; so kam denn endlich das deutsche Patentgesetz vom 25. Mai 1877 zu
Stande.

[366] Der von Bojanowski citirte Satz: „Das Erfundene erscheint als der
vorzüglichste selbsterworbene Besitz" (Bojanowski S. 18) ist nur scheinbar richtig;
einer tieferen sociologischen Betrachtung hält er nicht Stand. Vergl. m. Socio=
logie S. 214 u. 215.

bestritten werden. Wenn dem Erfinder ein Lohn gebührt, so kann derselbe vom Staate auf andere Weise erstattet werden, und muß nicht gerade mittelst der Ausschließung der Gesammtheit von der Verwerthung der neuen Erfindung geschehen. Wenn es dem Staate um Hebung und Förderung des Gewerbes und der Industrie zu thun ist, sollte er da sich nicht vielmehr beeilen, all und jede neue Erfindung so bald als möglich zum Gemeingut der Gesammtheit zu machen? Warum sollte gerade darin Förderung der Industrie bestehen, daß der Gesammtheit sowohl, wie den Gewerbetreibenden und Industriellen insbesondere, durch Jahrzehnte hindurch die Verfertigung und Verwerthung nützlicher Gegenstände verboten wird? Oder ist es wirklich über allen Zweifel erhaben, daß Aussicht auf Patente und Privilegien die nützlichen Erfindungen hervorruft? Ist es nicht eine zu materialistische Beurtheilung der Natur des menschlichen Geistes, wenn man solchen Lohnaussichten einen Einfluß auf die intimsten Regungen menschlichen Genies beimißt?[367])

All diese Fragen sind keineswegs in endgiltiger Weise entschieden und gegen die Richtigkeit der hier erwähnten Begründungen der Privilegiumsertheilungen kann auch aus dem Umstande Verdacht geschöpft werden, daß Regierungen zu Privilegiumsertheilungen an Erfinder und Industrielle schon zu einer Zeit sich veranlaßt sahen, wo die obigen Begründungen noch nicht gebräuchlich waren.

Entwicklung des Patentrechts.

Man darf wohl behaupten, daß Ertheilungen von Privilegien ur- **§. 164.**
sprünglich weder auf rechtlichen noch auf volkswirthschaftlichen Erwägungen beruhten, sondern einfach von Herrschern als Gunstbezeugungen an einzelne bevorzugte Industrielle verliehen wurden, und daß in der Folge diese Gunstbezeugungen von den Regierungen zu fiscalischen Zwecken verwerthet worden sind und das „Hoheitsrecht" der Privilegien = Ertheilung als Quelle des Staatseinkommens behandelt wurde.

Zu jenen Zeiten wird das große Publicum solche Privilegien gewiß als keine durch das Recht oder das Gesammtinteresse geforderte Verwaltungsmaaßregel angesehen haben, wofür als Beweis gelten kann, daß der englische Richterstand schon unter den Tudors sich weigerte, solche vom König verliehene Privilegien als rechtlich bestehend anzuerkennen. Eine Ausnahme machten aber die Gerichte zu Gunsten jener Personen, die auf von ihnen gemachte Erfindung ein Privilegium erhalten hatten. Dieses so entstandene Gewohnheitsrecht erhob eine Parlamentsacte im Jahre 1623 zum Gesetz. Darnach war die Ertheilung von gewerblichen Privilegien für die Zukunft untersagt und nur an Erfinder für die Dauer von 14 Jahren gestattet.

---

[367]) In dem erwähnten deutschen Reichstagscommissionsbericht heißt es unter anderem: „Die Frage, ob der Patentschutz für die Entwickelung des Gewerbefleißes wirklich von so erheblicher Bedeutung ist, wie es heutzutage vielfach angenommen wird, kann auf sich beruhen bleiben" u. s. w.

Auf Grundlage dieser Parlamentsacte entwickelte sich in England das Patentrecht und erfuhr erst im Jahre 1852 auf Grund einer mehr als 200jährigen historischen Entwickelung seine gegenwärtig geltende gesetzliche Formulirung.

In Amerika ward der Patentschutz 1787 durch die Verfassung grundsätzlich ausgesprochen und 1790 geregelt. Dabei wurde vor der Verleihung eines Patentes eine Prüfung von amtswegen und ohne öffentliches Aufgebot vorgenommen, ob der Anmelder der wirkliche Erfinder und ob seine Erfindung neu ist.

Frankreich folgte dem Beispiel Amerikas und erließ 1791 ein Patentgesetz. Doch verwarf das französische Gesetz jede Vorprüfung; es ertheilte dem ersten Anmelder auf seine Gefahr ein Patent. Erfolgten dann Anfechtungen desselben, so gelangte die Angelegenheit zu richterlicher Entscheidung. In Preußen blieb man bis zum Jahre 1815 bei den landesfürstlichen Privilegien. Erst eine Verordnung des preußischen Finanzministeriums vom Jahre 1815 stellte allgemeine Grundsätze über Ertheilung von Patenten auf und zwar wurde das amerikanische System der Vorprüfung angenommen, jedoch mit gleichzeitigem, öffentlichem Aufgebot. Dem Beispiel Preußens folgten nun andere deutsche Staaten und auch Oesterreich mit seinem ältesten Privilegiengesetz, das mit Patent vom 8. December 1820 erlassen wurde.[368] Dieses Gesetz jedoch galt kaum 12 Jahre; mit dem Patent vom 31. März 1832 wurde ein neues Patentgesetz erlassen, welches praktischer und bequemer schien, da es sich auf das reine Anmeldungssystem beschränkte. Auf demselben Grundsatze beruht auch das heute geltende Privilegiengesetz vom 15. August 1852 RGB. Nr. 184, welches sich als „zum Schutze des Erfindungsgeistes" erlassen einführt.

Das geltende Patentrecht.

§. 165. Auf Grund dieses heute geltenden Gesetzes vom 15. August 1852 RGB. Nr. 184 kann ein ausschließendes Privilegium in der Regel auf jede neue Entdeckung, Erfindung oder Verbesserung ertheilt werden, welche a) ein neues Erzeugniß der Industrie, oder b) ein neues Erzeugungsmittel, oder c) eine neue Erzeugungsmethode zum Gegenstande hat, das Privilegium mag von einem österreichischen Staatsangehörigen, oder von einem Ausländer angesucht werden.

Das Gesetz erklärt als Entdeckung jede Auffindung einer zwar schon in früheren Zeiten ausgeübten, aber wieder ganz verloren gegangenen, oder überhaupt einer im Inlande unbekannten industriellen Verfahrungsweise; als eine Erfindung wird jede Darstellung eines neuen Gegenstandes mit neuen Mitteln, oder eines neuen Gegenstandes mit schon bekannten Mitteln, oder eines schon bekannten Gegenstandes mit anderen als den bisher für denselben Gegenstand angewendeten Mitteln erklärt; als eine

----

[368] Nr. 1722 J.G.S.

rbesserung oder Veränderung wird jede Hinzufügung einer Vor=
htung, Einrichtung oder Verfahrungsweise zu einem bereits bekannten
r privilegirten Gegenstande erklärt, durch welche in dem Zwecke des
genstandes, oder in der Art seiner Erzeugung ein günstigerer Erfolg
r eine größere Oekonomie erzielt werden soll.

Als neu wird irgend eine Entdeckung, Erfindung oder Verbesserung
lärt, wenn sie bis zur Zeit des angesuchten Privilegiums im Inlande
der in der Ausübung steht, noch durch ein veröffentlichtes Druckwerk be=
nnt ist (§. 1).[869]

Auf solche Entdeckungen, Erfindungen oder Verbesserungen, auch wenn
neu sind, wird jedoch nicht unbedingt ein Privilegium ertheilt; das
setz fügt mehrere Beschränkungen hinzu, die auf keinem einheitlichen
inzip beruhen. So z. B. wird auf Bereitung von Nahrungsmitteln, Ge=
nken, Arzeneien, kein Privilegium ertheilt, was unverständlich ist, denn
gäbe wohl keinen größeren Wohlthäter der Menschheit und niemand ver=
nte eine größere Belohnung als derjenige, der ein billiges und gesundes
hrungsmittel erfände oder entdeckte; dagegen ist es vollkommen begründet,
ß auf ausländische Erfindungen, die im Ausland nicht patentirt sind,
h in Oesterreich kein Patent ertheilt wird und ebenso selbstverständlich,
ß unsittliche, gefährliche, der Gesundheit nachtheilige Erfindungen nicht
vilegirt werden (§§. 2, 3).

Die Verleihung erfolgt nach dem reinen Anmeldesystem ohne jede
rprüfung[870]; es bedarf nur des Ansuchens, der Entrichtung der
xe und der genauen Beschreibung der neuen Erfindung (§. 7).

Die Zeitdauer, auf welche das Privilegium ertheilt wird, kann 15 Jahre
ht überschreiten; nur auf Grund einer kaiserlichen Bewilligung kann ein
ivilegium auf längere Zeit verliehen werden (§. 9).

Jedes vorschriftsmäßig in Oesterreich ertheilte Privilegium gilt auch
: Ungarn.[871]

Wer ein Privilegium auf kürzere Zeit als 15 Jahre erworben hat

---

[869] Während das österreichische Gesetz auf das „Neue" Nachdruck legt, jede
tdeckung, Erfindung und Verbesserung, wenn sie neu ist schon deswegen allein
patentiren bereit ist: verlangt das deutsche Reichspatent=Gesetz vom Jahre 1877
er der Neuheit noch die „gewerbliche Verwerthbarkeit." „Patente werden
eilt (heißt es im deutschen Gesetz v. 25. Mai 1877) für neue Erfindungen,
che eine gewerbliche Verwerthung gestatten." Auf Grund dieser Bestimmung
t die deutsche Patentbehörde eine Art Jurisdiction und sie weist auch einen
ßen Procentsatz von Patentgesuchen ab mit der Begründung, daß sie die
werbliche Verwerthbarkeit" der neuen Erfindung nicht einsieht.

[870] Die Behörde hat sich auf die Prüfung des Privilegiums=Gesuches zu
ränken, ob es vorschriftsmäßig abgefaßt ist. Eine weitläufigere Vorprüfung,
die Erfindung wirklich neu ist, findet nicht statt; es genügt, wenn dieselbe der
örde bisher nicht bekannt war. Dagegen verlangt das deutsche Gesetz nicht
: eine eingehende Vorprüfung über die Neuheit der Erfindung, sondern auch
über, ob die neue Erfindung auch zur Patentirung sich eigne. Die Be=
de hat daher in Deutschland nicht nur die Neuheit, sondern auch die Patent=
rdigkeit der Erfindung zu prüfen.

[871] Art. XVI des Ges. v. 27. Juni 1878 RGB. Nr. 62.

(was der geringeren Taxe wegen geschieht), kann beim Ablauf der Privi=
legiumsdauer deren Verlängerung innerhalb der 15 Jahre erhalten (§. 27).
Das Privilegium erlischt vorzeitig durch eine Nullitätserklärung, wenn
es sich hintendrein zeigt, daß die gesetzlichen Erfordernisse, deren Vorhanden=
sein angenommen wurde, nicht vorhanden waren (§. 29). Die Privilegien
werden in einem beim Handelsministerium befindlichen Register eingetragen
(§. 31), dessen Einsichtnahme jedermann freisteht (§. 32). Nach Ablauf
der Privilegiumsdauer wird die Beschreibung der privilegirt gewesenen Er=
findungen, Entdeckungen oder Verbesserungen durch den Druck veröffent=
licht (§. 34).

Jedes Privilegium kann als wirthschaftliches Gut entgeltlich oder un=
entgeltlich übertragen werden (Abschn. VI); jede Beeinträchtigung des
Privilegiumsinhabers (Privilegiumeingriff) wird als Verletzung fremden
Eigenthums resp. Beschädigung des Eigenthümers behandelt und bestraft
(Abschn. VII).

Musterschutzrecht.

§. 166. Nach denselben Grundsätzen wie die Privilegiumsertheilung auf ge=
werbliche Erfindungen, ist der Schutz der gewerblichen Muster und Modelle
durch das Gesetz vom 7. Decembes 1858 RGB. Nr. 237 geregelt. Während
aber das Privilegiumsgesetz als Begründung seiner Bestimmungen den
Wunsch des Gesetzgebers angiebt, „dem Erfindungsgeiste den erforder=
lichen Schutz angedeihen zu lassen": betont das Musterschutzgesetz in der
Einleitung die Absicht „der inländischen Industrie einen angemessenen
Schutz für die bei ihren Erzeugnissen in Anwendung kommenden neuen
Muster und Modelle zu gewähren und dadurch ihre Entwickelung zu
fördern".

Als Muster oder Modell wird jedes auf die Form eines Industrie=
erzeugnisses bezügliche zur Uebertragung auf ein solches geeignete Vorbild
erklärt, und was das Gesetz über Muster bestimmt, will es auch von Modellen
verstanden wissen (§. 1).

Der Inhalt des einem neuen Muster oder Modelle verliehenen Schutzes
besteht darin, daß niemand anderer als nur der ursprüngliche Verfertiger
desselben für die gesetzlich festgesetzte Zeit von höchstens drei Jahren be=
rechtigt ist „dasselbe auf Industrieerzeugnisse anzuwenden" (§§. 2—4).

Der Vorgang bei der Erwirkung ist analog dem bei der Privilegiums=
erwerbung. Der Bewerber um „das ausschließende Recht der Benützung
eines Musters" hat dasselbe behördlich zu hinterlegen und die vorgeschriebene
Gebühr zu bezahlen. Dabei wird von der Behörde weder die Neuheit
noch die Legitimation des Bewerbers geprüft. Die Handelskammer, die in
diesen Angelegenheiten die competente Behörde ist, kann ein ordnungsmäßig
überreichtes Gesuch nicht abweisen. Sie muß nach dem Gesetze amtshandeln,
ein Hinterlegungsprotokoll aufnehmen und das offen oder versiegelt über=
reichte Muster in Aufbewahrung nehmen. Die offenen Muster sind al=
sogleich zu jedermanns Einsicht bereit zu halten; die versiegelten Muster

bleiben ein Jahr versiegelt, — werden dann eröffnet und ebenfalls zu jedermanns Einsicht frei gelassen.

Das ausschließende Recht erlischt entweder durch die Nichtbenützung seitens des Berechtigten in Oesterreich während eines Jahres oder durch hintendrein sich herausstellende Nullität, analog wie bei den Privilegien (§§. 10 und 11).

Markenschutzrecht.

Wenn auch der Markenschutz als ein Theil des Privilegium= und **§. 167.** Patentrechts behandelt wird: so handelt es sich doch bei demselben um etwas wesentlich ganz Verschiedenes. Der Markenschutz, d. i. der Schutz der gewerblichen Marke vor Nachahmung, kann auf eine viel unanfechtbarere Weise begründet werden als die obigen Privilegienertheilungen. Denn beim Markenschutz handelt es sich weder um den Schutz eines geistigen Eigenthums, noch um einen Erfinderlohn und auch nur sehr mittelbar um Förderung des Gewerbefleißes: sondern einfach in erster Reihe um Schutz des Publicums vor Irreführung. Allerdings kommt dieser Schutz des Publicums in seinen Folgen demjenigen Gewerbetreibenden zu Gute, dessen Marke vor Nachahmung geschützt wird, weil es ihm so möglich gemacht wird, aus dem guten Ruf, den sich sein Fabrikat erworben hat, den entsprechenden Nutzen zu ziehen. Dem Markenschutz kann aber keine jener Einwendungen entgegengesetzt werden, wie den Privilegiumsertheilungen, weil der Markenschutz thatsächlich keinerlei Privilegium enthält. Es steht ja jedem frei, die mit einer Schutzmarke versehenen Waaren und Artikel zu verfertigen, ja sogar in besserer Qualität zu verfertigen und dadurch die geschützte Marke eventuell werthlos zu machen. Durch das Verbot der Nachahmung einer Gewerbsmarke wird niemandem ein rechtmäßiger Erwerb entzogen oder vorenthalten.

Die Zuerkennung eines Patentes kann füglich als eine staatliche Begünstigung der Erfinder aufgefaßt werden: der Schutz seiner Marke gebührt jedem Gewerbetreibenden und Industriellen als sein gutes Recht. Man kann sich eine staatliche Rechtsordnung ohne Patentrecht denken: der Markenschutz dagegen ist nur eine strenge Consequenz jeder staatlichen Rechtsordnung.

Daher bietet auch die Durchführung des Markenschutzes viel weniger Schwierigkeiten als der Patentschutz und giebt auch zu keinen solchen streitigen Auffassungen Anlaß wie dieser.

Aus dem Wesen und dem Zweck des Markenschutzes ergiebt sich ferner auch der Unterschied zwischen demselben einerseits und dem Patent= und Musterschutz andererseits, daß während letzterer nur durch eine gesetzlich bestimmte kurze Zeitdauer gewährt wird, die Zeitdauer des Markenschutzes weder gesetzlich bestimmt, noch überhaupt auf eine bestimmte Zeit beschränkt wird, sondern so lange dauert, so lange die betreffende Unternehmung denselben in Anspruch nimmt. Es kann also der Markenschutz unter den gesetzlichen Bedingungen über Generationen hinaus verlängert werden.

Das ältere Markenschutzrecht.

§. 168. Das erste österreichische Markenschutzgesetz war das vom 7. December 1858. Man behandelte damals die Sache offenbar sehr bagatellmäßig, was bei dem geringen damaligen Umfange der österreichischen Industrie übrigens begreiflich ist. Diese Geringschätzung der ganzen Sache zeigte sich darin, daß der Markenschutz gegen eine einmalige Gebühr, ohne jede spätere Erneuerung, ein für allemal gewährt wurde; noch deutlicher aber verräth sich diese Geringschätzung darin, daß in einer Zeit der strammsten Centralisation in Oesterreich gerade der Markenschutz höchst autonomistisch, ja sogar vollkommen föderalistisch behandelt wurde, indem die Sache nicht nur jedem einzelnen Lande, sondern jedem einzelnen Handelskammerbezirke überlassen wurde, ohne daß der Gesetzgeber auf eine einheitliche Behandlung im Staate oder irgend einen Zusammenhang zwischen den einzelnen Handelskammerbezirken oder Ländern in der Behandlung des Markenschutzes bedacht gewesen wäre. So genügte es denn nach dem 1858er Gesetze zur Erlangung des Schutzes seiner Marke, dieselbe bei der Handelskammer seines Bezirkes anzumelden und die Taxe von fünf Gulden ein für allemal zu bezahlen. Die Unzukömmlichkeiten, die aus dem Mangel einer centralen Uebersicht der in Oesterreich geschützten Marken sich ergaben, kann man sich leicht denken; denn außerhalb des betreffenden Handelskammerbezirkes konnte niemand wissen, ob eine Marke geschützt ist oder nicht und welche geschützten Marken überhaupt existiren; er müßte denn alle österreichischen Handelskammern behufs Erlangung dieser Kenntniß aufsuchen. Auch entsprach der bagatellmäßigen Behandlung der Sache die auf den Eingriff in's Markenrecht gesetzte Maximal-Geldstrafe von 500 fl., welche angesichts der oft aus solchem Eingriffe erwachsenden beträchtlichen Gewinne gar keine Rolle spielt und den Markenfälscher nicht zurückschreckt.

Das geltende Markenschutzrecht.

§. 169. Diese Mängel des 1858er Gesetzes beseitigt das neue österreichische Markenschutzgesetz vom 6. Jänner 1890 RGB. Nr. 19. Gerade dem autonomistisch organisirten Oesterreich war es vorbehalten, den von dem Centralismus föderalisirten Markenschutz im Interesse der Industrie zu centralisiren. Denn zum Behufe der Registrirung einer Marke muß dieselbe nicht allein bei der Handelskammer des Unternehmungsbezirkes, sondern auch beim Handelsministerium in ein Centralmarkenregister - eingetragen werden, zu welchem Zwecke der Bewerber seine Marke bei seiner Handelskammer in vier Exemplaren überreichen muß, von denen zwei in's Handelsministerium eingeschickt werden. Die erste zu erlegende Taxe blieb unverändert mit 5 fl. bemessen, die in die Casse der Handelskammer fließt, doch muß die Registrirung der Marken von zehn zu zehn Jahren erneuert und dabei die Taxe von fünf Gulden immer entrichtet werden (§. 16), was gewiß nur als ein sehr geringfügiger Entgelt für den gewährten Schutz angesehen werden muß und eine Jahrzehnte dauernde Industrie gewiß nicht belästigen kann.

Durch diese Eintragung und die folgenden Erneuerungen erlangt der Bewerber das „Alleinrecht", d. h. das ausschließliche Recht zum Gebrauche einer Marke (§. 2). Doch sind gewisse Zeichen und Bildnisse von der Registrirung ausgeschlossen, wie z. B. Bildnisse des Kaisers oder von Mitgliedern des kaiserlichen Hauses, Staats- oder Landeswappen, allgemein gebräuchliche Bezeichnungen gewisser Waaren oder endlich Aergerniß erregende Darstellungen (§. 3).

Das erworbene Alleinrecht an einer Marke ist jedoch nur ein Recht zur ausschließlichen Bezeichnung einer speciellen Waarengattung mit dieser Marke, nicht ein Recht, diese Marke ausschließlich zu gebrauchen; denn es kann sich derselben registrirten Marke jedermann zur Bezeichnung anderer Waarengattungen bedienen (§. 7). Es giebt also keine einer Unternehmung ausschließlich dienende Marke zur Bezeichnung ihrer verschiedenen Waarengattungen; dagegen kann ein Unternehmer allerdings für mehrere Waarengattungen, ja sogar für ein und dieselbe mehrere Marken anmelden (§. 8).

Wie schon erwähnt, dient das Markenrecht der Unternehmung als solcher ohne Rücksicht auf den Wechsel der Inhaber derselben (§. 9). Doch ist für einen neuen Besitzer (außer der Wittwe und den Erben) die Umschreibung obligatorisch und unterliegt einer neuerlichen Taxe; übrigens darf auch da, wo es keine geschützte Marke giebt, sich niemand ohne Einwilligung des Betheiligten der geschäftlichen Bezeichnung eines fremden Unternehmens bedienen (§. 10).

Das Markenrecht kann unter Umständen zu einer Markenpflicht werden; denn wenn es auch in der Regel dem Berechtigten frei steht, sich seiner Marke zu bedienen oder nicht: so faßt das Gesetz auch Fälle in's Auge, wo der Handelsminister im Interesse des öffentlichen Verkehrs hinsichtlich bestimmter Waarengattungen anordnen kann, daß dieselben mit einer zu registrirenden Marke versehen werden; es kann also unter Umständen auch eine zwangsweise Registrirung einer Marke erfolgen, mit der dann die bestimmte Waarengattung versehen werden muß.

Das Markenrecht erlischt durch Streichung auf Ansuchen des Berechtigten, durch Nichterneuerung nach Ablauf von zehn Jahren, durch Unterlassung der obligatorischen Umschreibung (s. oben), in Folge Erkenntnisses des Handelsministers entweder über ein streitiges Markenrecht oder daß eine Nullität vorliege, d. h. daß die Marke nicht hätte registrirt werden sollen (§. 21).

Eingriffe in das Markenrecht werden nach dem neuen Gesetze nicht nur mit größeren Geldstrafen (von 500 bis 2000 fl.) sondern nach Umständen auch mit Arrest von drei Monaten bis zu einem Jahre bestraft, womit überdieß eine Geldstrafe bis zu 2000 fl. verbunden werden kann (§. 23). Diese Strafen können auch gegen verschiedene Mitschuldige verhängt werden, also gegen Waarenverkäufer, Verschleißer, gegen die Anfertiger der falschen Marken u. s. w., selbstverständlich, wenn sie wissentlich vorgehen (§. 24).

Neben der Verhängung der Strafe kann auf Verlangen des Beschädigten nicht nur eine Confiscation und Vernichtung der zur Anfertigung der Marken dienenden Werkzeuge, der angefertigten Marken selbst, sogar auf die Gefahr der Vernichtung der damit bezeichneten Waaren u. dergl., sondern auch eine Entschädigung des Verletzten bis zum Betrage von 5000 fl. ausgesprochen werden (§. 27).

Ueber alle streitigen Markenrechte judicirt der Handelsminister (§. 30).

Handelskammern.

§. 170. Die ersten Handels- und Gewerbekammern wurden in Oesterreich auf Grundlage der a. h. Entschließung vom 18. März 1850 (RGB. Nr. 122) errichtet. Durch dieselben sollte „der Handels- und Gewerbestand seine Anliegen der Staatsverwaltung eröffnen und die Bemühungen der letzteren zur Förderung des Verkehrs" unterstützen. Und zwar wurden damals über das ganze Reich (mit Einschluß Ungarns) vertheilt 60 solcher Kammern errichtet, von denen jede aus mindestens 10 und höchstens 30 Mitgliedern bestand.

Mit dem Gesetze vom 25. Juni 1868 erfolgte „zur Vertretung der Interessen des Handels und der Gewerbe mit Einschluß des Bergbaues" eine Reorganisation der Handels- und Gewerbekammern, wobei die Zahl der Mitglieder derselben verstärkt wurden, da sie nun „mindestens 16 und höchstens 48 beträgt.[872] Eine bestimmte Zahl der Mitglieder muß in dem Standort der Kammern ansässig sein. Der Handelsminister bestimmt im Einvernehmen mit den einzelnen Handelskammern die Anzahl der wirklichen Mitglieder für jede derselben (§. 4), sowie die Verhältnißzahl der im Standort der Kammer ansässigen zu den auswärtigen.

Die Handelskammern haben als berathende Körperschaften:

a) Wünsche und Vorschläge über alle Handels- und Gewerbeangelegenheiten in Berathung zu nehmen;

b) ihre Wahrnehmungen und Vorschläge über die Bedürfnisse des Handels und der Gewerbe, sowie über den Zustand der Verkehrsmittel sowohl über erhaltene Aufforderung seitens der Ministerien oder Landesbehörden, als auch aus eigener Initiative zur Kenntniß der Behörden zu bringen;

c) über Gesetzentwürfe, welche die commerciellen oder gewerblichen Interessen berühren, bevor dieselben von der Regierung den gesetzgebenden Vertretungskörpern zur verfassungsmäßigen Behandlung vorgelegt werden; dann:

d) bei Errichtung von öffentlichen Anstalten, welche die Förderung des

---

[872] Und zwar giebt es gegenwärtig 29 solcher Kammern in nachfolgenden Städten für ihre betreffenden Bezirke: Wien, Linz, Salzburg, Graz, Leoben, Klagenfurt; Laibach, Görz, Rovigno, Triest; Innsbruck, Bozen, Roveredo, Feldkirch; Prag, Reichenberg, Eger, Pilsen, Budweis; Brünn, Olmütz, Troppau; Krakau, Lemberg, Brody, Czernowitz; Zara, Spalato, Ragusa.

Handels oder der Gewerbe zum Zwecke haben, sowie bei wesentlichen Abänderungen der Organisation derselben ihr Gutachten abzugeben;

e) über Aufforderung der Regierung und über die von derselben bestimmt bezeichneten Gegenstände mit einer oder mehreren Kammern in gemeinsame Berathung zu treten.

Außerdem haben dieselben einen gewissen amtlich übertragenen Wirkungskreis, indem sie berufen sind, eine Anzahl von amtlichen Verzeichnissen zu führen, in welche die Eintragung theils gesetzlich vorgeschrieben ist, theils gesetzliche Folgen (Rechtsbegründungen) nach sich zieht. Es sind das die Marken- und Musterregister, die Register über die Erwerbs- und Wirthschaftsgenossenschaften. Ferner ist den Handels- und Gewerbekammern ein amtlicher Einfluß auf Ernennung von öffentlichen und beeideten Sensalen (Waaren- und Wechselmäkler) gewährt; sie haben das Recht Zeugnisse auszustellen über Bestand von Handelsusancen und die Pflicht, jährlich dem Handelsministerium einen Handels- und Gewerbebericht einzusenden, worin sie ihre allfälligen Wahrnehmungen über Geschäftsverhältnisse zum Ausdruck bringen können. Sie unterstehen unmittelbar dem Handelsminister; Behörden und Körperschaften sind angewiesen, ihnen auf Verlangen die erforderlichen Auskünfte die ihnen zur Erfüllung ihrer Obliegenheiten nöthig sind, zu geben.

Die Mitglieder der Kammer zerfallen in wirkliche und correspon- **§. 171.** dirende. Erstere werden vom Handels- und Gewerbestande auf fünf Jahre gewählt; letztere von der Kammer ernannt. Die Mitglieder versehen ihr Amt unentgeltlich.

Wahlberechtigt sind: 1. jene Mitglieder des Handels- und Gewerbestandes, welche im Vollgenusse der bürgerlichen Rechte sind und im Bezirke der Kammer, für welche die Wahl stattfindet, eine Handlung, ein Gewerbe oder einen Bergbau selbständig oder als öffentliche Gesellschafter betreiben, 2. jene Personen, welche als Vorstände oder Directoren commercielle oder industrielle Actionunternehmungen leiten, wenn von denselben der für die Wahlberechtigung vorgeschriebene Steuerbetrag entrichtet wird. Dieser Steuerbetrag wird für den Großhandel und die Großindustrie mit mindestens jährlich hundert Gulden festgesetzt, für alle übrigen Kategorieen steht die Feststellung desselben dem Handelsminister im Einvernehmen mit der betreffenden Kammer mit der Beschränkung zu, daß jedenfalls die Entrichtung des dem Steuercensus für die Wahlberechtigung zum Landtage gleichkommenden Steuerbetrages von den oben aufgeführten Unternehmungen genügt, um für die daselbst bezeichneten Personen die Wahlberechtigung für die Handels- und Gewerbekammern zu begründen.

Wer in mehreren Kategorieen des einen Kammerbezirkes wahlberechtigt ist, kann nur in einer derselben sein Stimmrecht ausüben.

Als wirkliche Mitglieder können jene Mitglieder des Handels- und Gewerbestandes gewählt werden, welche

1. österreichische Staatsbürger sind, das dreißigste Lebensjahr zurückgelegt haben und seit mindestens drei Jahren die Erfordernisse für das active Wahlrecht besitzen, dann

2. ihren regelmäßigen Wohnsitz im Bezirke der Kammer haben.

Als wirkliche Mitglieder der Handels= und Gewerbekammer in Triest können auch Nichtösterreicher, wenn sie die übrigen Erfordernisse für das passive Wahlrecht besitzen, gewählt werden; doch darf die Anzahl der letzteren ein Drittheil sämmtlicher wirklicher Mitglieder der Kammer nicht übersteigen (§. 7).

Zur Durchführung der Wahl bestellt die Landesbehörde eine eigene Wahlcommission, welche die Liste der Wahlberechtigten verfaßt und dieselbe unter Anberaumung einer Fallfrist zur Einbringung der Einsprüche (Reclamationen) bekannt macht. Ueber diese Einsprüche entscheidet die Wahlcommission, verfaßt sodann eine neue berichtigte Liste der Wahlberechtigten, fertigt auf Grundlage derselben die Legitimationskarten zum Wahlacte aus und sendet dieselben den Wahlberechtigten zu. Die Wahl selbst geschieht öffentlich, und zwar entweder mündlich durch Abgabe der Stimme vor der Wahlcommission oder schriftlich durch Einsendung vom Wähler unterzeichneter Stimmzettel.

Das Gesetz bestimmt die Rechte und Obliegenheiten des Präsidenten der sein Amt unentgeltlich versieht. Die Kammer hält monatlich eine ordentliche Sitzung und nach Bedarf außerordentliche.

§. 172.

Zur Besorgung der Concepts=, Kanzlei= und Cassageschäfte ernennt jede Handels= und Gewerbekammer außerhalb des Kreises ihrer Mitglieder einen fachwissenschaftlich gebildeten, besoldeten Secretär und das erforderliche besoldete Hilfspersonale. Der Secretär und das Hilfspersonale empfangen ihre Geschäftszuweisung durch den Präsidenten (§. 14).

Die Verhandlungen der Kammer sind in der Regel öffentlich.

Zu einem gültigen Beschlusse der Kammer ist die Anwesenheit von mindestens der Hälfte der wirklichen Mitglieder nothwendig. Die Beschlüsse der Kammer werden nur in den Plenarversammlungen, und zwar mit absoluter Mehrheit, gefaßt. Bei gleichgetheilten Stimmen wird jene Meinung zum Beschlusse erhoben, welcher der Vorsitzende beigetreten ist.

Der Handelsminister ernennt einen Commissär, welcher den Plenarsitzungen der Kammer beizuwohnen berechtigt ist. Derselbe kann jederzeit das Wort verlangen; ein Stimmrecht steht ihm jedoch nicht zu (§. 20).

Ueber den erforderlichen Kostenaufwand entwirft jede Handels= und Gewerbekammer alljährlich einen Voranschlag und legt ihn im Wege der politischen Landesbehörde dem Handelsminister zur Genehmigung vor.

Zur Bildung eines Pensionsfondes für die von der Kammer definitiv angestellten Beamten und Diener kann die Kammer ihrerseits einen Betrag bis zur Höhe von 5% der gesammten Kammerkosten in den Voranschlag einstellen. Die weiteren Modalitäten bezüglich der Pensionirung werden von der Kammer festgestellt und dem Handelsminister zur Genehmigung vorgelegt.

In Ermangelung eigener, zureichender Einkünfte einer Handels= und Gewerbekammer wird der unbedeckte Betrag des genehmigten Voranschlages nach der directen Steuer, welche von dem Bergbaue, dem Gewerbe= und Handelsbetriebe entrichtet wird, auf alle Wahlberechtigten des Kammerbezirtes gleichförmig umgelegt, zugleich mit derselben eingehoben und an die Kammer abgeführt.

Wo es einer Handels= und Gewerbekammer an eigenen oder ihr unent= geltlich zur Verfügung gestellten Räumlichkeiten und den erforderlichen Ein= richtungsstücken gebricht, bleibt die Gemeinde des Standortes der Kammer verpflichtet, den Abgang auf ihre Kosten beizuschaffen (§. 21).

Der Handelsminister hat das Recht, die Auflösung der Handels= und Gewerbekammern zu verfügen; doch müssen binnen der nächsten drei Monate Neuwahlen angeordnet werden.

***

Die Handelskammern als Wahlkörper.

§. 173. Die Handelskammern sind ursprünglich lediglich als berathende Körper= schaften in's Leben gerufen worden; auch das Gesetz vom Jahre 1868, welches ihren Wirkungskreis vielfach ausdehnte, änderte nichts an ihrer Bestimmung, ein begutachtendes und berathendes Organ zu sein, welches dem Handelsminister untersteht und auf dessen Zusammensetzung der Handelsminister einen entscheidenden Einfluß übt, indem er nicht nur die Zahl ihrer zu wählenden wirklichen Mitglieder bestimmt (§. 4), sondern auch den zur Wahl qualificirenden Census bei den einzelnen Kategorieen der Handel= und Gewerbetreibenden (mit Ausnahme des Großhandels und der Großindustrie) festsetzt. So lange die Kammern thatsächlich nur berathende volkswirthschaftliche Organe bleiben, kann eine solche gesetzliche Bestimmung nicht Wunder nehmen. Es muß der Regierung anheimgestellt sein, ein lediglich berathendes Organ, das keinen entscheidenden Einfluß auf ihre Ent= schließungen zu üben hat, sich nach Gutdünken aus einer größeren oder geringeren Zahl von Mitgliedern zusammenzusetzen.

Schwieriger wird die Sache, wenn diese Körperschaft ein Wahlrecht in die Volksvertretung üben soll; ein solches Wahlrecht üben in der Regel nur auf Grundlage von Gesetzen gebildete Wahlkörper, auf deren Zusammen= setzung die Regierung keinerlei Einfluß üben darf. Die Zahl der Wähler in den einzelnen Wahlcurien (des Großgrundbesitzes, der Städte, Märkte und Industrialorte, und der Landgemeinden) ist ein Resultat gesetzlicher Normen und kann nicht von der Regierung geändert werden. Eine entscheidende Einflußnahme der Regierung auf die Zahl der Wähler eines Wahlkörpers steht offenbar im Widerspruche mit den Grundprinzipien des constitutionellen Regimes.

Nur bei den österreichischen Handelskammern tritt diese Besonderheit hervor, daß sie Wahlkörper für Reichsrath und Landtag sind, und daß trotzdem der Handelsminister die Zahl ihrer Mitglieder beliebig innerhalb der gesetzlichen Grenzen von 16 bis 48 bestimmen kann.

Dieser Umstand gab auch thatsächlich Veranlassung zu einem Streitfall zwischen der Handelskammer in Prag und dem Handelsminister, den der Verwaltungsgerichtshof entscheiden mußte. Mit Erlaß v. 31. März 1884 nämlich änderte der Handelsminister die Wahlordnung für die Prager

Handelskammer, nachdem er vollkommen den Vorschriften des Gesetzes entsprechend vorher von der Prager Handelskammer darüber sich Anträge stellen ließ, die er allerdings nur theilweise berücksichtigte. Dagegen erhob nun die Handelskammer Beschwerde beim Verwaltungsgerichtshofe. Dieser wies die Beschwerde als unbegründet ab, indem er sein Erkenntniß vollkommen dem Gesetze gemäß damit begründete, daß „in dem ganzen (Handelskammer-) Gesetze das Princip festgehalten erscheint, daß die Handels- und Gewerbekammern dem Handelsminister gegenüber bloß als berathende Körperschaften aufzutreten berechtigt sind“ und ihre Stellung „dem ganzen Gesetze nach als eine vom Handelsminister abhängige angesehen werden muß,“ daher unmöglich angenommen werden kann, daß der Gesetzgeber die Bildung der Handelskammern von der Zustimmung derselben zu den Verfügungen des Handelsministers abhängig machen wollte. [378])

Die Richtigkeit dieses Erkenntnisses ist allerdings schon im Hinblick auf die Bestimmungen der §§. 4 und 7 des Gesetzes unzweifelhaft; nichtsdestoweniger ist damit der constitutionelle Widerspruch nicht aus der Welt geschafft, daß ein Organ der Vollzugsgewalt nach Belieben über die Zusammensetzung eines Wahlkörpers für die Volksvertretung entscheidet. Dieser Widerspruch liegt aber tiefer als in dem Erlaß des Handelsministers: er liegt in dem Staatsgrundgesetze, welches einer Körperschaft, deren Zusammensetzung und Bildung von der Regierung abhängt, ein Wahlrecht in die Volksvertretung verliehen hat.

---

[378]) Erk. VGH. v. 11. Juli 1884 Z. 1544.

VII. Buch.

Das Unterrichtsrecht.

———

Die Volksschulgesetzgebung.

§. 174. Die obersten Grundsätze für die gegenwärtige Organisation des Volks- (und Bürger-) Schulwesens sind im Art. 17 des StGG. 21. December 1867 über die allgemeinen Rechte der Staatsbürger ausgesprochen.[374] Darnach besteht neben gesetzlicher Unterrichtsfreiheit die staatliche Unterrichtshoheit und die Pflicht der Kirchen- und Religionsgesellschaften, für den Religionsunterricht in den Schulen Sorge zu tragen.

Diese Grundsätze wurden in den zwei darauffolgenden Jahren in den zwei Gesetzen durchgeführt, von denen das erste vom 25. Mai 1868 Nr. 48 das Verhältniß der Schule zur Kirche regelte und das zweite vom 14. Mai 1869 Nr. 62 (Reichsvolksschulgesetz) die allgemeinen Bestimmungen über das Volks- (und Bürger-) Schulwesen enthielt[375]). Letzteres Gesetz wurde mit Gesetz vom 2. Mai 1883 Nr. 53 in mehreren Punkten (in 25 von 78 §§.) abgeändert, ohne daß dadurch die staatsgrundgesetzlich festgestellten Grundsätze alterirt worden wären. Die näheren ausführenden Bestimmungen über die Besorgung des Religionsunterrichtes in den öffentlichen Volks- und Mittelschulen wurden sodann mit dem Gesetze vom 20. Juni 1872 Nr. 86 getroffen, während dem Reichsvolksschulgesetz von 1869 eine Neuorganisation der Landes- und Bezirksschulbehörden schon vorausgegangen war (mit Gesetz vom 26. März 1869 Nr. 40).

———

[374] Sie lauten: „Unterrichts- und Erziehungsanstalten zu gründen und an solchen Unterricht zu ertheilen, ist jeder Staatsbürger berechtigt, der seine Befähigung hiezu in gesetzlicher Weise nachgewiesen hat. Der häusliche Unterricht unterliegt keiner solchen Beschränkung. Für den Religionsunterricht in den Schulen ist von der betreffenden Kirche oder Religionsgesellschaft Sorge zu tragen. Dem Staate steht rücksichtlich des gesammten Unterrichts- und Erziehungswesens das Recht der obersten Leitung und Aufsicht zu."

Was die obige Bestimmung bezüglich des Religionsunterrichts der betreffenden Kirchen anbelangt, so erklärte der VGH. mit Erkenntniß v. 26. März 1885, daß „die Möglichkeit, Schulen zu erhalten keineswegs von der Bereitwilligkeit der Kirche, Religionsunterricht zu ertheilen, abhängig ist."

[375] Durch dieses Reichsvolksschulgesetz ist übrigens die alte „politische Schulverfassung" keineswegs aufgehoben worden; vielmehr besteht dieselbe noch immer in Kraft, hinsichtlich jener Bestimmungen, welche weder den Anordnungen späterer Gesetze widersprechen, noch durch dieselben ersetzt werden. VGH. v. 17. März 1880 u. 10. Febr. 1881, Budwinski Nr. 732 u. 1011.

Diese Reichsgesetze wurden einerseits in den einzelnen Ländern durch
Landesschulgesetze, die sich innerhalb des Rahmens der ersteren bewegen
und andrerseits durch Vollzugs-, Durchführungs- und Nachtragsverordnungen,
endlich durch Organisationsstatute des Unterrichtsministeriums ergänzt.

Was die Landesgesetze anbelangt, so bewegen sich dieselben auf dem
ihnen von der Reichsgesetzgebung überlassenen Gebiete der Regelung der
Schulaufsicht, der Dienstverhältnisse der Volks- und Bürgerschullehrer, der
Schulerrichtung, Erhaltung und des Schulbesuches.

Was die Verordnungen des Unterrichtsministeriums betrifft, so sind
dieselben theils Durchführungsverordnungen, wie die vom 12. Juli 1869
Nr. 130, welche das erste Reichsvolksschulgesetz in Wirksamkeit setzte und
ebenso die vom 8. Juni 1883 BBl. Nr. 17, welche durch das, das erste
Reichsvolksschulgesetz abändernde Gesetz vom Jahre 1883 nothwendig wurde
und die vorhergehende Ausführungsverordnung in den entsprechenden Punkten
abänderte; theils sind es organisatorische Verordnungen, durch welche die
vom Gesetze nur ihrer Idee nach in's Leben gerufenen Institutionen erst
wirklich geschaffen werden, Fleisch und Blut erhalten, wie die Verordnung
vom 20. August 1870 RGB. Nr. 105, womit eine Schul- und Unterrichts-
ordnung für die allgemeinen Volksschulen erlassen wurde, an welche sich
all jene Ministerialerlässe anschließen, welche die innere Einrichtung der
Schullocalitäten betreffen; wie ferner die Ministerialverordnungen vom
31. Juli 1886 BBl. Nr. 50 und 51 womit die (neuen) Organisationsstatute
für die Lehrer- und Lehrerinnen-Bildungsanstalten und für die Bürgerschul-
Lehrercurse kundgemacht werden; theils endlich sind es Vollzugsverordnungen,
womit der Unterrichtsminister in dem ihm gesetzlich eingeräumten Wirkungskreise
das Gesetz ergänzende Vorschriften und Bestimmungen erläßt, wie die M.-V. v.
31. Juli 1886 BBl. Nr. 52, womit eine neue Vorschrift für die Lehrbefähigungsprüfungen der Volksschullehrer erlassen und ähnliche Verordnungen und Erlässe, womit Bestimmungen getroffen werden, welche das
Gesetz zu ergänzen und dessen Lücken auszufüllen bestimmt sind. — Die
Zahl dieser letzteren Verordnungen und Erlässe ist, wie das bei der gründlichen Neugestaltung des österreichischen Volksschulwesens seit dem Gesetze
von Jahre 1883 nicht anders zu erwarten ist, eine beträchtliche.

Volks- und Bürgerschulen.

175. Der öffentliche Unterricht ist in Oesterreich durchwegs Staatssache[376]).
Der Staat organisirt und verwaltet ihn. Für den Unterricht auf der

[376] Art. 17 StGG. 21. Dec. 1867: „Dem Staate steht rücksichtlich des gesammten Unterrichts- und Erziehungswesens das Recht der obersten Leitung und
Aufsicht zu." Ferner §. 1 des Ges. v. 25. Mai 1868 RGB. Nr. 48: „Die
oberste Leitung und Aufsicht über das gesammte Unterrichts- und Erziehungswesen
steht dem Staate zu und wird durch die hiezu gesetzlich berufenen Organe ausgeübt." Der mit diesem Paragraph gleichlautende §. 9 bezeichnet als dieses Organ
des Staates das Unterrichtsministerium und zählt sodann die demselben untergeordneten Organe in den einzelnen Ländern auf.

unterſten Stufe, die Volksſchule, beſteht Schulzwang. Die Eltern ſind ver=
pflichtet, ihren Kindern denjenigen Unterricht zu Theil werden zu laſſen, der
für die öffentliche Volksſchule vorgeſchrieben iſt[377]. Zur Erfüllung dieſer
Pflicht können ſie durch Zwangsmittel angehalten werden. Da die Schul=
pflicht in der Regel von dem vollendeten 6. bis zum vollendeten 14. Lebens=
jahre, alſo über acht Jahre ſich ausdehnt, ſo ſorgt der Staat dafür, daß
denjenigen, die keinen entſprechenden und genügenden Privatunterricht ge=
nießen können, während dieſer Zeit (alſo während der 8 Jahre) öffentliche
Schulen zur Verfügung ſtehen. Zu dieſem Zwecke unterhält der Staat
(mittelbar oder unmittelbar) fünfclaſſige Volksſchulen, an die ſich ſo=
dann die dreiclaſſige Bürgerſchule anſchließt[378].

Als Aufgabe der Volksſchule erklärt das Geſetz die ſittlich=religiöſe

---

[377] §. 20 Reichsſchulgeſetz v. 14. Mai 1869: „Die Eltern oder deren Stellvertreter dürfen ihre Kinder oder Pflegebefohlenen nicht ohne den Unterricht laſſen,
welcher für die öffentlichen Volksſchulen vorgeſchrieben iſt." §. 24: „Die Eltern
oder deren Stellvertreter, ſowie die Inhaber von Fabriken und Gewerben ſind für
den regelmäßigen Schulbeſuch der ſchulpflichtigen Kinder verantwortlich und
können zur Erfüllung dieſer Pflicht durch Zwangsmittel angehalten werden.
Das Nähere hierüber beſtimmt die Landesgeſetzgebung."

[378] Der §. 21 des RSchulgeſ. 1869 geſtattete bezüglich dieſer achtjährigen
Schulpflicht nur die geringfügige Erleichterung, daß Schülern, welche das vierzehnte
Lebensjahr zwar noch nicht zurückgelegt haben, daſſelbe aber im nächſten halben
Jahre vollenden, und welche die Gegenſtände der Volksſchule vollſtändig inne
haben, am Schluſſe des Schuljahres aus erheblichen Gründen von der Bezirksſchulaufſicht die Entlaſſung bewilligt werden könne. Nachdem ſich dieſe Beſtimmung für die wirklichen Verhältniſſe in mehreren Kronländern als zu hart und
undurchführbar erwies, wurde zu der obigen Erleichterung noch eine viel weiter
gehende, mit dem Geſ. v. 2. Mai 1883 RGB. Nr. 62 hinzugefügt (§. 21), dahin
gehend, daß „an den allgemeinen Volksſchulen nach vollendetem ſechsjährigen
Schulbeſuche, alſo ſchon den zwölfjährigen Kindern auf dem Lande und den ebenſo
alten Kindern der unbemittelten Volksclaſſen in den Städten und Märkten
über Anſuchen ihrer Eltern oder deren Stellvertreter aus rückſichtswürdigen
Gründen Erleichterungen in Bezug auf das Maaß des regelmäßigen Schul-
beſuches zugeſtanden werden können. Dieſe Erleichterungen beſtehen in der „Einſchränkung des Unterrichtes auf einen Theil des Jahres oder auf halbtägigen
Unterricht, oder auf einzelne Wochentage" und können auch den Kindern „ganzer
Schulgemeinden auf dem Lande gewährt werden, wenn die Vertretungen der ſämmt-
lichen eingeſchulten Gemeinden auf Grund von Gemeindeausſchußbeſchlüſſen darum
anſuchen." Der Lehrplan iſt dann darnach einzurichten, daß die Schulpflichtigen,
trotz der Erleichterungen das geſetzlich vorgeſchriebene Lehrziel erreichen. — Von
der Verpflichtung, die öffentliche Schule zu beſuchen, ſind zeitweilig oder dauernd
entbunden: Kinder, welche eine höhere Schule, oder gewerbliche oder landwirth-
ſchaftliche Schulen oder Fachcurſe beſuchen, inſofern dieſe nach ihrer Einrichtung
geeignet erſcheinen, den Volksſchulunterricht zu erſetzen; ferner Kinder, denen ein
dem Unterrichtszwecke oder Schulbeſuche hinderliches geiſtiges oder ſchweres kör-
perliches Gebrechen anhaftet; endlich ſolche, die zu Hauſe oder in einer Privatanſtalt
unterrichtet werden. Im letzteren Falle ſind die Eltern oder deren Stellvertreter
dafür verantwortlich, daß den Kindern mindeſtens der für die Volksſchule vorgeſchriebene Unterricht in genügender Weiſe zu Theil werde. Waltet in dieſer Beziehung ein Zweifel ob, ſo hat die Bezirksſchulaufſicht die Verpflichtung, ſich in
angemeſſener Weiſe davon zu überzeugen, ob der Zweifel gegründet ſei oder nicht.
Den zu dieſem Behufe angeordneten Maßregeln müſſen ſich die Eltern oder deren
Stellvertreter fügen.

Erziehung der Kinder, Entwickelung ihrer Geistesthätigkeit, die Ausstattung derselben mit den für das Leben erforderlichen Kenntnissen und Fertigkeiten und somit die Schaffung der Grundlage für Heranbildung tüchtiger Menschen und Mitglieder des Gemeinwesens (§. 1). Erreicht soll dieser Zweck werden durch die Ertheilung des Unterrichtes in den vorgeschriebenen Gegenständen. Der verantwortliche Leiter der Schule ist der Lehrer und wo es deren mehrere giebt, der Oberlehrer. Schulen mit einer Lehrstelle sind immer mit einem Lehrer zu besetzen; nur wo zwei oder mehrere Lehrstellen zu besetzen sind, kann auch eine Stelle mit einem Unterlehrer besetzt werden; bei 4 bis 5 Lehrstellen können 2 mit Unterlehrern, bei einer noch größeren Anzahl ein Drittel derselben mit Unterlehrern besetzt werden (§. 13). Zur Ertheilung weiblicher Handarbeiten muß immer eine Lehrerin angestellt werden, wo nicht die ganze Leitung einer Volksschule einer solchen übertragen ist. — Der vorgeschriebene Lehrstoff ist auf die Jahre der Schulpflicht entsprechend zu vertheilen; die Gruppirung der Schuljugend in Classen richtet sich nach der Anzahl der Schüler und der verfügbaren Lehrkräfte und kann nach Umständen besonders am Lande nach den Grundsätzen des Halbtagsunterrichts eingerichtet werden (§. 7).

Mit besonderer Rücksicht auf die Bedürfnisse des Ortes können mit einzelnen Schulen Anstalten zur Pflege, zur Erziehung und zum Unterrichte noch nicht schulpflichtiger Kinder, sowie specielle Lehrcurse für die der Schulpflichtigkeit entwachsene Jugend verbunden werden.

Diejenigen, welche die Schule erhalten (Staat, Land oder Gemeinde) haben das Recht, Volks= und Bürgerschule unter einem gemeinsamen Leiter zu vereinigen („Allgemeine Volks= und Bürgerschule"). In den Bürgerschulen muß durchgängig die Trennung der Knaben= von den Mädchenclassen durchgeführt werden.

Die Lehrgegenstände der Volks= und Bürgerschule bestimmt das Gesetz[379]); die Lehrpläne und die Vertheilung des Stoffes auf die einzelnen

---

[379]) Für die Volksschule bestimmt §. 3 des Ges. 1883: Religion, Lesen und Schreiben, Unterrichtssprache, Rechnen in Verbindung mit der geometrischen Formenlehre; das für die Schüler Faßlichste und Wissenswertheste aus der Naturgeschichte, Naturlehre, Geographie und Geschichte mit besonderer Rücksichtnahme auf das Vaterland und dessen Verfassung; Zeichnen, Gesang, ferner weibliche Handarbeiten für Mädchen, Turnen (für Knaben obligat, für Mädchen nicht obligat); für die Bürgerschule, welche eine über das Lehrziel der allgemeinen Volksschule hinausreichende Bildung, namentlich mit Rücksicht auf die Bedürfnisse der Gewerbetreibenden und der Landwirthe zu gewähren hat und auch die Vorbildung für Lehrerbildungsanstalten und für jene Fachschulen, welche eine Mittelschulvorbildung nicht voraussetzen, vermittelt, bestimmt das Gesetz als Lehrgegenstände: Religion; Unterrichtssprache in Verbindung mit Geschäftsaufsätzen; Geographie und Geschichte mit besonderer Rücksicht auf das Vaterland und dessen Verfassung; Naturgeschichte; Naturlehre; Rechnen in Verbindung mit einfacher Buchführung; Geometrie und geometrisches Zeichnen; Freihandzeichnen; Schönschreiben; Gesang; ferner weibliche Handarbeiten für Mädchen; Turnen (für Knaben obligat, für Mädchen nicht obligat). An den nichtdeutschen Bürgerschulen soll die Gelegenheit zur Erlernung der deutschen Sprache geboten werden. Mit Genehmigung der Landesschulbehörde kann an der Bürgerschule auch ein nicht obligatorischer Unterricht in anderen lebenden Sprachen, im Clavier= und Violinspiel ertheilt werden.

Jahrgänge (Classen) ordnet das Unterrichtsministerium (§. 4 RSG. 1869). Der Schulpflicht muß nicht in öffentlichen Anstalten Genüge geleistet werden: es kann dieß auch in Privatanstalten geschehen. Zu ersteren gehören alle diejenigen Volks- und Bürgerschulen, zu deren Gründung oder Erhaltung der Staat, das Land oder die Gemeinde beiträgt; Schulen ohne solche Beiträge sind Privatanstalten. Auch diese jedoch müssen staatlich anerkannt sein und stehen unter der Aufsicht der Schulbehörde; namentlich hat die letztere das Recht, sich die Ueberzeugung zu verschaffen, ob die in Privatanstalten untergebrachten schulpflichtigen Kinder mindestens den für die Volksschule vorgeschriebenen Unterricht genießen. —

Religionsunterricht.

Zu den obligaten Lehrgegenständen der Volksschule (sowie auch der **§. 176.** Bürger- und Mittelschule) gehört die Religion (§. 3). Der Unterricht in derselben wird von den betreffenden Kirchenbehörden (Cultusvorständen) besorgt[360]). Die Unterrichtsverwaltung setzt im Lehrplan die Zahl der Stunden fest, die dem Religionsunterricht zu widmen ist. Innerhalb derselben bleibt die Vertheilung und Anordnung des Lehrstoffes den betreffenden Kirchen- und Religionsbehörden vorbehalten. Da diese Bestimmungen sich offenbar nur auf die staatlich anerkannten Kirchen- und Religionsgesellschaften beziehen, so mischt sich die Unterrichtsverwaltung nicht weiter in die Fest-

---

[360]) Diese den Kirchen- und Religionsgesellschaften obliegende Besorgung des Religionsunterrichtes erklärte §. 1 des Ges. v. 20. Juni 1872 Nr. 86 für eine unentgeltlich zu übende Pflicht; zur Erleichterung der Ausübung derselben gestattet es die Zusammenziehung mehrerer Schülerabtheilungen zu gemeinsamem Religionsunterricht (§. 2).

Für die Besorgung des Religionsunterrichtes an den höheren Classen einer mehr als dreiclassigen allgemeinen Volksschule oder an einer Bürgerschule ist entweder eine Remuneration zu ertheilen oder ein eigener Religionslehrer zu bestellen. Wird der Religionsunterricht durch einen weltlichen Lehrer ertheilt, so erhält derselbe eine angemessene Remuneration. Ist der Religionsunterricht außerhalb des Domicils des Religionslehrers zu ertheilen, so sind hiefür nach Erforderniß mit Rücksicht auf die Entfernung und sonstigen localen Verhältnisse angemessene Transportmittel beizustellen oder billige Wegentschädigungen zu gewähren. Die für den Religionsunterricht erwachsenden Kosten gehören, wenn nicht eigene Fonde, Stiftungen oder Verpflichtungen einzelner Personen oder Corporationen bestehen, zum Aufwande der betreffenden Schulen.

Die Regelung der den Religionslehrern an allgemeinen Volksschulen und an Bürgerschulen zukommenden festen Bezüge und Remunerationen, die nähere Feststellung der Bedingungen ihrer Gewährung, ferner die Normirung der Wegentschädigung bleibt der Landesgesetzgebung vorbehalten (Ges. v. 17. Juni 1888 RGB. Nr. 99).

Für jede Confession, welcher mindestens zwanzig Schüler einer Schulanstalt angehören, muß ein Religionslehrer bestellt werden — nöthigenfalls auf Kosten der betreffenden Anstalt. Denselben ernennt die Behörde, welcher das Ernennungsrecht der übrigen Lehrer an derselben Anstalt zusteht; doch kann sie nur einen solchen ernennen, der von der confessionellen Oberbehörde als zum Unterricht der Religion befähigt erklärt wird. Der so ernannte Religionslehrer untersteht in der Ausübung seiner Lehrthätigkeit den Disciplinarvorschriften der Schulgesetze.

stellung des Inhaltes der ertheilten Religionslehre. Dagegen müssen aller=
dings sowohl die Religionslehrer wie die Kirchenbehörden und Religions=
gesellschaften den Schulgesetzen und der innerhalb derselben erlaffenen An=
ordnungen der Schulbehörden nachkommen. Auch unterliegen die Ver=
fügungen der Kirchenbehörden und Religionsgesellschaften bezüglich des
Religionsunterrichtes der vorgängigen Censur der Schulbehörde und können
nur durch Vermittelung derselben den Schulleitern zugestellt werden. Wo
kein Geistlicher vorhanden ist, kann der Religionsunterricht auch durch den
weltlichen Lehrer der betreffenden Confession ertheilt werden[361]). Eine von
einer confessionellen Gemeinde erhaltene Schule kann nicht dazu angehalten
werden, für die dieselbe besuchenden Schüler einer anderen Confession den
Religionsunterricht zu besorgen oder ertheilen zu lassen; erreicht die Zahl
dieser Schüler 20 so tritt die Verpflichtung der betreffenden Kirche oder
Religionsgesellschaft ein.

[361]) Diese Bestimmungen des Schulgesetzes sind conform den Bestimmungen
des Ges. v. 25. Mai 1868 RGB. Nr. 48 und nur eine consequente Anwendung
der dort ausgesprochenen Grundsätze, wonach unbeschadet des Aufsichtsrechtes des
Staates die Besorgung, Leitung und unmittelbare Beaufsichtigung des Religions=
unterrichtes und der Religionsübungen für die verschiedenen Glaubensgenossen in
den Volks- und Mittelschulen der betreffenden Kirche oder Religionsgesellschaft
überlassen bleibt; dagegen der Unterricht in den übrigen Lehrgegenständen in diesen
Schulen unabhängig von dem Einflusse jeder Kirche oder Religionsgesellschaft ist.

Die vom Staate, von einem Lande oder von Gemeinden ganz oder theilweise
gegründeten oder erhaltenen Schulen und Erziehungsanstalten sind allen Staats=
bürgern ohne Unterschied des Glaubensbekenntnisses zugänglich (§. 3).

Doch kann jede Kirche oder Religionsgesellschaft frei aus ihren Mitteln
Schulen für den Unterricht der Jugend von bestimmten Glaubensbekenntnissen er=
richten und erhalten.

Dieselben sind den Gesetzen für das Unterrichtswesen unterworfen und können
die Zuerkennung der Rechte einer öffentlichen Lehranstalt nur dann in Anspruch
nehmen, wenn allen gesetzlichen Bedingungen für die Erwerbung dieser Rechte
entsprochen wird (§. 4).

Die Benützung von Schulen und Erziehungsanstalten für bestimmte Glaubens=
genossen ist Mitgliedern einer anderen Religionsgesellschaft durch das Gesetz nicht
untersagt.

Die Lehrämter in den im §. 3 bezeichneten Schulen und Erziehungsanstalten
sind für alle Staatsbürger gleichmäßig zugänglich, welche ihre Befähigung hiezu
in gesetzlicher Weise nachgewiesen haben.

Als Religionslehrer dürfen nur diejenigen angestellt werden, welche die be=
treffende confessionelle Oberbehörde als hiezu befähigt erklärt hat.

Bei anderen Schulen und Erziehungsanstalten ist dießfalls das Errichtungs=
statut maßgebend.

Die Wahl der Erzieher und Lehrer für den Privatunterricht ist durch keine
Rücksicht auf das Religionsbekenntniß beschränkt.

Das Einkommen der Normalschulfonde, des Studienfondes und sonstiger
Stiftungen für Unterrichtszwecke ist ohne Rücksicht auf das Glaubensbekenntniß zu
verwenden, in soweit es nicht nachweisbar für gewisse Glaubensgenossen ge=
widmet ist.

Schullast.

Für Errichtung von Volks= und Bürgerschulen ist jedes Land zu sor= **§. 177.**
ı verpflichtet. Die Landesgesetzgebung erläßt zu diesem Zwecke die ge=
neten Gesetze. Das Reichsgesetz stellt blos den Grundsatz auf, daß eine
hule unter allen Umständen überall zu errichten sei, wo sich im Umkreise
er Stunde und nach einem fünfjährigen Durchschnitte mehr als 40 Kinder
:finden, welche eine über vier Kilometer entfernte Schule besuchen
ssen (§. 59). Die Durchführung dieses Grundsatzes ist Sache der Lan=
gesetzgebung[382]), wobei ihr das Recht zusteht, die Ortsgemeinden und die
zirke[383]) zu den nöthigen Leistungen heranzuziehen (§. 62). Soweit aber
: Mittel der Gemeinden oder Bezirke nicht ausreichen, müssen die Länder
: die Deckung der nöthigen Bedürfnisse des Volksschulwesens aufkommen.
. diesem Zwecke übergab der Staat den Ländern die bestandenen Normal=
ulfonde, die gegenwärtig von den Landesausschüssen verwaltet werden.
ıch leistet der Staat einigen Ländern aus früheren Rechtstiteln jährliche
schüsse zu den Erträgnissen der Normalschulfonde. Dagegen werden
jrerbildungsanstalten sammt den zu denselben gehörigen Uebungsschulen
ɔ die zum Zwecke der weiteren Ausbildung der Lehrer organisirten höheren
jrcurse ganz aus Staatsmitteln bestritten. — Für Kinder, welche in
briken oder größeren Gewerbsunternehmungen beschäftigt werden und
ɔurch an dem Unterrichte in der Gemeindeschule theilzunehmen verhindert
ɔ, haben die Fabriksinhaber nach den über die Einrichtung öffentlicher
hulen bestehenden Normen entweder allein oder in Verbindung mit anderen
briksherren selbstständige Schulen (Fabriksschulen) zu errichten.

Die Pflicht der Errichtung und Erhaltung der Schule involvirt auch

---

[382]) Ebenso kommt es der Landesgesetzgebung zu, in Betreff der Errichtung
für das Land nothwendigen Schulen und Erziehungsanstalten für nicht voll=
rige, ferner von solchen für sittlich verwahrloste Kinder, sowie der im §. 10
ıähnten Anstalten und Lehrcurse die geeigneten Anordnungen zu treffen (§. 59).
: bezüglichen Landesgesetze zur Regelung der Errichtung und Erhaltung der
ltsschulen wurden in den 70er Jahren erlassen (abgedruckt bei Manz XXVII. 1888).

[383]) Für die nothwendigen Volksschulen sorgt zunächst die Ortsgemeinde
er Aufrechthaltung zu Recht bestehender Verbindlichkeiten und Leistungen dritter
rsonen oder Corporationen. Inwieferne die Bezirke daran theilnehmen, dann
ɔer Aufwand für die, für noch nicht schulpflichtige oder der Schulpflicht schon
rwachsene Kinder zu errichtenden Anstalten und Curse zu bestreiten sei, bestimmt
Landesgesetzgebung (§. 62). Dieselbe entscheidet auch über den Fortbestand der
julgeldzahlung. Doch sind Eltern, welche ihre Kinder zu Hause oder in Privat=
talten unterrichten lassen, von dem (eigentlichen) Schulgelde befreit. Die Pflicht
Gemeinden zur Errichtung einer Schule ist eine gesetzliche, hängt also nicht
t dem freien Ermessen der Behörden ab (BGH. Wolski Nr. 1777). Die Be=
ɔe kann also eine solche Errichtung nicht anordnen, wenn die gesetzlichen Be=
gungen hiefür nicht zutreffen (BGH. Wolski Nr. 1778). Die erste dieser
ɔingungen ist das Vorhandensein von mindestens 40 schulpflichtigen Kindern
ɔch einem fünfjährigen Durchschnitt gerechnet), welche eine mehr als eine halbe
iile entfernte Schule besuchen müssen. Der Bestand einer Privatanstalt kann ein
und sein, aus dem die Schulbehörden die Gemeinden von der Errichtung einer
jule entheben können. Diese Enthebung liegt aber im freien Ermessen der Be=
ɔen (Wolski Nr. 1784, Alter Nr. 1565 u. 1566).

die Pflicht, dieselbe den Bedürfnissen des Unterrichts und der Gesundheits-
pflege entsprechend einzurichten[384]).

Bei jeder Schule ist auch ein Turnplatz, in Landgemeinden nach Thunlichkeit ein Garten für den Lehrer und eine Anlage für landwirthschaftliche
Versuchszwecke zu beschaffen. Die Beitragspflicht hiefür, sowie für Lehr-
mittel und sonstige Unterrichtserfordernisse ist, soweit dafür nicht anderweitig
gesorgt worden ist, durch die Landesgesetzgebung zu regeln.

Es bleibt der Landesgesetzgebung anheimgestellt, zur Deckung des Do-
tationsaufwandes für die öffentlichen Volksschulen, soweit nicht einzelnen
derselben besondere Zuflüsse gewidmet sind oder gewidmet werden, eigene
Landes= oder Bezirksfonde zu bilden.

Im Zusammenhange damit bestimmt sie auch, ob die Schulgeldzahlung
fortzubestehen habe.

Eltern, welche ihre Kinder entweder zu Hause oder in einer Privatanstalt unterrichten lassen, sind vom Schulgelde, nicht aber von den anderen
gesetzlichen Schullasten befreit (§. 65).

Dagegen bestreitet der Staat die Dotationen für die Lehrerbildungsanstalten und die zu denselben gehörigen Uebungsschulen, sowie für die bei
den Bürgerschulen zum Zwecke einer weiteren Ausbildung für den Lehrberuf
zu errichtenden höheren Lehrcurse, endlich für die Fortbildungscurse für
Lehrer an den Lehrerbildungsanstalten.

Die Lehrer, ihre Ausbildung und Stellung.

§. 178. Um die für Volks- und Bürgerschulen nöthigen Lehrkräfte heranzubilden, ordnete das Reichsvolksschulgesetz die Gründung von vierclassigen
Lehrerbildungsanstalten an, bei denen zur praktischen Ausbildung
der Candidaten auch Uebungs= und Muster=Volksschulen bestehen[385]).
Zum Zwecke einer weiteren Ausbildung für den Lehrberuf insbesondere in
den Bürgerschulen werden besondere Bürgerschul=Lehrcurse errichtet[386]). Zur
Aufnahme in die Lehrerbildungsanstalt wird eine entsprechende Vorbildung
und in der Regel das zurückgelegte 15. Lebensjahr erfordert[387]). Nach

---

[384]) Die Herstellung, Erhaltung, Einrichtung, Miethe und Beheizung der
Schullocalitäten, sowie die Herstellung der Lehrerwohnungen regeln besondere
Landesgesetze.

[385]) Gegenstände des Unterrichts in den Lehrerbildungsanstalten sind außer
den für die Volksschule obligaten Gegenständen noch Pädagogik und Landwirth-
schaftslehre. Außerdem sind die Zöglinge, wo sich dazu Gelegenheit bietet, mit
der Methode des Blinden= und Taubstummenunterrichtes, dann der Organisation
des Kindergartens und der Erziehungsanstalten für sittlich verwahrloste Kinder bekannt zu machen (§. 29 Ges. 1883). Als nichtobligate Gegenstände können mit
Genehmigung des Unterrichtsministers andere lebende Sprachen gelehrt werden.

[386]) Ein Organisationsstatut für diese Lehrcurse erfloß mit MB. v. 31. Juli
1886 VBl. Nr. 51.

[387]) §. 32 Ges. 1883: „Zur Aufnahme in den ersten Jahrgang wird nebst
physischer Tüchtigkeit, sittlicher Unbescholtenheit und einer entsprechenden Vorbildung
in der Regel das zurückgelegte fünfzehnte Lebensjahr gefordert. Aus besonders
rücksichtswürdigen Gründen kann der Minister eine Altersnachsicht von höchstens

Absolvirung dieser Anstalt müssen sich die Zöglinge einer Reifeprüfung unterziehen; eine mit Erfolg zurückgelegte Reifeprüfung berechtigt zur provisorischen Anstellung als Unterlehrer oder Lehrer. Zur definitiven Anstellung bedarf es dann noch der Ablegung einer Lehrbefähigungsprüfung nach einer mindestens zweijährigen praktischen Verwendung im Volksschulamt.

Zur definitiven Anstellung als Unterlehrer oder Lehrer an Bürgerschulen ist das Lehrbefähigungszeugniß für Bürgerschulen erforderlich, welches nach einer mindestens dreijährigen vollkommen befriedigenden Verwendung an Volksschulen oder an anderen Lehranstalten durch Ablegung einer besonderen Prüfung erworben wird. Im Lehramte erprobte technische Lehrer für die mit einzelnen Schulen verbundenen speciellen Lehrcurse können vom Unterrichtsminister von dieser Prüfung dispensirt werden.

Zur Vornahme der Lehrbefähigungsprüfungen werden besondere Commissionen vom Minister für Cultus und Unterricht eingesetzt, wobei als Grundsatz zu gelten hat, daß vorzugsweise Directoren und Lehrer der Lehrerbildungsanstalten, Schulinspectoren und tüchtige Volksschullehrer Mitglieder der Commission sein sollen. Zum Behufe der Prüfung der Candidaten hinsichtlich ihrer Befähigung zum Religionsunterrichte sind Vertreter der Kirchen- und Religionsgenossenschaften zu berufen (§. 38). Diejenigen, welche den Unterrichtscurs an einer mit dem Oeffentlichkeitsrechte versehenen Lehrerbildungsanstalt nicht durchgemacht haben, können sich, nachdem sie das neunzehnte Lebensjahr zurückgelegt haben, gegen Nachweis der übrigen gesetzlichen Erfordernisse durch Ablegung einer Prüfung an einer staatlichen Lehrerbildungsanstalt das Zeugniß der Reife erwerben. (Für die Lehrbefähigungsprüfungen gelten gegenwärtig die Bestimmungen der Ministerialverordnung von 31. Juli 1886 BBl. Nr. 52 dazu für Galizien die Ministerialverordnung von 7. April 1887 BBl. Nr. 8.)

Für die Fortbildung der angestellten Lehrer wird durch Fortbildungscurse und Lehrerconferenzen gesorgt, an denen die Lehrer theilzunehmen verpflichtet sind. Die Controle darüber steht der Landesschulbehörde zu.[389]) Auch muß in jedem Schulbezirke eine Lehrerbibliothek angelegt werden.

Lehrer an öffentlichen Schulen sind Staatsbeamte und haben als solche

---

sechs Monaten bewilligen. Der Nachweis der entsprechenden Vorbildung wird durch eine strenge Aufnahmsprüfung geliefert. Diese erstreckt sich im allgemeinen auf jene Lehrgegenstände, welche in der Bürgerschule obligat gelehrt werden. Bewerber mit musikalischer Vorbildung sind bei der Aufnahme vorzugsweise zu berücksichtigen. Die öffentlichen Lehrerbildungsanstalten sind den mit diesen Nachweisen versehenen Aufnahmsbewerbern ohne Unterschied des Glaubensbekenntnisses zugänglich. Die ganze innere, sowohl administrativ-technische, wie auch pädagogisch-didaktische Organisation dieser Anstalten, regelt das umfangreiche Organisationsstatut vom 31. Juli 1886 BBl. Nr. 50.

[389]) Die Vorschriften über die Abhaltung der Bezirks- und Landesconferenzen, die Gegenstände ihrer Berathung, die Ordnung derselben u. s. w. sind enthalten in der MB. 8. Mai 1872 RGB. Nr. 68. Die näheren Vorschriften über die Fortbildungscurse enthält die MB. 6. April 1870 RGBl. Nr. 50.

Anspruch auf Gehalt und Versorgung. Die näheren Bestimmungen darüber trifft die Landesgesetzgebung[389]).

Privatanstalten.

§. 179. Privatbildungsanstalten und Seminare für Lehrer und Lehrerinnen können nur unter der Bedingung errichtet werden, daß Statut und Lehrplan vom Unterrichtsminister genehmigt wird und daß die Directoren und Lehrer (Lehrerinnen) ihre Lehrbefähigung in vollkommen genügender Weise nachweisen (§. 68). Solchen Anstalten kann der Unterrichtsminister das Recht zur Ausstellung staatsgiltiger Zeugnisse (Oeffentlichkeitsrecht) verleihen (§. 70). Die Errichtung von Privatanstalten für schulpflichtige Kinder, sei es bloßer Lehr- oder auch Erziehungsanstalten (Pensionen), ist nur unter folgenden Bedingungen zulässig:

1. Vorsteher und Lehrer haben jene Lehrbefähigung nachzuweisen, welche von Lehrern an öffentlichen Schulen gleicher Kategorie gefordert wird. Ausnahmen kann der Minister für Cultus und Unterricht in Fällen bewilligen, wo die erforderliche Lehrbefähigung in anderer Weise vollkommen nachgewiesen ist.

2. Das sittliche Verhalten der Vorsteher und Lehrer muß unbeanständet sein.

3. Der Lehrplan muß mindestens den Anforderungen entsprechen, welche an eine öffentliche Schule gestellt werden.

4. Die Einrichtungen müssen der Art sein, daß für die Gesundheit der Kinder keine Nachtheile zu befürchten sind.

5. Jeder Wechsel in dem Lehrpersonale, jede Aenderung im Lehrplane und jede Veränderung des Locales ist den Schulbehörden vor der Ausführung mitzutheilen.

Zur Eröffnung solcher Anstalten bedarf es der Genehmigung der Landesschulbehörde, welche nicht versagt werden kann, sobald den vorstehend unter 1—4 angeführten Bedingungen Genüge geschehen ist (§. 70). Die Vorsteher der Privatanstalten sind für deren ordnungsmäßigen Zustand den Behörden verantwortlich. Wird durch eine solche Lehranstalt dem

---

[389]) §. 48 Ges. 1883 erklärt den Dienst an öffentlichen Schulen als öffentliches Amt und allen Staatsbürgern, welche ihre Befähigung hiezu in gesetzlicher Form nachgewiesen haben, gleichmäßig zugänglich. Doch können als verantwortliche Schulleiter nur solche Lehrpersonen bestellt werden, welche auch die Befähigung zum Religionsunterrichte jenes Glaubensbekenntnisses nachweisen, welchem die Mehrzahl der Schüler der betreffenden Schule nach dem Durchschnitte der vorausgegangenen fünf Schuljahre angehört. Bei der Ermittelung dieses Durchschnittes werden alle evangelischen Schüler als einer und derselben Confession angehörig betrachtet. Es ist Pflicht der Schulleitung, an der Ueberwachung der Schuljugend bei den ordnungsmäßig festgesetzten religiösen Uebungen durch Lehrer des betreffenden Glaubensbekenntnisses sich zu betheiligen.

Vom Lehramte sind diejenigen ausgeschlossen, welche infolge einer strafgerichtlichen Verurtheilung von der Wählbarkeit in die Gemeindevertretung ausgeschlossen sind.

Bedürfnisse nach Schulen in einer Gemeinde Genüge geleistet, so kann diese von der Verpflichtung, eine neue Schule zu gründen, entbunden werden.

Derartigen Privatanstalten kann das Oeffentlichkeitsrecht verliehen werden, wenn sie den an die Volksschule gestellten Anforderungen entsprechen; ist dieß nicht der Fall, so kann ihnen das verliehene Oeffentlichkeitsrecht wieder entzogen werden.

Privatanstalten, an welchen die Gesetze nicht beobachtet oder moralische Gebrechen offenbar werden, sind von der Landesschulbehörde zu schließen (§. 79).

Schulbehörden.

Die Organisation der Schulbehörden ist eine mannigfach complicirte, **§. 180.** da der Staat den Ländern, Bezirken und Gemeinden eine weitgehende Theil= nahme an der Schulaufsicht einräumte, daher behufs Uebung derselben eine dreifache instanzenmäßig abgestufte autonome Schulbehördenorganisation schuf, welche jedoch insgesammt der obersten Leitung und Aufsicht des Unter= richtsministers innerhalb der Reichs= und Landesgesetze untersteht.

Diese Neugestaltung der Schulbehörden erfolgte mit Gesetz vom 25. Mai 1868 Nr. 48, mit welchem zugleich die Wirksamkeit der bis dahin bestehenden politischen und kirchlichen Schulbehörden (Landesstelle als Schulbehörde, kirchliche Oberbehörde, Landesschul=Oberaufseher, politische Bezirksbehörde und Schuldistrictsaufseher für die Bezirke, endlich der Orts= seelsorger und Ortsschulaufseher in den einzelnen Gemeinden) eingestellt wurde. An deren Stelle wurden „zur Leitung und Aufsicht über das Er= ziehungswesen, dann über die Volksschulen und Lehrerbildungsanstalten in jedem Königreiche und Lande ein Landesschulrath als oberste Landes= schulbehörde, ein Bezirksschulrath für jeden Schulbezirk und ein Orts= schulrath für jede Schulgemeinde bestellt" (§. 10).

Die Zusammensetzung des Landesschulraths bestimmt das Reichsgesetz im allgemeinen dahin, daß in denselben unter dem Vorsitze des Statt= halters (Landeschefs) oder seines Stellvertreters Mitglieder der politischen Landesstelle, Abgeordnete des Landesausschusses, Geistliche aus den im Lande bestehenden Confessionen und Fachmänner im Lehrwesen zu be= rufen sind.

Die Zusammensetzung der Bezirks= und Ortsschulräthe überläßt das Reichsgesetz der Landesgesetzgebung, welche auch die näheren Bestim= mungen in Betreff der Zusammensetzung und Einrichtung des Landes=, Bezirks= und Ortsschulrathes, dann die gegenseitige Abgränzung des Wir= kungskreises derselben, ferner die näheren Bestimmungen rücksichtlich des Ueberganges des Wirkungskreises der bisherigen geistlichen und weltlichen Schulbehörden an den Landes-, Bezirks= und Ortsschulrath festzustellen hat (§§. 12 u. 13).

Zu diesen „näheren Bestimmungen" in Betreff der Zusammen= setzung des Landesschulraths, welche der Landesgesetzgebung überwiesen sind, gehören auch die Bestimmungen, ob und wieferne Abgeordnete von bedeu=

tenden Gemeinden in den Landesschulrath einzutreten haben. — Für Ga=
lizien war übrigens schon früher mit a. h. Erlaß vom 25. Juni 1867 ein
Landesschulrath bestellt worden.

Auf Grundlage obiger Bestimmungen sind in den Jahren 1869 bis
1874 in den einzelnen Ländern mittelst der Landes=Schulaufsichtsgesetze die
obigen Schulbehörden errichtet und organisirt worden und zwar im großen
Ganzen nach gleichen Principien.

In jeder dieser Schulbehörden ist die Schule durch Lehrer, die Ge=
meinde (beziehungsweise der Bezirk und das Land) durch Abgeordnete des
Gemeindeausschusses (beziehungsweise des Bezirks= und Landesausschusses),
die Kirchen und Religionsgenossenschaften durch ihre geistlichen Functionäre
oder Angehörigen, überdieß in den Bezirks= und Landesschulräthen die
Regierung durch die Chefs der bezüglichen politischen Behörden (Bezirks=
hauptmänner und Landeschefs) vertreten. In den Ortsschulrath haben
auch Schulpatrone und unter Umständen Höchstbesteuerte das Recht ein=
zutreten.[390]) — Die Wirkungskreise dieser Behörden sind theilweise terri=
torial, theilweise sachlich abgegränzt.

Der Ortsschulrath übt die ihm zukommende Aufsicht über die Orts=
schulen; der Bezirksschulrath über die Schulen aller in seinem Bezirke be=
findlichen Schulgemeinden; der Landesschulrath über alle Schulen des
Landes.

Sachlich ist der Wirkungskreis des Ortsschulraths auf die äußere
Schulordnung[391]) mit Ausschluß des didaktisch=pädagogischen Gebietes be=
schränkt; auch sind von der Wirksamkeit desselben die mit Lehrerbildungs=
anstalten in Verbindung stehenden Uebungsschulen in der Regel ausge=
nommen. Zur unmittelbaren Besorgung der dem Ortsschulrathe obliegenden
Schulaufsicht wird vom Bezirksschulrathe ein Mitglied des Ortsschulrathes
mit dem Ortsschul=Inspectorat betraut. Dieser Ortsschulinspector hat
das Recht und die Pflicht, die ihm unterstehenden Schulen häufig zu be=
suchen und ist das ausübende Organ des Ortsschulrathes.

Der sachliche Wirkungskreis des Bezirksschulraths umfaßt folgende
auf das Volks= und Bürgerschulwesen sich beziehende Angelegenheiten: Die

---

[390]) So sind nach dem galizischen Landesgesetze über Orts= und Bezirksschul=
behörden v. 25. Juni 1873 nicht nur die zur Präsentation des Lehrers berech=
tigte Person, sondern auch der Eigenthümer des Gutsgebietes, falls er zu den
ordentlichen jährlichen Auslagen für die Erhaltung der Schule ein Zehntel bei=
steuert, berechtigt, in den Ortsschulrath als Mitglieder einzutreten und an den
Berathungen entweder persönlich oder durch einen Stellvertreter mit Stimm=
recht theilzunehmen. In anderen Ländern, wie z. B. in Mähren, hat einfach der
„Höchstbesteuerte", wenn er mindestens ein Sechstheil der gesammten Steuern zu
entrichten hat, ein Recht, dem Ortsschulrathe anzugehören.

[391]) Dazu gehört: die pünktliche Gehaltszahlung an die Lehrer, die sorg=
same Verwaltung des Localschulfonds und allfälligen Schulstiftungsvermögens, die
gehörige Instandhaltung der Schulgebäude und Schulrequisiten, die Unterstützung
der armen Schulkinder, die Feststellung der jährlichen Voranschläge für die Dota=
tions= und sonstigen Schulerfordernisse, Verfassung der jährlichen Schulbeschreibung,
Förderung des Schulbesuches, Beaufsichtigung des Lebenswandels des Lehrperso=
nales und des Betragens der Schulkinder u. s. w.

Vertretung der Interessen des Schulbezirkes nach außen; die Evidenz=
haltung des Standes des Schulwesens im Bezirke; die Sorge für die gesetzliche
Ordnung im Schulwesen und die möglichste Verbesserung desselben überhaupt;
die Leitung der Verhandlungen über Regulirung und Erweiterung der be=
stehenden und Errichtung neuer Schulen; die Entscheidung in erster Instanz
über Aus= und Einschulung, endlich alle die Angelegenheiten, die in erster
Instanz zum Ortsschulrathe gehören und entweder durch Pflichtversäumniß
des Ortsschulrathes oder in Folge Berufung gegen dessen Entscheidungen
das Eingreifen des Bezirksschulrathes nöthig machen; die provisorische Be=
setzung der an den Schulen erledigten Dienststellen und die Mitwirkung
(durch Antragsstellung) bei der definitiven Besetzung derselben durch den
Landesschulrath; die Einflußnahme auf die Constituirung und ordnungs=
mäßige Functionirung der Ortsschulräthe, endlich die erforderliche Bericht=
erstattung an die höheren Schulbehörden.

Dagegen ist das eigentliche didaktisch= pädagogische Gebiet von der
Wirksamkeit auch der Bezirksschulräthe ausgeschlossen. Zur Beaufsichtigung
desselben ernennt der Unterrichtsminister eigene Bezirksschulinspectoren, die
entweder dem Bezirksschulrathe entnommen sind oder, wenn dieß nicht der
Fall ist, in ihrer Eigenschaft als Schulinspectoren in den Bezirksschulrath
als ordentliche Mitglieder eintreten.

Von den unteren zwei Schulbehörden, dem Orts= und Gemeindeschul=
rathe, unterscheidet sich der sachliche Wirkungskreis des Landesschulrathes
schon dadurch, daß sich derselbe nicht nur auf die Volks= und Bürgerschulen,
sondern auch auf die Lehrerbildungsanstalten und die mit denselben in Ver=
bindung stehenden Uebungsschulen, sodann auf das gesammte Mittelschul=
wesen (Gymnasien, Realgymnasien und Realschulen) wie auch auf alle in
das Gebiet derselben fallende Privat= und Speciallehr= und Erziehungs=
anstalten erstreckt. Mit Bezug auf alle diese Schulen steht dem Landes=
schulrathe jener Wirkungskreis zu, der bis zum Jahre 1869 den politischen
Landesstellen und den kirchlichen Oberbehörden zustand, doch bleibt den
letzteren der ihnen im Gesetze vom 25. Mai 1868 Nr. 48 bezüglich des
Religionsunterrichtes zugestandene Wirkungskreis.

Die Landesschulbehörde übt auch die Disciplinargewalt über das Lehr=
personale an Volks= und Bürgerschulen. Sie hat das Recht, sogar mit dem
Lehrbefähigungszeugnisse für allgemeine Volksschulen versehene
Lehrpersonen, deren Leistungen sich als ungenügend erweisen, zur noch=
maligen Ablegung der Lehrbefähigungsprüfung zu verhalten. Zeigt sich
dabei wiederholt ein ungenügendes Prüfungsergebniß, so zieht dieß den
Verlust des früher erworbenen Lehrbefähigungszeugnisses nach sich, und es
hängt von der Entscheidung der Landesschulbehörde ab, ob eine weitere
Verwendung in provisorischer Eigenschaft zu gestatten oder die Entfernung
vom Lehrfache auszusprechen sei.

Doch auch in diesem erweiterten sachlichen Wirkungskreise haben es
die Landesschulräthe nur mit Angelegenheiten der äußeren Schulord=
nung zu thun; als zu denselben gehörend kommt ihnen die Ueberwachung
der Bezirks= und Ortsschulräthe, die Bestätigung der Directoren und Lehrer

an aus Gemeindemitteln erhaltenen Mittelschulen, die Begutachtung von
Lehrplänen, =Mitteln und =Büchern, endlich die erforderliche jährliche Bericht=
erstattung über den Zustand des Schulwesens im Lande zu. Dagegen ist
auch bei dieser höchsten Landesschulbehörde das didaktisch-pädagogische Gebiet
staatlichen Organen, den Landesschulinspectoren zugewiesen, welche
über Vorschlag des Unterrichtsministers vom Kaiser ernannt, die erforder=
lichen Dienstinstructionen vom Unterrichtsminister erhalten.

Diese Landesschulinspectoren sind einerseits Mitglieder der politischen
Landesbehörden (Referenten für die administrativen und ökonomischen Schul=
angelegenheiten), andererseits kraft ihres Amtes Mitglieder des Landes=
schulrathes. Sie traten kraft des Gesetzes vom 26. März 1869 Nr. 40
an die Stelle der früheren Schulräthe. Sie werden dem öffentlichen Lehrer=
stande entnommen und zwar aus der Zahl derjenigen, die sich auf dem
wissenschaftlichen oder auf dem didaktisch-pädagogischen Gebiete erprobt
haben. Bei der Bestellung derselben muß auf die Vertretung der zweifachen
Wissensgruppe der Mittelschulen (der humanistischen und der realistischen),
sowie auf die Vertretung der verschiedenen Unterrichtssprachen in den Volks=
und Mittelschulen angemessene Rücksicht genommen werden.³⁹²)

Die Landesschulinspectoren legen die Berichte über ihre Thätigkeit
dem Landesschulrathe vor, der dieselben eventuell unter Anzeige der dar=
über gefaßten Beschlüsse dem Unterrichtsminister vorlegt. Die Landesschul=
inspectoren müssen aber auch über erhaltenen Auftrag direct an den Unter=
richtsminister Berichte erstatten. Alle Mitglieder des Landesschulrathes
sowie auch die der Bezirks= und Ortsschulräthe haben vor dem Antritte
ihres Amtes dem Kaiser Treue und Gehorsam, Beobachtung der Gesetze

---

³⁹²) Mit Ges. v. 6. April 1872 RGB. Nr. 67 wurde die Zahl der Landes=
schulinspectoren mit wenigstens 36 festgesetzt. Den Amtssitz, sowie den Umfang
der Functionen jedes derselben bestimmt der Unterrichtsminister. Die Landesschul=
inspectoren bilden einen Concretalstatus, innerhalb dessen bei gradueller Vorrückung
die eine Hälfte einen Gehalt von 2700 fl. und die andere Hälfte einen Gehalt
von 2100 fl. genießen. Ist eine ungerade Anzahl von Stellen systemisirt, so ist
die Mehrzahl in die niedere Gehaltsstufe einzureihen. Die Landesschulinspectoren
stehen in der sechsten Diätenclasse.

Mit MB. v. 11. Juli 1869 RGB. Nr. 129 wurde eine Instruction für die
Landesschulinspectoren erlassen. Darnach haben die Landesschulinspectoren regel=
mäßige Bereisungen im Lande vorzunehmen und den jeweiligen Zustand der ihnen
anvertrauten Schulen durch persönliche Inspection nach allen Beziehungen zu er=
forschen; sie haben eine genaue Kenntniß des Zustandes der ihrer Aufsicht zugewiesenen
öffentlichen und Privatunterrichtsanstalten sich zu verschaffen und die mittelbare
und unmittelbare Förderung ihres Gedeihens sich angelegen sein zu lassen; sie
haben mit aller Aufmerksamkeit darüber zu wachen, daß die Schule nicht zu poli=
tischen, nationalen oder confessionellen Umtrieben mißbraucht werde (§. 1).

Jeder Landesschulinspector ist berechtigt, seine Bemerkungen und Wahrneh=
mungen über Schulangelegenheiten welcher Art immer bei der Landesschulbehörde
vorzubringen und daran Anträge zu knüpfen.

Durch die Behandlung des größeren und wichtigeren Theiles der Geschäfte
der Landesschulbehörde in Sitzungen, werden die Inspectoren in der Ueber=
sicht der Agenden erhalten. Die ohne ihre Mitwirkung erledigten Geschäftsstücke
ihres Ressort sind ihnen nachträglich zur Einsichtnahme vorzulegen.

und treue Pflichterfüllung an Eidesstatt zu geloben. — Der galizische Landesschulrath hat insoferne einen etwas ausgedehnteren Wirkungskreis, als er nicht nur die „administrative" (sollte eigentlich heißen: ökonomische), sondern auch die „scientifische" Verwaltung aller galizischen Schulen und Bildungsanstalten zu besorgen hat.[398]) Folgerichtig ist ihm auch das Recht der „Vorzeichnung" (sollte heißen Bestimmung) der Lehrterte für Volksschulen und Genehmigung der Lehrbücher für Mittelschulen eingeräumt. Doch bleibt die Genehmigung der Lehrpläne dem Ministerium vorbehalten (MErl. v. 22. Sept. 1875 Z. 8337 an den gal. Landesschulrath). Neuestens ist für den galizischen Landesschulrath ein Vicepräsidentenposten mit ausgedehntem selbständigen Wirkungskreise creirt worden. —

Competenzbestimmungen.

§. 181. Zwischen den autonomen Schulbehörden einerseits und den staatlichen Organen andererseits ist im allgemeinen die Competenz derart abgegränzt, daß den ersteren die ökonomisch=technischen Schulangelegenheiten (Schulerrichtung, Erhaltung, Aufsicht u. f. w.), den letzteren die pädagogisch=didaktischen Angelegenheiten überwiesen sind. Nun ist aber allerdings diese Gränze vom Gesetz nicht immer klar und deutlich gezogen, und es giebt andererseits Angelegenheiten, deren Charakter zweifelhaft oder aber auch zweifach ist, so daß sie ebensogut das ökonomisch=technische, wie das didaktisch=pädagogische Gebiet berühren. So ist z. B. die Schulhygiene eine Angelegenheit, die unstreitig in's ökonomisch=technische Gebiet gehört, sich aber auch von dem didaktisch=pädagogischen nicht trennen läßt.

Bei solcher Sachlage ist die Competenzbestimmung oft schwierig und darf es nicht Wunder nehmen, daß sowohl autonome Schulbehörden wie auch Gemeinden, welche Schulen auf ihre Kosten erhalten, gegen Regierungs=Schulbehörden an die Gerichte des öffentlichen Rechts (Verwaltungsgerichtshof und Reichsgericht) zur Austragung von Competenzconflicten appelliren.

Betrachten wir nun zuerst die gesetzlichen Competenzbestimmungen bezüglich einiger speciellen Schulangelegenheiten. Grundlage derselben und zugleich eine Andeutung, in welcher Richtung der Gesetzgeber sich diese Competenzabgränzung zwischen Staats= und Landesbehörden dachte, ist die Bestimmung des §. 11 lit. i des Staatsgrundgesetzes vom 21. December 1867 Nr. 141 im Zusammenhalt mit §. 18 Abf. II. 2 der Landesordnungen. Denn während in ersterer Stelle dem Reichsrathe „die Fest=stellung der Grundsätze des Unterrichtswesens bezüglich der Volksschulen und Gymnasien" zugewiesen wird, erklären die Landesordnungen an der erwähnten Stelle „die näheren Anordnungen inner der Gränzen der allgemeinen Gesetze in Betreff der Schulangelegenheiten" als „Landes=angelegenheiten", d. h. als solche, in denen „auch dem Landtage das Recht zusteht, Gesetze vorzuschlagen." Wie gesagt, schon aus dieser Competenz=bestimmung läßt sich die ursprüngliche Absicht des Gesetzgebers errathen,

---

[398]) Kundmachung der gal. Statthalterei 6. Juli 1867 LGB. Nr. 12.

34*

den Landesbehörden in untergeordneten, nicht grundsätzlichen Angelegenheiten eine Theilnahme an der Gesetzgebung und eine Initiative (jedoch ohne endgiltige Entscheidung) zuzugestehen.

Denselben Gedanken hielt nun der Gesetzgeber auch bei der Organisation der Schulbehörden und der Abgränzung ihrer Competenzsphären fest. Die grundsätzlichen Anordnungen und die eigentlichen Unterrichtssachen gehören zur Competenz der Staatsbehörde, also in oberster Instanz des Unterrichtsministers: die „näheren Anordnungen in Schulangelegenheiten (was von Unterrichtsangelegenheiten wohl zu unterscheiden ist) gehören „inner der Gränzen der allgemeinen Gesetze" (deren Ausführung und Durchführung den Staatsbehörden obliegt) den Landesschulbehörden.

Dieser Grundtendenz des Gesetzgebers entspricht es, wenn er „über die Zulässigkeit der Lehr- und Lesebücher" in den Volksschulen „nach Anhörung der Landesschulbehörde" dem Unterrichtsminister die Entscheidung zuweist [304]) und den Landesschulbehörden nur „die Wahl unter den für zulässig erklärten Lehr- und Lesebüchern, nach Anhörung der Bezirkslehrerconferenz" überläßt (§. 8).

Scheinbar weicht der §. 6 des Reichsschulgesetzes von diesem Princip der Competenzabgränzung ab, indem er über die Unterrichtssprache und über die Unterweisung in einer zweiten Landessprache in den Volksschulen, nach Anhörung derjenigen, welche die Schule erhalten, innerhalb der durch die Gesetze gezogenen Gränzen der Landesschulbehörde die Entscheidung zuweist, während er den Unterrichtsminister für competent erklärt, „soweit das Landesgesetz nicht etwas anderes bestimmt", die Unterrichtssprache in den Lehrerbildungsanstalten auf Vorschlag der Landesbehörden selbst festzusetzen (§. 31).

Scheinbar also weist der §. 6 die Entscheidung über die Unterrichtssprache in den Volksschulen der Landesschulbehörde zu. Thatsächlich ist aber das nicht der Fall, denn durch die Einfügung der Worte „innerhalb der durch die Gesetze gezogenen Schranken" ist doch selbstverständlich jemand vorausgesetzt und postulirt, der darüber zu wachen und zu entscheiden hat, ob die Landesschulbehörde in jedem concreten Falle sich „innerhalb der durch das Gesetz gezogenen Gränzen" gehalten habe. Und dieser Jemand

---

[304]) Vergl. auch §. 7 Ges. v. 25. Mai 1868 RGB. Nr. 48. Die Lehrbücher für den Gebrauch in den Volks- und Mittelschulen, sowie in den Lehrerbildungsanstalten bedürfen für der Genehmigung der durch dieses Gesetz zur Leitung und Beaufsichtigung des Unterrichtswesens berufenen Organe (Unterrichtsministerium). Religionslehrbücher können jedoch erst dann diese Genehmigung erhalten, wenn sie von der bezüglichen confessionellen Oberbehörde für zulässig erklärt worden sind.

Mit den Lehr- und Lesebüchern beschäftigt sich eine Reihe von Ministerialverordnungen aus den 80er Jahren. Insbesondere ist hervorzuheben der MErl. v. 16. December 1885 Z. 23323. BBl. ex 1886 Nr. 3, der sich energisch gegen die Bedrückung des ärmeren Theils der Bevölkerung durch häufigen Wechsel der Lehrbücher wendet; auch verbietet derselbe den Lehrern und Leitern der Schulen, von den Schülern die Anschaffung anderer Bücher und Lehrbehelfe als der nothwendigen approbirten zu fordern.

kann offenbar niemand anderer sein, als die oberste Staatsbehörde in Unterrichtssachen, d. h. der Unterrichtsminister. Damit fällt aber auch über die
Unterrichtssprache in Volksschulen — soweit Landesgesetze nicht etwas
anderes bestimmen — die letzte administrative Entscheidung dem Unterrichtsminister zu und das um so mehr, da doch die Frage der Unterrichtssprache gewiß eine didaktisch-pädagogische und auf diesem Gebiete das Unterrichtsministerium unzweifelhaft die vorgesetzte Behörde des Landesschulrathes ist.[395]

Endlich ist es auch eine Consequenz der den Staatsbehörden auf dem
Gebiete des Unterrichtes vom Gesetzgeber zugewiesenen Stellung, wenn derselbe „die Anzahl der wöchentlichen Unterrichtsstunden in den verschiedenen
Jahrescursen der öffentlichen Volksschule" durch den vom Unterrichtsminister
festzustellenden Lehrplan bestimmen läßt (§§. 4 u. 9). Dagegen ist die
Zahl der Lehrkräfte in jeder Schule durchwegs Sache der Gesetzgebung, so
zwar, daß das Reichsgesetz das Maximum der auf einen Lehrer entfallenden
Schüler festsetzt (je 80 Schüler auf einen Lehrer), der Landesgesetzgebung
es jedoch vorbehalten bleibt, diese Maximalzahl der einem Lehrer zuzu-
weisenden Schüler herabzusetzen.[396]

Die Unterrichtssprache.

Die Frage nach der Unterrichtssprache in den Volksschulen bietet keine **§. 182.**
Schwierigkeiten in Gemeinden und Ortschaften, deren Angehörige zu einem
Volksstamme gehören; für solche reicht die Bestimmung des §. 19 StGG.
über die allgemeinen Rechte der Staatsbürger vollkommen hin, um ihnen ihre

---

[395] Daher denn auch der BGH. die Bestimmung der Unterrichtssprache den
Staatsbehörden zuerkennt und dieselben an die Meinung und Forderung derjenigen, welche die Schule erhalten und nach dem Gesetze gehört werden sollen,
keineswegs gebunden erklärt (Erl. v. 14. November 1879, Budwinski Nr. 617 und
v. 14. October 1885 B. 2722). Auch das Reichsgericht ist der Ansicht, daß der
Unterrichtsminister den Verfügungen des Landesschulraths in Unterrichtsangelegenheiten und namentlich in Betreff der Unterrichtssprache inhibirend und
reformirend entgegentreten kann (RGE. v. 19. Jänner 1880, Hye V 203 und
v. 12. Juli 1880, Hye V 219). Thatsächlich sind auch in neuerer Zeit Fälle vorgekommen, wo das Unterrichtsministerium über die Unterrichtssprache an Volksschulen eine der Entscheidung der Landesschulbehörde zuwiderlaufende und dieselbe
aufhebende Bestimmung traf.

[396] §. 11 Ges. 1883: Die Zahl der Lehrkräfte an jeder Schule richtet sich nach
der Schülerzahl.

Erreicht die Schülerzahl bei ganztägigem Unterrichte in drei aufeinander folgenden Jahren im Durchschnitte 80, so muß unbedingt für eine zweite Lehrkraft,
und steigt diese Zahl auf 160, für eine dritte gesorgt und nach diesem Verhältnisse
die Zahl der Lehrer noch weiter vermehrt werden.

Bei halbtägigem Unterrichte sind auf eine Lehrkraft 100 Schüler zu rechnen.

Bei der Bestimmung der Zahl der Lehrkräfte für jene allgemeinen Volksschulen, welche für die Kinder der zwei letzten Jahresstufen eine von der Regel
abweichende Einrichtung erhalten (§. 21, Absatz 4), sind diese Kinder nicht zu
berücksichtigen.

Einmal errichtete Lehrstellen dürfen nur mit Bewilligung der Landesschulbehörde beseitigt werden.

Muttersprache als Unterrichtssprache ihrer Schulen zu gewährleisten. Die Schwierigkeit beginnt erst da, wo Gemeinden und Ortschaften aus Angehörigen zweier Volksstämme zusammengesetzt sind, wo daher im Umkreise der Gemeinde zwei „landesübliche" Sprachen gesprochen werden und von den schulpflichtigen Kindern ein Theil eine andere Muttersprache spricht als der andere. Diese Schwierigkeit durch das Majoritätsprincip zu überwinden, so zwar daß die nationale Minderheit sich der Mehrheit füge und die Sprache der Majorität die Unterrichtssprache sei — verbietet der obige §. 19, der jedem Volksstamme die Wahrung seiner Sprache in der Schule gewährleistet und auch merkwürdiger Weise einen Zwang zur Erlernung einer zweiten Landessprache ausschließt.[397]) Es bliebe danach im Sinne des StGG. in gemischtsprachigen Gemeinden und Ortschaften nichts anderes übrig, als auch für jede nationale Minorität, welche in einer Gemeinde „40 Kinder" besitzt, für die im Umkreise von „vier Kilometer" keine Schule besteht, eine solche mit ihrer Muttersprache als Unterrichtssprache zu errichten (§. 59 RSG.). Diese klare Consequenz der Bestimmung des Reichsschulgesetzes stößt in der Ausführung auf mannigfache Schwierigkeiten und erzeugt vielfache Conflicte.

Die Ursachen derselben liegen erstens in politischen Interessen und zweitens in dem Mangel an concreten Merkmalen zur Bestimmung der Nationalangehörigkeit.

Was den ersten Punkt anbelangt, so ist die Frage nach der Unterrichtssprache allerdings keine lediglich pädagogische, sondern zugleich eine eminent politische, und auf ihre Entscheidung in dem einzelnen Fall sind auch die politischen Interessen der in den einzelnen Ländern um Macht und Herr-

---

[397]) Diese Bestimmung des §. 19 ist der Ausfluß eines vielleicht bis zum Extrem getriebenen Liberalismus. Vom staatsrechtlichen Standpunkte würde ein solcher Zwang vollkommen zulässig sein. Es ist gar nicht abzusehen, warum der Staat, der seine künftigen Advocaten, Notare und Beamten zwingt, griechisch zu lernen, der so vielfach im Interesse der Gesammtheit einen heilsamen Zwang ausübt, nicht auch jedes Landeskind zwingen sollte, die zweite Landessprache, die es zum Verkehr mit seinen nächsten Mitbürgern befähigt, zu lernen. Der Schulzwang, der Zwang Lesen, Schreiben und Rechnen zu lernen wird allgemein mit Recht als heilsam erkannt: sollte es der Zwang, die zweite Landessprache zu lernen, in minderem Grade sein? Oder ist vielleicht den Beamten, Advocaten, Notaren und Aerzten das Griechische, zu dem sie gezwungen werden, nöthiger und wichtiger wie die zweite Landessprache? Oder ist die Erlangung der Fähigkeit, sich mit seinem nächsten Nachbar und Mitbürger verständigen zu können, kein so wichtiges, einen Zwang rechtfertigendes Interesse, wie daß der intelligente Mensch auch seinen Homer einmal im Original gelesen haben müsse? Oder sollte der Liberalismus das durchschnittliche Menschengehirn des 19. Jahrhunderts nicht für entwickelt genug gehalten haben, eine zweite Sprache zu erlernen? Die Erfahrung unserer Kinderstuben lehrt zur Genüge, daß man im Kindesalter auch ganz fremde Sprachen spielend lernt und daß es keineswegs eine zu große Belastung der Volksschuljugend wäre, wenn sie zur Erlernung auch der zweiten Landessprache gezwungen würde. Kurz und gut, wie man auch die Sache drehe und wende, vor dem gesunden und nüchternen Menschenverstand ist obige Bestimmung des §. 19 schwer zu rechtfertigen. Der Gesetzgeber hat da dem abstrakten Princip der „Freiheit des Individuums" ein vitales Interesse des Staates geopfert.

schaft kämpfenden nationalen Parteien immer von Einfluß. Wenn nämlich in einem Lande eine Nationalität die alleinige Herrschaft anstrebt, so trachtet sie die Volksschule zu beherrschen und ihre Sprache als Unterrichtssprache zu behaupten beziehungsweise einzuführen. Hat nun diese Nationalität die Oberhand in der Landesgesetzgebung und autonomen Landesverwaltung erlangt, so wird es ihr an Mitteln nicht fehlen, eine für sich günstige Entscheidung über die Unterrichtssprache herbeizuführen. Und diese Mittel werden bereits in der Landesgesetzgebung, „innerhalb deren Gränzen" (§. 6 RSG.) die Landesschulbehörde über die Unterrichtssprache zu entscheiden hat, vorbereitet.[398]) Thatsächlich sind die Landesgesetze in den gemischtsprachigen Ländern in diesem Punkte sehr behutsam, ja fast orakelhaft gehalten und ihre Bestimmungen sind keineswegs so klipp und klar wie diejenigen des Staatsgrundgesetzes.[399]) Sie machen die Unterrichtssprache nicht von einer klar und deutlich aufgestellten gesetzlichen Bestimmung, sondern

---

[398]) Es kann keinem Zweifel unterliegen, daß die Worte des §. 6 RSG. „innerhalb der Gränzen der Gesetze" sich auch auf die Landesgesetze beziehen müssen, so daß auch die oberste Unterrichtsbehörde, das Unterrichtsministerium, nur innerhalb der Gränzen auch der Landesgesetze diesbezügliche Entscheidungen treffen kann.

[399]) Vergl. das böhmische LG. betreffs der Durchführung der Gleichberechtigung der beiden Sprachen in Volks- und Mittelschulen v. 18. Jänner 1866 LGB. Nr. 1 und das gal. Ges. v. 22. Juli 1867 LGB. Nr. 13.

Das böhmische Gesetz erklärt im §. 1 beide Landessprachen für gleichberechtigt in der Schule als Unterrichtssprache zu gelten und im §. 2, daß in der Regel nur eine Sprache als Unterrichtssprache zu dienen habe. Das ist genau betrachtet eine contradictio in adjecto. Denn darnach bezieht sich die Gleichberechtigung auf das ganze Land, während in der einzelnen Schule immer doch nur eine Sprache herrschen soll. Jene Gleichberechtigung ist daher sozusagen eine platonische, während in jedem concreten Falle die Entscheidung nur eine Partei befriedigen kann!

Ebenso vorsichtig geht das galizische Gesetz vor, welches überhaupt gar keinen Rechtsgrundsatz aufstellt, sondern einfach „das Recht zur Bestimmung der Unterrichtssprache denjenigen" zuerkennt, „welche die Schule erhalten" (§ 1) und obendrein noch hinzufügt, daß, „wenn eine Volksschule einen Beitrag aus öffentlichen Fonden bezieht", dieses Recht der Bestimmung der Unterrichtssprache, ob polnisch, ob ruthenisch „von der Gemeinde gemeinschaftlich mit der Landesschulbehörde in der Art ausgeübt wird, daß die Beschlüsse der Gemeinde der Genehmigung der Landesschulbehörde unterliegen." Diese Bestimmung ist als politische Maaßregel untadelhaft in ihrer Zweckmäßigkeit; allerdings mit dem Rechtsgrundsatze des §. 19 des StGG. ist sie schwer vereinbar. Aber andererseits ist es noch zu untersuchen, ob in dieser Frage starre Rechtsgrundsätze oder politische Zweckmäßigkeitsgründe zu walten haben? Jedenfalls ließen sich für letztere Ansicht auch sehr gewichtige Argumente anführen. Das Reichsgericht allerdings hält sich an den starren Rechtsgrundsatz des §. 19 StGG., indem es erkannte, daß in drei Gemeinden Niederösterreichs, Bischofswarth, Ober- und Unterthemenau, „slavisch landesüblich" sei, die betreffenden Gemeindeangehörigen also ein Recht auf slavische Volksschulen besitzen (RGE. v. 25. April 1877 H. III. 129 und v. 19. October 1882 H. IV. 269). Ob aber die Anwendung dieses starren Rechtsgrundsatzes mit den berechtigten politischen Interessen der einzelnen Länder vereinbar sei, ist eine andere Frage; und es giebt ja schließlich auch berechtigte politische Interessen der einzelnen Länder, denen die Consequenzen des starren Rechtsgrundsatzes geopfert werden müssen.

von einer in jedem einzelnen Falle zu treffenden Entscheidung abhängig, die erst auf mannigfache Momente sich stützt: wie z. B. darauf, wer die Schule ganz oder nur theilweise erhält und dergl. Dazu kommt noch, daß das wichtigste Moment, welches als natürliche Grundlage solcher Entscheidungen immer zu dienen hat, die Thatsache der Angehörigkeit der Schulkinder an die eine oder andere Nationalität vom Gesetzgeber nirgends auf feste Merkmale basirt werden kann und daß dieselbe vom Verwaltungsgerichtshofe als durch keine gesetzliche Vorschrift erkennbare, daher als eine vollständig von dem subjectiven Sichbekennen des Einzelnen abhängige, daher fast ganz in das subjective Belieben des Einzelnen gestellte erklärt wurde. [400])

Unter solchen Umständen läßt sich über die Unterrichtssprache in den Volksschulen nur so viel sagen, daß dieselbe durch den abstracten Grundsatz des §. 19 StGG. nicht endgiltig gelöst wurde und von demselben nicht beherrscht wird; daß dieselbe vielmehr von dem historisch=politischen Charakter jedes Landes beeinflußt und daß die endgiltige Lösung dieser Frage in der Zukunft von Landesgesetzen abhängen wird, welche für jedes Land, so wie das in Galizien bereits geschehen ist, ausdrücklich die in diesem Lande zum öffentlichen Unterricht berechtigten Sprachen und erst innerhalb dieser gesetzlichen Schranken die Bedingungen, unter denen die eine oder die andere Sprache als Unterrichtssprache und zugleich die andere Landessprache als obligater oder freiwilliger Lehrgegenstand einzuführen ist, festsetzen werden. Bis eine solche landesgesetzliche Regelung dieser Frage nicht erfolgen wird, muß dieselbe als eine durch den §. 19 des StGG. nicht für alle Fälle ausreichend geregelte bezeichnet werden. [401])

---

[400]) E. d. VGH. 27. April 1877. B. I 70; dann v. 9. März 1878. B. II 288. Bemerkenswerth ist übrigens, daß der VGH., trotzdem er erklärt, daß über diese wichtigste Grundlage der Entscheidung über die Unterrichtssprache, d. i. über die Thatsache, „nach welchen Merkmalen die Nationalität Einzelner zu bestimmen sei, keine gesetzliche Vorschrift bestehe" und daß daher die Schulbehörden die Befähigung der Kinder, den Unterricht in dieser oder jener Sprache zu empfangen, nach eigenem Ermessen zu beurtheilen" haben: zugleich die Ansicht ausdrückt, daß „die Bestimmung der Unterrichtssprache an den Schulen . . . nicht zu den Angelegenheiten gehört, in welchen die Behörden nach freiem Ermessen vorzugehen berechtigt sind, da ihnen „die Entscheidung nur innerhalb der durch die Gesetze gezogenen Schranken eingeräumt ist" — daher die Gemeinden gegen diese Entscheidungen der Schulbehörden zur Beschwerdeführung vor dem VGH. legitimirt sind.

[401]) Die Lücke in der gesetzlichen Regelung dieser Frage für die einzelnen Länder entstand dadurch, daß der §. 19 StGG. „alle Volksstämme des Staates", also auch alle Sprachen des Staates ohne Rücksicht auf ihre thatsächliche Stellung in den einzelnen Ländern und ihr Verhältniß zur historisch=politischen Individualität derselben, für gleichberechtigt erklärte. Daraus müssen sich nun die verschiedensten Schwierigkeiten ergeben, die mittelst des §. 19 nicht bewältigt werden können. Nehmen wir z. B. an, daß in Graz die daselbst zahlreich wohnenden italienischen Familien für ihre schulpflichtigen Kinder, deren Muttersprache (und auch Umgangssprache) thatsächlich das Italienische ist, die Errichtung einer Volksschule mit italienischer Unterrichtssprache verlangen würden. Im Sinne des §. 19 nun müßte ihnen eine solche Schule entschieden gewährt werden und auch das Reichsgericht müßte mit derselben Consequenz, mit der es den §. 19 in anderen Ländern ohne Rücksichtnahme auf den historisch=politischen Charakter des Landes alle Sprachen des Staates in seinem ganzen Gebiete für gleichberechtigt erklärt, für die Er-

Die Mittelschule.

§. 183. Die nächsthöhere Stufe des Unterrichts über Volks= und Bürgerschule bildet die Mittelschule in ihren zwei Verzweigungen, Gymnasium und Realschule. Bezüglich der Mittelschule besteht ebensowenig wie bezüglich der Hochschulen (Universitäten und technischen Hochschulen) ein directer Schulzwang. Indirect besteht derselbe jedoch insoferne, als für eine Anzahl von öffentlichen Berufen die Absolvirung dieser Schulen eine Bedingung bildet — von der nur ausnahmsweise in sehr rücksichtswürdigen Fällen gesehen wird.

Für diejenigen jedoch, welche eine öffentliche Mittelschule besuchen, steht die Pflicht, sich den Bestimmungen sowohl des Lehrplans wie auch der Disciplinarvorschriften in all und jedem zu fügen; andernfalls der Schulbehörde das Recht der gesetzlichen Strafen, sogar das Ausschließungs= recht in mannigfachen Abstufungen zusteht. Während in den (achtclassigen) Gymnasien vorwiegend die classisch=humanistischen Studien, daneben aber auch Naturwissenschaften gepflegt werden zu dem Zwecke, um die Schüler für den Besuch einer der vier Faculätäten der Universitäten vorzubereiten: wird in den Realschulen das Hauptgewicht auf Naturwissenschaften und lebende Sprachen gelegt, um die Schüler theils für den Besuch einer technischen Hochschule, theils für specielle Fachschulen fähig zu machen. Sowohl die Gymnasien wie die (siebenclassigen) Realschulen zerfallen in Unter= und Ober= theilungen, wobei die Oberabtheilungen die in den Unterabtheilungen gelehrten Gegenstände in gründlicherer und ausführlicherer Weise mit mannig= fachen Erweiterungen beziehungsweise mit Ausdehnung auf neue Gebiete der Wiederholung bringen. Den Abschluß sowohl des Gymnasial= wie des Realschulstudiums bildet eine Reifeprüfung (Maturitätsprüfung); nur diejenigen, welche letztere mit Erfolg bestehen, erlangen die Befähigung, die Universität beziehungsweise die technische Hochschule zu beziehen.

Errichtung einer italienischen Volksschule in Graz eintreten. Wie würden sich aber einem solchen Verlangen gegenüber die Gemeinde Graz und der steirische Landes= ausschuß verhalten? Offenbar ablehnend und mit vollem Rechte; nur wäre es ihnen schwer, sich auf ein Gesetz zu berufen und vor dem Reichsgerichte könnten sie auf Grund des §. 19 leicht sachfällig werden. Denn in diesem Paragraph hat der Gesetzgeber es vollständig übersehen, daß nicht alle Sprachen „des Staates" jedem Lande gleichberechtigt sein können; daß z. B. das Italienische nicht gleichberechtigt sein kann in der Steiermark, in Kärnten u. f. w., wohl aber in Dalmatien und im Küstenland. Mit einem Worte, der Gesetzgeber v. 1867 per= horrescirte den Begriff der historisch=politischen Individualität, wollte von der Existenz und Bedeutung derselben nichts wissen und setzte daher eine Gleichberech= tigung der Sprachen ohne Rücksicht auf die Länder fest, eine Gleichberechtigung, welche im gegebenen Falle aus dem Grunde schwer zu realisiren ist, weil sie mit dem historisch=politischen Charakter des Landes in Widerspruch tritt. Diese Lücke kann daher nur auf diese Weise ausgefüllt werden, daß für die einzelnen Länder diejenigen Sprachen ausdrücklich bezeichnet werden, welche in diesem Lande, der historisch=politischen Individualität desselben entsprechend, gleichberech= tigt sind und daher unter den gesetzlichen Bedingungen und thatsächlichen Voraus= setzungen den Anspruch haben, als Unterrichtssprache in den öffentlichen Volks= schulen eingeführt zu werden.

Im Gegensatze zu dem unentgeltlichen Unterricht in der Volksschule wird der Unterricht in den Mittelschulen nur gegen Entrichtung eines in die Staatscasse fließenden Schulgeldes für jedes Halbjahr ertheilt; von diesem Schulgelde werden jedoch unbemittelte und fleißige Schüler, die einen guten Erfolg aufweisen, befreit.

Gymnasien.

§. 184. Die Organisation der Gymnasien beruht im Wesentlichen noch immer auf der Thun'schen Reform vom Jahre 1849, deren Grundsätze in den Vorbemerkungen zum „Entwurfe der Organisation der Gymnasien" vom Jahre 1849 dargelegt sind. Doch wurde seither an dem Lehrplan und an der Art und Weise des Unterrichts so manche durch die gemachten Erfahrungen und die Fortschritte der Wissenschaften gebotene Verbesserung vorgenommen.[402]

Jene Grundsätze sind:

Gliederung des ganzen Gymnasiums in acht Jahrescurse und zwar in Unter- und Obergymnasium von je vier Jahrescursen (Classen). Dabei wird bezweckt, daß das Untergymnasium ein relativ abgeschlossenes Ganzes von Bildung gewähre, welches die Schüler sowohl zum Uebertritte in die höhere Stufe der Realschulen als auch zum Eintritte in manche Berufe des praktischen Lebens befähigt. Daher behandelt das Untergymnasium die Lehrgegenstände in minder umfassender, mehr populärer Weise und mit praktischen Anwendungen. Im Obergymnasium erfolgt dann theilweise eine Wiederholung des im Untergymnasium Erlernten, jedoch in umfassenderer und wissenschaftlicherer Weise, theils eine Fortbildung auf Grundlage des im Untergymnasium Erlernten.

Der Lehrplan umfaßt diejenigen Gegenstände, „welche aus dem Begriffe der allgemeinen Bildung sich ergeben." Als Hauptzweck der Erlernung der alten Sprachen wurde die Lesung der classischen Schriftsteller angenommen; daher wurde auch der griechischen Sprache eine größere Stundenzahl gewidmet. Auch auf die „den österreichischen Gymnasien eigenthümliche Aufgabe, eine Mehrheit im Reiche gangbarer und häufig den Schülern nothwendiger Landessprachen zu lehren", sollte Rücksicht genommen werden. In erster Reihe jedoch sollte durch den Unterricht in der deutschen Sprache auch dort, wo derselbe weder Landes- noch Muttersprache der Schüler ist, Rechnung getragen werden „dem Bedürfniß eines mächtigen Reiches, daß wenigstens die Gebildeten aller Theile desselben sich untereinander zu verstehen die Fähigkeit haben."

Der Schwerpunkt des Lehrplans sollte weder in der classischen noch in der vaterländischen Literatur, sondern in der „wechselseitigen Beziehung aller Unterrichtsgegenstände aufeinander" beruhen.

---

[402] Hübl.: Handbuch für Directoren, Professoren 2c. der Gymnasien, Realschulen 2c., Wien 1878. Marenzeller: Normalien für die Gymnasien und Realschulen, Wien 1884.

Der Unterricht wird durch Fachlehrer ertheilt und soll ein besonderes Gewicht auf die erziehende Thätigkeit der Schule gelegt werden.

Daher bilden einzelne Lehrer als Classenvorstände den „vorwiegenden und leitenden Mittelpunkt in disciplinarer und auch didaktischer Beziehung," während einen solchen Mittelpunkt für das ganze Gymnasium der Director bildet. Letzterer ist zunächst und durch ihn der ganze Lehrkörper für die Leistungen des Gymnasiums verantwortlich. Da jedes Gymnasium daher nach Außen hin eine gewisse Selbständigkeit zu behaupten berechtigt ist, so soll es jeden Schüler, der sich zur Aufnahme meldet, einer Prüfung unterziehen dürfen.

Die Landesschulbehörden sind die unmittelbaren Aufsichtsbehörden der Gymnasien. Damit dieselben in genauer Kenntniß von dem Zustande eines jeden Gymnasiums erhalten werden, müssen ihnen die Protokolle der Lehrerconferenzen vorgelegt, jährliche Berichte erstattet werden, unternehmen ihre Mitglieder persönliche Visitationen der Gymnasien und wohnen den Prüfungen bei.

Das Privatstudium in Gymnasialgegenständen ist gestattet: auf Grundlage desselben können Jünglinge, die das 18. Lebensjahr zurückgelegt haben, sich zur Maturitätsprüfung melden und wenn sie dieselbe mit Erfolg zurücklegen, ein zum Besuch der Hochschule berechtigendes Maturitätszeugniß erhalten.

Der Entwurf der Organisation der Gymnasien und Realschulen enthält in fünf Abtheilungen die jenen Grundsätzen entsprechend formulirten Bestimmungen und zwar 1. allgemeine Bestimmungen; 2. solche über den Lehrplan; 3. über Schüler; 4. Lehrer und 5. über die Leitung der Gymnasien. Dieser Entwurf wurde vom Kaiser zur Kenntniß genommen und der Unterrichtsminister ermächtigt, „bei der Leitung und den bringenden Verbesserungen der Gymnasien und Realschulen die in demselben vorgezeichnete Richtung einstweilen, bis die definitive Organisirung dieser Schulen" die kaiserliche Genehmigung erhalten werde, zu verfolgen (Kais. Verordn. 16. September 1849). Damit wurden diese Bestimmungen provisorisch in Wirksamkeit gesetzt.[403] Nach Verlauf von vier Jahren, während welcher Zeit man Gelegenheit hatte, die Erfolge dieser provisorischen Organisation zu beobachten, wurden die mit derselben eingeführte achtjährige Studienzeit, sowie Lehrmethode und die anderen bis dahin provisorisch eingeführten Einrichtungen mit einigen speciell aufgezählten Abweichungen vom Kaiser genehmigt, also zu definitivem Gesetze erhoben (Kais. Handschreiben vom 9. December 1854 und Min.-Verordn. vom 16. December 1854 RGB. Nr. 135).

Obendrein wurden eine Anzahl von §§. des Organisationsentwurfes durch nachfolgende Verordnungen ausdrücklich in Wirksamkeit gesetzt.[404]

---

[403] Min.-Erl. v. 15. September 1849 erklärt, daß dieser Entwurf kein Gesetz sei, doch wünscht der Minister, daß die Schulbehörden nach den Hauptgrundsätzen und Ideen desselben vorgehen.

[404] So die §§. 72, 75 und 76, 97, 100, 109, 110—114, die ganze fünfte Abtheilung mit Ausnahme des §. 106 und der §§. 117—121. Außer Wirksam-

Ueber den Privatunterricht in den Lehrgegenständen des Gymnasiums wurde mit Kaif. Verordn. vom 27. Juni 1850 ein provisorisches Gesetz erlassen.

Seit jener Thun'schen Organisation der Gymnasien ist eine große Anzahl von Gesetzen und Verordnungen über das Gymnasialwesen erschienen, von denen mehrere auch den seither eingetretenen politisch-nationalen Wandlungen des österreichischen Staatsrechts Rechnung trugen (namentlich mit Beziehung auf die Unterrichtssprache).

§. 185. Auf Grundlage dieser vierzigjährigen gesetzgeberischen Arbeit und Rechtsentwickelung erlangte das österreichische Gymnasialrecht die nachfolgende Gestaltung.

Da nach dem Gesetze jedermann befugt ist, ein Gymnasium zu gründen, wenn er nachweisen kann, daß er demselben auf mehrere Jahre die nöthigen Subsistenzmittel mit großer Wahrscheinlichkeit sicherstellt und den übrigen gesetzlichen Erfordernissen und Bedingungen nachkommt: so kann es neben den öffentlichen staatlichen und auch nichtstaatlichen Gymnasien auch Privatgymnasien geben. Dieselben unterscheiden sich von den öffentlichen dadurch, daß ihre Zeugnisse nicht staatsgiltig sind. In denselben können also Schüler Gymnasialbildung genießen, müssen sich aber, wenn sie staatsgiltige Gymnasialzeugnisse erlangen wollen, an öffentlichen Gymnasien den vorgeschriebenen Prüfungen unterziehen.

Oeffentliche Gymnasien dagegen sind solche, denen der Staat das Oeffentlichkeitsrecht zuerkennt, deren Zeugnisse also den Zeugnissen der staatlichen Gymnasien gleichgestellt sind. Außer den Staatsgymnasien können solche öffentliche Gymnasien gegründet und erhalten werden von Gemeinden, Ländern, geistlichen Corporationen, Gesellschaften oder auch von Privatpersonen. Nicht die Person des Gründers und Erhalters, sondern die Zuerkennung oder Nichtzuerkennung des Oeffentlichkeitsrechts macht eine Anstalt zu einer öffentlichen oder privaten.

Ein vollständiges Gymnasium besteht aus 8 Jahrgängen oder Classen. Die ersten vier Classen bilden das Unter-, die folgenden vier Classen das Obergymnasium. Im Großen und Ganzen ist der Lehrplan der Gymnasien so eingerichtet, daß das Obergymnasium sich als eine vertiefende und vervollständigende Wiederholung all derjenigen Fächer darstellt, die im Untergymnasium in mehr elementarer Form gelehrt wurden.

Nach dem Thun'schen Organisationsentwurf wurde das Hauptgewicht des Unterrichts auf die classischen Sprachen und die humanistischen Fächer gelegt (Geschichte, Literatur); von Mathematik wurde sowohl Arithmetik wie auch Algebra und Geometrie gelehrt; die Naturwissenschaften wurden daneben sehr cursorisch behandelt. Außer den obligaten Fächern war für den Unterricht in nicht obligaten Fächern (moderne Sprachen, Zeichnen, Gesang x.) vorgesorgt. Seitdem erfuhr der Lehrplan eine wesentliche Verbesserung durch Einführung eines intensiveren Studiums der Naturwissenschaften,

keit wurde gesetzt §. 64. — Die nicht ausdrücklich in Wirksamkeit gesetzten Paragraphen wurden meist durch spätere Verordnungen abgeändert.

ie auf der Oberstufe mit großer Gründlichkeit, wo möglich mit Zuhilfenahme
von naturhistorischen Sammlungen gelehrt wurden.

Eine einschneidende Reform erfuhren die Gymnasien seit den ersten
70er Jahren durch die Einführung der Nationalsprachen der einzelnen Kronländer als Unterrichtssprachen. Die Ordnung dieser Sprachangelegenheit
in den Gymnasien war und ist noch theilweise für die Unterrichtsverwaltung
mit großen Schwierigkeiten verbunden, weil sie da den entgegengesetzten
und sich befehdenden nationalen Aspirationen gegenüber sowohl dem Grundsatz der Gleichberechtigung der Nationalitäten wie auch dem wohlverstandenen
Interesse des Staates Rechnung tragen muß.

Bedingung der Aufnahme in's Gymnasium ist das zurückgelegte
.0. Lebensjahr und eine Aufnahmsprüfung, die unter Leitung des Directors
von einem Gymnasiallehrer vorgenommen wird (MB. v. 14. März 1870).
Bei derselben hat der Aufzunehmende jenes Maaß von Kenntnissen nachzuweisen, welches in einer vierclassigen Volksschule erworben werden kann.
Zum Uebertritt von einem öffentlichen Gymnasium in ein anderes ist ein
Abgangszeugniß von ersterem erforderlich. Doch ist das aufzunehmende
Gymnasium an das Zeugniß des verlassenen Gymnasiums nicht gebunden
und kann den Schüler einer Aufnahmsprüfung unterwerfen und nach deren
Befund die Classe, in die er einzutreten hat, bestimmen. In keinem Falle
aber darf es den Schüler in eine höhere Classe aufnehmen, als ihm nach
dem Abgangszeugnisse zukommt.

Außer den ordentlichen Schülern des Gymnasiums, welche den vollständigen öffentlichen Unterricht genießen, kann es auch Privatisten und
außerordentliche geben.

Privatisten sind solche, die den Unterricht nicht am Gymnasium, sondern
privat genießen, sich jedoch nach Schluß jedes Semesters einer Semestralprüfung am Gymnasium unterziehen und über den Erfolg der Prüfung ein
Zeugniß erhalten. Sie können in dieser Weise ganz so wie die öffentlichen
Schüler von Semester zu Semester, von Classe zu Classe aufsteigen, bis sie
nach absolvirter achter Classe das Recht erlangen, zur Maturitätsprüfung
zugelassen zu werden. Das Maturitätsprüfungszeugniß solcher Schüler ist
den Maturitätszeugnissen der öffentlichen Schulen vollkommen gleichwerthig.

Außerordentliche Schüler sind solche, die den Unterricht nicht in allen
obligaten Lehrfächern, sondern in einem oder einzigen derselben zu genießen
wünschen. Die Aufnahme solcher Schüler hängt von dem Lehrkörper ab.

Sowohl die öffentlichen Schüler wie die Privatisten an Staatsgymnasien zahlen ein Schulgeld, dessen Höhe vom Unterrichtsminister festgesetzt wird. Corporationen, Gesellschaften oder Privatpersonen, die ein
Gymnasium erhalten, bestimmen das Schulgeld nach ihrem Belieben.

Oeffentliche Schüler der Gymnasien, welche „wahrhaft dürftig" sind
und im vorhergehenden Semester einen guten Fortgang gezeigt haben,
können vom Schulgeld befreit werden. Die Befreiung wird vom Landesschulrathe auf Antrag des Lehrkörpers bewilligt.[405]

---

[405] Die Bestimmungen über das Schulgeld enthält die Min.-Ver. vom

Der Unterricht an den Gymnasien wird von einer Anzahl von Fach-
lehrern ertheilt, die für ihre speciellen Fächer herangebildet und für die-

12. Juni 1886 RGB. Nr. 100. Das auf ein Semester entfallende Schulgeld
wird darnach in dreierlei Ausmaaß festgestellt und zwar für Wien mit 25 Gulden,
für die Orte außer Wien, welche mehr als 25,000 Einwohner haben, mit 20 Gulden,
für die übrigen Orte mit 15 Gulden.

Behufs Entrichtung des Schulgeldes wurden Schulgeldmarken eingeführt.
Das Schulgeld ist von den öffentlichen und den außerordentlichen Schülern im
Laufe der ersten sechs Wochen jedes Semesters im vorhinein zu entrichten. Schülern,
welche innerhalb dieser Frist ihrer Schuldigkeit nicht nachgekommen sind, ist der
fernere Besuch der Schule nicht gestattet. Privatisten haben sich, bevor sie zur
Semestralprüfung zugelassen werden, über die Entrichtung des Schulgeldes auszuweisen. Wird einem Privatisten statt der Semestralprüfungen ausnahmsweise eine
Jahresprüfung bewilligt, so hat er das Schulgeld für beide Semester zu entrichten.
Das bezahlte Schulgeld wird einem Schüler auch dann nicht zurückerstattet, wenn
er noch vor Ablauf des Semesters aus der Schule austritt oder ausgeschlossen
wird. Bei einem gerechtfertigten Uebertritte in eine andere Staatsmittelschule aber
gilt die Empfangsbestätigung über das bezahlte Schulgeld auch für die Anstalt, in
welche überzutreten der Schüler veranlaßt war, und zwar unabhängig von der Höhe
des an derselben bestehenden Schulgeldes. Die Befreiung von Entrichtung des
Schulgeldes kann öffentlichen Schülern unter nachfolgenden Bedingungen gewährt
werden:

a) wenn sie im letzten Semester in Beziehung auf sittliches Betragen und
Fleiß eine der beiden ersten Noten der vorgeschriebenen Notenscala erhalten
haben, und ihr Studienerfolg mindestens mit der ersten allgemeinen Fort-
gangsclasse bezeichnet worden ist, und

b) wenn sie, beziehungsweise die zu ihrer Erhaltung Verpflichteten, wahrhaft
dürftig, das ist, in den Vermögensverhältnissen so beschränkt sind, daß
ihnen die Bestreitung des Schulgeldes nicht ohne empfindliche Entbeh-
rungen möglich sein würde.

Die Entrichtung des Schulgeldes kann bis auf weiteres auch bis zur Hälfte
nachgesehen werden. Als Bedingung für eine solche Nachsicht gilt, daß die oben
aufgestellten Forderungen vollständig erfüllt, und daß nach den Vermögensverhältnissen der Schüler, beziehungsweise der zur Erhaltung derselben Verpflichteten anzunehmen ist, daß sie zwar nicht zu jeder Zahlung unfähig, jedoch außer Stande
sind, der vollen Schuldigkeit nachzukommen. Jede Schulgeldbefreiung — sowohl
die ganze, wie die halbe — beginnt mit demjenigen Semester, in welchem sie gewährt wird und ist nur so lange aufrecht zu erhalten, als alle Bedingungen erfüllt
sind, unter denen sie ordnungsmäßig erworben werden konnte. Demgemäß ist in
jedem Semester mit Rücksicht auf die in demselben ertheilten Sitten-, Fleiß- und
Fortgangsnoten eine genaue Revision der Schulgeldbefreiungen vorzunehmen und
der Verlust der Befreiung den betreffenden Schülern bekannt zu geben.

Um die Befreiung von Entrichtung des Schulgeldes für einen Schüler zu
erlangen, wird bei der Direction der Mittelschule, welche derselbe besucht, ein Gesuch überreicht, das mit dem Zeugnisse über das letzte Semester und mit einem
nicht vor mehr als einem Jahre ausgestellten behördlichen Zeugnisse über die Vermögensverhältnisse belegt sein muß, welches die Vermögensverhältnisse so genau
und eingehend, als zu sicherer Beurtheilung erforderlich ist, anzugeben hat.

Der Lehrkörper hat die Pflicht, auf Grund strenger Prüfung dieser Belege
und mit Berücksichtigung der eigenen Wahrnehmungen seine Anträge an die
Landesschulbehörde zu erstatten. Sowohl für diese Anträge, wie auch für die
genaue Erforschung und Wahrheit der von ihm dargestellten thatsächlichen Verhältnisse bleibt der Lehrkörper verantwortlich. Ueber die Anträge des Lehrkörpers
entscheidet die Landesschulbehörde. Gegen die Entscheidung des Landesschulrathes
findet kein Recurs statt.

felben geprüft wurden. (Philologen für Griechisch und Lateinisch, Historiker für Geschichte und Literaturgeschichte, Naturhistoriker für die verschiedenen Fächer der Naturgeschichte und in der Regel auch für Mathematik).[406] Die Leitung der ganzen Anstalt besorgt ein Director. Die Gymnasien jedes Landes stehen unter der Aufsicht von Landesschulinspectoren, welche die Gymnasien ihres Sprengels beaufsichtigen und bei den am Schluß der Gymnasialstudien als Bedingung zum Uebertritt an die Universität vorgeschriebenen Maturitätsprüfungen wo möglich persönlich interveniren.

Die Lehrbücher für die Gymnasien müssen vom Unterrichtsministerium approbirt sein; Verlag und Verschleiß derselben ist freigegeben.

Die jährliche Unterrichtsdauer beträgt zehn Monate; zwei Monate, zumeist von Mitte Juli bis Mitte September sind Ferien.

Realschulen.

§. 186. Der Unterschied zwischen Gymnasien und Realschulen liegt auf dem Gebiete der für dieselben vorgeschriebenen Lehrgegenstände und des durch die Verschiedenheit derselben allenfalls erforderlichen Verschiedenheit des Lehrplans: in der öffentlich-rechtlichen Stellung sowohl der Anstalten wie der Schüler, Lehrer und Directoren sind die Realschulen den Gymnasien ziemlich gleich, bis auf den einen Punkt, daß die Gesetzgebung über Gymnasien in die Competenz des Reichsrathes, diejenigen über die Realschule in die Competenz der einzelnen Landtage fällt. Doch ist die oberste Regierungsbehörde für beiderlei Anstalten dieselbe und zwar das Unterrichtsministerium, wenn es auch bei den Gymnasien Reichs-, bei den Realschulen Landesgesetze vollzieht, beziehungsweise die Vollziehung und Ausführung derselben überwacht.

Auch das österreichische Realschulwesen verdankt seinen mächtigen Aufschwung den Bemühungen des Ministers Thun. Gleichzeitig mit dem Entwurf der Organisation der Gymnasien erschien auch ein solcher bezüglich der Realschulen (1849). So wie die Gymnasien zwischen Volksschule und Universität, so wurden die Realschulen zwischen Volksschule und Technische Anstalten eingefügt. Als Zweck der Realschulen erklärte jener Entwurf schon neben allgemeiner Bildung „einen mittleren Grad der Vorbildung für gewerbliche Beschäftigungen". Die Stelle der classischen Sprachen nehmen in den Realschulen die modernen Sprachen ein.

---

[406] Mit der MB. v. 7. Februar 1884 wurde über die Prüfung der Candidaten des Lehramtes an Gymnasien und Realschulen eine Vorschrift erlassen. Dieselbe enthält Bestimmungen über die vom Unterrichtsminister zu ernennenden Prüfungscommissionen, sodann über die Bedingungen der Zulassung zu der Prüfung, endlich über das Maaß der an die Candidaten aus jedem einzelnen Gegenstande zu stellenden Forderungen. Nach gut bestandener Prüfung hat jeder Candidat sich ein Jahr lang an einem Gymnasium resp. an einer Realschule verwenden zu lassen (Probejahr), wobei der Candidat sich das Kronland, wo er das Probejahr durchmachen will, wählen kann, die Landesschulbehörde jedoch die Anstalt, wo er verwendet wird, ihm anweist.

Maaßgebend für die Gründung von Realschulen waren Rücksichten auf die „industriellen Classen der Bürger"; die Realschulen sollten „ihnen die Bildung geben, die sie benöthigen".[407]

Begründet wurde die Maaßregel mit den damaligen „Veränderungen des österreichischen Zolltarifes, durch welche das Prohibitivsystem gänzlich aufgegeben" wurde, was auf die Belebung der österreichischen Industrie einen wohlthätigen Einfluß üben mußte.

Auch bei den Realschulen ist die Gliederung in Unter= und Oberreal= schulen angenommen worden, wobei das besondere Bestehen von Unterreal= schulen in kleineren Städten in's Auge gefaßt wurde, welche Unterreal= schulen nach Umständen durch Hinzufügung von Lehrcursen für classische Sprachen zu Unter=Realgymnasien umgestaltet werden können. Besondere Oberrealschulen giebt es nicht; jede „Oberrealschule setzt zu ihrem Bestehen das Vorhandensein einer Unterrealschule an demselben Orte voraus".

Gewerbliche Unterrichtsanstalten.

§. 187. Außer den Unter= und Oberrealschulen sind schon im Jahre 1851 in derselben Absicht, das einheimische Gewerbe zu fördern, Handwerker=Sonn= tags= und eigentliche Specialschulen für einzelne Zweige der technischen Bildung in's Auge gefaßt worden.[408] Seither haben sich letztere als „ge= werbliche Fachschulen" bedeutend entwickelt.

Diese „gewerblichen Unterrichtsanstalten" hatten bis zur Erscheinung der neuen Gewerbenovelle keinerlei öffentlich=rechtliche Bedeutung; denn weder übte der Staat einen Zwang aus behufs der Errichtung derselben wie bei den Volksschulen; noch knüpfte er an die Absolvirung derselben irgend welche Befähigung zu staatlicher Laufbahn oder öffentlicher Stellung, wie das bezüglich der Gymnasien, technischen Anstalten und Hochschulen der Fall ist. Er forderte die Gründung solcher Anstalten lediglich aus gewerbe= politischen Rücksichten und überließ es sodann den Staatsgenossen, dieselben nach Belieben zu benützen. Dieses Verhältniß änderte sich jedoch in Folge des §. 14 der Gewerbeordnung (Novelle vom 15. März 1883), welcher gewissen, durch den Handelsminister im Einvernehmen mit dem Unterrichts= minister zu bezeichnenden Anstalten insoferne eine öffentlich=rechtliche Stel= lung einräumt, als ihre Zeugnisse zum Antritte eines handwerksmäßigen Gewerbes berechtigen. In Folge dessen erscheinen von Zeit zu Zeit Ministerial= verordnungen mit der Veröffentlichung von Listen solcher gewerblicher Unterrichtsanstalten, denen die Berechtigung zur Ausstellung solcher öffent= lich giltigen, jeden anderen Nachweis der Befähigung zum Antritt hand= werksmäßiger Gewerbe ersetzenden Zeugnisse zuerkannt wird.[409]

---

[407] Allerunterthänigster Vortrag des Ministers Leo Thun v. 12. Februar 1851.
[408] A. u. Vortrag des Ministers Thun v. 12. Februar 1851.
[409] Die erste solche M.V. erschien unterm 17. September 1883 R.G.B. Nr. 150, es folgten: M.V. v. 24. April 1885 R.G.B. Nr. 57; v. 20. October 1887 R.G.B. Nr. 121. Diese Verordnungen geben auch das zuverlässigste Bild der Entwickelung des gewerblichen Fachschulwesens in Oesterreich.

Universitätsgesetzgebung.

Anders wie in Deutschland, wo es bis heutzutage keine allgemeinen **§. 188.** Universitätsgesetze giebt und wo die einzelnen Universitäten nach ihren Statuten organisirt und verwaltet werden: unterliegen in Oesterreich alle Universitäten ein und denselben Gesetzen, zumal gegenwärtig die Gesetz= gebung über dieselben dem Reichsrathe ausdrücklich vorbehalten ist (§. 11 lit. i des StGG. v. 21. Dec. 1867 Nr. 141). Die einschneidendste Um= gestaltung der österreichischen Universitäten wurde in den Jahren 1848 bis 1850 vorgenommen. Die damals erlassenen Universitätsgesetze legten den Grund zur heutigen Gestaltung derselben. Es waren das die Gesetze über die Organisation der akademischen Behörden, die akademische Disciplinar= ordnung[410]) und die allgemeine akademische Studienordnung.[411]) Wie die meisten Gesetze jener Jahre, an denen immer ein wenig Exaltation Antheil hatte, erforderten auch diese Universitätsgesetze in manchen Stücken einer nüchterneren Anpassung an die wirklichen Bedürfnisse des Staates. In diesem Geiste erfloß im Jahre 1855 eine neue Studienordnung für die rechts= und staatswissenschaftlichen Facultäten[412]), welche bis heutzutage in Geltung steht und erst jetzt wieder einer zeitgemäßeren und den mittlerweile gemachten Erfahrungen und aufgetretenen Bedürfnissen angepaßten, Platz machen soll. Im Jahre 1872 wurde die heute geltende Rigorosenordnung für die weltlichen Facultäten erlassen.[413])

Im Jahre 1873 wurde sodann eine neue Organisation der akademischen Behörden vorgenommen[414]), wobei eine vollkommene Einheitlichkeit der= selben für alle österreichische Universitäten erzielt wurde; daran schloß sich im Jahre 1875 eine einheitliche Reorganisation aller österreichischen Uni= versitätskanzleien.[415]) Von wichtigeren Umgestaltungen der 1848—1850 er Gesetze sei hier nur noch die im Jahre 1888 vorgenommene Neuregelung der Habilitirungen von Privatdocenten erwähnt, durch welche die bis dahin geltende Habilitirungsvorschrift vom 19. December 1848 abgeändert resp. verschärft wurde.[416]) So ist denn die den Universitäten durch die Gesetze von 1848—1850 gegebene Gestaltung seither in wesentlichen Stücken ge= ändert und geht noch einer weiteren, durch die Bedürfnisse der Lehre und des Staates gebotenen Entwickelung entgegen.

Die Universitäten.

Die Universitäten sind bestimmt, die Wissenschaft als solche zu pflegen **§. 189.** und zugleich die Studirenden für die einzelnen öffentlichen Berufe vor= zubereiten. Aus einstigen autonomen, vom Staate mehr oder weniger un=

---

[410]) M. Erl. v. 13. October 1849 RGB. Nr. 416.
[411]) M. Erl. v. 1. October 1850.
[412]) M. Erl. v. 2. October 1855.
[413]) MB. v. 15. April 1872 RGB. Nr. 57.
[414]) Gesetz v. 27. April 1873 RGB. Nr. 63.
[415]) MB. v. 24. October 1875.
[416]) MB. v. 11. Februar 1888 RGB. Nr. 19. Die hier angeführten Ge= setze (bis zum J. 1882) sind enthalten in Thaa Sammlung der österr. Universi= tätsgesetze, fortgesetzt v. Schweikhardt, 1 Band und 2 Supplementhefte.

abhängigen Anstalten, sind sie heutzutage reine Staatsanstalten geworden und an ihren einstigen Charakter erinnern nur noch in Oesterreich: die Collegiengelder, die Prüfungstaxen und die innere Organisation der Professorencollegien.

Im Gegensatze zu dem Schulgeld der Mittelschulen fließen die Collegiengelder[417]) und Prüfungstaxen an den Universitäten nicht in die Staatscasse, sondern kommen den Professoren zu Gute; auch die innere Organisation der aus ordentlichen und außerordentlichen Professoren und aus Docenten bestehenden Facultäten, ist eine althergebrachte, welche aus dem einstigen Wesen der Universitäten hervorgegangen ist und an die innere Verfassung aller mittelalterlichen Collegien (d. i. Zünfte) erinnert.

Im übrigen hat jenes alte Wesen der Universitäten heutzutage zum größten Theil dem einer staatlichen Anstalt Platz gemacht und der moderne Staat bestrebt sich, so manches Ueberlebte abzustoßen und auch die äußeren Formen der Universitäten ihrem modernen Wesen anzupassen.

Als Staatsanstalten, angesichts der freien Bewegung der Geister in unserer Zeit sowie auch beim Vorhandensein einer Fülle von Bildungs- und Forschungsmitteln außerhalb der Universitäten, sind dieselben heute nicht mehr was sie vielleicht einst sein mochten: die einzigen Pflegestätten der Wissenschaft.

Dagegen stellt der moderne Staat an dieselben weitgehende Anforderungen im Interesse der modernen Staatsverwaltung.

Die einzelnen österreichischen Universitäten gliedern sich in je vier Facultäten: die theologische, rechts- und staatswissenschaftliche, philosophische und medicinische.[418])

Auf jeder dieser Facultäten sind es vorwiegend entweder künftige Staatsbeamte (richterliche, politische oder Lehrer) oder doch Männer öffentlicher Berufe (Geistliche, Aerzte, Advocaten, Notare) die herangebildet werden sollen: daher erklärt sich das überwiegende Interesse des modernen Staates an der ganzen inneren Organisation, an dem Lehrplan und dem Studium an den Universitäten.

Die Universitätsbehörden.

§. 190. Die unmittelbare Leitung der Universitäten besorgen die autonomen aus unmittelbaren und mittelbaren Facultätswahlen hervorgehenden Universitätsbehörden. Die oberste derselben ist der Senat, der an der Spitze der ganzen Universität steht, sodann folgen die Decanate, die an der Spitze der

---

[417]) In Ungarn sind neuestens die Collegiengelder aufgehoben und an deren Stelle ein in die Staatscasse fließendes Schulgeld eingeführt worden.

[418]) „Die Facultäten bestehen aus den Lehrercollegien und den immatriculirten Studenten. Das Lehrercollegium jeder Facultät besteht aus den sämmtlichen ordentlichen und außerordentlichen Professoren, den Privatdocenten und den Lehrern im engeren Sinne dieses Wortes. Die ordentlichen und außerordentlichen Professoren werden vom Staate bleibend angestellt. Privatdocenten sind nicht vom Staate angestellt, sondern von diesem zugelassene Lehrer . . . Lehrer im engeren Sinne sind diejenigen, welche nicht eine Wissenschaft vertreten, sondern eine ‚Kunst oder Fertigkeit'." §. 2 des Ges. v. 27. April 1873.

einzelnen Facultäten stehen, enblich die Professorencollegien der einzelnen Facultäten.

Die Professorencollegien bestehen aus den sämmtlichen ordentlichen und außerordentlichen Professoren, so lange die Zahl der letzteren die Hälfte der Zahl der ersteren nicht übersteigt. Tritt dieser Fall ein, so gehört nur ein Theil der außerordentlichen und zwar nur die an Dienstjahren älteren dem Professorencollegium an. Die Privatdocenten[419]) wählen, wenn ihrer mehr als zwei an der Facultät habilitirt sind, eine Vertretung von zwei Docenten in's Collegium. Sind ihrer nur zwei, so gehören sie dem Collegium an.

Die Decane werden jährlich aus der Zahl der ordentlichen Professoren gewählt; der Decan des letztverflossenen Jahres ist Probecan.

Der Senat besteht aus dem Rector, der durch eine aus allen Facultäten hervorgehende Wahlcommission ad hoc jährlich gewählt wird; aus dem Prorector (welches Amt dem Rector des letztverflossenen Jahres zusteht), aus den sämmtlichen Decanen und Probecanen der Facultäten und aus je einem aus den einzelnen Professorencollegien gewählten Mitgliede.

Die Wahlen der akademischen Behörden sind dem Unterrichtsminister zur Bestätigung vorzulegen. Jede dieser Behörden hat einen ihr zugewiesenen, von einander streng abgegränzten Wirkungskreis, auch bilden sie aufsteigend vom Professorencollegium zum Senat für eine Anzahl von inneren Angelegenheiten einen Instanzenzug.

Die Professorencollegien haben das Recht, Anträge behufs Wiederbesetzung erledigter Lehrkanzeln zu stellen;[420]) doch ist das Ministerium an diese Anträge nicht gebunden.

Die Professoren sind übrigens in all und jeder Beziehung Staatsbeamte; an diesem ihrem Charakter ändert es nichts, daß sie in einigen Beziehungen besonderen Bestimmungen unterliegen, so z. B. bezüglich der Anrechnung der Dienstjahre zur Pensionsfähigkeit, was nur eine Folge der anderen besonderen Bestimmung ist, daß sie schon mit 65 Jahren pensionirt werden können und mit 70 (resp. 71) Jahren ihre Activität beschließen müssen.[421])

Als Beamte unterstehen sie zunächst den akademischen Behörden, sodann dem Unterrichtsministerium. Allerdings genießen sie in rein wissenschaftlichen Fragen ihres Faches jene Unabhängigkeit, welche eine Consequenz der staatsgrundgesetzlich gewährleisteten „Freiheit der Lehre und der Wissenschaft" ist und welche auf dem Gebiete des Beamtenrechts ein Analogon

---

[419]) Die Habilitirung der Privatdocenten an den Universitäten wurde neugeregellt mit der MV. v. 11. Februar 1888 RGB. Nr. 19. Bedingung der Habilitirung ist darnach: Doctorat der betreffenden Facultät; ein Zeitraum von zwei Jahren seit der Erlangung desselben, gedruckte Habilitirungsschrift, Colloquium und Probevorlesung. Fallen alle diese Acte zur Zufriedenheit des Professorencollegiums aus, so kann es die Zulassung des Candidaten zur Docentur beschließen. Dieser Beschluß bedarf um rechtswirksam zu werden der Bestätigung des Ministers.

[420]) M. Erl. v. 11. December 1848 RGB. Nr. 20 ex 1849.

[421]) §. 3 des Ges. v. 9. April 1870 RGB. Nr. 47.

35*

hat in jener anderen staatsgrundgesetzlichen Bestimmung, wonach „die Richter in Ausübung ihres Amtes selbständig und unabhängig" sind. Ebensowenig nun wie diese letztere Bestimmung den Beamten=Charakter der Richter, ebensowenig ändert die „Freiheit der Lehre" den Beamten= Charakter der Professoren.

Studium, Prüfungen und Doctorat.

§. 191. Dem Charakter der Staatsanstalt entspricht es in erster Reihe, daß die Aufnahme als ordentlicher Hörer an der Universität von der mit Er= folg abgelegten Maturitätsprüfung an einem inländischen öffentlichen Gymnasium abhängig gemacht wird. Diese Bedingung entspräche offenbar nicht einer freien Pflegestätte der Wissenschaft: denn zur Pflege der Wissen= schaft dürften wohl auch noch andere Menschen manchmal geeignet sein, als Abiturienten. Daneben giebt es allerdings auch außerordentliche Hörer, d. i. solche, denen trotzdem sie nicht die gesetzliche Qualification, die zur Aufnahme als ordentlicher Hörer verlangt wird, besitzen, die Inscription und das Hören einzelner Collegien gestattet wird, die jedoch keine akademischen Grade erlangen können. Die außerordentlichen Hörer können wohl Gelehrte, aber keine Doctoren werden.

Unvereinbar mit der Universität als Staatsanstalt ist dagegen der Grund= satz der Lern= und Lehrfreiheit, von dem immer als für das Studium an der Universität allgemein geltend und dasselbe beherrschend gesprochen wird. In Oesterreich wenigstens (und auch in Deutschland) mußte derselbe insbesondere an der theologischen und juridischen Facultät einer vorgeschriebenen und streng einzuhaltenden Studien=Ordnung den Platz räumen.[422]

Auch die Freiheit des Lehrens ist mit der Bestimmung der heutigen Universitäten nur in einem sehr beschränkten Sinne vereinbar. Vor allem muß ja dem obligaten Lernen das obligate Lehren entsprechen; der Studien= plan verpflichtet ebenso die Lehrer wie die Schüler. Dem Professor wird vom Staate nicht nur der Gegenstand, den er lehren soll, sondern auch der Umfang, den seine Lehre nicht zu überschreiten hat (durch die Festsetzung der Stundenzahl) mehr oder weniger vorgeschrieben. Allerdings in der Vertheilung des Stoffes, in der Wahl seines theoretischen Standpunktes und seiner wissenschaftlichen Richtung ist er frei; auch hat er das Recht,

---

[422] Für die theologische Facultät ist dieselbe enthalten in der M.V. vom 29. März 1858 R.G.V. Nr. 50. Für die rechts= und staatswissenschaftliche Facultät ist zur Zeit noch die Studienordnung v. 2. October 1855 geltend, die eine streng einzuhaltenden Reihenfolge der in den einzelnen Semestern zu hörenden Gegen= stände festsetzt; an der medicinischen Facultät herrscht dem Wortlaute des Gesetzes nach kein Zwang zur Einhaltung einer bestimmten Ordnung in den zu hörenden Gegenständen, dennoch empfehlen die „Bestimmungen über die Einrichtung des medicinischen Unterrichts", welche zugleich mit der Instruction zur Ausführung der Rigorosenordnung v. 15. April 1872, am 1. Juni 1872 erlassen wurden, eine bestimmte Reihenfolge der zu hörenden Gegenstände und machen es den Professoren= collegien zur Pflicht darauf hinzuwirken, daß diese Ordnung eingehalten werde, was denn auch meist geschieht. Vollkommen frei ist der Natur der Sache nach das Studium an der philosophischen Facultät.

außer den Collegien, zu deren Abhaltung er verpflichtet ist, andere nach freier Wahl abzuhalten (Specialcollegien).

Um das schönklingende Wort von der Freiheit des Lernens und Lehrens zu retten, liebt man es, den Sinn desselben dahin einzuschränken, daß für die Vorlesungen an der Universität keine Lehrbücher vorgeschrieben sind — wie das z. B. in Rußland der Fall ist, wo jeder Docent im Programm angeben muß, an welches Buch er sich in seinen Vorlesungen hält. In soferne allerdings gilt auch in Oesterreich und Deutschland Lern- und Lehrfreiheit. Der Zweck der Universitäten, dem Staate Beamte und Männer öffentlicher Berufe heranzubilden, erheischt es, den Studirenden die zweckmäßigste Ordnung ihrer Studien zur Pflicht zu machen;[423] außerhalb dieser obligaten Fächer wird ihnen dann freigestellt, Gegenstände freier Wahl nach Lust und Neigung zu hören. Auch die von der Bestimmung der heutigen Universitäten unzertrennlichen Prüfungen und Prüfungsordnungen, machen die strenge Einhaltung eines vorgeschriebenen Studienganges unvermeidlich.

Die Absolvirung der einzelnen Facultätsstudien, die von ungleicher Dauer sind,[424] berechtigt zur Ablegung der strengen Prüfungen (Rigorosen) und somit zur Erlangung des betreffenden Doctorates. Diese Rigorosen sind an jeder Facultät den speciellen Erfordernissen der verschiedenen Wissenschaftsgebiete gemäß geregelt; auch hat der Staat die Vertretung seines Interesses an der Gründlichkeit der Prüfungsvornahme auf verschiedene Art geordnet. Die früher und in Deutschland noch heute üblichen Dissertationen sind nur an der philosophischen Facultät beibehalten, an welchen es dafür nur zweier Rigorosen bedarf, während an der juridischen und medicinischen je drei Rigorosen vorgeschrieben sind. Von den zwei philo-

---

[423] „Durch die Lösung ihrer Aufgabe als Schule . . . sinkt die Hochschule nicht zur Abrichtungsanstalt herab, wie eine oft gedankenlos angewendete Phrase dieß dem Laien glauben macht" Joseph von Dumreicher: Ueber die Nothwendigkeit von Reformen des Unterrichts, Wien 1888. Dumreicher verlangt in dieser Schrift eine entschieden obligatorische Studienordnung, indem er darauf hinweist, daß die oben erwähnten „Bestimmungen" keinen hinreichenden, dem Zwecke entsprechenden Zwang üben, was auf den Erfolg der medicinischen Studien von ungünstigem Einflusse ist. — Die allmählige Wandlung des Standpunktes des österreichischen Gesetzgebers in dieser Frage zeigt eine Vergleichung des Min.-Erlasses v. 5. Juli 1851 „die Lehr- und Lernfreiheit betreffend", welcher noch von dem „Aufbringen eines Studienplanes", als von einer zu befürchtenden Gefahr spricht und den zwei Min.-Erlassen v. 2. October 1855, welche solche Studienpläne für die juridischen Facultäten festsetzen; diese Entwickelung, die ihren Abschluß noch immer nicht gefunden hat, ist keinesweg eine „reactionäre", sondern eine sachlich-fortschrittliche, aus den gemachten Erfahrungen resultirende.

[424] An der rechts- und staatswissenschaftlichen, sowie auch an der theologischen Facultät sind vier Jahre, an der philosophischen gegenwärtig ebensoviel (MB. v. 11. Februar 1888 RGB. Nr. 57), an der medicinischen fünf Jahre vorgeschrieben. Von diesen Studienjahren müssen an einer österreichischen Universität verbracht werden: von den für das philosophische Doctorat vorgeschriebenen mindestens ein Jahr, von den für das juridische und medicinische mindestens zwei Jahre (§§. 46 und 47 Min.-Erl. vom 1. October 1850). Auch kann in die zur Erlangung des Doctorates der Rechte und der Medicin vorgeschriebene Studienzeit ein an der philosophischen Facultät zugebrachtes Jahr eingerechnet werden.

fophifchen Rigorofen bildet den obligaten Gegenstand des erften die
Philofophie, des zweiten nach Wahl des Candidaten eine der vier facul=
tativen Fachgruppen (eine hiftorifche, philologifche, mathematifch=phyfikalifche
oder naturhiftorifche). Von den drei juridifchen Rigorofen, bei denen nur
die Reihenfolge der Ablegung dem Candidaten anheimgeftellt ift, enthält
das eine die rechts=hiftorifchen, das zweite die fogenannten jubiciellen Fächer
(öfterr. Civil= und Strafrecht und Proceß), das dritte die politifchen Fächer.
Vorausfetzung der juridifchen fowie der philofophifchen Rigorofen ift das
erlangte Abfolutorium. Von den drei medicinifchen Rigorofen kann das
erfte (theoretifche) während der Dauer der Facultätsftudien und zwar vom
Beginn des dritten Jahrganges angefangen, abgelegt werden. Voraus=
fetzung deffelben find aber jedenfalls die mit Erfolg abgelegten drei natur=
hiftorifchen Vorprüfungen (Botanik, Mineralogie und Zoologie) die bereits
im Laufe des erften Jahres abgelegt werden können.

Was die erwähnte Vertretung des Staates anbelangt, fo läßt fich
derfelbe bei allen drei medicinifchen Rigorofen von einem Regierungs=
commiffär und bei dem zweiten und dritten (beide theoretifch=praktifch)
Rigorofum noch obendrein von einem befonders hiezu beftellten Coexaminator
vertreten; verzichtet aber auch auf alle weiteren ftaatlichen Prüfungen der
inländifchen Doctoren der Medicin.

Die rechts= und ftaatswiffenfchaftlichen Rigorofen überläßt der Staat
den Profefforencollegien als reine Facultätsfache, dagegen müffen die
Studirenden fich nach Schluß der erften vier Semefter vor einer vom
Minifter ernannten Prüfungscommiffion einer rechts=hiftorifchen Staats=
prüfung unterziehen und ebenfo beftehen für die zwei anderen Gruppen von
Fächern für die jubicielle und politifche befondere Staatsprüfungscommiffionen,
vor denen fich diejenigen den Staatsprüfungen zu unterziehen haben, die nach Ab=
folvirung der juridifchen Studien in den Staatsdienft zu treten beabfichtigen.
Allerdings macht das erlangte Doctorat der Rechte diefe beiden Staats=
prüfungen überflüffig; dagegen find fowohl für Richter als für politifche
Beamte als Bedingung ihres Avancements praktifche Prüfungen vor=
gefchrieben, wobei die Regierung alfo Gelegenheit genug findet, diejenigen,
welche mittelft der Rigorofen die Staatsprüfungen umgehen, auf ihr Wiffen
und Können zu prüfen.

Bei den philofophifchen und theologifchen Rigorofen verzichtet der
Staat ebenfalls auf eine befondere Vertretung. Uebrigens find alle Rigorofen
öffentlich und müffen in der Regel an einer Univerfität, alfo an der, wo
mit dem erften begonnen werde, abgelegt werden.[425] Nach erfolgreich ab=
gelegten Rigorofen wird der Candidat in vorgefchriebener feierlicher Weife
(Promotion) zum Doctor des betreffenden Faches (Theologie, Philofophie,
Jus oder Medicin) promovirt. Für jedes Rigorofum und fchließlich für
die Promotion hat er die vorgefchriebene Taxe, von der es keine Befreiung

---

[425] Decret der Hof=Studiencommiffion v. 23. Mai 1829, welches betont,
daß „das Doctorat nicht der ftückweife Act mehrerer Univerfitäten fein kann."
Doch werden diezbezüglich Dispenfen vom Minifterium ertheilt.

giebt, zu erlegen. Das österreichische Doctorat der Medicin befähigt zur Ausübung der medicinischen Praxis in allen österreichischen Ländern; das Doctorat der Rechte ist die Voraussetzung zur Erlangung der Advocatur. Auch sind die Doctorate nothwendige Voraussetzungen zum Beginne akademischer Carrièren. Besondere Vorschriften regeln die Bedingungen, unter welchen ausländische Doctorate in Oesterreich Geltung erlangen können (Nostrificationen).[426]

Außer den bisher erörterten Facultätsstudien werden an den Universitäten auch Magister der Pharmacie herangebildet. Das pharmaceutische Studium an der Universität dauert zwei Jahre.[427] Voraussetzung der Zulassung zu demselben ist ein staatsgiltiges Zeugniß über (öffentlich oder privat) zurückgelegte sechs Gymnasialclassen und die Erlernung der Pharmacie nach der bestehenden Gremialordnung, d. i. in der vorschriftsmäßigen Lehrzeit.

Die Pharmaceuten gehören zu den philosophischen Facultäten und es finden auf dieselben alle für die ordentlichen Universitätsstudenten geltenden Disciplinarvorschriften sowie die Vorschriften über Inscription, Besuch der Vorlesungen, Collegiengelder u. s. w. Anwendung.

Die vorgeschriebene Studienordnung müssen sie genau einhalten. Zur Erlangung des Magisterdiploms haben sie drei Vorprüfungen und ein Rigorosum und zwar alle an einer Universität zu bestehen.

Die Prüfungscommission besteht aus dem Decan der medicinischen Facultät, den vom Unterrichtsminister dazu ernannten Professoren und einem vom Minister des Innern delegirten Regierungscommissär. Das Rigorosum besteht aus einer praktischen und einer theoretischen Prüfung.

Das früher übliche Doctorat der Pharmacie kann nicht mehr erworben werden; nur ist es jenen Magistern der Pharmacie, welche nebstbei das Doctorat der Philosophie erworben haben, gestattet, den Titel „Doctor der Pharmacie" zu führen.

_____

Andere Hochschulen und Akademieen.

Die Organisation der anderen Hochschulen und zwar der technischen **§. 192.** Hochschulen in Wien, Prag, Graz, Brünn und Lemberg, der Hochschule für Bodencultur in Wien, endlich der Akademieen der bildenden Künste in Wien und Krakau, beruht, da dieselben nicht in den Wirkungskreis des Reichsraths gehören, nicht auf einem allgemeinen Reichsgesetze, sondern auf Reichsspecialgesetzen, Statuten und Regulativen. So ist die technische Hochschule in Wien mit Gesetz vom 10. April 1872 RGB. Nr. 54 organisirt. Kraft desselben besteht diese Hochschule aus einer Anzahl von Fachschulen (Ingenieur-, Bau-, Maschinenbau-, chemisch-technische), welche ungefähr der Theilung der Universitäten in Facultäten entsprechen — und aus einer allgemeinen Abtheilung. Auch das Lehrpersonale ist ähnlich wie an Uni-

---

[426] Min.-Erl. v. 6. Juni 1850 RGB. Nr. 240.
[427] Erlaß des Unterrichtsministers v. 16. December 1889, womit eine neue pharmaceutische Studien- und Prüfungsordnung eingeführt wurde.

verſitäten abgeſtuft und organiſirt; ebenſo giebt es ordentliche und außerordentliche Hörer, je nachdem ſie auf Grund eines Realſchul-Maturitäts-
zeugniſſes aufgenommen werden oder ohne ein ſolches. Die Hörer zahlen
ein in die Staatscaſſe fließendes Unterrichtsgeld. Zu Ende des vierten
Semeſters haben ſie ſich einer erſten allgemeinen Staatsprüfung, ſodann
nach Schluß ihres Fachſtudiums einer Staatsprüfung aus demſelben zu
unterziehen. Ein Doctorat der Technik giebt es nicht; die geprüften und
approbirten Techniker erlangen hiemit die Fähigkeit, ſich um techniſche
Staatsämter zu bewerben, für welche dieſe Qualification vorgeſchrieben iſt.

Nach dem Muſter der Wiener techniſchen Hochſchule wurde ſodann mit
Geſetz vom 5. Mai 1873 RGB. Nr. 92 die in Brünn (ohne Hochbau-Fach-
ſchule) organiſirt. Ferner wurden nach demſelben Muſter die organiſchen
Statute der beiden polytechniſchen Landesſchulen in Prag (deutſch und
czechiſch) (1869), der techniſchen Hochſchule in Graz (1872) und das Regulativ der techniſchen Akademie in Lemberg (1872) im Verordnungswege
vom Miniſterium erlaſſen.

Die Hochſchule für Bodencultur in Wien, die in Folge einer bezüglichen Reſolution des Abgeordnetenhauſes (1869) errichtet wurde, hat
ihr beſonderes vom Kaiſer genehmigtes Statut, welches mit Miniſterialverordnung vom 24. Februar 1873 im RGB. Nr. 28 kundgemacht wurde.
Darnach haben an derſelben für alle in das Gebiet der Landwirthſchaft gehörige Hauptfächer und für jene vorbereitenden und Nebenfächer, die
weder an der Univerſität noch an der techniſchen Hochſchule oder an dem
Thierarznei-Inſtitute in Wien vorgetragen werden, Lehrkanzeln zu beſtehen. [428]

Die orientaliſche Akademie in Wien beſteht ſeit 1754 und hat die Beſtimmung tüchtige Dolmetſche bei den öſterreichiſch-ungariſchen Miſſionen
in der Levante heranzubilden. Die in Wien, Krakau und Prag beſtehenden Akademieen der Wiſſenſchaften ſind ſtaatlich dotirte Anſtalten zur Förderung der Wiſſenſchaften; jede derſelben iſt auf Grundlage eines eigenen
Statutes organiſirt.

Das Organiſationsſtatut für die Akademie der bildenden Künſte in
Wien iſt vom Miniſterium im Verordnungswege unterm 25. Auguſt 1872
RGB. Nr. 135 kundgemacht worden. Ihre Aufgabe iſt eine doppelte:
Kunſtſchule und Anſtalt zur Förderung der Kunſt außerhalb der Schule
zu ſein. Mit a. h. E. vom 29. Jänner 1876 wurde die Kunſtſchule in
Krakau ins Leben gerufen.

---

[428]) Die MV. v. 18. Mai 1889 RGB. Nr. 80 enthält Beſtimmungen betreffend die theoretiſchen Staatsprüfungen für das land- und forſtwirthſchaftliche
Studium an dieſer Hochſchule; die MV. v. 18. September 1889 regelt die Prüfungen aus den cultur-techniſchen Fächern daſelbſt.

Von ſtaatlichen höheren Lehranſtalten ſeien hier noch erwähnt die Bergakademieen zu Leoben und Přibram; die nautiſche und Handelsakademie in Trieſt
und die höhere Landwirthſchaftsſchule in Dublany in Galizien; öffentliche, doch
nicht ſtaatliche Anſtalten ſind die Handelsakademieen zu Wien, Graz und Prag.

VIII. Buch.

Cultusverwaltungsrecht.

In dem Sinne wie wir von Militär=, Finanz= oder Unterrichtsrecht **§. 193.** sprechen, können wir von einem „Cultusrecht" nicht sprechen. Von einem solchen nämlich könnte nur die Rede sein im Hinblick auf die gegenseitigen Beziehungen der einzelnen Kirchen zu ihren Gläubigen, der Machthaber und Funktionäre der Kirchen= und Religionsgesellschaften zu ihren Gemeinden. Wenn nämlich die ersteren Cultussatzungen aufstellen, denen die letzteren sich fügen; wenn über die Gränze der geistlichen Macht der ersteren Transactionen oder auch Kämpfe geführt werden: so entsteht dadurch ein gewisses Cultusrecht. Dasselbe statuirt die Attribution der geistlichen Functionäre in Religionssachen, die Pflichten und Rechte der Religionsgenossen, der Kirchengemeinden ihnen gegenüber u. s. w. So lange Kirche und Religion eine vom Staate unabhängige Domäne bildeten, vollzog sich die Bildung dieses Cultusrechts ohne irgend welche Ingerenz des Staates: das ist theilweise noch heute der Fall, insoferne es sich um reine Cultussachen handelt d. i. um solche, welche die staatliche Rechtsordnung nicht tangiren.

Ob ein Seelsorger das Gewissen seines Beichtkindes befreit oder nicht, ob und welche Buße er ihm auferlegt, ob er den seiner Seelsorge überwiesenen Gläubigen gewisse Speisen an gewissen Tagen gestattet oder verbietet: in alle diese Verhältnisse mengt sich der Staat nicht ein, so lange sie seine eigene Rechtsordnung nicht anfechten. Das ist das Gebiet, das sind die Gegenstände des eigentlichen Cultusrechts.

Nun giebt es allerdings Fälle, wo dieses Cultusrecht zugleich ein staatliches Recht ist, wo man daher von einem staatlichen Cultusrecht ebensogut sprechen kann, wie von einem Militärrecht, Finanzrecht, Unterrichtsrecht u. s. w. Das ist überall dort der Fall, wo die oberste weltliche Macht mit der obersten kirchlichen Macht zusammenfällt, wie z. B. in dem früheren Kirchenstaate, wo der Papst zugleich Herrscher war und daher dem Cultusrechte zugleich staatliche Geltung verschaffen konnte.

Aehnlich ist das Verhältniß noch heutzutage in Rußland, wo der Czar das Oberhaupt der „rechtgläubigen orientalischen" Kirche ist und daher nicht nur das jus circa sacra, sondern auch das jus in sacris hat.[429] Nach dem russischen Staatsgrundgesetz ist der Kaiser als Oberhaupt der

---

[429] Engelmann, russisches Staatsrecht S. 15.

Kirche auch „der oberste Schirmherr und Bewahrer der Dogmen des herrschenden Glaubens" und „führt die Verwaltung der Kirche durch die heilige Synode." In Rußland kann also ebenfalls von einem staatlichen Cultusrecht die Rede sein.

Das war in Oesterreich nie der Fall. Das Cultusrecht war hier nie ein staatliches Recht, wenn auch der Staat in früheren Zeiten und noch in der Concordatszeit der Ausübung des Cultusrechts der herrschenden Kirche seine weltliche Unterstütznng vielfach zu Theil werden ließ.

Nach dem gegenwärtig in Oesterreich geltenden Staatskirchenrecht aber (s. oben S. 226 ff.) ist das eigentliche Cultusrecht zu einer rein inneren Angelegenheit der Kirchen= und Religionsgesellschaften geworden, um dessen Verwirklichung der Staat sich nicht kümmert und dessen Ausübung er die staatliche Rechtsordnung, vor allem das Recht der Gewissensfreiheit jedes Staatsbürgers, als unverletzbare und unüberschreitbare Schranke entgegen- stellt. Innerhalb der Gränzen dieser Rechtsordnung, insoweit durch das Cultusrecht die den Staatsbürgern gewährleistete Gewissensfreiheit nicht an- getastet wird, läßt er demselben vollkommene Freiheit.

Mit diesem eigentlichen Cultusrechte hat es nun die Staats= verwaltung nicht zu thun: dagegen hat sie es im Geiste des geltenden Staatskirchenrechts mit der Herstellung der äußeren Bedingungen zu thun, welche es jeder anerkannten Kirche und Religionsgesellschaft ermöglichen, innerhalb der gesetzlichen Gränzen ihre Seelsorge und ihr gesammtes Cultusrecht in voller Freiheit und Unabhängigkeit, doch ohne jede Zwang- übung zu verwirklichen und zu entwickeln.

Die äußeren Bedingungen nun der Ausübung jedes Cultus sind: 1. Bil- dung von Kirchengemeinden (Pfarrgemeinden, Cultusgemeinden); 2. Errich- tung und Erhaltung der Cultstätten (Kirchen); 3. Ausbildung und Anstellung der Religionsdiener und geistlichen Functionäre; 4. Erhaltung und Schutz des Cultvermögens. Die Herstellung dieser Bedingungen ist Aufgabe der staatlichen Cultusverwaltung und insoferne diese zur Erfüllung jener Auf- gabe die nöthige Thätigkeit entwickelt, schafft sie ein Cultusverwaltungs- recht, das daher von dem (nichtstaatlichen) Cultusrecht der einzelnen Kirchen und Religionsgesellschaften zu unterscheiden ist. Dieses Cultusverwaltungs- recht beruht auf dem verfassungsmäßigen Staatskirchenrecht und begreift in sich die Durchführung der Grundsätze des letzteren gegenüber den staat- lich anerkannten Kirchen und Religionsgesellschaften. Wir haben nun dieses Cultusverwaltungsrecht nach den vier obenerwähnten Beziehungen und Rich- tungen der staatlichen Cultusverwaltung in Betracht zu ziehen.

Die Pfarrgemeinden.

§. 194.   Grundlage aller Cultusverwaltung ist die Constituirung von Kirchen- gemeinden, die bei den meisten christlichen Bekenntnissen die Bezeichnung Pfarrgemeinden führen.[130]

---

[130] Die Bedingungen der Constituirung einer Kirche oder Religionsgesell- schaft s. oben S. 228 und 229.

Voraussetzung jeder solchen Constituirung und des Bestandes der Kirchengemeinden ist die Regelung der Angehörigkeitsverhältnisse des Einzelnen an eine bestimmte Gemeinde. Diese Regelung besteht allerdings nach dem Gesetz v. 25. Mai 1868 Nr. 49 (s. oben S. 228) nicht in einem auf den Einzelnen etwa geübten Zwange einer oder der anderen Kirche anzugehören, sondern lediglich auf der Forderung der Erfüllung gewisser, die Evidenz=haltung ermöglichenden Formalitäten. Austritt und Eintritt in bestehende, anerkannte Kirchen und Religionsgesellschaften sind also dem Einzelnen (vom vollendeten 14. Lebensjahre) gestattet, nur werden dieselben als rechtswirksam erst dann angesehen, wenn der Betreffende die vorgeschriebenen Meldungen gemacht hat.[431] Nur bei Kindern wird die gesetzlich mangelnde Selbstbestimmung theils durch das Gesetz, theils durch den Willen der Eltern bestimmt. Denn gesetzlich folgen die Kinder bis zum 7. Lebens=jahre, wenn die Eltern nicht anders bestimmen, der Religion derselben.[432]

---

[431] Die näheren Modalitäten des Uebertrittes von einer Kirche zur anderen regelt die CMB. v. 18. Jänner 1869 RGB. Nr. 13. Darnach ist zur Entgegen=nahme der Erklärung des Austrittes aus eine Kirche oder Religionsgesellschaft die politische Bezirksbehörde des Wohn= und Aufenthaltsortes des Meldenden und in Städten mit eigenem Statute der Magistrat berufen (§. 1). Diese Behörden können solche Austrittserklärungen auch von in Oesterreich domicilirenden Aus=ländern vornehmen (§. 2). Die Meldung erfolgt entweder mittelst Eingabe oder mündlich zu Protokoll (§. 3). Identität und Alter der Person hat die Behörde nur dann zu prüfen, wenn diesbezüglich Bedenken obwalten (§. 4). Ueber die geschehene Meldung erhalten die Meldenden eine amtliche, schriftliche Verstän=digung (§. 5).

[432] Aus dieser Bestimmung wird gefolgert, daß die Kinder einer Confessions=losigkeit der Eltern (da dieselbe doch keine Religion ist) nicht folgen. Die be=treffenden Artikel des Gesetzes v. 25. Mai 1868 Nr. 49 lauten:

Art. 1. Eheliche oder den ehelichen gleichgehaltene Kinder folgen, soferne beide Eltern demselben Bekenntnisse angehören, der Religion ihrer Eltern.

Bei gemischten Ehen folgen die Söhne der Religion des Vaters, die Töchter der Religion der Mutter. Doch können die Ehegatten vor oder nach Abschluß der Ehe durch Vertrag festsetzen, daß das umgekehrte Verhältniß stattfinden solle, oder daß alle Kinder der Religion des Vaters oder alle der der Mutter folgen sollen.

Uneheliche Kinder folgen der Religion der Mutter.

Im Falle keine der obigen Bestimmungen Platz greift, hat derjenige, welchem das Recht der Erziehung bezüglich eines Kindes zusteht, das Religionsbekenntniß für solches zu bestimmen.

Reverse an Vorsteher oder Diener einer Kirche oder Religionsgenossenschaft oder an andere Personen über das Religionsbekenntniß, in welchem Kinder erzogen und unterrichtet werden sollen, sind wirkungslos.

Art. 2. Das nach dem vorhergehenden Artikel für ein Kind bestimmte Religionsbekenntniß darf in der Regel so lange nicht verändert werden, bis das=selbe aus eigener freier Wahl eine solche Veränderung vornimmt. Es können jedoch Eltern, welche nach Art. 1 das Religionsbekenntniß der Kinder vertrags=mäßig zu bestimmen berechtigt sind, dasselbe bezüglich jener Kinder ändern, welche noch nicht das siebente Lebensjahr zurückgelegt haben.

Im Falle eines Religionswechsels eines oder beider Elterntheile, beziehungs=weise der unehelichen Mutter, sind jedoch die vorhandenen Kinder, welche das siebente Lebensjahr noch nicht vollendet haben, in Betreff des Religionsbekennt=nisses ohne Rücksicht auf einen vor dem Religionswechsel abgeschlossenen Vertrag

Vom 7. bis zum 14. Lebensjahre an aber dürfen auch die Eltern eine Aenderung der Religionsangehörigkeit ihrer Kinder nicht mehr vornehmen, auch wenn sie selbst eine solche vollziehen, die Kinder bleiben vielmehr von dem 7. bis zum 14. Lebensjahre in der Religion, in welcher sie gesetzlich bei Vollendung des 7. Lebensjahres sich befanden.

Die gesetzliche Zugehörigkeit nun zu einer in Oesterreich anerkannten Kirche oder Religionsgesellschaft involvirt die Pflicht, einer gesetzlich consti- tuirten Kirchen- oder Cultusgemeinde des betreffenden Bekenntnisses im Umfange der österreichischen Länder anzugehören.[488])

Kein Angehöriger einer im Staate anerkannten Kirche darf außerhalb der Kirchengemeinden seines Bekenntnisses stehen, vielmehr muß jeder, der irgend einer solchen Kirche oder Religionsgenossenschaft angehört, auch irgend einer Kirchengemeinde angehören. Hat nun jemand seinen ordent- lichen Wohnsitz außerhalb eines Ortes, wo eine solche Gemeinde besteht, so gehört er zur nächstgelegenen Gemeinde desselben Kronlandes. Dieser Grund- satz ist die einfache Consequenz des jeder Kirche und Religionsgesellschaft vom Staate zuerkannten Rechtes, von ihren Angehörigen Beiträge zu Kirchenzwecken im gesetzlichen Ausmaße zu fordern: was um so begründe- ter ist, da doch nach geltendem Staatskirchenrechte niemand gezwungen werden kann, einer Kirche oder Religionsgesellschaft anzugehören; die Pflicht der Beitragsleistung daher nur die Folge des freiwilligen Verbleibens in einer bestimmten Kirche oder Religionsgenossenschaft ist. Da nun die Erfüllung dieser Pflicht seitens der Glaubensgenossen eine Bedingung der

---

so zu behandeln, als wären sie erst nach dem Religionswechsel der Eltern, be- ziehungsweise der unehelichen Mutter, geboren worden.

Wird ein Kind vor zurückgelegtem siebenten Jahre legitimirt, so ist es in Betreff des Religionsbekenntnisses nach Art. 1 zu behandeln.

Art. 3. Die Eltern und Vormünder, sowie die Religionsdiener sind für die genaue Befolgung der vorstehenden Vorschriften verantwortlich.

Für den Fall der Verletzung derselben steht den nächsten Verwandten ebenso wie den Oberen der Kirchen und Religionsgenossenschaften das Recht zu, die Hilfe der Behörden anzurufen, welche die Sache zu untersuchen und das Gesetzliche zu verfügen haben."

In der Erklärung obiger Artikel geht sowohl das Cultusministerium (s. dessen Entscheidung v. 7. Juni 1877 Z. 4467 bei Mayrhofer II 928) wie auch der VGH. sehr strenge vor, indem sie auch den Ausdruck des Gesetzes „Religionswechsel" nur so auslegen, daß die Eltern nicht nur die eine Religion verlassen, sondern auch eine andere annehmen. Sowohl der VGH. wie auch das Cultusministerium lassen sich dabei von der sowohl durch das aBGB. wie auch durch die Schulgesetze unterstützten Erwägung leiten, daß Kinder nicht ohne Religion bleiben dürfen. Daher ist in der Regel Confessionslosigkeit nur bei Personen nach vollendetem 14. Jahre möglich.

[488]) Dagegen braucht ein Angehöriger einer in Oesterreich nicht bestehenden, also auch nicht anerkannten (obwohl nicht verbotenen) Kirche oder Religionsgesell- schaft keiner ausländischen Kirchengemeinde seines Bekenntnisses anzugehören. Vergl. Note des Cultusministeriums v. 12. Juli 1876 Z. 10547, womit ein Ge- such der Unitarischen Kirche in Siebenbürgen um Ingremiation von in Oester- reich domicilirenden Unitariern in siebenbürgische unitarische Kirchengemeinden ab- gewiesen wurde, bei Mayrhofer II. 931.

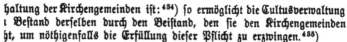

haltung der Kirchengemeinden ist:[434] so ermöglicht die Cultusverwaltung
ı Beſtand derſelben durch den Beiſtand, den ſie den Kirchengemeinden
ht, um nöthigenfalls die Erfüllung dieſer Pflicht zu erzwingen.[435]

Als katholiſche Pfarrgemeinden erklärt das Geſetz die Geſammtheit der
einem Pfarrbezirke wohnhaften Katholiken deſſelben Ritus.[436]

Eine Trennung der Pfarrgemeinden von den Ortsgemeinden iſt nur
eine dringende Nothwendigkeit, wo die Ortsgemeinde aus Angehörigen
ſchiedener Bekenntniſſe beſteht. Wo dagegen die Ortsgemeinde aus An=
ıörigen eines Bekenntniſſes beſteht, da kann ſehr wohl die Vertretung
: Ortsgemeinde zugleich die Vertretung der Pfarrgemeinde, die thatſächlich
ʼammenfällt, bilden.[437]

Eine Vereinigung mehrerer Kirchen= oder Cultusgemeinden oder der
ːrtreter derſelben zu einer dauernden oder vorübergehenden gemeinſamen
)ätigkeit und zur Beſchlußfaſſung über gemeinſame Angelegenheiten bedarf,
nn dieſelbe nicht durch die Verfaſſung der betreffenden Kirche oder
ːligionsgeſellſchaft vorgeſehen iſt, der Bewilligung des Cultusminiſters.[438]
e Kirchengemeinden können an Anſtalten und Fonden zu Cultus=, Unter=
hts= und Wohlthätigkeitszwecken Eigenthums= und Beſitzrechte erwerben
d ausüben. Die Eigenthums= und Beſitzrechte derſelben an ihren Fried=
fen unterliegt der geſetzlichen Beſchränkung, daß ſie auch den ihnen nicht
ıgehörigen die anſtändige Beerdigung auf denſelben nicht verweigern
rfen, wenn es ſich um die Beſtattung in einem Familiengrabe handelt,
er wenn da, wo der Todesfall eintrat oder die Leiche gefunden ward, im
nkreis der Ortsgemeinde ein für Genoſſen der Kirche oder Religions=
noſſenſchaft des Verſtorbenen beſtimmter Friedhof ſich nicht befindet.[439]

---

[434] „Inſoweit für die Bedürfniſſe einer Pfarrgemeinde nicht durch ein
ꞋꞋenes Vermögen derſelben oder durch andere zu Gebote ſtehende kirchliche Mittel
rgeſorgt erſcheint, iſt zur Bedeckung derſelben eine Umlage auf die Mitglieder
: Pfarrgemeinde auszuſchreiben“ (§. 36 Geſetz vom 7. Mai 1874 Nr. 50).
. . . . zur Einbringung der den Dienern und Beamten der Kirche (und Schule)
ꞋꞋührenden Einkünfte und ſolcher Umlagen, welche zur Erhaltung evangeliſcher
Itus=, Unterrichts= und Wohlthätigkeitsanſtalten mit Genehmigung der Landes=
ꞋꞋle auferlegt werden, kann der Schutz und der Beiſtand der weltlichen Behörden
Anſpruch genommen werden . . .“ §. 10 des kaiſerl. Patentes v. 8. April
61 betreffend die Angelegenheiten der evangeliſchen Kirche.
Streitigkeiten über die Verpflichtung zu Leiſtungen für Cultuszwecke aus
n Titel der Zugehörigkeit zu einer kirchlichen Gemeinde gehören nicht vor Ge=
ꞋꞋht, ſondern werden von den Verwaltungsbehörden im ordentlichen Inſtanzenzuge
ꞋꞋchieden (§§. 55 und 56 Geſetz v. 7. Mai 1874 Nr. 50).
[435] §. 14 Geſetz v. 20. Mai 1874 RGB. Nr. 68.
[436] §. 35 Geſetz v. 7. Mai 1874 Nr. 50.
[437] MB. v. 31. December 1877 RGB. Nr. 5 ex 1878.
[438] §. 13 Geſetz v. 20. Mai 1874 RGB. Nr. 68.
[439] Art. 12 Geſetz v. 25. Mai 1868 RGB. Nr. 49.

Kirchenbau.

§. 195. 　Die Verpflichtung zum Kirchenbau beziehungsweise zur Erhaltung der Kirchengebäude beizutragen, ist durch kein Reichsgesetz geregelt. [440]) Es herrscht in dieser Beziehung eine große Verschiedenheit sowohl innerhalb der einzelnen Bekenntnisse wie auch innerhalb der einzelnen Länder.

Was die einzelnen Bekenntnisse anbelangt, ist vor allem der große Unterschied hervorzuheben, der zwischen der katholischen Kirche und den anderen Kirchen und Religionsgesellschaften herrscht. Bei diesen letzteren ist der Bau der Gotteshäuser in erster Linie Sache der Gemeinden. Dieselben müssen für die Bedürfnisse ihrer Gotteshäuser ebenso sorgen wie für alle anderen Cultusbedürfnisse. Weder existiren darüber specielle Gesetze, noch nimmt darauf die Cultusverwaltung irgend welchen speciellen gesetzlich geregelten Einfluß.

Anders verhält sich die Sache in der katholischen Kirche. Nach dem katholischen Kirchenrechte hat „die katholische Pfarrgemeinde nur eine passive Bedeutung, indem sie den Kreis bildet, welcher der seelsorgerlichen Leitung des Pfarrers unterliegt; ... die katholische Pfarrgemeinde ist nicht wie die protestantische und bürgerliche Gemeinde eine Corporation, deren Mitglieder über ihre Angelegenheiten direkt oder durch ihre gewählten Vertreter zu beschließen haben" (Vering l. c. S. 599). Daraus erklärt es sich, daß die Staatsverwaltung in Angelegenheit der katholischen Kirchenbauten beziehungsweise der Erhaltung derselben entschiedener eingreifen muß.

Diese Nothwendigkeit ergibt sich auch aus dem Grunde, weil die kirchliche Baulast und was damit zusammenhängt in der katholischen Kirche unter mehrere Parteien vertheilt ist, indem die Pflicht zur Erhaltung der Kirchen- und Pfarrgebäude theils den Patronen, theils den Pfründenbesitzern, theils endlich auf Grund verschiedener Hofkanzleidecrete auch den Pfarrgemeinden obliegt: daher der Cultusverwaltung die Aufgabe zufällt, in jedem einzelnen Falle die widerstreitenden Interessen in Einklang zu bringen und die Verpflichteten zur Erfüllung ihrer Pflichten zu verhalten.

Nachdem es nun kein allgemeines Reichsgesetz giebt, welches diese Angelegenheit regelt, so gelten in jenen Ländern, in denen darüber keine neueren Landesgesetze verfassungsmäßig zu Stande kamen, die verschiedensten älteren für diese Länder erlassenen Gesetze und Verordnungen (Hofkanzleidecrete, Gubernialverordnungen u. dergl.). Neuere Landesgesetze über die Bestreitung der Kosten der Herstellung und Erhaltung der Kirchen und Pfründengebäude (Kirchenconcurrenzgesetze) kamen in den 60er Jahren zu Stande in Kärnten (28. Mai 1863), in Vorarlberg (25. Juni 1863), Istrien (9. Juli 1863), Krain (20. Juli 1863), Schlesien (15. November 1863),

---

[440]) Ein solches zu erlassen war in den ersten 1850er Jahren in Aussicht genommen und wurde ein diesbezüglicher Entwurf mit Min. Erl. v. 15. August 1853 den Landesstellen mitgetheilt; in der Folge gab die Regierung jedoch diesen Plan auf. Vering: Kirchenrecht, 2. Aufl. S. 805 Note 20.

Görz und Grabisca (29. November 1883), Steiermark (28. April 1864), Mähren (2. April 1864) und Galizien (15. August 1866).

Was nun die älteren in Böhmen, Ober= und Niederösterreich, der Bukowina und Tirol geltenden Gesetze anbelangt[441] so verfolgen dieselben die Tendenz, sowohl das Aerar wie auch dem Religionsfond von allen Bei= trägen zu Kirchenbauzwecken ganz zu befreien und zu denselben in erster Linie die Pfründenbesitzer (Gebäudeerhaltung), in zweiter Linie das Kirchen= vermögen, sodann die Patrone, endlich die Gemeinden selbst heranzuziehen.

Im Großen und Ganzen war es auch dieselbe Tendenz, welche sich in den Regierungsvorlagen an die Landtage in den 60er Jahren kundgab, auf deren Grundlage die obenerwähnten Landesgesetze (fast gleichlautend, mit unwesentlichen Abweichungen) zu Stande kamen.

Nach diesen Landesgesetzen nun obliegt die Pflicht, die Kosten der Herstellung, Erhaltung (eventuell Miethe) der Kirchen= und Pfründen= gebäude und der nöthigen Cultusgegenstände zu bestreiten in erster Linie den zu diesem Zwecke speciell bestehenden Fonden oder den hierzu kraft einer Stiftung, eines Vertrages oder sonstigen Rechtstitels verpflichteten physischen oder juristischen Personen.

In zweiter Linie sind diese Kosten aus den laufenden kirchlichen Einkommen oder aus dem „rein kirchlichen Vermögen oder Einkommen" zu bedecken. Reicht dieses kirchliche Einkommen und Vermögen zur Bedeckung obiger Kosten nicht hin, so kann dieselbe aus dem Stammvermögen, wenn dieser Maaßregel keine anderweitigen Bestimmungen entgegenstehen, bestritten werden.

An dritter Stelle sind die kirchlichen Pfründner (welchen kleinere Reparaturauslagen ausschließlich zur Last fallen) unter gewissen Bedingungen zu Tragung eines bestimmten Theiles der Bauauslagen verpflichtet, und zwar tritt die Verpflichtung derselben bei einer gesetzlich bestimmten Höhe ihres Jahreseinkommens ein und steigt mit diesem Einkommen der auf sie entfallende Theil der Beiträge. [442]

An vierter Stelle erst wird der Patron[443] zur Beitragsleistung herangezogen und zwar obliegt ihm nach den Landesgesetzen die Bedeckung eines bestimmten Theiles des erforderlichen Aufwandes (in Krain $1/5$, in Mähren, Görz und Grabisca $1/3$, in Galizien $1/6$ u. s. w.). Erst an letzter Stelle werden die Gemeinden und zwar diejenigen Mitglieder derselben, die dem betreffenden Ritus angehören, zur Bedeckung der Kosten heran= gezogen. Dies geschieht mittelst einer Umlage in der Weise, wie eine solche für andere Gemeindebedürfnisse nach den Gemeindeordnungen vorgenommen wird. Doch ist in Galizien den Gemeinden gestattet, die erforderlichen Beiträge aus Gemeindemitteln zu bestreiten (§. 8 des gal. LG).

---

[441] Dieselben sind enthalten in Josef Helfert's: Erbauung, Erhaltung und Herstellung der kirchlichen Gebäude, Prag 1834.

[442] §. 6 der meisten oberwähnten LGG.

[443] Das Patronat ist der Inbegriff jener Vorzüge, Rechte und Verbindlich= keiten, welche demjenigen zukommen, der eine Pfründe oder Kirche gestiftet, erbaut oder dazu einen Grund hergegeben oder diese Rechte auf eine andere gesetzmäßige

Andere Landesgesetze enthalten die ausdrückliche Verwahrung, daß diesen Beiträgen „mit Rücksichtnahme auf die gesetzliche Befreiung der nicht-katholischen" Gemeindemitglieder zu repartiren sind (z. B. §. 11 des Krainischen Gesetzes).

Die Bauführung.

§. 196. Soll ein Kirchenbau in Angriff genommen werden und sollen die Beiträge der Verpflichteten zu diesem Zwecke in Anspruch genommen werden: so muß durch Vermittelung des Ordinariates bei der politischen Behörde um Einleitung der Concurrenzverhandlung angesucht werden. Findet die politische Behörde auf Grund der ihr vorgelegten Baupläne, Kostenüberschläge und Kirchenvermögens-Auszüge, daß das Gesuch begründet sei, so ladet sie die Concurrenzpflichtigen zur Verhandlung ein; bei derselben hat der Patron das Recht, sich durch einen Bevollmächtigten vertreten zu lassen. Auf Grund dieser Verhandlung entscheidet die politische Behörde über den zu führenden Bau und über die Höhe der verschiedenen Beitragsleistungen, wobei den Parteien der gesetzliche Instanzenzug offen bleibt.

Liegt über diese Concurrenzverhandlung eine rechtskräftige Entscheidung vor, so veranlaßt die politische Behörde die Wahl eines Bauausschusses aus der Mitte der Concurrenzpflichtigen; dieser Ausschuß faßt mit absoluter Stimmenmehrheit die auf die Bauführung bezüglichen Beschlüsse und wählt einen Obmann als vollziehendes Organ.

Der Obmann vertritt den Ausschuß nach Außen, führt die Casse unter Controle des Ausschusses und ist dem letzteren zur Rechnungsleistung verpflichtet.

Während die meisten Landesgesetze nur einen solchen von Fall zu Fall ad hoc zu bildenden Bauausschuß kennen: ist in einigen (wie z. B. im galizischen und auch im kärntnischen) sowohl für die Herstellung einer Kirche, wie auch zur Erhaltung bestehender Kirchen- und Pfarrbaulichkeiten für ein permanentes Kirchenbaucomité vorgesorgt. Dasselbe besteht theils aus ständigen Mitgliedern, als welche die Pfründner und die Patrone fungiren, und aus gewählten, welche von den concurrenzpflichtigen Parteien in dasselbe entsendet werden.

Diesem ständigen Comité obliegt die Aufsicht über die Kirchen- und Pfarrbaulichkeiten, es überwacht deren Bauführung und Erhaltung in gutem Zustande und besorgt alle Concurrenzangelegenheiten. Wo nun ein solches ständige Comité vorhanden ist, leitet dasselbe in den Fällen, wo es sich um Neubauten handelt, die erforderlichen Concurrenzverhandlungen ein besorgt nach Erledigung derselben durch die politische Behörde die Bauführung.

Art erhalten hat und daher Patron genannt wird. Außer verschiedenen Ehrenrechten gebührt ihm das Präsentationsrecht zur Besetzung der Pfarre (Hofdg. v. 15. September 1790). Das Patronatsrecht über kirchliche Pfründen ist kein Privatrecht, sondern ein öffentliches Recht (Erk. des Reichsger. v. 28. April 1871 Z. 34, Hye 1869—1873, S. 35). Von Nichtchristen kann dasselbe nicht ausgeübt werden (MErl. v. 28. December 1870 Z. 12969).

Die Religionsdiener.

§. 197. Die Aufgaben, welche der Staat den Religionen und Kirchen im staatlichen Interesse zuweist, erklären es, daß er als Bedingung der Bekleidung eines öffentlichen Seelsorge= oder Religionsdienstes ein gewisses, gesetzlich festgestelltes Bildungsniveau fordert und wo immer dies thunlich ist, die Ausbildung der Religionsdiener unter seiner Aufsicht und seinem Einflusse besorgen läßt.

Die erste diesbezügliche Maaßregel und zwar in Betreff der Ausbildung der katholischen Geistlichkeit wurde durch Errichtung der Generalseminarien von Kaiser Josef II. ergriffen.[444] Seither wurde mit dem wechselnden Standpunkt der österreichischen Regierung in politisch=religiösen Angelegenheiten, der katholischen Kirche bald ein größerer, bald ein geringerer Einfluß auf die Ausbildung der Zöglinge des geistlichen Standes eingeräumt, der berechtigte Einfluß des Staates aber nie mehr ganz aufgegeben, bis endlich das Gesetz v. 7. Mai 1874 neuerdings den Grundsatz hinstellte, daß „die Einrichtung der katholisch=theologischen Facultäten durch ein Gesetz" also durch den Staat „geregelt wird". „In gleicher Weise," also ebenfalls durch Gesetz soll bestimmt werden, inwieweit der Staat den Candidaten des geistlichen Standes eine besondere Art der Heranbildung vorschreibt (§. 30 ebenda). Da jedoch der hier ausgesprochene Grundsatz in der geltenden Gesetzgebung betreffs der katholisch=theologischen Diöcesan= und Klosterlehranstalten, sowie der theologischen Facultäten hinreichend gewahrt erschien, so blieb es vorderhand bei der mit MV. v. 30. Juni 1850 Nr. 319 und MErl. v. 29. März 1858 RGB. Nr. 50 vollzogenen Regelung dieser Angelegenheiten.

Darnach erhalten die katholischen Seelsorger ihre Ausbildung entweder in bischöflichen Diöcesanlehranstalten (Seminarien) oder in Klosterlehranstalten oder endlich an theologischen Facultäten.

Die Diöcesanlehranstalten wurden seinerzeit (1790) nach Aufhebung der Josefinischen Generalseminarien von den Bischöfen unter staatlicher Zustimmung errichtet[445] und wenn sie keinen öffentlichen Charakter besitzen und nur als „bischöfliche Hauslehranstalten" gelten, so ist doch deren Bestand durch Art. 15 StGG. 21. December 1867 Nr. 42 gewährleistet.[446] Die innere Einrichtung und Studienordnung sowohl an diesen, wie auch an den theologischen Klosterlehranstalten in Oesterreich wurden in den Jahren 1849 und 1856 auf Versammlungen der österreichischen Bischöfe in Wien festgestellt und mit k. Verordnung v. 23. April 1850, beziehungsweise mit MV. v. 29. März 1858 RGB. Nr. 50 genehmigt. Die Regierung wacht über die Einhaltung dieser Einrichtung und übt diejenige Oberaufsicht über dieselbe, welche ihr durch §. 4 des k. Patentes v. 4. März 1849 über alle Lehranstalten gewahrt und als Pflicht auferlegt ist.

Die theologischen Facultäten sind rein staatliche Anstalten und ihre

---

[444] Einleitung S. 178.
[445] Hfd. v. 4. Juli 1790 PGS., Leop. B. I S. 59.
[446] RGH. v. 13. October 1883.

Aufgabe ist nicht nur so wie das die Diöcesan= und Klosterlehranstalten thun, den Candidaten des geistlichen Standes die ihnen „für ihren praktischen Beruf unerläßliche Bildung zu gewähren", sondern auch „die theologische Wissenschaft in einem Maaße zu fördern, welches die gemeinsamen Bedürfnisse der Bildung aller für die Seelsorge bestimmten Geistlichen übersteigt."

Während es zur Aufnahme in die theologischen Studien der Diöcesan= und Klosterlehranstalten nur der Absolvirung des Unter= und Obergymnasiums mit „hinreichendem Erfolge", jedoch keiner Maturitätsprüfung bedarf: ist die Inscription von Candidaten des geistlichen Standes in die theologischen Facultäten als ordentliche Hörer laut der Studienordnung v. 1. October 1850 nur auf Grund eines Maturitätszeugnisses gestattet. Um jedoch auch den Diöcesanzöglingen in den bischöflichen Seminarien, sowie auch den Clerikern geistlicher Communitäten Gelegenheit zu geben, an den theologischen Facultäten den Studien obzuliegen, sind für dieselben mit MErl. v. 16. September 1851 RGB. Nr. 216 gewisse Modificationen der obigen Studienordnung eingeführt worden.

Zum Zwecke der Ausbildung evangelischer Geistlicher beider Confessionen besteht an der Universität in Wien die evangelische theologische Facultät, die im Jahre 1850 organisirt wurde.

Endlich wurde auch zur Ausbildung der griechisch=orientalischen Geistlichen an der im Jahre 1875 gegründeten Universität in Czernowitz eine griechisch=orientalische theologische Facultät errichtet.[447])

Für die übrigen Bekenntnisse bestehen keine staatlichen Anstalten und begnügt sich der Staat mit der gesetzlichen Vorschrift eines gewissen Bildungsgrades für die anzustellenden und seinerseits zu bestätigenden geistlichen Functionäre.[448])

Die Verwaltung des Kirchenvermögens.

§. 198. Nachdem die Staatsgrundgesetze von 1867 und die confessionellen Gesetze von 1868 und 1874 den alten Josefinischen Standpunkt, daß das gesammte Kirchengut ein Theil des öffentlichen Staatsvermögens sei, wieder eingenommen haben: so ist die Cultusverwaltung theils zur obersten Aufsicht über die Verwaltung des Kirchengutes, theils direct zur Verwaltung desselben berufen. Den Unterschied, ob der Staat nur zur Aufsicht oder zur unmittelbaren Verwaltung des Kirchengutes berufen ist, begründet die Verschiedenheit dieses letzteren, je nachdem es nämlich Stiftungsvermögen,

---

[447]) MB. v. 30. August 1875.
[448]) So bestimmt das Gesetz v. 21. März 1890 Nr. 57 RGB., daß für das Amt eines Rabbiners der Nachweis „allgemeiner Bildung" erforderlich ist. „Das Maaß derselben wird mit Rücksicht auf die in den einzelnen Ländern bestehenden Verhältnisse im Verordnungswege bestimmt. Auch bleibt es dem Cultusminister während eines Zeitraumes von zehn Jahren von der Kundmachung dieses Gesetzes an vorbehalten, in rücksichtswürdigen Fällen diese Nachweisung zu erlassen." Bestimmungen über die theologische Heranbildung der Candidaten des Rabbinates und über den Nachweis derselben bleiben einer besonderen Regelung vorbehalten (§. 11).

Kirchenvermögen, Pfründenvermögen oder endlich Religionsfond ist. Als Grundsatz gilt, daß jedes dieser verschiedenen Vermögen abgesondert verwaltet werden müsse.[449]

Die Verwaltung selbst verbleibt bezüglich der „rein kirchlichen Stiftungen" bei den kirchlichen Organen[450], doch steht der staatlichen Cultusverwaltung das Recht zu, unter gewissen Umständen einen Theil des, einem kirchlichen Zwecke gewidmeten Vermögens, einem anderen kirchlichen Zwecke zuzuwenden.[451]

Da das Gesetz der Cultusverwaltung insbesondere die Aufgabe zuweist, die Erhaltung des Stammvermögens der Kirchen und kirchlichen Anstalten zu überwachen (§. 38 f. oben S. 231), so ergiebt sich für die Verwaltung des Kirchen- und Pfründenvermögens der Grundsatz, daß für alle rechtlichen Verpflichtungen, welche auf denselben haften, zunächst nur das Erträgniß und erst wenn dieses nicht ausreicht, die Substanz derselben in Anspruch zu nehmen ist (§. 40). Bevor aber auf diese Substanz gegriffen wird, sind zuerst alle etwa vorhandenen Verpflichteten (Patrone, Pfründner, Gemeinden) nach Maaßgabe ihrer Verpflichtung zur Leistung heranzuziehen (§. 40). Um aber eine Garantie zu schaffen, daß die Verwaltung des Vermögens der Kirchen und der kirchlichen Anstalten (Stiftungen und dergl.) dem obigen Grundsatze gemäß geführt werde, so hat an derselben neben dem Kirchenvorsteher eine Vertretung derjenigen Theil zu nehmen, die bei der Unzulänglichkeit dieses Vermögens zur Bedeckung des Mangels verpflichtet sind, also des Patrons und der Pfarrgemeinde (§§. 41 und 42). Zu jeder Beurkundung von Rechtsgeschäften für eine Kirche oder kirchliche Anstalt ist daher auch neben der Fertigung des Kirchenvorstehers die Mitfertigung zweier Mitglieder dieser Vertretung erforderlich (§. 48 G. 7. Mai 1874 Nr. 50).

Uebrigens sind für die Eigenthums- und sonstigen privatrechtlichen Verhältnisse des kirchlichen und des Pfründenvermögens die Bestimmungen des bürgerlichen Rechtes maaßgebend, wobei dem kirchlichen Vermögen der für gemeinnützige Stiftungen bestehende staatliche Schutz zu Gute

---

[119] Da sich diese Absonderung bei Stiftungsvermögen von selbst versteht, beim Religionsfond Thatsache ist: so erübrigte dem Gesetze v. 7. Mai 1874 RGB. Nr. 50 nur die Bestimmung, daß bei allen Kirchen und kirchlichen Anstalten das eigene Vermögen derselben von dem Pfründenvermögen abzusondern und abgesondert zu verwalten und zu verrechnen sei" (§. 39). Ersteres ist das Vermögen der Gotteshäuser und kirchlichen Anstalten, letzteres das Vermögen der kirchlichen Aemter. (Motiv. Ber.)

[450] §. 47 G. 7. Mai 1874 Nr. 50 f. oben S. 234.

[451] (Es tritt dieser Fall dann ein, wenn nach den Ueberschüssen, welche aus den Renten eines kirchlichen Vermögens durch eine längere Reihe von Jahren in Ersparung gebracht werden, mit Sicherheit anzunehmen ist, daß das betreffende Vermögen zu dem damit bewidmeten Zwecke nicht vollständig benöthigt wird. Die Cultusverwaltung hat dann das Recht nach Einvernehmung des Ordinariates zu verfügen, daß der nach dem Durchschnitte der jährlichen Ueberschüsse entsprechende Theil des Vermögens anderen kirchlichen Zwecken, für welche eine genügende Dotation nicht vorhanden ist, zugewendet werde, wobei aber weder bereits erworbene Bezugsrechte kirchlicher Individuen noch auch stiftbriefmäßige Festsetzungen beeinträchtigt werden dürfen (§. 54).

36*

kommt (§. 38), wogegen aber auch bei der Anlage und Sicherstellung all und jedes kirchlichen Vermögens (also auch Pfründen- und Stiftungsvermögens) die Vorschriften, welche zu Gunsten der unter besonderem Schutz der Gesetze gestellten Personen in Anwendung kommen müssen (§. 50), in allen streitigen Fällen aber zwischen dem Kirchenvermögen und dritten Parteien entscheiden die ordentlichen Gerichte (§. 38).

Nähere Ausführungen über die Art und Weise der Verwaltung des kirchlichen Vermögens bleiben der staatlichen Gesetzgebung vorbehalten (§. 43); vorderhand werden die erforderlichen Vorschriften darüber im Verordnungswege erlassen und gelten darüber auch die Bestimmungen der MV. v. 20. Juni 1860 (RGB. Nr. 162) und v. 13. Juli 1860 (RGB. Nr. 175) mit der Modification, daß die in jenen Verordnungen im Sinne des Concordates vorgesehene Einholung der Genehmigung der päpstlichen Curie überall wegfällt (§. 51). Dagegen muß jede erhebliche Veränderung in der Substanz das Kirchen-, sowie das Pfründen- und Stiftungsvermögens der staatlichen Cultusverwaltung angezeigt werden (§. 49). Auch die Verwaltung des Bisthums-, Capitel- und Klostervermögens steht unter staatlicher Aufsicht (§. 44).

Mit Bezug speciell auf das Klostervermögen ist hervorzuheben, daß für die äußeren Rechtsverhältnisse der kirchlichen Genossenschaften die MV. v. 13. Juni 1858 RGB. Nr. 95 als „besondere Bestimmung" maßgebend ist. [452]

Darnach sind die in Oesterreich gesetzlich bestehenden Orden und Congregationen beiderlei Geschlechtes befugt, mit Beobachtung der gesetzlichen Vorschriften über Veräußerung und Belastung des Kirchenguts, Rechtsgeschäfte abzuschließen und falls es nicht gegen ihre Ordensregel verstößt, Eigenthum zu erwerben (§. 5). Bestehen Ordensvorschriften, welche die Oberen solcher Genossenschaften in der Abschließung von Rechtsgeschäften beschränken, so müssen dieselben, um rechtswirksam zu sein, dem Cultusministerium rechtzeitig vorgelegt und von diesem allgemein kundgemacht werden. [453]

In der Verwaltung ihres Vermögens sind alle kirchlichen Körperschaften (Orden und Kongregationen) vom Staate unabhängig, doch hält der Staat schon aus fiscalischen Gründen alle Erwerbungen und Aenderungen an dem unbeweglichen Vermögen derselben in Evidenz, zu welchem Zwecke die mit der Führung der öffentlichen Bücher betrauten Behörden von jeder solchen Erwerbung oder Aenderung und Belastung des unbeweglichen Besitzes der politischen Landesstelle Mittheilung machen müssen (§. 7).

---

[452] §. 31 Gesetz v. 7. Mai 1874 Nr. 50. „Geistliche Orden und Congregationen" unterliegen nicht dem Vereinsgesetze v. 15. November 1867 (§. 3 des Gesetzes). Wenn auch der Art. 15 des StGG. v. 21. December 1867 der klösterlichen Genossenschaften nicht erwähnt, so kann es doch keinem Zweifel unterliegen, daß der dort ausgesprochene Rechtsschutz für alle kirchlichen „Anstalten, Stiftungen und Fonde" auch den klösterlichen Genossenschaften, insoferne sie zu jener Zeit gesetzlich bestanden und seit jener Zeit gesetzlich errichtet wurden, zu Gute kommt.

[453] MErl. v. 28. November 1866 Z. 68.

Zu beträchtlicheren Belastungen des unbeweglichen Vermögens der kirchlichen Genossenschaften bedarf es der Genehmigung der Staatsverwaltung. [454])

Die Religionsfonde.

§. 199.

Im Gegensatze zu dem bisher aufgezählten Kirchengut stehen die Religionsfonde unter unmittelbarer Verwaltung des Staates. [455])

Diese Fonde entstanden unter Kaiser Josef II. aus dem incamerirten Vermögen der im Jahre 1782 aufgehobenen Klöster. [456])

Und zwar wurde mit Cabinetsschreiben vom 11. März 1782 verfügt, daß in jedem Kronlande eine abgesonderte Religionscasse mit der Bestimmung errichtet werde, damit aus derselben die Congrua der neugestifteten und neuzustiftenden Pfarreien ergänzt werden. Mit Zuhilfenahme dieser Religionsfonde wurde denn auch unter Kaiser Josef II. in den meisten Kronländern eine „Pfarrregulirung" durchgeführt, [457]) indem die vom Staate übernommenen Congruaergänzungen aus den Religionsfonden gezahlt werden sollten; soweit aber die Einkünfte dieser Fonde zu diesem Zwecke nicht hinreichten, sollte das „Camerale", das ist das Aerar, denselben „Vorschüsse" gewähren. [458])

Aus diesen Vorschüssen entwickelte sich eine eigene Verrechnung zwischen dem Staatsärar und den einzelnen Provinzial-Religionsfonden, wobei die letzteren als selbständige juristische Personen in Betracht kamen.

Da jedoch die Bestimmung der Religionsfonde von allem Anfange an in dem Sinne aufgefaßt wurde, daß dieselben nur ergänzend einzutreten haben nachdem in den einzelnen Ländern kein Geistlicher mehr einen „Ueberfluß" habe, aus dem den hilfsbedürftigen Pfarrern ihre Congrua ergänzt werden könnte: so gelangte die Staatsverwaltung schon frühzeitig (Circulär v. 28. Februar 1788) dazu, von den besser dotirten Pfründenbesitzern einen Beitrag zu dem Religionsfonde behufs Ergänzung der Congrua der hilfsbedürftigen Pfarrer einzufordern. So entstand die erste „Religionsfonds- oder geistliche Aushilfssteuer", welche nach der ursprünglichen Intention die „Vorschüsse" des Camerale ganz entbehrlich machen sollte.

---

[454]) Nähere Vorschriften darüber enthalten MB. v. 20. Juni 1860 Nr. 162 RGB.; MErl. v. 2. Februar 1882 Z. 344. Bezüglich des Vermögens des souveränen Johanniter-(Maltheser-)Ritterordens MB. vom 24. Jänner 1886 Nr. 17 RGB.

[455]) Joseph Helfert: Von dem Kirchenvermögen und dem Religionsfonde. Prag 1834.

[456]) S. m. Einleitung S. 176. Mit Cabinetsschreiben v. 27. Februar 1782 widmete Kaiser Josef II. dieses Vermögen zur Errichtung einer „Religions- und Pfarrcasse."

[457]) Salzburg, die venetianischen Theile Istriens, dann Dalmatien gehörten damals nicht zu Oesterreich. Doch wurden auch in diesen Ländern, als sie in der Folge an Oesterreich kamen, Religionsfonde (allerdings nicht aus dem Vermögen aufgehobener Klöster) geschaffen. Auch in der Bukowina erfolgte die Begründung eines abgesonderten Religionsfondes erst nach der Abtrennung dieses Landes von Galizien.

[458]) Vergl. den Motivbericht zum Congruagesetz v. 19. April 1885 in den Beilagen zu den Protokollen des AH. IX. Session Nr. 111.

Diese echt Josefinische Idee aber einer „Generalvertheilung" aller kirchlichen Einkünfte wurde unter Kaiser Leopold II. und Franz I. fallen gelassen; man verzichtete darauf, aus dem „Ueberfluß" der besser dotirten Geistlichen den bedürftigen Seelsorgeclerus zu unterstützen, ließ die „Aushilfssteuer" in Verfall gerathen und befreite die Säculargeistlichkeit von derselben ganz. [459])

Da aber andererseits theils in Folge der Josefinischen Pfarrregulirung, theils in Folge natürlichen Wachsthums der Bevölkerung und daher der nothwendigen Vermehrung der Seelsorgestationen, endlich der Steigerung der Preise der Lebensmittel, die Ansprüche an die Religionsfonde immer größer wurden und zur Befriedigung derselben der Staat immer größere Subventionen leisten mußte: so stellte sich endlich die Nothwendigkeit heraus, eine gründliche Reform der ganz in Verfall gerathenen geistlichen „Aushilfssteuern" vorzunehmen, was mit dem Gesetz v. 7. Mai 1874 RGB. Nr. 51 erfolgte (s. oben S. 235).

Außer den katholischen Religionsfonden besteht in der Bukowina ein griechisch-orientalischer Religionsfond, welcher ebenfalls größtentheils aus den Vermögen der aufgehobenen griechisch-orientalischen Klöster von Kaiser Josef II. errichtet wurde und vom Staate unmittelbar verwaltet wird. [460])

Gegenwärtig gilt als Bestimmung der Religionsfonde, zur Erhaltung der Kirchen und ihrer Einrichtungen wie zur Bestreitung ihrer Bedürfnisse subsidiarisch beizutragen. Daher dieselben auch zur Ergänzung der Congrua, für Beigebung von Hilfspriestern, für außerordentliche Dienstleistungen der Pfarrer u. dergl. in Anspruch genommen werden können. [461])

Ueber die rechtliche Natur der einzelnen Religionsfonde, ob sie nämlich selbständige juristische Persönlichkeiten sind, kann gestritten werden. Das Reichsgericht erklärte sich gegen eine solche Auffassung und will die Religionsfonde nur als „öffentliche unter staatlicher Verwaltung stehende Fonde" betrachtet wissen. [462]) Diese Ansicht scheint nicht richtig zu sein. Denn erstens schließt die Eigenschaft eines „öffentlichen Fondes" die andere den „juristischen Persönlichkeit" nicht aus. Oeffentliche Fonde können sehr wohl juristische Persönlichkeit besitzen. Zweitens sind ja die einzelnen Religionsfonde Träger selbständiger Rechte und Pflichten; die betreffenden Güter und Vermögensbestandtheile wurden eigentlich nie ver-

---

[459]) Hfd. v. 28. Juni 1793 und 19. December 1795. Die Regulargeistlichkeit hatte sich noch unter Kaiser Josef II. von dieser Steuer durch Pauschalbeiträglosgekauft (Hfd. v. 2. Juni 1788).

[460]) Die griechisch-orientalische Kirche in der Bukowina zählte 9 große Klöster und 13 kleinere Communitäten. Kaiser Josef II. beließ davon nur 3 Klöster, welchen er aber ebenso wie dem griechisch-orientalischen Bisthum die Verwaltung ihrer Güter abnahm. Den auf diese Weise gebildeten Religionsfond bestimmte Kaiser Josef zur Erhaltung des griechisch-orientalischen Cultus und Klerus und auch zur Heranbildung von Clerikern. Die griechisch-orientalischen Geistlichen beziehen aus diesem Fond Gehalte. Vergl. J. H. Bidermann: Die Bukowina S. 70, 71.

[461]) MErl. v. 9. Juli 1872 Z. 6854 und v. 22. October 1872 Z. 12891.

[462]) Erk. v. 26. April 1876 Z. 71.

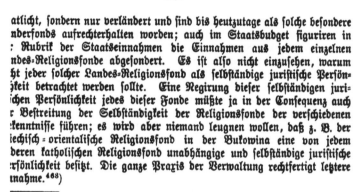

atlicht, sondern nur verländert und sind bis heutzutage als solche besondere
nderfonds aufrechterhalten worden; auch im Staatsbudget figuriren in
: Rubrik der Staatseinnahmen die Einnahmen aus jedem einzelnen
ndes=Religionsfonde abgesondert. Es ist also nicht einzusehen, warum
ht jeder solcher Landes=Religionsfond als selbständige juristische Person=
}keit betrachtet werden sollte. Eine Regirung dieser selbständigen juri=
ichen Persönlichkeit jedes dieser Fonde müßte ja in der Consequenz auch
r Bestreitung der Selbständigkeit der Religionsfonde der verschiedenen
:kenntnisse führen; es wird aber niemand leugnen wollen, daß z. B. der
iechisch=orientalische Religionsfond in der Bukowina eine von jedem
deren katholischen Religionsfond unabhängige und selbständige juristische
:rsönlichkeit besitzt. Die ganze Praxis der Verwaltung rechtfertigt letztere
inahme.[463]

---

[463] In dem erwähnten Erk. des Reichsgerichts vom 26. April 1876 Z. 71
ndelte es sich um die Klage eines Pfarrers gegen das Cultusministerium um Er=
azung seiner Congrua aus dem galizischen Religionsfonde. Das Cultusministerium
tte in formali eingewendet, daß die Klage nicht gegen dasselbe, sondern gegen
r Religionsfond als selbständigen juristischen Persönlichkeit zu richten gewesen
:re. In Ablehnung dieser Einwendung enuncirte das RG. „der Religionsfond
teine juristische Persönlichkeit". Nichtsdestoweniger erkannte das RG.: die k. k.
gierung sei schuldig, die eingeklagte Congruaergänzung „aus dem galizischen
ligionsfond" zu bezahlen. Hiemit war ja aber die selbständige juristische
rsönlichkeit dieses Fondes implicite anerkannt, denn sonst mußte einfach die
:gierung als solche ohne Rücksicht darauf, woher sie ihr Geld zu nehmen habe,
r Zahlung verurtheilt werden.

IX. Buch.

Sanitätsrecht.

Sanitätsverwaltung.

§. 200. Das Sanitätsrecht ist der Inbegriff aller Bestimmungen, deren Zweck sowohl die Erhaltung des öffentlichen Gesundheitszustandes, als auch die Vorbeugung der demselben drohenden Gefahren und die Bekämpfung ausgebrochener Krankheiten ist.

Zum Schutze der öffentlichen Gesundheit greift der Staat nöthigenfalls auch in die private Lebenssphäre des Einzelnen ein: so lange jedoch die öffentliche Gesundheit durch das Betragen, Benehmen oder Lebensführung des Einzelnen nicht bedroht ist, hat die Regierung zu einem solchen Eingriff in die Rechtssphäre desselben kein Recht.[464]

Das Gesetz vom 30. April 1870 RGB. 68 stellt als obersten Grundsatz hin, daß „der Staatsverwaltung die Oberaufsicht über das gesammte Sanitätswesen und die oberste Leitung des Medicinalwesens zusteht", zählt die Hauptzweige der Wirksamkeit der Staatsverwaltung auf diesem Gebiete auf und schafft eine einheitliche Organisation des gesammten österreichischen Sanitätsdienstes.

Der Inhalt aller Sanitätsverwaltung ist in erster Linie die Bekämpfung all und jeder Infection in ihren mannigfaltigsten Formen und auf jede wirksame Weise. Gäbe es keine Infection, so wäre die staatliche Sanitätsverwaltung beinahe überflüssig. Denn die Krankheit des Einzelnen als solchen kümmert den Staat nicht; die ist Sache des Einzelnen. Nur in dem Falle, wenn dieser Einzelne unbemittelt ist und sich keine ärztliche Pflege verschaffen kann, nimmt sich der Staat aus Gründen der Humanität dieser Einzelkrankheit an — doch ebenso wie er sich der Einzelarmuth annimmt, auch wenn keine Krankheit vorliegt.

Dagegen beginnt die Sorge des Staates um den öffentlichen Gesundheitszustand da, wo immer ein Infectionsheerd entsteht oder entstehen könnte, was ebensowohl durch einen oder mehrere Krankheitsfälle wie auch durch in den verschiedensten Formen auftretende chemische Processe (Fäulnißprocesse, Giftbildung und dergl.) geschehen kann.

Um sowohl entstandene Infectionsheerde zu vernichten wie das Entstehen solcher zu verhindern (Prophylaxe), bedient sich der Staat a) eines

---

[464] Vergl. die bezüglichen Ausführungen in m. Verwaltungslehre §. 170.

vielgliedrigen Sanitätspersonales, b) eines Systemes von Sanitäts-
anstalten und c) eines immer wachsenden Netzes von Maaßregeln und
Vorkehrungen. Die Verwaltung und Beaufsichtigung dieses ganzen
Apparates von Sanitätsmitteln besorgen d) die mit Ges. vom 30. April
1870 organisirten Sanitätsbehörden.

Wie schon angedeutet, läßt die Sanitätsverwaltung aus Humanitäts-
gründen auch denjenigen einzelnen wie immer gearteten und auch nicht con-
tagiösen Krankheitsfällen ihre Obsorge zu Theil werden, in denen wegen
Armuth oder Hilflosigkeit eine Besserung ohne Eingreifen der Staatsverwaltung nicht zu erwarten oder gar ein sicheres Verderben des von der
Krankheit oder dem Siechthum Befallenen zu befürchten steht. Es läßt sich
daher das Sanitätsrecht im engsten Sinne des Wortes von denjenigen
Maaßregeln und Vorkehrungen, welche den Charakter reiner Wohlthätigkeit
an sich tragen, mit dem öffentlichen Gesundheitszustand in keinerlei Zusammenhang stehen und lediglich als humanitäre Vorsorge des Staates
bezeichnet werden müssen, nicht trennen.

Das Sanitätspersonale.

Das Sanitätspersonale ist entweder ein amtliches, d. i. vom Staat, **§. 201.**
Land oder Gemeinde angestelltes oder nur ein öffentliches, d. i. welches irgend
einen Sanitätsberuf ohne amtliche Stellung betreibt, jedoch als solches der
Staatsaufsicht unterliegt. Ein nichtöffentliches, privates Sanitätspersonale
darf es nicht geben. [465])

Das öffentliche Sanitätspersonale besteht aus Aerzten, Wundärzten,
Zahnärzten, Hebammen.

Die ärztliche Praxis in Oesterreich auszuüben haben nur die an
einer österreichischen Universität promovirten Doctoren der Medicin das Recht;
sie können sich zu diesem Zwecke in ganz Oesterreich wo es ihnen beliebt
niederlassen, nur sind sie verpflichtet, der politischen Behörde die entsprechende
Meldung zu machen, eventuell sich vor derselben als zur Praxis berechtigt zu legitimiren. [466]) Dasselbe gilt von den Wundärzten, [467]) Hebammen
und Zahnärzten [468]) — deren Berechtigung zur Ausübung ihrer Praxis von

---

[465]) Unbefugte Ausübung der Arznei- und Wundarzneikunst wird nach
§§. 343 und 344 StG. gestraft und der Schuldige, wenn er Ausländer ist, ausgewiesen.

[466]) Auf Grund der Uebereinkunft zwischen Oesterreich-Ungarn und dem
Deutschen Reiche v. 30. September 1882 dürfen die österreichischen und deutschen
Aerzte, Wundärzte, Thierärzte und Hebammen, die in der Nähe der deutsch-österreichischen Gränze wohnhaft sind, ihren Beruf, so wie er ihnen in ihrer Heimath
gestattet ist, auch in den angränzenden Gebiete des zweiten Staates ausüben. Eine
gleiche Uebereinkunft existirt mit der Schweiz vom 29. October 1885.

[467]) „Wundärztliche Diplome können nur bis Ende des Jahres 1875 erworben
und kann überhaupt die Berechtigung zur Ausübung der wundärztlichen Praxis
nur auf Grund eines vor dem Jahre 1876 erworbenen Diploms angesprochen
werden" (§. 2 des Ges. v. 17. Februar 1873 betr. die Praxis der Wundärzte).

[468]) Von den Zahnärzten sind zu unterscheiden die Zahntechniker, welche
wohl künstliche Zähne und was dazu gehört verfertigen und einsetzen dürfen, denen

der Absolvirung der für sie vorgeschriebenen Specialstudien und Erlangung des vorgeschriebenen Befähigungszeugnisses (Diplomes) abhängig ist.

Das Sanitätspersonale ist in der Regel verpflichtet, Kranken auf ihr oder ihrer Angehörigen Ansuchen Beistand zu leisten, wofür sie eine orts-üblichen Belohnung zu fordern berechtigt sind. Unter Umständen kann eine Sanitätsperson wegen Verweigerung ihres Beistandes zur Verantwortung gezogen beziehungsweise bestraft werden.[469] Zur leichteren Handhabung der Sanitätspolizei sind die Aerzte verpflichtet, alle vorkommenden Fälle von ansteckenden Krankheiten der politischen Behörde zur Anzeige zu bringen.

Für die Ausübung der Hebammenkunst wurde eine besondere Instruction erlassen, an welche die Hebammen sich strenge zu halten verpflichtet sind.[470] Darnach unterstehen dieselben der politischen Behörde I. Instanz beziehungs-weise dem Amtsarzte derselben. (In Städten mit eigenem Statute dem Stadt-Physikus.) Sie sind verpflichtet, wenn sie um Beistand angerufen werden, denselben ohne Rücksicht ob die Partei arm oder reich ist zu leisten. Aerztliche Ordinationen oder Verrichtungen, die nur dem Arzte zustehen, dürfen sie nicht vornehmen. Sie sind verpflichtet, dafür Sorge zu tragen, daß jede Geburt eines Kindes, bei welcher sie Hilfe geleistet haben, behufs Eintragung in die Geburtsregister, rechtzeitig angezeigt werde. Bei der Geburt eines lebensschwachen Kindes christlicher Eltern sind sie verpflichtet, auf die Nothwendigkeit der Nothtaufe aufmerksam zu machen; auch können sie eine solche mit Zustimmung der Eltern respective der unehelichen Mutter vornehmen; doch müssen sie dieselbe dem zuständigen Seelsorger anzeigen. Die schreibenskundigen Hebammen erhalten von der politischen Behörde Geburtstabellen, welche sie in den einzelnen Rubriken entsprechend auszufüllen verpflichtet sind.

Apotheken.

§. 202.   Zum Sanitätspersonale werden auch die Apotheker gezählt, wiewohl sie eigentlich nur ein Sanitätsgewerbe ausüben und nie selbständig Kranken Hilfe leisten dürfen, abgesehen durch Darreichung solcher Heilmittel, die ohne ärztliche Verordnung verabreicht werden dürfen. In der Regel aber kommen die Apotheker nur als Gewerbetreibende in Betracht, welche auf Anordnung des ärztlichen Personals gegen Entgelt Heilmittel bereiten und verabfolgen. Zum Besitze einer Apotheke können nur österreichische Doctoren der Chemie oder (was die Regel bildet) Magister der Pharmacie zugelassen werden. Die Zahl der in einzelnen Städten oder Märkten zu betreibenden Apotheken ist eine begränzte; die politische Behörde bestimmt dieselbe — jedoch nicht ein für allemal, da sich mit dem Wachsen der Bevöl-kerung die Vermehrung der Zahl der bestehenden Apotheken empfehlen kann. In diesem Falle werden neue Apothekergewerbe (für neue Stadttheile)

---

aber all und jede Operation im Munde der Patienten untersagt ist. M. Erl. v. 25. Februar 1849 RGB. Nr. 141.

[469] Hftzlb. 24. Jänner 1832 Z. 5981.

[470] MB. v. 4. Juni 1881 Nr. 54, womit eine revidirte Hebammeninstruction erlassen wird.

errichtet und an die der Behörde geeignetest scheinenden Personen vergeben.[471]) Bestehende Apotheken jedoch können von qualificirten Pharmaceuten erworben werden; auch übergehen Apotheken als Eigenthum an Erben oder Legatare, in welchem Falle zum Betriebe des Apothekergewerbes ein qualificirter Pharmaceut bestellt werden muß.[472]) Außer den Apothekern darf niemand, nicht einmal Aerzte in Orten wo im Umkreis einer Stunde Apotheken sich befinden, Heilmittel verfertigen und solche verkaufen — dabei ist allerdings der Begriff Heilmittel im engsten Sinne zu nehmen und darunter jene Stoffe und Präparate zu verstehen, die in der Pharmacopöe angeführt und tarirt sind.[473])

Wo im Umkreis einer Stunde keine Apotheke sich befindet, dürfen Aerzte und Wundärzte Hausapotheken besitzen[474]) und gleich den Apothekern nach Vorschrift der Pharmacopöe Medicamente bereiten und verkaufen.

Die neueste Ausgabe dieser österreichischen Pharmacopöe erschien im Jahre 1889 in der Staatsdruckerei in Wien unter dem Titel „Pharmacopoea austriaca. Editio septima.“ Die Ministerialverordnung vom 1. Juli 1889 verfügt, daß vom 1. Jänner 1890 an nach den Vorschriften dieser neuen Pharmacopöe in allen öffentlichen und Hausapotheken zu dispensiren ist.

Sämmtliche Apotheker haben sich mit einem Exemplar dieser neuen Ausgabe der Pharmacopöe zu versehen. Desgleichen muß in jeder Hausapotheke eines Arztes oder Wundarztes ein Exemplar der Pharmacopöe vorhanden sein. Alle Sanitätsbeamten, die Praxis ausübenden Aerzte, Wundärzte und Thierärzte, sowie die Apotheker haben sich mit dem Inhalte derselben genau bekannt zu machen und sich darnach zu benehmen. Dem Texte der Pharmacopöe in lateinischer Sprache sind nachstehende Bestimmungen vorangestellt, an welche sich alle Apotheken und diejenigen Ärzte, welche Hausapotheken führen, halten müssen.

Die in die Pharmacopöe aufgenommenen Heilmittel müssen in der Apotheken in solcher Beschaffenheit vorräthig gehalten und verabfolgt werden, daß sie den Vorschriften der Pharmacopöe vollkommen entsprechen.

---

[471]) Die Bewilligung zur Errichtung einer neuen öffentlichen Apotheke steht der Statthalterei im Wege der Concursausschreibung zu (Min.-Erl. 18. Juni 1858 Z. 14329). Die bezüglichen Anträge kann der Gemeindevorstand (Magistrat) im Wege der Bezirkshauptmannschaft stellen, welche letztere ihr Gutachten abgiebt. Doch müssen alle örtlichen und Bevölkerungsverhältnisse untersucht und alle betheiligten Behörden (Sanitätspersonen) und Parteien (die nächstliegenden Apotheken) vernommen werden (Hfzld. 25. Aug. 1834 Z. 22930). Die Ertheilung einer solchen Bewilligung liegt im freien Ermessen der Behörden (VGH. 13. Jänner 1879 Z. 57, Wolski Nr. 40). Vergl. auch M. Erl. 29. September 1882 Z. 14890 über die Modalitäten der Verleihung von Apotheken.

[472]) Min.-Erl. v. 8. December 1889 RGB. Nr. 200 wurde eine neue pharmaceutische Studien- und Prüfungsordnung für Oesterreich erlassen.

[473]) MB. vom 19. Juni 1855 RGB. Nr.107. Was die Ausübung des Apothekergewerbes durch einen Stellvertreter anbelangt, so finden die §§. 55 und 56 der Gewerbeordnung Anwendung.

[474]) VGH. 15. October 1880 Z. 1898, Budwinski Nr. 893 ist diese Stunde einer halben Meile gleichgesetzt; über Bemessung dieser Entfernung vergl. auch die weiteren VGH. Erkenntnisse Nr. 43 und 44 Wolski.

Für Landapotheken können die Landesbehörden Erleichterungen eintreten lassen.

Die Heilmittel müssen genau nach Vorschrift der Pharmacopöe hergestellt werden.

Die Pharmacopöe bezeichnet speciell durch Zusammenstellung in besondere Tabellen diejenigen Heilmittel, welche nur auf Verschreibung eines berechtigten Arztes verabfolgt werden dürfen; bei anderen Heilmitteln muß die Verschreibung einer größeren Dosis vom Arzte besonders kenntlich gemacht werden (durch ein Ausrufungszeichen).

Gewisse besonders verzeichnete Heilmittel sind unter Sperre, andere wieder abgesondert von allen anderen aufzubewahren.

Auch sind die Apotheker verpflichtet, gewisse vorgeschriebene zur chirurgischen Hilfeleistung dienende Artikel immer vorräthig zu halten.

Krankenanstalten.

§. 203. Die öffentlichen Krankenanstalten in Oesterreich (Spitäler, Irren-, Gebär- und Findel-Anstalten) verdanken ihr Bestehen größtentheils Privatstiftungen und besitzen ihre eigenen Fonds, deren Verwaltung unter der Aufsicht des Staates (speciell der Landesausschüsse und Landtage) steht. Der Staat als solcher unterhält keine Krankenanstalten; im Staatsvoranschlag figurirt keine Ausgabe für dieselben.[475] Auch sind Krankenanstalten keine Reichsangelegenheit im Sinne der §§. 11 und 12 des Ges. vom 21. December 1867, gehören also nicht in den Wirkungskreis des österreichischen Reichsraths; wohl aber gehören dieselben auf Grund aller Landesordnungen in den Wirkungskreis der Landtage, sind also in der Regel Landes- beziehungsweise Bezirks- oder Gemeindeanstalten. Als solche sind sie in erster Linie zur Aufnahme von Angehörigen ihrer Länder (beziehungsweise ihrer Bezirke oder Gemeinden) verpflichtet; und so oft sie in Nothfällen Angehörige anderer Länder (Bezirke oder Gemeinden) aufnehmen, so haben sie ein Recht, wenn die Aufgenommenen selbst unbemittelt sind, von den Landesbehörden derselben den Kostenersatz für deren Pflege zu verlangen.

Uebrigens gilt als Regel, daß die öffentlichen Krankenhäuser verpflichtet sind, alle Kranken ohne Unterschied des Standes, Geschlechtes und der Religion aufzunehmen; nur mit langwieriger und unheilbarer Krankheit Behaftete sind von der Aufnahme ausgeschlossen. Da diese Anstalten nicht bloß zur Unterbringung armer Kranker bestimmt sind, sondern auch Kranker, welche nach ihren persönlichen Verhältnissen sich zu Hause keine Pflege verschaffen können, nützen sollen, so geschieht die Aufnahme theils gegen Bezahlung, theils unentgeltlich (Erlaß des Staatsministeriums vom 16. September 1865).[476]

Die innere Organisation dieser Krankenanstalten, die Art und Weise

---

[475] Der Staatsvoranschlag für 1889 enthält eine Post für Epidemieen, aus der allerdings gegebenen Falles Nothspitäler, während einer Epidemie bestritten werden könnten.

[476] Obentraut, Sanitätsgesetze S. 548.

der Bedeckung der Kosten der in ihnen verpflegten, im Orte, wo sie sich befinden, nicht zuständigen Armen, und alle einschlägigen Verhältnisse werden theils durch die Anstaltsstatuten, theils durch die Landesgesetzgebung geregelt und sind in den Landesgesetzblättern enthalten.[477])

Irrenanstalten.

Sowohl die innere Organisation wie die Bedingungen der Aufnahme, **§. 204.** des Anhaltens und des Entlassens der Geisteskranken erheischt aus dem Grunde eine besondere gesetzliche Regelung und sorgfältige Aufsicht der Behörden, weil es sich hier einerseits um Personen handelt, die in den meisten Fällen keines eigenen Willens fähig sind, andererseits die Gefahr nicht ausgeschlossen ist, daß willens- und zurechnungsfähige Personen mißbräuchlich oder irrthumlich als unzurechnungsfähig behandelt werden. Daher sind die Bestimmungen über die Aufnahme von Geisteskranken in die einzelnen öffentlichen Irrenanstalten Gegenstand zahlreicher besonderer Landesgesetze und Verordnungen der Landesregierungen. Seitdem aber in der neuesten Zeit auch zahlreiche Irrenanstalten als Privatunternehmungen errichtet wurden, hat sich die Nothwendigkeit einer eingehenden gleichmäßigen gesetzlichen Regelung dieser Verhältnisse für alle österreichischen Länder um so dringender herausgestellt. Dieselbe wurde vollzogen mit der Min.-Verordn. vom 14. Mai 1874, welche auf Grund des obigen Gesetzes vom 30. April 1870 erlassen wurde.

Zur Errichtung einer **Privatirrenanstalt** ist darnach die Bewilligung der politischen Landesbehörde erforderlich. Diese Bewilligung kann nur dann ertheilt werden, wenn die Anstalt unter die allein verantwortliche Leitung eines geeigneten, in Oesterreich graduirten und in der Psychiatrie ausgebildeten Arztes von unbescholtenem Rufe gestellt wird (§§. 1—3). Der politischen Behörde müssen sowohl ein detaillirter Plan des Gebäudes und der Lage desselben und auch die nöthigen Auskünfte über die innere Hausordnung vorgelegt werden. Wenn die gepflogenen Erhebungen der politischen Behörde die Bewilligung als zulässig erscheinen lassen, so kann sie dieselbe ertheilen eventuell die Ertheilung von der Erfüllung gewisser Bedingungen abhängig machen.

Der leitende Arzt einer Privatirrenanstalt ist für die Beobachtung der bezüglichen gesetzlichen Vorschriften verantwortlich und ist verpflichtet, den ihm von der Behörde zukommenden Aufforderungen pünktlich nachzukommen (§. 6). Auch ist er verpflichtet, jährliche Ausweise und Berichte über die Anstalt den Behörden vorzulegen.

Die Aufnahme in eine solche Anstalt darf nur auf Grund eines ärztlichen Zeugnisses, welches die Gemüths- oder Geisteskrankheit des Patienten

---

[477]) Für Niederösterreich mit Ausschluß von Wien gilt das Gesetz vom 25. December 1882 LGB. Nr. 14 ex 1883; für Galizien die beiden Gesetze vom 12. December 1869 LGB Nr. 8 und 9 ex 1870; für Böhmen v. 5. März 1888 LGB. Nr. 19. Nach den Min.-Erlässen v. 17. Juni 1869 und 11. März 1881 Z. 14652 sind

bestätigt, erfolgen. Nur in dringenden Fällen kann der leitende Arzt auf eigene Verantwortung den Kranken provisorisch aufnehmen. Von jeder Aufnahme hat derselbe binnen 24 Stunden dem Gerichtshofe I. Instanz, in dessen Sprengel die Anstalt liegt, Meldung zu machen. [478]

Diese Anzeige entfällt bei Kranken, die zweifellos noch unter väterlicher Gewalt stehen; doch ist die Anzeige zu erstatten, wenn ein solcher Kranker in der Anstalt das 24. Lebensjahr vollendet. Geheilte Personen sind sofort im Einvernehmen derjenigen, welche den Kranken der Anstalt übergeben haben, zu entlassen (§. 10). Wird von diesen Personen die Entlassung des Kranken verlangt, so dürfen dieselben, auch wenn sie nicht geheilt sind, in der Anstalt nicht zurückbehalten werden.

Doch darf ein gemeingefährlicher Kranker keinesfalls entlassen werden, ohne daß die politische Behörde davon früher in Kenntniß gesetzt wird, damit sie die geeigneten Verfügungen wegen der künftigen Unterbringung desselben treffe (§. 11).

Nicht geheilte Kranke dürfen bei ihrer Entlassung nur ihrem gesetzlichen Vertreter übergeben werden (§§. 9—11).

Ebenso wie von den Aufnahmen sind auch von den Entlassungen der Kranken resp. Geheilten die betreffenden Behörden zu verständigen. Handelt es sich um unter Curatel stehende Personen, so ist das competente Gericht davon zu verständigen; dasselbe gilt in Fällen der Entweichung. Die staatlichen Sanitätsorgane haben die Privatirrenanstalten von Zeit zu Zeit ohne vorherige Ankündigung zu inspiciren und darüber an die politische Behörde zu berichten. Die politische Behörde kann wegen eingerissener Mißbräuche oder obwaltender Uebelstände einer Privatirrenanstalt die Concession entziehen und wegen Entfernung der Kranken aus der Anstalt das Nöthige verfügen (§§. 12—20).

Die Bedingungen der Aufnahme und der Entlassung aus den öffentlichen Irrenanstalten, sowie die Verhältnisse dieser Anstalten überhaupt, werden durch deren Statuten geregelt, welche der Genehmigung des Ministeriums des Innern unterliegen.

Die für die Privatanstalten vorgeschriebenen Anzeigen an die Gerichtsbehörden haben auch die öffentlichen Anstalten zu erstatten.

Was die nicht in Anstalten untergebrachten Geisteskranken betrifft, so haben die Gemeinden und insbesondere ihre ärztlichen Organe dieselben in

---

Kranke, die mit unheilbaren oder langwierigen Krankheiten behaftet sind, nicht in Spitälern zu halten, sondern der „Gemeindeverpflegung" zu übergeben. Angehörige fremder Staaten, welche hilfsbedürftig nnd der Cur oder Verpflegung benöthigt sind, werden zumeist auf Grund bestehender internationaler Verträge in die öffentlichen Krankenanstalten aufgenommen und verpflegt. Solche Verträge bestehen: mit den Staaten des Deutschen Reiches (Eisenacher Convention v. 11. Juli 1853), mit der Schweiz (Vertrag vom 7. December 1875). Vergl. Min.-Erl. vom 21. Jänner 1877 Z. 185, womit eine „übersichtliche Darstellung der Grundsätze, welche bei Einbringung von Verpflegskosten für mittellose Kranke mit Einschluß der Irren und Siechen fremder Staaten gegenüber maaßgebend sind" kundgemacht wird.

[478] Min.-Verordn. v. 4. Juli 1878 RGB. Nr. 87.

Evidenz zu halten und deren Pflege zu überwachen. Ueber solche, die nicht unter väterlicher Gewalt stehen, haben die Gemeinden die vorgeschriebenen Anzeigen an die Gerichtshöfe zu machen.

Die politischen Behörden, insbesondere die Amtsärzte, haben in dieser Beziehung die Gemeinden zu überwachen; ihnen aber auch behufs Unterbringung solcher Kranken in Anstalten behülflich zu sein.

Ueber die Kosten der Verpflegung mitteloser Geisteskranker in öffentlichen Irrenanstalten bestimmt das Gesetz vom 17. Febr. 1864 RGB. Nr. 22, daß es der Landesgesetzgebung vorbehalten bleibt zu bestimmen, ob dem diese Kosten zahlenden Landesfonde diese Auslage von der Heimats= gemeinde derselben ganz oder theilweise zu ersetzen seien.

––––––

Gebär- und Findelanstalten.

§. 205. Die ersten staatlichen Findelanstalten wurden in Oesterreich unter Kaiser Josef II. errichtet (Hofdecret vom 20. Juni und 8. September 1774). Sie dienten zur Unterbringung sowohl armer unehelicher Kinder wie der eigentlichen Findlinge — endlich auch armer ehelicher Kinder in besonders rücksichtswürdigen Fällen. Später wurden diese Findelanstalten zumeist mit Gebäranstalten vereinigt, mit dem Hofdecret vom 22. October 1818 Z. 22879 alle solche im gesammten Umfange der Monarchie befindlichen Doppel= anstalten zu Staatsanstalten erklärt und denselben, in soweit ihre eigenen (Stiftungs=)Fonds zu ihrer Erhaltung nicht ausreichten — staatliche Zu= schüsse decretirt. Mit der constitutionellen Umgestaltung der Verwaltung in den 60er Jahren, insbesondere mit der Durchführung der Länderautonomie sind alle diese Anstalten zu Landesanstalten erklärt und ihre Erhaltung und Verwaltung den einzelnen Ländern überwiesen worden. Doch hat die Reichs= gesetzgebung mit Gesetz vom 17. Februar 1864 RGB. Nr. 22 gewisse Grundsätze betreffend der Verpflegsgebühren in öffentlichen Gebäranstalten aufgestellt — welche für die Landesfonde beziehungsweise für die Verwaltungen derselben (Landesausschüsse) verpflichtend sind. Hiernach sind die Verpfle= gungskosten für die in eine öffentliche Gebäranstalt unentgeltlich aufgenom= mene zahlungsunfähige Person von den Landesfonden derjenigen Länder zu tragen beziehungsweise zu ersetzen, in welchen sich die Heimatsgemeinde der= selben befindet. Daher sind aber auch bei Aufnahme solcher Personen in öffentliche Gebäranstalten deren Heimatsrecht festzustellen und die erhobenen Daten dem Landesausschusse des betreffendes Landes mitzutheilen. Die Landesfonde dürfen aber den Ersatz der geleisteten Verpflegskosten für Wöchnerinnen auf die Heimatgemeinden nicht überwälzen (was bezüglich der Geisteskranken allerdings durch Landesgesetzgebung bestimmt werden kann).

Ganz dieselben Grundsätze wie bezüglich der Verpflegungskosten für Wöchnerinnen sind mit Gesetz vom 29. Februar 1868 RGB. Nr. 15 be= züglich der Verpflegskosten für in die Findelanstalten aufgenommenen Kinder aufgestellt worden; nur daß hier der Natur der Sache entsprechend der Ersatz der Verpflegskosten in vierteljährigen Zeitabschnitten von dem hiezu verpflichteten Landesfonde in Anspruch zu nehmen respective von letzterem zu leisten ist (§. 5). Die Pauschalgebühr für fremde Pfleglinge darf nicht höher als sie sich für die eigenen berechnet, bemessen werden. Den zum Kostenersatze verpflichteten Landesausschuffe ist von der Aufnahme eines Pfleglings auf seine Rechnung binnen vier Wochen die Mittheilung zu machen und es bleibt demselben freigestellt, das Kind in eigene Verpflegung zu übernehmen (§. 6).

Gesundheitspolizei.

§. 206.   Während Abwehr und Bekämpfung aufgetretener Krankheiten mittelst des oben geschilderten Sanitätspersonales und der erwähnten Kranken-anstalten besorgt wird: bleibt der Gesundheitspolizei die allerdings noch viel umfangreichere Aufgabe, das Auftreten von Krankheiten zu verhindern; den drohenden Krankheitsgefahren vorzubeugen. Es geschieht dieß durch eine große Anzahl von Maaßregeln und Vorkehrungen. Den ersten Platz unter diesen nimmt die Zwangsimpfung ein.

Die erste amtliche Empfehlung der Kuhpockenimpfung nach durch-geführten erfolgreichen Versuchen, erfolgte mit der Verordnung der nieder-österreichischen Regierung vom 20. März 1802 (Pol. GS. Nr. 21). Mit dem Hofkanzleidecret vom 9. Juli 1836 3. 13192 wurde das Impfwesen bereits einheitlich organisirt und in den einzelnen Ländern unter die Oberleitung der Landesregierung gestellt. Dieses Decret enthält eine vollständige „Normal-Vorschrift über die Kuhpockenimpfung" und eine Belehrung für die Aerzte, wie die Impfung vorzunehmen; von einem Impfzwang allerdings ist das-selbe weit entfernt; es beschränkt sich darauf, Mittel der Propaganda auf-zuzählen, durch welche das Volk für die Kuhpockenimpfung gewonnen werden könnte. Seither ist allerdings die Kuhpockenimpfung allgemein verbreitet und wenn auch ein direkter Impfzwang in Oesterreich bis heutzutage nicht besteht, so übt doch eine Anzahl gesetzlicher Bestimmungen, welche behufs Erlangung gewisser staatlicher Begünstigungen (Stipendium, Stiftungs-plätze rc.), die Impfung zur Bedingung machen, einen indirekten Zwang, die Impfung vorzunehmen.[479])

Affanirungsrecht.

§. 207.   Alle Krankheiten und Epidemieen haben ihre Ursache in krankheits-erzeugenden Stoffen, die dem Menschen zugeführt werden können durch die eingeathmete Luft, die genossene Nahrung, das Trinkwasser oder endlich durch die Benützung der verschiedensten Gebrauchsgegenstände.

Die Sanitätspolizei hat also die Aufgabe, diese Elemente und Mittel des menschlichen Lebens in gutem, reinem von allen Krankheitserregern freien Zustande zu erhalten. Die den Menschen umgebende Luft wird

---

[479]) In Deutschland hat das Reichsimpfgesetz v. 8. April 1874 den directen Impfzwang eingeführt; Eltern (beziehungsweise alle ihre Stelle vertretenden) sind bei Strafe verpflichtet, ihre Kinder impfen zu laffen.

namentlich in Städten durch die große relative Bevölkerungsdichtigkeit und die dadurch herbeigeführte Ansammlung von allerhand Abfallstoffen und deren Ausdünstungen verdorben. Ein Theil der Maaßregeln, welche den Zweck haben diesen schädlichen, die städtische Luft verderbenden Einflüssen entgegen=zuwirken, obliegt der Baupolizei. Denn diese hat es nicht nur mit der zweckmäßigen und sanitären Anlage der menschlichen Wohnungen zu thun, sondern auch mit der Anlage der Straßen und Canäle. Durch die Pfla=sterung und Reinhaltung der ersteren, durch die entsprechende Anlage der letzteren können alle Unraths= und Abfallstoffe gründlich beseitigt und die städtische Luft in gutem Zustande erhalten werden.[480]

In öffentlichen Localen, namentlich in Schulen, wo häufige Ansamm=ungen von Menschen vorkommen, muß für genügende Lufterneuerung, Ventilation, gesorgt werden.

---

[480] Auch giebt es in allen bedeutenden Städten und gut verwalteten Märkten besondere Gassenreinigungsordnungen. Aus der Polizeiordnung vom 15. Juni 1787, deren Bestimmungen in die meisten solcher städtischen Reglements übergingen, die übrigens an und für sich noch Geltung hat, mögen hier folgende Stellen erwähnt werden:

1. Das Ausgießen des Wassers und anderer Flüssigkeiten, die Ablegung des Unrathes, Kehrichtes oder Mistes vor den Häusern auf die Gassen oder Plätze ist untersagt, und ebenso verboten das Gehpflaster (Trottoir) in welcher Art immer zu verunreinigen. Jeder Hauseigenthümer soll für die Beseitigung der längs seinem Hause stattfindenden Verunreinigungen jeden Morgen gehörig sorgen lassen ... Die Gassen und Plätze sind täglich zu kehren und ist in großen Städten ins=besondere auch für die gehörige Desinfection der Standplätze der Fuhrwerke zu sorgen. Das Schneeabwerfen von den Dächern ist ebenso verboten, wie die Schnee=abfuhr aus den Hofräumen auf die Gasse. Der in den Hofräumen befindliche Schnee muß in Leiterwägen auf die zu dessen Abladung bestimmten Plätze geführt werden. Erscheint es unvermeidlich, den Schnee von den Dächern auf die Gasse herabzuwerfen, so muß dieß mit Vorsicht geschehen und muß der herabgeworfene Schnee von dem Hauseigenthümer beseitigt werden.

2. Die Hauseigenthümer sind verpflichtet, bei einfallendem Thauwetter und weichendem Winter sich in Betreff des Aufeisens, d. i. Wegschaffung der auf den Gassen entstandenen Eisdecken jenen Anordnungen zu unterziehen, welche ihnen nach Befund der Umstände von dem Gemeindevorstande vorgeschrieben werden.

3. Die Reinigung des Trottoirs und überhaupt der Gehwege an den Häusern der Stadt ist übrigens nicht nur im Winter und Herbste, sondern auch im Früh=jahre und Sommer den Hausbesitzern zur strengsten Pflicht gemacht und es ist bei Vornahme dieser Reinigung in den heißen Tagen des Sommers vor den Häusern aufzuspritzen, um dadurch die Einwohner von dem unangenehmen, die Ge=sundheit benachtheiligenden Staube zu befreien.

4. Das Abfüttern der Pferde und überhaupt des Zugviehes auf den Gassen und Plätzen der Städte ist verboten.

Am Lande bedarf in der Regel die Beschaffenheit der Luft keiner mensch=lichen Nachhilfe: nur wo Sümpfe, Moräste, Moorgründe u. dergl. feuchte Strecken vorhanden sind, pflegen sich Krankheiten (Malaria u. dergl.) einzustellen. Landes= und auch Reichsgesetze ordnen für solche Gegenden die Trockenlegung an. Zu solchem Zwecke wurde mit Ges. v. 22. März im Jahre 1875 RGB. Nr. 35 die Entsumpfung des Narenthales in Dalmatien auf Staatskosten angeordnet.

Baupolizei.

§. 208. Nicht aus Sanitätsmaaßregeln, sondern aus feuerpolizeilichen Vorschriften entwickelten sich die modernen Bauordnungen. Die Ursache dieser Erscheinung ist klar. Für die gesundheitsschädlichen Wirkungen des engen Zusammenwohnens hatten frühere Zeiten kein Verständniß: dagegen lehrten die von Zeit zu Zeit die Städte verheerenden Feuersbrünste die Gefahren des unabgetheilten und ununterbrochenen Zusammenhanges der Gebäude kennen. Man begann also zuerst mit feuerpolizeilichen Bauvorschriften, mit den sog. Feuerlöschordnungen;[481]) sodann wendeten sich die baupolizeilichen Vorschriften gegen die Gefahren, welche aus mangelhaft ausgeführtem Bauwerk oder aus der Baufälligkeit desselben entstehen konnten.[482]) Erst in der neuesten Zeit beginnt das Baupolizeirecht die Gesichtspunkte der Hygiene neben die der Feuersicherheit und der „persönlichen Sicherheit", d. h. der Sicherheit des Lebens zu stellen und bei der Anlage und dem Bau der Wohngebäude den Lehren der Hygiene Rechnung zu tragen. Und in dem Maaße, wie sich letztere heutzutage rasch entwickelt, ist auch die baupolizeiliche Gesetzgebung gezwungen dieser Entwickelung zu folgen.[483])

---

[481]) Die Grundlage aller späteren Feuerlöschordnungen bilden die beiden mit dem k. Patent v. 7. September 1782 erlassenen, die eine für die Landstädte und Märkte, die andere für das offene Land und Niederösterreich; diese Feuerlöschordnungen wurden in den einzelnen Ländern publicirt und in Wirksamkeit gesetzt. Abgedruckt sind dieselben bei Mayrhofer II 768 ff.

[482]) Noch Stubenrauch (1851) hebt diesen Gesichtspunkt als für die Baupolizei vorwiegend maaßgebend hervor. „Die Vorschriften der Baupolizei beziehen sich, meint er, auf die Abwendung der Gefahren, welche theils bei der Ausführung neuer Bauwerke, theils durch die unterlassene Sicherung alter baufälliger Gebäude der persönlichen Sicherheit und dem Eigenthume der Staatsbürger drohen" (Verwaltungsgesetzkunde 1. Aufl. I 414).

[483]) Die ersten allgemeinen Vorschriften über Bauführungen erfolgten mittelst Hofdecreten. So verlangt das Hfb. 9. März 1787 von jedem Bauführer die Vorlage eines Planes, den die Behörde vor Ertheilung der Bewilligung zu prüfen und über den sie die Nachbarn und Anrainer zu vernehmen hat, letzteres zu dem Zwecke, „um nicht etwas zu sanctioniren, was gegen Privatrechte verstoßen würde" (Hfb. 28. October 1819 Z. 34120). In letzterem Hfb. wird bereits erklärt, daß die Baubewilligungen „ex ratione publica eingeführt würden" und zwar nicht nur aus Rücksichten auf Feuersgefahr und Einsturz, sondern auch auf „öffentliche Bequemlichkeit durch Erweiterung der Passage oder der öffentlichen Verschönerung". Diese letzteren Rücksichten traten immer bewußter in den Vordergrund und erforderten neue Bestimmungen, welche in den letzten 40er und den 50er Jahren in den durch die Statthaltereien für die einzelnen Länder und deren Hauptstädte erlassenen Bauordnungen getroffen wurden. Namentlich in den 50er Jahren wurden solche Bauordnungen kundgemacht für Lemberg 1855, Krakau 1850, Triest 1854, Steiermark 1857 u. s. w. In denselben traten die Rücksichten auf die Gesundheit bereits an erste Stelle, so z. B. in der steirischen Bauordnung, deren §. 1 den „großen Einfluß des Bauſtandes auf die Gesundheit, die Gesittung, das Eigenthum und die Sicherheit der Staatsbürger" hervorhebt und §. 3 vorschreibt, daß „alle Bauherstellungen dem Gesundheitswohle, der Eigenthums- und sonstigen Sicherheit, dem öffentlichen Anstande, der Bequemlichkeit, dem guten Geschmacke und dem Rechte der Anrainer" entsprechen müssen. Als Baubehörden fungirten dazumal ausschließlich Regierungsbehörden und zwar in erster Instanz das Bezirksamt, an welches die Gesuche um Baubewilligung zu richten

Parallel mit dieser Entwickelung der Bauordnungen läuft eine andere, deren Richtung deutlich erkennbar, deren Abschluß jedoch bei weitem noch nicht erreicht wurde. Es ist das die Entwickelung der Einschränkung der freien Verfügbarkeit über den Baugrund und das Bauobject im Interesse der Gesammtheit, oder mit anderen Worten, die Entwickelung des Eingriffs= rechts der Gesammtheit durch das Organ der Behörde in die Sphäre des Privateigenthums am Baugrund und Bauobject. Die älteren Bauordnungen üben diesen Eingriff nur zum Zwecke der Verhütung der Feuersgefahr oder unmittelbar drohender Einsturzgefahr. Im übrigen aber dulden sie die Aus= nützung des Privateigenthums zum Nachtheil der Gesammtheit durch Ver= engerung der Straßen, Behinderung des Verkehrs, dichteste und unverhält= nißmäßige Verbauung und damit Beraubung des Lichts und der Luft der Gesammtheit.

Erst seit der Mitte dieses Jahrhunderts beginnt man in den größeren Städten dieser mißbräuchlichen Ausnützung des Privateigenthums passiven Widerstand entgegenzusetzen, indem man die Ertheilung von Bewilligungen

waren und welches darüber die commissionelle Prüfung und den Localaugenschein unter Zuziehung des Gemeindevorstandes und der Anrainer vorzunehmen hatte. In den Kreisstädten bildete das Kreisamt die erste Instanz. Gegen Entscheidungen des Bezirksamtes ging die Berufung an das Kreisamt in zweiter und an die politische Landesstelle in 3.Instanz, gegen die Entscheidungen der Kreisbehörde in erster Instanz ging die Berufung an die Landesstelle und an das Ministerium (§. 168 steirische BO. 1857). Eine neue Periode der Baugesetzgebung beginnt mit der Activirung der verfassungsmäßigen Landtage in den 60er Jahren. Man sah es nicht ungern, wenn sich die Landtage mit Landesangelegenheiten, die keine Gelegenheit zum Poli= tisiren gaben, befaßten und dabei ihres autonomen Wirkungskreises sich voll und ganz erfreuen konnten. Zur Bethätigung desselben eignete sich ganz besonders die den Landtagen ganz überlassene Gesetzgebung in Bauangelegenheiten. Gleich= zeitig überging auch die Competenz zur Verwaltung der Bauangelegenheiten in erster Instanz an die autonomen Gemeindevorstände (auf Grund der neuen Gemeinde= ordnungen). So entstehen denn in den 60er Jahren eine Reihe von Landes=Bau= gesetzen, welche Bauordnungen sowohl für das flache Land wie für die Landes= hauptstädte enthalten (Innsbruck 1864, Böhmen 1864, Kärnthen 1866, Oesterreich u. d. Enns 1866, Graz 1867, Schlesien 1867, Wien 1868, Czernowitz 1869, Mähren und Brünn 1869 u. f. w.). Diese Bauordnungen der 60er Jahre tragen bereits den damals in vielen Städten in Angriff genommenen Stadterweiterungen Rechnung durch Bestimmungen über zu verbauende Baugründe, deren Parzellirung und Regulirung, wobei bereits neben den hygienischen Anforderungen (Anlage breiter Straßen, Canalisirungen u. dergl.) auch dem Rechte der Gesammtheit gegen= über dem engherzigen Privatrechtsstandpunkt der Eigenthümer Rechnung getragen wird. Letzteres allerdings in noch sehr schüchterner und ängstlicher Weise. Der Gesetzgeber ist noch weit davon entfernt, dem „unverletzlichen" Privateigenthume im Namen der Gesammtheit direct an den Leib zu gehen, doch wagt er es schon zu Gunsten der Assanirung der Städte, seine Bewilligung an gewisse, vom Eigen= thümer dem Gesammtwohl zu bringende Opfer als Bedingung zu knüpfen. Dabei ist für diese Bauordnungen die strenge Aufrechterhaltung der soeben erst erworbenen Autonomie der Gemeinden in Bauangelegenheiten charakteristisch. Dem Princip der Gemeindeautonomie zu Liebe unterbleibt auf Grund jener Bauordnungen der 60er Jahre manche Maaßregel, welche für das Gemeinwohl von Nutzen wäre. Erst in den neuen Bauordnungen der 80er Jahre (f. folgenden Paragraph) beginnt man die öffentlichen Interessen vor den privaten mit größerer Entschiedenheit den ihnen gebührenden Vorzug einzuräumen.

sowohl zum Bau wie zu Baugrundparcellirungen an die Bedingungen der Einhaltung von Regulirungsbaulinien, von Bauvorschriften zum Zwecke der Verschönerung, Assanirung und Verkehrserleichterung knüpft und mittelst dieses passiven Widerstandes den Kampf mit dem Eigennutz des Einzelnen und der rücksichtslosen Ausnützung des Privateigenthums aufnimmt.

Auf diesem Standpunkt stehen gegenwärtig die österreichischen Bauordnungen, von denen die vorgeschrittensten die für Niederösterreich[484]), Wien,[485]) für Böhmen[486]) und Prag[487]) und Graz[488]) sind.

Vor dem activen Eingriff jedoch im Interesse der Gesammtheit in die Sphäre des Privateigenthums, wenn dasselbe auf seine „Unverletzlichkeit" pochend den allgemeinen Interessen einen ungerechtfertigten Widerstand entgegensetzt: scheut bis heutzutage der Gesetzgeber noch in übertriebener Aengstlichkeit zurück. Einem solchen activen Eingriff steht zum großen Nachtheil der Entwickelung der Städte der §. 365 abGB. entgegen und der Umstand, daß die Baugesetzgebung im Wirkungskreise der Landtage liegt, welche nicht die Competenz haben, Bestimmungen des bürgerlichen Gesetzbuchs zu ändern, setzt den Landesbaugesetzen eine für sie unüberschreitbare Gränze.[489])

---

[484]) Ges. v. 17. Jänner 1883 LGB. Nr. 36.
[485]) Ges. v. 17. Jänner 1883 LGB. Nr. 35.
[486]) Ges. v. 8. Jänner 1889 LGB. Nr. 5.
[487]) Ges. v. 10. April 1886 LGB. Nr. 10.*
[488]) Ges. v. 7. September 1881.
[489]) Daher bestimmt die Bauordnung für Graz 1881, §. 11, daß „über die Frage, ob und inwiefern aus Anlaß von Straßenregulirungen oder Eröffnung, oder für Anlage von Plätzen eine zwangsweise Enteignung von Privateigenthum stattzufinden habe, die k. k. steiermärkische Statthalterei, nach Maaßgabe der dießfalls bestehenden Gesetze mit Vorbehalt des Recurses an das k. k. Ministerium des Innern entscheidet". Eine ähnliche Bestimmung enthält auch die Landesbauordnung für das Königreich Böhmen von 1886: „Stellt sich in einer Stadt im Interesse des unbehinderten Verkehrs oder der Feuersicherheit, oder im sanitären Interesse die Eröffnung einer neuen Gasse oder Straße im Gemeindebereiche als dringend nothwendig heraus, so sind die Realitätenbesitzer, durch deren Grund diese Straße oder Gasse geführt werden soll, verpflichtet, die hiezu erforderlichen Parzellen sammt den etwa bestehenden Gebäuden der Gemeinde gegen volle Schadloshaltung abzutreten. Auch zu der nothwendigen Erweiterung oder Regulirung bestehender Gassen oder Straßen sind die Realitätenbesitzer die hiezu erforderlichen Parzellen gegen angemessene Schadloshaltung an die Gemeinde abzutreten verpflichtet, wenn es sich hiebei nicht um Beseitigung von Gebäuden handelt" (§. 25). Läßt sich über den Entgelt (Schadloshaltung) kein gütliches Uebereinkommen erzielen, „so entscheidet die politische Landesbehörde . . . ob und inwiefern eine Enteignung des Privateigenthums oder Gassengrundes stattzufinden habe". Aber auch nach einem solchen, auf Enteignung lautenden Erkenntniß der politischen Behörde hat die Höhe des Entgeltes eine gerichtliche Schätzung zu ermitteln (§. 26).
Es überlassen daher die Landesbauordnungen, wie nicht anders möglich, die Entscheidung über die Nothwendigkeit der Enteignung der politischen Behörde; nun muß aber diese Behörde sich innerhalb der Gränzen der bestehenden Gesetze halten, d. i. des §. 365 abGB. Daß aber dieser Paragraph mit seiner Enteignungsgestattung, „wenn es das allgemeine Beste erheischt" und obendrein der Paragraph des StGG. vom 21. December 1867 („das Eigenthum ist unverletzlich" ꝛc.) der politischen Behörde sehr enge Gränzen zieht, geht am klarsten daraus hervor, daß es nothwendig war, behufs Vornahme von Enteignungen zum Zwecke

Sie können es nicht verhindern, daß z. B. der rücksichtslose Eigennutz eines Baugrundspeculanten die Entwickelung, Verkehrserleichterung oder Assanirung einer Stadt durch Jahrzehnte aufhält. Hier helfend einzugreifen, bleibt der Reichsgesetzgebung der Zukunft vorbehalten, und zwar durch Erlassung eines ähnlichen Gesetzes zum Zwecke der Städteregulirung wie das Gesetz vom 18. Februar 1878 zum Zwecke der Herstellung von Eisenbahnen.

Denn es ist in der That schwer einzusehen, warum die Begünstigung der zwangsweisen Enteignung, welche im Interesse der Gesammtheit bei Eisenbahnbauten und anderen öffentlichen Unternehmungen (Straßenbau, Wasserbau 2c.) in Anwendung kommt, nicht auch den Städten im Interesse ihre Entwickelung zu Gute kommen sollte und warum die Städte vor die traurige Alternative gestellt sein sollten, entweder in dem Fortgang ihrer Entwickelung und ihrer Verkehrsverhältnisse auf Schritt und Tritt von egoistischen Privatinteressen sich hemmen und aufhalten zu lassen, oder ihre Bevölkerungen zu Gunsten von, übertriebene Forderungen stellenden Speculanten in Contribution zu setzen. Heute, wo der moderne Staat auf so vielen Gebieten bereits im Interesse der Gesammtheit private Monopole aufhebt und das Privateigenthum beschränkt, wird es bereits als Anachronismus empfunden, daß die Fortentwickelung einer rationellen Baugesetzgebung durch den §. 365 abGB. behindert ist. Doch bedeuten die neuesten Bauordnungen, deren Bestimmungen wir nun betrachten wollen, gegenüber denen der 50er bis 70er Jahre bereits einen großen Fortschritt.

Die Landesbaugesetze.

Der größte Fortschritt dieser Bauordnungen aus den 80er Jahren **§. 209.** (Graz, Niederösterreich, Wien, Böhmen, Prag) in Vergleich mit den nächst älteren aus den 60er und 70er Jahren liegt darin, daß während in den älteren meist nur von der Nothwendigkeit einer Baubewilligung für das zu bauende Object ohne Rücksicht auf Lagerpläne die Rede war: die neueren vor allem erst die „Ermittelung der Baulinie und des Niveau's" der Umgebung vorschreiben (§. 1 Niederösterreich). Es ist also gegenwärtig immer eine Art Vorverfahren und Vorbewilligung nöthig, welche die Feststellung der Baulinien und des Niveau's der gesammten Umgebung zum Gegenstande hat (Wien, Prag), allenfalls auch die Grundparzellirung, wobei

---

der Herstellung einer Eisenbahn ein besonderes Reichsgesetz zu erlassen (vom 18. Februar 1878 RGB. Nr. 30); nun existirt aber kein ähnliches Gesetz für Zwecke von Stadtregulirungen und die landesgesetzliche Uebertragung der Entscheidung an die politische Behörde kann den Mangel eines solchen Reichsgesetzes keineswegs ersetzen. Und somit dürften denn auch solche zwangsweise Enteignungen zu Stadtregulirungszwecken wohl nur in den seltensten Fällen zur Anwendung kommen, obschon bereits im Jahre 1877 ein Plenarbeschluß des VGH., die Beurtheilung der Frage, ob und inwieferne aus Anlaß einer Regulirung eine zwangsweise Enteignung von Privateigenthum stattzufinden habe, als von dem freien Ermessen der Verwaltungsbehörden abhängig erklärte (Wolski Nr. 110).

auch auf künftige Straßenzüge Rücksicht genommen werden muß.[490] Erst auf Grundlage eines solchen Vorverfahrens und der dabei festgestellten Regulirungslinien und Niveauverhältnisse: kann der Bauwerber um die Bewilligung zum Baue des beabsichtigten Objectes einschreiten, wozu er die vorgeschriebenen Pläne vorlegen muß. Uebrigens sind Bewilligungen nicht nur zu Neu-, sondern auch zu Zu- und Umbauten erforderlich. Die Pläne müssen von hiezu autorisirten Baumeistern verfaßt und unterfertigt werden, so wie denn auch jeder Bau von solchen autorisirten Baumeistern geführt werden muß.

Mit Zugrundelegung dieser Pläne wird von der Behörde ein Localaugenschein vorgenommen, zu welchem sowohl die Verfasser der Pläne, der Bauwerber, die Anrainer und sonstige Interessenten beigezogen werden müssen. Die Baubewilligung ertheilt die Baubehörde, als gegenwärtig die Gemeinde, beziehungsweise der Gemeindevorsteher, und in Städten mit eigenen Statuten der Magistrat[491]; allfällige Einwendungen privatrecht-

---

[490] Während früher das zu bauende Object den Hauptgegenstand des Verfahrens bildete und nur nebenbei auch die Gränz- und Nachbarverhältnisse in Betracht kamen: tritt in den neueren Bauordnungen immer mehr das Stadtgebiet, der betreffende Stadttheil, die ganze Ortschaft und deren künftige Gestaltung in den Vordergrund. Daher steht an der Spitze der böhmischen Bauordnung von 1889 die Bestimmung, daß „Städte, Märkte und geschlossene Ortschaften sich im Besitze von Lagerplänen" befinden sollen, welche alle bestehenden Straßen, Gassen, Plätze und Wege enthalten sollen und in welche auch alle für die nächste Zeit beabsichtigten Regulirungen einzuzeichnen sind, wobei, sowie bei allen weiteren Regulirungen, auf die sanitären Bedürfnisse, sodann auf die Sicherheit und Leichtigkeit des Verkehrs Rücksicht zu nehmen ist. Das einzelne Bauobject aber muß sich in den Rahmen dieses Ganzen einfügen: während früher das Ganze der Willkür und den Launen der Eigenthümer sich fügen mußte. (Nur die mit Gubernialerlaß vom 16. Februar 1844 erlassene Bauordnung für die Umgebung von Innsbruck enthält die Bestimmung, daß vor Genehmigung des Abtheilungsplanes der Consens für einzelne Bauten nicht ertheilt werden kann.) In größeren Städten sind jetzt zumeist schon Zukunftspläne vorhanden (und wo solche noch nicht vorhanden sind, müssen sie angefertigt werden) und diese Zukunftspläne entscheiden in erster Linie über die Bewilligung des einzelnen Bauobjectes, über dessen Lage und Gestalt. Allerdings ist dieser Zwang den die Gesammtheit heute auf den Einzelnen übt, insoferne noch ein sehr mittelbarer, als es in der Willkür des Einzelnen steht, durch Unterlassung des Baues, durch Passivität die Durchführung aller Pläne der Gesammtheit zu sistiren. Will er aber bauen, dann muß er sich in all und jedem dem Regulirungsplane und den Bestimmungen der Bauordnung, bezüglich der Breite der Straßen und Gassen, bezüglich der für die ganze Umgebung festgestellten Niveauverhältnisse u. s. w. fügen. Uebrigens ist bei der in Folge des Zwanges der Einhaltung und Herstellung der Regulirungslinie sich ergebenden wechselseitigen Grundabtretungen an dem Princip der Vergütung festgehalten, so daß sowohl die Gesammtheit dem Einzelnen, wie letzterer dem ersteren für die zu erwerbende Grundparzelle eine entsprechende Vergütung leistet. Nur da, wo größere Grundcomplexe in eine Anzahl von Bauparzellen getheilt werden sollen, sind die aus dem Regulirungsplane sich ergebenden Straßengründe von dem „Abtheilungswerber" unentgeltlich der Gesammtheit zu überlassen (§§. 14 u. 15 der niederösterr. Bauordnung).

[491] Oeffentliche Bauten unterliegen überall der Bewilligung der politischen Landesbehörde, die sich bezüglich der Baulinie und des Niveaus mit der Gemeinde-Baubehörde in's Einvernehmen setzt. Bei Privatbauten bildet der Ge-

licher Natur werden auf den Rechtsweg verwiesen.[492]) Von den bewilligten Plänen darf unter keinem Umstande abgewichen werden.[493])

Bei der Ausführung des Baues sind die Vorschriften der Bauordnungen über Dicke der Mauern, Beschaffenheit des Baumaterials streng zu beobachten;[494]) verantwortlich für die Beobachtung dieser Vorschriften sind die Bauführer. Die neuvollendeten oder wesentlich umgestalteten Gebäude dürfen nicht ohne specielle Bewilligung der Baubehörde der Benützung übergeben werden. Diese „Bewohnungs= und Benützungsbewilligung" kann erst dann ertheilt werden, wenn die Behörde bei dem vorzunehmenden Local= augenschein sich die Ueberzeugung verschafft hat, daß das Gebäude plan= mäßig ausgeführt, trocken und nicht gesundheitsschädlich ist.

Erleichterungen und Erschwerungen der Baubedingungen.

§. 210. Die meisten für ein ganzes Land erlassenen Bauordnungen enthalten in besonderen Abschnitten Bestimmungen über Erleichterungen der Bedin= gungen für den Bau von Wohnhäusern am Lande.[495]) Nach der nieder=

meindevorsteher die erste Instanz in Bauangelegenheiten; doch kann von der Ent= scheidung des Gemeindevorstehers immer noch an den Gemeindeausschuß Berufung eingelegt werden, beziehungsweise vom Magistrat an den Gemeinderath; gegen eine Entscheidung des Gemeindeausschusses oder Gemeinderathes kann eine Be= schwerde beim Landesausschuß angebracht werden. Andererseits kann gegen Verfügungen sowohl des Gemeindevorstehers wie auch des Gemeindeausschusses (Gemeinderathes), wodurch die Vorschriften der Bauordnung verletzt werden, die Berufung an die politische Behörde erster Instanz und so fort bis zur dritten Instanz (Ministerium des Innern) ergriffen werden. Uebrigens steht den politischen Be= hörden das Aufsichtsrecht über die von den Gemeinden besorgte Baupolizei im Sinne der Gemeindeordnungen zu.

[492]) §. 150 BO. für Steiermark 1857; sobann alle Landesbauordnungen der 60er und 70er Jahre, ferner §. 4 BO. für Graz 1881; §. 11 der Bauordnung für Wien 1883; §. 25 BO. für Niederösterreich; §. 37 BO. für Böhmen 1886; §. 35 BO. für Prag 1886.

[493]) §. 28 Wien, §. 31 Niederösterreich, §. 42 Böhmen, §. 39 Prag, §. 150 Steiermark.

[494]) Die einzelnen Bauordnungen enthalten specielle Vorschriften für die ein= zelnen Gebäudebestandtheile, namentlich bei Wohngebäuden (in den Abschnitten „Vorschriften in Bezug auf die Ausführung des Baues"). So z. B. müssen die Ziegel von einer bestimmten Länge, Breite und Dicke sein; die Dächer und Stiegen von bestimmter Construction und feuersicher hergestellt; Thürme müssen mit Blitzableitern versehen sein. Lichthöfe, Thüren und Fenster dürfen nicht unter dem bestimmten Minimalmaß ausgeführt werden; Erdgeschosse und Souterrain= wohnungen müssen so angelegt sein, daß sie vor Feuchtigkeit geschützt sind; die Dachrinnen müssen von bestimmter Beschaffenheit sein und auch ein bestimmtes Maaß haben u. s. w.

[495]) Die mit Statthaltereierlaß v. 9. Februar 1857 kundgemachte Bauordnung für Steiermark enthält in ihrer I. Abtheilung die Bauvorschriften für Städte und Märkte, in ihrer II. Abtheilung die für das „flache Land", welche eine Reihe von „Mäßigungen und Beschränkungen" der ersteren enthalten. Während z. B. in den Städten und Märkten hölzerner Gebäude absolut nicht mehr gestattet werden sollen, können solche auf dem flachen Lande „ausnahmsweise" allerdings gestattet werden. Die neue österreichische Bauordnung bestimmt, daß „diejenigen Gemeinden, welche a) wegen zerstreuter Lage der Häuser, b) wegen der entfernten Lage von

österreichischen Bauordnung 1883 können solche Erleichterungen in Anspruch genommen werden für ganze Gemeinden, für bestimmte Theile derselben oder für einzelne Bauten von Fall zu Fall. Diese Erleichterungen können sich auf die Einhaltung der Baulinie und des Niveaus, auf die Erforbernisse zum Ansuchen um die Baubewilligung, auf die Beschaffenheit des Materials, Stärke der Mauern, das Maaß der Wohnräume und Hausbestandtheile u. s. w. beziehen.[496]

Andererseits hat die Nähe einer Eisenbahn eine bedeutende Erschwerung der gesetzlichen Baubedingungen zur Folge. Es müssen nämlich alle in dem „Feuerrayon" der Bahn (innerhalb 30 Klafter von der Bahnkrone) ge-legenen Gebäude und zwar gleichviel ob Wohn= oder Wirthschaftsgebäude, mit feuersicheren Dächern versehen werden; ferner dürfen Gebäude, welche näher als 10 Klafter an der Bahn liegen, auf der derselben zugekehrten Seite keinerlei Ausgänge haben. Diese und ähnliche Bestimmungen sind theils in besonderen Verordnungen der Statthaltereien, theils in den bezüg-lichen Eisenbahngesetzen und Reglements enthalten.[497]

Da die Bauordnungen nur die Wohngebäude (die für das Land er-lassenen daneben noch die Wirthschaftsgebäude) im Auge haben, so stellte sich in neuerer Zeit die Nothwendigkeit heraus, noch besondere Bau-bestimmungen für Industriegebäude[498], endlich auch für Schauspielhäuser zu erlassen. Die besonderen Bestimmungen für Industriebauten sind schon in den Bauordnungen der 60er Jahre in besonderen Abschnitten enthalten. (Da die steirische BO. von 1857 keine bezüglichen Bestimmungen enthielt, so wurde unterm 12. März 1866 ein eigenes Landesgesetz für Steiermark über industrielle Bauten erlassen.) Dabei werden solche Industriebauten unterschieden, die sich in isolirter Lage befinden, von solchen, bei denen dieß nicht der Fall ist.[499] Für erstere werden gewisse Erleichterungen statuirt, so z. B. bleibt bei diesen die Construction und das Baumaterial der Wahl

---

Hauptverkehrsadern, c) wegen sonstiger in den wirthschaftlichen Verhältnissen be-gründeter Momente" Erleichterungen in Anspruch nehmen und daß denselben solche gewährt werden können (§. 91. BO. Niederösterr. 1883). Vergl. auch Abschn. V der böhm. BO. 1886.

[496] Auch die Bauordnung für Wien 1883 enthält Bestimmungen über den Bau von Wohnhäusern „unter erleichternden Bedingungen" auf „solchen Grund-stücken, welche die Baubehörde hiezu für geeignet erkennt" (§. 82). Doch dürfen solche Wohnhäuser unter keinen Umständen höher als zweistöckig sein (§. 84).

[497] Min.=Erl. v. 21. Mai 1854 Z. 10930 ordnet das bei Bewilligung solcher Bauten einzuhaltende Verfahren. Die bezüglichen Baubestimmungen waren schon in dem Hftd. v. 28. December 1843 Z. 40110 RGS. 1844 enthalten und sind seitdem mehrfach publicirt worden.

[498] BO. für Czernowitz 1869 Abschn. IV, BO. für Kärnten 1866 Abschn. III; Niederösterreich 1883 Abschn. VII. Für Steiermark wurde in Betreff industrieller Bauten ein eigenes Landesgesetz unterm 12. März 1866 erlassen, worin den Industriebauten in isolirter Lage weitgehende Begünstigungen zugestanden sind. — Der Abschn. III der Bauordnung für Vorarlberg v. 27. Februar 1874 enthält ähnliche Begünstigungen der Industriebauten in isolirter Lage.

[499] Als isolirte Lage wird übereinstimmend eine solche betrachtet, wo das Bauobject nach allen Seiten hin mindestens 30 Klafter von anderen Gebäuden entfernt ist.

des Bauführers überlassen. Bei allen Industriegebäuden aber ist vornehmlich auf die Sicherheit der in denselben arbeitenden Personen, insbesondere
für den Fall einer Feuersbrunst Rücksicht zu nehmen, daher über die Anlage
und Beschaffenheit der Treppen, Rauchfänge, Dampfkessel specielle Bestimmungen gegeben sind. Doch sind auch bei nichtisolirten Industriebauten
im Vergleich mit Wohngebäuden „jene Abweichungen von den allgemeinen
Bauvorschriften zuzulassen, ohne welche der ordentliche Gewerbsbetrieb gehindert oder empfindlich erschwert wäre".[500]) Dagegen sind in neueren
Gesetzen, z. B. der böhmischen Bauordnung von 1886, für Industriebauten
eine Reihe specieller, die Gesundheit und das Leben der Arbeiter schützenden
Bestimmungen aufgenommen.[501])

Für öffentliche Gebäude, die für große Ansammlungen von Menschen
bestimmt sind, wie für Turnhallen, Bazare, Ausstellungsgebäude, Magazine
werden einerseits gewisse nach Lage, Beschaffenheit und Bestimmung derselben mögliche Erleichterungen gestattet, andererseits gelten für solche Gebäude, mit Rücksicht darauf, daß „bei Feuersgefahr eine schnelle Selbst-
rettung möglich sei" (§. 121 böhm. BO. 1886), besondere streng zu hand-
habende Baubestimmungen. Letzteres ist insbesondere für Schauspielhäuser
der Fall, für welche seit der Ringtheaterkatastrophe in Wien ganz specielle
Gesetze und Anordnungen erlassen wurden, so das Gesetz vom 15. December
1882 für Niederösterreich über Bau und Anlage von Theatern und das
Gesetz vom 27. März 1887 über Bauanlage bei neuen Theatern für
Böhmen.[502]) Nach diesen Gesetzen dürfen Theater nur derart erbaut werden,
daß sie nach allen Seiten frei stehen (mindestens 15 Meter von anderen
Gebäuden entfernt). Außer den Vorschriften über Feuersicherheit des ganzen
Gebäudes enthalten dieselben auch die Bestimmung, daß die Bühne vom
Zuschauerhaus möglichst (mittelst Mauern) abgeschlossen und außer durch
die Prosceniumsöffnung nur noch durch einen gewölbten, mit einer eisernen
Thüre versehenen Gang im Parterre in Verbindung sein darf. Die weiteren
Vorschriften beziehen sich auf die möglichste Feuersicherheit der Bühnen-
räume und -Vorrichtungen.

---

[500]) BO. Kärnthen 1866 § 72.

[501]) Diese dem neuesten Standpunkt der Arbeiterschutzgesetzgebung entsprechenden
verschärften Bestimmungen über Industriebauten beziehen sich auf Möglichkeit
der Reinhaltung, Ventilation der Arbeitsräume, auf Beschaffung guten Trink-
wassers u. s. w.

[502]) Ergänzt werden die Bestimmungen dieser Theaterbauordnungen durch
Polizeiverordnungen, wie z. B. die Verordnung des Statthalters von Niederösterreich v. 1. Juli 1882 LG. u. VB. Nr. 54, betreffend die Bedingungen zur Veranstaltung theatralischer Vorstellungen in Theatergebäuden, sowie über innere Einrichtung und den Betrieb der Theater. Mit dieser Verordnung wurden zugleich
ständige Theatercommissionen bestellt, eine Local- und eine Landescommission, von
denen die erste periodische Theatervisitationen vorzunehmen hat, die letzte als
Beirath der Statthalterei in Theaterbauangelegenheiten fungirt.

Friedhöfe.

§. 211. Aus der Sorge für Reinhaltung der Luft sind im vorigen Jahrhundert die erften Verbote hervorgegangen, Friedhöfe innerhalb der bewohnten Orte zu unterhalten, und die Anordnungen, dieselben außerhalb der Peripherie der Städte und Ortschaften zu verlegen.[503] Aus demselben Grunde und weil das Begraben der Leichen, wenn es auch die Luft weniger inficirt, doch dem Grundwaffer defto schädlicher wird, hat man in der Neuzeit im Auslande zum Verbrennen der Leichname feine Zuflucht genommen. Diefe Procedur ift in Oefterreich dermalen noch nicht geftattet, da derfelben noch religions= und criminal=politifche Bedenken entgegenftehen: doch fteht es jedermann frei, den Leichnam feines Angehörigen behufs Verbrennung in's Ausland zu fchaffen. Sowohl zu diefem Zwecke, wie überhaupt zum Zwecke jedes Leichentransportes, muß die Bewilligung der politifchen Behörde eingeholt und müffen die Vorfchriften über Leichentransport beobachtet werden.[504] — Uebrigens geht jeder Beerdigung die vorgefchriebene Todtenbefchau voraus, die entweder eine blos politifche, oder bei plötzlichen und bedenklichen oder verdächtigen Todesarten eine gerichtliche ift.

Nahrungsmittelpolizei.

§. 212. Alle zum Verkauf auf Marktplätze oder in den Handel gebrachten Nahrungsmittel müffen unverfälfcht, in reinem, beziehungsweife in frifchem Zuftande fein, andernfalls diefelben von der die Markt= und Ortspolizei ausübenden Behörde confiscirt und die Schuldigen beftraft werden. Das Gebäck muß gut ausgebacken und nach Vorfchrift hergeftellt fein; Milch und Butter dürfen nicht gefälfcht; Eßwaaren (und Kinderfpielzeug) dürfen nicht mit gefundheitsfchädlichen Farben gefärbt fein; unreifes Obft darf

---

[503] Hfd. 23. Auguft u. 13. September 1784 enthält außer der obigen Anordnung auch Vorfchriften über Anlage der Friedhöfe, Wahl des für diefelben geeigneten Terrains und Umfriedung derfelben. Diefes Hftld. Kaifer Jofef's II. enthält auch jenen wahrhaft philofophifchen Satz, den die Menge (auch die gebildete) noch heutzutage nicht begreifen will, daß bei der Beerdigung „kein anderes Abfehen fein kann, als die Verwefung fobald als möglich zu befördern . . ." Kaifer Jofef II. zog aus diefer ganz richtigen Prämiffe die Confequenz, die Leichen nicht in Todtentruhen, fondern in leinenen Säcken zu begraben. Dieß konnte er allerdings nicht durchfetzen. Daß aber Kaifer Jofef II., auf obige Prämiffe geftützt, heutzutage ein entfchiedener Vertheidiger der Leichenverbrennung wäre, ift klar.

[504] Diefelben find enthalten in der M.V. v. 3. Mai 1874 RGB. Nr. 56: zu Leichentransporten und Exhumirungen ift jedesmal die Bewilligung der politifchen Behörde erfter Inftanz erforderlich; wenn gegen die Vornahme diefer Acte in den fpeciellen Fällen „rückfichtlich des öffentlichen Gefundheitswohles oder der Gefundheit der dabei befchäftigten Perfonen" Bedenken obwalten, fo ift die angefuchte Bewilligung nicht zu ertheilen. Jede ertheilte Bewilligung ift an die Bedingung der Beobachtung der genau anzugebenden fanitätspolizeilichen Vorkehrungen zu knüpfen, deren Durchführung durch ein Sanitätsorgan zu überwachen ift. Für die Verfargung und Verpackung der Leichen enthält die Min.-Vdg. die detaillirten Vorfchriften (§. 4). Für jede zu transportirende Leiche wird ein behördlicher Paß (Leichenpaß) ausgefertigt; ohne folchen darf keine Leiche außerhalb des Sterbeortes transportirt werden.

nicht zu Markte gebracht werden; von Schwämmen dürfen nur die mit dem Regierungs-Circular vom 17. Juli 1838 erlaubten zum Verkaufe kommen; Getreide darf nicht mit Mutterkorn, Hafer nicht mit Ohm gemengt sein. Die behördliche Fleischbeschau (geregelt durch Landesgesetze und Verordnungen) soll dem Verkaufe und Genusse von gesundheitsschädlichem Fleisch vorbeugen.[505]

All und jedes Trinkwasser, insbesondere das Brunnenwasser, steht unter dem Schutz des Strafgesetzes (§. 398); jede gesundheitsschädliche Verunreinigung desselben wird gestraft. Die Brunnen dürfen nicht zu nahe den Senkgruben sich befinden (Bauordnungen). In Großstädten muß für Wasserleitungen gesorgt werden, die gesundes Trinkwasser liefern.

Hier, wie überhaupt auf dem Gebiete der Gesundheitspolizei kann die Autonomie der Gemeinde nicht bis zur Vernachlässigung sanitärer Vorkehrungen und Maaßregeln sich ausdehnen: die Regierung hat das Recht, die Vornahme der nöthigen sanitären Anlagen zu verlangen und nöthigenfalls auf Kosten der Gemeinde durchzuführen. Gebrauchsgegenstände, wie z. B. Trinkgefäße, Geschirre, dürfen nicht mit gesundheitsschädlichen Ingredienzien versetzt sein. Da sowohl die Art und Beschaffenheit jener Gebrauchsgegenstände, wie die Form der Versetzung (Vermengung, Bemalung u. dgl.) eine vielfache sein kann: so läßt sich diese Seite der Gesundheitspolizei weder in ein Verbot zusammenfassen, noch auch bei der nie stille stehenden Entwickelung der Industrie durch eine Reihe von Bestimmungen erschöpfen. Vielmehr haben die Sanitätsbehörden die Aufgabe, unabläßig die Entwickelung der Industrie zu verfolgen, ihre Erzeugnisse genau zu prüfen und jede sanitätswidrige Manipulation, sowie all und jede gesundheitsschädlichen Artikel, die zu menschlichem Gebrauche bestimmt sind, zu verbieten. Es gehören hieher die Verbote des unverzinnten Kupfergeschirrs; der mit arsenik- oder anderen gifthältigen Stoffen gefärbten Textilwaaren, Tapeten, Papiere, Spielzeuge u. s. w. Endlich ist es Sache der Sanitätsbehörden, in erster Reihe des obersten Sanitätsrathes, die massenhaften, immerfort neuen in den Verkehr gesetzten Geheimmittel zu prüfen und die schädlichen zu verbieten.[506]

---

[505] Für Niederösterreich ist die amtliche Fleischbeschau geregelt durch die Kundmachung der niederösterreichischen Statthalterei vom 20. Juni 1870 Z. 8315, welche die in dieser Beziehung mustergiltigen Bestimmungen enthält (s. Obentraut S. 128).

[506] Die älteren bis 1880 erflossenen, auf die gehörige Beschaffenheit der Lebensmittel und auf die Beseitigung aller gesundheitsschädlichen Kaufs- und Verbrauchsgegenstände bezüglichen Vorschriften sind abgedruckt bei Obentraut: Sanitätsgesetze, Wien, Manz 1881. In kürzerem Auszuge bei Mayrhofer II 380 fl. Im österreichischen Reichsrathe wurden wiederholt und auch neuestens (November 1890) Anträge wegen Errichtung eines Reichsgesundheitsamtes und Regelung des Geheimmittelverkaufes gestellt. Die gesetzgeberische Erledigung dieser Angelegenheit ist bevorstehend. Geheimmittel könnten um so leichter auf Grund der bereits bestehenden Gesetze verboten werden, als das Anpreisen und Verkaufen derselben nichts anderes ist als Curpfuscherei, die vermittelst der Zeitungsinserate und der Apotheken (oder auch verschiedener Handelsgewerbe) geübt wird. Die Staatsverwaltung beobachtet aber auf diesem Gebiete bisher eine sehr milde Praxis und

Organisation der Sanitätsbehörden.

§. 213. Die obigen Ausführungen geben wohl einen Begriff von dem großen Umfang der Aufgaben der Sanitätsverwaltung. Dieselbe war seit dem Jahre 1850 zumeist den politischen Behörden unter Mithilfe von Bezirksärzten (bei den Bezirkshauptmannschaften), von Kreis-Medicinalräthen (bei den Kreispräsidien) überlassen. Den Statthaltern waren ständige Medicinal-Commissionen beigegeben; endlich bestand eine solche auch beim Ministerium des Innern, sowie ein eigener Sanitätsreferent (Min. Vbg. v. 10. October 1850 Nr. 376).

Die gegenwärtige mit Gesetz vom 30. April 1870 ins Leben gerufene Organisation des Sanitätsdienstes stellt an die Spitze desselben den beim Ministerium des Innern functionirenden obersten Sanitätsrath mit einem Arzt als Referent für alle Sanitätsangelegenheiten. Dieser oberste Sanitätsrath ist das berathende und begutachtende Organ für die Sanitätsangelegenheiten der im Reichsrathe vertretenen Länder. Derselbe ist insbesondere bei allen Gegenständen, welche das Sanitätswesen im allgemeinen betreffen oder sonst von besonderer sanitärer Wichtigkeit sind, zu vernehmen; er ist verpflichtet, das gesammelte statistische Material zu prüfen und daraus einen zur Veröffentlichung gelangenden Jahresbericht zusammen zu stellen und über Aufforderung oder aus eigener Initiative Anträge auf Verbesserung sanitärer Verhältnisse zu stellen. Auch hat derselbe bei Besetzung von Stellen des öffentlichen Sanitätsdienstes sein Gutachten abzugeben.

Die Sitzungsprotokolle sind in der ämtlichen Zeitung zu publiciren, insoferne nicht öffentliche, dienstliche oder Privatrücksichten dadurch verletzt werden (§. 16).

Als Landessanitätsbehörde ist am Sitze jeder politischen Landesbehörde (Statthaltereien, Landesregierungen) und derselben untergeordnet ein Landessanitätsrath eingesetzt mit einem Landessanitätsreferenten und dem nöthigen Hilfspersonale.

Der Landessanitätsrath ist das berathende und begutachtende Organ für die dem Landeschef obliegenden Sanitätsangelegenheiten des Landes; er ist insbesondere bei allen Gegenständen, welche das Sanitätswesen des Landes im allgemeinen betreffen oder — wenn gleich specieller oder localer Natur — doch von besonderer sanitärer Wichtigkeit sind, dann bei Besetzung von Stellen des öffentlichen Sanitätsdienstes im Lande zu vernehmen; er ist verpflichtet, das gesammelte statistische Materiale zu prüfen, dasselbe alljährlich in einem Landessanitätsberichte zusammenzufassen und über Aufforderung oder aus eigener Initiative Anträge auf Verbesserung der sanitären Verhältnisse und auf die Durchführung der bezüglichen Maaßnahmen zu stellen.

Die Sitzungsprotokolle desselben sind ebenfalls (in der ämtlichen Zeitung) zu publiciren, wenn keine besonderen Rücksichten entgegenstehen.

gestattet den Verkauf aller unschuldigen Geheimmittel — wiewohl ein solcher Verkauf sich zumeist als Ausbeutung der Unwissenheit darstellt. Nur solche Geheimmittel, die sich als direct schädlich erweisen, werden von Zeit zu Zeit verboten und vom Handel ausgeschlossen.

Als unterste Sanitätsorgane functioniren bei den Bezirkshauptmann=
schaften und denselben untergeordnet die Bezirksärzte und in Städten mit
eigenen Statuten die Stadtphysici.

Der Bezirksarzt wird durch den Bezirkshauptmann verwendet zur
Führung der Aufsicht über die sanitätspolizeiliche Wirksamkeit der Ge=
meinden, über das Sanitätspersonale seines Bezirkes und die allseitige
Beobachtung aller sanitätspolizeilichen Vorschriften; er hat bei der unmittel=
baren Besorgung des Sanitätswesens durch die Bezirkshauptmannschaften
mitzuwirken, und zwar bei der Leitung des Sanitätswesens des Bezirkes
überhaupt, insbesondere aber bei Epidemieen und in Ermangelung eines
Thierarztes auch bei Epizootieen Vorschläge zu erstatten, bei Gefahr am
Verzuge jedoch unmittelbar unter eigener Verantwortlichkeit einzuschreiten;
von dem allgemeinen Gesundheitszustande der Menschen und nutzbaren
Hausthiere des Bezirkes, sowie von den nachtheilig darauf wirkenden Ein=
flüssen, namentlich von den verschiedenen in Beziehung auf Krankheiten und
deren Heilung schädlichen Vorurtheilen sich Kenntniß zu verschaffen und
Vorschläge zur Abhilfe zu machen; endlich periodisch einen aus den bezüg=
lichen Berichten und eigenen Wahrnehmungen geschöpften, wissenschaftlich
gehaltenen Hauptbericht über alles, was in sanitätspolizeilicher Beziehung
in seinem Bezirke bemerkenswerth erscheint, vorzulegen. Er hat seinen Bezirk
periodisch und außerdem, so oft dieß erforderlich ist, von Fall zu Fall zu bereisen.

Was endlich die Gemeinden anbelangt, so theilt ihnen das Gesetz
vom Jahre 1870 einen doppelten sanitätspolizeilichen Wirkungskreis zu,
einen eigenen und einen übertragenen.

Der selbständige Wirkungskreis umfaßt insbesondere: a) Die Hand=
habung der sanitätspolizeilichen Vorschriften in Bezug auf Reinhaltung der
Luft, des Bodens und des Wassers; b) die Fürsorge bei Erkrankungen sowie
bei plötzlichen Lebensgefahren; c) die Evidenthaltung der nicht in öffent=
lichen Anstalten untergebrachten Findlinge, Taubstummen, Irren und Kretins,
sowie die Ueberwachung der Pflege dieser Personen; d) die Errichtung,
Instandhaltung und Ueberwachung der Leichenkammern und Begräbniß=
plätze; e) die sanitätspolizeiliche Ueberwachung der Viehmärkte und Vieh=
triebe; f) die Errichtung und Instandhaltung der Aasplätze.

Im übertragenen Wirkungskreise obliegt der Gemeinde: a) Die
Durchführung der örtlichen Vorkehrungen zur Verhütung ansteckender Krank=
heiten und ihrer Weiterverbreitung; b) die Handhabung der sanitätspolizei=
lichen Verordnungen und Vorschriften über Begräbnisse; c) die Todten=
beschau; d) die Mitwirkung bei allen von der politischen Behörde im Ge=
meindegebiete vorzunehmenden sanitätspolizeilichen Augenscheinen und Com=
missionen, insbesondere bei der öffentlichen Impfung; e) die unmittelbare
sanitätspolizeiliche Ueberwachung der in der Gemeinde befindlichen privaten
Heil= und Gebäranstalten; f) die periodische Erstattung von Sanitäts=
berichten an die politische Behörde.

Der Gesetzgebung bleibt vorbehalten, noch andere Gegenstände des
Sanitätswesens zu bestimmen, welche die Gemeinden im übertragenen Wir=
kungskreise zu besorgen haben (§§. 3—5).

X. Buch.

Armenrecht.

§. 214. Oeffentliche Armenverforgung war nie Gegenstand unmittelbarer Staatsthätigkeit; sie war von jeher Sache religiöser Gemeinschaften und der Kirche.[507]
Seit dem 15. Jahrhundert finden wir in deutschen Städten auch communale
Armenpflege, so z. B. in Frankfurt a. M. schon 1437; diese städtische Armenpflege erstreckte sich meist nur auf verarmte Bürger. Als die Reformation
die Aufhebung der Klöster mit sich brachte, mußte die Pflicht zur Armenpflege auf die Gemeinden übergehen. Folge davon war schon damals eine
Beschränkung der Freizügigkeit und Erschwerungen sowohl des Niederlassungs-
rechtes wie auch der Ehefreiheit, weil die Gemeinden sich vorsorglich vor
möglichen künftigen Lasten der Armenpflege zu schützen suchten. Diese Vorsichtsmaßregeln der Gemeinden förderten aber nur die Vagabondage, das
Landstreicherthum der Heimatlosen und uneheliche Geburten, was alles so
sehr im 17. und 18. Jahrhunderte überhand nahm, daß die Regierungen
einerseits zu strengen Repressivmaßregeln (Bettelverbote u. s. w.) ihre Zuflucht nehmen mußten, andererseits aber die Gemeinden immer strenger zur
Erfüllung ihrer Pflicht der Versorgung ihrer Armen anhielten.[508] Unter
solchen Umständen war es natürlich, daß man in der zweiten Hälfte des
vorigen Jahrhunderts auch den Ursachen der Armuth nachspürte und dieselben unter anderem auch in dem Arbeitsmangel erblickte, und daher
auf den Gedanken verfiel, daß es die Pflicht des Staates sei, den Armen
Arbeit zu verschaffen.[509] Eine solche Pflicht kann vom Staate allerdings

---

[507] Doch kommen schon sehr früh Beispiele vor, daß der Staat die Kirche
an ihre Pflicht, die Armen zu unterstützen mahnt. So z. B. erläßt Karl der Große
an Kirchen und Klöster den Befehl, den Zehnten zu Zwecken der Armenpflege zu
verwenden und auf Beneficialgütern Armenanstalten zu gründen. Aehnliche Befehle
erließ Karl der Große übrigens auch an die Grundherren.

[508] Den erschrecklich um sich greifenden Pauperismus in Frankreich in der
zweiten Hälfte des 18. Jahrhunderts schildert sehr anschaulich Taine (Origines
de la Revolution B. I), indem er denselben als die wichtigste Ursache der französischen Revolution hinstellt.

[509] Turgot scheint der erste gewesen zu sein, der das Recht zu arbeiten
(le droit de travailler) als ein unveräußerliches Recht jedes Menschen erklärte —,
daraus entstand dann das hie und da von extremen Parteien, namentlich in
Frankreich, geforderte „Recht auf Arbeit“ (droit au travail). Ein solches Recht
wurde allerdings nie direct vom Gesetzgeber anerkannt; doch haben, sowohl ein

nicht anerkannt werden, doch ist der Gedanke, den durch Arbeitsmangel Hilfsbedürftigen nach Möglichkeit Arbeit zu verschaffen, wie wir das sehen werden, in die neueren Armen- und Arbeiter-Gesetze vielfach eingeflossen.

Die Pfarrarmeninstitute.

§. 215. Zufolge staatlicher Anregungen und Anordnungen entstanden schon im 18. Jahrhundert auch in Oesterreich in einzelnen Gemeinden Armenhäuser (Grundspitäler und Bürgerspitäler) und Versorgungshäuser (Siechenasyle). Seit der zweiten Hälfte des 18. Jahrhunderts begann der Staat es als seine Aufgabe anzusehen, die Gemeinden zur Armenversorgung systematisch anzueifern und anzuhalten, endlich ihre diesbezügliche Thätigkeit zu beaufsichtigen und zu controliren. Im Jahre 1754 bestimmen kaiserliche Resolutionen (v. 16. März), daß die Gemeinden verpflichtet seien, für ihre verarmten Mitglieder Sorge zu tragen.[510]

Mit Hofdecret vom 9. November 1782 wurde zuerst in Böhmen ein Armeninstitut eingeführt (Graf Buquoi), welches mit Hof-Entschließung vom 2. Juni 1783 zur allgemeinen Nachahmung empfohlen wurde; dasselbe bezweckte unter Beseitigung des Bettelns und Handalmosens[511]) eine geregelte Armenunterstützung. Die Ausbreitung und Förderung desselben

Decret der Assemblée constituante vom 16. December 1790, wie auch das preußische Landrecht (1791) den Schein der Existenz eines solchen Rechtes geweckt. Jenes Decret enthielt den Passus: „Le travail est le seul secours qu'un gouvernement sage puisse offrir à ceux que leur âge ou leurs infirmités n'empèchent pas de s'y livrer." In demselben Geiste bestimmte das preußische Landrecht (Theil II, Titel 19, §. 1. u. 2). „Dem Staate kommt es zu, für die Ernährung derjenigen Bürger zu sorgen, die sich ihren Unterhalt nicht selbst verschaffen können; denjenigen, denen es an Arbeit mangelt, solche zuzuweisen." Daraufhin glaubte sogar Fürst Bismarck von einem durch die preußische Gesetzgebung anerkannten „Recht auf Arbeit" sprechen zu dürfen, was unrichtig ist. Ein solches Recht ist weder je von einem Gesetzgeber anerkannt worden und könnte es auch nicht sein, weil kein Staat die Möglichkeit hätte, die diesem Rechte correspondirende Verpflichtung auf sich zu nehmen. Nur vorübergehend in Revolutionszeiten sind solche Versuche mit der Verwirklichung des „Rechts auf Arbeit" gemacht worden (Frankreich 1848, Nationalwerkstätten), aber jedesmal mit schlimmstem Erfolg. Vergl. auch Münsterberg, Art. Armenverwaltung bei Stengel Verwaltungslexicon I 85; meine Verwaltungslehre §§. 187—189.

[510] Exterde: Ueber d. Heimatsrecht in Z. f. B. I. Nr. 1. Inama-Sternegg: Oeffentliche und Privatpflege daselbst 1886 Nr. 39.

[511] Die Repressivmaaßregeln gegen unbefugten Bettel und Vagabondage sind immer Sache des Staates. Im äußersten Falle, wenn polizeiliche Strafen erfolglos sind und der öffentlichen Sicherheit Gefahr droht, greift der Staat zur Errichtung von Zwangsarbeits- und Besserungsanstalten. In Oesterreich wurde die Errichtung derselben mit Ges. v. 24. Mai 1885 RGB. Nr. 90 vorgesehen. Die Vorsorge und Regelung der Verhältnisse solcher Anstalten ist den Ländern überlassen. Die Aufnahme in solche Anstalten findet jedoch ohne Rücksicht auf die Landesangehörigkeit statt; wenn auch jedes Land die Kosten des Unterhaltes seiner Angehörigen in Anstalten anderer Länder trägt. Das Gesetz vom gleichen Datum RGB. Nr. 89 bestimmt, wer als Landstreicher zu bestrafen, eventuell in einer Zwangsarbeitsanstalt anzuhalten ist. Vergl. auch die Min.-Ver. v. 26. Juli 1885 behufs Durchführung der Bestimmungen des ersten der obigen Gesetze.

empfehlen eine Anzahl Verordnungen.[512]) Diese Armeninstitute waren auf den Pfarrsprengeln aufgebaut; Pfarrer waren Vorsteher derselben; neben den Pfarrern gab es gewählte Armenväter; die Gemeindevertretung wirkten mit. Die Fonds der Armeninstitute wurden gebildet aus freiwilligen Gaben, die durch Sammlungen von Haus zu Haus, auch in Kirchen mit dem Klingelbeutel aufgebracht wurden; auch wurden denselben gewisse Erbschafts=gebühren, Strafgelder u. s. w. zugewiesen. Die Betheilung erfolgt auf Grundlage der protokollarisch aufgenommenen Armenbeschreibung; neben zeitlicher Aushilfe gab es bleibende Unterstützungen (Pfründen).

Die Gemeindearmenpflege.

§. 216.   Das Gemeindegesetz vom 17. März 1849 bestimmte, daß jeder Ge=meindeangehörige und jeder Gemeindebürger nach Maaßgabe der nach=gewiesenen Bedürftigkeit auf Versorgung in seiner Gemeinde Anspruch habe (§. 22); Personen, deren Zuständigkeit nicht erweislich wäre, sollten der=jenigen Gemeinde zur Last fallen, in der sie sich zuletzt aufgehalten haben (§. 18.) Die Handhabung der Armenpolizei, namentlich die Hintanhaltung des Bettelns und die Ausweisung fremder Bettler, wurde als Aufgabe der Gemeindevorstände erklärt.

Das Reichsgemeindegesetz vom 5. März 1862 zählt zu den Agenden, die in den selbständigen Wirkungskreis der Gemeinden gehören (Art. V, 8), „das Armenwesen und die Sorge für die Gemeindewohlthätigkeitsanstalten" auf. Im Sinne dieser Bestimmung widmet das Reichsgesetz vom 3. De=cember 1863 über die Heimatsverhältnisse (Heimatsgesetz) den IV. Abschnitt der „der Gemeinde obliegenden Armenversorgung" (§§. 22—31). In Ausführung der in obigen zwei Reichsgesetzen enthaltenen grundsätzlichen Bestimmungen haben die in den Jahren 1863—1866 zu Stande ge=kommenen Landes=Gemeindeordnungen das Armenwesen in den einzelnen Ländern geregelt. Uebereinstimmend wird in diesen Gemeindeordnungen die Armenversorgung der „besonderen Aufmerksamkeit" des Gemeindeaus=schusses empfohlen. Derselbe hat, „wenn die Mittel der bestehenden Wohl=thätigkeits= und Armenanstalten und Fonde hiezu nicht ausreichen, den er=forderlichen Bedeckungsbetrag zu beschaffen und kann die Art der Ver=wendung desselben bestimmen" (§.38 der böhm. u. dalm., §.36 der niederösterr. Gem.=Ordn.; in anderen Gem.=Ordn. ist es §. 35, 36, 33 oder 32). Die unmittelbare „Besorgung" des Armenwesens „nach den bestehenden Ein=richtungen" wird in allen diesen Landes=Gemeindeordnungen dem Gemeinde=vorsteher zugewiesen. — Die Heimatsgemeinde kann zur Erfüllung ihrer Armenunterstützungspflicht im Verwaltungswege verhalten werden. In solchem Falle bestimmen auch die politischen Behörden die Art und Weise und die Höhe der zu gewährenden Armenunterstützung.[513])

---

[512]) Es sind das die Verordnungen vom 1/2. 1784, Hfd. 10/5. 1784, 18/5. 1785, 18/11. 1786, 26/6. 1787 und 19/5. 1788.

[513]) Alter: Judicaturbuch Nr. 627 und 628.

Eine Folge dieser Ueberweisung der Armenversorgung und -Pflege an die Gemeinden war die Aufhebung der Pfarrarmeninstitute. Dieselbe wurde im Wege der Landesgesetzgebung in den Jahren 1868—1877 vollzogen. Das Vermögen der Pfarrarmeninstitute wurde den Ortsgemeinden zur Verwaltung übergeben; doch muß diese Verwaltung abgesondert von derjenigen des übrigen Gemeindevermögens geführt werden, was auch in der abgesonderten Verrechnung desselben seinen Ausdruck zu finden hat. Alle früher den Pfarrarmeninstituten gesetzlich gebührenden Zuflüsse fließen jetzt in die Gemeindearmenfonde. Nur die im Gotteshause einer gesetzlich anerkannten Kirche oder Religionsgenossenschaft gesammelten oder sonst in Empfang genommenen Almosen bleiben den Organen dieser Kirche oder Religionsgenossenschaft zur Verwendung überlassen.

Armenversorgung.

§. 217. Da jeder Staatsgenosse irgend einer Gemeinde im Staate angehören muß,[514] und jede Gemeinde verpflichtet ist ihre mittellosen Angehörigen zu unterstützen,[515] so hat in Oesterreich jeder inländische Arme gesetzlichen Anspruch auf Unterstützung seitens seiner Heimatsgemeinde.

Da jedoch die Armen und Hilfsbedürftigen nicht immer ihren Aufenthaltsort in ihrer Heimatsgemeinde haben und der Staat eine allgemeine Pflicht der Menschlichkeit anerkennt, Mittellosen zu Hilfe zu kommen: so werden die Gemeinden, in denen sich mittellose Angehörige anderer Gemeinden aufhalten, verpflichtet, dieselben in Fällen dringender Noth, unter Regreß an die betreffenden Heimatsgemeinden, zu unterstützen.[516]

Handelt es sich um arme Kranke, so ist die auswärtige Gemeinde verpflichtet, dieselben „so lange zu verpflegen, bis sie ohne Nachtheil für ihre oder Anderer Gesundheit aus der Verpflegung entlassen werden können" (§. 29). Behufs Sicherstellung des Ersatzanspruches an die Heimatsgemeinde ist derselben jedoch in diesem Falle „unverzügliche Anzeige zu machen" (§. 30). Aus allen obigen Verpflichtungen der Gemeinden, ihre Armen zu versorgen, erwächst jedoch für diese letzteren kein derartiger Anspruch, daß sie denselben im Rechtswege gegen die Gemeinde geltend machen könnten. „Derlei Ansprüche an die Gemeinde, in welcher der Arme das Heimats-

---

[514] „Jeder Staatsbürger soll in einer Gemeinde heimatberechtigt sein." §. 2 des Reichs-Gemeindegesetzes v. 5. März 1862 und des Heimatsgesetzes v. 3. December 1863 RGB. Nr. 105.

[515] „Soweit die Armenversorgung in der Gemeinde die Pflichten und Mittel dieser Anstalten (b. i. der Armen- und Wohlthätigkeitsanstalten) und Stiftungen übersteigt, ist es Aufgabe der Gemeinde, ihre Heimatsberechtigten im Verarmungsfalle zu unterstützen. Der Landesgesetzgebung bleibt es unbenommen, Einrichtungen zu treffen, wodurch den Gemeinden die ihnen gesetzlich obliegende Verpflichtung erleichtert wird." §. 22 ob. Gesetzes.

[516] „Die Gemeinde darf auch auswärtigen Armen im Falle augenblicklichen Bedürfnisses die nöthige Unterstützung nicht versagen, vorbehaltlich des Ersatzes, den sie nach ihrer Wahl von der Heimatsgemeinde oder von den nach Civilrechte, oder nach anderen Gesetzen hiezu Verpflichteten verlangen kann." (§. 28.)

recht unbestritten besitzt, sind in dem durch die Gemeindeordnung festgesetzten Beschwerdezuge auszutragen" (§. 44). Es kann also ein solcher Anspruch nur im ordentlichen Instanzenzuge der politischen Behörden geltend gemacht werden und könnte schließlich vor dem Verwaltungsgerichtshofe zum Austrage kommen.

In Ansehung der Pflicht der Armenversorgung sind den Gemeinden die ausgeschiedenen Gutsgebiete gleichgestellt; sie haben für ihre Armen so zu sorgen, als ob sie selbständige Gemeinden wären (§. 47).

Da der Staat die Last der Armenversorgung auf die Selbstverwaltungskörper (Gemeinden, Bezirke und Länder) abwälzt und die Bestimmungen über Art und Weise, wie diese zu geschehen hat, der Landesgesetzgebung überläßt, so enthält er sich auch jeder weiteren gesetzgeberischen Ingerenz auf die meritorische Regelung dieser Angelegenheit. Daher herrscht auf diesem Gebiete große Mannigfaltigkeit in den einzelnen Ländern wie auch in den einzelnen größeren Städten, und ist auch ein bedeutender Theil der bezüglichen Praxis gewohnheitsrechtlich erwachsen und ausgebildet.[517]

Diese Mannigfaltigkeit rührt auch daher, weil die bestehende Armenversorgung überall an überkommene und erhaltene territorial und local sehr verschiedengeartete Wohlthätigkeitsanstalten und auch an verschiedene Versorgungssysteme anknüpfte.[518] So ist z. B. in den Landgemeinden der österreichischen Alpenländer das Einlegesystem von jeher herrschend, wonach mittellose, arbeitsunfähige Personen der Reihe nach einzelnen Gemeindegenossen in Kost und Verpflegung gegeben werden. Dieses System wurde von einigen Landesgesetzgebungen, wie z. B. in Steiermark und Salzburg acceptirt und codificatorisch ausgebildet, während es in anderen Ländern, wie z. B. Böhmen, Galizien ganz unbekannt ist. Im allgemeinen jedoch stimmen die auf Grundlage des gleichen Reichs-Gemeindegesetzes von 1862 und des Heimatsgesetzes vom 3. December 1863, ferner die in den Hauptzügen gleichartigen Landes-Gemeindegesetze aus den 60er Jahren erlassenen Landesarmengesetze[519] in den wichtigsten und wesentlichsten Punkten überein.

---

[517] Die neueste und verhältnißmäßig vollständigste Darstellung der in den österreichischen Städten geübten Armenpflege liefert Ernst Mischler: Die Armenpflege in den österreichischen Städten und ihre Reform. Wien 1890 (S. A. aus der statistischen Monatschrift.

[518] Die Armenpflege ist entweder eine geschlossene oder offene. Erstere wird geübt in Anstalten (Armenhäuser, Versorgungshäuser, Siechenhäuser, Asyle u. s. w.), letztere durch Verabreichung von Unterstützungen in Geld oder Naturalien (Holz, Kohle, Speisen, Kleidung). Doch giebt es auch manche Zwischenformen, wie z. B. von bestehenden Anstalten ertheilte Geldpfründen an „Externisten" oder umgekehrt wieder Gewährung von Obdach (Quartier) ohne Kost und ohne Geldunterstützung. In größeren Städten findet man häufig alle diese Formen der Unterstützung neben einander. Neben diesen drei materiell verschiedenen Arten der Armenpflege wird dieselbe formell auch darnach unterschieden, ob sie eine confessionelle (kirchliche), eine communale oder eine Vereinsarmenpflege ist. Und auch in dieser Beziehung finden wir in Städten alle drei Formen neben einander und obendrein auch noch eine staatliche (von den politischen Behörden dargereichte Unterstützungen).

[519] Die Armenversorgungen regeln folgende Landesgesetze: Niederösterreich

Was zuvörderst die Unterstützungspflicht anbelangt, so trifft dieselbe je nachdem der Hilfsbedürftige in der Gemeinde zuständig, daselbst fremd doch einer anderen Gemeinde des Landes oder des Staates zugehörig oder endlich ein Ausländer ist: entweder die Gemeinde selbst oder die entfernte Heimatsgemeinde, oder endlich das Land, beziehungsweise den Staat.

Doch muß zwischen der Pflicht der Darreichung einer vorüber= gehenden Hilfe und dauernden Unterstützung mit Bezug auf diese Zu= ständigkeitsverhältnisse unterschieden werden: zu ersterer ist jede Gemeinde „im Falle augenblicklichen Bedürfnisses" auch „auswärtigen Armen" gegen= über verpflichtet, allerdings gegen späteren Ersatz seitens der verpflichteten Gemeinde.[520]) Dagegen ist zu dauernder Unterstützung jede Heimatsgemeinde nur ihren Heimatsangehörigen gegenüber verpflichtet.[521]) Gilt aber diese dauernde Unterstützung solchen Armen, welche mit „ansteckenden, ekelhaften oder unheilbaren Krankheiten behaftet sind und deren Unterbringung im Orte unthunlich oder geradezu sanitätswidrig wäre, ferner Wahnsinnigen und Blödsinnigen, die gemeingefährlich sind": so sind die Gemeinden ver= pflichtet, dieselben in die entsprechenden Landessanitätsanstalten (Siechen= häuser, Irrenanstalten) abzugeben und für deren Verpflegung in denselben aufzukommen.[522])

Abgesehen von den durch die Zuständigkeitsverhältnisse bedingten Ver= schiedenheiten der Unterstützungspflicht werden solche auch durch die Um= stände bedingt, ob die Armuth eine „gänzliche oder theilweise", eine „dauernde oder vorübergehende", ob die Armen Kinder, Erwachsene oder Greise, ob sie krank oder gesund, ob sie arbeitsfähig, arbeitsunfähig[523]) oder arbeitsscheu, ob sie alleinstehend, Vater oder Mutter unversorgter Kinder, oder endlich Angehörige wohlhabender Verwandten sind. Diese verschiedenen Umstände modificiren entsprechend die Unterstützungspflicht der Gemeinden, indem sie theils das höchste gesetzliche Maaß der dauernden Armenversorgung herabmindern, oder dasselbe nur auf kurze Zeit beschränken, oder die Art und Weise derselben bestimmen. Arbeitsfähige Personen haben keinen An= spruch auf Armenunterstützung; denselben darf höchstens in Fällen der Noth und Mittellosigkeit (wegen Arbeitsmangels) eine momentane unentbehrliche Hilfe geleistet werden (§. 14 Steiermark).

Das erwähnte höchste gesetzliche Maaß der dauernden Armenver= sorgung ist nämlich überall die Darreichung des „nothwendigen Unterhalts", welchen Begriff das Landesgesetz für Steiermark z. B. als die „Verabreichung der zur Erhaltung des Lebens unentbehrlichen Nahrung, Kleidung, Wohnung und im Falle der Erkrankung ärztlicher Hilfe, Heilmittel und Pflege" er=

21/2. 1870, Oberösterreich 20/12. 1869, Salzburg 30/12. 1874, Kärnten 12/2. 1870, Schlesien 10/10. 1869, Böhmen 3/12. 1868, Steiermark 12/3. 1873, Vorarlberg 30/6. 1875, Dalmatien 26/2. 1876.

[520]) §§. 18—20 Steiermark, §§. 51 u. 52 Salzburg, §. 6 Böhmen.

[521]) §. 1 Steiermark, §. 3 Böhmen.

[522]) §. 15 Steiermark, §. 12 Böhmen.

[523]) Die Erwerbsfähigkeit beginnt in der Regel mit dem vollendeten 14. und endigt mit dem vollendeten 65. Lebensjahre (§. 6 Salzburg).

38*

klärt. Auf dieses höchste Maaß der Versorgung hat nur der arbeitsunfähige (erwerbsunfähige) Arme Anspruch.[524]) Der arbeitsfähige Arme kann nur eine vorübergehende Hilfe bis zur Erlangung einer entgeltlichen Arbeit, eines Dienstes oder einer sonst ihm den Unterhalt sichernden Beschäftigung beanspruchen. Ist aber der arbeitsfähige Arme arbeitsscheu und seine Armuth nur die Folge seiner Arbeitsunlust; dann ist die Armenbehörde berechtigt, denselben in ein Zwangsarbeitshaus abzugeben — wo solche Anstalten bestehen. In der Regel können Gemeinden solche Anstalten nicht erhalten und kommen dieselben nur als Landesanstalten vor: in solchen Fällen ist das Land verpflichtet, den Gemeinden durch Aufnahme der hiezu sich eignenden arbeitsscheuen Personen in dieselben unter die Arme zu greifen.

Handelt es sich aber um einen kranken Armen, dem die dauernde Armenversorgung nicht gebührt, so hat die zeitweise (vorübergehende) Unterstützung sich auch auf „Wartung und Pflege" (nöthigenfalls in öffentlichen Anstalten oder bei Privaten) zu erstrecken.[525])

Die Art und Weise der Unterstützung bestimmt innerhalb der bestehenden Gesetze die Gemeinde. Der Arme kann eine bestimmte Art und Weise derselben nicht verlangen. Als Regel stellen die Landesgesetze die Naturalversorgung auf („. . die Verabreichung derjenigen Gegenstände, welche den Armen unmittelbar zur Befriedigung seiner Bedürfnisse dienen", §. 10 Steiermark). In einigen Alpenländern kann die gesetzliche Armenpflege auf die Weise geübt werden, daß die Armen in bestimmter Reihenfolge „an die einen selbständigen Haushalt führenden Einwohner übertragen" wird (Einlegesystem). In diesem Falle sind die Gemeindeinsassen, welche die Reihe der Verköstigung eines Armen (des Einlegers) trifft, demselben „eine entsprechende Kost und ein gegen die Unbilden der Witterung geschütztes Lager zu geben schuldig" (§. 13 Steiermark, §. 42 Salzburg). Doch darf diese Art der Armenpflege auf Kinder bis zur vollendeten Schulpflicht gar nicht, bei erwachsenen nur dann angewendet werden, wenn dieselben körperlich hiefür geeignet sind, d. h. nicht mit ansteckenden oder ekelerregenden Krankheiten behaftet oder sonst gemeingefährlich sind. Von der Pflicht der Aufnahme eines Einlegers kann sich der betreffende Gemeindeinsasse durch Entrichtung der dießfalls voraus bestimmten Verpflegsgebühr befreien. Dagegen sind Einleger verpflichtet, ihren Pflegern „leichtere, ihren Kräften angemessene Arbeiten zu leisten". Zu solchen Arbeiten sind übrigens alle diejenigen den Organen der Armenpflege gegenüber verpflichtet, welche auf andere Weise öffentliche Armenpflege genießen.[526])

Alle Armengesetze verpflichten die Gemeinden nur zur Unterstützung

---

[524]) Das Salzburger Armengesetz bestimmt als Maaß der ganzen Versorgung: Wohnung sammt Bett und Beheizung; Leibesbekleidung und Wäsche; Naturalkost oder Geldbetheilung; im Erkrankungsfalle Verpflegung, ärztliche Hilfe und Beistellung der Heilmittel (§. 27). Die Armenversorgung der Kinder begreift in sich auch ihre Erziehung („daß sie erzogen und erwerbsfähig gemacht werden", §. 11 Böhmen, §. 26 Salzburg).

[525]) §. 15 Steiermark.

[526]) §. 4 Steiermark, §. 38 Salzburg.

lcher Armen, zu deren Unterstützung nicht dritte Personen (physische oder
riftische) verpflichtet sind.[527]) Hat eine Gemeinde solchen Armen eine Unter=
itzung gewährt, so hat sie das Recht, von dieser dritten Person den Ersatz
forbern. Nur darf da, wo augenblickliche Hilfe nöthig ist, dieselbe
ter Verweisung an dritte Verpflichtete nicht abgelehnt werden.[528])

Aber auch zwischen die verschiedenen Selbstverwaltungskörper (Ge=
:inde, Bezirk, Concurrenzbezirk und Land) wird die Last der Armenunter=
itzung derart vertheilt, daß die die Kräfte eines untergeordneten Selbst=
rwaltungskörpers übersteigende oder aus Rechts= und Billigkeitsgründen
nselben nicht aufzubürdende Armenlast von dem nächst höheren oder von
m Lande zu tragen ist. So können die Gemeinden, die einen ausländischen
rmen unterstützten, in den Fällen, wo ein Ersatzanspruch an das Ausland
mäß bestehenden Staatsverträgen ausgeschlossen ist, ihre Ersatzforderung
: das Land stellen.[529]) Ebenso sind die Heil= und Verpflegskosten für die=
iigen in einer Gemeinde des Landes heimatberechtigten armen Personen,
!che unter den gesetzlichen Bedingungen (erwiesene Mittellosigkeit) in einem
'entlichen Gebärhause oder in einer solchen Irrenanstalt Aufnahme ge=
nben haben, nicht von der zuständigen Gemeinde, sondern von dem Lande
tragen.[530]) Wo Bezirksvertretungen bestehen, obliegt ein Theil der Armen=
terstützung, namentlich die Bestreitung der Kosten der ärztlichen und Ge=
rtshilfe und der Heilmittel für arme Kranke des Bezirkes den Bezirken.[531])
t einigen Ländern, wie z. B. in Böhmen, sind die Bezirke überhaupt ver=
lichtet, Gemeinden, „wo die Erfordernisse der Armenpflege so groß sind,
ß die Gemeinde denselben ohne Ueberspannung der Kräfte ihrer steuer=
ichtigen Mitglieder nicht zu genügen vermag, den unbedeckten Betrag des
:darfes" zu bestreiten.[532]) Und ebenso kann dort auch ein nothleidender
:zirk sich zum Zwecke der Bedeckung seines Bedarfes für Armenzwecke an
: Landesvertretung wenden.[533]) Diese Bestimmungen sind der Ausdruck
s einzig rationellen Principes, daß den Armen jedenfalls geholfen werden
ffe, gleichviel ob der verpflichtete Selbstverwaltungskörper die Mittel dazu
fitzt oder nicht, und auch der Staat zieht die Consequenz dieses Principes,

---

[527]) Die Unterstützungspflicht besteht, „insoferne und in soweit nicht dritte
rsonen, Vereine (gegenwärtig die verschiedenen Arbeiterversicherungs=Anstalten)
er Privatwohlthätigkeits=Anstalten nach dem Civilrechte oder nach anderen Ge=
!en (gegenwärtig nach Arbeiterschutzgesetzen) zur Versorgung oder Unterstützung
s Armen verhalten werden können" (§. 1 Steiermark).

[528]) §. 6 Steiermark.

[529]) §. 21 Steiermark.

[530]) §. 41 Steiermark. Diese Bestimmungen entsprechen dem §. 22 des
imatsgesetzes, welcher es den Landesgesetzgebungen anheimstellt, Einrich=
tgen zu treffen, wodurch den Gemeinden die ihnen obliegende Armenversorgung
eichtert werde.

[531]) §. 35 Steiermark.

[532]) §. 25 Böhmen, §. 36 des steirischen Armengesetzes empfiehlt den Be=
rksvertretungen durch Uebernahme gewisser Leistungen der Armenpflege auf
: Bezirkscasse die Gemeinden möglichst zu entlasten.

[533]) §. 26 Böhmen.

indem er bei außergewöhnlichen Nothständen, deren Abhilfe die Kräfte der Gemeinden und der Länder übersteigt, selber helfend eingreift.[534])

Die Armenfonde.

§. 218. Der Staat, der dem Selbstverwaltungskörper die Armenlast übertrug, mußte auch selbstverständlich dafür Sorge tragen, daß dieselben mit den entsprechenden Mitteln versehen werden. Diese Mittel fließen a) aus den Nutzungen des für Armenzwecke gewidmeten Vermögens (Stammvermögen), b) aus Schenkungen und Vermächtnissen, c) aus allerhand freiwilligen Beiträgen, endlich d) aus gesetzlichen Zuflüssen, deren Festsetzung aber vom Staate abhängt.

Wo ein Stammvermögen zu Armenzwecken besteht, da muß dasselbe intact erhalten und fruchtbringend angelegt werden. In dieser Beziehung werden die Gemeinden von den Bezirken und diese vom Landesausschusse, wo es keine Bezirke giebt, die Gemeinden unmittelbar von dem Landesausschusse beaufsichtigt. Statutengemeinden (Städte mit eigenen Statuten) stehen unmittelbar unter der Aufsicht des Landesausschusses. Aus allen den oben erwähnten Mitteln muß in jeder Gemeinde eine besondere Armenkasse (Armenfond) gebildet werden, welche unabhängig von dem übrigen Gemeindehaushalt zu verwalten ist, und über welche eine gesonderte Rechnungslegung jährlich zu erfolgen hat. Das Stammvermögen dieser Armenkasse ist dabei wieder gesondert auszuweisen. Diese Ausweise sind jährlich dem Landesausschusse, und wo Bezirksvertretungen vorhanden sind, diesen letzteren vorzulegen.[535])

Die oben unter d) erwähnten gesetzlichen Zuflüsse der Gemeindearmenfonde bestehen aus der 1°/₀-Abgabe von den in freiwilliger öffentlicher Versteigerung vorgenommenen Veräußerungen beweglicher und unbeweglicher Güter, ferner aus mannigfaltigen Strafgeldern, welche die staatlichen Gesetze den localen Armenfonden überweisen.[536]) Auch können die einzelnen Gemeinden für einzelne von den Beschlüssen der Gemeindevertretungen abhängige Bewilligungen (Verleihungen von Heimatsrechten, Ertheilung des Bürgerrechts u. dgl.) Taxen festsetzen, welche den Armenfonden zuzufließen haben. In analoger Weise wie die Gemeinden haben dort, wo Bezirksvertretungen bestehen, diese für Bildung und Erhaltung von Armenfonden zu sorgen, und über dieselben den Landesausschüssen jährliche Ausweise vorzulegen.[537])

---

[534]) Dieses geschieht nicht nur auf die Weise, daß er bei außerordentlichen Nothständen von der Gesetzgebung außerordentliche Credite und Hilfsgelder votiren läßt, sondern auch daß er aus den ihm zu solchen Zwecken (Polizeiverwaltung) zu Gebote stehenden Mitteln im Verwaltungswege die nöthige Abhilfe leistet. So hat z. B. in jüngster Zeit das Ministerium des Innern aus den ihm zur Verfügung stehenden Mitteln den nothleidenden Perlmutterarbeitern in Wien einen Betrag von 6000 fl. gespendet.

[535]) §§. 24—28 Steiermark.

[536]) §. 30 Steiermark, §. 21 Böhmen.

[537]) §§. 37 und 38 Steiermark.

Die Organe der Armenpflege.

Die Ausübung der Armenpflege erfordert ihrer Natur nach die un= §. 219. mittelbare Thätigkeit einzelner Personen, welche womöglich den Armen l o c a l am nächsten stehen und nicht von der Amtsstube aus (bureaukratisch) ihre Thätigkeit üben. Am flachen Lande, in kleinen Gemeinden kann diesem Grundsatze Rechnung getragen werden auch dann, wenn die Besorgung der Armenpflege dem Gemeindevorsteher übertragen wird, wie das alle Landesarmengesetze verfügen. Derselbe hat darnach nicht nur die offene Armenpflege selbst zu besorgen, sondern auch die etwaigen Armenanstalten zu leiten und zu beaufsichtigen, die bezüglichen Gesuche entgegenzunehmen und über dieselben zu entscheiden.[538]) Ueber seine Verfügungen ist eine Be= schwerdeführung beim Gemeindeausschusse zulässig. Letzterer ist die be= schließende Instanz, dessen Beschlüsse für den Gemeindevorsteher bindend sind.

In größeren Gemeinden jedoch und in Städten wird die unmittelbare Ausübung der Armenpflege meist an sogenannte Armenväter übertragen welche aus der Zahl der Gemeindebürger, in den einzelnen Bezirken als Ehrenbeamte bestellt werden. Als Mustereinrichtung, deren Nachahmung angestrebt wird, schwebt hier das Elberfelder System vor, bei welchem für die einzelnen Stadtbezirke je eine größere Zahl von Armenvätern bestellt wird, so daß jeder von ihnen nur mehrere dauernd unterstützte Arme zur Beaufsichtigung und zweckmäßigen Betheilung zugewiesen erhält. Es wird dadurch die möglichste Individualisirung der Art und Weise der Hilfe= leistung und daher auch deren größtmöglichste Wirksamkeit und Zweck= mäßigkeit gewährleistet. In größeren Städten haben die Armenväter an den Stadtbezirksvorständen (städtischen Beamten) ihren amtlichen Rückhalt und Stützpunkt.

Aus denselben Gründen, aus denen die unmittelbare Ausübung der Armenpflege in kleineren Gemeinden dem Gemeindevorsteher, in größeren und in Städten den Armenvätern unter eventueller Mitwirkung der Stadt= bezirksvorstände übertragen ist: kann selbstverständlich von einer unmittel= baren Ausübung der Armenpflege der höheren Selbstverwaltungskörper, wie Bezirksvertretungen und Landesausschüsse, nicht die Rede sein, da solchen Behörden jeder unmittelbare Contact mit den Hilfsbedürftigen ihrer weiten Amtsgebiete fehlt und sie nicht in der Lage sind, die individuellen Verhält= nisse derselben aus eigener Anschauung zu kennen. Die Thätigkeit dieser Behörden auf dem Gebiete der Armenpflege ist daher nur eine theils normirende, theils überwachende und beaufsichtigende. Insbesondere obliegt diesen Behörden die Ueberwachung und Beaufsichtigung der, aus den Mitteln der Selbstverwaltungskörper, deren Organ sie sind (Bezirke und Länder), erhaltenen Wohlthätigkeits= und Humanitätsanstalten.

Folgen des Zuständigkeitsprincips.

Diese hier dargestellte gesetzliche Regelung des Armenwesens erzeugte §. 220. einen großen Mißstand, der wieder viele schlimme Folgen nach sich zog. Da

---

[538]) §§. 45—48 Steiermark.

nämlich die Grundlage dieses ganzen Armenrechts die Heimatszuständigkeit ist, diese aber nach dem geltenden Heimatrechte nicht durch einen längeren Aufenthalt, sondern nur durch Geburt (Abstammung) und ausdrückliche Aufnahme erworben werden kann, welche letztere mittellosen Einwohnern von den Gemeinden verweigert wird: so ergiebt sich daraus, daß die Gemeinden jeden nicht bei ihnen zuständigen Armen, möge er noch so lange in der Gemeinde einem ehrlichen Erwerb nachgegangen sein und daselbst seine thatsächliche Heimat gefunden haben, im Falle der Mittellosigkeit in seine rechtliche Heimatsgemeinde, welcher er vollkommen entfremdet ist, abschieben lassen. Die schlimmen Folgen dieses Rechtsverhältnisses der Gemeinden zu den auf ihrem Gebiete hilfsbedürftig gewordenen Personen sind mannigfach und weitreichend.

Die Natur des modernen wirthschaftlichen Lebens bringt es mit sich, daß ein Theil der Landbevölkerung, der am Lande kaum genügende Beschäftigung findet, in die größeren Städte zieht, um bei der dort betriebenen Industrie seinen Erwerb zu finden. So lange nun der Arbeiter gesund und kräftig ist, trägt er durch seine Arbeit zur Hebung der städtischen Industrie, also auch des Wohlstandes der Städte bei: wird er dann alt, invalid und hilfsbedürftig, so wird er auf Grund der bestehenden Heimats= und Armengesetze von dem Schauplatze seines oft fast lebenslangen Wirkens, seiner Heimatgemeinde zur Armenversorgung überwiesen und nöthigenfalls dahin polizeilich abgeschoben. Diese gesetzliche Maaßregel enthält eine doppelte Ungerechtigkeit, erstens gegen den betreffenden Armen und zweitens gegen dessen Heimatgemeinde.

Gegen den Armen, der vielleicht jahrelang in der Stadt ehrlich gearbeitet, daselbst sich einlebte, gesellschaftliche Verhältnisse und Beziehungen anknüpfte, ist es ungerecht, ihn seiner wahren Heimat zu berauben und ihn in seine rechtliche zu verbannen, wo er durch jahrelange Abwesenheit fremd geworden, oft vielleicht (wie das in Oesterreich leicht vorkommen kann) die Sprache derselben nicht mehr kennt.

Gegen die Heimatgemeinde ist es aber nicht minder ungerecht, ihr einen hilfsbedürftigen Armen zur Versorgung aufzubürden, den sie nicht kennt, der seine besten Jahre, wo er arbeiten und erwerben konnte, nicht in ihrer Mitte zubrachte und ihr vollkommen entfremdet ist.

Um diese Unbilligkeiten, die sich auch in anderen Staaten fühlbar machten, zu beseitigen, bestimmte ein Gesetz des Norddeutschen Bundes vom 6. Juni 1870 in Anknüpfung an eine dießbezügliche ältere preußische Gesetzgebung, daß jeder Inländer, der in einem Bezirke durch zwei Jahre seinen ununterbrochenen Wohnsitz hat, einen Anspruch an den Armenverband dieses Bezirkes, auf Unterstützung im Falle der Bedürftigkeit erwirbt (Unterstützungswohnsitz).[539] In anderen europäischen Staaten genügt zum Erwerb des Unterstützungsanspruchs theils ein noch kürzerer Aufenthalt, theils bedarf es dazu gar keines längeren Aufenthaltes (wie z. B. in

---

[539] Münsterberg l. c. S. 66.

Holland), sondern entscheidet der momentane Aufenthaltsort über die Unter=
stützungszuständigkeit.

Der Mangel einer ähnlichen Bestimmung wird in Oesterreich allgemein
als Härte empfunden.

„Zu den ärgsten Härten des Heimatrechts zählt die Gefahr der Störung
des Aufenthaltes und des Erwerbes eines, wenngleich nur vorübergehend
hilfsbedürftigen. Die Aufenthaltsgemeinde, wenn sie auch die augenblicklich
nöthige Unterstützung leistete, ist selten geneigt, dieß auf eine längere Dauer
bis zur Behebung der Hilfsbedürftigkeit zu thun“.[540]) Daraus folgt nun
entweder eine Ausweisung des momentan Hilfsbedürftigen oder eine Hilf=
losigkeit desselben, die ihn in immer größeres Elend und in dauernde
Dürftigkeit stürzt, in welch letzerem Falle er dann rücksichtslos zwangsweise
in seine Heimatgemeinde abgeschoben wird.

Um nun diesen üblen Folgen der gegenwärtigen, auf dem Zuständig=
keitsprincip beruhenden Armenrechte vorzubeugen, wird von vielen Seiten
mit Recht eine Reform desselben in der Richtung vorgeschlagen, daß einer=
seits ein verhältnißmäßig kürzerer Aufenthalt das Heimatsrecht und den
Unterstützungsanspruch begründe, und daß andererseits, um die einzelnen
Gemeinden dadurch nicht zu überbürden, die Last der Armenversorgung auf
größere Verbände, auf die Länder, eventuell sogar auf den Staat übergehe.

Schubwesen.

§. 221. Jede Armengesetzgebung bedarf nothwendigerweise einer Ergänzung
durch gesetzliche Maaßregeln gegen arbeitsscheue Personen. Denn solche
Maaßregeln dienen zum Schutze derjenigen, welche zur Armenversorgung
verpflichtet sind, und der Gesetzgeber, der eine solche Pflicht statuirt, ist es
den Verpflichteten schuldig, Vorsorge zu treffen, damit die ihnen aufgebürdete
Last nicht von erwerbsfähigen aber arbeitsscheuen Personen vergrößert und
dieselben nicht auf ungebührliche Weise zur Unterstützung der Faulheit und
des Müßiganges gezwungen werden. Zu diesem Zwecke müssen nicht nur
strenge Verbote gegen den Bettel und Landstreicherei erlassen werden, son=
dern es muß auch dafür gesorgt werden, daß die unverbesserlichen Elemente
des Bettel= und Landstreicherthums in Zwangsarbeitshäusern angehalten
werden können. — Ohne wirksame Gesetze gegen Bettel und Landstreicherei,
ohne diejenigen Zwangsanstalten, welche es allein ermöglichen, dieser Land=
plage mit Nachdruck und Erfolg entgegenzutreten: wird jede Armen=Unter=
stützungspflicht zu einer ungerechtfertigten Belastung der ehrlichen Arbeit zu
Gunsten des sträflichen Müßiganges.

Von diesen Gesichtspunkten ausgehend wurden denn auch in Oester=
reich kurz nach Aufhebung der Armen=Pfarrinstitute und nach Verwelt=
lichung der Armenpflege durch Uebertragung derselben an die Gemeinden,
die Grundlagen zum Schutze der Gemeinden vor Landstreicherei und Bettel=
wesen durch gesetzliche Regelung des Schubwesens gelegt. Diese reichs=

---

[540]) Reicher: Heimatsrecht und Landes-Armenpflege, Graz 1890 S. 13.

gesetzliche Regelung, welche mit Gesetz vom 27. Juli 1871 erfolgte, war um so nothwendiger und dringender, da ohne dieselbe die Gemeinden dem Bettel- und Landstreicherunfug machtlos gegenüberstanden und auch die Landes- gesetzgebungen die bezüglichen Maaßregeln in ihrem Wirkungskreise zu er- lassen nicht competent waren.

Nach obigem Gesetze nun unterliegen der Abschiebung unter den gesetz- lichen Bedingungen: a) Landstreicher und arbeitsscheue Personen; b) aus- weis- und bestimmungslose Personen, die kein Einkommen und keinen erlaubten Erwerb nachweisen können; c) öffentliche Dirnen, welche dem behördlichen Auftrage zur Abreise nicht Folge leisten und d) entlassene Sträflinge und Zwänglinge, insoferne sie der Behörde als der Sicherheit der Person und des Eigenthums gefährlich erscheinen (§. 1). Heimatrecht (Zuständigkeit) schützt vor Abschiebung (§. 2). Dieselbe kann also nur gegen Gemeindefremde in Anwendung kommen und zwar entweder durch Ertheilung eines Zwangspasses (gebundene Marschroute) oder durch zwangs- weise Beförderung unter Wachebegleitung (§. 3). Das Ziel der Abschiebung kann nur die Heimatsgemeinde sein; hat der Schübling im Gebiete der Wirksamkeit dieses Reichsgesetzes keine Heimat, so wird er über die Staats- gränze geschafft.

Eine Abschiebung kann nur vorgenommen werden auf Grund eines rechtskräftigen Erkenntnisses der competenten Behörde (§. 4), d. i. einer Polizeidirection, einer Communalbehörde, welcher die Führung der politischen Amtsgeschäfte erster Instanz übertragen ist, oder die dazu speciell (im Wege der Landesgesetzgebung) ermächtigt ist (§. 5). [541] Das Schubgesetz enthält genaue Bestimmungen über das Verfahren in Schubsachen (§§. 6 bis 9), die Pflichten der Gemeinden als Schubstationen (§§. 10—13), die Vertheilung der Schubkosten zwischen Gemeinde, Bezirk und Land (§§. 14 bis 18), endlich über die beim Schub zu beobachtenden Regeln. Die Ueber- wachung des Schubwesens ist Sache der politischen Behörde: die Anord- nungen betreffs Einrichtung von Haupt- und Partikularschüben, die Schub- stationen und Schubbegleitung erläßt die politische Landesstelle im Einver- nehmen mit dem Landesausschusse.

Zwangsarbeitsanstalten.

§. 222.　Durch die Abschiebung wird unmittelbar nur so viel erreicht, daß die einzelnen Gemeinden (die „Aufgreifgemeinden") von fremden Landstreichern und Bettlern befreit und daß diese letzteren immer wieder ihren Heimats- gemeinden zugestellt werden. Eine meritorische Abhilfe, eine Befreiung des Landes im allgemeinen von der Last des arbeitsscheuen (oder arbeitslosen) Landstreicherthums wird damit nicht erreicht. Andererseits aber wird durch

---

[541] Einzelne Landesgesetze, wie z. B. das niederösterreichische v. 15. December 1871, übertragen die Fällung der Schuberkenntnisse den Schubstations-Gemeinden als Schubbehörden im übertragenen Wirkungskreise. Zum Zwecke der Bedeckung der den Schubstationen erwachsenden Regiekosten sind in Niederösterreich (Ges. v. 25. Juli 1875) Concurrenzbezirte gebildet.

das Schubwesen auch ein positives Uebel großgezogen: das Schubwesen vermehrt das Contingent der Schüblinge. Denn das Geschobenwerden ist für eine große Anzahl mittel= und unterstandsloser Menschen noch bei weitem nicht das größte aller Uebel. Die Schubvorschriften über Beköstigung, Bekleidung, Unterkunft, Transport u. s. w.[542]) können ja nicht inhuman sein. Der Schübling erhält jedenfalls zweimal täglich warme Speise, die nöthige Bekleidung und wenn er marschunfähig ist, Vorspann (wenn auch nur einspännig) oder Bahnfahrt — und das alles ohne Arbeitsleistung; — nun sind aber die wirthschaftlichen Verhältnisse in Oesterreich derart, daß eine solche Schüblingsexistenz auch noch manchem ehrlichen Arbeiter beneidenswerth erscheinen kann, geschweige denn arbeitsscheuen Personen, für die der Müßiggang noch einen besonderen Reiz hat. Diese letzteren nun, die jedenfalls Arbeit mehr scheuen als den Schub, verlassen ihre Heimatsgemeinde, wohin sie soeben erst abgeschoben wurden, immer wieder, woran sie von ihren Heimatgenossen nicht gehindert werden, und das ewige Abschieben wird ihnen zur süßen Gewohnheit des Daseins. Die Kosten aber zahlt das Land oder der Concurrenzbezirk.

Um nun diesen für die Gesammtheit fatalen Folgen des Schubwesens zu begegnen, bleibt dem Staate nichts anderes übrig, als die arbeitsfähigen aber arbeitsscheuen Bettler und Landstreicher in Zwangsarbeitsanstalten anzuhalten.

Solche Zwangsarbeitshäuser, von den Strafanstalten wohl zu unterscheiden[543]), bestanden in Oesterreich schon seit dem Anfang dieses Jahrhunderts, zumeist in den Landeshauptstädten; in denselben sollten arbeitsscheue Personen durch Zwang zur Arbeit, an Arbeit sich gewöhnen.[544]). Die Frage, wen die Behörde an eine solche Zwangsarbeitsanstalt abgeben könne, ist seit den bezüglichen mit Hofdecret vom 15. Juni 1811 gegebenen Directivregeln mehrfach gesetzlich geregelt worden.[545])

Die Ueberhandnahme der Abschiebungen auf Grund des Gesetzes vom 27. Juli 1871 machte es nothwendig, die Angelegenheit der Zwangsarbeitshäuser zeitgemäß (im Einklang mit den Staatsgrundgesetzen) zu regeln, was zuerst mit dem Gesetze vom 10. Mai 1873 RGB. Nr. 108, betreffs der Stellung unter Polizeiaufsicht und Abgabe in ein Zwangsarbeitshaus, versucht wurde, sodann aber mit dem Reichsgesetz vom 24. Mai 1885 RGB. Nr. 89 und 90 in der heute geltenden Weise vorgenommen wurde.

Ebenso wie diese Gesetze nur vom Reichsrathe ausgehen konnten, weil es sich dabei um eine gesetzliche Einschränkung der persönlichen Freiheit, also um eine Partie des Strafgesetzes handelte, welches in den Wirkungskreis des Reichsraths fällt: ebenso werden in diesen beiden Gesetzen dem

---

[542]) Vergl. z. B. die diesbezügliche Kundmachung des niederösterreichischen Landesausschusses v. 4. December 1868 auf Grund des Beschlusses des niederösterreichischen Landtages v. 10. October 1868.
[543]) A. h. E. v. 11. u. 21. März 1811.
[544]) Hfd. v. 15. August 1817.
[545]) Stubenrauch 2. Aufl. II 183.

Staate weitreichende Aufsichts- und Interventionsrechte in die Angelegenheiten der Zwangsstrafhäuser gewahrt; diese Anstalten werden weniger als
Landes-, sondern vielmehr als Staatsanstalten behandelt. Darnach lautet
auch die grundlegende allgemeine Bestimmung (§. 1 Nr. 90), daß in den
im Reichsrathe vertretenen Königreichen und Ländern eine den
Anforderungen der öffentlichen Sicherheit entsprechende Anzahl von Zwangsarbeitsanstalten zu errichten sei. Wohl ist die Vorsorge für diese Anstalten Sache des Landes, doch können sich mehrere Länder zur Errichtung einer gemeinsamen Zwangsarbeitsanstalt vereinigen und trägt der
Staat zu den Kosten derselben bei. Dem staatlichen Charakter dieser Anstalten entspricht es auch, daß die Aufnahme in dieselben ohne Rücksicht auf
Heimatszuständigkeit stattfindet (§. 4). Nur trägt jedes Land die Kosten
der Verpflegung der ihm angehörenden in solche Anstalten aufgenommenen
Personen.

Die Aufnahme in eine solche Anstalt kann nur auf Grundlage eines
rechtskräftigen gerichtlichen, im Strafurtheil wegen Landstreicherei, Bettelei
und unzüchtigem Gewerbe enthaltenen Ausspruches auf Zulässigkeit der
Anhaltung in einer Zwangsarbeitsanstalt, erfolgen (§. 7 Nr. 89). Dieser
richterliche Ausspruch allein jedoch muß eine solche Anhaltung noch nicht
zur Folge haben; dieselbe erfolgt erst, wenn auf Grund der gerichtlichen
Zulässigkeitserklärung die politische Landesbehörde die Verhängung
derselben ausspricht und in Vollzug setzen läßt (§. 7 Nr. 90). Und zwar
entscheiden über diese „Verhängung der Anhaltung" eigene, bei den politischen Landesbehörden gebildete Commissionen, denen ein Mitglied des
Landesausschusses zugezogen wird.[546]

Sowohl die Gerichte wie auch diese politischen Commissionen sind bei
ihren Entscheidungen über Zulässigkeit und Verhängung der Anhaltung in
einem Zwangsarbeitshause vor allem an die Bestimmungen obigen Gesetzes
vom 24. Mai 1885 Nr. 89 gebunden, welche die persönlichen Bedingungen,
sozusagen die Qualification des zukünftigen Zwänglings festsetzen.

Derselbe muß ein wegen Bettel abgestraftes Individuum oder ein
solches sein, welches arbeitsfähig ist und trotzdem sich über keinen erlaubten
Erwerb ausweisen kann und in Folge dessen über Antrag der Sicherheitsbehörde vom Gerichte als die Sicherheit der Person und des Eigenthums
gefährdend mit Arrest bestraft wurde (§§. 2—5).

Naturalverpflegsstationen.

§. 223.   Die Zwangsarbeitshäuser haben die Aufgabe, die schlimmsten Folgen
des Schubwesens insoferne zu beseitigen, daß sie die gefährlichsten Elemente
des Landstreicherthums, die bereits wegen Arbeitsscheu, Bettel und Gefährdung der Sicherheit von Person und Eigenthum abgestraften Individuen
in sicheren Gewahrsam bringen: nun bleibt aber noch der Verwaltung die
nicht minder wichtige Aufgabe, jene Classe von Individuen, die aus wirk-

---

[546] Die näheren Modalitäten der Durchführung obiger Gesetze enthält die
Min.-Ver. v. 24. Mai 1885 RGB. Nr. 106.

lichem Arbeitsmangel in Erwerbslosigkeit gestürzt, dem Schub und seinem corrumpirenden Einfluß zu verfallen in Gefahr sind, vor demselben zu bewahren. Es sind das meist Arbeiter und Handwerker, die, sei es aus eigenem oder fremdem Verschulden, oder in Folge wirthschaftlicher Katastrophen, momentan arbeits- und erwerbslos geworden, auf die Suche nach Arbeit den Wanderstab ergreifen und, mittellos umherstreifend, leicht dem Landstreicherthum und dem Schube verfallen können. Um dieser Classe von Individuen momentane Aushilfe zu bieten, dieselbe vor Haus- und Straßenbettel und Landstreicherei zu bewahren — wurden nach dem Muster fremder Staaten zuerst in Niederösterreich mit Landesgesetz vom 30. März 1886 Naturalverpflegsstationen errichtet.[547] Die Function derselben muß daher eine doppelte sein: sie müssen dem erwerbslosen Reisenden momentane Hilfe durch Naturalverpflegung bieten, damit er nicht zu betteln brauche: und ihm gleichzeitig eine Arbeitsleistung auflegen, damit er die Hilfe nicht unentgeltlich empfange. Mit andern Worten, die unmittelbare Aufgabe der Naturalverpflegsstation ist die, dem erwerbslos gewordenen Arbeiter einen Ersatz zu bieten für beides, für Arbeit und Verdienst.

Die Naturalverpflegsstationen werden von Concurrenzbezirken erhalten und von dem Landesausschusse beaufsichtigt. Aufnahme in dieselben finden arbeits-, subsistenz- und mittellose, jedoch arbeitsfähige Reisende — ohne Unterschied der Zuständigkeit. Dieselben müssen ihre Legitimationen den Leitern der Stationen übergeben; letztere werden, wie alle Herbergen, von der Sicherheitsbehörde überwacht.

Staatliche Armenbegünstigungen.

§. 224. Unmittelbar im eigenen Wirkungskreise räumt der Staat den Armen eine Reihe von Rechten ein, als da sind:

a) Die unentgeltliche Vertretung bei Gericht (das Armenrecht). Um dieselbe zu erlangen, haben sich die Armen in jedem besonderen Falle mit dem vorschriftsmäßigen Armuthszeugnisse[548] bei Gericht auszuweisen, welchem die Entscheidung über das Armenrecht zusteht. Das Gericht fordert im Falle der Zuerkennung des Armenrechts die Advocatenkammer auf, für die betreffende mittellose Partei einen ex offo Vertreter aus der Zahl der Advocaten zu bestimmen (Hfd. v. 2. August 1784 JGS. Nr. 321 u. v. 1. April 1791 Nr. 133; Advocaten-Ordnung v. 6. Juli 1868 §. 16);

b) die Befreiung von Gebühren in Streitsachen. Dieselbe erfolgt unter Berufung auf das gerichtlich zuerkannte Armenrecht; die Gebühren werden jedoch vorgemerkt und im Falle der Sachfälligkeit der zahlungsfähigen Gegenpartei von derselben eingezogen;

---

[547] Die Steiermark folgte mit der Errichtung solcher Stationen (LGes. v. 30. October 1888). Ueber die wohlthätigen Folgen dieser Maaßregel vergl. Reicher l. c. S. 32, 33.

[548] Bei der Ausfertigung von Armuthszeugnissen haben die competenten Personen und Behörden mit Gewissenhaftigkeit und Strenge vorzugehen (Min.-Erl. v. 6. Mai 1880 Z. 6859).

c) Befreiung vom Schulgelde.

Auch läßt der Staat den Armen Unterstützungen zu Theil werden

d) durch den besonderen Schutz der wohlthätigen und frommen Stiftungen[549]) und der von Privaten gegründeten Wohlthätigkeitsanstalten, wie auch durch Auszeichnungen und Ehrungen, mit denen er Gründer wohl= thätiger Anstalten und andere bedeutende Wohlthätigkeitsacte belohnt (Orden, Titel und Erhebungen in den Adelsstand);

e) durch Gestattung, Inangriffnahme und Förderung öffentlicher Samm= lungen, was insbesondere für von Elementarunfällen betroffene und dadurch in Noth gerathene Bevölkerungsgruppen geschieht;

f) durch Gestattung und Veranstaltung von Armen=Lotterien, d. i. von Glücksspielen, aus denen der überschüssige Ertrag des Verkaufs der Loose den Armenfonden zufließt;

g) durch gesetzliche Verfügungen zu Gunsten der Armen, wie z. B. durch das Armendrittel, d. i. den zu Gunsten der Armenfonde gesetzlich bestimmten dritten Theil der Intestatverlassenschaft aller Weltpriester, aller Priester aufgelassener Klöster und anderer geistlichen Personen.[550])

Auf ähnliche Weise werden durch gesetzliche Verfügungen eine Reihe anderer Abgaben, Taxen, Gebühren und Strafgelder den Armenfonden zu= gewiesen. Hieher gehören Percenttheile von Verlassenschaften, die eine ge= wisse Höhe überschreiten, in vielen größeren Städten;[551]) ebenso von allen freiwilligen Licitationen; ferner fließen in die Armenfonde alle Taxen für die verschiedensten einmaligen Licenzen, wie für das Offenhalten der Gast= wirth= und Cafélocalitäten über die Sperrstunde; für öffentliche Productionen, Unterhaltungen; endlich fließen nach dem Strafgesetze (§. 241) die verschie= densten Geldbußen in die localen Armenfonde.[552])

Denjenigen geistlichen Orden, welche sich die Unterstützung und Pflege Armer und Kranker zur Aufgabe machen, ist das Sammeln der Almosen von Haus zu Haus oder auf anderem Wege gestattet. Es sind das die Orden der Franziskaner, Kapuziner und Barmherzigen.

---

[549]) Begriffs=Bestimmung der Stiftung im §. 646 abGB. Darnach werden durch dieselben „Einkünfte von Capitalien, Grundstücken oder Rechten zu gemeinnützigen Anstalten, als für . . . Kranken= oder Armenhäuser . . . bestimmt". Stiftungsoberbehörden sind die Landesbehörden; Gerichtsstand derselben die Ge= richtshöfe erster Instanz desjenigen Gerichtssprengels, wo der Sitz der Stiftungs= verwaltung sich befindet. Ueber Abgränzung der dießfälligen Competenz zwischen Verwaltung und Justiz handelt ausführlich das Hfd. v. 21. Mai 1841 PGS. B. 69. Stiftungsgelder müssen fruchtbringend angelegt werden (Hfd. v. 9. April 1825.) Kann die Bestimmung eines Stiftsbriefes wegen geänderter thatsächlicher Verhältnisse nicht genau nach dem Wortlaute derselben erfüllt werden, so wird des= wegen die Stiftung noch nicht hinfällig, sondern muß nach dem Sinne der An= ordnung erfüllt werden. BGH. v. 5. Jänner 1883 Budw. VIII 1618.

[550]) Hftb. v. 17. September 1807 pol. GS. B. 29. Hftb. v. 27. November 1807 JGS. Nr. 828.

[551]) Hftb. v. 15. Juni 1816 JGS. Nr. 1259. So gebührt in Graz von allen 100 fl. übersteigenden Verlassenschaften ¹/₂ % dem Armenfonde.

[552]) Hftb. v. 6. März 1840 Z. 4069 verfügt, daß alle Strafgelder für Polizeivergehen, für welche keine andere gesetzliche Verordnung besteht, dem Armen= fonde zufallen.

XI. Buch.

Arbeiterschutzrecht.

Geschichtliche Entwickelung.

Die Keime des modernen Arbeiterschutzrechts der europäischen Staaten §. 225. entwickelten sich zuerst in England. Die in der zweiten Hälfte des vorigen Jahrhunderts erfundenen Spinn= und Webmaschinen brauchten neben der Haupttriebkraft des fließenden Wassers keiner gelernten Arbeiter; der vollkommeneren Maschine genügten die ungeschulten Menschenkräfte. In entlegenen Gebirgsthälern gründeten die ersten Unternehmer ihre Fabriken und bezogen ihren Menschenbedarf aus der überschüssigen Bevölkerung, die beim Landbau keine Beschäftigung fand, darunter Kinder und Frauen inbegriffen. So ward der Arbeiterstand geschaffen.

Die Erfindung der Dampfmaschine, welche bald darauf die Wasserkraft verdrängte, ermöglichte es den Fabrikanten, aus den Gebirgsthälern in die Großstadt vorzurücken, ihre Fabriken zu vergrößern und das Contingent ihrer Arbeiter noch durch den Ueberschuß des städtischen Proletariats zu verstärken. So wuchs mit dem Umfang des Maschinenbetriebes der Arbeiterstand. Sein Wachsthum aber verschlimmerte seine Lage, zumal mit der immer größeren Vollkommenheit der Maschinen die Anforderungen an die Intelligenz des Arbeiters immer geringer wurden, allerdings bei immer steigenden Anforderungen an seine physische Ausdauer.

Die Folgen dieses Verhältnisses waren gränzenloses Elend, Krankheiten, Demoralisation und Verbrechen. Da mußte denn der Staat im allgemeinen Interesse eingreifen und dem Sonderinteresse der Fabrikanten einen Zügel anlegen. Der erste Schritt dazu mußte die Schaffung eines Organes sein, dem die specielle Aufgabe gestellt wurde, die Fabriken zu beaufsichtigen. Das geschah in England mit dem Gesetze vom Jahre 1802, womit eigene Visitors bestellt wurden, welche die Fabriken regelmäßig zu besuchen und die Befolgung der für dieselben erlassenen sanitätspolizeilichen Vorschriften zu überwachen hatten.

Wie leicht begreiflich, erwiesen sich die ersten Gesetze bald als unzulänglich, theils wegen mangelhafter Erfahrung des Gesetzgebers, theils in Folge von Kniffen und Winkelzügen der Fabrikanten. So machte denn die englische Fabriksgesetzgebung eine fortschrittliche Entwickelung durch, vom unbesoldeten Ehrenamt der Visitors zum besoldeten staatlichen Fabriks=

inspectorat; vom bloßen Verbot, Kinder mit Fabriksarbeit zu überbürden, bis zu den mannigfach abgestuften Bestimmungen über Tag= und Nacht= arbeit von Kindern, Frauen und jungen Personen und endlich zur Fest= setzung des Normalarbeitstages auch für Männer und zu den besonderen Schutzvorschriften für die verschiedenen Betriebe mit Rücksicht auf die aus denselben sich ergebenden besonderen Gefahren. Diese Entwickelung vollzog sich mittelst einer Reihe von Gesetzen seit dem Jahre 1802 bis zum großen Codificationsgesetz von 1878 und dessen Nachtragsgesetz von 1883. [553])

Wenn England nicht nur als das Musterland des Constitutionalismus, sondern auch moderner staatlicher Einrichtungen für den Continent ist: so liegt die Ursache einfach darin, daß es die Wiege der modernen Industrie war. Denn Culturentwicklung und Industrie gaben dort den Anstoß zu diesen Einrichtnngen und mußten, auf den Continent verpflanzt, hier die= selben Folgen hervorbringen. Zwei bis drei Generationen später wie in England erblühte in Oesterreich die Maschinen= und Fabriksindustrie und genau in demselben Zwischenraum folgt Oesterreichs Arbeiterschutzgesetzgebung der englischen. Nicht eine Nachahmung Englands ist es, sondern eine noth= wendige Folge der durch die Thatsache der Fabriksindustrie auch hier ent= standenen socialen Mißstände und Bedürfnisse.

Allerdings finden wir auch in Oesterreich vorübergehend in der zweiten Hälfte des vorigen Jahrhunderts „Commerzinspectoren" und „Manufactur= commissäre", doch hatten dieselben theils handels= und gewerbspolitische Aufgaben, im Sinne des damaligen Mercantilismus, theils allgemeine sicherheits= und sanitätspolizeiliche Zwecke. [554]) Die speciellen Interessen eines Arbeiterstandes wahrzunehmen waren sie nicht berufen: dieser Gesichts= punkt lag damals noch außerhalb des staatlichen Horizontes, weil außer= halb des Kreises seiner Bedürfnisse. [555])

Erst als um die Mitte unseres Jahrhunderts die aus England im= portirte Fabriks= und Maschineninbustrie auch in Oesterreich größere Massen von Arbeitern an sich zu ziehen begann und als der Concurrenzkampf mit den mehr vorgeschrittenen älteren Industrieländern die Unternehmer zwang, die Ausnützung der menschlichen Arbeitskräfte aufs Höchste zu spannen:

---

[553]) Ueber diese ganze Entwickelung vergl. die ausführliche und gründliche Darstellung in dem Buche von Otto Weyer, Die englische Fabriksinspection. Ein Beitrag zur Geschichte der Fabriksgesetzgebung in England. Tübingen 1888, Laupp.

[554]) Vergl. darüber Dr. B. Pogatschnigg, Zur Geschichte der Gewerbe= inspectoren in Oesterreich in d. Zeitschr. f. Verwaltung. Jahrg. 1885, Nr. 19.

[555]) Nur der „Fabrikskinder" nahm sich auch der österreichische Gesetzgeber seit dem Ende des vorigen Jahrhunderts an. So verfügte ein Hfd. v. 20. November 1786, daß man den in Fabriken und Werkstätten beschäftigten Kindern eigene und geeignete Schlafstätten anweisen und überhaupt dieselben reinlich halten solle; ein Hfd. v. 18. Februar 1787 gestattet die Aufnahme von Kindern in Fabriken nicht vor dem 9. Jahre und empfiehlt, denselben einen Unterricht ertheilen zu lassen; ein Hfd. v. 12. März 1816 bringt diese Vorschriften neuerlich in Erinnerung; ein Hfd. v. 11. Juni 1842 gestattet die Aufnahme in Fabriken nur mehr vom 12. Jahre an und bestimmt, daß die Arbeit täglich höchstens 10 Stunden mit angemessenen Ruhepausen zu dauern habe.

erkannte man auch in Oesterreich die Nothwendigkeit, diesem einseitigen Interesse der Unternehmer gegenüber die Interessen des Arbeiterstandes zu wahren, Leben und Gesundheit desselben unter staatlichen Schutz zu stellen.

Die Folge dieser Erkenntniß war eine weitere Beschränkung der Unternehmer in der Ausnützung der Arbeit von Kindern und jungen Personen, durch Aufnahme entsprechender Bestimmungen in die Gewerbeordnung vom 20. December 1859 (§§. 86 und 87).[556]) Als hierauf die Staatsgrundgesetze vom 21. December 1867 auch den Arbeitern politische Rechte, insbesondere das Vereins= und Versammlungsrecht zuerkannten, und die Arbeiter auf Grundlage des Vereins= und Versammlungsgesetzes vom 15. November 1867 Vereine zu bilden und sich zur Berathung ihrer Standesangelegenheiten zu versammeln begannen, sohin auch im Parlamente Vertreter ihrer Interessen fanden, mußte auch das mit dem Geiste der neueren Gesetzgebung im Widerspruch stehende Verbot der Arbeitercoalitionen aufgehoben und den Arbeitern die volle Freiheit solcher Coalitionen zuerkannt werden (Gesetz vom 7. April 1870). Damit war die weitere Entwickelung des Arbeiterstandes angebahnt. Den Forderungen desselben, positive Schutzmaaßregeln gegenüber der zu weit gehenden Ausnützung der Arbeitskräfte zu ergreifen, mußte im Gesammtinteresse willfahrt werden und das Beispiel Englands förderte die gesetzgeberische Action. Aehnlich wie das dort der Fall war, überzeugte man sich auch am Continent, daß die bloße Freiheit der Coalitionen ungenügend sei, die Arbeiter vor ungebührlicher Ausbeutung ihrer Kräfte zu schützen und daß ferner auch alle zum Schutze der Arbeiter er-

---

[556]) Diese Bestimmungen lauteten:

§. 86. Kinder unter 10 Jahren dürfen gar nicht, Kinder über 10 Jahren, aber unter 12 Jahren, nur gegen Beibringung eines über Anlangen des Vaters oder Vormundes von dem Gemeindevorstande ausgefertigten Erlaubnißscheines zur Arbeit in größeren Gewerbsunternehmungen verwendet werden, und zwar nur zu solchen Arbeiten, welche der Gesundheit nicht nachtheilig sind und die körperliche Entwickelung nicht hindern.

Der Erlaubnißschein ist nur dann auszufertigen, wenn entweder der Besuch der ordentlichen Schule mit der Verwendung bei der Gewerbsunternehmung vereinbar erscheint, oder von Seite des Gewerbsinhabers durch Errichtung von besonderen Schulen für den Unterricht der Kinder nach den Anordnungen der Schulbehörde genügende Vorsorge getroffen ist.

§. 87. Für Individuen unter 14 Jahren darf die Arbeitszeit täglich 10 Stunden, für solche über 14, aber unter 16 Jahren, täglich 12 Stunden nicht übersteigen und nur in entsprechender Eintheilung mit genügenden Ruhepausen bemessen werden.

Zur Nachtarbeit, d. i. zur Arbeit nach 9 Uhr abends und vor 5 Uhr morgens, dürfen Individuen unter 16 Jahren nicht verwendet werden. Jedoch kann bei Gewerben, wo Tag und Nacht gearbeitet wird, oder wo sonst der Betrieb gefährdet wäre, die Behörde auch die Verwendung der Arbeiter unter 16 Jahren, aber nicht unter 14 Jahren, zur Nachtzeit unter der Bedingung gestatten, daß eine angemessene Abwechslung in der Tag= und Nachtarbeit stattfinde.

Ebenso kann die Behörde in Fällen eines außerordentlichen Arbeitsbedürfnisses eine vorübergehende Verlängerung der Arbeitszeit um 2 Stunden für die Arbeiter unter 16 Jahren, jedoch nur für die Dauer von höchstens 4 Wochen gestatten."

laffenen Gefetze fo lange wirkungslos bleiben müffen, bis nicht zur Beauf=
fichtigung der Durchführung derfelben Fabriksinspectoren ernannt würden. [557])

Gewerbeinspectoren.

§. 226.   Mit dem Gefetz vom 17. Juni 1883 RGB. Nr. 17 wurde der
Handelsminifter ermächtigt, die erforderliche Anzahl von Gewerbeinspectoren
zu ernennen, die den politifchen Landesbehörden unmittelbar unterftehen
(§. 1). Auf Grundlage diefes Gefetzes wurden: ein Centralgewerbeinspector
mit dem Sitze in Wien und für die zugleich gefchaffenen neun Auffichts=
bezirke ebenfoviel Gewerbeinspectoren ernannt, die ihre Wirkfamkeit mit
1. Februar 1884 begannen. Die Aufficht derfelben erftreckt fich in der
Regel auf alle gewerblichen Unternehmungen ihres Bezirkes, der vom Handels=
minifter erweitert oder eingefchränkt werden kann (§. 2) und deffen Gränzen
mit den Gränzen des Kronlandes nicht zufammenfallen müffen (§. 3).
Auch kann der Handelsminifter für einzelne Induftrieen Special=Gewerbe=
inspectoren beftellen (§. 4).

    Die Aufgabe der Gewerbeinspectoren befteht in der Ueberwachung
aller Gewerbebetriebe ihres Bezirkes bezüglich der Durchführung der zu
Gunften der Arbeiter erlaffenen oder zu erlaffenden gefetzlichen Beftim=
mungen, alfo aller derjenigen, die fich auf den Schutz des Lebens und der
Gefundheit der Arbeiter beziehen (§. 5).

    Der Gewerbeinspector fteht als ein die Gewerbe=Unternehmungen un=
mittelbar beauffichtigendes Organ den Gewerbebehörden zur Seite, an
welche er über feine Wahrnehmungen berichtet und welche fich von ihm in
Gewerbefachen Raths erholen (§. 6).

    Zur Erfüllung feiner Aufgaben als Auffichtsorgan hat er fich durch
fortlaufende Revifion aller Betriebe feines Bezirkes eingehende Kenntniß
aller dießbezüglichen Gewerbe= und Arbeiter=Verhältniffe zu verfchaffen (§. 7).

    Zu diefem Zwecke find die Gewerbeinhaber verpflichtet, demfelben nicht
nur unbefchränkten Zutritt zu allen ihren Gewerbelocalitäten zu geftatten,
fondern auch ihm alle verlangten, auf die Betriebsanlage bezüglichen Aus=
künfte zu ertheilen; fowie ihm auch das Recht zufteht, jede im Gewerbe=
betriebe befchäftigte Perfon über die einfchlägigen Verhältniffe nöthigenfalls
ohne Zeugen zu vernehmen (§. 8).

    Der Gewerbeinspector hat die fofortige Abftellung aller in den Gewerbe=
unternehmungen vorgefundenen Gefetzwidrigkeiten und Uebelftände, welche
in den Bereich feiner Wirkfamkeit fallen, zu verlangen und im Weigerungs=
falle die Intervention der Gewerbebehörde anzurufen (§. 9). Diefe letztere
hat ihre bezüglichen Verfügungen dem Gewerbeinspector mitzutheilen, der

---

[557]) Sowohl das Abgeordnetenhaus wie auch ein öfterreichifcher Handels=
kammertag in Wien faßten fchon im Jahre 1874 eine Refolution zu Gunften der
Einführung von Fabriksinspectoren. Im Jahre 1879 brachte fodann die Regie=
rung im Reichsrath eine Novelle ein bezüglich der Hilfsarbeiter, Gewerbe=
infpectoren und Hilfscaffen; diefe Novelle wurde 1880 zurückgezogen, um einem
?en Gewerbegefetzentwurf Platz zu machen.

gegen dieselben an die zweite (Landesbehörde) und dritte Instanz (Ministerium) Einspruch erheben kann, innerhalb der Recursfrist (§. 10).

Ueber Antrag des Gewerbeinspectors hat bei Gefährdung der Arbeiter die Gewerbebehörde zu den erforderlichen Untersuchungen Sachverständige auf Kosten der Gewerbeinhaber beizuziehen (§. 11).

Die Gewerbeinspectoren haben durch eine wohlwollend controlirende Thätigkeit womöglich zwischen Arbeitgebern und Arbeitern zu vermitteln und zur Anbahnung guter Beziehungen zwischen denselben beizutragen (§. 12).

Nach Ablauf jedes Jahres erstatten die Gewerbeinspectoren jeder für seinen Bezirk einen Jahresbericht, welche der Central-Gewerbeinspector veröffentlicht. Uebrigens sind die Gewerbeinspectoren in all und jeder Beziehung Staatsbeamte (§§. 14—18), nur dürfen sie von der Finanzverwaltung nach keiner Richtung in Anspruch genommen werden (§. 19).

Der Wirkungskreis derselben erfuhr eine Erweiterung durch das Unfallversicherungsgesetz vom 28. December 1887 (§. 28 desselben), welches denselben die Pflicht auferlegt, auf Ersuchen der Unfall-Versicherungsanstalten zu deren speciellen Zwecken die Gewerbunternehmungen zu besichtigen und diesen Anstalten die verlangten Auskünfte und Mittheilungen zu machen.

Die Entstehung des Unfallversicherungsgesetzes.

Hatte schon die Gewerbenovelle 1883 mit ihrer Bestimmung über den Normalarbeitstag und die genossenschaftlichen Krankencassen der immer mächtiger anschwellenden socialreformatorischen Bewegung Rechnung getragen: so war die Einführung des Gewerbeinspectorats ein weiterer Schritt zur Verwirklichung des socialreformatorischen Programms, welches seit dem Jahre 1880 vom deutschen Reichskanzler Bismarck mächtig gefördert, in der Forderung nach dreifacher Versicherung der Arbeiter: gegen Unfall, Krankheit und Altersinvalidität gipfelte.[558]) **§. 227.**

---

[558]) Im Februar 1881 wurde dem deutschen Reichstage der erste Entwurf eines Unfallversicherungsgesetzes vorgelegt; aber erst der dritte im Jahre 1884 vorgelegte Entwurf ist zum Gesetz erhoben worden (vom 6. Juli 1884). Das deutsche Krankenversicherungsgesetz ist schon unterm 15. Juni 1883 kundgemacht worden. Im österreichischen Abgeordnetenhause war die Socialreform, wie wir gesehen haben, schon seit der Mitte der 1870er Jahre zu wiederholten Malen angeregt worden (s. oben §. 226). 1879 legte die Regierung den ersten Entwurf eines Arbeiterkrankengesetzes vor, dessen Hauptinhalt in der Gewerbenovelle 1883 recipirt wurde. Am 5. Dec. 1882 stellte „die Linke" des Abgeordnetenhauses den Antrag auf Socialreform, den Chlumecki in der Sitzung vom 23. Jänner 1883 begründete. Am 7. Dec. brachte die Regierung den ersten Gesetzentwurf eines Unfallversicherungsgesetzes im Abgeordnetenhause ein, dessen Verfasser Dr. Emil Steinbach denselben gleich bei der ersten Lesung gegen die Angriffe der Linken (Neuwirth) zu vertheidigen hatte. Während nämlich die Abgeordneten des Abgeordnetenhauses die Unfallversicherung nach deutschem Muster auf Grundlage einer berufsgenossenschaftlichen Organisation durch eine Reichsversicherungsanstalt und ohne Heranziehung der Arbeiter zur Beitragsleistung eingeführt haben wollte: hatte der Regierungsentwurf eine territoriale Organisation der Versicherungsanstalten zur Grundlage ge-

Den erſten Theil dieſes Programms verwirklichte das Unfallverſiche= rungsgeſetz vom 28. December 1887. Der Keim des Grundgedankens dieſes Geſetzes lag ſchon in dem öſterreichiſchen Eiſenbahnhaftpflichtgeſetz vom 5. März 1869 RGB. Nr. 27. Schon dort wird auf Grund einer geſetzlich ſtatuirten Vermuthung, daß an einer Verletzung oder Tödtung eines Menſchen durch Eiſenbahnunfall die Unternehmung die Schuld trage: den Verletzten oder Hinterbliebenen des Getödteten das Klagerecht auf Erſatzleiſtung und Entſchädigung eingeräumt.[559]) Damit wurde ein Rechts= grundſatz geſchaffen, deſſen logiſch=conſequente Fortentwickelung allein ſchon zu einem Arbeiterunfallgeſetze führen mußte. Denn welcher principielle Unterſchied ließe ſich denn ſtatuiren zwiſchen einer Eiſenbahnunternehmung und einer beliebigen mit Dampf betriebenen Fabrik? Hier wie dort dieſelbe, ja oft viel größere Gefahr und dieſelben durch die Gefährlichkeit des Betriebes erzeugten Unfälle: dieſelbe Vermuthung alſo, welche der Geſetzgeber gegenüber der Eiſenbahnunternehmung ſanctionirt, kann er gegenüber einer

---

nommen und die Arbeiter zur Beitragsleiſtung (urſprünglich mit 25 %) heran= gezogen. Der Entwurf wurde damals dem Gewerbeausſchuſſe des Abgeordneten= hauſes zur Vorberathung überwieſen. Derſelbe legte am 24. Februar 1885 dem Hauſe ſeinen Bericht vor, dem er einen von der Reg.=Vorlage in unweſentlichen Punkten abweichenden Entwurf beſchloß; gleichzeitig legte die Minorität des Ausſchuſſes (die Linke) ihren Bericht und ihre abweichenden §§. vor. Dieſe Be= richte gelangten in der IX. Seſſion des Reichsrathes nicht mehr zur Berathung. In der X. Seſſion brachte dann Miniſter Prazak auf Grund a. h. Ermächtigung einen zweiten Entwurf eines Unfallverſicherungsgeſetzes ein, in welchem die von der Majorität des Gewerbeausſchuſſes vorgenommenen Modificationen (unter an= derem die Herabminderung der Beiträge der Arbeiter von 25 auf 10 %) auf= genommen waren (28. Jänner 1886). Dieſer zweite Entwurf, der alſo bereits der Majorität des Abgeordnetenhauſes ſicher ſein konnte, gelangte am 20. Mai 1886 zur zweiten Leſung. Die weitläufigen und principiell ſehr intereſſanten De= batten über denſelben zogen ſich durch zehn Sitzungen (67.—76. Sitzung). Der aus dieſen Debatten im Ganzen ſiegreich hervorgegangene Regierungsentwurf paſſirte endlich die weiteren Stadien parlamentariſcher Behandlung und ſo kam das Geſetz vom 28. December 1887 (RGB. ex 1888 Nr. 1) zu Stande.

[559]) Das Haftpflichtgeſetz vom 5. März 1869 beſtimmt, daß bei Verletzungen oder Tödtungen eines Menſchen, welche durch eine Ereignung im Eiſenbahnverkehr herbeigeführt ſind, „ſtets vermuthet" wird, daß die Ereignung durch ein Verſchulden der Unternehmung eingetreten ſei (§. 1). Doch kann die Unternehmung ſich von der Erſatzleiſtung befreien, wenn ſie beweiſt, daß die Ereignung durch einen unabwend= baren Zufall (höhere Gewalt — vis major) oder durch eine unabwendbare Hand= lung einer dritten Perſon, deren Verſchulden ſie nicht zu vertreten hat, oder durch das Verſchulden des Beſchädigten verurſacht wird (§. 2). Das Haftpflichtgeſetz ſteht alſo im Weſentlichen noch immer auf dem Boden des Privatrechts und ſtatuirt zu Gunſten der im Eiſenbahnbetriebe Beſchädigten nur eine Vermuthung zum Zwecke der Begründung des Schadenerſatzanſpruches, eine Vermuthung, die der Erſatzpflichtige in einigen Fällen auch widerlegen kann. Das Unfallverſicherungs= geſetz verläßt ganz dieſen Boden des Privatrechts und der Motivenbericht der Re= gierung ſpricht es deutlich aus, daß „die Arbeiter in allen Fällen entſchädigt werden", in denen es „der Billigkeit und dem Intereſſe der Geſammtheit" entſpricht. Das iſt nicht mehr der Standpunkt des Privatrechts, ſondern der der Socialreform. Das Moment des Verſchuldens der Unternehmer als Begründung der Erſatzpflicht wird ganz eliminirt, dagegen tritt das Moment der ſocialen Gerechtigkeit („Billig= keit") und das „allgemeine" Intereſſe in den Vordergrund.

Fabriksunternehmung nicht verläugnen. Das Rechtsbewußtsein, welches nach dieser Richtung durch das Eisenbahnhaftpflichtgesetz gekräftigt wurde, ließ sich unmöglich angesichts der Fabriksunfälle zurückdrängen. Dazu kam als zweites Moment die Rücksicht auf die Lage der Arbeiter, das eigentlich socialreformatorische Moment und aus dem Zusammenwirken dieser beiden geistigen Factoren entstand das Unfallversicherungsgesetz.

Haftpflicht und Versicherung.

Wollte man nun die strenge Consequenz jenes im Eisenbahnhaftpflicht= §. 228 gesetze von 1869 zur Geltung gekommenen Rechtsgrundsatzes ziehen: so wäre die Arbeiterunfallversicherung allerdings sehr einfach zu construiren. Jede Fabriksunternehmung müßte haftbar erklärt werden für jeden, einem ihrer Arbeiter im Betriebe zugestoßenen Unfall. Ein solcher Grundsatz wäre aber einerseits undurchführbar, weil viele Unternehmer nicht im Stande wären, die Entschädigungen durch Erlag des entsprechenden Capitals, so wie das von den Eisenbahnunternehmungen geschehen muß, zu leisten, und weil man keine Gewähr hätte, daß sie die Leistung etwaiger Entschädigungs= renten auch in der Folgezeit würden fortsetzen können. Andererseits wäre bei einer solchen Lösung der Frage der Bestand der einzelnen Unternehmungen im höchsten Grade gefährdet und kein Staat der Welt könnte es riskiren, angesichts des Weltconcurrenzkampfes der Industrie, mit einer solchen Ge= fährdung seiner eigenen den Anfang zu machen.

Ueberdies hatte ja die Erfüllung der Haftpflicht der Unternehmungen im Sinne des Gesetzes von 1869 immer einen durchgeführten Civilproceß seitens des Beschädigten gegen die Unternehmung zur Voraussetzung. Mit Recht wies nun der Motivenbericht der Regierung zum Unfallversicherungs= gesetz darauf hin, daß ein solches Haftpflichtgesetz, wollte man es verall= gemeinern und auf alle industriellen Unternehmungen ausdehnen, eine An= zahl von Processen zwischen den Arbeitern und Arbeitgebern zur Folge haben müßte, ein Mißstand, welcher die sociale Frage statt zu mildern nur noch verschärfen würde. Und schließlich würden dabei in sehr vielen Fällen, wo die gesetzliche Vermuthung von dem Unternehmer im Processwege widerlegt würde, wo also ein Zufall, eine vis major oder eine Selbst= verschuldung nachgewiesen werden konnte, der beschädigte Arbeiter oder die Hinterbliebenen des Getödteten leer ausgehen und ohne jede Versorgung bleiben.

Entschloß man sich aber einmal, die Versicherung der Arbeiter gegen die Folgen der Unfälle von dem privatrechtlichen Boden ganz loszulösen und auf eine öffentlich=rechtliche Grundlage zu stellen, so standen dem Gesetzgeber noch immer mehrere Wege offen, auf denen er die Lösung dieses Problems versuchen konnte. Insbesondere aber waren es zwei Wege, die von entgegenstehenden Parteien anempfohlen wurden und zwar: der Weg der Staatshilfe und der der Selbsthilfe. Der österreichische Gesetz= geber betrat mit Recht weder den einen noch den anderen dieser Wege und zwar aus folgenden Gründen: „Selbsthilfe" ist ein schönes Wort; es er=

weckte seinerzeit in England (Smiles) und in Deutschland (Schulze-Delitzsch) viel Begeisterung. Der Erfolg aber blieb aus. Der Beweis, daß sich die Arbeiter wirksam und auf die Dauer selbst helfen können, sind die Doctrinäre der Selbsthilfe bis heute schuldig geblieben.

Gegen die Staatshilfe wendete der Motivenbericht der Regierungs- vorlage mit Recht ein, „daß es nicht gerechtfertigt erschien, zur Ersatz- leistung für die durch die Gefahren eines besonderen Berufes herbei- geführten Unfälle die Mittel der Gesammtheit des Staates in Anspruch zu nehmen. Die Gefahren einer Berufsclasse müssen aus den Kreisen ge- deckt werden, welchen das Resultat der Arbeit dieser Classe zunächst zu gute kommt, also aus den Kreisen der Arbeitgeber und eventuell der Arbeitnehmer. Die Gesammtheit, welche durch den Staat repräsentirt wird, kann zur Beitragsleistung zu solchen Lasten besonderer Berufskreise billiger- weise nicht herangezogen werden."

Zwischen Selbsthilfe und Staatshilfe schlug der österreichische Gesetz- geber einen Mittelweg ein oder besser gesagt, er fand einen dritten Weg, der einerseits den Forderungen der Gerechtigkeit entspricht und andererseits der einzige ist, auf dem das angestrebte Ziel erreicht werden kann. Dieser Weg ist einfach der der Heranziehung des Besitzes zur Erfüllung seiner socialen Pflicht, also in diesem Falle der Industrie, zur Zahlung derjenigen Beträge, welche zur Versicherung der Arbeiter vor den Folgen der Unfälle erforderlich sind.[560]) In diesem Sinne entschloß sich der öster- reichische Gesetzgeber, die Organisation der Versicherung der Arbeiter gegen die Folgen von Unfällen zum größeren Theile auf den Grundsatz der Gegen- seitigkeit aller Unternehmungen und Betriebe aufzubauen und auch die Ar- beiter zur theilweisen Mithilfe heranzuziehen; das ganze Versicherungs- werk aber nach anerkannten und bewährten versicherungstechnischen Regeln und Methoden herzustellen.

Letzteres würde nun an und für sich keine Schwierigkeiten bieten; denn durch Einzahlungen auch der kleinsten Prämien kann, sobald dieselben von großen Massen geleistet werden, ein zur Entschädigung für verhältniß- mäßig doch nur seltene Unfälle immerhin genügender Fond gebildet werden.

Die schwierigeren Fragen, die der Gesetzgeber zu lösen hatte, waren aber folgende: Wer alles versichert werden soll? was die Versicherung dem Arbeiter zu gewähren habe? und auf welche Weise endlich, durch welche

---

560) Diese Idee der Heranziehung des Besitzes zur Erfüllung seiner socialen Pflicht, welche dem österreichischen Unfallversicherungsgesetze zu Grunde liegt, hat der Referent dieses Gesetzes und der Vertreter des Regierungsentwurfes im Reichs- rath, Dr. Emil Steinbach, gleichzeitig 1885 in einem öffentlichen Vortrag in Wien über die „Pflichten des Besitzes" ausgeführt.

Die „allgemeinen Bemerkungen", welche dem zweiten Regierungsentwurfe bei- gegeben waren, fügten zu der obigen Begründung noch folgende nicht minder stich- hältige hinzu: „Die Haftpflicht entspringt aus der Rechtsanschauung, daß der Unternehmer für die Betriebsunfälle, welche seine Arbeiter betreffen, ganz ebenso wie für sämmtliche Productionskosten aufzukommen habe, wie ihm ja auch der Erlös des Arbeitsproductes zufällt; dieselbe Argumentation spricht auch für seine Verpflichtung zur Tragung der Kosten der Unfallversicherung."

staatsrechtlichen Maaßregeln eine Zwangsorganisation zu schaffen sei, damit die zu errichtende Versicherungsanstalt auf jene Massenbeiträge, auf welche sie begründet sein müsse, mit Sicherheit rechnen könnte?

Wir werden sehen wie der Gesetzgeber diese schwierigen Probleme löste.

Die meritalen Principien des Unfallversicherungsgesetzes.

§. 229. Die Principien des Unfallversicherungsgesetzes sind theils meritale, theils formale. Bei den ersteren handelt es sich um Statuirung materieller Rechte und Pflichten, bei letzteren um die Art und Weise der Verwirklichung beziehungsweise Erfüllung derselben.

Das erste und grundlegende meritale Princip des ganzen Gesetzes ist, daß die Arbeiter gegen alle Unfälle, die sie aus Anlaß ihrer Verwendung im Betriebe treffen, versichert werden, ohne Rücksicht, ob irgend ein Verschulden der Unternehmer oder dritten Personen, eigene oder fremde Fahrlässigkeit, Zufall oder Elementarereigniß den Unfall herbeiführte. Einzig und allein im Falle vorsätzlicher Herbeiführung des Unfalles durch den Verletzten hat derselbe auf Schadenersatz keinen Anspruch (§. 6). Das Gesetz bricht also vollständig mit dem in den Haftpflichtgesetzen maaßgebenden Grundsatze.[561]

Das zweite meritale Princip ist der **Versicherungszwang**. Der einzelne Arbeiter kann sich, wenn er einem versicherungspflichtigen Betriebe angehört, der Versicherung gegen Unfälle nicht entziehen. Dieser Zwang ist vollkommen begründet, denn der Staat geht auf diesem Gebiete im allgemeinen Interesse vor und zwar nicht nur des Arbeiterstandes, sondern auch der übrigen Gesammtheit, für die es von Interesse ist, daß sociale Nothstände beseitigt werden. Wo immer aber der Staat im Interesse der Gesammtheit vorgeht, da ist der Zwang gegen den Einzelnen vollkommen begründet, denn der Staat dient dem Gesammtinteresse, vor dem die individuelle Freiheit zurücktreten muß.

---

[561] Schon der Antrag der Linken vom 5. Dec. 1882 verlangte „die Einführung einer über den Rahmen des Haftpflichtprincips hinausreichenden Unfallversicherung". Der Motivenbericht zum ersten Regierungsentwurfe v. 7. Dec. 1883 spricht sich darüber, nachdem er die Schattenseiten der Haftpflichtgesetze darlegte, folgendermaßen aus:

„Soll all diesen Uebelständen in ausreichender Weise abgeholfen werden, so kann das Mittel hiezu überhaupt nicht in der Einführung oder Erweiterung der Haftpflicht gesucht werden, denn wie man diese Pflicht auch gestalten und ausdehnen möge, sie kann immer nur für einen Theil der vorkommenden Fälle, niemals für alle Abhilfe bringen und versagt vielleicht gerade dort die Wirkung, wo die berücksichtigenswerthesten Umstände vorliegen; ihre Realisirung ist immer nur durch Rechtsstreit, also nach längerem Kampfe möglich und sie vermehrt dadurch die Erbitterung in einem Verhältnisse, welches der Wahrung des Friedens dringender bedarf als jedes andere. Ein genügendes Mittel der Abhilfe kann nicht durch Entgegenstellung und Verschärfung der betheiligten Interessen, sondern nur durch das — wenn auch erzwungene — Zusammenwirken derselben zu dem gemeinsamen Zwecke, also durch die Beisteuer aller Betheiligten, durch eine allgemeine Unfallversicherung erreicht werden."

Das dritte meritale Princip bezieht sich auf die Beitragspflicht zur Bildung des Versicherungsfondes. Wie schon erwähnt, obliegt dieselbe zum größten Theil den Unternehmern (90 Percent) zu einem geringen Theil (10 Percent) den Arbeitern (s. unten). In diesem Punkte standen sich die entgegengesetzesten Ansichten schroff gegenüber und stellt die gesetzliche Bestimmung einen wohlbegründeten Compromiß dar. Die Linke des Abgeordnetenhauses hatte nämlich in ihrem Antrage vom J. 1882 eine Unfall-versicherung „ohne Heranziehung der Versicherten zur Beitragsleistung" verlangt und diese Ansicht hat viel Bestechendes, ja sie ist sogar im Grunde die richtigere. Denn wenn, was keinem Zweifel unterliegt, der Arbeitslohn immer die Tendenz hat, auf das Niveau des Allernothwendigsten zu sinken: wie kann da dem Arbeiter noch zugemuthet werden, aus diesem Minimal-lohn noch Versicherungsprämien zu zahlen? Uebrigens ist diese Ansicht auch schon deßwegen die richtigere, weil die Beitragsleistung des Arbeiters doch immer nur eine Illusion bleibt, denn da wir es beim „ehernen Lohn-gesetz" thatsächlich mit einem socialen Naturgesetz [562]) zu thun haben, welches sich an keine Ethik kehrt, so ist es klar, daß der obligate Arbeiterbeitrag schließlich doch nicht dem Arbeiter, sondern dem Unternehmer zur Last fallen muß — daher es viel einfacher wäre, den Arbeiterbeitrag als überflüssige Formalität ganz aus dem Spiele zu lassen.

Nichts desto weniger haben aber oft im socialen Leben Formalitäten eine gewisse Bedeutung, wegen welcher das Festhalten an denselben zweckmäßig ist (man denke an so manche Ceremonieen und Etiquetten, die eitel Form sind!) und dasselbe ist der Fall mit den Arbeiterbeiträgen. Diese Bedeutung des Arbeiterbeitrages hob die Begründung des 1. Regierungs-entwurfes mit Recht folgendermaßen hervor: „Für die Mitleistung seitens der Arbeitnehmer spricht ein gewichtiges moralisches Moment. Nimmt der Arbeiter an den Leistungen für die Versicherung nicht selbst Theil, so ist zu befürchten, daß er den Versicherungsanstalten stets fremd gegenüberstehen und sich niemals mit denselben ein fühlen werde, und daß er in der Aus-beutung derselben fast eine lobenswerthe Handlung erblicke, ohne deshalb für die ihm geleisteten Ersätze besondere Dankbarkeit zu empfinden." Zahle er aber seine Beiträge, dann fühle er sich mitbetheiligt und durch die Aus-beutung der Versicherungsanstalt seitens gewissenloser Arbeiter mitbeschädigt.

Diese Ansicht, der man eine gewisse Berechtigung nicht absprechen kann, siegte und fand ihren Ausdruck in der erwähnten Bestimmung des Gesetzes über die theilweise Beitragsleistung der Arbeiter. [563])

---

[562]) Ueber den Begriff eines socialen Naturgesetzes vergl. m. Sociologie II. §§. 1 und 2.

[563]) Der erste Regierungsentwurf schwankte in diesem Punkte noch sehr zwischen den zwei entgegengesetzten Principien, indem er einerseits alle Arbeiter, die weniger als 1 fl. täglich verdienen, von jeder Beitragspflicht loslöste, dagegen den Arbeitslohn von 1 fl. täglich aufwärts mit 25% zur Prämienzahlung heran-gezogen wissen wollte. Erst im Gewerbeausschusse einigte sich die Majorität dahin, daß alle Arbeiter, jedoch nur mit 10% zu den Beitragsleistungen herangezogen werden sollten, welche Bestimmung denn auch ins Gesetz überging (§. 17). Wenn aber der Generalredner der Majorität, diese nicht unberechtigte Beitragsleistung der

Das vierte meritale Princip bezieht sich auf die Leistung der Ver=
sicherung an den Versicherten. Nach den Haftpflichtgesetzen bestand dieselbe
in einem Capital, welches auf Grundlage einer solchen Rente berechnet
wurde, auf welche der Beschädigte nach seinen Lebensverhältnissen als zu
seinem Unterhalte erforderlich Anspruch machen konnte. Dieses Capital
aber ward immer ganz und auf einmal ausgezahlt, wodurch die haftende
Unternehmung ein für allemal sich all ihrer Verpflichtung dem Beschädigten
gegenüber entledigte.

An eine solche Capitalsleistung an den Beschädigten oder die Hinter=
bliebenen des Getödteten durfte bei der allgemeinen Unfallversicherung
nicht gedacht werden. Denn letztere sollte ja eine eminent sociale Maß=
regel sein, bei der es sich um eine dauernde Verhütung des Noth=
standes der verunglückten Arbeiter und ihrer Familien handelt; dieser
Zweck aber kann mittelst einer Capitalszahlung nicht mit Sicherheit erreicht
werden, da doch ein Capital in den Händen des Einzelnen zu Grunde
gehen, verloren werden kann. Vielmehr kann den angestrebten Zweck einzig
und allein eine lebenslängliche Rentenzahlung erreichen. Darüber gab es
und giebt es auch keine Meinungsverschiedenheit.

Viel schwieriger und den verschiedensten Einwendungen ausgesetzt ist
die Frage nach der Höhe der zu zahlenden Rente. Das oberste Princip
nun, nach welchem diese Frage entschieden werden muß, ist nicht das der
Gleichheit aller Menschen, sondern das der wirtschaftlichen Ungleich=
heit der Menschen, ein Princip, welches den Staat als solchen beherrscht,
welches sozusagen in alle seine Poren eingedrungen und von dem er ganz
und gar durchtränkt ist.

Dieses Princip war ja auch bei allen Haftpflichtgesetzen herrschend und
ist es auch noch auf dem Gebiete des Privatrechts, wo der Schadensersatz
für körperliche Beschädigungen, die eine Erwerbsunfähigkeit zur Folge haben,
sich nach der Verschiedenheit der wirtschaftlichen Stellung des Beschädigten
in verschiedener Höhe bemißt. Dasselbe Princip nun mußte auch hier zur
Anwendung kommen — worüber es ebenfalls keine Meinungsverschieden=
heit gab. Nur handelte es sich hier darum, wo den Maßstab der Bestim=
mung dieser Verschiedenheit hernehmen? wornach diese Abstufung in der
Sphäre des Arbeiterstandes bestimmen?

Die Haftpflichtgesetze und das Privatrecht bedienen sich zu diesem
Zwecke einfach des richterlichen Ausspruchs; das richterliche Ermessen ent=
scheidet über die Angemessenheit der Höhe des Schadensersatzes im Verhältniß
zur wirtschaftlichen Stellung des Beschädigten. Nun sollte aber durch das
Unfallversicherungsgesetz, wie wir gesehen haben, im vorhinein jede Proceß=
führung und daher auch jede richterliche Judicatur eliminirt werden:
diese Eliminirung war hier principiell geboten, sie hatte hier eine sociale

---

Arbeiter „ethisch" zu begründen versuchte, ungefähr in der Weise „der Arbeiter sei
auch ein Mensch und müsse daher auch zahlen" so kann diese Begründung
nicht als gelungen angesehen werden, denn man könnte dieser „ethischen" Begrün=
dung gewiß mit größerem Rechte eine ethischere entgegensetzen, welche lauten
würde: der Arbeiter sei ein armer Teufel und brauche daher nicht zu zahlen.

Bedeutung (f. oben); man durfte also an diese hier mit Recht verpönte richterliche Entscheidung bei der Bestimmung der Höhe der einzelnen Rente nicht appelliren. Aber auch von einer schiedsrichterlichen Entscheidung wurde abgesehen und die Höhe der Rente einfach in ein gesetzliches Verhältniß zum Arbeitslohne gebracht, indem sie nach der Höhe des letzteren abgestuft wird.

Allerdings — ist dieses hier angenommene Princip nicht über alle Kritik erhaben, vielmehr können gegen dasselbe mannigfaltige Einwendungen erhoben werden. Der Arbeitslohn (auch der im Gesetz zur Grundlage genommene Arbeitsverdienst des letzten Jahres) kann etwas Zufälliges und Ausnahmsweises repräsentiren, und die auf seiner Grundlage bemessene Rente ist etwas Dauerndes und Unabänderliches; auch ist ja z. B. der Schaden, den ein Unfall herbeiführt, der einen jungen rüstigen Arbeiter für sein ganzes Leben erwerbsunfähig macht, absolut betrachtet ein viel größerer als der Schaden, der aus einem gleichen Unfall einem 50jährigen Arbeiter erwächst, und dennoch kann der junge, noch auf einer niedrigen Gehaltsstufe stehende Arbeiter nur eine geringere Rente in Anspruch nehmen. Doch sind solche Ungleichheiten, und wenn man will Ungerechtigkeiten, von all und jeder staatlichen Maaßregel untrennbar, da sie erstens aus der Unvollkommenheit aller menschlichen Maaßregeln resultiren, und zweitens all und jede Thätigkeit des Staates den mechanischen Charakter nicht ganz abstreifen kann, und dieser staatliche Mechanismus der Mannigfaltigkeit der wirklichen Lebensverhältnisse sehr schwer anzupassen ist. Es ist also das Princip der Abstufung der Rente nach der Höhe des Arbeitsverdienstes kein absolut richtiges, doch ein unter den gegebenen Verhältnissen noch am meisten entsprechendes.

Weniger als meritales Princip, vielmehr als eine vorläufig noch offen gelassene Lücke des Gesetzes muß es angesehen werden, daß dasselbe die Wohlthat und den Zwang der Versicherung nicht auf den gesammten Arbeiterstand ausdehnt, sondern nur auf einen verhältnißmäßig kleinen Theil desselben.[564] Denn ausgeschlossen aus der Versicherung wurden 1. die Arbeiter des gesammten Kleingewerbes; 2. der größte Theil der land= und forstwirthschaftlichen Gewerbe; 3. die der Eisenbahn= und Schiffsgewerbe; endlich 4. die Bergwerksbetriebe auf vorbehaltene Mineralien.

Daß dieser Ausschluß kein Princip, vielmehr eine aus Opportunitätsrücksichten gebotene Ausnahme zum Ausdruck bringt, wurde mehrfach sowohl seitens der Regierung, wie auch seitens der Majorität des Abgeordnetenhauses, gegenüber den diesbezüglichen Reclamationen der Opposition betont.

Die Ursachen aber dieses Ausschlusses sind theils allgemeine, theils bei jeder der genannten Arbeiterkategorien specielle und verschiedene. Im

---

[564] Nach der gewiß glaubwürdigen Angabe des Abgeordneten Neuwirth in der Debatte über dieses Gesetz fallen von 7 Millionen Arbeitern in Oesterreich unter die Versicherungspflicht nur 1 Million. Der Bericht des Gewerbeausschusses bezeichnete die Ausdehnung der Unfallversicherung auch auf den landwirthschaftlichen Kleinbetrieb als „lediglich eine Frage der Zeit", deren Einführung nur „vorderhand unzweckmäßig und verfrüht" wäre.

allgemeinen sprach für die Beschränkungen der Versicherung auf einen kleineren Kreis die Besorgniß, daß die Lösung der so schwierigen Aufgabe im Beginne durch den allzugroßen Umfang derselben nicht gefährdet werde. Unter dieser Voraussetzung aber war der Ausschluß des Kleingewerbes durch die mindere Gefährlichkeit desselben gerechtfertigt und ebenso der Ausschluß der (ohne Maschinen betriebenen) land= und forstwirtschaftlichen Gewerbe. Für den Ausschluß der Eisenbahn= und Schiffahrtsbetriebe war entscheidend, erstens das bestehende Haftpflichtgesetz vom Jahre 1869 und der Umstand, daß bei der dualistischen Gestaltung der Monarchie und der Ausdehnung dieser Betriebe über die beiden Reichshälften eine diesbezüg= liche gesetzgeberische Maaßregel nicht einseitig ergriffen werden konnte. Endlich war der Ausschluß der Bergwerke auf vorbehaltene Mineralien mit Rücksicht auf die bestehenden Bruderladen, deren Reform gleichzeitig in Angriff genommen wurde, begründet.

Die formalen Principien des Unfallversicherungsgesetzes.

Von den formalen Principien dieses Gesetzes bezieht sich das erste auf §. 230. die Organisation der Versicherungsanstalten. Es konnte hier in erster Reihe die Gründung einer einzigen Versicherungsanstalt für den ganzen Staat in Betracht kommen, wie das in Deutschland ursprünglich (der erste deutsche Gesetzesentwurf) geplant war. Doch wenn schon in Deutschland gegen diese Modalität die Einwendung zu großer „Schwerfälligkeit" er= hoben wurde, desto mehr Bedenken mußten in Oesterreich gegen eine solche „Reichsversicherungsanstalt" sich rege machen, wo nicht nur die Ausdehnung des Arbeitsfeldes, sondern auch die Heterogeneität der territorialen Bestand= theile des Staates einer einheitlichen Verwaltung einer solchen Anstalt große Hindernisse in den Weg legen würden.

In zweiter Reihe konnte nach dem Muster des in Deutschland ein= geführten Systems eine berufsgenossenschaftliche Organisation der Versicherung in Betracht kommen, wobei die einzelnen Betriebszweige jeder für den ganzen Staat seine eigene Versicherungsanstalt erhielte. Doch schon in Deutschland erhoben sich gegen dieses System als gegen ein zu „complicirtes" gewichtige Bedenken. Ueberdieß aber wurde seitens der Regierung mit Recht darauf hingewiesen, daß bei einer genossenschaftlichen Organisation einzelne gefährliche Betriebe, welche zudem in kleiner An= zahl vorhanden sind, wie z. B. Dynamitfabriken, bei einem sich ereignenden größeren Unfalle einfach der Gefahr des Zugrundegehens ausgesetzt wären.[565] Um also einerseits die Schwerfälligkeit der Verwaltung einer Reichsanstalt, und andererseits die Complicirtheit und Gefährlichkeit einer genossenschaft= lichen Organisation der Versicherung zu vermeiden, entschied sich der Gesetz= geber für eine territoriale Theilung der Versicherung durch Gründung von Landesversicherungsanstalten in den einzelnen Ländern für alle in dem

---

[565]) Vergl. die Rede des Regierungsvertreters Dr. Steinbach im Abgeordneten= hause am 7. December 1883.

einzelnen Lande vorhandenen Betriebe, ein System, welches speciell für die österreichischen Verhältnisse das natürlichste und einfachste ist.

Das zweite formale Princip bezieht sich auf die Art und Weise der Beschaffung der erforderlichen Fonds. Es konnte nämlich zu diesem Zwecke entweder das Umlage- oder das Capitalsbedeckungsverfahren gewählt werden. Das erstere besteht darin, daß von den Beitragspflichtigen jährlich nur soviel eingehoben wird, wieviel zur Auszahlung der in demselben Jahre fällig werdenden Entschädigungsrenten erforderlich ist. Bei diesem Verfahren wird also nur die Rente eingehoben, das derselben entsprechende und zu ihrer Deckung nöthige Capital wird aber nicht angelegt, daher dieses Verfahren momentan (für die ersten Jahre) die Kräfte der Beitragleistenden weniger anspannt, allerdings auf spätere Generationen, welche die angehäuften Renten, für die keine Capitalsdeckung vorhanden ist, zu zahlen haben, eine um so größere Bürde überwälzt. Dieses Verfahren wurde in Deutschland eingeführt, allerdings aber auch die nothwendige Consequenz desselben gezogen, indem statt der fehlenden Capitalsdeckung die Staatsgarantie als Reserve statuirt wurde. Da der österreichische Gesetzgeber, wie wir gesehen haben, jeden Beitrag des Staates zur Arbeiterversicherung aus guten Gründen perhorrescirte (der Ausschußbericht bezeichnete die Verwendung staatlicher Mittel zu diesem Zwecke als eine „communistische Maaßregel"): so mußte er auch consequenterweise jede Staatsgarantie ablehnen, und da ohne eine solche ein Umlageverfahren für die Zukunft keinerlei Sicherheit bietet zum Zwecke der Beschaffung der erforderlichen Fonds, das auch versicherungstechnisch einzig richtige Capitalsdeckungsverfahren einzuführen. Dasselbe besteht darin, daß die Beiträge in gleichen Beträgen jährlich eingehoben werden, und zwar in der Höhe, daß durch dieselben in jedem Jahre das den zu zahlenden Renten entsprechende Capital aufgebracht werde. Allerdings stellt nun dieses Verfahren an die Beitragsleistenden vom Anbeginn an größere Ansprüche; dagegen überwälzt es auf spätere Generationen keine unbedeckten Schulden, daher es nicht nur versicherungstechnisch das richtige, sondern auch ethisch das allein gerechtfertigte ist.[566])

Das dritte formale Princip bezieht sich auf die Verwaltung der Versicherungsanstalten. Dabei handelte es sich um die Entscheidung der Frage, wer diese Verwaltung zu führen habe. Daß es nicht der Staat sei, folgt aus dem nichtstaatlichen Charakter dieser Anstalten, zu deren Erhaltung

---

[566]) In der Frage dieses finanziellen Verfahrens stimmten zwar auch die Führer der Opposition für das von der Regierung und der Majorität acceptirte Capitalsdeckungsverfahren (der Abg. Bärnreither trat für dasselbe in einer ausführlichen Rede am 20. Mai 1886 ein). Nichtsdestoweniger gab es auch Gegner des Capitalsdeckungsverfahrens, welche durch das Umlageverfahren der Industrie die, aus ersterem gleich am Anfange resultirende größere Belastung ersparen wollten. Gegen diese letzteren vertheidigte der Regierungsvertreter Dr. Steinbach das Capitalsdeckungsverfahren mit folgenden Worten: „Mathematisch ist die ganze Sache identisch. Die Frage ist nur, wie diese Last vertheilt werden soll; beim Umlageverfahren wird sie auf die Zukunft gewälzt. Für Dinge aber, für welche die Gegenwart aufzukommen hat, soll sie auch aufkommen. Das erheische das sociale Pflichtgefühl."

der Staat nichts beiträgt. Aus demselben Grunde folgt aber auch, daß es
diejenigen, beziehungsweise die Vertreter derjenigen zu verwalten berechtigt
sein müssen, die durch ihre Beitragsleistungen die Existenz dieser Anstalten
ermöglichen — und das sind in Oesterreich die Unternehmer und die
Arbeiter. Daß diese letzteren in Deutschland von der Verwaltung der
Versicherungsanstalten ausgeschlossen sind, ist eben eine Folge ihrer dortigen
Befreiung von der Beitragsleistung. In Oesterreich dagegen ist es nicht
der kleinste Vorzug der Herbeiziehung der Arbeiter zur Beitragsleistung,
daß sie — was allerdings nur recht und billig ist — auch an der Ver=
waltung dieser Anstalten theilnehmen. Dabei richtet sich das Maaß der
Theilnahme an der Verwaltung nicht nach dem Verhältniß der Beitrags=
leistung, sondern nach dem Verhältniß des moralischen Interesses an dem
Bestande dieser Anstalten, welches sehr wohl als gleich gedacht werden
kann, sowohl bei den Arbeitern wie bei den Unternehmern, wie auch endlich
beim Staate. Daher denn in den Vorstand der Anstalten diese drei
Factoren je mit einem Drittel der Mitglieder vertreten sind.

Der Umstand aber, daß der Staat ein Drittel der Vorstandsmitglieder
ernennt, ist endlich eine Consequenz des vierten formalen Princips, wonach
der Staat sich die Aufsicht über die ganze Gebahrung dieser Anstalten vor=
behält, welches Recht er nicht nur aus dem Grunde in Anspruch nimmt, daß
es sich bei der Verwaltung dieser Anstalten um das Wohl einer zahlreichen
Classe von Staatsbürgern und um ein wichtiges öffentliches Interesse —
um die sociale Frage — handelt, sondern speciell auch aus dem Grunde,
weil das angenommene Capitalsbeckungsverfahren der Verwaltung dieser
Anstalten Capitalien anvertraut, welche zur Deckung von Rentenzahlungen
künftiger Generationen dienen sollen, deren berufenster Vertreter in der
Gegenwart nur der Staat sein kann.

Das vierte scheinbar formale Princip, welches bei der Verwaltung
der Unfallversicherungsanstalten zur Geltung kommt, das aber gleichzeitig
eine tief einschneidende meritale Bedeutung hat, bezieht sich auf die sog.
Carenzzeit. Nachdem nämlich neben den Unfallversicherungsanstalten
Krankencassen theils bereits bestanden, theils die allgemeine Einführung
solcher in Aussicht genommen war: so war es naheliegend, im Interesse
der Unfallversicherungsanstalten den Zeitpunkt des Beginnes der Leistungs=
pflicht der letzteren nicht mit dem Zeitpunkt des eingetretenen Unfalles
zusammenfallen, sondern den Beschädigten zuerst eine kurze Zeit von der
Krankencasse, bei der er versichert wäre, verpflegen zu lassen. Die Bestim=
mung einer solchen Carenzzeit empfiehlt sich aber auch aus inneren, mit
der Natur der Unfallversicherung sachlich zusammenhängenden Gründen.
Die Unfallversicherung soll ihrem Wesen und ihrer Bestimmung nach nur
gegen die Folgen solcher Unfälle versichern, welche eine dauernde Erwerbs=
unfähigkeit nach sich ziehen. Nun giebt es ja Unfälle, welche nur eine
sehr kurze, eine mehrtägige oder einige Wochen dauernde Krankheit und
Erwerbsunfähigkeit zur Folge haben, nach deren glücklichem Verlaufe der
Betroffene seinen Erwerb wieder aufnehmen kann.

Wäre nun die Kranken= und Unfallversicherung in ein und denselben

Anstalten vereinigt (wie das bei einigen Bruderladen oft der Fall war), oder wären beide Versicherungen ganz nach denselben Principien speciell mit Rücksicht auf die Beitragsleistungen organisirt: dann wäre die Carenz-zeit nur eine leere Formalität und hätte keinerlei principielle Bedeutung. Anders verhielt und verhält sich die Sache in vorliegendem Falle.

Die Krankenversicherung war in Oesterreich auf andere Principien rücksichtlich der Beitragsleistung theils schon organisirt, theils war deren Organisirung auf andere Principien in Aussicht genommen, namentlich sollte dieselbe, wie sie es theilweise schon war, auch in der Zukunft mehr auf dem Principe der Selbsthilfe aufgebaut werden. Unter solchen Um-ständen gestaltete sich die Bestimmung einer längeren oder kürzeren Carenz-zeit bei der Unfallversicherung zu einer größeren oder geringeren Belastung der Krankencassen, und da erstere vorwiegend von den Unternehmern, letztere vorwiegend von den Arbeitern bestritten wird, zu der principiell wichtigen und sehr heiklen Frage der Vertheilung der Belastung zwischen Arbeitnehmer und Arbeitgeber.

In Deutschland nun sind zwar die Arbeiter von jeder Beitrags-leistung für die Unfallversicherung befreit, dagegen wurde die Carenzzeit bei der letzteren auf 13 Wochen bestimmt, womit der allergrößte Theil der Unfallentschädigungen auf die von den Arbeitern bestrittenen Krankencassen abgewälzt wurde. Der österreichische Gesetzgeber entschloß sich für eine viel kürzere, und zwar eine nur fünfwöchentliche Carenzzeit (der Gewerbe-ausschuß hatte nur vier Wochen beantragt), wodurch eigentlich von der Unfallversicherung nur diejenigen Fälle ausgeschieden erscheinen, welche thatsächlich, ihrer Natur nach, nicht dahin gehören.

Nach obiger Darlegung der Principien des Unfallversicherungsgesetzes werden die nun folgenden Einzelbestimmungen desselben leicht verständ-lich sein.

Die versicherungspflichtigen Betriebe und Personen.

§. 231. Als versichert erklärt das Gesetz alle in Fabriken und Hüttenwerken auf nicht vorbehaltene Mineralien, auf Werften, Stapeln und in Brüchen, sowie in den zu diesen Betrieben gehörigen Anlagen beschäftigten Arbeiter und Betriebsbeamten; ferner alle Arbeiter und Betriebsbeamten, welche in Gewerbsbetrieben, die sich auf die Ausführung von Bauarbeiten erstrecken, beschäftigt sind. Das Gesetz findet keine Anwendung auf solche Arbeiter, welche, ohne in einem Gewerbsbetriebe der bezeichneten Art beschäftigt zu sein, lediglich einzelne Reparaturarbeiten an Bauten ausführen. Beim Bau ebenerbiger Wohn- und Wirthschaftsgebäude auf dem flachen Lande, sowie bei sonstigen landwirthschaftlichen Bauten findet eine Versicherungspflicht nicht statt, sofern dabei nur der Bauherr, seine Hausgenossen oder andere Bewohner desselben Ortes, welche solche Bauführungen nicht gewerbemäßig betreiben, beschäftigt sind.

Den an erster Stelle oben angeführten Betrieben gelten gleich:

1. Jene Betriebe, in welchen explodirende Stoffe erzeugt oder verwendet werden;

2. jene gewerblichen oder land- und forstwirthschaftlichen Betriebe, bei denen Dampfkessel oder solche Triebwerke in Verwendung kommen, die durch elementare Kraft (Wind, Wasser, Dampf, Leuchtgas, Heißluft, Elektricität u. s. w.) oder durch Thiere bewegt werden. Doch findet diese Bestimmung keine Anwendung auf solche Betriebe, für welche nur vorübergehend eine nicht zu der Betriebsanlage gehörige Kraftmaschine benützt wird.

Wird in einem versicherungspflichtigen land- oder forstwirthschaftlichen Betriebe eine zu der Betriebsanlage gehörige Kraftmaschine in solcher Weise benützt, daß nur eine bestimmte Anzahl von Arbeitern und Betriebsbeamten der mit dem gesammten Maschinenbetriebe verbundenen Gefahr ausgesetzt sind, so beschränkt sich die Versicherungspflicht auf die dieser Gefahr ausgesetzten Personen. Den Ausschlag daher bei der Bestimmung der versicherungspflichtigen Betriebe giebt das Moment der Gefährlichkeit, sei es daß dieselbe herbeigeführt wird durch die Größe und Ausdehnung, durch die Art und Weise des Betriebes oder durch die Gefährlichkeit des bearbeiteten Materials oder endlich der in Anwendung kommenden Triebkräfte.

Als Arbeiter beziehungsweise als Betriebsbeamte im Sinne des Unfallversicherungsgesetzes sind auch Lehrlinge, Volontäre, Praktikanten und andere Personen anzusehen, welche wegen noch nicht beendeter Ausbildung keinen oder einen niedrigeren Arbeitsverdienst beziehen (§. 1).

Auf Eisenbahn- und Binnenschifffahrtsbetriebe finden die Bestimmungen dieses Gesetzes in der Regel keine Anwendung, nur wenn dieselben als integrirende Bestandtheile eines versicherungspflichtigen Betriebes betrachtet werden müssen. Doch bleiben jene Arbeiter und Betriebsbeamten den Bestimmungen dieses Gesetzes unterworfen, welche zwar von Eisenbahnunternehmungen beschäftigt werden, auf welche jedoch das Haftpflichtgesetz vom 5. März 1869 RGB. Nr. 27 mit Rücksicht auf ihre Beschäftigung außerhalb des Verkehres keine Anwendung findet (§. 2).

Ausgenommen sind von der Zwangsversicherung nach diesem Gesetze:

1. Die in Bergwerken auf vorbehaltene Mineralien und den dazu gehörigen Anlagen beschäftigten Arbeiter, weil für dieselben durch ein besonderes Versicherungsgesetz vorgesorgt wird. [567]

2. Die bei Schiffahrtsbetrieben, welche den Seegesetzen unterliegen, beschäftigten Arbeiter.

3. Staats-, Landes- und Gemeindebeamte oder Bedienstete, die beim

---

[567] Ein solches Gesetz erfloß unterm 28. Juli 1889 RGB. Nr. 127, betreffend die Regelung der Verhältnisse der nach dem allgemeinen Berggesetze errichteten oder noch zu errichtenden Bruderladen. Der §. 4 dieses Gesetzes bestimmt, daß die Provisionscasse der Bruderlade verpflichtet ist, einem in Folge Krankheit oder Alters, oder Betriebsunfalles dauernd erwerbsunfähig gewordenen Mitgliede eine Rente (Provision) zu gewähren, die mindestens 100 fl. für Männer und 50 fl. für Frauen zu betragen hat (s. unten §. 242).

Eintritt eines Betriebsunfalles pensionsberechtigt sind, wenn ihre Pension die Unfalls=Rente nach diesem Gesetze erreicht oder übersteigt (§. 4).

Auch können einzelne versicherungspflichtige Unternehmungen, welche aber für die darin beschäftigten Personen mit keiner Unfallsgefahr verbunden sind, vom Minister des Innern von der Versicherungspflicht befreit werden;[565] ebenso ist derselbe berechtigt, nichtversicherungspflichtige Unternehmungen nach Umständen dieser Pflicht zu unterwerfen (§. 3).

Der Gegenstand der Versicherung.

§. 232. Der Sprachgebrauch ist schwankend in der Bezeichnung des Gegen= standes der Versicherung — und diese Unsicherheit der Ausdrucksweise spiegelt sich auch in unserem Gesetze.

Während es nämlich im §. 1 heißt, daß die Arbeiter „gegen die Folgen der beim Betriebe sich ereignenden Unfälle versichert werden", wonach es scheinen könnte, als ob „die Folgen der Unfälle" Gegenstand der Versicherung wären, was logisch nicht zu rechtfertigen ist: drückt sich der §. 5 correcter dahin aus, daß „den Gegenstand der Versicherung der Ersatz des Schadens, welcher durch eine Körperverletzung oder durch den Tod des Versicherten entsteht, bildet" und nachdem der folgende Para= graph erklärt, daß dieser Ersatz in einer Rente besteht, so folgt daraus, daß den Gegenstand der Versicherung eine Rente bildet, welche Formu= lirung wohl die richtige sein dürfte.[569]

Diese Rente erhält im Falle einer Körperverletzung vom Beginn der fünften Woche nach Eintritt des Unfalls der Versicherte für die Dauer der Erwerbsunfähigkeit (§. 6); für den Fall des in Folge des Unfalles ein= getretenen Todes des Versicherten dessen Hinterbliebenen (§. 7).

Was die Höhe dieser Rente anbelangt, so wird dieselbe auf Grund= lage des Jahres=Arbeitsverdienstes berechnet. Zu diesem Zwecke wird zu=

---

[568] Auch kann ein Unternehmer dann von der Versicherungspflicht nach diesem Gesetze befreit werden, wenn er seine eigene, staatlich genehmigte, die ge= setzlichen Garantieen bietende Versicherungsanstalt besitzt (§. 57); auch können eine Anzahl von Unternehmern eine solche besondere Versicherungsanstalt gründen und, wenn dieselbe die nöthigen Garantieen bietet, von der allgemeinen Versicherungs= pflicht befreit werden (§§. 58—59).

[569] Daß der Sprachgebrauch hier schwankt und sich nicht darüber klar ist, was als Gegenstand der Versicherung zu bezeichnen ist, dafür diene als Beweis die Formulirung dieses Satzes bei Piloty (Das Reichs=Unfallsversicherungsrecht. Würzburg 1890). Dort heißt es (B. I S. 184): „Gegenstand der Versicherung sind die bei den Versicherungsbetrieben sich ereignenden Unfälle". Das scheint mir nicht richtig zu sein. Denn Unfälle treten jedenfalls ein, insoferne man sich gegen dieselben nicht durch technische und maschinelle Vorrichtungen versichern, d. h. schützen kann; könnte man sich gegen Unfälle vollständig versichern, dann brauchte man keine andere Versicherung. Den Gegenstand der Versicherung bildet vielmehr das, was ohne dieselbe nicht eintritt, d. h. die Rente; diese wird dem Arbeiter für den Fall seiner Arbeitsunfähigkeit zugesichert, auf die Rente geht die Versicherung; daher ist die Ausdrucksweise des §. 5 (und auch des deutschen Gesetzes) die richtige, daß den „Gegenstand der Schadenersatz", d. i. die Rente, bildet.

nächst der Arbeitsverdienst ermittelt, welchen der Verletzte während des letzten Jahres seiner Beschäftigung in dem Betriebe, wo der Unfall sich ereignete, bezogen hat.[570]) Das Dreihundertfache des durchschnittlichen täglichen Arbeitsverdienstes gilt als Jahresarbeitsverdienst.[571])

Uebersteigt der Jahresarbeitsverdienst eines Arbeiters oder Betriebsbeamten die Summe von zwölfhundert Gulden, so bleibt der Mehrbetrag außer Berechnung.

Die Rente beträgt nun:

a) im Falle gänzlicher Erwerbsunfähigkeit und für die Dauer derselben 60 Percent des Jahresarbeitsverdienstes.

b) im Falle theilweiser Erwerbsunfähigkeit[572]) einen Bruchtheil der obigen Rente, der nach dem Maaße der verbliebenen Erwerbsfähigkeit zu bemessen ist, jedoch nicht über 50 Percent des Jahresverdienstes betragen darf (§. 6). Im Falle des Todes gebührt den Hinterbliebenen obendrein: Beerdigungskosten (höchstens 25 fl.) und eine vom Todestage des Getödteten zu gewährende Rente, welche je nachdem es sich um die Wittwe, um zurückgebliebene unmündige Kinder, eheliche oder uneheliche, oder um hilflose Ascendenten handelt, verschieden bemessen wird (von 20—50 Percent des Jahresverdienstes) (§. 7). Zu diesem Jahresverdienste sind auch Tantièmen und Naturalbezüge hinzuzurechnen (§. 8).

Die Versicherungsanstalten.

§. 233. Die Versicherung gegen Unfälle erfolgt durch besondere zu diesem Zwecke errichtete Versicherungsanstalten, welche territorial organisirt

---

[570]) War der Verletzte in dem Betriebe nicht ein volles Jahr, von dem Unfalle zurückgerechnet, beschäftigt, so ist für die Berechnung der Rente jener Arbeitsverdienst maßgebend, welchen während dieses Zeitraumes Arbeiter derselben Art in demselben Betriebe oder in benachbarten gleichartigen Betrieben durchschnittlich bezogen haben.

Findet der Betrieb seiner Natur nach nicht während des ganzen Jahres, sondern nur während einer gewissen Betriebszeit statt, so wird demnach bei der Berechnung des durchschnittlichen täglichen Arbeitslohnes nur die Zahl der Arbeitstage während der Betriebszeit berücksichtigt, wobei zufällige Betriebsunterbrechungen außer Betracht bleiben.

[571]) Der Jahresarbeitsverdienst von Lehrlingen, Volontären, Praktikanten und anderen Personen, welche wegen noch nicht beendeter Ausbildung keinen oder einen niedrigeren Arbeitsverdienst beziehen, wird in derselben Höhe wie der niedrigste Jahresarbeitsverdienst vollgelohnter Arbeiter, beziehungsweise Betriebsbeamter jener Beschäftigung, für welche die Ausbildung erfolgt, jedoch höchstens mit einem Betrage von 300 Gulden bemessen.

[572]) Tritt ein Rentner wieder in entgeltliche Verwendung, so kann eine theilweise oder gänzliche Einstellung der Rente erfolgen (§. 40). Ein Uebereinkommen, wonach der Bezugsberechtigte gegen Auszahlung eines entsprechenden Capitals auf die Rente verzichtet, ist nur dann rechtsverbindlich, wenn demselben die Unterstützungsgemeinde zustimmt (§. 42). Ueber die Versicherungsrente kann der Rentner durch Rechtsgeschäfte nicht verfügen; auch kann dieselbe nicht in Execution gezogen werden (§. 43).

sind und theilweise auf dem Princip der Selbsthilfe, im Ganzen aber auf den Prinzipien der Gegenseitigkeit und der „socialen Pflichterfüllung" beruhen.

In der Regel soll für jedes Land in der Landeshauptstadt eine solche Anstalt bestehen.[573]) Die Regierung kann jedoch nach Bedarf die Anzahl derselben vervielfältigen oder restringiren — auch die territorialen Gränzen ihrer Wirksamkeit ändern. Diese Anstalten stehen unter staatlicher Aufsicht (§. 9). Mitglieder derselben sind die Betriebsunternehmer der betreffenden Bezirke, ihre Arbeiter und Betriebsbeamten (§. 10).

Der Vorstand dieser Versicherungsanstalten muß aus einer durch drei theilbaren Anzahl von Mitgliedern bestehen, von welchen ein Drittel aus Vertretern der Betriebsunternehmer, das zweite Drittel aus Vertretern der Versicherten und das letzte Drittel aus solchen mit den wirthschaftlichen Verhältnissen des Bezirkes vertrauten Personen besteht, welche von dem Minister des Innern nach Einvernehmung des betreffenden Landesausschusses zu dem Vorstand berufen werden.

Der Minister des Innern ist berechtigt, den Vorstand einer Versicherungsanstalt aufzulösen und die Geschäftsführung und Vertretung derselben provisorisch einem Verwalter zu übertragen. Jedoch ist der Minister gehalten, binnen vier Wochen nach der Auflösung die nöthigen Veranlassungen behufs neuerlicher Constituirung des Vorstandes zu treffen (§. 12).

Jede Versicherungsanstalt muß ein, nach einem vorgeschriebenen Musterstatut ausgearbeitetes, behördlich genehmigtes Statut besitzen.[574])

Jede Anstalt muß nach Vorschrift des Gesetzes einen Reservefond für sich bilden und zu einem gemeinsamen Reservefond aller österr. Versicherungsanstalten beisteuern (§. 15).

---

[573]) Durch die territoriale Grundlage der Versicherungsanstalten unterscheidet sich wie schon erwähnt das österreichische UBG. von dem deutschen, welches auf berufsgenossenschaftlicher beruht. Während es also in Oesterreich nur so viel Unfallversicherungsanstalten zu geben braucht, wie viel es Länder giebt, wobei einige kleinere Länder zu einer Anstalt zusammengelegt werden können: giebt es in Deutschland 64 Berufsgenossenschaften, welche die Versicherung üben; 28 von denselben dehnen sich über das ganze Reich aus. Es scheint sich zu bewähren, daß das österreichische Territorialsystem bei der Bildung der Versicherungsanstalten vortheilhafter ist, weil die Verwaltung derselben eine concentrirtere und intensivere sein kann. Solcher Versicherungsanstalten wurden sieben errichtet u. z. in Wien für Niederösterreich, in Prag für Böhmen, in Brünn für Mähren und Schlesien, im Lemberg für Galizien und Bukowina, in Salzburg für Oberösterreich, Salzburg, Tirol und Vorarlberg, in Graz für Steiermark und Kärnten, in Triest für Görz, Gradisca, Istrien, Krain und Dalmatien (MB. v. 22. Jänner 1889 RGB. Nr. 11).

[574]) Dasselbe hat zu enthalten: die näheren Bestimmungen über das active und passive Wahlrecht der Mitglieder, sowie über die Wahl der Vertreter der Betriebsunternehmer und der Versicherten; ferner sind in das Statut Bestimmungen über die Beitragsperiode aufzunehmen. Sowohl das Statut, wie alle späteren Abänderungen desselben, bedürfen zur Gültigkeit der staatlichen Genehmigung.

Das Statut hat auch die erforderlichen Bestimmungen über die Form und den Inhalt der vorgeschriebenen von den Betriebsunternehmern an die Versicherungsanstalt zu erstattenden Anzeigen und derselben zu liefernden Berechnungen und ... ...ungen, sowie darüber zu enthalten, in welcher Weise diese Anzeigen, Be-

Die Einreihung in die Gefahrenclassen.

§. 234. Sämmtliche versicherungspflichtigen Betriebe werden in Gefahren-classen eingetheilt.

Das Verhältniß, in welchem die versicherungspflichtigen Betriebe hinsichtlich des Durchschnittsmaaßes ihrer Unfallsgefahr zu einander stehen, wird ziffermäßig in der Weise festgestellt, daß das Durchschnittsmaaß für die gefährlichsten Betriebe gleich 100 gesetzt und barnach das Durchschnittsmaaß aller übrigen Betriebe in Percentsätzen bemessen wird.

Auf Grund dieser Bemessung erfolgt im Verordnungswege, auf Grund der Unfallstatistik die Einreihung der versicherungspflichtigen Betriebe in die einzelnen Gefahrenclassen in der Weise, daß jede Gefahrenclasse mehrere ziffermäßig unmittelbar auf einander folgende Percentsätze umfaßt.

Diese Einreihung in Gefahrenclassen und Percentsätze derselben nimmt die Versicherungsanstalt vor; auch muß diese Einreihung veröffentlicht und von fünf zu fünf Jahren auf Grund der Erfahrungen sämmtlicher Anstalten einer Revision unterzogen werden (§. 14).[575]

Die Beiträge zur Unfallversicherung.

§. 235. Die Mittel zu der nach versicherungstechnischen Grundsätzen zu berechnenden Deckung der von den Anstalten zu leistenden Ersätze, der Verwaltungskosten, sowie eines gesetzlich normirten Reservefondes werden durch Beiträge der Mitglieder aufgebracht.[576] Als Grundlage zur Bemessung dieser Beiträge dient ebenfalls das Arbeitsverdienst der Versicherten — bis zur Höhe von 1200 fl.; ein diesen Betrag übersteigendes Arbeitsverdienst kommt nur mit diesem Betrag in Anrechnung. Der Tarif zur Bemessung der Beiträge wird von der Anstalt aufgestellt und muß

---

rechnungen und Nachweisungen an die Versicherungsanstalt zu gelangen haben. — Ein Musterstatut für Unfallversicherungsanstalten ist vom Ministerium mit der Kundmachung vom 24. Jänner 1889 RGB. Nr. 13 veröffentlicht worden.

[575] Diese Eintheilung in Gefahrenclassen und Festsetzung der Procentsätze innerhalb derselben erfolgte mit Min.-Ver. v. 22. Mai 1889 RGB. Nr. 76; die Feststellung des Tarifes für das erste Betriebsjahr mit Min.-Ver. v. 28. December 1887 RGB. Nr. 77. Es wurden für alle zu 15 Industriegruppen gehörenden Betriebe 12 Gefahrenclassen und innerhalb derselben folgende Percentsätze statuirt: Gefahrenclasse 5— 7 mit Beitr. von 28— 40 Kr.

Gefahrenclasse								
„	II	„	„	„	8— 10	„	„	„ 45— 57 „
„	III	„	„	„	11— 13	„	„	„ 62— 74 „
„	IV	„	„	„	14— 17	„	„	„ 79— 96 „
„	V	„	„	„	18— 21	„	„	„ 1·02—1·19 „
„	VI	„	„	„	22— 27	„	„	„ 1·25—1·53 „
„	VII	„	„	„	28— 34	„	„	„ 1·59—1·93 „
„	VIII	„	„	„	35— 42	„	„	„ 1·98—2·38 „
„	IX	„	„	„	43— 52	„	„	„ 2·44—2·95 „
„	X	„	„	„	53— 64	„	„	„ 3·00—3·63 „
„	XI	„	„	„	65— 80	„	„	„ 3·68—4·53 „
„	XII	„	„	„	81—100	„	„	„ 4·59—5·67 „

[576] In Deutschland werden die Kosten der Unfallversicherung blos durch Beiträge der Betriebsunternehmer gedeckt; die Arbeiter leisten keine Beiträge.

40*

staatlich genehmigt sein. Die Aufstellung des Tarifes hat auf Grund des Beitragssatzes zu erfolgen, welcher für je ein Gefahrenpercent und einen Gulden des Arbeitsverdienstes als erforderlich ermittelt ist (§. 16). Von den so ermittelten Beiträgen fällt dem Versicherten 10 Percent, dem Unternehmer 90 Percent zur Last. Die Beiträge für diejenigen Versicherten, die keinerlei Lohn in Geld beziehen, zahlt der Unternehmer ganz (§. 17). Die Betriebsunternehmer haben die Pflicht, der Versicherungsanstalt über alle versicherungspflichtigen Betriebe die Anzeige zu erstatten; dieselbe hat die Zahl der Arbeiter und deren Lohn zu enthalten. Auch die politische Behörde hat die Pflicht, der Versicherungsanstalt über solche Betriebe Mittheilung zu machen.[677] Nach Empfang solcher Anzeigen und Mittheilungen nimmt die Anstalt die Classificirung und Tarifirung des Betriebes vor und stellt dem Betriebsunternehmer ihre Entscheibung zu, der dagegen bei der politischen Behörde Einspruch erheben kann; gegen die Entscheidung der letzteren geht der Rechtszug an das Ministerium. Zur Einspruchserhebung ist auch das bei der Versicherungsanstalt bestehende Organ der Regierung berechtigt.

Gegenseitige Rechte und Pflichten.

§. 236. Die Betriebsunternehmer haben der Versicherungsanstalt gegenüber die Anzeigepflicht bezüglich aller bei ihnen sich ereignenden Unfälle; hat ein Betriebsunternehmer den Unfall verschuldet, so muß er die Anstalt schadlos halten. Die Anstalt ist in solchem Falle berechtigt, statt des Ersatzes der Rente, das entsprechende Capital zu fordern (§. 45). Gelangt ein Unfall zur Anzeige, so stellt die politische Behörde den Thatbestand fest; die Anstalt kann sich an den diesbezüglichen Erhebungen betheiligen. Die Entschädigung ist in der Regel von amtswegen festzustellen. Ist dieß nicht geschehen, so kann der Beschädigte binnen Jahresfrist seinen Anspruch anmelden. Die Renten sind monatlich im voraus auszuzahlen. Die Ansprüche, welche der Beschädigte gegenüber Bruderladen, Krankencassen und ähnlichen Vereinen hat, werden durch die Ersatzpflicht der Versicherungsanstalt nicht beeinträchtigt. Auch gegen Personen, die an dem Unfall Schuld tragen, behält er seine Ersatzansprüche; nur tritt in solchem Falle die Anstalt bis zur Höhe des von ihr zu leistenden Ersatzes an die Stelle des Beschädigten (§. 47).

Die Anstalten sind nicht berechtigt, die Anwendung der Bestimmungen des UV. Gesetzes durch Verträge mit den Berechtigten zu ihren Gunsten im voraus auszuschließen. Solche Verträge sind ungiltig (§. 44).

Ueber zwischen den Entschädigungswerbern und der Anstalt streitige Entschädigungsansprüche entscheidet ein bei jeder Versicherungsanstalt bestehendes Schiedsgericht, dessen Zusammensetzung das Gesetz (§. 38) bestimmt und dessen Vorsitzenden die Regierung aus den richterlichen Staats

---

[677] Die Anzeigepflicht der Unternehmer bezieht sich auch auf etwaige Aenderungen in der Art des Betriebes, die auf die Einreihung in die Gefahrenclasse oder den Percentsatz von Einfluß sein können (§. 19).

beamten ernennt, gegen beſſen Erkenntniſſe keine Rechtsmittel zuläſſig und
die im gerichtlichen Wege vollſtreckbar ſind. Tritt in den Verhältniſſen,
welche für die Feſtſtellung der Entſchädigung maaßgebend waren, eine
Aenderung ein, ſo kann auch eine nachträgliche geänderte Feſtſtellung der
Entſchädigung ſeitens der Anſtalt erfolgen (§. 39).

Krankenverſicherung.

§. 237. In engem Anſchluß an die Unfallverſicherung wurde mit dem Geſetz
vom 30. März 1888 die obligate Krankenverſicherung der Arbeiter ge=
geregelt.[578] Das Geſetz beruht zum Theil auf denſelben Principien wie das Un=
fallverſicherungsgeſetz, und zwar: Verſicherungszwang, Errichtung ſtaatlich
genehmigter und vom Staat beaufſichtigter Verſicherungsanſtalten (Kranken=
caſſen) auf dem Princip der Selbſthilfe und der Gegenſeitigkeit (Beitrags=
pflicht der Arbeitgeber und Arbeiter), ſtrenge ſtaatliche Aufſicht und Con=
trole der Geldgebahrung der Verſicherungsanſtalten (Krankencaſſen), daher
auch Pflicht derſelben zur Rechnungslegung gegenüber der Staatsverwaltung.

Doch bringt es die weſentlich verſchiedene Natur der Krankheit und
des Unfalles mit ſich, daß einerſeits dieſelben Principien auf dieſe beiden
Verſicherungszweige angewendet bei jedem derſelben eine weſentlich ver=
ſchiedene Bedeutung annehmen und weſentlich verſchiedene Folgen haben,
und daß andererſeits die Organiſation der Krankenverſicherung die Anwen=
dung gewiſſer, ſowohl durch die beſondere Natur des Gegenſtandes, wie
auch durch das hiſtoriſche Entwickelungsſtadium der Krankenverſicherung be=
dingter beſonderer Verwaltungs=Principien nothwendig macht.

Die wichtigſte Verſchiedenheit des Gegenſtandes (Krankheit und
Unfall), welche eine Verſchiedenheit der zum Zwecke der Verſicherung zu
ergreifenden Maaßregeln nach ſich zieht, liegt darin, daß von Krankheiten
eine ungleich größere Menſchenanzahl bedroht und betroffen wird als von
Unfällen; auch iſt die Unfallgefahr zumeiſt nur bei gewiſſen gefährlichen
Betrieben vorherrſchend, während die Krankheitsgefahr im Großen und
Ganzen über alle Erwerbs= und Berufszweige gleichmäßig verbreitet iſt.

Daraus folgt, daß gegen die Folgen von Krankheiten eine viel größere
Anzahl von Menſchen verſichert werden muß, als gegen Unfallgefahr, und
daher die zu ergreifenden Maaßregeln in die Lebensverhältniſſe der ar=
beitenden Claſſen viel tiefer eingreifen, als die zum Zwecke der Unfall=
verſicherung.

Will alſo der Staat auch bei der Krankenverſicherung das Princip
des Zwanges zur Anwendung bringen, ſo muß er von ſeiner hoheitlichen
Macht einen viel nachdrücklicheren und energiſcheren Gebrauch machen, in
die Sphäre der individuellen Freiheit und Selbſtbeſtimmung viel tiefer ein=
greifen, als das bei der Unfallverſicherung der Fall zu ſein braucht.[579]

---

[578] Einige §§. dieſes Geſetzes wurden mit Geſ. v. 4. April 1889 RGB. Nr. 39
abgeändert.

[579] Es ſei an dieſer Stelle darauf hingewieſen, in welchem ſchroffen Gegen=

Eine weitere Folge der größeren Häufigkeit der Krankheiten als der Unfälle ist, daß die Bestreitung der Kosten der Krankenpflege und Heilung einen größeren Aufwand erfordern, und daher die Krankenversicherung die zu diesem Zwecke Leistungspflichtigen viel stärker belastet, als die Unfallversicherung und zwar trotzdem, daß die Krankenversorgung sich immer nur auf einen beschränkten kurzen Zeitraum erstreckt, während die Unfallversicherung meist die ganze Lebensdauer der durch den Unfall erwerbslos gewordenen umfaßt.

Wenn also auch bei der Krankenversicherung theilweise das Princip der Selbsthilfe, theilweise das der socialen Pflichterfüllung, endlich beide in der Form allgemeiner Gegenseitigkeit zur Anwendung kommen, so bewirkt es doch die verschiedene Natur des Gegenstandes (Krankheit und Unfall), daß die Consequenzen dieser Principien bei der Krankenversicherung für die Leistungspflichtigen viel empfindlicher sind und alle Interessenten, die Staatsverwaltung nicht ausgenommen, viel mehr in's Mitleiden ziehen, als die Unfallversicherung. Wir werden sehen, wie diese Consequenzen in den einzelnen Bestimmungen des Krankenversicherungsgesetzes zu Tage treten.

Die versicherungspflichtigen Personen.

§. 238. Der Umstand, daß die Gefahr der Erkrankung eine viel größere und umfassendere ist als die Unfallgefahr, zwingt den Gesetzgeber, den Kreis der gegen Krankheit versicherungspflichtiger Personen viel weiter zu ziehen, als dieß bei dem Unfallversicherungsgesetz geschah. Es werden daher

---

satz gerade die modernste Gesetzgebung (Schulzwang, Versicherungszwang u. dgl.) sich zu dem seit der großen französischen Revolution in der Staatstheorie herrschenden Grundsatz der individuellen Freiheit und Selbstbestimmung befindet. Nun kann aber nur Eins richtig sein, Freiheit oder Zwang; Selbstbestimmung oder staatliche Norm — im öffentlichen Leben. Wäre der Grundsatz der individuellen Freiheit und Selbstbestimmung der einzig richtige: dann müßte man solche Gesetze, wie die auf Schulzwang beruhenden Schulgesetze und die auf Versicherungszwang beruhenden neuesten Versicherungsgesetze verdammen. Und doch gelangte der moderne Staat zu diesen letzteren nothgedrungen, und sind alle diese Zwangsgesetze eine unvermeidliche Consequenz der ganzen modernen socialen Entwickelung, eine Consequenz, die der moderne Staat allen Freiheitstheorien zu Trotz ziehen muß, wenn er die Grundlagen seines Bestandes nicht untergraben will. Daraus folgt aber für den denkenden Menschen Eines, d. i. daß jene Grundsätze unbeschränkter individueller Freiheit und Selbstbestimmung mit der Existenz der Staaten unvereinbar sind. Und diese Lehre müssen wir aus der ganzen socialen Entwickelung der modernen Staaten ziehen. Sie ist auch philosophisch und logisch leicht zu begründen: denn nur die Herrschaft garantirt den Bestand der staatlichen Organisation und Herrschaft ist der Gegensatz der Freiheit. Allerdings innerhalb des Rahmens der Herrschaft und staatlicher Normen kann sich gesetzliche Freiheit und individuelle Selbstbestimmung geltend machen; will man aber diesen Zustand wahrheitstreu bezeichnen, so darf man nicht sagen, daß der moderne Staat auf dem Grundsatz der Freiheit und individuellen Selbstbestimmung beruht, sondern daß der moderne Staat den Kreis der individuellen Freiheit und Selbstbestimmung für alle seine Bürger nicht in ungleichem Maaße zu beschränken bestrebt. Das allein wäre die richtige Charakterisirung des modernen Staates.

nicht nur alle gegen Unfälle versicherten Personen auch für den Krankheits=
fall versichert, sondern noch obendrein auch alle Arbeiter und Betriebs=
beamte, welche in Bergwerken auf vorbehaltene Mineralien und den
dazu gehörigen Anlagen, wie auch in einer unter die Gewerbeordnung
fallenden, oder einer sonst gewerbsmäßig betriebenen Unternehmung, endlich
auch beim Eisenbahn= und Binnenschiffahrtsbetriebe beschäftigt sind (§. 1).

Dieser so weit gezogene Kreis der gegen Krankheit versicherungs=
pflichtigen Personen machte es denn auch dem Gesetzgeber unmöglich, eine
kurze und bündige begriffliche Bezeichnung derselben zu geben. Er statuirt die
Versicherungspflicht nicht nur für „Arbeiter und Betriebsbeamte" und er=
klärt, daß als solche auch „Lehrlinge, Volontäre und Praktikanten" anzu=
sehen sind: sondern dehnt die Versicherungspflicht auch auf „andere Per=
sonen aus, welche wegen noch nicht beendeter Ausbildung keinen oder
einen niedrigen Arbeitsverdienst beziehen." [560]

Aus dem Kreise dieser versicherungspflichtigen Personen schließt der
Gesetzgeber ausdrücklich zwei Kategorieen von Personen aus, auf welche
principiell die obligate Krankenversicherung mit demselben Rechte und
aus denselben Gründen wie auf die oben bezeichneten ausgedehnt werden
müßte — und zwar schließt er die eine Kategorie aus dem Grunde aus,
da dieselbe eine anderweitige Krankenversicherung genießt, er sie daher nicht
einzubeziehen braucht, die andere — weil er sie in Anbetracht der ver=
fügbaren Mittel (dieses Wort im weitesten Sinne genommen) nicht ein=
beziehen kann. Zur ersteren Kategorie gehören die Bediensteten, welche in
einem Betriebe des Staates, eines Landes, eines Bezirkes, einer Gemeinde
oder eines öffentlichen Fonds mit festem Gehalte angestellt sind, daher dieser
Versicherungspflicht nicht unterworfen (§. 2). zu werden brauchen, offenbar
aus dem Grunde, weil dieselben, wenn sie zeitweise von Krankheiten be=
troffen werden, ihre Gehalte fortbeziehen.

Die zweite Kategorie bilden die land= und forstwirthschaftlichen Ar=
beiter und Beamten; dieselben fallen nicht unter die Versicherungspflicht
dieses Gesetzes; die Regelung ihrer Versicherung bleibt den Landes=
gesetzen überlassen. Doch können, bis eine solche landesgesetzliche
Regelung erfolgt, die land= und forstwirthschaftlichen Unternehmer mit
ihren Arbeitern und Beamten der Krankenversicherung nach diesem Reichs=
gesetze beitreten. Dasselbe gilt von den Arbeitern der Hausindustrie
(§. 3). Auch können die politischen Behörden solche Personen von dieser

---

[560] Dieser Mangel einer klaren Definition der versicherungspflichtigen Per=
sonen ist dem Regierungsentwurfe im Parlamente zum Vorwurf gemacht worden,
worauf der Regierungsvertreter und Verfasser des Regierungsentwurfes Dr. Stein=
bach die Erklärung abgab, daß wohl eine solche Definition nicht gegeben werden
könne, daß aber alle „Arbeit im Betriebe" unter das Gesetz fällt. Es fallen also
nicht unter das Gesetz 1. alle jene, die nicht arbeiten und 2. alle jene, die nicht
im Betriebe arbeiten, wie z. B. die Dienstboten. Diese Erklärung ist zutreffend
und kann als genaue Bezeichnung des Kreises der versicherungspflichtigen Personen,
allerdings mit Berücksichtigung der im Gesetz (§§. 2 u. 3) statuirten ausdrück=
lichen Ausnahmen, betrachtet werden.

Krankenversicherung befreien, welche im Krankheitsfalle entsprechenden Anspruch auf Verpflegung im Hause ihres Arbeitgebers haben (§. 4).[581]

Von diesen hier statuirten Ausnahmen von der allgemeinen Krankenversicherungspflicht ist es offenbar die Ausnahme aller land- und forstwirthschaftlichen Arbeiter, welche die größte Bedeutung hat, da sie den bei weitem größten Theil der „Arbeit im Betriebe" von der Krankenversicherung ausschließt. Diese Ausnahme wurde denn auch im Parlamente heftig angefochten, insbesondere von den Vertretern der Industrie, welche darin eine Begünstigung der Landwirthschaft, insbesondere des Großgrundbesitzes sahen. Doch wurde diese Ausnahme theils nur aus Opportunität statuirt, da die Einbeziehung der rund acht Millionen zählenden land- und forstwirthschaftlichen Arbeiterschaft die Aufgabe des Gesetzgebers und sohin diejenige der Staatsverwaltung so sehr in's Ungemessene vergrößern würde, daß an ein Zustandekommen, sowohl des Gesetzes, wie auch an eine rasche Durchführung desselben mit Grund gezweifelt werden müßte.

Sollte beides sichergestellt werden, mußte vorderhand auf die obligatorische Einbeziehung sowohl der land- und forstwirthschaftlichen Arbeiter wie auch der Hausindustrie verzichtet werden.

Um aber dabei dem Principe selbst, der Versicherung aller „Arbeit im Betriebe" treu zu bleiben, unterläßt es der Gesetzgeber nicht, bezüglich dieses großen Kreises von Arbeitern zwei wichtige Bestimmungen in's Gesetz aufzunehmen und zwar erstens: daß die Versicherung derselben durch Landesgesetze zu erfolgen habe und zweitens, daß es bis dahin den Unternehmern von land- und forstwirthschaftlichen Betrieben und auch der Hausindustrie frei stehe, mit ihren Arbeitern und Betriebsbeamten unter Zustimmung derselben der Krankenversicherung nach diesem Reichsgesetze beizutreten.

Von diesen zwei Bestimmungen deutet uns die erste zugleich auch den principiellen staatsrechtlichen Grund an, warum die Krankenversicherung der land- und forstwirthschaftlichen Arbeiter nicht gleichzeitig reichsgesetzlich geregelt wurde. Denn neben den erwähnten Opportunitätsbedenken machte sich auch gegen eine solche Regelung ein principielles staatsrechtliches Bedenken geltend, ob der Reichsrath zu einer solchen competent sei und ob die Zwangsversicherung der „land- und forstwirthschaftlichen Arbeiter" nicht als eine „Landescultur"-Angelegenheit der Competenz der Landtage unterliege. Wenn nun auch dieser Zweifel auf Grund der Staatsgrundgesetze keineswegs klar entschieden werden konnte, so entschloß sich der Gesetzgeber doch, gewiß auch in Anbetracht der Schwierigkeit, diese Angelegenheit reichsgesetzlich zu ordnen, für die dießbezügliche Competenz der Landtage, womit er zugleich auch diese Competenzfrage authentisch entschied.[582]

---

[581] Zu diesen Personen gehören auch die bei Mitgliedern von Gewerbegenossenschaften in Verwendung stehenden Lehrlinge, sofern die betreffende Genossenschaft im Sinne der Gewerbeordnung (§. 114 Abs. 2 lit f.) die Fürsorge für erkrankte Lehrlinge mindestens für 20 Wochen übernimmt.

[582] Diejenigen, welche die Ansicht vertraten, daß die Gesetzgebung bezüglich der Krankenversicherung auch der land- und forstwirthschaftlichen Arbeiter zur Competenz des Reichsraths gehöre, beriefen sich auf §. 11 des StGG. v. 21. Dec. 1867

Der Gegenstand der Versicherung.

§. 239.

Gegenstand der Krankenversicherung bildet die Gewährung einer Kranken=unterstützung, welche dem Erkrankten theils in Heilmitteln und ärztlicher Pflege, theils in Geld zu leisten ist. Für das zu leistende Krankengeld so=wie auch für die Dauer der Krankenunterstützung überhaupt setzt das Ge=setz eine unterste und oberste Gränze fest.

Die Mindestleistung der Krankenunterstützung besteht in freier ärzt=licher Behandlung sowie Versorgung mit den nothwendigen Heilmitteln, sodann, wenn die Krankheit mehr als drei Tage dauert und der Kranke erwerbsunfähig ist, in der Zahlung eines täglichen Krankengeldes in der Höhe von 60 % des gerichtsbezirks=üblichen Tagelohnes — in der Dauer von höchstens 20 Wochen. Niederkunft und Wochenbett gelten als Krank=heit. Für den Todesfall zahlt die Krankencasse die Beerdigungskosten mit dem 20 fachen Betrag des täglichen Krankengeldes. Die Höhe des Tag=lohnes wird nach Gerichtsbezirken behördlich festgestellt (§. 7).

An Stelle des Krankengeldes kann Kur und Verpflegung in einem Krankenhause geboten werden (§. 8).[588] Uebernehmen diese Cur und Ver=pflegung öffentliche Krankenanstalten, so haben die Krankencassen, so weit ihre Verpflichtung reicht, die Kosten zu tragen.

Eine Erhöhung obiger Mindestleistungen kann durch das Cassen=statut normirt werden. Doch darf der Berechnung des Krankengeldes weder ein geringerer Lohnbetrag, als der gerichtsbezirks=übliche Taglohn, noch ein höherer als zwei Gulden pro Tag zu Grunde gelegt werden.

Ein diesen Betrag übersteigender Arbeitsverdienst bleibt außer Berech=nung; das Krankengeld kann nicht höher festgesetzt werden als mit 75 Per=cent des der Berechnung zu Grunde gelegten Lohnbetrages. Die höchste Dauer der durch Statut über das gesetzliche Mindestausmaß festzusetzen=den Krankenunterstützung ist ein Jahr; der Höchstbetrag der Beerdi=gungskosten darf 50 fl. nicht übersteigen (§. 9). Die so erhöhten Leistungen können durch geänderte Statuten (ohne rückwirkende Kraft) wieder herab=gesetzt werden (§. 10).

Nr. 141 al. 1 und darauf, daß die in demselben §. a—o aufgezählten Angelegen=heiten nur eine demonstrative, nicht eine tarative Bedeutung haben; daß übrigens die Krankenversicherung in die Verhältnisse des Civil= und Strafrechts wie auch des Heimatrechts bezüglich welchen dieser §. die Competenz des Reichsraths fest=setze, einschlagen. Mehr Berechtigung hatte aber die Ansicht der Gegner, daß die im §. 11 lit. a—o aufgezählten Angelegenheiten eine tarative Bedeutung haben und nachdem dort von einer Zwangs=Versicherungsgesetzgebung keine Erwähnung geschieht, diese Angelegenheit zu den „übrigen Gegenständen" zu zählen sei, welche §. 12 desselben Gesetzes den Landtagen zuweist, denen obendrein die Landes=ordnungen alle „Landescultur"sachen zuweisen. Der Wortlaut des §. 3 des Kranken=versicherungsgesetzes hat diese Streitfrage ein für allemal im Sinne der Länder=autonomie entschieden.

[588] Doch ist dazu bei Kranken, welche mit ihren Ehegatten oder mit anderen Gliedern ihrer Familien in gemeinschaftlichem Haushalte leben, die Zustimmung der Erkrankten (wenn dieselbe durch die Art der Krankheit nicht ausgeschlossen ist) er=forderlich.

Die Pflicht zur Leistung obiger Krankenunterstützung beginnt für die Krankencasse bezüglich der freien ärztlichen Behandlung mit Inbegriff des geburtshilflichen Beistandes, sowie der nothwendigen Heilmittel und sonstiger therapeutischer Behelfe „vom Beginne der Krankheit an" (§. 6 lit. 1.): zur Leistung des Krankengeldes dagegen erst mit dem Ablauf von drei Tagen und wenn der Kranke erwerbsunfähig ist (lit. 2). Doch wird in diesem Falle das Krankengeld „vom Tage der Erkrankung an" gewährt. Es hat somit das Gesetz für die Leistung des Krankengeldes eine dreitägige Carenzzeit bestimmt, theils um die Krankencassen von der Fürsorge für die große Anzahl leichter Erkrankungen, welche nicht über drei Tage dauern und eine Erwerbsunfähigkeit nicht zur Folge haben, zu entlasten, hauptsächlich aber um mögliche Simulationen, die bei 1—3 tägiger Krankheitsdauer schwer zu controliren sind, unmöglich zu machen. Um jedoch in Fällen, wo eine ernste mehr als dreitägige Krankheit eintritt, dem Versicherten die Last der dreitägigen Carenzzeit nicht aufzubürden, wird das Krankengeld in allen solchen Fällen vom Eintritt der Krankheit angefangen nachhinein gewährt, wie denn überhaupt das Krankengeld so lange die Krankheit dauert und wenn sie nicht früher aufhört, bis zum gesetzlich bestimmten Maximaltermin von 20 Wochen wöchentlich und nachhinein gewährt wird.

Die Krankencassen.

§. 240. Was die Anstalten betrifft, bei welchen die Versicherung auf den Krankheitsfall zu erfolgen hat, so konnte der Gesetzgeber hier der Privatthätigkeit und Initiative einen viel größeren freien Spielraum lassen, als beim Unfallversicherungsgesetz und zwar umsomehr, als er hier an bestehende, historisch entwickelte Verhältnisse anknüpfen und eine Anzahl mannigfaltiger, den verschiedensten Lebenslagen angepaßter Anstalten, die sich von Alters her bereits segensreich bewährt hatten, in seine neu geschaffene Krankenversicherungsorganisation einbeziehen konnte. Alle diese Anstalten wurden in ihrem Bestande bewahrt und befestigt, allerdings aber einer einheitlichen staatlichen Aufsicht unterworfen und zu einer gesetzlich festgestellten Minimalleistung an die Versicherten verpflichtet. Darnach kann die vorgeschriebene Versicherung nicht nur durch die neu errichteten Bezirkskrankencassen erfolgen, sondern ebensowohl durch neu zu errichtende oder bereits bestehende Betriebs=, Bau=, Genossenschafts=, Knappschafts= oder endlich Vereinskrankencassen.

a) Die Bezirkskrankencassen werden auf territorialer Grundlage errichtet, wie die Unfallversicherungsanstalten, nur daß, da die Natur der Krankenversicherung einen engeren Wirkungskreis erfordert, derselbe in der Regel auf einen Gerichtsbezirk beschränkt wird. Doch ist die politische Landesbehörde berechtigt, diesen Wirkungskreis nach Umständen über mehrere Gerichtsbezirke auszudehnen, oder auch denselben einzuengen, so daß für einen Bezirk mehrere Cassen errichtet werden. Die Stellung der besoldeten Beamten der Bezirkskrankencassen ist insoferne gleich der der Unfallversicherungsanstalten, daß sie wie jene in Eid und Pflicht genommen werden (§. 12).

Für die Mitgliedschaft an den Bezirkskrankencaſſen iſt ein freierer Spielraum gewährt, als bei den Unfallverſicherungsanſtalten. Denn es können an den Bezirkskrankencaſſen außer den verſicherungspflichtigen Perſonen auch ſolche theilnehmen, die der Verſicherungspflicht nicht unterliegen, wenn ſie das 35. Lebensalter noch nicht überſchritten haben. Dagegen ſind verſicherungspflichtige Perſonen von dem Beitritt zur Bezirkscaſſe befreit, wenn ſie irgend einer anderen vom Geſetz ſanctionirten und anerkannten Krankencaſſe angehören.

Der Austritt aus den Bezirkskrankencaſſen ſteht den nicht verſicherungs= pflichtigen Perſonen jederzeit frei; ſie werden als ausgetreten betrachtet, wenn ſie ihre Beiträge durch vier Wochen nicht leiſten. Von verſicherungs= pflichtigen Mitgliedern unterſcheiden ſie ſich auch dadurch, daß von ihnen ein Eintrittsgeld ſtatutenmäßig verlangt werden kann, welchem die ver= ſicherungspflichtigen nicht unterworfen werden dürfen (§. 13). Auch beginnt für die erſteren das Recht der Unterſtützung zugleich mit ihrer Mitglied= ſchaft, alſo mit dem Tage, an welchem ſie in die betreffende Beſchäftigung eintreten; für die letzteren erſt mindeſtens vier, höchſtens acht Wochen ſpäter (§. 22).

Für jede Bezirkskrankencaſſe iſt, nach dem im Verordnungswege veröffentlichten Muſterſtatut ein Statut zu errichten, welches ſowie all= fällige Aenderungen deſſelben, der behördlichen Genehmigung bedarf.[684]) Daſſelbe muß über alle relevanten Verhältniſſe, alſo über Umfang der Unterſtützungen, Höhe der Beiträge, Bildung des Reſervefonds, Wahl des Vorſtandes, Generalverſammlung, Ueberwachungsausſchuß, Schiedsgericht, Krankheitsmeldungen, Krankheitscontrole, Statutenänderung und Jahres= rechnung Beſtimmungen enthalten (§. 14).

Die Bezirkskrankencaſſen ſind Anſtalten und daher juriſtiſche Per= ſonen (§. 15). Der Vorſtand wird von den Mitgliedern gewählt (§. 16). Die oberſte Leitung ſteht der Generalverſammlung zu, deren Zuſammen= ſetzung das Statut innerhalb der geſetzlichen Gränzen beſtimmt (§. 17).

Den Arbeitgebern, deren Arbeiter Mitglieder der Krankencaſſe ſind, gebührt eine angemeſſene Vertretung ſowohl im Vorſtande, der General= verſammlung, wie auch dem Ueberwachungsausſchuſſe der Caſſe. Ihr Wahl= recht in der Generalverſammlung üben ſie abgeſondert von den Caſſen= mitgliedern (§. 18). Die Bezirkskrankencaſſen unterliegen der ſtaatlichen Aufſicht; die Aufſichtsbehörde überwacht die Correctheit der Gebahrung der Caſſe und die Einhaltung der Statuten und hat das Recht, im Nothfalle ſogar die Leitung der Caſſe zu übernehmen, beziehungsweiſe Leiter der= ſelben zu ernennen (§§. 19 u. 20). Das Krankencaſſenſtatut kann die Be= ſtimmung enthalten, daß Mitgliedern, welche ſich die Krankheit durch eigenes Verſchulden, bei Raufereien oder durch Trunkſucht zugezogen, kein Kranken= geld gewährt wird.

---

[684]) Ein Muſterſtatut für dieſelben mit allen einſchlägigen Formularien wurde kundgemacht unterm 20. October 1888 RGB. Nr. 159.

b) Die Errichtung einer Betriebskrankencasse ist unter Umständen facultativ, unter Umständen obligatorisch.

Jeder Unternehmer, der hundert oder mehr Arbeiter, sei es in einem oder benachbarten Betrieben beschäftigt, ist berechtigt, eine Betriebskrankencasse zu errichten und sich damit von dem Beitritt zur Bezirkskrankencasse zu befreien. Nur in dem Falle kann die politische Behörde der Errichtung einer solchen Casse ihre Genehmigung verweigern, wenn dadurch der Bestand der Bezirkskrankencasse in Frage gestellt wird. Dagegen kann unter Umständen die Errichtung einer solchen Casse auch einem kleineren Betriebe (mit weniger als 100 Arbeitern) gestattet werden (§. 42).

Ist ein Betrieb besonders gefährlich für die Arbeiter, so kann der Unternehmer zur Errichtung einer Betriebskrankencasse angehalten werden (§. 43).

Die Bestimmungen über die innere Organisation, über die Verhältnisse der Mitglieder, über Beitragsleistungen u. s. w. bei den Bezirkskrankencassen finden auf die Betriebskrankencassen sinngemäße Anwendung mit einigen durch die verschiedene Sachlage gebotenen Aenderungen. Auch die Betriebskrankencasse muß ein besonderes Statut haben, der Betriebsunternehmer kann auch den Vorsitz im Vorstand haben, er ist verantwortlich für die Cassengebahrung, die Betriebscasse untersteht der behördlichen Aufsicht und Controle, das Vermögen der Betriebscasse ist dem Unternehmer anvertraut; verfällt er in Concurs, gehört die Cassenforderung in die erste Classe der Ansprüche der Gläubiger (§. 47).

c) Baukrankencassen müssen auf Anordnung der Behörde für die bei Weg-, Eisenbahn-, Canal-, Strom- und Dammbauten, sowie in andern vorübergehenden Baubetrieben beschäftigten Personen errichtet werden.

Auf die Baukrankencassen finden die Bestimmungen über Betriebskrankencassen sinngemäße Anwendung (§. 57).

d) Die Genossenschaftskrankencassen, die gemäß der Gewerbeordnung errichtet wurden, bleiben bestehen, doch müssen dieselben den Mindestforderungen des Krankenversicherungsgesetzes entsprechen, andernfalls die nöthigen Statutenänderungen vorgenommen werden müssen (§. 58). Dasselbe gilt

e) von den Bruderladen (Knappschaftscassen), welche auf Grund berggesetzlicher Vorschriften bestehen. Für die Mitglieder derselben tritt die Verpflichtung, einer nach Maaßgabe der Vorschriften des Krankenversicherungsgesetzes errichteten Krankencasse anzugehören, nicht ein. Die statutenmäßigen Leistungen dieser Bruderladen in Krankheitsfällen müssen auf das Niveau der gesetzlichen Mindestleistungen der neuen Krankenversicherungscassen gehoben werden. Erfolgt die Statutenänderung nicht auf regelmäßigem Wege, so nimmt die Berghauptmannschaft dieselbe rechtsverbindlich vor (jetzt nach dem neuen Bruderladengesetz s. u. S. 639). Ebenso muß es endlich

f) mit den Vereinskrankencassen gehalten werden, die auf Grund des Vereinsgesetzes vom 26. November 1852 errichtet wurden (§. 60).

Von den hier aufgezählten Cassen haben in erster Linie die Bezirkskrankencassen die Pflicht, nach den Vorschriften des Gesetzes einen Reservefonb anzulegen (§. 27). Sämmtliche Bezirkscaffen eines Sprengels einer Unfallverficherungsanstalt bilden Verbände, welche gemeinsame Referve= fonds anlegen.

Die Pflicht zur Anlage eines Refervefonds, beziehungsweise zum Bei= tritt zum Caffenverbande obliegt auch den Betriebscaffen und nach jeweiliger Entscheidung der politischen Landesbehörde den Baukrankencaffen. Die übrigen drei Caffenarten find von dieser Verpflichtung nach diesem Ge= fetze frei.

Alle jene Caffen, deren Mitgliedschaft von der Verpflichtung der Be= zirkskrankencaffe anzugehören, befreit, find verpflichtet, jeden Austritt eines Mitgliedes der politischen Behörde erster Instanz anzuzeigen (§. 61). Die Forderungen der Verficherten können von dritten Perfonen in keinerlei Execution gezogen werden.

Weder die Arbeitgeber, noch die Krankencaffen dürfen mit den Ver= ficherten Verträge schließen, wodurch Beftimmungen des Gesetzes im Voraus zum Nachtheil der Verficherten abgeändert werden; haben Gemeinden, Cor= porationen, Stiftungen nach ihren Statuten an Verficherte Unterftützungen geleiftet, so treten fie mit ihrem Antheil in die Rechte des Verficherten; doch bezieht fich diese Beftimmung nicht auf Leistungen der Armenversorgung. Die Unterftützungspflicht der Krankencaffen befteht auch in dem Falle, wenn die Krankheit Folge eines Betriebsunfalles ift, doch bleibt der Kranken= caffe der Anspruch an den Dritten, der zur Entschädigung verpflichtet war (§§. 63—65).

Die aus diesen Erfatzansprüchen entftehenden Streitigkeiten entscheidet die politische Behörde (§. 66). Derselben fteht es auch zu, auf Ueber= tretungen des Krankencaffengefetzes die darin näher bezeichneten Geld= ftrafen zu verhängen, wogegen der Recurs an die politische Landes= behörde und in dritter Instanz an das Ministerium ergriffen werden kann (§. 70). Alle obigen Caffen und Verbände haben die Pflicht, die vor= geschriebenen Ausweis=Formularien auszufüllen und der Aufsichtsbehörde regelmäßig vorzulegen (§. 72).

Die politische Behörde kann sowohl Bezirkskrankencaffen wie auch Be= triebskrankencaffen auflösen, wenn die Jahresausweise darthun, daß die ge= fetzlichen Mindestleistungen der Caffen nicht gedeckt und diefelben auch aus keinen vorhandenen Fond geleistet werden können. Zugleich mit der Auf= lösung ift für die Unterbringung der Mitglieder in andere Krankencaffen Vorsorge zu treffen. An diese letzteren übergeht auch das schuldenfreie Vermögen der aufgelösten Caffe (§. 40).

Ebenso können Betriebskrankencaffen, wenn fie aus was immer für Ursachen keine Sicherheit mehr bieten, von der Behörde aufgelöst werden. Doch ift gleichzeitig mit der verfügten Auflösung wegen Eintrittes der Caffenmitglieder in andere Krankencaffen Vorsorge zu treffen; auch das Vermögen der aufgelösten Betriebscaffe ift eventuell dieser anderen Caffe zuzuweisen (§. 49).

Betriebskrankencaffen können zur Förderung gemeinsamer Intereffen untereinander oder mit Bezirkskrankencaffen Verbände bilden (§. 50).

Mehrere Arten auf Grund früherer Gesetze, so der Gewerbeordnung von 1859 und des Gesetzes vom 8. März 1885 bestehender Unterstützungscassen sind theils als Betriebscassen zu betrachten, theils nach den für letztere geltenden Normen umzugestalten (§. 51).

Dasselbe gilt von den bei Eisenbahn- und Dampfschiffbetrieben, sowie bei vom Staate verwalteten Betrieben bestehenden Unterstützungscassen. Allerdings müssen alle diese Unterstützungscassen auf dem Niveau der durch dieses Krankenversicherungsgesetz an die Krankenversicherung gestellten Forderungen sich befinden oder wenn sie unter demselben sind, auf dasselbe gehoben werden (§§. 52, 53).

Die Beiträge zur Krankenversicherung.

§. 241. Die zum Zwecke der Versicherungsleistung und der damit verbundenen Reservefondsbildung und der Verwaltung der Krankencassen erforderlichen Fonds werden durch Beiträge aufgebracht, welche ähnlich wie bei der Unfallversicherung, theils den Versicherten, theils den Arbeitgebern zur Last fallen.

Nur ist das Verhältniß der Belastung der Versicherten und der Arbeitgeber hier beinahe das umgekehrte wie bei der Unfallversicherung, denn während dort von den tarifmäßigen Beiträgen, den Arbeiter nur 10 %, den Arbeitgeber dagegen 90 % treffen: entfallen von den zum Zwecke der Krankenversicherung statutenmäßig bestimmten Beiträgen $2/3$ auf die Mitglieder (d. i. die Versicherten) und nur $1/3$ auf die Arbeitgeber (§. 34).

Ein weiterer Unterschied zwischen den Beiträgen zur Unfall- und denjenigen zu der Krankenversicherung liegt darin, daß jene nach der verschiedenen Gefährlichkeit der Betriebe (auf Grundlage der Einreihung in die Gefahrenclassen und Procentsätze): diese hingegen bei jeder einzelnen Krankencasse einheitlich für alle Mitglieder „in Procenten des bei Berechnung des Krankengeldes zu Grunde gelegten Lohnbetrages bemessen“ werden (§. 25). Während also die einzelnen Unfallversicherungsanstalten von ihren Mitgliedern je nachdem dieselben zu verschiedenen Betrieben gehören, verschieden abgestufte Beiträge einheben, dagegen aber sämmtliche im Geltungsgebiete des Unfallversicherungsgesetzes gelegenen Betriebe derselben Gefahrenclasse und desselben Procentsatzes bei allen Anstalten dieselben Procentsätze zahlen, welche im Verordnungswege festgesetzt werden: kann bei den Krankenversicherungsanstalten neben der Einheitlichkeit der Beiträge aller Mitglieder je einer Anstalt unterhalb der gesetzlichen Maximalgrenze, die größte Mannigfaltigkeit der Bemessung der Beiträge bei den verschiedenen Anstalten herrschen.

Diese Maximalgrenze der Beiträge der versicherungspflichtigen Mitglieder ist mit 3 % des bei der Berechnung des Krankengeldes zu Grunde gelegten täglichen Lohnbetrages fixirt. Doch ist unter gewissen im Gesetz ausführlich festgesetzten Umständen eine Erhöhung der Beiträge über diese Maximalgrenze durch einen gesetzlich qualificirten Beschluß der Generalversammlung der Krankenanstalt zulässig (§. 26).

Von den auf Grund des Gesetzes statutenmäßig festgesetzten Beiträgen der Mitglieder sind $^2/_3$ von dem Mitgliede und $^1/_3$ von dem Arbeitgeber aus eigenen Mitteln zu leisten. Für Mitglieder, welche einen Arbeitsverdienst in Geld nicht beziehen, ist der Beitrag in seiner Gänze von dem Arbeitgeber zu leisten.

Obiges Verhältniß der Beitragsleistungen ($^2/_3$: $^1/_3$) kann unter Umständen von der Generalversammlung der Krankencassen zu Gunsten der Versicherten geändert werden. Mitglieder, die nicht versicherungspflichtig sind, und Beamte, mit einem Jahresverdienst von über 1200 fl., zahlen ihre Beiträge ganz aus Eigenem.

Zur Controle der Beitragsleistungen obliegt den Arbeitgebern die Anmeldepflicht aller versicherungspflichtigen Personen (§. 31); sie tragen alle Folgen der Unterlassung dieser Anmeldung (§. 32). Ebenso sind die Arbeitgeber verpflichtet, die vollen Beiträge, welche für die bei ihnen beschäftigten versicherungspflichtigen Mitglieder zu entrichten sind, zu den festgesetzten Terminen einzuzahlen (§. 33). Dafür sind sie berechtigt, diese für Arbeiter eingezahlten Beiträge bei jeder regelmäßigen Lohn- und Gehaltszahlung mit dem Betrage in Abzug zu bringen, welcher auf diese Lohn- oder Gehaltsperiode antheilweise entfällt. Der Arbeitgeber kann dieses Abzugsrecht nur binnen einem Monat nach jeder Lohnzahlung geltend machen (§. 36).

Bruderladen.

Sowohl bei der Erlassung des Unfall= wie des Krankenversicherungs= **§. 242.** gesetzes war der Gesetzgeber darauf bedacht, ähnliche bereits bestehende Einrichtungen, die sich als lebensfähig bewährt hatten, wo möglich zu schonen, dieselben in ihrem Bestande nicht zu erschüttern, sondern vielmehr zu festigen und den neu zu errichtenden Versicherungsanstalten organisch anzugliedern.

In erster Reihe war dieß mit den Bruderladen (Knappschaftscassen) der Fall.

War es ja beinahe ein Gebot der Pietät, in diese alte, seit Jahrhunderten bestehende humanitäre Institution der Bergwerksunternehmungen, die das allg. Berggesetz aus älteren Gewohnheitsrechten übernahm und regelte: nicht störend einzugreifen. Zumal die Bruderladen ihre Mitglieder zumeist nicht nur gegen Unfälle und Krankheiten, sondern sogar — als echte Vorläufer der modernsten Socialreform — gegen Altersinvalidität versicherten. So schloß denn schon der §. 1 des Unfallversicherungsgesetzes die Arbeiter in Bergwerken auf vorbehaltene Mineralien, für welche nach dem aBG. vom Jahr 1854 (X. Hauptstück §§. 210—214) Bruderladen existirten, von der Versicherungspflicht aus, indem er die Versorgung derselben für den Fall ihrer Verunglückung den Bruderladen überließ, zugleich aber auch ein besonderes Gesetz über dieselben in Aussicht stellte.

Das Krankenversicherungsgesetz hat allerdings, wie wir das oben gesehen haben, die Bruderladen in den Rahmen seiner Bestimmungen einbezogen (VI. Abschnitt) und für dieselben grundsätzlich ein gleiches Niveau der Leistungen an die Versicherten wie die anderen Krankenversicherungs=

caffen für die Zukunft festgesetzt: nichtsdestoweniger hat auch das Kranken=
versicherungsgesetz den Bruderladen eine exempte Stellung unter allen an=
deren Caffen eingeräumt, indem es dieselben von den Bestimmungen der
§§. 5 und 9, sowie des 2., 3. und 4. Abschnittes loszählte. [585])

Damit stellte sich aber zugleich die Nothwendigkeit heraus, die Ver=
hältnisse der Bruderladen den neuen Arbeiterschutzgesetzen entsprechend ein=
heitlich zu regeln, was mit Gef. vom 28. Juli 1889 RGB. Nr. 127
geschah. [586])

Der eigenthümliche, in der historischen Entwickelung der Bruderladen
wurzelnde Charakter derselben als allseitiger Arbeiterschutzinstitute wurde
dabei vollständig gewahrt, indem denselben ihr althergebrachter Wirkungs=
kreis nicht nur als Krankencasse und Unfallversicherungsanstalt, sondern auch
als „Provisionscasse" belassen wurde, welche ihren in Folge Alters dauernd
erwerbsunfähig gewordenen Mitgliedern „Provisionen" (Renten) und auch
den Hinterbliebenen ihrer Mitglieder gewisse Unterstützungen (Wittwen=
provisionen und Waisenprovisionen) zahlen (§. 1). Nur ist zum Zwecke
befferer Evidenzhaltung und leichterer Controle ihrer Geldgebahrung eine
rechnerische und administrative Trennung der Krankencaffe von der Provisions=
caffe bei jeder Bruderlade vorgeschrieben (§. 2). Die Mindestleistungen
der Krankencaffe sind denjenigen der auf Grund des allgemeinen Kranken=
versicherungsgesetzes gleichgesetzt; die Mindestleistungen der Provisionscaffe
müssen mindestens 100 fl. für männliche und 50 fl. für weibliche Arbeiter
betragen (§. 4). Diese letztere Caffe ist für den Todesfall des Mitgliedes
zu Wittwen= und Waisenprovisionen in dem Mindestbetrage eines Drittels
der dem verstorbenen Ehegatten beziehungsweise Vaters gebührenden Pro=
vision verpflichtet (§. 5). Bei Uebertritt eines Mitgliedes zu einer anderen
Bruderlade wird der auf dasselbe entfallende Antheil an der Reserve der
Provisionscaffe (Reserveantheil) der Provisionscaffe der anderen Bruderlade
überwiesen (§. 7) — eine Bestimmung, welche die Freizügigkeit der Arbeiter
sicherzustellen den Zweck hat. [587])

---

[585]) §. 5 des KVG. setzt Tantièmen und Naturalbezüge dem Gehalt und
Lohne gleich; §. 9 schließt die Invaliden=, Wittwen= und Waisenversicherung von
den Leistungen der Krankencaffen aus. Der II., III. und V. Abschnitt des KVG.
enthält die besonderen Bestimmungen für Bezirks=, Betriebs= und Genoffenschafts=
krankencaffen.

[586]) Neben der Nothwendigkeit, die Bruderladen auf das höhere social=
reformatorische Niveau der Unfall= und Krankenversicherungsgesetze zu heben, was
durch Erhöhung der Mindestleistungen der Kaffen an die Versicherten und durch
Heranziehung der Werksbesitzer zu obligatorischen Beiträgen (was früher nicht
der Fall war) erreicht werden sollte und erreicht wurde: war für die Neuregelung
der Bruderladen ausschlaggebend der Umstand, daß dieselben großentheils auf
mangelhaften versicherungstechnischen Berechnungen fußend, keine Garantie ihrer
Solvenz für die Zukunft boten. Eine im Jahre 1881 von der Regierung vor=
genommene Untersuchung der finanziellen Lage der Bruderladen lieferte sogar den
Beweis, daß ein großer Theil derselben thatsächlich insolvent oder doch wenigstens
in einer derartigen Lage sei, daß sie für die eingegangene Verpflichtung nicht die
erforderliche Deckung aufweisen konnte.

[587]) Eine ähnliche Bestimmung bezüglich der Reservenantheile war ursprüng=

Was die Versicherungspflicht bei den Bruderladen anbetrifft, macht das Ge=
setz einen Unterschied zwischen ständigen Bergarbeitern, nichtständigen Arbeitern
und Betriebsbeamten beim Bergbaue. Die ständigen Bergarbeiter sind zur Ver=
sicherung in beiden Kassenabtheilungen verpflichtet; die nichtständigen sind
hiezu nur bei der Krankencasse, bei der Provisionscasse aber lediglich gegen
aus einem Betriebsunfalle herrührende Erwerbslosigkeit; die Betriebs=
beamten endlich, die einen geringeren Gehalt als 1200 fl. beziehen, sind
ebenfalls nur bei der Krankencasse versicherungspflichtig; diejenigen Betriebs=
beamten, die mehr als 1200 fl. beziehen, obendrein bei der Provisionscasse
in demselben Maaße wie die nichtständigen Arbeiter (also gegen Betriebsunfälle)
versicherungspflichtig. Lehrlinge, Volontäre, Praktikanten und andere Per=
sonen, die wegen noch nicht beendigter Ausbildung keinen oder nur einen sehr
geringen Lohn beziehen, sind gleich den vollgezahlten Arbeitern und An=
gestellten ihres besonderen Arbeitszweiges zu behandeln (§. 10). Für das
nach dem aBG. §. 212 für jede Bruderlade vorgeschriebene Statut stellt dieses
Bruderladen=Versicherungsgesetz eine Reihe von Erfordernissen auf und zwar be=
zeichnet es die Punkte, über welche das Statut Bestimmungen enthalten müsse
und über welche es Bestimmungen enthalten dürfe. Die Verwaltung der
Bruderladen ist autonom; die versicherten Arbeiter sind Mitglieder derselben;
ihre Generalversammlung (die jedoch höchstens aus 300 Mitgliedern be=
stehen darf) wählt einen Theil des Vorstandes, den anderen Theil (doch nicht
mehr als $^1/_3$) wählen oder ernennen die Werksbesitzer, welche auch bis zu
$^1/_3$ der Stimmen in der Generalversammlung vertreten sein dürfen. Ueber
Vorstandswahlen und vorgenommene Aenderungen muß der Revierbeamte
auf dem Laufenden erhalten werden; die Anzeigen hat der Vorstand zu er=
statten (§. 17). Die Bruderladen unterliegen der Aufsicht und Controle
der Revierbeamten und der Bergbehörde (§. 24).

Die Beiträge zahlen Versicherte und Werksbesitzer je zur Hälfte.
Für die unentgeltlich bediensteten Arbeiter (Volontäre, Praktikanten u. s. w.)
zahlen die Werksbesitzer die ganzen Beiträge. Die Höhe dieser Beiträge
wird nach versicherungstechnischen Methoden berechnet und muß nicht von
allen Mitgliedern in gleichen Beträgen eingehoben werden; vielmehr kann
eine Abstufung nach dem Alter derselben Platz greifen (§. 29).

Die Werksbesitzer sind zur Einzahlung auch der Beiträge der Arbeiter
verpflichtet, dagegen berechtigt, die entfallenden Quoten den Arbeitern bei
der Lohnzahlung abzurechnen (§. 30).

Die Wahrung des Gleichgewichtes zwischen Ausgaben und Ein=
nahmen ist den Krankencassen zur Pflicht gemacht. Doch müssen jedenfalls
behufs Deckung der laufenden Ausgaben die Werksbesitzer die erforderlichen
Vorschüsse leisten (§. 34). Die Provisionscassen müssen auf Schaffung
und Erhaltung ihrer versicherungstechnisch erforderlichen finanziellen
Deckung bedacht sein und zu diesem Zwecke von 5 zu 5 Jahren die nöthige

---

lich auch in dem Krankenversicherungsgesetz (§. 13 Z. 6 enthalten; dieselbe wurde
jedoch in Folge zahlreicher Petitionen betheiligter Kreise an den Reichsrath mit
Ges. v. 4. April 1889 außer Kraft gesetzt.

Untersuchung und Prüfung vornehmen. Auch muß sowohl jede dieser besonderen Cassen ihren Reservefond in der gesetzlichen Höhe ansammeln, wie
auch „sämmtliche Werksbesitzer" verpflichtet sind, einen Centralreservefond
zu gründen. Zu letzterem haben die Werksbesitzer die Beiträge in der gesetzlich vorgeschriebenen Höhe (0·1 der jährlichen Lohnsumme) zu zahlen. Dieser
Centralreservefond wird durch eine Commission in Wien unter dem Vorsitz
des Ackerbauministers verwaltet (§. 38).[588]

---

[588] Die Bestimmungen über Bruderladen-Schiedsgerichte wie auch über diese
den Centralreservefond verwaltende Commission enthält das Ges. v. 28. Juli 1889
Nr. 127, womit die §§. 19, 20 und 38 des Bruderladengesetzes abgeändert wurden.

Sach- und Namenregister.*)

---

*) Die beigesetzten Zahlen bedeuten die Seiten und zwar die fetten den Text, die gewöhnlichen die Noten. Das auf Seite 35—40 abgedruckte Literaturverzeichniß (den älteren Handbüchern von Stubenrauch und Mayrhofer entlehnt) ist hier nicht weiter berücksichtigt. Ebenso die bekannten, hier häufig citirten Sammelwerke von: Budwinski (Erkenntnisse des Verwaltungsgerichtshofes bisher 14 Bände); Hye (Erkenntnisse des Reichsgerichtes); Wolski (Judicatenbuch des Verwaltungsgerichtshofes) und Alter (Judicatenbuch; Fortsetzung des vorigen).

Lightning Source UK Ltd.
Milton Keynes UK
UKHW011837140219
337137UK00005BA/579/P